D1930880

Gage/Berliner · Pädagogische Psychologie

Nathaniel L. Gage / David C. Berliner

Pädagogische Psychologie

Vierte, völlig neu bearbeitete Auflage

Herausgegeben
und aus dem Amerikanischen übersetzt
von Gerhard Bach

Psychologie Verlags Union · Beltz
Weinheim und München 1986

N. L. Gage, Ph. D., Professor für Psychologie an der Stanford University, California

David C. Berliner, Ph. D., Direktor am Far West Laboratory for Educational Research and Development, San Francisco

Gerhard Bach, Prof. Dr., Hochschullehrer an der Pädagogischen Hochschule Heidelberg

Lektorat: Roland Asanger

Titel der Originalausgabe: Educational Psychology
© 1984 by Houghton Mifflin Company.
All rights reserved.

CIP-Kurztitelaufnahme der Deutschen Bibliothek

Gage, Nathaniel L.:
Pädagogische Psychologie / Nathaniel L. Gage ;
David C. Berliner. Hrsg. u. aus d. Amerikan.
übers. von Gerhard Bach. – 4., völlig neu
bearb. Aufl. – Weinheim : Psychologie-Verlags-Union ;
Weinheim : Beltz, 1986.
Einheitssacht.: Educational psychology ‹dt.›
3. Aufl. im Beltz-Verl., Weinheim, Basel
ISBN 3-621-54691-X

NE: Berliner, David C.:

Alle Rechte, insbesondere das Recht der Vervielfältigung und Verbreitung sowie der Übersetzung, vorbehalten. Kein Teil des Werkes darf in irgendeiner Form (durch Photokopie, Mikrofilm oder ein anderes Verfahren) ohne schriftliche Genehmigung des Verlages reproduziert oder unter Verwendung elektronischer Systeme verarbeitet, vervielfältigt oder verbreitet werden.

© 1986 Beltz Verlag · Weinheim und Basel
Umschlaggestaltung: Atelier Warminski, 6470 Büdingen 8
Satz: Satz- und Reprotechnik, Hemsbach
Druck: Druck- und Verlagshaus Beltz-Rübelmann, 6944 Hemsbach über Weinheim
Buchbinderische Verarbeitung: Großbuchbinderei Spinner, 7583 Ottersweier
Printed in Germany

ISBN 3 621 54691 X

Inhaltsverzeichnis

Teil D: Lerntheorien und ihre Anwendungsmöglichkeiten 257

Teil E: Motivation

Vorwort zur deutschen Ausgabe

Die immer wieder von Wissenschaftlern, Lehrern und Studierenden ausgesprochene Kritik an der Pädagogischen Psychologie – mangelnde Praxisorientierung – verdeutlicht, daß dieser Wissenschaftsbereich bislang häufig an den Forderungen seiner Adressaten vorbeigearbeitet hat. Was die Bedeutung und Verwertbarkeit lern- und verhaltenspsychologischer Konzepte und Prinzipien betrifft, bauen Lehrer gezwungenermaßen noch allzu oft auf eigene vorwissenschaftliche Vorstellungen auf und bringen ungesicherte Verfahren in die tägliche Unterrichtsarbeit ein. Selbst wer einer interpretatorischen Vielfalt und einer variationsreichen Unterrichtspraxis das Wort reden möchte, kann doch nicht umhin einzugestehen, daß dort, wo wir im Unterrichtsgeschehen auf Ereignisse treffen, die eines pädagogisch geprägten psychologischen Fundaments bedürfen, dieses Fundament auf vage Vorstellungen gründet und sich an falsch (oder gar nicht) verstandenem fachwissenschaftlichen Jargon festklammert. Nicht selten führt ein solches eklektizistisches Umsetzen einzelner Konzepte und Prinzipien der Pädagogischen Psychologie in die Praxis beim Lehrer zu der vorschnellen Schlußfolgerung, daß eine praktische Verwertung scheinbar doch nicht möglich ist. So wird letztendlich diese Wissenschaft gerade von jenen, für die sie eigentlich da sein will, zu Unrecht als praxisfeindlich und unterrichtsfern abgestempelt.
N. L. Gage und *David C. Berliner* weisen solche vorschnellen Schlüsse und die sich daraus ergebenden praktischen Konsequenzen nicht als unwissenschaftliches Scheingefecht ab, sondern formulieren daraus die selbstkritische Forderung, daß jede grundlegende Konzeption der Pädagogischen Psychologie nur dann Gültigkeit hat, wenn man nachweisen kann, daß aus ihr unmittelbare Folgerungen für die pädagogische Praxis erwachsen. Wenn somit die „konventionellen" Themen der Pädagogischen Psychologie, wie z.B. Intelligenz, Lernen, Gedächtnis, Motivation, Transfer usw., unter Berücksichtigung der neuesten Forschungsergebnisse aufgearbeitet werden, so werden diese nicht allein nach dem „Was" ihrer sachlichen Gegebenheit erörtert, sondern zugleich nach dem „Wie" ihrer Bedeutung für die Unterrichtspraxis befragt. Psychologie und Pädagogik erfahren dadurch ihre Gewichtung unter dem vorrangigen Aspekt des verantwortlichen unterrichtlichen Handelns selbst. Der Bereich der Motivation z.B., für den die Lehrer augenscheinlich so großes Interesse zeigen, ohne daß dies allerdings in ihrem Unterricht so recht erkennbar werden will, wird von den Autoren operationalisierbar gemacht: sie setzen „Motivation" in Beziehung zu Bedingungen, die vom Lehrer im Unterricht kontrolliert und beeinflußt werden können. Das gleiche gilt, so argumentieren die Auto-

ren, für die diversen Lerntheorien: sie gewinnen erst dadurch an Bedeutung, daß sie in Lernzielformulierungen, Lernerfahrungen und Bewertungsstrategien einmünden.
Diese pragmatisch orientierte Entwicklung der Grundlagen der Pädagogischen Psychologie wird einerseits präzisiert und andererseits erweitert durch eine umfassende, parallel angeordnete Darstellung, Analyse und Gewichtung der verschiedenen Lehrmethoden und Unterrichtstechniken, die gegenwärtig in der Praxis anzutreffen sind oder noch zur Diskussion stehen: angefangen bei dem traditionellen Frontalunterricht bis hin zu den Ansätzen des individuellen Unterrichts und den Methoden der humanistischen Psychologie werden – auf der bislang nicht genügend beachteten Organisationsbasis der Gruppengröße – die Möglichkeiten und Grenzen der „Unterrichtbarkeit" dieser einzelnen Methoden ausgelotet.
Der unterrichtsverwertbare Ansatz dieses Buches verdeutlicht die Überzeugung der Autoren, daß Studierende und Lehrer unmittelbarere Erkenntnisse darüber gewinnen wollen, was die oft scheinbar unlösbaren Probleme des Unterrichtens ausmachen. Das Bemühen um eine konkrete Darstellung direkt verwertbarer Erkenntnisse und Ergebnisse der Pädagogischen Psychologie konzentriert sich somit darauf, wie sich der Unterricht aus der Sicht der beiden Beteiligten, dem Schüler und dem Lehrer, darstellt. Damit wollen die Autoren auch einen Beitrag dazu leisten, daß die von der Pädagogischen Psychologie bisweilen vernachlässigte Beziehung von Lehren und Lernen wieder mehr ins Blickfeld gerückt wird.
Die Gliederung des Buches in thematisch übergeordnete *Teile* und diesen zugeordnete einzelne *Kapitel* erfolgt unter der Berücksichtigung der Verwendbarkeit dieses enzyklopädischen Werkes als Handbuch für den Lehrer. Die einzelnen Kapitel, im Original als *Units* gekennzeichnet, sind in sich geschlossene Einheiten, die sich jeweils auf einen Teilaspekt des übergeordneten thematischen Bereichs beziehen und diesen möglichst umfassend erörtern. Diese Aufteilung bedeutet für den Leser einerseits eine größere Flexibilität bei der Auswahl der ihn interessierenden Teilaspekte. Zugleich kann der Leser darauf vertrauen, daß auch bei einer „fragmentarischen" Lektüre das jeweils bearbeitete Kapitel für sich genommen verständlich ist und daß er nicht gezwungen ist, ständig nach dem „großen Zusammenhang" zu suchen. Gleichwohl helfen ihm die Anmerkungen in den Randspalten und die zahlreichen Verweise auf verwandte Gebiete oder thematische Anknüpfungspunkte bei der Aufgabe, selbst mit Übersicht und Ökonomie jene Zusammenhänge herzustellen, die für ihn jeweils im Vordergrund stehen.

Zwischen der ersten und dieser vierten Auflage liegt ein knappes Jahrzehnt wissenschaftlicher und pädagogischer Umwälzungen. Wen die historische Entwicklung der Pädagogischen Psychologie in diesem Zeitraum interessiert, der sollte die erste Auflage zum Vergleich heranziehen: im Unterschied der beiden Auflagen spiegelt sich die Entwicklung neuer Sichtweisen ebenso ab wie die Festigung bestimmter grundlegender Vorstellungen. Die Veränderungen sind teilweise recht einschneidend, denn gut ein Viertel des „neuen" *Gage/ Berliner* ist wirklich neu, und was geblieben ist, wurde auf den derzeitigen

Forschungsstand gebracht. Zwei Kapitel sind für diese Ausgabe neu verfaßt worden; sie machen deutlich, wo die Pädagogische Psychologie sich in der Zwischenzeit neue Schwerpunkte gebildet hat: Kapitel 10 behandelt „Ausnahmekinder und Sonderpädagogik" sowie die „Förderung der Hochbegabten" und in Kapitel 14 stellen die Autoren die „Soziale Lerntheorie" vor. – Trotz dieser inhaltlichen Bereicherung ist das Buch im Umfang ein wenig „schlanker" geworden. Dies ist auf den veränderten äußeren Aufbau zurückzuführen, auf das Bemühen der Autoren nach einer noch kompakteren und durchsichtigeren Gliederung. Das kommt vor allem den Bereichen zugute, in denen die wissenschaftlichen Grundlagen der Pädagogischen Psychologie auf die verschiedenen Lehrmethoden bezogen, d. h. anwendbar gemacht werden. Damit ist eine stringentere Gliederung entwickelt worden, die den Bedürfnissen des Lesers nach Praxisnähe entgegenkommt.

Die Erstellung der neuen deutschen Ausgabe dieser *Educational Psychology* wäre wiederum ohne die kritische Hilfe und sachkundige Unterstützung zahlreicher Fachgelehrter und Kollegen kaum möglich gewesen. So konnte erneut das Ziel eingehalten werden, den Zeitraum zwischen dem ersten Erscheinen in den USA und der Veröffentlichung im deutschsprachigen Raum möglichst geringzuhalten, so daß der von *Gage/Berliner* vorgegebene Forschungsstand nichts an seiner Aktualität einbüßt. Der Herausgeber ist glücklich, bei der fachlichen Beratung einen Kollegen zur Seite gehabt zu haben, der seit vielen Jahren mit diesem Buch in der Lehrerausbildung gearbeitet hat: *Wolfgang Sehringer*. Seine fachliche Kompetenz, seine praktische Erfahrung mit dem Buch in vielen Seminaren und sein sicheres Gespür für Bedeutungsnuancen in der Fachsprache haben auf diese Ausgabe der *Pädagogischen Psychologie* entscheidend eingewirkt.

Heidelberg — Gerhard Bach

Vorwort zur Originalausgabe

Zweck

Die hervorragende Aufnahme der ersten drei Auflagen bei Fachleuten und Studenten hat uns dazu ermutigt, diese neue vierte Auflage vorzubereiten. Dabei ist der grundlegende Zweck unseres Buches der gleiche geblieben: in der Ausbildung befindlichen als auch bereits praktizierenden Pädagogen – vorwiegend Lehrern, aber auch Schulverwaltungsbeamten, Beratungslehrern und Spezialisten verschiedenster Richtungen – eine Einführung in das zu vermitteln, was die Pädagogische Psychologie zu leisten vermag, durch Fakten, Konzepte, Prinzipien und Forschungsmethoden, in denen zwei Komponenten sich vereinigen: theoretische Klärung und praktischer Nutzen.

Aufbau

Das Buch ist um ein Modell des Unterrichtsprozesses herum aufgebaut. Ausgehend von Zielen und Schülereigenschaften präsentiert das Modell Vorstellungen sowohl über Lernen und Motivation als auch über die Auswahl und die Verwendung einzelner Unterrichtsmethoden, -praktiken und -stile, und es schließt mit Überlegungen zum Evaluierungsprozeß. Obwohl die Sequenz der einzelnen Teile und Kapitel des Buches dieses logische Modell widerspiegeln, gehen wir nicht davon aus, daß der tatsächliche Ablauf einer gegebenen Unterrichtseinheit bzw. ihre tatsächliche Unterrichtsgestaltung einer solchen logischen Ordnung folgt.

Revidierte Inhaltsbereiche

In diese revidierte Auflage sind viele der bedeutsamen und nützlichen Forschungs- und Entwicklungsergebnisse der letzten zehn Jahre eingegangen. Um eine differenziertere und zeitgemäßere Darstellung zu gewährleisten, sind folgende Bereiche gegenüber der ersten Auflage von 1977 grundlegend überarbeitet worden: die Taxonomie der Unterrichtsziele; die Ergebnisse über den Langzeitwert von Vorschulerfahrungen; die Auswirkungen integrierter Klassen *(mainstreaming)* und anderer Aspekte der Sonderschulpädagogik; neuere Arbeiten über Informationsaufnahme und -verarbeitung sowie über kognitive Strukturen und Schemata; die jüngst revidierten Vorstellungen über die Ursachen und Wirkungen von ethnisch bedingten Dialektformen; die zunehmende Differenzierung unseres Wissens über Unterrichtsmethoden (insbesondere „offener Unterricht“ und mehr konventioneller Unterricht im Klassenverbund); die differenzierteren Vorstellungen über kriteriumsbezogene Evaluierung.

Merkmale, deren Zweck es war, die Effektivität des Buches als Lehrbuch zu erhöhen, haben wir jedoch beibehalten: den Überblick zu Beginn eines jeden Teiles bzw. Kapitels, die Kapitelüberschriften, die Randspalte mit Schlüsselbegriffen und -gedanken, die eingestreuten Abbildungen und Tabellen zur Klärung und Illustration einzelner Sachverhalte sowie die Zusammenfassung am Ende eines jeden Kapitels.

Wir hoffen, daß diese revidierte Fassung ihre Aufgabe genauso gut erfüllt wie die vorausgegangenen Auflagen. Und auch diesmal sind wir für kritische Kommentare dankbar, die uns die Benutzer aus dem Kreise der Lehrenden ebenso wie der Lernenden zukommen lassen. Wir danken zugleich den vielen Wissenschaftlern aus Psychologie und Pädagogik sowie den Lehrern und Studenten – all jenen also, die mit diesem Buch gearbeitet haben, daß sie uns mit ihren kritischen Gedanken geholfen haben, ein neues Lehrbuch der Pädagogischen Psychologie zu entwickeln, von dem wir glauben, daß es deutlich besser geworden ist.

N. L. Gage
Stanford University

David C. Berliner
University of Arizona

Teil A
Ziele und Methoden der Pädagogischen Psychologie

Teil A führt anhand eines ersten groben Überblickes in das Gebiet der Pädagogischen Psychologie ein. Zunächst wird in Kapitel 1 gezeigt, welche Hilfen die Pädagogische Psychologie ganz allgemein jedem, der mit pädagogischen Aufgaben betraut ist, im besonderen aber dem Lehrer, anbieten kann. Kapitel 2 befaßt sich dann mit den theoretischen Grundlagen der Pädagogischen Psychologie. Wir haben diese beiden ersten Kapitel möglichst frei von technischen Details gehalten.

Kapitel 1

Pädagogische Psychologie als Hilfe für den Lehrer

1.1 Überblick

Beginnen wir damit, einige Fragen zu stellen. Wieviele Lehrer haben Sie bis heute in Ihrem Leben gehabt? Zählen Sie alle mit, die von ihrer Funktion her als Lehrer gekennzeichnet waren, also jene, denen Sie in der Schule begegnet sind, in der Kirche oder in der Synagoge, im Freizeitzentrum und so weiter. Zählen Sie nicht Ihre Eltern und Geschwister mit und andere Menschen, die in ihrer Funktion formal nicht als Ihre Lehrer gekennzeichnet waren, obwohl sie Ihnen zweifellos eine Menge beigebracht haben. Halten Sie einen Augenblick ein und bestimmen Sie die Anzahl.

Auf wieviele sind Sie gekommen? Manche unserer Studenten sind weit über hundert Lehrern „ausgeliefert" gewesen, die ihnen etwas hätten beibringen sollen. Selbst am unteren Ende der Skala finden wir bei unseren Studenten mehr als dreißig Lehrer. So ist anzunehmen, daß Sie selbst in Ihrem Leben genügend Gelegenheit hatten, eine relativ große Anzahl von Menschen zu beobachten, die formal dazu bestimmt waren, Ihre Lehrer zu sein. Nun denken Sie bitte kritisch über diese Lehrer nach und entscheiden Sie, wieviele von ihnen wirklich gute Lehrer waren.

Auf wieviele sind Sie gekommen – vier, sechs, elf, fünfzehn? Viele unserer Studenten berichten, daß nur etwa zehn Prozent ihrer Lehrer überdurchschnittlich gut waren. Wenn sich also jemand an sechsundneunzig Lehrer erinnern konnte, so blieben davon gewöhnlich sieben bis zwölf als hervorragende Lehrer übrig.

Halten Sie nochmal einen Augenblick ein und überlegen Sie, welche Eigenschaften Sie im Sinn hatten, als Sie Ihre Lehrer in „gute" und „weniger gute" Kategorien einteilten. Unsere Studenten sagen uns oft, daß ihre guten Lehrer jene waren, die

Eigenschaften guter Lehrer

- viel von ihnen verlangten;
- wirklich ihre Zeit opferten, um ihnen menschlich näher zu kommen;
- gut organisiert waren;
- einen Sinn für Humor hatten;
- ihnen ein gutes Gefühl gaben, wenn sie etwas gelernt hatten;
- mit Enthusiasmus ihren Stoff vermittelten;
- fair waren;
- in ihnen ein Verantwortungsgefühl weckten;
- die Dinge so darstellten, daß jeder sie verstehen konnte.

Diese Eigenschaften von „guten“ Lehrern werden in diesem Buch behandelt. Lehrer, die von ihren Schülern „viel verlangen“, werden später unter dem Aspekt des Erwartungseffekts diskutiert; Schüler als Menschen zu verstehen, wird in den Kapiteln über kognitive Entwicklung und Persönlichkeitsentwicklung diskutiert als auch in dem Kapitel über humanistische Unterrichtsansätze; die von Organisation, Humor und Enthusiasmus ausgehenden Auswirkungen auf das Lernen werden in den Kapiteln über Unterrichtsmethoden diskutiert; Fairneßaspekte werden in den Kapiteln über Messen und Beurteilen sowie im Kapitel über Zeugnisse, Unterrichtsverhalten und Elterninformation diskutiert; Schülern ein Gefühl der Eigenverantwortung für ihr Lernen zu vermitteln, wird in den Kapiteln über soziale Lerntheorie und individuellen Unterricht behandelt; Schülern ein gutes Gefühl zu vermitteln, wenn sie etwas lernen, wird in den Kapiteln über Lernen und Motivation behandelt, insbesondere dort, wo es um die Frage geht, wie der Lehrer positive Verstärker einsetzen kann. Wir erwarten, daß die in diesem Buch vorgestellten Konzepte und Ideen Ihnen helfen werden, die Probleme zu lösen, denen jeder Lehrer gegenübersteht, wenn er in seinen Unterricht geht. So können die Konzepte und Ideen der Pädagogischen Psychologie Ihnen helfen, mehr wie jene Lehrer zu werden, die Sie vorhin als gute Lehrer eingestuft haben.

Am ersten Tag nach den großen Ferien gehen Sie in Ihre Klasse, legen Ihre Bücher und was Sie sonst noch dabei haben auf den Tisch, schreiben Ihren Namen an die Tafel und wenden sich Ihren Schülern zu. Vielleicht haben Sie auch ein paar Tage vorher Ihr Klassenzimmer für den ersten Schultag vorbereitet und dekoriert. Ob dies Ihre erste Klasse ist oder Ihre dreißigste: der Augenblick ist geprägt von einer gewissen Spannung, einer Herausforderung an Sie. Ihre Schüler können Zweitkläßler sein oder auch Gymnasiasten. Vielleicht verbringen Sie den ganzen Vormittag mit ihnen oder auch nur 45 Minuten. Vielleicht unterrichten Sie sie in mehreren Fächern, vielleicht auch nur in einem. Wie immer Ihre Situation aussieht, Sie werden ganz bestimmte allgemeine Probleme haben, mit denen Lehrer schon immer konfrontiert worden sind, und diese Probleme tauchen in vielgestaltiger Form auf, nicht nur am ersten Tag, sondern auch an jedem neuen Schultag.

Pädagogische Psychologie: Selbstverständnis

Pädagogische Psychologie hilft ganz allgemein Personen, die im pädagogischen Bereich tätig sind, indem sie ihnen bei der Bewältigung solcher Probleme zur Seite steht. Manchmal führt diese Hilfe allein zur Lösung eines Problems. Häufiger jedoch bildet sie nur die Grundlage einer Lösung. Mit anderen Worten: Die Pädagogische Psychologie versteht sich als Grundlagendisziplin der Pädagogik, so wie die Naturwissenschaften Grundlagendisziplinen der Technik sind. Der Bauingenieur, der eine Brücke entwirft oder eine Raffinerie, braucht natürlich Kenntnisse der Physik bzw. der Chemie; er braucht aber auch ein grundlegendes Verständnis ästhetischer, ökonomischer und politischer Bedingungen. In ähnlicher Weise muß der Lehrer Erkenntnisse der Pädagogischen Psychologie verbinden mit allgemeinen Wertfragen („Was ist gut für den Schüler, was für die Gesellschaft?“); soziologischen Überlegungen („Wie wirken sich gesellschaftliche Veränderungen auf den Unterricht aus?“); und dem Wissen über politische Zusammenhänge („Welche Beziehungen bestehen zwischen Regierungssystem und Bildungswesen?“).

So ist es denkbar, daß ein Lehrer sein psychologisches Wissen über die wahrscheinlichen Auswirkungen von Lehrererwartungen auf die Leistungen von Jungen und Mädchen in der Ausbildung zum Kfz-Mechaniker verbindet mit

- philosophischen Gedanken über das Gleichheitsprinzip;
- Informationen aus der Wirtschaft über die Arbeitsmarktsituation für Frauen und über Ausbildungsplatzkosten;
- das Meinungsbild in der Gesellschaft über weibliche Kfz-Mechaniker;
- politische Entscheidungsfaktoren bei der Schaffung von Lehrstellen.

Funktion

Die Pädagogische Psychologie kann gewisse Einsichten in die meisten Aspekte der pädagogischen Praxis vermitteln. Sie liefert wichtige Denkanstöße über und Einflüsse auf das Lernen in der Familie, im Geschäftswesen und in der Industrie als auch im gesellschaftlichen Kontext generell. Sie wirkt sich ferner auf Schulverwaltung, Curriculumentwicklung, Erziehungsberatung und andere pädagogische Tätigkeitsbereiche aus. Zuallererst jedoch befaßt sich die Pädagogische Psychologie und damit dieses Buch mit Lehr- und Lernprozessen im Schulunterricht. Präziser gesagt: wir werden uns vorwiegend mit solchen Problemen befassen, die im Prozeß des Unterrichtens selbst entstehen. Damit bieten wir Ihnen das an, wonach Lehrer ständig rufen: Hilfen, die „mehr oder weniger direkt eingesetzt werden können, um alltägliche Unterrichtsprobleme, ... Disziplin und Unterrichtskontrolle, Unterrichtsmethoden und -fertigkeiten [sowie] unterschiedliche Lernleistungen zu bewältigen ...“ (*Isakson* u. *Ellsworth,* 1979, S. 28).

1.2 Pädagogische Psychologie bei der Lösung von Unterrichtsproblemen

Fünf Problemfelder

Wir wollen uns jetzt kurz den Möglichkeiten zuwenden, welche die Pädagogische Psychologie zur Bewältigung der verschiedenen Unterrichtsprobleme für den Lehrer bereithält. Sie lassen sich unter fünf Hauptpunkten zusammenfassen. In welcher Weise diese aufeinander abgestimmt sind, läßt sich an einem Unterrichtsmodell graphisch darstellen (vgl. Abbildung 1-1). Dieses Modell findet sowohl bei kurzen Unterrichtssequenzen in Minisituationen Anwendung als auch bei Unterrichtssequenzen, die ein Semester dauern oder länger. Nach diesem Modell beginnt der Lehrer damit, seine Vorstellungen gedanklich zu formulieren. Das heißt, er formuliert die *Unterrichtsziele,* zu deren Erreichung er den Schülern verhelfen will. Für den Lehrer ergibt sich dabei das Problem, solche Unterrichtsziele zu formulieren, die wesentlich sind. Für den Schüler stellt sich das Problem oft so dar: „Ich weiß nicht, was er will! Warum sagt er uns nicht, was wir jetzt lernen sollen?“

Ziele

Bei der Auswahl der Unterrichtsziele greift der Lehrer auf Informationen und Vorstellungen über die wesentlichen *Voraussetzungen und Eigenschaften* der Schüler zurück, die er unterrichten soll. Dieser Punkt bezieht sich auf das

Schülereigenschaften

Problem des Lehrers, seine Schüler in ihrer Unterschiedlichkeit zu verstehen – die Variationsbreite ihrer Fähigkeiten, ihre Stärken und Schwächen und die Stufe ihrer jeweiligen Entwicklung. In den Worten der Schüler heißt das: „Mein Lehrer kennt mich nicht richtig!" – Oder: „Warum merkt er gar nicht, was wir wirklich wissen und was nicht?" Ziele formulieren und über Schülereigenschaften nachdenken sind Aufgaben, die vor dem eigentlichen Unterricht gelöst werden müssen.

Lernprozeß

Das Modell zeigt darüber hinaus den Zusammenhang, in welchem der Lehrer die *Gestaltung des Lernprozesses* berücksichtigen muß. Hier ist es die Aufgabe des Lehrers, Unterrichtsverfahren zu entwickeln, die miteinbeziehen, was über Lernprozesse bei Schülern bekannt ist. Außerdem muß er wissen, wie er seine Schüler motivieren kann. Der Lehrer muß sich vergegenwärtigen, wie er diese Vorstellungen umsetzen kann, während er mit den Schülern interagiert.

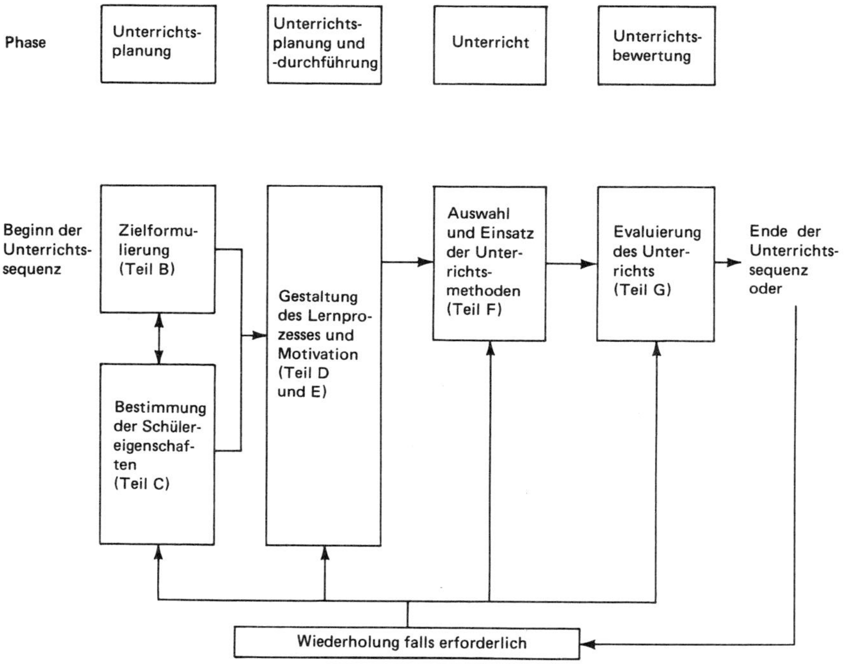

Abbildung 1-1. Unterrichtsmodell unter Einbezug der fünf Teile der *Pädagogischen Psychologie*

Aus der Schülerperspektive kommt es darauf an, Lernen leichter und gewinnbringender zu machen. Schüler wollen wissen, was wichtig ist, und sie wollen einen interessanten Unterricht. Schüler erwarten, daß man ihnen ganz klar sagt, ob sie ihre Arbeit gut machen, oder, wenn das nicht der Fall ist, wie sie sie besser machen können. Manches in diesem Zusammenhang kann im voraus geplant werden. Aber zur *Anwendung* kommt die Lerntheorie nur im Unterricht.

Auf der Grundlage dieser Planungsaktivitäten erfolgt die Auswahl und Umsetzung einer oder mehrerer Unterrichtsmethoden. Der Lehrer muß an diesem Punkt entscheiden, ob er Frontalunterricht machen oder die Schüler diskutieren lassen soll; ob er Filme zeigen, sich mit einzelnen Schülern beschäftigen, etwas vorlesen, eine programmierte Unterrichtseinheit einsetzen oder seine Schüler einfach allein lassen soll. Aus der Sicht des Schülers hört sich das so an: „Alles schläft, nur einer spricht – sowas nennt man Unterricht!"

Unterrichtsmethoden

Schließlich *bewertet* der Lehrer das, was die Schüler gelernt haben bzw. inwieweit sie die eingangs formulierten Unterrichtsziele erreicht haben. Für den Lehrer stellt sich hier die Aufgabe, Verfahren zu entwickeln, mit denen er einen – auch partiellen – Lernerfolg feststellen kann. Aus der Sicht der Schüler heißt das, Klassenarbeiten zu schreiben und gute Noten zu bekommen. Sie verlangen faire Prüfungs- und Benotungsverfahren. Aufgrund seiner abschließenden Bewertung kann der Lehrer sich davon überzeugen, daß seine Schüler das gelernt haben, was sie lernen sollten. Aus der Bewertung kann aber auch ersichtlich werden, daß eine teilweise Wiederholung erforderlich ist, da nicht alle Schüler das gesetzte Ziel erreicht haben. Es kann sogar notwendig sein, die gesamte Unterrichtssequenz noch einmal zu beginnen, d.h. die Ziele, die Voraussetzungen und Eigenschaften der Schüler sowie den Lernprozeß neu zu überdenken.

Messen und Bewerten

Diese Themenbereiche werden in den einzelnen Teilen dieses Buches behandelt. Um die verschiedenen Möglichkeiten der Lösung von Unterrichtsproblemen, die später behandelt werden, in ihrer Spannbreite aufzuzeigen, wollen wir jetzt eine kurze Einführung in jeden Themenbereich geben. Jeder Bereich, und dies gilt für die Pädagogische Psychologie insgesamt auch, schaut auf eine umfangreiche Geschichte zurück. Eine kurze Einführung in die Geschichte der Pädagogischen Psychologie mit zahlreichen wichtigen Verweisen finden Sie bei *Johanningmeier* (1978).

Unterrichtsziele: Entwicklung eines Unterrichtskonzepts

Welche Ziele sollen durch den schulischen Unterricht erreicht werden? – Durch den Unterricht in deutschsprachigen Schulen im letzten Viertel des zwanzigsten Jahrhunderts? – In der Sekundarstufe? – Im Algebraunterricht der 9. Klasse? Solche Fragen lassen sich bis ins Detail präzisieren, z.B.: Was soll durch die Algebrastunde im A-Kurs am heutigen Nachmittag erreicht werden? In diesen Beispielen wird unter einer zunehmend spezifischen und eingeengten Perspektive nach Unterrichtszielen gefragt.

Die Pädagogische Psychologie trägt in vielfacher Weise zur Lösung von Problemen bei der Formulierung von Unterrichtszielen bei. Sie beschäftigt sich etwa damit, worauf bei der Formulierung solcher Ziele jeweils Bezug genommen werden soll: auf die Schule, auf den Lehrer oder auf den Schüler. Die meisten Vertreter der Pädagogischen Psychologie sind der Auffassung, daß Unterrichtsziele zweierlei aussagen sollten: welche *Fähigkeit* von den Schülern erreicht werden soll und was sie voraussichtlich *tun werden,* wenn man sie in eine bestimmte Situation stellt. Warum Ziele gerade unter diesem Gesichts-

Formulierung von Zielen

punkt erörtert werden und nicht etwa aus der Sicht des Lehrers oder der Schule, ist zum Verständnis der Pädagogischen Psychologie besonders wichtig.

Klassifikation von Zielen

Die Pädagogische Psychologie hat Verfahren zur Klassifikation von Unterrichtszielen entwickelt. Diese Klassifikationsschemata ermöglichen es, wesentlich differenzierter über alternative Ziele und ihre Definitionsmöglichkeiten nachzudenken.

Wir werden ebenfalls untersuchen, welche Möglichkeiten der Zielformulierung es gibt, um möglichst eindeutig das Ausmaß des individuellen Lernerfolgs bewerten zu können.

Schülermerkmale

Welche Eigenschaften haben die Schüler, denen Sie als Lehrkraft gegenüberstehen? (Wir benutzen hier und im weiteren Verlauf den Begriff *Schüler* für alle Altersgruppen, vom Bereich der Vorschulerziehung bis zur Erwachsenenbildung.) Welche Fähigkeiten beherrschen sie bereits, bevor Sie beginnen, sie zu unterrichten? Die Eigenschaften, Fähigkeiten und Verhaltensweisen, mit denen die Schüler bereits in Ihre Klasse kommen, werden zweifellos Einfluß darauf haben, was sie lernen und wie sie es lernen. Von daher gesehen liegt ein dritter wesentlicher Beitrag der Pädagogischen Psychologie für die Arbeit des Lehrers in der Hilfestellung bei der Einschätzung von Lernvoraussetzungen dieser Art. Solche Voraussetzungen sollten die Wahl von Unterrichtszielen und Lernverfahren beeinflussen.

Individuelle Unterschiede von Schülern

Welche besonderen Eigenschaften und individuellen Unterschiede (wie etwa Alter, Geschlecht, Intelligenz, bestimmte früher erworbene Kenntnisse und Fähigkeiten, soziale Schicht, ethnischer Hintergrund) sollte der Lehrer berücksichtigen? – In welcher Form? – Und aus welchen Gründen sollte er dies tun? Manche Schüler bringen bereits die Voraussetzungen mit, die für das Erlernen einer bestimmten Fähigkeit oder das Verständnis eines Problems notwendig sind. Andere sind noch nicht so weit und werden bei einem Versuch, das gleiche zu tun, nur Enttäuschung erleiden. Wieder andere beherrschen die fragliche Fähigkeit bereits und langweilen sich, wenn der Lehrer unnachgiebig an seinem festgesetzten Lernziel festhält.

Die Pädagogische Psychologie bietet Überlegungen und Methoden an, die es gestatten, bei der Festlegung der Auswahl von Unterrichtszielen die unterschiedlichen Eigenschaften des einzelnen Schülers zu berücksichtigen. Über die pädagogische Bedeutung zahlreicher Merkmale und Eigenschaften von Schülern ist bereits vieles bekannt. Das Ausmaß, in dem verschiedene Eigenschaften in Verbindung miteinander auftreten oder *korrelieren,* bildet eine wichtige Leitlinie für die Erwartungen des Lehrers an seine Schüler. So sollten Lehrer z. B. gründlich über die zu erwartende Beziehung zwischen Kreativität und Intelligenz in einer Lerngruppe unterrichtet sein. Mit solcher Information ausgestattet, fällt es ihnen leichter, die richtigen Unterrichtsziele und Lernmethoden auszuwählen.

In diesem Zusammenhang ist auch wichtig, inwieweit die verschiedenen Eigenschaften und individuellen Unterschiede von Schülern festgelegt sind

oder verändert werden können. In welchem Ausmaß sind z. B. Intelligenzunterschiede genetisch bedingt, und in welchem Ausmaß sind sie durch die Umwelt beeinflußt? Und wie wirkt sich die Antwort auf diese Frage auf sozialpolitische Entscheidungen (die Bedeutung für den schulischen Bereich haben) aus?
Kurz gesagt, die Pädagogische Psychologie kann zu einem besseren Verständnis der individuellen Merkmale von Schülern beitragen und sie behandelt die Fragenkomplexe, wie Eigenschaften von Schülern festgestellt und nach ihrer Zusammengehörigkeit gruppiert werden können, inwieweit sie festgelegt oder veränderbar sind, und wie Lernprozesse durch sie beeinflußt werden.

Die Natur des Lernprozesses

Wie kommt es überhaupt zu einem Lernprozeß und was geschieht dabei? Die Antwort darauf ist selbstverständlich grundlegend für die Arbeit des Lehrers. Irgendeine Vorstellung über Lernprozesse liegt jedem Versuch der Beeinflussung anderer Personen zugrunde – ganz egal, ob dies durch Eltern geschieht, durch Propagandisten, Pfarrer oder Handelsvertreter. Eine Konzeption des Lernens ist für den Lehrer von besonderer Wichtigkeit, und gerade er sollte sich seine Vorstellungen über die Natur des Lernens voll bewußtmachen. Wir werden deshalb die hauptsächlichen Lerntheorien in der gegenwärtigen Psychologie erörtern, um damit einige nützliche Ansätze zur Verbesserung von Lernprozessen bereitzustellen.

Andere Lernkonzeptionen

Manche Psychologen vertreten die Meinung, daß grundsätzlich unterschiedliche Lernprozesse existieren, da offensichtlich auch grundsätzlich unterschiedliche Dinge gelernt werden. Sie sehen etwa wesentliche Unterschiede zwischen dem Lernen des Vokabulars und der Syntax einer Fremdsprache, zwischen dem Auswendiglernen der Atomgewichte chemischer Elemente und dem Verstehenlernen, wie chemische Verbindungen zustande kommen; zwischen dem Lernen von Lösungsregeln für quadratische Gleichungen und einem Lernen, das sich in der Lösung von neuartigen algebraischen Aufgaben eines bestimmten Typs manifestiert.
Die diversen Theorien und Konzeptionen, nach denen diese verschiedenen Dinge gelernt werden können, werden in Teil D behandelt. Und da Lernen dort am erfolgreichsten ist, wo wir es mit motivierten Schülern zu tun haben, muß das Motivationskonzept klar und eindeutig sein. Teil E behandelt diesen Bereich.
Eine besonders einflußreiche Konzeption von Lernen und Motivation ist die Verstärkungstheorie oder das operante Konditionieren. Zwar befürworten nicht alle pädagogischen Psychologen dieses Verfahren, trotzdem hat die Konzeption vom operanten Konditionieren die Forschung und Entwicklung der Erziehungswissenschaften stark beeinflußt. Wer die Aufgabe hat, anderen dabei zu helfen, ihr Verhalten zu ändern, kann es sich nicht leisten, operantes Konditionieren im Zusammenhang mit Lernen und Motivation zu ignorieren – auf welchen Prinzipien es basiert und was es für die Praxis bedeutet. Diese Theorie wird in verschiedenen Kapiteln der Teile D und E diskutiert.

Lehrmethoden

Wie soll ich unterrichten? Nach der Erörterung von Unterrichtszielen, von Lernprozessen und Schülereigenschaften folgt nun die Untersuchung der Lernmethoden. Darunter sind die Verfahren zu verstehen, mit denen Schülern geholfen werden kann, von vorhandenen Verhaltensweisen zu solchen zu gelangen, die dem jeweiligen Unterrichtsziel entsprechen.
Manche Lehrmethoden, z.B. Vortrag, Gruppendiskussionen und selbständiges Lernen (wo der Lehrer den Schüler weitgehend sich selbst überläßt), sind schon immer angewandt worden.
Andere methodische Ansätze, wie z.B. der humanistische, sind erst in jüngster Zeit wieder betont worden. Wiederum andere machen sich die moderne Technologie zunutze – Film, Tonband, Fernsehen, programmierter Unterricht (mittels programmierter Lehrbücher, Lernmaschinen und computerunterstützten Lernsystemen) oder setzen individuell zugeschnittene Lernprogramme ein, die darauf aufbauen.

Bewertung des Lernerfolges

Wie erfolgreich hat der Schüler gelernt? Diese Frage sollte sich jeder Lehrer im Anschluß an den Unterricht vorlegen. Zu einem Teil kann diese Frage schon während des Unterrichts beantwortet werden, indem überprüft wird, ob sich Lehrer und Schüler den Unterrichtszielen genähert haben. Oder die Bewertung kann hinausgeschoben werden, bis ein größerer Unterrichtsabschnitt – eine Woche, ein Monat oder ein Jahr – abgeschlossen ist. In manchen Fällen ist es allerdings ratsam, eine Bewertung vor Beginn des Unterrichts vorzunehmen, damit man abschätzen kann, welches Leistungsniveau den Ausgangspunkt der Schüler bildet.
Die Pädagogische Psychologie liefert Erkenntnisse zu drei schulischen Bewertungsprozessen – vor, während und nach dem Unterricht; ein Lehrer sollte wissen, wie er diese Erkenntnisse nutzbringend einsetzen kann. Bestimmte Bewertungen des Lernerfolges lassen sich am ehesten mit Tests oder anderen Meßverfahren durchführen, die vom Lehrer selbst zusammengestellt wurden. In anderen Fällen müssen von außen vorgegebene standardisierte Tests oder Verfahren verwendet werden, auf deren Konstruktion er keinen Einfluß hatte. Die Pädagogische Psychologie hat Überlegungen dazu entwickelt, wie solche Verfahren konstruiert und ausgewählt werden, wie sie angewendet und ausgewertet werden sollten und welches der beiden angeführten Verfahren jeweils das geeignetste ist.
Ein zentraler Streitpunkt im Bereich der Bewertung von Lernerfolg ist die Frage: Sollten Schüler untereinander verglichen werden? Bis vor kurzem haben wir fast immer die Leistung eines Schülers mit der anderer Schüler verglichen. Diese Bewertungsmethode beurteilt Schüler danach, wie weit sie über oder unter dem Durchschnitt ihrer Gruppe oder in welchem prozentualen Verhältnis ihre Leistungen zu denen der Gruppe liegen. Erst in den letzten Jahren haben wir angefangen, die Leistung eines Schülers eher mit dem zu

vergleichen, was er hätte lernen sollen, und zwar ohne Rücksicht auf die anderen Schüler. Unter diesem Gesichtspunkt können alle Schüler eine Leistung vollbringen oder auch nicht, und keiner steht notwendigerweise an der Spitze der Klasse oder am Ende. Jeder dieser grundlegenden verschiedenen Bewertungsansätze hat seine Vorteile, und die Lehrer sollten sie kennen.

Emotionales Engagement und Pädagogische Psychologie

Lehrbücher sind generell in neutralem, d. h. wenig emotionalem Stil verfaßt. Wir machen da keine Ausnahme. Gleichwohl sollten Sie diesen Stil und das, worum es in der Pädagogischen Psychologie geht, nicht miteinander identifizieren. Dieses Buch handelt von den Hoffnungen und Ängsten, den Freuden und Schmerzen, den Vorlieben und Abneigungen, den Erfolgen und Fehlschlägen, den großartigen Erleuchtungen und verzweifelten Verwirrungen menschlicher Wesen. Hinter allem, was in den kalten Abstraktionen und Analysen dieser Kapitel beschrieben ist, verbirgt sich

- die Frustration eines achtjährigen Mädchens über den Konflikt zwischen seinem Lehrer und seiner besten Freundin;
- die Depression eines Zehntkläßlers, der überzeugt ist, es nie zu etwas zu bringen;
- das ungute Gefühl einer Fünfzehnjährigen, die ihre Gedanken nicht auf die Geometriestunde konzentrieren kann;
- die Verwirrung von Türkenkindern in einer dritten Klasse bei der Bearbeitung einer Unterrichtseinheit über Weihnachtsbräuche;
- die Angst eines Abiturienten vor der mündlichen Prüfung;
- die Verärgerung eines Hauptschülers über die Nutzlosigkeit bestimmter Unterrichtsfächer angesichts seiner bevorstehenden Arbeitslosigkeit.

Die Pädagogische Psychologie behandelt aber auch die freundlicheren Seiten des Lebens:

- den Wandel von echter Verzweiflung zu großer Begeisterung bei einem Zweitkläßler, der endlich das Lesen gelernt hat;
- das Umschalten von Störverhalten zu engagierter Konzentration im Musikunterricht einer zehnten Klasse;
- das Ansteigen der Durchschnittsnoten im Deutschen in einer Klasse von Ausländerkindern in einer Industriestadt;
- die Zulassung einer Abiturientin zum Medizinstudium, der man in der zehnten Klasse nahegelegt hatte, die Schule zu verlassen.

Wenn die Kapitel dieses Buches den emotionalen Tiefen und Höhen der Lebenswirklichkeit nicht gerecht werden, liegt das nicht daran, daß die Pädagogische Psychologie von dieser Wirklichkeit nichts weiß oder sie ignoriert. Diese Dinge ziehen sich durch das gesamte Buch hindurch, und Sie werden es um so besser verstehen, je realistischer Sie sich seine Gedanken vor Augen führen. Wenden Sie das, was Sie lesen, auf die Geheimnisse, Einsichten, Probleme und Ereignisse des Lebens an – Ihres eigenen und das Ihrer Freunde.

1.3 Zusammenfassung

Die Pädagogische Psychologie kann zu einem guten Teil bei der Lösung pädagogischer Probleme insbesondere im Unterricht beitragen. Solche Probleme treten in allen Phasen der unterrichtlichen Tätigkeit auf: in der Planung, der Durchführung und der Bewertung von Unterricht. Die Anwendung der Pädagogischen Psychologie erstreckt sich auf fünf Bereiche: Unterrichtsziele, Schülereigenschaften, die Natur des Lernprozesses, Unterrichtsmethoden und die Bewertung von Lernerfolg.

Unterrichtsziele sind zweckgebunden: auf die Schule im allgemeinen und auf den schulischen Unterricht im besonderen. Die Pädagogische Psychologie beschäftigt sich damit, wie diese bestimmt, klassifiziert und im Unterricht verwertet werden. Schülereigenschaften müssen in Betracht gezogen werden, um Unterschiede individueller Lernleistungen bei Schülern zu verstehen. Die verschiedenen Stufen der intellektuellen, sozialen und emotionalen Entwicklung unserer Schüler im Kindes- und Jugendalter spielen ebenfalls eine Rolle für die Beantwortung der Frage, wie unterrichtet werden sollte. Die Lernprozeßforschung untersucht die Arten und Möglichkeiten, wie wir alle uns bestimmte neue Verhaltensweisen aneignen. All diese Komponenten sind relevant für die Auswahl der Unterrichtsmethoden und für die Art und Weise, wie diese Methoden eingesetzt und kombiniert werden, um optimale Ergebnisse zu erreichen. Die Bewertung des Lernerfolges anhand von Tests und Testmethoden unterschiedlicher Art bildet schließlich einen weiteren Anwendungsbereich der Pädagogischen Psychologie.

Die wesentlichen Forschungsbereiche der Pädagogischen Psychologie lassen sich auf drei zentrale Variablen eingrenzen – Unterrichtsziele, Schülereigenschaften und Unterrichtsmethoden. Die Auswahl der Unterrichtsmethoden sollte beeinflußt sein von der Art der Lernziele, die es zu erreichen gilt, und von den Eigenschaften der Schüler, die man unterrichtet. Die Pädagogische Psychologie arbeitet mit dem Ziel, die Grundlagenkenntnisse zu vermitteln, auf deren Basis eine sinnvolle Entscheidung bei derartigen Fragen getroffen werden kann.

Kapitel 2

Inhalte und Methoden der Pädagogischen Psychologie

2.1 Überblick

In dieser Einheit machen wir Sie mit einigen der heute selbstverständlichen allgemeinen Aussagen über Lernen und Lehren bekannt, welche die Pädagogische Psychologie gegenwärtig dem Lehrer anzubieten hat. Sie werden die Fachterminologie kennenlernen, die in der Pädagogischen Psychologie, wie in jeder anderen Wissenschaft auch, gebraucht wird: die grundlegenden Begriffe und Prinzipien, mit denen pädagogisch relevante Vorgänge interpretiert und zueinander in Beziehung gesetzt werden. Bei der praktischen Anwendung dieser Begriffe und Prinzipien der Pädagogischen Psychologie wird versucht, Phänomene, die mit dem Lehren und dem Lernen verbunden sind, zu verstehen, vorauszusagen und zu kontrollieren. Hierfür werden Beispiele angeführt, um zu illustrieren, wie der wissenschaftliche Ansatz der Pädagogischen Psychologie Ihnen als Lehrer helfen kann. Schließlich werden wir jene zwei Methoden diskutieren, mit denen sich bestimmen läßt, wie die Variablen, mit denen wir uns in der Pädagogischen Psychologie beschäftigen, miteinander in Beziehung stehen. Dies sind die korrelationale und die experimentelle Methode, die das Kernstück des empirischen Ansatzes in der Pädagogischen Psychologie bilden. Auf diese beiden empirischen Stützpfeiler der Pädagogischen Psychologie werden wir wiederholt in diesem Buch zurückkommen. Deshalb halten wir es für wichtig, daß Sie mit diesen beiden Methoden einigermaßen vertraut werden.

2.2 Sind die Prinzipien der Pädagogischen Psychologie selbstverständlich?

Der Nutzen Pädagogischer Psychologie

Bisweilen werden die Prinzipien, die ja aus einer psychologischen Untersuchung des Lernens und Lehrens hervorgegangen sind oder sich daraus ableiten lassen, in Frage gestellt. *Keppel* faßt die Argumente der Kritiker folgendermaßen zusammen:

Das Bemühen, mit wissenschaftlichen Methoden menschliches Verhalten zu studieren, erscheint den Kritikern lächerlich, wenn nicht sogar lästerlich. Das Ergebnis ist nach ihrer Darstellung eine schwerfällige, pseudowissenschaftliche Sprache, die zehn Seiten braucht, um selbstverständliche Dinge zu erklären oder die seit langem feststehenden Erkenntnisse humanistisch orientierter Untersuchungen zu verwässern; eine Kunst des Lehrens auf der

Grundlage der „behavioristischen Wissenschaften“ aufzubauen, heißt ihrer Meinung nach auf Sand bauen (*Keppel,* 1962, S. 91).

In seinem einflußreichen Buch über die Lehrerausbildung in den Vereinigten Staaten charakterisiert *Conant* (1963) die Pädagogische Psychologie als eine Wissenschaft, die sich überwiegend Commonsense-Verallgemeinerung über die menschliche Natur zu eigen macht. Dies sind nach *Conant* „zum größten Teil sehr begrenzte und unsystematische Verallgemeinerungen, die das alltäglich gebrauchte Handwerkszeug aller normalen Leute darstellen“. Die Pädagogische Psychologie kann also nach *Conants* Ansicht nur das bieten, was bereits offensichtlich ist.
Um *Conants* Position besser zu verstehen, wird es nützlich sein, einige seiner Thesen hier vorzustellen und zu kommentieren:

Einige „selbstverständliche“ Thesen

1. Intelligentere Schüler neigen dazu, von ihren Mitschülern weniger sozial akzeptiert zu werden, d.h. Kinder mit einem hohen IQ und guter schulischer Leistung sind oft weniger beliebt.
   (Das ist nicht schwer zu verstehen, da bekannt ist, daß Kinder anderen Kindern, die begabter sind als sie, ihren größeren Erfolg, ihre besseren Noten und die Anerkennung, die diese beim Lehrer genießen, verübeln.)
2. Je größer die Zahl der Übungen und Instruktionen ist, die man einer Gruppe von Schülern zur Entwicklung einer bestimmten Fertigkeit anbietet, desto ähnlicher werden sich die einzelnen Schüler in ihrer Leistung.
   (Gewiß: Eine Gruppe, die dieselben Erfahrungen macht, zeigt eine größere Homogenität in Bereichen, die in Bezug zu diesen Erfahrungen stehen.)
3. „Transfer“ (d.h. das in einer Situation Gelernte auf eine andere übertragen können) ist nur dann sichergestellt, wenn eine Ähnlichkeit zwischen der ursprünglichen Lernsituation und der neuen Situation, in der das Gelernte angewendet werden soll, vorliegt bzw. die Zahl der sogenannten identischen Elemente zwischen beiden Situationen hoch genug ist.
   (Es gibt keinen „generellen Transfer“. Der Schulunterricht muß so lebens- und wirklichkeitsnah sein wie nur möglich.)
4. Wenn jemand lernen soll, mit einem Gewehr zu schießen, so muß man ihn das Schießen üben lassen.
   („Übung macht den Meister“ ist seit langem als Grundregel für das Lehren bestimmter Fertigkeiten anerkannt.)
5. Soll ein Schüler über das Material, das in einer Unterrichtsstunde dargeboten worden ist, geprüft werden, dann sollte er sich Aufzeichnungen machen, wenn sein Gedächtnis schlecht ist; hat er dagegen ein gutes Gedächtnis, braucht er nur aufzupassen, um den Stoff zu beherrschen.
   (Wenn sich jemand nicht auf sein Gedächtnis verlassen kann, sollte er natürlich alles aufschreiben, ehe er es vergißt. Hat er ein gutes Gedächtnis, wird der Versuch, Notizen zu machen, dagegen seinen Lernprozeß eher behindern; in diesem Fall reicht es daher vermutlich aus, gut aufzupassen.)
6. Wir helfen dem Kind, das Lesen zu lernen, wenn wir die Wörter, deren Bedeutung das Kind lernen soll, durch Illustrationen veranschaulichen.
   (Wie sonst kann man die Bedeutung von Wörtern erlernen als durch das Wissen, daß z.B. das Wort „Bus“ einen  *bezeichnet?)*

7. Es ist wichtig, schriftliche Aufzeichnungen logisch geordnet zu präsentieren; ansonsten wird der Leser von dem dargebotenen Material weniger verstehen.
   (Natürlich: Geordneter Stoff läßt sich leichter bewältigen als ungeordneter.)

Solche Verallgemeinerungen auf der Basis des „gesunden Menschenverstands" haben Kritiker wie *Conant* im Auge, wenn sie sagen, daß die Pädagogische Psychologie nur Selbstverständliches behandelt. Wenn solche Prinzipien oder Erkenntnisse selbstverständlich sind, warum bemühen sich dann die Wissenschaftler so sehr darum, sie herauszufinden und zu untersuchen? Und warum sollte man zukünftigen Lehrern solche Allgemeinplätze nahebringen, die ohnehin zum gesunden Menschenverstand gehören? Diese Fragen wären legitim, wenn für sämtliche angeführten Verallgemeinerungen nicht folgende Tatsache gelten würde: *Jede dieser Feststellungen muß entweder sorgfältig belegt werden oder sie steht in völligem Gegensatz zu dem, was Vertreter der Pädagogischen Psychologie tatsächlich herausgefunden haben.*

Untersuchungsergebnisse zu einigen „selbstverständlichen Annahmen"

1. *Gronlund* (1959, S. 191) kommt in seinem Sammelreferat zu dem Schluß, daß „als Gruppe die begabten Schüler wesentlich höher rangieren, was die soziale Einschätzung durch Gleichaltrige betrifft". Dieses Verhältnis zeigte sich auch im Bereich der konkreten Leistung: Diejenigen Schüler wurden von ihren Kameraden am meisten akzeptiert, die die besten schulischen Leistungen erbrachten.
2. *Anastasi* (1958, S. 211) hat in ihrer Analyse von einschlägigen Untersuchungen festgestellt, daß „individuelle Unterschiede mit zunehmender Übung meist ansteigen". Dieses Ergebnis betrifft Fertigkeiten wie Vokabellernen, bestimmte Buchstaben aus einer Druckseite herausfinden, Zahlen für Symbole einsetzen, versteckte Wörter finden. Der Unterschied zwischen einzelnen Personen steigt von Übungsdurchgang zu Übungsdurchgang.
3. Entgegen der allgemeinen Auffassung zeigen Forschungsergebnisse, daß Schüler ihre Fertigkeit, die sie in einer Aufgabe erreicht haben, besser auf eine andere Aufgabe übertragen, wenn ihnen das zugrundeliegende abstrakte Prinzip vermittelt worden ist. „Der hohe Transferwert von abstrakten Prinzipien hat eine lange Geschichte ... Die grundlegenden Begriffe und Prinzipien in einem thematischen Feld zeigen einen größeren positiven Transfer auf nachfolgende Aufgaben als spezifische Informationen" (*Klausmeier* u. *Davis,* 1969, S. 1489). Diese Prinzipien können rein theoretisch sein und müssen *nicht* mehr oder weniger identisch mit einer konkreten Aufgabe sein.
4. *Gagné* (1962) hat in einer Untersuchung über die Ausbildung von Piloten für den Luftkampf festgestellt, daß sich die Trefferquote durch Üben in zehn Einsätzen nicht wesentlich verbesserte. Selbst wenn nach jedem Schuß sofort eine Rückmeldung über das Ergebnis erfolgte, war keine Verbesserung zu verzeichnen. Erst nachdem die Piloten darüber informiert worden waren, wie sie das anvisierte Ziel finden können, trat eine deutliche Verbesserung ein. Übung allein ist nicht immer der beste Weg, eine komplexe Fertigkeit zu erreichen.

5. *Berliner* (1971) hat in einer Reihe von Untersuchungen gemessen, welcher Lernzuwachs nach einer Vorlesung bei Studenten zu verzeichnen war. Dabei wurde auch das Kurzzeitgedächtnis dieser Studenten anhand eines Tests zur Merkfähigkeit von zufälligen Buchstabenreihen gemessen. Diejenigen Studenten, deren Testergebnisse eine geringe Erinnerungsfähigkeit erbrachte und die während der Vorlesung nur aufgepaßt hatten, waren gleich gut oder besser als jene, die sich Aufzeichnungen gemacht hatten. Das Mitschreiben behinderte nur Studenten mit schlechter Erinnerungsfähigkeit, nicht jedoch die mit guter Erinnerungsfähigkeit.
6. Der umfangreiche Einsatz von Bildern beim Lesenlernen ist in einer Reihe von Untersuchungen von *Samuels* (1970) in Frage gestellt worden.

   In einer dieser Untersuchungen lernten zwei nach dem Zufallsprinzip zusammengestellte Gruppen von Vorschulkindern vier Wörter lesen *(Junge, Bett, Mann, Auto),* entweder mit oder ohne Bild. Die Aufgabe der Kinder war, unter beiden Bedingungen, auf den Gestaltreiz des Schriftbildes die entsprechende mündliche Antwort zu geben. Jedem Lerndurchgang folgte ein Testdurchgang. Beim Test war nur das gedruckte Wort auf der Karte, die visuelle Hilfe fehlte. Die Gruppe, die ohne Bilder gelernt hatte, gab signifikant mehr korrekte Antworten als die Bildgruppe (*Samuels,* 1970, S. 398).

   Weitere Arbeiten auf diesem Gebiet führten *Samuels* zu der Schlußfolgerung, daß die zusätzliche Darbietung von Bildern beim Lesenlernen von Worten bei denjenigen Kindern, die bereits relativ gut lesen konnten, weder zu einer Verbesserung noch zu einer Verschlechterung führte, während bei Kindern, die noch relativ schlecht lesen konnten, die zusätzliche Verwendung von Bildern den Lernprozeß störte (vgl. *Samuels,* 1970, S. 399).
7. Die Darbietung von Lernmaterial in der Form von programmierten Unterweisungen wird deutlich als die beste logische und empirisch bestätigte Methode der Strukturierung von Unterrichtsmaterial angesehen. Untersuchungen in der Pädagogischen Psychologie haben jedoch den Wert dieser und anderer Formen der Strukturierung ernsthaft in Zweifel gezogen und die Frage aufgeworfen, ob wir wissen, worin eine gute Strukturierung von Lehrmaterial besteht und wie wir die Wirkungen einer solchen guten Strukturierung messen können. *Schramm* (1964) hat die Experimente gesichtet, in denen die unmittelbare und spätere Wirkung von logisch geordneten gegenüber zufällig zusammengestellten programmierten Unterrichtsmaterialien gemessen wurden. Von fünf dieser experimentellen Untersuchungen zeigten drei überhaupt keine Unterschiede, während eine nur einen unmittelbaren Vorteil für die geordnete Sequenz auswies. Nur eine der fünf Untersuchungen ergab einen klaren Vorteil für die geordnete Sequenz. Andere Untersuchungen über unstrukturiertes Vortragsmaterial (Aneinanderreihung einzelner Abschnitte nach einer Zufallsauswahl) zeigten ebenfalls keine negativen Auswirkungen auf das Verständnis der Zuhörer (*Thompson,* 1967).

Die Fragwürdigkeit von „Selbstverständlichkeiten“

Mit *Lazarsfeld* (1949) können wir zusammenfassend sagen: Wenn wir die tatsächlichen Ergebnisse der Untersuchung zuerst erwähnt hätten, hätte der Leser diese ebenfalls als „selbstverständlich“ angesehen. Offensichtlich ist irgend etwas falsch an dem ganzen Argument der „Selbstverständlichkeit ...“.

Viele der Verallgemeinerungen über menschliches Verhalten, denen der Laie sich verschreibt, erweisen sich entweder einfach als falsch oder als unzulänglich qualifiziert. Fast jede pauschale Feststellung, die im Brustton der Überzeugung und ohne Wenn und Aber vorgetragen wird, hinterläßt auf uns nicht nur einen Eindruck der Zweifelsfreiheit, sondern erscheint auch als selbstverständlich. Dies gilt insbesondere in Bereichen wie „menschliches Verhalten" oder „Erziehung" – Bereiche, mit denen jeder glaubt, vertraut zu sein. Diese Vertrautheit macht aus uns allen „Experten", und dann neigen wir dazu, dogmatische Feststellungen als selbstverständlich anzuerkennen. Wissenschaftliche Untersuchungsergebnisse sollten herangezogen werden, wenn man sich gegen solche Tendenzen absichern will.

Baratz (1983) hat den experimentellen Nachweis für solche „selbstverständlichen" Reaktionen erbracht. In einer Psychologieeinführung legte sie fünfundachtzig Studienanfängern die Ergebnisse von sechzehn sozialwissenschaftlichen Untersuchungen vor. Die Hälfte der vorgelegten Ergebnisse war wahr, d.h. die tatsächlichen Ergebnisse wurden wiedergegeben, die andere Hälfte gab genau das Gegenteil der tatsächlichen Ergebnisse wieder. Die Aufgabe bestand somit darin, acht wahre und acht falsche Forschungsergebnisse zu bewerten. Jedes Forschungsergebnis wurde also in zwei verschiedenen Aussageformen präsentiert. Demzufolge wurde die eine Hälfte der Testgruppe aufgefordert, zu einer Feststellung wie der folgenden Stellung zu nehmen:

A. Ledige Frauen sind über ihren Familienstand mehr beunruhigt als ledige Männer;

während die andere Hälfte zum genauen Gegenteil Stellung nehmen sollte:

B. Ledige Männer sind über ihren Familienstand mehr beunruhigt als ledige Frauen.

Die Studenten sollten nun den Grad der „Selbstverständlichkeit" dieses Forschungsergebnisses anhand von vier Alternativen bewerten:

1. Ich bin *sicher,* daß ich dieses Ergebnis vorausgesagt hätte und nicht sein Gegenteil.
2. Ich *glaube,* daß ich das Ergebnis vorausgesagt hätte und nicht das Gegenteil, aber ich bin *nicht sicher.*
3. Ich *glaube,* daß ich das Gegenteil dieses Ergebnisses vorausgesagt hätte, aber ich bin *nicht sicher.*
4. Ich bin *sicher,* daß ich das Gegenteil dieses Ergebnisses vorausgesagt hätte.

Baratz' Test erbrachte folgendes Resultat: Auf den Hinweis, daß die Feststellung A ein wahres Forschungsergebnis sei, behaupteten 80% dieser Testgruppe, sie hätten das Ergebnis vorausgesagt (d.h. sie hatten sich für die Alternativen 1 oder 2 entschieden). Als der zweiten Testgruppe die Feststellung B als wahres Forschungsergebnis vorgestellt wurde, entschieden sich 66% dieser Gruppe ebenfalls für die Alternativen 1 oder 2. *Baratz* schloß daraus, daß „Ergebnisse, die einander widersprechen, im Rückblick als ‚selbstverständlich' bewertet werden. ... Diese Resultate zeigen eindeutig, daß ein Ergebnis, das schwarz auf weiß vorliegt, als selbstverständlich angesehen wird. Es spielte keine Rolle, welches Ergebnis vorgestellt wurde: die Testpersonen glaubten mehrheitlich, sie hätten es voraussagen können" (S. 25, 26).

2.3 Konzepte (oder Variablen) und Prinzipien in der Pädagogischen Psychologie

Wie jede Wissenschaft bedient sich auch die Pädagogische Psychologie bestimmter Konzepte, Prinzipien und Methoden. Die Konzepte beziehen sich dabei

a) auf Verhaltens- und Denkprozesse von Personen bei verschiedenen Aktivitäten im pädagogischen Bereich und
b) auf Bereiche der Umwelt, in denen diese Prozesse stattfinden und auf die sie bezogen sind.

Die Prinzipien bestehen aus den wechselseitigen Beziehungen solcher Konzepte.

Konzepte und Variablen

Konzepte können die Gestalt von Variablen annehmen, die sich auf Veränderungen und Unterschiede entweder von Individuen oder von Ereignissen beziehen. Das Konzept der menschlichen Intelligenz ist zum Beispiel eine Variable, denn Menschen weisen Unterschiede in ihrer Intelligenz auf.
Was wir mit dem Begriff Konzept meinen, ist teilweise eine Angelegenheit der Definition und teilweise der Methoden, mit denen wir die Konzepte untersuchen oder mit denen wir die korrespondierenden Variablen messen. Die Bedeutung des Konzepts von Intelligenz z. B. hängt teilweise davon ab, wie wir „intelligent" definieren. Prinzipiell schließt unsere Definition moralische Implikationen aus: Hochintelligente Menschen können unfair und unehrlich sein. Wir unterscheiden auch zwischen Intelligenz und Klugheit. Hochintelligente Menschen können praktische oder persönliche Angelegenheiten sehr unklug handhaben. Das psychologische Konzept von Intelligenz hebt gewöhnlich Schnelligkeit und Fähigkeit beim Lösen von Problemen hervor, die verbal, in mathematischen oder räumlichen Symbolen ausgedrückt sein können.
Wie dem auch sei, die Psychologie befaßt sich mit vielen Konzepten, die spezifisch für diese Disziplinen sind. Vieles, was Sie in den nächsten Kapiteln lesen, befaßt sich mit solchen Konzepten, die von der Pädagogischen Psychologie entwickelt worden sind – umfassende Konzepte wie etwa Intelligenz, Lernen, Einstellung, Motivation, und enger umrissene Konzepte wie Reizsteuerung, Lerntransfer, Zuwendung durch den Lehrer und Inhaltsvaliditát.

Qualitative und quantitative Variablen. Wie identifizieren wir Variablen und wie definieren wir sie? In der Regel entstammen sie unseren eigenen Erfahrungen – zufälligen oder gesteuerten. Viele Kritiker haben den pädagogischen Psychologen vorgeworfen, allzu große Eile beim Definieren und zu wenig Sorgfalt beim Messen von Variablen an den Tag zu legen. *Rist* (1979) meint zum Beispiel, daß die Beobachtung und Interpretation menschlichen Verhaltens in natürlicher Umgebung ein angemessenes Mittel ist, um solches Verhalten zu verstehen. Qualitative Forschung, bei der Ereignisse beschrieben werden, und quantitative Forschung, bei der bestimmte Ereignismerkmale gemessen werden, liefern uns Variablen zur Bearbeitung. Wesentlich dabei ist, daß beides analysiert wird, die innere Erfahrung und das äußere Verhalten der Menschen, um die es geht, und zwar auf eine Art und Weise, die für beide wertvoll ist, den Beobachter als auch den Teilnehmer. Der Beobachter versucht herauszufinden, wie die Menschen, Schüler und Lehrer zum Beispiel, in einer gegebenen Situation, etwa dem Unterricht, das, was da vor sich geht, wahrnehmen und verstehen und wie sie das einschätzen. Das ist der Grund, warum der qualitativ arbeitende Wissenschaftler zunächst versucht, sich in die Welt der Menschen hineinzuversetzen, die er untersucht, anstatt sofort und ohne Vorwarnung eine Reihe von vordefinierten Variablen aufzustellen.

Ein Beispiel dafür, was dieser qualitative Forschungsansatz zu leisten vermag, ist *Rists* (1973) eigene Untersuchung über die Entwicklung von Kindern im Kindergarten- und Schulalter in einer amerikanischen Metropole. Er stellte in einer detailliert angelegten Studie dar, wie eine Kindergärtnerin am Ende der ersten Woche ihre Neuankömmlinge in drei Gruppen aufteilte, und zwar nach nichtwissenschaftlichen „Fähigkeits"-Kriterien: äußere Erscheinung, Auftreten, ob die Familie Sozialhilfe bezog usw. Die Kindergärtnerin erwartete unterschiedliche Leistungen von ihren drei Kindergruppen und bekam sie auch; diese Unterschiede wurden später, als die Kinder in die Schule kamen, von ihren Lehrern weiter gefördert und setzten sich fest. Nichts von alledem wäre ans Licht gekommen ohne die sensiblen und gründlichen Beobachtungen des qualitativ forschenden Wissenschaftlers.

Möglichkeit und Wahrscheinlichkeit

Die Untersuchung einer einzelnen Klasse oder Schule kann wohl die *Möglichkeit* eines solchen Vorurteils seitens eines Lehrers oder einer Schule demonstrieren. Wie steht es jedoch mit seiner *Wahrscheinlichkeit?* Hier benötigen wir Beweise von mehr Situationen und die quantitative Behandlung der Variablen. *Haller* und *Davis* (1980) stellten zum Beispiel in Frage, was für die Einteilung in Lesegruppen in siebenunddreißig 4. bis 6. Klassen in vier amerikanischen Schuldistrikten eher verantwortlich war: die Leseleistung des einzelnen Kindes oder sein sozioökonomischer Status. Sie stellten fest, daß das, was *Rist* als Möglichkeit aufgezeigt hatte, statistisch nur ganz schwach belegt werden konnte. Mit anderen Worten: der soziale Status eines Schülers spielte bei der Zuteilung zu Lesegruppen durch den Lehrer keine wesentliche Rolle. Was sich durch qualitative Forschung als denkbar erwiesen hatte, stellte die quantitative Forschung als unwahrscheinlich dar. Gleichwohl – beide Forschungsansätze tragen zu unserem besseren Verständnis der Sachlage bei.

Veränderbare und unveränderbare Variablen. Da Unterricht darauf abzielt, wünschenswerte Veränderungen bei Menschen zu *verursachen* – hinsichtlich ihrer Kenntnisse, Fertigkeiten und Einstellungen – ist es von großer praktischer Bedeutung, Möglichkeiten zu entwickeln, solche Veränderungen ursächlich herbeizuführen. So hat auch *Bloom* (1980) darauf hingewiesen, daß die Pädagogische Psychologie ein größeres Interesse an *veränderbaren Variablen* zeigen sollte als an solchen, die nicht veränderbar oder statisch zu sein scheinen. Nehmen wir an, die „verfügbare Zeit" für ein Unterrichtsfach ist per Gesetz festgelegt; dann ist sie bei weitem weniger durch den Lehrer veränderbar als die „Arbeitszeit", die er durch bestimmte Verbesserungen seiner Unterrichtstätigkeit intensivieren kann. „Intelligenz" ist weniger veränderbar als „kognitive Wissensbestände", wie z. B. die Spezialkenntnisse, die erforderlich sind, um einen bestimmten Sachverhalt zu erlernen. „Elternstatus" oder der „sozioökonomische Hintergrund" eines Schülers sind weniger veränderbar als verschiedene „häusliche Umweltprozesse", wie z. B. Lob und Aufmunterung durch die Eltern. Solche veränderbaren Variablen sind, fast schon *per definitionem,* vielversprechender für Unterrichtsverbesserungen als unveränderbare. Wir werden uns später mit vielen derzeit praktizierten Beispielen auseinandersetzen.

Es ist jedoch ebenso sinnvoll, auch die relativ unveränderbaren Variablen zu untersuchen. Selbst wenn diese Variablen nicht manipulierbar sind, um Unterricht zu kontrollieren oder zu verbessern, so können sie uns dennoch helfen, Unterricht besser zu verstehen. Und manchmal können wir bestimmte Unterrichtspraktiken auf solche unveränderbaren Schülereigenschaften anpassen wie sozioökonomischer Status, ethnischer Hintergrund oder Geschlecht (vgl. Kapitel 10). Um solche Anpassungen vornehmen zu können, müssen wir lernen, in welcher Beziehung diese relativ unveränderbaren Variablen zu Unterrichtsprozessen und -ergebnissen stehen. Untersuchen wir beispielsweise geschlechtsspezifische Lernleistungsunterschiede, so entdecken wir, daß Mädchen dazu tendieren, Aufgaben, die räumliches Denken voraussetzen, weniger gut zu lösen als Jungen, und daß Jungen dazu tendieren, bei bestimmten verbalen Aufgaben weniger gut abzuschneiden als Mädchen (vgl. Kapitel 9). Wenn uns diese Tendenzen bekannt sind – und Forschungsergebnisse über die unveränderbare Variable der geschlechtsspezifischen Lernleistung liegen vor –, dann können wir so manches Problem, das im Unterricht auftaucht, besser verstehen.

Prinzipien

Beziehungen zwischen Variablen

Die Pädagogische Psychologie befaßt sich nicht nur mit Konzepten, sondern auch mit deskriptiven Prinzipien, nämlich mit den Beziehungen zwischen Variablen. Ein Beispiel: Individuen mit größerer Intelligenz zeigen gewöhnlich bessere schulische Leistungen. Solch eine Verallgemeinerung stellt ein Prinzip dar. Wenn ein Prinzip sehr gut bestätigt und in zahlreichen Befunden fest verankert ist, würde man eine solche Uniformität in der Beziehung zwischen zwei Konzepten ein *Gesetz* nennen.

Empirische Grundlagen wissenschaftlicher Prinzipien

Wissenschaftliche Prinzipien, die Beziehungen zwischen Variablen der Pädagogischen Psychologie eingeschlossen, können nicht allein auf Definitionen beruhen, wie etwa in der Logik oder der Mathematik. Vielmehr müssen sie empirisch abgeleitet sein, d.h. auf Erfahrung gründen. Eine empirische Wissenschaft wie die Pädagogische Psychologie akzeptiert eine Beziehung nur dann als Prinzip oder als Gesetz, wenn letztere mit Erfahrungstatsachen in Einklang stehen, die durch systematisch gesammelte Daten belegt sind.

2.4 Anwendung von Konzepten und Prinzipien in der Pädagogischen Psychologie: Verstehen, Vorhersage und Kontrolle

Wir haben als Bestandteile der Pädagogischen Psychologie Konzepte, Prinzipien und Methoden genannt. Bevor wir uns den Methoden zuwenden, wollen wir uns die Frage stellen: Was sind die Ziele bei einer wissenschaftlichen Vorgehensweise? Ziel der Pädagogischen Psychologie ist, wie in jeder anderen Wissenschaft auch, die Phänomene, mit denen sie sich befaßt, zu verstehen, vorherzusagen und durch systematische Manipulation von Variablen zu kontrollieren. *Verstehen* heißt, sich Rechenschaft über die logischen Beziehungen zwischen Variablen zu geben. *Vorhersagen* heißt, auf der Basis eines gegebenen Wertes einer *Variablen* eine statistisch signifikant überzufällige Voraussage zu geben über den nachfolgenden Wert einer anderen Variablen. *Kontrollieren* heißt, eine unabhängige Variable dergestalt manipulieren, daß gewünschte Werte einer abhängigen Variablen hervorgebracht werden. Drei Beispiele sollen diese Anwendung von Konzepten und Prinzipien in der Pädagogischen Psychologie verdeutlichen.

Verstehen

Vorhersage

Kontrollieren

Ein Beispiel für Verstehen

Logische Beziehungen

Als Beispiel hierfür können wir ein Beziehungsgefüge heranziehen, in der die einzelnen Komponenten logisch aufeinander bezogen sind. Eine logische Beziehung kann etwa folgendermaßen aufgebaut sein: Wenn ein Basketball (A) größer ist als ein Tennisball (B), und der Tennisball größer ist als ein Pingpongball (C), dann muß der Basketball größer sein als der Pingpongball. Oder: wenn der Wert von A den Wert von B bestimmt, und der Wert von B den Wert von C bestimmt, dann muß der Wert von A den Wert von C bestimmen. Wenn wir diesen Typus einer logischen Beziehung auch in der gegenseitigen Beziehung dreier Variablen fänden, die schulisches Lernen beeinflussen könnten, dann wäre dies ein Anwendungsfall von *Verstehen.*
Ein Beispiel für Variablen, die in dieser Weise aufeinander bezogen sind, wird in einer Untersuchung von *Bidwell* und *Kasarda* (1975) vorgestellt. Sie stellten fest, daß die Finanzierung von Schuldistrikten in den USA (A) in direktem Bezug stand zu der Anzahl der Schüler pro Lehrer (B). B wiederum stand in

Bezug zu den Durchschnittsleistungen der Schüler (C). Man kann also davon ausgehen, daß A in Bezug zu C steht, was die Autoren auch nachgewiesen haben. Die Art und Weise, wie A, B und C eine Beziehung untereinander herstellen, ist nachweislich logisch und kann somit verstanden werden.

Ein Beispiel für Vorhersage

Vorhersage des Schul- und Hochschulerfolges

Das Prinzip der Vorhersage läßt sich anhand schulischer Eignungstests illustrieren, deren Ziel es ist, schulische Leistungen im voraus zu bestimmen. In den USA wurden von übergreifenden Collegeinstitutionen (dem College Entrance Examination Board und im Rahmen des American College Testing Program) Testprogramme erstellt, die von vielen Hunderten von Colleges verwendet werden. Diesem Eignungstest müssen sich Collegebewerber irgendwann im letzten Schuljahr unterziehen.

Für die Colleges ist das Abschneiden in diesen Eignungstests deshalb von Interesse, weil darin ein wichtiger Indikator für den (mit Noten gemessenen) Leistungsstand des einzelnen Studenten am Ende seines ersten Studienjahres zu sehen ist. Tausende von Untersuchungen haben einen Zusammenhang nachgewiesen zwischen a) Leistungen in Hochschuleignungsprüfungen, die im letzten Schuljahr nachgewiesen werden, und b) dem Notendurchschnitt am Ende des ersten Studienjahres. Durch diesen Zusammenhang macht die Kenntnis über a) nützliche Voraussagen über b) möglich. Das Beispiel in Abbildung 2-1, das auf einer Untersuchung von 579 Studienanfängern basiert, erlaubt die Voraussage, daß die Chancen eines Studenten, einen Notendurchschnitt von 2,5 (Notenskala 0–9; 0 = geringster Wert; 9 = höchster Wert) oder mehr zu erreichen, sprunghaft ansteigt, wenn seine Punktezahl im Hochschuleignungstest sprunghaft ansteigt (Eignungstest: Ohio Psychological Examination).

Ein Test von einer Stunde macht es also möglich, eine gewisse Voraussage über den Erfolg eines Studenten über neun Monate Studium hinweg zu machen. Die Voraussagekraft des Tests ist dabei so hoch wie die des Notendurchschnitts des Schülers nach vier Jahren Schule, d. h. die Aussage des Testergebnisses ist fast ebenso zuverlässig wie eine Beurteilung auf der Grundlage von 3 oder 4 Jahren Schulunterricht.

Vorhersage setzt keine logische Abhängigkeit und Kausalbeziehung voraus

Selbst wenn wir mit mehr als nur Zufallsgenauigkeit Voraussagen auf der Grundlage der Beziehungen zwischen Variablen erstellen können, muß die Beziehung zwischen diesen Variablen weder logisch erscheinen noch einen Kausalzusammenhang widerspiegeln. Ein Beispiel: Der durchschnittliche finanzielle Aufwand für alkoholische Getränke, den sich amerikanische Familien in bestimmten Regionen leisten, hat einen signifikanten Voraussagewert über die schulischen Durchschnittsleistungen von Achtkläßlern in dieser Region. Ein anderes Beispiel: In dem amerikanischen Bundesstaat Illinois läßt sich die durchschnittliche Notenleistung einer Schülergruppe aus einer bestimmten Schule voraussagen, wenn man diese Variable in Beziehung setzt zur Entfernung dieser Schule von der nächsten Kohlenzeche (*Mohandessi* u. *Runkel*, 1958). Solche überzufällig auftretenden Beziehungen zwischen Varia-

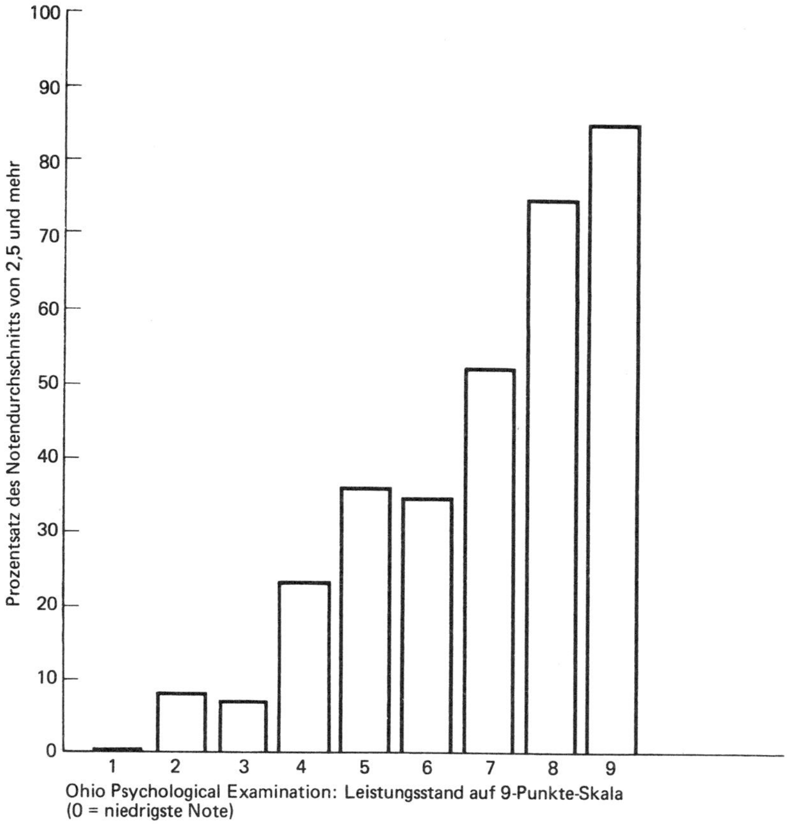

Die Chancen eines Studenten, im ersten Semester seines Studiums einen Notendurchschnitt von 2,5 oder mehr zu erreichen, läßt sich anhand seines Leistungsstands im Hochschuleignungstest (Scholastic Aptitude Test) vorausbestimmen.

Nach *Tyler* (1965, S. 74).

Abbildung 2-1. Ein Beispiel für Vorhersage

blen können zu Vorhersagezwecken verwendet werden, selbst wenn der Zusammenhang zwischen diesen Variablen nicht völlig logisch oder kausal ist.

Ein Beispiel für Kontrolle durch Manipulation von Variablen

Kontrolle durch Manipulation von Variablen hängt davon ab, ob eine kausale oder funktionale Beziehung zwischen zwei Variablen vorhanden ist; und davon, ob es möglich ist, eine der beiden Variablen systematisch zu beeinflussen. Eine solche Manipulation einer Variablen bewirkt, daß die andere Variable, sei sie nun kausal oder funktional abhängig, sich ändert. Wir wissen z. B., daß mathematische Kenntnisse durch Mathematikunterricht entfacht werden können. Wenn Algebra nicht im Unterricht vermittelt wird, werden Schulkinder sie nicht von allein aufschnappen. Wenn wir also den Unterricht manipulieren, indem wir einige Kinder in Mathematik unterrichten und andere nicht, dann können wir den Kenntnisstand in Mathematik bei allen unterrichteten Kindern verändern. Der Leistungsstand in Mathematik wird hierbei von dem Ausmaß des angebotenen Mathematikunterrichts kontrolliert oder, anders gesagt, er steht in einem funktionalen Verhältnis zu ihm. Die Fähigkeit, Kontrolle durch die Manipulation von Variablen auszuüben, deutet nicht notwendigerweise auf ein wirkliches Verstehen oder eine wirkliche Erklärung der Beziehung zwischen zwei Variablen hin.

Es ist möglich, daß in Unterrichtsexperimenten eine neue Unterrichtsmethode erprobt wird und zu einer echten Leistungsverbesserung führt. Für die Leistungsverbesserung kann jedoch ein sozialer Faktor genauso verantwortlich sein (z. B. gesteigerte Aufmerksamkeit beim Experiment) wie die neue Unterrichtsmethode selbst. In der Forschung hat man inzwischen gelernt, vor solchen möglichen und verwirrenden Einflußfaktoren beim Experimentieren auf der Hut zu sein. Man nennt dieses Phänomen den „Hawthorne Effect“ (nach der Fabrik, wo er entdeckt wurde).

Merke:

Die drei Ziele einer wissenschaftlichen Vorgehensweise – Verstehen, Vorhersage und Kontrolle durch Manipulation – hängen von bestimmten Arten von Beziehungen zwischen Variablen ab. Verstehen hängt ab von logischen Beziehungen; Vorhersagen hängt ab von zeitlichen Beziehungen; und Kontrolle durch Manipulation von Variablen hängt ab von kausalen bzw. funktionalen Beziehungen. Diese drei Beziehungsarten sind keineswegs gleichbedeutend. Wir können mit einer beschäftigt sein, ohne Rücksicht auf die anderen zu nehmen; zumindest bis zu einem gewissen Grad.

Logische, temporale und kausale Beziehungen

In unserer Analyse vom Lehren und Lernen werden wir alle drei Beziehungsarten einbringen – die logische, die temporale und die kausale. Jede hat bei unterschiedlichen Bedingungen und für unterschiedliche Zwecke ihren Wert. Der Wissenschaftler stellt fast ausschließlich das erste Ziel in den Vordergrund – Verstehen – und unterstellt diesem die beiden anderen. Sein Interesse für Vorhersage und Kontrolle durch Manipulation von Variablen geht nur so weit, als diese Beziehungsarten seine Fragen über das Verstehen zu Lösungen vorantreibt. Nichts desto weniger zeigt uns die Geschichte der Wissenschaft und Technologie, daß ein grundlegendes theoretisches Verständnis auch höchst praktischen Gewinn abwerfen kann. Alle drei Arten von Beziehungen können nützlich für unsere praktische Arbeit sein, selbst wenn wir sie nicht verstehen.

2.5 Methoden zur Analyse der Beziehungen von Variablen

Korrelation und Experiment

Wie wir gesehen haben, zielt eine wissenschaftliche Vorgehensweise auf Verstehen, Vorhersage und Kontrolle durch Manipulation von Variablen. Wir haben diese Beziehungen bereits als logisch, temporal oder funktional klassifiziert. In diesem Abschnitt wollen wir die Beziehungen zwischen Variablen im Hinblick auf die zwei grundlegenden Methoden charakterisieren, die zu ihrer Analyse verwendet werden. Korrelation und Untersuchung von Kausalbeziehungen durch Experimentation.

Korrelationale Beziehungen

Eine *korrelative Beziehung* sagt etwas darüber aus, daß es zwischen Werten einer Variable und bestimmten Werten einer anderen Variable Auftretenswahrscheinlichkeiten gibt. Es ist möglich, daß solche Korrelationen Beziehungsverhältnisse von Ursache und Wirkung widerspiegeln, aber dies muß nicht so sein. Wenn A mit B korreliert, dann kann das verschiedene Ursachen haben:

- A verursacht B: $A \rightarrow B$
- B verursacht A: $A \leftarrow B$
- A und B verursachen sich gegenseitig: $A \leftrightarrow B$
- C verursacht A und B: C → A; C → B
- C verursacht A, D verursacht B, und E verursacht sowohl C und D:
  E → C → A
  E → D → B

Die Methode der Korrelationsrechnung leistet lediglich den Nachweis von gleichzeitigen oder sequentiellen Beziehungen. Die Daten in Abbildung 2-1 stellen eine korrelative Beziehung dar.

Kausale Beziehungen

Eine *kausale Beziehung* besteht dann, wenn die Veränderung einer Variablen die Veränderung einer anderen nach sich zieht (bewirkt, hervorbringt, determiniert, produziert oder zur Folge hat). Der beste, aber nicht der einzige Weg festzustellen, ob zwei Variablen kausal aufeinander bezogen sind, ist das *Experiment.*

Manipulationen

Mit der experimentellen Methode *manipulieren* wir eine der Variablen (die unabhängige Variable). Manipulieren heißt, Objekte, Organismen, Personen oder Personengruppen unterschiedlichen Ausprägungsformen einer unabhängigen Variablen auszusetzen. Nach dieser Manipulation wird die Veränderung der anderen Variablen gemessen. Wenn die zweite Variable sich aufgrund der manipulativen Veränderung der ersten Variablen verändert hat, dann nehmen wir eben an, daß diese Veränderung eine Auswirkung der Manipulation der ersten Variablen darstellt.

Unabhängige und abhängige Variablen

Wenn wir beispielsweise einer Schülergruppe Algebraunterricht erteilen, eine zweite Gruppe aber davon ausschließen, dann manipulieren wir den Algebraunterricht als eine unabhängige Variable. Nachfolgende Algebrakenntnisse sind dann die abhängige Variable. Wenn die unterrichtete Gruppe mehr

Algebrakenntnisse hat als die nichtunterrichtete Gruppe, dann bedeutet das für uns, daß der Unterricht diese Kenntnisse *ursächlich* herbeigeführt hat.

Ob eine Beziehung kausal ist oder nur korrelativ, kann von ungemein praktischer Bedeutung sein. Ein dramatisches Beispiel für die Kontroverse über Beziehungen von Variablen ist die Frage nach dem Zusammenhang von Rauchen und Lungenkrebs (*Eysenck,* 1980). Was die empirische Beziehung betrifft, so widerspricht niemand: Lungenkrebs tritt nachweislich häufiger bei Zigarettenrauchern auf als bei Nichtrauchern. Und je mehr Zigaretten jemand raucht, desto größer ist die Wahrscheinlichkeit, daß er Lungenkrebs bekommt.

Korrelation und Kausalbeziehung

Aber: Ist das Zigarettenrauchen *Ursache* für Lungenkrebs? Oder ist die Verbindung lediglich korrelativ und beide Variablen hängen von einer dritten ab. Solch eine dritte Variable würde sowohl die unterschiedlichen Schwankungen beim Zigarettenrauchen als auch die sie begleitenden Schwankungen in der Häufigkeit des Lungenkrebses bedingen. Über die Art einer solchen dritten Variablen sind zahlreiche Mutmaßungen angestellt worden. Es könnte z.B. eine angeborene Neigung zur Nervosität sein, die sowohl ein stärkeres Verlangen nach der entspannenden Wirkung des Zigarettenrauchens mit sich bringt als auch eine Anfälligkeit für Lungenkrebs. Es könnte aber auch die größere Luftverschmutzung in Städten sein, wo die Zahl der Zigarettenraucher größer ist.

Zufallsstichprobe (Randomisierung)

Nehmen wir einmal an, es wäre möglich, ein Experiment über das Zigarettenrauchen durchzuführen. Dafür würden wir einen repräsentativen Querschnitt von Versuchspersonen auswählen. Dann würden wir in einer Zufallsstichprobe (Randomisierung) bestimmte Versuchspersonen aussondern und diese dazu anhalten, Zigaretten zu rauchen. Gleichzeitig würden wir sicherstellen, daß der übrige Teil nicht rauchen würde. Nach etwa 10–30 Jahren würden wir die Häufigkeit von Lungenkrebs in beiden Gruppen messen. Wenn der Häufigkeitsunterschied zwischen beiden Gruppen größer wäre als es die Zufallsspanne erlaubt, hätten wir einen stichhaltigen Beweis dafür, daß Zigarettenrauchen Lungenkrebs hervorruft. Solch ein Experiment ist natürlich ethisch nicht vertretbar.

Praktische Bedeutung von Kausalbeziehungen

Wichtige Probleme im pädagogischen Bereich hängen ebenfalls davon ab, ob eine Beziehung kausal oder nur korrelativ ist. Die Beziehung zwischen dem Intelligenzquotienten (IQ) eines Menschen und seinem Wortschatz ist ein gutes Beispiel hierfür. Psychologen haben schon vor langer Zeit nachgewiesen, daß Menschen mit höherem IQ gewöhnlich mehr Wörter und deren Bedeutung kennen als andere. Dabei ist es kaum von Bedeutung, wie die Intelligenz gemessen wird. Dies kann durch verbale Aufgaben, räumliche Aufgaben oder mathematische Problemstellungen geschehen. Wenn die Versuchspersonen in einer normalen – d.h. nicht ausgesprochen verarmten, sozial unterprivilegierten – Umgebung aufgewachsen sind, so verfügen gewöhnlich diejenigen mit höherem IQ auch über einen umfangreicheren Wortschatz. Dies ist in amerikanischen Untersuchungen nachgewiesen worden. Übrigens ist der beste Teiltest zur Ermittlung von Intelligenz im *Stanford-Binet*-Test – wie auch in vielen anderen Intelligenztests – der Wortschatzsubtest.

Menschen mit höheren IQs erbringen auch bessere Schulleistungen und haben Berufe, die besser bezahlt sind und höheres Ansehen genießen. Also wird ein höherer IQ als wünschenswert erachtet. Wenn ein umfangreicher Wortschatz Anzeichen eines hohen IQs ist, scheint es nur selbstverständlich zu sein, seinen Wortschatz zu vergrößern. Je mehr Wörter man kennt, desto höher der IQ, desto besser die Noten, um so einflußreicher schließlich auch die Position im Berufsleben.

Dies ist die bekannte Argumentation derer, die unter dem Slogan „Werden Sie redegewandt" oder „Wissen ist Macht" ein blühendes Geschäft betreiben. Aber wie *Flesch* (1954) nachgewiesen hat, ist diese Argumentation falsch. Aus der Tatsache, daß die höhere Intelligenz eines Menschen dazu führt (oder der Grund dafür ist), daß er sich einen umfangreicheren Wortschatz heranbildet, ist nicht zu schließen, daß der umgekehrte Fall ebenfalls stimmt, nämlich, daß ein umfangreicher Wortschatz auch zu höherer Intelligenz führt. Der umfangreiche Wortschatz ist lediglich ein Symptom für das eigentlich Wesentliche: den höheren Intelligenzgrad. Ebenso führt die Vergrößerung des Wortschatzes nicht zu einer Steigerung eines ursprünglich niedrigen Intelligenzquotienten.

Die Frage, ob eine Beziehung zwischen zwei Variablen kausaler Natur ist oder nicht, hat einen wesentlichen Einfluß auf die praktischen Konsequenzen, die aus dieser Beziehung resultieren.

Die Bestimmung korrelativer Beziehungen

Wenn korrelative und kausale Beziehungen zwischen Variablen so wichtig sind, wie können wir sie dann ermitteln? Um diese Frage zu beantworten, müssen wir zunächst die Methoden erörtern, mit denen wir bestimmen können, ob zwei Variablen korrelieren oder nicht.

Zuordnung von Variablen

Um zu bestimmen, ob zwei Variablen miteinander korrelieren, brauchen wir eine Grundlage für die paarweise Zuordnung von zwei Variablen. Um z. B. zu bestimmen, ob IQ und schulische Leistung miteinander korrelieren, nehmen wir als Basis für eine solche paarweise Anordnung den Schüler: *Sein* IQ wird mit *seiner* Leistung gleichgesetzt. Meßergebnisse der beiden Variablen, IQ und Schulleistung, können gewonnen werden, indem man einer Anzahl von Schülern Tests zu beiden Variablen vorlegt. Dann werden die Meßergebnisse der Variablen dieser Schülergruppe statistisch verarbeitet, so daß eine gesicherte Antwort auf die Frage gegeben werden kann, ob eine korrelative Beziehung existiert. Sind die beiden Variablen jedoch z. B. Klassengröße und Schulleistung, so wäre in diesem Fall die Gleichsetzungsbasis die Klasse: Die Schülerzahl würde der Durchschnittsleistung zugeordnet, wobei natürlich mehrere Schulklassen als Materialbasis des Vergleichs zur Verfügung stehen müßten.

Korrelationskoeffizient

Nach der Tabellierung der Meßergebnisse wird ein Korrelationskoeffizient errechnet. Korrelationskoeffizienten sind Zahlenwerte, die sich von −1,00 über 0 nach +1,00 erstrecken. Sie geben Aufschluß über die Richtung und das Ausmaß der Beziehung zwischen zwei Variablen. Je enger der Korrelationskoeffizient an −1,00 oder +1,00 heranrückt, desto enger sind zwei Variablen miteinander assoziiert, im ersten Fall negativ, im zweiten Fall positiv. Je mehr sich eine Korrelation dem Wert 0 nähert, desto geringer sind zwei Variablen miteinander assoziiert. Im Nullpunkt sind die zwei Variablen unabhängig voneinander, d. h. sie weisen keine korrelative Beziehung zueinander auf. So würden z. B. Körpergewicht und Intelligenz, die kaum Beziehungen zueinander haben, statistisch eine Korrelation um den Nullpunkt aufweisen. Schulischer Notendurchschnitt und Notendurchschnitt von Studienleistungen zeigen demgegenüber eine substantielle Beziehung zueinander; hier ergeben sich meist Korrelationkoeffizienten zwischen 0,40 und 0,60. Das Körpergewicht eines Menschen auf dem Mond und auf der Erde korreliert vollkommen, obwohl es wegen der unterschiedlichen Anziehungskräfte verschieden hoch ist, d. h. der Korrelationswert wäre +1,00. Wenn wir jeweils eines dieser Körpergewichte kennen, können wir sehr leicht durch eine einfache Transformation den genauen Wert des jeweils anderen errechnen. Aufgrund der perfekten Korrelation könnten wir fehlerfrei von einem Gewichtssystem in das andere überwechseln. Je enger der Korrelationskoeffizient an +1,00 (oder −1,00) heranrückt, desto enger sind die beiden untersuchten Variablen miteinander assoziiert. Was ein Korrelationskoeffizient bedeutet und aussagt, werden Sie vielleicht besser verstehen können, wenn Sie an einem praktischen Beispiel selbst einmal einen Korrelationskoeffizienten berechnet haben; wie man dabei vorzugehen hat, wird in späteren Kapiteln deutlich werden.

Wieso betonen wir die Bedeutung der Korrelationen so sehr? Erhalten wir wirklich aus der Berechnung eines Korrelationskoeffizienten wertvolle Informationen über den Zusammenhang von zwei Variablen? Einige Beispiele mögen stellvertretend die Antwort geben:

Beispiele für korrelative Beziehungen

1. Die Korrelationen zwischen dem Ruf, den ein Heranwachsender für ein bestimmtes Verhalten hat – beurteilt von seiner Altersgruppe *(peer group)* –, und der objektiven Beobachtung dieser Verhaltensweise bewegen sich oft um den Wert 0,70 (vgl. *Newman* u. *Jones,* 1946).
2. Die Korrelation zwischen der Intelligenz eines Menschen und der Beurteilung seiner häuslichen Umgebung (nach materiellem Wohlstand, Räumlichkeiten, Sauberkeit usw.) liegt bei 0,40 (vgl. *Anastasi,* 1958).
3. Die Korrelation zwischen Persönlichkeitseigenschaften wie Ordnung und Sauberkeit und Kenntnissen in Biologie ist bei Schülern der 12. Klasse 0,00 (vgl. *Flanagan* u. a., 1964, S. 8–6).
4. Das Interesse von Schülern der 12. Klasse an handwerklichen Berufen korreliert zu −0,34 mit ihren Informationen über Theater und Ballett (vgl. *Flanagan* u. a., 1964, S. 8–7).

Interpretation von korrelativen Beziehungen

Aus diesen Beispielen können wir folgende Erkenntnisse ableiten:
Ad 1: Wir wissen, daß das subjektive Urteil durch Gleichaltrige über ein bestimmtes Verhalten eines Mitschülers fast genauso gut ist wie eine objektive Beobachtung seines Verhaltens, denn das Ergebnis zeigt, daß beide in einem hohen Ausmaß miteinander assoziiert sind. Wenn also ein Schüler von seinen Kameraden zum Sprecher der Klasse vorgeschlagen wird, kann man ihr Urteil über seine Fähigkeiten in diesem Tätigkeitsbereich akzeptieren. Wir wissen ferner, daß bisweilen unsere Beobachtungen von den Urteilen der Peergruppe abweichen, da die beiden Variablen nicht völlig miteinander korrelieren.

Gleichwohl könnte das Ergebnis über die Beziehung zwischen den zwei Variablen für viele unserer Zwecke ausreichend sein.
Ad 2: Wir wissen, daß die äußerlichen Bedingungen des kindlichen Zuhauses eine gewisse, wenn auch keine bemerkenswert große Beziehung zu seiner Intelligenz haben. Der gesunde Menschenverstand würde uns darauf stoßen, daß hier andere Variablen am Werk sind, wie z.B. die Intelligenz der Eltern, sozialer Rang der Familie, finanzielle Unabhängigkeit usw. Dennoch hilft uns das Wissen um diesen zwar nicht stark ausgeprägten, aber konsistenten Zusammenhang, die Beziehungen zwischen Variablen aus unserer Umgebung besser zu verstehen.

Korrelation ist nicht gleich Kausalität

Ad 3: Wir sehen, daß Ordnung und Sauberkeit nicht mit bestimmten naturwissenschaftlichen Kenntnissen assoziiert sind, obwohl oft angenommen wird, daß sie der Schlüssel für gutes wissenschaftliches Arbeiten sind.
Ad 4: Schließlich erfahren wir, daß Jungen, die handwerkliche Berufe ergreifen wollen, kein großes Interesse an „Kultur" haben. Die negative Korrelation weist dabei auf folgendes hin: Je größer die Kenntnisse über Theater und Ballett sind, desto geringer ist das Interesse an handwerklichen Berufen.
Kurz: Korrelationskoeffizienten werden zur Beschreibung der Beziehung zweier Variablen gebraucht. Der Korrelationskoeffizient ist wohl das wichtigste Spezialwerkzeug der Sozialwissenschaften. Denn, um mit *Thorndike* zu sprechen, „Korrelationen sind dazu bestimmt, in den Sozialwissenschaften mehr oder weniger jene Rolle zu spielen, die Gleichungen in der Physik, der Chemie und der Technik spielen" (*Thorndike,* 1939, S. 42). Wir müssen uns dabei vor Augen halten, daß Korrelation nicht notwendigerweise dasselbe bedeutet wie Kausalität. Um zu bestimmen, ob die Beziehung zwischen zwei Variablen auf Ursache und Wirkung beruht, brauchen wir andere Methoden. Diesen wollen wir uns jetzt zuwenden.

Die Bestimmung kausaler Beziehungen

Experiment

Um festzustellen, ob Veränderungen in einer Variablen Veränderungen in einer anderen *verursachen,* führen wir ein Experiment durch. Der Begriff *Experiment* hat spezifische Bedeutung, er ist nicht mit wissenschaftlichen Arbeiten, Forschung, Studium oder ähnlichem gleichzusetzen. Er bezieht sich vielmehr auf Situationen, in denen eine Variable (die unabhängige Variable) manipuliert wird, und danach die Werte einer anderen Variablen (der abhängigen Variablen) gemessen werden. Wen wir Schülern z.B. vier verschiedene Erklärungen für ein und denselben Sachverhalt vorlegen (unabhängige Variable) – etwa das Addieren einfacher Brüche – um anschließend ihre Fähigkeit zum Addieren einfacher Brüche in einer Schularbeit festzustellen (abhängige Variable), so führen wir ein Experiment durch. Auf die Manipulation einer Variablen (unterschiedliche Erklärung) folgt das Messen der Werte einer anderen Variablen (Grad des Verstehens). Wenn in der abhängigen Variablen verschiedene Werte mit Veränderungen in der unabhängigen Variablen korrespondieren, so schließen wir darauf, daß die unabhängige Variable diese

Unterschiede in der abhängigen Variablen hervorgerufen hat. Das heißt, wenn wir Unterschiede in Prüfungsergebnissen jener Schüler feststellen würden, denen die vier unterschiedlichen Erklärungen vorgelegt worden waren, so *könnten* wir darauf schließen, daß unsere Erklärungen diese Unterschiede verursacht haben.

Randomisierung

In einem Experiment der Pädagogischen Psychologie versuchen wir gewöhnlich, die Schüler durch Zufallsstichproben (Randomisierung) für die verschiedenen Vorhaben auszuwählen, um dadurch die Gruppen auszubalancieren, damit es unwahrscheinlich ist, daß eine Gruppe einen Vorteil gegenüber einer anderen hat. Durch eine Randomisierung werden gewöhnlich zwischen den einzelnen Gruppen die Variablen ausbalanciert, die unser Experiment unbeabsichtigt beeinflussen könnten. Wenn wir das nicht tun, schließen wir unter Umständen auf kausale Beziehungen, wo gar keine vorhanden sind.

Aufbau von Experimenten

Bei der Bildung von Gruppen in einem erziehungswissenschaftlichen Experiment gehen wir so vor, daß wir Experimentalgruppen und Kontrollgruppen bilden. Letztere sind Gruppen, die nicht wie die Experimentalgruppen mit einer unabhängigen Variablen konfrontiert werden und als Vergleichsgrundlage für diese dienen. In der Experimentalgruppe versuchen wir, die Schüler vor und nach der Manipulation einer unabhängigen Variablen zu beobachten. In einem richtig gestalteten Experiment können wir weitgehend alle Faktoren unter Kontrolle halten, die uns bei unserer Suche nach kausalen Beziehungen auf eine falsche Spur lenken könnten.

Statistische Auswertung von Experimenten

Schließlich benutzen wir bei der Auswertung der Experimente meist statistische Verfahren. Mit ihrer Hilfe läßt sich abschätzen, ob unsere Ergebnisse auf Zufall beruhen oder ob eine kausale Beziehung zwischen den unabhängigen und abhängigen Variablen besteht. Wenn unsere Ergebnisse statistisch signifikant sind (d. h., daß mehr als nur Zufall im Spiel war), können wir gewöhnlich daraus schließen, daß hier eine kausale Beziehung vorliegt.

Experimentelle Methoden in der Pädagogischen Psychologie (wie generell auch in anderen Wissenschaftsbereichen) erfordern technische Fertigkeiten und auch ein gewisses Maß an Kunstfertigkeit. Gute Experimente, d. h. solche, die eine zweifelsfreie kausale Interpretation zulassen, sind seltener als wir es uns wünschen. Wenn Randomisierung mit einem guten experimentellen Design und einer passenden statistischen Analyse verbunden wird, dann besitzen experimentelle Ergebnisse wahrscheinlich Aussagekraft.

2.6 Zusammenfassung

Die Konzepte, Prinzipien und Methoden der Pädagogischen Psychologie lassen sich mit denen vieler anderer Wissenschaften vergleichen, vor allem mit denen der Sozialwissenschaften. Es wird der Pädagogischen Psychologie wie auch den anderen Sozialwissenschaften häufig angelastet, daß sie sich mit selbstverständlichen Dingen beschäftigen. Wenn wir uns jedoch eingehend mit bestimmten Problemen auseinandersetzen, die uns zunächst ganz selbstverständlich erscheinen, dann entdecken wir, daß vieles nur teilweise zutrifft oder nur unter bestimmten Umständen oder daß es sogar falsch ist. Verläßliches Wissen können wir uns nur aneignen, indem wir zu verstehen versuchen, was wahr und was falsch ist, und indem wir Phänomene vorhersagen und kontrollieren. Logische Beziehungen helfen uns zu verstehen. Temporale Beziehungen helfen uns, Voraussagen zu machen. Experimentieren hilft uns, Voraussagen zu machen und zu kontrollieren und, mehr noch, es ermöglicht uns, kausale Beziehungen aufzudecken. Zu den Methoden, die wir verwenden, um Kausalbeziehungen zu eruieren, gehören die Statistik, das experimentelle Design und die Bildung von Zufallsstichproben (Randomisierung) bei der Aufteilung in Experimentgruppe und Kontrollgruppe. Hervorzuheben ist, daß in der Pädagogischen Psychologie experimentelle Methoden häufig zur Anwendung kommen. Sie bieten uns folgende Erkenntnis: wenn wir etwas Bestimmtes tun (x), verändern wir etwas anderes (y). Solche Feststellungen liefern wichtige Richtlinien für die Unterrichtspraxis.

Ein Großteil unserer wissenschaftlichen Untersuchungen kann sachbedingt nicht experimentell sein, sondern ist lediglich korrelativ. Manchmal tun wir vielleicht so, als existiere eine kausale Beziehung zwischen jenen zwei Variablen, die wir gerade in ihren Korrelationen untersuchen, aber wir sollten in solchen Situationen sehr vorsichtig sein. Gleichwohl versuchen wir, auf der Grundlage von experimentellen und korrelativen Forschungsergebnissen vorzuschlagen, was Lehrer tun sollten, um bestimmte Probleme im Unterricht und in ihren Schulen zu lösen. Je weiter die Pädagogische Psychologie ihre experimentellen und korrelativen Forschungen vorantreibt, desto mehr Hilfen wird sie dem Lehrer geben können.

Teil B

Unterrichtsziele formulieren, strukturieren und klassifizieren

Wozu sind Schulen da? Wozu dienen curriculare Programme im schulischen Bereich? Warum haben unsere Schüler Geschichtsunterricht? Was will ein Lehrer seinen Schülern im Geschichtsunterricht vermitteln? Welche Ziele verbinden sich mit einer spezifischen zweiwöchigen Unterrichtslektion über einen bestimmten Geschichtsabschnitt?
Diese Fragen befassen sich mit Unterrichtszielen auf verschiedenen Ebenen. Ziel *bedeutet hier dasselbe wie gewünschtes Ergebnis, Zweck, angestrebtes Endverhalten der Schüler, Intention, die hinter dem Unterricht steht. Wir verwenden den Begriff* Ziel *wegen seiner weiten Verbreitung eines Terminus technicus in der Erziehungswissenschaft. Logisch betrachtet ist die Bestimmung von Zielen der erste Schritt jeder unterrichtsbezogenen Arbeit. Wie umfangreich auch das Unterfangen ist, dem wir uns widmen – dem Ausbildungssystem eines Landes, dem Curriculum einer Schule, einer Unterrichtseinheit oder einer kurzen Erklärung im Unterricht –, wir sollten uns immer das Ziel vor Augen halten, das wir anstreben, bevor wir mit dieser Arbeit beginnen.*
In Kapitel 3 werden wir Ihnen zeigen, wie Sie Ziele formulieren können, wie Ihnen solche Ziele als Richtlinien für Ihre Unterrichtsplanung dienen können und wie Sie den beträchtlichen Zeitaufwand rechtfertigen können, der zur Entwicklung dieser Ziele erforderlich ist. In Kapitel 4 werden wir uns mit der Strukturierung des Lernmaterials befassen, als einer Möglichkeit, die Abfolge und die Klassifikation von Unterrichtszielen zu bestimmen; und wir werden uns einigen Argumenten für und wider die Formulierung von sogenannten „Verhaltenszielen“ im Unterricht zuwenden.

Kapitel 3

Die Formulierung von Unterrichtszielen und ihre Begründung

3.1 Überblick

Was sollen Ihre Schüler lernen? Welche neuen Verhaltensweisen sollten sie nach einer Unterrichtsstunde, einer Unterrichtseinheit oder nach einem ganzen Schuljahr zeigen? Haben Sie selbst sich früher nicht manchmal gewünscht, Ihr Lehrer hätte Ihnen deutlicher zu verstehen gegeben, was Sie lernen sollten und warum?
Dieses Kapitel hat zum Ziel, Ihnen Hilfen zur Formulierung von Unterrichtszielen an die Hand zu geben und diese so zu formulieren, wie es für Sie und Ihre Schüler am nützlichsten ist. Es behandelt die Gründe für die Notwendigkeit, Ziele zu formulieren, und die Art und Weise, wie dies im Einzelfall geschehen sollte. Wir bieten Ihnen ein Handwerkszeug an – die Verhaltens-Inhalts-Matrix, ein Generierungsmodell, das bei Ihren Überlegungen darüber, was Ihre Schüler wie lernen sollen, als Ausgangspunkt dienen kann.
Abschließend gehen wir auf einige Argumente für und wider diesen Ansatz ein, auch im Zusammenhang mit dem Aufwand, der für die Entwicklung sinnvoller und nützlicher Ziele erforderlich ist.

3.2 Wozu Unterrichtsziele formulieren?

Aus den verschiedensten Praxisbereichen von Ausbildung und Unterricht wird uns bekundet, daß das Formulieren von Zielen wesentlich oder zumindest hilfreich ist. Es heißt, daß das Formulieren von Zielen der erste unumgängliche Schritt zur Erstellung von Leistungstests ist. Auch in der beruflichen Ausbildung ist es wegen der engen Verbindung zur Berufspraxis unerläßlich, daß Ausbildungsziele formuliert werden. In einer von *Gagné* (1964) durchgeführten Untersuchung wurde eindeutig ermittelt, daß Techniker um so bessere Arbeit leisteten, je klarer die Ziele formuliert waren. Im programmierten Unterricht, auf den wir später zu sprechen kommen, konzentriert man sich bei der Entwicklung von Programmen auf das sogenannte „Endverhalten" des Lernenden, d. h. auf jene Leistungen und Ergebnisse, die dem Lernenden am Ende des Unterrichts zur Verfügung stehen sollen (*Taber* et al., 1965, S. 3–4). Schließlich wird auch innerhalb der Planung des schulischen Unterrichts das Formulieren von Zielen als höchst wünschenswert erachtet (*Tyler,* 1964). **Lehrziele**

Wenn Lehrer keine Unterrichtsziele formulieren, neigen sie dazu, sich lediglich mit den Inhalten einer Unterrichtsstunde zu befassen, und sie lassen dabei außer acht, was die Schüler mit diesen Inhalten *anfangen* sollen. Wenn diese Frage nach dem „was damit anfangen" ignoriert wird, tendieren die Schüler zu der Annahme, daß sie den Inhalt auswendiglernen sollen. Geschichtslehrer möchten z.B. erreichen, daß ihre Schüler geschichtliche Ereignisse aus der Vergangenheit in ihrem Gegenwartsbezug erkennen, daß sie in der Lage sind, historisches Material zur Erklärung gegenwärtiger Zustände zu verwenden. Nehmen wir einmal an, der Lehrer gibt seinen Schülern eine Kapitel über eine historische Epoche zu lesen auf und überprüft dies schriftlich oder mündlich in der nächsten Stunde. Wenn den Schülern nichts anderes gesagt wird, könnten sie annehmen, daß sie lediglich das Gelesene auswendiglernen sollen. Sie werden nicht darauf kommen, das historische Material unter dem Aspekt gegenwärtiger Probleme zu sehen. *Tyler* sagt: „Wenn Unterrichtsziele nur sehr ungenau identifiziert und definiert werden, so wird den Schülern dadurch ein falsches Bild von dem vermittelt, was der Lehrer ihnen beizubringen versucht und was von ihnen als Schülern an Fähigkeiten erwartet wird; wir führen die Schüler in ihren Lernanstrengungen nur in die Irre, anstatt ihnen zu helfen, die richtige Richtung einzuschlagen" (*R. W. Tyler,* 1964, S. 78).
Ziele können sich sowohl auf Unterricht und Ausbildung als Ganzes beziehen als auch in der Form spezifischer Lehrziele auftreten. Viele Ausbildungsziele sind so weitläufig und so wenig faßbar formuliert, daß sie ein einzelner Lehrer kaum verwirklichen kann. Deshalb werden wir uns hier auf die Unterrichtsziele des Lehrers konzentrieren – auf das, was Sie als Lehrer oder Lehrerin bei Ihren Schülern als Ergebnis Ihrer Bemühungen erwarten.

3.3 Kriterien für die Formulierung von Unterrichtszielen

„Wortgeklingel" – Schöne, leere Worte bei der Formulierung von Unterrichtszielen

Es ist von wesentlicher Bedeutung, daß Unterrichtsziele klar und präzise formuliert werden. Es ist nur all zu leicht, sich bei der Formulierung von Unterrichtszielen in schönen leeren Worten zu ergehen, die in der Unterrichtspraxis nur sehr wenig helfen. „Wortgeklingel" nennt *Dyer* (1967) solche verbalistischen Leerformeln bei der Formulierung von Unterrichtszielen.

„Das vornehmliche Ziel bei einer Erziehung zur Demokratie ist die volle, abgerundete und fortdauernde Entwicklung der Persönlichkeit. Die Entdeckung, Herausbildung und Nutzbarmachung individueller Begabungen sind von fundamentaler Bedeutung in einer freien Gesellschaft. Die jedem einzelnen Bürger innewohnenden Fähigkeiten und Stärken freizusetzen und zu vervollkommnen, ist die zentrale Aufgabe der Demokratie, und die Förderung individueller Selbstverwirklichung ist ihr schönster Triumph." Dies ist ein Beispiel für „Wortgeklingel". Darin kommt ein Ideal zum Ausdruck, dem wohl jeder bereitwillig zustimmen würde, *ohne auch nur die leiseste Ahnung davon zu haben, was diese Worte konkret bedeuten* ... Es dürfte für niemanden, wie differenziert sein Wortverständnis auch sein mag, eine leichte Aufgabe sein, anzugeben, was konkret mit solchen metaphorischen Ausdrücken gemeint ist wie „die volle, abgerundete und fortdauernde Entwicklung der Persönlichkeit" oder „die jedem einzelnen Bürger innewohnenden Fähigkeiten und Stärken freizusetzen und zu vervollkommnen". Phrasen wie diese tun unseren Ohren gut und schmeicheln unseren

Idealen, aber sie sagen uns nicht, wie wir das, wovon darin die Rede ist, in der Praxis erreichen können (vgl. *Dyer,* 1967, S. 14–15).

Schülerverhalten und Unterrichtsziele

Um solche Leerformeln zu vermeiden, haben sich Pädagogen und insbesondere Vertreter der Pädagogischen Psychologie immer mehr dem Prinzip verschrieben, Ziele in Form von beobachtbaren Verhaltensweisen der Schüler zu formulieren. Ein Unterrichtsziel ist das gewünschte Ergebnis einer Tätigkeit. Wenn wir als gewünschtes Ergebnis der Lektüre dieses Buches festhalten, daß der Leser Verständnis für die Pädagogische Psychologie gewinnt, dann haben wir ein Ziel formuliert. Ist es aber ein klares und explizites Ziel, formuliert auf der Basis beobachtbarer Verhaltensweisen? Wissen Sie, was mit „Verständnis für Pädagogische Psychologie" gemeint ist? Vielleicht können wir unser Ziel deutlicher machen, indem wir sagen: Der Leser soll fähig sein, die Bedeutung der Pädagogischen Psychologie zu erfassen, oder er soll die empirischen Methoden der Erziehungswissenschaft richtig einschätzen können. Vielleicht könnten wir sagen, wir erwarten von einem Leser dieses Buches, die Konzepte und Prinzipien der Pädagogischen Psychologie zu kennen und in ihrer Tragweite zu erfassen. Alle diese Zielformulierungen sind immer noch Beispiele für sprachliche Leerformeln: „Wortgeklingel". Wenn man nicht deutlich macht, was ein Leser tut, wenn er „versteht", „die Bedeutung erfaßt", „kennt" oder „die Tragweite erfaßt", hat man äußerst wenig ausgesagt und beschrieben.

Das Spezifizieren von Lernleistungen

Angestrebtes Endverhalten

Wir brauchen also eine Beschreibungsmöglichkeit, die das Endverhalten eines Lernenden so beschreiben oder formulieren kann, daß ein Nachweis darüber erbracht ist, daß er das ihm gestellte Ziel erreicht hat. Auf dieser Basis können wir die Ziele dieses Buches formulieren. Zu den vielen Zielen dieses Buches gehört, daß der Leser in die Lage versetzt wird:

1. zwischen korrelativen und experimentellen Methoden der Pädagogischen Psychologie zu unterscheiden (Kapitel 2);
2. Vor- und Nachteile der Formulierung von Unterrichtszielen in Form von beobachtbaren Verhaltensweisen schriftlich niederzulegen (Kapitel 3);
3. Argumente, die für Vererbung und Umweltbedingungen als Intelligenzdeterminanten vorgetragen werden können, einander gegenüberzustellen (Kapitel 6);
4. ein Problem aus dem Bereich der Klassenführung auf der Basis eines operationalen Konditionierungsansatzes zu lösen (Kapitel 12);
5. ein eigenes Anwendungsbeispiel zu entwickeln, das die Verwendung der Frontalunterrichtsmethode rechtfertigt (Kapitel 19);
6. Lehrverhalten zu identifizieren, das mit einem humanistischen Unterrichtsansatz assoziiert werden kann (Kapitel 22).

Jedes dieser Ziele ist präziser als jene, in denen Wörter wie „verstehen" oder „erfassen" vorkamen. Geeignetere Termini bei der Formulierung eines angestrebten Endverhaltens sind: zusammenstellen, aufschreiben, identifizieren, unterscheiden.

Das Formulieren von Rahmenbedingungen für angestrebte Lernleistungen

Rahmenbedingungen für eine angestrebte Lernleistung

Dennoch sind diese Zielformulierungen noch nicht klar genug. Diese Aussagen über ein erwünschtes Endverhalten können ausdifferenziert werden, indem wir nähere Angaben über wichtige Rahmenbedingungen machen, unter deren Einfluß wir das gewünschte Verhalten erwarten. Bei dem konkreten Ziel z. B. (s. oben unter Punkt 3) „in der Lage zu sein, Argumente, die für Vererbung und Umweltbedingungen als Intelligenzdeterminanten vorgetragen werden können, einander gegenüberzustellen", können wir darüber hinaus festlegen, unter welchen spezifischen Bedingungen dieses Ziel erreicht werden soll. Etwa, daß dies ohne Zuhilfenahme von schriftlichen Aufzeichnungen oder dem Buch selbst erfolgen soll. Wir können spezifizieren, ob das erwartete Verhalten zu Hause oder im Unterricht erarbeitet, ob es schriftlich oder mündlich gezeigt und ob es nur auf der Grundlage dieses Textes oder unter Verwendung von Spezialliteratur als Hintergrundinformation erworben werden soll. Beispiele für Lernzielformulierungen, die wichtige Rahmenbedingungen miteinbeziehen, sind etwa:

Unter Verwendung der folgenden Hilfsmittel ...
Unter Benutzung einer Übersichtskarte von ...
Vorgegeben ist ...
Erarbeiten Sie auf dieser Grundlage ...
Gegeben ist folgende Aufgabe ...
(vgl. *Mager,* 1962, S. 26).

Das Formulieren akzeptabler Leistungsniveaus

Leistungsniveaus

Unsere Ziele sind immer noch nicht so eindeutig formuliert, wie sie es sein könnten. Wir müssen aber auch die unterste Grenze einer akzeptablen Leistung definieren. Soll der Schüler fähig sein, eine Aufgabe dieses Typs zu lösen, oder drei oder sechs? Soll er hierbei nur auf Fragen einer bestimmten Form antworten können? Oder soll er die betreffende Aufgabe auch dann lösen können, wenn sie in ganz unterschiedlichen Fragestellungen formuliert ist? Wir müssen dem Lernenden das Erfolgskriterium für das Erreichen des Ziels deutlich vor Augen führen.

Unser Ziel könnte also (wenn wir das obige Beispiel weiterführen) schließlich so formuliert werden:

Der Schüler muß in der Lage sein, acht der zehn quadratischen Gleichungen des Typs $AX^2 + BX + C = 0$ in der Klasse und ohne Benutzung weiterer Hilfsmittel zu lösen.

Andere Beispiele für Zielformulierungen, die das Kriterium der Leistungsgrenze spezifizieren, sind:

... muß (soll) *4 Schritte* aufzeigen zur ...
... *alle 10* aufgeführten Wörter richtig niederschreiben ...
Drei Hauptgedanken herausarbeiten ...
Die folgenden *10 Wörter* richtig buchstabieren ...
(vgl. *Kibler, Barker* u. *Miles,* 1970).

Es genügt also nicht zu sagen, ein Schüler solle fähig sein zu addieren. Wir müßten in diesem Fall auch festhalten, ob es sich dabei um ein-, zwei-, drei- oder höherstellige Zahlen bis zu einer bestimmten Grenze handelt, die addiert werden sollen; wieviele Zahlen jeweils miteinander addiert werden sollen; wieviel Zeit für die Aufgabe zur Verfügung steht; und welches Kriterium für die erfolgreiche Leistung angesetzt ist. Und im Deutschunterricht etwa wäre es nicht sinnvoll, nur auf das „Verständnis" von Hemingways Stil abzuzielen; sinnvoller wäre es schon, um ein Beispiel von *Esbenson* (1967, S. 247) heranzuziehen, zu sagen: „Der Schüler soll in der Lage sein, von den vorgegebenen 10 Paaren von Textpassagen – von denen jedes Paar einen Text von Hemingway enthält und einen Text eines anderen Autors – mindestens 9 von 10 Texten herauszusuchen, die von Hemingway stammen." Ebenso könnte in einem naturwissenschaftlichen Fach, in dem der Begriff der Osmose behandelt wird, als Lernziel nicht nur das Verständnis osmotischer Prozesse festgehalten werden, sondern:

Kriterien für die Beurteilung von Zielen

1. Gib eine Definition des Begriffs Osmose.
2. Identifiziere aus der Liste gegebener Situationen diejenige, die den Prozeß der Osmose beinhaltet.
3. Beschreibe, welche Bedeutung der Prozeß der Osmose in einem bestimmten Experiment hat.

(Vgl. *Montague* u. *Butts,* 1968, S. 33–34.)

Tabelle 3-1. Beispiele für Lernziele

A. Mehrere vorliegende Beispiele für Maßnahmen des Staates kann der Schüler der Zuständigkeit der legislativen, der judikativen oder der exekutiven Staatsgewalt zuordnen (8 von 10 richtigen).
B. In einer halben Stunde oder weniger notiert der Schüler fünf Aspekte, unter denen sozialistische und kapitalistische Staaten ähnlich sind, und fünf, unter denen sie sich unterscheiden.
C. Ohne Notizen wiederholt der Student fehlerlos die Formel für die Berechnung des Korrelationskoeffizienten für Rangunterschiede.
D. Wenn der Name einer Note und die Tonleiter gegeben wird, kann ein Mitglied des Chores die Note in 9 von 10 Versuchen richtig singen.
E. Der Schüler ist in der Lage, innerhalb von 3 Minuten 30 Liegestütze durchzuführen.
F. Mit dem Rechenschieber kann der Schüler 90% der Multiplikationsaufgaben von der Form 38,1 × 735 bis auf zwei Dezimalstellen berechnen.
G. Bei Vorlage von zwei Gemälden kann der Schüler in 7 von 10 Fällen das der impressionistischen Epoche auswählen.

In Tabelle 3-1 sind Ziele aufgelistet, die aus unterschiedlichen Gegenstandsbereichen stammen; sie beinhalten verschiedene Verhaltensweisen.
Sie können jetzt selbst versuchen, Lernziele zu formulieren; dabei sollten Sie die folgenden drei Kriterien noch einmal berücksichtigen:

1. Beschreibt die Formulierung, welches *Verhalten* der Lernende zeigen sollte, wenn er den Beweis dafür ablegt, daß er das Ziel erreicht hat?
2. Beinhaltet die Formulierung die wichtigen *Rahmenbedingungen* (vorgegebene bzw. einschränkende Faktoren), unter denen der Lernende seine Kompetenz beweisen soll?
3. Beinhaltet die Formulierung einen Hinweis darüber, wie der Lernende bewertet wird, welches spezifische *Leistungsniveau* er erreichen soll? Beinhaltet sie zumindest ein Kriterium, durch das die untere Grenze der akzeptierten Leistung festgelegt wird?
(Vgl. *Mager,* 1962, S. 52.)

Es ist unser Ziel, daß auf der vorgegebenen Basis dieser Einführung und in einer Zeit von 60 Minuten der Leser fähig sein wird, 15 Verhaltensziele zu formulieren, einerlei, für welche Schulfächer, von denen 12 die oben genannten drei Kriterien erfüllen.

Lernziele vernünftig eingrenzen

Die Verfechter von verhaltensbezogenen Lernzielen betonen seit langem, daß es erforderlich ist, erwünschte Schülerleistungen so eindeutig zu formulieren, daß wahrnehmbares Verhalten im Mittelpunkt steht. Nach ihrer Auffassung müssen Leistungsbedingungen aufgestellt und akzeptable Leistungsniveaus spezifiziert werden. In letzter Zeit hat man diese Auffassung in der Pädagogik neu überdacht (vgl. *Technology,* Mai u. Juni 1977) und hält es nicht mehr für zwingend notwendig, Lernziele präzis zu formulieren. Manche Pädagogen erkennen sogar einen Vorteil in vagen Zielformulierungen (*Zahorik,* 1976b): sie behaupten, daß vage Zielformulierungen es den Schülern oft erlauben, eigene Mittel einzusetzen, um von außen vorgegebene Ziele zu erreichen. Und viele Lehrer schätzen diese Freiheit; sie akzeptieren auch solche Zielformulierungen: „Der Schüler soll gegenwärtige Ereignisse, Fragen und Probleme bewußt und verantwortlich angehen“ (vgl. *Dressel,* 1977, S. 13). Nach unserer Auffassung können solche Ziele trotz ihrer vagen Formulierung dennoch nützlich sein, wenn die Schlüsselbegriffe definiert werden, Beispiele für relevante Lernerfahrungen vorgegeben werden und Vorstellungen darüber geäußert werden, wie das Erreichen des Ziels gemessen und bewertet werden kann.

Man begreift also in zunehmendem Maße, daß nicht alles, was Lehrer und Schüler tun, mit äußerster Präzision formuliert werden muß, d. h. die Auffassung beginnt sich durchzusetzen, daß von einem Lehrer nicht verlangt werden sollte, seinen Unterricht auf jene Hundertschaft von Richt-, Grob- und Funktionszielen aufzubauen, die sich für eine jede Unterrichtsstunde oder -einheit oder für das ganze Unterrichtsjahr spezifizieren ließen. Der Lehrer sollte eher eine vernünftig eingegrenzte Anzahl von Grobzielen für eine Unterrichtseinheit formulieren, also etwa acht bis zwölf, die ihm als Übersichtskarte für die Planung einzelner Unterrichtsschritte dient (vgl. *Gronlund,* 1978). Das heißt, die Ziele für eine Unterrichtseinheit müssen nicht jedes erwartete Schülerverhalten spezifizieren, genausowenig wie eine gute Straßenkarte jedes Dorf und jeden Bach zwischen den Punkten A und B verzeichnen muß, damit der Autofahrer den richtigen Weg findet.

3.4 Die Verhaltens-Inhalts-Matrix

Wenn wir die Beispiele für Lernziele im Unterricht näher betrachten, erkennen wir, daß diese Ziele sowohl im Hinblick auf bestimmte Verhaltensweisen als auch im Hinblick auf bestimmte Lerninhalte formuliert sein können. Letztere lassen sich sehr allgemein fassen – etwa „Geschichte" oder „Naturwissenschaften" – oder auch spezifischer – etwa „die Verfassung aus ökonomischer Sicht" oder „die Hebelgesetze". Solche Verhaltens-Inhalts-Kombinationen können durch ein Schema verdeutlicht werden (vgl. Tabelle 3-2). Die senkrechten Spalten dieses Schemas beziehen sich auf Verhaltensweisen, z. B. „sich erinnern, anwenden, interpretieren, beurteilen". Die waagerechten Zeilen beziehen sich auf Inhaltskategorien, z. B. Geschichtsperioden, Kategorien (politische, wirtschaftliche, soziale) des öffentlichen Lebens oder Themen aus der Naturwissenschaft. Die einzelnen Zellen im Schnittbereich der angeführten Spalten und Zeilen spezifizieren nun Kombinationen von Verhalten und Inhalt. Ein Schüler soll z. B. die Fähigkeit nachweisen, sich Anfang odere Ende

Ein Schema zur Formulierung von Lernzielen

Tabelle 3-2. Verhaltens-Inhalts-Matrix mit Zielbeispielen

Inhalt		Verhalten	
Korrelation	Wissen Der Student kann: 1. *Korrelation* definieren; 2. *positive und negative Korrelation* definieren.	Verstehen Der Student kann: 1. Folgende Aussage interpretieren: Die Korrelation zwischen dem Notendurchschnitt in Schule und Hochschule beträgt 0,45.	Anwenden Der Student kann: 1. Die Korrelation zwischen den Noten für die Zwischen und Abschlußklausur bei den Teilnehmern seines Seminars bestimmen.
Kausalität	1. *Kausalität* definieren.	1. 5 Synonyme für das Verb „verursachen" nennen.	1. Kausale und nichtkausale Beziehungen in verschiedenen Bereichen des täglichen Lebens erläutern.
Verstehen, Voraussage, Kontrolle	1. Bereits gelernte Fälle von Verstehen, Voraussage und Kontrolle identifizieren.	1. Zwei Beispiele aus der wissenschaftlichen Literatur für jeden der drei Bereiche geben.	1. Zeigen, wie Verstehen förderlich ist für Voraussage und Kontrolle bei bestimmten Variablen aus dem Bereich Schülerleistung.

bestimmter Geschichtsepochen (Inhalt) in Erinnerung zu rufen (Verhalten). Oder er soll fähig sein, Tabellenmaterial über statistische Daten zur wirtschaftlichen Lage in Amerika nach der Weltwirtschaftskrise (Inhalt) zu interpretieren (Verhalten).

Leistungsbezogene Tests

Tabelle 3-2 zeigt eine vereinfachte Verhaltens-Inhalts-Matrix für einen Teilkurs in Pädagogischer Psychologie. Die Spalten repräsentieren drei Arten kognitiver Fähigkeiten: Wissen (Fähigkeit zu erkennen oder zu erinnern); Verstehen (Fähigkeit zu interpretieren oder zu übertragen) und Anwenden (Fähigkeit, Probleme, die neu sind, zu lösen). Die Zeilen verweisen auf Inhaltsbereiche, die wir in Kapitel 2 dieses Buches kennengelernt haben. Die Felder der Matrix sind mit Zielbeispielen gefüllt. Aber auch andere Verhaltens-Inhalts-Kombinationen können aufgestellt werden. Wir haben sie hier nur angedeutet. Vielleicht können Sie selbst die Felder ausfüllen oder auch eine eigene Verhaltens-Inhalts-Matrix entwerfen, je nachdem, welches spezielle Verhalten Sie von Ihren Schülern erwarten.

Die Verhaltens-Inhalts-Matrix verdeutlicht, daß man Leistungstests herstellen kann, die auf das abgestimmt sind, was auch unterrichtet wurde und was von den Schülern als Lernleistung verlangt wird (vgl. Kapitel 27). Nachdem man sich eine Verhaltens-Inhalts-Matrix aufgestellt hat, mit einem oder mehreren Zielen in jeder Matrixzelle, kann man die Anzahl der Einzelaufgaben aus jedem Bereich spezifizieren, die gebraucht werden, um eine *umfassende* Prüfungsaufgabe (Klassenarbeit, Test) zusammenzustellen. Aus dem Bereichsfeld „Korrelation“ kann man sich z.B. für zwei Aufgaben über Wissen, eine über Verstehen und drei über Anwenden entscheiden. Wenn man mit jeder Schnittstelle der Inhalts- und Verhaltensbereiche so verfährt, erhält

Repräsentative Tests

man mit Sicherheit einen repräsentativen Test, der alle Unterrichtsinhalte einer betreffenden Unterrichtseinheit abdeckt. Außerdem kann man sichergehen, daß ein solcher Test fair oder „valide“ (vgl. Kapitel 25) ist, denn die Einzelaufgaben und die Unterrichtsziele sind miteinander verbunden. Ferner vergewissert man sich bei den Einzelaufgaben der richtigen Proportion von einfachem Wissen, komplexerem Verstehen und der Fähigkeit, Konzepte in die Praxis umzusetzen.

Eine Verhaltens-Inhalts-Matrix mit vernünftigen Zielen zu bestücken, ist anfangs nicht einfach; das erfordert Können, Übung und Zeit. Hat man sie erst einmal erstellt, dann kann man sie als Leitfaden für den Unterrichtsablauf, für die Lernaktivitäten der Schüler und für die anschließende Leistungsbewertung einsetzen. In gewissem Sinne hat man für sich und seine Schüler ein Unterrichtskonzept aufgestellt, das sicherstellt, daß alle das gewünschte Ziel (nachprüfbar) erreichen.

3.5 Unterrichtsziele in Verhaltensbegriffen: Pro und Contra

Die Bedeutung, die wir der Formulierung von Unterrichtszielen in Verhaltensbegriffen beimessen, wird nicht von allen Pädagogen geteilt. Viele kritische Meinungen liegen zu diesem zugegeben mühsamen Verfahren vor, ablehnende wie befürwortende. Die Befürworter von verhaltensbezogen formulierten Lernzielen vertreten ganz allgemein die Auffassung, daß sie durch diese Form der Festlegung von Zielen ein klares und präzises Nachdenken über Lernziele im Unterricht ermöglichen – gegenüber jenem verschwommenen Nichtdenken, durch das Unterrichten oft schlechter ist als es sein könnte. Die Argumente im Gegenlager gehen demgegenüber davon aus, daß ihre Denkansätze über Lernziele im Unterricht schlichtweg realistischer und einfallsreicher seien. Da der Streit bis in die Bereiche der Schulverwaltung, der praktischen Unterrichtsführung und der Lehrerbeurteilung hineinreicht, sollte man ihn genauer verfolgen. Wenden wir uns also den einzelnen Argumenten ausführlich zu.

Lernziele in Verhaltensbegriffen sind unrealistisch

1. *Die Verwendung von verhaltensbezogen formulierten Lernzielen im Unterricht hört sich zwar gut an, aber die Unterrichtswirklichkeit sieht anders aus: Lehrer haben oft (und gerade deswegen) Erfolg, weil sie ihre Unterrichtsziele nicht in Verhaltensbegriffen definieren. Also stellen wir lieber realistische Anforderungen an den Lehrer.*

Diese Position ist mit großer Überzeugungskraft von *Jackson* (1966) vertreten worden. Wir fassen seinen Gedankengang kurz zusammen:

Solange wir vom Lehrer glauben, daß er persönliches und echtes Interesse daran hat, in seinen Schülern spezifische Verhaltensveränderungen hervorzurufen, erscheint es nur eine vernünftige Schlußfolgerung, von ihm zu verlangen, seine Unterrichtziele in Verhaltensbegriffen festzulegen. Es ist klar: Wenn er weiß, welche Verhaltensveränderungen er hervorrufen will, wird er dies um so leichter tun können. Aber ist dies wirklich so? Nehmen sogenannte ‚gute' Lehrer diese Ratschläge wirklich ernst? Nicht nach meinen Erfahrungen. Sie wählen stattdessen eine Aktivität aus, z. B. ein Buch lesen oder ein Thema diskutieren, auf der Basis ihrer allgemeinen Bedeutung für den Unterrichtsstoff. Was davon Jürgen ‚mitbekommt', kann etwas ganz anderes sein als das, was Hans ‚mitbekommt'. Und der Lehrer muß sich glücklich schätzen, solange jeder ‚irgend etwas mitbekommt'. Der Erfolg eines solchen Vorgehens ist nicht so sehr anhand von manifesten, streng abgrenzbaren Verhaltensveränderungen nachzuweisen als anhand von mehr oder weniger flüchtigen und subjektiven Eindrücken über Aufmerksamkeit, Enthusiasmus und Teilnahme seitens der Schüler (*Jackson,* 1966, S. 25).

Auf dieses Argument hat *Popham* (1969) folgendermaßen geantwortet:

Es gibt einen klaren Unterschied zwischen dem Erkennen und dem Fürguthalten eines Status quo. Die meisten von uns würden bereitwillig eingestehen, daß nur wenige Lehrer ihre Unterrichtsziele in Form von meßbarem Schülerverhalten spezifizieren; *aber sie könnten und sollten es tun* ... die Form, in der augenblicklich meist unterrichtet wird, ist einfach nicht so gut wie sie sein könnte (*Popham,* 1969, S. 49).

Der Einwand also, daß in der gegenwärtigen Unterrichts-„Wirklichkeit" keine ausdrückliche Festlegung von Lernzielen stattfindet, erweist sich als mehr oder weniger irrelevant. Auch „gute" Lehrer – und die in *Jacksons* Untersuchung wurden in erster Linie nach ihrem guten Ruf bei den Schulleitern, also auf einer inadäquaten Basis, ausgewählt – können ihren Unterricht möglicherweise verbessern, wenn sie wichtige Lernziele (in Verhaltensbegriffen) ausformulieren.

Trivialität von verhaltensbezogenen Unterrichtszielen

2. *Nur triviale Lernvorgänge im Unterricht können verhaltensbezogen definiert werden; die wirklich wichtigen Ergebnisse des Unterrichts können so nicht erfaßt werden, und sie werden deshalb vernachlässigt.*

Es ist richtig, daß dasjenige Schülerverhalten, welches sich am leichtesten objektivieren läßt, häufig nicht gerade von hervorstechender Bedeutung ist. Viele Definitionen von Lernzielen im Unterricht *sind* trivial. Aber sie müssen es nicht unbedingt sein!

Viele Pädagogen lehnen es ab, wichtige Lernziele im Unterricht zu spezifizieren, nur weil sie glauben, daß es schwer oder unmöglich ist, auf der Ebene direkt wahrnehmbaren Verhaltens zu erkennen, ob der Schüler ein bestimmtes Ziel erreicht hat oder nicht. Das heißt jedoch nicht, daß wichtige Lernziele auf einer Stufe belassen werden müssen, die der direkten Wahrnehmung nicht zugänglich ist.

Ein Beispiel eines wichtigen Ziels der Pädagogischen Psychologie könnte z. B. sein: „Ein Gefühl für den Wert psychologischer Prinzipien im Unterricht zu entwickeln." Viele Vertreter der Pädagogischen Psychologie würden dieses Ziel als richtig und wesentlich verteidigen. Nur: es scheint bedauerlicherweise auch ein Ziel zu sein, von dem man nicht sagen kann, wann es erreicht worden ist oder wie es sich in ein konkretes Verhalten umsetzen läßt. Läßt sich dieses Lernziel in Verhaltensbegriffe übersetzen? Bevor wir entweder dieses wichtige Ziel opfern oder aber unser Prinzip preisgeben, Lernziele in Verhaltensbegriffen zu formulieren, wollen wir uns überlegen, wie eine solche Übertragung aussehen müßte.

Umformulierung von Lernzielen in Verhaltensbegriffe

Wir könnten damit beginnen, einige der „psychologischen Prinzipien", von denen in diesem Ziel die Rede ist, zu spezifizieren. Zwei solcher Prinzipien könnten sein: (a) belohntes Verhalten wird gewöhnlich wiederholt; und (b) bedrohliche Situationen hemmen Kreativität. Darüber hinaus kann der Ausdruck „ein Gefühl für ... entwickeln" so umgeformt werden, daß er sich auf ein direkt wahrnehmbares Verhalten bezieht – ohne daß durch diese Umformung ein nennenswerter Verlust des ursprünglichen Aussagewertes eintreten würde – nämlich als: „die Tendenz zeigen, sich im Unterricht auf ein adäquates psychologisches Prinzip zu beziehen". Also kann das ursprüngliche Ziel folgendermaßen umformuliert werden: Lehrer zeigen die Tendenz, sich auf adäquate psychologische Prinzipien zu beziehen, wenn sie Unterrichtsprobleme analysieren. Hierbei sind nicht nur Probleme gemeint, die in der tatsächlichen Unterrichtspaxis auftreten, sondern auch solche, die zu Demonstrationszwecken (wie in diesem Buch) in gedruckter Form vermittelt werden, über Filme oder andere Medien. Ein Erreichen des Zieles würde dann darin bestehen, daß sich der Lehrer bei der Analyse der gestellten Probleme auf Prinzipien wie die beiden oben genannten beruft.

Ein solches Problem könnte etwa darin bestehen, daß der Lehrer, ohne dies zu beabsichtigen, ein unerwünschtes Schülerverhalten (etwa irrelevante oder sarkastische Bemerkungen zum Unterricht) unterstützt hat. Bei der Analyse dieses Problems würde ein Erreichen des angeführten Zieles darin bestehen, daß der Lehrer die „wahrnehmbare" Tendenz zeigt, sich auf das Prinzip „belohntes Verhalten wird gewöhnlich wiederholt" zu berufen.

Ein anderes Problem im Unterricht könnte sein, daß Schüler einer Gymnasialklasse es nicht fertigbringen, originelle und vernünftige Vorschläge zur Behandlung des Themas „Vereinte Nationen" vorzubringen. Eine nähere Betrachtung dieses Problems könnte hierbei zeigen, daß der Lehrer, ohne es zu beabsichtigen, die Vorschläge seiner Schüler kritisiert. Bei der Analyse dieses Problems durch den Lehrer würde ein Erreichen des anvisierten Zieles darin bestehen, daß er dabei Bezug nimmt auf das Prinzip „Bedrohliche Situationen hemmen Kreativität".

Das Ziel, das in dem wichtigen oder vagen Ausdruck „ein Gefühl für ... entwickeln" steckt, kann also derart umgeformt werden, daß es sich auf ein direkt wahrnehmbares, klar umrissenes Verhalten bezieht. Diese Art der Umformung kann bei vielen anderen Ausdrücken und Formulierungen ebenfalls angewendet werden. Befürworter einer Formulierung von Lernzielen in Verhaltensbegriffen vertreten die Ansicht, daß wir uns nicht mit vagen Formulierungen von Lernzielen im Unterricht zufriedengeben sollten, wie erhaben oder lobenswert diese auch immer sein mögen. Wir sollten jeden Versuch unternehmen, solche Formulierungen in direkt wahrnehmbare Verhaltensweisen zu übertragen.

3. In bestimmten Unterrichtsfächern oder Lernbereichen ist es schwierig, wenn nicht gar unmöglich, verhaltensbezogene Lernziele zu formulieren.

Etwas kritisch untersuchen bedeutet, Informationen über Dinge sammeln, Darstellungs- und Einschätzungsfertigkeiten sowie die Kompetenz entwickeln, begründete Urteile abzugeben; etwas kritisch untersuchen beinhaltet aber zugleich mehr als die Summe dieser Aspekte. Es bedeutet, skeptisches Orientieren, Bereitschaft, auch das zu bedenken, was nicht plausibel erscheint, eine Denk- und Handlungseinstellung also, die sich nicht durch eine lange Liste bestimmter Verhaltensweisen umfassend erklären läßt. Die Unverbindlichkeit dieser Konzeptionen ist einerseits teilweise ihre Stärke – sie fördert Vielseitigkeit und Individualität – und andererseits, verhaltensbezogen gesprochen, ihre größte Schwäche: unverbindliche Konzeptionen können nicht operationalen Definitionen und genauen Verhaltensmessungen unterworfen werden, ohne ihre Wesensqualität einzubüßen (*J. L. Nelson,* 1976, S. 562).

Nelsons Einschätzung der sozialen Rolle von Erziehung wird von vielen Pädagogen in anderen Unterrichtsbereichen geteilt, etwa im Kunst-, Musik- und Literaturunterricht. Was diese Kritiker allerdings vergessen ist, selbst eine Alternative zu entwickeln zur Bestimmung von Unterrichtszielen und deren Absicherung als Lernleistung. Es ist nichts anderes als mangelnde Erfindungsgabe und Kreativität, was uns daran hindert, komplexe Ziele in beobachtbarer Weise zu definieren. Selbst wenn wir es nicht immer sofort schaffen, alles wahrzunehmen, tendieren wir dazu, unter dem Druck dieser Forderung Ziele besser verständlich zu machen und nicht in Wortgeklingel oder Leerformeln zu verfallen. Ein anderer Sozialwissenschaftler hat das so formuliert:

Eine solche Debatte ist zeitraubend und lenkt ab von den wirklich wichtigen Fragen ...: ‚Welche verhaltensbezogen formulierten Unterrichtsziele sollten in einem gut entwickelten Curriculum des Sozialkundeunterrichts hervorgehoben werden?' ... ‚Wie kann man feststellen, ob die gewünschten Ziele auch erreicht werden?' (*Lewenstein,* 1976, S. 564).

Lernprozeß als Ziel

Die Kritik, man wolle seine Ziele „verstecken", läßt sich vielleicht dadurch umgehen, daß der Lehrer bzw. das Curriculum mehr den Prozeß einer Aktivität hervorhebt als das Ergebnis (vgl. *Shenkman,* 1978). Wenn der „Prozeß" das Ziel ist, kann die reine Teilnahme am Unterricht ausreichen. Dieser Zieltyp ist angesprochen, wenn es im Musikunterricht heißt: „Alle, die im Chor mitsingen, kriegen eine 2 in Musik." Wenn dann allerdings einige Chorsänger eine 1 erhalten und andere eine 2, dann waren die Ziele vom Lehrer bestimmt und hätten explizit gemacht werden müssen – für beide, Schüler und Lehrer.

4. Es ist menschenunwürdig, verhaltensbezogene Lernziele zu verwenden.

Dieses Argument ist in der wissenschaftlichen Diskussion so beschrieben worden:

> Humanistische Lernziele sind für präzise Verhaltensbeschreibungen nicht zugänglich. Intelligentes Verhalten hat beispielsweise mit der Fähigkeit eines Menschen zu tun, neue Aufgaben zu konfrontieren und effektive, adäquate Lösungen zu finden. Wenn solche Lösungen vorgegeben werden könnten, wäre das Verhalten nicht intelligent. Ebenso geben sich menschliche Gefühle und die persönlich gewichtete Information nicht her für Beurteilungen nach Verhaltensmaßstäben. Wer für verhaltensbezogene Zielformulierungen voreingenommen ist, läuft ernsthaft Gefahr, Unterrichtsziele zu verzerren (*Combs,* 1979, S. 52–53).

Wir können darauf antworten, daß es gegebenenfalls menschenwürdiger ist, die Erfolgskriterien offen auf den Tisch zu legen als sie zu verbergen. Pädagogen, die verhaltensbezogene Ziele aufstellen, humanisieren den Erziehungsprozeß, denn sie behandeln ihre Schüler als intelligente Menschen, die in der Lage sind, bestimmte Kriterien zu erfüllen, wenn man ihnen sagt, was für Kriterien dies sind. Die Schüler werden hierbei als verantwortungsvolle Individuen gesehen, die dazu fähig sind, viele ihrer Lernaktivitäten selbständig zu steuern.

Freiheit für Entwicklungsspielraum

5. Die unvorhergesehenen Ergebnisse des Unterrichts sind oft die wichtigsten. Lehrer werden nicht dazu in der Lage sein, besondere, aus dem Unterricht heraus entstehende Gelegenheiten wahrzunehmen, wenn sie versuchen, im vorhinein festgelegte, ausformulierte Lernziele zu verfolgen.

Obwohl wir die Auffassung vertreten, daß Unterrichtsziele im vorhinein festgelegt werden sollen, legen wir weder die Methoden fest, die zu diesen Zielen führen sollen, noch schließen wir bei unseren Überlegungen unvorhergesehene Ergebnisse und Entwicklungen des Unterrichts aus. Bei den vielfältigen Interaktionsprozessen im Unterricht ergeben sich viele Ereignisse, die nicht planbar sind. Der Lehrer sollte immer dann solche Ereignisse aufgreifen und weiterverfolgen, wenn sie zu wünschenswerten Formen des Lernens führen. Aber die Entscheidung darüber, was weiterverfolgt werden und worauf mehr Zeit verwandt werden soll, sollte unter dem Gesichtspunkt (vorher festgelegter) Unterrichtsziele gefällt werden. Wenn die Unterrichtsziele nicht im Augen behalten werden, bewegen sich Lehrer und Schüler auf belanglose Lernziele zu.

Unvollständige Unterrichtsziele

Gewiß können nicht alle Unterrichtsergebnisse im vorhinein festgelegt werden. Nicht alle möglichen Lernziele im Unterricht sind von vornherein bekannt, und gewisse Abweichungen sind wahrscheinlich und sogar wünschenswert. *Atkin* (1968) bringt ein gutes Beispiel für die Unvollständigkeit von Lernzielen: Ein Kind lernt im Biologieunterricht etwas über das Verhalten eines Mehlwurmes, wenn es ihn, auf den Vorschlag des Lehrers hin, ein Experiment durchzuführen, durch einen Strohhalm anbläst. Was lernt das Kind wohl über die Erkenntnis hinaus, wie ein Mehlwurm auf einen warmen Luftstrom reagiert? Nach *Atkin* lernt das Kind wahrscheinlich auch etwas über die Interaktion von Objekten und Kräften; über die Behandlung eines Tieres durch den Menschen, über seine eigene Fähigkeit, seine Umwelt zu beeinflussen; über strukturelle Eigenschaften von Larven; über den Wert, ein Experiment nach Vorschlag des Lehrers durchzuführen; über den Gewinn des unabhängigen Experimentierens; über das Urteil der Curriculumplaner, die vorschlagen, daß Kinder sich mit einem solchen Projekt befassen; über die Verwendungsmöglichkeiten eines Strohhalms; und über die Zeitspanne, in der ein einzelner sich mit einer Lerntätigkeit befassen kann, ohne daß sich sein hohes Interesse daran verringert. Wenn wir dies alles als Ergebnisse des Mehlwurmexperiments erkennen, können wir noch weit mehr Ziele in den curricularen Elementen eines Schultags erkennen und Tausende mehr in den Aktivitäten eines Schuljahres.

Es lassen sich also nur wenige Ergebnisse eines Unterrichtsabschnittes spezifizieren. Nichtsdestoweniger ist es wahrscheinlich besser, diese wenigen Ergebnisse eindeutig festzulegen als überhaupt keine. Wenn wir dies tun, müssen wir von der Wichtigkeit der Ziele ausgehen und nicht von ihrer Meßbarkeit. Darüber hinaus müssen wir darauf achten, daß wir unsere Klasse nicht sklavisch an diese wenigen ausformulierten Ziele binden. Unvorhersehbare Ereignisse, ausgelöst durch viele unbekannte Faktoren, können im Unterricht sinnvoll eingesetzt werden und sollten nicht beiseitegeschoben werden, nur weil sie nicht auf der Liste festgelegter Unterrichtsaktivitäten verzeichnet sind.

3.6 Appellative Ziele im pädagogischen Bereich

Da Unterrichtsziele, die auf Lernprozesse abgestellt sind, für gewöhnlich nur das Endverhalten von Schülern festlegen, sollten diese durch sogenannte „appellative Ziele" ergänzt werden, um einen Begriff von *Eisner* (1969) aufzugreifen. Solche Ziele unterscheiden sich von Lernzielen im Unterricht darin, daß sie nicht ein erwünschtes Verhalten festlegen, das ein Schüler zeigen soll, nachdem er einen oder mehrere Lernprozesse durchlaufen hat. Statt dessen beschreiben appellative Ziele eine pädagogische „Begegnung" – etwa eine Situation, in der Kinder etwas tun sollen; ein Problem, das sie bewältigen sollen – oder eine Aktivität, an der sie sich beteiligen sollen. Der Aufforderungscharakter eines Ziels legt jedoch nicht fest, *was* die Schüler aus einer solchen „Begegnung", aus einer Situation, einem Problem oder einer Aktivität lernen sollen. Es vermittelt lediglich einen Appell, etwas kennenzulernen oder zu entdecken, etwas anzupacken oder zu versuchen, das für denjenigen, der dies tut, interessant oder wichtig ist. „Ein appellatives Ziel", sagt *Eisner* (1969, S. 16), „ist eher auffordernd *(evocative)* als daß es etwas vorschreibt *(prescriptive)*"; es ist darin keine Forderung festgelegt, sondern eine Aufforderung zum Ausdruck gebracht.

Ein appellatives Ziel, z. B. „eine Blockhütte bauen" oder „einen Limerick auf englisch schreiben", kann ganz spontan entstehen, etwa aus einer Diskussion über die Bauweise von Häusern oder einer Besprechung von Reimformen. Ein Lernziel im Unterricht dagegen wäre etwa, daß ein Schüler fünf Arten der Bebauung in einer bestimmten Region nennen kann. Vorschläge wie „eine Blockhütte bauen" sind kaum planbar, und die Bestimmung möglicher Ergebnisse dieser Tätigkeit im vorhinein ist schwierig, weil jeder Teilnehmer vermutlich etwas anderes daraus lernen wird. Solch eine Tätigkeit gibt dem Lehrer eine Chance, seine Schüler zu aktivieren; sie ist eine „Aufforderung zum Entdecken". Ein Lehrer sollte diese Aufforderung systematisch ausbauen. Appellative Ziele können zuweilen vorherbestimmt werden, wie zum Beispiel ein Zoobesuch. Manchmal entstehen solche Ziele aus dem direkten Unterrichtsgeschehen, sozusagen ohne Vorwarnung. Unterrichtsziele, die auf ein bestimmtes Endverhalten ausgerichtet sind, beschränken sich darauf, auszusagen, was gelernt werden *sollte;* appellative Ziele drücken dagegen aus, was gelernt werden *könnte.* Erstere könnten etwa festlegen, daß ein Schüler bestimmte Aufgabentypen aus der Trigonometrie lösen soll; letztere könnten dagegen Diskussionen einschließen über die bewundernswerte Durchsichtigkeit trigonometrischer Theoreme, oder die Anwendungsmöglichkeiten dieser Theoreme auf neue Situationen, oder die Aufdeckung der Implikationen von Trigonometrie und Geometrie für das aufkommende Wissenschaftsbild der alten Griechen.

3.7 Abschließende Feststellung

Wir haben es hier im wesentlichen mit zwei gegensätzlichen Argumenten zu tun: (1) verhaltensbezogene Ziele sagen dem Schüler, was er lernen soll und erhöhen damit die Lernleistung; (2) verhaltensbezogene Ziele schränken die Bewegungsfreiheit des Schülers ein und unterdrücken dadurch zufallsbedingtes Lernen. *Melton* (1978) faßt die Forschungsergebnisse zu diesen beiden Thesen zusammen, soweit sie das Lernen schriftlichen Materials betreffen. Er stellt fest, daß es zu beiden Argumenten widersprüchliche Aussagen gibt.

Determinanten für effektive Zielformulierung

Melton zitiert dreizehn Experimente, die nachweisen, daß Leistungssteigerungen bei schriftlichen Aufgaben erkennbar sind, wenn den Schülern zuvor verhaltensbezogene Ziele verfügbar gemacht werden. Acht weitere Untersuchungen bestätigen dieses Ergebnis nicht, weisen jedoch auch nicht nach, daß Lernleistungen aufgrund von verfügbaren Zielen *reduziert* werden. Bei der Suche nach möglichen Erklärungen für diese widersprüchlichen Ergebnisse stellt *Melton* Determinanten fest, die möglicherweise die Effektivität von

Unterrichtszielen im Hinblick auf Leistungserhöhung bzw. Zufallslernen bestimmen:

> Bewußtsein für und Interesse an den formulierten Zielen bei den Schülern; Eindeutigkeit, Schwierigkeitsgrad und Anzahl der Ziele; Einfügungsmodus im Unterrichtsmaterial; Einfügungen am Ende des Materials sind effektiver sowohl für direktes als auch zufälliges Lernen; und die Häufigkeit, mit der solche Einfügungen auftreten (1978, S. 299).

Diese Ergebnisse über schriftliche Lernleistungen lassen sich wahrscheinlich nicht auf Ergebnisse aus mündlichen Unterrichtssituationen übertragen, wo das, was gelernt wird, in der Regel sowohl schriftlich als auch mündlich erarbeitet wird. Hier müssen noch Experimente durchgeführt werden, die auf Lernsituationen außerhalb des Versuchslabors aufbauen.

3.8 Zusammenfassung

Warum ist es erforderlich, Unterrichtsziele zu formulieren und wie sollten sie aussehen? Die drei Hauptbestandteile einer guten Zielformulierung sind *(a)* verhaltensbezogene Definition, *(b)* Angabe der Rahmenbedingungen für eine angestrebte Lernleistung und *(c)* Angabe eines akzeptablen Leistungsniveaus. Unterrichtsziele können auch dann geeignete Hilfen für Unterricht, Lernen und Bewerten sein, wenn sie nicht mit äußerster Präzision und in großer Anzahl formuliert werden. Eine Verhaltens-Inhalts-Matrix ist eine Tabelle, die anzeigt, was der Schüler mit den verschiedenen Inhaltsaspekten des Unterrichtsstoffes tun können soll.
Fünf Argumente gegen die Formulierung von verhaltensbezogenen Unterrichtszielen sind auf ihr Für und Wider hin untersucht worden: 1. Gute Lehrer verwenden keine verhaltensbezogenen Lernziele im Unterricht. Gleichwohl: gute Lehrer könnten noch bessere Lehrer sein, wenn sie sie verwenden würden. 2. Nur triviale Ziele können durch Verhaltensbegriffe erfaßt werden. Mit ein wenig Einfallsreichtum jedoch lassen sich wichtige Unterrichtsziele sehr wohl in Verhaltensbegriffen ausdrücken. 3. Bestimmte Unterrichtsfächer und Stoffbereiche sind für verhaltensbezogene Lernzielformulierungen unzugänglich. Dennoch: In der Unterrichtspraxis werden solche Kriterien, die verhaltensbezogen definiert werden können, ständig verwendet. 4. Verhaltensbezogene Unterrichtsziele sind menschenunwürdig und mechanistisch. Gleichwohl ist es gegebenenfalls menschenwürdiger, die Schüler davon in Kenntnis zu setzen, was sie lernen sollen. 5. Unvorhergesehene Unterrichtsergebnisse sind unter Umständen die wichtigsten. In solch einem Fall sollten sie in den Unterricht integriert werden; aber diese Tatsache steht nicht in Widerspruch dazu, daß es ebenso wünschenswert ist, Lernziele vorherzubestimmen und Unterrichtsergebnisse zu bewerten.

Kapitel 4

Verschiedene Arten von Unterrichtszielen und ihr Zusammenhang

4.1 Überblick

Lehrer versuchen, ihren Schülern dabei zu helfen, verschiedene Dinge zu lernen. Diese „Dinge“ sind Verhaltensweisen, die in Beziehung zu Lerninhalten stehen. Aber was für Verhaltensweisen? – Wenn Sie es in Ihrer Schulzeit als lästig empfunden haben, daß Sie so viel auswendiglernen mußten, was würden Sie dann als Alternative anbieten?
Dieses Kapitel handelt von den Möglichkeiten, Lernziele zu klassifizieren, so daß Sie bewußter Alternativen zum „Auswendiglernen“ oder „bloßen Wissenserwerb“ entwickeln können. Wenn Sie wollen, daß Ihre Schüler „Denken“ lernen, können Sie hier verschiedene Denkformen kennenlernen, auf die der Unterricht abgestellt sein kann. Aber auch wenn es Ihnen um den affektiven Bereich geht, um die Gefühle und Emotionen Ihrer Schüler, können Sie hier einige Kategorien kennenlernen, mit denen solche Unterrichtsziele erfaßt werden können. Das gleich gilt für andere Bereiche, die Ihnen am Herzen liegen: wie sich Ihre Schüler motorisch verhalten, d.h., wie sie schreiben, springen oder mit einem Hammer umgehen; auch in diesem Fall können Sie hier Klassifizierungssysteme kennenlernen, die für die Erfassung solcher Bereiche von Hilfe sind.
Wie Sie wissen, müssen Babies erst krabbeln lernen, bevor sie laufen können. Die gleiche notwendige Abfolge und der gleiche Aufbau lassen sich auf viele Lernziele im Unterricht übertragen. Wir werden Sie mit einigen psychologischen Überlegungen bekanntmachen, die sich damit befassen, was Schüler zuerst lernen müssen, bevor sie sich Neuem zuwenden können.

4.2 Drei Bereiche von Lernzielen

Pädagogen und Psychologen haben eine Reihe von Systemen entwickelt, Lernziele zu klassifizieren. Diese Systeme liefern nützliche Unterscheidungsmerkmale für die Definition von Unterrichtszielen. Darüber hinaus stellen sie eine Hilfe dar für den Unterricht in der Klasse und die Beurteilung von Lernerfolg und Schulleistung.

Kognitive, affektive und psychomotorische Lernziele im Unterricht

Eine wesentliche Unterscheidung von Lernzielen im Unterricht bezieht sich auf deren kognitiven, affektiven oder psychomotorischen Charakter. *Kognitive* Lernziele handeln von Prozessen wie Wissen, Wahrnehmen, Erkennen, Denken, Auffassen, Beurteilen und Begründen. Wenn sich eine Lehrerin über Karls Schwierigkeiten, richtig zu buchstabieren, Sorgen macht, dann stellt sie Bezüge zum kognitiven Bereich her. *Affektive* Lernziele haben etwas mit Gefühl, Emotion, Einstellung, Anerkennung oder Wertschätzung zu tun. Wenn sich die Lehrerin über Karls Langeweile beim Lesen Sorge macht, denkt sie über den affektiven Bereich nach. *Psychomotorische* Lernziele handeln von Bewegungsfertigkeiten, wie z. B. mit Hand oder Maschine schreiben, tanzen oder ein Musikinstrument spielen. Keiner dieser drei Verhaltensbereiche ist von dem anderen isoliert zu sehen. Während wir denken, einer intellektuellen Tätigkeit nachgehen, erfahren wir gleichzeitig Emotionen und äußern uns in bestimmten Bewegungen, nehmen eine bestimmte körperliche Haltung ein. Wenn uns beim Anhören einer Symphonie oder eines Gedichts das Gefühl übermannt, so sind dabei weder Denken noch Bewegen ausgeschaltet, d. h. wir zeigen zugleich kognitives und psychomotorisches *und* affektives Verhalten. Und wann immer wir uns körperlich bewegen – ob wir ins Schwimmbassin springen oder Klavier spielen –, zugleich denken wir daran, daß und wie wir uns bewegen, und haben über das, was wir tun, bestimmte Gefühle.

Obwohl diese drei Verhaltensbereiche miteinander verbunden sind, ist es oft sinnvoll, sie getrennt zu analysieren. Eine Gruppe von Experten im Bereich der Messung von Schulleistung versuchte vor einigen Jahren, ihre Diskussion über Lernziele voranzutreiben, indem sie eine Taxonomie der Ziele entwickelte. In dieser Taxonomie oder diesem Klassifikationsschema wurde das gesamte Feld der Lernziele im Unterricht in die drei „Bereiche“, die wir eben genannt haben, unterteilt: den kognitiven, affektiven und psychomotorischen Bereich. Schließlich veröffentlichte diese Gruppe „Taxonomien“ oder Klassifikationsschemata für den kognitiven Bereich (*Bloom, Engelhart, Furst, Hill* u. *Krathwohl,* 1956) und für den affektiven Bereich (*Krathwohl, Bloom* u. *Masia,* 1964). Ähnliche Taxonomien für den psychomotorischen Bereich sind später ebenfalls entwickelt worden (z. B. *Kibler, Barker* u. *Miles,* 1970).

Da bislang Taxonomien hauptsächlich im kognitiven Lernzielbereich zur Anwendung gekommen sind, wird nur dieser Bereich im folgenden ausführlich behandelt. Was Taxonomien in den affektiven und psychomotorischen Bereichen leisten können, muß hier ausgeklammert bleiben.

4.3 Der kognitive Bereich

Bei der Entwicklung dieser Taxonomie sind sechs Ebenen identifiziert worden, die bei der Klassifikation von kognitiven Lernzielen verwendet werden können. Diese Bereiche sind wie folgt definiert:

1. Wissen: Die Fähigkeit, Vorstellungen, Tatsachen usw. zu erinnern (Ekphorierfähigkeit), sie aus dem Gedächtnis zu reproduzieren, sie wiederzuerkennen, und zwar in einer Situation, in der bestimmte Stichwörter, Signale oder Anhaltspunkte gegeben werden, mit dem Ziel festzustellen, welche Kenntnisse gespeichert worden sind. *Beispiele:* Der Schüler kann die Daten der letzten drei

Kriege auf deutschem Boden wiedergeben. Der Student kann die drei Komponenten eines verhaltensbezogenen Lernziels benennen.
Eigenartigerweise ist Wissen in diesem Sinne oft ein kontroverses Lernziel. Lehrer und Schüler bezweifeln den Wert „reinen“ Wissens oder die Fähigkeit, sich an Fakten, Ideen oder Formeln zu erinnern – also an Dinge, die man immer „nachschauen“ kann. *Hastings* (1977) hat allerdings darauf hingewiesen, daß das Auswendiglernen durchaus von Bedeutung sein kann, etwa für Schauspieler, damit sie ihren Text beherrschen, oder Computerspezialisten, die die Zeichen einer Computersprache kennen müssen. Weit wichtiger noch:

> Das Behalten symbolischer Substrate, mit denen man endlos variieren, umsetzen und neu komponieren kann, ist für die Pädagogik grundlegend und stellt die Basis zur Kreativität dar. Das Alphabet und das Einmaleins sind Beispiele für solche Substrate, und sie müssen dem Gedächtnis eingeprägt werden (*W. M. Hastings,* 1977, S. 350).

Entsprechendes gilt für Schriftsteller (Wortschatz), Mathematiker (Integrale), Redakteure (Stilregeln), Chemiker (Atomgewichte) und viele andere. Jeder kennt aus seinem Bereich die Wissensgebiete – Dinge, an die man sich erinnern können muß, ohne die man nicht auskommt, im Beruf oder in der Freizeit. Wissen schadet nicht, weder der Kreativität noch dem Bedürfnis nach Selbstdarstellung. In Kapitel 13 behandeln wir Mnemotechniken und andere Aspekte des Gedächtnisses.

2. Verständnis: Die Fähigkeit, das, was kommunikativ vermittelt wird, aufzunehmen und zu verarbeiten, ohne es notwendigerweise auf andere Bereiche zu übertragen oder ohne seine Implikationen zu erkennen. *Beispiele:* Der Schüler kann die Ursachen des zweiten Weltkriegs erklären; einen Text aus dem Englischen ins Deutsche übersetzen; Beispiele für kalorienreiche und kalorienarme Kost geben.

3. Anwendung: Die Fähigkeit, in festgelegten konkreten Situationen Abstraktionen, Regeln, Prinzipien, Ideen und Methoden anzuwenden. *Beispiele:* Der Schüler kann anhand des Barometers das Wetter vorhersagen; eine Unbekannte in einer Gleichung bestimmen; eine adäquate Diät für seine persönlichen Bedürfnisse zusammenstellen.

4. Analyse: Die Fähigkeit, eine Mitteilung in ihre konstitutiven Elemente oder Teile aufzugliedern. *Beispiele:* Der Student kann die gedankliche Gliederung eines wissenschaftlichen Aufsatzes nachzeichnen; die Wirtschaftssysteme des Kommunismus und des Kapitalismus vergleichen und kontrastieren; das Leitmotiv einer Kurzgeschichte herausarbeiten; Tatsachenfeststellungen von Meinungsäußerungen unterscheiden.

5. Synthese: Die Fähigkeit, mit Bausteinen, Teilen, Elementen usw. umzugehen und sie so zusammenzufügen oder zu kombinieren, daß ein Ganzes geformt oder eine neue Struktur gebildet wird. *Beispiele:* Der Schüler kann einen Plan für die Einhaltung von Unterrichtsdisziplin aufstellen; einen Entwurf für die geplante Klassenfahrt ausarbeiten; ein Computerprogramm für die Errechnung von Abiturnoten entwickeln. (Hier sind also Aufgaben angesprochen, die aus einem einmaligen Kontext heraus entwickelt werden.)

6. Beurteilung: Die Fähigkeit, quantitative und qualitative Urteile abzugeben über das Ausmaß, in dem Materialien und Methoden bestimmte Kriterien erfüllen. (Nach Auffassung der Taxonomieverfasser ist dies die höchste Stufe kognitiver Tätigkeiten.) *Beispiele:* Der Schüler kann die Qualität eines literarischen Werks beurteilen; Argumente für oder gegen Wohlfahrtsprogramme verteidigen; den Begriff „Freiheit in der Demokratie" einschätzen; entscheiden, ob physische Gewalt je gerechtfertigt ist.

Gefahr: höhere Stufen der Taxonomie werden nicht erreicht

Der besondere Wert der Taxonomie und verwandter Forschungsergebnisse (vgl. *Metfessel, Michael* u. *Kirsner,* 1969) liegt in ihrem Einfluß darauf, daß heute bei der Formulierung von Unterrichtszielen und Testitems der Bereich kognitiver Aktivitäten stärker berücksichtigt wird. Ist es doch bei vielen Lehrern und Curriculumplanern immer noch weit verbreitet, sich auf Wissensziele zu konzentrieren und die höheren Stufen der Taxonomie zu vernachlässigen. *Trachtenberg* (1974) hat in einer Untersuchung zu neun amerikanischen Lehrbüchern der Weltgeschichte festgestellt, daß von *sämtlichen* Fragen und Übungen zum Text 95% dem Wissens- bzw. Verständnisbereich zugeordnet werden konnten. Die höheren Stufen der Taxonomie wurden nur minimal berücksichtigt. Zweifellos sollte der Lehrer bei der Sequenzierung bestimmter Unterrichtsziele berücksichtigen, daß Wissens- und Verständnisziele beherrscht werden müssen, bevor höherstufige Prozesse, z. B. Synthese und Beurteilung, in Angriff genommen werden können. Dennoch müssen Lehrer, Curriculumplaner und Testentwickler sich darüber im klaren sein, wie wichtig es für den Schüler ist, von den Stufen des Wissens und Verstehens aufzusteigen zu den Bereichen der Anwendung, Analyse, Synthese und Beurteilung. Diese höheren Stufen sind es eigentlich, die der Lehrer bei der Lernzielorganisation betonen sollte.

Kritik am Stufenmodell

Obwohl die kognitive Taxonomie in der wissenschaftlichen Literatur als befriedigend beurteilt worden ist (vgl. *DeLandsheere,* 1977), hat sie doch Anlaß zu einer Reihe von Fragen gegeben. Ist es tatsächlich so, daß die sukzessiven Stufen der Taxonomie eine Hierarchie bilden? Wenn das zuträfe, wäre das Erreichen der höchsten Stufe (Beurteilung) abhängig von der erfolgreichen Bewältigung der nächst niedrigeren Stufe (Synthese), und diese wiederum von der nächst niedrigeren (Analyse), und so weiter, bis hinunter zur niedrigsten Stufe (Wissen). Diese Vorstellung ist stark in Zweifel gezogen worden, sowohl in logischer als auch in empirischer Hinsicht.

1. Logische Einwände

Die auf logischer und philosophischer Basis argumentierende Kritik ist von *Furst* (1981) gesichtet worden. Ein wiederkehrender logischer Einwand ist, daß gelegentlich „bestimmte Anforderungen an Wissen komplexer sind als Anforderungen an Analyse oder Beurteilung" (S. 446). Aus diesem Grund sollte die Taxonomie vielleicht in sechs parallele Taxonomien aufgeteilt werden, mit verschiedenen Unterstufen innerhalb der Wissensstufe, der Analysestufe usw. Ein weiterer logischer Einwand ist, daß „bestimmte intellektuelle Fertigkeiten Voraussetzung sind für wirklich bedeutungsvolles Wissen" (S. 447). So ist etwa die reine Kenntnis eines Terminus oder eines Symbols bedeutungslos, wenn man sie nicht verstehen oder anwenden kann.

2. Empirische Einwände

Die empirische Kritik an der kognitiven Taxonomie hat sich auf Untersuchun-

gen konzentriert, die auf die Klärung der Frage abzielen, ob die Korrelationen zwischen gemessenem Wissen, gemessenem Verständnis ... und gemessener Synthese sich so verhalten, wie man es von einer echten Hierarchie erwartet. Komplexe statistische Verfahren sind auf die Korrelationen angewandt worden. Nach *Seddons* (1978) Literaturübersicht scheinen die Forschungsergebnisse anzuzeigen, daß zwischen der theoretisch erwarteten Hierarchie und der tatsächlich festgestellten eine einigermaßen gute, wenn auch bei weitem nicht perfekte Übereinstimmung herrscht. Die beiden wichtigsten Untersuchungen heben als Ergebnis heraus, daß „Wissen, Verständnis, Anwendung und Analyse – von einigen Ausnahmen allerdings abgesehen – eine korrekte relative Ordnung aufweisen, während Synthese und Beurteilung nicht korrekt plaziert sind" (S. 320).
Kurz gesagt: die Taxonomie ist unvollkommen, sowohl logisch als auch empirisch gesehen, aber viele Benutzer haben sie als hilfreich empfunden. Sie organisiert das Nachdenken über Ziele in einer Art und Weise, die das weit übertrifft, was Lehrer und Prüfer gewöhnlich ohne diese Hilfe leisten können. Der praktische Gewinn, so scheint es, macht die theoretischen und empirischen Mängel wett.

4.4 Eine Taxonomie von Lernaufgaben

Eine weitere Möglichkeit, Unterrichtsziele schriftlich festzuhalten und zu klären, besteht darin, die verschiedenen Lerntypen, die im Unterricht auftreten können, zu untersuchen. Diese Lerntypen werden dann besonders wichtig, wenn wir davon ausgehen, daß das Lernen einer bestimmten Verhaltensweise Vorbedingung für das Erlernen einer anderen ist. Wir müssen krabbeln können, bevor wir laufen lernen; zählen, ehe wir addieren können; das Alphabet beherrschen, bevor wir ein Wörterbuch benutzen können; Sätze schreiben, bevor wir Aufsätze schreiben können. Dieses Prinzip des Ansteigens von einfachen zu immer komplexeren Lernaufgaben ist von *Gagné* (1977) in Form einer Hierarchie von sieben Lerntypen systematisch erfaßt worden:

Vom einfachen zum komplexen Lernen

1. Signallernen,
2. Reizreaktionslernen,
3. „Chaining" (die „Verkettung" von bereits bestehenden stimulus-response-Verbindungen),
4. Lernen durch verbale Assoziation,
5. Unterscheidungslernen,
6. Konzeptuelles Lernen,
7. Regellernen.

1. *Signallernen* im Sinne von *Gagné* heißt, die Disposition erwerben, irgendeine allgemeine, diffuse, *emotionale* Reaktion auf einen Stimulus oder ein Signal zu geben. Als Pavlovs Hund auf das Klingelzeichen hin begann, Speichel zu produzieren, hat er uns ein klassisches Beispiel von Signallernen

gegeben. Menschen zeigen dasselbe Lernergebnis, wenn ihnen beim Auftritt ihrer Lieblingsrockgruppe die Knie weich werden, wenn ihnen beim Anblick der Examensfragen der Schweiß ausbricht, oder wenn sie beim Hören der Stimme eines geliebten Menschen ein angenehmes Gefühl verspüren.

2. *Reizreaktionslernen* heißt, mit relativ spezifischen muskulären Bewegungen auf bestimmte Reize oder Reizmuster zu reagieren. Wenn ein Kind lernt, beim Anblick seines Vaters „Papa" zu sagen, d.h., wenn es lernt, seine Lippen und seine Zunge in einer bestimmten Form zu bewegen und damit eine verbale Reaktion auf einen spezifischen Stimulus hin zu geben, haben wir ein Beispiel für Reizreaktionslernen.
3. *„Chaining"* (Lernen durch „Verkettung" von S-R-Verbindungen) heißt, eine Reihe von zuvor gelernten Reizreaktionsverbindungen miteinander zu verknüpfen, kettenartige Kombinationen daraus zu bilden. Wenn ein Schüler lernt, seinen Namen zu schreiben und a) ihn mit einem Großbuchstaben beginnt, b) weitere Buchstaben seines Namens miteinander verbindet, c) den Punkt aufs *i* setzt und d) den Querbalken im *t* einfügt, dann hat er eine einfache Verkettung gelernt, die darauf hinausläuft, daß er den Namen *Schmidt* richtig schreiben kann.
4. *Lernen durch verbale Assoziation* ist eine Sonderform des Lernens durch „Verkettung", die dann auftritt, wenn die Reizmuster und Reaktionen in den Ketten aus Wörtern oder Silben bestehen, also aus verbalem Material. Ein Beispiel hierfür ist, das englische Äquivalent eines deutschen Wortes zu lernen.
5. *Unterscheidungslernen* heißt, sich die Fähigkeit anzueignen, eine Gruppe von Stimuli so zu unterscheiden, daß auf jeden einzelnen Stimulus eine adäquate Reaktion abgegeben werden kann. Wenn ein Junge ein Auto sieht, „Mercedes" sagt und bei einem anderen Auto „BMW" – und zwar nicht nur für die Modelle des vergangenen Jahres, sondern der letzten zehn Jahre –, ist er fähig, Unterscheidungsleistungen (Diskriminationen) zu vollbringen.
6. *Konzeptuelles Lernen* heißt, die Fähigkeit zu erwerben, verschiedene konkrete Objekte oder Ereignisse unter einem adäquaten abstrakten Begriff oder Namen zusammenzufassen. Sich den Begriff „Säugetiere" aneignen heißt, die Fähigkeit zu erwerben, verschiede Tiere als dieser Kategorie zugehörig oder nichtzugehörig einzuordnen.
7. *Regellernen* heißt, auf bestimmte, klassifizierbare Reizsituationen mit bestimmten klassifizierten Reaktionen zu antworten. Dabei werden Regeln so angewendet, als seien sie allgemeine Prinzipien. Regeln sind aus Konzepten zusammengesetzt. Wenn wir lernen sollen, daß Sauerstoff verbraucht wird, wenn etwas brennt, oder daß runde Gegenstände rollen, dann wird dabei vorausgesetzt, daß wir bestimmte Konzepte verstehen, also „Sauerstoffverbrauch" in Verbindung mit „brennen", „rund" in Verbindung mit „rollen" usw. Diese (abstrakten) Regeln oder Prinzipien können Verhalten in einer breiten Palette von Situationen beeinflussen. Eine Regel zu kennen ist gleichzusetzen mit einer Verbalassoziation. Eine Regel anzuwenden fordert weit mehr vom Schüler.

Aufeinander aufbauendes Lernen

Welche Bedeutung hat *Gagnés* Schema für den Bereich der Lernziele im Unterricht? Nach *Gagné* ist das Erlernen eines in der Hierarchie niedrigeren Lerntypus Vorbedingung für das Erlernen eines höheren. Eine bestimmte Art des Signallernens muß erfolgt sein, bevor Reizreaktionslernen erfolgen kann. Reizreaktionslernen ist die Vorbedingung für „Chaining" (Lernen durch „Verkettung" von S-R-Verbindungen), dieses wiederum muß dem multiplen Diskriminationslernen vorausgehen. Oder um von der Spitze der Hierarchie auszugehen: Die Fähigkeit zum Problemlösen bedingt, daß bestimmte Regeln oder Prinzipien gelernt worden sind. Und diese können nicht eher gelernt werden, bevor nicht bestimmte Begriffe und Konzepte gelernt worden sind. Kurz gesagt: Manche Lernziele sind Vorbedingung für andere. Und weiter: Unterschiedliche Lernbereiche haben auch einen unterschiedlichen hierarchischen Aufbau von Lernzielen.

Inhaltsstrukturierung

Wir müssen uns sowohl mit den Beziehungen zwischen den Teilbereichen von Lerninhalten oder ihrer Strukturierung befassen als auch mit der Hierarchie von Lerntypen. Lernen zu addieren und zu subtrahieren und die Uhrzeit lernen, sind Beispiele dafür, inhaltliche Strukturen zu lernen, und wir werden auf diese Beispiele im weiteren Verlauf des Kapitels näher eingehen. Auf jeder Stufe der oben angeführten Hierarchie von *Gagné* – etwa der Stufe des konzeptuellen Lernens oder der Stufe des Lernens von Regeln und Prinzipien – können bestimmte Begriffe Voraussetzung für andere Begriffe sein, können bestimmte Regeln Voraussetzung für andere Regeln sein. Diese Form der Voraussetzung läßt sich als eine Art „horizontale" Sequenz denken, im Gegensatz zu *Gagnés* „vertikaler" Hierarchie der sieben Lerntypen. Die richtige, „horizontale" Abfolge von Begriffen oder Konzepten, auf der Stufe des konzeptuellen Lernens, wird durch die Logik des jeweiligen Themas bestimmt.

Strukturierung als Hilfe für den Lehrer

Gagné hat diese Überlegungen auf die Entwicklung von sequentiellen Lernschritten angewandt. Wir wollen hier ein Beispiel erörtern, das von *Gagné* (1977) entwickelt worden ist.

Ein Beispiel für die Strukturierung des Lernens von Zahlenoperationen

Vertikale und horizontale Strukturierung

Das folgende Beispiel verdeutlicht sowohl horizontale als auch vertikale Strukturierung. Die Aufgabe kommt aus dem Bereich der Mathematik, sie zeigt eine Lernstruktur für Zahlenoperationen und ist in der Abbildung 4-1 wiedergegeben. Der Leser sollte den sukzessiven Schritten folgen und mit dem unteren Ende der Struktur beginnen. Als erstes lernt der Schüler, die Namen der Zahlen zu sagen und sie mit einem Bleistift anzukreuzen. Von diesen Reizreaktionsverbindungen (S-R-Verbindungen) ausgehend lernt er nun Buchstaben, Zahlen und geometrische Formen zu zeichnen, d. h. er lernt die *„Verkettung"* dieser Reizreaktionsverbindungen. Von solchen Ketten geht er

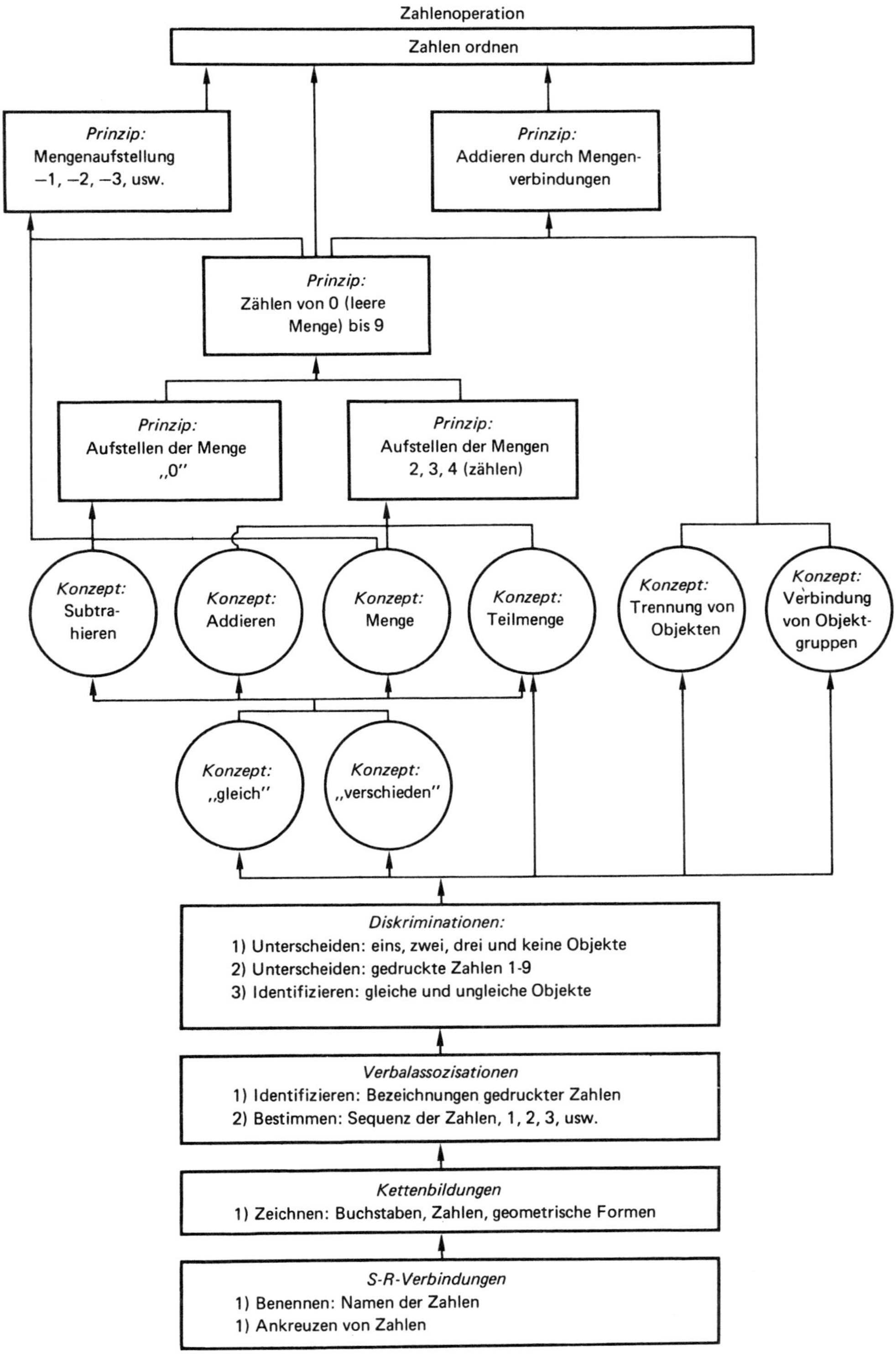

Aus: *Robert M. Gagné:* The Conditions of Learning (New York 1965).

Abbildung 4-1. Strukturierung des Lernens von Zahlenoperationen

weiter und lernt *verbale Assoziationen,* d. h. geschriebene Zahlen erkennen, sie benennen und die Abfolge der Zahlen 1, 2, 3, usw. zu nennen. Darauf folgt *Diskriminationslernen,* der Schüler lernt, 1, 2, 3 und „keine" Objekte zu unterscheiden, er lernt, zwischen den geschriebenen Zahlen 1 bis 9 zu unterscheiden und gleiche und ungleiche Objekte voneinander zu trennen. Dann lernt er eine Reihe von *Begriffen* bzw. *Konzepten:* „gleich", „ungleich", „abziehen", „hinzuzählen", „Menge", „Teilmenge", „Trennen von Objekten", „Zusammenfügen von Objektgruppen". Nun kommt er dazu, *Regeln* oder *Prinzipien* zu formulieren: die „Nullmenge", die „Menge 1", „Menge 2" usw. („zählen"), von 0 bis 9 zählen, die Mengen -1, -2, -3 zu formen usw. Das abschließende Ergebnis dieses Lernprozesses wäre die Fähigkeit, Zahlen in ein Ordnungssystem zu bringen.

In diesem Beispiel ist die Sequenz so angeordnet, daß alle Begriffe bzw. Konzepte erst gelernt werden müssen, bevor die Regeln oder Prinzipien gelernt werden können. Diese Form der Anordnung gilt auch für jene Fälle, in denen das Lernen bestimmter Regeln oder Prinzipien nicht unmittelbar auf das Lernen der dafür notwendigen Begriffe oder Konzepte erfolgt, sondern zu einem späteren Zeitpunkt, nach dem zwischengeschalteten Lernen von anderen Regeln oder Prinzipien. In Abbildung 4-1 wird dies an folgender Stelle deutlich: „Trennung von Objekten" und „Zusammenfügen von Objektgruppen" sind zwei Begriffe, die zur Regel „Addieren" durch Mengenverbindung beitragen. Aber diese Regel ist erst an der Reihe, nachdem drei andere Begriffe gelernt worden sind. Unter Umständen können diese beiden Begriffe deshalb solange zurückgestellt werden, bis sie gebraucht werden, d. h. bis die ersten beiden Regeln gelernt worden sind.

Die Strukturierung des Lernmaterials muß nicht unbedingt genau dieselbe Form annehmen wie in Abbildung 4-1. Nicht alles konzeptuelle Lernen muß unbedingt vor dem Lernen von Regeln und Prinzipien erfolgen; nicht alle Schritte des multiplen Diskriminationslernens müssen unbedingt vor der Ebene des konzeptuellen Lernens erfolgen usw. *Gagnés* vertikale Hierarchie der Lerntypen muß mit einer horizontalen Analyse der Strukturierung von Lerninhalten kombiniert werden. Erst dann können wir die Lernziele, die einer bestimmten Art von Wissen oder Verstehen zugrunde liegen, genau analysieren und in eine Abfolge bringen.

Erst in jüngster Zeit hat man Techniken entwickeln können, mit denen sich die hierarchische Anordnung von Lernaktivitäten überprüfen läßt. *Airasian* und *Bart* (1975) haben untersucht, ob die von *Gagné* für die Lösung eines bestimmten mathematischen Prinzips *a priori* vorausgesetzte Struktur als hypothetisches Konstrukt der Realität des Lernens entspricht. Ihre Ergebnisse verdeutlichen, daß *Gagnés* Ansatz überwiegend richtig ist. Die hypothetisch angenommene Anordnung von Lernsequenzen entspricht tatsächlich der Art und Weise, wie die meisten Schüler eine bestimmte Gruppe mathematischer Regeln in einem von den Autoren durchgeführten Experiment lernten. Zugleich zeigen die Ergebnisse, daß die Beziehungen der einzelnen Stufen untereinander noch komplexer sind als aus der ursprünglichen *a-priori*-Struktur erkennbar war. Mit einem solchen Problem sind wir in der Pädagogischen Psychologie häufig konfrontiert. Wenn wir Unterrichtsdaten unter die

Lupe nehmen, erweisen sich die Dinge gewöhnlich als komplexer als zunächst angenommen! Dennoch: die von *Gagné* hypostasierte logische Anordnung von Lernereignissen hat sich in überwiegendem Maße als richtig herausgestellt. Dieses Ergebnis deutet an, daß der Lehrer seine Unterrichtsziele *a priori* anordnen kann und zur sinnvollen Strukturierung und Sequenzierung von Unterrichtsaktivitäten vorstoßen kann, um den Schülern das Lernen leichter zu machen.

Strukturierung als Hilfe für den Schüler

Strukturierung als Lernhilfe

Bislang haben wir den Begriff der Strukturierung angewandt auf die Form der Anordnung einer Reihe von Teillernzielen oder Vorbedingungen im Hinblick auf ein Endziel bzw. *Endverhalten.* Curriculumplaner und Lehrer verwenden Strukturierung im angesprochenen Sinne dazu, einen Themenkomplex in Einzelstücke zu gliedern, die in geordneter Weise von einer Lernleistung zur nächsten überleiten.

Aber es gibt auch eine andere Anwendungsmöglichkeit des Strukturierungsbegriffes: Strukturierung als Möglichkeit für den Schüler, sein Lernen effizienter und nützlicher zu gestalten und sich an Gelerntes leichter zu erinnern. Bei dieser Verwendungsart von Strukturierung werden dem Schüler Lernhilfen angeboten, um das ganze Beziehungsgefüge von Tatsachen, Begriffen und Regeln, das er lernen soll, zu erkennen. Durch die Erkenntnis des Gesamtzusammenhanges ist der Schüler dann in der Lage, Einzelheiten und Teilaspekte zu begreifen. *Bruner* (1966) hat diesen Gesichtspunkt von Strukturierung beschrieben. Er definiert als *optimale Strukturierung* einen festgelegten Satz von Ausgangsaussagen, mit deren Hilfe umfangreichere Kenntnisse aufgebaut werden können. Um eine solche Strukturierung anzugeben, ist es nötig, die Art eines bestimmten Wissensbereiches näher zu bestimmen – die Möglichkeiten, Informationen zu vereinfachen, neue Aussagen abzuleiten; und die Manipulierbarkeit eines bestimmten Wissensbereiches, der als Ausgangspunkt dient, zu vergrößern. Da ferner die beste Strukturierung von den Lernvoraussetzungen und Fähigkeiten der Schüler abhängt, ist die optimale Strukturierung eines Lerngebietes nur relativ zu einem einzelnen Schüler möglich (vgl. *Bruner,* 1966, S. 41).

Erscheinungsformen des Wissens:

(a) enaktiv
(b) ikonisch
(c) symbolisch

Bruner identifizierte drei charakteristische Eigenschaften der Wissensstruktur: Modus oder Erscheinungsform *(mode),* Ökonomie *(economy)* und Macht *(power). Modus oder Erscheinungsform* bezieht sich auf eine Art und Weise, wie Wissen dargestellt wird – ob es (a) durch Handlungen oder konkrete Dinge dargestellt wird, (b) durch Bilder, bildliche Repräsentationen, graphische Darstellungen, oder (c) durch bestimmte Symbole, etwa verbale oder mathematische Symbole. Der Begriff „Geld" läßt sich z. B. folgendermaßen in den Unterricht einbringen: (a) mit wirklichen Münzen oder Scheinen, (b) mit Bildern von solchen Münzen und Scheinen, oder (c) mit Begriffen und Zahlen, die solches Geld beschreiben. In ähnlicher Weise ließe sich das Prinzip, daß der Druck eines Gases direkt proportional seiner Temperatur ist, so anführen: (a) im Labor, unter Verwendung von Gasen, Thermometern, Druckbehältern und

Manometern, oder (b) durch Diagramme und Bilder, oder (c) verbal und mathematisch.

Ökonomie des Wissens

Unter *Ökonomie* versteht *Bruner* die Fähigkeit, einen Wissensbereich mit einem nur geringen Anteil an zu speichernder und zu verarbeitender Information darzustellen. Manche dieser Informationskürzel, etwa die Formel für die Flächenberechnung eines Kreises ($F = \Pi r^2$) sind äußerst ökonomisch. Eine „Kreisflächentabelle" von allen möglichen Kreisen wäre dagegen sehr unökonomisch.

‚Macht' oder potentieller Anwendungsbereich von Wissen

„Macht" oder potentieller Anwendungsbereich von Wissen schließlich bezieht sich auf den Wert einer Wissensstruktur, für die Entwicklung von neuen Vorschlägen, Ideen und Prinzipien, besonders solchen, die nicht selbstverständlich sind. Newtons Gesetze der Gravitation haben eine bemerkenswerte „Macht" ausgeübt. Aus ihnen lassen sich die Bewegungen der Himmelskörper ableiten, die Entstehung von Ebbe und Flut, die Fallgesetze, das Gesetz der schiefen Ebene, des Pendels und andere mehr, die vorher nicht aufeinander bezogen zu sein schienen.
Lerntheorien haben in diesem Sinne erhebliche „Macht", besitzen einen erheblichen potentiellen Anwendungsbereich. Durch sie kann eine Verbindung hergestellt werden zwischen Prozessen der Kindererziehung, Propaganda, Psychotherapie, Werbung und Unterricht.

4.5 Zusammenfassung

Zu Beginn dieses Kapitels haben wir den kognitiven Bereich der Taxonomie von Lernzielen behandelt. Diese Taxonomie ist eine Hilfe für den Lehrer, seine Ziele auf Stufen anzusiedeln, die mehr verlangen als das Auswendiglernen von Informationen. Sie hilft ihm darüber hinaus zu erkennen, daß beim Lernen Informationen verarbeitet werden durch Verstehen, Anwendung, Analyse, Synthese und Beurteilung.
Dann beschäftigen wir uns mit dem hierarchischen Aufbau von Lerntypen im Unterricht, angefangen beim Signallernen, über das Reizreaktionslernen usw. bis hin zum Lernen von Regeln und Prinzipien. Wenn man über Lernvorgänge solche Überlegungen anstellt, hat dies einen wesentlichen Vorteil: Es wird deutlich, warum eine Lernstufe nicht oder nur mühsam erreicht werden kann, solange nicht frühere Lernstufen als notwendige Voraussetzung bewältigt worden sind.
Schließlich haben wir besprochen, wie die Strukturierung von Lernzielen nicht nur dem Lehrer, sondern auch dem Schüler helfen kann. Beim Lernen von strukturiertem Material werden die einzelnen Teilschritte von Lernaufgaben auch als Ganzes gesehen und dadurch eher ein Verständnis ihres Zusammenhangs erreicht, als wenn diese Teilschritte in unverbundener, unstrukturierter Form dargeboten werden. Lehrer sollten deshalb ihren Schülern dabei helfen, Lernmaterial in strukturierter Form zu erfassen und zu verarbeiten; dadurch wird nicht nur eine größere *Ökonomie* von Wissen erreicht, sondern auch der

potentielle Anwendungsbereich („Macht") vergrößert – Multiplikationstabellen oder das Atommodell von Sauerstoff sind Beispiele solcher Strukturierungshilfen. Drei Erscheinungsformen von Wissen, einschließlich strukturiertem Wissen, lassen sich hierbei unterscheiden. Wissen aus handelndem Umgang *(enaktiv)*, aus anschaulicher, sinnfälliger Gegenstandserfahrung *(ikonisch)* und aus den Begriffen und Symbolen ihrer Klassifikation *(symbolisch)*. Diesen drei Erscheinungsformen oder Wissensmodi entspricht die Vermittlung von Wissen in konkreter, bildlicher oder symbolischer Form. Wenn Sie diese Konzeptionen bei der Unterrichtsplanung und Zusammenstellung von Unterrichtsmaterialien berücksichtigen – Hierarchie des Lernens, Strukturierung von Unterrichtszielen und Lernschritten, unterschiedliche Erscheinungs- und Vermittlungsformen von Wissen oder Wissensmodi –, können Sie Ihren Schülern das Lernen erheblich erleichtern.

Teil C

Der Schüler: Intelligenz, Persönlichkeitsentwicklung und individuelle Unterschiede

In unserem Unterrichtsmodell kommen wir nun an den Punkt, wo wir uns mit den Eigenschaften und der Persönlichkeit von Schülern befassen müssen. Wir konzentrieren uns dabei auf drei pädagogisch signifikante Dimensionen im Aufbau der Person: Intelligenz (Kapitel 5–6), Entwicklungsstufen (Kapitel 7) und Persönlichkeit (Kapitel 8–9). Individuelle Unterschiede und den Bereiche der Sonderpädagogik behandeln wir schließlich in Kapitel 10.

In Kapitel 5 geht es um Intelligenz, ein Persönlichkeitszug, der in der Pädagogischen Psychologie am ausführlichsten untersucht worden ist. Das Thema Intelligenz besitzt für den gesamten Bereich von Ausbildung und Erziehung erhebliche Bedeutung. Intelligenz stellt aber auch einen Forschungsbereich dar, der wie kaum ein anderer kontroverse Diskussionen auslöst. In Kapitel 6 behandeln wir die Determinanten von individuellen und gruppenbezogenen Intelligenzunterschieden, wiederum zum besseren Verständnis einschneidender Kontroversen und jüngster Bemühungen, Intelligenz und schulische Leistung zu steigern, insbesondere bei Schülern aus bestimmten sozialen Schichten.

In Kapitel 7 werden Sie in den Bereich der kognitiven Entwicklung einschließlich der Sprachentwicklung eingeführt. In Kapitel 8 erörtern wir dann verschiedene Fragen zur Persönlichkeitsentwicklung: Wie entwickelt ein Mensch eine „gesunde" Persönlichkeit? Weshalb machen Jugendliche in westlichen Kulturen eine derart traumatische Phase durch? Auf welchem Wege entwickelt sich moralisches Verhalten? In diesem Kapitel behandeln wir auch verschiedene Persönlichkeitseigenschaften, z. B. Ehrlichkeit, Kreativität und Angst.

In Kapitel 9 geht es um die Frage, wie sich geschlechtsspezifisches Rollenverhalten entwickelt und warum es geschlechtsspezifische Leistungsunterschiede gibt. Die Rolle, die die Schule bei der Heranbildung von Geschlechtsstereotypen spielt, wird untersucht, und es werden einige Ratschläge gegeben, wie man im Unterricht die Bildung solcher Stereotypen vermeiden kann.

In Kapitel 10 schließlich runden wir diesen Bereich ab mit einer Darstellung der individuellen Unterschiede von pädagogisch bedeutsamen Schülereigenschaften. Der Bereich der Sonderpädagogik (auch für Körperbehinderte) ist in dieses Kapitel integriert.

Kapitel 5

Definition, Messung und Struktur von Intelligenz

5.1 Überblick

Bekanntlich wurden im zwanzigsten Jahrhundert die Grundlagen für die Messung individueller Intelligenzunterschiede gelegt. Gegenwärtige Schätzungen der Anzahl von Intelligenztests, die in einem Jahr in den USA durchgeführt werden, gehen in die Millionen (*Kirkland,* 1971).
Trotzdem ist es noch hart umstritten, ob solche Tests nicht mehr schaden als nützen. In einigen größeren Städten der USA ist die Verwendung bestimmter Intelligenztests in den Schulen verboten worden. Intelligenz wird seit langem als eine der wesentlichsten Determinanten für den schulischen und außerschulischen Erfolg angesehen, und als Lehrer sollten Sie über den Problembereich Intelligenz informiert sein. Sie brauchen nicht die einzelnen Intelligenztestwerte Ihrer Schüler zu kennen, aber Sie sollten etwas über Intelligenz als psychologisches Konzept wissen, es wird Ihnen helfen, das besser zu verstehen, was man seit langem als eine der wesentlichen Determinanten für Erfolg in der Schule und im Leben allgemein bestimmt hat. In diesem Kapitel beschäftigen wir uns mit der Definition, Messung und Struktur dieser wichtigen Variablen. Am Schluß werden wir kurz auf die gegenwärtige Praxis der Intelligenztestmessung eingehen und einige Positionen schildern, die dem Nutzen von Intelligenzmessungen im schulischen Bereich sehr skeptisch gegenüberstehen.

5.2 Definition von Intelligenz

In gewissem Sinne weiß jedermann, was Intelligenz ist. Jemand ist intelligent, wenn er aufgeweckt ist, ein „heller Kopf“, wenn er Probleme lösen, sich rasch Klarheit verschaffen oder aus der Erfahrung lernen kann. Zahlreiche Beispiele zeigen offenbar, daß einige Personen intelligenter sind als andere. Und gerade auch die Erfahrungen, die ein Lehrer in der Schule macht, scheinen zu bestätigen, daß Schüler erhebliche Intelligenzunterschiede aufweisen: Manche bewältigen einen bestimmten Lernstoff geradezu spielend, während andere mit dem gleichen Lernstoff in derselben Klasse und mit den gleichen Lehrern erhebliche Schwierigkeiten haben. In allen Lebensbereichen ist das Thema Intelligenz von jeher auf großes Interesse gestoßen.

Geschichtlicher Hintergrund

Die Arbeiten von *Binet*

Die heute verbreiteten Konzeptionen von Intelligenz und ihrer Messung kamen zu Beginn des Jahrhunderts auf. Kurz vor der Jahrhundertwende wurde der französische Psychologe *Alfred Binet* mit der Aufgabe betraut, in den Schulen von Paris jene Schüler herauszufinden, für die der reguläre Unterricht offenbar ungeeignet war, und für die deshalb Sonderklassen eingerichtet werden sollten. Die Auswahl der richtigen Tests für diese Aufgabe – im Rückblick erscheint uns das heute als recht einfach – bedeutete damals die Notwendigkeit einer radikalen Abkehr von früheren Versuchen, Intelligenz und geistige Fähigkeiten zu messen. *Binets* wichtigster Vorläufer, der amerikanische Psychologe *James McKeen Cattell,* hatte zum Beispiel folgende Tests für diesen Zweck vorgeschlagen: Dynamometerdruck (Stärke des Händedrucks; Geschwindigkeit der Handbewegung über eine Strecke von 50 cm; Unterschiedsschwellen bei der Sinneswahrnehmung (etwa minimale Distanz zweier Punkte auf der Haut, die als zwei unterscheidbare Punkte und nicht als einer gefühlt werden können); Druckstärke gegen die Stirn, bei der Schmerzempfinden auftritt; (eben merklicher) Unterschied zweier in Händen gehaltener Gewichte; Reaktionszeit bei Geräuschen und beim Benennen von Farben; usw.

Differenzierung

Binet fand heraus, daß *Cattells* Tests keine ausreichenden Differenzierungen ermöglichten; das heißt Schulkinder, die von ihren Lehrern als dumm beurteilt wurden, leisteten nicht weniger als jene, die als intelligent galten. Mit seinem Mitarbeiter *Henri Simon* erprobte *Binet* daher viele neue Tests, von denen sich einige mit höheren geistigen Prozessen wie Gedächtnis, Fähigkeit zu bildlicher Vorstellung, Aufmerksamkeit und Verständnis komplexer Zusammenhänge befaßten. Mit Hilfe dieser Tests wurden erste brauchbare Differenzierungen möglich. *Binet* und *Simon* erprobten in der Folgezeit Tests, mit denen unter anderem folgende Eigenschaften und Fähigkeiten gemessen werden sollten: Deutlichkeitsgrad bildlicher Vorstellungen, Reichweite und Dauer von Aufmerksamkeit, Suggestibilität, Beurteilung ästhetischer und moralischer Fragen sowie die Fähigkeit, anhand von Bildern, auf denen ein bestimmter Gesichtsausdruck abgebildet war, Emotionen zu benennen.

Die Geschichte ihrer Versuche zeigt, daß *Binet* und *Simon* keine klare, vorher festgelegte Definition von Intelligenz hatten, aus der sie brauchbare Tests ableiten konnten. Sie gingen das Problem mehr oder weniger nach einem Prinzip von Versuch und Irrtum an, arbeiteten sich schrittweise an den Bereich höherer geistiger Prozesse heran und benutzten als Leitlinie für ihr Vorgehen in erster Linie die Differenzierungsfähigkeit der verwendeten Tests. Zum großen Teil mußte Intelligenz zunächst einmal als das definiert werden, „was Intelligenztests messen“ (vgl. *Boring,* 1923, S. 35).

Lehrerurteil

Beachtenswert ist der Zweck von *Binets* Testentwicklung: zwischen Schulkindern zu differenzieren, die von ihren Lehrern als dumm und als klug eingeschätzt wurden. Wozu waren Tests nötig, wenn das Lehrerurteil ohnehin das bestimmende Kriterium für die Validität der Tests abgab? Die Antwort verschafft uns eine weitere Einsicht in das Wesen von Intelligenz. Das Lehrerurteil über die Schülerleistungen im Unterricht war tatsächlich weitgehend von der Intelligenz der Schüler bestimmt – aber eben nicht weitgehend genug. Der Verdacht bestand, daß die Lehrer in ihrem Urteil von Faktoren geleitet wurden, die vermutlich zur Intelligenz in keinerlei Beziehung standen: Benehmen, äußere Erscheinung, Aufgewecktheit, Gelehrsamkeit usw. Das Urteil der Lehrer war allzusehr von irrelevanten Nebenerscheinungen bestimmt. Es mußte ergänzt oder sogar ersetzt werden, und zwar durch ein Hilfsmittel, das differenzierter und genauer die intellektuelle Fähigkeit zu schulischem Arbeiten voraussagen würde. Darüber hinaus gab es Kinder in Schulen für geistig Behinderte, die erhebliche intellektuelle Fähigkeiten besaßen. Die Gründe für ihre Einweisung in Sonderschulen waren zum Beispiel Zurückhaltung, ausgeprägte Kreativität oder Unabhängigkeitsstreben, Aggressivität, oder auch Sprach-, Seh- oder Hörschädigungen. Man hoffte, daß ein „guter" Test helfen würde, jene Kinder zu erkennen, die als „behindert" abgestempelt worden waren, nur weil bestimmte Lehrer nicht mit ihrer besonderen Individualität fertig werden konnten.

Heutige Auffassungen

Dieser empirische, mehr auf gut Glück vertrauende Ansatz zu einer Definition und Messung von Intelligenz ist inzwischen verbessert worden. Wir haben heute ein Intelligenzkonzept, das uns erlaubt, noch vor der tatsächlichen Anwendung eines Intelligenztests zu bestimmen, welche Arten von Testitems effektiv zwischen Kindern differenzieren werden, von denen wir wissen, daß sie sich hinsichtlich des schulischen Erfolgs oder des Lebensalters voneinander unterscheiden. Es liegen genügend Untersuchungsergebnisse vor, die es einem geschulten Psychologen erlauben, auf der Basis von Intelligenztests relativ genaue Vorhersagen zu treffen.

Konnotationen von Intelligenz

Intelligenz besteht in der *Fähigkeit, mit Abstraktionen umzugehen* (Ideen, Symbolen, Begriffen, Begriffsbeziehungen, Prinzipien) – und weniger in der Fähigkeit, mit konkreten Dingen zu operieren (mechanischen Werkzeugen, Maschinen, Geräte etc.), oder in der Fähigkeit zu bestimmten Leistungen der Sinnesorgane. Bei der Bewältigung bestimmter Lernaufgaben oder Problemstellungen zeigt sich Intelligenz in der *Fähigkeit zu lernen* – insbesondere in der Fähigkeit, Abstraktionen zu lernen und zu gebrauchen, die Wörter und andere Symbole beinhalten; und sie betrifft weniger die Fähigkeit, aus dem handelnden Umgang mit Dingen ohne Einschaltung symbolischer Verarbeitungsprozesse zu lernen. Und: Intelligenz besteht in der Fähigkeit, *Probleme zu lösen,* im Sinne einer Bewältigung von jeweils neuen oder veränderten Problemsituationen im Gegensatz zur bloßen Ausführung von bekannten und eingeübten Reaktionen in vertrauten Situationen.

Diese konstitutiven Elemente werden von *Estes* (1982) auf eine kurze Definition gebracht: Intelligenz ist „das adaptive Verhalten des einzelnen, gewöhnlich charakterisiert durch ein bestimmtes Problemlösungselement und gesteuert von kognitiven Prozessen und Operationen" (S. 171).

Sternberg (1982) hat vier Verfahren zur Definition von Intelligenz herausgestellt: Expertenbefragung, statistische Analyse der Definitionen von Nichtexperten und Experten, Faktorenanalyse und (als neuesten Ansatz) die informationsverarbeitende Analyse. Bei diesem Verfahren wird nicht die Variationsbreite der individuellen Unterschiede im Testwertverhalten der Versuchspersonen benutzt, um Elementarfaktoren der Intelligenz zu ermitteln, sondern die Unterschiedlichkeit der Reizvorlagen. „Dabei versucht man, das Testantwortverhalten in einzelne Sequenzen der Informationsverarbeitung zu zerlegen, um dann die Wechselbeziehungen aufzudecken, die zwischen den einzelnen Elementen bestehen, die zum Gelingen der intelligenten Leistung beigetragen haben. Bei diesem Verfahren hat man ferner festgestellt, daß logisches Denken und Problemlösen ebenfalls unverzichtbare Bestandteile der Intelligenz sind" (S. 226).

Nichtintellektuelle Komponenten der Intelligenz

Intelligenz und andere geistige Fähigkeiten

Zur Intelligenz gehören eine Anzahl anscheinend „nichtintellektueller" Komponenten – eine gewisse Fähigkeit, Streß und Ablenkungen zu widerstehen, was wiederum ein gewisses Maß an Selbstvertrauen und emotionaler Stabilität voraussetzt. Wir sollten ferner Intelligenz, die wir auch als generelle intellektuelle Fähigkeit bezeichnen können, nicht mit anderen allgemeinen Fähigkeiten gleichsetzen. Zu diesen gehört eine große Zahl spezifischer Fähigkeiten und Fertigkeiten, die von einem eng definierten Intelligenzkonzept nicht erfaßt werden: künstlerische, kommerzielle, sportliche, musische, soziale und handwerkliche Fähigkeiten gehören beispielsweise hierher. Im gesellschaftlichen Kontext wird der Intelligenz eine allgemeine und übergreifende Bedeutung zugemessen. Dennoch ist sie nicht allumfassend und schließt viele wichtige Varianten von Fähigkeit, Leistungsvermögen, Eignung und Können aus.
Sternberg und seine Mitarbeiter haben 1981 eine Umfrage zu diesem Bereich in drei verschiedenen Gruppen gemacht: Personen, die (a) in einer Hochschulbibliothek arbeiteten, (b) einen Supermarkt betraten und (c) auf einen Zug warteten, wurden aufgefordert, Verhaltensweisen zu benennen, die für folgende Begriffe charakteristisch sind: „Intelligenz", „wissenschaftliche Intelligenz", „alltägliche Intelligenz" und „Intelligenzlosigkeit". Sie stellten fest, daß zur allgemeinen Vorstellung von Intelligenz drei Aspekte gehören: Problemlösungsfähigkeiten, Sprachbeherrschung und Sozialkompetenz. Unter „alltäglicher Intelligenz" verstand man auch „Charakter" und „Wissensdurst" sowie „Interesse an Kultur".
Es ist wichtig, sich zu vergegenwärtigen, daß diese Konzeption von Intelligenz aus der intellektuellen Tradition hochentwickelter Nationen erwachsen ist. Eine solche Tradition repräsentiert unter Umständen nur *einen* möglichen Ansatz menschlichen Lernens und menschlicher Ausbildung, nämlich einen Ansatz, der für die Mittelschicht einer industrialisierten Gesellschaft geeignet ist und bei dem Lernen weitgehend im Klassenzimmer stattfindet, in einer bestimmten Institution, die wir „Schule" nennen. Bei einer radikal verschiedenen Form des Lernens und der Ausbildung in einer anderen Gesellschaft könnte sich möglicherweise auch eine ganz andere Konzeption von Intelligenz als relevant erweisen. Wenn jedoch in unserer Gesellschaft manche Kinder ein

Defizit jener Form von Intelligenz aufweisen, die sich durch Abstraktionsvermögen und Problemlösen auszeichnet, dann können wir zwei Alternativansätze zur Bewältigung dieses Problems in Betracht ziehen. Die erste Alternative versucht, diese Art von Intelligenz durch ein gezieltes Treatment, durch bestimmte Methoden und Trainingsverfahren zu erhöhen. Unter diesem Blickwinkel ist Intelligenz etwas, das formbar ist und als eine Funktion spezieller Erfahrung und Methoden verändert werden kann.
Der zweite Ansatz versucht zusätzlich auch die schulischen Methoden so zu verändern, daß sie für Kinder, denen es an abstrakter Intelligenz fehlt, die dafür aber andere Eigenschaften besitzen, effektiv werden. Dies ist der „Aptitude-Treatment-Interaction"-Ansatz oder kurz ATI-Ansatz, den wir in Kapitel 10 vorstellen werden: Schulische Umgebung *(treatment)* und Schülereigenschaften und -fähigkeiten *(aptitude)* werden hier aneinander angepaßt. Beide Ansätze werden zur Zeit mit Einzelpersonen oder Personengruppen erprobt, die niedrige Intelligenzwerte haben. Darauf werden wir noch eingehen.

5.3 Messung von Intelligenz

Intelligenz wird, wie jedermann weiß, durch bestimmte Tests gemessen. Solche Tests bestehen aus einzelnen Aufgaben oder „Items" und aus jeweils verschiedenen Itemgruppen oder „Untertests"; dabei werden in verbaler oder in nonverbaler symbolischer Form Probleme vorgegeben oder Fragen gestellt, die von der Testperson eine Antwort bzw. Bearbeitung erfordern. Die Fragen in diesen Tests sind nach Gruppen geordnet, die im Schwierigkeitsgrad ansteigen. Im Stanford-Binet-Test für Sechsjährige finden sich zum Beispiel mehrere Items wie diese:

Intelligenztests

„Ein Tisch ist aus Holz; eine Fensterscheibe aus ________".
„Ein Vogel fliegt; ein Fisch ________".
„Die Spitze eines Spazierstocks ist stumpf; die Spitze eines Messers ist ________".
„Ein Zentimeter ist kurz; ein Kilometer ist ________".

In einem anderen Test wird die Testperson zum Beispiel aufgefordert, eine Zahlenreihe mit zunehmendem Schwierigkeitsgrad rückwärts zu wiederholen; sie beginnt etwa mit einer dreistelligen Reihe (zum Beispiel 7, 3, 1) und versucht, bis zu einer siebenstelligen Reihe vorzudringen (zum Beispiel 3, 6, 8, 2, 4, 5, 1). In wieder einem anderen Test findet sich etwa ein Wortschatzteiltest, bei dem zu Beginn Definitionen für Wörter wie *Haus* verlangt werden und am Ende Definitionen für Wörter wie *Entfremdung*. Die meisten Intelligenztests kombinieren diese verschiedenen Möglichkeiten der Intelligenzmessung. Ein typischer Intelligenztest ist also aus einer Reihe von Untertests aufgebaut, mit denen jeweils ein bestimmter Teilaspekt der Intelligenz gemessen werden soll. Die Testantworten werden dann als richtig oder falsch (bzw. als teilweise richtig oder falsch) gewertet, und für jede Antwort wird ein bestimmter Punktwert ermittelt. Dann werden die in sämtlichen Aufgaben erreichten Punkte zusammengezählt, und diese Summe stellt den sogenannten *Rohwert* der Testperson dar. Gewöhnlich wird dann der Rohwert in einen aussagekräftigeren Standardwert umgewandelt und im Lichte der Testnormen interpretiert. Diese Normen zeigen die Häufigkeiten verschiedener Testwerte an, die von Testpersonen einer bestimmten Normgruppe erreicht worden sind. Eine typische Normgruppe wäre zum Beispiel „eine repräsentative Stichprobe von Fünfjährigen in den USA" oder „männliche Erwachsene" oder „Bewerber für das Sommersemester 1986 im Studienfach Medizin, die die Numerus-clausus-Bedingungen für dieses Fach erfüllen".

Rohwerte

Standardwert und Normen

Auf der Grundlage der Normen bereiten die Konstrukteure von Intelligenztests eine oder mehrere Tabellen zur Transformation der Rohwerte in die verschiedenen, heute gebräuchlichen Standardwerte vor. Für jede Altersgruppe werden Intelligenztestrohwerte durch einfache statistische Verfahren in Standardwerte umgewandelt, die einen Mittelwert von 100 und eine Standardabweichung von 15 haben. Für solche Standardwerte mit einem Mittelwert von 100 und einer Standardabweichung von 15 finden Sie in Abbildung 5-1 jeweils verschiedene sogenannte Prozentränge angegeben („Standardabweichung" ist ein Variabilitätsmaß). Prozentränge stellen eine weithin gebräuchliche und verständliche Form der Standardisierung dar. Sie geben an, welcher Prozentsatz der Normgruppe von einer Testperson jeweils übertroffen wird, die den betreffenden Prozentrang aufweist. Andere Formen der Standardisierung (vgl. Kapitel 25) haben ihre eigenen spezifischen Mittelwerte und Standardabweichungen.

Prozentränge

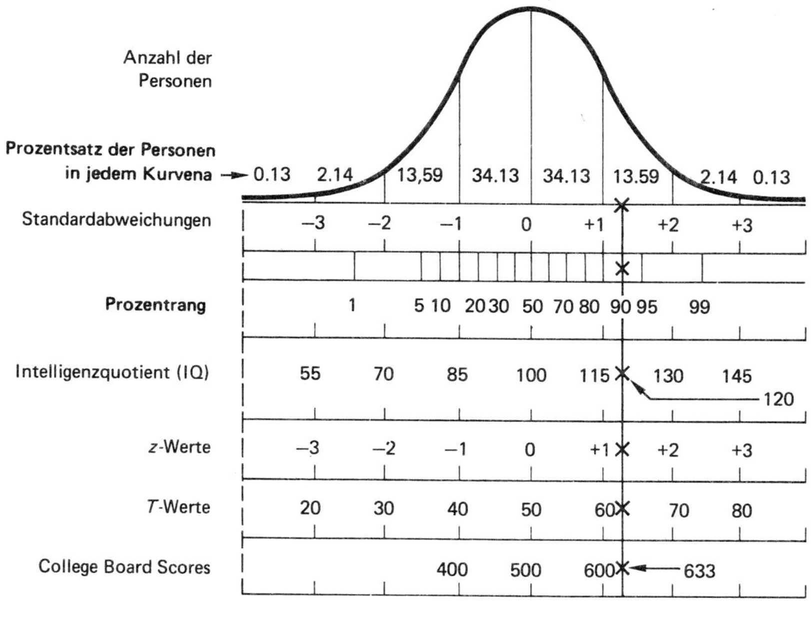

Abbildung 5-1. Normalverteilung mit korrespondierenden Standardwerten

Ein Beispiel: Die Rohwerte der College-Board-Prüfung in den USA werden in einen Mittelwert von 500 und eine Standardabweichung von 100 umgewandelt. Der 500-Wert repräsentiert den Durchschnitt aller High-School-Absolventen, die sich dem Test unterziehen. Werte von 600 und 400 liegen je eine Standardabweichung über bzw. unter dem Mittelwert. Wenn die Werte eine Ähnlichkeit mit der Verteilung in Abbildung 5-1 aufzeigen, dann lassen sich solche Standardwerte leicht im Sinne von Prozenträngen interpretieren. In Abbildung 5-1 sind mehrere Prozentrangwerte wiedergegeben sowie die ihnen jeweils entsprechenden äquivalenten Werte in anderen Standardisierungssystemen. Ein X gibt dabei jeweils den Platz an, den eine Testperson mit einem IQ von 120 bzw. einem College-Board-Score von 633 in den verschiedenen Standardisierungssystemen einnehmen würde. Der Prozentrang dieser Testperson wäre etwa 90. Das heißt in etwa, daß der Wert, der von dieser Person bei einem Intelligenztest oder der College-Board-Prüfung erreicht wurde, 90% der Werte in der Normgruppe übersteigt; oder umgekehrt, daß dieser Wert nur von ca. 10% der Normgruppe übertroffen wird, die als Bezugsgruppe dient.

In der ersten Hälfte des zwanzigsten Jahrhunderts wurden Tausende von IQ-Tests an großen repräsentativen Stichproben von Kindern und Erwachsenen durchgeführt. Teilweise durch die Eigenart dieser Tests bedingt und teilweise durch die Charakteristika, die für die Verteilung menschlicher Intelligenz kennzeichnend sind, ergab sich für die IQs bzw. ihre entsprechenden Standardwerttransformationen, eine Verteilung, die einer Normalverteilung sehr ähnlich ist. Die Normalverteilung hat die in Abbildung 5-1 zu erkennende Glockenform. Man hat festgestellt, daß diese glockenförmige Kurve die Häufigkeitsverteilung vieler menschlicher Eigenschaften beschreibt. Mathematisch gesehen tritt eine Normalverteilung immer dort auf, wo die Größe einer Variablen durch viele unabhängige Faktoren von, grob gesagt, gleicher Bedeutung bestimmt wird.

Entwicklung einer Normalverteilung

Warum tendiert der IQ zu einer Normalverteilung? Ist dies nichts anderes als ein Artefakt der verwendeten Intelligenztests und ihrer Auswertung? Nicht ganz. Erinnern wir uns daran, daß der Test aus vielen Items besteht, von denen jedes so angelegt ist, daß zwischen Individuen differenziert werden kann. Das heißt, manche Items sind so konzipiert, daß sie nur von ungefähr 50% einer gegebenen Altersgruppe richtig beantwortet werden können, während manche anderen Items von einem höheren oder niedrigeren Prozentsatz dieser Altersgruppe richtig beantwortet werden können. Darüber hinaus ist es das Ziel des Testkonstrukteurs, daß jedes Item eine Fähigkeit mißt, die nur geringfügig mit den Fähigkeiten korreliert, die jeweils durch die anderen Items gemessen werden. Die Höhe eines Wertes, den jemand in einem Intelligenztest erreicht, ist von den Antworten auf viele Items abhängig, und die richtige Beantwortung der einzelnen Items ist relativ unabhängig voneinander. Dies sind jedoch, wie wir gesehen haben, die Voraussetzungen für das Auftreten einer Normalverteilung. Die Körpergröße eines Menschen wird ebenso von vielen relativ unabhängigen anatomischen Faktoren bestimmt. Sowohl IQ als auch Körpergröße weisen innerhalb einer Gruppe, die nach Alter, Geschlecht und ethnischer Zugehörigkeit bestimmt ist (zum Beispiel 12 Jahre alte japanische Jungen), eine Normalverteilung auf.

Intelligenztests und Normalverteilung

5.4 Stabilität und Reliabilität von Intelligenztestwerten

Intelligenz, so wird generell angenommen, stellt eine „stabile“ Eigenschaft dar, die keinen großen Veränderungen über kürzere oder längere Zeitabschnitte unterworfen ist. Ist diese Annahme gerechtfertigt? *Bloom* (1964) hat die Ergebnisse mehrerer Langzeituntersuchungen *auf individueller Basis* zusammengestellt, von Untersuchungen also, in denen die Intelligenz derselben Person mehrmals nacheinander über einen längeren Zeitraum hinweg gemessen wurde. Aus den verschiedenen Untersuchungen geht hervor, in welchem Maße die Korrelation zwischen der Intelligenz im Kindes- und Jugendalter und der Intelligenz zu Beginn des Erwachsenenalters (16 bis 18 Jahre) mit zunehmendem Alter ansteigt. „Fast 50 Jahre Forschung zeigen, daß die Prognosewerte des frühen Kindesverhaltens auf den späteren IQ ausreichend niedrig sind, um konzeptionell uninteressant und klinisch ohne Nutzen zu sein“ (*McCall,* 1981, S. 141). Bis zum Alter von 7 Jahren liegen die Korrelationen unter 0,70 (vgl. *Petty* u. *Field,* 1980). *Hopkins* und *Bracht* (1975) stellten sogar noch niedrigere Korrelationen bei anderen Intelligenztests fest, die *auf Gruppenuntersuchungen* beruhten, Tests also, die mit einer Gruppe von mehreren Personen zur gleichen Zeit durchgeführt wurden. Die hier gemessenen Werte weisen dieselben Kurven auf (vgl. Abbildung 5-2) wie bei den Tests auf individueller Basis, aber auf einer niedrigeren Korrelationsstufe. Aus diesen Ergebnissen schließen wir, daß bei den meisten Menschen eine Intelligenzstabilisierung im Alter von 5 bis 7 Jahren eintritt, aber erst im Alter von 12 Jahren weitgehend stabil ist. Auf den weiteren Altersstufen bleibt der Rangplatz einer Person in einer Verteilung von IQ-Werten ziemlich gleich.

Langzeituntersuchungen

Dieser hohe Stabilitätsgrad bedeutet auch, daß die verwendeten Tests eine hohe Reliabilität aufweisen. *Reliabilität* ist ein Terminus technicus, der sich auf den Grad der Konsistenz, der Verläßlichkeit und der Stabilität von Testergebnissen bezieht (in Kapitel 25 werden wir näher darauf eingehen). Die Korrelation zwischen den Ergebnissen zweier oder mehrerer Testdurchgänge sagt etwas über die Reliabilität des Tests aus. Wenn die Korrelationen hoch sind, so bedeutet dies, daß die Rangplätze der einzelnen Testpersonen in den beiden Testdurchgängen meist weitgehend ähnlich sind; das heißt, wenn jemand etwa in einem ersten Testdurchgang einen hohen Punktwert erreicht, wird er auch in einem nachfolgenden Test einen vergleichbar hohen Wert erreichen. Die Tatsache, daß zwischen 10 und 18 Jahren eine hohe Stabilität gefunden wurde, bedeutet, daß eine mindestens ebenso hohe Stabilität bei kürzeren Intervallen, etwa einem Monat oder einem Tag, vorliegt. Wir können uns ziemlich sicher darauf verlassen, daß wir ab einem Alter von ca. 10 Jahren für fast jedes Intervall zwischen zwei aufeinanderfolgenden Testdurchgängen (sogenanntes Test-Retest-Intervall) in etwa den gleichen Rangplatz für die einzelnen Testpersonen erhalten werden. Die meisten standardisierten Tests, die allgemeine Intelligenz, Schulleistung, geistige Fähigkeiten und ähnliches messen, sind hochgradig reliabel. Ihre Reliabilitätskoeffizienten, die auf Grundlage der Test-Retest-Methode ermittelt werden, oder einer der anderen Methoden, die in Kapitel 25 beschrieben werden, haben gewöhnlich einen Wert zwischen 0,85

Reliabilität

Stabilität

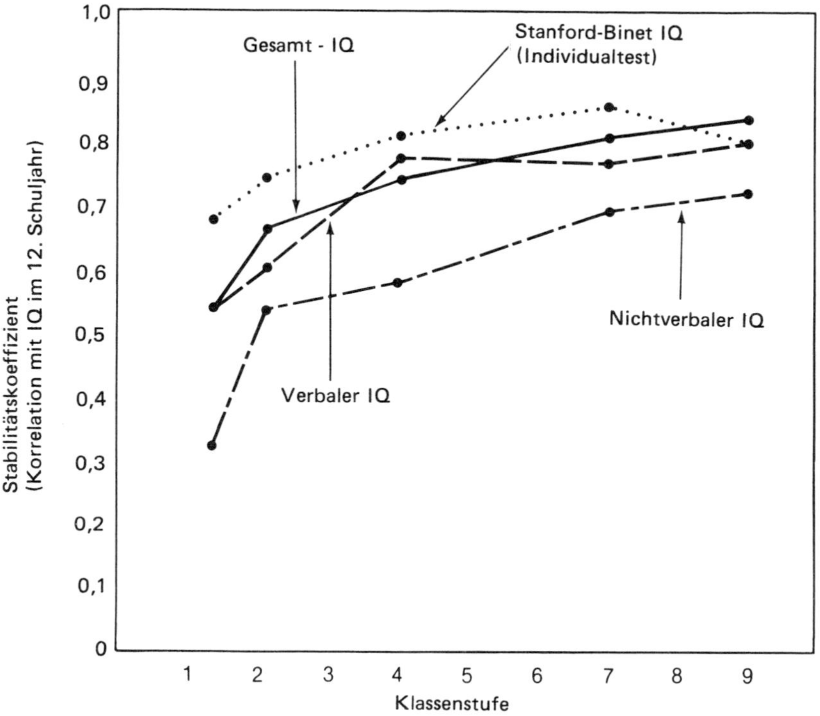

(Nach: *K. D. Hopkins* u. *G. H. Bracht*, 1975.)

Abbildung 5-2. Korrelationen zwischen IQs auf verschiedenen Klassenstufen vom 2. Schuljahr bis zum 12. Schuljahr (auf Gruppenbasis)

und 0,95. Diese Korrelationen basieren auf Gruppendaten; sie verdeutlichen, daß Rangplätze ab einem bestimmten Alter weitgehend gleich bleiben, wenn man von größeren Personengruppen ausgeht. Die Testwerte von einzelnen Individuen in diesen Gruppen werden in den meisten Fällen ebenfalls keine drastischen Veränderungen von einer Testsituation zur nächsten ergeben. In einigen Fällen findet man jedoch ganz erhebliche IQ-Verschiebungen (etwa von 20 Punkten) zwischen zwei aufeinanderfolgenden Testdurchgängen. Dies trifft insbesondere für jüngere Kinder bis zu einem Alter von 10 Jahren zu, bei denen, wie wir gesehen haben, die Reliabilität der Tests geringer ist als für ältere Kinder.

Petty und *Field* (1980) stellten in ihrer Untersuchung von 235 australischen Kindern der (Vor-)Schulklassen 3 bis 6 fest, daß bis zu 50% ihrer Stichprobe in den nachfolgenden Jahren von Verschiebungen bis zu 16 IQ-Punkten betroffen war; im Zeitraum von 2 Jahren innerhalb dieser Altersgruppe lag der Prozentanteil bei gleicher Punktzahl sogar bei 69%; und 14% veränderten ihre IQ-Zahl sogar um 32 Punkte. Die Fluktuationsbreite nimmt dann mit ansteigendem Alter ab. Bei 10% der Kinder nahm der IQ im Verlauf der Klassen 3 bis 6 kontinuierlich zu, bei weiteren 10% nahm er kontinuierlich ab. Bei den meisten Menschen ist der IQ in hohem Maße „stabil", auch wenn bei einzelnen

Personen beachtliche Schwankungen von einem Testversuch zum nächsten auftreten können.

5.5 Struktur von Intelligenz

Intelligenzdimensionen

Bis jetzt haben wir Intelligenz behandelt, als sei sie eine eindimensionale Größe. Aber wir alle haben schon einmal den Eindruck gehabt, daß es mehr als eine Art von Intelligenz gibt, und daß manche Menschen in einem Bereich „intelligenter" sind als in einem anderen. Manche können gut mit Wörtern umgehen, aber nicht mit mathematischen Symbolen; bei anderen ist der Fall gerade umgekehrt. Manche können ohne weiteres komplexe räumliche Beziehungen erfassen, aber nicht komplexe Sprachstrukturen.

Gibt es so etwas wie eine generelle intellektuelle Fähigkeit – die sich in einer konsistenten durchgängigen Tendenz äußert, relativ hohe bzw. niedrige Werte bei all den verschiedenen Aufgaben zu erzielen, die in Intelligenztests verwendet werden? Erreichen zum Beispiel manche Menschen bei der Lösung von verbalen, mathematischen und räumlichen Problemstellungen jeweils ein relativ gleiches Leistungsniveau? Oder sind die einzelnen Fähigkeiten, die der Lösung dieser Probleme zugrunde liegen, relativ unabhängig voneinander, das heißt nicht miteinander korreliert? Im letzteren Fall würden wir zu dem Schluß kommen, daß es mehrere grundlegende Intelligenzdimensionen gibt. Die Beantwortung dieser Fragen stützt sich hauptsächlich auf die sogenannte Faktorenanalyse, ein Mittel der Datenanalyse, mit dessen Hilfe die verschiedenen möglichen Dimensionen, die in den Items von Intelligenztests repräsentiert sind, extrahiert werden können.

Obwohl in der Psychologie noch keine einhellige Meinung über eine generelle intellektuelle Fähigkeit hergestellt werden konnte, geht man doch davon aus, daß es sie gibt, denn *alle Tests über kognitive Fähigkeiten tendieren zu einer positiven Korrelation miteinander.* Diese pauschale Feststellung ist möglich, solange wir von solchen Tests ausgehen, die das messen, was als Typus der kognitiven Fähigkeiten allgemein anerkannt ist. Sie trifft für alle Tests zu, unabhängig davon, ob diese sich im Inhalt (verbale, mathematische, räumliche Tests usw.) oder im logischen Denkprozeß (deduktives, induktives, analoges, Erinnerungs-, Diskriminationsdenken usw.) voneinander unterscheiden. Neben der generellen intellektuellen Fähigkeit gibt es noch Gruppenfaktoren, die zur Einteilung von intellektuellen Fähigkeiten herangezogen werden. Sie werden am genauesten durch die Faktorenanalyse nachgewiesen; es sind dies die verbalen, mathematischen und räumlichen Faktoren. Die Werte der

Gruppenfaktoren

Gruppenfaktoren korrelieren bis zu einem gewissen Grad positiv miteinander, denn ihre gemeinsame Grundlage ist der allgemeine (übergeordnete) Faktor der intellektuellen Fähigkeit.

„Nun gut", sagen Sie vielleicht, „wozu das alles?" Macht es wirklich einen Unterschied, wie wir über Intelligenz denken? Müssen wir etwas über die Struktur von Intelligenz wissen? Wir glauben schon: Kenntnisse über diesen

Bereich sind deshalb für den Lehrer wichtig, weil sie für die Unterrichtspraxis von weitreichender Bedeutung sind. Wenn eine einzige generelle intellektuelle Fähigkeit für die meisten intellektuellen Unterschiede der Menschen verantwortlich wäre, so könnten wir unverzüglich unsere „klugen" und unsere „dummen" Schüler identifizieren, und wir könnten davon ausgehen, daß der Rangplatz jedes einzelnen Schülers bei allen denkbaren Aufgaben immer unverändert bleibt – daß manche Schüler eben mehr „können" als andere. Wenn wir dagegen nicht von der Existenz einer solchen generellen intellektuellen Fähigkeit ausgehen, die sich durchgängig in den verschiedensten Bereichen zeigt, dann gehen wir bei jedem einzelnen Schüler eher auf die Suche nach ganz spezifischen Begabungen und besonderen Fähigkeiten, die sich bei jeder neuen Aufgabe zeigen können – unabhängig davon, wie gut der Betreffende etwa in Mathematik ist, oder welche verbalen Fähigkeiten er besitzt. Wenn Sie sich als Lehrer über die pädagogischen Alternativen Ihrer Schüler Gedanken machen, sollten Sie vielleicht am ehesten von einer Intelligenzkonzeption ausgehen, die eine Kombination von genereller intellektueller Fähigkeit und spezifischen intellektuellen Fähigkeiten, die davon (und untereinander) unabhängig sein können, berücksichtigt. Wir sollten nicht die allgemeine Intelligenz außer acht lassen, die für das abstrakte Denken unabdingbar ist, aber wir sollten ebenso wenig die Fähigkeiten und das Potential jedes einzelnen Schülers außer acht lassen, die er auf einem bestimmten Gebiet besitzt, gleich, welche Fähigkeiten er auf anderen Gebieten hat.

Generelle intellektuelle Fähigkeit – Spezifische Fähigkeiten

5.6 Gegenwärtige Praxis der Intelligenzmessung und Zweifel an ihrem Nutzen

Der letzte Problembereich, auf den wir in diesem Abschnitt eingehen wollen, ist für die schulische Ausbildung von großer Bedeutung. Intelligenztests werden bei der Beratung, Auswahl, Einstufung, Aufnahme und Zulassung von Schülern eingesetzt. Das Abschneiden in Intelligenztests bildet häufig eine Grundlage für die Zulassung zu einem bestimmten Ausbildungsgang – einem curricularen Zweig, einem Schultyp oder einer bestimmten Leistungsstufe – und zwar zum Teil deswegen, weil Ergebnisse in Intelligenztests bis zu einem gewissen Grad die Vorhersage der Schulleistung ermöglichen.

Erst wenn die Untersuchungen zu einem ATI-Ansatz (vgl. Kapitel 10) Früchte tragen, wird es möglich sein, Messungen über individuelle Fähigkeiten und Eigenschaften von Schülern, einschließlich Intelligenz, bei der Entwicklung bzw. Auswahl differentieller Methoden des schulischen Unterrichts zu verwerten. Im Augenblick sind wir größtenteils darauf angewiesen, Schüler für existierende Unterrichtsgänge auszuwählen; wir hoffen allerdings, in der Zukunft Lehrgänge zu entwickeln, die den unterschiedlichen Fähigkeiten und Eigenschaften von Schülern angepaßt sind.

Der Korrelationskoeffizient zwischen einem Meßwert allgemeiner Intelligenz oder einem Meßwert spezifischer intellektueller Fähigkeiten und einem Maß

Vorhersagewert von Tests allgemeiner Intelligenz und Tests spezifischer intellektueller Fähigkeiten

der Schulleistung, zum Beispiel eine Note in einem bestimmten Fach oder die Jahresdurchschnittsnote in einem bestimmten curricularen Zweig stellt ein Maß für die Vorhersagegenauigkeit des Schulerfolgs dar (vgl. *Lavin,* 1965). Die Korrelationskoeffizienten, die man hierbei für Tests *allgemeiner* Intelligenz erhält, sind ungefähr ebenso hoch (etwa 0,50) wie jene, die man für Tests *spezifischer* intellektueller Fähigkeiten erhält. So stellte zum Beispiel *McNemar* (1964) in einer vergleichenden Analyse fest, daß sich der Vorhersagewert von Tests spezifischer intellektueller Fähigkeiten, wie etwa der „Differential Aptitude Test" (DAT) für einzelne Schulfächer, die jeweils den gemessenen spezifischen Fähigkeiten zu entsprechen schienen, nicht bestätigen ließ. Die beste Vorhersage des Schulerfolgs *für alle Fächer außer Mathematik und Rechtschreibung* konnte auf der Grundlage eines einzigen DAT-Untertests getroffen werden, dem „Verbal Reasoning Test" (einem Test allgemeiner Intelligenz, der mit Analogien und verbalen Schlußfolgerungen arbeitet). Für Mathematik lieferte ein anderer DAT-Subtest die beste Vorhersage, der „Numerical Ability Test" (ein Test, der mit einfachen arithmetischen Aufgaben arbeitet); für Stenografie war es der „DAT Spelling Test" (ein Rechtschreibtest). Für alle anderen Schulfächer, einschließlich der naturwissenschaftlichen und sozialwissenschaftlichen Fächer, ließen sich die besten Vorhersagen über Schulerfolg auf der Grundlage des „DAT Verbal Reasoning Test" und des „DAT Language Usage Test" (ein Sprachleistungstest, der den korrekten Gebrauch von Grammatik und Begriffen mißt) treffen. Und mit einer Kombination aus dem „Verbal Reasoning Test" und dem „Numerical Ability Test" – eine Kombination, mit der im wesentlichen allgemeine Intelligenz erfaßt wird – ließen sich zumindest ebenso gute Vorhersagen über Schulerfolg treffen wie mit jedem der einzelnen Tests spezifischer intellektueller Fähigkeiten allein.

Wir sollten allerdings beachten, daß es sich hierbei um den eingeschränkten Fall der Vorhersage von *schulischen* Leistungen handelt. Wenn es um die Vorhersage von beruflichen Leistungen oder beruflicher Kompetenz geht, sind die Tests weniger zuverlässig – ungefähr 0,30 im Durchschnitt für eine breite Palette von Berufen. Die Korrelationskoeffizienten zwischen IQ-Testergebnissen und Berufserfolg sind bei manchen Berufen sehr niedrig (0,10) und bei anderen relativ hoch (0,40 bis 0,50). – Es gibt verschiedene Gründe dafür, daß die Korrelationen mit beruflichem Erfolg zu niedrigeren Werten tendieren als jene mit schulischem Erfolg. Erstens ist es in den meisten Berufen sehr schwierig, Erfolg zu messen. Die Beurteilungen über Berufserfolg sind vergleichsweise subjektiver als Beurteilungen über schulischen Erfolg, der sich mit Leistungstests messen läßt. Zweitens wird durch die Vorauswahl von beruflich

Berufserfolg und IQ

erfolgreichen Menschen die Variabilität sowohl von Berufserfolg als auch vom IQ reduziert. Extrem erfolglose Menschen oder solche mit niedrigem IQ sind einfach in vielen Berufsbereichen nicht zu finden. Aus dieser geringeren Variabilität resultieren niedrigere Korrelationen. Drittens, in vielen Berufen werden nicht allgemeine intellektuelle Fähigkeiten, sondern Spezialkenntnisse vorausgesetzt. In solchen Berufen bedeutet ein höherer IQ keinen Vorteil. Das heißt nicht, daß wegen der niedrigen Korrelation zwischen IQ und Berufserfolg der IQ unwesentlich ist. Es heißt lediglich, daß viele andere Faktoren ebenfalls zum beruflichen Erfolg beitragen, wie Einstiegschancen, Motivation, und eine günstige Konstellation von Einstellungsvoraussetzungen und persönlichen Merkmalen.

> Wer kann schon sagen, ob eine Variable [mit nur geringer Korrelation] trivial ist oder bedeutsam? Nehmen wir beispielsweise das Kriterium der Langlebigkeit. Es ist zweifelhaft, ob es eine Variable gibt, die zur Dauer eines Menschenlebens eine größere Korrelation [als etwa 0,30] aufweist. Soll man daraus schließen, daß Ernährung, Hygiene, medizinische Versorgung, Erbanlagen usw. unbedeutsam sind? Ganz im Gegenteil: Gerade weil diese und eine Anzahl anderer Variablen für sich selbst genommen eine so große Bedeutung haben, ist eine allein nicht in der Lage, eine hohe Korrelation mit Langlebigkeit aufzuweisen. Das gleiche trifft möglicherweise auch für Kriterien wie berufliche Leistung und Einkommen zu ... [Angenommen – bei einer Korrelation von 0,30 –] es gibt zwei Menschen, von denen wir nichts wissen, außer daß der eine einen höheren IQ hat als der andere. Wie hoch stehen die Chancen, daß der mit dem höheren IQ auch die besseren beruflichen Leistungen bringt? Die Antwort: die Chancen stehen ungefähr zwei zu eins oder drei zu eins – nicht gerade überwältigend, keineswegs, aber man könnte ganz schön verdienen, wenn man über die beiden mit anderen Leuten Wetten abschließen würde (*Bereiter,* 1976/77, S. 39–40).

Berufserfolg und allgemeine intellektuelle Fähigkeiten

Manche Tests weisen tatsächlich eine Korrelation mit Berufserfolg auf, aber dies sind Tests, die *spezifische* Fähigkeiten messen. So korrelieren zum Beispiel Tests über Wahrnehmungsschnelligkeit mit Leistungen im kaufmännischen Bereich, und Tests über motorische Fähigkeiten korrelieren mit der Fähigkeit des Autofahrens. Diese Tests sind allerdings Stichproben über Leistungsvoraussetzungen für beruflichen Erfolg (*job samples*) und keine Tests über allgemeine intellektuelle Fähigkeiten. Diese Ergebnisse sind daher für uns eine Warnung, daß der Einsatz von Tests über allgemeine intellektuelle Fähigkeiten für die Auswahl eines Bewerbers in einem bestimmten Beruf ungerecht sein können, vor allem dann, wenn es sich um Bewerber aus niedrigen Einkommensschichten oder sozialen bzw. ethnischen Minderheiten handelt. Diese Tests spiegeln oft die Vorurteile eines etablierten Mittelstands wider.

5.7 Unterscheidung von Intelligenz und Schulleistung

Konnotationen von „Intelligenz“ und „Leistung“ in Schule und Beruf

Die Erörterung von mittelschichtspezifischen Biasfaktoren in Intelligenztests läßt es nötig erscheinen, daß wir uns noch einmal eingehend mit dem Unterschied zwischen Intelligenz und schulischer (oder beruflicher) Leistung befassen. Lange Zeit war die Tendenz vorherrschend, Intelligenz als etwas zu sehen, das von angeborenen Faktoren bestimmt war, während die Fähigkeiten, die der schulischen oder beruflichen Leistung zugrunde liegen, als etwas betrachtet wurden, das man sich angeeignet oder gelernt hatte. Intelligenz entwickelt sich nach Ansicht dieser früher häufig vertretenen Position nur nach einem vorherbestimmten Muster – eine „normale“ Umwelt vorausgesetzt – und man kann nicht viel tun, um diese Entwicklung zu beeinflussen. Leistung in Schule und Beruf auf der anderen Seite ist das Resultat eines aktiven Lernprozesses, der durch Ausbildung und schulischen Unterricht gelenkt wird. Diese Form der Unterscheidung muß revidiert und neu gefaßt werden. Wir wollen dazu auf den Unterschied zwischen Test- bzw. Prüfungsinhalt und Test- bzw. Prüfungsergebnis zurückgreifen.

Testinhalte

In einem gewissen Sinne sind Intelligenztests Leistungstests mit einer besonderen Ausprägung. Mit Intelligenztests messen wir die Aneignung kognitiver Fähigkeiten, die uns unsere gesamte Umwelt „lehrt“, das Zuhause, die Massenmedien, die Nachbarschaft, das Museum, die Kirche, und zwar in Gesprächen, bei unserer Lektüre, beim Fernsehen, *und eben auch in der Schule.* Intelligenztestitems unterscheiden sich graduell danach, inwieweit sie dem entsprechen, was bei der schulischen Leistung angestrebt wird. Manche Itemtypen zeigen eine deutliche Ähnlichkeit mit bestimmten Fähigkeiten und Fertigkeiten, die in verschiedenen Klassenstufen unterrichtet werden; die Fähigkeit zum Beispiel, eine komplexe Textpassage zu lesen und zu verstehen, was ja in manchen Intelligenztests gemessen wird, sieht einem Unterrichtsziel des Leseunterrichts in der Schule recht ähnlich. Mathematische Denkaufgaben haben ebenfalls viel mit dem gemeinsam, was in der Schule gelehrt wird.

Inhaltsähnlichkeiten

Andere Intelligenztestitems weichen dagegen radikal von schulischen Inhalten ab. Das Entwirren falsch zusammengebauter Sätze, die Unterscheidung von normal und spiegelbildlich dargestellten Objekten, das Lösen von Zahlenreihenaufgaben, das Identifizieren von Analogien, das Anwenden eines in der Beziehung zwischen zwei Wörtern oder geometrischen Figuren repräsentierten Prinzips – diese Fähigkeiten werden nicht direkt in der Schule unterrichtet, obwohl solche Fähigkeiten offensichtlich gelernt worden sind.

Vermittlung von Intelligenztestinhalten im Unterricht

Bei einer Einschätzung des Ausmaßes, in dem verschiedene Arten von Intelligenztestitems Fähigkeiten voraussetzen, die direkt im schulischen Unterricht vermittelt werden, würde zwischen einzelnen Lehrern und anderen kompetenten Beurteilern wahrscheinlich eine relativ hohe Übereinstimmung erzielt werden. Intelligenztests unterscheiden sich von Prüfungen und Tests schulischer Leistung nur *graduell,* das heißt insoweit, als sie das, was in der Schule gelehrt wird, messen. Es geht also nicht um einen Alles-oder-nichts-Unterschied. Die beiden Test- bzw. Prüfungsformen unterscheiden sich nicht qualitativ, etwa darin, daß Intelligenztests irgendwelche mysteriösen, biologisch ererbten inneren Merkmale eines Individuums messen und Prüfungen der Schulleistung nur irgendwelche erworbenen Fertigkeiten. In gewissem Sinne *sind* Intelligenztests „Leistungstests“, die etwas Erworbenes messen – den Erwerb von Wissen, Fertigkeiten und Fähigkeiten, die aus einer nicht im einzelnen vorherbestimmten Interaktion von Kultur und Individuum resultieren.

Intelligenztests sind „Leistungstests“

Cattell (1963) hat versucht, diesen Unterschied durch bildhafte Begriffe deutlich zu machen. Er spricht von „kristalliner“ und „fluider“ Intelligenz. Kristalline Intelligenz wird entwickelt, wenn wir allgemeine intellektuelle Fähigkeiten auf Stoffbereiche oder Unterrichtsfächer anwenden wie Sprache, Rechnen, Geographie oder Geschichte. Fluide allgemeine Fähigkeiten „treten häufiger bei Tests zutage, die die Anpassung an neue Situationen verlangen, wo kristalline Fähigkeiten keinen Vorteil bringen“ (S. 3). Kristalline Intelligenz wird somit in Tests oder Prüfungen über Lesen, Wortschatz und mathematisches Denkvermögen gemessen. Fluide Intelligenz wird demgegenüber in Tests gemessen, die relativ wenig mit schulischem Unterricht zu tun haben, wie

Kristalline und fluide Intelligenz

zum Beispiel das Erkennen von Zahlenfolgen, Symbolen, Formen usw. Prüfungen und Tests von Fähigkeiten, die im schulischen Bereich gebraucht werden, können an verschiedenen Punkten entlang dieses Spektrums angesiedelt werden.
Tests, die in relativ hohem Maße schulisches Wissen voraussetzen, sind dann zur Vorhersage von Schulerfolg geeignet, wenn bewußt von bereits mehr oder weniger entwickelten Fähigkeiten ausgegangen werden soll. Tests, die in einem relativ geringen Ausmaß schulisches Wissen voraussetzen, sind auf der anderen Seite zur Entdeckung von angelegten, aber noch nicht augebildeten Fähigkeiten und Talenten geeignet – Fähigkeiten und Talente, die in speziellen, darauf zugeschnittenen Ausbildungsgängen genutzt werden können. Solche Tests, so hofft man, können Entwicklungsmöglichkeiten aufzeigen, die bis dahin aufgrund eines Mangels an kulturellen Privilegien oder schulischen Ausbildungsmöglichkeiten ungenutzt geblieben sind. Tests dieser Art können jedoch auch zu negativen Konsequenzen führen: das schlechte Abschneiden eines Schülers kann hier unter Umständen eine Entmutigung von Lehrern und Eltern, eine gewisse fatalistische Einstellung mit sich bringen.

Tests mit hohem bzw. niedrigem „Schulwissen“

Testergebnisse

Eine zweite Frage zur herkömmlichen Unterscheidung von Intelligenz und schulischer Leistung nimmt ihren Ausgangspunkt in der hohen Korrelation zwischen Tests der allgemeinen Schulleistung und Gruppenintelligenztests. *Kelley* (1927) schätzte, daß bei konstant gehaltenem Alter die Überschneidung zweier Intelligenztests bei etwa 95% liegt, zwischen Intelligenztests und Batterien von Schulleistungstests etwa bei 90%, zwischen Intelligenztests und Lesetests etwa bei 92%, zwischen Intelligenztests und mathematischen Tests etwa bei 88%. Schätzungen aus jüngster Zeit sind ähnlich hoch. *William Coleman* und *E. E. Cureton* (1954) stellten fest, daß trotz *Kelleys* Ergebnissen „viele Psychologen und Pädagogen weiterhin Intelligenztestwerte so interpretieren, als seien sie primär Messungen über angeborene Fähigkeiten, und Leistungstestwerte so, als seien sie Messungen über angeborene Fähigkeiten plus schulischer Motivation und Unterrichtserfolg“. Sie stellten eine 95prozentige Überschneidung zwischen einem weit verbreiteten Intelligenztest („*Otis* Quick-Scoring Test of Mental Ability, Beta“) und einem weit verbreiteten Leistungstest (drei Teiltests des „*Stanford* Achievement Tests“) fest.

Hohe Korrelation zwischen Intelligenztests und allgemeiner schulischer Leistung

Das heißt, daß ein Test der allgemeinen Schulleistung und ein Intelligenztest überwiegend zum gleichen Urteil über die Erfolgswahrscheinlichkeit kommen können. Was aber, wenn Grund zu dem Verdacht besteht, daß ein Kind bei seiner Ausbildung benachteiligt wurde? Oder nehmen wir an, es hat einen anderen sprachlichen oder kulturellen Hintergrund, der sich als ein Handicap auswirkt, wie etwa in den USA Kinder von Einwanderern aus Puerto Rico oder Mexiko oder in der BRD Gastarbeiterkinder. In diesem Fall kann ein Intelligenztest, dessen Inhalt wenig schulische Erfahrung voraussetzt, zu Ergebnissen führen, die anders sind und einen wesentlich höheren Aussagewert besitzen als eine Batterie von Tests allgemeiner schulischer Leistung, weil

schulische Erfahrung ein wichtiger Faktor für einen hohen Wert in einer solchen Leistungstestbatterie ist.
Für die meisten Schüler bringt der Intelligenztest einen geringfügigen Vorteil, weil er weniger Zeit in Anspruch nimmt. Der Leistungstest hat andererseits den Vorteil, daß er weniger wahrscheinlich zu vererbungstheoretischen, fatalistischen, da-kann-man-nichts-machen-Interpretationen führt. Niedrige Testwerte bei Leistungstests signalisieren, so scheint es, die Notwendigkeit von Hilfsprogrammen oder Stützkursen, während niedrige Testwerte bei Intelligenztests dazu tendieren, beim Betroffenen Resignation auszulösen.
Die meisten Lehrer und Eltern vertreten in Wirklichkeit wahrscheinlich keine reine vererbungstheoretisch orientierte Position, was ihre Einstellung gegenüber Intelligenz betrifft. *Goslin* (1967) untersuchte Lehrer- und Elternmeinungen darüber, in welchem Maße Intelligenztests etwas Angeborenes oder etwas Erlerntes messen. Er fand heraus, daß nur 6 Prozent der Erwachsenen in Amerika und nur 1 bis 2 Prozent der Schüler und Lehrer glaubten, daß Intelligenztests ausschließlich angeborene Intelligenz messen. Der Großteil der Erwachsenen (78 Prozent) glaubte, daß die Tests etwas messen, das sowohl angeboren als auch erlernt ist, wobei sie mehr Betonung auf das Lernen legten. Allerdings ist es durchaus möglich, daß Eltern aus unteren Sozialschichten, deren Kinder typischerweise bei Intelligenztests schlecht abschneiden, den Lehrer und das gesamte Schulsystem als vererbungstheoretisch orientiert betrachten. Und sie sind der Überzeugung, daß Lehrer aufgrund dieser vererbungstheoretischen Orientierung den Versuch aufgeben, ihren Kindern zu helfen.

5.8 Einwände gegen den Einsatz von Intelligenztests in der Schule

Hauptsächlich aus dem oben genannten Grund ist der Nutzen von Gruppenintelligenztests in den Schulen in den letzten Jahren stark ins Kreuzfeuer geraten. New York City (vgl. *New York Times,* 31. März 1964), Los Angeles (vgl. *Los Angeles Times,* 31. Januar 1969) und schließlich auch der Staat Kalifornien haben die Verwendung solcher Tests aufgegeben. Individuelle Intelligenztests für Schüler, die besonderer Beachtung bedürfen, werden weiter verwendet.
Allerdings wurde auch hier 1979 durch ein Gerichtsurteil die Durchführung von individuellen IQ-Tests als Grundlage zur Überweisung in den Sonderschulbereich mit der Begründung blockiert, frühere Testergebnisse hätten zu einer Überrepräsentation von Kindern ethnischer und sozialer Minderheiten (Schwarze und Puertorikaner) geführt, was man als Beweis dafür ansah, daß die Tests gegen Diskriminierungstendenzen nicht abgesichert waren.

Selbsterfüllende Prophezeiung

Die Durchführung von Intelligenztests in Schulen ist primär mit dem Argument zu Fall gebracht worden, daß die IQ-Messung den Effekt einer selbsterfüllenden Prophezeiung habe. Mit den Worten eines Lehrers: „Weiß man erst einmal den IQ des Kindes, neigt man dazu, es durch die IQ-Brille zu sehen, und man paßt seinen Unterricht der Fähigkeit bzw. dem Intelligenzniveau des Kindes an – wie aus dem Test ersichtlich." Auf diese Weise wird der IQ sowohl für das Kind als auch für den Lehrer zur Grundlage einer Prophezeiung, die sich selbst erfüllt.

„self-fulfilling prophecy"

Ist die Wirkung dieser selbsterfüllenden Prophezeiung stark genug, um die IQs der Schüler zu beeinflussen? *Rosenthal* und *Jacobson* (1968) haben dies in einem vielbeachteten Buch bejaht, aber ihre Ergebnisse über die Auswirkungen auf IQs sind von *Elashoff* und *Snow* (1971) in einer detaillierten Kritik zurückgewiesen worden. Dennoch: in einem Literaturbericht zu Forschungen in diesem Bereich haben *H. M. Copper* und *Good* (1983) mitgeteilt, daß Auswirkungen von Lehrererwartungen, wenn auch nicht auf den IQ, so doch auf Lehrerverhalten, Schülerverhalten im Unterricht und auf Schülerleistung regelmäßig nachgewiesen werden konnten.

und

Lehrererwartung

Ohne Intelligenztests auskommen

In der Lehrerausbildung ist schon immer davor gewarnt worden, sich allein auf Gruppenintelligenztests bei solchen Kindern zu verlassen, die aufgrund ihres sprachlichen, kulturellen oder sozialen Hintergrunds bzw. ihrer körperlichen oder emotionalen Verfassung behindert sind. Ein Komitee des National Research Council hat 1982 standardisierte Fähigkeitstests als valide beurteilt, da sie eine Hilfe sind, den schulischen und beruflichen Erfolg eines Menschen vorauszusagen, und zwar für Minoritätsgruppen ebenso wie für Weiße. Anstatt sich ganz von den Tests loszusagen, sollte man sie mit anderen Informationen verbinden, die ein ebenso starkes Gewicht bei der Entscheidungsfindung über die Zukunft eines Menschen haben sollten wie die Tests. Flächendeckendes IQ-Testen in den Schulen ist unnötig. So werden die Tests heute auch primär als Urteilskriterium darüber eingesetzt, ob ein Schüler einem Sonderschulbereich überantwortet werden soll. Solche Entscheidungen sollten periodisch überprüft werden. Im Sekundarstufenbereich sollte gleichzeitig mit dem Test die Möglichkeit eröffnet werden, festgestellte Lücken durch zusätzlichen verbesserten Unterricht auszugleichen. Im Hochschulbereich sind die Tests entbehrlich, außer vielleicht dort, wo Selektionsmaßstäbe bei der Zulassung angelegt werden.

Richtiger Einsatz von IQ-Tests

5.9 Zusammenfassung

Dieses Kapitel hat einen Einblick in die Definition, Messung und Struktur von Intelligenz gegeben – einer der wichtigsten Dimensionen im Bereich schulischer Ausbildung. Wir haben Intelligenz definiert als die Fähigkeit, Probleme zu lösen, die Abstraktionen und Symbole vor allem verbaler Natur beinhalten. Intelligenz wird mit Tests gemessen, die aus mehreren solchen Problemstellungen zusammengesetzt sind, und die Problemlösungen werden in einzelnen Testwerten ausgedrückt. Das Gesamtergebnis eines Tests wird dann in einen bestimmten Standardwert übertragen, zum Beispiel in einen IQ-Wert, und durch die Verwendung von Normen mit der Leistung vergleichbarer Personen in Beziehung gesetzt. Die so gemessene Intelligenz weist eine beachtliche Stabilität auf, und sie verändert sich von etwa dem 10. Lebensjahr an nur noch in seltenen Fällen, was die Rangordnung unter Personen aus gleichen Altersgruppen betrifft. Die Frage nach der Intelligenzstruktur bezieht sich darauf, ob sich intellektuelle Fähigkeiten auf eine einzige allgemeine Dimension zurückführen lassen, auf eine Gruppe mehrerer verschiedener Dimensionen, die jeweils mehr oder weniger gleiche Bedeutung besitzen, oder ob sie ein Resultat des Zusammenwirkens von einer allgemeinen Dimension mit mehreren spezifischen Dimensionen darstellen. In gegenwärtigen Ansätzen wird Intelligenz meist als eine Kombination von einer allgemeinen durchgängigen Dimension mit mehreren spezifischen Dimensionen gesehen.

Eine Theorie unterscheidet zwischen „kristalliner", d.h. durch schulisches Lernen beeinflußter Intelligenz und „fluider" Intelligenz, die von solchen Einflüssen relativ frei ist. – Wie die gegenwärtige Praxis zeigt, werden Intelligenztests weiterhin in der Schule eingesetzt, und zwar neben der innerschulischen fachlichen Beratung auch in der Berufsberatung und für die berufliche Orientierung generell. Diese Praxis wird jedoch neuerdings insoweit modifiziert, als man bemüht ist, neben den Testergebnissen auch andere Informationen gleichgewichtig zu berücksichtigen.

Die Unterschiede zwischen Intelligenztests und Leistungstests lassen sich durch eine Gegenüberstellung von Testinhalten und Testergebnissen darstellen. Der Unterschied besteht hauptsächlich darin, wieviele Inhalte direkt im schulischen Unterricht vermittelt werden. Die Inhalte von Intelligenztests werden weit weniger explizit vermittelt als die Inhalte von Leistungstests. Die Unterschiede zwischen den Testergebnissen von Intelligenztests und Prüfungen oder Tests *allgemeiner* schulischer Leistung sind nicht groß; die Korrelationen zwischen den jeweiligen Testwerten sind relativ hoch. Die Korrelationen zwischen den Werten von Intelligenztests und fachspezifischen schulischen Leistungstests liegen allerdings wesentlich niedriger.

Solche Vergleiche haben zu der Forderung nach Abschaffung von Gruppenintelligenztests in der Schule geführt. Die Befürworter dieses Arguments betonen, daß die Intelligenztests für Lehrer und Schüler zu einem „self-fulfilling prophecy"-Effekt führen können, so daß die Kinder mit niedrigen IQs in einer Weise unterrichtet werden, die dazu führt, daß sie geringere schulische Leistungen erbringen. Die Ergebnisse, die ein bestimmter Schüler in einem

Intelligenztest erzielt, können auch in einer gewissen fatalistischen Einstellung resultieren – als ob für ein Kind mit einem niedrigen IQ nichts getan werden könnte – während niedrige Testwerte in Leistungstests als ein Indikator dafür gesehen werden können, daß bessere Unterrichtsmethoden oder größere Lernanstrengungen nötig sind. Am Ende dieses Kapitels sind wir zu dem Schluß gekommen, daß es einen Versuch wert ist, eine Zeitlang ohne Intelligenztests in der Schule auszukommen, *außer wenn solche Tests Teil der Diagnose sind, anhand derer wir die allgemeine Schulreife oder auch andere schulartenspezifische Voraussetzungen feststellen.* Für die Schule wäre es ein Vorteil, wenn sie allgemeine und spezifische Leistungstests stärker berücksichtigen würde als Intelligenztests.

Kapitel 6

Intelligenz: Vererbung, Umwelteinflüsse und gruppenspezifische Unterschiede

6.1 Überblick

Wodurch wird Intelligenz determiniert?
Die im ersten Teil dieses Kapitels dargestellten Untersuchungsergebnisse deuten an, daß *individuelle* Intelligenzunterschiede zwischen einzelnen Individuen einer Gruppe, die jeweils ähnlichen Umwelteinflüssen ausgesetzt sind, zu einem großen Teil, aber sicherlich nicht ausschließlich, genetisch determiniert sind. Wichtiger, aber auch sehr viel schwieriger zu beantworten ist die Frage, wodurch Unterschiede in Intelligenz und Schulleistung zwischen verschiedenen *Gruppen* determiniert sind. Die Gruppen, die uns dabei interessieren, setzen sich etwa aus Angehörigen einer bestimmten sozialen Schicht, einer ethnischen oder rassischen Minorität zusammen, oder aus Personen mit einem bestimmten sprachlichen oder kulturellen Hintergrund. Daß diese Gruppen Unterschiede aufweisen, ist erwiesen. Warum sie Unterschiede aufweisen, ist seit Jahrhunderten ein Streitpunkt.
In diesem Kapitel werden wir Sie mit einigen Forschungsergebnissen über Intelligenzunterschiede zwischen einzelnen Gruppen und ihren Ursachen vertraut machen. Ohne im Vorgriff ein Urteil zu fällen, können wir feststellen, daß Wissenschaftler mit einer jeweils unterschiedlichen ideologischen – sozialen oder politischen– Perspektive die Ursachen für gruppenspezifische Intelligenzunterschiede ganz verschieden sehen. Wir selbst sind der Auffassung, daß es zur Zeit keine Methoden gibt, um bestimmen zu können, bis zu welchem Grad gruppenspezifische Unterschiede vererbungsbedingt sind. Wir sind ferner der Ansicht, daß diese Frage weniger wichtig ist als jene, ob ein bestimmter existierender Gruppendurchschnitt in Intelligenz und Schulleistung gesteigert werden kann. Vererbungsbedingte Eigenschaften lassen sich erwiesenermaßen verbessern: die Körpergröße des Menschen z. B. hat in den letzten 150 Jahren infolge verbesserter Ernährung zugenommen. Wenn wir die Bedingungen für Wachstumsanreize im Bereich der Intelligenz erst einmal genauso gut kennen wie jene im Bereich der körperlichen Entwicklung, werden sich, davon sind wir überzeugt, auch die Leistungen und der durchschnittliche IQ entsprechend verbessern lassen. – Zunächst werfen wir einen Blick auf die Variablen in der häuslichen Umgebung, die für einen Unterschied beim Erwerb intellektueller Fähigkeiten verantwortlich gemacht werden. Dann sprechen wir die Möglichkeiten an, die der Schule, besonders der Vorschule, zur Verfügung stehen, um Intelligenz und schulische Leistung zu steigern. In diesem Zusammenhang behandeln wir die Sprachtrainingskontro-

verse: Sollen zum Beispiel Kinder aus Minderheitsgruppen die Standard- oder „Hoch"sprache lernen, oder muß sich der Lehrer auf den Dialekt der Kinder einstellen? Die Argumente für eine frühe Intervention werden gesichtet und einige alternative Vorschulprogramme überprüft. Diese Alternativen auf der Vorschulstufe gelten auch für den Unterricht auf den nachfolgenden Stufen, so daß sie für Lehrer aller Unterrichtsstufen interessant sein sollten. Abschließend gehen wir auf die Frage ein, wie spezifische Unterrichtsmaßnahmen die Leistungen von Kindern und Jugendlichen aus Familien mit niedrigem sozioökonomischen Status beeinflussen können.

6.2 Vererbung und Umwelt

Zwei Arten von Faktoren bestimmen überhaupt jede menschliche Eigenschaft: Vererbung und Umwelt (im englischen Sprachgebrauch werden diese Faktoren durch das Begriffspaar „nature – nurture" oder „heredity – environment" charakterisiert). Beide sind für die menschliche Entwicklung unabdingbar. Deshalb ist die Frage, welcher Faktor der wichtigere ist, ebenso sinnlos wie die Frage, welche Seite eines Rechtecks mehr zu seiner Fläche beiträgt. Ohne Vererbungsfaktoren werden weder Nahrung noch Luft, weder Erziehung noch irgendwelche anderen Umweltfaktoren Wachstum hervorbringen. Ohne die passende Umwelt sind die Vererbungsfaktoren nicht entwicklungsfähig.

Gewichtung der Faktoren „Vererbung" und „Umwelt"

Angemessen kann die Frage nur so gestellt werden: Welches relative Gewicht besitzen Vererbungs- und Umweltfaktoren bei der unterschiedlichen Ausprägung einer bestimmten Eigenschaft? Für Unterschiede in der Augenfarbe sind in erster Linie Vererbungsfaktoren verantwortlich und kaum Umwelteinflüsse. Für Unterschiede in der Sprache, die ein Mensch spricht, trifft das Gegenteil zu.

Wenn keine Unterschiede in den Vererbungsfaktoren existieren – wie dies bei eineiigen Zwillingen der Fall ist – dann sind alle auftretenden Intelligenzunterschiede ein Resultat unterschiedlicher Umwelteinflüsse. Wenn es für zwei Individuen keinerlei Unterschiede in den Umwelteinflüssen gäbe – eine Bedingung, die nicht einmal für eineiige Zwillinge existiert, die in der gleichen Familie aufwachsen – dann wären alle beobachtbaren Intelligenzunterschiede zwischen diesen beiden Individuen ein Resultat von Vererbungsfaktoren. Eine genaue Antwort auf die Frage nach dem jeweiligen Einfluß von Vererbungs- und Umweltfaktoren zu finden, ist deswegen so problematisch, weil beide gewöhnlich gleichzeitig und im Zusammenhang miteinander variieren.

Sozialpolitische Aspekte

In welcher Weise ist diese Frage mit sozialpolitischen Aspekten verbunden? Insoweit Intelligenzunterschiede durch Vererbungsfaktoren bedingt sind, kann der Versuch, Intelligenz durch Verbesserung der Umweltbedingungen anzuheben, unter Umständen vergeblich sein (ein solcher Versuch ist keinesfalls immer vergeblich, wie wir noch sehen werden). Insoweit die Nutzung der Chancen für einen hohen Lebensstandard in der modernen Gesellschaft von Intelligenz als genetisch bedingter Eigenschaft abhängt, erscheint auch der Versuch vergeblich, diese Chancen für jeden einzelnen zu verbessern – es müssen die intellektuellen Voraussetzungen für ihre Nutzung gegeben sein. Sozial unterprivilegierte Gruppen zeigen nun tatsächlich eine Tendenz zu niedrigeren Intelligenztestwerten. Wenn dieses schlechtere Abschneiden in Intelligenztests tatsächlich durch Vererbungsfaktoren bedingt ist, dann ist das Problem, mehr Ausbildung, bessere Stellungen, höheres Einkommen und höheren sozialen Status für sozial unterprivilegierte Gruppen zu erreichen, vielleicht nicht allein dadurch zu lösen, daß ihre Umwelt im weitesten Sinne verbessert wird (Schule, Wohnverhältnisse, soziale Einrichtungen und familiäre Bedingungen). Nur insoweit als geringere Intelligenz durch ungünstige Umweltbedingungen verursacht ist, können Umweltfaktoren so beeinflußt werden, daß die Intelligenz erhöht wird und damit auch die Fähigkeit, die materiellen und kulturellen Vorteile, die die Gesellschaft anbietet, zu erlangen. Dies ist zumindest die Argumentation einiger Wissenschaftler (zum Beispiel *Eysenck,* 1979), die damit erhebliche Kontroversen ausgelöst haben.

6.3 Die Vererbung-Umwelt-Kontroverse und ihre ideologische Basis

Vererbungstheorie kontra Umwelttheorie

Die geschilderte Argumentation macht verständlich, warum die Vererbung-Umwelt-Kontroverse mit einer derartigen Vehemenz geführt wird. Bevor wir jedoch in die Diskussion einsteigen, sollten Sie wissen, daß die wissenschaftliche Objektivität in diesem Bereich in Frage gestellt ist. *Pastore* (1949) hat in einer klassischen Untersuchung 24 amerikanische und britische Wissenschaftler auf der Dimension „konservativ-liberal" eingestuft und die gefundenen ideologischen Positionen in Bezug gesetzt zu den jeweiligen Standpunkten in der Vererbung-Umwelt-Kontroverse. Ob ein Wissenschaftler als Anhänger der Vererbungs- oder der Umwelttheorie klassifiziert wurde, hing natürlich von den Schwerpunkten ab, die dieser Wissenschaftler bei seiner Konzeption von Intelligenz vertrat; kein Wissenschaftler leugnet, daß sowohl Vererbungs- als auch Umweltfaktoren Unterschiede in der Intelligenz verursachen. Konservative bzw. liberale Einstellung wurde von *Pastore* danach beurteilt, was die einzelnen Wissenschaftler über Demokratie, über die politischen Entfaltungs- und Einflußmöglichkeiten des einfachen Mannes, über den Ursprung sozialer Mißstände, über den Status quo und über die Möglichkeit und Notwendigkeit sozialer Veränderung geschrieben hatten. 11 der 12 „Liberalen" waren gleichzeitig Umwelttheoretiker und 11 der 12 „Konservativen" Vererbungstheoretiker. Diese tabellarische Aufstellung läßt darauf schließen, daß eine Koppelung zwischen dieser wissenschaftlichen Kernfrage und grundsätzlichen sozialen und politischen Positionen existiert.

„Konservative Einstellung" und vererbungstheoretischer Standpunkt

Ähnliche Ergebnisse sind von *Sherwood* und *Nataupsky* (1968) festgestellt worden. Sie überprüften 83 Wissenschaftler und kamen zu dem Schluß, daß ein vererbungstheoretischer Standpunkt bei der Interpretation von Intelligenzunterschieden zwischen Schwarzen und Weißen eher von denjenigen vertreten wurde, die (a) die Erstgeborenen waren, (b) deren Großeltern in den USA geboren waren, (c) deren Eltern eine höhere Schulbildung besaßen, (d) die selbst bessere Zensuren hatten und (e) in ländlichen Gemeinden aufgewachsen waren.

Vererbungstheoretischer Standpunkt und sozialer Hintergrund

Der soziale Hintergrund eines Menschen kann also seinen Standpunkt bei einer wissenschaftlichen Frage bestimmen. Diese Untersuchungsergebnisse bedeuten eine Einschränkung jeglichen Anspruches, daß der Standpunkt in der Vererbung-Umwelt-Kontroverse ausschließlich durch wissenschaftliche Objektivität bestimmt wird – von welcher Seite auch immer ein derartiger Anspruch erhoben werden mag.

6.4 IQ-Unterschiede als Funktion von genetischen und umweltbedingten Unterschieden

Unter natürlichen Bedingungen kommt es häufig zu einer mehr oder weniger großen Ähnlichkeit zwischen den Vererbungs- und Umweltfaktoren zweier Menschen. Wenn dies der Fall ist, dann können wir die relativen Auswirkungen von genetisch verankerten Vererbungsfaktoren und Umwelteinflüssen auf IQ-Unterschiede untersuchen. Wir können jeweils einzelne Paare von Individuen in eine Rangfolge bringen von „am wenigsten unterschiedlich" (am ähnlichsten) bis zu „am meisten unterschiedlich" (am unähnlichsten) in Vererbungsfaktoren und/oder Umwelteinflüssen. Dann können wir ihre IQ-Unterschiede analysieren, die durch die Korrelationen zwischen den Paaren gemessen werden.

Stufen genetischer und umweltbedingter Ähnlichkeit

Solche Stufen, gestaffelt nach jeweils zunehmenden Unterschieden, sind:

1. *Eineiige, gemeinsam aufgewachsene Zwillinge.* (Eineiige Zwillinge entstehen, wenn sich eine weibliche Eizelle nach der Befruchtung durch eine einzige männliche Samenzelle teilt, so daß aus dem gleichen genetischen Material zwei embryonale Keimzellen hervorgehen.) Ihre genetische Ähnlichkeit ist vollkommen: sie haben dieselben Gene; und sie sind darüber hinaus höchst ähnlichen Umwelteinflüssen ausgesetzt.
2. *Eineiige, getrennt aufgewachsene Zwillinge,* zum Beispiel Zwillinge, die im frühen Kindesalter getrennt werden und in verschiedenen Familien aufwachsen.
3. *Zweieiige Zwillinge desselben Geschlechts, die gemeinsam aufgewachsen sind.* (Zweieiige Zwillinge entstehen, wenn gleichzeitig zwei verschiedene weibliche Eizellen von zwei verschiedenen Samenzellen befruchtet werden.) Ihre genetische Ähnlichkeit ist nicht größer als die normaler Geschwister desselben Geschlechts; aber die Umwelt zweieiiger Zwillinge ist wahrscheinlich ähnlicher als die normaler Geschwister.

4. *Zweieiige Zwillinge verschiedenen Geschlechts, die gemeinsam aufgewachsen sind.* In diesem Fall kann die Umwelt unterschiedlicher sein als bei Zwillingen des gleichen Geschlechts.

5. *Normale Geschwister, gemeinsam aufgewachsen.* Für Geschwister sind die Umweltbedingungen vielfach unterschiedlich, je nach ihrem Altersunterschied, den elterlichen Einstellungen, den sozioökonomischen Bedingungen der Familie zu verschiedenen Zeitpunkten usw. Genetisch ist die Ähnlichkeit zwischen zwei Geschwistern etwa genauso groß wie die zwischen einem Elternteil und seinem Kind. Es ist somit interessant festzuhalten, wie stark sich *Eltern und Kinder* im IQ ähneln.

6. *Normale Geschwister, getrennt aufgewachsen.*

7. *Pflegeeltern und Pflegekinder,* zum Beispiel Kinder, die von Erwachsenen aufgezogen werden, die nicht ihre leiblichen Eltern sind, wohl aber für die häusliche Umgebung dieser Kinder verantwortlich sind. IQ-Ähnlichkeit zwischen Pflegeeltern und Pflegekindern würde einen Ausdruck ähnlicher Umwelteinflüsse darstellen, außer wenn eine sogenannte *selektive Plazierung* vorliegt, das heißt: wenn Kinder zu Pflegeeltern gegeben werden, deren kulturelles Niveau und Bildungsniveau dem der leiblichen Eltern ähnlich ist.

Selektive Plazierung

8. *Nichtverwandte Personen etwa gleichen Alters, die gemeinsam in derselben Pflegefamilie oder in demselben Pflegeheim aufgewachsen sind.* Hier ist eine genetische Ähnlichkeit höchstens zufallsbedingt, außer bei selektiver Plazierung. Es kann jedoch angenommen werden, daß eine gewisse Ähnlichkeit der Umwelteinflüsse existiert.

9. *Nichtverwandte Personen, die getrennt aufwachsen.* Solche Paarungen werden in der Forschung auf einer Zufallsbasis zusammengestellt. Wir sollten lediglich eine Zufallskorrelation, das heißt also eine Nullkorrelation, zwischen ihren IQs erwarten.

IQ-Korrelationen

Die IQ-Korrelationen, die man bei einem Vergleich einzelner Individuen oder Gruppen findet, entsprechen im großen und ganzen dem jeweiligen Ähnlichkeitsgrad von Vererbungsfaktoren und Umwelteinflüssen. Eine Bestätigung hierfür wurde von *Erlenmeyer-Kimling* und *Jarvik* (1963) auf der Grundlage von 52 Untersuchungen gefunden. Abbildung 6-1 zeigt die aus diesen Untersuchungen abgeleiteten und von *Jensen* (1969) ergänzten Korrelationskoeffizienten für jede Art einer umweltbedingten und genetischen Ähnlichkeit. Es ist zu sehen, daß die Korrelationen die Tendenz zeigen, mit der Verringerung einer genetischen und umweltbedingten Ähnlichkeit abzunehmen. Auf der höchsten Stufe genetisch-umweltbedingter Ähnlichkeit (also für eineiige, gemeinsam aufgewachsene Zwillinge) liegt der Median von 14 Korrelationskoeffizienten bei 0,87, fast so hoch also wie das Korrelationsergebnis von zwei an verschiedenen Tagen erreichten IQs ein und derselben Person. Die Umweltbedingungen von eineiigen, nicht gemeinsam aufgewachsenen Zwillingen sind immerhin so unterschiedlich, daß die Korrelation auf 0,68 absinkt.

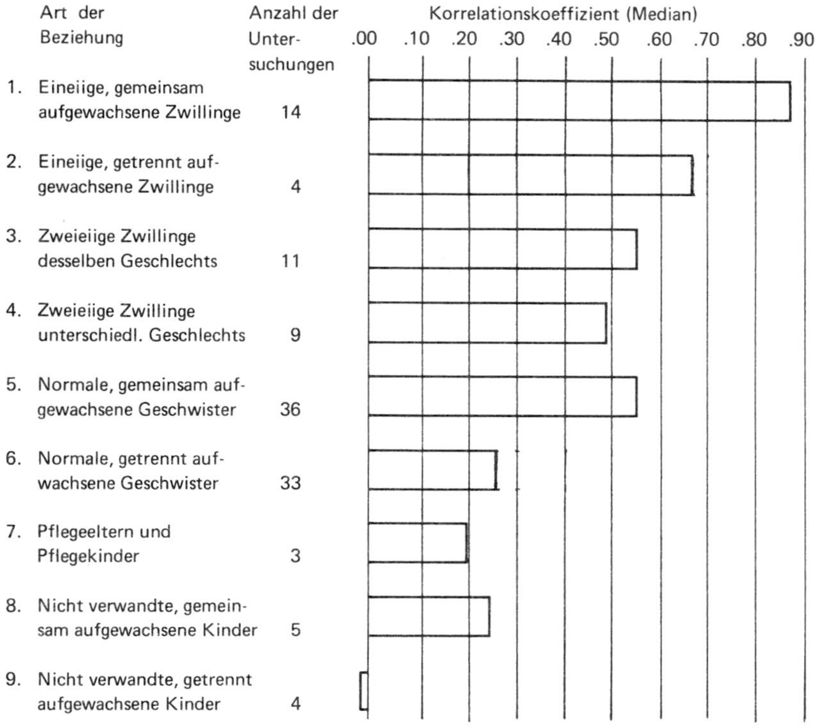

Nach *Jensen* (1969, S. 49). Werte für Nr. 6 entsprechen der Korrektur durch *Kamin* (1975, S. 141).

Abbildung 6-1. Korrelationskoeffizienten (Mediane) zwischen IQs von Personen mit unterschiedlichen Ähnlichkeitsstufen von Vererbungsfaktoren und Umwelteinflüssen

Untersuchungen über die Auswirkung unterschiedlicher Umwelteinflüsse beim Aufwachsen eines Kindes bei Pflegeeltern auf seine Intelligenzentwicklung sind ebenfalls sehr aufschlußreich für die Einschätzung des relativen Einflusses von Vererbung und Umwelt. Solche Untersuchungen betreffen Kinder, die von frühester Kindheit an von Pflegeeltern aufgezogen worden sind. Werden die Pflegekinder im intellektuellen Niveau dem der biologischen Eltern oder dem der Pflegeeltern ähnlich sein? Wenn die Umwelt den größeren Unterschied ausmacht, muß die IQ-Korrelation zwischen Kindern und Pflegeeltern höher sein. Wenn Vererbungsfaktoren den größeren Unterschied ausmachen, muß die IQ-Korrelation zwischen Kindern und biologischen Eltern höher sein. *Skodak* und *Skeels* (1949) haben die einschlägigen Korrelationen zusammengestellt; sie sind in Tabelle 6-1 festgehalten. Die Korrelationen zwischen dem IQ des Kindes und der Bildung des Pflegevaters bzw. der Pflegemutter sind beide ungefähr null. Aber die Korrelationen mit dem IQ oder der Bildung der biologischen Eltern rangieren zwischen 0,32 und 0,44.
Mit Hilfe von statistischen Methoden, die wir hier nicht näher erklären können, lassen sich Korrelationskoeffizienten für eineiige Zwillinge dazu verwenden, *Schätzwerte* darüber zu gewinnen, in welchem Ausmaß unterschiedliche

Tabelle 6-1. Korrelation der Intelligenz von Pflegekindern und ihren biologischen Eltern bzw. Pflegeeltern

	Zahl der Fälle	Korrelations-koeffizient *(r)*
*Biologische Eltern, bei denen das Kind nicht gelebt hat**		
IQ von Mutter und Kind**	312	0,13
IQ von Mutter und Kind	63	0,44
Bildung der Mutter und IQ des Kindes	92	0,32
Bildung des Vaters und IQ des Kindes***	60	0,40
Pflegeeltern, bei denen das Kind mindestens 10 Jahre gelebt hat		
Bildung der Mutter und IQ des Kindes	100	0,02
Bildung des Vaters und IQ des Kindes	100	0,00

* Alle Kinder wurden zur Adoption im Alter von weniger als sechs Monaten freigegeben. Die IQs der Kinder, die in den Korrelationen verwendet wurden, wurden im Alter von 10–18 Jahren (mittleres Alter: 13 Jahre) gemessen.

** Quelle: *Snygg,* 1938.

*** Im Report nicht angegeben, aber aus den dort vorliegenden Daten berechnet. Die Bildung des (biologischen) Vaters in den übrigen 40 Fällen der 100 Stichproben war unbekannt.

Aus *Hilgard, Atkinson* u. *Atkinson* (1971, S. 390), Verwendung von Daten aus *Skodak* u. *Skeels* (1949).

Prozentwerte der individuellen genetisch bzw. umweltbedingten Veränderungen

Umweltfaktoren einen Einfluß auf den kindlichen IQ haben. Es werden hier ca. 20 Prozent genannt. Das heißt, daß 80 Prozent des Einflusses auf IQ-Unterschiede von genetischen Unterschieden herrührt. Der den Umweltunterschieden zuzuordnende Einfluß wäre größer gewesen, wenn die Umweltbedingungen für die getrennt erzogenen eineiigen Zwillinge noch unterschiedlicher gewesen wären. Er hätte geringer sein können, wenn die getrennten Familien, in denen die Zwillinge aufwuchsen, weniger Unterschiede aufgewiesen und daher in einem höheren Ausmaß ähnliche Wirkungen auf den IQ gehabt hätten.

Eine ähnliche statistische Auswertung ist bei den Korrelationskoeffizienten der anderen erwähnten Kategorien möglich. Schätzwerte über den relativen Einfluß von Vererbungs- und Umweltfaktoren, die mit verschiedenen statistischen Methoden auf der Grundlage unterschiedlichen Datenmaterials errechnet worden sind, weisen eine erstaunliche Übereinstimmung auf (vgl. *Jensen,* 1969, S. 50–54). Es scheint (nach verschiedenen Untersuchungen von Verwandtschaftskorrelationen) klar zu sein, daß *innerhalb der Grenzen der untersuchten Variation von Umwelteinflüssen in Nordeuropa und den USA* genetische Unterschiede etwa 75 bis 80 Prozent und Umweltunterschiede etwa 20 bis 25 Prozent der Veränderung in der Intelligenz determinieren. Diese Ergebnisse unterstützen weder die Argumente der reinen Vererbungs- noch die der reinen Umwelttheoretiker. Aber sie richten sich doch deutlich gegen die Auffassung, daß unter heutigen Bedingungen alle Intelligenzunterschiede allein auf Umweltfaktoren zurückzuführen seien. Mehr noch, diese Untersuchungsergebnisse deuten an, daß der Einfluß von genetischen Faktoren ungefähr drei- bis viermal so groß ist wie der Einfluß der untersuchten Variation von Umwelteinflüssen, um *individuelle* Intelligenzunterschiede *innerhalb der einen untersuchten rassischen und kulturellen Gruppe* hervorzurufen, nämlich den Weißen in Nordeuropa und den USA.

Folgerung gilt nur bei homogenen Gruppen

Wir werden jedoch noch darauf zu sprechen kommen, daß die Determinanten von *Gruppen*unterschieden und IQ keineswegs eindeutig Vererbungs- und Umweltfaktoren zugeschrieben werden können. Das heißt: es gibt keinerlei eindeutigen Beweis dafür, daß beispielsweise rassische Unterschiede genetisch bedingt sind.

Korrelationen zwischen IQ-Unterschieden und unterschiedlichen Umwelteinflüssen

Wir wollen uns einige weitere Untersuchungsergebnisse ansehen, mit denen wir diese Prozentangaben über den relativen Einfluß von Vererbung und Umwelt überprüfen können. Betrachten wir hierzu die Auswirkungen von jeweils mehr oder weniger großen Unterschieden in der Umwelt von Individuen, die in ihrer genetischen Ausstattung übereinstimmen – dies ist, wie wir festgestellt haben, bei eineiigen Zwillingen der Fall. Die Variation von Umwelteinflüssen in solchen Fällen ist von *Newman, Freeman* und *Holzinger* (1937) untersucht worden; sie korrelierten (a) die Unterschiede zwischen IQs von getrennt aufgewachsenen eineiigen Zwillingen und (b) die Unterschiede in den Umweltbedingungen dieser Zwillinge.

In der Untersuchung von *Newman, Freemann* und *Holzinger* wurden die Umweltunterschiede von fünf Beurteilern eingestuft, nachdem diese die Fallunterlagen studiert hatten, die für jeden Zwilling und seine Umwelt vorlagen. Die Ergebnisse sind in Abbildung 6-2 wiedergegeben. Es ist deutlich erkennbar, daß die IQ-Unterschiede bei den Zwillingspaaren größer waren, deren geschätzte Bildungsvorteile größere Unterschiede aufwiesen. Darüber hinaus ist es äußerst bemerkenswert, daß in dieser Untersuchung die Korrelation zwischen den umweltbedingten (soziokulturellen) Bildungsunterschieden und den schulischen Leistungsunterschieden bei den Zwillingen sehr hoch war (ungefähr 0,90). Die Korrelation zwischen IQ-Unterschieden (einschließlich schulischer Leistung) und Unterschieden in den physischen Bedingungen des Elternhauses war niedriger. Diese Ergebnisse sind überzeugend; sie zeigen, daß Unterschiede bei Bildungsvorteilen und kulturellen Niveaus des Elternhauses Unterschiede im IQ und in schulischer Leistung hervorrufen, insoweit als wir es hier mit Untersuchungen über eineiige Zwillinge zu tun haben, die getrennt aufgewachsen sind, wo also genetisch bedingte Unterschiede nichtexistent waren.

IQ-Unterschiede und Bildungsvorteile

Interpretationen und Implikationen

Die geschilderten Untersuchungsergebnisse zeigen also, daß Intelligenzunterschiede sowohl durch unterschiedliche Erbfaktoren als auch durch unterschied-

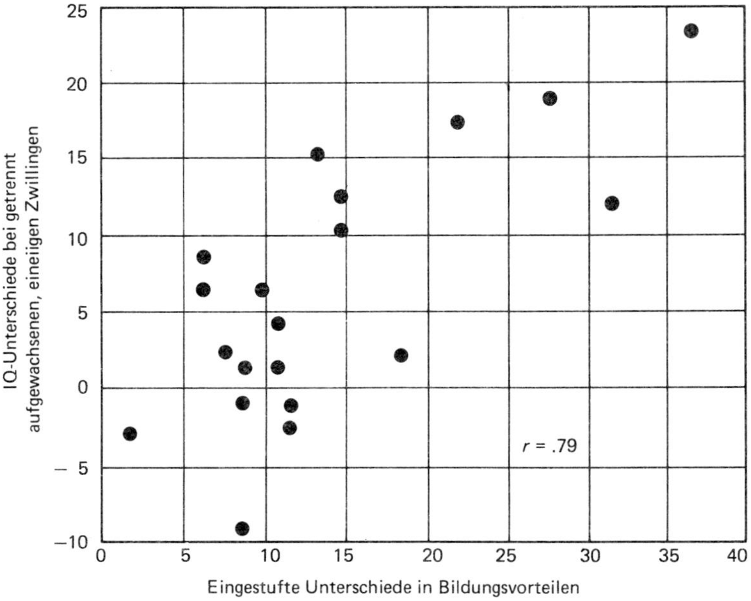

Aus *Newman, Freeman* u. *Holzinger* (1937).

Abbildung 6-2. Beziehung zwischen IQ-Unterschieden und Unterschieden im geschätzten Ausbildungsvorteil bei 20 getrennt aufgewachsenen eineiigen Zwillingen in grafischer Darstellung

Unterschiedliche Auslegung der Ergebnisse

liche Umwelteinflüsse verursacht werden. Die Auslegung dieser allgemeinen Schlußfolgerung variiert anscheinend in Abhängigkeit des theoretischen und ideologischen Standpunktes, den die jeweiligen Interpreten einnehmen. Vererbungstheoretiker neigen dazu, den geringen Einfluß von Umweltfaktoren hervorzuheben. Umwelttheoretiker andererseits weisen überhaupt auf die Existenz und den Einfluß von Faktoren in der Umgebung eines Individuums hin. Vererbungstheoretiker sehen in Untersuchungsergebnissen, die den Einfluß von Umweltfaktoren bestätigen, ein Zeichen für Mängel in den Intelligenztests, weil nach ihrer Definition Intelligenz einen „angeborenen, allgemeinen, kognitiven Faktor" darstellt. Für Umwelttheoretiker bilden die gleichen Untersuchungsergebnisse dagegen die Grundlage für eine optimistische Einstellung gegenüber den gegenwärtig existierenden Ausbildungsproblemen. Wenn bei einem Vergleich eineiiger Zwillinge nur ein geringer Einfluß von Umweltfaktoren gefunden wird, ist dies für Umwelttheoretiker durchaus verständlich, weil die meisten solcher vergleichenden Untersuchungen nur einen sehr engen Bereich möglicher Unterschiede von Umweltfaktoren erfassen. Sie gehen davon aus, daß größere IQ-Unterschiede gefunden werden, wenn von einem breiteren Variationsbereich von Umweltfaktoren ausgegangen wird. Sie vertreten die Ansicht, daß die Intelligenz von sozial schwachen Gruppen und ihre Chancen für eine qualifizierte Ausbildung ansteigen, wenn die Umwelteinflüsse (insbesondere die schulische Ausbildung) verbessert werden.

Kurz gesagt: Wie wir bereits festgestellt haben, wird die Auslegung der verfügbaren Untersuchungsergebnisse anscheinend zum größten Teil durch tief verwurzelte ideologische Einstellungen bestimmt. Die unterschiedlichen Interpretationen lassen sich mit dem bekannten Beispiel des zur Hälfte gefüllten Wasserglases vergleichen, das der Optimist als halb voll, der Pessimist als halb leer sieht. Der Vererbungstheoretiker hebt die relative Unveränderbarkeit des IQ hervor. Beispiele für die Beeinflussung von Intelligenz durch Umweltfaktoren werden von ihm heruntergespielt oder wegdefiniert. Der Umwelttheoretiker hebt die Veränderbarkeit des IQ hervor. Er fordert eine Verbesserung der Umweltbedingungen für sozial unterprivilegierte Gruppen – insbesondere im Ausbildungssystem – und nimmt an, daß dies zu einem Ansteigen der durchschnittlichen Intelligenz in solchen Gruppen führt.

Relevanz für den Lehrer

In gewissem Sinne ist die geschilderte Kontroverse für den Lehrer irrelevant. Sein Ziel ist es, die Kinder so zu nehmen wie sie sind und ihnen zu helfen. Der Unterricht sollte relativ unberührt von der Frage bleiben, ob individuelle Intelligenzunterschiede bei Schülern primär durch Vererbungsfaktoren oder durch Umwelteinflüsse verursacht werden. Warum sollte ein Lehrer dann überhaupt über die geschilderte Vererbung-Umwelt-Kontroverse informiert sein, die Argumente der einzelnen Kontrahenten und die Untersuchungen, auf die sie sich stützen, kennen? Die Antwort darauf lautet, daß er als Vertreter einer Berufsgruppe, die von Personen getragen wird (Eltern und Steuerzahler), für die diese Kontroverse entscheidende Bedeutung für die Beurteilung des Erfolges von Ausbildungsprogrammen besitzt, ständig mit Fragen im Zusammenhang mit dieser Kontroverse konfrontiert wird; deswegen sollte er etwas über Zwillingsstudien und andere einschlägige Untersuchungen wissen. Darüber hinaus kann er mit diesem Wissen zu einem besseren Verständnis dieses Problembereiches bei den Eltern seiner Schüler und bei anderen Personengruppen, mit denen er durch seinen Beruf in Kontakt steht, beitragen.

6.5 Ethnisch bedingte Intelligenzunterschiede

Wir wenden uns nun einigen Fragen von grundlegender sozialer Bedeutung zu: Existiert ein schichtspezifisches Intelligenzgefälle? Gibt es Intelligenzunterschiede zwischen verschiedenen regionalen Gruppen (Stadt-Land-Gefälle), ethnischen und rassischen Gruppierungen? Wenn ja, wie kann man solchen Unterschieden bei der schulischen Ausbildung Rechnung tragen? Das Verständnis von Intelligenz als gleichbedeutend mit „Bildungsfähigkeit“ (*educability*) in vielen pädagogischen Bereichen und die Annahme gruppenspezifischer Unterschiede der „Bildungsfähigkeit“ zeigt, wie wichtig diese Fragen sind. Die Antworten darauf können über Lehrpläne entscheiden, die für die Bildungspolitik eines Landes entscheidende Bedeutung besitzen.

Einige Tatsachen sind unbestritten. Schwarze in den USA erreichen im Durchschnitt durchgängig niedrigere Intelligenztestwerte als Weiße – dies ist ein unbestreitbares Ergebnis zahlreicher Untersuchungen. In einer breit angelegten vergleichenden Analyse faßte *Shuey* (1966) fast 380 einschlägige Untersuchungen zusammen. Diese Untersuchungen, in denen viele verschiedene Tests verwendet wurden, betrafen sämtliche Altersgruppen in allen Landesteilen. Bei der überwiegenden Mehrheit zeigte sich bei einem Vergleich von Schwarzen mit Weißen, daß erstere im Durchschnitt 10 bis 20 IQ-Punkte schlechter abschnitten. *Shuey* (1966, S. 521) zog daraus den vererbungstheoretisch orientierten Schluß, daß „die Ergebnisse von Intelligenztests unbezweifelbar auf das Vorhandensein von angeborenen Unterschieden zwischen Negern und Weißen hindeuten".

Auch *Klineberg* (1963, S. 198) hat in einer anderen wichtigen Untersuchung solche Unterschiede zwischen Schwarzen und Weißen, was das durchschnittliche Abschneiden in Intelligenztests betrifft, nicht bezweifelt; er interpretierte die Ergebnisse jedoch als umweltbedingt: „Was Tests intellektueller Fähigkeiten betrifft, so ist die Streitfrage nicht die, ob Negerkinder *im Durchschnitt* niedrigere Testwerte erreichen als Weiße. Darüber kann kein Zweifel bestehen." Zweifel bestehen allein über die Ursache solcher Unterschiede.

Versuche, umweltbedingte Unterschiede auf ein Mindestmaß zu reduzieren

Unterschiedliche Intelligenztestwerte lassen sich *nur insoweit* als „angeborene Unterschiede" interpretieren, als dabei von gleichen Umwelteinflüssen ausgegangen werden kann. In den meisten Untersuchungen über Intelligenzunterschiede bei verschiedenen ethnischen und rassischen Gruppen ist nicht der Versuch gemacht worden, umweltbedingte Unterschiede zu kontrollieren oder die Ergebnisse darauf abzustimmen. *Klineberg* hat drei von *Shuey* zitierte Untersuchungen überprüft, bei denen die durchschnittlichen IQ-Unterschiede zwischen Schwarzen und Weißen scheinbar unverändert blieben, obwohl in diesen Untersuchungen Gruppen miteinander verglichen wurden, die anscheinend vergleichbaren Umwelteinflüssen ausgesetz waren. Dies wurde dadurch zu erreichen versucht, daß jeweils Gruppen von Schwarzen und Weißen miteinander verglichen wurden, die einen vergleichbaren sozioökonomischen Status und vergleichbare politische und soziale Privilegien besaßen.

Eine derartige Vergleichsbasis ist jedoch nach Ansicht der Umwelttheoretiker völlig unangemessen. „Zählen denn Motivation, Selbstvertrauen, Gelegenheit zum Erfahrungensammeln und andere verwandte Faktoren überhaupt nichts?" fragt *Klineberg* (1963, S. 199). Die Bedingungen, unter denen Schwarze in der amerikanischen Gesellschaft zwangsläufig leben, haben es nach seiner Ansicht unmöglich gemacht, irgendeine Vergleichsbasis für Umweltfaktoren herzustellen. Selbst Schwarze, deren wirtschaftlicher Lebensstandard höher ist als der der meisten Weißen, können nicht das gleiche Leben führen wie diese (vgl. *Dreger* u. *Miller,* 1960).

In einem anderen umfassenden Forschungsbericht haben sich *Dreger* und *Miller* (1968) mit der Frage auseinandergesetzt, ob die Intelligenz von schwarzen und weißen Kindern miteinander verglichen werden kann, die aus Gruppen mit vergleichbarem sozialen Status stammen und integrierte Schulen, in denen keine Rassentrennung besteht, besuchen. Sie bemerken dazu:

Einflüsse durch soziale Unterschiede

Das Wort „integriert" bedeutet nicht das, was es zu bedeuten scheint. In jeder Gemeinde von 50000 Einwohnern, ob im Norden, Osten oder Westen, leben Neger größtenteils nicht dort, wo Weiße leben, weil sie bewußt davon ausgeschlossen werden und es exitieren weitere, oft schwerwiegende Diskriminierungen. Mit anderen Worten, rassenspezifische Faktoren sind immer noch wirksam.... Und auch in der Schule würde es mehr erfordern als die Aussage von Lehrern oder eine flüchtige Beobachtung, um zu demonstrieren, daß die Negerkinder „von den weißen Kindern voll akzeptiert" werden (*Dreger* u. *Miller,* 1968, S. 15).

Es scheint unwahrscheinlich, daß man irgendeinen aussagekräftigen Vergleich von Schwarzen und Weißen vornehmen kann, gegen den nicht der berechtigte Einspruch erhoben werden kann, daß Schwarze in den USA, was die Umwelteinflüsse für eine positive Intelligenzentwicklung betrifft, zahlreichen Nachteilen ausgesetzt sind. Wie wir zuvor in diesem Kapitel gesehen haben, können auch getrennt aufgewachsene eineiige Zwillinge unter ausreichend unterschiedlichen Umweltbedingungen IQ-Unterschiede von 15 Punkten oder mehr aufweisen. Sind die umweltbedingten Unterschiede zwischen Schwarzen und Weißen in den USA ebenfalls so groß, um durchschnittliche IQ-Unterschiede von ungefähr 15 Punkten hervorzurufen?

Obwohl uns die Daten fehlen, die für einen Vergleich unterschiedlicher Umwelteinflüsse dieser Art nötig wären, können wier einige begründete Überlegungen anbieten, die auf der Geschichte der beiden Rassen in den USA, insbesondere der Schwarzen, basieren. Seit 1700 hat die amerikanische Geschichte ein massives „Experiment" entworfen und durchgeführt, bei dem die Umwelteinflüsse für einen wesentlichen Teil der Bevölkerung in radikaler Weise manipuliert wurden. Dieser Teil wurder versklavt, und zwar wortwörtlich, nicht symbolisch. Dann, nach seiner Befreiung, wurde er einem hochentwickelten, allumfassenden, systematischen und rigoros durchgesetzten Apparat von sozialen, politischen, ökonomischen und pädagogischen Diskriminierungen unterworfen. Dieses „Experiment" führte zu einer Behinderung und Restriktion der Ausbildung und des familiären Lebens dieses Bevölkerungsteils. Bücher wurden dieser „experimentellen Gruppe" ebenso vorenthalten wie die Möglichkeit, Standardenglisch zu hören. Ihre Arbeiter wurden durch harte Arbeit so müde gemacht, daß sie selten die Energie für autodidaktische Aktivitäten, die intellektuelle Anstrengung erforderten, aufbringen konnten. Diese „experimentelle Gruppe" wurde herabgewürdigt, verarmt, verängstigt, und es wurde ihr Selbsthaß eingeflößt. Kurz gesagt: es wäre eine schwierige Aufgabe für Psychologen, unter Verwendung der Forschungsergebnisse über Faktoren, die kognitive Entwicklungs- und Funktionsweisen beeinflussen, eine Umwelt zu planen, die besser geeignet wäre, die durchschnittliche Intelligenz einer „experimentellen Gruppe" zu schädigen, die aus einer Stichprobe von etwa 10 Prozent der gesamten Bevölkerung dieser Nation besteht.

Falsche Schlüsse im Experiment

Für die Validität des Experiments war es allerdings unglücklich, daß sein Entwurf einen grundlegenden Mangel hatte: Die Versuchspersonen wurden den alternativen Behandlungen nicht zufällig zugeteilt. Vielmehr wurden die Variablen des „experimentellen Treatments" mit der Variable der Rassenzugehörigkeit vermischt. Alle Angehörigen der „experimentellen Gruppe" waren Neger. Seither ist es daher unmöglich festzustellen, zumindest auf der Basis der Logik experimenteller Planung, ob die aus den zahlreichen abhängigen Variablen, einschließlich dem IQ, resultierenden Unterschiede nur dem Treatment oder der Rasse der Versuchspersonen zugeschrieben werden sollten.

In Anbetracht der Tatsache, daß das „Experiment" mangelhaft war, müßte es als schlechte Forschungsarbeit ausgelegt werden, wenn man dem begangenen Fehler einen weiteren hinzufügt. Wenn wir nicht sicher sein können, daß die ausbildungsbedingten und ökonomischen Ungleichheiten der Neger aus der bitteren „experimentellen Behandlung" herrühren, der sie unterworfen gewesen sind, sollen wir dann vorschnell den Schluß ziehen, daß es ihre genetische Ausstattung war? Man sollte sich doch daran erinnern, daß sämtliche Untersuchungen über getrennt aufgewachsene eineiige Zwillinge und fast alle Untersuchungen über andere Kombinationen von Verwandtschaftsgrad und Sozialisationsbedingungen ausschließlich mit weißen Versuchspersonen durchgeführt worden sind. Also hat sich diese Forschung auch nur mit den umweltbedingten Varianten befaßt, denen Weiße unterworfen sind. Wir haben keinerlei Sicherheit, daß jene umweltbedingten Streuungen umfassend genug sind, als daß sie, am unteren Ende der Skala, jene Umweltbedingungen miteinschließen, denen Neger unterworfen sind. Es ist daher höchst zweifelhaft, zu der Schlußfolgerung zu kommen, daß Negern nicht durch eine bessere Ausbildung geholfen werden kann, einen höheren ökonomischen Status und ein höheres Bildungsniveau zu erreichen (*Gage,* 1972a, S. 311–312).

Untersuchungen über die Auswirkungen umweltbedingter Unterschiede

Ein weiterer Ansatz, das Problem von ethnisch bzw. rassisch bedingten Intelligenzunterschieden anzugehen, besteht darin, von möglichst stark streuenden Umweltfaktoren auszugehen und nach korrespondierenden IQ-Veränderungen zu suchen. Man hat z. B. wiederholt bei Schwarzen aus den Nordstaaten höhere IQs und Durchschnittsleistungen festgestellt als bei Schwarzen aus den Südstaaten. Abbildung 6-3 zeigt diese Unterschiede; sie ist dem berühmten Coleman-Report (vgl. *J. S. Coleman* et al., 1966) entnommen. Jede Spalte gibt den Zentralwert (Median – durch einen senkrechten Strich gekennzeichnet) an, den 25. und 75. Perzentil sowie als Endpunkte den 10. und 90. Prozentrangwert. Vergleichen wir in diesem Test über verbale Fähigkeiten die Mediane für schwarze Stadtkinder, so erkennen wir, daß im Nordosten höhere Leistungen erbracht wurden als im Süden. Das gleiche gilt für Schwarze bei einem Stadt-Land-Vergleich. Dieselben Ergebnisse finden wir für weiße Schüler: die Leistungen im Nordosten sind höher als im Süden, und Stadtkinder erbringen bessere Ergebnisse als Kinder, die nicht in der Stadt leben.

Vererbungstheoretiker würden dieses Ergebnis einer „selektiven Abwanderung“ zuschreiben: die intelligenteren Schwarzen wanderten vom Süden in den Norden ab. Also waren die fortziehenden Schwarzen *vor* ihrer Abwanderung in den Norden bereits intelligenter. Umwelttheoretiker würden den beobachteten Intelligenzunterschied den jeweils unterschiedlichen Bildungschancen zuschreiben. Von dieser Warte her gesehen erreichten die Schwarzen ein höheres Intelligenzniveau, *nachdem* sie in den Norden abgewandert waren und dort auf bessere Ausbildungsmöglichkeiten trafen.

Langzeituntersuchung

Um diese sich widersprechenden Argumente zu überprüfen, begann *Klineberg* (1935) mit einer Reihe von Untersuchungen, deren Schlußstein eine überzeugende Studie von *Lee* (1951) bildete. Dabei handelt es sich um eine *Langzeit*untersuchung, eine Untersuchung, in der dieselben Personen über mehrere Jahre hinweg getestet wurden. In *Lees* Studie wurden Kinder aus den Schulen Philadelphias nacheinander in verschiedenen Klassen getestet. Für die Ergebnisse wurden Durchschnittswerte ermittelt (vgl. Abbildung 6-4), jeweils getrennt nach Kindern, die in Philadelphia geboren waren und nach denen, die im Süden geboren waren und dann in verschiedene Klassen der Schulen in Philadelphia eintraten. Der mittlere IQ war am höchsten bei den Kindern, die in Philadelphia geboren waren und dort den Kindergarten besucht hatten; er veränderte sich nicht wesentlich im Laufe der Jahre. Am nächst höchsten war

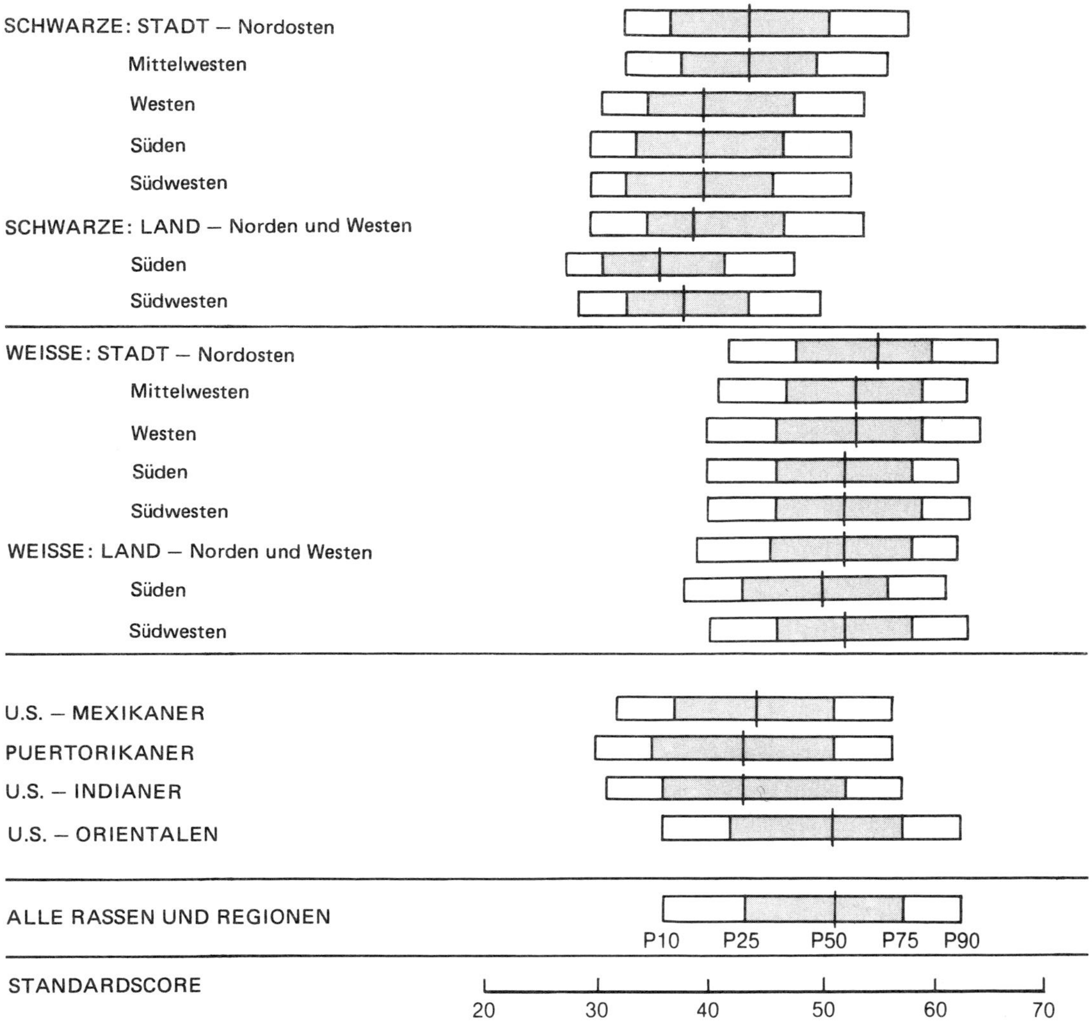

Aus: *J. S. Coleman* et al. (1966, S. 228).

Abbildung 6-3. Testergebnisse von verbalen Fähigkeitstests einer überregionalen Stichprobe von Sechstkläßlern, getrennt nach Rasse, Region und Stadt-Land-Zugehörigkeit

Auswirkungen des Stadtlebens auf den IQ

der mittlere IQ der Kinder, die in Philadelphia geboren waren, aber nicht den Kindergarten besucht hatten; hier zeigte sich nur ein geringer und unregelmäßiger Anstieg. Die im Süden geborenen Kinder jedoch verbesserten ihren IQ stetig von dem Jahr an, in dem sie in die Schule in Philadelphia eintraten. Mit geringen Ausnahmen zeigt die Betrachtung einer jeden Säule, daß der mittlere IQ um so höher ist, je länger eine Gruppe *innerhalb einer Klassenstufe* die Schule in Philadelphia besucht hatte. Nun kann dem entgegnet werden, daß der IQ-Anstieg aus der vermehrten Übung mit den Tests resultierte. Diese Erklärung ist deshalb nicht stichhaltig, weil die in Philadelphia geborenen Kinder, die ebenso viel Übung hatten, keine stetige Verbesserung zeigten.

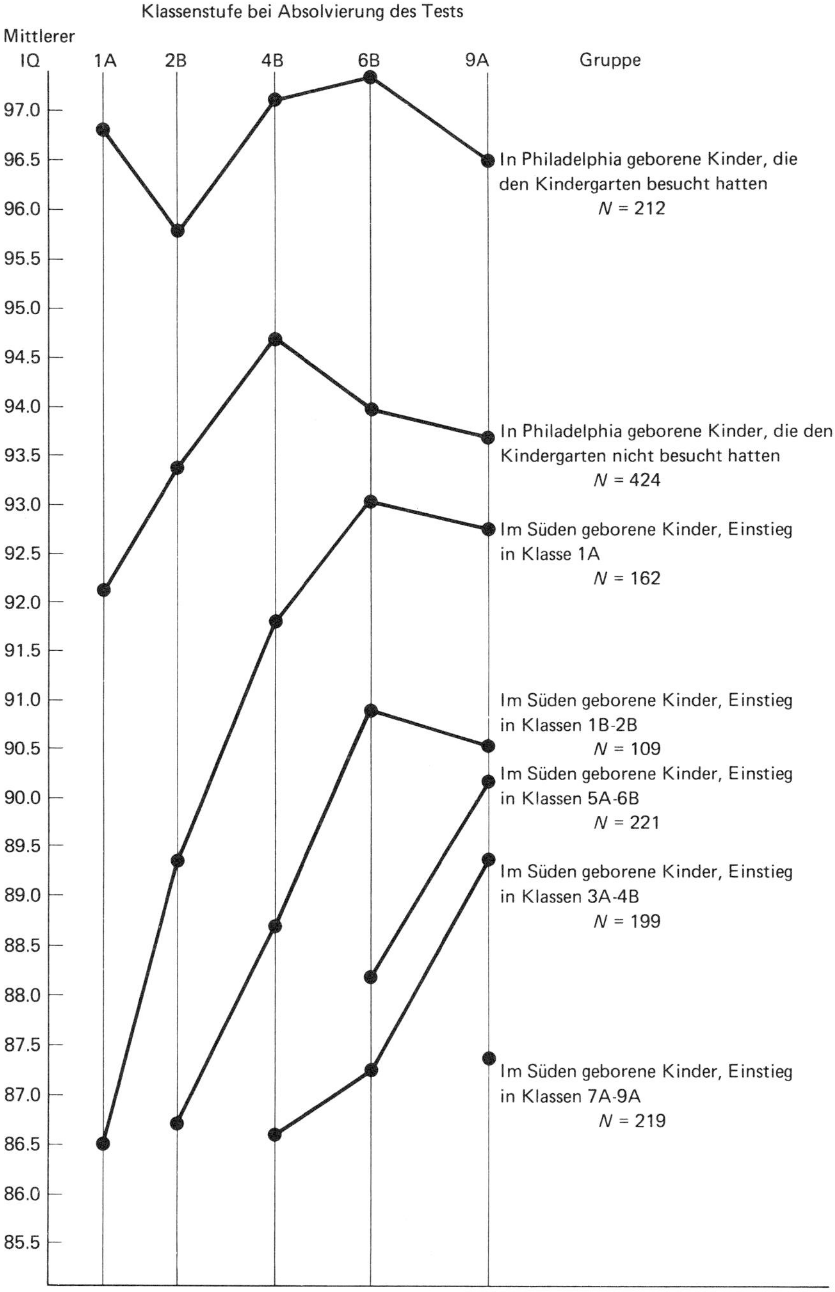

Daten von *Lee* (1951)

Abbildung 6-4. Mittlere IQs von schwarzen Kindern bei Eintritt in verschiedene Klassenstufen der Schulen in Philadelphia (Test zur allgemeinen Intelligenz und verbalen Fähigkeit)

Der Unterschied zwischen den in Philadelphia geborenen Kindern, die den Kindergarten besucht bzw. nicht besucht hatten, läßt sich entweder irgendwelchen „umweltbedingten Wirkungen" zuschreiben oder einer Art spezieller Selektion. Das heißt, diese Unterschiede können ein Resultat der Wirkungen der Kindergartenerfahrung gewesen sein; oder sie können das Resultat selektiver Faktoren sein, aufgrund derer ein größerer Wahrscheinlichkeitsgrad bestand, daß die Kinder, die ursprünglich intelligenter waren oder aus Familien stammten, die ein größeres Bildungsbewußtsein hatten, in den Kindergarten gehen würden. Die Untersuchung selbst beleuchtete diese Frage nicht.

> ... die zugewanderten Kinder, die in die erste Klasse in Philadelphia eintraten, sind in den ersten drei Tests den in Philadelphia geborenen Kindern definitiv unterlegen ... in der sechsten Klasse ist jedoch in ihren Testleistungen (Mittelwert = 92,8) kein signifikanter Unterschied mehr zu verzeichnen, wenn man sie mit der Gruppe der in Philadelphia geborenen Kinder vergleicht, die nicht den Kindergarten besucht haben (Mittelwert = 93,7) (*Lee,* 1951, S. 233).

Ferner ist zu bemerken, daß der Anstieg im IQ in dieser Gruppe erheblich ist – von 86,5 in Klasse 1 bis 92,8 in Klasse 9.

IQ-Überlappungen bei Schwarzen und Weißen

Abgesehen von dem üblichen Unterschied in den Mittelwerten zeigen die Verteilungen der IQs von Weißen und Schwarzen eine deutliche Überlappung. Aus Abbildung 6-3 wird deutlich, daß viele schwarze Kinder den 25. Prozentrang weißer Kinder erreichen. Viele der weißen Kinder fallen hinter den Durchschnitts-IQ schwarzer Kinder zurück. Wenn ein Lehrer mit einer großen repräsentativen Gruppe schwarzer Kinder zu tun hat, geht er also oft von falschen Voraussetzungen aus, wenn er annimmt, daß jedes schwarze Kind einen geringeren IQ aufweist als der Durchschnitt der weißen Kinder.

Sicherlich ist es gefährlich, verallgemeinernd von rassischen *Gruppen* zu *Individuen* überzugehen. Des weiteren sind die Reichweiten der beiden einander überlagernden Verteilungen fast identisch. Der Lehrer, dem es um den individuellen Schüler geht, muß Informationen über gerade diesen Schüler besitzen und darf sich nicht auf Schlußfolgerungen verlassen, die sich auf die Hautfarbe stützen.

Aber die Konsequenzen eines solchen Unterschieds zwischen den beiden Verteilungen dürfen ebenfalls nicht gering geschätzt werden. Eine negative Abweichung von 10 Punkten vom allgemeinen mittleren IQ von 100 verändert bereits drastisch die Proportionen, die wir am oberen und unteren Ende der IQ-Dimension finden (*Jensen,* 1969, S. 23). Weniger Schwarze, vielleicht nur 9% statt 25%, haben IQs über 110. Mehr Schwarze, vielleicht 50% statt 25%, haben IQs unter 90. Die Bedeutung dieser Zahlen ist beachtlich, wenn wir sie im Hinblick auf berufliche Chancen sehen. Wir werden später darauf eingehen, wenn wir uns mit den Beziehungen zwischen Beruf und Intelligenz auseinandersetzen.

6.6 Schichtspezifische Intelligenzunterschiede und Stadt-Land-Gefälle

Auch die IQ-Unterschiede bei verschiedenen anderen Gruppierungen von Schulkindern sind in pädagogischer Sicht bedeutsam. Die meisten Vergleiche zeigen, daß (a) Mittelschichtkinder einen höheren Testwert als Kinder der Unterschicht und (b) Stadtkinder einen höheren Testwert als Landkinder haben.

Schichtspezifische Intelligenzunterschiede

Die Zugehörigkeit zu einer bestimmten Schicht wird nach einem oder mehreren der folgenden Merkmale gemessen: Beruf des Vaters, Familieneinkommen, Wohngegend und Bildungsgrad der Eltern. *Waller* (1971) hat die IQs von Vätern und deren erwachsenen Söhnen zusammengestellt, auf der Basis von schulischen Testergebnissen. Abbildung 6-5 zeigt die Durchschnittswerte der

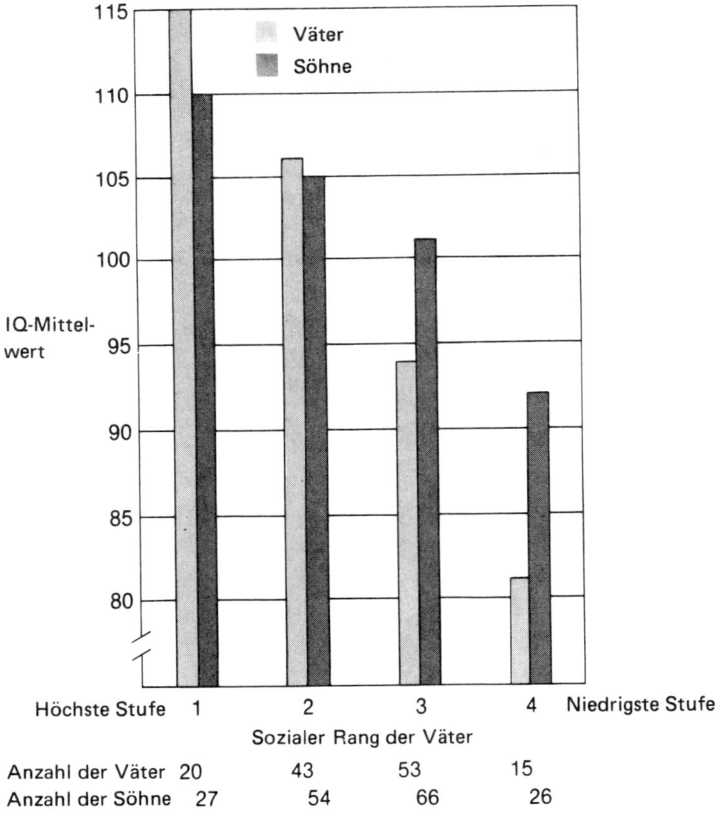

Daten von *Waller* (1971).

Abbildung 6-5. IQ-Mittelwerte von zwei Generationen bei unterschiedlichem sozialen Hintergrund

beiden Generationen, geordnet nach dem sozialen Rang des Vaters. Sowohl bei den Vätern als auch bei den Söhnen sinkt der IQ-Mittelwert mit sinkendem sozialen Rang des Vaters, und die Unterschiede sind wesentlich: von Mittelwerten für die Väter von 115 auf 81 und für die Söhne von 110 auf 92. Ähnliche Ergebnisse sind in zahlreichen anderen Untersuchungen gefunden worden (vgl. *Anastasi,* 1958, S. 515–522; *L. E. Tyler,* 1965, S. 333–344).

Beruf und IQ

Ähnlich eindrucksvoll läßt sich die Beziehung darstellen, wenn man die Durchschnittswerte von Männern aus verschiedenen Berufsgruppen betrachtet, die vom „Army General Classification Test" (AGCT) ermittelt wurden, einem Intelligenztest, den die US-Armee im Zweiten Weltkrieg durchführte. Wie aus der Abbildung 6-6 ersichtlich ist, rangieren die Mittelwerte zwischen 129 für akademische Berufe und 85 für ungelernte Berufe. Durch Überlappungen werden die Unterschiede zwischen den einzelnen Berufen im mittleren Intelligenzbereich verwischt. Die Ergebnisse zeigen jedoch eindeutig, daß ein bestimmtes Intelligenzniveau für manche Berufe charakteristisch ist und in anderen Berufen nicht auftritt. Solche berufsspezifischen Unterschiede der durchschnittlichen Intelligenz von Erwachsenen und deren Kindern sind neben den USA auch in England, Hawaii, der Sowjetunion und in den Niederlanden festgestellt worden, sowohl bei Schwarzen als auch bei Weißen.

Es scheint so, als würden bestimmte Berufe Menschen mit einem bestimmten IQ-Niveau bzw. Fähigkeitsniveau voraussetzen oder sie anziehen. Wenn der Einfluß von Umweltfaktoren nun bei bestimmten sozialen Gruppen dazu führt, daß diese nur ein geringes IQ- bzw. Fähigkeitsniveau erreichen, dann ist es wahrscheinlich, daß eben diese Gruppen in dem für sie gegenwärtig bestehenden beruflichen Strukturbereich bleiben (vgl. *Herrnstein,* 1971). Viele Pädagogen sind der Auffassung, daß durch die schulische Ausbildung generell und durch den Lehrer im besonderen versucht werden sollte, die Perpetuierung solcher starren beruflichen Klassenstrukturen zu durchbrechen. Aber wie sollten derartige Versuche realisiert werden? Traditionelle Vorstellungen gehen davon aus, daß für Schüler aus Familien mit geringem Einkommen spezielle Ausbildungsprogramme entwickelt werden sollten – zusätzliche Curricula, neue Unterrichtsmethoden etc. Damit würde sich ihre schulische Leistungsfähigkeit verbessern und ihre Benachteiligung, wie sie sich in ihren geringeren Durchschnitts-IQs spiegelt, würde reduziert und schließlich beseitigt. Wie wir noch sehen werden, ist in den USA ein solcher Versuch in Projekten wie dem „Head Start Project" und „Project Follow Through" auf nationaler Ebene und in vielen Projekten auf städtischer oder einzelstaatlicher Ebene verwirklicht worden. Langfristig ist es das Ziel dieser Versuche, den

Der Armutskreislauf

„Armutskreislauf" zu durchbrechen. Dieser Kreislauf funktioniert folgendermaßen: Kinder von Eltern, die, unter dem Gesichtspunkt ihrer formalen Qualifikation für bestimmte Berufe, nur ein niedriges Fähigkeitsniveau besitzen – und damit auch nur ein niedriges Ausbildungsniveau erreichen – sind während ihrer gesamten Entwicklung Umwelteinflüssen ausgesetzt, die den Verbleib auf einem ähnlich niedrigen Fähigkeits- und Ausbildungsniveau begünstigen. Wenn diese Kinder zur nächstfolgenden Elterngeneration herangewachsen sind, schaffen sie für ihre eigenen Kinder wieder ähnliche Umweltbedingungen wie diejenigen, denen sie selbst als Kind ausgesetzt waren, und

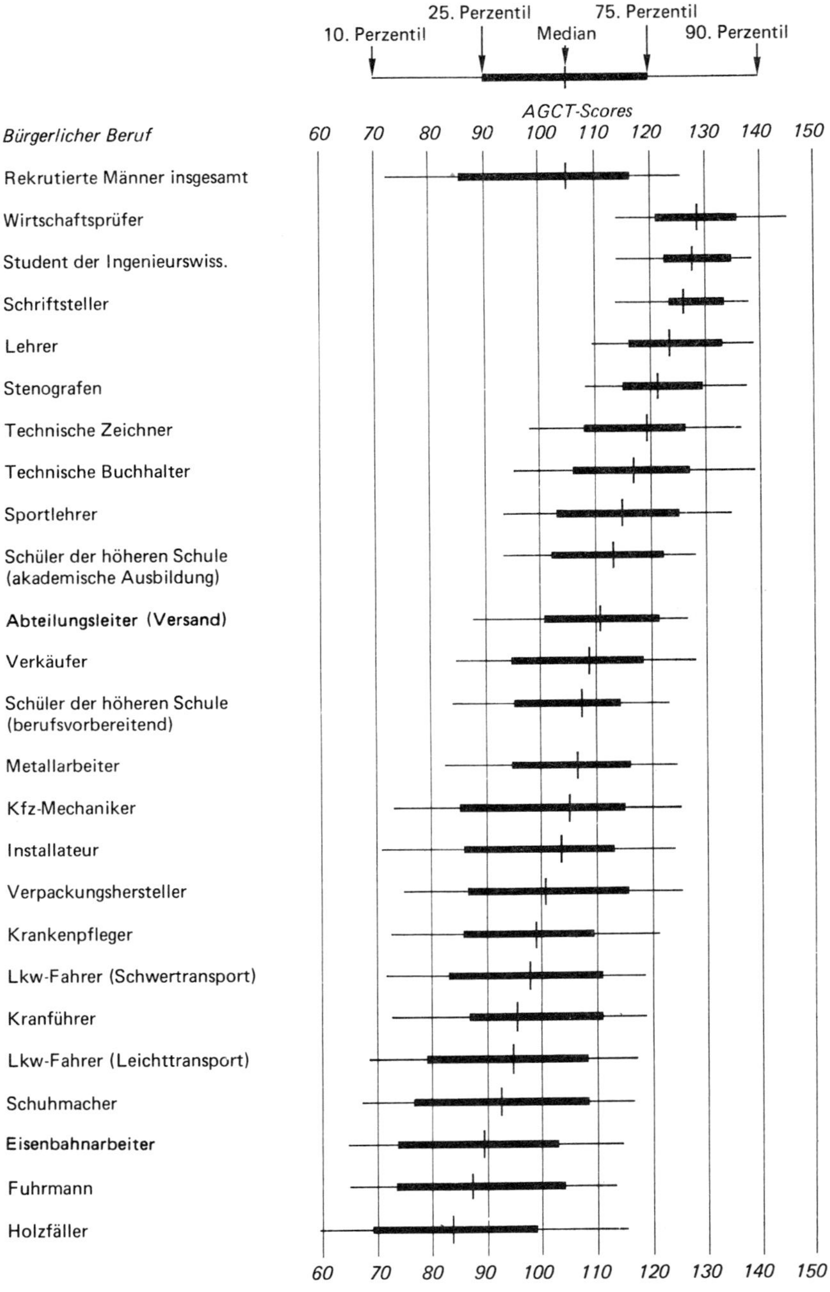

Daten von *Stewart* (1947).

Abbildung 6-6. Testwerte des Army General Classification Test für männliche Rekruten des 2. Weltkrieges, gruppiert nach bürgerlichen Berufen

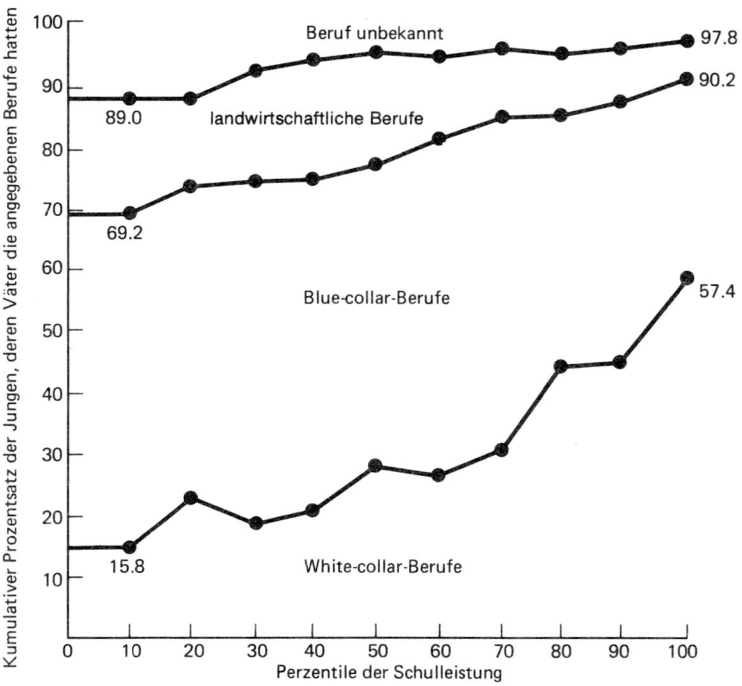

Daten von *Flanagan et al.* (1964, S. 5-55)

Abbildung 6-7. Perzentilränge der Schulleistung von Schülern der 12. Klasse, bezogen auf den Beruf des Vaters (N = 3,027)

der Prozeß wiederholt sich. Die Kinder aus solchen Familien sind dann nur für Berufe geeignet, die am unteren Ende der Lohn-, Prestige- und intellektuellen Anforderungsskala liegen. Den Kreislauf zu durchbrechen, würde bedeuten, die Unterschiede in der Schulleistung zwischen Schülern der Unter- und Mittelschicht zu beseitigen.

In den letzten Jahren sind die Erfolgsaussichten dieses Ansatzes und die Stichhaltigkeit der Argumente, die ihm zugrunde liegen, in Frage gestellt worden. *McClelland* (1973) bezweifelt, ob das, was in den Intelligenztests gemessen wird, einen kausalen Einfluß auf den beruflichen Erfolg hat. Auch *Jencks* und seine Mitarbeiter haben den Aussagewert von schulischen Leistungen für den beruflichen Erfolg und das Einkommensniveau bezweifelt und jeglichen Kausalzusammenhang in Frage gestellt (vgl. *Jencks* et al., 1972). *Jencks* hat darüber hinaus Skepsis geäußert, ob schichtspezifische Unterschiede im Ausbildungsniveau allein durch den gegenwärtigen oder zukünftigen schulischen Unterricht beseitigt werden können.

Allerdings hat *Bereiter* (1976/77) die niedrigen Korrelationen zu erklären versucht; seine Ergebnisse weisen substantielle Beziehungen zwischen IQ und Berufserfolg nach (vgl. Kapitel 5). *Humphreys* (1976/77, S. 49–50) hat ebenfalls die Schlußfolgerung kritisiert, daß Intelligenz „auf lange Sicht keinen Einfluß auf Berufserfolg hat". Die IQ-Unterschiede zwischen verschiedenen Berufsgruppen und nicht so sehr die Korrelationen von IQ und Erfolg innerhalb einer bestimmten Berufsgruppe sollten als Beweis dafür herangezogen werden, daß Intelligenz eine Rolle spielt, wenn es um beruflichen Erfolg im Leben geht. Wir werden auf diese alternativen Sichtweisen des Zusammenhanges zwischen Intelligenztestwerten, beruflicher Position und Zugehörigkeit zu einer bestimmten ethnischen oder rassischen Gruppe später noch einmal zurückkommen. An dieser Stelle sei lediglich betont, daß die bis in jüngste Zeit von der Pädagogischen Psychologie akzeptierten Interpretationen im Augenblick stark angezweifelt werden. Einflußreiche Wissenschaftler vertreten die Meinung, daß die soziale Bedeutung derjenigen intellektuellen Fähigkeiten, die von Intelligenztests gemessen werden, stark überschätzt worden ist, daß ferner die auf der Grundlage solcher Tests vorhergesagte Schulleistung nur eine relativ geringe über die Schule hinausgehende Brauchbarkeit besitzt und daß Ungleichheit in der amerikanischen Gesellschaft eher durch wirtschaftliche und politische Maßnahmen bekämpft werden sollte als durch pädagogische.

Kritik an der gesellschaftlichen Bedeutung des IQ

Stadt-Land-Gefälle

Die häufig festgestellten typischen Intelligenzunterschiede von städtischen und ländlichen Gruppen wurden noch einmal in dem vielbeachteten überregionalen Untersuchungsbericht bestätigt, den *J. S. Coleman* 1966 im Auftrag der Regierung vorlegte: *Equality of Educational Opportunity*. Die Schüler wurden danach klassifiziert, ob ihre Schulen in einem großstädtischen Gebiet (einer Stadt mit mehr als 50000 Einwohnern einschließlich der Vororte) lagen oder nicht. Wie aus Abbildung 6-3 ersichtlich ist, zeigten die Schüler innerhalb der großstädtischen Gebiete höhere Leistungen als jene außerhalb dieser Gebiete. Der Unterschied wurde in *allen* Klassenstufen festgestellt (Klassen 1, 3, 6, 9 und 12) und bei *allen* Meßverfahren (verbale Fähigkeit, nichtverbale Fähigkeit, Textverständnis, mathematische Leistung, praktisches Allgemeinwissen, Kenntnisse in naturwissenschaftlichen, sozialwissenschaftlichen und geisteswissenschaftlichen Bereichen).

Wie die Umweltfaktoren, die sich positiv auf die IQ-Entwicklung von Schülern in verschiedenen ländlichen Gegenden auswirken, verbessert werden können, wird in einer Untersuchung von *Wheeler* (1942) überzeugend dargestellt. Er berichtet über die Ergebnisse eines umfassenden Testprogramms mit Kindern aus den östlichen Tennessee-Bergen, das erstmalig 1930 durchgeführt wurde, und dann noch einmal 1940 mit Kindern aus demselben Gebiet und größtenteils aus denselben Familien. In den dazwischenliegenden Jahren wurde das Gebiet in großem Umfang saniert, sowohl wirtschaftlich als auch sozial und kulturell. Das Beförderungssystem, die Schulanmeldungen, Schulgröße und -ausstattung, das Ausbildungsniveau der Lehrer – überall wurden Verbesserungen vermerkt, die größtenteils aus der verstärkten Industrialisierung des Gebiets resultierten. 1930 lag der mittlere IQ der 946 Kinder der Klassen 1 bis 8 bei 82,4. 1940 lag er – jetzt für 3252 Kinder – bei 92,2. Der Anstieg war in allen Alters- und Klassenstufen ungefähr gleich. Dieser Fall scheint ein Beweis dafür zu sein, daß günstigere Umweltbedingungen zu einer Anhebung der IQ-Werte

Wirkungen der industriellen Entwicklung

von durchschnittlich einem Punkt pro Jahr über einen Zeitraum von 10 Jahren hinweg führen.

6.7 Ursachen für gruppenspezifische Intelligenzunterschiede

Wir haben einen kurzen Blick auf die Intelligenzunterschiede zwischen verschiedenen ethnischen und rassischen sowie beruflichen, regionalen und schichtspezifischen Gruppen geworfen. Was verursacht diese Unterschiede? Drei Erklärungen stehen als Vorschläge an: selektive Abwanderung, Umwelteinfluß und Biasfaktoren bei Intelligenztests.

Selektive Abwanderung

Das Argument der selektiven Abwanderung besagt, daß Menschen, die von vornherein eine relativ hohes Niveau von intellektuellen Fähigkeiten besitzen, in privilegierte soziale Schichten und Berufe aufsteigen, in Städte und regionale Gebiete abwandern, die günstige Ausbildungsbedingungen und positive Umwelteinflüsse für die Intelligenzentwicklung aufweisen. Es wird angenommen, daß ihre überlegene intellektuelle Fähigkeit sie in eine günstigere Lage versetzt, für soziale Vorteile zu kämpfen. Aufgrund ihres höheren Intelligenzgrades sind sie eher dazu in der Lage und daran interessiert, sich Tätigkeiten zu widmen, die charakteristisch für die günstiger gestellten Schichten der amerikanischen Gesellschaft sind. Dieser Erklärung entsprechend bestehen die Intelligenzunterschiede *vor* der Abwanderung einer Gruppe oder eines einzelnen in die privilegierte soziale Kategorie oder bevorteilte Region. Diese Erklärung würde eine Bestätigung erfahren, wenn sich zeigen ließe, daß die jeweils intelligenteren Menschen aus Lebenssituationen der Unterschicht in solche der Mittelschicht abwandern oder aus dem Süden in den Norden der USA oder aus ländlichen in städtische Gemeinden.

Kampf um soziale Besserstellung

Anastasi (1958, S. 530) kommt nach einer Zusammenfassung der vorliegenden Untersuchungsergebnisse zu der Schlußfolgerung: „Insgesamt gesehen zeigen die Untersuchungen über Erwachsene tatsächlich eine Tendenz dazu, daß diejenigen Personen, die aus ländlichen Gebieten in die Städte abwandern, einen (intelligenzmäßig) überlegenen Teil der ländlichen Bevölkerung darstellen." Solche Ergebnisse stützen nun allerdings nicht unbedingt die Erklärungen der Vererbungstheoretiker, da die von Anfang an überlegeneren Gruppen einen *umweltbedingten* Vorteil in ihrem ursprünglich ländlichen Lebensraum gehabt haben können. Außerdem kann in bestimmten Situationen selektive Abwanderung auch dazu führen, daß gerade Menschen mit *geringeren* intellektuellen Fähigkeiten abwandern. In der Weltwirtschaftskrise waren es in den USA zum Beispiel die rückständigen Kleinfarmer und die kleinen Farmpächter, die Kurs auf die Städte nahmen, nicht die Landbesitzer oder die finanziell gutgestellten Schichten. Die fähigeren Menschen haben bereits solche vorteilhaften Positionen in ihren Gemeinden erreicht, daß sie, wenn es zu einer

Hungersnot oder Wirtschaftskrise kommt, weniger Anreiz verspüren abzuwandern.

Umwelteinflüsse

Diesem Argument zufolge bieten weiße, im Norden gelegene städtische Mittelschichtgemeinden und -familien die besten Umweltbedingungen für die Entwicklung jener Fähigkeiten, die anhand von Intelligenztests gemessen werden. Solche Umweltbedingungen setzen das Kind mehr den visuellen und auditiven Einflüssen, den Worten und Ideen, den Problemen und Lösungen aus, die jene Fertigkeiten und jenes Wissen begünstigen, die von Intelligenztests gemessen werden. Worin diese intellektuelle Stimulierung im Detail besteht, ist bisher nicht bekannt. Es gibt keine wissenschaftlichen Untersuchungen, die jene spezifischen Erfahrungen präzisiert haben, die Stadtkindern einen Intelligenzvorteil über Landkinder geben. Aber der Verdacht besteht seit langem, daß Erbfaktoren *allein* solche Ergebnisse nicht erklären können. *Jensen* (1969) ist, wie bereits festgestellt werden konnte, ein Vertreter der Vererbungstheorie, wenn es um die Erklärung von Intelligenzunterschieden geht. Gleichwohl hat er ein sprechendes Beispiel dafür geliefert, wie sich Umwelteinflüsse in einer Testsituation auswirken können:

Vertrautheit mit Testsituation

> Als ich in der psychologischen Abteilung einer Klinik arbeitete, mußte ich verschiedene Intelligenztests mit einer Reihe von Kindern durchführen, von denen etliche aus verarmten Verhältnissen stammten. Gewöhnlich hatte ich dabei den Eindruck, daß die Kinder intelligenter waren als es ihr IQ anzeigte. In der Testsituation schienen sie oft gehemmt und kaum ansprechbar zu sein, denn dies war ihr erster Besuch bei mir. In einem solchen Fall ließ ich sie an zwei bis vier verschiedenen Tagen in ein ‚Spieltherapiezimmer' kommen, wo wir jeweils eine halbe Stunde nur spielten, um uns kennenzulernen. Wir machten Ballspiele, malten mit Fingerfarben, zeichneten an die Tafel, formten etwas aus Ton und so weiter. Sobald ein Kind den Eindruck machte, daß es sich in dieser Umgebung ganz zu Hause fühlte, gab ich ihm einen Retest als parallelen Vergleich zum Stanford-Binet. In der Regel ergab sich ein IQ-Zuwachs von 8 bis 10 Punkten. Das Verfahren war meistens erfolgreich, wenn auch der Punktezuwachs selten noch höhere Werte als die hier genannten erreichte (S. 100).

Das bedeutet: man müßte nur die äußeren Testbedingungen verändern, um zu erreichen, daß mehr als die Hälfte des normalerweise auftretenden 15-Punkte-Unterschieds zwischen den Durchschnitts-IQs von Weißen und Schwarzen eliminiert würde; und der Unterschied zwischen den Durchschnitts-IQs im städtischen und ländlichen Bereich könnte fast ganz eliminiert werden. Wir müssen uns also nicht wundern, wenn Umwelttheoretiker sagen, daß Unterschiede im ethnischen oder rassischen Bereich umweltbedingt sind. Sie argumentieren, daß die Testbedingungen in Verbindung mit „Verzerrungstendenzen" (siehe unten: Testbias) und anderen ähnlichen Faktoren ausreichen, um die verschiedenen gruppenspezifischen Unterschiede zu erklären, ohne überhaupt genetische Faktoren bemühen zu müssen.

Testbias

Bei einer Erklärung, die von Biasfaktoren oder „Verzerrungstendenzen" in Intelligenztests ausgeht, wird angenommen, daß die Inhalte und Prozesse in herkömmlichen Tests auf Kinder aus privilegiertere sozialen Gruppen zugeschnitten sind: denn die in den Tests verwendeten Wörter, Vorstellungen und Problembereiche sind in erster Linie von Situationen abgeleitet, denen Kinder der Mittelschicht oder aus städtischen Regionen eher begegnen. In diesem Zusammenhang hat *Andersen* (1970) festgestellt, daß der „Stanford-Binet Intelligence Scale" (der IQ-Test mit dem größten Prestige) Testitems enthält, bei denen Kleidung, Haushaltsgegenstände und Spielzeug (darunter Autos, Bäume, Lokomotiven und Häuser) zum Einsatz kommen. Diese Items jedoch setzen eine gewisse Vertrautheit mit und Erinnerungsvermögen an Dinge voraus, zu denen weiße Kinder der Mittelschicht mehr Zugang haben. In einer Untersuchung über Kindergärten wird dies deutlich: die Kindergärten mit überwiegend weißen Kindern hatten viel Spielzeug von der Art, wie es auch im Stanford-Binet-Test eingesetzt wird, während in Kindergärten mit überwiegend schwarzen Kindern oder Kindern anderer ethnischer Minderheiten nur *ein* Spielzeugtyp vorhanden war, der den kreativen Testitems ähnlich war (*Andersen,* 1970, S. 4). Ein ähnlicher Biasfaktor taucht beim Stanford-Binet-Test für ältere Kinder im Wortschatzsektor auf. Allgemein geht man heute von der Annahme aus, daß die verschiedenen gruppenspezifischen Unterschiede verschwinden oder zumindest wesentlich geringer werden könnten, wenn diese Biasfaktoren in den Testinhalten beseitigt würden.

Testinhalte sind mittelschichtfreundlich

Hier jedoch laufen wir in eine Sackgasse. Die Tests sind dazu vorgesehen, das zu messen, was für den Erfolg in einer hochindustrialisierten Gesellschaft des 20. Jahrhunderts wichtig ist. Und diese Gesellschaft ist in erster Linie an den Belangen und Bedürfnissen einer städtischen Mittelschicht orientiert. Beseitigt man diese „Verzerrungstendenz" der Intelligenztests, so verlieren diese ihren eigentlichen Zweck, ein Gedanke, der im *Coleman*-Report über *Equality of Educational Opportunity* hervorgehoben worden ist:

> Das Leben in der modernen Gesellschaft ist faktisch so, daß die intellektuellen Fähigkeiten, die Lesen, Schreiben, Rechnen und Verarbeitung von Informationen beinhalten, immer mehr zu grundlegenden Voraussetzungen für Unabhängigkeit, für produktives Arbeiten, für politische Aktivität, für ein gesundes Verbraucherverhalten werden. ... Solche Tests sind in keiner Weise „kulturell fair"; tatsächlich sind sie dazu angelegt, den Grad zu bestimmen, bis zu dem ein Kind eine Kultur assimiliert hat, die dem modernen Leben in den USA angemessen ist (*Coleman* et al., 1966, S. 218).

Tests und kulturelle Assimilation

In den fünfziger Jahren bemühte man sich mit großer Sorgfalt darum, sogenannte „kulturfreie" Intelligenztests zu entwickeln, die frei von mittelschichtspezifischen Biasfaktoren waren. *Davis* und *Eells* (1953) konstruierten und standardisierten einen Intelligenztest, der viele der üblichen Benachteiligungen von städtischen Unterschichtskindern eliminieren sollte, die frühere Tests anscheinend mit sich gebracht hatten. Der Test forderte Denkprozesse über alltägliche Ereignisse statt über Abstraktionen, sein Sprachstil war nicht akademisch und nicht ausschließlich an der Schriftsprache orientiert; der Test sah aus wie ein Comicbuch, und er wurde wie ein Spiel durchgeführt. Leider erreichte der Test nicht das Ziel, von dem er ausgegangen war (vgl. *Charters*, 1963). Kinder der Mittelschicht zeigten immer noch die besseren Ergebnisse, und der Test korrelierte auch nicht so hoch mit schulischer Leistung wie die bisher üblichen Tests.

Es hat sich somit erwiesen, daß mittelschichtorientierte „Biasfaktoren" bei Intelligenztests wesentlich schwerer zu eliminieren sind als zuvor angenommen wurde. Für Tests, die jene intellektuellen Fähigkeiten messen, die in einer hochindustrialisierten Gesellschaft nützlich sind, bedeutet eine Ausrichtung nach „Mittelschicht" und „städtischer Region" unter Umständen Relevanz und nicht Verzerrung. Die Betonung auf verbaler Fähigkeit und der Fähigkeit, abstrakte Probleme – wie sie in Intelligenztests auftauchen – zu lösen, kann sich gerade als das erweisen, was Industrie, Technik und Wirtschaft in einer städtischen Gesellschaft erfordern.

Verzerrungstendenz oder Relevanz?

Bei dieser Einschränkung sollten wir nicht vergessen, daß viele unsinnige und unnötige Biasfaktoren in Intelligenztests vermieden werden könnten. Viele Testitems, die abstraktes Denkvermögen testen sollen, setzen Kenntnisse voraus, die Unterschichtskinder eben nicht besitzen. Es ist nicht nötig, daß wir Testitems wie „Der Komponist schreibt eine Symphonie, der ... malt ein Gemälde (Künstler)" verwenden, wenn wir genauso gut sagen könnten „Der Bauer erntet das Getreide, der ... macht Brot daraus (Bäcker)". Wenn logisches Denken getestet werden soll und nicht Kenntnisse, dann sollten die Tests von ihrem Ballast an überdeutlichen Biasfaktoren befreit werden, die eine (für die Testfunktion unnötige) Bevorzugung weißer Mittelschichtgruppen in städtischen Regionen bedeuten. Und tatsächlich sind in den letzten Jahren Intelligenztests aufgrund dieser Kritik verbessert worden. Allerdings wurde in den sechziger Jahren von seiten der Wissenschaft die Betonung weniger auf Testrevision als auf neue Erziehungsprogramme (zum Beispiel dem Projekt „Head Start") gelegt, um die intellektuelle Benachteiligung von Unterschichtskindern zu verringern.

Vermeidung eklatanter Bias-Faktoren in Intellitenztests

6.8 Elternhaus und Intelligenz

Ausgangssituation

Kann Intelligenz durch Veränderung der Umwelt verbessert werden? Dies ist der Hauptstreitpunkt in der heutigen Forschung über die Determinanten von Intelligenz. Die Ergebnisse von korrelativen Untersuchungen zur Frage, wie stark die Umwelt Intelligenz beeinflußt, bieten Stoff für endlose Diskussionen. Aussagekräftige Experimente über Umwelteinflüsse – Experimente also, die zeigen, daß Intelligenz durch Veränderung von Umweltfaktoren entscheidend verbessert werden kann – würden jedoch eine definitive Antwort auf diese Frage geben.

Bislang hat noch niemand Verfahren entwickelt, mit denen man die Intelligenz entscheidend und zuverlässig steigern kann. Das heißt, niemand hat erfolgreiche, klar definierte Verfahren bereitgestellt, die von anderen Wissenschaftlern mit denselben Ergebnissen angewendet worden sind. Dies trifft in gleichem Maße für schulische Leistung zu, wenn auch nicht so ausgeprägt. Rassenbedingte, schichtspezifische, städtisch-ländliche und regionale Unterschiede können für den Schulleistungsbereich ebenso festgestellt werden wie für den Intelligenzbereich. Es geht also darum, solche Gruppenunterschiede in den Bereichen der schulischen Leistung und der Intelligenz zu verringern bzw. zu beseitigen. Das Problem ist von allen Seiten beleuchtet worden, man ist auch vorangekommen, und es steht zu erwarten, daß Arbeiten in den kommenden Jahren zu einer weiteren Klärung beitragen werden. Die sozialen und pädagogischen Probleme, die auf dem Spiel stehen, sind so wichtig, daß Pädagogen und Psychologen darüber Bescheid wissen sollten, was augenblicklich getan wird.

Verfahren zur Anhebung der Intelligenz

Unterschiede von 8 bis 20 Punkten trennen die durchschnittlichen IQs von schwarzen und weißen Kindern, Unterschichts- und Mittelschichtskindern, Kindern aus ländlichen und aus städtischen Gebieten, Kindern aus dem Süden und aus dem Norden der USA. Ähnliche Unterschiede sind in einem noch viel wichtigeren Bereich zu finden – in dem der schulischen Leistungsfähigkeit oder anders gesagt, in dem, was die Kinder in der Schule erreichen. Angenommen, wir räumen ein, daß genetische Faktoren immer für substantielle Unterschiede im IQ *innerhalb der Gruppe* verantwortlich sind, unabhängig davon, welche Faktoren für Unterschiede zwischen einzelnen Gruppen verantwortlich sind – zwischen schichtspezifischen, ethnischen und rassischen, Stadt-Land- oder regionalen Gruppen. Dann bleibft immer noch die Frage bestehen: Gibt es Möglichkeiten, Umweltvariablen so zu verändern, daß wesentliche Unterschiede dieser Variablen bei verschiedenen *Gruppen,* die einen Teil der Gesellschaft in seiner intellektuellen Entwicklung benachteiligen, verringert oder beseitigt werden können? Die Unsicherheit in unserer Gesellschaft über gruppenspezifische Unterschiede im Intelligenzbereich steht in enger Beziehung zu der allgemeinen Forderung nach sozialer Gerechtigkeit und Gleichstellung. Wenn man feststellt, daß ganze Gruppen von Kindern – in den USA etwa Schwarze, Chicanos, Landbewohner, Südstaatler und Kinder der Unterschicht – einen geringeren Intelligenzdurchschnitt haben und deshalb benachteiligt sind, dann macht sich unter diesen Gruppen und in der Gesellschaft schlechthin die Frage breit, ob hier tiefgreifende soziale Kräfte entscheidend sind. Für die Schwarzen sind solche sozialen Kräfte mit tragischen Phasen der amerikanischen Geschichte eng verknüpft – mit Sklaverei, Rassentrennung im Wohn- und Schulbereich und mit beruflicher Diskriminierung. Mit zunehmender Beseitigung dieser Ungerechtigkeiten sollten auch die Nachteile verringert werden, die durch geringere Mittelwerte bei Intelligenz und Leistungsfähigkeit hervorgerufen werden. Für die Pädagogen bedeutet diese Aufgabe, die Erziehung zu verbessern – als Wiedergutmachung jahrhundertelanger Unterdrückung und Benachteiligung.

Reduzierung der Gruppenunterschiede

Am Anfang dieses Kapitels sind wir auf einige bedeutende Anzeichen eingegangen, die zeigen, in welchem Ausmaß Intelligenzunterschiede auf unterschiedliche Umwelteinflüsse zurückgeführt werden können, wenn die genetischen Faktoren konstant gehalten werden. Umweltunterschiede bei eineiigen

Zwillingspaaren führen zu bedeutsamen IQ-Unterschieden. Worin bestehen diese Umweltunterschiede? Wenn man sie finden und als Basis zur Verbesserung der Lebensqualität und Lernchancen von schwarzen, armen und auf dem Lande aufwachsenden Kindern nehmen könnte, würden die Nachteile im Intelligenz- und Schulleistungsbereich dann reduziert werden? Ebenso können wir bei einer erneuten Betrachtung der Abbildung 6-4 fragen: Was in der Umwelt von Philadelphia führte dazu, daß schwarze Kinder, die aus dem Süden dorthin abwanderten, ihren IQ zwischen der ersten und neunten Klasse um vier bis sechs Punkte verbesserten?

Variablen in der häuslichen Umgebung

Zahlreiche Untersuchungsergebnisse (z.B. *Skeels* u. *Dye,* 1939; *Skeels,* 1965; *Skeels,* 1966) deuten an, daß die häusliche Umgebung den IQ beeinflussen kann. „Während pädagogische Ausgleichsmaßnahmen das Kind für ein paar Stunden am Tag betreuen, ... verändert die Adoption die gesamte soziale Ökologie des Kindes. Eltern, Geschwister, Zuhause, Gleichaltrige, Schule, Nachbarschaft und Gemeinde, d.h. die gesamte Umwelt, die das Kind aufzieht, wird durch die Adoption völlig umgewandelt“ (*Scarr* u. *Weinberg,* 1976, S. 726). Ein neues Zuhause und gute Pflegeeltern können Kindern zu einem IQ verhelfen, der entscheidend höher ist, als man auf der Grundlage des IQs der leiblichen Eltern vorhersagen würde.

Adoption und Rasse

In einer anderen Untersuchung ebenfalls von *Scarr* und *Weinberg* (1976) wurden 130 schwarze Kinder oder Kinder aus gemischten Ehen, die von besser gestellten weißen Familien adoptiert worden waren, getestet. Die Testwerte der Adoptionskinder lagen im Schnitt bei 106 Punkten (IQ) bzw. beim Prozentrang 55 (Leistung) – also über dem mittleren IQ und der mittleren schulischen Leistung der weißen Bevölkerung insgesamt. Sehr früh adoptierte Kinder schnitten sogar noch besser ab. „Dieser Mittelwert bedeutet einen Zuwachs von einer Standardabweichung über dem durchschnittlichen IQ von 0,90, der gewöhnlich von schwarzen Kindern erreicht wird, die in ihrer eigenen häuslichen Umgebung der nördlichen Zentralregion der USA aufwachsen ...“ (*Scarr* u. *Weinberg,* 1976, S. 736).

Adoption und soziale Schicht

In Frankreich wurde eine Untersuchung mit den Kindern von 32 Müttern der „Arbeiterklasse“ durchgeführt, mit Kindern, die zur Adoption freigegeben waren und mit weniger als sechs Monaten von Familien der oberen Mittelschicht adoptiert wurden. Es stellte sich heraus, daß die Quote der Schulversager (Wiederholung einer Klasse oder Einweisung in eine Klasse mit einfacherem Curriculum) nur 13% betrug, also wesentlich niedriger war als die einer Gruppe von 39 Kindern derselben Mütter, die nicht zur Adoption freigegeben worden waren, wo die Rate bei 56% lag. Was die IQs der adoptierten Kinder betraf, stellte man fest, daß nur 17% einen IQ unter 95 hatten im Vergleich zu 49% der nichtadoptierten Kinder (vgl. *Schiff* et al., 1978). Der bei den adoptierten Kindern geschätzte IQ-Zuwachs lag bei 14 Punkten (vgl. *Schiff* et al., 1982).

Diese Untersuchungsergebnisse sagen allerdings wenig über die Verände-

rungsprozesse selbst aus. Welche Variablen in der häuslichen Umgebung sind es denn eigentlich, die den Unterschied ausmachen? Wenn wir das wüßten, könnten wir sie in unseren Unterricht integrieren.
Verfahren zur Messung von häuslicher Umgebung, sozialem Status und sozioökonomischem Status sind bislang primär auf materielle Bedingungen und Eigentum ausgerichtet gewesen.

Messung von Variablen der häuslichen Umwelt

Burks' (1928) Methode zur Messung der Umwelt ist bemerkenswert, weil „keine Untersuchung zuvor oder seither die Umwelt detaillierter und strukturierter erfaßt hat ..." (vgl. *Jensen,* 1969, S. 53). Jedes Elternhaus wurde nach häuslichen Bedürfnissen, Sauberkeit, Größe, elterlicher geistiger Gesundheit und elterlicher Beaufsichtigung des Kindes gemessen. Ferner wurde eine kulturelle Skala zur Bewertung des sprachlichen Ausdrucks, der elterlichen Bildung, der Interessen der Eltern, der häuslichen Bibliothek und des Kunstgeschmacks entwickelt. Jede dieser Dimensionen wurde auf einer fünf bis sechs Punkte umfassenden Skala gemessen, die sehr sorgfältig ausgearbeitet worden war. „Interessen" wurden z.B. so beurteilt (vgl. *Burks,* 1928, S. 235):

1 Punkt: Keine bemerkenswerten Interessen bei beiden Eltern.
2 Punkte: Interessen sind gering und wenig intellektuell – das Witzblatt lesen, Filme anschauen.
3 Punkte: Gewöhnliche Interessen – Nähen, Gartenarbeit etc.
4 Punkte: Mehr intellektuelle Interessen, kleinere Verwaltungsposten wie Vereinsvorstand oder Elternratsvorsitzender, bescheidenes Interesse an Literatur, Kunst etc.
5 Punkte: Stark ausgeprägte Interessen. Zeitliche Opfer für Öffentlichkeitsarbeit, einige intellektuelle Interessen oder Studien (über den Erwerb des Lebensunterhalts hinaus).

Die Elternhausskala und die Kulturskala korrelierten 0,21 und 0,25 mit den IQs der Pflegekinder. Die Korrelation war also positiv, obwohl keine selektive Plazierung bestand. Somit haben diese Eigenschaften des Elternhauses möglicherweise die Intelligenz des Pflegekindes in einem bescheidenen Umfang geprägt. Die höheren Korrelationen von 0,42 und 0,44 bei den „Kontroll"kindern (die bei ihren biologischen Eltern lebten) zeigen die Einflüsse sowohl von Vererbung als auch Umwelt darin, daß sich die IQs der Eltern sowohl auf die häusliche Umgebung als auch auf die IQs der Kinder auswirkten.
Um jene Elternhausvariablen zu analysieren, welche die kognitive Entwicklung beeinflussen, sind in den letzten Jahren etwas anspruchsvollere Versuche gemacht worden. Nach *Wolfs* (1964) Ansicht besteht die häusliche Umwelt aus Teilumwelten, von denen jede einzelne die Entwicklung einer bestimmten Eigenschaft beeinflußt. Er versuchte, Variablen zu messen, die spezifische Eigenschaften *direkt* beeinflussen. Er bewertete Eltern danach, wie sie sich im Gespräch mit ihren Kindern *tatsächlich verhalten* und nicht danach, *welchen Sozialstatus sie haben.* Er machte Stichproben von einer Reihe von einflußreichen Umweltprozessen und berücksichtigte nicht nur einzelne Merkmale der häuslichen Umwelt. Sein Verfahren ähnelt dem von Testkonstrukteuren, die verschiedene Items zur Messung einer gegebenen Fähigkeit oder Eigenschaft verwenden. Danach prüfte er, ob seine Messungen von Umwelteinflüssen mit den besonderen Eigenschaften der einzelnen Individuen korrelierten.

Was die Struktur der allgemeinen Intelligenz betrifft, so stellte *Wolf* potentiell wichtige Umweltbereiche heraus (vgl. *Bloom,* 1964, S. 78). Dazu gehören unter anderem:

Ehrgeiz

- *Elterlicher Ehrgeiz nach Leistungsmotivation* – äußert sich darin, was die Eltern intellektuell von ihrem Kind erwarten; was sie für ihr Kind erhoffen; was sie alles über die intellektuelle Entwicklung ihres Kindes wissen; sowie die Art von Belohnungen, die sie für erbrachte Leistungen verteilen.
- *Elterlicher Ehrgeiz nach Sprachentwicklung* – schließt ein die Betonung des Sprachgebrauchs in verschiedenartigen Situationen; die Schaffung von Situationen, in denen das Kind seinen Wortschatz vergrößern kann; die Betonung eines korrekten Sprachgebrauchs; sowie die Qualität der Sprachvorbilder, die die Eltern dem Kinde zugänglich machen.

Vorsorge

- *Elterliche Vorsorge, Lerngelegenheiten innerhalb und außerhalb der häuslichen Umgebung zu schaffen* (Schule ausgenommen) – äußert sich in der Bereitstellung von Lernmaterial, Büchern (einschließlich Nachschlagewerken), Zeitschriften, Bibliotheksbenutzung; in der Unterstützung von Lernaktivitäten in einer Vielzahl von Situationen.

Wolf überprüfte diese Bereiche der häuslichen Umwelt in einem 90minütigen, 63 Fragen umfassenden Interview mit den Müttern (oder manchmal auch mit beiden Eltern) von 60 repräsentativen Fünftkläßlern aus verschiedenen Sozialschichten in einer mittelgroßen Gemeinde des amerikanischen Mittelwestens. Die Ergebnisse ergaben in Verbindung mit den 13 Prozeßvariablen, addiert und sorgfältig gewichtet, eine Korrelation mit den Schüler-IQs von 0,76. Diese hohe Korrelation gibt jedoch wohl nicht ein Ursache-Wirkungs-Verhältnis wieder. Sie kann sowohl aufgrund des genetischen Potentials der Eltern als auch auf die umweltbedingten Einstellungen und Verhaltensweisen zurückzuführen sein. Wie dem auch sei, die Korrelation zwischen Eltern-IQ und Kind-IQ ist für gewöhnlich nur 0,5. Somit ist es *Wolf* wahrscheinlich gelungen, einige der umweltbedingten Prozesse aufzudecken, die durch elterliche Intelligenz beeinflußt werden.

Merke:

Elterliche Verhaltensweisen, die mit der intellektuellen Leistungsfähigkeit der Kinder in Verbindung gebracht werden, können auch als Leitlinien für den Lehrer dienen, um eine schulische Umwelt zu schaffen, die das intellektuelle Wachstum der Schüler fördert. Ob elterliches Verhalten, das mit intellektueller Leistung korreliert, kausal mit der intellektuellen Entwicklung des Kindes in Beziehung steht, gemessen am IQ oder anhand anderer Indikatoren, bleibt abzuwarten; aber es ist wahrscheinlich. Jedem qualifizierten schulischen Unterricht liegt sicherlich die Überzeugung zugrunde, daß Umweltvariablen einen Einfluß auf die intellektuelle Entwicklung der einzelnen Schüler besitzen. Ein Zusammenhang zwischen der häuslichen Umwelt und der Intelligenz ist unbezweifelbar – Korrelationen sind bisweilen 0,76 hoch. Sicherlich sind einige dieser häuslichen Vorteile eine Funktion der elterlichen Intelligenz selbst, die sowohl den Lebensstil der Eltern als auch die ererbte Intelligenz ihres Kindes beeinflußt. Aber mit gleicher Bestimmtheit deuten die Untersuchungsergebnisse darauf hin, daß manche der Veränderungen im kindlichen IQ ein alleiniges Resultat der umweltbedingten Variablen sind. Die experimentelle Suche nach verläßlichen Ursache-Wirkungs-Beziehungen in diesem Bereich – eine Suche, die eine Verbesserung und nicht nur eine Messung der Umwelt voraussetzt – wird Lehrer und pädagogische Psychologen in den kommenden Jahren stark in Anspruch nehmen.

6.9 Kann die Schule Intelligenz steigern?

Bislang haben wir nur die Einwirkungen des Elternhauses, entweder der Pflegeeltern oder der natürlichen Eltern, auf den IQ und die intellektuelle Leistungsfähigkeit der Kinder in Betracht gezogen. Dieser Forschungszweig interessiert die Pädagogen deshalb, weil Ergebnisse, die eine Beziehung zwischen IQ oder Leistung und der häuslichen Umwelt des Kindes andeuten, darüber etwas aussagen, ob das, was wir IQ und Schulleistung nennen, modifizierbar ist, zumindest bis zu einem gewissen Grad. Nun können Lehrer jedoch nicht direkt in das Zuhause der Kinder eingreifen, außer vielleicht durch Programme zur Elternerziehung. Wenn die Lehrer die Intelligenz und die Leistungsfähigkeit der meisten Kinder beeinflussen sollen, müssen sie es in der Schule tun.

Das Argument für frühe Intervention

Vorschulerziehung

Es gilt seit langer Zeit als zweifelsfrei, daß Versuche zur Intelligenzsteigerung um so effektiver sind, je früher sie einsetzen. Diese Einsicht hat dazu geführt, daß wir bereits im Vorschulbereich versuchen, Intelligenz zu fördern. Werfen wir also einen Blick auf die Experimente und Ergebnisse in diesem Bereich!

Kulturelle Deprivation

Kulturelle Deprivation bedeutet, daß ein Kind nicht ausreichende Gelegenheit zum Sammeln reichhaltiger und verschiedenartiger Erfahrungen hatte, die seine Lernfähigkeit fördern. Beengte Wohnverhältnisse zum Beispiel mögen sich im ersten Lebensjahr noch nicht nachteilig auswirken, aber sie können in den folgenden Jahren zu einer Unterdrückung der kindlichen Betätigungsmöglichkeiten führen. Erwachsene aus sozial schwachen Verhältnissen können beim Erlernen der Sprache nur in eingeschränkter Form als konkretes Modell fungieren; sie beantworten die Fragen des Kindes nicht adäquat und schränken so das Neugierverhalten ein. Damit beginnt bereits im frühen Kindesalter ein langsamer, aber stetiger intellektueller Abstieg. Die Konsequenzen sind eindeutig: vorbeugende Maßnahmen müssen schon in den ersten Lebensjahren geschaffen werden.

Forschungsergebnisse und Überlegungen dieser Art führten zu der These, daß eine frühzeitige schulische Ausbildung Kinder aus unterprivilegierten Schichten davor bewahren kann, mit einem Handicap in die erste Klasse einzusteigen und daß nur so eine adäquate Leistung in dieser und allen nachfolgenden Klassen erbracht werden kann (vgl. *Deutsch,* 1964). Die Vorschulerziehung sollte das Kind anregen, mit der Sprache umzugehen, Informationen auszuwerten, mit wenigen Lernhilfen auszukommen und allgemeine Prinzipien und Methoden der Auseinandersetzung mit der Umwelt zu erkennen und anzuwenden. Dies sollte durch möglichst reichhaltige und vielgestaltige Umweltkontakte und ein adäquates Lernen nach Versuch und Irrtum ermöglicht werden.

Die Sprachtrainingskontroverse

In der Erziehungswissenschaft ist man sich nicht einig darüber, ob ein Sprachtraining in der Vorschule oder in den ersten Grundschuljahren wichtig ist oder nicht. *George Bernard Shaw* hat sich in seinem Drama *Pygmalion* (verfilmt als *My Fair Lady*) bereits ähnliche Gedanken gemacht, wenn er darstellt, wie die Sprache eines Menschen seine soziale Stellung spiegelt und wie Eliza Doolittle sich mit Hilfe ihres weisen Lehrers aus der Oberschicht selbst langsam nach oben arbeiten kann. Ist die Sprache der Unterschicht ein Handicap aus rein „kosmetischen" Gründen – weil sie eben nicht „richtig" klingt in den Ohren der Mittelschicht? Wenn das stimmt, dann haben wir es hier mit einem Vorurteil zu tun. Vielleicht ist es aber doch so, daß die Sprache der Unterschicht zu einer Verkrüppelung der Denk- und Lernfähigkeiten der Kinder aus der Unterschicht führt. In diesem Fall sind wir mit einem ernsten pädagogischen Problem konfrontiert.
Manche Pädagogen sind nach wie vor der Ansicht, daß Schüler aus den unteren Sozialschichten – in den USA primär die Schwarzen – ein Sprachdefizit haben und daß dieses Defizit die Schlüsselvariable für die gemessenen Intelligenzunterschiede zwischen Kindern der Unterschicht und der Mittelschicht ist. Andere halten dagegen, daß ein solches Theoretisieren nicht nur unbegründet ist sondern ein eklatanter Fall von Rassismus. Wir wollen die Argumente beider Lager unter die Lupe nehmen.

Das Argument für die Betonung des Sprachaspekts. Ein Argument lautet, daß die Förderung der *Sprachentwicklung* noch viel wesentlicher ist als eine allgemeine Bereicherung der Umwelt durch Vielfalt und Neuigkeitsgehalt. Schichtspezifische Unterschiede der Sprachentwicklung und -produktion, zum Beispiel die Zahl der verschiedenen Laute, die ein Kind von sich gibt, sind bereits im Alter von 18 Monaten erkennbar (*Irwin,* 1948).

Schichtspezifische Besonderheiten

Der Sprachgebrauch von Familien der Mittel- und Unterschicht ist unterschiedlich. *Bernstein* (1960; 1961) hat gezeigt, daß die gesprochene Sprache von Personen der Unterschicht eine einfachere grammatische Struktur hat und der geschriebenen Sprache weniger ähnlich ist als die von Personen der Mittelschicht. Somit ist für das Kind der Unterschicht der Übergang von der gesprochenen Sprache zum Lesen größer. Die Sprache der Unterschicht ist weniger flexibel, enthält weniger Bedeutungsschattierungen, mehr stereotype Ausdrücke. Beschreibende oder ausführliche Darstellungen sind selten, während gefühlsbetonte Äußerungen hervortreten.

Sprachgewohnheiten beeinflussen das Lernen

Diese Charakteristika einer Unterschichtssprache sind, nach Auffassung vieler Sprachwissenschaftler, nicht nur oberflächliche Schönheitsfehler, wie schlechte Tischsitten oder schlecht sitzende Kleidung. Im Gegenteil: diese Sprachgewohnheiten beeinflussen das Lernen, Denken, Problemlösen und die Anpassung an die objektive Umwelt. Das heißt also, daß eine schlechte Sprache schlechtes Denken produziert. Die Welt, die wir kennen, ist zum großen Teil unbewußt auf die Sprachgewohnheiten der sozialen Gruppe aufgebaut, zu der wir gehören. Wir sehen, hören und erfahren auf eine für uns typische Weise, weil die Sprachgewohnheiten, die von unserer sozialen Gruppenzugehörigkeit geprägt werden, zu einer Prädisposition für bestimmte Interpretationsmöglichkeiten führen (vgl. *Sapir,* 1929).

Diese Art schichtspezifischer Unterschiede kam zum Vorschein, als *Hess* und *Shipman* (1965; 1968) schwarze Mütter der Mittel- und Unterschicht im Rahmen eines Experiments aufforderten, ihren Kindern bestimmte Dinge beizubringen. Die Versuche der Unterschichtsmütter schienen weniger effektiv zu sein; Mütter der Unterschicht gaben weniger klare Anweisungen und Erklärungen, motivierten ihre Kinder weniger stark und benutzten mehr einfache Befehle, denen ein Aussagegehalt fehlte. Es schien, als hätten diese Mütter nie zuvor eine solche Art des „Unterrichtens“ versucht.

Haben diese Unterschiede im Verhalten der Mütter Auswirkungen auf die Entwicklung der Kinder? Bei den untersuchten Mutter-Kind-Kombinationen korrelierte das kognitive Verhalten der einzelnen Kinder höher mit einem guten Lehrverhalten der Mütter in den beiden sozialen Schichten (0,64) als der jeweilige IQ eines Kindes mit dem IQ der Mutter (0,47). Möglicherweise beeinflußt also das Lehrverhalten der Mutter die kognitive Entwicklung eines Kindes über die verschiedenen Einflüsse hinaus, die durch den IQ und die soziale Schichtzugehörigkeit der Mutter bedingt sind. Die Konzentration auf das Lehrverhalten der Mutter und die dabei benutzte Sprache zeigen sehr deutlich die Beziehung zwischen häuslicher Umwelt und IQ. Gleichzeitig wird mit diesem Ergebnis sichtbar, welchen positiven oder negativen Einfluß die Kontakte zwischen Lehrern und Schülern haben können.

Lehrverhalten der Mütter

Ist eine Förderung der Sprachentwicklung wichtiger als die allgemeine Bereicherung der Umwelt? *Bereiter* und *Engelmann* (1966) argumentieren, daß soziokulturell benachteiligte Kinder in den etwa 500 zur Verfügung stehenden Vorschulen höchst effiziente und komprimierte Lernerfahrungen benötigen.

Lernergebnisse auf der Basis solcher Erfahrungen können in der Tat erreicht werden, wenn sich die Vorschulprogramme streng auf solches Lernen konzentrieren, das für schulischen Erfolg entscheidend ist, d.h. auf fachbezogene Ziele und auf eine besondere Förderung der Sprachentwicklung. So gesehen sind intellektuelle Defizite, die auf Armut beruhen und in den USA etwa mit Schwarzen, Chicanos, Indianern etc. assoziiert werden, Folgeerscheinungen sprachlicher Deprivation. Aufgabe des Lehrers ist es, durch sein Sprachvorbild und direkte Vermittlung im Unterricht sowie mit Hilfe von Verstärkungstechniken die sprachlichen Fähigkeiten seiner Schüler so zu formen, daß die intellektuelle Entwicklung gefördert und nicht beeinträchtigt wird.

Das Argument gegen die Betonung des Sprachaspekts. Die Hypothese vom Sprachdefizit und seinem Ausgleich, wie sie von *Bereiter* und *Engelmann* und anderen Wissenschaftlern vertreten wird, ist von Linguisten scharf angegriffen worden. *Ogbu* (1982) und viele andere (z. B. *Labov,* 1972) sind der Auffassung, daß das Englisch der schwarzen Amerikaner in seiner Komplexität durchaus adäquat ist, um Kommunikation und Lernen zu fördern. In seiner Eigenständigkeit ist das „Black English" kein Defizit, sondern eine Variante zum Standardenglisch. Es steht den schwarzen Kindern nicht im Wege, wenn sie das Standardenglisch lesen lernen. Nach *Ogbu* wird die Leseleistung bei schwarzen Kindern nicht besser, wenn man „Black English" in Lesebüchern verwendet oder den Kindern nicht untersagt, ihren Dialekt im Unterrichtsgespräch zu verwenden. Abgesehen davon erbringen auch Kinder anderer Minderheitsgruppen – Kinder also, deren kommunikative Strategien sich ebenfalls von denen des Lehrers unterscheiden – bessere Leistungen im Lesen und in anderen Unterrichtsfächern als schwarze Kinder.

Ogbu sieht demgegenüber die wahre Ursache des Problems in den sozialen Kastenschranken des amerikanischen Gesellschaftssystems. Die schwarzen Amerikaner „sind ein spezieller Typ von Minderheitsgruppe, einer Kaste gleich. ... Aber die Stratifikation nach Kasten ist nicht zu vergleichen mit der Stratifikation nach sozialem Status und ... sie hat unterschiedliche pädagogische Implikationen" (*Ogbu,* 1982, S. 125). Kinder einer Minderheit, die wie eine Kaste behandelt wird, schwarze Kinder also, müssen erkennen, daß ihre berufliche Zukunft stark eingeengt ist von der sie umgebenden Arbeitsplatzdiskriminierung und Arbeitslosigkeit. Diese täglichen Wahrnehmungen verringern entscheidend ihre Bereitschaft, die Anstrengungen zu unternehmen, die es kostet, wenn man Erfolg haben will. Die schwarzen Schüler lernen sogar schon in ihren Vorschuljahren, sich Überlebensstrategien anzueignen, die den schulisch bedingten Zeit- und Kraftaufwand einschränken. „Sich in manchen Bereichen wie die Weißen zu verhalten, war nicht einmal sicher – man könnte verdroschen, eingesperrt oder totgeschlagen werden. Anstatt zu lernen, sich wie Weiße zu verhalten, lernten die Schwarzen oft ... ihre Identität zu bewahren und damit in Sicherheit zu sein. ... Es widerstrebt ihnen, sich kommunikative Verhaltensweisen anzueignen, die ‚weiße Sitten' repräsentieren" (*Ogbu,* 1982, S. 135). Andere Minderheitsgruppen sind solchen Bedrohungen nicht ausgeliefert, die damit verbunden sind, Standardenglisch und andere „weiße Sitten" zu lernen.

Ogbu empfiehlt, die schwarzen Kinder mehr in der Einstellung zu bestärken, daß es sich lohnt, in der Schule zu lernen, um dadurch das Mißtrauen abzubauen, das zwischen Schwarzen und der Schule herrscht. Außerdem empfiehlt er, die Überlebensstrategien für Unterricht und Lernen stärker ins Blickfeld zu rücken. All dies ist natürlich meilenweit von den Lösungen jener Wissenschaftler entfernt, nach deren Auffassung das Problem in den „Defiziten" des schwarzen Dialekts verborgen liegt.

6.10 Ansätze zur Steigerung von Intelligenz

Was haben Pädagogen in den letzten Jahren unternommen, um die intellektuelle Entwicklung von Kindern zu fördern? Nun, man hat an beiden „Enden" gearbeitet, sowohl bei den kleinen Kindern in der Vorschule als auch bei den Jugendlichen in der Sekundarstufe. Wir beschränken uns im folgenden auf neuere Ergebnisse in der Annahme, daß diese aus früheren Untersuchungen Nutzen gezogen haben.

Vorschulprogramme

Pädagogen befürworten seit vielen Jahren Vorschulerziehung als eine erste Möglichkeit, die Nachteile von Kindern aus sozial schwachen Familien zu verringern – Nachteile, die bereits im ersten Vorschuljahr in Erscheinung treten und mit jedem weiteren Jahr zunehmend ernster werden. In den sechziger Jahren wurden in den Vereinigten Staaten zahlreiche solcher Programme ins Leben gerufen. Sie gründeten auf den besten Vorschlägen, die den Initiatoren damals zur Verfügung standen – einer Vielzahl von theoretischen Modellen, Curricula und methodischen Leitlinien. 1982 wurden die Ergebnisse einer Nachuntersuchung von Kindern veröffentlicht, die an einem von elf verschiedenen Programmen teilgenommen hatten. Im Bericht über die „Langzeitwirkungen von Vorschulprogrammen" (*Lazar* u. *Darlington,* 1982) wurden die einzelnen Programme beschrieben. Einige waren „zentralisiert", d. h. sie fanden im Kindergarten oder der Grundschule statt; andere waren „dezentralisiert", also auf die Eltern, in der Regel die Mutter, ausgerichtet. Wiederum andere kombinierten diese beiden Verfahren. Die teilnehmenden Kinder waren fast alle schwarz und arm, Jungen und Mädchen waren etwa gleichmäßig repräsentiert. Die Untersuchung hatte zum Ziel, die Langzeitwirkungen der Programme auf eine Vielzahl möglicher Ergebnisse hin einzuschätzen: die Intelligenz der Kinder, ihre Leistung, ihren schulischen Erfolg, ihre Ziele und Wünsche, ihre Gefühle über sich selbst und über ihre schulische Umgebung, aber auch die Ziele und Hoffnungen, die ihre Eltern in sie gesetzt hatten.
Wir können hier nur in einer Zusammenfassung das schildern, was, wie man unschwer erkennen kann, eine vielschichtige und technisch schwierige Aufgabe war. Unsere Zusammenfassung stützt sich auf die von den Autoren gelieferte Zusammenfassung von unzähligen Daten und Informationen. In Tabelle 6-2 sind zuerst die Kriterien gekennzeichnet und dann die Meßwerte für die „Programm"kinder und die „Kontroll"kinder, jeweils für die einzelnen aufgeführten Untersuchungen. Aus den Ergebnissen ist ersichtlich, daß die „Programm"kinder in folgenden Bereichen besser abschnitten als die „Kontroll"kinder:

- nicht in die Sonderschule gehen zu müssen;
- nicht sitzen zu bleiben;
- beide oder einen von beiden vorgenannten Mängeln zu umgehen, um so den formalen Anforderungen ihrer Schule gerecht zu werden;
- leistungsbezogene Gründe dafür zu nennen, warum sie stolz auf sich sind.

Aber sie beurteilten sich selbst nicht besser als ihre Kontrollgruppe im Bereich „schulische Leistungen“; hier hätte das Ergebnis tatsächlich ein Zufallsprodukt sein können.

Tabelle 6-2. Langzeitwirkungen von Vorschulprogrammen: Zusammenfassung der Vergleiche von Programm- und Kontrollgruppe

Kriterien	Zentralwert aller Projekte Programm	Kontrolle
Schüler, die in die Sonderschule eingewiesen wurden (%)	13,8	28,6
Schüler, die eine Klasse wiederholt haben (%)	25,4	30,5
Schüler, die die formalen Anforderungen ihrer Schule nicht erfüllten (Einweisung in Sonderschule oder Wiederholung einer Klasse) (%)	25,4	44,1
Schüler, die leistungsbezogene Gründe dafür angeben, daß sie stolz auf sich sind (%)	78,4	66,0
Selbstbeurteilung der Schüler über ihre schulische Leistung im Vergleich zu Mitschülern (Mittelwert: 1 = viel besser; 5 = viel schlechter)	2,69	2,74

Daten aus *Lazar* u. *Darlington* (1982).

Tabelle 6-3. Langzeitwirkungen von Vorschulprogrammen: Zusammenfassung der Koeffizienten der Meßwertergebnisse von Programm- und Kontrollgruppe

Kriterien	War nach Anpassung an andere Variablen das Ergebnis der Programmgruppe besser als das der Kontrollgruppe?
Mathematischer Leistungstest	
Klasse 3	Ja
Klasse 4	Ja
Klasse 5	Ja
Klasse 6	?
Leseleistungstest	
Klasse 3	Ja
Klasse 4	Ja
Klasse 5	Ja
Klasse 6	?
Stanford-Binet-IQ	
Nachtest	Ja
1 Jahr später	Ja
2 Jahre später	Ja
3 oder 4 Jahre später	Ja
Zufriedenheit der Mutter mit der schulischen Leistung des Kindes	Ja

Daten aus *Lazar* u. *Darlington* (1982).

Tabelle 6-3 enthält die Vergleichsergebnisse von „Programm“- und „Kontroll“kindern bei einer Reihe von Leistungs- und Fähigkeitstests, die in den Klassen 3 bis 6 durchgeführt wurden. Diese Vergleiche wurden statistisch angepaßt hinsichtlich der innerhalb jeder einzelnen Untersuchung auftretenden Streuungen bei den Vortestergebnissen der Schüler, dem Bildungsgrad der Mutter, der Anzahl der Geschwister zu Beginn des Projekts und der Frage, ob die Mutter das Kind allein erzog. In der Tabelle sind die Ergebnisse in unserer eigenen Terminologie mit „Ja“ (das Programm hatte eine wünschenswerte Auswirkung im Vergleich zur Kontrollgruppe) oder mit „Nein“ (dies war nicht der Fall) wiedergegeben. Das Ergebnis besagt eindeutig, daß die „Programm“kinder besser abschnitten (mit nur zwei Ausnahmen, beide in der 6. Klasse) im Test über mathematische Fähigkeiten, im Lesetest und im IQ-Test, und darüber hinaus auch in dem Bereich, der die Zufriedenheit der Mutter mit den schulischen Leistungen ihres Kindes betraf.
Die Autoren dieser umfänglichen Kontrolluntersuchung schließen ihren Bericht mit der Feststellung: „Wenn man die Programme zur Vorschulerziehung über einen Zeitraum von mehreren Jahren hin beurteilt, zeigen sie signifikante Auswirkungen in den vier untersuchten Kriterien: schulische Kompetenz, entwickelte Fähigkeiten, Einstellungen und Wertvorstellungen, und Auswirkungen auf die Familie“ (S. 55).

Langzeitwirkungen der Programme

Überlegungen zur Effektivität

Nachdem all diese Programme für sich beanspruchen, bei armen Kindern effektiv zu sein, muß gefragt werden, ob ein Programm, das qualifiziert zu sein scheint, erfolgreich von den Programmkonstrukteuren auf die Programmbenutzer übertragen werden kann. Ein weiteres beachtenswertes Problem ist die Langzeitwirkung solcher Programme:

> Die Daten über die Langzeitwirkungen von Vorschulinterventionen sind desillusionierend, jedoch nicht völlig entmutigend. Es ist eine Illusion anzunehmen, es gäbe in den frühen Jahren intellektueller Entwicklung eine magische Kraft, dergestalt, daß ein kleiner Unterschied hier und heute auch später einen großen Unterschied ausmachen wird. Was wir anscheinend statt dessen herausfinden ist, daß ein großer Unterschied im Vorschulalter später vielleicht doch einen kleinen Unterschied ausmachen könnte ... Lernen ist bei kleinen Kindern eben nur Lernen: manche Dinge kann man sie lehren und andere nicht; manches davon, was lehrbar ist, wird sich später als nützlich erweisen und anderes nicht; was sich später als nützlich erweist, ist nicht durch irgendeine angeborene Entwicklungskette bestimmbar, sondern von dem tatsächlichen Verlauf, den die Ereignisse im späteren Leben nehmen (*Bereiter,* 1972, S. 17).

Die Probleme der Bewertung von Programmen für Schüler aus unteren sozialen Schichten sind groß. Es kommt nur selten zu wirklich gründlichen Untersuchungen über Programme dieses Typs. So brauchen wir noch bessere Verfahren zur Datensammlung, welche Merkmale und Ereignisse für eine Anhebung von IQ und schulischer Leistungsfähigkeit ausschlaggebend sind. Die Versuche, die Auswirkungen von systematischer Variation in frühkindlichen Vorschulprogrammen zu studieren, Versuche, die ja gerade mit dem „Head-Start“-Programm und dem „Follow-Through“-Programm mit Unterstützung der amerikanischen Regierung in Angriff genommen wurden, sind

Systematische Variation in Vorschulprogrammen

nicht konsequent und objektiv genug durchgeführt worden, als daß sie die Experten hätten zufriedenstellen können. Dennoch können wir über die Möglichkeit einer systematischen Anhebung intellektueller Fähigkeiten und Leistungen ein begründetes Urteil fällen. Einige Vorschulprogramme sind anderen deutlich darin überlegen, daß sie einen Zuwachs an intellektueller Leistungsfähigkeit erreichen.
Wir widersprechen ausdrücklich der Auffassung von *Jensen,* daß „kompensatorische Erziehung versucht worden ist und anscheinend einen Fehlschlag erlitten hat" (*Jensen,* 1969, S. 2). Wir halten dagegen, daß gut fundierte Vorschulprogramme noch nicht ausreichend erprobt worden sind und daß noch viel Zeit und Kraft in solche Programme investiert werden sollten. Wir glauben, daß die Steigerung schulischer Leistungsfähigkeit ein Ziel ist, das wir erreichen können.

Feuersteins Programme zur Verstärkung des Lernpotentials bei Jugendlichen

Die Arbeiten des israelischen Psychologen *Reuven Feuerstein* haben vielversprechende Ergebnisse zutage gefördert, von denen man annimmt, daß sie Intelligenz steigern können. Nach seiner Auffassung resultiert kognitives Wachstum aus umweltbedingtem Zufallslernen *und aus gezieltem Vermittlungslernen* („mediated learning"). Dies ist Lernen unter Anleitung eines Erwachsenen, der dem Schüler bei der selbständigen Erarbeitung oder Lösung einer Aufgabe beratend zur Seite steht, indem er Problemfelder einkreist, etwas erklärt oder hervorhebt, Vorschläge macht und korrigierend eingreift.
Feuersteins Ansatz zur Messung von Intelligenz ist eher „dynamisch" als passiv. Der Beobachter testet, dann unterweist er die Testperson, danach testet er noch einmal. Er verhindert, daß eine unkorrekte Reaktion bestehen bleibt und übernimmt so die Rolle eines Lehrers, der verschiedene Mittel und Strategien einsetzt, um jene Art von Verstehen und Selbstkritik aufzubauen, die zu einer richtigen Antwort führen.
Feuerstein will also nicht nur Intelligenz messen, er will sie auch erhöhen, insbesondere bei soziokulturell benachteiligten Jugendlichen. Man kann seine Versuche als eine Art von Übung von Wahrnehmungsfähigkeiten und kognitiven Fähigkeiten verstehen, denn er geht davon aus, daß viele Jugendliche nur deshalb niedrige Intelligenztestwerte erreichen, weil ihre Eltern – aufgrund von Nachlässigkeit, Ignoranz oder Gleichgültigkeit – ihnen ein stetiges Vermittlungslernen vorenthalten haben. Sein Programm ist unter dem Begriff „Instrumental Enrichment" (IE) bekannt geworden. Die Materialien haben eine Ähnlichkeit mit den Aufgaben, die wir aus den traditionellen Intelligenztests kennen – Figurenanalogien, eingebettete Figuren, Zahlenreihen und ähnliches mehr. Die Trainingsverfahren betonen Selbstkontrolle und Selbstregulation; der Lehrer versucht, im Schüler ein Bewußtsein dafür zu entwickeln, was die Lernaktivitäten bedeuten und daß er die kognitive Überwachung und Einteilung seiner Arbeit selbst durchführen muß. Dem Schüler ist ständig klar,

was gelernt, vertieft oder vervollkommnet und auf neue Aufgabenbereiche angewendet oder übertragen werden soll (vgl. Kapitel 15).
Feuersteins Verfahren, das in Israel entwickelt und dort in vielen Bereichen eingesetzt worden ist, hat auch in andere Länder Eingang gefunden. Beweise seiner Effektivität beginnen sich zu häufen, wenn es auch noch rigorosere Prüfungen bestehen muß, um alle Zweifel zu beseitigen. Eingangs der achtziger Jahre sind die Ergebnisse zwar vielversprechend, aber noch nicht endgültig gesichert (vgl. *Campione, Brown* u. *Ferra,* 1982; *Snow* u. *Yalow,* 1982). Die Bemühungen *Feuersteins* und anderer Wissenschaftler, Intelligenz zu steigern, sind auf die Gruppe der Jugendlichen ausgerichtet, im Gegensatz zu den meisten anderen Versuchen im gleichen Bereich, die sich mit Kindern befassen. Nicht alle Psychologen teilen diese neue Zielrichtung. *Zigler* und *Seitz* (1982) zum Beispiel wenden ein:

„Wir werden in den achtziger Jahren Gefahr laufen, dieselben Fehler zu begehen wie in den sechziger Jahren, wenn wir unsere Aufmerksamkeit von den Vorschuljahren weg und auf die Adoleszenz hin lenken. ... Es gibt zweifellos eine Anzahl guter empirischer und theoretischer Gründe für die Meinung, daß die Adoleszenz eine besonders bemerkenswerte Altersstufe ist. ... Dennoch müssen wir uns davor hüten, ein hochentwickeltes Programm von gesellschaftlichen Interventionsmechanismen für Jugendliche vorzuschlagen, wenn das auf Kosten von Hilfeleistungen für Menschen anderer Altersgruppen geht. ... Unsere Aufgabe besteht nicht darin, die richtige Altersstufe für unsere Maßnahmen zu finden, sondern die richtige Maßnahme für jede Altersstufe" (S. 609–610).

6.11 Zusammenfassung

Sind Unterschiede in der Intelligenz verschiedener Personen eher durch Unterschiede in Vererbungsfaktoren oder durch Unterschiede von Umwelteinflüssen bedingt? Die Antwort, die darauf gegeben wird, läßt sich nicht von ideologischen Standpunkten im weitesten Sinne trennen – etwa einer generellen „liberalen" oder „konservativen" Einstellung und dem persönlichen Hintergrund eines wissenschaftlichen Untersuchers. Immerhin zeigen die Untersuchungsergebnisse, daß mit zunehmender genetischer Ähnlichkeit zwischen einzelnen Personen auch ihre IQ-Ähnlichkeit ansteigt. Wenn eine völlige genetische Ähnlichkeit vorliegt, wie bei eineiigen Zwillingen, und wenn die Ähnlichkeit von Umwelteinflüssen verringert wird – wie bei eineiigen, getrennt aufwachsenden Zwillingen – dann nimmt die Ähnlichkeit bzw. die Korrelation zwischen ihren IQs ab, wenn auch nur geringfügig. Das Argument also, daß *individuelle* IQ-Unterschiede *innerhalb einer sozialen Gruppe* in einem nicht unbedeutenden Ausmaß durch genetische Unterschiede bestimmt sind, kann als relativ gut bestätigt betrachtet werden – die vorliegenden Untersuchungsergebnisse werden allerdings, wie wir gesehen haben, unterschiedlich interpretiert.
Die schwierigste Streitfrage betrifft die Ursachen für *gruppen*spezifische IQ-Unterschiede. Es ist erwiesen, daß der durchschnittliche IQ, gemessen nach herkömmlichen Tests, bei Schwarzen niedriger ist als bei Weißen, bei Personen

aus sozialen Unterschichten niedriger als bei Angehörigen der Mittelschicht, bei Landbewohnern niedriger als bei Städtern. Aber diese Gruppen unterscheiden sich auch sehr deutlich in ihrer Umwelt. Der hohe Grad an IQ-Vererblichkeit innerhalb einer sozialen Gruppe mit gleicher Kultur und Geschichte bedeutet nicht, daß demzufolge auch die Gruppenunterschiede in ähnlich starkem Ausmaß genetisch bedingt sind. Die vererbungstheoretische Sicht vom Ursprung der Gruppenunterschiede führt zur These des „selektiven Abwanderns". Die Sichtweise der Umwelttheoretiker führt zu Begriffen wie „umweltbedingte Benachteiligung" und Mangel an „intellektueller Stimulierung". Eine dritte Erklärung, die mit der letztgenannten Sichtweise zusammenhängt, besagt, daß Gruppenunterschiede durch Biasfaktoren oder „Verzerrungstendenzen" von Intelligenztests verursacht werden. Aber Bemühungen, Biasfaktoren ohne Verringerung der Testrelevanz zu reduzieren, haben nicht zu einer merklichen Verringerung der Gruppenunterschiede geführt.

Die beiden wichtigsten Institutionen, die uns die Umwelt zur Förderung der intellektuellen Leistungsfähigkeit jener sozialen Gruppen zur Verfügung stellt, deren schulische Leistungen unter dem Durchschnitt liegen, sind Elternhaus und Schule. Wichtige Elternhausvariablen sind jene, die die intellektuellen Beziehungen der Eltern-Kind-Interaktionen widerspiegeln – verbaler Dialog, Lesen, Bücher und andere verfügbare Lernmaterialien, elterliches Modellverhalten und elterliche Wertvorstellungen. Die „Intellektualität" oder der Bildungswille des Elternhauses kann also auf verschiedene Weise beurteilt werden, und sie korreliert substantiell höher mit der intellektuellen Leistung von Kindern als mit den Variablen der Sozialschicht oder dem elterlichen IQ.

In diesem Kapitel untersuchten wir ferner die Sprachtrainingskontroverse. Das eine Lager argumentiert, daß das „Black English" (BE), der Dialekt der Schwarzen, die Kinder intellektuell verkümmern läßt und deswegen durch das „Standard English" (SE) ersetzt werden muß, damit auch solche benachteiligten Kinder analytisch denken lernen. Das gegnerische Lager führt dagegen an, daß das Black English und andere Minoritätsdialekte durchaus adäquate Mittel zum Denken und Problemlösen sind, und daß das Problem nicht bei den Kindern liegt, die Black English sprechen, sondern bei den Lehrern, die sie nicht verstehen. Weitere Untersuchungen, insbesondere Experimente zu den verschiedenen Curricula, sind nötig, um die Kontroverse beizulegen; gleichwohl weist sie uns auf die Bedeutung der Sprache als Mittel zum Denken hin – ein Mittel, das von Kindern aller sozialen Gruppierungen gebraucht werden muß.

Die schulbezogenen Variablen sind hauptsächlich auf der Vorschul- und Grundschulstufe untersucht worden, wo man eine bedeutende Steigerung der intellektuellen Leistung und der gemessenen Intelligenz am ehesten für möglich hält. Forschungsergebnisse deuten seit langem darauf hin, daß durch Vorschulunterricht die Intelligenz angehoben werden kann, und in jüngster Zeit hat man sich darauf konzentriert, die besonderen curricularen Bedingungen und Lernerfahrungen zu definieren, die am effektivsten sind. In den sechziger Jahren hat man eine ganze Reihe von Vorschulprogrammen ins Leben gerufen, die sich in den Nachfolgeuntersuchungen Anfang der achtziger Jahre als effektiv herausgestellt haben. Programme zur Intelligenzsteigerung bei soziokulturell benachteiligten Jugendlichen sind ebenfalls in der Entwicklung. Sie werden zur Zeit erprobt und beurteilt.

Allerdings konnten nicht immer positive Ergebnisse mit diesen Verfahren erreicht werden, vor allem dort, wo Testentwickler und Testbenutzer nicht Hand in Hand gearbeitet haben. Trotzdem häufen sich in der Forschung die überzeugenden Ergebnisse, daß einige Vorschulprogramme anderen überlegen sind, wenn es um die Anhebung von Lernleistung und IQ bei Kindern und Jugendlichen geht, die aufgrund ihres soziokulturellen oder ethnischen Hintergrunds unterprivilegiert sind.

Kapitel 7

Die Entwicklung von kognitiven Funktionen und von Sprache

7.1 Überblick

Intelligenztests wurden ursprünglich dazu entwickelt, um mit ihnen ein praktisches Problem zu lösen, und sie erfüllten diesen Zweck ziemlich gut. Die Testkonstrukteure bemerkten, was für niemanden neu war, daß der Mensch anscheinend mit zunehmendem Alter intellektuell fähiger wird. Sein Vermögen, die Welt so zu sehen, wie sie tatsächlich funktioniert, nimmt zu. Die Konstrukteure von Intelligenztests beschrieben jedoch nicht auf systematische Weise, wie sich die intellektuellen Funktionen einer Altersstufe von denjenigen einer anderen unterscheiden. Statt dessen bauten ihre Tests auf einer ziemlich bunten Reihe intellektueller Aufgaben auf, die Menschen verschiedener Altersstufen bewältigen konnten.

Jean Piaget, ein Schweizer Psychologe, leistete seinen Beitrag zur Lösung dieses Problems, indem er auf zusammenhängende und stimmige Weise beschrieb, wie sich die intellektuellen Funktionen mit der Entwicklung des Kindes verändern. Er begann in den zwanziger Jahren Kinder zu beobachten und zu befragen, ihnen intellektuelle Aufgaben vorzulegen und ihre Antworten festzuhalten. Er berichtete über seine Ergebnisse in vielen Büchern mit Titeln wie „Le langage et la pensée chez l'enfant" (1923); „Le jugement et le raisonnement chez l'enfant" (1923); „La causalité physique chez l'enfant" (1927) und „Le jugement moral chez l'enfant" (1930). Seine späteren Arbeiten sind in enger Zusammenarbeit mit *Bärbel Inhelder* entstanden, z. B. *Inhelder* u. *Piaget:* „De la logique de l'enfant à la logique de l'adolescent" (1958); *Inhelder* u. *Piaget:* „Entwicklung der Logik im frühkindlichen Alter (1964). In diesem Kapitel werden wir die wichtigsten Konzepte kurz darstellen, die *Piaget* zur Beschreibung der Prozesse und der Stufen der kognitiven Entwicklung verwendete. Danach werden wir uns mit der Bedeutung der Gedanken *Piagets* für den Unterricht und für den Lehrer befassen.

Piagets Theorien haben uns zu einem Verständnis dessen verholfen, in welcher Reihenfolge sich Verhaltensweisen entwickeln müssen, damit eine auf der anderen aufbauen kann, wie ein Kind seine Erfahrungen in seine zunächst egozentrische Auffassung der Welt einbaut, wie sich die moralischen Werte des Kindes nacheinander entwickeln, wie sich die Vorstellungskraft ausbildet und verändert, wie sich das wissenschaftlich-logische Denken entwickelt, wie die Fähigkeit zu kategorisieren, zu generalisieren und zu diskriminieren mit den Erfahrungen des Kindes zunimmt und wie das Kind Symbolsysteme erlernt. *Piagets* einfühlsame Erkenntnisse, sein spezielles Vorgehen bei der Sammlung von Daten und seine umfangreichen Interessen fanden in vielen Büchern ihren Ausdruck, die bis in die fünfziger Jahre hinein in Amerika relativ unbekannt waren. Erst nachdem sie durch *Flavell* (1963) in einer englischen Zusammenfassung vorgelegt wurden, wurden sie wesentlich mehr beachtet. Seither sind verschiedene mehr populärwissenschaftliche Darstellungen erschienen (z.B. *Elkind,* 1976; *Ginsburg* u. *Opper,* 1979; *Furth,* 1981; *Furth* u. *Wachs,* 1982; *Bybee* u. *Sund,* 1982). Eine umfassende Zusammenstellung des Quellenmaterials ist von *Gruber* und *Voneche* besorgt worden: *The Essential Piaget* (1977). Auch *Bruner* (1966) hat sich ausführlich mit den Problemen der kognitiven Entwicklung beschäftigt, und seine Arbeiten werden in diesem Kapitel ebenfalls kurz vorgestellt. Abschließend gehen wir auf die jüngsten Forschungsergebnisse über die Sprachentwicklung ein, denn wie *Piaget, Bruner* und andere Wissenschaftler einhellig feststellen, verändert sich die kognitive Entwicklung, sobald der Sprachlernprozeß beginnt. Die Entwicklung dieses hochkomplizierten Systems von Symbolen ermöglicht überhaupt erst jene komplexen logischen Denkprozesse, die allein vom Menschen geleistet werden können. So ist es für Lehrer besonders wichtig, sich im Bereich der sprachlichen Entwicklung des Kindes auszukennen.

7.2 *Piagets* Stufenmodell

Piaget unterscheidet in der intellektuellen Entwicklung generell vier Hauptstufen: die sensomotorische, die präoperationale (die er in eine präoperationale und eine intuitive unterteilt), die konkret-operationale und die formal-operationale (vgl. Abbildung 7-1). Die Zuordnung eines bestimmten Lebensalters zu jeder einzelnen Stufe ist nicht streng, sondern als Annäherung aufzufassen. Die Übergänge zwischen den einzelnen Stufen sind nicht abrupt, sondern fließend. Das Denken eines Kindes kann z.B. in einigen Bereichen noch präoperational ablaufen, während es in anderen bereits logischer ist.

Die *sensomotorische Stufe* erstreckt sich in etwa über die ersten beiden Lebensjahre. Sie ist durch eine zunehmende Fähigkeit des Kindes gekennzeichnet, einfache Wahrnehmungs- und motorische Tätigkeiten durchzuführen. Diese Stufe umfaßt den Zeitraum, in dem das Kind die Reflexaktivität des Neugeborenen verläßt und sich einer in höherem Ausmaß organisierten Tätigkeitsart zuwendet. Das Kind lernt,

- sich selbst als von den Objekten seiner Umwelt getrennt wahrzunehmen;
- sich der Stimulation durch Licht und Geräusche zuzuwenden;
- den Versuch zu unternehmen, interessante Erfahrungen auszudehnen;
- Dinge durch Manipulation zu bestimmen;
- ein Objekt trotz seiner Ortsveränderungen oder trotz der Veränderungen des eigenen Blickwinkels als konstant zu betrachten.

Ein Beispiel dafür, wie sich das Verhalten auf der sensomotorischen Stufe ändert, ist der Säugling, der versucht, die Milch aus seiner Flasche zu saugen,

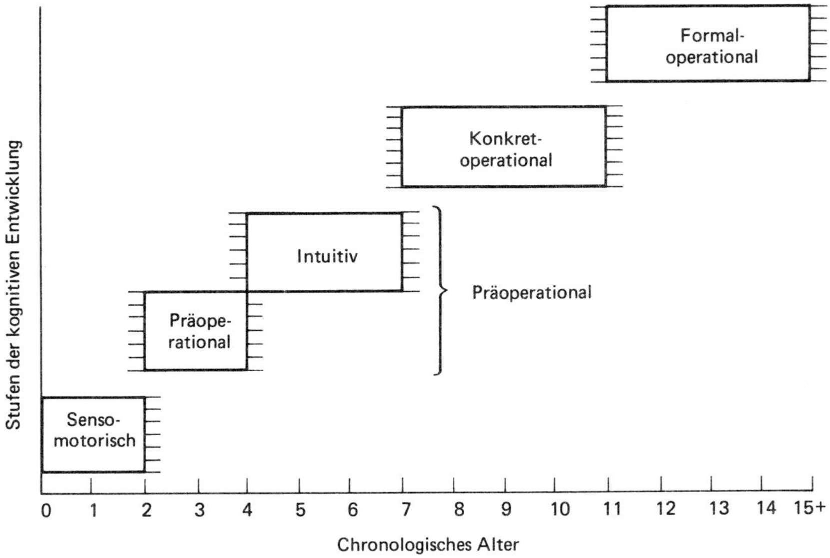

Abbildung 7-1. Piagets Stufenmodell der kognitiven Entwicklung bezogen auf verschiedene chronologische Altersbereiche

wenn sie ihm aufrecht angeboten wird. Etwa einen Monat oder zwei später lernt der Säugling, die Flasche umzudrehen, wenn sie ihm aufrecht angeboten wird, da er nun die Flasche als ein und dasselbe Objekt betrachtet, unabhängig davon, wie sie ihm angeboten wird. Ebenso wird ein fünf Monate altes Kind nicht nach einem Ball suchen, wenn er unter einer Decke verborgen wird. Mit acht Monaten jedoch wird es weiter nach ihm suchen, da es nun das Wissen erworben hat, daß Objekte nicht zu existieren aufhören, wenn sie plötzlich aus dem direkten Beobachtungsbereich verschwinden. Wenn man sich das klarmacht, muß man feststellen, daß in dieser Zeitperiode bemerkenswerte Leistungen stattfinden. In den beiden ersten Lebensjahren verändern sich Kinder durch Reifung und durch Lernen in einem erstaunlichen Ausmaß.

Weiter bestehende Existenz unsichtbarer Objekte

Ein Grund, weshalb *Piagets* Arbeit so einmalig ist, besteht darin, daß er die bemerkenswerten kognitiven Veränderungen, die in den Kindern stattfinden, sorgfältiger beobachtete als seine Vorgänger. Ein Beispiel für das Diskriminationslernen eines Kindes während der sensomotorischen Stufe findet sich in *Piagets* Aufzeichnungen über sein eigenes Kind, Laurent, als dieses dreieinhalb bis vier Monate alt war.

> Wenn ich ihn, nachdem er wie üblich unmittelbar vor der Mahlzeit angezogen worden ist, in der Haltung zum Stillen in meine Arme nehme, schaut er mich an und sucht dann herum, schaut mich wieder an und so weiter – er macht jedoch keinen Versuch zu saugen. Wenn ihn dann seine Mutter in die Arme nimmt, ohne daß er die Brust berührt, schaut er sie an und öffnet sofort weit seinen Mund, schreit, strampelt, kurz, er reagiert auf völlig sinnvolle Weise. Das Signal ist also nunmehr das, was er sieht, und nicht mehr nur die Haltung, die er einnimmt (*Piaget,* 1952, S. 60).

Bevor wir fortfahren, wollen wir uns die Frage stellen, welchen Sinn es hat, sich hinzusetzen und dabei zuzusehen, wie sich Kinder vor unseren Augen ändern.

Hat die Tatsache, daß eine Flasche umgedreht wird, daß weiter nach einem Objekt gesucht wird, nachdem es aus dem Blickfeld entschwunden ist, oder daß Saugen unter bestimmten Bedingungen vorhanden ist, unter anderen aber nicht, irgendeine Bedeutung?

Verhaltensrepertoire

Für das noch nicht zwei Jahre alte Kind besteht Wissen in seinem Repertoire an Einwirkungsmöglichkeiten auf Objekte in seiner Umgebung. Das, was ein Kind tut, angefangen bei seinen einfachsten Greifbewegungen bis zu den komplexesten Untersuchungen von Dingen, hat den Zweck, daß es die Welt zu beherrschen lernt. Aus der Untersuchung kleinster Verhaltensänderungen erhält man Hinweise dafür, was ein Kind gerade lernt und welchen Stellenwert dieses Lernen für noch komplexere Lernvorgänge hat.

Piaget war seiner Ausbildung nach Biologe, eine Tatsache, die erklärt, weshalb er Verhaltensweisen daraufhin untersuchte, wie sie zu anderen passen, und auf welchem Evolutionsweg sie dazu beitragen, daß sich der Organismus an seine Umwelt anpaßt. Wenn kleine Kinder etwas Bestimmtes tun, so muß diese Tätigkeit eine Funktion für das Kind haben. Durch sorgfältige Beobachtung des Kindes können wir möglicherweise erfahren, wie es kommt, daß sich das Kind als getrennt von seiner Umwelt auffaßt und weshalb diese Differenzierung für die spätere Entwicklung seines Selbstbildes wichtig ist. Wir können darüber etwas erfahren, auf welche Weise und weshalb es sich Außenreizen zuwendet. Wir können etwas darüber erfahren, auf welche Weise die Manipulation von Objekten – die ungetrübte Freude eines Kindes an der Wiederholung seines Tuns – zur Entwicklung eines geschickten motorischen Verhaltens und, später, des symbolischen Denkens beiträgt. Wir erfahren, daß eine verständliche Sprache ohne das Geplapper des Kindes niemals zustande käme. *Piaget* hat also Verhalten auf seine Struktur hin untersucht, daraufhin, wie auch die einfachste Verhaltensweise eines Organismus organisiert ist und welchen Anpassungswert sie hat.

Zweite Stufe: die präoperationale Stufe

Der Gebrauch der Sprache zur Entwicklung von Konzepten

In der *präoperationalen Phase* dieser zweiten Stufe, die sich etwa vom dritten bis zum fünften Lebensjahr erstreckt, gebraucht das Kind eifrig seine Sprache, und verhilft sich so selbst zur Entwicklung von Konzepten. Es entwickelt seine speziellen Konzepte, die häufig falsch sind und an der Realität überprüft werden müssen. Für das Erlernen sprachlicher Formen ist die Erfahrung entscheidend. Man kann z. B. zu einem Kinde sagen: „Das ist zuviel Wasser. Du wirst es verschütten." Und das Kind wird es prompt verschütten. Testet das Kind die Geduld des Erwachsenen? Oder kann das Kind komplexe Verhältnisbegriffe wie *zuviel* erst auf einer späteren Stufe verstehen, nachdem es mehr Erfahrungen mit seiner Umwelt gemacht hat? *Piaget* betont, daß das Kind derart eindrucksvolle Erfahrungen braucht, um komplexe Verhältnisbegriffe verstehen zu lernen. Da unsere eigenen Denkmuster relativ ausgefeilt sind, überschätzen wir offensichtlich häufig die Verständnismöglichkeiten kleiner Kinder.

In den präoperationalen Entwicklungsstufen

- ist das Kind ausgesprochen selbstbezogen und nicht dazu imstande, bei der Wahrnehmung der physischen Welt den Standpunkt eines anderen Menschen einzunehmen;
- kann das Kind Objekte auf der Grundlage eines einzelnen, deutlich sichtbaren Merkmals klassifizieren;
- ist das Kind nicht dazu imstande festzustellen, daß Objekte, die in einer Hinsicht ähnlich sind, sich in anderer Hinsicht unterscheiden können;
- ist das Kind dazu imstande, Dinge nach einem Kriterium, einschließlich eines Kriteriums, das sich auf Veränderungen bezieht, einander zuzuordnen;
- kann das Kind Dinge in eine Reihenfolge bringen, jedoch keine Schlüsse über Dinge ziehen, die nicht unmittelbar nebeneinander in der Reihenfolge liegen. Wenn z. B. vorgegeben ist: Hans ist größer als Jakob und Jakob ist größer als Fritz, dann kann das Kind nicht angeben, ob Hans größer ist als Fritz. Ein derartiger Schluß ist auf der präoperationalen Stufe noch nicht möglich.

Schwierigkeiten bei Aufgaben mit mehrfacher Zuordnung

Das Unvermögen eines Kindes auf dieser Stufe, mit multiplen Klassifikationen umzugehen, wird z. B. an dem Kindergartenkind deutlich, das seine Kindergärtnerin im Supermarkt trifft und sie entweder nicht erkennt oder sich darüber wundert, daß auch sie essen muß. *Piaget* berichtet über eine ähnliche Beobachtung, die er an seiner Tochter, Jaqueline (J) im Alter von 2 Jahren, 7 Monaten und 12 Tagen anstellte:

> ... J. fragte, als sie L. in einem neuen Badeanzug mit einer Bademütze sah: *„Wie heißt das Baby?“* Ihre Mutter erklärte ihr, daß dies ein Badeanzug ist, aber J. zeigte auf sich selbst und auf L. und sagte: *„Aber wie heißt dies hier?“* (Zeigte dabei auf L.s Gesicht) und wiederholte diese Frage mehrmals. Aber sobald L. ihre üblichen Kleider wieder anhatte, rief J. ganz ernst aus: *„Jetzt ist sie wieder Lucienne“,* als ob ihre Schwester ihre Identität mit ihren Kleidern gewechselt hätte (*Piaget,* 1951, S. 224).

Intuitive Phase der präoperationalen Stufe

In der *intuitiven Phase* der präoperationalen Stufe, die sich vom fünften bis zum achten Lebensjahr erstreckt, kommt das Kind zu Schlußfolgerungen, die von vagen Eindrücken und von Beurteilungen ausgehen, die sich eng an Wahrnehmungen anlehnen und nicht in Worte gefaßt werden. Diese Schlußfolgerungen machen, jedoch nur langsam, einem mehr logischen und rationalen Verständnis Platz. Nicht mit Worten – d. h. mit symbolischer Vermittlung – verbundene Wahrnehmungen führen häufig dazu, daß das Kind die Ereignisse in seiner Umwelt mißversteht. In dem Ausmaß, in dem die Sprache an Bedeutung zunimmt, findet immer mehr symbolische Vermittlung statt. Ein gutes Beispiel dafür, wie sich die Fähigkeiten des Kindes in der Periode des präoperationalen Denkens ändern, stammt von *Miller* (1962), der sich auf russische Untersuchungen stützt. Kindern werden zwei Bilder zum Betrachten vorgelegt. Sie werden aufgefordert, ihre rechte Hand zu heben, wenn das Bild mit dem blaßgelben Hintergrund gezeigt wird, und die linke Hand, wenn das Bild mit dem grauen Hintergrund gezeigt wird. Die beiden Bilder zeigen (a) einen leuchtend roten Kreis auf einem blaßgelben Hintergrund und (b) einen leuchtend grünen Kreis auf einem grauen Hintergrund.

Mit diesen Anweisungen wird die Aufmerksamkeit der Kinder auf das am wenigsten auffällige Merkmal der Bilder gerichtet. Nachdem sie eine Zeitlang üben können, wird überprüft, ob die Kinder tatsächlich auf den Hintergrund und nicht auf die leuchtenden Kreise reagieren. Dieser Test ist ganz einfach: die Kreise werden lediglich ausgetauscht. Wenn nun das Bild mit dem grünen Kreis (jetzt mit blaßgelbem Hintergrund) vorgelegt wird, wird das Kind dann die rechte oder die linke Hand heben?
Drei Jahre alte Kinder achten nur auf die leuchtenden Farben und ignorieren dabei die verbalen Anweisungen. Sie heben die linke Hand. Ihre Reaktionen werden vom Wahrnehmungsfeld, nicht vom verbalen System bestimmt. Vierjährige Kinder sind offensichtlich verwirrt, sie reagieren, wenn dieser Test durchgeführt wird, einmal so und einmal anders.

Erst wenn das Kind fünf Jahre alt ist, wird eine verbale Anweisung zu einer stabilen Reorganisation seines Wahrnehmungsfeldes führen.
Durch derartige Experimente wird die Tatsache deutlich, daß noch lange, nachdem sich ein Kind die für soziale Kommunikation erforderlichen Fertigkeiten angeeignet hat, die Weise, wie diese sprachlichen Fertigkeiten andere Aspekte des kognitiven Lebens modifizieren und kontrollieren, wesentlichen Änderungen unterworfen ist (*Miller,* 1962, S. 305).

Auf Symbolsysteme reagieren

Mit sieben Jahren lernt das Kind allmählich, auf Symbolsysteme in beständiger und gleichbleibender Weise zu reagieren und sich nicht mehr auf seine intuitiven Wahrnehmungseindrücke zu verlassen. Von noch größerer Bedeutung ist, daß das Kind mit sieben Jahren symbolische Transformationen mit seinen Denkinhalten durchführen kann. Dazu kann es jedoch nur dann kommen, wenn das Kind ausgiebige Erfahrungen mit der Welt insgesamt gemacht hat. Vorläufig, auf dieser intuitiven präoperationalen Entwicklungsstufe

- erwirbt das Kind die Fähigkeit, Klassen oder Kategorien von Objekten zu bilden, ist sich dieser Klassen oder Kategorien jedoch nicht bewußt;
- entwickelt das Kind die Fähigkeit, logische Beziehungen mit zunehmender Komplexität zu verstehen;
- entwickelt das Kind die Fähigkeit, mit Zahlenbegriffen zu arbeiten;
- eignet sich das Kind das Prinzip der *Erhaltung* an, d. h. die Vorstellung, daß der Betrag eines Dinges gleich bleibt, unabhängig von Veränderungen der Form oder der Anzahl der Stücke, in die es aufgeteilt ist. Die Erhaltung der Masse wird mit fünf Jahren, die des Gewichts mit sechs Jahren, die des Volumens mit sieben Jahren erreicht. Es wird ihm also klar, daß eine Flüssigkeitsmenge immer die gleiche bleibt, auch wenn die Flüssigkeit in einen Behälter, der eine andere Form hat, gegossen wird. Es begreift, daß die Anzahl von Objekten unabhängig davon, wie sie angeordnet sind, immer die gleiche bleibt.

Erhaltung

Die intellektuellen Prozesse, die zu der Erkenntnis erforderlich sind, daß die Menge einer Flüssigkeit unabhängig von der Form des Behälters, in der sie sich befindet, gleich bleibt oder daß Formveränderungen eines Tonklumpens dessen Gewicht nicht beeinflussen, sind relativ diffizil. Durch die Verwendung derartiger Aufgaben bei seinen Entwicklungsuntersuchungen gewann *Piaget* Einsichten in das Zustandekommen logischer, abstrakter und wissenschaftlicher Denkprozesse. Einfache Aufgaben, bei denen das Verknüpfen von Paaren, eine bestimmte Reihenfolge oder eine Diskrimination gelernt werden muß, haben *Piaget* kaum interessiert. Sein Ziel war es, die fundamentalen Aspekte des Denkens zu erforschen, die grundlegenden Prozesse der intellektuellen Lebensvorgänge und nicht so sehr deren Produkte. *Piagets* Anspruch ging weit über die bloße Feststellung hinaus, ob die Antworten auf Testfragen richtig oder falsch sind – ein Problem, mit dem sich amerikanische Psychologen in erster Linie beschäftigt hatten.

Um die Erhaltung der Masse zu untersuchen (vgl. Abbildung 7-2a), gab *Piaget* einem Kind etwas Ton und forderte es auf, es zu einer Kugel zu formen, die die gleiche Größe wie eine andere Kugel aus dem gleichen Material hat. Dann rollte er eine der Kugeln zu einem langen Zylinder aus. Mit etwa vier Jahren meint das Kind, das längere der beiden Objekte enthalte mehr Ton. Mit etwa fünf Jahren jedoch stellt ungefähr die Hälfte der Kinder fest, daß die Tonmenge die gleiche bleibt. Bei der Untersuchung der Erhaltung des Gewichts (vgl. Abbildung 7-2b), die etwa mit sechs Jahren erreicht wird, bat *Piaget* zunächst das Kind, zwei Tonkugeln auf einer Waage ins Gleichgewicht zu bringen. Dann änderte *Piaget* die Form einer der Kugeln und stellte fest, ob das Kind erkannte, daß die Kugel, deren Form verändert wurde, weiterhin mit der runden Kugel im Gleichgewicht steht. Bei der Untersuchung der Erhaltung des Volumens (vgl. Abbildung 7-2c) führte *Piaget* dem Kind zunächst vor, daß gleich große Kugeln den Wasserspiegel in einem Zylinder auf denselben Betrag ansteigen lassen. Dann fragte er das Kind, ob eine Kugel, deren Form verändert worden war, z. B. in die Länge gezogen, den Wasserspiegel um denselben Betrag anheben wird. Im typischen Fall gibt etwa die Hälfte der Kinder mit ungefähr sieben Jahren die richtige Antwort.

Abfolge des Erhaltungslernens

Die Abfolge, in der diese Arten der Erhaltung gelernt werden (zuerst der Masse, dann des Gewichts und schließlich des Volumens), scheint in vielen Untersuchungen und in unterschiedlichen Kulturen die gleiche zu sein. Unter großen Anstrengungen ist es möglich, Kinder darin zu trainieren, diese Arten der Erhaltung in früherem Alter zu begreifen, als sie das sonst tun würden. *Smedslund* (1961) zeigte jedoch, daß das frühzeitiger erzielte Verständnis nicht dauerhaft war. Eine Gruppe von Kindern wurde z. B. darin trainiert, Aufgaben, die die Erhaltung des Gewichts betrafen, richtig zu lösen. *Smedslund* entfernte dann insgeheim eine sehr kleine Tonmenge. Nun standen die beiden Tonstücke nicht mehr im Gleichgewicht auf einer Waage. Kinder, die die Erhaltung des Gewichts als Ergebnis ihrer normalen Entwicklung erworben hatten, lehnten sich dagegen auf, diese Erfahrung gelten zu lassen, beschuldigten den Versuchsleiter der Schikane, suchten nach dem fehlenden Ton, stellten die Genauigkeit der Waage in Frage. Sie suchten länger und ausdauernder nach einer Erklärung als Kinder, die durch ein experimentelles Training zu ihren Einsichten gelangt waren. Diejenigen Kinder also, die das Erhaltungskonzept über ein Training und nicht über natürliche Erfahrung erworben hatten, fingen an, sich so wie in den Sitzungen vor Durchführung des Trainings zu verhalten, sie konnten nicht nachweisen, daß sie das Konzept der Gewichtserhaltung wirklich erworben hatten. Bei den Experten besteht große Uneinigkeit darüber, ob man das Lernen bestimmter Konzeptarten wirklich beschleunigen

Antrainiertes Erhaltungskonzept ist nicht dauerhaft

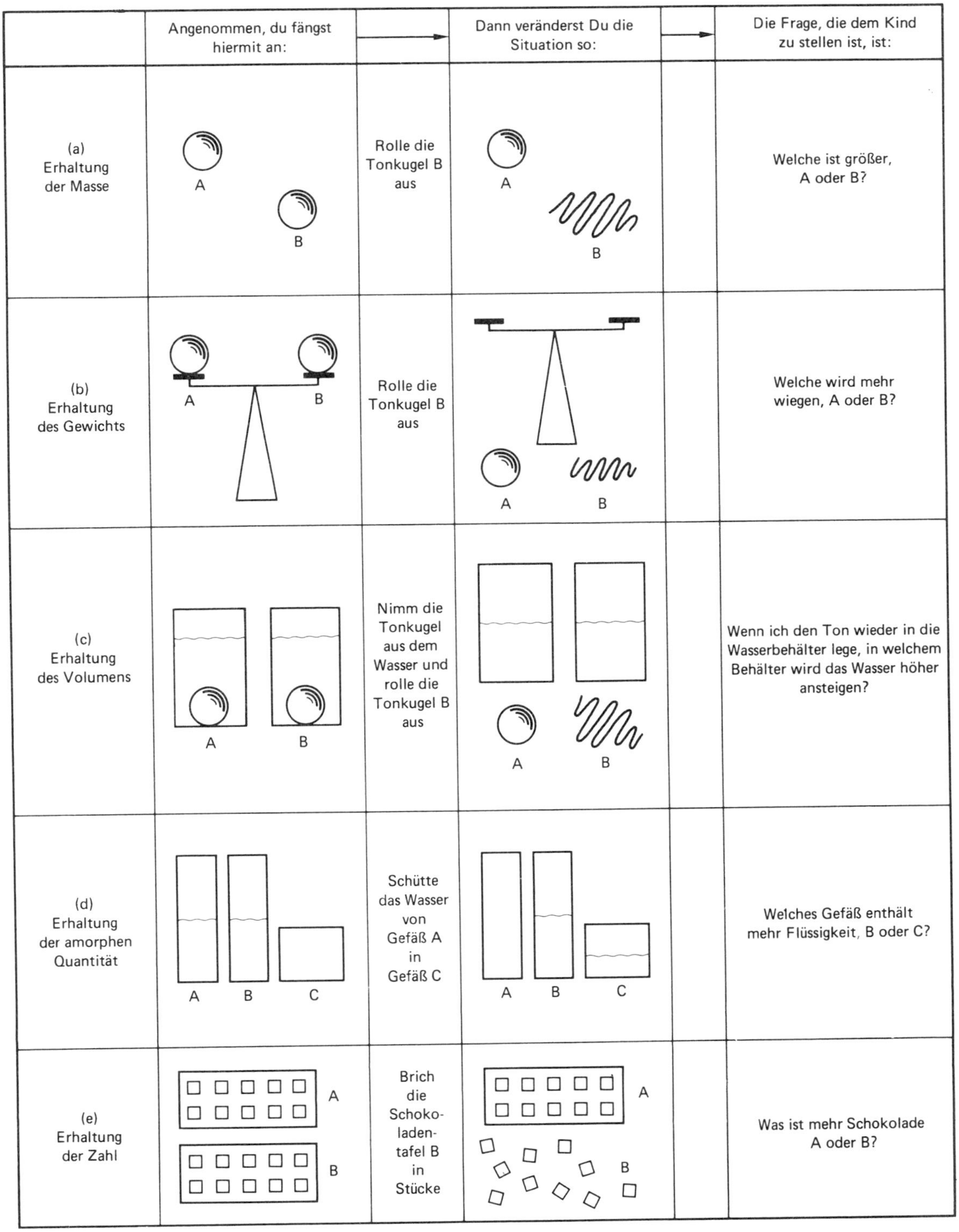

Abbildung 7-2. Beispiele für Erhaltungsaufgaben

kann. Anhänger *Piagets* sind in der Regel davon überzeugt, daß solche Versuche schwierig und die Ergebnisse fragwürdig sind.
In der intuitiven Phase erwirbt das Kind auch die Fähigkeit, Klassen oder Kategorien von Objekten zu bilden, Beziehungen zu sehen und mit Zahlbegriffen zu arbeiten. Das Denken des Kindes wird jedoch als intuitiv bezeichnet, da es sich der Kategorien, die es verwendet, nicht bewußt ist.

Dritte Stufe: die Stufe der konkreten Operationen

Operationales Denken

Auf der *Stufe der konkreten Operationen,* die sich ungefähr vom achten bis zum zwölften Lebensjahr erstreckt, entwickelt das Kind die Fähigkeit, verschiedene logische Operationen durchzuführen, jedoch nur mit konkreten Dingen. Mit Operation ist ein Tätigkeitstyp gemeint, bei dem Objekte oder interne Repräsentationen von Objekten manipuliert werden. Sie setzt die Transformation von Informationen voraus, so daß es möglich wird, diese Informationen selektiv zu verwenden. Operationen machen Versuch und Irrtum überflüssig, da das Kind die Möglichkeiten verschiedener Handlungen und die Ergebnisse von Handlungen durchdenken kann. Mit dem operationalen Denken tritt an die Stelle der Denksprünge von bloßen Wahrnehmungseindrücken zu Schlußfolgerungen eine Reihe kleiner, reversibler Schritte, von denen jeder als vernünftig oder unvernünftig beurteilt werden kann. Wenn eine Information konkret ist, können fehlerfreie Vergleiche angestellt werden. Das Kind kann also nicht mehr dadurch hinters Licht geführt werden, daß beim Umgießen von Flüssigkeit die Behälterform geändert wird. Es kann Operationen in seiner Vorstellung durchführen und die Ergebnisse vorwegnehmen. Bevor diese Stufe erreicht ist, kann ein Kind z. B. nicht mit voller Überzeugung angeben, wie die Rückseite des Mondes aussieht. Auf der Stufe der konkreten Operationen kann es jedoch in Gedanken den Mond manipulieren und ihn herumdrehen und wird dann angeben, daß die Rückseite wahrscheinlich ebenso wie die Vorderseite aussieht.
Während dieser Stufe erwirbt das Kind die Fähigkeit, mit Klassifikationssystemen, wie dem in Abbildung 7-3 dargestellten, umzugehen. Das heißt, es wird dazu fähig, mit komplexen logischen Denkabläufen wie den folgenden umzugehen:

Komposition

- Komposition: Die Denkmöglichkeit, daß immer dann, wenn zwei Elemente eines Systems kombiniert werden (z. B. Autos mit Kolbenmotor, A, und andere Autos, A′), ein weiteres Element des Systems resultiert (d. h. Autos, B). Oder wenn Autos (B) und andere Transportmittel (B′) kombiniert werden, dann resultieren Transportmittel (C).

Austauschbarkeit

- Austauschbarkeit: Die Denkmöglichkeit, daß die Summe unabhängig von der Reihenfolge ist, in der Dinge addiert werden. Also im obigen Beispiel: $A + A' = B$ und $A' + A = B$.

Reversibilität

- Reversibilität: Die Denkmöglichkeit, daß man nicht nur Nichtautos (B′) mit Autos (B) addieren kann und dabei Transportmittel (C) erhält, sondern daß man auch Nichtautos von Transportmitteln subtrahieren kann und dann Autos erhält.

Obwohl das Kind jedoch mit diesen Klassifikationen umgehen kann, obwohl es Probleme des Gruppierens und der Klassenbildung bewältigt, ist es sich der Prinzipien, die es anwendet, nicht voll bewußt. Nichtsdestoweniger findet sein Denken auf einem sehr hohen Niveau statt. Es bleibt nicht an irgendwelchen hervorstechenden, wahrnehmbaren Merkmalen haften, sondern kann eine Anzahl von Problemen unabhängig von ihren Wahrnehmungsdimensionen durchdenken. Daß es auf dieser Stufe noch gewissen Beschränkungen unterworfen ist, liegt darin begründet, daß es noch konkrete Darstellungen braucht, mit denen es seine Denkabläufe verknüpfen kann. Das sieben bis elf Jahre alte Kind hat noch seine Probleme mit dem hochabstrakten Denken.

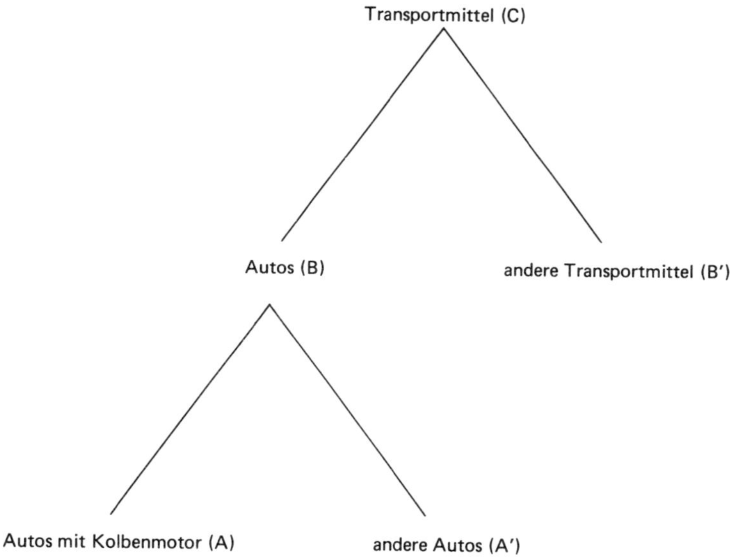

Abbildung 7-3. Klassifikationsschema der Arten von Operationen, die ein Kind auf der Stufe der konkreten Operationen beherrscht

Vierte Stufe: die Stufe der formalen Operationen

Hypothetisch-deduktives Denken

Auf der *Stufe der formalen Operationen,* die etwa das Alter von 11 bis 14 Jahren umfaßt, erwirbt der Schüler die Fähigkeit, logisches Denken mit Abstraktionen durchzuführen; d.h., er kann das, was „möglich" ist, ebenso gut logisch durchdenken wie das, was „hier und jetzt" gegeben ist. Wissenschaftliches Denken des hypothetisch-deduktiven Typs steht ihm nun zur Verfügung. Er kann Schlüsse ziehen, Interpretationen vorschlagen und Hypothesen entwickeln. Sein Denken ist nun flexibel und wirkungsvoll geworden. Er kann

- alle logischen Möglichkeiten erarbeiten, ohne daß er dabei festlegen muß, welche Möglichkeit tatsächlich in der realen Welt vorkommt. Mit dieser Fähigkeit ist nicht gemeint, daß lediglich die Möglichkeit zur Vorstellungskraft vorhanden ist, da auch bei dem Denken kleinerer Kinder die Phantasie eine Rolle spielen kann; vielmehr ist damit die gesetzmäßige und systematische Darstellung logischer Alternativen gemeint. Der Schüler kann also auch

Kombinationsanalyse

- eine Kombinationsanalyse von Möglichkeiten durchführen. Wenn also zwei mögliche Ursachen, C_1 und C_2, und ein Ergebnis, r, gegeben ist, kann der Schüler folgende Möglichkeiten formulieren:
  entweder C_1 oder C_2 ist die Ursache von r,
  sowohl C_1 als auch C_2 sind die Ursachen von r,
  weder C_1 noch C_2 sind Ursache von r,
  C_2 kann die Ursache von r sein, nicht jedoch C_1,
  C_1 und C_2 können zusammen die Ursache von r sein,
  aber keines für sich allein,
  C_1 kann die Ursache von r sein, jedoch nur, wenn C_2 nicht vorhanden ist,
  usw.

Propositionales Denken

- Das Kind kann in logischen Sätzen denken. Es kann z. B. Sätze derart, wie sie eben über C_1, C_2 und r aufgestellt wurden, hernehmen und sie als Elemente betrachten, die miteinander kombiniert und zu neuen Sätzen höherer Ordnung zusammengesetzt werden, z. B. „Entweder S_1 oder S_2 kann wahr sein, jedoch nicht beide."

Denken in Sätzen

- Von Sätzen, die sich inhaltlich auf bestimmte Objekte, z. B. Ton oder Perlen, beziehen, auf viele andere Inhalte generalisieren, z. B. auf Wasser, Holzstücke, Schachfiguren, physische Objekte allgemein, alle Flüssigkeiten und alle numerisch abgrenzbaren Quantitäten.

Der Jugendliche, der über formal-operationales Denken verfügt, kann Informationen auf eine Weise organisieren, die sich deutlich von den Möglichkeiten unterscheidet, die mit der Anwendung des konkret-operationalen Denkens gegeben waren. In einem Experiment von *Inhelder* und *Piaget* (1958) wurden Kindern vier Flaschen gegeben, die ähnliche Wahrnehmungsmerkmale aufwiesen, sie enthielten geruchlose, farblose Flüssigkeiten. Die Flaschen enthielten (1) verdünnte Schwefelsäure, (2) Wasser, (3) mit Sauerstoff versetztes Wasser und (4) Schwefelsulfat. Eine weitere Flasche, die mit einem Tropfer versehen ist und Kaliumjodid enthält, wird dazugestellt und mit der Bezeichnung g versehen. Mit Sauerstoff versetztes Wasser (3) oxydiert Kaliumjodid (g) in einem sauren Medium (1), d. h., $1 + 3 + g$ wird eine gelbe Färbung ergeben. Das Wasser (2) ist neutral, so daß sich die Farbe nicht ändert, wenn es zur Mischung hinzugegeben wird. Das Schwefelsulfat (4) wird die gelbe Mischung aus $1 + 3 + g$ ausbleichen. So sind die Verhältnisse, und der Versuchsleiter gibt nun der Versuchsperson zwei Gläser. Ein Glas enthält die Mischung $1 + 3$. Das andere Glas ist 2. Die Versuchsperson weiß nicht, welche Kombinationen jedes der beiden Gläser enthält. Während die Versuchsperson zuschaut, gibt der Versuchsleiter mehrere Tropfen g in jedes der beiden Gläser und stellt die verschiedenen Reaktionen fest. Dann wird die Versuchsperson aufgefordert, unter Verwendung der Flaschen 1, 2, 3, 4 und g irgendwie die gleiche gelbe Farbe zu erzeugen. Zwei Aufzeichnungen über zwei Versuchspersonen dieses Experiments sind im folgenden wiedergegeben. Die erste Aufzeichnung (nach *Inhelder* u. *Piaget,* 1958, S. 111) betrifft ein sieben Jahre altes Kind.

Versuchsperson: (Versucht 4 + g, dann 2 + g und dann 3 + g.) Ich glaube, jetzt habe ich alles gemacht. Ich habe alle ausprobiert.
Versuchsleiter: Was hättest du noch tun können?
Versuchsperson: Ich weiß nicht.
Versuchsleiter: (Gibt der Versuchsperson die Gläser noch einmal.)
Versuchsperson: (Wiederholt 1 + g, 2 + g usw.)
Versuchsleiter: Du hast jede Flasche für sich genommen. Was hättest du sonst noch tun können?
Versuchsperson: Zwei Flaschen gleichzeitig nehmen. (Dann probiert die Versuchsperson 1 + 4 + g, dann 2 + 3 + g, kommt aber nicht darauf, die zwei Sätze von Flaschen überkreuzt zu verwenden: z.B. 1 + 2, 1 + 3, 2 + 4 und 3 + 4 usw.).
Versuchsleiter: (Schlägt der Versuchsperson vor, weitere Flaschen heranzuziehen.)
Versuchsperson: (Schüttet 1 + g in das Glas, in dem bereits 2 + 3 enthalten ist, woraufhin die Farbe erscheint.)
Versuchsleiter: Versuche noch einmal, die Farbe zu erzeugen.
Versuchsperson: Schütte ich 2 oder 3 hinein? (Die Versuchsperson probiert 2 + 4 + g aus, fügt dann 3 hinzu, probiert dann 1 + 4 + 2 + g aus.) Ich kann mich nicht mehr erinnern.

Das Verhalten dieses 7jährigen Kindes ist nicht zufallsgesteuert. Es sind Elemente systematischen Denkens und einer organisierten Planungsaktivität vorhanden, die beträchtlich über dem präoperationalen Verhaltensniveau liegen. Dennoch sind die Versuche dieses 7jährigen Kindes unzulänglich. Es konnte nur ein paar der möglichen Kombinationen auf einmal berücksichtigen. In der Umwelt müssen zusätzliche Hilfen vorhanden sein, z.B. Hinweise und motivierende Äußerungen des Versuchsleiters, damit die Versuchsperson beständig nach einer Lösung sucht. Im Gegensatz dazu legen wir nun die Aufzeichnungen (nach *Inhelder* u. *Piaget,* 1958, S. 117) über einen 14jährigen vor, der, mit dem gleichen Problem konfrontiert, jedoch dazu imstande ist, formal-operationales Denken anzuwenden.

Versuchsperson: Man muß es mit allen Flaschen probieren. Ich werde mit der am Ende beginnen. (Die Versuchsperson bringt 1 bis 4 mit g zusammen.) Das funktioniert nicht. Vielleicht muß ich sie mischen. (Versuchsperson versucht 1 + 2 + g, dann 1 + 3 + g.) Es ist gelb geworden.
Versuchsleiter: Gibt es auch andere Lösungen?
Versuchsperson: Ich werd's versuchen. (Die Versuchsperson probiert alle sechs Kombinationen von Gläsern aus, wobei sie jedesmal zwei auf einmal nimmt.) Es funktioniert nicht. Es funktioniert nur mit 1 + 3 + g.
Versuchsleiter: Ja, und was ist mit 2 und 4?
Versuchsperson: 2 und 4 ergeben zusammen keine Farbe. Sie sind negativ. Vielleicht könnte ich 4 zu 1 + 3 + g dazutun, um festzustellen, ob es die Farbe auslöscht. (Die Versuchsperson gießt 4 in die gelbe Mischung.) Flüssigkeit 4 löscht die Farbe. Ich muß einmal schauen, ob 2 denselben Effekt hat. (Er gießt 2 in eine Mischung aus 1 + 3 + g.) Nein, das ist nicht der Fall, 2 und 4 sind also nicht gleich, da 4 eine Wirkung auf 1 + 3 ausübt und 2 nicht.
Versuchsleiter: Was ist in 2 und 4 drin?
Versuchsperson: In 4 bestimmt Wasser. Nein, umgekehrt, in 2 bestimmt Wasser, da es keine Wirkung auf die Flüssigkeiten hatte. Das macht alles klarer.
Versuchsleiter: Und wenn ich dir sagen würde, daß 4 das Wasser ist?
Versuchsperson: Wenn die Flüssigkeit 4 Wasser wäre, würde es nicht völlig verhindern, daß sich das Gelb bildet, wenn man sie in 1 + 3 gießt. 4 ist nicht Wasser. Es ist irgend etwas, das eine Wirkung hat.

Den Jugendlichen veranlassen seine Denkprozesse gleich zu Beginn dazu, alle Elemente miteinander zu kombinieren. Eine Methode zur Bestimmung kausaler Beziehungen wird angewandt. Seine Sprache ist deutlich hypothetisch-deduktiv. Er denkt wissenschaftlich und hat dabei „Wenn-dann"-Feststellungen im Kopf. Nach *Piagets* Theorie kann diese Art des wissenschaftlichen Denkens von sehr kleinen Kindern nicht durchgeführt werden. Erfahrung und Reifung sind nötig, damit sich diese Art des Denkens entwickelt. Es ist wichtig, daß Lehrer dies wissen. Die Logik des Erwachsenen, über die der Lehrer verfügt, ist für Kinder möglicherweise vor der Adoleszenz unerreichbar. Man sollte mit dem, was man von seinen Schülern im Bereich des logischen und wissenschaftlichen Denkens erwartet, vorsichtig sein. *Peel* (1976) hat nachgewiesen, daß sich die Komplexität des Denkens bei Jugendlichen bis zum Alter von 18 Jahren kontinuierlich verändert, und es besteht kaum ein Zweifel darüber, daß bestimmte Arten des kognitiven Denkens sich sogar noch später verändern. All das bedeutet lediglich, daß wir manchmal etwas zurückhaltender sein sollten, wenn wir von unseren Schülern erwarten, daß sie reif genug sind, logisch und wissenschaftlich zu denken.

Wissenschaftliches Denken

7.3 Der Entwicklungsprozeß

Streben nach Gleichgewicht

Welche Verhaltensweisen der Kinder führen dazu, daß sie sich sukzessive diese intellektuellen Fähigkeiten aneignen? Allgemein gesagt streben sie fortlaufend ein Gleichgewicht an, auf der einen Seite zwischen dem, was sie gegenwärtig wahrnehmen, wissen und verstehen, und auf der anderen Seite dem, was für sie aus irgendeinem neuen Phänomen, einer neuen Erfahrung oder einem neuen Problem ersichtlich wird. Wenn die gegenwärtig in ihnen vorhandenen Bedingungen dazu ausreichen, mit der neuen Situation fertigzuwerden, so bleibt das Gleichgewicht ungestört. Wenn sie nicht ausreichen, dann ist in irgendeiner Form intellektueller Aufwand notwendig, damit das Gleichgewicht wieder hergestellt wird. Das heißt, es muß eine gewisse Anpassung des Organismus an seine Umwelt stattfinden.

Assimilation

Akkommodation

Die Anpassung nimmt zweierlei Formen an, die simultan auftreten: Assimilation und Akkommodation. Assimilation ist der Prozeß, über den das, was wahrgenommen wird, so verändert wird, daß es zu den gegenwärtig vorhandenen kognitiven Strukturen paßt; Akkommodation ist dagegen der Prozeß, über den die kognitiven Strukturen so verändert werden, daß das, was wahrgenommen wird, zu ihnen paßt.

Assimilation kann mit den Vorgängen des Kauens und Verdauens von Nahrung verglichen werden, die dazu dienen, diese Nahrung in etwas zu verwandeln, das für den Körper nutzbar wird. Über die Assimilation werden neue Ideen so verwandelt, daß sie in die vorhandene kognitive Struktur passen. Die Akkommodation kann mit den Vorkehrungen verglichen werden, die der Körper beim Essen und Verwerten von Nahrung trifft, wie z. B. dem Öffnen des Mundes, den Kontraktionen der Schlundmuskulatur, des Ösophagus und des Magens und der Sekretion von Verdauungssäften. Auf die gleiche Weise muß eine vorhandene kognitive Struktur modifiziert, erweitert oder verfeinert werden, damit sie mit einer bislang neuen oder ungewöhnlichen Idee fertig wird.

Assimilation und Akkommodation sind unter Umständen schwierig auseinanderzuhalten. Sie finden gleichzeitig statt, sie stellen bei der Verarbeitung von Ideen, bei dem Prozeß, über den ein Gleichgewicht zwischen dem Menschen und seiner Umwelt aufrechterhalten wird, zwei Seiten ein und derselben Münze dar. Wenn wir interpretieren, Konstruktionen und Strukturen errichten, dann verändern wir die Struktur eines realen Ereignisses, um zu erreichen, daß es zu unserer vorhandenen kognitiven Struktur paßt. Das bezeichnen wir als „Assimilation". Wenn wir die vorhandenen Vorstellungen so zurechtrükken, z. B. wenn wir uns eine Erinnerung ins Gedächtnis rufen, eine Ähnlichkeit oder eine Analogie deutlich machen, um so einem realen Ereignis Sinn zu verleihen, dann akkommodieren wir.

Die Auswirkungen der Assimilations- und Akkommodationsprozesse auf die beteiligten kognitiven Strukturen sind ziemlich dauerhaft. Als Prozesse, über die sich ein Organismus an seine kognitive Umwelt anpaßt, sind sie den biologischen Prozessen der Anpassung vergleichbar, die auf die körperliche Struktur und Funktion eines Organismus Auswirkungen haben. Das kognitive Schema eines Kindes, d. h. seine kognitive Organisation und Struktur, ändert sich also in Abhängigkeit von seinen Erfahrungen. Die oben beschriebenen vier Stufen der kognitiven Entwicklung durchlaufen Kinder während ihres Reifungsprozesses.

Kognitives Schema

7.4 Uneinigkeit über *Piagets* Theorie

Disequilibrium bedeutet Uneinigkeit, Verwirrung oder Unausgeglichenheit; es entsteht, sagt *Piaget,* wenn Ereignisse eintreten, die sich nicht in bisherige Wahrnehmungen einpassen lassen. In den letzten Jahren haben einige Forschungsergebnisse ein ziemliches Disequilibrium bei den Anhängern *Piagets* ausgelöst.

Brainard (1978 a, 1978 b) hat z. B. die Stufentheorie als reine Beschreibung von Beobachtungen zurückgewiesen, die nichts beweist. Er stellte fest, daß die Fähigkeit des Multiplizierens immer auf die Entwicklung der Fähigkeit des Addierens folgt, was aber nicht heißt, daß diese Abfolge irgendeinen biologischen Ursprung hat. Die biologischen Implikationen der Stufentheorie sind nach *Brainard* daher möglicherweise überflüssig.

Boden (1980) weist darauf hin, daß *Piaget* häufig die Komplexität der kognitiven Leistungen von Kindern in einem bestimmten Alter unterschätzt hat. Dutzende von Untersuchungen beweisen zum Beispiel, daß Neugeborene komplexere Verhaltensweisen an den Tag legen als viele von uns (einschließlich *Piaget*) für möglich halten würden. *Piaget* hat ferner der egozentrischen Sprach- und Wahrnehmungshaltung des Kindes übergroße Bedeutung zugeschrieben. Inzwischen ist man sich in der Forschung jedoch weitgehend einig, daß Kinder schon sehr früh ein sehr soziales Sprachverhalten an den Tag legen und, bei entsprechender Unterweisung, fähig sind, sich verschiedener Wahrnehmungsperspektiven zu bedienen. Dies sind Eigenschaften, von denen *Piaget* glaubte, daß sie sich erst sehr viel später in der Entwicklung des Kindes einstellen würden.

Auch die Rolle der motorischen Erfahrung in der kognitiven Entwicklung wird neuerdings wieder aufgegriffen. Für *Piaget* sind frühe motorische Fähigkeiten Voraussetzung für kognitive Entwicklung. Demgegenüber weiß man heute, daß mehrfach körperbehinderte Kinder mit geringen motorischen Erfahrungen eine normale kognitive Entwicklung durchmachen können.

Ein weiterer Komplex beschäftigt sich mit der Definition von formalen Operationen. So wie *Piaget* sie formuliert hat, würde nur ein geringer Prozentsatz der Bevölkerung schlechthin die Fähigkeit zu formalen Operationen besitzen. Der Fehler scheint hier darauf zu beruhen, daß *Piaget* sich bei der Untersuchung von formalen Denkoperationen nur auf abstrakte Aufgaben gestützt hat. Wenn man beispielsweise in einem Experiment zwei Aufgaben stellt, deren Lösung exakt dieselben logischen Prozesse voraussetzt, von denen jedoch die eine abstrakt und die andere konkret formuliert ist, dann steigt der Prozentsatz der Versuchspersonen, die formale operationale Fähigkeiten zeigen, von 19% bei der ersten auf 98% bei der zweiten Aufgabe (*Boden,* 1980). In einer solchen Untersuchung zeigt sich, wie kontextabhängig unsere Urteilsleistungen sind. Unterschiede bei der Aufgabenstellung, bei der Aufgabenvermittlung, im sozialen Kontext und so weiter haben einen großen Einfluß darauf, ob wir bei der Erforschung kindlichen Denkens verschiedene Arten von Denkprozessen erkennen oder nicht (vgl. *Nagy* u. *Griffiths,* 1982).

Denkerziehung im Vorschulalter

Verwirrung hat es schließlich auch über den praktischen Nutzen von Anleitungen zur Denkerziehung im Vorschulalter gegeben, wo man in der Forschung zunächst zu der Auffassung gekommen war, daß Kinder bestimmte Dinge erst dann lernen könnten, wenn sie das entsprechende Alter erreicht hätten. Diese Altersbindung scheint unbegründet zu sein. Sorgfältig entwickelte Trainingsprogramme zeigen immerhin, daß konkretes oder formal-operationales Denken viel früher auftreten kann als es *Piaget* für möglich gehalten hätte (*Case,* 1978; *Brainard,* 1978b; *Scandura* u. *Scandura,* 1980).

Die Probleme mit der Theorie *Piagets* haben zu alternativen Theorien über die Entwicklung des Denkens im Kindesalter geführt (*Siegel* u. *Brainard,* 1978). Als eine solche Alternative hat die kognitive Psychologie die Theorie der Informationsverarbeitung (vgl. Kapitel 13) entwickelt (vgl. *Klahr,* 1980; *Pascual-Leone,* 1980; *Case,* 1978). Bei dieser Theorie stehen die informationsverarbeitenden Bedingungen einer Aufgabe im Vordergrund: also die Anzahl der Informationseinheiten („bits"), die zur Lösung einer Aufgabe bewältigt werden müssen, die Anzahl der erforderlichen Datentransformationen, die Anzahl und Komplexität der zu lernenden Regeln, die Anzahl der Items, die gleichzeitig im Gedächtnis gespeichert werden müssen usw. Man geht heute davon aus, daß diese Bedingungen wichtiger sind für die Entwicklung logischen Denkens als die mentalen Strukturen, die das Kind durch Erfahrungen aufgebaut hat. Die Theorie *Piagets* betont die Art der internen mentalen Strukturen des Kindes mehr als die Bedingungen, die von den Aufgaben ausgehen. Das heißt: *Piagets* Theorie und die Theorie der Informationsverarbeitung unterscheiden sich primär darin, daß sie die Problemursachen bei der Entwicklung des logischen Denkens unterschiedlich gewichten – die Theorie der Informationsverarbeitung mehr das Wesen der zu bewältigenden Aufgabe, die Theorie *Piagets* mehr das Wesen des individuellen Denkprozesses. Der Lehrer hat dabei die komplexe Aufgabe, immer beide Faktoren berücksichtigen zu müssen!

Heißt das, bei so viel Kritik, Differenzierung und Neugewichtung der Ergebnisse, daß *Piagets* Theorie in Mißkredit geraten ist? Keinesfalls! *Piagets* Ideen werden geklärt und verfeinert und, wie ein Beobachter treffend formuliert, seine Theorie ist nach immerhin sechzig Jahren wissenschaftlichen Weiterdenkens noch bemerkenswert anpassungsfähig und robust (*Beilin,* 1980).

7.5 *Bruners* Theorie der kognitiven Entwicklung

Auch *Jerome Bruner* (1966) hat sich mit der Entwicklung kognitiver Funktionen beschäftigt. Er meint, daß in Entwicklungstheorien die folgenden sechs Punkte Berücksichtigung finden müßten:

1. Intellektuelle Entwicklung ist dadurch gekennzeichnet, daß Verhalten zunehmend unabhängiger von Außenreizen wird. Kinder, die zunächst unter strenger Stimuluskontrolle stehen, erwerben im Laufe eines Lernprozesses zunehmende Unabhängigkeit von diesem Stimulus. In dem Ausmaß, in dem sie sich ein Sprachsystem aneignen, lernen sie, sich die Beziehung zwischen Reiz und Reizantwortverhalten in einem internen Vermittlungsprozeß darzustellen. Über diese Vermittlung lernen es die Kinder, Belohnungsaufschub zu ertragen, Verhalten zu modifizieren und bei sich ändernden Stimulussituationen gleichbleibende Reaktionen auszuführen.

Unabhängigkeit der Reaktion vom Stimulus

2. Die kognitive Entwicklung hängt von der Ausbildung eines internen Speicher- und Informationsverarbeitungssystems ab, mit dem die Wirklichkeit sehr genau dargestellt werden kann. Nur dadurch, daß Kinder sich ein Symbolsystem aneignen, das die Welt repräsentiert, können sie Voraussagen treffen, extrapolieren, Hypothesen über neuartige Ergebnisse aufstellen usw. Um über unmittelbare Sinneseindrücke und Erfahrungen hinausgehen zu können, ist eine symbolische Darstellung der Welt erforderlich.

Symbolische Darstellungen

3. Mit der intellektuellen Entwicklung nimmt die Fähigkeit zu, sich selbst oder anderen mit Worten oder Symbolen klarzumachen, was man getan hat und was man tun wird. Hier ist so etwas wie Selbstbewußtheit gemeint. Ohne Ausbildung der Fähigkeit, vergangene und zukünftige Aktionen zu beschreiben, kann analytisches Verhalten, das auf die eigene Person oder auf die Umwelt gerichtet ist, nicht stattfinden.

Selbstbewußtheit

4. Systematische Interaktionen zwischen einem Betreuer und dem Lernenden sind für die kognitive Entwicklung notwendig. *Bruner* weist darauf hin, daß der Vater, die Mutter, der Lehrer oder irgendein anderes Mitglied der Gesellschaft das Kind lehren muß. Einfach in eine Kultur hineingeboren zu werden, reicht für eine uneingeschränkte intellektuelle Entwicklung nicht

Interaktionen zwischen Betreuer und Lernendem

aus. Ein dazu bestimmter Lehrer muß dem Kind die Kultur interpretieren und sie mit ihm teilen.

Sprache als Schlüssel

5. Sprache ist der Schlüssel zur kognitiven Entwicklung. Über die Sprache kommunizieren andere mit uns, teilen sie uns ihre Auffassung der Welt mit; über Sprache teilen wir unsere Auffassungen über die Welt anderen mit, mit Hilfe der Sprache können wir uns Fragen darüber vorlegen, wie die Welt funktioniert. Von größter Bedeutung jedoch ist die Tatsache, daß wir mit zunehmendem Alter lernen, die Sprache dazu zu gebrauchen, eine Vermittlung zwischen den Ereignissen in unserer Welt herzustellen. Diese Fähigkeit, eine sprachliche Vermittlung herzustellen, verknüpft ein Ereignis mit einem anderen auf kausale Weise, stellt eine Verbindung zwischen dem Neuen und dem Vertrauten her und ermöglicht es uns, Ereignisse so zu verschlüsseln, daß wir mit den daraus resultierenden internen Repräsentationen umgehen können.

Simultane Alternativen

6. Die kognitive Entwicklung ist durch die zunehmende Fähigkeit ausgezeichnet, mit mehreren Alternativen simultan umzugehen, gleichzeitig mehrere Handlungen durchzuführen und die Aufmerksamkeit nacheinander verschiedenen Situationen zu widmen.

Diese Merkmale der kognitiven Entwicklung hat *Bruner* bei seiner Arbeit mit Kindern, die auf ähnliche Weise stattfand wie bei *Piaget,* festgestellt. Aufgrund seiner Beobachtungen nimmt *Bruner* an, daß es in der Weise, wie Kinder sich selbst die Welt darstellen, drei Entwicklungsstufen gibt. Die erste ist die

Enaktive Stufe

enaktive Stufe, auf der das Kind seine Umwelt über den handelnden Umgang mit ihr begreift. Wenn man z. B. einem Kind beibringt, Rad zu fahren, so gibt es tatsächlich keine Vorstellung und keine Wörter, die dabei von Nutzen wären. Allein das psychomotorische Wissen wird dazu führen, daß das Kind Radfahren lernt. Auf dieser Stufe sind, wie *Piaget* und *Bruner* gesagt haben, Objekte das, was das Kind mit ihnen anstellt. Auf dieser Stufe werden über das Festhalten, Umherbewegen, Beißen, Reiben, Berühren usw. die erforderlichen Erfahrungen mit den Objekten der Welt gemacht.

Das nächste kognitive Niveau stellt einen großen Fortschritt dar. Auf diesem Niveau sind bildhafte Vorstellungen die Informationsträger, es wird die

Ikonische Stufe

ikonische Stufe genannt. Das Kind ist ein Gefangener seiner Wahrnehmungswelt. Es wird von Helligkeit, Lebhaftigkeit, Lärm und Bewegung beherrscht. Einzelne Merkmale der Umwelt nehmen die Aufmerksamkeit gefangen, das visuelle Gedächtnis bildet sich aus, aber das Kind springt von Eindruck zu Eindruck. *Piagets* Beschreibungen der Anfangsstadien des präoperationalen Denkens decken sich mit *Bruners* ikonischer Stufe.

Symbolische Stufe

Schließlich erreicht das Kind die *symbolische* Stufe, auf der Symbolsysteme an die Stelle des Handelns ohne Denken und des an die Wahrnehmung gebundenen Verständnisses treten. Sprache, Logik und Mathematik beginnen nun, eine Rolle zu spielen. Auf der symbolischen Stufe ist Verdichtung *(compactability)* möglich – d. h. eine Kondensierung von Erfahrungen in Formeln, wie z. B. $AX^2 + BX + C = 0$, und in semantisch angereicherte Feststellungen, wie „Morgenstund hat Gold im Mund" oder „Zu viele Köche verderben den Brei". Zu solchen Formeln und Sprichwörtern, die über Symbolsysteme kommuni-

ziert werden, können Ideen verdichtet und dadurch große Informationsbeträge gespeichert werden, die dann leicht abgerufen werden können und über die die Welt genau und zutreffend dargestellt werden kann.
Nach *Bruner* läuft die Entwicklung des Kindes von der enaktiven zur ikonischen und weiter zur symbolischen Repräsentationsstufe. Das bedeutet nicht, daß Erwachsene ihre Erfahrungen nicht mehr über ikonische oder enaktive Systeme verschlüsseln. Vielmehr ist damit gemeint, daß mit zunehmendem Alter und mit zunehmender Erfahrung das symbolische System die Vorherrschaft gewinnt. Möglicherweise haben jedoch bei unseren großen Künstlern ikonische Prozesse weiterhin die größte Bedeutung und vielleicht besitzen unsere großen Chirurgen, Sportler und Geiger hochentwickelte enaktive Kodierungssysteme.

7.6 Implikationen der Theorien *Piagets* und *Bruners* für den Unterricht

Welche Bedeutung hat nun die Arbeit von *Piaget* und von *Bruner* für den Unterricht und für den Lehrer? Ihre Ergebnisse haben auf das, was der Lehrer tun sollte, Auswirkungen. Wie Kinder denken und wie sich ihr Denken ändert, wenn sie älter werden, sollte bestimmten, welchen Unterricht man für wünschenswert hält. Im folgenden sind einige Implikationen für den Unterricht aufgeführt, die sich aus der Untersuchung der kognitiven Entwicklung ergeben haben:

1. Kinder sind, was ihre Denkprozesse betrifft, nicht lediglich junge Erwachsene. Sie denken auf eine Weise, an die sich Erwachsene nicht mehr erinnern können. Sie machen Fehler, deren Voraussage den Erwachsenen Schwierigkeiten bereitet. Dementsprechend müssen Erwachsene, die eine Erziehungsfrage haben, sich besonders darum bemühen, sich in die Situation des Kindes zu versetzen, so daß sie Phänomene und Probleme auf die gleiche Weise wie das Kind wahrnehmen. Diese Art intellektueller „Einfühlung" ist nicht ohne weiteres verfügbar, kann jedoch über Befragungen, Beobachtungen und Fragebögen erreicht werden. Wenn ein derartiges Verständnis für die kognitiven Prozesse des Kindes erreicht wird, so wird dies für den Lehrer eine große Hilfe darstellen.

Intellektuelle Einfühlung

2. Kinder, vor allem in den Vorschul- und den ersten Grundschuljahren, lernen dann besonders gut, wenn sie mit konkreten Objekten, Materialien und Phänomenen umgehen. Mit Worten und anderen Arten von Symbolen können Einsichten auf diesen Altersstufen weniger wirkungsvoll als mit Dingen gefördert werden. Wenn das Kind die Möglichkeit erhält, Dinge zu manipulieren, an ihnen Handlungen zu vollziehen, sie zu berühren, sie zu sehen und zu fühlen, so stellt dies eine effektivere Hilfe für den Erwerb eines Verständnisses für Konzepte und Beziehungen dar als die abstrakteren Formen des Lernens, die in der späteren Kindheit und in der Adoleszenz zum Erfolg führen. Es ist beispielsweise unwahrscheinlich, daß Konzepte,

Konkrete Objekte

die sich auf Zahlen beziehen, erworben werden können, ohne daß die Gegenstände im Hinblick auf ihre Farbe, Größe, Form, Oberflächenstruktur oder ihr Gewicht usw. klassifiziert werden. Ohne Erfahrungen mit den Möglichkeiten der Ordnung von Gegenständen („Zuerst dieser Stock, dann der Stock“) ist es schwieriger zu verstehen, daß 5 vor 6 kommt (*Elkind,* 1976). Die Auswirkungen der Vorstellungen von *Piaget* und *Bruner* bestehen in der Tat darin, daß sie zum Gebrauch des „entdeckenden“ Lernens und zu anderen induktiven Lehr- und Lernmethoden anregen. Bei Verwendung dieser Methoden erwerben die Kinder dadurch ein Verständnis für Konzepte und Prinzipien, daß sie persönliche Entdeckungen machen. Welchen Beschränkungen derartige Methoden auch immer auf späteren Stufen der kognitiven Entwicklung unterworfen sind, auf dem Niveau der Vorschule und der ersten Grundschuljahre sind sie besonders wertvoll.

Induktive Methoden

In mancherlei Hinsicht setzen die Abläufe, über die in späteren Jahren ein Verständnis erzielt wird, das auf Worten und Symbolen beruht, die früheren Verständnisformen voraus, die sowohl auf direkter als auch auf interner Manipulation von Objekten beruhen. Kinder, die nicht im Spiel mit Schaukeln ein „Gefühl“ für die Hebelgesetze erworben haben, werden bei der Aneigung eines derartigen Verständnisses im Physikunterricht Schwierigkeiten haben. Kinder, die nicht mit Perlen, Stöcken und Knetgummi gespielt haben, werden möglicherweise Schwierigkeiten dabei haben, ein Verständnis für Addition, Subtraktion, Multiplikation und Division zu erreichen.

Die Unterschiede zwischen Jungen und Mädchen in ihrer Fähigkeit, als Jugendliche mechanische und physikalische Prinzipien zu erlernen, sind möglicherweise dadurch zu erklären, daß sie früher unterschiedliche Gelegenheit dazu hatten, eine Vielfalt von Objekten zu manipulieren.

Unterrichtsabfolge

3. Diese Theorien enthalten auch Implikationen für die Gestaltung der Unterrichtsabfolge über Schuljahre hinweg, aber auch für die Unterrichtsabfolge während einer kleinen Unterrichtseinheit in der Klasse. Wenn wir diese Implikationen sehen, extrapolieren wir jedoch von den Theorien *Piagets* und *Bruners*. Ihre Theorien der Entwicklungsabfolge lassen uns vermuten, daß ein Unterricht mit einem Stadium des „Herumprobierens“ beginnen sollte. In diesem Berührungsstadium, in dem von den Händen Gebrauch gemacht werden soll, werden sich enaktive Repräsentationen ausbilden. In diesem Stadium könnten im Geographieunterricht Steine, in Kursen über Automechanik Automobilteile, im Kindergarten Holzbuchstaben, in den Grundschulklassen Samen und Erde und an der Realschule Kochzutaten oder Nähzeug verwendet werden. Im zweiten Teil einer solchen Sequenz sollte man sich damit befassen, die Wahrnehmungsgenauigkeit zu fördern. Der Lehrer sollte auf hervorstechende Eigenschaften bestimmter Objekte oder Ereignisse hinweisen, ausgedehnten Gebrauch von audiovisuellen Wahrnehmungen machen und konkrete, nicht abstrakte Modelle verwenden. In diesem Unterrichtsteil geht es um den Aufbau ikonischer Repräsentationen. In der Praxis gibt es dafür viele Möglichkeiten: die Verwendung eines Zeitlupenfilms, der eine wachsende Blume zeigt, das Aufzeigen der Teile eines Flugzeuges, das Modell eines Salzmoleküls

mit verschiedenen Farben kennzeichnen, so daß die beiden Elemente dargestellt werden, aus denen es besteht. Die konkreten und ikonischen Modelle sind vielleicht notwendig, damit der Schüler mit Informationen umgehen kann, die in einer abstrakteren Form dargestellt werden, wie das für die nächste Unterrichtsstufe in dieser Sequenz, die *verbale* Stufe zutrifft. Verbale Darstellungen führen zu sprachlichen Erfahrungen beim Schüler. Eine Unterrichtsabfolge, die handgreifliche Erfahrungen mit Objekten beinhaltet, in der dann die Aufmerksamkeit auf wahrnehmbare Merkmale gerichtet wird und in der dann eine verbale Erörterung der Ereignisse erfolgt, scheint sinnvoll zu sein. Auch ein Lehrer, der mit einem Schüler arbeitet, der Schwierigkeiten hat, sollte diese Abfolge im Kopf haben. Wenn nicht die richtige Art von Erfahrungen vorausgegangen ist, ist es für einen Schüler manchmal schwierig, mit den abstrakten verbalen Erörterungen, denen er ausgesetzt ist, etwas anzufangen. Diese enge Verflechtung, die *Piaget* auch für die Anordnung der einzelnen Unterrichtsschritte beachtet wissen möchte, hat *Elkind* (1976) auf die einprägsame Formel „Nahe Erfahrungen kommen vor fernen Erfahrungen" gebracht. Wenn Kinder die Landkarte Deutschlands verstehen können sollen, dann sollten sie zunächst einmal die Karte ihrer eigenen Stadt oder ihres Landkreises kennenlernen. Sie werden mehr lernen, wenn sie Meerschweinchen beobachten, als wenn sie alles Mögliche über Dinosaurier lernen. Kinder müssen erst einmal das lernen, was in ihrer unmittelbaren Reichweite liegt, bevor sie sich in Lernbereiche vorwagen, die von ihren Erfahrungen weiter entfernt sind. Der Rückgriff auf ikonische und enaktive Stufen könnte diesen Schülern dazu verhelfen, daß sie die abstrakteren, verbalen Probleme bewältigen, bei denen sie Schwierigkeiten haben. Auf der symbolischen Stufe, ähnlich wie bei der formal-operationalen Stufe *Piagets*, wird die Sprache zum Denkinstrument und erwirbt die Vorherrschaft über ikonische und enaktive Repräsentationen von Wissen. Mit ausgefeilten Sprachsystemen wird das Denken in Sätzen, werden „Wenn-dann"-Formulierungen und hypothetisch-deduktives Denken möglich. Wenn den Schülern der Gebrauch von Symbolen verfügbar geworden ist und wenn formale Operationen das Mittel sind, mit dem die Welt geordnet und intern repräsentiert wird, dann kann der Lehrer mit seinen Schülern abstrakte Kenntnisinhalte behandeln. Solange einem Kind die Prozesse dieser symbolischen Stufe nicht verfügbar sind, muß ein großer Teil dessen, was in der Schule vor sich geht, sehr verwirrend sein.

Die Möglichkeit zum Einordnen neuer Erfahrungen

4. Dadurch, daß neue Erfahrungen mit der vorhandenen kognitiven Struktur interagieren, wird Interesse geweckt und Verständnis entwickelt. Die neue Erfahrung muß bis zu einem gewissen Grad in das eingeordnet werden können, was das Kind bereits weiß. Es sollte jedoch nicht so gut zu bereits vorhandenem Wissen passen, daß Unstimmigkeiten und Konflikte vollständig ausgeschaltet sind. Ein bescheidenes Maß an Neuem ist sinnvoll, zu wenig langweilt, zu viel verwirrt.

Selbstbestimmung der Schüler

5. Den Kindern sollte gestattet werden, die Geschwindigkeit, mit der sie die Entwicklungsabfolge durchlaufen, weitgehend selbst zu bestimmen. Sie sollten ihre Lerngeschwindigkeit selbst festlegen und nicht zu Lernschritten

gezwungen werden, für die sie noch nicht genügend vorbereitet sind. Diese Implikation legt anstelle von Methoden, bei denen ganze Schülergruppen mit der gleichen Geschwindigkeit vorangetrieben werden, einen individualisierten Unterricht nahe. Manche Kinder brauchen mehr Hilfen, eine besondere Art von Hilfe und mehr Zeit. Den Kindern sollte also ausgiebig dazu Gelegenheit gegeben werden, ihre eigenen Projekte selbst zu bearbeiten. Es muß ihnen gestattet sein, ihr Wissen selbst zu strukturieren. Ebenso wie Kinder, bevor sie auch nur in den Kindergarten kommen, selbständig mit enormer Geschwindigkeit lernen, können sie auch in der Schule weiterhin effektiv als Individuen und nicht als untergeordnete Mitglieder einer Klasse lernen. Aus der Arbeit von *Piaget* und von *Bruner* ergibt sich, daß Kinder „Lerngelegenheiten" mehr als einen formalen Unterricht brauchen. Der Lehrer hat genug zu tun, derartige Gelegenheiten sowie die entsprechenden Umweltbedingungen bereitzustellen. Er muß die Gelegenheiten und Materialien so anordnen, daß sie für das Kind dazu nutzbar werden, Verständnis zu erwerben.

Kognitive Werte der Interaktion

6. Die Interaktion mit anderen Menschen ist nicht nur affektiv sondern auch kognitiv von Wert. Die Selbstbezogenheit des frühkindlichen Denkens führt dazu, daß das Kind alles so betrachtet, als ob es selbst das Zentrum des Universums wäre. Diese Selbstbezogenheit macht zutreffenderen Auffassungen Platz, sobald das Kind durch soziale Interaktionen dazu gezwungen wird, sich mit den Standpunkten anderer Menschen auseinanderzusetzen. Das Kind erhält Informationen darüber, wie andere Menschen die Dinge sehen. Es muß sich selbst klar ausdrücken können, um seine eigenen Ansichten angesichts der Fragen, Argumente und Meinungen anderer verteidigen zu können. Die Unstimmigkeiten in der Betrachtungsweise des Kindes werden von anderen weniger tolerant hingenommen als von ihm selbst. Da soziale Interaktionen in erster Linie über Worte ablaufen, wird das Verständnisniveau des Kindes angehoben; es verläßt das motorische oder manipulative und das intuitive Niveau und erreicht das verbale.

Neue Tests über kognitive Strategien

7. Aufgaben, wie das Experiment *Piagets* mit dem Flüssigkeitsbehälter, können von Lehrern eingesetzt werden, um etwas über die kognitiven Strategien aufzudecken, die Kinder benutzen, um sich Konzepte wie beispielsweise Ursache und Wirkung, das Prinzip der Erhaltung oder Zahlen anzueignen. Für die Hand des Lehrers ist von *Formanek* u. *Gurian* (1976) ein Leitfaden entwickelt worden, anhand dessen man das intellektuelle Wachstum eines Kindes mittels der von *Piaget* entwickelten Aufgaben nachvollziehen kann.

   Ein besonderer und nützlicher Aspekt dieser Vorgehensweise muß nun noch herausgestellt werden. Aus diesen Aufgaben ergeben sich mehr Informationen über ein Kind, wenn es Fehler macht, als wenn es eine zutreffende Antwort gibt. *Piaget* wandte einige Mühe auf (an der Schule, die auch *Binet* zur Entwicklung seines Intelligenztests verwandte), die Standardisierung eines britischen Tests für Pariser Kinder zu versuchen. Dabei wurde er von den Fehlern der Kinder, insbesondere von den Denkvorgängen, die dahintersteckten, so fasziniert, daß er seine Standardisierungsaufgabe nie zu Ende führte. Es waren diese Fehler der Kinder, die mehr als alles andere *Piagets* Interesse an der Entwicklung logischer Prozesse weckte. Wenn sich Lehrer die Zeit nähmen, die Fehler ihrer Schüler zu analysieren und zu interpretieren, und nicht bloß die Schüler darüber informierten, daß sie Fehler gemacht haben, dann könnten auch sie viel lernen.

Fehleranalyse

7.7 Die Sprachentwicklung

Wir haben bereits festgestellt, wie beim etwa zweijährigen Kind die sensomotorischen, ikonischen und enaktiven Stufen plötzlich von den Anfängen sprachlicher Äußerungen überlagert werden. Dieses Symbolsystem hat die Tendenz, die vorsprachlichen Möglichkeiten zur Aneignung von Wissen abzulösen. Die Einwirkung ist so prägnant, daß mit etwa vier bis sechs Jahren die Aufgaben des Denkens, Lernens und Kommunizierens – methodisch gesehen – sprachlich gelöst werden. Dieses außergewöhnliche Werkzeug der Sprache ist es, was menschliche Erfahrung so eindeutig von Erfahrungen anderer Lebewesen unterscheidet.

Es gibt einen gewissen Beweis dafür, daß die Kompetenz, Sprache zu erwerben, angeboren ist (vgl. *Chomsky,* 1957; 1968). Man hat postuliert, daß in jedem Menschen ein Spracherwerbsmechanismus vorhanden ist, der durch äußere Spracheinwirkung aktiviert wird (*McNeil,* 1970). Die Rationalisten unter den Theoretikern, die von einer angeborenen Sprachfähigkeit ausgehen, sagen, daß es im menschlichen Gedächtnis ein System von allgemeinen Vorbegriffen oder Ideen über den formalen Aufbau von Sprache gibt, durch den die informellen sprachlichen Daten der Sprachgemeinschaft, der der einzelne angehört, gefiltert werden. Das heranwachsende Kind macht sich diesen Mechanismus zunutze und kann so implizit bestimmen, welche operationalen Regeln es in seiner Sprachgemeinschaft gibt. Diese rationalistische Position stützt sich auf verschiedene Erkenntnisse: es besteht eine Korrespondenz zwischen Sprachentwicklung auf der einen und physischer und motorischer Entwicklung auf der anderen Seite (*Lenneberg,* 1967); interkulturelle Sprachanalysen verweisen auf die Universalität bestimmter sprachlicher Phänomene (*Slobin,* 1970); die Aneignung grammatischer Strukturen und die Anwendung syntaktischer Regeln erfolgt bei Kindern in einer geordneten Progression (*R. Brown,* 1973).

Spracherwerbs-mechanismus

Rationalistische Position

Ob diese „nativistischen" Erklärungsansätze erforderlich sind, um die spektakuläre und universelle Entwicklung von sprachlicher Kompetenz bei Kindern zu erklären, ist in unserem Zusammenhang zumindest teilweise unwesentlich, denn alle Sprachwissenschaftler teilen die Auffassung, daß es die Erfahrung mit Sprache ist, die Sprachverhalten hervorruft und modifiziert. Unterschiede in der Umwelt, insbesondere Unterschiede in der Interaktion zwischen der ersten Bezugsperson und dem Säugling, beeinflussen Sprache und Denken (*Anastasiow, Hanes* u. *Hanes,* 1982). In der sprachlichen Interaktion mit erwachsenen Sprachanwendern erlernt das Kind durch Zuhören und Sprechen in kürzester Zeit ein ungemein komplexes Regelnetz und ein noch komplexeres

Netz von Ausnahmen zu bestimmten Regeln. Allerdings werden wir noch auf einige nicht so selbstverständliche Implikationen zu sprechen kommen (vgl. *Bierly*, 1978).

Das einzelne Wort: holophrastische Sprache

Einzelwortäußerungen

Sprache in Form von Einzelwortäußerungen beginnt normalerweise im Anschluß an das erste Lebensjahr, ein paar Monate früher oder später. Mit 15 Monaten kann ein Kind unter Umständen bereits über einen Wortschatz von 50 Wörtern verfügen. Dieser Anfangswortschatz besteht überwiegend aus Gegenstandsbezeichnungen, wie z. B. *Schuh, Milch, Keks, Hund, Auto,* und Wörter des Tuns wie *gehen, schieben, pusten.* Hier werden Dinge und Ereignisse aus der Umwelt des Kindes angesprochen, auf die es handelnd eingeht oder die seine Aufmerksamkeit wecken oder beanspruchen (*P. S. Dale,* 1976). Die frühkindliche Sprache ist ferner von emotionalen Äußerungen bestimmt. So sagt ein Kind vielleicht laut und bestimmend „Keks", wenn es meint, „Ich möchte etwas zu essen haben", und murmelt leise vor sich hin „Keks", um damit auszudrücken, „Ich bin zufrieden". Das Kind ist in diesem Alter unablässig damit beschäftigt, Dinge zu benennen, die es aktiv kennengelernt und emotional erfühlt hat. Viele der Aktionsverben werden imperativ verwendet. Das Kind sagt „schieben!", wenn es meint, „Ich möchte den Buggy selber schieben", oder „gehen!", wenn es ausdrücken möchte, „Können wir jetzt nicht gehen?". Bisweilen sind diese Imperative auf das Kind selbst gerichtet: während es von einem Zimmer ins andere geht, sagt es vielleicht „gehen", als ob es das Wort einsetzt, um das Ereignis zu definieren, weil das Ereignis nicht länger allein, d. h. ohne das Zutun der Sprache definiert werden kann.

Übergeneralisierung der Bedeutungsinhalte

Die ersten Worte des Kindes sind in der Regel übergeneralisiert, denn Bedeutungsinhalte sind für ein kleines Kind sehr schwer abzugrenzen. Der „Ball" steht dann für alle runden Objekte und mit „Hund" werden alle Tiere bezeichnet, Pferd, Kuh und Kaninchen. Diese Phase der Übergeneralisierung endet, wenn das Kind etwas älter geworden ist und durch eigene Schlußfolgerungen feststellen kann, daß jedes Ding seinen Namen hat. Eltern kennen diese endlosen „Was-ist-das?"-Fragen, mit denen das Kind lernt, seine Welt zu benennen und somit seinen Wortschatz aufzubauen.

Holophrastische Sprache

Wir sind zwar nicht der Überzeugung, daß Kinder ebenso detaillierte und differenzierte Gedanken haben wie Erwachsene. Dennoch gehen wir davon aus, daß die Einzelwortäußerungen des Kindes holophrastisch sind, d. h. daß komplexe Gedanken, die von einem Erwachsenen in einem ganzen Satz ausgedrückt werden müßten, vom Kind in einem einzigen Wort zusammengefaßt werden. Selbst in den ersten Gegenstandsbenennungen wie z. B. „Schuh" oder bei Tätigkeitsbezeichnungen wie „gehen" und Befehlsäußerungen wie „Schieben!" scheint ein rudimentäres grammatisches Wissen enthalten zu sein. Welche Wörter zuerst gelernt werden, hängt wahrscheinlich mit der sprachlichen Umgebung zusammen. In einer von *Nelson* (1973) durchgeführten Untersuchung zum kindlichen Initialwortschatz (50 Wörter) wurde ermittelt, daß das erste Kind von Eltern mit einem hohen Bildungsgrad mehr Sachwörter benutzt, während das zweite oder weitere Kind von Eltern mit weniger hohem Bildungsgrad Wörter benutzt, die sich auf es selbst oder andere Menschen beziehen. Die Sprachgemeinschaft, in der ein Kind aufwächst, wirkt auf das ein, *was* gelernt wird, und diese Tatsache hat weitreichende Bedeutung für die Erziehung. *Wie* Sprache gelernt wird, hängt somit nach der Auffassung der Rationalisten nicht von den Eigenschaften der Sprachgemeinschaft ab, so daß kognitive Entwicklung und Sprachkompetenz nicht von solchen Unterschieden beeinflußt sein dürften. Demzufolge ist die sprachliche Kompetenz aller Sprecher bzw. ihr sprachliches Wissen gleich. Nur die Sprechleistung („linguistic performance") unterscheidet sich von Sprecher zu Sprecher. *Cazden* (1966, S. 136) definiert sprachliche Kompetenz als „das Wissen des Lerners/Sprechers von seiner Sprache – dem endlichen System von Regeln, welche ihn dazu befähigen, eine endlose Anzahl neuer Sätze zu verstehen und hervorzubringen"; demgegenüber ist sprachliche Leistung definiert als „der Ausdruck oder die Umsetzung von Kompetenz in Verhalten". Die Sprachleistung wird von vielen Faktoren mitbeeinflußt: der Sprachgemeinschaft, der sprachlichen Situation, dem Thema, der Aufmerksamkeit und der Erinnerung, der Angst usw. Die Kompetenz zur Entwicklung eines ganz von seinem Nutzungswert bestimmten sprachlichen Systems jedoch wird nicht in Frage gestellt, außer bei gehirngeschädigten oder geistig zurückgebliebenen Menschen.

Sprachliche Kompetenz und Performanz

Zwei Wörter: Telegrammstil

Die ersten Worte des Kindes, selbst die Einzelwortäußerungen, vermitteln dem Kind ein Gefühl davon, welche Macht, soziale Bedeutung und funktionale Bedeutung dieses Symbolsystem hat, das wir Sprache nennen. Irgendwann jedoch, gewöhnlich im Alter von eineinhalb bis zwei Jahren, beginnt das Kind, Wörter zu verbinden. Es spricht jetzt im Telegrammstil. Es sagt nicht „Mein Auto ist kaputtgegangen", sondern einfach „Auto putt". Wenn es etwas in Besitz nehmen möchte, sagt es „Martin Brot" und nicht „ich möchte das Brot haben". Außerdem lernt das Kind sogenannte „Angelpunktwörter" *(pivot words),* Wörter also, die sich leicht mit anderen Wörtern kombinieren lassen, wie z.B. „mehr". Es gibt keine Kommunikationsprobleme mit „mehr Saft", „mehr Ball", „mehr spielen" oder ähnlichen „Sätzen" im Telegrammstil. Das universale „pivot word" ist „alle alle"; es ermöglicht dem Kind, Fehlendes oder Nichtexistentes auszudrücken: „Milch alle alle" heißt dann so viel wie „Ich habe meine Milch ausgetrunken" und „Sonne alle alle" bedeutet „Die Sonne ist untergegangen". Damit steht dem Kind bereits am Anfang seiner Sprachäußerungen die Möglichkeit zur Verfügung, ein so hochentwickeltes Konzept wie die Null (Nichtexistenz) kommunikativ darzustellen. Für ein zwei bis zweieinhalb Jahre altes Kind ist die Verfügbarkeit eines solchen Konzepts, sowohl in kognitiver als auch in linguistischer Hinsicht, ein beachtlicher Fortschritt. Der Umfang semantischer Beziehungen auf dieser Altersstufe ist in Tabelle 7-1 wiedergegeben. In diese Phase der Sprachentwicklung fällt auch die erste Anwendung von Adjektivformen (vgl. *Cruttendon,* 1979). Die ersten Adjek-

„Angelpunktwörter"

Tabelle 7-1. Beispiele für semantische Beziehungen in Zweiwortäußerungen

Semantische Beziehungen	Beispiele	Semantische Beziehungen	Beispiele
Identifikation	Wauwau sehen	Agens/Aktion	Mama gehen
Lokalisierung	Buch da	Aktion/Objekt	hauen du
Wiederholung	mehr Milch	Agens/Objekt	Mama Buch
Nichtexistenz	Milch alle	Aktion/Lokalität	sitzen Stuhl
Negation	nicht Wauwau	Aktion/Rezipient	geben Papa
Besitz	Bonbon mein	Aktion/Instrument	schneiden Messer
Attribution	Auto groß	Frage	wo Ball?

Aus *Slobin* (1972).

tive, die Kinder verwenden, beziehen sich zumeist auf Größe („kleiner Bub"), Farbe („weißer Hund") und Gemütsbewegung („liebes Kätzchen").

Drei oder mehr Wörter: der komplexe Satz

Flexionsformen

Übergeneralisierung der Flexionsregeln

Wortspiele

In einer sehr uneinheitlichen Progression arbeitet sich das Kind vom einfachen „gehen" zum „gehen Auto", zum noch anspruchsvolleren „gehen Auto Hause" voran; hier deutet sich bereits sowohl komplexe Syntax als auch semantisches Wissen an. Wenn Ketten aus zwei, drei oder vier Wörtern geformt werden, beginnt eine neue Phase der Sprachentwicklung; sie ist besonders durch die erstmalige Verwendung von Flexionsformen gekennzeichnet. Solange Kinder die Flexionsregeln nach und nach in ihrer syntaktischen und semantischen Komplexität erlernen, dominiert Regelwissen vor Nachahmung: „Sie gehte einkaufen", „er singte ein Lied". Auch hier erkennen wir die zunehmenden kognitiven Fähigkeiten des Kindes, wenn es die Anwendung bestimmter Regeln auf noch nicht vertraute Wörter oder Ausdrücke überträgt. Bisweilen dauert es sogar einige Jahre, bis das Kind die Flexionsregeln korrekt anwendet.
Im Alter von zwei bis fünf Jahren sind Kinder in der Sprachanwendung äußerst kreativ. Der sowjetische Wissenschaftler *Chukovsky* (1968) sagt sogar, daß jedes Kind ab zwei Jahren zumindest für eine kurze Zeit zu einem sprachlichen Genie wird. In dieser Phase hören wir Kinder sagen: „Das Schaf hat seinen Pullover nicht mehr an" oder „Wenn wir morgen ganz früh aufstehen, da ist es dann noch ganz spät". Kinder lieben in dieser Phase Nonsensverse oder Wortspiele über alles, und sie tragen selbst viel zu ihrer Neuschöpfung bei. Wir erkennen darin die Fähigkeit des Kindes, mit der kognitiven Darstellung der Welt und dem sprachlichen System, das diese Welt beschreibt, zu spielen. Wie bereits *Piaget* bemerkte, ist solches Spiel für das Kind echte „Arbeit", denn es stellt Erfahrungen bereit, die für die weitere Entfaltung unabdingbar sind.
Mit fünf oder sechs Jahren verliert das Kind ein wenig von dieser sprachlichen Schöpferkraft. Aber es hat in diesem Alter die meisten Komponenten syntaktischer Beziehungen beherrschen gelernt, wenn auch viele Aspekte der sprachlichen Entwicklung in den nachfolgenden Jahren noch bewältigt werden müssen.

7.8 Die Funktion des Erwachsenen bei der Sprachentwicklung

Es ist interessant zu beobachten, wie Erwachsene mit kleinen Kindern kommunizieren, die anfangen, ihre ersten Sätze zu formen. Die Sprache der Erwachsenen ist zunächst auf das Hier und Jetzt beschränkt. Sie kommentieren die Tätigkeiten der Kinder („So ist's gut, schön den Brei essen"), beschreiben die Umwelt („Schau mal, ein Pferd!"), Eigenschaften („So ein weiches Fell hat das Kätzchen") und geben räumliche Beziehungen wieder („Das Baby ist im Laufstall." – „Wo ist der Ball?"). Wenn sie mit Kindern sprechen, verlangsamt sich ihr Sprechtempo, sie sprechen in kurzen Sätzen und wiederholen häufig einzelne Wörter oder ganze Sätze. Sie benutzen in der Regel Wörter, die sie als leichter verständlich, leichter auszusprechen und insgesamt als nützlicher empfinden (vgl. *Clark* u. *Clark,* 1977). Sie wechseln sich in der Beschäftigung mit dem Kind ab und sind dadurch zugleich ein Modell für sprachliches Sozialverhalten. Sie korrigieren die Faktizität einer kindlichen Äußerung weit häufiger als grammatische Fehler. So reagieren sie auf „Hund essen" viel regelmäßiger mit der Antwort „Nein, das ist ein Pferd" und lassen die Tatsache unbeachtet, daß die grammatische Form des Verbs unrichtig ist oder auch die Wahl des Verbs schlechthin („... und überhaupt, Tiere essen nicht, sie fressen"). Dieser Faktor ist von *Brown* et al. (1969) in einer Untersuchung herausgearbeitet worden, in der es um die Sprachaneignung von drei Kindern geht:

> Generell paßten die Eltern ihre Vorschläge den sprachlichen Äußerungen des Kindes an ... und stimmten dann zu oder auch nicht, je nach der vorliegenden Korrespondenz zwischen Vorschlag und Wirklichkeit. ... Es scheint also eher der Wahrheitsgehalt als syntaktische Korrektheit zu sein, was explizite verbale Verstärkungen der Eltern primär leitet; psychologisch gesehen ist das, gelinde gesagt, paradox: denn das Ergebnis eines solchen Trainingsplans wäre normalerweise ein Erwachsener, dessen Sprache grammatisch äußerst korrekt, inhaltlich aber nicht von großer Wahrheitsliebe geprägt ist (S. 70–71).

Grammatik-„Training" der Eltern wirkungslos

Das vorliegende Datenmaterial ist nicht sehr umfangreich, aber immerhin gleichsinnig in dem Ergebnis, daß elterliche „Trainingsverfahren" (Vorbild, Verstärkung durch Belohnung oder Bestrafung) wenig oder gar keine Wirkung auf die grammatischen Kenntnisse des Kindes haben. Es ist wahrscheinlich, daß das grammatische Wissen des Kindes parallel mit seinen kognitiven und intellektuellen Fähigkeiten heranwächst. Wenn ein Kind kognitive Fähigkeiten hat, kann es auch komplexe Regeln lernen und verallgemeinern. Hier verhält es sich ebenso wie bei der Aneignung des Prinzips der Erhaltung: zu frühes Antrainieren ist weniger erfolgreich als weitreichende Erfahrungen sammeln.

7.9 Die Funktion des Lehrers bei der Sprachentwicklung

Die sprachliche Entwicklung des Kindes fällt, oberflächlich betrachtet, zunächst einmal in den Kompetenzbereich der Lehrer im Vorschul- und Grundschulbereich. Wenn wir jedoch berücksichtigen, daß der Fremdsprachenunterricht, der Sonderschulunterricht oder der Unterricht in Ausländerklassen auch viel mit Spracherwerb zu tun haben, sollten Lehrer aller Schularten und Klassenstufen mit den pädagogischen Schlußfolgerungen der Spracherwerbsforschung vertraut sein (vgl. *Bierly,* 1978).

Sprachnormen

In der öffentlichen Diskussion wird nach wie vor die Frage kontrovers gehandelt, ob Variationen der Hochsprache dieser unterlegen sind. In der Linguistik hält man diese Diskussion inzwischen für abgeschlossen: sie vertritt die Position, daß bis heute noch kein Dialekt gefunden werden konnte, dem man einen kognitiven Mangel nachweisen könnte. Die Sprachwissenschaftler haben weder eine Sprache noch eine Dialektform ausfindig gemacht, die genauer, logischer oder ausdrucksstarker Gedanken oder Gefühle wiedergeben kann als jede andere Sprache oder jeder andere Dialekt (*Edwards,* 1979). Von rationalistischer Seite wird die Position vertreten, daß die Oberflächenstruktur eines Dialekts oder sein phonologisches Bild im Vergleich zur Hochsprache zwar anders ist, aber keine Mängel aufweist. Die eigentliche Frage lautet jedoch, ob die Oberflächenunterschiede im strukturellen System einer Dialektform Auswirkungen zeigt, etwa im pädagogischen oder im sozioökonomischen Bereich. Das ist dann aber ein soziales Problem und nicht ein kognitives.

Sprachunterschied ≠ Sprachdefizit

Zweisprachigkeit

Die Debatte darüber, wie man zweisprachige Schüler unterrichten soll, ist ebenfalls ein soziales und kein kognitives Problem. Als Lehrern kann es uns heute täglich passieren, daß wir Schüler mit einer anderen Muttersprache als der unseren unterrichten müssen. Die Zahl der nicht englisch sprechenden schulpflichtigen Kinder in den verschiedenen Regionen der Vereinigten Staaten zum Beispiel ist überraschend hoch. Zumeist sind wir nur mit den großen Gruppierungen vertraut, die ihre eigene Sprache sprechen: Indianer, Chinesen, Mexikaner. Aber wer denkt schon an die Sizilianer und Griechen an der Golfküste, die Portugiesen in Massachusetts, die französisch sprechende Bevölkerung von Maine oder die kürzlich erst eingewanderten Vietnamesen? Bis zu ihrem ersten Schultag haben die Kinder dieser Sprachgemeinschaften die Komplexitäten ihrer Muttersprache zumeist bewältigt. Jetzt fängt die Arbeit erst an: Wie kann die Schule diesen Kindern helfen, sich sprachlich und fachlich durchzusetzen, so daß sie später die Chance haben, sich im gesellschaftlich-ökonomischen Bereich durchzusetzen, *ohne ihre muttersprachliche Kompetenz zu zerstören und damit ihr Selbstbild und ihre kulturelle Identität?* Dieses Problem ist bislang von seiten der Schulbehörden nicht zufriedenstellend beantwortet und von seiten der Lehrer nicht zufriedenstellend gelöst worden.

Die erziehungswissenschaftliche Forschung hat die Auffassung widerlegt, daß Zweisprachigkeit zu einer geringeren Kompetenz in beiden Sprachen führt.

Zweisprachige Kinder in Montreal zum Beispiel, mit dem gleichen sozioökonomischen Hintergrund wie die einsprachigen Kinder einer Kontrollgruppe, zeigten wesentlich höhere Ergebnisse in gemessener Intelligenz, schulischer Leistung sowie positiver Einstellung gegenüber der Kultur, deren Sprache sie als zweite gelernt hatten (*Perl* u. *Lambert,* 1962). Andere Daten unterstützen durchweg die positiven Wirkungen, die von einer frühen ausgeglichenen zweisprachigen Erziehung ausgehen (*Lambert* u. *Tucker,* 1972; *Anderson* u. *Boyer,* 1970). Diese Ergebnisse zeigen uns, daß Zweisprachigkeit nicht eine unabänderliche Notwendigkeit für Minderheiten ist, sondern daß sie eine weitaus bessere Bildungsmöglichkeit für die Mehrheit unserer Schüler sein könnte. Diese Forschungsergebnisse, unterstützt von dem augeprägten Wunsch vieler kultureller Gruppen, ihre Sprachgemeinschaft und ihr kulturelles Erbe zu erhalten, sind die treibenden Kräfte für die Entwicklung zweisprachiger schulischer Curricula in den USA gewesen. Die primär verantwortlichen Faktoren für ein verstärktes Interesse an zweisprachiger Erziehung sind jedoch nach wie vor *(a)* der unübersehbare Kulturschock bei Kindern anderer Sprachgemeinschaften im Zuge der Einschulung und *(b)* der Zeitfaktor: die Zeit, die aufgewendet werden müßte, um die Kinder in der fremden Sprache zu unterrichten, während die ständig verfügbare Muttersprache der Kinder – in der sie viel zeitsparender ihr fachliches Pensum absolvieren könnten – ignoriert wird.

Kulturschock

Welches Ausmaß ein solcher Kulturschock haben kann, wird anschaulich in folgendem Beispiel eines Eskimokindes in Alaska geschildert:

Wenn das Kind sieben Jahre alt geworden ist, haben sich seine kulturellen und sprachlichen Muster eingeschliffen und seine Eltern sind nun gesetzlich verpflichtet, es einzuschulen. Bis zu diesem Zeitpunkt hat es wahrscheinlich nur seinen eigenen, örtlich gebundenen Dialekt gesprochen; wenn seine Eltern selbst die Schule besucht haben, kann es unter Umständen auch ein paar Brocken Englisch.

Nun kommt das Kind in eine völlig fremde Umgebung hinein – ein westliches Klassenzimmer. Sein Lehrer ist aller Wahrscheinlichkeit nach ein Weißer, der, wenn überhaupt, nur wenig über seinen kulturellen Hintergrund weiß. Dieser bringt ihm das Lesen bei und es liest nun eine Geschichte von einem Jungen und einem Mädchen, die zusammen spielen. Das verwirrt ihn ziemlich: die Kinder sind ‚gussuk' [Eskimoterminus für ‚Weißer', abgeleitet vom russischen ‚Kosake']. Aus Erfahrung aber weiß das Kind, daß Jungen und Mädchen nicht miteinander spielen und auch nicht dasselbe Spielzeug haben. Sie haben einen Hund, der heißt Spot; er darf ins Haus und braucht nicht zu arbeiten. Sie haben einen Vater, der geht morgens weg an einen mysteriösen Ort, der ‚Büro' genannt wird, und wenn er abends heimkommt, bringt er nichts zu essen mit. Er fährt mit einer Maschine, die man Auto nennt, auf einem befestigten Weg, der Straße heißt, und an jeder Kreuzung steht ein Polizist. Diese Polizisten lächeln immer, haben lustige Sachen an und helfen den Kindern, die Straße zu überqueren. Aber warum brauchen die Kinder diese Hilfe? Die Mutter verbringt sehr viel Zeit in der Küche damit, eine Speise zuzubereiten, die ‚Plätzchen' heißt, und zwar auf einem Ofen, in dem kein Feuer brennt. Doch das Verwirrendste an alledem kommt erst noch. Eines Tages fahren sie hinaus aufs Land, das ist der Ort, wo die Großeltern aufbewahrt werden. Sie leben nicht bei der Familie und sie freuen sich so sehr über den Besuch der Kinder, daß man sicher ist, daß sie vom Rest der Familie aus irgendeinem fürchterlichen Grund ausgeschlossen worden sind. Die alten Leute leben auf einer ‚Farm', dort werden viele eigenartige Tiere eingesperrt: ein besonders befremdendes Tier, das ‚Kuh' heißt, ein paar sehr verrückt ausschauende Vögel, die ‚Hühner' genannt werden, und ein ‚Pferd', das aussieht wie ein mißgestaltetes Rentier (*L. M. Salisbury,* in: *Anderson* u. *Boyer,* 1970, S. 79–80).

Wenn wir das lesen, überrascht es nicht mehr, daß 60% dieser Eskimokinder nie bis in die achte Klasse kommen.

In den Vereinigten Staaten unterscheiden sich die zweisprachigen Ausbildungsprogramme von Schule zu Schule. In den meisten Schulen wird das bilinguale und bikulturelle Unterrichtsangebot von Lehrern und Eltern gemeinsam entwickelt, und zwar mit dem Ziel, daß die Sprache und Kultur des Kindes weitgehend erhalten bleibt und parallel dazu die englischen Sprachkenntnisse erweitert werden (vgl. *Mackey* u. *Beebe,* 1977). Ein solches Programm beginnt normalerweise in der Sprache des Kindes und schaltet später um ins Englische. Wo immer die Möglichkeit dazu besteht, werden die Kinder solange von zweisprachigen Lehrern unterrichtet, bis nach einigen Schuljahren der Unterricht überwiegend in englischer Sprache durchgeführt werden kann. Dann wird das reguläre Curriculum mit speziell auf die sprachlichen und kulturellen Bedürfnisse der Schüler ausgerichteten Unterrichtsprogrammen angereichert.
Die Rolle des Lehrers in einer zweisprachigen Schule wird somit stark von den dort institutionalisierten curricularen Gegebenheiten bestimmt sein. Die Pädagogische Psychologie kann hierzu in allgemeiner Form fünf Einsichten vermitteln.

Sprachkompetenz ≠ intellektuelle Kompetenz

1. Sprachliche Kompetenz und intellektuelle Kompetenz sind nicht identisch. IQ-Messungen auf der Basis von Sprachtests können die Intelligenz eines zweisprachigen Schülers wesentlich unterschätzen. Schüler mit sprachlichen Problemen in der „offiziellen" Sprache haben unter Umständen keine Probleme, sich in ihrer Muttersprache angemessen auszudrücken. Sie tendieren außerdem dazu, sich von bestimmten Unterrichtsaktivitäten (z.B. Unterrichtsgespräch) zurückzuziehen, wenn der Lehrer oder andere Mitschüler ihre sprachlichen und kulturellen Unterschiede als minderwertig betrachten.

Zweisprachigkeit ≙ Zugehörigkeit zu zwei Kulturen

2. Zweisprachige Schüler sind zugleich Schüler zweier Kulturen. Der Lehrer muß bei der Erstellung von Unterrichtsmaterialien und beim Einsatz bestimmter Unterrichtsmethoden besonders darauf achten, ob diese auf den zweisprachigen Schüler abgestimmt sind. Es ist nicht sinnvoll, einzelne Unterrichtsaktivitäten als spielerische Zweikämpfe durchzuführen, wenn es dem kulturellen Ethos eines Schülers widerspricht, sich auf Kosten anderer zu profilieren.
3. Zweisprachigkeit – d. h. in zwei Sprachen gleichermaßen kompetent zu sein – beeinträchtigt in keinerlei Hinsicht die kognitive Entwicklung eines Kindes, im Gegenteil, sie kann sie sogar fördern. So sollte man ernsthaft erwägen, den schulischen Unterricht ganz allgemein zweisprachig durchzuführen.
4. Zweisprachigkeit erhöht die Erfolgschancen im sozialen und ökonomischen Bereich.

Muttersprachliche Kompetenz curricular berücksichtigen

5. Wenn der Unterricht mit älteren Schülern überwiegend in der offiziellen Landessprache durchgeführt wird, ist es wichtig, daß der zweisprachige Schüler ausreichend Gelegenheit hat, sich in seiner Muttersprache auszudrücken und sein kulturelles Erbe zu pflegen. Bei der Unterrichtsplanung

sind solche Phasen zu berücksichtigen, die dieser Forderung gerecht werden; gerade das Unterrichtsgespräch bietet sich hier als geeignetes Mittel an.

Metasprachliches Bewußtsein

Metasprachliches Bewußtsein ist die Fähigkeit, in bewußter Weise über die Lautung von Wörtern, über den formalen Aufbau von Wörtern in gesprochenen oder geschriebenen Sätzen sowie über die Auswahl der geeignetsten sprachlichen Form zur Bedeutungsvermittlung nachzudenken und sich dazu zu äußern. Dieses metasprachliche Bewußtsein entwickelt sich bei Kindern ungefähr im Alter von sechs Jahren. Unterschiedliche Entwicklungen der metasprachlichen Fähigkeit sind nach *Cazden* (1972) für mehr Unterschiede in schulischen Leistungen verantwortlich als Unterschiede im Sprachgebrauch erkennen lassen. So ist es denkbar, daß am Anfang einer jeden guten schulischen Erziehung die Entwicklung der metasprachlichen Fähigkeit steht. Kinder können sich mit Hilfe des Lehrers ein solches Bewußtsein auf verschiedenen Wegen aneignen. Ein Schüler kann beispielsweise bestimmte sprachliche Regeln implizit kennen, etwa die Regeln der Pluralbildung. Verständnis und mündliches Ausdrucksvermögen sind korrekt. Bei bestimmten Aufgaben kann es allerdings auch erforderlich sein, daß er sich dieser Regeln auch explizit bewußt wird, d.h. um diese Aufgaben erfolgreich zu lösen, muß der Schüler seine impliziten Kenntnisse von der Sprache explizit machen. Auch im sozialen Kontext ist es oft vonnöten, metasprachliche Fertigkeiten einzusetzen. Um einen Witz zu verstehen oder um etwas witzig zu formulieren, muß man mit Lauten oder Wortbedeutungen spielen können – eine metasprachliche Fähigkeit (*Anastasi,* 1982). Auch im künstlerischen oder im wissenschaftlichen Bereich muß man die Entwicklung metasprachlicher Fähigkeiten voraussetzen. Metaphern und subtile Bedeutungsunterschiede, so wesentlich für schöpferisches und wissenschaftliches Arbeiten, können vollinhaltlich nur dann erfaßt werden, wenn metasprachliches Bewußtsein vorhanden ist. Außerdem befähigt es uns, auch auf mögliche – im Gegensatz zu tatsächlichen – Informationen zu reagieren. Das heißt, ohne ein differenziert entwickeltes metasprachliches Bewußtsein kann das Kind nicht auf der formal-operationalen Ebene agieren. Wissenschaftliche Untersuchungsergebnisse beweisen immer häufiger, daß durch zweisprachige Erziehung metasprachliches Bewußtsein, divergentes Denken und die Fähigkeit zur Bildung von Konzepten entwickelt werden (*Diaz,* 1983). Schüler zweisprachig zu erziehen wäre für die Pädagogik kein Problem. Menschen mit ausgeglichenen Kenntnissen in zwei Sprachen haben größere kognitive und ökonomische Möglichkeiten. Warum fördern wir dann die Zweisprachigkeit nicht intensiver? Der Grund hierfür ist, daß wir in den USA mit unserer eigenen Sprache einen bestimmten sozialen Status verbinden, den wir bestimmten anderen Sprach- und Kulturgemeinschaften nicht zubilligen. So bleibt der offensichtliche Vorteil des metasprachlichen Bewußtseins in unseren Schulen ungenutzt.

Explizite Regelkenntnis

Individuelle Unterschiede

Sprachverständnis und Sprachkönnen sind nach der Auffassung der Rationalisten unter den Sprachwissenschaftlern immer von individuellen Unterschieden gekennzeichnet. Diese Unterschiede beruhen weniger auf Kompetenzaspekten als auf persönlichen Eigenschaftsmerkmalen wie z. B. Angst oder umweltbedingten Merkmalen wie die häusliche oder schulische Umgebung. Bedenken wir zunächst die Prämisse, daß individuelle Unterschiede in der sprachlichen Leistungsfähigkeit der Kinder modifizierbar sind und nicht auf angeborenen Kompetenzunterschieden beruhen: die Konsequenz für den Lehrer ist, daß er bei seiner Unterrichtsplanung Möglichkeiten berücksichtigen muß, wie er die sprachlichen Leistungen der Schüler fördern kann. Er kann es sich zum Prinzip machen,

- Ursachen auszuschalten, die Kommunikationsangst auslösen können;
- explizite Regeln über die sprachliche Verständigung im Unterricht aufzustellen und sich daran zu halten (z. B. nicht reagieren, wenn ein Schüler sagt: „Ich will das!", sondern nur, wenn er sagt: „Ich möchte das blaue Buch haben.");
- mehr das Gespräch zu suchen und selbst weniger vorzutragen;
- mehr bedachtes Sprechen zu fördern als impulsives Sprechen;
- mehr mnemonische Hilfen zur Gedächtnisunterstützung anzubieten.

Soziolinguistische Kompetenz

Es braucht heute keinen Beweis mehr, um festzustellen, daß viele Kinder im Vorschulalter in ihrer sprachlichen Entwicklung nicht mehr auf die Erfordernisse der Schule vorbereitet sind. Der Grund hierfür ist, daß die Schule eine ihr eigene „Kultur" mit speziellen Kommunikationsregeln hat. Das Kind, das das für die Schule typische sprachliche Sozialverhalten nicht gelernt hat, ist in verschiedener Hinsicht nicht in der Lage, seinen eigenen Erziehungsprozeß zu verstehen oder sich selbst voll in ihn einzubringen (*Shultz, Florio* u. *Erickson,* 1982). Es ist, als ob das Kind in ein fremdes Land reist – man schlägt sich halt so durch, aber man tritt auch oft ins Fettnäpfchen und vieles bekommt man überhaupt nicht mit! Die Auswirkungen dieser Lücke zwischen Schule und Elternhaus werden in letzter Zeit immer stärker beachtet (vgl. *Philips,* 1982; *Guthrie* u. *Hall,* 1983). Man ist sich darüber im klaren, daß es hier ernsthafte Probleme gibt, z. B. wenn ein Schüler die Struktur einer Unterrichtsstunde nicht gelernt hat – eine Struktur, die sich in der Regel als Sequenz von Lehrereinführung, Schüleraktivität und Lehrerbeurteilung definieren läßt (*Mehan,* 1979; 1982). Häufig weichen Kinder von diesem *erwarteten* Lernmuster ab: sie antworten auf eine Frage des Lehrers mit einer Gegenfrage oder ergehen sich in einer ausschweifenden Antwort oder stellen eine wertende Bemerkung des Lehrers lauthals in Zweifel. Selbst wenn solche Reaktionen in einer anderen Umgebung, etwa der häuslichen, völlig angebracht sind, in das erwartete Schema des Unterrichtsablaufs passen sie nicht. Schüler müssen also

den Umständen entsprechende neue soziale Regeln der sprachlichen Kommunikation im Unterricht lernen.
Soziolinguisten sehen das sprachliche Umfeld des Klassenzimmers als eindeutig regelgesteuert. Regeln informieren uns darüber, wie wir mit wem, wann und zu welchem Zweck sprechen. Aber ebenso wie andere Sprachlernaspekte sind diese Regeln nirgendwo angeschlagen, sie müssen aus dem, was im Unterricht abläuft, erschlossen werden. Nicht jedes Kind kann dies gleich gut. Einzelne Klassen unterscheiden sich, wie wir wissen, in ihrer Regelstruktur. Manche Lehrer stellen „Pseudofragen", deren Antworten sie bereits im Kopf haben, andere stellen „wirkliche" Fragen, bei denen es um tatsächliche Information geht (*Morine-Dershimer* u. *Tennenberg,* 1981). Schüler müssen unterscheiden lernen, welcher Fragetypus gerade „dran" ist. Die Anwendung bestimmter Regeln hängt auch davon ab, wie der Lehrer den Schüler intellektuell einschätzt. Bei „schlechten" Schülern erwartet der Lehrer zum Beispiel beim Lesen eines Lesestücks keine intensive Bearbeitung von Inhalts- und Bedeutungsfragen, sondern eher Probleme bei der Textentschlüsselung und Lesefertigkeit (vgl. *Green,* 1983). Regeln ändern sich auch entsprechend der veränderten Unterrichtsaktivitäten innerhalb einer Klasse oder Stunde. So müssen die Schüler viele verschiedene soziale Regeln für die Kommunikation im Unterricht erst einmal lernen. Den fachlichen Anforderungen zu genügen ist nicht ausreichend, denn die Schüler müssen darüber hinaus bestimmte Informationen oder Kenntnisse in der angemessenen Form zum angemessenen Zeitpunkt wiedergeben können (*Green,* 1983). „Sich in der Klassengemeinschaft sozial kompetent zu verhalten, bedeutet also, daß man Fachwissen und interaktive Fertigkeiten miteinander verknüpft wie die Stränge eines Seils, es bedeutet, daß man Fachwissen inhaltsgetreu und in der angemessenen Interaktionsform wiedergeben kann" (*Mehan,* 1979, S. 170). Der Lehrer kann zur Entwicklung dieser soziolinguistischen Kompetenz dadurch beitragen, daß er die Regeln für angemessenes Unterrichtsverhalten deutlich macht: wie man etwas durchspricht, wie man zuhört, wenn andere sprechen, wie man auf die Äußerungen anderer reagiert usw. Zu erwarten, daß jedes Kind dies alles schon kann, wenn es in die Schule kommt, oder daß es sich das schnell und von ganz allein aneignen wird, ist unrealistisch.

7.10 Zusammenfassung

Piagets Bedeutung für Lehrer ergibt sich aus seiner Analyse der Denkprozesse von Kindern und Jugendlichen. Er hat eine in sich geschlossene und überzeugende Theorie entwickelt. Er hat die wichtigen Verhaltensweisen, die auf der sensomotorischen Entwicklungsstufe auftreten, hervorgehoben und darauf hingewiesen, daß diese Verhaltensweisen die Voraussetzung dafür sind, daß andere, komplexere Verhaltensweisen entstehen können. Die Verwirrung zwischen Konzepten, die auf der Stufe des präoperationalen Denkens vorhanden ist, wurde beschrieben. Wenngleich das Kind offensichtlich spricht und denkt, so mangelt es ihm tatsächlich jedoch noch an der Fähigkeit, operationales Denken durchzuführen. Das heißt, Kinder können vor etwa dem achten Lebensjahr keine internen Transformationen und Manipulationen der Welt durchführen. Die symbolischen Repräsentationen, die abstraktes, logisches und wissenschaftliches Denken ermöglichen, stehen ihnen noch nicht uneingeschränkt zur Verfügung. Wenn das konkret-operationale Denken beginnt, bildet sich ein Teil dieser Fähigkeit aus. Sie ist jedoch noch rudimentär und die Erfahrungen, die hier gewonnen werden, stellen nur das Vorspiel für die Entwicklung des formal-operationalen Denkens dar, das etwa mit elf Jahren beginnt. Die Denkmuster von Jugendlichen sind, verglichen mit den Fertigkeiten der Informationstransformation und -verarbeitung jüngerer Kinder, sehr verfeinert und effektiv.

Die drei Stufen der Repräsentation von Informationen, die von *Bruner* beschrieben werden, decken sich weitgehend mit den Entwicklungsstufen von *Piaget*. Auf der enaktiven Stufe sind Wissen und Handeln ein und dasselbe. Die entsprechenden Verhaltensbeobachtungen von *Bruner* stimmen mit denjenigen, die auf *Piagets* sensomotorischer Stufe angestellt werden können, überein. Auf der ikonischen Stufe verwendet das Kind zur Kodierung seiner Kenntnisse wahrnehmbare Merkmale, ganz ähnlich wie das von *Piaget* für die Stufe der präoperationalen und der konkreten Operationen beschrieben wurde. Auf der symbolischen Stufe schließlich kann formal-operationales Denken stattfinden, da nun ein ausgefeiltes und genaues Sprachsystem zur Verfügung steht.

Die Theorie *Piagets* ist laufenden Veränderungen unterworfen, aber sie liefert uns dennoch ein gutes Gesamtbild über die intellektuelle Entwicklung des Kindes. Sie wird von neuerem Datenmaterial in der Auffassung unterstützt, daß das Kind die verschiedenen Entwicklungsstufen durch konstante Anpassung an die Umwelt erklimmt. Kinder stellen immer eine ausgeglichene Beziehung mit der Umwelt her: was neu ist, wird in das bereits Vertraute eingearbeitet. Mit jeder neuen Erfahrung modifizieren sie, was sie bereits zu wissen glauben, und was sie wissen, beeinflußt das, was in einer jeweils gegebenen Situation neu hinzugelernt wird. Teil solcher Erfahrungen ist ihre Teilnahme als Hörer und Sprecher an einer Sprachgemeinschaft. Obwohl es möglich ist, daß die Entwicklung von sprachlicher Kompetenz biologische Ursachen hat, ist das Äußern von Sprache, also das Sprechen selbst weitgehend von Erfahrungen abhängig. Angefangen bei der holophrastischen Einwortsprache des Kindes, über die telegrammartige Zweiwortsprache bis hin zur komplexen Ausdrucksfähigkeit, zeigt das heranwachsende Kind eine kognitive und sprachliche Entwicklung von erstaunlichen Ausmaßen. Lehrer, die mit zweisprachigen Schülern oder Schülern anderer Sprachgemeinschaften zu tun haben, werden feststellen, daß im individuellen Sprachgebrauch große Unterschiede zu verzeichnen sind. Darüber dürfen sie nicht vergessen, daß unterschiedlicher Sprachgebrauch nicht gleichgesetzt werden darf mit Sprachfähigkeitsdefiziten. – Der Lehrer kann ferner metasprachliche Fähigkeiten beeinflussen, und er sollte es wahrscheinlich auch tun, allein schon deswegen, weil diese Art von Kompetenz in einer engen Beziehung zum unterrichtlichen Erfolg in den einzelnen Fächern steht. Schließlich sollte der Lehrer sich auch der speziellen sprachlichen Anforderungen bewußt sein, die die Schule an die Schüler im Bereich der sozialen Kommunikationsfähigkeit stellt.

Kinder sind keine Erwachsenen und als Lehrer sollten wir sie entsprechend behandeln. Ihre Art zu denken und ihre Fähigkeit, mit anderen zu kommunizieren, machen von Altersstufe zu Altersstufe Wandlungen durch. Kinder brauchen eine breite Palette von Erfahrungen, Interaktionen mit anderen eingeschlossen, und viel Zeit, um über die verschiedenen Sprachlernstufen hinweg schließlich bis zur Stufe der formalen Denkoperationen zu kommen und hierfür ein Sprachsystem zu entwickeln, mit dem man solche komplexen Gedanken ausdrücken kann. Für den Lehrer sind diese Vorstellungen über die Entwicklung des Denkens und Sprechens deswegen von Bedeutung, weil seine Methoden und Erwartungen mit der jeweiligen kognitiven Entwicklungsstufe des Kindes kongruent sein müssen.

Kapitel 8
Die Entwicklung der Persönlichkeit

8.1 Überblick

Mit Persönlichkeit ist die Integration aller Merkmale, Fähigkeiten und Motive eines Menschen gemeint, wozu auch seine Stimmungen, Einstellungen, Meinungen, Überzeugungen, emotionalen Verhaltensweisen, kognitiven Stile, sein Charakter und seine Moralvorstellungen gehören. Offensichtlich umfaßt der Begriff *Persönlichkeit* alle Aspekte menschlichen Handelns. Wir haben uns bereits mit der Intelligenz und der Motivation beschäftigt, zwei Hauptaspekten der Persönlichkeit.

In diesem Kapitel soll zunächst eine allgemeine Auffassung darüber, wie sich Persönlichkeit bildet, unter Verwendung der Vorstellungen von *Erik Erikson* betrachtet werden. *Eriksons* Theorie vermittelt eine mögliche Vorstellung darüber, wie sich die Persönlichkeit von der Geburt bis ins hohe Alter hinein entwickelt. Er faßt die Persönlichkeitsentwicklung als eine Reihe von Krisen auf und hat sich besonders mit den Krisen des Jugendalters beschäftigt. Über die Darstellung der Theorie von *Erikson* wird der Leser erfahren, auf welche Weise sich das Vertrauen, die Autonomie, die Entschlußkraft und die Identität von Kindern entwickelt. *Erikson* beschäftigt sich auch mit der Frage, wie unter ungünstigen Umständen Mißtrauen, Scham-, Schuld- und Unterlegenheitsgefühle und eine Verwirrung über die eigene Identität als Ergebnis der frühen Jahre der Kindheit und der Adoleszenz entstehen können. Die Jahre nach der Adoleszenz werden ebenfalls auf ihre Probleme und Möglichkeiten untersucht.

Daneben befaßt sich dieses Kapitel kurz mit einer weniger globalen Theorie der Entwicklung der Persönlichkeit. Diese Theorie meint nicht den gesamten Komplex der Persönlichkeitsentwicklung, sondern nur einen bestimmten Persönlichkeitsaspekt – die Entwicklung von Moral.

Schließlich werden wir uns mit den Aspekten der Persönlichkeit befassen, die Eigenschaften genannt werden, die die meisten Menschen als Bezeichnungen zur Beschreibung anderer Menschen verwenden. Wir werden uns mit den Eigenschaften Ehrlichkeit, Kreativität, Selbstbild, Angst und Aggressivität befassen. Dabei werden wir die Betonung auf die Unterschiedlichkeit und Veränderbarkeit von Persönlichkeitszügen, wie sie sich uns in der Klasse darstellen, legen.

So werden wir uns in diesem Kapitel über die Persönlichkeitsentwicklung zunächst mit einer allumfassenden Theorie beschäftigen, danach mit einer Theorie, die sich mit einer einzelnen Persönlichkeitsdimension befaßt, und abschließend mit einzelnen Persönlichkeitszügen und ihrer unterschiedlichen Ausprägung und Modifizierbarkeit.

8.2 Eine globale Theorie der Persönlichkeitsentwicklung *(Erikson)*

Krisen im Verlaufe der Entwicklung

Wie entwickelt sich ein „Ich-Gefühl"? Nach der Auffassung von *Erikson* (1968) entwickelt sich eine derartige persönliche Identität aus bestimmten Krisen im Verlaufe der psychosozialen Entwicklung. Diese Krisen führen zu Fortschritten in der Persönlichkeitsentwicklung oder zu Regressionen. Sie bestimmen, ob die Persönlichkeit eher integriert oder eher diffus wird. *Eriksons* Vorstellungen liegt die Annahme zugrunde, daß der heranwachsende Mensch dazu gezwungen ist, sich einer immer mehr ausweitenden sozialen Gemeinschaft bewußt zu werden und mit ihr zu interagieren. Im Verlaufe dieser Interaktionen ist dem Kind, und später dem Erwachsenen, die Möglichkeit gegeben, eine „gesunde" Persönlichkeit zu entwickeln – eine Persönlichkeit, die durch die Beherrschung der Umwelt, durch eine Übereinstimmung mit sich selbst und durch die Fähigkeit, die Welt und sich selbst zutreffend wahrzunehmen, gekennzeichnet ist. Dies sind die Eigenheiten eines Menschen, der sich selbst verwirklicht und seine Möglichkeiten voll ausschöpft, wie sie von humanistischen Psychologen, z. B. *Carl Rogers* und *Abraham Maslow,* beschrieben wurden.

Nach den Vorstellungen *Eriksons* kann diese Selbstverwirklichung nur dann stattfinden, wenn bestimmte Krisen oder grundlegende psychosoziale Probleme, die unten genauer erörtert und in Abbildung 8-1 aufgeführt sind, auf akzeptable Weise gelöst worden sind. Eine Krise ist eine Zeit, in der ein

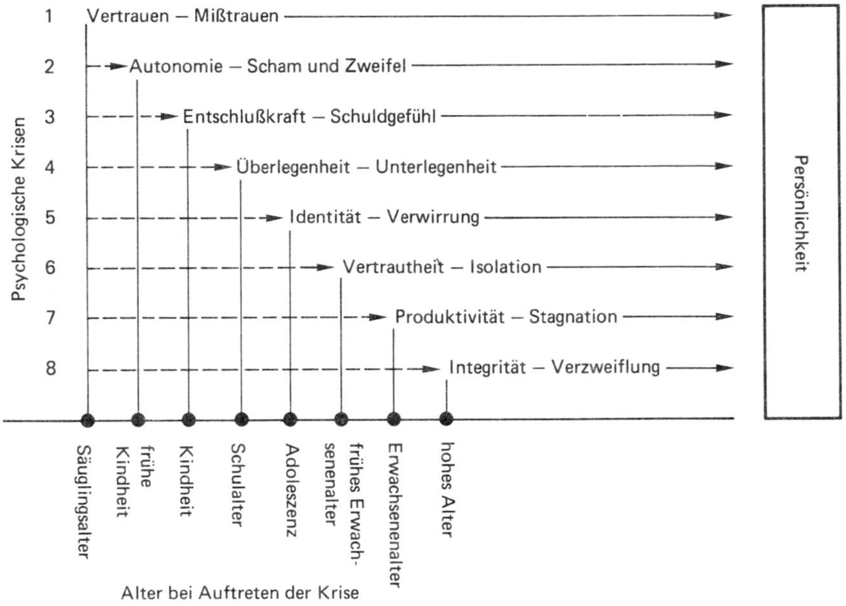

Abbildung 8-1. Die Ausbildung der Persönlichkeit als Entwicklungssequenz von Krisen, die gelöst werden müssen

bestimmtes psychosoziales Problem zu einer verstärkten Verwundbarkeit führt. Jede einzelne Krise steht mit anderen Krisen in Zusammenhang; sie ist immer in irgendeiner Form vorhanden, bevor es zu dem entscheidenden Moment kommt, in dem eine Lösung erreicht werden muß; wenn sie auf günstige Weise gelöst wird, trägt sie letzten Endes immer dazu bei, daß die Stärke und Kraft der sich entwickelnden Persönlichkeit zunimmt (*Erikson*, 1963).

Vertrauen/Mißtrauen

1. Die Krise Vertrauen/Mißtrauen kommt im Säuglingsalter zustande. Die Beschaffenheit des Lebens während des Säuglingsalters – die Liebe, Beachtung, der körperliche Kontakt und die Ernährungsverhältnisse – übt einen Einfluß darauf aus, ob sich beim Kind fundamentale und primitive Gefühle des Vertrauens oder des Mißtrauens in die Umwelt entwickeln. Diese Gefühle bestimmen das gesamte spätere Leben. Mit einem günstigen Verhältnis von Vertrauen zu Mißtrauen ist eine Form von psychosozialer Stärke gegeben.

Autonomie/ Schamgefühl

2. Die Krise Autonomie/Scham und Zweifel tritt während der frühen Kindheit auf. Das Kind testet seine Eltern und seine Umwelt und lernt dabei, worüber es eine Kontrolle ausüben kann und worüber nicht. Es muß sich eine gewisse Selbstkontrolle ausbilden, ohne daß die Selbstachtung verlorengeht, damit das Gefühl entstehen kann, daß man einen freien Willen besitzt. Eine übermäßige Kontrolle durch die Eltern führt bei dem Kind zu anhaltenden Zweifeln über seine Fähigkeiten und zu Scham über seine Bedürfnisse oder seinen Körper. Das Gefühl der Autonomie, das das Kind entwickelt, entstammt seinen ersten Ansätzen zur Emanzipation von seiner Mutter. Es ist davon abhängig, daß sich Vertrauen früher als Mißtrauen entwickelt.

Entschlußkraft/ Schuldgefühl

3. Die Krise Entschlußkraft/Schuldgefühl entsteht im mittleren Kindesalter. Sind Vertrauen und Autonomie vorhanden, so kann das Kind Entschlußkraft entwickeln. Es kann selbständig unbekannte Orte aufsuchen und seiner Neugier freien Lauf lassen. Gleichzeitig mit rudimentären Formen des Ehrgeizes entwickelt sich ein realistischer Sinn dafür, was zweckvoll ist. Die Entwicklung der Entschlußkraft und die in der Folge auftretende Erfahrung von Schuld führt allmählich zur Ausbildung des Gewissens. Die Eltern reagieren zum Teil auf den ungezügelten Forschungsdrang des Kindes dadurch, daß sie ihm die Erlaubnis versagen, bestimmte Dinge zu tun. Auf diese Weise lernt das Kind, welche Bedeutung das Wort „nein" hat. Übertritt das Kind diese Verbote, tatsächlich oder in der Vorstellung, so erlebt es Schuldgefühle. Eltern oder Lehrer, die die Initiative des Kindes zu häufig hemmen, können dadurch erreichen, daß das Kind Schuldgefühle und Hemmungen entwickelt. Tadeln die Eltern oder der Lehrer das Kind zu selten, so kann dies dazu führen, daß sich bei dem Kind kein voll ausgebildetes Gewissen entwickelt. Das Ergebnis einer ausgeglichenen Lösung der Krise Entschlußkraft/Schuldgefühl besteht darin, daß

das Kind die Möglichkeit hat, Initiative und einen Sinn für die Zweckmäßigkeit der Aufgaben, mit denen Erwachsene zu tun haben und in denen der eigene Fähigkeitsbereich möglicherweise (jedoch nicht sicher) ausgeschöpft werden kann. Eine Vorbereitung auf diese Möglichkeit besteht in der festbegründeten, ständig wachsenden und von Schuldgefühlen freien Überzeugung, daß „ich das bin, was zu sein ich mir vorstellen kann" (*Erikson,* 1968, S. 122).

Überlegenheit/ Unterlegenheit

4. Die Krise Überlegenheit/Unterlegenheit tritt während der Jahre zwischen Kindergarten und Pubertät auf. Das Kind muß die Fähigkeit erwerben, manche Dinge gut oder sogar perfekt erledigen zu können. Wird die Entstehung von Überlegenheitsgefühlen verhindert, so führt das zur Entwicklung eines Gefühls der Unterlegenheit und der Unzulänglichkeit. Der Lehrer hat während dieser Jahre die verantwortungsvolle Aufgabe, dafür zu sorgen, daß jedes Kind Erfolgserlebnisse haben kann, so daß die Ausbildung eines Gefühls der Unfähigkeit verhindert wird. Das setzt voraus, daß man die Möglichkeit jedes einzelnen Schülers kennt und die Bedingungen, unter denen der Schüler arbeitet, unter Kontrolle hat. Dabei sieht *Erikson* eine besondere Gefahr darin, daß die Bewältigung einer Aufgabe zum Selbstzweck wird und so die weitere Entwicklung der Person beeinträchtigt wird. Selbstwertgefühle, die *nur* auf Arbeit beruhen und später zur Hetzjagd nach Erfolg im Berufsleben führen, müssen vermieden werden.

Identität/Verwirrung

5. Die Krise Identität/Verwirrung tritt im Jugendalter, jener Sturm- und Drangperiode, auf. Auf dieser Stufe kommt es zwangsläufig zu einer gewissen Verzögerung in der Integration der Persönlichkeitselemente. Jungen werden zu Männern und Mädchen zu Frauen, und es ist gar nicht anders möglich, als daß sie sich verwirrt, befremdet und vereinsamt fühlen. Physische und hormonelle Veränderungen führen dazu, daß sexuelle Kräfte häufig andere Ansprüche in den Hintergrund drängen, die Vorstellungskraft gefangen nehmen und zum Auftauchen verbotener Wünsche führen. Ein neuer, engerer Umgang mit dem anderen Geschlecht wird nun von dem unerfahrenen, jungen Menschen gepflegt oder ihm auch manchmal aufgedrängt und muß verwirrend für ihn sein.

   Das zentrale Problem dieser Periode ist die Ausbildung eines Identitätsgefühls. Über die Identität, die der Jugendliche anstrebt, soll geklärt werden, wer er ist, welche Rolle er in der Gesellschaft zu übernehmen hat. Ist er ein Kind oder ein Erwachsener? Hat der Jugendliche das, was dazu erforderlich ist, um eines Tages ein Ehemann und Vater oder eine Ehefrau und Mutter zu sein? Wie muß er als Arbeiter und als Geldverdiener sein? Kann der Jugendliche trotz der Tatsache, daß seine Rasse oder seine Religion oder sein nationaler Hintergrund manche Leute auf ihn herabschauen lassen, Selbstvertrauen haben? Wird der Jugendliche alles in allem Erfolg haben oder ein Versager sein? Aufgrund dieser Fragen werden Jugendliche manchmal auf krankhafte Weise von dem Gedanken beherrscht, was andere von ihnen halten, ob sie mit den Vorstellungen, die die Jugendlichen von sich selbst haben, übereinstimmen und wie sie erreichen können, daß früher erlernte Rollen und Fertigkeiten sich in das einfügen, was gerade Mode ist.

   Das Unvermögen, sich selbst zu verstehen – die fehlende Identität – führt zur Verwirrung. Ein Mißerfolg bei der Lösung dieser Krise führt dazu, daß sich die Adoleszenz ausdehnt, daß sich die entsprechende Person nicht angemessen verhält, daß sie die Rolle des Erwachsenen übernimmt, ohne über eine integrierte Persönlichkeit zu verfügen. Diese Menschen werden die Krisen des Lebenszyklus, die nach der Identitätskrise kommen, nicht bewältigen.

Gelegentlich erscheint uns die Adoleszenz als eine unbeschwerte Zeit. So verwirft etwa *Adelson* (1979) die heute verbreitete Auffassung, die Adoleszenz sei eine Zeit großer Belastung: „Heranwachsende sind, im großen und ganzen, nicht stark verunsichert, nicht ihren Impulsen hoffnungslos ausgeliefert; weder widersetzen sie sich den Werten der Elterngeneration noch sind sie politisch aktiv oder rebellisch." Unsere Einstellung zu dieser Frage entspricht eher der Position des Psychiaters *Solnit* (1979):

> Die Beobachtung, daß ein Teenager in bestimmten Bereichen – Schule, Sport, Gemeinschaft – gute Verhaltensweisen zeigt, korreliert nicht ... mit dem, was wir über die geistigen und seelischen Erfahrungen eben dieses jungen Menschen wissen. Die Launen, Phantasien, Träume, heimlichen Ängste und Wünsche, d.h. die schmerzhaften Konflikte mit den Normerwartungen des Heranwachsenden können in der psychoanalytischen Behandlung aufgedeckt werden. Dort treten sie zutage, selbst wenn sie auch bei sorgfältigen Untersuchungen, die sich auf ein bis zwei klinische Interviews stützen und Gruppenbeobachtungen einschließen oder Fragebogendaten verwenden, nicht beobachtet werden können.

Vertrautheit/Isolation

6. Die Krise Vertrautheit/Isolation beginnt nach Ausbildung der Identitätsfunktionen, die sich jedoch noch nicht verfestigt haben. Kann ein Mensch seine Identität mit einem anderen teilen, ihm einige Teile davon überlassen, so daß beim Nachdenken über die Gegenwart und die Zukunft das „Wir" an die Stelle des „Ich" tritt? Das Unvermögen, vertraute Beziehungen aufzubauen, führt zur psychischen Isolation, die, da weniger gesund, weniger wünschenswert für den Menschen ist.

Produktivität/Stagnation

7. Die Krise Produktivität/Stagnation ist die Krise des Erwachsenenalters. Mit Produktivität ist Kreativität, Effektivität und ein Interesse daran, die Entwicklung der nächsten Generation mitzubestimmen, gemeint. Reife setzt jemand Jüngeren voraus, einen Menschen, für den man reif ist. Sie setzt auch voraus, daß man für das, was in der Umwelt vorhanden ist – Ideen, Dinge und Menschen –, sorgen und es pflegen kann. Ohne reichliche Gelegenheit dazu, produktiv zu reagieren, leidet der Erwachsene unter Langeweile, Apathie, Pseudovertrautheit, zwischenmenschlicher Verarmung und unter einem alles durchdringenden Gefühl der Stagnation.

Integrität/Verzweiflung

8. Die Krise Integrität/Verzweiflung tritt im hohen Alter auf. Die Persönlichkeit eines Menschen ist dann voll integriert, wenn er im Laufe seiner Entwicklung seine einmalige Chance, auf der Erde zu leben, und die für ihn wichtigen Menschen, die auf ihr leben, akzeptiert. Die Menschen und die Ereignisse müssen so genommen werden, wie sie sind. Die Kinder, der Ehegatte, die Eltern und der Beruf sind so, wie sie eben sind. Dabei ist besonders wichtig, daß man, wenn man dies erkannt hat, sagen kann: „Ich bin, was ich bin!" Die Verantwortung dafür, was man ist, liegt bei einem selbst. Auf dieser Stufe kann man in den Besitz von Würde gelangen. Entwickelt sich jedoch auf der anderen Seite Verzweiflung, Unzufriedenheit mit sich selbst und mit dem, was man vollbracht hat, so kann dies zu einem sorgenvollen, selbstzerstörerischen, verzweifelten Ende des Lebenszyklus führen.

Hall und *Lindzey* (1978) bemängeln, daß nur wenige Theorien der Persönlichkeitsentwicklung durch ausreichendes quantitatives und experimentelles Datenmaterial abgesichert sind. *Eriksons* Theorie macht dabei keine Ausnahme. Dennoch ist ihr Wahrheitsgehalt substantiell, denn eingebettet in diese allgemeine Entwicklungstheorie sind alle Möglichkeiten der Persönlichkeitsbildung, die wir in den Menschen um uns herum verwirklicht sehen.
Charakteristika wie Zutrauen, Geiz, Kreativität, Altruismus, Selbstzufriedenheit, List, Selbstsicherheit, Altklugheit, Sinnlichkeit, Verzweiflung usw., die alle zur Beschreibung von Persönlichkeiten verwendet werden, können, akzeptiert man diese Betrachtungsweise, ihre Ursprünge in den verschiedenen Krisen und ihren Lösungen haben, die von *Erikson* beschrieben wurden. Der Lehrer muß sich der Veränderungen, die in seinen Schülern stattfinden, bewußt sein, insbesondere derjenigen, die auf der Stufe der Identitätskrise des Jugendalters vonstatten gehen. Die Anleitungen, die Freundschaft und die Aufrichtigkeit des Lehrers können seine Schüler dabei unterstützen, daß sie diese ungewöhnlich spannungsgeladene Periode so durchstehen, daß sie anschließend über eine gesunde, reife und integrierte Persönlichkeit verfügen.

8.3 Eine weniger globale Theorie der Persönlichkeitsentwicklung *(Kohlberg)*

Erikson ging bei seiner Beschreibung der Persönlichkeitsentwicklung von seinen klinischen Erfahrungen, von seinen Erkenntnissen über das Leben großer Männer, wie Gandhi und Shakespeare, und von seiner psychoanalytischen Ausbildung aus. Seine allgemeine Theorie, die so zustande kam, beruht auf Intuition, Logik, rationaler Analyse und genauester Beobachtung der Reaktionen seiner Klienten auf die Gesellschaft und ihre Institutionen.
Eine weitere Möglichkeit, die Persönlichkeitsentwicklung zu erforschen, besteht darin, daß man die Veränderungen bestimmter einzelner Dimensionen der Gesamtpersönlichkeit in den Mittelpunkt stellt und untersucht, wie diese sich im Laufe der Zeit entfalten. Wir wollen uns im folgenden mit einem aus pädagogischer Sicht besonders wichtigen Aspekt befassen – der Entwicklung der Moral.

Entwicklung von Moral

Wie entwickelt sich Moral? Mit welchem Alter erwerben Schüler bestimmte Vorstellungen über Recht und Unrecht? *Kohlberg* (1963) hat diesen Bereich der Entwicklung untersucht und drei Stadien des moralischen Denkens beschrieben, wobei jedes Stadium durch zwei Entwicklungsstufen ausgezeichnet ist. Die Stadien und Stufen sind in Tabelle 8-1 dargestellt. Diese Stufen wurden aus den verbalen Antworten von Kindern und Erwachsenen auf die Darbietung moralischer Problemsituationen isoliert. Eine derartige Problemsi-

Stadien und Stufen des moralischen Denkens

Tabelle 8-1. *Kohlbergs* Definition der Stufen moralischer Entwicklung

Stadien des moralischen Denkens	Stufen der moralischen Entwicklung
I. *Präkonventionelles Stadium:* Das Kind reagiert auf die kulturell festgelegten Etiketten „gut" und „schlecht", beachtet jedoch hauptsächlich die physischen Auswirkungen (Lust/Schmerz) von Handlungen oder die physische Macht desjenigen, der die Regel aufstellt.	1. *Die Bestrafung-Gehorsam-Orientierung:* Für das Individuum ist die Vermeidung von Bestrafung von Wert, Macht ist ein ausreichender Grund, um sich zu fügen. 2. *Die instrumental-relativistische Orientierung:* Recht ist, was die eigenen Bedürfnisse befriedigt, manchmal auch die anderer. Beziehungen zwischen Menschen sind, wie auf dem Marktplatz, ausschließlich eine Angelegenheit der Gegenseitigkeit: „Kratzt du meinen Rücken, kratz ich deinen." Dies ist eine pragmatische Moral.
II. *Konventionelles Stadium:* Das Erfüllen der Erwartungen, die die Familie, die Gruppe oder die Nation hegt, ist von Wert, unabhängig von den unmittelbaren Konsequenzen. Loyalität gegenüber der sozialen Ordnung und deren Unterstützung werden über große Konformität hinaus mit einem Wert versehen.	3. *Die Orientierung auf interpersonelle Eintracht:* Ein gutes Verhalten ist das, was anderen gefällt oder ihnen hilft. Ein großes Ausmaß an Konformität mit den Stereotypen „angemessenen" Verhaltens. Die Absicht ist wichtig. Man erntet Anerkennung, indem man „nett" ist. 4. *Orientierung auf Autorität und den Erhalt der sozialen Ordnung:* Rechtes Verhalten besteht darin, daß man seine Pflicht tut, die Autorität achtet und zum Erhalt der sozialen Ordnung um ihrer selbst willen beiträgt.
III. *Postkonventionelles, autonomes oder durch Grundsätze gekennzeichnetes Stadium:* Es werden Anstrengungen unternommen, moralische Grundsätze festzulegen, die unabhängig von der Autorität der Personen, die sie vertreten, oder von der eigenen Identifikation mit diesen Gruppen sind.	5. *Die legalistische Sozialkontraktorientierung:* Die Brauchbarkeit von Gesetzen und Rechten des Einzelnen wird kritisch überprüft: Standards, die als vorteilhaft für die Gesellschaft anerkannt werden, spielen eine große Rolle. Persönliche Werte sind relativ. Verfahrensregeln, über die ein Konsenses erreicht werden soll, sind von großer Bedeutung. Gesetze können also auf demokratischem Weg geändert werden. Ihre Brauchbarkeit kann durch rationale Überlegungen verbessert werden. 6. *Die Orientierung auf ein universelles ethisches Prinzip:* Das Recht wird über das Gewissen in Übereinstimmung mit selbstgewählten, logischen und umfassenden ethischen Prinzipien definiert. Das Recht ist abstrakt und ethisch (z. B. die „goldene Regel"), nicht konkret und moralisch (z. B. die Zehn Gebote). Die Betonung liegt auf Gegenseitigkeit und gleichem Recht für alle. Die Würde des Individuums wird respektiert.

Nach *Turiel* (1973, S. 733–734).

tuation ist z. B.: Sollte ein Angehöriger der zivilen Verteidigung seinen Posten verlassen, um seiner Familie zu helfen, die vielleicht bei einer Katastrophe zu Schaden gekommen ist, oder sollte er dort ausharren, wo er ist, und anderen helfen? Die Antworten auf derartige Problemsituationen könnten sich auf folgende Überzeugungen stützen:

1. Stadium: präkonventionell
Stufe 1: *Orientierungsschema „Bestrafung/Gehorsam":* Der Mann soll bleiben, wo er ist, sonst wird er von den Behörden bestraft.
Stufe 2: *Orientierungsschema „intrumental-relativistisch":* Er sollte zu seiner Familie gehen, denn wenn er nicht weiß, was ihr zugestoßen ist, hat er keine Ruhe mehr.

2. Stadium: konventionell
Stufe 3: *Orientierungsschema „interpersonelle Eintracht":* Er sollte gehen, denn gute Ehemänner kümmern sich um ihre Familie.
Stufe 4: *Orientierungsschema „Autorität und Sozialordnung":* Er sollte bleiben, weil vorgeschrieben ist, daß er seinen Posten nicht verlassen darf.

3. Stadium: postkonventionell (autonom, prinzipiengetreu)
Stufe 5: *Orientierungsschema „Sozialkontrakt/Legalität":* Er sollte wohl bleiben, da er sich dazu bereiterklärt hat, in einem Notfall einen solchen Posten anzunehmen; unter besonderen Umständen könnte er jedoch das Verlassen seines Postens rechtfertigen.
Stufe 6: *Orientierungsschema „universell-ethisches Prinzip":* Er sollte bleiben, da er, wenn er seinen Posten verlassen würde, die Sicherheit weniger über die vieler stellen würde, und das ist prinzipiell nicht richtig; die Menschen in seiner Nähe, die in Not sind, haben genauso eine Familie, und er ist ethisch verpflichtet, sich um sie zu kümmern. Wenn er das nicht täte, würde er sich wahrscheinlich für den Rest seines Lebens bittere Vorwürfe machen.

Die Prozentsätze der Schüler, die auf den verschiedenen Altersstufen diese verschiedenen Stadien des moralischen Denkens aufweisen, sind in Abbildung 8-2 dargestellt. Zwischen 7 und 16 Jahren gehen die Prozentwerte im 1. Stadium herunter, im 2. Stadium gehen sie steil hinauf, und im 3. Stadium verzeichnen sie noch einen geringen Zuwachs. Ähnliche Prozentsätze ergaben sich an solch unterschiedlichen Orten wie einem von Ureinwohnern bewohnten malayischen Dorf, einer türkischen Stadt, einem türkischen Dorf, einer mexikanischen Stadt und einem von Maya-Indianern bewohnten Dorf (*Turiel,* 1973).
Für die Schule stellt sich die Frage, ob die Geschwindigkeit, mit der die Stufen im Laufe der Entwicklung erreicht werden, durch besondere Schulerfahrungen angehoben werden kann oder nicht. Die Antwort darauf scheint zu sein, daß Trainingsprogramme auf die Länge kaum einen Unterschied ausmachen (*Turiel,* 1966; *Blatt,* 1969).

Trainingsprogramme sind ineffektiv

Erstens machen unsere Ergebnisse deutlich, daß die jeweilige Entwicklungsstufe des Kindes als Ausgangsbasis für die Veränderungen, die zustandekommen können, wichtig ist. Wie wir

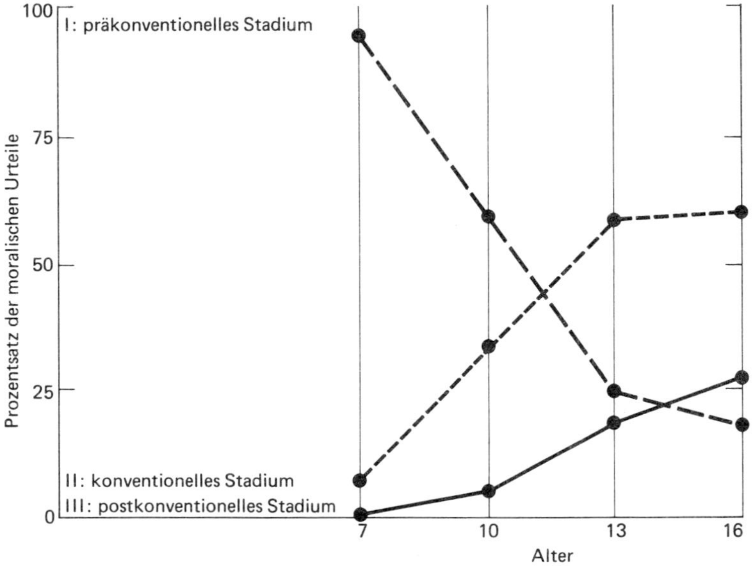

Aus *Hilgard, Atkinson* u. *Atkinson* (1971, S. 79).

Abbildung 8-2. Alter und relative Prozentsätze moralischer Urteile, die einem der drei Stadien der moralischen Entwicklung entsprechen

festgestellt haben, sind mit der Entwicklungsstufe, auf der sich das Kind gerade befindet, seinem Verständnis und den Änderungsmöglichkeiten, die in Gang gesetzt werden, bedeutsame Beschränkungen gegeben. ... Es scheint so zu sein, daß Beurteilungen oder Vorstellungen der Stufe, die direkt über der gerade vorhandenen Stufe des Kindes liegt, einen gewissen Einfluß auf sein moralisches Denken ausüben können, während Vorstellungen, die noch höheren Stufen entsprechen, kaum einen Einfluß auszuüben scheinen.
Zweitens haben wir mit unseren Untersuchungen nachgewiesen, daß die Abfolge der Stufen der moralischen Entwicklung nicht geändert werden kann. Das Fortschreiten durch die einzelnen Stufen geht schrittweise vonstatten, ohne daß einzelne Stufen übersprungen werden. ...
Schließlich hat sich aus unseren Untersuchungen ergeben, daß mit der Stufenabfolge die natürliche Richtung der Entwicklung festgelegt ist. Wir haben festgestellt, daß die Kinder unserer Untersuchungen niemals auf eine Stufe zurückkehrten, die sie bereits hinter sich gelassen hatten (*Turiel,* 1973, S. 744).

Die moralische Entwicklung ist also wie die von *Piaget* beschriebene kognitive Entwicklung ein Entwicklungsprozeß, der auf der Interaktion mit der Umwelt beruht. Darüber hinaus ist anzunehmen, daß prinzipienorientiertes moralisches Denken (postkonventionelle Ebene, Stufen 5 und 6) ebenfalls auf formaloperationalem Denken basiert, und daß konventionelles moralisches Denken an die Fähigkeit gebunden ist, konkret operational zu denken (*Keasey,* 1975). Kognitive Entwicklung und die Entwicklung moralischen Denkens sind also, wie es scheint, sehr eng aneinander gekoppelt.
Nach Auffassung von Pädagogen müßten die Stufen 5 und 6, eine postkonventionelle Moral, in unseren Schülern entwickelt werden, wenn wir als Spezies überleben sollen. Pädagogen und Verhaltenswissenschaftler arbeiten an dem Problem, wie die moralische Entwicklung in einer technologisch ausgereiften

und sich schnell ändernden Gesellschaft verbessert werden kann. Es ist zu erwarten, daß dabei neue Curricula und Unterrichtsstrategien, wenn auch unter großen Schwierigkeiten, entstehen werden, mit deren Hilfe in Zukunft die stufenweise Entwicklung der Schüler gefördert werden kann. Vorderhand sollten Lehrer, wenn es um moralische Probleme geht, berücksichtigen, daß Schüler aus der Darstellung von Überzeugungen, die der jeweils nächsten Entwicklungsstufe entsprechen, Nutzen ziehen können. Die Darstellung moralischer Überzeugungen, die durch ein hohes Abstraktions- und Komplexitätsniveau ausgezeichnet sind und für deren Verständnis relativistisches Denken Voraussetzung ist, wird bei jüngeren Kindern vermutlich ineffektiv sein. Jugendliche zeigen demgegenüber eine typische Bereitschaft, moralischen Fragen auf den Grund zu gehen (*Mitchell,* 1975), denn solche Fragen nehmen ihre Aufmerksamkeit stark in Anspruch.

Moral und Konvention

Eine andere Vorstellung von moralischer Entwicklung beruht auf der grundlegenden Unterscheidung von Moral und Konvention (*Nucci,* 1982). Als „Moral" wird das bezeichnet, was intrinsisch gerecht und fair ist, insofern als es in die Rechte oder das Wohlbefinden anderer Menschen eingreift. Als „Konvention" wird das definiert, was als rechtens oder korrekt angesehen wird im Hinblick auf den gesellschaftlichen Konsens über angemessenes Verhalten. Ein Beispiel für Moral in diesem Zusammenhang ist das Verbot, andere zu schlagen, zu verletzen oder sie zu bestehlen; während eine Beispiel für Konvention die Normen sind, wie man sich kleidet oder wie man mit einer Respektsperson spricht.

Nucci (1982) hat mit seinen Untersuchungen nachgewiesen, daß sich Moral und Konvention getrennt voneinander entwickeln. So tendieren kleine Kinder, Jugendliche und Erwachsene auf Fragen über Moral zu denselben Antworten. Alters- und entwicklungsbedingte Unterschiede zeigen sich primär bei Fragen über Konvention. So sehen wir in Tabelle 8-2, daß bereits unter den Dreijährigen ein hoher Prozentsatz (74%) Übertretungen moralischer Normen als

Tabelle 8-2. Bewertung von unmoralischen und unkonventionellen Handlungen als „falsch", auch wenn diese nicht verboten sind (Durchschnittswerte in %)

Alter der Befragten	unmoralisch	unkonventionell
2,5–3,5	74	33
3,6–4,8	74	39
7–8	100	9
10–11	97	7
13–14	100	7
16–17	94	7
19–20	100	0

Daten aus *Nucci* (1982, S. 98).

unzulässig empfindet, selbst wo keine Regeln dies verbieten, während nur ein geringer Prozentsatz (33%) dieser Kinder Übertretungen von nicht an Regeln gebundene Konventionen als unzulässig empfindet. In den nachfolgenden Altersgruppen ist die Differenz sogar noch größer. Im Vergleich dazu sind die altersbedingten Unterschiede bei weitem nicht so groß, wenn keine so scharfe Trennung zwischen Moral und Konvention gemacht wird.
Nucci wies ebenfalls nach, daß Streitfragen über Moral eine größere Bedeutung beigemessen wird als solchen über Konvention, und daß der Einfluß der gesellschaftlichen Autorität auf kindliche und erwachsene Moralvorstellungen geringer ist als auf Vorstellungen über Konvention. *Nucci* gibt dazu ein Beispiel: „In einem Bericht ... wird eine Schule beschrieben, wo sich die Kinder gegenseitig schlagen (und verletzen) dürfen. In einem anderen Bericht ... wird eine Schule beschrieben, wo die Kinder ohne Kleider herumlaufen dürfen“ (1982, S. 101). Nur 7,5% der Fünf- bis Elfjährigen fanden die erste Schule in Ordnung, während 67,5% mit der zweiten Schule durchaus einverstanden waren.
Kurz gesagt: Moral und Konvention sind zwei verschiedene Bereiche, die Entwicklung von Vorstellungen hierüber ist unterschiedlich, und ein Unterricht, der sich an moralischen Werten orientiert, muß diese Unterschiede berücksichtigen, d.h. er sollte „die Schüler progressiv an immer adäquatere Möglichkeiten heranführen, wie man widersprüchliche Forderungen nach Gerechtigkeit oder Menschenrechten mit Hilfe eines prinzipienorientierten moralischen Denkens lösen kann“ (*Nucci,* S. 108). Unterricht über Fragen der Konvention demgegenüber sollte „die Schüler zu einem koordinierten Verständnis von der Bedeutung von Konventionen für die Organisation und Koordination sozialer Interaktion innerhalb einese gesellschaftlichen Systems führen“ (S. 107).

8.4 Persönlichkeit und Eigenschaften

Persönlichkeit ist ebenso wie Motivation ein hypothetisches Konstrukt, das sich auf Verhalten bezieht. Wir können nur Verhalten beobachten. Um eine Verständigung über die unterschiedlichen Verhaltensweisen, die wir bemerken, zu ermöglichen, erfinden wir Bezeichnungen für dieses Verhalten. Diese Bezeichnungen für Verhalten – ehrlich, aggressiv, hitzig, fröhlich, heiter, naiv, kreativ usw. – sind häufig gleichzeitig die Wörter, die wir zur Beschreibung der Persönlichkeit eines Individuums verwenden. Psychologen haben diese deskriptiven Wörter, die *Eigenschaftsbezeichnungen* genannt werden, untersucht, um Kenntnisse darüber zu erwerben, wie die Persönlichkeit organisiert und stabil erhalten wird.

Eigenschaftsbezeichnungen

Eine Eigenschaft wird als überdauernder Verhaltensaspekt einer Person betrachtet, von dem im allgemeinen angenommen wird, daß er über eine große Vielfalt von Bedingungen und Situationen hinweg gleich bleibt. *Allport* und *Odbert* (1936) fanden 17953 Adjektive in der englischen Sprache, die zur Beschreibung von Eigenschaften gebraucht werden können. Es gibt viele

Meßmethoden für Persönlichkeitseigenschaften

Tests, mit denen derartige Eigenschaften gemessen werden sollen. Das „Gordon Personal Inventory" soll „Vorsicht", „originelles Denken", „zwischenmenschliche Beziehungen" und „Tatkraft" messen; das „Edwards Personal Preference Inventory" zielt auf einige der von *Murray* beschriebenen Bedürfnisse ab (vgl. Abbildung 16-4). Mit dem „California Personality Inventory" sollen „Geselligkeit", „Toleranz" usw. gemessen werden. Beinahe alle diese Tests sind so konstruiert, daß mit ihnen dem Probanden ein Ort auf Eigenschaftsskalen zugewiesen wird, so daß man sagen kann, daß Susi Müller sehr „gesellig" ist, Heinrich Schmidt extrem „vorsichtig" und Maria Ettengruber im „persönlichen Wertgefühl" weder eine hohe noch eine niedrige Ausprägung aufweist.

Testwertprofile

Ein Testwertprofil eines Persönlichkeitstests, das derartigen Beschreibungen entspricht, könnte wie das in Abbildung 8-3 dargestellte aussehen. Die Begründung für die Verwendung derartiger Messungen besteht darin, daß ein Lehrer, der die Persönlichkeit eines Schülers kennt, für diesen Schüler eine bessere Diagnose erstellen und ihm bessere Anleitungen geben kann. Derartige Eigenschaftswerte sollten zu zusätzlichen Erkenntnissen über das Verhalten von Schülern führen.

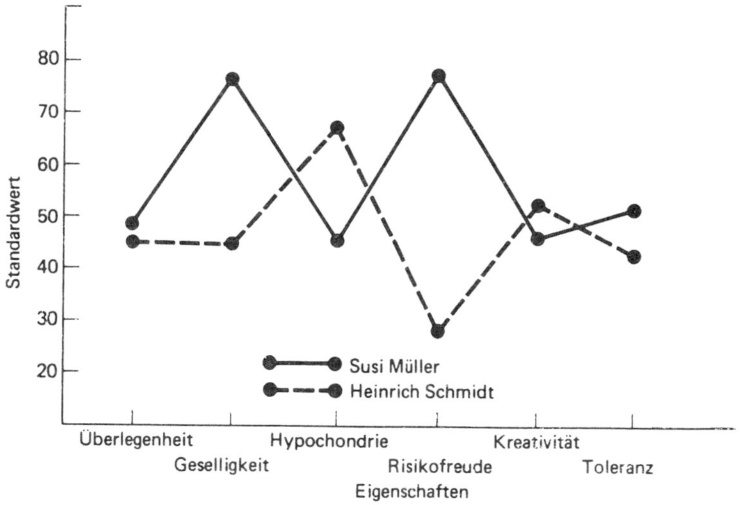

Abbildung 8-3. Persönlichkeitsprofile aus einem fiktiven Persönlichkeitstest

Konsistenz kann illusorisch sein

Diese logische, weit verbreitete Betrachtungsweise von Eigenschaften und deren Messung wirft jedoch Probleme auf. Ohne genaue Kenntnis der Umwelt, mit der man es jeweils zu tun hat, ist die Gleichförmigkeit (Konsistenz) des Verhaltens, die immer dann angenommen wird, wenn man über Eigenschaften spricht, möglicherweise weitgehend illusorisch. Das Verhalten von Menschen mit vorgeblich stabilen Eigenschaften ist bisher auch nicht annähernd ausreichend unter *verschiedenen* Umweltbedingungen untersucht worden. Man sollte immer daran denken, daß das Verhalten eine Funktion sowohl der Persönlichkeit als auch von Umweltfaktoren ist: $V = f(P \times U)$.

Weshalb kann man die Auffassung vertreten, daß Eigenschaftskonsistenz illusorisch ist? Zeigen nicht Schüler, Lehrer, Freunde und Eltern eine gewisse Gleichförmigkeit in ihrem Verhalten? Tatsächlich gibt es einige Hinweise dafür, daß das Gegenteil der Fall ist (vgl. *Mischel,* 1973). Häufig sind die Korrelationen zwischen den Meßwerten eines Individuums in einem objektiven Persönlichkeitstest, der zu zwei unterschiedlichen Zeitpunkten durchgeführt wird, relativ niedrig. Bei projektiven Persönlichkeitstests (z.B. dem Rorschach-Tintenkleckstest) ist die Reliabilität über die Zeit hinweg besonders gering. Die geringe Gleichförmigkeit kann auf Merkmalen des Tests (z.B. der Anzahl und dem Inhalt der Testitems) oder auf im Laufe der Zeit wirklich ungleichartigen Reaktionen auf gleiche Ausgangsreizlagen beruhen. Häufig ist es auch kaum möglich, das Verhalten aufgrund von Eigenschaftstests vorherzusagen.

Gleichartiges Verhalten ist jedoch dann anzutreffen, wenn die Situationen ähnlich sind. Ist jemand auf einer Party ausgelassen, so kann man voraussagen, daß er wahrscheinlich auch auf einer anderen ausgelassen sein wird. Wenn jedoch unterschiedliche Situationen vorliegen, so kann die Ähnlichkeit niedrig sein. Ist jemand auf einer Party ausgelassen, so kann man möglicherweise nicht voraussagen, daß er sich auf dem Sportplatz, im Beruf oder in Familiensituationen ebenso verhält. Wir müssen also die Betrachtungsweise mehr in den Vordergrund rücken, die oben dargestellt wurde – daß nämlich Verhalten weitgehend von den Verstärkungskontingenzen in der Umwelt gesteuert wird.

Wenn aber nun meistens kein Zusammenhang zwischen den Bekräftigungen in unterschiedlichen Situationen besteht, dann wäre es auch falsch anzunehmen, daß die jeweiligen Verhaltensweisen eng miteinander kovariieren; entsprechende Belege dafür bieten in der Tat die meisten der hierzu angestellten empirischen Untersuchungen. Wenn die zu erwartenden Konsequenzen für Betrügereien, Abwarten oder Arbeiten in verschiedenen Situationen, in Abhängigkeit von der speziellen Aufgabe oder den speziellen Umständen, vom Verhalten anderer, von der Wahrscheinlichkeit, entdeckt zu werden, von den möglichen Folgen, wenn man ertappt wird, von der Frustration, die man erlebt, von der Bedeutung eines Erfolgs usw. große Unterschiede aufweisen, dann wird kaum ein durchgängiges Verhaltensmerkmal auszumachen sein (*Mischel,* 1973, S. 259).

Wir beschäftigen uns nun mit einer in unserer Gesellschaft hochgeschätzten Eigenschaft, mit ihrer Beständigkeit und damit, ob es sich um eine spezifische Eigenschaft handelt.

Ehrlichkeit

Jeder Lehrer schätzt ehrliche Kinder. Kinder, die dem Lehrer nicht Geld aus der Tasche nehmen, die keine Kreide wegnehmen, keine Bleistifte stehlen, bei Tests nicht betrügen und den Lehrer nicht anlügen, sind „ehrliche" Kinder – Kinder, denen man trauen kann. Von *Hartshorne* und *May* (1928) wurden klassische Untersuchungen über Ehrlichkeit und Betrug durchgeführt. Sie untersuchten die Ehrlichkeit von Kindern mit Hilfe von Tests wie den folgenden:

Ehrlichkeitstests

1. Abschreiben. Den Kindern wurden z. B. IQ-Tests vorgelegt, die Tests wurden eingesammelt, heimlich ausgewertet, den Kindern zurückgegeben und dann von den Kindern selbst ausgewertet. Die Diskrepanz zwischen dem heimlich ermittelten Meßwert des Versuchsleiters und dem Meßverhalten des Kindes stellte ein Maß für Betrügereien dar.
2. Geschwindigkeit. Es wurden z. B. zwei Übungssitzungen im Durchstreichen von Ziffern durchgeführt; dann wurden die Kinder zu einem dritten Durchgang aufgefordert und dazu, die Anzahl der Ziffern, die in einem bestimmten Zeitraum durchgestrichen worden waren, anzugeben. Da die Fähigkeit, Ziffern durchzustreichen, ziemlich stabil ist, wurde der selbstangegebene Leistungszuwachs im dritten Durchgang gegenüber den gemessenen Leistungen im zweiten als Maß für die Tendenz des Schülers verwendet, seine tatsächliche Leistung „aufzubessern".
3. Lügen. Einem Kind wurden z. B. die Augen verbunden; dann wurde es aufgefordert, auf einem Blatt Papier mit einem Bleistift Punkte innerhalb bestimmter Grenzen anzubringen. Gute Leistungen bei dieser Aufgabe sind nahezu immer einem heimlichen Hinschauen zuzuschreiben.
4. Stehlen. Schüler erhalten z. B. die Gelegenheit, aus einer Schachtel einige Münzen zu entnehmen, in dem Glauben, daß nur sie wissen, wieviele Münzen in der Schachtel enthalten sein sollten.

Es wurden auch noch andere „Charakter"prüfungen verwendet, auf die wir jedoch nicht näher einzugehen brauchen. In Tabelle 8-3 sind die Korrelationen zwischen diesen vier Testtypen dargestellt. Die Korrelationen sind sehr niedrig, sie weisen darauf hin, daß Schüler, die, in dem sie ihren IQ-Wert verändern, betrügen, nur selten auch insgeheim hinter der Augenbinde hervorlugen oder stehlen. Die zwar niederen, jedoch positiven Korrelationen weisen allerdings auf eine gewisse Beständigkeit hin; es scheint also doch ein genereller Faktor „Ehrlichkeit" zu existieren (*Burton,* 1963). Diese Ergebnisse sind denjenigen bei der Untersuchung intellektueller Fähigkeiten ähnlich. Für intellektuelle Fähigkeiten scheint es sowohl einen generellen Faktor als auch spezifische Faktoren zu geben. Die Ergebnisse aus der Untersuchung der „Ehrlichkeit" führen zu denselben Schlußfolgerungen (vgl. *Barbu,* 1951). Entscheidend ist jedoch, daß die Konsistenz dieser Eigenschaft unter verschie-

Tabelle 8-3. Durchschnittliche Korrelationen zwischen Tests über vier Bereiche der Ehrlichkeit

	1	2	3	4
1. Abschreiben (Summe aus 3 Tests)	(0,87)*	0,45	0,40	0,14
2. Geschwindigkeit (Summe aus 6 Tests)		(0,83)*	0,37	0,17
3. Lügen (Summe aus 3 Tests)			(0,71)*	0,20
4. Stehlen (1 Test)				

* Reliabilität des Summenwerts aus mehreren Tests im Bereich der Ehrlichkeit.

Aus *Hartshorne* u. *May* (1928); zitiert nach *Burton* (1963, S. 484).

denen Bedingungen *nicht* so groß ist wie beim Alltagsgebrauch des Begriffs *Ehrlichkeit* vorausgesetzt wird.

Wie weit ist diese Art von Betrügereien verbreitet? In einem der Tests des Lügens betrogen 79% der Jungen und 85% der Mädchen. In einem Test, bei dem Betrügereien bei Selbstbenotungen von Klassenarbeiten durch die Schüler gemessen wurden, betrogen 30% der Jungen und 37% der Mädchen. Generell stehen Mädchen in der Grundschule zwar eher in dem Ruf der Ehrlichkeit, betrügen jedoch mehr als Jungen. In neueren Untersuchungen (*Bushway* u. *Nash,* 1977) wird allerdings darauf hingewiesen, daß in der Sekundarstufe Jungen mehr betrügen als Mädchen. Die Gesamtzahl der Forschungsversuche über alle Aufgabenreihen hinweg, die Häufigkeit des Betrügens, Stehlens, Lügens usw., ist in Abbildung 8-4 enthalten. Weniger als 8% der Schüler betrogen nie und etwa 4% der Schüler betrogen bei jeder Gelegenheit. Für die restlichen 88% der Schüler ist Ehrlichkeit nicht eine Alles-oder-nichts-Eigenschaft, die über alle Situationen hinweg konsistent wäre. Vielmehr ist es ein Verhalten, das auf unbekannte Weise von der Wechselwirkung zwischen Umweltbedingungen, insbesondere den unmittelbaren Anforderungen der Aufgabe, und früher erworbenen Verhaltenstendenzen abhängt.

Vorsicht bei der Etikettierung von Schülern

Für den Lehrer ist die große Bedeutung der Abhängigkeit des Verhaltens sowohl von Persönlichkeits- als auch von Umweltvariablen wichtig: er sollte Vorsicht üben bei der Etikettierung seiner Schüler. Hermann betrügt vielleicht im Englischunterricht, jedoch nicht im Naturkundeunterricht. Susanne stiehlt vielleicht ein paar Pfennige aus der Klassenkasse, aber sie schreibt nicht ab. Ehrlichkeit ist, ebenso wie viele andere Eigenschaften, über ähnliche Situationen hinweg konsistent, aber bei unterschiedlichen Situationen beträchtlichen

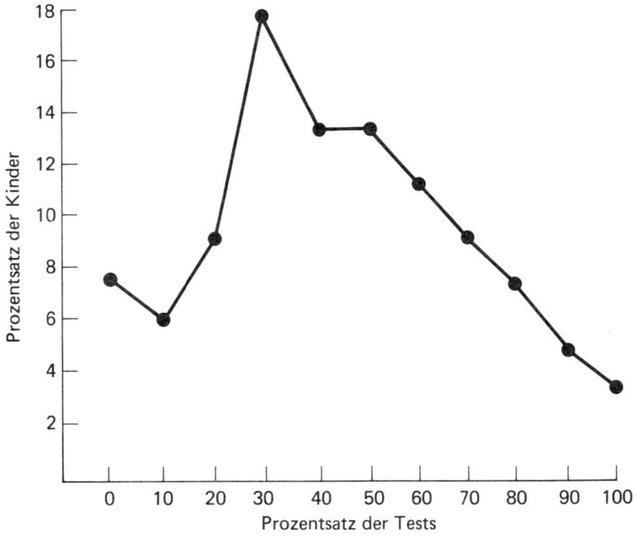

Nach *Hartshorne* u. *May* (1928, S. 386).

Abbildung 8-4. Prozentsatz von Tests, bei denen ein Kind betrog

Veränderungen unterworfen. Es wäre also ein Unrecht, wenn Hermann schlichtweg als Betrüger und Susanne als Diebin abgestempelt werden. Mit der gleichen Zurückhaltung sollte man alle Verhaltenskategorien oder -eigenschaften betrachten – Ausgelassenheit, emotionale Stabilität, Dominanz, Gewissenhaftigkeit usw.

Diese Überlegungen bedeuten nicht, daß die Vorstellung einer Gleichförmigkeit im menschlichen Verhalten völlig aufgegeben werden müßte. Zur Voraussage des Verhaltens einer Person muß man jedoch von seinem früheren Verhalten ausgehen. Der Lehrer sollte allerdings nicht aus begrenzten Verhaltensbeobachtungen unter besonderen Bedingungen den Schluß ziehen, daß Schüler breit angelegte Dispositionen dazu haben, sich auf eine bestimmte unerwünschte Weise zu verhalten. Er kann dabei nicht nur Unrecht haben, sondern, was noch schlimmer ist, seine Überzeugungen dadurch, daß er sich auf bestimmte Weise verhält, den Schülern mitteilen und so eine sich selbst erfüllende Voraussage in die Welt setzen. Von den Überzeugungen des Lehrers kann ein subtiler Druck auf die Schüler ausgehen, sich in Übereinstimmung mit diesen Überzeugungen zu verhalten. Wir werden uns nun mit anderen Eigenschaften befassen und dabei vor allem ihre Konsistenz und ihre Spezifizität und, was vielleicht am wichtigsten ist, ihre Modifizierbarkeit betrachten.

Kreativität

Kreativität ist eine weitere Eigenschaftsbezeichnung, die allgemein zur Beschreibung des Verhaltens bestimmter Personen verwendet wird. Wir sprechen vom kreativen Lehrer und vom kreativen Kind. Wir haben Kreativitätstests und spezielle Kreativitätsprogramme für die Bereiche der Malerei, der Musik, der schriftstellerischen Betätigung und der Mathematik. Die Schule mißt ebenso wie die Gesellschaft allgemein der Kreativitätsförderung große Bedeutung bei, sie wird für notwendig gehalten.

Zu dieser Eigenschaft gehören nach unserer Definition als wichtige Elemente ein flexibles Denken und eine gewisse Vorstellungsflüssigkeit. Im Zentrum des Kreativitätsgedankens steht jedoch die Originalität. Was wir als kreativ erachten, kann großen Variationen unterworfen sein: ein neuer Lösungsweg für ein logisches Problem, ein neues Werkzeug, ein neuer chemischer Prozeß, eine musikalische Komposition, ein Gedicht oder ein Roman, ein Gemälde, eine neue Denkmöglichkeit in der Jurisprudenz, der Philosophie oder Religion, eine neue Betrachtungsweise eines sozialen Problems, Diagnose- und Behandlungsmöglichkeiten für eine Krankheit. Kreatives Vorgehen ist originell, zweckdienlich, zutreffend und auf irgendeine Weise elegant oder einfach „richtig“.

Originalität

Zweckdienlichkeit

Mit den für die Messung von Kreativität entwickelten Tests sollen derartige Verhaltensweisen unter geeigneten, standardisierten und bewertbaren Bedingungen erzeugt werden. Sie enthalten solche Aufgaben, wie das Anfertigen ungewöhnlicher Anagramme aus einem Wort wie *Generation,* die Angabe ungewöhnlicher Assoziationen auf Wörter oder Vorschläge für ungewöhnliche

Gebrauchsmöglichkeiten für bestimmte Objekte, z. B. für einen Zuckerwürfel. Eine Antwort kann dann als ungewöhnlich definiert werden, wenn sie von weniger als einer von hundert Versuchspersonen abgegeben wird. Wenn die Versuchsperson auf das Wort *Baum* mit dem Wort *Blatt* oder *Logik* antwortet, so kann möglicherweise für die zweite Antwort eine bestimmte Anzahl an Wertpunkten gegeben werden und für die erste Antwort möglicherweise keine. Wir können die Komplexität des Kreativitätskonzepts erst richtig ermessen, wenn wir uns die Vielzahl von Möglichkeiten vor Augen führen, mit denen man in der Psychologie versucht hat, Kreativität zu messen. *Hocevar* (1981) hat sie nach zehn Punkten klassifiziert:

1. *Tests über divergentes Denken* (flüssiges Denken, Originalität, Definitions- und Elaborationsfähigkeit).
2. *Fragebögen über Einstellung und Interesse* (neue Theorien formulieren, Dinge erfinden, sich eine Geschichte ausdenken).
3. *Fragebögen zur Persönlichkeit* (Gewitztheit, Einbildungskraft, Nachdenklichkeit, Unkonventionalität, Neugier).
4. *Fragebögen zur Familiengeschichte* (Vorerfahrungen mit Hobbies, Kindheitsaktivitäten, Freizeitaktivitäten).
5. *Benennung durch Lehrer* (kreative Denker unter den Schülern – bewertet auf der Grundlage von Ideenreichtum, Flexibilität – viele verschiedene Ideen, Erfindungsgabe, Originalität und Elaboration – detaillierte Gedanken).
6. *Benennung durch Gleichaltrige* (ähnliche Kriterien wie unter 5.).
7. *Beurteilung durch Vorgesetzte.*
8. *Ergebnisorientierte Beurteilung* (mathematische Kreativität, z. B. Kartensets gruppenweise ordnen, physische Leistung im Sport, literarische Kreativität, z. B. eine Geschichte schreiben).
9. *Ansehen* (Expertenbeurteilung, z. B. bei Mathematikern, Architekten, Lehrern, Künstlern).
10. *Eigenberichte über schöpferische Arbeiten und Leistungen* (in Kunst, Wissenschaft, Literatur, Musik usw. – nachgewiesen durch Preise, Ausstellungen, Publikationen, Erfindungen usw.).

Wenn wir berücksichtigen, wieviele Aspekte und Möglichkeiten hier zusammengetragen und systematisiert worden sind, können wir ermessen, welche Bedeutung man heute der Kreativität beimißt. Effektive Verfahren zur Entfaltung und Förderung dieses vielschichtigen Persönlichkeitsaspekts zu entwickeln, wäre nicht nur für den Einzelnen, sondern für die Gesellschaft schlechthin ein großer Gewinn.

Kreativität und Intelligenz. Ist Kreativität das gleiche wie Intelligenz? *Torrance* (1967) kam nach einer Durchsicht der entsprechenden Literatur zu dem Schluß, daß die beste Schätzung der Korrelation zwischen Kreativität und Intelligenz bei etwa 0,20 lag, wenn verbale IQ-Maße verwendet wurden, und bei 0,06, wenn nichtverbale Intelligenzmaße Anwendung fanden. Diese Schätzung ist jedoch möglicherweise aufgrund der Homogenität der untersuchten

Gruppen zu niedrig ausgefallen, eine methodologische Kritik, die von *Ripple* und *May* (1962) stammt. Gegenwärtig nehmen viele Autoren an (z. B. *Getzels* u. *Jackson,* 1962; *Torrance,* 1967; *Wallach* u. *Kogan,* 1965), daß Kreativität relativ unabhängig von Intelligenz ist. Praktische Beobachtungen und Tests legen die Annahme nahe, daß jeweils die Kinder, für die eine der vier möglichen Kombinationen von Kreativität und Intelligenz zutrifft, bestimmte mit der jeweiligen Kombination in Zusammenhang stehende Merkmale aufweisen (*Wallach* u. *Kogan,* 1965):

- Kinder mit hoher Kreativität und hoher Intelligenz haben die Möglichkeit, ihre Selbstkontrolle und die Freizügigkeit, die sie sich erlauben, zu variieren. Sie können sowohl erwachsenes als auch kindliches Verhalten zeigen.
- Kinder mit hoher Kreativität und niederer Intelligenz erleben einen ärgerlichen Konflikt mit ihrer Schule und häufig mit sich selbst. Sie fühlen sich unzulänglich und wertlos. Unter belastungsfreien Bedingungen können sie die besten Leistungen erzielen.
- Kinder mit niederer Kreativität und hoher Intelligenz streben zwanghaft nach schulischer Leistung. Sie sind gezwungen, das, was traditionell als hervorragende Leistung in der Schule angesehen wird, anzustreben, und sie leiden sehr unter Mißerfolgen.
- Kinder mit niederer Kreativität und niederer Intelligenz verfallen in ihren Versuchen, sich an eine Schulumwelt anzupassen, die für sie von Grund auf verwirrend ist, auf alle möglichen Abwehrmaßnahmen.

Wallach und *Kogan* halten diese beiden Dimensionen der Persönlichkeit, Intelligenz und Kreativität, für völlig verschiedener Dinge; sie meinen jedoch, daß sie äußerst wichtige Quellen für individuelle Unterschiede zwischen Kindern darstellen.

Kreativitätstraining. Kreativität wird häufig, ebenso wie Intelligenz, als eine relativ unbeeinflußbare Eigenschaft angesehen, die von einer Situation zur nächsten recht gleichartig ist. Gleichwohl können Umweltereignisse das Auftreten kreativen Verhaltens beeinflussen. *Maltzman* (1960) untersuchte die hypothetisch angenommenen Denkprozesse, die den Leistungen in Originalitätstests zugrundeliegen sollen. Er entwarf eine Reihe von Experimenten, in denen Schüler in Originaliät trainiert wurden, dann maß er die Auswirkungen der Antworten in einem Test, in dem es um ungewöhnliche Verwendungsmöglichkeiten ging, auf die Originalität. Das Training bestand darin, daß dem Probanden ein Wort als Stimulus für eine Assoziation dargeboten wurde und er dann nach einer Assoziation aufgefordert wurde, vier weitere Assoziationen auf das Wort zu liefern. Durch dieses wiederholte Abrufen immer neuer Antworten wurde erreicht, daß mehr und mehr ungewöhnliche, das heißt mehr und mehr originelle Antworten gegeben wurden. Die trainierten Schüler erzielten im Vergleich zu nichttrainierten Kontrollpersonen höhere Originalitätswerte in einem neuen Test. Offensichtlich kann also unter bestimmten Umweltbedingungen und Verstärkungsstrategien, die originelles Verhalten hervorrufen und belohnen, originelles Verhalten in Transferaufgaben erzeugt werden.

Originalitätstraining

Kreatives Problemlösen

Die Anweisung kreativ zu sein, scheint ebenfalls einen Einfluß auf kreatives Problemlösen auszuüben. Ein Experiment von *Maier* (1933) scheint genau diese Annahme nahezulegen. Er ging von dem aus, was er über kreatives Problemlösen wußte, und unterrichtete 78 Versuchspersonen darin, wie man denken sollte. Danach legte er ihnen seine Aufgaben vor. Eine Kontrollgruppe von 206 Studenten, die nicht an dem Unterricht teilgenommen hatten, versuchte sich ebenfalls an den Aufgaben. Die schwierigen Denkaufgaben setzten die Fähigkeit voraus, gewöhnliche Dinge auf neue Weise zu sehen und ungewöhnliche Dinge an einfachen Objekten durchzuführen. Es ergaben sich eindeutige Unterschiede. Ähnliche Resultate wurden in einer Replikation der Untersuchung erzielt. In dem Unterricht wurde folgendes herausgearbeitet: (a) Ein gewohnheitsmäßiges Vorgehen führt nicht zur Lösung schwieriger Probleme. (b) Probleme wären nicht schwierig, wenn sie mit einem gewohnheitsmäßigen Vorgehen gelöst werden könnten. (c) Man sollte sich nicht stur auf ausgefahrenen Gleisen bewegen, sondern seinen Intellekt für neue Betrachtungsweisen offenhalten. (d) Bei der Lösung von Problemen sollte man versuchen, eine Schwierigkeit abzugrenzen und sie zu überwinden. (e) Wenn man versagt, sollte man das ganze Problem beiseitelegen und nach einer neuen Schwierigkeit suchen. (f) Lösungen für Probleme tauchen plötzlich auf, sie können nicht erzwungen werden. Beim Lösen von Problemen sollte man lediglich seinen Intellekt offenhalten und keine Zeit darauf verschwenden, Fährten zu verfolgen, die nicht zum Ziel führen.

Maiers Arbeiten über Problemlösen weisen, neben anderen Untersuchungen, darauf hin, daß man erreichen kann, daß Schüler beim Lösen von Problemen „kreativer" werden, und zwar in erster Linie dadurch, daß man sie darin unterrichtet, die Dinge nicht zu tun, die kreative Lösungen verhindern. Lehrer sollten jede Gelegenheit ausnutzen, für Umweltbedingungen zu sorgen, die zu kreativem Verhalten führen. Sie sollten kreatives Verhalten immer dann, wenn es vorkommt, belohnen und an den Schulen die Möglichkeit schaffen, kreativ zu sein.

Kreativitätsfeindliche Maßnahmen

Ganz im Gegensatz zu dem, was an den Schulen als Ziel ausdrücklich formuliert wird, kommt es häufig zu kreativitätsfeindlichen Maßnahmen. In einem angesehenen Handbuch wurde z.B. als hilfreicher Tip für junge Lehrer empfohlen: „Achte darauf, die erste Minute des Unterrichts zu nutzen. Wenn du Hans sofort mit irgend etwas beschäftigst, hat er keine Zeit, interessante Ideen auszubrüten, die nicht in die Unterrichtssituation passen" (*Hunt,* 1969). Ein derartiger „hilfreicher Tip" kann in der Tat dazu führen, daß die Klasse leichter zu steuern ist, aber es gibt durchaus Pädagogen, die es für pervers halten würden, die „interessanten Ideen" von Hans der „Disziplin" zu opfern. Lehrern dürfte es leichter fallen, die Kreativität ihrer Schüler zu fördern, wenn sie die Betrachtungsweise übernehmen, nach der Kreativität ein Problemlösungsverhalten ist (vgl. *Torrance,* 1962). Nach dieser Betrachtungsweise ist Voraussetzung für Kreativität: (a) ein Gefühl für Unstimmigkeiten, ein Gefühl dafür, daß die Elemente einer Situation nicht richtig zusammenpassen; (b) die Bildung von Hypothesen über die Lösung des Problems; und (c) die Prüfung der Hypothesen und das Mitteilen der Ergebnisse. Folgt man dieser Betrachtungsweise, dann erscheint Kreativität als eine Form fortgeschrittenen Problemlösungsverhaltens jener Art, die *Maier* mit Hilfe seiner Unterrichtsmethode zu steigern vermochte. Diese Auffassung von Kreativität stimmt mit den Techniken überein, die in dem Buch *How to Solve It* vorgeschlagen werden, einer Anleitung zur Lösung mathematischer Probleme, die von dem Mathematiker *Gyorgy Polya* (1954) entwickelt wurde. Sie stimmt auch mit der Analyse des Problemlösens von *John Dewey* (1933) und anderen Philosophen überein.

„Kontrollinstanz" für kreatives Problemlösen

Auf der Grundlage dieser Vorstellungen über Kreativität sind Unterrichtsmaterialien zum Komplex „kreatives Problemlösen" entwickelt worden, von denen das *Productive Thinking Program* am meisten Resonanz gefunden hat. Das PTP ist eine programmierte Unterrichtseinheit über das Erkennen von Unstimmigkeiten (Inkongruenzen) und das Aufstellen von Hypothesen (vgl. *Covington* et al., 1974). Es ist als Serie von 16 Bildgeschichten mit Begleittext angelegt und auf den Unterricht in der fünften und sechsten Klasse abgestimmt. Die Schüler sollen anhand der Geschichten lernen, wie einfallsreiche Gelehrte, Detektive oder Wissenschaftler zu denken. Mit diesem Programm konnten die Problemlösungsfähigkeiten von Schülern tatsächlich angehoben werden, und zwar bei recht unterschiedlichen Aufgabenstellungen. *Crutchfield* gelangte aufgrund seiner Forschungen zu der Hypothese, daß es beim Problemlösen eine Art von Kontrollinstanz geben muß – eine Fähigkeit, mit deren Hilfe die Problemlösungsaktivitäten, die für produktive oder kreative Lösungen erforderlich sind, organisiert und gesteuert werden.

Diese zentrale Steuerungsstelle beinhaltet viele Funktionen: ein Verständnis für das Wesen unterschiedlicher Arten von Problemen und für diejenigen Fähigkeiten, die für die Lösung geeignet und erforderlich sind; die Beherrschung allgemeiner Strategien, über die man ein Problem angehen kann; die Verwendung einer „Planungsmethode", über die das Problem in handliche, aufeinanderfolgende Schritte unterteilt wird; ein hochentwickeltes Gefühl dafür, welche zeitliche Abfolge angemessen ist – ein untrennbarer Bestandteil nahezu aller Fähigkeiten – und die Fähigkeit, einzelne Teilfertigkeiten in eine optimale Struktur zu bringen; die Fähigkeit, im Gebrauch der eigenen, häufig miteinander konkurrierenden Fertigkeiten flexibel und anpassungsbereit zu sein – abwechselnd intuitiv und analytisch, engagiert und unbeteiligt, ernsthaft und spielerisch, kreativ und kritisch zu sein, abwechselnd Komplexität und Einfachheit anzustreben. Vor allem aber gehört die Einsicht dazu, wie man seine Mängel in bestimmten Fertigkeiten ausgleichen und wie man seine besonderen Begabungen ausfindig machen kann, und daß nicht nur bei der Wahl der Vorgehensweise für ein Problem, sondern auch bei der Auswahl der Probleme selbst, die man bearbeiten will (*Crutchfield,* 1966, S. 66–67).

Häufig wird die Auffassung vertreten, daß diese Art von Fähigkeit nicht lehrbar ist. Solange jedoch schlüssige Beweise darüber, daß eine solche Fähigkeit weitgehend erblich ist, nicht vorliegen, sollte der Lehrer davon ausgehen, daß sie auf Umweltereignisse zurückzuführen ist. Aus ihrer Zusammenstellung der relevanten Forschungsergebnisse schlossen *Mansfield, Busse* u. *Krepelka* (1978), daß diese Art von Kontrollinstanz beim Problemlösen durch den Lehrer vermittelt werden kann. Allerdings bezweifeln sie, daß das oben erwähnte *Productive Thinking Program* (ebenso wie acht weitere ähnlich gelagerte Programme) „echte", d.h. auf die Lebenswirklichkeit bezogene Kreativität verbessern kann.

Dies ist die noch weitgehend unangetastete Frage. Die meisten Trainingsprogramme gehen implizit davon aus, daß divergente Denkfähigkeiten für eine echte Kreativität im Alltag von zentraler Bedeutung sind. Dies scheint, zumindest bei gehobenen Berufen, nicht der Fall zu sein. ... Die Korrelationen sind einfach zu gering, um den Optimismus zu verbreiten, daß ein Zuwachs an divergenter Denkfähigkeit allein schon einen Einfluß auf echte Kreativität im Alltag haben wird (S. 532).

Kreativität im Unterricht. Obwohl die Beziehung von Kreativitätstraining und echter Kreativität im Alltag nicht eindeutig geklärt ist, können wir doch davon ausgehen, daß sie unterrichtlich verwertbar ist. *Torrance* (1962) hat Vorschläge entwickelt, wie man in der Klasse eine Atmosphäre erzeugen kann, die sich auf die Kreativität günstig auswirkt. Zunächst muß ein Lehrer, wie er meint, wissen, was kreatives Denken ist. Das heißt, er muß Definitionen, Beispiele und Tests für Originalität, Denkflüssigkeit, Flexibilität, Denkgenauigkeit, divergentes Denken und konvergentes Denken kennen. In Anwendung dieser Kenntnisse sollte der Lehrer neue Ideen, die von den Schülern zum Ausdruck gebracht werden, oder kreative Handlungen belohnen. Der Lehrer sollte zur Manipulation von Objekten und Ideen und zum systematischen Überprüfen von Ideen ermuntern. Er sollte es vermeiden, seine eigenen Lösungen den Kindern aufzuzwingen. Der Lehrer sollte in Unterrichtsbereichen, in denen dies angemessen ist, ein Modell für aufgeschlossenes und experimentierfreudiges Verhalten sein. Neugier- und Erkundungsverhalten und das Entdecken von Lösungen können dadurch im Modell dargeboten werden, daß der Lehrer seine eigenen Denkprozesse beim Problemlösen verbalisiert. Das Lösen von Problemen kann unter Verwendung der oben erwähnten Theorien und Übungen unterrichtet werden oder, auf direkterem Weg, unter Verwendung von Unterrichtsmaterialien, deren Effektivität nachgewiesen wurde (vgl. *Mansfield* et al., 1978). Der Lehrer sollte Situationen herbeiführen, in denen sich Kreativität äußern kann, er sollte seine Schüler mit Ideen, die in sich nicht stimmig und anscheinend paradox sind, provozieren, er sollte ihnen Aufgaben stellen, die nicht nur eine richtige Lösung haben und er sollte immer wieder neue Betrachtungsweisen ins Spiel bringen. Der Lehrer sollte dafür sorgen, daß seine Schüler nicht vor kreativen Malern, Schriftstellern, Erfindern und Wissenschaftlern in Ehrfurcht erstarren, so daß ihre eigene Kreativität paralysiert wird. Die Kinder sollten dazu ermuntert werden, Arbeitshefte und eine „Ideenkartei" usw. zu verwenden, damit sie ihre eigenen Ideen nicht aus den Augen verlieren. Es sollte verhindert werden, daß auf kreative Denker von ihren Mitschülern Druck ausgeübt wird, und es sollte erreicht werden, daß die Schüler neuen, besonderen, ja sogar bizarren Ideen gegenüber tolerant werden. Der Lehrer sollte aber auch dafür sorgen, daß mit dieser Toleranz die Bereitschaft verbunden ist, sich die Wirkungsweisen und Wechselbezüge seiner eigenen Ideen deutlich zu machen.

Lehrer und Kreativität

Ehrfurcht und Kreativität

In diesem Zusammenhang ist der Hinweis auf Kreativitätsblockierungen wichtig. Eine Möglichkeit, die eigene Kreativität zu blockieren, ist es, Tätigkeiten negativ zu kommentieren („Mir fällt überhaupt nichts ein" oder „Ich baue sowieso immer nur Mist"). Wenn der Lehrer es fertigbringt, solche negativen Selbstbewertungen des Schülers abzubauen und statt dessen positive Einschätzungen hervorzurufen („Mir ist es egal, was die andern denken", „Ich werd's schon schaffen", „Jetzt mach' ich mal was ganz Verrücktes"), kann er die Entfaltung von Kreativität fördern (*Meichenbaum,* 1975). Man kann lernen,

sich in bestimmten Situationen anders zu verhalten als man es normalerweise tun würde. Diese Tatsache wirkt sich auf die Entwicklung kreativen Denkens aus: sie reduziert Angst und steigert das Selbstbild – Aspekte, auf die wir später in diesem Kapitel noch eingehen werden.
Der Lehrer sollte, kurz gesagt, daran denken, daß kreatives Verhalten modifizierbar ist und daß die Umweltkontingenzen, die mit ihm verbunden sind, seinem Einfluß unterliegen. Der Lehrer muß schließlich das besondere Verständnis aufbringen, das viele kreative Schüler brauchen, damit sie in der Schule gut zurechtkommen.

Selbstbild

Wenn wir sagen „Helga glaubt nicht, daß sie etwas kann" oder „Sarah probiert es erst gar nicht" oder „Helmut kann sich selbst nicht ausstehen", dann sprechen wir über Merkmale, die häufig unter dem Überbegriff „Selbstbild" zusammengefaßt werden. Das Selbstbild ist die Gesamtheit der Auffassungen, die wir über uns selbst haben – unsere Einstellung uns selbst gegenüber, die Sprache, mit der wir uns selbst beschreiben. Das Selbstbild im Bereich mathematischer Begabung z.B. kann aus der Antwort eines Schülers auf folgende Frage erschlossen werden:
„Wie schätzt du deine eigene mathematische Begabung im Vergleich zu deinen Mitschülern ein?"

(a) Ich bin unter den Besten.
(b) Ich bin überdurchschnittlich.
(c) Ich bin durchschnittlich.
(d) Ich bin unterdurchschnittlich.
(e) Ich bin unter den Schlechtesten.

Wenn anstelle von „mathematische Begabung" „allgemeine schulische Fähigkeiten" eingesetzt wird, so kann das gleiche Item zur Messung des Selbstbildes im Bereich der allgemeinen schulischen Fähigkeiten verwendet werden.
Man kann hypothetisch annehmen, daß das Selbstbild hierarchisch gegliedert ist, wie das etwa in Abbildung 8-5 dargestellt ist (vgl. *Shavelston, Hubner* u. *Stanton,* 1976). Oben in dieser Hierarchie steht das allgemeine Selbstbild, eine Reihe von Ansichten, die man über sich selbst hat, Ansichten, die relativ schwer zu modifizieren sind. Auf dem nächstniedrigeren Niveau sind drei Hauptgebiete des Selbstbildes von Schülern angeführt: die Gebiete der schulischen, sozialen und physischen Fähigkeiten. Auf dem untersten Niveau der Hierarchie sind spezifische Bereiche des Selbstbildes angegeben, die in einem direkten Zusammenhang zu einer bestimmten Aktivität oder einem bestimmten Fachgebiet stehen. Diese spezifischen Selbstbildbereiche sind wahrscheinlich am wenigsten änderungsresistent. Wenn sich die Leistungen eines Schülers im Bereich der Mathematik, im Bereich des Kontaktes zu anderen oder im Bereich des Sports verbessern, so werden seine Einstellungen sich selbst gegenüber in diesen Bereichen wahrscheinlich auch günstiger werden.

Drei Bereiche des Selbstbildes

Können Einstellungsänderungen eher über Verhaltensänderungen erreicht werden als umgekehrt? Die vorhandenen Belege sprechen dafür, daß dies so

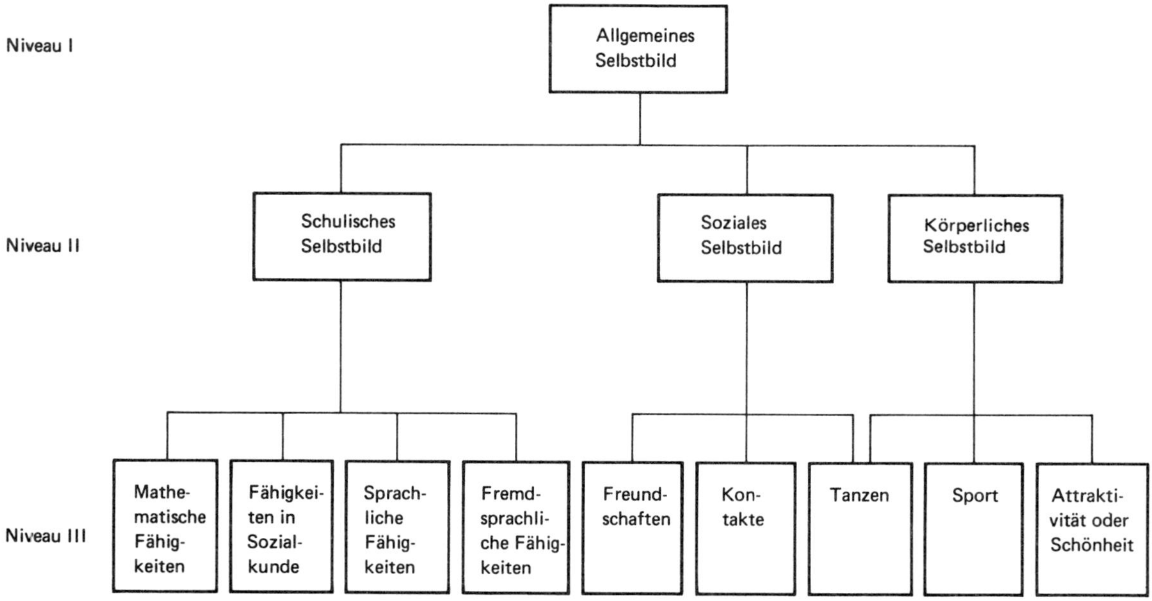

Abbildung 8-5. Drei Niveaus des Selbstbildes von Schülern

ist. „Die relative Überlegenheit eines verhaltenspsychologisch ausgerichteten Vorgehens (bei der Veränderung des Selbstbildes) gründet sich auf die Tatsache, daß mit einer tiefgreifenden Verhaltensänderung eine objektive und überzeugende Grundlage für Selbstachtung, Selbstvertrauen und Würde gegeben ist“ (*Bandura,* 1969, S. 91).

Gelegentliche Verhaltensänderungen in einem Fähigkeitsbereich wirken sich jedoch nicht immer auf das Selbstbild aus. Tatsächlich scheinen Schüler, die sich in bestimmten Bereichen ein negatives Selbstbild angeeignet haben, ihre eigenen Erfolgserlebnisse zunächst zurückzuweisen. Vermutlich tun sie das deshalb, weil diese Erfahrungen nicht mit ihrem Selbstbild übereinstimmen. Anhaltende Verhaltensänderungen in bestimmten Bereichen führen jedoch auch zu Einstellungsveränderungen der eigenen Person gegenüber.

Änderungen im verbalen Verhalten, das sich auf die eigene Person bezieht, können zu Änderungen im Selbstbild führen; dies kann anhand der vielleicht allzu einfachen Methode verdeutlicht werden, die *Homme* und *Tosti* (1971) anwandten. Dabei griff der „Verhaltensmodifikator“ ein Kind mit guten schulischen Möglichkeiten, aber schlechtem schulischen Selbstbild heraus. Der Lehrer kündigte das Ende des Unterrichts an und ließ alle Schüler hinausgehen, mit Ausnahme dieses einen Kindes. Er teilte dem Kind mit: „Du kannst erst dann hinausgehen und spielen, wenn du etwas Gutes über deine heutige Arbeit in der Schule gesagt hast.“ Das Kind antwortet vielleicht: „Heute habe ich den Grammatikunterricht wirklich verstanden.“ Dann darf das Kind hinausgehen und spielen. Die bereits erwähnte Untersuchung von *Meichenbaum* (1975) macht deutlich, welch starken Einfluß die Kontrolle über die eigenen Gedanken auf die eigenen Tätigkeiten und Leistungen haben kann.

Wenn wir die Schüler darin unterstützen, negative Feststellungen über sich selbst abzubauen und sie durch positive zu ersetzen, helfen wir ihnen, ihr Selbstbild zu verändern.

Realität und Selbstbild

Das Hervorrufen positiver Äußerungen über die eigene Person und ihre kontingente Verstärkung kann zu einem positiveren Selbstbild führen. Es muß jedoch nachdrücklich darauf hingewiesen werden, daß Änderungen im Selbstbild nur dann auf Verhaltensänderungen hin erfolgen werden, wenn die letztgenannten tatsächlich vorhanden sind. Die Anwendung von Verfahren, über die Änderungen erreicht werden sollen, ist dann am sinnvollsten, wenn ein negatives Selbstbild unrealistisch ist. Es wäre jedoch schwierig und unklug und man würde dem Kind möglicherweise nichts Gutes antun, wenn man versuchen würde, ein positives Selbstbild über seine körperliche Attraktivität oder seine Energie aufzubauen, wenn es tatsächlich farblos oder träge ist. Das Selbstbild scheint sich in Interaktionen mit wichtigen Mitmenschen zu entwickeln – gewöhnlich mit den Eltern, den Lehrern und den Kameraden. Es gibt Belege dafür, daß Lehrer das Selbstbild ihrer Schüler beeinflussen können (*Staines,* 1956; *Davidson* u. *Lang,* 1960).

Minderheiten und Selbstbild

Bei der Arbeit mit Minoritätsgruppen ist es besonders wichtig, daß man Vorstellungen darüber hat, wie sich das Selbstbild entwickelt. Der Lehrer spielt für diese Bevölkerungsteile eine besonders wichtige Rolle. Das Selbstbild von Schwarzen in den Vereinigten Staaten hat sich in den letzten Jahren massiv in eine positive Richtung verändert. In mehreren Untersuchungen (*Rosenberg* u. *Simmons,* 1973; *Christmas,* 1973; *St. John,* 1975; *Stephan* u. *Rosenfield,* 1979) wurde bei schwarzen Kindern ein stärker positiv ausgeprägtes Selbstbild festgestellt als bei weißen Kindern. Dennoch ist in der amerikanischen Gesellschaft nach wie vor bei vielen Minderheitsgruppen das Selbstbild ein großes Problem. Ob man nun schwarz, Indianer, Chicano, Jude, Italiener oder Kroate ist – die Tatsache, daß man anders ist, wird schnell so ausgelegt, als sei man „weniger wert". Demzufolge neigen Schüler, die zu einer Minderheitsgruppe gehören, besonders leicht (zumindest in bestimmten Bereichen) zu einem negativen Selbstbild. Als Lehrer muß man dieses Problem kennen und sorgfältig darauf achten, daß in der schulischen Umgebung traumatische Ereignisse, die das Selbstbild eines Schülers beeinträchtigen können, möglichst ausgeschaltet sind.

Selbstbild und Leistung

Beeinflußt das Selbstbild den schulischen Erfolg oder ist das Gegenteil der Fall? Korrelationsuntersuchungen zeigen entscheidende positive Beziehungen zwischen gemessener Leistung und gemessenem Selbstbild. Nur können uns solche Daten nicht sagen, welche Variable eine ursächliche Wirkung auf die andere ausübt. Vermehrt heißt es jedoch, daß schulischer Erfolg, besonders über mehrere Jahre hinweg, seinen Schatten auf die Einstellung, die man von sich selbst und seinen Fähigkeiten hat, vorauswirft (vgl. *Kifer, 1975; Bridgeman* u. *Shipman,* 1978), während das Selbstbild keine Voraussage über späteren schulischen Erfolg gestattet. Für den Lehrer bedeutet das, daß er sich auf Erfolgs- und Mißerfolgserfahrungen seiner Schüler konzentrieren muß, denn aus der mehrjährigen Erfahrung von Erfolg bzw. Mißerfolg zieht der Schüler jene Informationen heraus, die bestimmen, wie er sich selbst einschätzt. Es ist häufiger der Fall, daß die Bewältigung der Umwelt zu einem positiven

Selbstbild führt als umgekehrt. Das deckt sich mit *Eriksons* Vorstellung von der vierten Krise (Überlegenheit/Unterlegenheit), die in die Grundschuljahre fällt. Ein Gefühl der Unterlegenheit und Minderwertigkeit kann eintreten, wenn ein Kind nicht genügend Anerkennung für sein Bemühen findet (*Hamachek,* 1978). Wenn Eltern und Lehrer sich anerkennend äußern, ist ein positives Selbstbild oft die natürliche Folge.

Man sollte daraus schließen können, daß ein Unterricht, der zu Leistungsverbesserungen bei den Schülern führt, auch deren Selbstbild verbessert. Tatsächlich wird dieses Ergebnis mehrfach bestätigt (*Crawford* et al., 1978). Aus Schülerselbstbeurteilungen wissen wir, daß besserer Unterricht mit höherer Selbsteinschätzung, besserer Einstellung zur Schule und weniger Angst assoziiert wird (*Corno* et al., 1981).

Projekte, die direkt auf eine Verbesserung des Selbstbildes abzielen, erbringen allerdings nur selten gute Ergebnisse. *Scheirer* u. *Kraut* (1979) überprüften sechsundzwanzig solcher Projekte und kamen zu folgendem Schluß:

> [Die] allem zugrunde liegende Theorie ist falsch. Alle hier aufgeführten Theorien sehen im Selbstbild eine Variable, die zwangsläufig in verschiedene Ursachen der Selbstbildformung und der Schülerleistung bei schulischen Leistungsmessungen eingreift. Die Alternative hierzu ist, daß ... die Veränderung im Selbstbild mit aller Wahrscheinlichkeit ein Ergebnis von gesteigerter Leistung bei gleichzeitiger sozialer Anerkennung ist und nicht eine intervenierende Variable, die notwendig ist, damit Leistung überhaupt eintreten kann (S. 144).

Angst

Angst: Eigenschaft und Zustand

Unter Angst kann man sowohl eine Eigenschaft als auch einen Zustand verstehen (*Spielberger,* 1966). Als Eigenschaft ist Angst eine allgemeine Disposition, sich von einer großen Vielfalt harmloser Situationen bedroht zu fühlen. Faßt man die Angst als Zustand auf, so rückt man ihre Beziehung zu bestimmten Umweltsituationen in den Vordergrund. Ein Mensch kann z. B. zu einem bestimmten Zeitpunkt Angst um seinen Arbeitsplatz haben, um seinen Ehepartner, sein Kind, oder er kann vor einer Prüfung Angst haben. Seine Besorgnis und seine Spannung sind bis zu einem gewissen Ausmaß auf einen Gegenstand gerichtet und abgegrenzt.

Sarason und seine Mitarbeiter (*Mandler* u. *Sarason,* 1952; *Sarason, Lighthall, Davidson, Waite* u. *Ruebush,* 1960) haben sich mit Angst als einer Eigenschaft beschäftigt. Sie haben ihren Versuchspersonen Fragen wie die folgenden gestellt: Hast du Angst vor Unfällen? Hast du mehr als andere Kinder Angst? Daneben untersuchten sie auch die Angst als Zustand, insbesondere im Zusammenhang mit Prüfungen (z. B.: Hast du Angst vor Prüfungen? Wenn du gerade einen Test absolvierst, hast du dann Angst, daß deine Leistungen schlecht sind?). Die allgemeine Angst (Eigenschaft) und die Prüfungsangst (Zustand) korrelierten etwa mit 0,60. Diese beiden Arten der Angst wiesen also bestimmte Gemeinsamkeiten, aber auch große Unterschiede auf.

Es gibt immer mehr Belege dafür, daß sehr ängstliche Schüler in bestimmten Aufgaben nicht so gute Leistungen bringen wie wenig ängstliche Schüler. Dieser Unterschied ist bei Aufgaben festzustellen, die hohe Anforderungen

Angst und Denken unter Belastung

beinhalten, die schwierig sind, die zu einer Leistungsbeurteilung verwendet werden sollen und die unter Zeitdruck gegeben werden. Abbildung 8-6 zeigt die Leistungen von Kindern mit hoher und niedriger Angst bei zwei Aufgaben. Die beiden Aufgaben verlangten analytisches Denken mit und ohne Zeitdruck. Die Kinder mit stark ausgeprägter Angst machten in der Situation mit Zeitdruck mehr Fehler, während die Kinder mit gering ausgeprägter Angst in der Situation ohne Zeitdruck mehr Fehler machten. Aus dieser Wechselwirkung wird deutlich, daß sehr ängstliche Personen in Situationen mit starker Belastung benachteiligt sind. Daneben zeigt sich, daß Angst, die Ausdruck einer starken Motivation ist, in belastungsfreien Situationen einen fördernden Einfluß ausüben kann.

Wenn in der allgemeinen Angst ein Zustand hoher Motivation zum Ausdruck kommt, könnte man annehmen, daß Studenten mit gering ausgeprägter Angst unter Seminarbedingungen, die mit einer Belastung verbunden sind, bessere Leistungen zeigen als Studenten mit stark ausgeprägter Angst. Entsprechende Daten, die von *Spielberger* (1966) stammen, sind in Abbildung 8-7 dargestellt. Der behauptete Unterschied zeigte sich auf allen Fähigkeitsniveaus, abgesehen von den extrem niedrigen und extrem hohen. Auf den Schwierigkeitsniveaus, die vermutlich mit dem größten Anreiz für die Studenten verbunden sind – wenn die Schwierigkeit weder so hoch ist, daß die entsprechende Leistung nicht erbracht werden kann, noch so gering, daß kein Anreiz mehr vorhanden ist – bringen Studenten mit geringer Angst bessere Leistungen als solche mit stark ausgeprägter Angst.

Solche Ergebnisse sind für alle Altersstufen typisch. *Corno, Mitman* u. *Hedges* (1981) berichten z. B. im Rückblick auf ihr Experiment mit 634 Drittkläßlern, daß Angst negativ mit allgemeiner mentaler Fähigkeit ($r = -0{,}26$), schulischer Leistung ($r = -0{,}25$), Selbstwert ($r = -0{,}38$) und positiver Sicht von Schule ($r = -0{,}15$) korreliert.

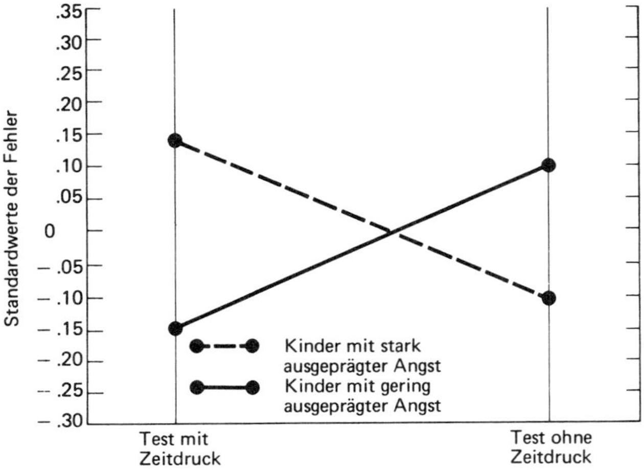

Nach *Sarason, Lighthall, Davidson, Waite* u. *Ruebush* (1960, S. 181).

Abbildung 8-6. Fehlerhäufigkeiten von Kindern mit stark bzw. schwach ausgeprägter allgemeiner Angst bei zwei Aufgaben

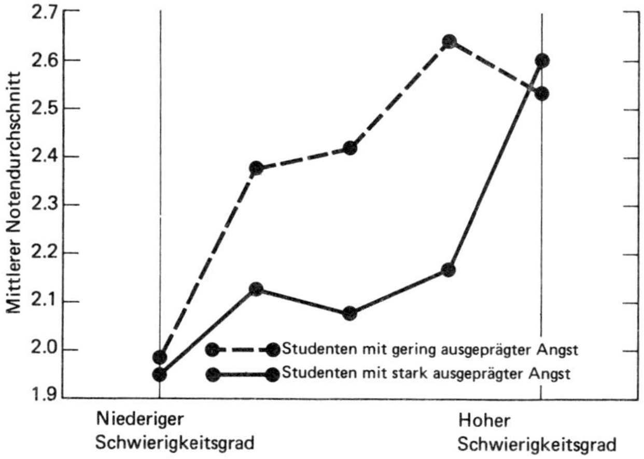

Nach *Spielberger* (1966).

Abbildung 8-7. Seminarleistungen von Studenten mit stark bzw. schwach ausgeprägter Angst bei verschiedenen Schwierigkeitsniveaus der geforderten Leistungen

Angst und Struktur

Das bedeutet für den Lehrer, daß er bestimmte Situationen auf die Auswirkungen hin überprüfen muß, die sie für Schüler mit stark ausgeprägter Angst haben. Tatsächlich hat sich an mehreren Schulen gezeigt, daß das Ausmaß, in dem Unterrichtsprogramme strukturiert sind, mit den vorhandenen Angstniveaus in Wechselwirkung tritt (*Grimes* u. *Allinsmith,* 1961; *Dowalby* u. *Schumer,* 1973). Unter unstrukturierten Lernbedingungen sind die Leistungen des Kindes mit stark ausgeprägter Angst schlechter: „Offene" und „unstrukturierte" Unterrichtsmethoden können also für Kinder mit hohen Angstniveaus zu Schwierigkeiten führen.

Tobias (1979) gibt zu bedenken, daß Angst sich darauf auswirken kann, wie gut Schüler (a) Informationen aufnehmen, (b) Informationen verarbeiten und im Anschluß daran (c) verarbeitete Informationen ins Gedächtnis zurückrufen können. Um beim Problem (a) helfend einzugreifen, müssen wir es ängstlichen Schülern ermöglichen, den behandelten Stoff nochmals durchzugehen und zu überarbeiten. Um bei Problem (b) Abhilfe zu schaffen, müssen wir weniger schwieriges Material noch besser strukturieren und uns nicht so sehr auf das Langzeitgedächtnis der Schüler verlassen. Um Problem (c) abzubauen, müssen wir den Schülern dadurch helfen, daß wir angemessenere Tests auswählen (und diese gegebenenfalls vorbereiten lassen) und daß wir häufiger Tests einsetzen, die dafür aber kürzer und nicht so einschneidend sind und so zu weniger Angst Anlaß geben.

So hat etwa *Szafran* (1981) eine Methode entwickelt, die die Angstschwelle bei Studenten reduziert. Er gab seinen Studenten ein Handbuch mit einer Fragensammlung von 105 Mehrfachwahl-Fragen zum Seminarthema als Grundlage für einen vier Tage später zu absolvierenden 33-Fragen-Test. Im Vergleich zu einer Kontrollgruppe erbrachten die Studenten der Versuchsgruppe bessere Testergebnisse und schnitten gleich gut in einem fünf Wochen später absolvierten Behaltenstest ab.

Tryon (1980) berichtet über Versuche, in denen Testangst durch systematische Desensibilisierung behandelt wurde. Bei diesen Verfahren beginnt man mit einem Zustand völliger Entspannung und denkt sich dann Situationen aus, die Angst hervorrufen könnten, zunächst auf der niedrigsten Stufe der „Angsthierarchie" und danach allmählich ansteigend, bis schließlich die höchste Stufe erreicht ist, ohne daß sich tatsächlich Angst eingestellt hat. Bei den Ergebnissen unterscheidet man zwischen Besorgnis und Emotion als separaten Komponenten von Testangst (*Schwarzer,* 1982). Die Ergebnisse dieser Versuche zeigen, daß durch eine solche Behandlung die emotionale (oder physiologische und affektive) Komponente der Angst beseitigt werden kann, nicht jedoch ihre kognitive Komponente der „Besorgnis". Erst die Behandlung mit kognitiven Verfahren, deren Ziel es ist, dem Schüler zu helfen, sich auf die Aufgaben zu konzentrieren (z. B. durch Belohnungsversprechen), kann auch diese Komponente in ihrer Wirkung reduzieren. Beim Schüler mit großem Angstpotential sind Verfahren zur einseitigen Verbesserung der Lernfähigkeit ineffektiv, außer wenn diese mit einem anderen Verfahren, wie etwa der Desensibilisierung, gekoppelt werden.

Der Lehrer muß sich darüber im klaren sein, daß Gedächtnishilfen, sorgfältige Unterrichtsplanung und gute Strukturierung der Einzelschritte sowie vielseitige Übungsmöglichkeiten ein wenig von dem Druck abbauen, den der Schüler mit stark ausgeprägter Angst verspürt. Auch muß der Schüler lernen, seine Selbstgespräche in den Griff zu bekommen. Wie bereits erwähnt wurde, hängt unsere Leistung bis zu einem gewissen Grad von dem ab, was wir in bestimmten Situationen zu uns selbst sagen („Ich bin so nervös" oder „Das schaffe ich schon"). Der Lehrer sollte aber auch berücksichtigen, daß das Vorhandensein einer gewissen Belastung das Antriebsniveau von Schülern mit gering ausgeprägter Angst anheben wird und daß so ihre Leistungen verbessert werden. Um die Zustandsangst, die von Prüfungen, bestimmten Unterrichtsfächern (z. B. Mathematik) oder bestimmten Bedingungen (z. B. denen des Gymnasiums) hervorgerufen wird, und ihre leistungsmindernden Auswirkungen zu verringern, kann der Lehrer Desensibilisierungsverfahren anwenden. Diese Verfahren können auch zur Reduktion von Angstzuständen in vielen anderen Situationen verwendet werden.

8.5 Der Lehrer und die Eigenschaftstheorie

Im vorausgegangenen Teil dieses Kapitels haben wir uns mit wichtigen Aspekten der Persönlichkeit beschäftigt – mit Ehrlichkeit, Kreativität, dem Selbstbild und der Angst. Wir haben Hunderte von anderen Eigenschaften außer acht gelassen, da sie an den Schulen nicht in gleichem Ausmaß Beachtung finden. Wir haben uns gegen die Tendenz gewandt, Eigenschaften als relativ starre Dispositionen zu einem bestimmten konsistenten Verhalten zu betrachten. Wir haben deutlich gemacht, daß diese Tendenz dazu führt, daß dem Verhalten anderer eine übermäßige Gleichförmigkeit zugeschrieben wird. *Jones* und *Nisbett* (1971, S. 8) haben darauf hingewiesen, daß „Akteure (im

Überbetonung der Gleichförmigkeit

Sinne von Menschen, die sich verhalten) dazu neigen, die Ursachen für ihr Verhalten den Stimuli zuzuschreiben, die der Situation eigen sind, während Beobachter dazu neigen, das Verhalten stabilen Dispositionen des Akteurs zuzuschreiben". Herbert sagt also: „Ich bin gestolpert, weil es dunkel war", während Herberts Lehrer vielleicht sagt: „Herbert stolpert, weil er ungeschickt ist."

Etikettierung als falsche Verallgemeinerung

Der Lehrer sollte sich darum bemühen, diese Tendenz, dem Verhalten anderer Beständigkeit zuzuschreiben, zu vermindern. Die Etikettierung eines Schülers als ehrlich, kreativ, selbstsicher, ängstlich, aggressiv oder wie auch sonst, kann eine falsche Verallgemeinerung darstellen, da diese Verhaltensweisen häufig für bestimmte Situationen spezifisch sind. Darüber hinaus kann diese Etikettierung als sich selbst erfüllende Voraussage wirken und so dazu führen, daß auf den Schüler auf subtile Weise Druck ausgeübt wird, daß er dazu gezwungen wird, die ihm zugewiesene Rolle als Schleicher, Dummkopf, Clown oder Raufbold auch zu spielen. Die meisten Eigenschaften sind modifizierbar, da sie von den Umweltkontingenzen abhängen, die die Verhaltensweisen, auf die die Eigenschaftsbezeichnungen abzielen, hervorrufen und verstärken. Wenn wir also eine Verhaltensweisen eines Schülers als unerwünscht betrachten, weil sie die Leistungen des Schülers und seiner Mitschüler im Erreichen der Unterrichtsziele beeinträchtigen, sollten wir den Versuch unternehmen, das Verhalten zu modifizieren, bevor der Schüler abgestempelt wird.

8.6 Zusammenfassung

Wir haben die Entwicklungstheorie von *Erikson* dargestellt und uns mit den Krisen der psychosozialen Entwicklung beschäftigt. Das Kind und später der Erwachsene hat dann eine Chance, eine „gesunde" Persönlichkeit zu entwikkeln, wenn diese Krisen auf günstige Weise gelöst werden können. Dazu ist erforderlich, daß man Vertrauen statt Mißtrauen, Autonomie statt Scham oder Zweifel, Entschlußkraft statt Schuldgefühlen und Überlegenheits- statt Unterlegenheitsgefühlen entwickelt. In der Adoleszenz kommt es zu einer besonderen Krise – einer, die fast jeder von uns erlebt hat. Dabei geht es um die Entwicklung eines Gefühls für die eigene Identität. Wer sind wir? Was wird aus uns werden? Diese Art von Fragen werden dann gestellt und müssen, wenn auch nur vorläufig, beantwortet werden. Wenn man mit Schülern der Sekundarstufe arbeitet, sollte man daran denken, daß sie gerade eine Krise durchmachen, die für sie selbst von großer Bedeutung ist. Es ist wichtig, daß man für ihre Verwirrung Verständnis aufbringt. Nach den Jahren der Adoleszenz kommen andere Krisen – die Probleme, die dadurch entstehen, daß man sein Leben mit jemand anderem teilt. Wie diese Krise in einer Zeit der sich ändernden Rollen und sozialen Werte gelöst werden kann, ist ein noch schwierigeres Problem. Viele junge Lehrer sind mit dieser Krise gerade zu der Zeit konfrontiert, zu der ihre Berufslaufbahn beginnt. Damit ist häufig eine große Belastung für sie verbunden.

Später im Leben geht es, wie *Erikson* meint, darum, sich für Produktivität statt Stagnation und für Integrität statt für Verzweiflung zu entscheiden. Wenn wir um uns schauen und die Verhaltensweisen unserer Familien, unserer Freunde und Schüler beobachten, scheinen *Eriksons* Ansichten plausibel zu sein.

Auch das moralische Wissen wird über Entwicklungsstufen, die das Kind durchläuft, aufgebaut. In Abhängigkeit von ihren Erfahrungen und von ihrem Lebensalter entwickelt ein kleiner Prozentsatz der Menschen eine an Grundsätzen ausgerichtete Moral, die auf ethischen Überzeugungen beruht. Andere, insbesondere kleine Kinder, werden von einem einfacheren Moralsystem geleitet, in dem das Verhalten durch die Vermeidung von Bestrafung oder das Erlangen einer Belohnung motiviert ist. Die meisten Menschen, die 13 Jahre und älter sind, befinden sich im konventionellen Stadium der Moral. Dieses Stadium ist durch das Bemühen gekennzeichnet, seine Pflicht zu tun, „nett" zu sein und den Erwartungen anderer zu entsprechen.

Schließlich wurden in diesem Kapitel Persönlichkeitseigenschaften erörtert. Mit der Entwicklung dieser Eigenschaften haben wir uns nicht im Detail befaßt. Wir kennen die Ursprünge von Eigenschaften nicht immer, dennoch gehen wir davon aus, daß die Umwelt für die Ausformung und die Stabilität der Verhaltensweisen, die wir Eigenschaften nennen, verantwortlich ist. Diese Eigenschaften sind nicht so statisch wie häufig angenommen wird. Das Ausmaß an Angst, Ehrlichkeit usw., das zu einer bestimmten Zeit vorhanden ist, ist zum Teil eine Auswirkung der Umwelt, in der sich ein Mensch befindet. Der Lehrer kann lernen, wie diese Eigenschaften zu modifizieren sind. Er kann also die Persönlichkeit dadurch verändern, daß er die Umwelt und die Bedingungen, die ein Verhalten in dieser Umwelt entstehen und stabil werden lassen, verändert. Da viele Eigenschaften über verschiedene Situationen hinweg nicht stabil sind, sollte der Lehrer sich davor hüten, einen Schüler mit einem Etikett zu versehen, das ihm irgendwie zum Nachteil gereichen könnte. Ein Schüler kann unter bestimmten Umständen unehrlich gewesen sein. Wenn diesem Schüler nun Unehrlichkeit als generelle Eigenschaft zugewiesen wird, so wird er möglicherweise unzutreffend klassifiziert und es wird möglicherweise sogar ein Druck auf ihn ausgeübt, der bewirkt, daß er sich unseren Ansichten entsprechend verhält. Lehrer müssen sich der Konsequenzen bewußt sein, die die Etiketten haben können, die sie den Schülern anheften.

Kapitel 9

Die Entwicklung von Geschlechtsunterschieden

9.1 Überblick

Zu den Hauptaufgaben der Entwicklungs-, Persönlichkeits- und Sozialpsychologie gehören das Bemühen, zu zuverlässigen Daten über Geschlechtsunterschiede im Bereich des kognitiven Funktionierens und der Persönlichkeit zu gelangen sowie die Analyse der Ursachen, die der Entwicklung von Geschlechtsunterschieden zugrundeliegen. Impulse zu entsprechenden Untersuchungen entstammen zum Teil der Emanzipationsbewegung der Frauen in den sechziger Jahren, in der die Unzufriedenheit der Frauen mit den ihnen in unserer Gesellschaft zugeschriebenen Rollen an die Öffentlichkeit getragen wurde.

In diesem Kapitel werden wir einen Überblick über die Untersuchungen von Geschlechtsunterschieden geben. Wir werden versuchen, die Frage zu beantworten, ob in der allgemeinen Intelligenz oder in spezifischen Aspekten der Intelligenz, z. B. in den rechnerischen oder verbalen Fähigkeiten oder im räumlichen Vorstellungsvermögen, Geschlechtsunterschiede festgestellt wurden. Wir werden uns mit der Frage befassen, inwieweit Aggression geschlechtsgebunden ist. Wir werden die vorhandenen Daten über Geschlechtsunterschiede der emotionalen Anpassung der Konformität, der Abhängigkeit von Werten, der Ziele und der anderer Persönlichkeitsmerkmale darstellen. Daneben werden wir dem Zusammenhang zwischen Persönlichkeit und Intelligenz nachgehen, der gewöhnlich zu völlig verschiedenen Empfehlungen für die Erziehung von Kindern unterschiedlichen Geschlechts führt. Und wir stellen das Konzept der Androgynie vor, d. h. die Verbindung männlicher und weiblicher Eigenschaften im Menschen. Der verbleibende Teil dieses Kapitels beschäftigt sich damit, welchen Einfluß Familie und Schule auf die Entwicklung von Geschlechtsrollen ausüben. Dabei werden wir die Ausbildung von Geschlechtsstereotypen, die in der Schule stattfindet, in den Vordergrund rücken und uns damit beschäftigen, wie derartige Praktiken eingedämmt werden können.

9.2 Intelligenzunterschiede

Für die differentielle Psychologie sind Geschlechtsunterschiede ebenso von wissenschaftlichem Interesse wie regionale, schichtenspezifische und kulturelle Unterschiede zwischen Menschen. Vergleichende Untersuchungen dieser Art

Mittelwertsunterschiede vs. Streuungsbreite

haben zur allgemeinen Anerkennung zweier Tatsachen geführt. Erstens sind die individuellen Unterschiede innerhalb einer Gruppe nahezu immer größer als die Unterschiede zwischen Gruppen. Bei den meisten Merkmalen, in denen Geschlechtsunterschiede bestehen, überlagern sich ebenso wie bei rassischen Unterschieden die Streuungen der Meßwerte der Variablen, die gemessen wird, deutlich, auch wenn die Mittelwerte voneinander abweichen. Zweitens kann bei der Interpretation von Untersuchungen, in denen Vergleiche zwischen den Geschlechtern angestellt werden, selten das, was an dem beobachteten Verhalten genetisch bedingt ist, von dem, was auf Umwelteinflüsse zurückgeht, eindeutig unterschieden werden. Das traf auf die Unterschiede zwischen Rassen zu, mit denen wir uns oben beschäftigt haben, und es trifft ebenso auf Geschlechtsunterschiede zu.

> ... zunächst müssen wir eingestehen, daß wir niemals wirklich wissen können, wie die Geschlechter beschaffen wären, wenn es kein kulturelles Konditionieren gäbe, wenn es beim Kleinkind nicht von Anfang an rosa und blaue Decken gäbe, wenn es in der Vorschule keine Puppen und Lastwagen gäbe, wenn es in den ersten Schuljahren nicht Ballett und Fußball gäbe ... usw. Da Kinder ohne einen kulturellen Nährboden nicht überleben können, sind sie zu der Zeit, zu der wir sie untersuchen können, bereits unseren formenden Einflüssen ausgesetzt gewesen (*Bernard,* 1973, S. 7).

An diesen Hinweis sollte man denken, wenn man sich mit Untersuchungen über Unterschiede zwischen den Geschlechtern befaßt.
Es ist jedoch noch ein weiterer Vorbehalt anzubringen. Zusammenfassende Darstellungen über die entsprechenden Untersuchungen sind mit einer eingebauten Verzerrung behaftet. Untersuchungen, in denen sich Unterschiede zwischen den Geschlechtern in einer bestimmten Variablen zeigen, werden häufiger in Zeitschriften abgedruckt und auf Kongressen vorgetragen als Untersuchungen, in denen sich kein Unterschied zeigt. Die letztgenannten Untersuchungen werden in der wissenschaftlichen Welt mit geringerer Wahrscheinlichkeit zur Kenntnis genommen. Daher tendieren Forschungsberichte dazu, jedwede Art von Unterschieden zwischen den Geschlechtern überzubewerten (*Jacklin* u. *Maccoby,* 1972). Zusammenfassungen von Forschungsergebnissen, die wir hier vorstellen werden und die frei von solchen Mängeln sind, wurden erstmals von *Anastasi* (1958), *L. E. Tyler* (1965) und *Gara* u. *Scheinfeld* (1968) vorgelegt und in neuerer Zeit von *Maccoby* u. *Jacklin* (1974), *Sherman* (1978), *Spence* u. *Helmreich* (1978) sowie von *Wittig* u. *Peterson* (1979).

Allgemeine Intelligenz

Aus den Untersuchungen, mit denen festgestellt werden sollte, ob sich die Geschlechter in der allgemeinen Intelligenz unterscheiden, haben sich keine gleichsinnigen Feststellungen ergeben. Manchmal wurden statistisch signifikante Ergebnisse zugunsten der Mädchen festgestellt, manchmal zugunsten der Jungen. Das Zustandekommen signifikanter Unterschiede liegt gewöhnlich daran, daß große Stichproben verwendet werden. Die Mittelwertunterschiede zwischen den beiden Geschlechtern sind klein und scheinen weitgehend eine Funktion des speziell verwendeten Tests zu sein, der Natur der Items und des Alters der Versuchspersonen. Die meisten Items, die mit Verzerrungen zugunsten des einen oder des anderen Geschlechts behaftet waren, wurden aus den modernen Intelligenztests eliminiert und somit die Unterschiede zwischen den Meßwerten von männlichen und weiblichen Versuchspersonen, die unterschiedlichen Erfahrungen der beiden Geschlechter zuzuschreiben sind, vermindert.

In den Vorschuljahren sind die Intelligenztestwerte von Mädchen höher, während in der Sekundarstufe II Jungen höhere Werte in solchen Tests erzielen. Der letztgenannte Unterschied kommt möglicherweise deshalb zustande, weil die Rate der Schulversager auf der Sekundarstufe für Jungen höher ist und somit eine nicht repräsentative Gruppe männlicher Schüler mit hohen Fähigkeiten zurückbleibt. Insgesamt sind keine dramatischen Unterschiede zwischen den Geschlechtern festzustellen, wenn die allgemeine Intelligenz gemessen wird.

Verbale Fähigkeit

Bei Tests über sprachliche Ausdrucksfähigkeit bringen Mädchen gewöhnlich bessere Leistungen als Jungen, Mädchen lernen etwas früher sprechen und eine größere Vielfalt von Worten zu gebrauchen. Daneben sprechen sie deutlicher, lesen früher und schneiden in Rechtschreib- und Grammatiktests durchgehend besser ab als Jungen. Im verbalen Denken, im Wortverständnis und im Wortschatz ist jedoch keine stetige Überlegenheit der Mädchen festzustellen. Die Forschungsergebnisse sind hier uneinheitlich. Auch die zunächst vorhandene Überlegenheit der Mädchen im Lesen ist im Alter von etwa zehn Jahren verschwunden. Welche Unterschiede auch immer gefunden werden, sie sind gewöhnlich gering (*L. E. Tyler,* 1965; *Maccoby,* 1966; *Sherman,* 1978; *Hyde,* 1981).

Kulturelle gegenüber biologischen Ursachen

In ihrer zusammenfassenden Darstellung über Geschlechtsunterschiede im Lesevermögen wies *Dwyer* (1973) auf den Einfluß hin, den die Gesellschaft auf dieses entscheidend wichtige schulische Verhalten ausübt. Sie zitiert *Preston* (1962), der deutsche und amerikanische Viert- und Sechstkläßler untersuchte. Während die amerikanischen Mädchen den amerikanischen Jungen in ihren Leseleistungen überlegen waren, traf für die deutschen Kinder das Gegenteil zu. Leseprobleme waren unter den Jungen in Amerika mehr verbreitet, während es in Deutschland umgekehrt war. Die Grundschullehrer in Deutschland sind häufiger Männer als in Amerika, und Lesen und Lernen werden in dieser Gesellschaft als „maskuline" Tätigkeiten angesehen. Diese länderspezifischen Unterschiede im Lesevermögen in den beiden Kulturen sprechen sehr dafür, daß hier kulturelle und nicht biologische Ursachen wirksam sind (*Nash,* 1979).

Mathematische Fähigkeit

Im Bereich mathematischer Fähigkeiten treten während der Vorschuljahre noch keine wesentlichen Geschlechtsunterschiede auf. Gegen Ende der Grundschulzeit schneiden die Jungen erstmals besser im rechnerischen Denken ab als die Mädchen, und der Unterschied nimmt in der Sekundarstufe und weiter an der Universität bis ins Erwachsenenalter hinein zu (*Maccoby,* 1966; *Fennema,* 1973). Diese Unterschiede in mathematischer Fähigkeit sind in der Forschung teilweise auf genetische Unterschiede zurückgeführt worden (z.B. von *Benbow* u. *Stanley,* 1980), aber die Beweiskraft solcher Schlüsse ist recht gering. In letzter Zeit hat man sogar in verschiedenen Untersuchungen festgestellt, daß eine geschlechtsspezifische Überlegenheit in mathematischer Fähigkeit überhaupt nicht existiert (*Fennema,* 1982). Und *Hyde* (1981) schätzt, daß, wenn geschlechtsspezifische Unterschiede überhaupt existieren, diese nur 1% der Varianz an rechnerischer Fähigkeit ausmachen, die wir in unserer Bevölkerung feststellen können.

Hilton u. *Berglund* (1974) stellten fest, daß die zunehmenden Geschlechtsunterschiede in mathematischer Fähigkeit (gemessen anhand von Testbenotungen) mit zunehmenden Geschlechtsunterschieden im Interessenbereich und in der Berufsausrichtung parallel laufen. In dem Ausmaß, in dem stereotype Geschlechtsrollenstandards offenkundiger werden, steigen auch die Unterschiede der Meßwerte für rechnerische Leistungen bei den beiden Geschlechtern. Sowohl Jungen als auch Mädchen wählen in der Sekundarstufe das Fach Mathematik primär dann, wenn sie dahinter einen praktischen Nutzen erkennen können (*Lantz* u. *Smith,* 1981). Allerdings sehen Mädchen weniger häufig als Jungen einen handfesten Wert in der Mathematik. Vielleicht sind also die Unterschiede in den Mathematikleistungen, auf die wir in unserer Kultur stoßen, nichts anderes als ein Ausdruck unterschiedlicher Rollenerwartungen. Sowohl bei Jungen/Männern als auch bei Mädchen/Frauen spielen solche geschlechtsspezifischen Rollenerwartungen dabei eine Rolle, ob sie Mathematik als Fach wählen und in Mathematik gute Leistungen erbringen sollen oder nicht (vgl. *Fox* et al., 1979; *Fennema,* 1982). Ein zweifacher Beweis kommt hierfür aus der internationalen Forschung. Erstens: In Schweden, wo die rollenbestimmten Geschlechtsunterschiede weniger stark ausgeprägt sind, weisen auch die Unterschiede in mathematischen Leistungen zwischen männlichen und weiblichen Personen eine geringere Tendenz auf (*Svensson,* 1971). Zweitens: In Bildungseinrichtungen, die nur Mädchen oder Frauen offenstehen (z.B. reine Mädchenschulen und private oder staatliche Hochschulen für Frauen), wo also Rollenerwartungen weniger regelmäßig gespürt werden, sind die Leistungen der Mädchen/Frauen in Mathematik und Naturwissenschaften höher als in koedukativen Bildungseinrichtungen (*Finn* et al., 1979).

Räumliches Vorstellungsvermögen

Gegengeschlechtliche Ausprägung der Anlagen beim Erbgang

Im räumlichen Vorstellungsvermögen sind männliche Personen deutlich überlegen. Die Wahrscheinlichkeit, daß genetische Unterschiede zwischen den Geschlechtern eine ursächliche Wirkung ausüben, scheint unter allen intellektuellen Aktivitäten beim räumlichen Vorstellungsvermögen am größten zu sein. *Stafford* (1961) wies darauf hin, daß das räumliche Vorstellungsvermögen eines Kindes mit dem des gegengeschlechtlichen Elternteils in Beziehung zu stehen scheint, wobei das räumliche Vorstellungsvermögen von Mädchen dem ihrer Väter ähnlich ist und das räumliche Vorstellungsvermögen von Jungen dem ihrer Mütter gleicht. Diese Ergebnisse passen zu der Hypothese, daß eine bestimmte Komponente des räumlichen Vorstellungsvermögens mit dem Geschlecht verknüpft ist, daß diese Komponente auf dem X-Chromosom übertragen wird und daß der Vererbungsmodus rezessiv ist. Bei Mädchen ist die Wahrscheinlichkeit, Träger eines rezessiven X-Chromosoms zu sein, klein, da sie zwei X-Chromosomen besitzen und eines davon wahrscheinlich dominant sein wird. Jungen können Träger des rezessiven X-Chromosoms sein und, da als Gegenstück ein Y-Chromosom vorliegt, wird sich das räumliche Vorstellungsvermögen manifestieren.

Belege für eine geschlechtsgebundene Ausprägung dieser Fähigkeit sind zwar erbracht worden (z. B. von *Stafford,* 1972; *Vandenberg* u. *Kuse,* 1979), aber sie sind kaum überzeugend (vgl. *Sherman,* 1978; *Fennema,* 1981). In jedem Fall scheint die Überlegenheit männlicher Personen in vielen Tests des mathematischen Denkens zumindest teilweise ihrer Überlegenheit im räumlichen Vorstellungsvermögen zuzuschreiben zu sein, das von solchen Tests miterfaßt wird. Wie in anderen Bereichen ist allerdings auch hier das Ausmaß der geschlechtsspezifischen Unterschiede gering. Sie sind wohl für nicht mehr als 5% der Unterschiede im räumlichen Vorstellungsvermögen, die wir in der Bevölkerung insgesamt erkennen können, verantwortlich (*Hyde,* 1981).

Problemlösen

Wenn Problemlösen, Kreativität, analytische Fertigkeiten und kognitive Stile Gegenstand der Untersuchung sind, sind die Ergebnisse uneinheitlich. Da sich diese Begriffe auf ziemlich komplexe Konzepte beziehen, können von vornherein uneinheitliche Ergebnisse bei der Messung derartiger Merkmale erwartet werden. Soweit überhaupt durchgängige Resultate vorhanden sind, weisen diese auf eine größere Fähigkeit bei männlichen Personen hin, starre Haltungen *(sets)* beim Lösen von Problemen aufzugeben oder neue Vorgehensweisen zu versuchen und generell mehr feldunabhängig zu sein, d. h. sich mehr von dem Einfluß des Kontexts, in dem sich ein Problem darbietet, befreien zu können. Mit der letztgenannten Eigenheit ist gemeint, daß männliche Personen bei bestimmten Arten von Lernaufgaben weniger leicht von irrelevanten Signalen beeinflußt werden. Daneben zeigen männliche Personen auch eher einen weiteren „Kategorienumfang" *(category width)* bei Begriffsbildungsaufgaben, so daß sie mit größerer Wahrscheinlichkeit als weibliche Versuchsper-

Die Fähigkeit, Einstellungsfixierungen aufzugeben

Feldunabhängigkeit

sonen eine Übereinstimmung zwischen einem Stimulus und einem Vergleichsstimulus feststellen, wenn die Abweichung der beiden Stimuli voneinander sehr groß ist. Mit anderen Worten, männliche Personen verwenden mit großer Wahrscheinlichkeit breitere begriffliche Kategorien, sie beachten mehr gemeinsame Merkmale und ignorieren irrelevante Merkmale. In Situationen, in denen ein Risiko eingegangen werden muß, zeigen männliche Personen mehr Neugier und beträchtlich weniger Konservativismus als Frauen (*Maccoby,* 1966; *D. B . Lynn,* 1972). Diese Merkmale verleihen männlichen Personen einen leichten Vorteil in den meisten Tests über Problemlösen. Wenn es jedoch um Problemlösen im Bereich zwischenmenschlicher Beziehungen geht, sind die Leistungen von Frauen denjenigen von Männern gewöhnlich überlegen (*Garai* u. *Scheinfeld,* 1968).

Schulische Leistung

In den entsprechenden Untersuchungen zeigte sich nahezu ausnahmslos, daß Mädchen im Durchschnitt bessere Leistungen in der Schule (Noten) aufweisen, insbesondere in den Grundschulklassen. Dies trifft auch für die Bereiche Mathematik und Naturwissenschaften zu. Diese Unterschiede werden in der Sekundarstufe beträchtlich kleiner. Während der ganzen Schulzeit scheinen Mädchen in ihren schulischen Leistungen beständiger, d. h. weniger veränderlich zu sein als Jungen.

Merke:

Gegenstand dieses Abschnitts waren Geschlechtsunterschiede in wichtigen Bereichen des kognitiven Funktionierens – in der allgemeinen Intelligenz, in sprachlichen und rechnerischen Fähigkeiten und im räumlichen Vorstellungsvermögen, im Problemlösen und in den schulischen Leistungen. Dabei haben sich keine zwingenden Hinweise darauf ergeben, daß Lehrer die Geschlechter unterschiedlich behandeln sollten. Die Streuungen der Meßwerte der meisten kognitiven Variablen überlappen sich auch dann weitgehend, wenn statistisch signifikante Unterschiede gefunden werden.

In nahezu allen Fällen, in denen Geschlechtsunterschiede in kognitiven Variablen vorhanden sind, scheint diesen Unterschieden die Wirksamkeit von Rollenerwartungen in der Kultur zugrunde zu liegen, wenngleich *Stafford* (1972) weiterhin annimmt, daß die Unterschiede in den Mathematikleistungen eine starke genetische Komponente haben. Es wäre sicherlich falsch, die Weise, wie man mit Schülern umgeht, danach auszurichten, welche Merkmale statistisch mit ihrem Geschlecht verbunden sind; vielmehr sollte man sie als Individuen behandeln.

9.3 Persönlichkeitsunterschiede

In vielen Persönlichkeitsvariablen gibt es Unterschiede zwischen den Geschlechtern. So scheint es in Messungen der religiösen Einstellungen höhere Durchschnittswerte für Frauen als für Männer zu geben (*L. E. Tyler,* 1965). Auswirkungen dieses Unterschieds auf das Lernen in der Schule und die Leistungen im Leben sind unbekannt. Wir werden uns nicht mit allen Persönlichkeitsvariablen, die wir ausmachen können, beschäftigen, sondern wir werden uns auf diejenigen Merkmale der Persönlichkeit konzentrieren, die in einer zumindest logischen Beziehung zur Leistung in der Schule stehen.

Aggression

Männer sind aggressiver

Von allen Persönlichkeitunterschieden zwischen den Geschlechtern sind diejenigen, die hinsichtlich der Aggression bestehen, die deutlichsten. Männliche Personen aller Altersstufen sind generell aggressiver als weibliche Personen. *Margaret Mead* (1935) hat in ihrem klassischen Buch *Sex und Temperament* die große Variationsbreite männlicher und weiblicher Rollen in verschiedenen Kulturen beschrieben. Der größte Teil der Verhaltensvariationen war nach *Mead* offensichtlich Umwelteinflüssen zuzuschreiben. Spätere Betrachtungsweisen, die von ausführlicheren anthropologischen Untersuchungen, von Untersuchungen von Tieren und menschlichen Hormonen ausgingen, zeigten, daß die Aggression wahrscheinlich genetisch mit dem Geschlecht verknüpft ist (vgl. *Roger Brown,* 1965).
Aber das Argument wird von *Tieger* (1980) weitergeführt, der die Auffassung scharf zurückweist, daß es eine biologische Ursache für die Unterschiede im Aggressionsverhalten gibt. Seine eigene Untersuchung über das Aggressionsverhalten von kleinen Jungen und Mädchen läßt keine geschlechtsspezifische Assoziation bis zum Alter von etwa fünf Jahren zu. Seine Ergebnisse weisen auf die Möglichkeit hin, daß solche erkennbaren Unterschiede nicht auf biologische Ursachen zurückzuführen sind, sondern eher auf die Auswirkungen der sozialen Lerntheorie (vgl. Kapitel 14). Eindeutig ist nur, daß männliche und weibliche Rollen in den verschiedenen Kulturen unterschiedlich stark variieren, und daß Männer für gewöhnlich als dominanter, selbstsicherer, energischer, aktiver, feindseliger, destruktiver usw. angesehen werden.

Konformität und Abhängigkeit

Einschätzen gegenüber Beobachten

Frauen zeigen allgemein mehr Konformität und sind in größerem Ausmaß beeinflußbar als Männer (*Cooper,* 1979; *Eagly* u. *Carli,* 1981). Mädchen in der Adoleszenz und erwachsene Frauen werden als in höherem Ausmaß unselbständig eingestuft. In den Untersuchungen, in denen sich eine deutlich höhere Unselbständigkeit von Frauen gezeigt hat, wurden jedoch *Einschätzskalen* verwendet, es konnten sich also kulturelle Verzerrungen, denen die Beurteilungen unterlagen, leichter auswirken. Die direkte Beobachtung von unselb-

ständigem Verhalten unterliegt wahrscheinlich weniger den Auswirkungen kultureller Erwartungen.
So überrascht es nicht, daß *Maccoby* (1966) keine durchgehenden Geschlechtsunterschiede bei direkten Beobachtungsverfahren feststellen konnte. Ein ähnliches Ergebnis wird von *Eagly* u. *Carli* (1981) berichtet: männliche Versuchsleiter finden, daß Frauen leichter zu überzeugen und konformistischer sind; weibliche Versuchsleiter dagegen finden das nicht.

Emotionale Anpassung

In der Kindheit ist die emotionale Stabilität bei beiden Geschlechtern etwa in gleichem Ausmaß ausgeprägt, es bestehen jedoch Unterschiede zwischen den Geschlechtern in der Weise, wie sich emotionale Probleme manifestieren. *Anastasi* (1958) stellte fest, daß Verhaltensprobleme (z. B. Wutausbrüche) im Vorschulalter und in der Grundschule bei Jungen verbreiteter sind, während nervöse Gewohnheiten (z. B. Daumenlutschen) mehr bei Mädchen vorhanden sind. Die meisten Persönlichkeitsfragebögen weisen darauf hin, daß Mädchen in der Adoleszenz und erwachsene Frauen mehr neurotische Symptome als Männer aufweisen. Möglicherweise orientiert sich in unserer Gesellschaft die Definition der psychischen Gesundheit an dem männlichen Rollenverhalten (*Broverman* et al., 1970). Möglicherweise ist auch zum Teil die Tatsache, daß Tests gewöhnlich von Männern entwickelt werden, für die etwas höheren Neurotizismuswerte von Frauen verantwortlich.

Definitionen der psychischen Gesundheit

Werte und Lebensziele

Die meisten Ergebnisse aus den Skalen, die zur Messung von Interessen und Werten verwendet werden (z. B. das „Strong Vocational Interest Blank", „Kuder Preference Record" und „Allport-Vernon-Lindzey-Study of Values") können ohne weiteres aus dem vorhergesagt werden, was über die unterschiedlichen Rollen der Geschlechter in unserer Gesellschaft bekannt ist. Die Feststellung, daß Männer größeres Interesse an Naturwissenschaften, an Betriebswirtschaft, an Mathematik, an mechanischen und mit hoher Aktivität einhergehenden Berufen zeigen und daß sie stärkere theoretische, wirtschaftliche und politische Werte zum Ausdruck bringen, ist nicht überraschend. Es ist auch nicht überraschend, daß Frauen mehr dazu neigen, sich für Literatur, Sozialarbeit und Büroberufe zu entscheiden, und daß sie stärkere ästhetische, soziale und religiöse Werte aufweisen (*Anastasi,* 1958). Diese Ergebnisse sind heute wahrscheinlich weniger überzeugend als sie es in den fünfziger Jahren waren, denn das Selbstbild der Frau hat sich in der Zwischenzeit radikal verändert.

Wertwandel

Leistungsorientierung

Weibliche Personen reagieren unter leistungsorientierten Bedingungen nicht auf dieselbe Weise wie männliche. *Stein* und *Bailey* (1973) gelangten zu der Auffassung, daß Frauen in denjenigen Bereichen, die in unserer Gesellschaft traditionell als für sie geeignet angesehen werden, nämlich in den Bereichen der sozialen Fertigkeiten und Kontakte, eher ihre Leistungsmotivation, d.h. ihren Wunsch nach einem Erfolg zum Ausdruck bringen. Mit der Geschlechtsrolle verbundene Erwartungen werden bereits in den allerersten Lebensjahren deutlich zum Ausdruck gebracht. Untersuchungen mit Kindern der Klassen zwei bis zwölf zeigen, daß Fähigkeiten des mechanischen Verständnisses und der räumlichen Auffassung und sportliche Fertigkeiten für männlich gehalten werden, während soziale, verbale und künstlerische Fähigkeiten als weiblich erachtet werden. Eine junge Frau mit hoher Leistungsmotivation wird diese also vermutlich in Bereichen zum Ausdruck bringen, in denen sie die umfangreichste Belohnung erwarten kann – in sozialen Bereichen. Gute Leistungen in Mathematik oder in den Naturwissenschaften führen bei Mädchen zu „eingebauten" Bestrafungskonsequenzen, ebenso wird ein Junge auf einige Schwierigkeiten bei seinen Kameraden, seinen Lehrern und Eltern stoßen, wenn er gute Leistungen im Tanzen anstrebt.

Geschlechtsrollenerwartungen

Diese Hypothese, daß sich nämlich die beiden Geschlechter in unterschiedlichen Schulfächern um gute Leistungen bemühen, wurde in mehreren Untersuchungen bestätigt. Das Anspruchsniveau und die Leistungserwartungen, die Mädchen bei einer Reihe von schulbezogenen Aufgaben angaben, war für die Bereiche Englisch, verbale Fähigkeiten, soziale Fähigkeiten und künstlerische Leistungen höher als für Naturwissenschaften, Sport und mechanisches Verständnis (*Battle,* 1965; *Battle,* 1966; *Stein,* 1971). Wenn Aufgaben als typisch „männlich" oder „weiblich" bezeichnet wurden, hatten Mädchen im Grundschulalter, wie sich herausstellte, bei den „weiblichen" Aufgaben höhere Erfolgserwartungen und setzten sich höhere Leistungsstandards (*Stein, Pohly* u. *Mueller,* 1971).

Anspruchsniveau

Die Untersuchung der Leistungsorientierung von weiblichen Personen wird durch ihre Furcht vor Erfolg in intellektuellen Bereichen kompliziert (*Horner,* 1969; *Horner,* 1972), ein Nebenprodukt der Sozialisationspraktiken unserer Gesellschaft. Aufgrund der Ansicht, daß intellektuelle Leistungsfähigkeit nicht weiblich ist und daß eine Frau „keinen Mann bekommen könne", wenn sie zu klug ist, wird der intelligenten Frau beigebracht, „sich dumm zu stellen" (*Komarovsky,* 1950). Die aus den vorherrschenden Sozialisationsmustern resultierende enorme Verschwendung menschlichen Potentials zeigte sich deutlich in der Untersuchung von *Crandall, Katkovsky* und *Preston* (1962), bei der Kinder nach ihren Leistungserwartungen in einer Aufgabe, mit der sie anschließend beginnen sollten, gefragt wurden. Die Korrelationen zwischen einem IQ-Maß und der zum Ausdruck gebrachten Erfolgserwartung waren +0,62 für Jungen und −0,42 für Mädchen. Je höher also der IQ eines Jungen war, mit desto größerer Wahrscheinlichkeit erwartete er von sich selbst ein *hohes* Leistungsniveau. Je höher der IQ eines Mädchens war, mit desto größerer Wahrscheinlichkeit erwartete es von sich selbst ein *niedriges* Lei-

Weibliche Furcht vor Erfolg

stungsniveau. Die entsprechenden Untersuchungen zeigen übereinstimmend, daß Mädchen vor intellektuellen Anforderungen eher zurückschrecken, während Jungen dazu neigen, es mit ihnen aufzunehmen (*Maccoby,* 1966).

Druck und weibliche Leistung

Hinzu kommt folgendes: Wenn Mädchen Erfolg haben, schreiben sie ihn häufiger als Jungen Faktoren wie „Leichtigkeit der Aufgabe" oder „reines Glück" zu, Faktoren also, über die sie bei der Lösung einer Aufgabe keine Kontrolle haben. Im Vergleich zu Männern sehen Frauen normalerweise keine ursächliche Beziehung zwischen ihren Fähigkeiten und ihrem intellektuellen Erfolg. Wenn sie auf der anderen Seite eine intellektuelle Aufgabe nicht bewältigen, machen sie mangelnde Fähigkeiten für den Mißerfolg verantwortlich (*Frieze* et al., 1978; *Frieze,* 1980). Solche Denkschablonen für Schuldzuweisungen können bei Frauen selbsterfüllende Prophezeiungen über ihre eigene Unfähigkeit bei der Bewältigung bestimmter Situationen hervorrufen (z. B. bei mathematischen Aufgaben). Demzufolge hat man feststellen können, daß wir einen solchen Begriff wie „Angst vor Erfolg" gar nicht bemühen müssen, um die Leistungen von Frauen bei bestimmten Aufgaben zu erklären (vgl. *Zuckerman* et al., 1978). Vielmehr ist das, was wir da oft beobachten können, darauf zurückzuführen, daß Frauen sich *anderer Mittel* als Männer bedienen, um ihre Leistungs- und Erfolgsorientierung sichtbar zu machen.

Merke:

Im Gegensatz zu den Verhältnissen in den mehr kognitiven Bereichen weisen Persönlichkeitsvariablen also beständige und beträchtliche Geschlechtsunterschiede bezüglich wichtiger Dimensionen auf. Neuere Untersuchungen stellen diese Ergebnisse allerdings in Frage. Im Falle der Aggressivität und mit ihr in Zusammenhang stehender Verhaltensweisen gründen die Unterschiede möglicherweise in Erbfaktoren. Aber selbst wenn das so ist, so kann sich Aggressivität jedoch ebenfalls nur in sozial sanktionierter Weise äußern. Der größte Teil der zwischen den Geschlechtern beobachteten Unterschiede in der Persönlichkeit und im affektiven Verhalten ist zumindest teilweise das Ergebnis der Interaktion von Umwelt und Anlage, wenn diese Unterschiede nicht überhaupt vollständig durch die Kultur determiniert sind. Und da sich Kulturzustände (bisweilen sehr schnell) verändern, verändern sich die Verhaltensweisen, die einen Kulturzustand widerspiegeln, in gleichem Tempo.

9.4 Die Beziehung zwischen Persönlichkeit und intellektueller Leistung

In vielen Familien und Klassen werden Mädchen von ihren Eltern bzw. ihren Lehrern, die übermäßig viel emotionale Wärme zeigen und die Kinder übermäßig bemuttern, häufig „übersozialisiert". Mädchen sollen häufig dazu gebracht werden, Gehorsam, Konformität und Passivität zu entwickeln, was dazu führt, daß sie davor zurückschrecken, Verantwortung und Führerrollen zu übernehmen (vgl. *Bronfenbrenner,* 1961). Das muß jedoch nicht so sein.

Einige weibliche Kinder werden zur Leistungsorientierung erzogen und aus der entsprechenden Literatur wird bemerkenswert deutlich, welche Eigenschaften der Eltern dabei eine Rolle spielen. Die Erziehungsverhältnisse, die dazu führen, daß das Streben nach Leistung bei Mädchen gefördert wird, stellen keine uneingeschränkte Erfüllung der stereotyp geäußerten Forderung dar, daß das Ziel einer guten Erziehung glückliche, psychisch gesunde Kinder seien. Vielmehr wird unter solchen Erziehungsverhältnissen ein gewisser Druck auf das Kind ausgeübt, die Fürsorge ist nicht uneingeschränkt und Bestrafungen spielen eine gewisse Rolle, wenngleich keines dieser Merkmale im Extrem vorkommt. ... ein gemäßigtes Ausmaß an emotionaler Wärme, ein weitgehend permissives Verhalten der Eltern zusammen mit hohen Leistungsstandards und Verstärkungen für Leistungsbemühungen werden für das Leistungsverhalten weiblicher Kinder förderlich sein, während die gegenteiligen Verhältnisse mit großer Wahrscheinlichkeit dazu führen, daß Konformitätsstreben, Unselbständigkeit und weibliche Verhaltensmuster entstehen (*Stein* u. *Bailey,* 1973, S. 363).

Maccobys (1966) Hypothese über den Zusammenhang zwischen Persönlichkeit und intellektuellen Leistungen ist in Abbildung 9-1 schematisch dargestellt. Die Verteilung der Merkmale Kühnheit, Impulsivität oder Aggressivität ist bei den beiden Geschlechtern unterschiedlich. Mädchen, die höhere Ausprägungsgrade in diesen Merkmalen als üblich und Jungen, die niedrigere Ausprägungsgrade als üblich aufweisen, zeigen gleichzeitig in einer großen Vielfalt intellektueller Aufgaben die besten Leistungen. Die allgemeine Beziehung ist kurvenlinear. Sehr hohe oder sehr niedere Ausprägungsgrade in diesen Persönlichkeitsmerkmalen sind mit geringeren Leistungsniveaus verknüpft. Wenn dieser Zusammenhang kausal wäre, „würde daraus folgen, daß die meisten Mädchen weniger passiv und gehemmt werden müßten, während die meisten Jungen weniger impulsiv werden müßten, um optimale intellektuelle Leistungen bringen zu können" (*Maccoby,* 1966, S. 47).

9.5 Androgynie

Die Kurve in Abbildung 9-1 impliziert, daß es keine Mischung aus männlichem und weiblichem Verhalten gibt, und daß der einzelne Mensch entweder männlich (kühn, impulsiv, selbstsicher) oder weiblich (passiv, gehemmt, empfindsam) ist. Das heißt, „maskulin" und „feminin" werden gewöhnlich als Gegensätze betrachtet, als bipolare Konzepte. Neuere Forschungsarbeiten deuten demgegenüber darauf hin, daß in ein und demselben Menschen sowohl männliche als auch weibliche Persönlichkeitszüge vereint sein können. Diese neueren Vorstellungen betonen die direkte Verbindung von Maskulinität und Femininität (*Bem,* 1974; *Spence* u. *Helmreich,* 1978).

Verbindung von Maskulinität und Femininität

Bem wandte bei seinen Untersuchungen eine Skala an, anhand derer sich die männlichen und weiblichen Versuchspersonen einstufen konnten, inwieweit bestimmte Begriffe (z. B. *empfindsam* oder *ehrgeizig*) ihr Verhalten genauer kennzeichneten als andere. Die Meßergebnisse dieser Selbstbewertungen konnten dann zur Erstellung von vier Kategorien herangezogen werden. Die erste Kategorie, überwiegend mit Männern, zeigte hohe Werte in Maskulinität

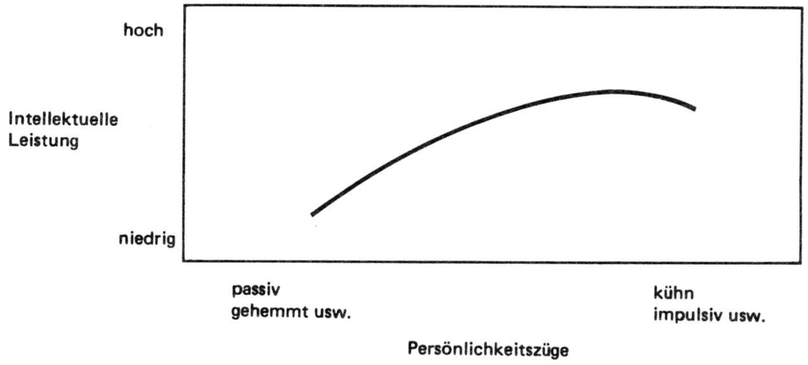

Daten aus *Maccoby* (1966).

Abbildung 9-1. Hypothetisch angenommene Beziehung zwischen Persönlichkeitszügen und intellektueller Leistung bei Mädchen

und niedrige Werte in Femininität. Die zweite Kategorie, überwiegend mit Frauen, zeigte hohe Werte in Femininität und niedrige in Maskulinität. Die hier aufgeführten Personen hatten Verhaltensmuster angegeben, die sich weitgehend mit den Stereotypen decken, die wir für Menschen männlichen und weiblichen Geschlechts in unserer Gesellschaft aufgestellt haben. In einer dritten Kategorie fand sich eine kleine Anzahl von Personen mit niedrigen Werten in beiden Bereichen. Besonders interessant aber war, daß ungefähr 30% aller getesteten Personen in der vierten Kategorie auftauchten und somit als androgyn klassifiziert werden konnten, d. h. daß sie in hohem Maße sowohl maskuline als auch feminine Eigenschaftsmerkmale in sich vereinigten. Psychologisch als androgyn definierte Frauen und Männer zeigen hohe Werte *sowohl* in Selbständigkeit („independence“) *als auch* in Behütungstendenz („nurturance“). Man geht bei solchen Menschen von der Hypothese aus, daß sie eine weitreichende Geschlechtsrollenunabhängigkeit haben, die weder bei ausgeprägt maskulinen noch bei ausgeprägt femininen Personen festzustellen ist (*Bem,* 1975). Diese Untersuchungen zeigen,

Geschlechtsrollen-unabhängigkeit

> ... daß es eine besondere Gruppe von Menschen gibt, für die der Begriff androgyn angemessen ist, denn ihr Geschlechtsrollenverhalten ist anpassungsfähig, d. h. sie können sich in einer gegebenen Situation der Sachlage gemäß effektiv verhalten, ohne berücksichtigen zu müssen, ob eine Situation stereotyp maskulin oder stereotyp feminin ist. Demzufolge ist es denkbar – und die Frauenemanzipation hat das bereits stark betont –, daß der androgyne Mensch eines Tages einen neuen und menschlicheren Maßstab psychologischen Wohlbefindens definieren wird (*Bem,* 1975, S. 643).

Androgynie als Konzept ist in vielen wissenschaftlichen Untersuchungen bestätigt worden und hat sich auch ideologisch durchgesetzt. Auf der anderen Seite ist es scharf kritisiert worden als ein Konzept, das sich nur schwer in unzweideutiger Weise definieren lasse (vgl. *Pedhazur* u. *Tetanbaum,* 1979; *Locksley* u. *Colten,* 1979). Als ein wesentlicher Einwand wurde herausgearbeitet, daß geistiges Wohlbefinden, physisches Wohlbefinden, Selbstwertgefühl, Anpassungsfähigkeit und Flexibilität bei androgynen Männern und Frauen nicht die höchsten Werte aufweisen; diese Eigenschaften werden vielmehr mit

Personen beiderlei Geschlechts identifiziert, die hohe maskuline Werte verzeichnen (*Locksley* u. *Colten,* 1979; *Antill* u. *Cunningham,* 1980; *Olds* u. *Sharen,* 1980). Diese Ergebnisse sind insofern nicht überraschend, als wir in einer Gesellschaft leben, in der sogenannte männliche Eigenschaften wandlungsfähig sind und hoch im Kurs stehen. Die von *Maccoby* bereits 1966 aufgestellte Hypothese (vgl. Abbildung 9-1) über den Zusammenhang von Persönlichkeit und intellektueller Leistung (sowie Selbstwertgefühl) bei Mädchen spiegelt die Beziehung wahrscheinlich recht genau. Je höher der Grad maskulinen Verhaltens bei einer Frau liegt, desto mehr Erfolg ist ihr in unserer Gesellschaft sicher. Die gleiche Beziehung kann anhand des vorliegenden Materials für Männer angenommen werden. Dennoch werden Einflüsse von Eltern und Lehrern in Richtung androgynen Verhaltens vielfach als erstrebenswert angesehen. Solche neuen Praktiken in der Kindererziehung und der schulischen Erziehung könnten das Bild der Gesellschaft einschneidend verändern, einer Gesellschaft, in der dann der androgyne Mensch am erfolgreichsten wäre. Die Entwicklung von androgynem oder maskulinem oder femininem Rollenverhalten ist natürlich den Einflüssen von Schule und Elternhaus unterworfen, Einflüssen, denen wir uns jetzt zuwenden wollen.

9.6 Die Entwicklung von Geschlechtsrollen in Familie und Schule

Das Verhalten von Kindern ist, bis zu einem gewissen Ausmaß, von der Geburt an durch ihr Geschlecht festgelegt. Zunächst wird mit rosa und blauen Decken ein Unterschied hergestellt, dann folgen unterschiedliche Behandlung und unterschiedliche Erwartungen, schließlich übernimmt das Kind das Geschlechtsrollenverhalten, das die Gesellschaft vorschreibt.

Vorherrschende Geschlechtsrollen-stereotype

Tabelle 9-1 enthält einige der Geschlechtsrollenstereotype, die in den Vereinigten Staaten vorherrschen. Diese Stereotype beeinflussen die Interaktionen der Eltern mit ihren Kindern, der Lehrer mit ihren Schülern und der Kinder untereinander. Diese Stereotype werden allgemein akzeptiert, mindestens 75% der männlichen und weiblichen Befragten stimmten darin überein, daß sich die Beschreibung auf einen Mann oder eine Frau bezieht. Da Stereotype das Verhalten steuern können, und da sie als Normen fungieren können, an denen Verhalten gemessen werden kann, können sie, wenn sie blindlings angewandt werden, das Potential sowohl von Männern als auch von Frauen zerstören.

Uns liegen genügend Beweise vor (*Pottker* u. *Fishel,* 1977; *National Education Association,* 1980), daß solche Stereotypen in der Schule häufig anzutreffen sind. *Kemer* (1965) hat beispielsweise Lehrer der Sekundarstufe I aufgefordert, aus einer Gruppe von Adjektiven diejenigen auszuwählen, die „den guten Schüler“ bzw. „die gute Schülerin“ beschreiben. Die Ergebnisse sind in Tabelle 9-2 dargestellt. In den Wertvorstellungen der Lehrer spiegelt sich die Gesellschaft wider, in der wir leben.

Tabelle 9-1. Geschlechtsrollenstereotype

Beschreibungen, die sich auf Merkmale beziehen, in der die männliche Seite der Skala höher bewertet wird.

Männlich:	*Weiblich:*
sehr aggressiv	nicht aggressiv
sehr unabhängig	nicht unabhängig
nicht emotional	sehr emotional
verbirgt Emotionen	verbirgt Emotionen nicht
sehr objektiv	sehr subjektiv
nicht leicht zu beeinflussen	leicht beeinflußbar
sehr dominant	sehr unterwürfig
mag Mathematik und Naturwissenschaften	mag Mathematik und Naturwissenschaften nicht
in einer Krise nicht erregbar	in einer Krise sehr erregbar
sehr aktiv	sehr passiv
sehr auf Konkurrenz aus	ist nicht auf Konkurrenz aus
sehr logisch	sehr unlogisch
sehr weltgewandt	familienorientiert
sehr geschäftstüchtig	nicht geschäftstüchtig
sehr direkt	sehr heimlich
kennt sich in der Welt aus	kennt sich in der Welt nicht aus
Gefühle nicht leicht verletzbar	Gefühle leicht verletzbar
sehr abenteuerlustig	nicht abenteuerlustig
trifft leicht Entscheidungen	kann nicht Entscheidungen treffen
weint nie	weint leicht
übernimmt fast immer Führungsrollen	übernimmt niemals Führungsrollen
sehr selbstsicher	nicht selbstsicher
fühlt sich, wenn er aggressiv ist, nicht unwohl	fühlt sich bei Aggressionen unwohl
sehr ehrgeizig	nicht ehrgeizig
trennt Gefühle von Gedanken	kann Gefühle nicht von Gedanken trennen
überhaupt nicht abhängig	sehr abhängig
bildet sich auf sein Äußeres nichts ein	bildet sich auf sein Äußeres sehr viel ein
meint, Männer sind Frauen überlegen	meint, Frauen sind Männern überlegen
spricht mit Männern freizügig über Sex	spricht mit Männern nicht freizügig über Sex

Beschreibungen, die sich auf emotionale Wärme und Ausdrucksverhalten beziehen, Merkmale, in denen die weibliche Seite der Skala höher bewertet wird.

Männlich:	*Weiblich:*
spricht ungehobelt	spricht nicht ungehobelt
nicht gesprächig	sehr gesprächig
sehr taktlos	sehr taktvoll
sehr grob	sehr feinfühlig
ist sich der Gefühle anderer nicht bewußt	ist sich der Gefühle anderer sehr bewußt
nicht religiös	sehr religiös
nicht interessiert an der eigenen Erscheinung	sehr interessiert an der eigenen Erscheinung
nachlässige Gewohnheiten	sehr saubere Gewohnheiten
sehr laut	sehr ruhig
geringes Bedürfnis nach Sicherheit	großes Bedürfnis nach Geborgenheit
macht sich nichts aus Literatur und Kunst	freut sich an Kunst und Literatur
bringt zärtliche Gefühle nicht ohne weiteres zum Ausdruck	bringt zärtliche Gefühle leicht zum Ausdruck

Nach *Brovermann* et al. (1970).

Tabelle 9-2. Beschreibungen „guter“ männlicher und „guter“ weiblicher Schüler

„gute“ männliche Schüler	„gute“ weibliche Schüler
aktiv	verständnisvoll
abenteuerlustig	ruhig
aggressiv	gewissenhaft
selbstsicher	rücksichtsvoll
neugierig	kooperativ
energisch	gesittet
unternehmungslustig	ausgeglichen
offen	sensibel
unabhängig	verläßlich
erfinderisch	tüchtig
	reif
	zuvorkommend
	gründlich

Nach *Kemer* (1965).

Eltern fangen früh damit an, sich so zu verhalten, daß eine Übereinstimmung zwischen den allgemein verbreiteten Stereotypen und dem Verhalten ihrer Kinder herbeigeführt wird. *Moss* (1967) untersuchte z.B. die Interaktionen von Müttern mit ihren drei Wochen alten Säuglingen in der häuslichen Umgebung. Der Einfluß der „Erregbarkeit“ wurde in dieser Untersuchung berücksichtigt (dies war deshalb notwendig, weil Jungen im allgemeinen unruhiger sind und Mädchen mehr schlafen). Die Mütter widmeten ihren kleinen Jungen signifikant mehr Aufmerksamkeit, sie nahmen sie in den Arm, weckten sie aus dem Schlaf auf, versorgten sie und stellten sie auf die Beine. Mit ihren kleinen Mädchen beschäftigten sich die Mütter auf andere Weise, sie sprachen mit ihnen, schnitten Gesichter und hätschelten sie.

Offensichtlich forderten die Mütter systematisch die allgemeine Aktivität bei ihren kleinen Jungen, obwohl sie bereits erregbarer waren, und unterstützten so ein Verhalten, das, wenn es anhielte, einen Lehrer stören würde. Bei ihren kleinen Mädchen förderten die Mütter verbales Verhalten und soziale Interaktionen – Verhaltensweisen, die den kleinen Mädchen im Kindergarten und in der Vorschule einen Vorsprung geben würden (*Smith,* 1972, S. 29).

Einfluß des Kindergartens

Unter den Bedingungen des sozialen Lernens an der Schule wird stereotypes, geschlechtsspezifisches Rollenverhalten früh gelernt. In einer Untersuchung über die Spielhandlungen im Kindergarten (*Fagot* u. *Patterson,* 1969) wurde festgestellt, daß Jungen sich eher körperlich betätigen – mit Bauklötzen spielen, klettern, mit dem Dreirad fahren –, wogegen Mädchen mehr mit Farben, mit Spielzeugküchen, mit Puppen und Puppenhäusern und mit Knetmasse spielen. Beide Geschlechter wurden von ihren Kameraden für das Spielen mit Materialien, die ihrem Geschlecht entsprachen, verstärkt. Und in der Tat, 97% der Verstärkung, die dreijährige Mädchen von ihren Kindergärtnerinnen erhielten, wurde ihnen für dem Geschlecht entsprechende, d.h.

weibliche Spielformen, gegeben. Bereits in sehr frühem Alter wird den Mädchen von ihren Eltern und Lehrern ein sehr einheitliches Bild der Welt vermittelt, das zur Ausbildung eines stereotypen weiblichen Rollenverhaltens führt.
Ein interessantes Nebenergebnis der Untersuchung von *Fagot* und *Patterson* war, daß auch die Jungen den größten Teil ihrer Verstärkung (85%) für Spiele erhielten, die als weiblich gelten. Dieses Ergebnis spricht für die Behauptung von *Sexton* (1969), daß die Schulen die Jungen zu „verweiblichen" versuchen.

Die Schule als Welt der Frauen

Zwischen den Jungen und der Schule gibt es offensichtlich einen todernsten und uralten Konflikt, der unter Umständen beiden tödliche Wunden zufügen kann. Unverhältnismäßig häufig sind Jungen schlecht angepaßt, unaufmerksam, rebellisch ... das Problem besteht nicht nur darin, daß die Lehrer zu häufig Frauen sind. Es besteht darin, daß die Schule in zu großem Ausmaß eine Welt der Frauen ist, die von den Rollen, die Frauen darin spielen, und von deren Maßstäben beherrscht wird (*Sexton,* 1965, S . 57).

Trotz dieses Drucks, den die Schule ausübt, lernen Jungen offensichtlich aus anderen Quellen, welche Rollenerwartungen beachtet werden müssen. In ihren Familien, im weiteren Umfeld der Gesellschaft und von ihren Kameraden werden sie für männliches Rollenverhalten verstärkt. Der Lehrer wird für Jungen sehr viel mehr als für Mädchen zu einer Nebensache. Schule und Familie scheinen die gesamte Streubreite des Rollenverhaltens für Mädchen einzuschränken und für Jungen auszuweiten. Die Gesellschaft macht unter anderem über Lehrbücher und andere Unterrichtsmaterialien – Filme, Arbeitsbücher usw. – deutlich, welche Verhaltensweisen sie von beiden verschiedenen Geschlechtern erwartet. Die allgemein anerkannten Stereotype für männliches und weibliches Rollenverhalten werden den Kindern auf hundertfältige Weise durch diese Kanäle vermittelt.

Stereotype in Lehrbüchern

De Crow (1972) analysierte den Inhalt von zehn Lehrbüchern, die für die Jahre vom Kindergarten bis zur dritten Klasse gedacht waren. Sie stellte fest, daß in diesen Büchern keine Frau, es sei denn Krankenschwestern oder Lehrerinnen, vorkam, die sich außerhalb der Familie aufhielt, und auch die Krankenschwester oder die Lehrerin war immer ein „Fräulein". Die Norm, die in diesem Material zum Ausdruck kommt, heißt: Der Platz der Frau ist in der Familie, Frauen sind nur solange berufstätig, bis sie einen Mann bekommen; dann verlassen sie die Arbeitswelt. Tatsächlich arbeiten jedoch fast 50% aller amerikanischen Frauen (*Sadker* u. *Sadker,* 1982) und viele von ihnen arbeiten außer Haus; 33% dieser berufstätigen Frauen haben Kinder im Vorschulalter und 40% von ihnen haben Kinder im Schulalter (*De Crow,* 1972). In denselben Büchern fahren die Väter Auto, unternehmen Reisen und bringen die Wäsche durcheinander. Die Mütter kochen und herzen Säuglinge, schauen dem Vater bei der Arbeit zu und warten, bis er nach Hause kommt, um irgendwelche Sachen wieder heilzumachen. Männer sind Ärzte, Frauen sind Krankenschwestern. Ältere Kinder (Jungen) helfen jüngeren Kindern (Mädchen). Die

Jungen zeigen Initiative, Kreativität und die Fähigkeit, Entscheidungen zu treffen. Die Mädchen sind nahezu immer ängstlich und unselbständig und schauen anderen Leuten bei ihrem Tun zu.

In einer anderen Analyse („Women on Words and Images", 1972), einer Stichprobe von Schulbüchern, zeigte sich, daß in Geschichten, in denen es um eine tatkräftige Bewältigung von Problemen geht, für die Einfallsreichtum, Klugheit, Fleiß und Tapferkeit erforderlich sind, die Heldenrolle 1004 mal von Jungen und 343 mal von Mädchen gespielt wurde. Wenn es in den Geschichten um Passivität, Unselbständigkeit, Unfähigkeit und Erniedrigung ging, spielten die Jungen 181 mal die Heldenrolle und die Mädchen 435 mal. Sorgfältigere statistische Analysen der Grundschulbücher wurden von *Jacklin* und *Maccoby* (1972) durchgeführt. Aus dieser Inhaltsanalyse wurde eine bemerkenswerte männliche Dominanz in den Geschichten deutlich. Männer traten signifikant häufiger in Erscheinung, wenn es um Problemlösen, körperliche Arbeit und Tätigkeiten außer Haus ging. Frauen wurden in ihren Tätigkeiten signifikant häufiger von jemand anderem gesteuert, waren unterwürfig und wurden bei der Arbeit im Haus dargestellt. Dieselbe Situation finden wir in Lehrbüchern und anderen Unterrichtsmaterialien in England (*Sutherland,* 1981).

Männliche Dominanz in den Lesebuchgeschichten

Aus der Analyse von *Jacklin* und *Maccoby* ergaben sich zwei weitere interessante Tatsachen. Erstens mußte die Inhaltskategorie, die sie „Ausdrücken von Emotionen" genannt hatten, fallengelassen werden, da sie nur selten hätte angewandt werden können. Gewöhnlich waren Jungen und Männer die Zentralpersonen dieser Geschichten und ihnen wurde nur selten das Ausdrükken von Emotionen gestattet. Psychotherapeuten weisen häufig darauf hin, daß der Zwang, den dieser spezielle Geschlechtsrollenstandard ausübt, zu mehr Verhaltensschwierigkeiten bei Männern führt als irgendein anderer Aspekt des Sozialisationsprozesses. Die Faktorenkonstellation, die die männliche Geschlechtsrolle in der Schule (und in der Gesellschaft) ausmacht, schließt ein: Gefühle verstecken, Extravertiertheit, hohes Einkommen, gute berufliche Stellung, gutes Durchsetzungsvermögen und Gewinnen (koste, was es wolle) (vgl. *Sadker* u. *Sadker,* 1982). Die andere interessante Tatsache, die *Jacklin* und *Maccoby* feststellten, war, daß mit zunehmender Klassenstufe, für die die Schulbücher gedacht waren, die Männer- und Frauenrollen immer mehr stereotype Qualitäten annahmen. Dabei handelt es sich nicht bloß um ein Phänomen, das allein in den Lesebüchern für die Anfangsklassen anzutreffen ist. Von zehn Problemen auf einer Seite eines Mathematikbuches für die fünfte Klasse ging es in fünf um Mädchen, die gerade kochten oder nähten. In einer Reihe von Problemen, in denen es um Clubaktivitäten ging, bauten die Jungen Raumteiler, während die Mädchen Brote strichen. In einer Folge von zwölf Aufgaben verdienen in elf die Jungen Geld, bauen irgendwelche Dinge und gehen an verschiedene Orte, während in einer Aufgabe ein Mädchen vorgestellt wird, das ein Band kauft, um seine Näharbeit fertigstellen zu können (*Frazier* u. *Sadker,* 1973).

Diese geschlechtsrollenspezifischen Stereotype in Schulbüchern, Tests und Curricula werden nur sehr langsam abgebaut, obwohl immer wieder darauf hingewiesen worden ist, daß sie einen Einfluß auf Schülerleistungen und -einstellungen haben (*Scott,* 1980).

Unsere Gesellschaft hat sich seit 1889 wohl nicht sehr viel geändert, als in der Studentenzeitung eines Landwirtschaftscolleges in Pennsylvania ein Leitartikel erschien:

Bei einer Frau müssen Eigenschaften vorhanden sein, die sie zur Königin des Haushalts und der Gesellschaft machen, während ein Mann diejenigen Eigenschaften braucht, die ihn für die härteren, strengeren Pflichten des Lebens rüsten, denen eine Dame niemals unterworfen werden sollte, außer in Fällen dringender Not. Sie kann es sich nicht leisten, ihre Gesundheit beim Erwerb von Kenntnissen der höheren Wissenschaften, der Mathematik oder Philosophie aufs Spiel zu setzen, die für sie ohne Nutzen sind. ... Allzu viele Frauen haben bereits ihre Gesundheit durch die Überanstrengung eines Studiums auf Schulen und Colleges dauerhaft geschädigt (zitiert nach *Frazier* u. *Sadker,* 1973, S. 146).

Mitglieder von Frauenbewegungen weisen nachdrücklich auf den Schaden hin, der mit derartigen Stereotypen sowohl Jungen als auch Mädchen zugefügt wird. Androgynes Verhalten scheint völlig zu fehlen. Es kommt viel zu selten vor, daß ein junges Mädchen etwas über intelligente, einflußreiche, kreative, interessante, entschlußfreudige und charismatische Frauen erfahren oder lesen kann. Ebenso hören Jungen viel zu selten etwas über bewundernswürdige Männer, die ausgeprägte ästhetische Interessen, ein großes Einfühlungsvermögen, die Fähigkeit und die Bereitschaft zu weinen, wenn sie verletzt werden, und eine freundliche, feinfühlige und gütige Einstellung ihren Mitmenschen gegenüber haben. Welche Auswirkungen diese Deprivationen auf die Entwicklung der beiden Geschlechter haben, ist schwer festzustellen, wahrscheinlich jedoch sind sie von großer Bedeutung. Eine Auswirkung besteht wahrscheinlich darin, daß die persönliche Entwicklung bei dem einen oder anderen Individuum gehemmt wird, dessen grundlegende Wünsche und Interessen nicht mit den allgemein verbreiteten Stereotypen übereinstimmen.

Manche dieser Einschränkungen, denen die persönliche Entwicklung unterworfen sein kann, sind darüber hinaus weder rechtlich noch moralisch zu vertreten. Die Verteilung der Geldmittel für sportliche Aktivitäten und für Fördereinrichtungen an den öffentlichen Schulen erfolgt z. B. bei weitem nicht gleichmäßig. Die Zahlen für 1980 in den Vereinigten Staaten sprechen eine deutliche Sprache: für den Schulsport der Mädchen wurde nur rund ein Fünftel (18%) dessen aufgewendet, was für den Schulsport der Jungen insgesamt zur Verfügung stand (*Sadker* u. *Sadker,* 1982). Obwohl eine derartige Ungleichbehandlung nach wie vor existiert, muß man sich dennoch klar darüber sein, daß nur wenige Jahre zuvor das Ausgabenverhältnis noch viel schlechter war (2%).

Geschlechtsdiskriminierung an der Schule

Die auferlegten Beschränkungen werden dann besonders ungerecht, wenn die Diskriminierung an der Schule letzten Endes zur ökonomischen Diskriminierung führt. In den meisten Schulbezirken würde niemand mehr daran denken, schwarze oder lateinamerikanische Schüler von den naturwissenschaftlichen Kursen mit der Begründung fernzuhalten, daß sie die dort geforderten Leistungen nicht erbringen können. Die offene Diskriminierung dieser Minoritäten hat abgenommen, nachdem sie vor den Gerichten deutlich gemacht haben, welcher Diskriminierung sie unterworfen sind. Aber auch heute noch werden an manchen Schulsystemen, die die Rassenintegration weitestgehend verwirklicht haben, Mädchen von den High-School-Kursen im technischen Zeichnen und Maschinenbau ferngehalten oder es wird ihnen von einem

Besuch dieser Kurse abgeraten. Diese auf technische Berufe ausgerichteten Kurse führen potentiell zu besseren wirtschaftlichen Lebensbedingungen als Kurse über Kosmetik oder Stenographie.
Wie subtil eine solche Diskriminierung ist, zeigt eine Untersuchung, in der man Schulberatern die Tonbandaufzeichnungen von Gesprächen mit Schulabgängern (Mädchen) vorlegte, in denen diese ihre beruflichen Zielvorstellungen dargelegt hatten. Sowohl männliche als auch weibliche Berater waren der Auffassung, daß Mädchen, die ein Interesse an einer „Karriere für Männer" zeigten, eine Beratung nötig hätten, während Mädchen, die sich für eine „weibliche Karriere" entschlossen hatten, eine angemessene Wahl getroffen hätten (*Bornstein,* 1982). Nur sehr zögernd hat man eingesehen, daß die Diskriminierung eines Menschen wegen seiner Rasse, seines Geschlechts oder seiner Nationalität bekämpft werden muß. Für unsere Gesellschaft führt Diskriminierung zu Verlusten an menschlichem Potential und für den einzelnen zum Verlust an Unabhängigkeit und Menschenwürde.

Abbau von Stereotypen im Unterricht

Es gibt keine leicht verfügbaren und schnell wirksamen Möglichkeiten, sein Verhalten von Stereotypen zu befreien. Stereotype sind so fest verwurzelt, daß eine gemeinsame Anstrengung aller erforderlich ist, um zu erreichen, daß Jungen und Mädchen nicht mehr auf hundertfache subtile und scheinbar unschuldige Weise so behandelt werden, wie es vorgeblich ihrem Geschlecht gemäß ist, statt daß ihre individuellen Bedürfnisse und Wünsche berücksichtigt werden. Eine Möglichkeit, dem Problem abzuhelfen, besteht darin, eine größere Bereitschaft dafür bei den Lehrern zu erreichen, ihr „Bewußtsein zu erweitern" (vgl. *MacEvan,* 1972). Die Lehrer und Lehrerinnen an allen Schulen und anderen Bildungseinrichtungen müssen die Vorurteile, die in ihren eigenen Berufsbereichen gegenüber den Geschlechtern vorhanden sind, bekämpfen. Wie kommt es, daß in einem Universitätsbereich, in dem man ein großes Maß an Aufgeklärtheit erwarten könnte, nämlich in den Sozialwissenschaften, die Frauen nur 30% der Doktoranden, 27% der voll angestellten Dozenten, 14% der Assistenzprofessoren, 9% der außerordentlichen Professoren, 4% der ordentlichen Professoren und 1% der Fakultätsleiter stellen (*Frazier* u. *Sadker,* 1973)? Wie kommt es, daß die Lehrer an den Grundschulen zum weitaus überwiegenden Teil Frauen sind, die Rektoren an diesen Schulen aber überwiegend Männer (81%)? Weshalb sind 97% der Schulleiter Männer, wo doch ein großer Teil der Lehrer Frauen sind? Weshalb sind Schulräte nahezu immer (99,4%) Männer? Diese Daten, die die Situation in den USA widerspiegeln, können als klarer Beweis für eine systematische Diskriminierung und eine beständige Verletzung der Gesetze angesehen werden, die faire Anstellungspraktiken vorschreiben (*Lyon* u. *Saario,* 1973).

Bewußtseinserweiterung

Die Universitäten, die Schulen und alle anderen sozialen Einrichtungen sind nur eine Widerspiegelung der Bräuche und Überzeugungen, die in einer Gesellschaft vorherrschen. Die Lehrer haben dabei die Aufgabe, diese Überzeugungen zu überprüfen und gegebenenfalls dadurch zu verändern, daß sie zunächst einmal ihre eigenen Unterrichtspraktiken einer kritischen Prüfung unterziehen. (Eine Reihe von Übungen, die dem Lehrer helfen können, dieses Ziel zu erreichen, ist von *Sadker* u. *Sadker* (1982) zusammengestellt worden.) Die Berücksichtigung der folgenden Fragen, die sich auf die persönlichen Einstellungen und Verhaltensweisen des Lehrers beziehen, ist dabei ein erster Schritt (vgl. *Frazier* u. *Sadker,* 1973; *Fillmer,* 1974):

Fragen an die Lehrer

- Fordern Sie gewöhnlich Jungen dazu auf, die „schwere" Arbeit, wie das Tragen von Projektoren und Büchern, zu leisten, während Sie Ihren Mädchen die „leichte" Arbeit überlassen?
- Fordern Sie gewöhnlich Jungen dazu auf, die Führung von Gruppen zu übernehmen und irgendwelche Aufgaben auszuführen, während die Mädchen Hilfsarbeiten in diesen Gruppen übernehmen müssen?
- Verwenden Sie das Geschlecht als Grundlage für die Bildung von Gruppen (z. B. „Jungen stellen sich rechts, Mädchen links auf!")?
- Lassen Sie Jungen gegen Mädchen antreten (z. B. in einem Rechtschreibwettbewerb, in dem die Teams ausschließlich aus Mädchen oder Jungen bestehen)?
- Wie häufig machen Sie Bemerkungen wie „Jungen sollten Mädchen nicht schlagen"; „Eine Dame sagt so etwas nicht"; „Ladies first"; oder „Große Jungen weinen nicht"?
- Intervenieren Sie oder lassen Sie es zu, wenn die Kinder einander „Heulsuse", „Schnecke" usw. nennen?
- Machen Sie sich mehr Gedanken über die Berufsplanung von Jungen als von Mädchen?
- Wie häufig raten Sie Mädchen, einen technischen Beruf anzustreben?

Fragen an Administratoren

Daneben gibt es einige Fragen, die von den in der Schulverwaltung Tätigen beantwortet werden müssen:

- Verwenden Sie im Umgang mit männlichen und weiblichen Berufsanwärtern dieselben Normen?
- Ist Ihre Schul- oder Bezirkspolitik so ausgerichtet, daß die Kurse den Schülern unabhängig von ihrem Geschlecht offenstehen?
- Haben die Schüler beiderlei Geschlechts gleichen Zugang zu den Betätigungsmöglichkeiten, zu den Ausrüstungsgegenständen und Einrichtungen an der Schule?
- Gibt es Vorschriften, die schwangeren Mädchen oder schwangeren Lehrerinnen verbieten, am Unterricht teilzunehmen?
- Sind die meisten Rektoren und Schulräte männlichen Geschlechts?

Fragen über Lehrbücher

Schließlich sollten die Angehörigen des Schulamts und die Fachlehrer, die über die Auswahl der Lehrbücher entscheiden, einige Fragen stellen. Dürfen Jungen in diesen Büchern Emotionen zeigen? Erhalten Mädchen für das Lösen von Problemen, für das Treffen von Entscheidungen und für vernünftige Beurteilungen Belohnungen und nicht bloß für ihre Schönheit? Beziehen sich abfällige Bemerkungen oder Darstellungen im allgemeinen auf Mädchen? Üben die Mütter einen Beruf außerhalb der Familie aus? Sind die Frauen nur

Krankenschwestern, Lehrerinnen und Sekretärinnen oder üben sie auch andere Berufe aus? Wie werden Familien behandelt, in denen es nur ein Elternteil gibt? Werden Minoritäts- oder ethnische Gruppen stereotypfrei dargestellt? Werden in den Geschichtsbüchern Frauen und Minderheiten berücksichtigt?
Sexuelle Diskriminierung, sexuelle Vorurteile und unkritisch übernommene Stereotype sind in der amerikanischen Gesellschaft, auch in der Erziehung vom Kindergarten bis zur Universität, weit verbreitet.

Ein Junge, der sich dazu entscheidet, Kindergärtner zu werden, oder ein Mädchen, das sich zum Beruf eines Physikers entscheidet, beide haben schwerwiegende Konsequenzen zu erwarten. Die Konsequenzen sind für den Jungen, dem niemals gestattet wurde, den Beruf eines Kindergärtners für sich in Betracht zu ziehen, der Gedichtbücher in einer Schublade verbergen mußte und der 40 Jahre alt werden mußte, bis er feststellen konnte, daß Kochen oder eine Unterhaltung mit einer Rechtsanwältin Spaß machen kann, noch schwerwiegender. Das gleiche gilt für das Mädchen, dem gesagt wurde, es sei in Ordnung, wenn es eine Algebraprüfung nicht bestehe, weil von Mädchen sowieso nicht erwartet wird, „daß sie sich für Mathematik interessieren", das von ihren Freundinnen ausgeschlossen wurde, weil es gute sportliche Leistungen erbrachte und das davon abgehalten wurde, die Universität zu besuchen, weil es „zu hübsch" sei – und das schließlich zwei Kinder versorgen mußte, nachdem der Mann von einem Traktor überfahren worden war (*Anderson,* 1972, S. 104).

Pädagogen sollten in ihren Erziehungspraktiken nicht von Geschlechtsunterschieden ausgehen, da diese Unterschiede gewöhnlich unwesentlich und bedeutungslos sind. Statt dessen sollten sie sich darum bemühen, Geschlechtsstereotype zu beseitigen, die die Variabilität und die Vielgestaltigkeit, die wir an den Menschen so schätzen, einschränken. Wenn die Lehrer kindzentrierte Methoden anwenden, ihren Unterricht auf den einzelnen Schüler abstellen und ihre Einstellungen gegenüber ihren Kollegen und ihren Schülern kritisch überprüfen, können sie die ganz und gar ungerechten Konsequenzen verhindern, die sich aus stereotypen Geschlechtsrollen ergeben.

9.7 Zusammenfassung

Es hat sich herausgestellt, daß die Geschlechtsunterschiede im Bereich der kognitiven Funktionen vernachlässigbar klein sind. Aus der Literatur über die allgemeine Intelligenz, über verbale und rechnerische Fähigkeiten, über das räumliche Vorstellungsvermögen und das Problemlösen und über die tatsächlichen Leistungen in der Schule haben sich keine überzeugenden Hinweise darauf ergeben, daß die Geschlechter von ihren Lehrern auf unterschiedliche Weise behandelt werden sollten. Noch wichtiger ist, daß es keinen Grund dafür gibt, den beiden Geschlechtern gegenüber unterschiedliche Leistungserwartungen zu hegen.
Bei der Untersuchung verschiedener Persönlichkeitsmerkmale kamen mehr statistisch signifikante Unterschiede zwischen den Geschlechtern zutage. Mit Ausnahme der Aggressivität können die meisten dieser Unterschiede über Unterschiede im Sozialisationsprozeß, dem die beiden Geschlechter ausgesetzt sind, erklärt werden.

Es wurde die Hypothese aufgestellt, daß die Beziehung zwischen Persönlichkeit und intellektueller Leistung (einschließlich Selbstwertgefühl) in unserer Gesellschaft dann positiv ist, wenn „maskulines“ Verhalten gezeigt wird. Die Stereotypisierung von Geschlechtsrollen in der Schule und in der Familie verstärkt für gewöhnlich eine Reihe von Eigenschaften bei Mädchen und Frauen, die im Gegensatz zu denen stehen, die mit intellektuellem Erfolg und Selbstwertgefühl in unserer Gesellschaft assoziiert werden. Die geschlechtsspezifischen Rollenerwartungen bei Jungen und Männern lassen nur selten die Entwicklung von behütendem Verhalten („nurturance“) zu. Insbesondere in den Schulbüchern werden Jungen/Männer und Mädchen/Frauen in extrem stereotypen Rollen dargestellt. Diese Darstellungsweise kann die persönliche Entwicklung von Jungen und Mädchen beträchtlich einschränken oder sogar verhindern. Nur in Ausnahmen begegnen dem Schüler hier Menschen des androgynen Typs. Voraussetzung eines stereotypfreien Unterrichts ist eine genaue Analyse der Curricula und der grundsätzlichen Vorstellungen über angemessenes geschlechtsspezifisches Rollenverhalten. Individualisierte Unterrichtsverfahren, in denen der Schüler als ein Individuum mit einzigartigen Fertigkeiten und Fähigkeiten gesehen wird, tragen ebenfalls dazu bei, einen an Stereotypen orientierten Unterricht zu verhindern. Die Lehrer müssen sich ihrer eigenen stereotypen Verhaltensweisen bewußt sein, nicht weil diese immer falsch sind, sondern weil sie im Unterricht unter Umständen großen Schaden anrichten können.

Kapitel 10

Ausnahmekinder und Sonderpädagogik – Förderung der Hochbegabten

10.1 Überblick

In diesem Kapitel machen wir Sie mit einer Gruppe von Schülern bekannt, die immer häufiger in unseren Schulen und Klassen anzutreffen sind. In Kapitel 1 haben wir die drei am Erziehungsprozeß hauptsächlich beteiligten Faktoren vorgestellt: Lernziele, Unterrichtsmethoden und Schülereigenschaften. In diesem Kapitel geht es nun um die Eigenschaften und Merkmale des behinderten Schülers. Wir können Ihnen hier mit unseren Informationen nur eine rudimentäre Einführung geben, denn bei einer so komplexen und verschiedenartigen Gruppe gibt es natürlich eine Vielzahl von methodischen Ansätzen und Möglichkeiten, den Bildungsbedürfnissen der einzelnen Schüler gerecht zu werden; gleichwohl sind es Informationen, auf denen Sie weiter aufbauen können, wenn Sie beginnen, mit solchen Schülern im Unterricht zu arbeiten. In einem zweiten Teil dieses Kapitels stellen wir den Ansatz der „Aptitude Treatment Interaction" (ATI) vor. Dieser theoretisch wie empirisch begründete Ansatz verlangt vom Lehrer ein zweigleisiges Unterrichten: er muß sowohl die individuellen Unterschiede der Schüler als auch die Unterschiede zwischen einzelnen Unterrichtsmethoden berücksichtigen, um zu gewährleisten, daß Schüler und Unterricht optimal aufeinander abgestimmt sind.

10.2 Der behinderte Schüler

Welchen Schüler bezeichnen wir als behindert? An Definitionen mangelt es uns nicht, aber es wird am nützlichsten sein, sich unter dem behinderten Schüler einen Schüler vorzustellen, dessen Erziehung gezielt ausgerichtet sein muß auf seine speziellen

1. geistigen Eigenschaften,
2. Sinnestüchtigkeit,
3. neuromotorischen oder physischen Merkmale,
4. sozialen Verhaltensweisen,
5. kommunikativen Fähigkeiten,
6. mehrfachen Behinderungen (*Kirk* u. *Gallagher,* 1983).

Manche Schüler brauchen unsere besondere Aufmerksamkeit, weil ihre spezielle und einmalige Ausprägung dieser Eigenschaften und Merkmale ihre Fähigkeit eingeschränkt hat, am alltäglichen Schulunterricht teilzunehmen. Ein Schüler hat beispielsweise eine *Hörbehinderung,* deshalb müssen wir das Klassenzimmer so umgestalten, daß es optimal auf die besonderen Anpassungsbedingungen seines Hörgerätes abgestimmt ist. Oder eine Schülerin ist sehr unkonzentriert und schnell durch komplexe Aufgaben entmutigt; wir müssen dann ein speziell auf ihre Lernbedürfnisse abgestimmtes Curriculum entwickeln, von dem sie sich nicht überfordert fühlt. Oder eine Hördiagnose ergibt bei einem Schüler, daß er autistisch ist; dann müssen wir uns mit einem Spezialisten zusammensetzen und speziell auf seine Erfordernisse ausgerichtete Betätigungsmöglichkeiten entwickeln und einsetzen.

Das Sonderschulgesetz Public Law 94–142 in den USA

Der Kongreß der Vereinigten Staaten verabschiedete 1975 ein Gesetz zur Regelung der schulischen Bildung von behinderten Kindern („Education for All Handicapped Children Act" bzw. „Public Law 94–142"). Die Auswirkungen dieses Gesetzes auf die Sonderpädagogik als Unterrichts- und Forschungsbereich waren unübersehbar. Mit einigen Gedanken, die den Gesetzgeber beeinflußten, wollen wir uns hier auseinandersetzen. Unter anderem war es eine wesentliche Absicht der Gesetzgeber, „sicherzustellen, daß alle behinderten Kinder Zugang haben zu einer freien und ihrer Behinderung angemessenen öffentlichen Erziehung". Das Gesetz geht zurück auf die Besorgnis von Eltern behinderter Kinder über die unfaire Doppelbelastung, die ihnen aufgebürdet war – sowohl für die Erziehung ihrer Kinder in nur privat existierenden Sonderschulen aufkommen zu müssen und zugleich mit ihren Steuern das öffentliche Schulwesen zu finanzieren. Das Gesetz geht ferner auf die Überzeugung der Eltern zurück, daß ihre Kinder sich nur optimal entwickeln könnten, wenn sie zusammen mit anderen Kindern aufwachsen würden. An entscheidender Stelle im Gesetz ist deshalb die Vorschrift verankert, daß behinderte Schüler in eine schulische Umwelt gebracht werden, die sie am wenigsten absondert und ihren Bedürfnissen angemessen ist. Diese Vorschrift bedeutet, daß behinderte Kinder gemeinsam mit ihren nichtbehinderten Altersgenossen am regulären Unterricht teilnehmen, soweit das nur irgend geht.

Geringstmögliche Absonderung

Aufgrund dieser Gesetzesbestimmungen sind in der amerikanischen Pädagogik Konzepte entwickelt worden, deren gemeinsames Ziel es ist, behinderte Kinder in die allgemeinbildenden Schulen zu integrieren, d. h. ein „Kontinuum an Förderungsmöglichkeiten" zu schaffen, das den behinderten Schüler aus seiner stark eingeschränkten Umwelt herauslöst und in eine normale schulische Umwelt einbindet. Die Bemühungen der Gesetzgeber waren darauf ausgerichtet, behinderte Schüler in den Hauptstrom amerikanischer Schulbildung eingebettet zu wissen (daher der für dieses Konzept bezeichnende Terminus *mainstreaming!*). Abbildung 10-1 veranschaulicht ein typisches Kontinuitätskonzept. Es verdeutlicht, daß man mit großer Sorgfalt vorgehen muß, wenn man sichergehen will, daß den besonderen Bedürfnissen eines Schülers ent-

„Mainstreaming": Integration, nicht Separation

sprochen wird und er seine Fähigkeiten tatsächlich soweit wie möglich entfalten kann. Ein Schüler darf solange nicht einer Sonderschulklasse zugewiesen werden, wie seine Entwicklungsmöglichkeiten in einer regulären Klasse angemessen berücksichtigt werden können, selbst wenn spezielle Förderkurse oder -programme für ihn bereitgestellt werden müssen. Das bundesweit geltende Gesetz schreibt vor, daß diese speziellen Förderprogramme in das sogenannte „Individualisierte Unterrichtsprogramm" („Individualized Education Program" – IEP) des behinderten Schülers integriert werden. Einerseits werden Schüler nach ihren Fähigkeiten und Bedürfnissen gruppiert – z. B. langsame Rechner in der einen Stunde, schnellere Rechner in der nächsten – darüber hinaus jedoch wird von den Lehrern erwartet, daß sie in Absprache mit Eltern und Sonderschulpädagogen für jeden Schüler ein *individualisiertes* Programm entwickeln – ein IEP also. Dieses IEP baut auf dem gegenwärtigen Leistungsstand eines Schülers auf und unterstützt ihn dabei, die vereinbarten Ziele zu erreichen. Mit dem IEP stellt der Lehrer ein pädagogisch und administrativ abgesichertes Förderprogramm zusammen und achtet darauf, daß es erfüllt wird.

„Eingliederung" statt „Ausgliederung": diesem Gedanken liegt natürlich die Grundüberzeugung der Amerikaner nach Chancengleichheit für alle Kinder und Gleichbehandlung aller Bürger zugrunde. Aber mit dieser Gesetzesbestimmung sollten zugleich ganz spezielle Probleme und Mißstände überwunden werden. Viele Kinder, vor allem aus einem verarmten oder zweisprachigen Milieu, wurden fälschlicherweise als geistig zurückgeblieben diagnostiziert und in Sonderschulklassen abgeschoben. Das Gesetz bestimmt, daß die Leistung eines Schülers nur auf der Grundlage mehrerer Bezugskriterien beurteilt werden darf. Testwerte aus standardisierten Tests beispielsweise können für sich genommen den schulischen Status eines Kindes nicht bestimmen. Nur in der Verbindung mit anderen Kriterien darf ein Testergebnis verwendet werden, um die Bedürfnisse eines Schülers zu diagnostizieren, ihn einem bestimmten Schultyp zuzuweisen und die Planung des auf ihn zugeschnittenen Förderprogramms zu steuern. Die Berücksichtigung mehrerer Kriterien ist dann besonders wichtig, wenn Schüler beurteilt werden, deren schulische Probleme nicht so sehr von emotionalen oder physiologischen Faktoren verursacht werden, sondern von sozialen Faktoren. Für den behinderten Schüler hatte man in der Vergangenheit nur ein Patentrezept: die Sonderschule. Aber sie hat erwiesenermaßen wenig Nutzen gebracht und ist oft nur Abstellgleis gewesen, wo sie Zentrum für die Förderung von Problemkindern hätte sein sollen (*Kirk* u. *Gallagher,* 1983; *Knoblock,* 1983).

Die hier aufgeführten Zielsetzungen und Begründungszusammenhänge haben überregionale Bedeutung, und so ist es wahrscheinlich, daß jeder Lehrer einmal vor die Aufgabe gestellt sein wird, mit behinderten oder hochbegabten Kindern zu arbeiten. Die Gesamtzahl aller behinderten und hochbegabten Kinder in den USA ist auf 3,8 bis 7,5 Millionen geschätzt worden. Wenn man die in Tabelle 10-1 wiedergegebenen Zahlen auf die Gesamtbevölkerung der USA im Alter zwischen fünf und siebzehn Jahren (46,9 Millionen) hochrechnet, kann man feststellen, daß jedes zwölfte Schulkind eine Besonderheit aufweist, der der Lehrer besondere Aufmerksamkeit schenken muß. Um

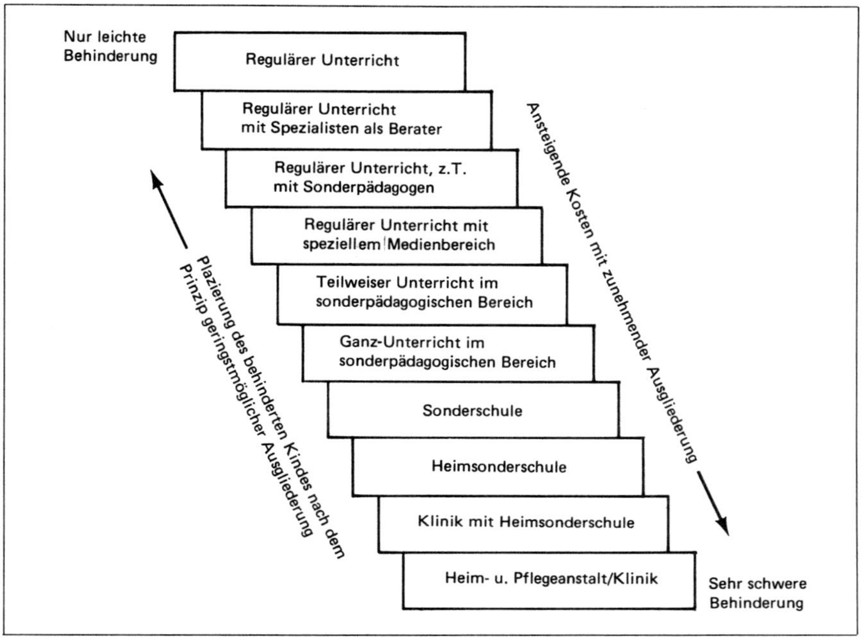

Nach *Long* (1977).

Abbildung 10-1. Das Integrationsziel des „Mainstreaming“: Schulische Umgebung mit möglichst geringer Restriktion

Tabelle 10-1. Geschätzte Verbreitung behinderter Kinder in den USA (nach Kategorien)

Kategorie	Geschätzte Verbreitung Prozent	Anzahl
Begabung	2,0– 3,0%	938000–1407000
Geistige Behinderung	1,0– 3,0%	469000–1407000
Lernbehinderungen	1,0– 3,0%	469000–1407000
Emotionale Störungen	1,0– 2,0%	469000– 938000
Sehbehinderungen	0,1– 0,2%	46900– 93800
Hörbehinderungen	0,3– 0,5%	140700– 230450
Sprachbehinderungen	2,5– 4,0%	1172000–1876000
Orthopädische Behinderungen	0,3– 0,5%	140000– 230450
Summe	8,2–16,2%	3845300–7589700

Aus: *Statistics of public elementary and secondary day schools.* Washington, D.C.: National Center for Education Statistics, Herbst 1979.

Hinweis: Die Schülerpopulation in den USA geht seit einigen Jahren stetig zurück. So ist anzunehmen, daß die Anzahl der behinderten Kinder entsprechend abnimmt.

Ihnen zu helfen, die Bedürfnisse und Fähigkeiten solcher Kinder generell zu verstehen, werden wir später in diesem Kapitel auf acht Kategorien detailliert eingehen: spezifische Lernbehinderungen, Verhaltensstörungen, geistige Behinderungen, Kommunikationsstörungen, Hörbehinderungen, Sehbehinderungen, Körperbehinderungen und abschließend auf den Sonderfall der Hochbegabung. Obwohl besonders begabte Schüler nicht im strengen Sinne „behindert" sind, werden wir auf sie eingehen, denn auch sie sind „besondere" Schüler, die ihren Fähigkeiten entsprechend die besondere Aufmerksamkeit des Lehrers brauchen (vgl. Kapitel 10.5). Zuvor wollen wir jedoch einen Blick auf die unmittelbaren allgemeinen pädagogischen Auswirkungen werfen, die diese jüngsten Versuche des „mainstreaming" gehabt haben.

Schulische Integration der Sonderschüler (mainstreaming)

Kurz nach Inkrafttreten des Mainstreaming-Gesetzes tauchten bereits die ersten Untersuchungen über Integrationsprobleme auf. *Linton* und *Juul* (1980) stellten Anzeichen fest, daß die soziale Akzeptanz bei behinderten Kindern in integrierten Klassen zwar geringfügig anstieg, jedoch bei Kindern, deren Behinderung *sehr schwer* war, sank (oder überhaupt ausblieb). Obwohl geringfügig behindert Kinder gleich gute Leistungen in integrierten wie in nichtintegrierten Klassen erbrachten, war die Gefahr, in der von Konkurrenzdruck geprägten integrierten Umgebung zu versagen, größer. Nichtbehinderte Kinder erbrachten bisweilen weniger gute Leistungen, wenn sie die Klasse mit behinderten Kindern teilten, als andere normale Kinder, die die Aufmerksamkeit des Lehrers nicht mit behinderten Kindern teilen mußten. Die behinderten Kinder wurden in der Regel sozial nicht akzeptiert, weil soziale Akzeptanz teilweise von Leistung abhängig gemacht wird und behinderte Kinder gewöhnlich weniger gute Leistungen erzielen als nichtbehinderte. Die Einstellung von Lehrern ohne sonderpädagogische Qualifikation zum „mainstreaming" war häufig weniger positiv als die von Sonderpädagogen. Hierfür wurden primär drei Gründe angeführt: ihrer Auffassung nach waren sie für den Unterricht mit behinderten Kindern nicht ausreichend ausgebildet; darüber hinaus hielten sie die Unterrichtsmaterialien für nicht adäquat und schließlich glaubten sie, daß dem behinderten Kind ein Maß an Aufmerksamkeit zukommen müsse, das sie im regulären Unterricht nicht aufbringen könnten (*Schmelkin,* 1981).

Gesetz und Realität klafften weit auseinander, vor allem, da es an Geld, Einrichtungen und ausgebildeten Lehrkräften fehlte. *Meade* (1980) stellte fest, daß „viele Verwaltungsbeamte das Gesetz restiktiv als einfaches ‚mainstreaming'-Gesetz definieren und die Kinder, die zurückgeblieben sind oder Lernschwierigkeiten haben, einfach in reguläre Klassen stecken und damit den gesetzlichen Auftrag erfüllt zu haben glauben", ohne daß im Einzelfall ein individualisiertes Unterrichtsprogramm (IEP) entwickelt oder eingerichtet worden war.

Forschungsmängel und -lücken

Die Forschungsergebnisse zum „mainstreaming" haben größtenteils erhebliche Mängel. Es fehlen klare Abgrenzungen bei Programmspezifikationen, der großen Variationsbreite individueller schulischer Gegebenheiten wurde nicht

Rechnung getragen, es fehlen die Ergebnisse von Kontrollgruppen, die Definitionen von „Behinderung“ sind nicht adäquat und die Tests unangemessen. Infolge dieser Mängel gibt es nach der Auffassung von *Semmel* et al. (1979) kaum einen Beweis dafür, daß die Einrichtung von integrierten Klassen die Leistungen von behinderten Kindern wirklich verbessert haben. Die Autoren folgern daraus: „Es erscheint sinnlos, ‚mainstreaming‘ als eine unabhängige Variable in Forschungsuntersuchungen zu behandeln, solange nicht der Kontext, die Art und Weise des Unterrichts und andere Prozeßvariablen bekannt sind“ (S. 267). – Ferner stellen die Autoren fest, daß das „mainstreaming“ wenig dazu beiträgt, die soziale Akzeptanz von lernbehinderten bzw. verhaltensgestörten Kindern zu erhöhen, während körperbehinderte und hör- bzw. sehbehinderte Kinder weit eher akzeptiert werden, wenn man ihren Interaktionsradius mit nichtbehinderten Kindern erweitert. Über die Lehrer heißt es, daß sich ihre Unterrichtsweisen kaum ändern: sie verbringen nach wie vor die meiste Zeit damit, „die Klasse als einheitliche Gruppe zu unterrichten, ohne auf die Anwesenheit behinderter Schüler besonders Rücksicht zu nehmen“ (S. 269).

Behinderung und Akzeptanz

Verhaltenstraining für Lehrer und Schüler. Der von diesen Autoren festgestellte Bedarf an Informationen über den *Prozeß,* d.h. über das, was in integrierten Klassen tatsächlich von Lehrern und Schülern geleistet wird, ist inzwischen durch einige Forschungsprojekte befriedigt worden. *Borg* und *Ascione* (1982) haben beispielsweise ein Lehrertraining entwickelt, bei dem die Lehrer bestimmte Techniken der Klassenführung erlernen, die den Einsatz spezieller, auf integrierte Klassen ausgerichteter Unterrichtsfertigkeiten ermöglichen. In anschließenden Unterrichtsanalysen stellten sie fest, daß die so ausgebildeten Lehrer neun der sechzehn eingeübten Verhaltensweisen angemessener einsetzten als die Lehrer, die kein Training absolviert hatten, und daß die Schüler der trainierten Lehrer häufiger aufgabenbezogenes Verhalten zeigten und weniger häufig geringfügig oder stark den Unterricht störten. Darüber hinaus gab es bei den meisten Vergleichen über Schülerverhalten keine Unterschiede zwischen behinderten und nichtbehinderten Schülern. Solche Beobachtungsergebnisse über Unterrichtsprozesse sind ein vielversprechendes Anzeichen dafür, daß die oben genannten Mängel der Unterrichtsforschung allmählich ausgemerzt werden.

Lehrertraining notwendig

Neben den Trainingsprogrammen für Lehrer gibt es neuerdings auch erste Versuche, ein Sozialverhaltenstraining für behinderte Kinder zu entwickeln. *Gresham* (1981) berichtet über diese Forschungsprojekte und kommt zu dem Urteil, man könne von ihnen erwarten, „daß mit ihrer Hilfe die Bemühungen um integrierte Klassen in einer Weise gefördert würden, daß behinderte Kinder nach einem Sozialverhaltenstraining von ihren Altersgenossen besser akzeptiert werden“ (S. 167).

Das „mainstreaming“ ist heute mehr als nur kosmetische Korrektur. Behinderte Kinder werden nicht mehr einfach in reguläre Klassen gesteckt, sondern es werden aktiv Schritte unternommen, diesen Kindern zu helfen, die vielfältigen Gelegenheiten zur Interaktion mit anderen Kindern in der Schule zu nutzen, um so besser darauf vorbereitet zu sein, sich in der Alltagswelt außerhalb der Schule selbständig zurechtzufinden.

10.3 Allgemeine Fragen und Bedenken von Sonderschullehrern

Wenn wir über behinderte Schüler sprechen, sollten wir nicht vergessen, daß es verschiedene allgemeine Fragen, Bedenken und Besorgnisse gibt, die oft von Lehrern (und auch von den betroffenen Schülern) in die Diskussion gebracht werden. Dabei geht es überwiegend um Normalität, Einstellungen, Beurteilung und Unterricht.

Normalität

Behinderte Schüler haben viele Eigenschaften mit nichtbehinderten Schülern gemein. Die meisten behinderten Schüler lachen oder weinen, freuen oder ärgern sich und reagieren genauso wie ihre Mitschüler. Insgesamt sind sie von ihren Mitschülern nicht zu unterscheiden bis auf einen bestimmten Bereich, in dem besondere pädagogische Maßnahmen erforderlich sind.
Beide, Lehrer und Schüler, müssen lernen, Behinderte in jenen Bereichen als normal zu betrachten, in denen sie tatsächlich keinen Unterschied zu anderen aufweisen. Eine sehbehinderte Schülerin muß vielleicht aus Büchern mit besonders großem Druck lesen, aber diese Tatsache muß nicht Anlaß sein, sie von anderen Unterrichtstätigkeiten auszuschließen: sie kann genauso wie andere eine Geschichte nacherzählen, in einem Theaterstück mitspielen oder ein Klassenfest mitgestalten. Wir sollten die Behinderten nicht als generell behindert sehen, wenn das, was sie anders macht als uns, nur in einigen wenigen Bereichen eine besondere Behandlung verlangt.

Einstellungen

In der Gesellschaft – und dazu gehören auch Schulverwaltung, Lehrer und Schüler – sind Einstellungen gegenüber behinderten Menschen allgemein und behinderten Schülern insbesondere nicht gerade positiv. Als Lehrer oder Lehrerin ist es Ihre Aufgabe, Ihren Schülern zu helfen, *alle* Menschen wertzuschätzen und Ignoranz und Vorurteil auszumerzen.

Beurteilung

Die Erziehung des behinderten Schülers verlangt vom Lehrer, behutsam und aufmerksam auf den Schüler einzugehen, auf seine Stärken wie auf seine Bedürfnisse. Der Lehrer muß wissen, auf was er im Unterricht aufbauen kann und auf was er durch Unterricht korrigierend einwirken muß. Mit Bedacht beurteilen verlangt vom Lehrer, daß er sich bei Spezialisten Rat holt, etwa beim Schulpsychologen oder Logopäden. Manche Schüler sind vielleicht schon einmal früher getestet oder beurteilt worden; in solchen Fällen kann es sinnvoll sein, daß der Lehrer in bestimmten Zeitabständen regelmäßige Berichte über bestimmten Verhaltensweisen, Fertigkeiten usw. anfertigt und seine Erfahrungen mit den Spezialisten austauscht.

Unterricht

Behinderte Schüler können Probleme mit dem Lernen haben, aber daß sie lernen, steht außer Zweifel. Es ist die Aufgabe des Lehrers, die Kinder so zu nehmen, wie sie sind, und bei ihren Stärken anzusetzen. Nur so helfen sie ihnen zu lernen. Ein individualisiertes Unterrichtsprogramm sollte für jeden behinderten Schüler entwickelt werden, um als Leitlinie für die Verbesserung von Lernverhalten zu dienen. Zu einem sorgfältig ausgearbeiteten Programm gehören klar definierte Ziele und Kontrollpunkte, die den Weg zu diesen Zielen markieren.

10.4 Kategorisierung der Behinderungsarten

Wenn wir die hauptsächlichen Erscheinungsformen von Behinderungen kategorisieren, müssen wir vorausschicken, daß viele behinderte Schüler sich nicht nahtlos in die eine oder andere Kategorie einpassen lassen. Manche Schüler sind mehrfach behindert. Nicht alle Schüler mit derselben Behinderung lernen gleich schnell – behinderte Schüler variieren in ihren Fähigkeiten genauso wie ihre nichtbehinderten Mitschüler. Es muß außerdem klargestellt werden, daß es tiefgreifende Meinungsverschiedenheiten unter den Sonderpädagogen darüber gibt, ob es weise ist, behinderte Kinder zu etikettieren als „geistig zurückgeblieben", „emotional gestört", „lernbehindert" usw. Befürworter solcher Kategorien (die selbst schon Vorbehalte haben, Etiketten zu empfehlen) meinen demgegenüber, kategorische Bezeichnungen helfen uns, das einzelne Kind mit seinen speziellen Bedürfnissen zu identifizieren und die weitere Diagnose und Behandlung zu erleichtern. Außerdem glauben sie, daß Etikettierungen letztlich für das einzelne Kind nützlich sind, weil sie im kommunikativen, legislativen und administrativen Bereich den Konsens erleichtern. Die Gegner des Etikettierens argumentieren, daß Etiketten verfälschen – daß sie Fehldiagnosen ermöglichen und Stereotypen zementieren – anstatt den Weg zu einer genauen Beurteilung und Behandlung des behinderten Schülers zu weisen. Wir wollen mit diesem Hinweis betonen, daß die im folgenden aufgeführten Kategorien sehr weit gefaßt sind und nicht den Blick auf die Reichweite und Komplexität der Bedürfnisse und Fähigkeiten von behinderten Schülern verstellen sollen. Was wir vorstellen, sind die Begriff (d.h. die Komplexität der Eigenschaften, die sich mit diesen Begriffen verbinden), die heute in der Schule allgemein verwendet werden.

„Etikettenkontroverse"

Spezielle Lernbehinderungen

Diese relativ neue Kategorie der Behinderung bezieht sich auf Schüler, deren Fähigkeiten wesentlich höher eingeschätzt werden als es ihre tatsächlichen Leistungen zeigen. Dies ist kein Problem der Motivation (vgl. Kapitel 18), sondern von tiefgreifenden Schwierigkeiten, Fähigkeiten wie Hören, Sprechen, Lesen, Schreiben, logisches Denken und Rechnen zu erwerben und anzuwenden. Gewöhnlich, wenn auch nicht immer, werden diese Schwierigkeiten von auffallenden Unterschieden in der psychischen oder sprachlichen Entwicklung des Schülers begleitet. Ein Beispiel: ein Zehnjähriger spricht überhaupt nicht oder nicht so wie gleichaltrige Mitschüler. Diese spezielle Lernbehinderung kann nicht anderen Behinderungsbedingungen zugeschrieben oder durch solche erklärt werden, wie etwa geistige Entwicklungsverzögerung, Seh- oder Hörbehinderungen, oder emotionale Störungen, wenn sie auch parallel zu diesen auftreten kann.

Ursachen und Verhalten

Wenn wir uns mit dieser Kategorie auseinandersetzen, sollten wir einen Unterschied machen zwischen den *Ursachen* der Behinderung und dem Komplex von *Verhaltensweisen,* in dem diese Behinderung sich darstellt, die zu dieser Behinderung beitragen. Die Ursachen werden allgemein als genetisch bedingt gesehen (*DeFries* u. *Decker,* 1981) oder als hervorgerufen durch Gehirnschädigung, Umweltschädigung und biochemische Störungen. Jede dieser Ursachen führt erwiesenermaßen zu Funktionsstörungen des Zentralnervensystems und somit zu Lernbehinderungen.

Die Kenntnis über Ursachen der Lernbehinderung eines Schülers kann dann von Nutzen sein, wenn eine ärztliche Behandlung erforderlich ist. Aber dieses Wissen hilft im pädagogischen Bereich nicht viel. Denn als Lehrer sind wir mit Verhalten befaßt und wir sollten uns deshalb auf die zu einer solchen Behinderung *beitragenden Verhaltensweisen* konzentrieren. Die genetische Struktur eines Kindes oder sein geschädigtes Gehirn kann nicht verändert werden, während das Verhalten, das das Lernen beeinträchtigt, durchaus beeinflußt werden kann. Die Störfaktoren im Verhalten können körperlich bedingt sein (visuelle Wahrnehmungsschwierigkeiten, die das Lesen behindern) oder psychisch (Unfähigkeit zu anhaltender Aufmerksamkeit); sie können auch auf Umweltbedingungen zurückgeführt werden (falsche Diät oder familiärer Hintergrund), die wiederum mitverantwortlich sind für die physischen oder psychischen Faktoren.

Konzentration auf Verhalten

Spezielle Lernbehinderungen haben komplexe Ursachen und Symptome. Auch sind sie weit verbreitet. *Kirk* und *Gallagher* (1983) schätzen, daß 1 bis 2 Prozent der Gesamtbevölkerung schwere Lernbehinderungen haben und 5 bis 15 Prozent aller Kinder leicht lernbehindert sind. 1982 „wurden über 3 Prozent der Kinder wegen leichter und schwerer Lernbehinderungen behandelt" (S. 409).

Wie sollen wir mit den vielfältigen Problemen, die alle unter dem Stichwort „spezielle Lernbehinderungen" zusammengefaßt sind, pädagogisch fertig werden? Aus der Sicht des Psychologen ist man am besten beraten, wenn man folgendermaßen vorgeht: erst beschreiben, dann vergleichen, auswerten und beraten und schließlich behandeln.

Beschreiben statt Vermuten

Beschreiben. Nichts ist leichter – und deshalb ist es auch so beliebt – als klinisch hochtrabend formulierte Schlußfolgerungen über Verhalten abzugeben. So sagen wir „Johnny ist leicht ablenkbar", wenn wir nichts weiter beobachtet haben, als daß Johnny seinem Arbeitsheft nur zwei Minuten Aufmerksamkeit schenkte, obwohl fünfzehn Minuten zur Verfügung standen. Oder wir sagen, „Katrin hat optische Wahrnehmungsprobleme", wenn der Lehrer in seinem Bericht schreibt, daß sie dazu neigt, beim Schreiben die Buchstaben zu vertauschen. Wenn wir Unterrichtsprogramme entwickeln wollen, die etwas taugen, müssen wir damit beginnen, sorgfältig zu beobachten und einen unzweideutigen, aussagekräftigen Verhaltensbericht abzufassen. Es gibt eine ganze Reihe von verhaltensbezogenen Kontrollisten für die Hand des Lehrers (vgl. *Schleichkorn,* 1972). Mit ihrer Hilfe kann der Lehrer sich jener Merkmale versichern, die ein bestimmtes Kind beschreiben. Im psychomotorischen Bereich sind es beispielsweise die Punkte „Schwierigkeiten beim Treppensteigen", „kann nicht seilspringen", „hat Probleme mit Knöpfen und Reißverschlüssen", „kann nicht kontrolliert mit der Schere umgehen" und so weiter. Aber wenn wir ein Kind genau beobachten und uns Notizen machen, sind die Informationen, die wir erhalten, nicht schlechter; vielleicht sind sie sogar besser, weil unsere eigenen Beschreibungen auf spezielles Verhalten bezogen sind und den Kontext für eben dieses Verhalten herstellen. So könnte man z. B. schriftlich festhalten:

1. Oktober: Vertauscht beim Abschreiben der Rechenaufgaben die Zahlen.
3. Oktober: Sagt beim Vorlesen „nie" statt „ein".
4. Oktober: Zeichnet einen Mann mit nur einem Arm.

Diese Beschreibungen von Verhaltensereignissen sind eine geeignete Vorbereitung für Beratungen und für die Erarbeitung eines Behandlungsplans, wenn es darum geht zu überlegen, ob diese Maßnahmen gerechtfertigt sind.

Normverhalten bestimmen

Vergleichen. Der Grund für die Notwendigkeit, die Verhaltensbeschreibungen, die für einen bestimmten Schüler zusammengestellt worden sind, mit dem Verhalten anderer Schüler zu vergleichen, liegt darin, daß Schulkinder sich ausgesprochen stark von Erwachsenen unterscheiden. Was ein Erwachsener als „Problem" erkennt, kann für eine bestimmte Altersgruppe ganz normal sein. Es ist für Kinder in keinster Weise ungewöhnlich, „nie" und „ein" zu verwechseln. In einem bestimmten Alter nehmen Kinder Ausdrücke wie „Wo gehobelt wird, da fallen Späne" ganz wörtlich. Und für Grundschulkinder ist es oft ganz normal, wenn sie eine Reihe von Arbeitsanweisungen nicht hören oder nicht in entsprechender Weise darauf reagieren. Diese Verhaltensweisen sind erst dann gültige Hinweise für spezielle Lernbehinderungen, wenn sie nicht zur normalen Entwicklung des einzelnen Kindes oder einer Altersgruppe gehören. Viele jüngere Schüler werden oft zur Behandlung spezieller Lernbehinderungen an Spezialisten verwiesen, wenn das, was sie an Verhalten zeigen, eigentlich ganz typisch für ihre Altersgruppe ist. In einer Studie über 284 Zweitkläßler wurden 184 Kinder von ihren Lehrern als „leicht ablenkbar" eingestuft, von 157 hieß es, sie „zeigten dasselbe Verhalten immer und immer wieder", und von 96 hieß es, sie könnten nicht stillsitzen ohne herumzuhampeln

(*Meier,* 1971). Das heißt: Ablenkbarkeit, Perseveration (subjektive Wiederholungstendenzen) bei Aufgaben und hochgradige Unstetheit und Unruhe *können* symptomatisch für Lernbehinderungen oder Verhaltensprobleme sein. Aber sie *können ebenso* typisches Verhalten von Kindern beschreiben, die versuchen, Schulaufgaben zu bewältigen, deren Wichtigkeit sie nur schwer einsehen können. Aus diesem Grunde ist es erforderlich, daß wir das Verhalten eines bestimmten Schülers mit anderen Schülern *und* mit seinem eigenen Verhalten bei verschiedenen Aufgaben vergleichen, bevor wir entscheiden, ob er eine spezifische Lernbehinderung hat oder nicht.

Auswerten und Beraten. Wenn wir das Verhalten eines bestimmten Schülers genau beobachtet und verglichen haben, können wir die Art und Schwere der Störung oder Behinderung beurteilen und Möglichkeiten für ihre Behandlung entwickeln. Zu diesem Zeitpunkt ist es wichtig zu entscheiden, ob eine Beratung erforderlich ist. Bei manchen Problemen ist es notwendig, den Behandlungsplan von einem Spezialisten erstellen zu lassen, also vom Schulpsychologen, Verhaltenstherapeuten oder einem Sonderschulberater. Dieser entschließt sich dann gegebenenfalls für eine Testbatterie, um verschiedene Bereiche der intellektuellen, perzeptiven und psychomotorischen Leistungsfähigkeit zu beurteilen. Es gibt eine Anzahl spezieller Tests, mit deren Hilfe wir die Leistungsschwächen und besonderen Anlagen des Schülers sehr detailliert erfassen können, um im Anschluß daran einen ganz präzisen Unterrichtsplan zu erstellen.

Individualisiertes Unterrichtsprogramm (IEP)

Behandeln. Zur systematischen Behandlung der Behinderung eines Schülers ist jetzt ein individualisierter Unterrichtslehrgang zu erstellen. Das hierfür in den USA entwickelte „Individualized Education Program" (IEP) enthält 1. Feststellungen über die derzeitige schulische Leistung; 2. Feststellungen über die langfristigen und kurzfristigen Lernziele; und 3. Feststellungen über die von der Schule und der Schulverwaltung angebotenen Mittel und Möglichkeiten der Behandlung.

Für gewöhnlich ist es wirksamer, gezielt einzelne Verhaltensweisen zu behandeln als deren eigentliche Ursachen. Wenn also ein Schüler regelmäßig beim Schreiben Wörter und Buchstaben vertauscht, dann ist es in der Regel besser, dieses Problem selbst zu behandeln und nicht ein ganzes Curriculum zur Leistungsverbesserung perzeptiv-motorischer Fertigkeiten aufzustellen. Um die Behandlung auf bestimmte Fertigkeiten zu konzentrieren, ist es erforderlich, die Bereiche fehlerhaften Verhaltens genau zu umreißen. Diese Aufgabe setzt genaues Beobachten und Beschreiben des Verhaltens voraus.

Dann wird der Behandlungsweg genau festgelegt – eine Behandlung, die in der Vergangenheit sich zumeist auf die Theorie und Praxis des operanten Konditionierens gestützt hat (vgl. Kapitel 12). Solche Verfahren verwenden oft kontingente Verstärkung und wohlüberlegte Bestrafung als Behandlungsstrategien, und wenn alles nach Plan verläuft, verändert sich das betreffende Verhalten bald in die gewünschte Richtung. Eine dermaßen gezielte und spezifizierte Lernanweisung zur Aneignung einer gewünschten Fertigkeit funktioniert in der Regel gut. Darüber hinaus kann der Schüler lernen, sein neuentwickeltes spezifisches Verhalten zu generalisieren, d.h. auf andere ähnliche Situationen zu übertragen. Wenn beispielsweise ein Schüler lernt, auf Details zu achten, wenn er einen Menschen zeichnet, so daß dieser proportional richtig gezeichnet ist und alle Gliedmaßen vorhanden sind, so kann er zugleich lernen, auch andere Aspekte in seiner Umgebung genauer zu beachten und so auch andere Dinge genauer zeichnen (*Stephens,* 1977).

Es gibt keine „allein selig machende Methode"

Es gibt eine Reihe allgemeiner Unterrichtsprinzipien, die wir berücksichtigen müssen, wenn wir Schüler mit speziellen Lernbehinderungen unterrichten (*Gearheart* u. *Weishahn,* 1976). Erstens: es gibt keine einzig richtige Methode, einen Schüler mit speziellen Lernbehinderungen zu unterrichten. Ein Schüler mit einer einmaligen Konstellation von Verhaltensstrukturen muß gegebenenfalls nach einmaligen Methoden unterrichtet werden. Da muß man unter Umständen eine Weile experimentieren, ehe man den Ansatz findet, der für eben dieses Kind richtig ist. Selbst Kinder mit gleichen Verhaltensstrukturen, beispielsweise die Unfähigkeit, Sätze zu wiederholen, brauchen gegebenenfalls unterschiedliche Behandlungsmethoden. Denn ähnliche Verhaltensprobleme haben manchmal sehr unterschiedliche neurologische oder psychische Ursachen. Es kann aber auch sein, daß die anderen Fähigkeiten und Fertigkeiten, die neben diesen gleichen Verhaltensstrukturen existieren, sich voneinander unterscheiden. So ist es möglich, daß Schüler mit unterschiedlichen IQs auch unterschiedliche Behandlungsmethoden brauchen.

Neuere Methoden berücksichtigen

Zweitens: die neuesten Behandlungsmethoden sollten zuerst angewandt werden. Das heißt nicht, daß man jede neue Masche auch ausprobieren muß. Es bedeutet, daß die Materialien und Ansätze, die sich in der Vergangenheit als erfolglos erwiesen haben, fallengelassen werden sollen zugunsten einer neuen Materialsammlung oder Methode, die für den gerade anstehenden Fall angemessen erscheint. Spezielle Lernbehinderungen stellen uns vor immer neue, einmalige Probleme, die unter Umständen nur auf eine ganz bestimmte Behandlungsmethode reagieren, und so sollten wir uns den neuen Techniken nicht verschließen.

Kognitive Prozesse umstrukturieren

Wenn wir neue Techniken, Ansätze oder Materialien bei Lernbehinderungen zum Einsatz bringen, sollten wir uns darauf konzentrieren, bestimmte kognitive Prozesse des Schülers umzustrukturieren. Der lernbehinderte Schüler kommt in aller Regel mit dem Ballast früherer Mißerfolge zu uns, die in Zusammenhang mit der Behandlung seiner Lernschwierigkeiten stehen. Wenn dann eine neue Methode versuchsweise zum Einsatz kommt, sollten wir dem Schüler sagen, daß das Problem früherer Mißerfolge damit etwas zu tun gehabt haben könnte, daß die Behandlungsmethoden nicht angemessen auf seine Art zu lernen eingegangen sind; und da die neue Methode bei anderen ähnlich gelagerten Fällen zum Erfolg geführt habe, sollte er die neuen Aufgaben recht zuversichtlich angehen. Möglicherweise muß man einen Schüler auch davon überzeugen, daß *er* akzeptiert wird, so wie er ist, und daß man irgendwann die richtige Methode finden wird, ihm zu helfen. Andernfalls könnte sein negatives Selbstbild die Wirkung einer selbsterfüllenden Prophezeiung (vgl. Kapitel 8) haben und weitere Fehlschläge in der Behandlung der Lernbehinderung verursachen.

Drittens: der Lehrer sollte bei der Arbeit mit dem Schüler möglichst viele Sinne

Alle Sinne ansprechen

zugleich ansprechen. Die Verbindung von Sehen, Hören, Körperhaltung, Bewegung und Berührung intensiviert den Unterricht in einer Weise, die sich mit Worten allein nicht erreichen läßt. Dieser Ansatz ist in der Sonderpädagogik seit langer Zeit sehr bewährt, vor allem bei Schülern mit normaler oder überdurchschnittlicher geistiger Fähigkeit, die spezielle Lernbehinderungen im Lesen und Rechnen haben (vgl. *Gearheart* u. *Weishahn,* 1976).

Verhaltensstörungen

Mit *Verhaltensstörung (behavior disorder)* bezeichnen wir das, was sonst – vor allem in der Verwaltung und vor Gericht (vgl. PL 94–142) – als *schwere Affekt-/Gemütsstörung (serious emotional disturbance)* bezeichnet wird. Wir haben jedoch den Ausdruck *Verhaltensstörung* gewählt, so daß wir uns weiterhin auf das konzentrieren können, was den Lehrer am ehesten betrifft – das Verhalten eines Schülers. Schüler mit Verhaltensstörungen zeigen eine oder mehrere der folgenden Verhaltensformen in einer Art und Weise, die die schulische Leistung über einen längeren Zeitraum hinweg ernsthaft gefährden:

1. Unfähigkeit zu lernen, nicht erklärbar durch intellektuelle, sensorische oder gesundheitliche Faktoren;
2. Unfähigkeit, mit Gleichaltrigen oder Lehrern zufriedenstellende Beziehungen einzugehen oder aufrechtzuerhalten;
3. unangemessene Verhaltensweisen oder Gefühle unter normalen Bedingungen;
4. Neigung zu ständiger unglücklicher oder depressiver Stimmung;
5. Tendenz, körperliche Symptome oder Ängste zu entwickeln, die mit persönlichen oder schulischen Problemen zusammenhängen.

Die Ursachen dieser Verhaltensprobleme sind häufig umweltbedingt – Armut, Diskriminierung, elterlicher Liebesentzug, Kindesmißhandlung, Vernachlässigung und vieles andere mehr. Aber auch physiologische Faktoren sind gelegentlich die Ursache. Obwohl wir als Lehrer primär mit dem Schülerverhalten selbst befaßt sind und nicht mit seinen Ursachen, ist es uns dennoch möglich, diese Ursachen zu beeinflussen (etwa im Fall von Kindesmißhandlung), indem wir das Schülerverhalten sorgfältig beschreiben, vergleichen und beurteilen. Viele standardisierte Kontrollisten zur Verhaltensbeschreibung sind, wie bereits gesagt, auf dem Markt. Auch hier gilt wieder, daß die einfache Papier-und-Bleistift-Methode ausreicht, um dem Lehrer die Informationen zu geben, die er braucht, um in einem bestimmten Fall einen Behandlungsplan aufzustellen. Solche Notizen können gerade bei Verhaltensstörungen besonders hilfreich sein, denn hier kommen oft situative Determinanten mit ins Spiel. Das heißt, das abweichende Verhalten äußert sich nur in ganz bestimmten Situationen und nicht generell. Die Aufzeichnungen über das Verhalten eines Kindes decken häufig solche Muster auf. Eine Schülerin, so konnte man beispielsweise feststellen, wurde immer am Freitag gewalttätig – dem Tag, an dem ihr Vater, der sie mißhandelte, von seiner Wochenschicht nach Hause

Verhaltensstörungen oft situativ bedingt

kam. Eine andere Schülerin kapselte sich in bestimmten Lerngruppen immer ab – sie stammte aus einer armen Familie und eine Clique wohlhabender Schüler in dieser Gruppe schüchterte sie ein. – Die sorgfältige Aufzeichnung bestimmten Verhaltens und des Kontexts, in dem es auftritt, kann Verhaltensmuster zutage fördern, die man kennen muß, um Behandlungsstrategien zu entwickeln.
Vergleiche sind in der Regel erforderlich, wenn wir Verhalten interpretieren wollen. Beim Vergleich verhaltensgestörter Schüler mit ihren Klassenkameraden können wir uns an *Reinerts* (1976) Formulierung orientieren: sie verhalten sich „am falschen Ort, zur falschen Zeit, in der Gegenwart der falschen Leute in unangemessener Weise“. Es sind Kinder, die „zu genau, zu besorgt, zu verärgert, zu fröhlich, zu leicht enttäuscht sind und andere zu viel manipulieren“.
Abschließend sollten wir unsere Beobachtungsergebnisse auswerten und gegebenenfalls einen Spezialisten zu Rate ziehen. Die meisten Schulpsychologen und -berater können von ihrer Ausbildung und Erfahrung her mehr als nur Tests verabreichen. Sie können bei der Behandlung einer breiten Skala von Verhaltensproblemen helfen. Bei der Erstellung eines IEP ist es möglich, die Verfahren zur Verhaltensmodifikation anzuwenden, die in Kapitel 12 beschrieben sind. Diese Verfahren stützen sich auf positive Verstärkungen, um erwünschtes Verhalten hervorzulocken, und andere Verfahren, um unerwünschtes Verhalten zu eliminieren. Auch Verhaltensverträge (vgl. Kapitel 21) werden oft mit Erfolg eingesetzt, um Verhalten zu verändern, insbesondere bei Abkapselung, Kooperationsfähigkeit, Aggressivität und übermäßiger Selbstkontrolle, Phobie und Abhängigkeit (*Sulzer-Azaroff* u. *Mayer,* 1977). Die Lektüre einschlägiger Literatur über spezielle Behandlungsformen (*Long* et al., 1980; *Moss,* 1980; *Cullinan* et al., 1982) und die Beratung mit Spezialisten sind zusätzliche Hilfen, um wirksame Methoden zur Veränderung von Verhaltensstörungen kennenzulernen.

Geistige Behinderung

Die Terminologie, mit der wir das geistig zurückgebliebene Kind beschreiben, ist unerschöpflich – Begriffe wie dumm, idiotisch, schwachsinnig, verblödet gehören auch dazu. Diese Begriffe, von denen man einst glaubte, daß sie eine präzise Bedeutung hätten, sind heute nicht mehr angemessen oder annehmbar. Wichtiger noch: ein zentrales Element der heutigen Definition von geistiger Behinderung ist die *Veränderbarkeit des Verhaltens* des Schülers in Ergänzung zu seiner allgemeinen intellektuellen Leistungsfähigkeit. Zu einer derartigen Beeinflußbarkeit des Verhaltens gehören Fertigkeiten, die den sensomotorischen und kommunikativen Bereich betreffen, aber auch Aspekte wie Selbsthilfe, Sozialisation, tägliches Leben und Arbeit. Ein Kind muß deutlich unter dem Durchschnitt liegen, sowohl im IQ als auch im adaptiven Verhalten, um den Kriterien für geistige Behinderung zu genügen.

Schwächen in Intelligenz und Anpassungsfähigkeit

Bei der geistigen Behinderung unterscheidet man drei Stufen. *Geistig stark zurückgebliebene (severely and profoundly mentally retarded)* Schüler brau-

3 Stufen der Behinderung

chen sowohl eine weitgreifende Erziehung zur Selbsthilfe als auch ein gewisses Maß an Betreuung und Überwachung. Es können eine Vielzahl anderer Schwierigkeiten hinzukommen, die auf Gehirnlähmung oder körperliche Störungen zurückzuführen sind. Trotz solcher Komplikationen, deretwegen das geistig stark zurückgebliebene Kind oft nicht in regulären Klassen anzutreffen ist, hat sich die Zahl der Programme für öffentliche Schulen als auch die Zahl der Spezialisten und Methoden für diese Schüler erhöht (*Sontag,* 1977; *Snell,* 1978; *Sailor* u. *Guess,* 1983).

Ein Kind, das *geistig zurückgeblieben, aber ausbildbar (trainable mentally retarded)* ist, wird gewöhnlich schon im frühen Kindesalter als solches erkannt. Das für ein solches Kind entwickelte schulische Unterrichtsprogramm sollte darauf ausgerichtet sein, Fertigkeiten in Selbsthilfe, Sprachgebrauch und Selbständigkeit zu entwickeln sowie perzeptive, motorische und sozialinteraktive Fähigkeiten zu erweitern. Die traditionellen Schulfächer haben nur geringen Wert für das ausbildbare geistig zurückgebliebene Kind (*Berdine* u. *Cegelka,* 1980). Am wichtigsten ist die Ausbildung handwerklicher Fertigkeiten, denn Schüler auf dieser Stufe machen oft ihren Weg in Behindertenwerkstätten und manchmal auch in kommunalen Aufgabenbereichen (*Mental Retardation News,* 1977; *Wehman,* 1981; *Brickey* et al., 1982).

Das *geistig zurückgebliebene Kind, das erziehbar ist (educable mentally retarded),* wird oft erst vom Lehrer im Klassenzimmer entdeckt. Ausgangspunkt in der Definition von „geistig zurückgeblieben" sind *unangemessene soziale Verhaltensweisen.* Das Ergebnis hiervon ist, daß intellektuell unternormale Schüler nur solange „zurückgeblieben" sind, wie sie in der Schule sind – nur hier zeigen sie ihre Beschränkung durch nichtadaptive Verhaltensweisen. Man muß daher besonders vorsichtig sein, wenn man Mutmaßungen über möglicherweise geistig behinderte Schüler anstellt. In den USA werden heute überproportional viele Kinder der schwarzen und ethnischen Minderheiten in diese Gruppe eingestuft. Kulturell bedingte Unterschiede, Unwissenheit und Vorurteil vernebeln immer wieder die gesunde Urteilskraft vieler Lehrer.

Ein charakteristisches Merkmal für ein geistig zurückgebliebenes erziehbares Kind ist dessen Unfähigkeit, in der ersten Klasse die Grundlagen des Lesens und Rechnens zu erlernen. Bei einem solchen Kind kann es drei oder noch mehr Jahre dauern, bis sich auch nur rudimentäre Kenntnisse einstellen. Ferner entspricht der Lernfortschritt des behinderten Kindes, worin sich das Intelligenzalter und nicht das chronologische Alter widerspiegelt, unter Umständen nur 50 oder 25 Prozent der des typischen Kindes. Sein endgültiges Leistungsniveau in den einzelnen Schulfächern entspricht gewöhnlich nur dem eines Sechstkläßlers und kann auch noch darunter liegen.

Einige Schlußfolgerungen für den Unterricht mit geistig behinderten Kindern dieser Gruppe sind unmittelbar einsichtig. Der Unterricht sollte sorgfältig abgestuft sein, es sollte genügend Zeit zur Verfügung stehen, um einzelne Aufgaben zu lösen, und die Erfolgschancen sollten möglichst hoch liegen. *Sailor* und *Guess* fügen hinzu, daß die Lernaufgaben unkompliziert sein sollten, mit nur wenig neuen Elementen auf einmal. Die Aufgaben sollten auch in kurzer Zeit gelöst werden können. Um die Behaltungsleistungen zu steigern, ist ein beträchtliches Maß an Überlernen erforderlich. Diese Leitlinien gelten

eigentlich auch für den regulären Unterricht; aber für den Unterricht mit geistig behinderten Kindern sind sie unabdingbare Forderungen.
Im allgemeinen können geistig zurückgebliebene erziehbare Kinder Nutzen daraus ziehen, wenn sie am regulären Unterricht teilnehmen und in ihrer Klasse bleiben. Es ist wichtig, daß wir davon überzeugt sind, daß diese besonderen Erziehungsbemühungen sich auch bezahlt machen. In zahlreichen Untersuchungen wird über den Erfolg von geistig Behinderten als leistungsfähige Mitarbeiter in Hunderten von Berufsbereichen berichtet (*Brickey* et al., 1982). In einer Nachuntersuchung einer Langzeitstudie über geistig zurückgebliebene erziehbare Kinder in den USA wurde festgestellt, daß in einem Zeitraum geringer Arbeitslosigkeit 83% für ihren eigenen Unterhalt aufkamen, von denen einige sogar in teuren Heimen lebten; 80% waren verheiratet; und ihre Kinder – als Gruppe gesehen – machten in der Schule gute Fortschritte: ihre IQs lagen zwischen 58 und 138, mit einem Mittelwert von 95 (*Baller* et al., 1967). Eine abgesicherte Diagnose und ein sorgfältig entwickeltes individualisiertes Unterrichtsprogramm (IEP) können geistig behinderten Schülern helfen, schulische und soziale Fertigkeiten in ausreichendem Maße zu entwickeln, um ein sinnvolles und nützliches Leben zu führen.

Erfolgsquote bei Behandlung

Kommunikationsstörungen

Spracherwerb und Sprechenlernen sind höchst vielschichtige menschliche Leistungen. Es überrascht daher nicht, daß eine der zahlenmäßig größten Einzelkategorien von behinderten Schülern die ist, in der es um Sprach- und Sprechstörungen geht. Zwischen 3 und 4 Prozent eines Altersjahrgangs ist schätzungsweise von solchen Störungen betroffen, und die weitaus größte Zahl der Betroffenen nimmt am regulären Unterricht teil. – Eine Sprechstörung liegt dann vor, wenn „Sprache so weit von der Sprache anderer Menschen abweicht, daß sie auf sich selbst aufmerksam macht, die Kommunikation stört oder beim Sprecher ... oder Hörer Qualen auslöst“ (*VanRiper,* 1978, S. 43). Bei Sprechstörungen handelt es sich überwiegend um Probleme der Artikulation (Auslassung, Substitution, Verzerrung und Ergänzung von Lauten), der Stimme (Lautstärke, -höhe und Klangfarbe) und des flüssigen Sprechens (Stottern). Sprachstörungen sind demgegenüber Störungen, die beim grundlegenden Verständnis der Symbole auftreten, die wir benutzen, um uns gedanklich mitzuteilen. Zu diesen Störungen gehören die verzögerte Sprachentwicklung und die Aphasie (Schwierigkeit, eine Mitteilung zu verstehen oder zu formulieren).

Sprechstörung

Sprachstörung

Kinder mit Kommunikationsstörungen brauchen die besondere Aufmerksamkeit der Sonderpädagogen; diese erstreckt sich von einigen wenigen Übungen mit dem Lehrer in der Klasse bis hin zu umfangreicher klinischer Behandlung oder gar Operation. Ein solches Kind hat oft keine Schwierigkeiten in anderen Bereichen. Dennoch ist es wichtig zu wissen, daß Kommunikationsprobleme häufig Begleiterscheinungen von Gehirnschädigungen, Hörbehinderungen, geistiger Retardierung und Lernbehinderungen sind.
Jeder Lehrer ist in einem gewissen Sinne Sprachlehrer und Sprecherzieher und

sollte deshalb auch für Probleme, die die Kinder haben können, sensibilisiert sein. Manche Probleme sind auf Störungen im Zentralnervensystem zurückzuführen, andere auf situations- und umweltbezogene Bedingungen. Bei seiner Beobachtung sollte der Lehrer folgenden Aspekten besondere Aufmerksamkeit schenken: Umfang, Häufigkeit, Klangfarbe, Klarheit und Struktur der Sprache und des Ausdrucks des Kindes. Normalerweise arbeitet der Lehrer dabei mit einem Sprecherzieher oder Logopäden zusammen. Auch hier kann ein individuelles Unterrichtsprogramm von Eltern, Lehrer und Spezialisten gemeinsam entwickelt werden, um die Sprachprobleme zu korrigieren und korrektes Sprechen zu fördern. Der Lehrer kann den Schüler hierbei unterstützen, indem er ihn für angemessene Kommunikation und seine sprachlichen Anstrengungen lobt, Lernaktivitäten entwickelt, die Kommunikation fördern und ihn ermutigt, seine kommunikativen Fertigkeiten selbst zu überwachen. Eine Hilfe ist es auch, wenn der Lehrer das Akeptanzniveau in der Klasse anhebt, d.h. daß unterschiedliche Kommunikationsmuster von allen Schüler als gleichrangig anerkannt werden (vgl. *Wood,* 1976, und *Wiig,* 1982, für weitere Vorschläge).

Beobachtungen fixieren

Der Lehrer kann den eventuell erforderlichen Spezialisten am ehesten helfen, wenn er die Bedingungen genau aufzeichnet, unter denen Sprachprobleme auftreten. Diese Informationen, zusammen mit Beispielen, helfen dem Kliniker, eine genauere Diagnose zu erstellen.

> Es reicht nicht aus zu sagen, das Kind lispelt. Es gibt viele einzelne Faktoren, wie z.B.: mit welcher Regelmäßigkeit tritt es auf, tritt es hauptsächlich auf, wenn das Kind unter Druck steht oder müde ist, wird es von anderen Kindern bemerkt, ist es echtes Lispeln und so weiter. In jeder einzelnen Kategorie von Sprachproblemen gibt es spezifische Merkmale, die dem Lehrer (eventuell in Konsultation mit dem Kliniker) helfen zu entscheiden, was zu tun ist (*Gearheart* u. *Weishahn,* 1976, S. 104).

Der physiologische Zugang ist eine Möglichkeit, die mit der Sichtweise des Sonderpädagogen nicht im Widerspruch steht. Dessen sorgfältige Verhaltensbeschreibung bildet die einzige Grundlage für eine genaue Diagnose, und die wiederum ist die einzige Basis für intelligente Vorschläge zur Behandlung und Behebung des Problems.

Hörbehinderung

Eine Hörbehinderung erstreckt sich von Schwerhörigkeit bis zu Taubheit. Schwerhörige Schüler können mit ein wenig Sorgfalt und einem Hörgerät über auditive Kanäle unterrichtet werden. Taube Kinder müssen über andere Sinneserfahrungen unterrichtet werden. Schon ein geringer Hörverlust kann zu Problemen im sprachlichen Bereich führen, die den Unterricht erschweren. In der Tat ist das Hauptproblem des schwerhörigen und tauben Schülers sein Defizit in Sprechfertigkeit, Sprachanwendung und Lesen. Da diese Lernwerkzeuge durch Hörbehinderungen in ihrer Leistungsfähigkeit eingeschränkt sind, wird häufig angenommen, daß der IQ eines tauben Kindes unter dem Normalwert liegt. Das Gegenteil läßt sich beweisen. *Rittenhouse* (im Druck) legte tauben und hörenden Kindern Erhaltungsaufgaben (vgl. *Piaget,* Kap. 7)

Defizit in Hören *und* Sprechen

vor. Die Gruppe der hörenden Kinder schnitt signifikant besser ab, wenn die üblichen Unterrichtsverfahren angewendet wurden. Wenn jedoch das Instruktionsverfahren geändert wurde, schnitten beide Gruppen gleich gut ab. Wenn allgemeine intellektuelle Schwächen bei Schwerhörigen oder Tauben überhaupt existieren, sind sie nur geringfügig oder sie treten in bestimmten Bereichen kognitiver Leistungsfähigkeit auf, aber nicht in anderen (*Myklebust,* 1960; *Vernon,* 1968; *McConnell,* 1973). Gleichwohl: je schwerwiegender der Hörverlust ist und je früher er eintritt, desto größer sind die Defizite im Lesen und Sprechen. Im Vergleich zu ihren Altersgenossen und ihrer gemessenen geistigen Fähigkeit sind taube Kinder darum in der Regel in diesen Lernbereichen weit zurück.

Diagnose von Hörverlust

Hörtests (Audiometrie) werden oft als Diagnosehilfe eingesetzt. Dennoch ist es schwierig, Kinder mit einem leichten Hörverlust herauszufinden. Der Lehrer kann an bestimmten Verhaltensweisen der Schüler feststellen, ob sie besondere Aufmerksamkeit brauchen oder nicht. Hierzu gehören: Klagen über Ohrenschmerzen, Unbehagen oder Lärm; mangelnde Aufmerksamkeit; Drehen oder Schrägstellen des Kopfes; unsaubere Artikulation oder Auslassen von Lauten; Probleme bei der Befolgung mündlicher Hinweise; häufiges Bitten, mündlich gegebene Mitteilungen zu wiederholen; Unwilligkeit, am mündlichen Unterricht teilzunehmen; wiederholtes Nachfragen bei Mitschülern; bessere Leistungen und Aufmerksamkeit in Kleingruppen als in Großgruppen, wo das Hören schwieriger ist.

Das frühzeitige Erkennen von hörgeschädigten Schülern ist wegen der Möglichkeit medizinischer und operativer Hilfe sehr wichtig. Der wachsame Lehrer kann so ein Kind vor einer fortschreitenden Hörschädigung, vor Kommunikationsschwierigkeiten und vor Lern- und Leistungsverlusten im Unterricht bewahren. Hörgeräte, Lippenlesen, Zeichensprache, Hörtraining, totale Kommunikation (Kombination von Sprache und Handzeichen), Sprechtherapie und andere Verfahren können, wenn sie früh genug kommen, das Leben des Kindes bereichern.

In den meisten Schulen für Hörgeschädigte gibt es Spezialisten, mit denen man sich über Schüler mit Hörproblemen beraten kann. Zusätzlich zum regulären Unterricht können spezielle Lernprogramme aus dem medizinischen und pädagogischen Bereich verordnet werden. Für den mit schwerhörigen Kindern arbeitenden Lehrer können wir wiederum einige Unterrichtstechniken oder -hilfen aufzählen, die er ohne Schwierigkeiten umsetzen kann: Anweisungen wiederholen; Aufgaben und Anweisungen schriftlich an der Tafel oder auf dem Arbeitsblatt fixieren; visuelle Hilfsmittel einsetzen, also Tageslichtprojektor und Folien; Lärmpegel in der Klasse reduzieren (Hörgeräte verstärken jedes Geräusch); schwerhörige Schüler so plazieren, daß sie nahe am Sprachgeschehen sind; Lippenlesen ermöglichen (d.h. visuelle Ablenkungen oder Hindernisse ausschalten); Schüler auffordern, sich beim Sprechen dem schwerhörigen Mitschüler zuzuwenden; lernen, wie neue Hör- und Kommunikationshilfen im Unterricht optimal eingesetzt werden können. Die ständige Erweiterung und Verfeinerung elektronischer Medien kann auch den Hörgeschädigten zugute kommen (z.B. Bildschirmtelefon), wenn der Lehrer ihren pädagogischen Nutzen erkennt. – Wie bei allen individuellen Unterschieden brauchen wir auch im Bereich der Hörbehinderungen spezielle Unterrichtsverfahren, die den einmaligen Eigenschaften und Voraussetzungen des Schülers und der Lernaufgaben gerecht werden.

Sehbehinderung

Der sehbehinderte Schüler kann Gedrucktes lesen; der blinde Schüler liest Blindenschrift. Beiden begegnen wir immer häufiger im regulären Unterricht. Bei beiden ist es die Hauptaufgabe des Lehrers, Orientierung und Mobilität, Kommunikation und Zugang zu Informationen zu erleichtern. – Die Orientierung und Mobilität eines sehbehinderten Schülers zu entwickeln bedeutet Ausbildung in motorischer Koordination, räumliche Orientierung, Verbesserung des körperlichen Allgemeinzustandes sowie die Benutzung von Bewegungshilfen wie z. B. Blindenstock, Blindenhund, nichtbehinderte Mitmenschen und elektronische Mittel (Schallbrillen und Laserstock). Kommunikation entwickeln heißt lernen, Blindenschrift zu lesen und zu schreiben und mit Schreibmaschine, Telefon und Recorder umzugehen. Zugang zu Informationen erlangen heißt, alle verfügbaren Sinne einzusetzen – einschließlich dessen, was an Sehvermögen noch vorhanden ist (*Sykes,* 1972). Ein Kind kann nach der Definition des Gesetzes blind sein und doch noch bestimmte Dinge sehend unterscheiden. Die Art und Weise, wie ein Kind sein Sehvermögen gebraucht, ist wichtiger als die gemessene Sehschärfe.

Technische Hilfsmittel

Die Fähigkeit des Schülers, Blindenschrift zu lesen, läßt sich oft noch durch technische Hilfsmittel und optische Instrumente unterstützen, die entweder gedruckte Informationen vergrößern oder diese ablesen und auf andere sensorische Kanäle übertragen. Es gibt heute Geräte, die den Lesestoff vergrößern und auf einen Fernsehschirm übertragen; andere machen Gedrucktes hörbar; wieder andere verwandeln die Buchstaben des Alphabets in Vibrationen, die sich mit den Fingerspitzen erspüren lassen. Es gibt „sprechende Rechner", die Zahlen und Symbole in Gleichungen umsetzen; und natürlich „sprechende Bücher" für Leser aller Altersstufen. Kinder können dazu angeleitet werden, diese Hilfsmittel zu benutzen, wenn ihre Hörfertigkeiten gezielt und stetig ausgebildet worden sind (Vorschläge zur Praxis bei *Tait,* 1974; *Stocker,* 1973; und *Alber,* 1978).

Das frühe Erkennen von Sehbehinderungen ist besonders wichtig. Welche Symptome und Verhaltensweisen ein Kind zeigen kann, ist in Tabelle 10-2 zusammengefaßt.

Im regulären Unterricht wird der Lehrer kaum gezwungen sein, die Orientierungs- und Mobilitätsfertigkeiten von Grund auf zu vermitteln oder den Schüler in die Anwendung bestimmter elektronischer Hilfsmittel einzuführen. Hierfür ausgebildete Sonderpädagogen übernehmen solche Aufgaben. Aber der Lehrer kann:

- sein Klassenzimmer so einrichten, daß es dem sehbehinderten Schüler ermöglicht wird, spezielle Hilfsmittel zu benutzen;
- spezielle Unterrichtsmaterialien nutzbar machen, wie z. B. Texte mit beson-

Tabelle 10-2. Indikatoren für Sehbehinderungen

Anzeichen	Visuelles Verhalten
1. Roter Lider oder gerötete Augen	1. Exzessives Reiben der Augen
2. Kruste auf Lidern oder Wimpern	2. Augen schließen oder zudecken
3. Wiederholt geschwollene Augen oder Gerstenkorn	3. Lichtempfindlichkeit
4. Wäßrige oder tränende Augen	4. Blinzeln, Zwinkern, Augen zusammenkneifen
5. Sich kreuzende Augen	5. Text zu nah an die Augen führen oder zu weit von ihnen weg
6. Ungleich große Pupillen	6. Augenabstand zum Text während des Lesens verändern
7. Schlaffe Lider	7. Klagen über Kopfschmerzen, Augendruck, Schwindelgefühl, Erschöpfung
8. Ständige Augenbewegungen	8. Probleme beim Erkennen entfernter Objekte
	9. Tendenz, beim Lesen die Orientierung zu verlieren
	10. Tendenz, Buchstaben, Silben oder Wörter zu vertauschen
	11. Schlechtes Schriftbild, fehlende Zwischenräume zwischen Wörtern, Probleme, „auf der Linie zu bleiben“

Aus: Nach *Gearheart* u. *Weishahn,* 1980.

ders großem Schriftbild, konturierte Globen und Karten sowie Audiokassetten;
- Tätigkeiten fördern, die das körperliche Allgemeinbefinden erhöhen und Erfahrungen mit der physischen Umwelt ermöglichen;
- den Tisch des Schülers so stellen, daß der Lichteinfall optimal ist;
- Unterrichtsvorgänge mündlich beschreiben, so daß der Schüler den Ereignissen und Entwicklungen besser folgen kann;
- den Schüler immer wieder ermuntern, das, was er an Sehvermögen noch hat, ständig zu nutzen;
- wichtige Gegenstände im Klassenzimmer mit den Zeichen der Blindenschrift oder großen Aufschriften versehen;
- den Schüler auf selbststimulierende Kopfbewegungen wie Kreisen oder Wackeln in solch einer Weise aufmerksam machen, daß diese unerwünschten Verhaltenserscheinungen nach und nach aufgegeben werden;
- die anderen Schüler darüber aufklären, wann und wie es angemessen ist, dem sehbehinderten Mitschüler zu helfen;
- den Schüler mit seinem Namen ansprechen.

Auch sehbehinderte Kinder sind zu Frauen und Männern herangewachsen und aus ihnen wurden Buchhalter, Schreiner, Sportlehrer, Rechtsanwälte, Richter, Entertainer, Programmierer und so weiter. Technologische Verbesserungen und spezielle Unterrichtstechniken stehen zur Verfügung. In gleichem Maße müssen sich aber auch die Einstellungen und Reaktionen gegenüber sehbehinderten Kindern ändern und verbessern. So sprechen Lehrer und Schüler oft lauter als normal, wenn sie mit einem Blinden sprechen. Solange wir nicht vertrauter werden im Umgang mit Blinden, solange werden solche Reaktionen bestehen bleiben. Das Klassenzimmer und der reguläre Unterricht sind lebenswichtige Elemente, um die Einstellungen von Schülern zu Sehbehinderten zu verändern.

Körperliche und gesundheitliche Behinderung

Dieser Behinderungsbereich ist durch ein breites Merkmalsspektrum gekennzeichnet. Die Behinderungen können so geringfügig sein, daß sie den Lehrer nicht beunruhigen müssen. Sie können aber auch so beschaffen sein, daß die Umwelt verändert werden muß oder zusätzliche Kommunikationsmittel oder Unterrichts- und Fortbewegungshilfen erforderlich sind. – Diese Behinderungskategorie läßt sich in zwei Untergruppen aufteilen (vgl. PL 94–142): (a) Störungen des Skelett-, Gelenk- oder Muskelsystems und (b) ein bestimmter Gesundheitszustand, der die schulische Leistung eines Schülers beeinträchtigt. Zur erstgenannten Subkategorie gehören Amputationen, Gehirnlähmungen, Muskeldystrophie, Rückenmarksverletzungen, Wirbelspalt (Spina bifida) und Behinderungen, die durch Erkrankung oder Verbrennungen verursacht worden sind. Zur zweiten Subkategorie zählen Asthma, Zystenfibrose, Diabetes, Epilepsie, Herzfehler, Hämophilie, Bleivergiftung, Leukämie, Nephritis, Sichelzellenanämie, rheumatisches Fieber und Tuberkulose. Wir können hier nicht jeden Zustand im einzelnen beschreiben. Wenn aber der Lehrer einen Schüler mit einer solchen körperlichen oder gesundheitlichen Behinderung in der Klasse hat, sollte er versuchen, sowohl einen Einblick in die Krankengeschichte des Schülers zu gewinnen als auch sich allgemeine Kenntnisse über die Behinderung und spezielle Methoden zu ihrer Behandlung im pädagogischen Bereich zu verschaffen (vgl. *Edginton,* 1976; *Bigge,* 1982).
Viele der genannten gesundheitlichen Störungen können auch für sekundär auftretende Probleme verantwortlich sein, die das Lernen des Schülers beeinträchtigen. Schüler mit Gehirnlähmung haben beispielsweise oft Schwierigkeiten mit dem Sprechen. Der Lehrer sollte sein Möglichstes geben, den Schüler zu verstehen und ihn zum Sprechen zu ermuntern. Wenn er die Bedürfnisse des einzelnen Schülers ermitteln will, sollte er dabei zumindest diese Fragen berücksichtigen:

- Wie schwer fällt es dem Schüler, sich in der Klasse und in der Schule ungehindert zu bewegen?
- Welche Fähigkeiten und Methoden hat er, um mit Mitschülern und Lehrern zu kommunizieren?
- Welche Fähigkeiten hat er, die täglichen schulischen Anforderungen zu bewältigen?
- Welche Selbsthilfefertigkeiten hat er, um in der Klasse bzw. in der Schule zurechtzukommen?

10.5 Der Sonderfall der Hochbegabung

Bedingt durch gesetzgeberische Maßnahmen und eine Sensibilität für sprachliche Nuancen, die in allen Bereichen möglicher Diskriminierung erkennbar ist, wird seit 1975 (mit der Verabschiedung des Sonderschulgesetzes PL 94–142) in den USA der Sammelbegriff „exceptionality" für alle Behinderungskategorien *und* für den Sonderfall der Hochbegabung gleichermaßen verwendet. Während die im vorausgegangenen Kapitel 10.4 beschriebenen Behinderungskategorien unerwünschte Formen außergewöhnlichen Verhaltens (*undesirable forms of exceptionality*) darstellen, sind besondere Begabung oder Talent *erwünschte* Formen außergewöhnlichen Verhaltens (*desirable forms of exceptionality*). Die heute geläufige Definition des „hochbegabten Schülers" enthält eine oder mehrere der folgenden leistungsbezogenen Aspekte: allgemeine intellektuelle Fähigkeit, spezielle schulische Eignung, kreatives oder produktives Denken, Führungsqualitäten, künstlerische Fähigkeiten (bildende Kunst, Musik, Theater) und psychomotorische Fähigkeiten. Die erste Untersuchung von Menschen, denen außergewöhnliche schöpferische Fähigkeiten („Genies") zugeschrieben wurden, ist bereits 1865 von *Galton* vorgelegt worden. Aber erst mit dem zunehmenden Interesse an und Fortschritten in der Messung von Intelligenz hat sich dieses Interesse verstärkt (vgl. Kapitel 5).

Ein Meilenstein in diesem Wissenschaftsbereich war erreicht, als *Terman,* jener Psychologe, der das Binet-Simon-Instrumentarium zum Stanford-Binet-Intelligenztest weiterentwickelt hat, eine Längsschnittuntersuchung von ungefähr 1500 hochbegabten Schülern ins Leben rief (*Terman,* 1925). Darüber legte er im Zeitraum von 1925 bis 1958 fünf Bände mit Forschungsergebnissen vor, in denen viele falsche Vorstellungen über Hochbegabte aus dem Weg geräumt wurden. Als Gruppe gesehen sind Hochbegabte im Durchschnitt gleich oder besser, was ihre physische Statur und Gesundheit betrifft; sie sind gewöhnlich beliebt und sozial akzeptiert; sie machen weniger emotionale oder verhaltensbezogene Störungen durch als die Bevölkerung allgemein; und ihre intellektuellen Fähigkeiten und ihre Produktivität steigen mit zunehmendem Alter an.

Im regulären Unterricht werden besonders begabte Schüler meistens nicht sehr früh erkannt. Am ehesten werden noch die leistungsstarken und sprachgewandten Schüler ausgemacht. In einer Untersuchung über Schüler der Sekundarstufe I („junior-high level") stellten *Pegnato* u. *Birch* (1959) fest, daß ca. 30% der von den Lehrern als „hochbegabt" eingestuften Schüler die von den Experten festgelegten Kriterien nicht erfüllten, und daß darüber hinaus 50% jener, die sich als hochbegabt auswiesen, von den Lehrern überhaupt nicht benannt worden waren. Lehrer verwechseln oft Konformität (in Verbindung mit äußerer Erscheinung und gutem Verhalten) mit Begabung. Die folgenden Kriterien können als Leitlinien für die Erkennung besonders begabter oder talentierter Schüler gelten:

Konformität nicht mit Begabung verwechseln

- frühes Lesenkönnen und umfangreicher Wortschatz;
- sehr schnelles Erfassen der Grundfertigkeiten;
- nachgewiesenes Talent im künstlerischen Bereich;
- weitreichende Interessen und Kenntnisse;

- Fähigkeit, sich über einen längeren Zeitraum hinweg auf eine Aufgabe oder Tätigkeit zu konzentrieren;
- Fähigkeit, abstrakt zu denken und Beziehungen herzustellen zwischen Aufgaben und Lösungen;
- selbständiges, von kreativen Ideen durchsetztes Denken;
- auffällige Neugier.

Verfrühung

Die beiden grundlegenden Verfahren, besonders begabten Schülern in ihren individuellen Bereichen hochgradiger Begabung zu helfen, sind *Verfrühung* und *Anreicherung*. Wenn ein Zehnjähriger Abitur macht, ist das ein Beispiel für eine solche Verfrühung. Entwicklungsbeschleunigte Schüler werden mit Lernerfahrungen konfrontiert, die für ältere Schüler bestimmt sind. Es gibt verschiedene Möglichkeiten, mit Verfrühung umzugehen: Klassen überspringen, „Sonderschulen" für Hochbegabte, vorzeitige Zugangsberechtigung zur Universität oder gleichzeitiger Besuch von Schule und Hochschule sowie Schnellkurse in speziellen Fächern. Die entscheidende Begründung für solche Verfrühung lautet, daß sie Langeweile ausschaltet, Motivation steigert und es dem Schüler erlaubt, sich früher in bestimmte Bereiche einzuarbeiten und so einen längeren Zeitraum produktiver Tätigkeit zu gewinnen (*Pressey,* 1963).

Anreicherung

Anreicherung bedeutet, über den regulären Schulunterricht hinaus besondere Lernerfahrungen zu machen oder spezielle Fertigkeiten zu erlangen. Bei diesem Verfahren steht dem Schüler ein breites Lernangebot zur Verfügung: Organisationen, die selbständige Forschungsvorhaben oder künstlerische Begabungen fördern, Lernmittel oder Stipendien zum selbständigen Studium zur Verfügung stellen usw. (Verfahren und Methoden sind bei *Gallagher,* 1975; *Clark,* 1979; und *Sato,* 1982, beschrieben).

Wenn wir besonders begabten und talentierten Schülern helfen wollen, müssen wir sie erst einmal in unseren Klassen entdecken. Wenn es angemessen erscheint, kann man in Zusammenarbeit mit einem Testspezialisten die Intelligenz, Kreativität und Leistungsfähigkeit eines Schülers mit dafür bestimmten standardisierten Tests messen. Aber solche Tests sind nur ein Identifikationskriterium. Andere Dinge zählen genauso: Beobachtungen der Eltern, anderer Lehrer und Mitschüler; Informationen aus Interessentests; und ganz besonders die einmaligen Ergebnisse, die dem Wunsch des Schülers entspringen zu forschen, zu schaffen oder schöpferisch tätig zu sein. Diese Schüler finden wir bei beiden Geschlechtern, in allen ethnischen und sozioökonomischen Gruppen und auch bei Behinderten, etwa den Blinden, Tauben oder Verhaltensgestörten.

Hochbegabte Schüler sind für die Gesellschaft unentbehrlich und wir sollten in ihnen eine kostbare Quelle menschlichen Fortschritts erkennen. Die Investitionen, die damit verbunden sind, diese Schüler zu entdecken und zu fördern, sollten nicht hinter dem zurückstehen, was wir an Geld, Zeit und Interesse für die Förderung von Hochleistungssportlern aufbringen. In unserer Gesellschaft gibt es ungleich mehr Manager und Trainer für begabte Fußballspieler als für begabte Schüler.

10.6 Aptitude-Treatment Interaction (ATI)

Die individuellen Unterschiede, die wir bislang in diesem Kapitel diskutiert haben, gelten Extremen, nämlich den hochbegabten Schülern, jenen mit sehr geringer Intelligenz und den Lernbehinderten. Individuelle Unterschiede müssen jedoch nicht immer so extrem sein, daß wir darüber nachdenken müssen, wie wir unseren Unterricht nach solchen individuellen Unterschieden ausrichten sollten. Die Sonderpädagogen sind in erster Linie angesprochen, wenn die Frage gestellt wird, wie solche Anpassungen vorgenommen werden können, aber alle Pädagogen sollten darüber nachdenken, wie man am besten Schüler mit unterschiedlichen Fähigkeiten unterrichtet. Wirklich individualisierter und anpassungsfähiger Unterricht ist ein Ideal, das im alltäglichen schulischen Unterricht selten verwirklicht wird. Dennoch ist es ein Ideal, das man nicht vergessen darf. Wir sollten lernen, Lehrmethoden nicht als unveränderbare Behandlungsmethoden zu sehen, an die sich die Schüler anpassen müssen. Statt dessen sollten wir über die vielen alternativen Methoden nachdenken, nach denen man unterrichten kann, und über die einmaligen Eigenschaften unserer Schüler – und dann sollten wir versuchen, die beiden optimal aufeinander abzustimmen.

Anpassungsfähiger Unterricht

Die theoretische und empirische Arbeit, die diese wichtige philosophische Auffassung von Unterricht verkörpert, heißt „Aptitude-Treatment Interaction" (ATI) (*Cronbach* u. *Snow*, 1977).

ATI

Eine unterrichtsrelevante Wechselbeziehung von Schüler und Lehrstrategie liegt dann vor, wenn ein Schüler mit einer bestimmten Fähigkeit oder Eigenschaft („Aptitude") besser lernt, wenn er nach einer bestimmten Methode unterrichtet wird („Treatment"), die für ihn besonders geeignet ist, während ein anderer Schüler, der die betreffende Fähigkeit oder Eigenschaft in geringerem Ausmaß besitzt, besser lernt, wenn er nach einer anderen Methode unterrichtet wird. Kenntnisse über Fähigkeiten und Eigenschaften von Schülern werden also dazu verwendet, jeweils geeignete Unterrichtsmethoden für den einzelnen Schüler auszuwählen (Fähigkeiten und Eigenschaften sind hierbei im weitesten Sinne zu verstehen, d. h. sämtliche Schülercharakteristika, einschließlich Intelligenz oder Angst gehören hierher, also alle, auf deren Grundlage eine Vorhersage über den Schulerfolg oder über das Erreichen eines bestimmten Unterrichtsziels getroffen werden kann). Diese Art der Verwertung von Kenntnissen über individuelle Schülereigenschaften basiert auf Untersuchungsergebnissen, die bestätigen, daß eine Wechselbeziehung von Schüler und Lehrstrategie existiert. Solche Untersuchungsergebnisse zeigen etwa, daß für Schüler mit einer bestimmten Eigenschaft (zum Beispiel ausgeprägte Schulangst) die Unterrichtsmethode 1 (zum Beispiel Frontalunterricht) bessere Leistungen erbringt, während für Schüler, die diese Eigenschaft in geringerem Ausmaß besitzen, die Unterrichtsmethode 2 (zum Beispiel freie Diskussion) bessere Leistungen erbringt.

Einige Untersuchungsergebnisse zum ATI-Ansatz

Schülerangst und lehrerzentrierter Unterricht

Ein Beispiel für die Wechselbeziehung von Schülereigenschaft und Unterrichtsmethode ist in Abbildung 10-2 wiedergegeben; die durchgezogenen und gestrichelten Geraden repräsentieren hier den Zusammenhang zwischen unterschiedlich hoher Prüfungsangst (aptitude) und Prüfungsergebnis bei Verwendung von zwei verschiedenen Unterrichtsmethoden (treatment). Schüler, deren Werte jeweils links vom Schnittpunkt der beiden Geraden liegen, zeigen bessere Prüfungsergebnisse nach einem schülerzentrierten Unterricht. Schüler, deren Werte rechts davon liegen, erzielen bessere Ergebnisse unter einem lehrerzentrierten Unterricht. Dieser Zusammenhang wurde bei einer Untersuchung festgestellt, in der die Eigenschaftsvariable „Angst" war. Es wurde der Zusammenhang dieser Variablen mit zwei verschiedenen Treatments untersucht: Treatment 1 bestand in Verwendung einer schülerzentrierten Diskussionsmethode, und Treatment 2 in einem lehrerzentrierten Frontalunterricht. Schüler mit niedrigem Angstpotential lernten in den schülerzentrierten Diskussionsgruppen besser als jene mit hohem Angstpotential. Demgegenüber lernten die Schüler mit hohem Angstpotential beim lehrerzentrierten Frontalunterricht besser als die anderen (vgl. *Dowalby* u. *Schumer,* 1973). Ähnliche, aber zugleich sehr viel komplexere ATIs zwischen Angstpotential und strukturierter Lernumgebung sind ebenfalls festgestellt worden (*Petersen,* 1976; *Snow,* 1977).

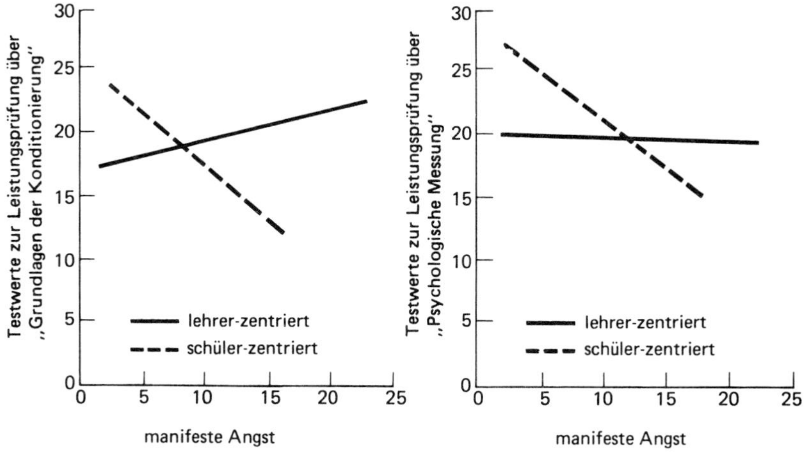

Bei der lehrerzentrierten Methode sind die Beziehungen positiv. Bei der schülerzentrierten Methode sind die Beziehungen negativ. Für Schüler mit niedrigem Angstpotential ist somit die schülerzentrierte Methode besser, für solche mit hohem Angstpotential die lehrerzentrierte Methode.

Nach *Stallings* u. *Keepes* (1970, S. 15)

Abbildung 10-2. Prüfungsleistung als Ergebnis der Wechselbeziehung von Angst (aptitude) und lehrer- bzw. schülerzentriertem Unterricht (treatment).
[Prüfungsleistung: Ergebnisse bei zwei schriftlichen College-Examen (Grundlagen des Konditionierens und Psychologische Messung); Angst: Testwerte im Fragebogen zur manifesten Angst; schülerzentrierter Unterricht: Diskussionsmethode – lehrerzentrierter Unterricht: Frontalunterricht]

Ein weiteres Beispiel für die Wechselbeziehung von Schülereigenschaft und Lehrstrategie wurde in der Untersuchung von *Stallings* und *Keepes* (1970) gefunden. Bei dieser Untersuchung wurde festgestellt, inwieweit Wortschatzkenntnisse ein Zusammenspiel von auditiven Fähigkeiten (aptitude) und der im Unterricht verwendeten Methode des Lesenlernens (treatment) repräsentieren. Zwei Verfahren des Lesenlernens wurden miteinander verglichen: Die „analytische Methode" und die „Ganzwortmethode". Über die Angemessenheit dieser beiden Methoden hat es viele Kontroversen gegeben. Bei der „analytischen Methode" werden die Bezeichnungen der Buchstaben und der Laute frühzeitig eingeführt. Vokale und Konsonanten werden kontrolliert dargeboten, ein System zur Dekodierung des gedruckten Wortes in Lautgruppen wird frühzeitig eingeführt, während dem Wortverständnis im frühen Stadium des Lesenlernens relativ wenig Beachtung geschenkt wird. Bei der „Ganzwortmethode" werden Wörter, die aufgrund ihrer Häufigkeit sorgfältig ausgewählt worden sind, nicht als Summe von einzelnen Buchstaben, sondern als gesamtes visuelles Reizmuster gelernt; Techniken zur Reizdiskrimination einzelner Silben und Buchstabenelemente werden allmählich eingeführt, und das Wortverständnis wird im frühen Stadium des Lesenlernens stärker betont. In Tabelle 10-3 sind diese beiden Methoden einander gegenübergestellt. Im linken Teil der Abbildung 10-3 ist wiedergegeben, wie diese beiden Methoden des Lesenlernens im Zusammenwirken mit auditiven Schülerfähigkeiten zu jeweils unterschiedlichen Wortschatzleistungen führen. *Stallings* und *Keepes* fanden, daß die „analytische Methode" zu einer höheren Wortschatzleistung bei Schülern mit gut ausgeprägten auditiven Fähigkeiten (Diskrimination von verbalen Stimuli und Hörfähigkeit) führte, während die „Ganzwortmethode" bei Schülern mit schlechter ausgeprägten auditiven Fähigkeiten zu besseren Ergebnissen führte. Die rechte Hälfte der Abbildung 10-3 verdeutlicht, daß die „analytische Methode" darüber hinaus bessere Ergebnisse in der Leseleistung bei solchen Schülern erbrachte, die in einem Wortschatztest zu Beginn des

Hörfähigkeit und analytische bzw. Ganzwortmethode

Wortschatzkenntnisse als Auswirkung von „analytischer Methode" und „Ganzwortmethode"

Tabelle 10-3. Gegenüberstellung von „analytischer Methode" und „Ganzwortmethode" des Lesenlernens

Anaytische Methode	*Ganzwortmethode*
1. Betonung des Code	1. Betonung der Bedeutung
2. Frühzeitige Dekodierung	2. Dekodierung nach Erstellung der Wortgestalt
3. Systematische Kontrolle der Konsonanten- und Vokalkombinationen	3. Vielfältiger Gebrauch von Buchstaben und Lauten
4. Wortdiskrimination über kleine Schritte unter Verwendung von Buchstabierungsmustern	4. Wortdiskrimination über geführtes Lernen von vertrauten Wörtern und über Satzkontext
5. Worterkennung über Betonungsanalyse	5. Worterkennung über Assoziation mit Bildern und stark kontrollierten Wörtern von großer Häufigkeit, die als Wortgestalten gelernt wurden

Aus *Stallings* u. *Keepes* (1970, S. 15).

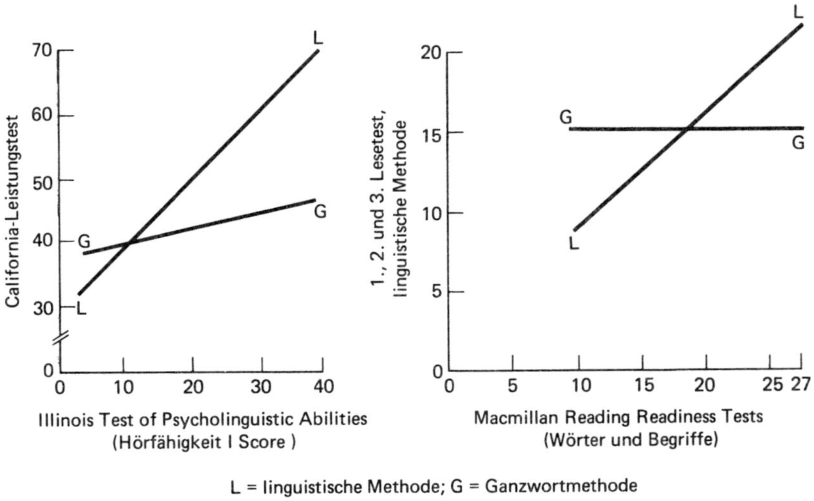

Aus *Stallings* u. *Keepes* (1970).

Abbildung 10-3. Wortschatzkenntnisse und Lesefähigkeit als Auswirkung der Interaktion von auditiven Fähigkeiten (aptitude) und „analytischer Methode" bzw. „Ganzwortmethode" des Lesenlernens (treatment)

Unterrichts bereits höhere Werte erzielten, während die „Ganzwortmethode" bei Schülern überlegen war, die in diesem Test geringere Werte erzielten.

Eine Wechselwirkung von Schülereigenschaft und Lehrstrategie wurde auch beim Fremdsprachenunterricht gefunden. *Chastain* (1970) stellte fest, daß eine bestimmte Methode, die „audiolinguale" Methode, für Schüler mit geringer verbaler Fähigkeit besser funktionierte, während eine andere, mehr „kognitive" Methode, für Schüler mit hoher verbaler Fähigkeit geeigneter war.

Zusammenfassend können wir sagen: Wenn wir die Fähigkeiten und Eigenschaften eines Schülers kennen (aptitude), die verfügbaren Unterrichtsprogramme und -methoden (treatment) und die Eigenart der Wechselwirkung zwischen beiden Variablen, dann können wir Lernsituationen und Schüler in einem Ausmaß einander anpassen, wie dies bei anderen Ansätzen nicht möglich schien. Die meisten gegenwärtig verwendeten Intelligenztests oder andere Tests, mit denen individuelle Schülereigenschaften erfaßt werden, berücksichtigen lediglich eine Lehrstrategie, sie sind nur auf ein Unterrichtsprogramm oder eine einzige Unterrichtsmethode ausgerichtet. Der Zusammenhang zwischen den Fähigkeiten und Eigenschaften von Schülern und ihrer Testleistung wird nur für ein bestimmtes Treatment untersucht – und nur auf der Grundlage dieses einen Treatments wird eine Vorhersage über den Schulerfolg der einzelnen Schüler getroffen, und dementsprechend werden Schüler ausgewählt. Der ATI-Ansatz berücksichtigt dagegen zwei oder mehr schulische Treatments. Nach diesem Ansatz wird der Zusammenhang zwischen Fähigkeiten und Eigenschaften von Schülern und ihrer Schulleistung aufgrund verschiedener Treatments vorausbestimmt, und diejenige Unterrichtsmethode herausgestellt, die wahrscheinlich die höchste Schulleistung für einen bestimmten Schüler erbringt. Die grundlegende Änderung, die ein solcher Ansatz mit sich bringt, besteht darin, daß wir nicht mehr nach der einen, für alle Schüler geeigneten, optimalen Unterrichtsmethode suchen. Statt dessen versuchen Vertreter eines ATI-Ansatzes zahlreiche verschiedene Unterrichtsmethoden, von denen jede einzelne die „beste“ für einen bestimmten Schüler sein kann. Allerdings hat es sich gezeigt, daß ATIs mit gleichbleibender Gültigkeit nur selten zu finden sind. Solche ATIs brauchen eine längere Entwicklungszeit als man bislang vermutete.

Keine optimale, für alle Schüler geeignete Unterrichtsmethode

Was bedeutet der ATI-Ansatz für den Lehrer?

Welche Schlußfolgerungen ergeben sich aus diesem Denkansatz für den Lehrer? Er erinnert den Lehrer daran, daß Schüler mit unterschiedlichen Fähigkeiten und Eigenschaften jeweils am besten nach unterschiedlichen Methoden lernen. Wenn eine bestimmte Unterrichtsmethode oder ein Curriculum bei einem Schüler versagt, so ist vielleicht eine andere Methode oder ein anderes Curriculum besser geeignet.
Immer wieder hören wir von verschiedenster Seite – von bestimmten Lehrern, von manchen Eltern unserer Schüler oder von irgendeiner Stelle der Schulverwaltung –, daß die Unterrichtsmethode A weit besser sei als die Methode B. Wenn Sie der Diskussion in diesem Kapitel gefolgt sind, werden Sie hinzufügen, „... für ganz bestimmte Schüler“. Wenn darüber gestritten wird, welche Unterrichtsmethode die „bessere“ sei, so haben unter Umständen *beide* Positionen eine gewisse Berechtigung – jeweils für bestimmte Schülergruppen. Nicht *eine* Methode allein, nicht *ein* Text, *ein* Curriculum, *eine* Version irgendeiner Lehr-Lern-Strategie ist ausschließlich bei allen Schülern in gleicher Weise erfolgreich. Zwischen den zahlreichen verschiedenen Fähigkeiten und Eigenschaften, in denen sich Schüler voneinander unterscheiden, und den Unterrichtsmethoden, die wir in der Schule verwenden, besteht eine Wechselbeziehung. Ein Lehrer sollte sich ständig darüber Gedanken machen, wie er die Fähigkeiten und Eigenschaften seiner Schüler feststellen kann und seinen Unterricht in geeigneter Weise darauf abstimmen.
In dieser Hinsicht braucht ein jedes Kind eine „sonderpädagogische“ Behandlung.

Gegenseitige Anpassung von Schüler und schulischem Treatment

10.7 Zusammenfassung

In diesem Kapitel haben wir versucht, Sie mit einigen der unverwechselbaren Fähigkeiten und Bedürfnisse einzelner Schüler mit bestimmten Behinderungen vertraut zu machen, denn auch Sie werden irgenwann einmal mit behinderten Schülern im Unterricht zu tun haben. Als Lehrer müssen Sie mehreres zugleich sein: Förderer, scharfer Beobachter, Diagnostiker und natürlich auch Lehrer. Beim Unterricht in integrierten Klassen müssen Sie versuchen, daß die behinderten Schüler von ihren Klassenkameraden leichter akzeptiert werden. Da Ihre Schüler im Umgang mit Behinderten keine Erfahrung haben und sie unter Umständen auch nicht frei von Vorurteilen sind, müssen Sie ihnen zeigen, daß behinderte Schüler in vielerlei Hinsicht auch normale Schüler sind.

Eine besonders wichtige Aufgabe haben Sie als Lehrer, wenn es darum geht, behinderte Schüler als solche zu erkennen, wobei Sie nicht der einzige sein sollten, dessen Urteil zählt, aber Ihre Beobachtungen können dazu beitragen, Schüler mit niedriger Intelligenz, Verhaltensproblemen, Lernbehinderungen und Sprach-, Hör- oder Sehstörungen frühzeitig zu erkennen. Sie sollten Ihre Beobachtungen in genauen Verhaltensbeschreibungen festhalten, und diese sollten mit dem Verhalten der anderen Schüler verglichen werden. Beratungen mit Sonderpädagogen und anderen Spezialisten können dann unter Umständen erforderlich sein, um ein IEP („individualized education program") zu entwickeln. – Diese Hinweise treffen in entsprechender Modifikation auch für hochbegabte Schüler zu.

Kurz gesagt: die zahlreichen möglichen Behinderungsarten müssen vom Lehrer zunächst einmal im individuellen Fall erkannt werden; behoben werden kann eine jede – wenn überhaupt – nur durch spezielle schulische Unterrichtsverfahren. Sonderpädagogik in diesem Sinne bedeutet das Recht eines jeden Kindes auf einen Unterricht, der auf seine einmalige Behinderungscharakteristik ausgerichtet und dieser angemessen ist und in eine möglichst wenig ausgegliederte schulische Umwelt eingebettet ist. Die ATI-Forschung überträgt die Vorstellung von Unterrichtsanpassung an individuelle Gegebenheiten aus dem Bereich der Sonderpädagogik auf den schulischen Unterricht schlechthin und mahnt *jeden* Lehrer daran, nach besseren Methoden und Möglichkeiten für jeden Schüler, und nicht nur den Ausnahmefall, zu streben. Die Suche nach der einen „allein selig machenden Methode" für alle Schüler und jeden Unterricht ist ein fruchtloses Unterfangen.

Teil D

Lerntheorien und ihre Anwendungsmöglichkeiten

Teil B handelte von Lernzielen im Unterricht. Sie haben erfahren, daß es wichtig ist zu bestimmen, wohin Sie im Unterricht kommen wollen und dies Ihren Schülern mitzuteilen. Nachdem Sie wissen, wohin Sie mit Ihren Schülern kommen wollen, müssen Sie überlegen, was für Schüler Sie vor sich haben.
In Teil C ging es um Schülereigenschaften, also um Intelligenz, Sprache, Persönlichkeit und kognitive Entwicklung, um spezielle Formen von Behinderung und besonderer Begabung. In diesem Teil werden Sie etwas darüber erfahren, wie sich Schüler die Verhaltensformen und Fertigkeiten, die wir ihnen vermitteln wollen, eigentlich aneignen. Sie werden zunächst die Definition kennenlernen, die wir für Lernen verwenden, und anschließend mit einigen Lernformen vertraut werden, die als „grundlegend" betrachtet werden (Kapitel 11). Wegen ihrer großen praktischen Bedeutung werden „operantes Konditionieren" und „Verhaltensmodifikationen" sodann gesondert besprochen (Kapitel 12). Dort werden wir uns auch mit einigen Einwänden und ethischen Bedenken zur Verwendung der Verhaltensmodifikation beschäftigen. Obwohl operantes Konditionieren sehr nützlich für die Erklärung vieler verschiedener Phänomene sein kann, erklärt es nicht ohne weiteres, wie wir durch bedeutungshaltiges Material oder durch verbalen Diskurs lernen.
So werden wir in dem anschließenden Kapitel 13 die Frage erörtern, wie Informationen verarbeitet, erinnert und zur Lösung vieler verschiedener komplexer Probleme angewendet werden; dabei werden wir uns insbesondere mit Forschungsergebnissen der kognitiven Psychologie auseinanderzusetzen. Im Anschluß daran untersuchen wir eine Theorie, die Konzeptionen der operanten und der kognitiven Psychologie vereinigt – die Theorie des sozialen Lernens (Kapitel 14). Danach werden wir die Bedeutung des Begriffs Transfer *untersuchen, das heißt: wie Dinge, die in einem bestimmten Zusammenhang gelernt wurden, für ein Individuum auch in anderen Situationen nützlich sein können (Kapitel 15). Insgesamt gesehen sollten Ihnen diese fünf Kapitel verstehen helfen, wie sich Lernen vollzieht und wie das Lehren auf den Lernprozeß abgestimmt werden kann.*

Kapitel 11

Definition von Lernen und verschiedene Lernformen

11.1 Überblick

Ein sechsjähriges Mädchen kommt zum ersten Mal in die Schule und wird von seiner Lehrerin in den Arm genommen und mit einem Lächeln und einem Kompliment empfangen. Ein paar Tage später erleben wir, daß es früher als nötig sich auf den Schulweg macht und seiner Mutter sagt, daß es Lehrerin werden will, wenn es groß ist.
Ein Zwölfjähriger lernt Französisch. Im Unterricht werden „Antwortkarten" *(flash cards)* zum Vokabellernen benutzt. Auf das Wort *„vin"*, das auf der Karte steht, soll er mit der Antwort „Wein" reagieren.
Eine Studienanfängerin wird von ihrem bedeutenden Professor gelobt, sie habe große schriftstellerische Fähigkeiten. Sie beginnt, für die Studentenzeitung zu schreiben und ein Jahr später schließt sie das Manuskript ihres ersten Romans ab.
Ein älterer Mann nimmt die Stelle eines Schülerlotsen an. Schon bald berichtet er seiner Frau, die meisten Kinder seien einfach „sagenhaft" und der Direktor der Schule, bei der er arbeite, sei „einfach klasse".
Ein Schüler, der im Physikunterricht ein Gesetz nicht verstanden hat, spielt mit seinem kleinen Bruder an der Wippe auf dem Spielplatz. Plötzlich holt er sich ein Stück Papier und fängt an zu rechnen; er nimmt sein eigenes Gewicht, das seines Bruders und die Entfernung zum Mittelpunkt der Wippe. Ganz plötzlich hat er das Gefühl zu wissen, wie ein Kraftmoment berechnet wird, und „strahlt".
Jede dieser Beschreibungen ist ein Beispiel für eine jeweils andere Lernform. Lernen geschieht ständig und überall. Lernen geschieht zu Hause, in der Fabrik, auf dem Bauernhof, auf der Straße, im Kino und vor dem Fernseher. Es geschieht auch im Labor, in der psychiatrischen Klinik, im psychotherapeutischen Beratungsraum, im Unterstand der Soldaten und in der Küche eines frisch verheirateten Paars. Die Pädagogische Psychologie befaßt sich primär mit schulischem Lernen. Aber sie weiß auch, daß Schulen kein Lernmonopol besitzen und daß nicht sie allein Zeit und Ort des Lernens bestimmen.
In diesem Kapitel beschäftigen wir uns mit der Definition von Lernen und den grundsätzlichen Unterschieden, die es von anderen Prozessen, die eine oberflächliche Ähnlichkeit mit Lernen haben, abheben. Danach beschreiben wir einige grundlegende Lernformen, die unter diese Definition fallen.

11.2 Definition von Lernen

Lernen kann als der Prozeß beschrieben werden, durch den ein Organismus sein Verhalten als Resultat von Erfahrung ändert. Da diese Definition täuschend einfach aussieht, sollten wir ihre verschiedenen Komponenten genauer ins Auge fassen.

Verhaltensänderung

Die Annahme, daß mit Lernen Veränderung gemeint ist, bedeutet auch, daß Lernen Zeit braucht. Um Lernen zu messen, vergleichen wir das Verhalten eines Organismus zum Zeitpunkt t_1 mit dem zum Zeitpunkt t_2, vorausgesetzt, es herrschen dabei *ähnliche Umstände*. Wenn das Verhalten unter ähnlichen Umgebungsbedingungen zu den zwei Zeitpunkten verschieden ist, können wir daraus schließen, daß sich Lernen vollzogen hat.

Weiterhin ist zu berücksichtigen, daß es sich um eine Veränderung im *Verhalten* handelt, die sich im Prozeß des Lernens vollzogen hat. Veränderungen von physischen Eigenschaften, wie etwa Körpergröße und Gewicht, zählen nicht als Lernen; ebensowenig zählen Veränderungen der körperlichen Stärke dazu, die durch physiologische Veränderungen (Muskelumfang, Effizienz des Kreislaufs und der Atmung) zustande kommen.

Direkt wahrnehmbares Verhalten

Wir nehmen an, daß ein Lernprozeß stattgefunden hat, wenn sich das Verhalten von Tieren oder Menschen geändert hat. Verhalten bezieht sich auf eine bestimmte – muskuläre oder von Drüsen abhängige – Tätigkeit und auf das Zusammenwirken solcher Tätigkeiten. Der Bereich des menschlichen verbalen Verhaltens ist für uns von primärem Interesse, weil wir auf der Grundlage von menschlichen Schreib- und Sprechtätigkeiten bestimmen können, ob Veränderungen im Verhalten eingetreten sind. Die Veränderungen von „da-da" zu „Vater"; von einem Aufsatz über „Wie es mir heute geht" zu einem über „Transzendentale Meditation"; die Veränderungen, die sich zeigen, wenn jemand nicht mehr *Sule,* sondern *Schule* schreibt – all dies läßt uns die Schlußfolgerung ziehen, daß Lernen erfolgt ist.

Direkt wahrnehmbare äußere Verhaltensweisen wie sprechen, schreiben, sich bewegen usw., erlauben es uns, die psychologischen Verhaltensaspekte zu studieren, die uns besonders interessieren – denken, fühlen, wünschen, erinnern, Probleme lösen, kreatives Verhalten usw. Das direkt wahrnehmbare Verhalten eines Organismus – einer Taube oder eines Schulkindes, eines Wurms oder eines Lehrers – ist immer unser Ausgangspunkt und immer der Brennpunkt unserer Überlegungen. Manche Psychologen konzentrieren sich nur auf direkt wahrnehmbares Verhalten. Sie werden oft Behavioristen genannt. Andere sehen in direkt wahrnehmbarem Verhalten einen Hinweis darauf, was im Gedächtnis eines Menschen vor sich geht. Sie werden oft kognitive Psychologen genannt. Gleichwohl: alle Psychologen müssen wahrnehmbares Verhalten beobachten um festzustellen, ob eine Veränderung eingetreten ist. Für das schulische Lernen ist typisch, daß sich die Verhaltensveränderungen hier darauf beziehen, verschiedene Dinge zu verstehen und in Erinnerung zu rufen, wie auch auf die Tendenz, bestimmte Einstellungen und Wertvorstellungen zu haben – Verhaltensweisen, wie wir sie in unserem Kapitel über Lernziele besprochen haben.

Lernen und Erfahrung

Die letzte Komponente unserer Definition von Lernen lautet: „Als Resultat von Erfahrung". Durch den Begriff *Erfahrung* wird der Bereich von Verhaltensveränderungen, die ein Lernen repräsentieren, eingeschränkt. Diese Einschränkung ist ebenso wichtig, wie sie schwer zu definieren ist. Gewöhnlich wird sie in negativer Form dargestellt: man verweist auf verschiedene Ursachen der Veränderung von Verhalten, die nicht auf Erfahrung zurückgehen. Wir haben bereits einige Formen solcher Veränderungen angeschnitten, als wir versuchten, den Begriff Verhalten zu spezifizieren. Verhaltensveränderungen etwa, die auf Müdigkeit, Anpassung der Sinnesleistungen an ein bestimmtes Reizniveau, Drogen und mechanische Kräfte zurückzuführen sind, werden nicht als Veränderungen betrachtet, die durch Erfahrung, wie sie für Lernprozesse vorauszusetzen ist, verursacht werden; solche Veränderungen repräsentieren kein Lernen. Wenn also jemand ein Gewicht von 50 Pfund hochhebt, immer und immer wieder, kann er dies nach einer Weile nur noch langsamer tun und muß schließlich ganz damit aufhören. Diese Verhaltensveränderung wäre auf Ermüdung, also einen physiologischen Prozeß, zurückzuführen. Wenn jemand einen dunklen Raum betritt, nachdem er sich vorher im Hellen aufgehalten hatte, paßt sich seine Sehfähigkeit nach einer Weile den veränderten Lichtverhältnissen an. Diese Veränderung, die auf eine Erweiterung der Pupillen und fotochemische Veränderungen in der Retina zurückzuführen ist, wird ebenfalls als physiologisch bedingt betrachtet und repräsentiert daher ebenfalls kein Lernen. Auch Verhaltensveränderungen nach Alkohol- oder Drogenkonsum repräsentieren kein Lernen, weil es sich hierbei um physiologische Veränderungen handelt.

Lernen und Reifungsprozesse

Ein weiterer Prozeß, der Verhaltensveränderungen herbeiführt, die nicht als Lernen bezeichnet werden können, umfaßt *Reifungsvorgänge* eines Organismus. Eine Verhaltensveränderung wird Reifungsprozessen zugeschrieben, wenn sie auf Veränderungen beruht, die im normalen physischen Wachstums- und Entwicklungsprozeß eines Organismus auftreten. Gehen und Sprechen entwickeln sich beim Menschen größtenteils aufgrund solcher Reifungsprozesse und nicht aufgrund von Lernen. Ein bestimmter Reifegrad ist Voraussetzung für das Erlernen von Sprache, obwohl Erfahrungen mit sprechenden Erwachsenen notwendig sind, um die Aufnahmebereitschaft für Sprachreize, die durch den Reifungsprozeß entstanden ist, nutzbringend einzusetzen.

Nach der Abgrenzung aller hier genannten Veränderungsformen – Veränderungen als Resultat physiologischer, mechanischer und entwicklungsbedingter Prozesse – von jenen Verhaltensveränderungen, die ein Lernen repräsentieren, ist zu fragen, welche Formen der Verhaltensveränderung bleiben übrig? Die Antwort heißt: Lernen resultiert aus denjenigen Erfahrungen mit der Umwelt, durch die Beziehungen zwischen Reizen und Reaktionen hergestellt werden.

11.3 Verschiedene Lernformen

Um den komplexen Begriff *Lernen* zu untersuchen, differenzieren wir ihn nach fünf Lernformen:

1. respondentes Lernen,
2. Kontiguitätslernen,
3. operantes Lernen,
4. Beobachtungslernen,
5. kognitives Lernen.

In diesem Kapitel stellen wir alle fünf Formen im Überlick vor. In den nachfolgenden drei Kapiteln werden wir uns mit drei Lernformen im Detail beschäftigen.

Respondentes Lernen (klassisches Konditionieren)

Eine der grundlegenden Lernformen stellt das *respondente* Lernen dar, das auch *klassische Konditionierung* genannt wird. Bei diesem Lernen wird eine Reaktion durch einen bekannten Reiz ausgelöst. (Später werden wir über das operante Lernen sprechen, bei dem die auftretenden Reaktionen nicht auf bekannte Umweltreize bezogen werden können; außerdem werden wir sehen, daß die Reaktionen des operanten Lernens „emittiert" werden und nicht, wie Reaktionen des respondenten Lernens, durch Reize ausgelöst werden.) Einige der deutlichsten Beispiele für respondentes Lernen sind die Konditionierungsstudien des berühmten russischen Physiologen *Iwan Pawlow.* Eine kurze Zusammenfassung dieser historischen Untersuchungen wird uns helfen, einige terminologische Grundbegriffe zu klären.

Unkonditionierter Stimulus – unkonditionierte Reaktion

Einem Hund wird ein wenig Fleischpulver gegeben: seine Speicheldrüsen beginnen zu arbeiten, während er frißt. Das Fleischpulver ist ein sogenannter *unkonditionierter Stimulus* (US), und der einsetzende Speichelfluß ist eine sogenannte *unkonditionierte Reaktion* (UR). Das Auftreten dieser Reaktion auf die Darbietung des Reizes ist nicht erlernt, es erfolgt instinktiv.

Jetzt schalten wir in Gegenwart des Hundes ein Licht ein. Das Einschalten des Lichts hat keine oder nur eine minimale Wirkung auf den Speichelfluß des Hundes. Als nächstes schalten wir nun das Licht ein, kurz bevor wir dem Hund das Fleischpulver (US) geben. Wenn wir dies häufiger nacheinander tun, und dann, in einem bestimmten Versuchsdurchgang, nur noch den Lichtreiz darbieten, ohne gleichzeitig Fleischpulver zu verabreichen, werden wir dennoch die Speicheldrüsenreaktion bemerken. Das Licht, ein zu konditionierender Stimulus, kann, nach mehrmaliger nahezu gleichzeitiger Darbietung mit dem Fleischpulver, im Organismus eine Reaktion hervorrufen, die jener sehr ähnlich ist, die ursprünglich bei der Verabreichung des Fleischpulvers allein auftrat.

Konditionierter Stimulus – konditionierte Reaktion

Das Licht, zuvor ein neutraler Stimulus, ist so ein *konditionierter Stimulus* (CS) geworden, und die Reaktion, die er hervorruft, ist dementsprechend eine *konditionierte Reaktion* (CR). (Richtiger müßte es heißen: kondi-

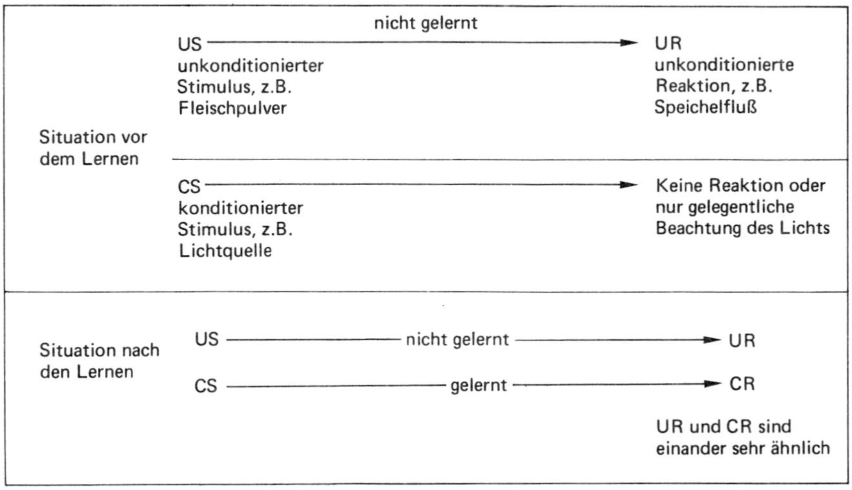

Abbildung 11-1. Modell der respondenten Konditionierung

tioniertes Antwortverhalten, daher eben *respondentes* Lernen genannt; der Ausdruck „konditionierte Reaktion" ist zwar im Deutschen üblich, aber ungenau.) Abbildung 11-1 zeigt die Beziehung zwischen diesen Begriffen.

In der oben beschriebenen Situation hat sich Verhalten als Resultat von Erfahrung verändert. Gehen wir also von den Hunden über zu den Menschen und verwenden wir dieses Modell von Lernen in allgemeinerer Form. Die unkonditionierte Stimulus-Reaktions-Verbindung, so läßt sich sagen, vollzieht sich immer dann, wenn ein Stimulus (US) eine Organfunktion auslöst oder eine emotionale Reaktion (UR) hervorruft – wie zum Beispiel Angst, Ärger, Erbrechen, Abscheu; oder auch angenehme Gefühle, Freude, Glück und überschäumende Begeisterung. Wenn wir einen zuvor neutralen Reiz mit dem unkonditionierten Stimulus verbinden, so wird er zu einem konditionierten Stimulus und es erfolgt die Entwicklung einer konditionierten Reaktion (wie Angst oder Freude) beim Auftreten dieses Reizes (auch ohne das Auftreten des unkonditionierten Stimulus).

Konditionierung einer positiven Reaktion auf Schule

Das erste Beispiel für Lernen zu Beginn dieses Kapitels, das Beispiel vom kleinen Mädchen und seiner Lehrerin, hat ein solches Ereignis beschrieben. Das In-den-Arm-Nehmen, das Lächeln und die Komplimente der Lehrerin können als die unkonditionierten Stimuli interpretiert werden. Diese Handlungen rufen im Kind Gefühle des Wohlempfindens hervor, die wir als die unkonditionierte Reaktion interpretieren können. Schule und Lehrerin, die zuvor den Charakter von neutralen Reizen hatten, werden durch ihre Verbindung mit diesen unkonditionierten Reizen zu konditionierten Stimuli, und sie rufen bald dieselben Gefühle des Wohlbefindens wie diese hervor.

Konditionierung einer negativen Reaktion auf Schule

Was aber könnte einem anderen Kind passieren – irgendeinem anderen Kind, aber besonders einem Kind aus einer Randgruppe oder aus ärmlichen Verhältnissen? Es könnte am ersten Tag seiner schulischen „Laufbahn" Angstreaktionen entwickeln, etwa aufgrund der bedrohlich erlebten Verhaltensweise des Lehrers, einer allzu rigiden Schulroutine oder der Bemerkungen anderer

Kinder. Das respondente Lernmodell kann auch hier die Situation und ihre Folgen erklären helfen. Die Schule und alles, was damit verbunden ist – Lehrer, Bücher, Schüler – können nach einiger Zeit Angst- oder Abscheugefühle in diesem Kind hervorrufen, weil sie zeitlich und räumlich mit unkonditionierten Stimuli in Verbindung gebracht werden, die negative Gefühle hervorrufen.

Man hat festgestellt, daß bei manchen Kindern in den ersten Schuljahren Brechreiz als direkte Folge von Prüfungsangst aufgetreten ist. Schon früh in ihrer Schullaufbahn haben diese Kinder gelernt, daß zwischen den Prüfungsergebnissen und ihren wirklichen oder eingebildeten Gefühlen von Mißerfolg ein Zusammenhang bestand. Die Prüfungsergebnisse konnten zum Beispiel Bestrafungen durch den Lehrer oder die Eltern zur Folge haben, Verlust an Zuneigung oder Spott von anderen Schulkindern. Der konditionierte Stimulus, in diesem Fall entweder die Ankündigung einer Prüfung oder das Austeilen des Prüfungsmaterials, konnte die konditionierte Reaktion „Angst" hervorrufen.

Symbolschock

Der „Symbolschock", den viele Schüler erfahren, wenn sie zum ersten Mal mathematischen Symbolen wie α, β oder $r = a^2 + bx + c$ begegnen, beruht wahrscheinlich auf einer respondenten Konditionierung von Angstreaktionen auf mathematische Problemstellungen. Der Anblick unbekannter Symbole, die zuvor mit schwierigen Inhalten gekoppelt gewesen waren, ruft negative Gefühle in den Schülern hervor und blockiert dadurch ein wirkungsvolles Lernen.

Praktisch alles in unserer Umwelt kann mit einem Stimulus gekoppelt werden, der emotionale Reaktionen hervorruft. Die freundlichen oder strengen Worte des Lehrers können Gefühle der Freude oder der Angst hervorrufen. Damit assozziierte Stimuli, wie „Mathematik", „Turnhalle", „der Rektor" oder „Schule", können eine Reaktion hervorrufen, die der unkonditionierten Reaktion sehr ähnlich ist; und zwar allein dadurch, daß sie in Kontingenz, daß heißt in zeitlich-räumlicher Nachbarschaft, mit dem unkonditionierten Stimulus steht.

Bewußtsein: keine Voraussetzung für respondentes Lernen

Dabei gilt es festzuhalten, daß der Lernende sich dessen nicht bewußt sein muß, daß ein solches respondentes Lernen stattfindet; vielmehr erfolgt dies oft unbewußt, und so ist es für den, der davon betroffen ist, oft nur sehr schwer zu verstehen, warum er so reagiert und wie es dazu gekommen ist. Ein Lehrer, der Lernvorgänge im Unterricht unter dem Gesichtspunkt des respondenten Lernmodells betrachtet, kann seinen Schülern helfen, das Zustandekommen ihrer gefühlsmäßigen Reaktionen zu verstehen, bestimmte Lernziele leichter zu erreichen, und er kann sie davor bewahren, unerwünschte Reaktionen zu lernen.

Henderson und *Burke* (1971) haben ein weiteres Beispiel dafür geliefert, wie dieses Lernmodell angewandt werden kann. Sie haben eine Situation beschrieben, in der eine Reihe von Schülern aus sozial schwachem Milieu regelmäßig ohne Frühstück in die Schule kam.

Sie kommen nur ungern zur Schule – sehen sie gewöhnlich als notwendiges Übel an. Im Verlauf des Vormittags nimmt ihr Gefühl des Unbehagens jedoch zu. Insbesondere während des naturwissenschaftlichen Unterrichts kurz vor der Mittagspause. Der Hunger dieser Kinder bringt verstärkt Angst und Verkrampftheit mit sich, die es ihnen schwer machen, sich zu konzentrieren und auf den Unterrichtsstoff zu achten (vgl. *Henderson* u. *Burke*, 1971, S. 66).

Respondentes Lernen: Das Beispiel von Hunger im Unterricht

Ein Lehrer, der mit dem Modell des respondenten Lernens vertraut wäre, würde bemerken, daß der Hunger in diesem Fall einen unkonditionierten Stimulus darstellt. Die Verbindung von unbehaglichen Gefühlen, Angst und Verkrampftheit, derzufolge sich geringere Konzentrationsfähigkeit und Aufmerksamkeit einstellen, ist hierbei das unkonditionierte Antwortverhalten. Der konditionierte Stimulus ist der naturwissenschaftliche Unterricht. Als Stimuli assoziiert werden Naturwissenschaft und Hunger. Das konditionierte Antwortverhalten ist das Gefühl von Unbehagen, Angst und Verkrampftheit, wenn es als alleinige Reaktion auf den naturwissenschaftlichen Unterricht erfolgt. Ein Verständnis dieses Phänomens kann Grundlage für praktische Lösungsvorschläge sein. Wenn wir wissen, daß der naturwissenschaftliche Unterricht eine solche konditionierte Reaktion hervorruft, so ist es klar, daß eine Stundenumlegung nicht notwendigerweise das Schülerverhalten verändern wird. Die CS-CR-Kopplung ist zu stark, als daß sie in kurzer Zeit aufgelöst werden könnte (obwohl es nach genügend langer Zeit sicherlich zu einer „Löschung" kommen würde). Wenn die Schüler jedoch in diesem Fall während des naturwissenschaftlichen Unterrichts etwas essen dürften, dann könnte die bestehende negative Beziehung durchbrochen werden, und durch die Verbindung mit gestilltem Hunger würden positive emotionale Reaktionen auf diesen Unterricht eintreten.

Lösung: Frühstücksprogramm

Eine noch bessere Strategie wäre vielleicht die Einführung eines Frühstücksprogramms. Der Unwille, zur Schule zu kommen, wie er sich in Verspätung, Abwesenheit, abfälligen Bemerkungen und Zerstörungswut in der Schule äußern kann, würde durch eine solche Maßnahme verringert werden. In diesem Fall würde das Frühstück in der Schule den unkonditionierten Stimulus darstellen. Wohlbefinden aufgrund von gestilltem Hunger wäre das unkonditionierte Antwortverhalten. Das In-die-Schule-Kommen wäre in dieser Situation der konditionierte Stimulus. Mit der Zeit könnte die konditionierte Reaktion von Wohlbefinden durch diesen konditionierten Stimulus hervorgerufen werden. Obwohl menschliches Verhalten oft schwer vorauszusagen ist – und ein solch einfaches Modell des Lernens wie die geschilderte respondente Konditionierung seine deutlichen Grenzen hat, wenn man es auf den Menschen überträgt –, wäre ein mögliches Ergebnis dieser Maßnahmen ein Rückgang von Verspätung der Schüler und ihrer in der Schule gezeigten Zerstörungswut und eine Zunahme von positiven verbalen Äußerungen über die Schule. Das Problem der negativen Reaktionen auf den naturwissenschaftlichen Unterricht, ein Resultat der Konditionierung von Naturwissenschaft auf Hungerreize, würde verschwinden.

Ein Lehrer, der die Hintergründe von Lernprozessen im Unterricht auf der Basis dieser grundlegenden Lernform analysieren kann, ist jedenfalls in einer günstigeren Ausgangsposition, Schülerverhalten zu verstehen und zu verbessern.

Kontiguitätslernen (Verknüpfungslernen)

Verknüpfung von Ereignissen als Lernvoraussetzung

Wir haben festgestellt, daß die Koppelung von unkonditioniertem Stimulus und konditioniertem Stimulus ein Teil der Voraussetzung für respondentes Lernen ist. Einige Lerntheoretiker gehen davon aus, daß sogar nur eine einfache Verknüpfung von Ereignissen, gleich welcher Natur, ein Lernen hervorrufen kann. Hierbei ist nicht notwendig, daß eine unkonditionierte Stimulus-Reaktions-Verbindung besteht. Eine bloße kontingente, enge Verknüpfung von Stimulus und Reaktion kann zu einer Verhaltensveränderung führen (kontingent heißt hierbei: in einem räumlich-zeitlichen Zusammenhang stehen). Die Bedeutung des einfachen Kontiguitätslernens kann daran ermessen werden, wenn man einmal auf diese unvollständigen Feststellungen antwortet:

Aus einer Mücke einen .... machen.
Er lügt wie ....
Zwei plus zwei ist ....
Neun mal fünf ist ....

Die Beispiele, bei denen Sie „Elefant", „gedruckt", „vier", „fünfundvierzig" eingesetzt haben, zeigen, wie wir etwas einfach deshalb lernen, weil Ereignisse oder Stimuli zeitlich sehr eng aufeinanderfolgen. Manchmal ist eine Wiederholung des Ereignisses notwendig, aber manchmal stellt sich ein Lernerfolg auch bereits beim ersten Versuch ein. Festzuhalten ist, daß wir hier keine unkonditionierten Stimulus-Reaktions-Verbindungen voraussetzen müssen. Wir haben den Begriff „Verstärkung" (der weiter unten besprochen wird) noch nicht erwähnt, mit dessen Hilfe wir Kontiguitätslernen näher beschreiben könnten. Wir wollen hier ganz einfach feststellen, daß Menschen ihr Verhalten ändern können als Resultat einer Erfahrung von zwei Ereignissen, die miteinander verknüpft sind.

Direktives Kontiguitätslernen im Unterricht: mechanisches Auswendiglernen

In der Unterrichtssituation finden wir diesen Lerntyp beim mechanischen Auswendiglernen wieder, bei dem „automatische" Reaktionen auf einfache Fragen gelernt werden. Ein Beispiel hierfür ist etwa die Reaktion „vier" als Antwort auf die Frage „Zwei plus zwei ist gleich?", die auf einer „Antwortkarte" (*flash card*) im Rechenunterricht auf der Grundstufe gestellt wird; die Reaktion „Katze" auf das gedruckt vorgegebene Reizwort „Katze" im Leseunterricht; oder, wie in dem zweiten Beispiel zu Beginn dieses Kapitels, die Reaktion „Wein" auf das gedruckt vorgegebene Reizwort „vin" beim Vokabellernen im Französischunterricht. Die Verwendung von direktivem Kontiguitätslernen im Unterricht, obwohl oft langweilig, kann eine sehr wirksame Lernmethode sein. „Vier" als Antwort auf „Zwei plus zwei ist?" oder „Katze" als Antwort auf das gedruckte Wort „Katze" in den obigen Beispielen stellen Stimuli und Reaktionen dar, deren Verbindung durch einfache räumlich-zeitliche Koppelung gelernt wird. Es gibt Wege, den Wirkungsgrad dieser Art von Lernen zu erhöhen, zum Beispiel durch bestimmte Formen der Verstärkung (auf das Prinzip der Verstärkung gehen wir im nächsten Abschnitt über operantes Lernen genauer ein) oder durch die Erhöhung der Eigenaktivität des

Lernenden; aber Lernen kann auch durch die bloße Kontiguität oder Koppelung von Ereignissen (Stimuli oder Reaktionen) erfolgen.

Direktives Kontiguitätslernen im Unterricht: Stereotypisierung

Auch eine andere Form des Lernens, *Stereotypisierung* (die Herausbildung stereotyper Wahrnehmungen und Beurteilungen von bestimmten Personen oder Personengruppen), kann nach dem Muster des Kontiguitätslernens erfolgen. Wenn etwa in Filmen die Darstellung bestimmter Personen oder sozialer Gruppen ständig in der gleichen, klischeehaften Form erfolgt (ein Bankier als hartherzig; ein Künstler mit einem Bart; Indianer als blutrünstige Wilde; Weiße als intelligent, überlegen und in hohen sozialen und beruflichen Positionen – Farbige als unintelligent, unterlegen und in niederen sozialen und beruflichen Positionen, fast immer als Bedienstete und Untergebene von Weißen), dann sind hier Bedingungen für die Stereotypisierung, das Lernen von Stereotypen, gegeben. Nicht alle Bankiers sind hartherzig, nicht alle Künstler tragen einen Bart, nicht alle Indianer sind blutrünstige Wilde usw. Aber indem wir eine häufige Koppelung dieser Kategorien erfahren, beginnen wir, daran zu glauben, daß jeweils bestimmte Personen oder soziale Gruppen, die ihnen so häufig zugeordneten Attribute besitzen. Die Massenmedien, aber auch viele unserer Schulbücher, perpetuieren solche Stereotype, die extrem vereinfachte und rigide Auffassungen über die Eigenschaften bestimmter Personen oder Personengruppen verkörpern. Abbildung 11-2 zeigt ein Beispiel für die Stereotypisierung von geschlechtsspezifischem Rollenverhalten, das aus tatsächlich verwendetem Unterrichtsmaterial an amerikanischen Schulen entnommen ist. Stereotype können aber auch positiv ausgerichtet sein. Das heißt, direktives Kontiguitätslernen von verbalen Sequenzen oder Schlagworten unterstützt die Herausbildung schmeichelhafter Stereotype wie etwa „black is beautiful", „der höfliche Japaner", „die fleißigen Deutschen" usw.

Aus *Bank Street College of Education,* Around the City, S. 49/53 (Macmillan Company, 1965).

Abbildung 11-2. Geschlechtsspezifische Stereotypisierung von Unterrichtsmaterial

Bis zu einem gewissen Grad sind Verallgemeinerungen über Personen oder soziale Gruppen zutreffend und zu ihrem besseren Verständnis notwendig. Frauen sind gewöhnlich kleiner, besitzen geringere Körperkräfte und haben eine höhere Stimme als Männer, Japaner sind im Vergleich zu Europäern kleiner und sie neigen zu Kurzsichtigkeit. Reiche Leute sind meist gut angezogen. Verallgemeinerungen in der Form von Stereotypen sind jedoch unzutreffend, weil sie Pauschalurteile und Übergeneralisierungen beinhalten. Wenn Verallgemeinerungen nicht mehr differenzieren und eine rigide Form annehmen, werden sie zu Stereotypen, und sie sind damit unzutreffend. Lehrer, die diese Stereotypisierung auf der Basis eines direktiven Kontiguitätslernens kennen, sind in der Lage, das Unterrichtsmaterial und ihr eigenes Verhalten daraufhin zu überprüfen und so der Übernahme von Stereotypen durch ihre Schüler vorzubeugen.

Operantes Lernen (Lernen durch Verstärkung)

Lernen als Ergebnis von Verstärkung – ein weiterer grundlegender Lerntypus – hat sich weitgehend in der Methode der Verhaltensmodifikation durchgesetzt. Diese Art von Lernen heißt „operantes" Lernen, weil das in Betracht kommende Verhalten im handelnden Umgang (operant) mit der Verstärkung spontan auftritt. Anders als beim respondenten Konditionieren werden hier keine instinktiven Reaktionen ausgelöst und physiologisch begründete Reize zählen hier nicht. „Operantes Verhalten" wird nicht durch Reize „ausgelöst", sondern es wird von einem Individuum spontan produziert, „emittiert". Die möglichen „Emissionsreize" sind hierbei unbekannt und für den Lernprozeß irrelevant. Von Interesse ist hier nicht der Zusammenhang zwischen auslösenden Reizen und ausgelöster Reaktion wie im respondenten Lernen, sondern der Zusammenhang zwischen einem spontan produzierten Verhalten und der *Konsequenz* dieses Verhaltens in der Form einer Verstärkung für ein Individuum; die Konsequenz eines Verhaltens ist die entscheidende Variable beim operanten Lernen. Verhalten, auf das als Konsequenz ein Ereignis eintritt, das verstärkend wirkt, wird „bekräftigt". Ein Verhalten, das derart verstärkt worden ist, zeigt die Tendenz, in einem erhöhten Umfang, mit einer größeren Häufigkeit oder Wahrscheinlichkeit aufzutreten.

Konsequenz des Verhaltens

Da Ereignisse, die verstärkend wirken, überaus wichtige Verhaltenseffekte hervorrufen können, müssen wir eine genaue Definition von „Verstärker" finden. Als einen Verstärker wollen wir jedes Ereignis oder jeden Stimulus bezeichnen, der die Auftretenswahrscheinlichkeit eines Verhaltens erhöht. Wenn Sie meinen, daß wir uns mit dieser Definition im Kreise drehen, daß die Definition von Verstärkung in der gegebenen Form zirkulär ist, so haben Sie durchaus recht. Aber das braucht uns nicht davon abzuhalten, die Konzeption des operanten Konditionierens zum Zweck der Verhaltensveränderung zu verwenden. Nicht zirkulär ist die Tatsache, daß es empirisch möglich ist, Verhalten durch die Manipulation von Verstärkern – ihrer Darbietung oder ihrem Entzug – zu verändern.

Verstärker

Das einfachste Beispiel für operantes Konditionieren ist das einer Ratte in der sogenannten Skinner-Box (benannt nach *B. F. Skinner,* dem Psychologen, der als erster operantes Konditionieren formulierte und eine solche Box bei der experimentellen Untersuchung von operanten Lernprozessen verwendet hat). Die Skinner-Box ist ein allseitig geschlossener kleiner Kasten, fast ohne Ausstattung, der nur mit einem Freßnapf und einem Hebel versehen ist. Wenn eine hungrige Ratte zum ersten Mal in diesen Kasten gesetzt wird, zeigt sie eine große Anzahl von spontan produzierten Reaktionen, die Konsequenzen nach sich ziehen können. Sie stellt sich auf die Hinterbeine, schnüffelt herum, versucht, an den Wänden hinaufzuklettern usw. Schließlich drückt sie auch, mehr oder weniger zufällig, auf den Hebel. In der Folgezeit drückt sie noch einmal darauf; vielleicht noch einmal. Die Häufigkeit, mit der die Ratte unter diesen Bedingungen, wo keinerlei Verstärkung als Konsequenz ihres Verhaltens auftritt, auf den Hebel drückt, liefert eine Art Grundwert *(base line),* das sogenannte „operante Ausgangsniveau"; dieses Ausgangsniveau drückt die Häufigkeit eines spontan produzierten Verhaltens vor dem Einsetzen einer operanten Konditionierung aus.

Operantes Ausgangsniveau

Nehmen wir an, der Versuchsleiter betätigt nun einen Schalter, der dem Hebel, auf den die Ratte in der Skinner-Box drückt, mit einem außen an der Box angebrachten Nahrungsverteiler verbindet. Sobald jetzt der Hebel von der Ratte gedrückt wird, fällt ein Nahrungskügelchen in den daneben angebrachten Freßnapf. Die Ratte beschnüffelt und frißt es. Früher oder später drückt die Ratte wieder auf den Hebel. Nach jeder dieser Hebeldruckreaktionen bekommt sie ein Nahrungskügelchen. Dieses Nahrungskügelchen stellt einen Verstärker dar; und der Erhalt eines solchen Nahrungskügelchens als Konsequenz der Hebeldruckreaktion stellt eine Verstärkung dar. Die Verstärkung erfolgt hierbei *kontingent* auf die Hebeldruckreaktionen der Ratte, das heißt die Verstärkung steht zum Hebeldruck in einem zeitlich und räumlich fixierten Zusammenhang. In all diesen Versuchen ist fast ausnahmslos eine Zunahme der Hebeldruckreaktionen der Ratte festgestellt worden. Es hat sich eine Konditionierung der Hebeldruckreaktion durch nachfolgende kontingente Verstärkung mit Nahrung – oder kurz eine operante Konditionierung – vollzogen. Bezogen auf unsere Lerndefinition können wir sagen, daß eine Verhaltensveränderung (Zunahme des Hebeldrückens) als Resultat einer Erfahrung (Erhalt von Futterkügelchen als Konsequenz von Hebeldruckreaktionen) eingetreten ist.

Kontingente Verstärkung

Operante Konditionierung

Operantes Konditionieren hat sich im Verhalten vieler anderer Tiere nachweisen lassen: Dem Picken von Tauben auf eine Taste (in einem abgeschlossenen Käfig, der analog der Skinner-Box für Ratten konstruiert ist); beim Heben der Pfote durch einen Hund in verschiedenen Experimentalsituationen; oder beim Kopfnicken eines dressierten Pferdes. Im Prinzip kann jedes operante Verhalten, das heißt spontan produziertes oder „emittiertes" Verhalten, in seiner Auftretenshäufigkeit verändert werden, wenn auf dieses Verhalten unmittelbar eine Verstärkung erfolgt.

Dieses Modell läßt sich auch auf den Menschen übertragen. Die Auftretenswahrscheinlichkeit jeder der unzähligen menschlichen Verhaltensweisen läßt sich entweder durch den Einsatz von reaktionskontingenter Verstärkung erhöhen oder durch den Nichteinsatz herabsetzen. Das Verhalten, um das es sich dabei handelt, ist prinzipiell beliebig – es kann eine verbale Aussage sein, eine motorische Bewegung oder eine Handlung. Es kann etwa auch das Sichmelden eines Schülers sein, der freiwillig eine Frage des Lehrers beantworten will. Oder es kann die tatsächlich gegebene Antwort eines Schülers sein. Manchmal läßt sich das Verhalten, das als Angriffspunkt für eine Verstärkung dienen kann, nur sehr schwer erkennen: zum Beispiel, wenn ein Schüler nur ruhig dasitzt und anscheinend nichts tut.

Wenn das Verhalten in der Reaktion eines Schülers besteht, sich auf die Frage des Lehrers hin zu melden, dann ist eine der wahrscheinlichen Verstärkungen die, daß der Lehrer den Schüler aufruft. Wenn die Reaktion, um die es sich handelt, die tatsächlich gegebene Antwort eines Schülers ist, dann ist die wahrscheinliche Verstärkung dafür der bekräftigende Kommentar des Lehrers: „richtig", „stimmt" oder „sehr schön". Wenn es sich um die dritte angesprochene Reaktionsform handelt – still Dasitzen und Nichtstun des Schülers –, ist eine mögliche Verstärkung dieses Verhaltens, die dazu führt, daß es in Zukunft häufiger auftritt, irgendein Zeichen der Zustimmung des Lehrers, entweder verbal oder durch ein nichtverbales Verhalten, wie zum Beispiel durch ein Lächeln. Das Beispiel von der Studentin, die wegen ihrer schriftstellerischen Fähigkeiten von ihrem Professor gelobt und ermuntert wurde, das wir in der Einleitung zu diesem Kapitel geschildert haben, illustriert die Theorie der Verstärkung in einer praxisnahen Situation. Wegen des ungeheuren praktischen Werts der Theorie des operanten Lernens werden wir uns damit im nächsten Kapitel noch ausführlicher befassen.

Beobachtungslernen

Nachahmung

Als einen weiteren grundsätzlichen Lerntypus wollen wir nun das sogenannte Beobachtungslernen, das heißt ein Lernen durch „bloße Beobachtung" diskutieren; eine der häufigsten Formen dieses Lernens besteht in der Nachahmung eines beobachteten Verhaltens. Ohne lange nach Beispielen suchen zu müssen, können wir uns viele Situationen des Lernens durch Nachahmung ins Gedächtnis rufen, welche die vorherrschende Stellung dieses Lerntypus deutlich machen. Wenn ein Junge zum ersten Mal einen Tennisschläger in die Hand nimmt, wird er ihn wahrscheinlich am richtigen Ende anfassen, sich mehr oder weniger richtig aufstellen und ihn wie einen Tennisschläger schwingen. Als wir das Autofahren lernten, wußten wir zumeist, wo und wie wir sitzen mußten, und wir hatten bereits durch Beobachtungen anderer Personen gelernt, welche Handlungen für das Starten und Fahren eines Autos notwendig sind und in welcher Reihenfolge. Wenn jemand zu einem offiziellen Diner eingeladen wird und er ein Gedeck mit mehreren Löffeln, Gabeln und Gläsern vorfindet, wird er oft warten, bis ein anderer mutiger oder erfahrener Gast zu speisen beginnt und er wird dessen Verhalten als Leitlinie für sein eigenes benutzen. Diese Beispiele zeigen, in welchem Grad wir von Beobachtungslernen abhängig sind.

„Modelle" und „Modellverhalten"

Die Wahrnehmung von Personen, die als Modell dienen („Modelle"), und ihr Verhalten („Modellverhalten") leiten unser Verhalten. Die Beobachtung von

Modellen führt zu Veränderungen unseres Verhaltens; und diese Verhaltensveränderungen stellen ein Lernen im Sinne unserer Definition dar.
Zahlreiche Aspekte des Beobachtungslernens sind von der psychologischen Forschung untersucht worden, vor allem von *Bandura* (1969). In einem für diesen Forschungsbereich typischen Experiment hat er die Auswirkungen des beobachtenden Lernens illustriert und die Bedingungen, unter denen es auftritt, untersucht. Kinder im Vorschulalter wurden in fünf verschiedene Experimentalgruppen eingeteilt. In der Gruppe 1 sahen die Kinder ein erwachsenes Modell, das eine lebensgroße, aufgeblasene Plastikpuppe physisch und verbal attackierte (es gab ihr zum Beispiel einen Fußtritt und sagte „aus dem Weg da"). In der Gruppe 2 sahen die Kinder das gleiche Modellverhalten, nur nicht in einer Realsituation, sondern in einem Film, der über einen Fernsehmonitor wiedergegeben wurde. In der Gruppe 3 sahen die Kinder eine aus Comicserien bekannte Phantasiefigur, die das gleiche aggressive Verhalten zeigte wie in den ersten beiden Gruppen das menschliche Modell. Die Gruppe 4 war eine Kontrollgruppe, in der die Kinder keinerlei Erfahrungen mit einem derartigen Modellverhalten hatten. Und in der Gruppe 5 sahen die Kinder ein erwachsenes Modell, dessen Verhalten nicht dominant und aggressiv, sondern eher unterwürfig und gehemmt war. Anschließend wurden die Kinder aller Gruppen in eine Situation gestellt, die der Modellsituation in den Gruppen 1, 2, 3 und 5 sehr ähnlich war, und durch einen Einwegspiegel beobachtet; dabei wurden auch ihre verbalen Aggressionen und ihre aggressiven Handlungen sowie deren Ähnlichkeit mit den jeweils wahrgenommenen Modellverhalten registriert. Abbildung 11-3 gibt die durchschnittliche Anzahl aggressiver Reaktionen wieder, die von den Kindern der einzelnen Gruppen gezeigt wurden. Alle Gruppen, die ein aggressives Modell beobachtet hatten, zeigten mehr aggressives Verhalten als die Kontrollgruppe – weitgehend unabhängig davon, ob das Modellverhalten in einer realen Situation beobachtet worden war (Gruppe 1), über einen Film vermittelt war (Gruppe 2) oder von einer Phantasiefigur aus einer Comicserie dargestellt worden war (Gruppe 3). Die Gruppe 5, die ein nichtaggressives Modell gesehen hatte, zeigte dagegen weniger aggressive Reaktionen als die Kontrollgruppe. Der Einfluß des Modells zeigte sich bei den ersten drei Gruppen nicht nur in einer direkten Nachahmung der Modellaggressionen, sondern auch in einer generellen Zunahme des aggressiven Verhaltens. Diese Untersuchung zeigt deutlich, daß die Wahrnehmung eines Modells das Verhalten der Kinder beeinflußte.

Wahrnehmung von Modellverhalten: 3 mögliche Formen der Auswirkung

Die Wahrnehmung eines Modells kann das Verhalten eines Beobachters in mindestens drei verschiedenen Formen beeinflussen: erstens, ein neues Verhalten kann gelernt werden; zweitens, bereits erlerntes Verhalten kann ausgelöst werden; und drittens, das Auftreten von bereits erlerntem Verhalten kann gehemmt werden, oder bestehende Hemmungen können gelockert werden. Sehen wir uns diese drei Formen der Beeinflussung durch ein Modellverhalten etwas näher an.

Nachahmung und das Lernen von neuem Verhalten

1. Ein Beobachter kann von einem Modell neues Verhalten lernen. In der Untersuchung von *Bandura* wiederholten die Kinder zum Teil wörtlich Ausdrücke, die vorher das Modell benutzt hatte, wie etwa „peng", „aus dem Weg da" oder „hau drauf"; und manche dieser Äußerungen stellten Phantasieworte

dar, wie etwa „rumzackbumm“, die sie erst durch die Beobachtung des Modells kennenlernten. Kommen wir noch einmal auf unser Beispiel zu Beginn dieses Kapitels zurück: der ältere Mann, der als Schülerlotse arbeitet und sich dabei den Sprachstil der Kinder aneignet, den Schuldirektor etwa als „einfach klasse“ bezeichnet – ohne zu merken, daß er hierbei den Sprachstil seiner Schützlinge übernimmt. Das Beispiel zeigt, wie Sprachmuster unter dem Einfluß neuer Modelle verändert werden können. Hier war der Sprachstil der Kinder das Modellverhalten, das durch den alten Mann unbewußt imitiert wurde.

Nachahmung und Auslösung von Verhalten

2. Die Beobachtung eines Modells kann sich auch darin äußern, daß dadurch eine bereits erlernte Reaktion ausgelöst wird, ihr Auftreten beschleunigt oder „erleichtert“ wird (deshalb spricht man im Englischen bei dieser Form der Beeinflussung durch ein Modell auch von „social facilitation“). Im Unterschied zu der dritten, als nächstes zu besprechenden Form der Beeinflussung durch ein Modell unterliegt das Verhalten hierbei keinen hemmenden Einflüssen. In der angeführten Untersuchung von *Bandura* zeigt der relativ hohe Durchschnittswert von aggressiven Reaktionen bei der Kontrollgruppe, die keinerlei Modellverhalten beobachtet hatte, daß aggressives Verhalten in Situationen wie der untersuchten spontan und relativ ungehemmt produziert wird (vgl. Abbildung 11-3). Der erheblich höhere Durchschnittswert von aggressiven Reaktionen bei den Kindern in den Gruppen 1 bis 3 zeigt aber auch, daß durch die Beobachtung eines Modells bekanntes Verhalten ausgelöst werden kann und über das spontan gezeigte Ausmaß hinaus zunehmen kann.

Nachahmung: Hemmung und Enthemmung

3. Die Wahrnehmung eines Modells kann sich auch in der Hemmung oder Enthemmung von Reaktionen des Beobachters äußern. Hemmung heißt hierbei, daß eine Reaktion gehemmt oder in ihrem Auftreten eingeschränkt wird; Enthemmung heißt umgekehrt, daß bestehende Einschränkungen oder hemmende Einflüsse für eine Reaktion aufgehoben oder gemildert werden. Die Kontrollgruppe in der Abbildung 11-3 zeigt den Durchschnittswert von aggressiven Reaktionen in einer bestimmten Situation, die ohne äußere Einflüsse spontan auftreten werden. In den Gruppen 1 bis 3 beobachteten die Kinder ein aggressives Verhalten, das keine unangenehmen Folgen nach sich zog. Die vermehrte Häufigkeit aggressiver Reaktionen dieser Kinder ist, zumindest zu einem gewissen Teil, auch auf eine Enthemmung zurückzuführen, das heißt auf die Beseitigung von Einflüssen, durch die aggressives Verhalten normalerweise bis zu einem bestimmten Ausmaß gehemmt ist. Die Ausführung von aggressiven Reaktionen, die sich im Verhaltensrepertoire einer Person befinden, unterliegt bis zu einem gewissen Grad vielen umweltbedingten Einschränkungen. Besonders ausgeprägten Einschränkungen ist das aggressive Verhalten von Kindern unterworfen, wenn Eltern oder Lehrkräfte anwesend sind, einfach aufgrund der hierbei zu erwartenden Konsequenzen. Wenn diese Einschränkungen fehlen, wie dies anscheinend in dem Experiment von *Bandura* der Fall war, wo das von den Kindern beobachtete Modell ungestraft Aggressivität zeigen durfte, werden hemmende Einflüsse auf aggressives Verhalten beseitigt. Dieser Vorgang wird Enthemmung genannt. Ein Vergleich der Experimentalgruppe 5 mit der Kontrollgruppe zeigt auf der anderen Seite, daß die Beobachtung eines Modells die Reaktionen des Beobachters auch hemmen kann. Die durchschnittliche Anzahl aggressiver

Reaktionen in der Gruppe 5 liegt unter dem Niveau der spontan gezeigten Aggressionen in der Kontrollgruppe. Das heißt die Beobachtung eines deutlich in seiner Aggressivität gehemmten Modells kann bei den Beobachtern zu einer Hemmung eines Verhaltens führen, von dem man weiß, daß es den Beobachtern bekannt ist und ohne Modelleinfluß auch in größerem Umfang gezeigt wird. Die Auswirkungen der Hemmung und Enthemmung sind am stärksten ausgeprägt, wenn ein Beobachter bestimmte Konsequenzen wahrnimmt, die für ein Modell durch sein Verhalten entstehen. Die Beobachtung von Belohnung oder Bestrafung des Modells für sein Verhalten hat erheblichen Einfluß auf das eigene Verhalten des Beobachters.

„No-trial learning"

Ein interessanter Aspekt des beobachtenden Lernens besteht darin, daß es sich hierbei um einen Lernprozeß handelt, der vor der Umsetzung des dabei Gelernten in ein wahrnehmbares Verhalten geschieht – also ohne daß der Beobachter das gelernte Verhalten selbst zeigt. Genau dies ist jedoch eine notwendige Voraussetzung in den früher besprochenen Lernformen des respondenten und operanten Konditionierens: im Fall des respondenten Lernens muß eine unbedingte Reaktion wenigstens einmal auftreten, damit der

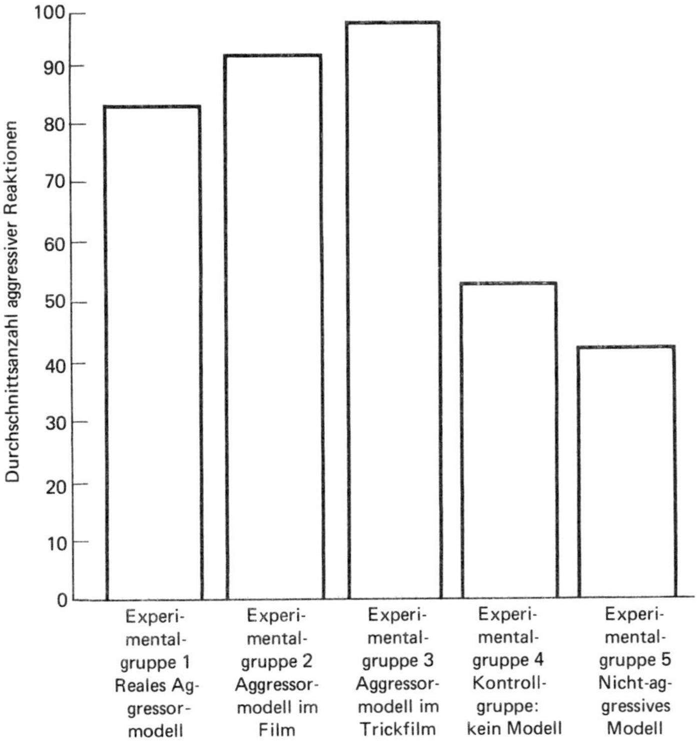

Aus: *A. Bandura:* „The Role of Imitation in Personality Development", *Journal of Nursery Education,* vol. XVIII Nr. 3 (April 1963).

Abbildung 11-3. Durchschnittliche Häufigkeit aggressiver Reaktionen bei Kindern nach der Beobachtung von aggressivem oder gehemmtem Modellverhalten im Vergleich zu spontan auftretender Aggression einer Kontrollgruppe

zu konditionierende Stimulus mit dem unkonditionierten Stimulus gekoppelt werden kann und zu einem konditionierten Reiz wird; im Fall des operanten Lernens muß eine Reaktion mindestens einmal spontan aufgetreten sein, damit eine Verstärkung wirksam werden kann. Der Mechanismus, der einem Reaktionserwerb durch bloße Beobachtung zugrundeliegt, ist die unmittelbare Verknüpfung des beobachteten Modellverhaltens mit Sinneserfahrungen oder symbolischen Reaktionen, die im Beobachter ablaufen. Der Beobachter speichert diese Sinneserfahrungen oder symbolischen Reaktionen bei der Wahrnehmung eines Modellverhaltens. Diese gespeicherten sensorischen Vorgänge oder symbolischen Reaktionen des Beobachters stellen die Grundlage für eine Umsetzung des wahrgenommenen Modellverhaltens in ein manifestes Eigenverhalten zu einem späteren Zeitpunkt dar.

Stellvertretende Belohnung oder Bestrafung

Belohnung oder Bestrafung eines Verhaltens können sowohl durch einen Beobachter stellvertretend erfahren werden, indem er die Konsequenzen, die ein Modell durch sein Verhalten erfährt, wahrnimmt („stellvertretend" heißt hierbei, daß sich ein Beobachter in die Lage eines wahrgenommenen Modells versetzt, das an seiner Stelle ein Verhalten zeigt und daraufhin bestimmte Konsequenzen erlebt); und Belohnung oder Bestrafung kann auch als unmittelbare Folge eigenen Handelns eines Beobachters erfahren werden (wie im operanten Lernen). In beiden Fällen hat die Belohnung oder Bestrafung deutliche Auswirkungen auf die tatsächliche *Ausführung* eines Verhaltens.

Aneignung und Ausführung eines Verhaltens

Belohnung und Bestrafung scheinen dagegen keine unmittelbare Rolle für die Aneignung eines Verhaltens zu spielen. Auch ein komplexes Verhaltensrepertoire kann durch die bloße Beobachtung von anderen Personen erworben werden. Abgesehen davon, daß ein Beobachter die Modellsituation ernstnehmen muß, ist dafür lediglich die aufmerksame Beobachtung eines Modellverhaltens notwendig – darüber hinaus muß auf keine weiteren Variablen Bezug genommen werden, um das Auftreten von Beobachtungslernen zu erklären.

Das Konzept des Beobachtungslernens besagt, daß man durch die bloße Beobachtung des Verhaltens anderer lernt, wie etwas zu machen ist. Da Kinder eine große Anzahl anderer Personen beobachten, sollten wir bedenken, daß es sehr wichtig ist, sie mit erstrebenswertem Modellverhalten zu konfrontieren und ihren Kontakt mit unerwünschten Modellen zu verringern.

Nachahmungslernen und Fernsehen

Eine solche Quelle unerwünschter Modelle scheint das Fernsehen zu sein. In der jüngsten Vergangenheit sind Kinder erheblich mehr aggressiven und gewalttätigen Vorbildern ausgesetzt gewesen als je zuvor. Beeinflußt das, was Kinder im Fernsehen miterleben, ihr Verhalten? Untersuchungen über Fernsehgewohnheiten und Aggressivität zeigen keine vollständig eindeutige Tendenz: „Während die Mehrzahl der Untersuchungen eine kausale Beziehung zwischen Gewalt im Fernsehen und aggressivem Verhalten nachweist, bleiben die – zahlenmäßig weit geringeren – Verfechter der Gegenposition bei ihrer Auffassung, daß keine Wirkungen nachgewiesen werden können" (*Television and Behavior,* 1982). Da dieser Streitpunkt und die mit ihm in Zusammenhang stehende Forschung uns helfen, Beobachtungslernen besser zu verstehen, werden wir in Kapitel 14 (Theorie des „sozialen Lernens") ausführlich darauf eingehen.

Was hat das alles mit dem Lehrer zu tun? Zunächst einfach dies: Vom Eintritt in den Kindergarten bis zur zwölften Klasse verbringt ein Schüler durchschnittlich etwa 12000 Stunden vor dem Fernseher (diese Zahl gilt für amerikanische Verhältnisse; sie dürfte für Schüler in der BRD jedoch kaum wesentlich geringer sein). Das Medium Fernsehen „lehrt", und der jugendliche Zuschauer „lernt". Ein Lehrer kann dazu beitragen, die Übermacht dieser Art von Beobachtungslernen (was die Vermittlung von Aggressivität betrifft) abzubauen, indem er vorsichtig und wohlüberlegt bestimmte Fernsehsendungen empfiehlt; indem er selbst ein Modell für nichtaggressives Verhalten abgibt; und indem er im Unterricht durch eine ehrliche Diskussion die Voraussetzungen für die Verarbeitung und Kontrolle von Aggression, Ärger und Feindseligkeit schafft. Die Rolle des Lehrers erfordert mehr als eine reine Wissensvermittlung. Die Gesellschaft verlangt, daß ein Lehrer dem sozialen und emotionalen Klima, in dem seine Schüler groß werden, Aufmerksamkeit schenkt. Das Wissen von den Einflüssen, die auf den Schüler durch die Medien ausgeübt werden, sollte dem Lehrer helfen, diesem Teil seines Berufes nachzukommen.

Kognitives Lernen

Manche Psychologen und Pädagogen vertreten die Position, daß keine der bisher aufgeführten Auffassungen von Lernen die *kognitiven* Prozesse des Lernens berücksichtigt. Zu solchen kognitiven Prozessen gehören etwa Einsicht und Verstehen, Denken und Begründen oder die Anwendung von induktiver und deduktiver Logik. Die Vertreter einer solchen Position sind der Ansicht, daß nichtkognitive Lernkonzepte zwar auf Stimulus-Reaktions-Beziehungen angewendet werden können, die willkürlich und unlogisch sind, aber daß diese Auffassungen keine ausreichende Grundlage für die Beschreibung und Erklärung von Prozessen darstellen, bei denen logische, rationale und nichtzufällige Beziehungen gelernt werden.

Wenn wir den Lernprozeß des Gymnasiasten analysieren wollen, von dem im letzten Beispiel zu Beginn dieses Kapitels die Rede war – erinnern wir uns: er entwickelte aus einer Spielsituation mit seinem kleinen Bruder (dem Schaukeln von zwei verschieden schweren Personen auf einer Wippe) ein spontanes Verständnis des Kraftmomentprinzips, das er vorher im Physikunterricht nicht verstanden hatte –, dann reichen die bisher besprochenen Lernformen dafür anscheinend nicht aus. Der Gymnasiast in unserem Beispiel „sieht" plötzlich, daß das Kraftmoment gleich dem Produkt aus dem Gewicht einer Person und ihrer Entfernung von der Mitte der Wippe ist. Er *erkennt* und *versteht*, warum sein kleiner Bruder weiter von der Mitte entfernt sein muß als er, wenn die Wippe im Gleichgewicht sein soll. Er *erfaßt* und *begreift* den gesetzmäßigen Zusammenhang zwischen Kräften und Entfernungen in einem ausbalancierten Zustand.

Verstehen

Wir könnten versuchen, diese Situation in die Stimulus-Reaktions-Sprache des operanten Lernens zu übertragen: Die Stimuli wären in diesem Fall die aufeinander bezogenen Gewichte und Entfernungen vom Mittelpunkt der Wippe. Die Versuche unseres Gymnasiasten, Gleichgewicht und Ungleichgewicht vorauszusagen, könnten als die Reaktionen aufgefaßt werden. Diese

Reaktionen werden dann durch den tatsächlich folgenden Zustand des Gleichgewichts oder Ungleichgewichts verstärkt oder nicht verstärkt. Aus der aufeinanderfolgenden Reihe von Stimuli, Reaktionen und Verstärkungen, so könnten wir sagen, lernt der Junge schließlich, den Gleichgewichtszustand genau vorauszusagen.

Bei dieser Darstellung auf der Grundlage von operanten Konditionierungsvorgängen fehlt jedoch nach der Meinung von kognitiv orientierten Psychologen etwas Wichtiges. Und dies fehlt auch, wenn wir diesen Lernprozeß als ein Beispiel für respondentes Lernen, Kontiguitätslernen oder Beobachtungslernen zu charakterisieren versuchen. Alle diese verhaltensorientierten Lernansätze scheinen die Wahrnehmung, die Einsicht und die kognitive Verarbeitung der wesentlichen Zusammenhänge in der geschilderten Lernsituation durch den Schüler zu ignorieren. Eben diese geistigen Prozesse, die von den Behavioristen ignoriert werden, spielen in der Lerntheorie der kognitiven Psychologen eine bedeutsame Rolle. Und nach ihrer Auffassung ist all das, was ein Lehrer tut, um diese Wahrnehmungs- und Kognitionsprozesse zu fördern, für den Unterricht von großer Wichtigkeit. Lehrer können ihre Schüler über solche kognitiv zu erfassenden Zusammenhänge aufklären (*Carroll,* 1968) oder sie können ihren Unterricht so aufbauen, daß Schüler diese Zusammenhänge selbst und ohne fremde Hilfe entdecken (*Shulman* u. *Keislar,* 1966). Wichtig ist dabei immer, daß die Schüler Wahrnehmungen und kognitive Inhalte neu aufbauen oder umstrukturieren.

Geistige Prozesse

Bedeutungszusammenhang von Elementen einer Lernsituation

Solche Prozesse sind besonders wichtig und nützlich, wenn der Zusammenhang von Elementen in einer Lernsituation, der wahrgenommen und kognitiv verarbeitet werden soll, nicht willkürlicher Natur ist, sondern von der gedanklichen Struktur des Lernstoffes abhängig ist. Derartige logische Strukturen und Bedeutungszusammenhänge sind in Curricula überall zu finden. Nicht nur in der Physik und Mathematik, sondern in allen Naturwissenschaften, aber auch in den geistes- und sozialwissenschaftlichen Fächern weist der Lernstoff immer eine mehr oder weniger feinmaschige logische Struktur auf. Der Lernprozeß eines Schülers wird von kognitiv orientierten Psychologen dabei in erster Linie unter dem Aspekt gesehen, wie der Schüler solche logischen Strukturen und Bedeutungszusammenhänge begreift und versteht.

Im Teil F (Lehrmethoden im Unterricht) werden wir uns näher damit auseinandersetzen, wie ein Lehrer die Darbietung des Lehrstoffes auf die Wahrnehmungs- und Kognitionsprozesse von Schülern abstimmen kann. Hier wollen wir nur kurz veranschaulichen, wie kognitive Lerntheoretiker das oben dargestellte Beispiel des Gymnasiasten, der das Prinzip des Kraftmoments verstehen lernt, kennzeichnen würden. Sie würden nicht, wie ein Vertreter des operanten Konditionierungsansatzes, den Verstärkungsaspekt des Lernprozesses betonen; statt dessen würden sie die Wahrnehmung von der Beziehung zwischen „Entfernung“ und „Kraft“ durch den Schüler hervorheben. Ob er dabei zu dieser Wahrnehmung durch die Erklärungen des Lehrers kommt, ob er ein Lehrbuch studiert oder ein Diagramm angeschaut hat oder ob er zu dieser Wahrnehmung auf induktivem Wege gekommen ist – nach mehreren Versuchen mit einer Hebelstange, an der Gewichte in verschiedenem Abstand vom Auflagepunkt angebracht werden können – ist unwesentlich. Wesentlich ist nur, daß er den Zusammenhang von „Entfernung" und „Kraft" zur Bestimmung des Gleichgewichts erkennt. Was sich dabei ändert, sind Erkenntnisse, kognitive Inhalte und Strukturen. Aus kognitiver Sicht haben wir es hier also nicht mit einer Reihe von mehr oder weniger willkürlichen Stimulus-Reaktions-Verbindungen zu tun, die der Schüler durch einen Prozeß der operanten Konditionierung erwirbt, sondern mit Wahrnehmungen, Erkenntnissen und kognitiven Verarbeitungsprozessen von Beziehungen zwischen verschiedenen Größen.

Aktives Denken

Diese kognitive Entwicklung neuer Beziehungen ist mit großer Überzeugungskraft in einer Untersuchung nachgewiesen worden, die darstellt, daß der Mensch seine geistigen Fähigkeiten sehr aktiv einsetzt und die Informationen, die er aufnimmt, ständig umwälzt anstatt sie einfach ohne jede Überarbeitung zu speichern. Einer Gruppe von Versuchspersonen wurden nacheinander einzelne Sätze vorgelegt, etwa nach folgendem Beispiel: „Die Ameisen haben sich über den Kuchen hergemacht", „Der Kuchen war auf dem Tisch" und „Die Ameisen waren in der Küche". In einem ersten Durchgang lernten sie mehrere solcher Satzserien kennen. Danach legte man ihnen diese Sätze noch einmal vor und dazu einen neuen Satz: „Die Ameisen in der Küche machten sich über den Kuchen auf dem Tisch her." Dann wurden die Versuchspersonen aufgefordert, auf einer 10-Punkte-Skala anzuzeigen, wie sicher sie waren, diesen Satz schon einmal gesehen zu haben. Die Versuchspersonen in diesem Experiment von *Bransford* u. *Franks* (1971) gaben dem neuen komplexen Satz ihre höchste Punktwertung, obwohl dieser Satz *nie zuvor* in der Lernphase des Experiments aufgetaucht war. Wir können dieses Phänomen dahingehend interpretieren, daß wir sagen: zusammenhängende Gedanken, wie sie in Sätzen ausgedrückt werden, werden nicht einfach im Gedächtnis gespeichert. Im Gegenteil, die einfachen Sätze werden gebraucht, um komplexe Gedanken zusammenzustükkeln, und eben diese komplexen Beziehungen werden erinnert. Die Versuchspersonen gaben dem, was sie gelernt hatten, „einen Sinn". Sie gruppierten Einzelerfahrungen kognitiv um und, als sie mit dem neuen, komplexen Satz, in dem alle Beziehungen enthalten waren, konfrontiert wurden, waren sie davon überzeugt, ihn schon einmal gesehen zu haben. Gerade diese verdeckten Veränderungen in der Struktur unserer kognitiven Prozesse sind es, die den kognitiven Psychologen interessieren. Sie werden ausführlich in Kapitel 13 behandelt, wo die kognitive Verarbeitung von Informationen neu vorgestellt wird.

Sinngebung

Lernen durch Entdecken

Kognitive Theoretiker befürworten zumeist, daß der Schüler allein, mehr oder weniger ohne fremde Hilfe zu diesen Erkenntnissen kommen sollte. Dennoch ist die Betonung einer „Entdeckungsmethode" kein grundsätzlicher Aspekt dieser Lernkonzeption. Die Betonung dieser Methode ist ein mehr oder weniger zufälliges Ergebnis der Entwicklungsgeschichte der kognitiven Psychologie, in der die Experimente von *Wolfgang Köhler* über „Lernen durch Einsicht" bei Primaten gegenüber dem „Lernen durch Versuch und Irrtum" (*Trial and Error Learning*, zum Beispiel von *E. L. Thorndike*) hervorgehoben wurden. „Lernen durch Entdecken" ist auch von jenem einflußreichen Psychologen *Jerome Bruner* vertreten worden, der die Herausbildung von kognitiven Strukturen sowohl als ein Unterrichtsziel wie als Unterrichtsmittel betonte.

Wichtig für die kognitive Konzeption des Lernens ist, daß Wahrnehmung und kognitiver Verarbeitung innere geistige Prozesse zugrunde liegen, die in einem Individuum ablaufen, das sich mit Ideen und Phänomenen auseinandersetzt, die ihm durch seine Umwelt vorgegeben werden. Kognitive (Neu-)Strukturierung und Einsicht erfolgen auf eine Art und Weise, die eine Reduktion auf die atomistischen Konzeptionen der Behavioristen unmöglich macht. Auch wenn man von der Erfahrung ausgeht, die jedem Lernen zugrunde liegt, erscheint es nicht angebracht, hier eine Zerstückelung oder Aufspaltung in „Erfahrungsatome" vorzunehmen. Eine Erfahrung – ganz egal, ob es sich darum handelt, ein „Gefühl" für das Fußballspielen zu entwickeln „herauszukriegen", worum es bei einer quadratischen Gleichung geht, oder „zu wissen", was eine Aussage von T. S. Eliot darstellt – ist etwas Ganzes und Unzerlegbares. Lehrer können sich keinem besseren Ziel widmen, als die Umwelt von Schülern so zu strukturieren, daß die Wahrnehmung und kognitive Verarbeitung von komplexen Zusammenhängen möglich werden.

11.4 Zusammenfassung

Wir haben Lernen als eine Verhaltensveränderung definiert, die auf Erfahrung gründet. Es existieren mindestens 5 verschiedene Formen der Erfahrung, die zu einer Verhaltensveränderung in diesem Sinne führen und die als grundlegende Faktoren des Lernens betrachtet werden. *Erstens:* Auf einer primitiven, emotionalen Stufe finden wir Verhaltensveränderungen, die durch die Koppelung von einem unkonditionierten mit einem konditionierten Stimulus entstehen. Als eine Funktion der Erfahrung solcher Art erwirbt der bedingende Reiz mit der Zeit die Fähigkeit, eine bedingte Reaktion hervorzurufen. Diese Art des Lernens wird *respondentes Lernen* genannt; es hilft uns unter anderem zu verstehen, wie Schüler Zuneigung und Abneigung gegenüber der Schule und einzelnen Unterrichtsfächern erwerben. *Zweitens:* Im Abschnitt über *Kontiguitätslernen* haben wir dargestellt, wie zwei gleichzeitig auftretende Ereignisse nach einer gewissen Zeit miteinander verknüpft werden. Dabei haben Sie gesehen, daß mechanisches Auswendiglernen und Stereotypisierung zwei Arten eines direktiven Kontiguitätslernens darstellen, die im Unterricht häufig anzutreffen sind. *Drittens:* In einem dritten Abschnitt haben wir dargestellt, daß Verhaltenskonsequenzen einen Einfluß darauf haben, ob ein Verhalten wiederholt wird oder nicht, und in welchem Ausmaß es wiederholt wird. Dieses Phänomen wird *operantes Lernen* (Lernen durch Verstärkung) genannt. Es ist für den Erwerb vieler unserer Verhaltensweisen verantwortlich. *Viertens:* In dem darauffolgenden Abschnitt über Beobachtungslernen haben wir dargestellt, welche Auswirkungen die Wahrnehmung von Personen, die als Modell wirken, auf das Verhalten von Beobachtern haben kann. Jeder von uns lernt durch die Beobachtung von Modellverhalten, und jeder von uns kann zum Modell für andere werden. *Fünftens:* Schließlich haben wir uns mit *kognitivem Lernen* beschäftigt. Diese Form des Lernens vollzieht sich ausschließlich in unseren Köpfen. Lernen besteht hierbei in einem Erkennen und Verstehen der

Ereignisse in unserer Umgebung, in dem Erfassen eines Gedankens, das mit der Einsicht in den Zusammenhang von Elementen einer Lernsituation verbunden ist.

Kognitives Lernen wird im Detail in Kapitel 13 behandelt, wo von der kognitiven Verarbeitung von Informationen die Rede ist. Diese fünf grundlegenden Lernformen helfen uns zu verstehen, wie es zum Erwerb von Gefühlen, Assoziationen, Verhaltensweisen, Kenntnissen und Fertigkeiten oder Verstehensleistungen kommt. Eine umfassende Darstellung der Lerntheorien ist bei *Bower* u. *Hilgard* (1981) zu finden.

Eine dieser Lerntheorien hat sich von besonders praktischem Wert für den Unterricht erwiesen: die Theorie des operanten Konditionierens. Und da nichts so praktisch ist wie eine gute Theorie, werden wir uns im nächsten Kapitel detaillierter mit dieser Theorie und ihren Anwendungsmöglichkeiten auseinandersetzen.

Kapitel 12

Operantes Konditionieren: praktische Anwendungsmöglichkeiten

12.1 Überblick

Wir wollen in diesem Kapitel eine theoretische Position herausgreifen, die von hohem praktischen Wert ist – das operante Konditionieren oder Lernen durch Verstärkung – und ihre vielfältigen Anwendungsmöglichkeiten im Unterricht ausführlicher darstellen. Das operante Konditionierungsmodell hilft uns zu verstehen, warum sich manche Schüler gründlich vorbereiten, wenn eine Klassenarbeit angekündigt wird, und es hilft uns, Verfahren zu entwickeln, die ein solches Verhalten verstärken. Sie werden erfahren, warum Schüler für eine Lernaufgabe motiviert werden, wenn sie für ihre Leistung einen „Sonderpunkt" oder „Eintrag mit Stern" bekommen, Geld, oder auch einfache Feststellungen wie „sehr gut, Sebastian!", „ausgezeichnet, Achim!". Sie werden sehen, wie man Unterrichtsbedingungen schaffen kann, so daß ein einmal gelerntes Verhalten weniger schnell aus dem Verhaltensrepertoire der Schüler verschwindet. Sie werden sogar sehen, wie Eis essen, Comic-Heftchen lesen oder einen Spaziergang machen dabei helfen können, daß Mathematikaufgaben bewältigt werden, Lesestoff vorbereitet wird und Aufsätze geschrieben werden. In diesem Kapitel werden Sie auch erfahren, wie man *„Lernverträge" zwischen Lehrern und Schülern* aufsetzt, und wie und wann Schüler belohnt werden, wenn sie die „Vertragsbestimmungen" erfüllen. Schließlich werden wir uns mit dem Problem der Bestrafung im Unterricht befassen. Es gibt wohl kaum einen Lehrer, der sich nicht schon einmal gewünscht hätte, einem bestimmten Schüler die Bücher um die Ohren zu schlagen, ihn zur Strafe aus dem Klassenzimmer zu schicken oder ihn vor der ganzen Klasse zu blamieren. Fragen, die wir dabei zu beantworten haben, sind: Ist Bestrafung wirksam? Sollte sie im Unterricht angewendet werden? Welche ethischen Probleme verbinden sich mit dieser und anderen Techniken der Verhaltensmodifikation? Davon handelt dieses Kapitel.

12.2 Verstärkung und Bestrafung

Als wir im vorangegangenen Kapitel feststellten, daß ein Verhalten häufiger auftritt, wenn es zu kontingenter Belohnung in irgendeiner Form führt, haben wir bereits einen Schlüsselbegriff des operanten Lernens eingeführt: Verstärkung (*reinforcement*). In diesem Zusammenhang haben wir auch festgehalten, daß jedes beliebige Ereignis, durch das eine Reaktion bekräftigt und in ihrer Auftretenswahrscheinlichkeit erhöht wird, einen Verstärker (*reinforcer*) darstellt.

Positive und negative Verstärker

Reaktionen können durch zwei Arten von Verstärkern bekräftigt werden: positive und negative Verstärker. In Abbildung 12-1 ist ein Vier-Felder-Schema wiedergegeben, von dem uns im Augenblick besonders die Felder A und D interessieren. Das Auftreten, die Darbietung oder Einführung eines Stimulus, der einen positiven Stellenwert besitzt, auf eine bestimmte Reaktion, stellt eine *positive Verstärkung* dar (Feld A); (der „positive Stellenwert" bezieht sich dabei auf das Individuum, von dessen Reaktion jeweils die Rede ist" – „Stimulus" ist in dieser Definition im weitesten Sinne zu verstehen, bei dem nicht nur Einzelreize in materieller Form eingeschlossen sind, sondern auch Stimuluskomplexe, Vorgänge und Ereignisse von einer bestimmten zeitlichen Erstreckung sowie zahlreiche immaterielle Verhaltenskonsequenzen). Wenn man auf einen Hebeldruck in der Skinner-Box Nahrungskügelchen verabreicht, wenn man nach einer Schülerreaktion „gut" sagt, wenn man Süßigkeiten austeilt, weil sich ein Kind an die Spielregeln gehalten hat, wenn man nach einem Witz lacht, wenn man einem Vortrag aufmerksam folgt – all dies läßt sich als Auftreten, Präsentation oder Einführung von Stimuli, die einen positiven Stellenwert besitzen, bezeichnen. Die positive Verstärkung wiederum kann dazu führen, daß der Hebel in der Skinner-Box häufiger gedrückt wird, daß ähnliche Schülerreaktionen, wie die verstärkten, in Zukunft häufiger auftreten, daß sich Kinder weiter an die Spielregeln halten, daß neue Witze erzählt oder weitere Vorträge gehalten werden.

Angemessener Einsatz von Verstärkern

Wenn Sie ein bestimmtes Verhalten verstärken wollen, sollten Sie dieses Verhalten eindeutig abgrenzen und einen adäquaten Verstärker kontingent einsetzen, das heißt: unmittelbar nach dem Auftreten des Verhaltens. Die Angemessenheit des Verstärkers bezieht sich dabei sowohl auf das Verhalten, die Situation, in der es auftritt, die Person, von der es gezeigt wird, und auf die Verfügbarkeit und Praktikabilität des jeweiligen Verstärkers (etwa ob Verstärker dieser Art auch in Zukunft und in genügender Anzahl zur Verfügung stehen). Glücklicherweise reagieren viele Kinder auf Verstärker, die jedem Lehrer zur Verfügung stehen: zustimmendes Kopfnicken, Äußerungen wie „gut", „großartig" und „feine Leistung". Da die Angemessenheit eines bestimmten Verstärkers personenspezifisch ist, das heißt für jeden Schüler ganz verschieden sein kann, muß die Äußerung „gut" des Lehrers nicht unbedingt für jeden Schüler als positive Verstärkung fungieren. Für manche Schüler wäre die „richtige" Verstärkung dagegen vielleicht ein Bonbon oder die Erlaubnis, schon früher in die Turnhalle zu gehen oder ein physikalisches Experiment durchführen zu dürfen. Wir wissen mit ziemlicher Sicherheit, daß jedes Verhalten bekräftigt werden kann, wenn nur eine angemessene Verstärkung gefunden wird.

Negative Verstärkung

Das Feld D der Abbildung 12-1 repräsentiert einen Bereich des operanten Lernens, der als „negative Verstärkung“ bezeichnet wird. Wenn ein Stimulus mit einem negativen Stellenwert aus einer Situation entfernt wird oder wenn ein aversives Ereignis oder eine Bestrafung aufgehoben wird, tritt eine Erhöhung der Reaktion auf, die dem Entfernen des negativen Stimulus oder dem Abbruch des aversiven Ereignisses unmittelbar voranging. Weil durch diesen Vorgang ein Verhalten bekräftigt wird und als Resultat häufiger auftritt, ist auch hier von Verstärkung die Rede. Da hier jedoch negative Stimuli entfernt oder aversive Ereignisse aufgehoben werden, nennen wir diesen Vorgang eine „negative Verstärkung“. Der Begriff der Verstärkung ist also weiter gefaßt als „Lob oder Belohnung“ in irgendeiner Form; und er ist ausschließlich über die erhöhte Auftretenswahrscheinlichkeit eines Verhaltens definiert.

		Stellenwert von Ereignissen	
		positiv	negativ
Stimulus	Darbieten	A Positive Verstärkung (Belohnen)	B Bestrafung I
	Entfernen	C Bestrafung II	D Negative Verstärkung (Entlasten)

Abbildung 12-1. Formen der Verstärkung und Bestrafung

Ein Beispiel: In dem Augenblick, wo eine Klassenarbeit beginnen soll, wird einem Kind vor Angst und Aufregung schlecht. Das Kind wird daraufhin zum Schularzt gebracht. Auf die Reaktion der Übelkeit folgt also eine negative Verstärkung, das Ende der Klassenarbeit – die von dem Kind als aversives Ereignis empfunden wird. Wir können daher erwarten, daß dieses „Krankwerden“ als Verhalten in ähnlichen Situationen erneut auftreten wird. Andere aversive Ereignisse sind zum Beispiel: ständige Ermahnungen der Eltern und des Lehrers, sauberer zu arbeiten; das Schulfest, an dem ein Schüler nur mit Widerwillen teilnimmt; oder seine Eingliederung in eine niedrigere Leistungsgruppe. Der Schüler wird zumeist versuchen, solchen negativen Ereignissen aus dem Weg zu gehen. So wird negative Verstärkung gelegentlich auch als

Fluchtkonditionierung

„Fluchtkonditionierung“ bezeichnet (*Sulzer-Azaroff* u. *Mayer,* 1977). Reaktionen, die zur Beseitigung oder Beendigung dieser aversiven Ereignisse führen, die also eine negative Verstärkung erfahren, werden bekräftigt und treten in der Folgezeit wahrscheinlich häufiger auf. Ein Schüler kann etwa sorgfältiger werden, wenn man nicht ständig an seiner Arbeit etwas auszusetzen hat und auf Ermahnungen verzichtet, wenn zu irgendeinem Zeitpunkt eine gewisse Verbesserung festzustellen ist – auch wenn es sich nach der Ansicht des Lehrers dabei noch lange nicht um eine „saubere“ Arbeit handelt. Ebenso wird sich bei einem Jungen, der nur mit Widerwillen am Schulfest teilnimmt, sowohl ein Verhalten, das diese Situation beendet (etwa früher nach Hause gehen), wie auch jedes Verhalten, durch das der aversive Stellenwert dieser Situation eingeschränkt wird (etwa mit anderen Jungen über Fußball reden oder ein Mädchen zum Tanzen auffordern und keinen Korb bekommen), in der Zukunft häufiger auftreten. Durch eine negative Verstärkung werden alle Reaktionen bekräftigt, die ein aversives Ereignis beenden oder seinen negativen Stellenwert zumindest einschränken. Sie wirkt als Entlastung. In dem Beispiel des Schülers schließlich, für den die Einstufung in eine niedrigere Leistungsgruppe ein aversives Ereignis darstellt, wird jedes Verhalten, das zur Einstufung in eine höhere Leistungsgruppe führt, und damit den Schüler aus seiner aversiven Situation befreit, mit ziemlicher Wahrscheinlichkeit bestärkt. Auch hier wird die negative Verstärkung zur Zunahme des Verhaltens führen, das für die Höhereinstufung verantwortlich ist.

Wiederholung: Positive und negative Verstärkung

„Ereignisse, die verstärkend wirken können, treten in zweierlei Form auf. Manche Verstärkungen bestehen in der *Präsentation* von Stimuli, in der Einführung von Stimuli in eine Lernsituation – zum Beispiel von Nahrung, Wasser oder sexuellem Kontakt. Diese Stimuli nennen wir *positive* Verstärker (und den Prozeß ihrer kontingenten Darbietung positive Verstärkung). Andere bestehen in der *Entfernung* von Stimuli aus einer Situation – zum Beispiel von einem unangenehmen Geräusch, einem grellen Licht, von extremer Kälte oder Hitze, oder von einem elektrischen Stromstoß. Diese Stimuli nennen wir *negative* Verstärker (und den Prozeß ihrer kontingenten Entfernung negative Verstärkung). In beiden Fällen ist die Auswirkung der Verstärkung gleich – die Wahrscheinlichkeit der (unmittelbar vorausgehenden) Reaktion ist größer geworden" (*Skinner,* 1953, S. 73).

Primäre und sekundäre Verstärkung

In diesem Abschnitt wollen wir die nützliche Unterscheidung von primärer und sekundärer Verstärkung kurz betrachten. Positive primäre Verstärkung besteht aus Stimuli wie Nahrung, Wasser, sexuellem Kontakt und anderen Ereignissen, die physiologische Bedürfnisse befriedigen. Diese Befriedigung physiologischer Bedürfnisse kann zur Verstärkung eines Verhaltens eingesetzt werden, insbesondere bei niederen Organismen. Menschliche Individuen mit ihrem entwickelten Sprachsystem und ihrer höheren Intelligenz können durch positive sekundäre Verstärkung in ihrem Verhalten bekräftigt werden wie Geld, Lob, Noten oder die Erlaubnis, einen Film zu sehen. Sekundäre Verstärkungen können zuvor in verschiedener Weise mit primären Verstärkungen gekoppelt gewesen sein. Das heißt, Geld kann etwa zu einem sekundären Verstärker werden, weil es den Erwerb von Nahrung oder den Unterhalt

einer Wohnung ermöglicht. Gute Noten können zu sekundären Verstärkern werden, weil sie mit dem grundlegenden menschlichen Bedürfnis nach Sicherheit gekoppelt sind.
Wenn wir versuchen, bestimmte Verstärkungstechniken in die Praxis umzusetzen, verschwimmt allerdings der Unterschied zwischen diesen beiden Verstärkungstypen häufig, da manche sekundäre Verstärker wie zum Beispiel Geld einen übermächtigen Stellenwert besitzen. Dies bedeutet keine Einschränkung des praktischen Anwendungswertes des operanten Konditionierens. Ob es sich um primäre oder sekundäre Verstärker handelt oder ob sich der Lehrer einer positiven oder negativen Verstärkung bedient, ausschlaggebend für die Unterrichtspraxis ist lediglich, daß ein geeigneter Verstärker von einer Person genutzt werden kann, um das Verhalten einer anderen zu ändern. Der Grundsatz für den Einsatz von operanten Konditionierungstechniken im Unterricht sollte daher sein: „Suche den geeigneten Verstärker" – mache die Stimuli oder Einflüsse ausfindig, die für einen bestimmten Schüler verstärkend wirken, für ein bestimmtes Verhalten in einer spezifischen Situation unter Berücksichtigung einer ausreichenden Verfügbarkeit und Praktikabilität dieser Verstärker. Wenn der Lehrer als die Person betrachtet wird, die für den Lernprozeß eines Schülers verantwortlich ist und wenn Lernen als eine Veränderung von Verhalten aufgefaßt wird, dann ist die vorrangige Aufgabe des Lehrers, Schülerverhalten im Sinne unserer Lerndefinition zu verändern. Operante Konditionierungstechniken, wenn sie richtig und verantwortungsvoll eingesetzt werden, können uns helfen, Schülerverhalten auf ein angestrebtes Ziel hin zu verändern.

Die Suche nach geeigneten Verstärkern

12.3 „Verstärkungspläne"

Kontinuierliche und intermittierende Verstärkung

Verstärkungen für ein bestimmtes Verhalten können kontinuierlich oder intermittierend, das heißt mit bestimmten Unterbrechungen, eingesetzt werden. Wenn jede Reaktion einer abgegrenzten Verhaltensklasse verstärkt wird, haben wir es mit einer kontinuierlichen Verstärkung zu tun. Wenn nur manche dieser Reaktionen verstärkt werden, handelt es sich um eine intermittierende Verstärkung. (Jeder dieser beiden „Verstärkungspläne" hat, wie wir sehen werden, ganz charakteristische Auswirkungen auf das Verhalten, das jeweils danach bekräftigt wird.) Der Anteil der Reaktionen, die intermittierend verstärkt werden, kann sich auf die Anzahl der insgesamt abgegebenen und registrierten Reaktionen beziehen. In diesem Fall ist der „Verstärkungsplan" ein *Quotenplan,* bei dem eine Verstärkung immer dann erfolgt, wenn eine festgelegte Anzahl von erwünschten Reaktionen ausgeführt worden ist, also aus einer festgelegten Quote von N Reaktionen nur jeweils die letzte verstärkt wird. Hierbei können wir jede zweite, jede zehnte oder jede hundertste Reaktion verstärken. Intermittierende Verstärkung kann sich jedoch nicht nur auf bestimmte Reaktionsquoten beziehen, sondern auch auf bestimmte zeitliche Intervalle, in denen eine nicht festgelegte Quote von erwünschten Reaktionen auftritt. In diesem Fall handelt es sich um einen sogenannten *Intervallplan.*

Quotenplan

Intervallplan

Verstärkt wird die erste Reaktion nach einem festgesetzten Zeitablauf. Solche Intervalle können ganz unterschiedliche Dauer besitzen, etwa nur wenige Sekunden, eine Minute, fünf Minuten oder auch eine ganze Stunde.

Konstante und variable Verstärkungspläne

Eine weitere Variation von Verstärkungsplänen läßt sich dadurch erreichen, daß die Quoten oder Intervalle entweder konstant bleiben oder variiert werden. Wir können also vier verschiedene Verstärkungspläne unterscheiden: 1. Konstant gehaltene oder fixierte Verstärkungspläne, sogenannte Festquotenpläne; 2. variable Quotenpläne; 3. Festintervallpläne (Verstärkungspläne, bei denen die zeitlichen Intervalle zwischen zwei Verstärkungen konstant gehalten werden oder fixiert sind) und 4. variable Intervallpläne. Diese und zahlreiche andere Variationsmöglichkeiten sind von *Ferster* und *Skinner* (1957) untersucht worden. Sie fanden unter anderem, daß verschiedene Verstärkungspläne unterschiedliche Auswirkungen hatten auf die Reaktionsrate, die Anzahl von Reaktionen pro Verstärkung, die Reaktionshäufigkeit nach dem Aussetzen einer Verstärkung usw.

Festquotenpläne

Die Untersuchungen von *Ferster* und *Skinner* wurden mit Ratten und Tauben durchgeführt; es hat sich jedoch herausgestellt, daß die Verstärkungspläne, die aus diesen Untersuchungen abgeleitet wurden, weitreichende Bedeutung besitzen: auch das Verhalten von Schülern im Unterricht wird durch den Einsatz solcher Verstärkungspläne beeinflußt. Ein Festquotenplan zum Beispiel, bei dem ein Schüler nach, nehmen wir an, jeweils fünf Reaktionen verstärkt wird, könnte zum Beispiel bei einem Text Verwendung finden, der als programmierte Unterrichtseinheit (auch beim computerunterstützten Unterricht) dargeboten wird. Dabei könnte etwa auf jede fünfte richtige Reaktion ein neues Kapitel folgen, eine neue Seite oder eine Feststellung wie: „Sie kommen gut voran“. Festquotenpläne können *stabile Reaktionen* hervorrufen, insbesondere dann, wenn die nötige Anzahl von Reaktionen für eine Verstärkung relativ hoch ist, also wenn etwa nur jede hundertste, jede fünfhundertste oder sogar nur jede tausendste Reaktion verstärkt wird (vgl. *Ferster* u. *Skinner,* 1957). Je höher die erforderliche Anzahl von Reaktionen ist, desto beständiger ist der Reaktionsverlauf, denn ein Individuum, gleich, ob Ratte oder Mensch, ist in diesem Fall darauf konditioniert, sehr viele Reaktionen zu zeigen, um überhaupt eine Verstärkung zu erreichen.

Stabile Reaktionen

Ausblendung von externer Verstärkung

In manchen Lernsituationen besteht das Ziel des Lehrers darin, externe Verstärkungen für das Verhalten eines Schülers auszublenden und ihn dazu zu bringen, daß er selbständig arbeitet, unter dem Einfluß von Verstärkungen, die er selbst kontrolliert. Um dies zu erreichen, fängt man am besten mit einer kontinuierlichen Verstärkung von korrekten Reaktionen an und setzt dann eine Reihe von Festquotenplänen ein, bei denen die notwendige Reaktionshäufigkeit für eine Verstärkung allmählich gesteigert wird, bis mit einer äußeren Verstärkung durch den Lehrer ganz aufgehört werden kann. *Whitlock* (1966) berichtet über einen Fall, in dem dieses Verfahren eingesetzt worden ist. Ein normal begabter sechsjähriger Junge hatte große Schwierigkeiten beim

Lesenlernen. Der Ausgangspunkt für die Beseitigung dieser Schwierigkeiten auf der Grundlage eines operanten Konditionierungsmodells war die Einführung eines sogenannten „Token-Systems". Darunter ist ein System zu verstehen, in dem eine neue Form von sekundären Verstärkern eingeführt wird – Chips, Gutscheine oder Spielmarken *(tokens)* – die gegen begehrenswerte Objekte eingetauscht werden können, wie etwa Süßigkeiten, Spielzeug usw. Der Grund dafür, solche „Tokens" zu verwenden und nicht die Objekte, die dafür eingetauscht werden können, besteht unter anderem darin, daß eine Verstärkung mit „Tokens" wesentlich praktikabler ist, daß die Ablenkung vermieden wird, die durch eine Verstärkung mit Spielsachen oder Süßigkeiten auftreten würde, und daß der Wert solcher unterschiedlich eintauschbaren Verstärker nicht personengebunden ist. Wenn der Junge mit den Schwierigkeiten beim Lesenlernen eine richtige Reaktion zeigte, erhielt er jeweils ein solches „Token" in Form einer Spielmarke. Die „Tokens" wurden in Gläsern gesammelt, die jeweils 36 Spielmarken faßten. Mit einem vollen Glas konnte er sich jeweils einhandeln, daß ihm eine Geschichte vorgelesen wurde. Es muß sich bei dem, was für eine bestimmte Menge von „Tokens" eingetauscht werden kann, also nicht immer um materielle Objekte wie Spielsachen oder Süßigkeiten handeln; es kann, wie in diesem Beispiel, auch das Vorlesen einer Geschichte sein, ein Kinobesuch, eine Stunde fußballspielen oder ähnliches. Für drei volle Gläser durfte sich der Junge eine Schallplatte anhören, für sieben durfte er Trickfilme anschauen usw. Eine korrekte Reaktion bestand im Lesen eines unbekannten Wortes, das auf einer „Antwortkarte" (*flash card*) vorgegeben wurde, und im Anfangsstadium des Leseförderprogramms wurde jede korrekte Reaktion kontinuierlich verstärkt, das heißt das Verhältnis von richtiger Reaktion und Verstärkung war 1:1. Statt der „Antwortkarten" konnten schon bald einfache Geschichten verwendet werden, und dabei wurde auf einen Festquotenplan übergegangen, der ein Verhältnis 1:2 von Verstärkung zu richtiger Reaktion aufwies, das heißt, es wurde eine Spielmarke für je zwei korrekt gelesene Wörter gegeben. Dieses Verhältnis wurde auf 1:4 gesteigert; danach auf eine Spielmarke pro Seite (ca. 1:20); dann auf eine Spielmarke pro Geschichte (ca. 1:60); dann schließlich auf ein „Token" pro vier Geschichten (ca 1:240). Trotz dieser Steigerung bleibt das Leseverhalten dabei konstant, und nach 15 Stunden Förderkurs konnte die Verstärkung mit Spielmarken gänzlich ausgeblendet werden. *Whitlock* sagt dazu:

Verstärkung durch „Token-Systeme"

> In ungefähr vier Wochen veränderte sich die Leseleistung des Kindes von ‚unterdurchschnittlich' zu einer Stufe, die es dem Kind ermöglichte, in das normale Leseprogramm seiner Klasse einzusteigen. Nach der 23. Sitzung wurde das Förderprogramm beendet. Drei Monate danach berichtete der Lehrer, daß das Kind ohne Schwierigkeiten und mit großer Genauigkeit lesen konnte, sowohl allein als auch in der Gruppe, und daß es am normalen Leseunterricht seiner Klasse teilnehmen konnte. Die Mutter des Kindes berichtete, daß eine bemerkenswerte Einstellungsänderung dem Lesen gegenüber eingetreten sei, und daß auch das eigentliche Leseverhalten sich mit Beginn des Förderprogramms verändert habe. Vor Beginn des Förderprogramms dieser Untersuchung charakterisierte sie ihren Jungen als jemanden, ‚der Angst vor Wörtern und deshalb kein Interesse am Lesen habe und es sogar ablehne, es überhaupt zu versuchen' (*Whitlock*, 1966, S. 85).

Der Übergang von kontinuierlicher zu intermittierender Verstärkung beim operanten Konditionieren ist aus einem offensichtlichen Grund notwendig:

Intermittierende Verstärkung und Verhaltenspersistenz

Außerhalb des Versuchslabors ist es fast unmöglich, jede korrekte Reaktion zu verstärken. Darüber hinaus führt intermittierende Verstärkung zu einer größeren Verhaltenspersistenz, das heißt eine Reaktion tritt auch ohne Verstärkung über einen längeren Zeitraum hin auf. Bei Festquotenplänen mit einem Verhältnis 1:2 oder 1:5 von Verstärkung zu richtiger Reaktion treten Reaktionen meist in schneller Abfolge auf, wobei nach einer Verstärkung kaum eine Pause festzustellen ist. Bei Verstärkung-Reaktion-Verhältnissen von 1:30 oder 1:100 dagegen entsteht nach einer Verstärkung eine charakteristische Pause, sozusagen eine Ruhepause für den Organismus. Es scheint fast so, als ob ein Individuum in diesem Fall weiß, daß eine ziemlich hohe Reaktionsquote notwendig ist, um sich eine Verstärkung zu „verdienen". In dem Augenblick jedoch, in dem die Reaktionen einsetzen, folgen sie rasch aufeinander, als ob die Verstärkung so schnell wie möglich erreicht werden soll. In Fabriken werden solche Festquotenpläne bei der Stücklohnarbeit eingesetzt, und in den USA werden Aushilfsarbeiter in der Landwirtschaft ebenfalls oft im Akkord und nicht nach Arbeitszeit bezahlt (etwa nach Doppelzentnern eingefahrener Kartoffeln). Solche Festquotenpläne fordern eine bestimmte festgelegte Anzahl von Reaktionen, eine bestimmte Stückzahl oder Produktmenge für eine Verstärkung (meist durch einen bestimmten Geldbetrag).

Variable Quotenpläne

Bei variablen Quotenplänen wird ein Verhalten auf der Basis eines bestimmten durchschnittlichen Verhältnisses von Verstärkung und richtigen Reaktionen bekräftigt, wobei jedoch jede einzelne Verstärkung nach einer unterschiedlichen Anzahl korrekter Reaktionen erfolgt. Wenn zum Beispiel eine Verstärkung nach unterschiedlichen Quoten von 5, 10, 15, 13, 7 Reaktionen erfolgt – also das Verhältnis von Verstärkung zu richtigen Reaktionen jeweils 1:5, 1:10, 1:15, 1:13, 1:7 usw. ist –, ergibt sich ein durchschnittliches Verhältnis von Verstärkung zu Reaktionsquote von 5:50 bzw. 1:10. *Die Bedeutung eines variablen Quotenplans liegt darin, daß ein Individuum dadurch veranlaßt wird, wesentlich mehr Reaktionen zu produzieren als bei einem Festquotenplan mit etwa dem gleichen Durchschnitt.* Ein gutes Beispiel für die hohe Reaktionsrate eines Individuums unter einem variablen Quotenplan ist das Verhalten von Personen an einem sogenannten „einarmigen Banditen" – Spielautomaten, die Gewinne nach einem variablen Quotenplan gestatten. Ein solcher Verstärkungsplan führt dazu, daß Spieler manchmal stundenlang den Hebel eines solchen „einarmigen Banditen" betätigen. Es ist erwiesen, daß ein Verhalten, das durch einen variablen Quotenplan aufgebaut und aufrechterhalten worden ist, am schwersten zu „löschen" ist. Unter „Extinktion" oder „Löschung" versteht man das Absinken einer Reaktionsrate nach dem Aussetzen einer Verstärkung bis auf das Ausgangsniveau vor Einsatz jeglicher Verstärkung (im Grenzfall, bis keinerlei Reaktion mehr auftritt). Wenn nach einem variablen Quotenplan die Verstärkung ausgesetzt wird, sind manchmal äußerst viele Extinktionsdurchgänge notwendig, bevor etwa eine Ratte aufhört, den Hebel

Extinktion oder Löschung von Verhalten

in der Skinner-Box zu drücken, oder bevor ein Spieler schließlich aufhört, Geld in den Spielautomaten zu werfen.
Variable Quotenpläne in der Schule findet man oft, wenn es darum geht, sich freiwillig zu melden. Manche Kinder heben ständig die Hand hoch, um freiwillig eine Frage zu beantworten oder eine Aufgabe zu lösen. Nehmen wir einmal an, zwanzig von dreißig Kindern einer Klasse heben immer die Hand, wenn die Gelegenheit zu einer Antwort gegeben ist. Ein bestimmtes Kind wird in diesem Fall – vorausgesetzt, keiner der Schüler wird bevorzugt behandelt und öfter aufgerufen als andere – jedes zwanzigste Mal, wenn es die Hand gehoben hat, aufgerufen. Wenn der Lehrer nun nicht alphabetisch oder der Reihe nach vorgeht, dann ist das Verhältnis von Aufgerufenwerden (Verstärkung) zum Sichmelden zwar im *Durchschnitt* 1:20, aber manchmal vielleicht nur 1:3, kurz darauf 1:30, dann wieder 1:7 usw. Mit anderen Worten: das Verhalten, sich freiwillig zu melden, wird auf der Basis eines variablen Quotenplans verstärkt. Die Ausdauer von Schülern, sich immer wieder freiwillig zu melden, kann auf die Etablierung und Aufrechterhaltung dieses Verhaltens durch einen variablen Quotenplan zurückgeführt werden. Solch ein Verstärkungsplan macht das Sichmelden, wie jede andere Verhaltensweise, äußerst löschungsresistent. Festzuhalten ist jedoch, daß die „Löschung" eines solchen Verhaltens zwar schwer, aber nicht unmöglich ist. Wenn der Lehrer beständig das Sichmelden bestimmter Schüler ignoriert, wird es abnehmen und schließlich aufhören. Wenn ein Verhalten kontinuierlich nicht verstärkt wird, wird es voraussichtlich auch nicht geäußert werden.

Festintervallpläne

Wenn Verstärkungen nach einem Festintervallplan eingesetzt werden, tritt nach jeder Verstärkung eine Periode auf, in der die Reaktionsrate absinkt. Das heißt: wenn eine Ratte etwa für jede erste Reaktion, die sie nach Ablauf einer Minute produziert, verstärkt wird, also ein Festintervallplan von einer Minute vorliegt, ist die deutlich erkennbare Folge, daß sich die Ratte etwa 50 Sekunden lang ruhig verhalten wird, bevor sie wieder zu reagieren beginnt und dies fortsetzt, bis die nächste Verstärkung eintritt. Danach sinkt die Reaktionsrate wieder für etwa 50 Sekunden ab, Abbildung 12-2 zeigt die typische Reaktionskurve, die unter einem solchen Festintervallplan auftritt.
Ein Beispiel für menschliches Verhalten unter den Bedingungen eines Festintervallplanes ist das Lernverhalten von Schülern vor Prüfungen oder Klassenarbeiten, die in festgelegten Intervallen aufeinanderfolgen. Wenn in einem Unterrichtsfach nur jedes Halbjahr eine Klassenarbeit geschrieben wird, sind die Reaktionen der Schüler („für die Klassenarbeit lernen"), die zum Erreichen der Verstärkung („Note") erforderlich sind, auf eine kurze Zeitspanne vor jeder Klassenarbeit zusammengedrängt. Wir nennen das „Stauchen". Unmittelbar nach der Klassenarbeit folgt bei den meisten Schülern eine „Ruheperiode", in der sie kaum etwas lernen. Der Hauptanteil des Lernverhaltens ist auf zwei kurze Perioden jeweils kurz vor den Klassenarbeiten zusammengedrängt. Wenn in einem Unterrichtsfach jedoch an jedem Freitag ein

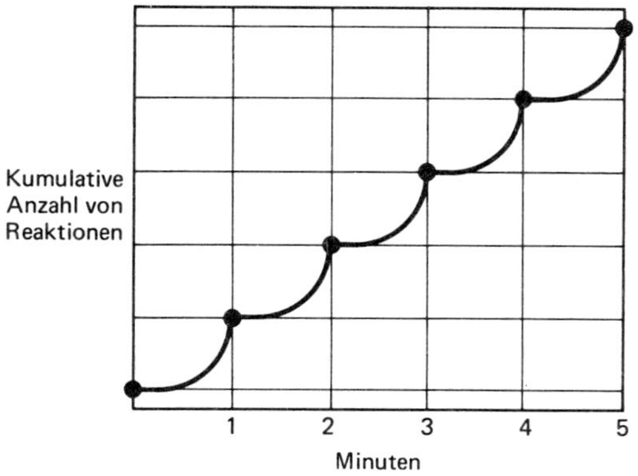

Abbildung 12-2. Charakteristisches Reaktionsmuster bei Festintervallplänen

kurzer Test geschrieben wird, finden wir gewöhnlich einen sich wiederholenden Zyklus von Arbeitsphasen (Donnerstag), Test (Freitag) und „Ruheperiode" (Montag bis Mittwoch). Wenn wir bei der Abbildung 12-2 an die vertikale Koordinate „Lernverhalten in Arbeitsstunden" schreiben und an die horizontale Koordinate „Wochen", so daß die Ziffern 1 bis 5 jeweils für den Termin eines „Freitags-Test" stehen, dann ist durch diese Reaktionskurve – die für jedes Verhalten unter einem Festintervallplan gilt – auch das Arbeitsverhalten von Schülern unter den genannten Bedingungen wiedergegeben (und nicht nur das Hebeldrücken von Ratten in einer Skinner-Box). In beiden Fällen zeigen die Reaktionskurven einen charakteristischen bogenförmig-gezackten Verlauf, der für ein Verhalten unter Festintervallplänen charakteristisch ist. Eine Phase relativ geringer Reaktion nach jeder Verstärkung, ein starker Reaktionsanstieg vor jeder Verstärkung gefolgt von einer weiteren Phase relativ geringer Reaktion.

Variable Intervallpläne

Variable Intervallpläne stellen eine vierte grundlegende Variationsform von Verstärkungsplänen dar. Ein Intervall von, sagen wir, fünf Minuten könnte zum Beispiel als durchschnittliche Intervalldauer bei einem variablen Intervallplan angesetzt werden. Die tatsächlichen Einzelintervalle, die zu diesem Durchschnittswert führen und während denen keine Verstärkung auftritt, können dabei erheblich variieren, von 30 Sekunden etwa bis zu 10 Minuten. Die bemerkenswerteste Eigenschaft eines Verhaltens, das unter einem variablen Intervallplan entstanden ist und aufrechterhalten wird, ist eine *Regelmäßigkeit.* Stabile und gleichbleibende Reaktionsraten sind in Ratten- und Taubenversuchen unter diesen Bedingungen festgestellt worden. Darüber hinaus ist ein Verhalten, das diesem Verstärkungsplan unterliegt, nur schwer zu „löschen"; es hält auch nach dem Aussetzen jeglicher Verstärkung noch lange Zeit an (es gleicht darin in gewisser Weise einem Verhalten, das einem variablen Quotenplan unterliegt).

Stabile Reaktionsraten

Ein Beispiel für das Verhalten von Schülern unter den Bedingungen eines variablen Intervallplanes ist etwa bei einem Fremdsprachenunterricht gegeben, in dem Tonbandmaterial eingesetzt wird, oder im Sprachlabor einer Schule. Nehmen wir an, ein Französischlehrer sitzt im Sprachlabor am Kontrollpult, über das er die Aussprache jedes einzelnen Schülers kontrollieren und ihm sagen kann, ob er es richtig macht oder nicht. Wenn er hierbei die „Einschaltquote" für jeden Schüler nach dem Zufall auswählt, unterliegt das Verhalten jedes einzelnen Schülers damit einem variablen Intervallplan. Seine Reaktion wird in sehr unterschiedlichen Intervallen verstärkt. Bei diesem variablen Intervallplan kann der Schüler nicht wissen, wann eine Verstärkung (Mithörkontrolle durch den Lehrer, Bestätigung oder Korrektur) erfolgen wird. Unter einer solchen Situation scheint ein Individuum ständig um Verstärkung bemüht zu sein – es zeigt eine gleichbleibende Reaktionsrate, nicht den bogenförmig-gezackten Verlauf, der, wie oben beschrieben, unter einem Festintervallplan auftritt. Wenn bei einem variablen Intervallplan über einen längeren Zeitraum hinweg keine Verstärkung erfolgt ist, kann ein Individuum nicht wissen, ob sich die Situation verändert hat (etwa, ob die Verstärkung ausgesetzt wurde und eine „Löschungsphase" vorliegt), oder ob das Verstärkungsintervall nur größer geworden ist. Aus diesem Grund tritt unter diesem Verstärkungsplan ein Verhalten auch dann noch längere Zeit auf, wenn es nicht mehr der (veränderten) Verstärkungssituation entspricht. Im Unterricht liegt eine solche Situation vor, wenn etwa in unregelmäßigen Abständen Tests oder kurze schriftliche Prüfungen abgehalten werden, die nicht vorher angekündigt werden. Um sicherzugehen, daß er auch in diesem Fall gut vorbereitet ist, muß ein Schüler ständig arbeiten. Das galt nicht für ein Verhalten, das durch einen fixierten Intervallplan aufrechterhalten wurde (Lernverhalten bei nur einer Klassenarbeit pro Halbjahr). Wenn ein Lehrer nach einer gewissen Zeit aufhört, unangekündigte Prüfungen zu halten, werden die Schüler trotzdem für eine längere Zeit auf dem vorausgegangenen Niveau weiterarbeiten; das heißt, das Arbeitsverhalten der Schüler ist unter einem variablen Intervallplan nur einer langsamen „Löschung" oder „Extinktion" ausgesetzt.

Zweifellos könnte ein Lehrer Überraschungsprüfungen dazu benutzen, um das Arbeitsverhalten seiner Schüler für einen längeren Zeitraum auf einem relativ hohen Niveau zu halten. Aber eine solche Methode führt auf der anderen Seite zu einem hohen Grad von Prüfungsangst bei vielen Schülern. Daher sollte sie wahrscheinlich nicht als generelle Strategie verwendet werden.

12.4 Kontingenzmanagement

Kontingente Verstärkung

Was ist mit dem Begriff *kontingente Verstärkung* gemeint? Dies wollen wir in diesem Abschnitt klären. Eine Verstärkung, die kontigent ist, steht in einem *erkennbaren Zusammenhang* zu jeder der Reaktionen, die zum Auftreten dieser Verstärkung führten, und weist eine *eindeutige Abhängigkeit* von diesen Reaktionen auf, das heißt es ist klar, daß diese Reaktionen (und nicht irgendwelche anderen) für das Auftreten der Verstärkung verantwortlich sind.

Kontingente Verstärkung

Anders ausgedrückt: bei einer kontingenten Verstärkung ist für ein Individuum, dessen Verhalten bekräftigt werden soll, klar ersichtlich, unter welchen Bedingungen eine Verstärkung erfolgt. *„Wenn du deine Hausaufgaben gemacht hast,* darfst du mit den anderen spielen gehen" ist ein Beispiel für die eindeutige Festlegung von Bedingungen, von denen eine Verstärkung abhängig ist; ein anderes Beispiel wäre: „Du bekommst eine 2 für jede Englischarbeit, die weniger als 20 Fehler hat". Hier wird die Verstärkung (eine 2; spielen gehen) eindeutig vom Auftreten einer bestimmten Reaktion abhängig gemacht (der Erledigung der Hausaufgaben; weniger als 20 Fehler in der Englischklassenarbeit). Zahlreiche Untersuchungsergebnisse haben gezeigt, daß sowohl der erkennbare Zusammenhang und die eindeutige Abhängigkeit von Reaktion und Verstärkung, wie auch die gleichbleibende, absichtsvolle Regelmäßigkeit, mit der eine bestimmte Verstärkung auf ein festgelegtes Verhalten hin erfolgt, erhebliche Auswirkungen auf den Prozeß der Verhaltensmodifikation besitzen. Wenn eine Verstärkung kontingent ist, dann wird sie also immer in gleicher Weise eingesetzt, steht in einem erkennbaren Zusammenhang zu einer bestimmten Reaktion und ist in eindeutiger Weise von dieser Reaktion abhängig.

Kontingenz-Management

Kontingenzmanagement bezieht sich dementsprechend auf den Einsatz (das „Management") von kontingenten Verstärkungen – also den Einsatz von Verstärkung unter festgelegten Bedingungen und das Aussetzen von Verstärkung, wenn diese Bedingungen nicht erfüllt sind.

Das Premack-Prinzip

Welche Arten von Stimuli oder Ereignissen lassen sich als Verstärker verwenden? Hierüber sind lange Kompendien erstellt worden, so von *Sulzer-Azaroff* u. *Mayer* (1977) oder *Hall* u. *Hall* (1980). Im letzteren werden Dutzende von verbalen Verstärkern (z. B. Lob), physischen Verstärkern (z. B. Umarmen), Aktivitätsverstärkern (z. B. Schallplatten hören) und Tokens (z. B. Punkte) aufgelistet. Eßbare Verstärker können ebenfalls verwendet werden (z. B. Bonbons). Man muß nur beobachten, was Kinder mögen, dann erkennt man auch schon, was alles als Verstärker benutzt werden kann.

***Premack*-Prinzip**

Premack (1965) hat dafür folgendes Prinzip aufgestellt: Eine Tätigkeit, die zum Zeitpunkt X bevorzugt wird, kann eine Tätigkeit verstärken, die zum Zeitpunkt X weniger bevorzugt wird. Das heißt: Verhaltensweisen, die zu einem Zeitpunkt eine hohe Auftretenswahrscheinlichkeit haben, können als Verstärker für solche Verhaltensweisen benutzt werden, die zu diesem Zeitpunkt eine relativ geringe Auftretenswahrscheinlichkeit besitzen. „Auf den Spielplatz gehen" (sehr bevorzugt bzw. hohe Auftretenswahrscheinlichkeit) kann als Verstärker für „Hausaufgaben machen" (geringe Präferenz bzw. geringe Auftretenswahrscheinlichkeit) benutzt werden. Jedesmal, wenn eine Mutter

etwas Ähnliches sagt wie „Iß deinen Spinat, dann lese ich dir eine Geschichte vor“, stützt sie sich, ohne es zu wissen, auf das *Premack*-Prinzip.
Allerdings kann es nur allzu leicht passieren, daß Eltern oder Lehrkräfte dieses Prinzip falsch anwenden. *Homme* und *Tosti* (1965) machen dies an einem Beispiel deutlich:

Ein Kind sitzt am Eßtisch. Das Abendessen wird aufgetragen. Die anderen Familienmitglieder fangen an zu essen. Das Kind jedoch nicht. Es spielt mit seinen Schuhen. Der übliche Weg, dieses Problem zu lösen, sieht so aus: „Hör auf, mit deinen Schuhen zu spielen und iß!“
„Mit den Schuhen spielen“ besitzt eine hohe Auftretenswahrscheinlichkeit und essen eine relativ geringe. Wenn wir das Problem aus dieser Perspektive betrachten und von einem Kontingenzmanagement ausgehen, würden wir sagen: „Iß deine Kartoffel, und dann spiel weiter mit deinen Schuhen“. Das mag für den Beobachter zwar verblüffend sein, aber es funktioniert. Statt eine emotionsgeladene Szene heraufzubeschwören, die sowohl die Eltern als auch das Kind nervös macht, kann das Kind auf der Basis eines Kontingenzmanagements dazu gebracht werden, sich kooperativ wie in einer Art Spielsituation zu verhalten. Welcher Stimulus hat überhaupt zu der operanten Reaktion „mit den Schuhen spielen“ geführt? Es ist unmöglich, dies zu beantworten. Aber dies spielt auch keine Rolle. Wenn eine operante Reaktion mit einer hohen Auftretenshäufigkeit auf eine operante Reaktion mit einer geringeren Auftretenshäufigkeit folgt, wird letztere verstärkt.

Wenn ein Lehrer im Unterricht sagt: „Tobt euch meinetwegen eine Weile aus, aber nachher konzentrieren wir uns auf die Mathematik“ oder „hör mit dem Unsinn auf und schau lieber an die Tafel“ oder „bitte legt jetzt die Comic-Heftchen weg, jetzt ist unser Lesetext dran“, dann hat er *Hommes* und *Tostis* Argument nicht verstanden. Dafür wäre es gerade wichtig, daß die stärker bevorzugte Tätigkeit, die eine höhere Auftretenswahrscheinlichkeit besitzt, nach dem Auftreten der weniger bevorzugten und in Abhängigkeit davon eingesetzt wird. Unser Lehrer hätte alo besser sagen sollen: „Jetzt machen wir erst ein wenig Mathematik und dann könnt ihr euch meinetwegen draußen austoben“ oder „wir arbeiten jetzt eine halbe Stunde an unserem Text, dann dürft ihr spielen oder Comics lesen“. Der sinnvolle und erfolgreiche Einsatz eines Kontingenzmanagements im schulischen Unterricht wird durch das Beispiel eines Lehrers verdeutlicht, den wir persönlich kennen. Dieser Lehrer, der mit einer Gruppe von Unterschichtkindern *Dickens' David Copperfield* lesen sollte (weil dies im curricularen Programm vorgeschrieben war), konnte seine Schüler folgendermaßen motivieren: Da die Schüler zunächst lieber ihre Comics lesen wollten, sagte er: „Wenn wir fünf Minuten *David Copperfield* lesen, könnt ihr danach 25 Minuten Comics lesen“ – er wendete also, allerdings ohne es zu wissen, das *Premack*-Prinzip an. Dieses Kontingenzverhältnis wurde anschließend auf 10 Minuten für *Dickens* und 20 Minuten für Comics heraufgesetzt; und schließlich wurden für *David Copperfield* und für Comics jeweils 15 Minuten angesetzt. Mit der Zeit fanden die meisten Schüler *David Copperfield* so spannend, daß sie ihn von ganz allein zu Ende lasen (ohne kontingente Verstärkung mit Comics). Die anderen Schüler, die *David Copperfields* Abenteuer weniger interessant fanden, lasen im Verhältnis 50:50 weiter. Es ist zweifelhaft, ob auch nur einer dieser Schüler ohne ein solches Kontingenzmanagement jemals angefangen hätte, *Dickens* zu lesen. Für *Homme* (1966) wurde die Bedeutung des *Premack*-Prinzips zum ersten Mal klar, als er mit einer Problemklasse arbeitete, die völlig außer Kontrolle

Kontingenz-Management im Unterricht

geraten war. Die Kinder liefen ständig herum, schrien durcheinander, stießen ihre Stühle mit Getöse um, machten alle möglichen Spielchen usw. Die Aufforderung des Lehrers zu Disziplin schien keine Wirkung auf die Klasse zu haben.
Angesichts dieses Problems setzte *Homme* folgendes Kontingenzmanagement ein: wenn die Kinder auch nur den geringsten Ansatz irgendeines positiven Verhaltens zeigten, das *Homme* aufbauen wollte, wurden daraufhin Herumlaufen und anderes störendes Verhalten als kontingente Verstärker eingesetzt. Die Schüler wurden zum Beispiel aufgefordert, ruhig auf ihren Stühlen zu sitzen und an die Tafel zu schauen. Dann, fast unmittelbar danach, hieß es: „Alle herumlaufen und laut schreien!". Diese Art des Kontingenzmanagements ermöglichte es *Homme,* die Kontrolle über die Klasse allmählich zurückzugewinnen; nach ungefähr einem Monat konnte er wieder einen normalen Unterricht durchführen.

„Kontingenzvertrag" zwischen Lehrern und Schülern

Das *Premack*-Prinzip stellt ein wirksames Leitprinzip dar, um Verstärkungsmöglichkeiten für die Modifikation von Schülerverhalten zu entdecken. Aber die systematische Anwendung der operanten Lerntheorie kann schwierig sein. *Homme, Csanyi, Gonzales* und *Rechs* (1970) haben daher vorgeschlagen, Kontingenzmanagement auf der Basis eines „Kontingenzvertrags" zwischen Lehrer und Schülern einzusetzen; und sie haben neun Vorschläge für einen solchen Kontingenzvertrag ausgearbeitet:

1. Die Belohnung bei einer Erfüllung des Vertrags sollte unmittelbar erfolgen, besonders im Frühstadium der Lernsituation.
2. Kontingenzverträge sollten gestaffelt sein; die ersten Verträge sollten kleine und leichte Lernaufgaben zum Ausgangspunkt nehmen. Belohnungen sollten bereits auf erste Ansätze eines erwünschten Verhaltens erfolgen und schrittweise von der allmählichen Annäherung an ein gestecktes Ziel abhängig gemacht werden. Dahinter steht die Idee der Verhaltensmodifikation durch sogenannte *sukzessive Approximation.*

   Sukzessive Approximation

   Wenn ein Kind zum Beispiel Schreibschriften lernen soll, könnten wir damit anfangen, zunächst jede Art des Kontaktes zwischen Papier und Bleistift zu verstärken. Daraufhin wird eine Verstärkung gegeben, wenn einzelne Buchstaben in grober Annäherung wiedergegeben werden. Danach folgt eine Verstärkung auf die mehr oder weniger genaue Wiedergabe eines Buchstabens. Und schließlich würde eine Verstärkung gegeben, wenn die Buchstaben jeweils korrekt aneinandergebunden werden. Oder ein anderes Beispiel: wenn ein Kind sprechen lernt, verstärken wir zunächst jede sprachähnliche Lautartikulation, jedes Babbeln oder Plappern. Danach wird jede lautliche Annäherung an ein Wort verstärkt. Und schließlich kommt der große Tag, an dem das Kind zum ersten Mal „Mama" oder „Papa" sagt. Dies führt typischerweise zu massiven Verstärkungen, einschließlich eines Besuchs der Großeltern, die dem Kind auf vielfältige Weise ihre Überzeugung klarmachen, daß es ein Genie ist. Die Sprache des Kindes wird durch Verstärkung von sukzessiven Approximationen an die gewünschten Lautmuster geformt. So wird man am Anfang ein Kind auch dann verstärken, wenn es „Papa" statt „Popa" sagt. Aber mit der Zeit wird eine Verstärkung nur dann auftreten, wenn es richtig „Opa" sagen kann.

Viele Lehrer und Eltern stellen am Anfang einer längeren Lernphase Aufgaben, die zu schwierig sind – mit dem Ergebnis, daß keine noch so große Zahl von angebotenen Verstärkungen ein Kind dazu bringen wird, die Aufgabe zu bewältigen. Solch ein Fehler bei der Erstellung eines Kontingenzvertrags kann zum Beispiel darin bestehen, daß ein Lehrer 20 Rechenaufgaben stellt, wenn er nur 2 stellen sollte, und die Schüler erst diese zwei versuchen sollten. Der gleiche Fehler wird begangen, wenn man von einem Kind etwa verlangt, das ganze Zimmer aufzuräumen – anstatt ihm zu sagen, es soll seine herumliegenden Socken wegräumen, und dies als Ausgangspunkt für eine graduelle Annäherung an das „Endziel: Zimmer aufräumen" nimmt.

Lehrer sollten daran denken, auch schon zu Beginn einer Lernaufgabe Verstärkungen für erste Annäherungen an ein Zielverhalten einzusetzen. In späteren Lernphasen sollten dann die Kriterien für eine Verstärkung allmählich angehoben werden, so daß eine stetige Annäherung an ein erwünschtes Endverhalten eintritt.

3. Im Anfangsstadium einer Lernsituation sollte der Lehrer Belohnungen zwar häufig, aber in kleinen Dosierungen geben. (Mit der Zeit kann er dann zu einem Verstärkungsplan übergehen, bei dem seltener Belohnungen gegeben werden.)
4. Ein Kontingenzvertrag sollte dazu führen, daß eine Aufgabe bewältigt wird, und diese *Bewältigung* belohnt wird und nicht Gehorsam. Wir wollen nicht, daß ein Kind lernt, nur das zu tun, was wir von ihm *verlangen,* um eine bestimmte Belohnung zu erhalten. Was wir dem Kind vielmehr klarmachen wollen – und dies so deutlich wie möglich – ist, daß es für seine *Bewältigung einer bestimmten Aufgabe* belohnt wird. Die Lernsituation sollte aufgabenorientiert sein und nicht blinden Gehorsam gegenüber der Person voraussetzen, die ein Kontingenzmanagement einsetzt.

„Erst die Arbeit – dann das Spiel"

5. Der Lehrer sollte ein erwünschtes Verhalten *nach* seinem Auftreten belohnen. Diese Regel – „erst die Arbeit, dann das Spiel" – wird allzu häufig verletzt. Wenn die Eltern etwa sagen: „Du darfst noch 5 Minuten fernsehen, aber dann mußt du deine Aufgaben machen", dann folgt die Verstärkung (Fernsehen) nicht auf das erwünschte Verhalten (Hausaufgaben). „Erst die Arbeit – dann das Spiel" ist eine Regel, die bei systematischer Anwendung dem Schüler beim Erreichen eines Zieles hilft.

Faire Kontingenz-Verträge

6. Der Kontingenzvertrag zwischen Lehrer und Schüler muß fair sein. Eine Verstärkung sollte in einem ausgewogenen Verhältnis zu der Anstrengung stehen, die ein Schüler dafür aufbringen muß, um sie zu erreichen. Wenn wir einem Kind versprechen, daß wir mit ihm ins Kino gehen, wenn es im Zeugnis in Englisch keine 5 bekommt, dann stellen wir einen Vertrag auf, in dem das Verhältnis von der Anstrengung, die für das Erreichen des Vertragsziels notwendig ist (viele Stunden Englisch lernen) nicht der angebotenen Verstärkung entspricht.

7. Die Bedingungen des Kontingenzvertrags müssen klar sein. Der Schüler sollte genau wissen, worin die Kriterien für seine Leistungen bestehen (was er genau tun soll; in welchem Umfang; wie gut; wie oft), und er sollte wissen, was er dafür erwarten kann.
   Eine gute Möglichkeit sicherzugehen, daß alle am Vertrag Beteiligten (Eltern, Lehrer und Schüler) wissen, was von ihnen erwartet bzw. was geschehen wird, ist, den Vertrag schriftlich niederzulegen, und zwar in einfachen und schlüssigen Formulierungen. *Kazdin* (1980) hat nachgewiesen, daß schriftlich niedergelegte Kontingenzverträge besser eingehalten werden als nur mündlich vereinbarte.
8. Der Kontingenzvertrag muß ehrlich sein. Das heißt, er sollte ohne Aufschub durchgeführt werden, und seine Bestimmungen sollten genau eingehalten werden.
9. Der Kontingenzvertrag sollte „positiv" sein: die vereinbarten Belohnungen sollten in einer positiven Verstärkung bestehen und nicht in einer Beendigung von Strafe oder der Verringerung einer aversiven Situation (also einer negativen Verstärkung). Verhaltensänderung durch positive Verstärkung ist unser Ziel. Natürlich lassen sich Verträge aufstellen, bei denen das Kind nach seiner Reaktion eine negative Verstärkung erfährt. Zum Beispiel können wir sagen, „wenn du deine Hausaufgaben machst, höre ich auf zu schimpfen". Solch eine negative Verstärkung kann funktionieren. Aber besser wäre es, den Kontingenzvertrag so zu formulieren: „Wenn du deine Hausaufgaben machst, nehme ich dich mit zum Fußballspiel".

Positive Verstärkung in Kontingenz-Verträgen

Kazdin (1980) beschreibt einen Kontingenzvertrag für ein Kind namens Andrew – ein Vertrag, dessen Ziel es war, Schlägereien in der Schule von neun pro Woche auf null zu reduzieren. In einem 18wöchigen Programm wurde dieses Ziel auch erreicht. In dem Vertrag wurde schriftlich festgehalten, was Andrew tun würde, was seine Lehrerin, Mrs. Harris, tun würde und was Andrews Eltern tun würden, wenn Andrew einen Schultag ohne Schlägerei durchstehen könnte. Das Verhalten war genau beschrieben; die Verstärker waren genau umrissen; und die Lehrerin, die Eltern und Andrew unterzeichneten den Vertrag. Der Vertrag wurde nie als ein legales Dokument angesehen, eher als eine Verpflichtung guten Willens zwischen Parteien, die einander nicht gleichgültig waren. Sieben Monate nach erfolgreicher Beendigung des Vertrags war Andrews Verhalten immer noch einwandfrei.

12.5 „Stimuluskontrolle" beim operanten Lernen

„Stimuluskontrolle" ist ein weiteres Konzept, das aus der Forschung im Bereich des operanten Lernens hervorgegangen ist. Nehmen wir an, ein bestimmter Stimulus geht einer operanten Reaktion voraus, auf die dann eine positive Verstärkung folgt; und nehmen wir weiterhin an, daß die Verstärkung ausbleibt, wenn der Reaktion dieser Stimulus nicht vorausgegangen ist. In diesem Fall wird die Reaktion zunehmend häufiger auftreten, wenn ihr dieser Stimulus

vorausgegangen ist, und seltener auftreten, wenn dieser Stimulus fehlt. Man könnte sagen, die Reaktion wird von dem Stimulus, der ihr vorangeht, „kontrolliert". In diesem Sinn ist der Begriff der „Stimuluskontrolle", von dem in diesem Abschnitt die Rede ist, zu verstehen. Nehmen wir ein Beispiel aus dem Unterricht: wenn ein Schüler spricht, nachdem er vom Lehrer dazu aufgefordert worden ist – entweder durch Aufrufen seines Namens oder durch ein sichtbares Zeichen wie Kopfnicken etc. –, dann wird die Reaktion des Schülers durch den Lehrer akzeptiert und positiv verstärkt; wenn der Schüler jedoch spricht, ohne dazu aufgefordert worden zu sein, dann wird sein Verhalten vermutlich nicht akzeptiert und nicht verstärkt werden. Das Aufrufen des Namens oder das Kopfnicken des Lehrers wäre in diesem Fall solch ein Stimulus, der dem Schüler jeweils anzeigt, ob auf seine Reaktion (Sprechen) eine Verstärkung zu erwarten ist oder nicht, und damit eine gewisse „Kontrolle" auf das Verhalten des Schülers ausübt. Die Form der „Stimuluskontrolle" über das Redeverhalten von Schülern im Unterricht bildet sich schon sehr früh nach dem Eintritt in die Schule heraus. Das Aufgerufen- oder Aufgefordertwerden durch den Lehrer wirkt als ein Stimulus, der anzeigt, daß ein Sprechen des Schülers in dieser Situation wahrscheinlich akzeptiert wird. Diese „Stimuluskontrolle" wird dadurch erreicht, daß der Schüler in immer neuen Situationen positiv verstärkt wird, wenn er aufgefordert worden ist zu sprechen, aber nicht verstärkt wird, wenn er ohne Aufforderung spricht. Bei der respondenten Konditionierung haben Stimuli, im Gegensatz zur operanten Konditionierung, eine *Auslösefunktion:* ein Verhalten (unkonditionierte oder konditionierte Reaktion) wird hier durch einen meist bekannten Reiz (unkonditionierter oder konditionierter Stimulus) ausgelöst. Die auslösenden Reize für ein operantes Verhalten sind dagegen, wie wir im vorigen Kapitel festgehalten haben, unbekannt und für den operanten Konditionierungsprozeß ohne Bedeutung: Den Ausgangspunkt bilden hier spontan produzierte oder „emittierte" Reaktionen. Stimuli, die bei der operanten Konditionierung im oben geschilderten Sinne eine „Kontrolle" auf bestimmte Reaktionen ausüben, haben mit der Auslösung dieser Reaktionen nichts zu tun. Sie fungieren vielmehr als *Hinweisreize,* die anzeigen, daß in ihrer Gegenwart (und nur in ihrer Gegenwart) eine Verstärkung auf bestimmte Reaktionen erfolgt. Anders ausgedrückt: Durch solche Hinweisreize bei der operanten Konditionierung wird angezeigt, daß der richtige Zeitpunkt und die adäquate Situation für eine bestimmte operante Reaktion gegeben sind.

Auslösungs- und Hinweisfunktion von Stimuli

In schulischen Situationen begegnet uns die Stimuluskontrolle immer wieder. Ein Lehrer, der eine Vertretungsstunde gibt, kann etwa als Hinweisreiz oder Signal für eine ganze Reihe von operanten Reaktionen der Schüler dienen, wie unaufgefordertes Sprechen, unverschämtes Verhalten, Verstoß gegen die Regeln, die ansonsten im Unterricht gelten, Ablehnung konstruktiven Arbeitens usw. Bei Abwesenheit des regulären Lehrers können die einflußreichsten Verstärkungen für einen Schüler von seinen Klassenkameraden ausgehen – und durch diese wird jedes Nicht-auf-den-Vertretungslehrer-Hören „belohnt". Ein Lehrer, der eine Vertretungsstunde halten muß, wird sehr leicht zum Signal für ein negatives Schülerverhalten der geschilderten Art, es sei denn, er kann von Anfang an seine Autorität durchsetzen.

Wenn sich ein Schüler auf dem Spielplatz in höchst vulgärer Weise ausdrückt, aber nicht im Unterricht, dann zeigt dieser Wechsel des Vokabulars ebenfalls die Wirksamkeit von Stimuluskontrolle. In ähnlicher Weise ist ein Wehrpflichtiger, bei dem Kraftausdrücke zum alltäglichen Repertoire gehören, wenn er nach Ablauf seiner Dienstzeit nach Hause zurückkehrt, in seinem verbalen Verhalten einer veränderten Stimuluskontrolle unterworfen und muß sich dieser veränderten Situation anpassen.

Um eine Stimuluskontrolle für bestimmte Reaktionen zu erreichen, müssen mindestens zwei Bedingungen erfüllt sein: es muß sichergestellt sein, daß der Hinweisreiz, der eine Kontrollfunktion erwerben soll, eindeutig erkennbar ist und wahrgenommen wird; und es muß beim Auftreten dieses Reizes in geregelter Weise eine Verstärkung für adäquates Verhalten gegeben werden. Inadäquates Verhalten sollte hierbei entweder ignoriert werden oder, in seltenen Fällen, vielleicht auch bestraft werden.

Reizdiskrimination

Voraussetzung für die „Stimuluskontrolle" von bestimmten operanten Reaktionen eines Individuums ist, daß die „kontrollierenden" Stimuli von diesem Individuum erkannt und von anderen unterschieden werden können, also die Diskriminationsfähigkeit der verwendeten Hinweisreize. Ein Individuum muß unter Umständen in der Lage sein, Stimuli voneinander zu unterscheiden, die sich sehr ähnlich sind, von denen jedoch nur ein einziger, ganz bestimmter Stimulus als Hinweisreiz für eine adäquate Reaktion fungiert.

Welchen Feinheitsgrad solche Diskriminationsleistungen besitzen können, zeigt ein Beispiel aus dem Unterricht: Schüler lernen sehr bald, einen Blick des Lehrers, der sie zum Sprechen auffordert, von einem lediglich beobachtenden Blick zu unterscheiden und unterschiedlich darauf zu reagieren. Diese Fähigkeit zur Reizdiskrimination erwerben sie durch die häufig wiederholte Verstärkung einer bestimmten Reaktion nach dem Auftreten des einen Hinweisreizes (zum Sprechen auffordernder Blick des Lehrers) und einem Ausbleiben der Verstärkung auf das gleiche Verhalten nach dem Auftreten des anderen Hinweisreizes (beobachtender Blick des Lehrers). Ein anderes Beispiel: Wenn ein Kind die Lautfolgen lernen soll, die mit dem Buchstaben *b, d, t* und *q* assoziiert sind, sieht es sich mit einem beträchtlichen Diskriminationsproblem konfrontiert. Eine Verstärkung erfolgt in diesem Fall erst dann, wenn es etwa den einen Buchstaben, den der Lehrer „beh" nennt, von den drei anderen, so ähnlichen visuellen Stimuli unterscheiden kann. Aus der Perspektive des operanten Konditionierungsmodells gesehen, besteht eine Reizdiskrimination darin, daß auf *einen* spezifischen Stimulus aus einer Reihe von ähnlichen Stimuli eine bestimmte Reaktion abgegeben wird. Hierbei können für ein Individuum Probleme auftreten, wenn die geforderte Unterscheidung zu schwierig wird. Ein Beispiel dafür ist ein Experiment, das *Pawlow* um die Jahrhundertwende mit Hunden durchführte. Die Tiere sollten in diesem Experiment lernen, zwischen einer Ellipse und einem Kreis zu unterscheiden. Da es sich um ein Experiment zum respondenten Lernen handelte, bedeutete

Reizdiskrimination

dies, daß Kreis und Ellipse als zwei verschieden konditionierte Stimuli wirken sollten, auf die zwei unterschiedlich konditionierte Reaktionen zu lernen waren. Dies gelang ohne Schwierigkeiten in der ersten Phase des Experiments, bei der die als Stimulus verwendete Ellipse deutlich verschieden von einer Kreisform war. In einer anschließenden zweiten Phase des Experiments wurde die ursprünglich als Stimulus verwendete Ellipse dann jedoch ständig kreisähnlicher gemacht, so daß ein zunehmend schwieriges Diskriminationsproblem für die Hunde entstand. Schließlich wurde ein Punkt erreicht, an dem die Unterscheidung zwischen Kreis und Ellipse für die Hunde zu schwierig wurde. Die Hunde reagierten auf das unlösbar gewordene Diskriminationsproblem mit verschiedenen Anzeichen eines „neurotischen" Verhaltens: sie winselten, bissen unkontrolliert zu und versuchten sich loszureißen.
Wenn eine Unterscheidungsaufgabe zu schwierig wird, fühlen Menschen das gleiche Unbehagen und die gleiche Frustration, die anscheinend *Pawlows* Hunde fühlten. Dies gilt etwa für manche Kinder, für die das Erlernen des Unterschieds zwischen *b* und *d* eine Diskriminationsleistung darstellt, die für sie zu schwierig ist. Ein anderes Beispiel wird durch eine Untersuchung von *Duell* und *Anderson* (1967) geliefert. In manchen amerikanischen Schulen werden Kinder im Musikunterricht danach beurteilt, ob sie die Tonfolge eines bestimmten Liedes richtig wiedergeben können. Die beiden Untersucher fanden, daß von 168 Kindern der ersten bis dritten Klasse dreißig Prozent keine Halbtonschritte unterscheiden konnten und vier Prozent unterschiedliche Sextakkorde in Dur nicht erkennen konnten. Sie ziehen daraus die Schlußfolgerung: „... die vorliegende Untersuchung gibt zu erheblichen Zweifeln am Wert des Musikunterrichts in der Grundschule Anlaß ..." (*Duell* und *Anderson,* 1967, S. 318).

Reizgeneralisierung

Reizgeneralisierung

Reizgeneralisierung heißt, die *gleiche* Reaktion auf ähnliche, aber nicht identische Stimuli zu zeigen. Da sich eine Reizsituation niemals in *genau* der gleichen Form wiederholt, in der sie einmal aufgetreten ist, könnte nie ein Lernprozeß stattfinden, wenn eine einmal gelernte Reaktion zu einem späteren Zeitpunkt nicht auch in der Gegenwart von Stimuli auftreten würde, die nur bis zu einem gewissen Grad mit den Stimuli der ursprünglichen Reizsituation übereinstimmen. Streng genommen setzt also jeder Lernprozeß die Generalisierung einer Reaktion auf jeweils nur ähnliche Stimulussituationen voraus.

Reizdiskrimination und Reizgeneralisierung beim Lernen von Begriffen

Reizdiskrimination und Reizgeneralisierung treten beim Lernen von Begriffen oft gemeinsam auf. Wenn ein Kind zum Beispiel lernt, daß sich der Begriff *Auto* unter anderem auf Volkswagen, Fiats, Peugeots usw. bezieht, und wenn es lernt, auf ein Fahrzeug jeder dieser Marken mit dem Wort „Auto" zu reagieren, dann drückt sich darin eine Reizgeneralisierung aus. Wenn es dabei gleichzeitig lernt, das Wort „Auto" nicht auf Motorräder, Lkw's, Eisenbahnwaggons oder Fahrräder anzuwenden, ist dies ein Ausdruck für Reizdiskrimination.

Die meisten Begriffe und Konzepte, mit denen wir die Ereignisse um uns herum erfassen und interpretieren, haben wir über Diskriminations- und Generalisierungsprozesse gelernt. Ein kleines Kind etwa, das lernt, „Papa" zu sagen, und das – nachdem es dafür verstärkt worden ist – dieses Wort auf alle männlichen Wesen anwendet, zeigt eine Reizgeneralisierung. Die Mutter dieses Kindes, die vielleicht eine gewisse Verlegenheit verspürt, wenn ihr Kind den Postboten „Papa" nennt, wird daraufhin (durch jeweils unterschiedliche Verstärkung) auf das verbale Verhalten ihres Kindes so einwirken, daß es schließlich lernt, den Begriff „Papa" nicht mehr für alle männlichen Wesen zu verwenden, sondern nur noch für eines, nämlich seinen Vater. Der Erwerb dieses Begriffs und seine endgültige Ausformung hängen von Prozessen der Reizgeneralisierung und -diskrimination ab. Die Auswirkungen dieser Generalisierungs- und Diskriminationsprozesse wiederum – ihre Übereinstimmung mit vorgegebenen Normen oder ihre Abweichung davon – liefern die Informationen, die für die Konstituierung bestimmter Begriffe notwendig sind. Die Prozesse der Reizgeneralisierung und -diskrimination sind daher von fundamentaler Bedeutung für das Lernen von Begriffen.

12.6 Die Eliminierung von unerwünschtem Verhalten

In diesem Abschnitt beschäftigen wir uns mit den beiden hauptsächlichen Möglichkeiten, bestimmte Reaktionen abzubauen und auszuschalten. Lernen, ein Verhalten *nicht* zu zeigen, kann ebenso wichtig sein wie der Erwerb eines Verhaltens.

„Löschung" oder Extinktion von Verhalten

Reizdiskrimination, Reizgeneralisierung und „Stimuluskontrolle" lassen sich auf einen Prozeß von grundlegender Bedeutung zurückführen: Die *„Löschung"* oder *Extinktion* von Verhalten. Darunter versteht man das Absinken der Reaktionsrate nach dem Aussetzen einer Verstärkung – bei einer vollständigen Extinktion bis auf das Ausgangsniveau, das vor dem Einsetzen jeglicher Verstärkung zu beobachten war.

Sehen wir uns das an einem Beispiel an. Das Aufgerufenwerden im Unterricht verstärkt die freiwillige Äußerung von Gedanken eines Schülers. Er hat es sich zur Gewohnheit gemacht, sich häufig freiwillig zu melden, weil er ständig für diese Reaktion verstärkt worden ist. Nehmen wir an, er wird auf einmal nicht mehr aufgerufen, wenn er sich meldet. Dann wird dieses Verhalten allmählich „gelöscht" werden, das heißt es wird immer seltener auftreten, bis es schließlich auf das Ausgangsniveau abgesunken ist, das vor dem Beginn einer Verstärkung zu beobachten war (das sogenannte „freie operante Niveau"). Extinktion besteht in der Abnahme einer Reaktion durch Nichtverstärkung; der Erwerb einer Reaktion besteht in ihrer Bekräftigung durch Verstärkung: Verhaltens-

„löschung“ oder -extinktion stellt unter diesem Gesichtspunkt das Gegenteil von Verhaltenserwerb dar. Mit dem Aussetzen der Verstärkung zu Beginn einer Extinktionsphase nimmt zwar gewöhnlich die Frequenz und Intensität einer Reaktion für kurze Zeit zu. Aber bald danach ist ein deutliches Absinken zu verzeichnen, und, wenn keine weitere Verstärkung mehr erfolgt, wird die Reaktionsrate sehr niedrig oder sinkt sogar auf null ab.

Löschungsrate und Verstärkungspläne

Wie rasch dieser Extinktionsprozeß vonstatten geht, hängt davon ab, ob die vorausgehende Verstärkung kontinuierlich war (Verstärkung auf jede Reaktion) oder intermittierend (Verstärkung nur für einen bestimmten Prozentsatz von Reaktionen). Wie die Diskussion von verschiedenen Verstärkungsplänen in den obigen Abschnitten gezeigt hat, erfolgt eine Löschung nach intermittierender Verstärkung langsamer als nach kontinuierlicher Verstärkung, wenn die übrigen Bedingungen in beiden Fällen gleich sind. Zu diesen „übrigen“ Bedingungen gehört etwa das Ausmaß einer Verstärkung nach einer jeden Reaktion oder die Gesamtzahl von Verstärkungen vor Beginn des Löschungsprozesses.

Zahlreiche Untersuchungen über operantes Konditionieren liefern uns Beispiele für die beiden gegenläufigen Prozesse von Verhaltenserwerb und Löschung. Um zu zeigen, daß die Auftretenshäufigkeit eines bestimmten Verhaltens in einem Kausalzusammenhang mit dem angewandten Verstärkungsverfahren steht, wird in einem Forschungsexperiment häufig eine Löschungsphase miteinbezogen. Wenn während dieser Phase die Auftretenshäufigkeit eines Verhaltens abnimmt und in einer anschließenden Verstärkungsphase wieder zunimmt, haben wir einen überzeugenden Nachweis dafür, daß die beobachteten Verhaltensänderungen ursächlich mit den Veränderungen der Verstärkungsbedingungen zusammenhängen. Abbildung 12-3 liefert ein Beispiel für eine solche zu Kontrollzwecken zwischen zwei Verstärkungsphasen eingeschobene Löschungsphase. Sie stammt aus einer Untersuchung von *Schmidt* und *Ulrich* (1969) zur Modifikation des Geräuschpegels in einer Klasse von 29 Viertkläßlern. Zu Beginn dieser Untersuchung wurde das „freie operante Niveau“ oder Ausgangsniveau des Geräuschpegels erfaßt; da die später erhobenen Geräuschpegelwerte auf diese Ausgangsmessung bezogen werden, spricht man hierbei auch von einer sogenannten „Grundlinie“ *(base line)*. In der Phase 1 durften die Schüler beim Sportunterricht länger in der Turnhalle bleiben (Verstärkung), wenn ihr Geräuschpegel in den sonstigen Unterrichtsstunden unter 42 Dezibel blieb. Wenn jeweils innerhalb von 10-Minuten-Perioden dieser Geräuschpegel überschritten wurde, blieb diese Verstärkung aus. Wie das deutliche Absinken des durchschnittlichen Geräuschpegels in der Phase 1 zeigt, war diese Strategie offenbar erfolgreich. Um zu erhärten, daß hierbei ein kausaler Zusammenhang zwischen dem Einsatz dieser Verstärkung und dem veränderten Geräuschpegel in der Klasse bestand, folgte auf Phase 1 eine Löschungsphase, in der das ruhigere Verhalten im Unterricht nicht mehr verstärkt wurde. Wie aus der Abbildung zu ersehen ist, stieg der Geräuschpegel dadurch wieder an. Bei noch längerem Aussetzen der Verstärkung hätte der Geräuschpegel voraussichtlich wieder das Ausgangsniveau erreicht. Nach dieser zu Kontrollzwecken eingeschobenen Löschungsperiode wurde in der Phase 2 die ursprünglich positive Verstärkung

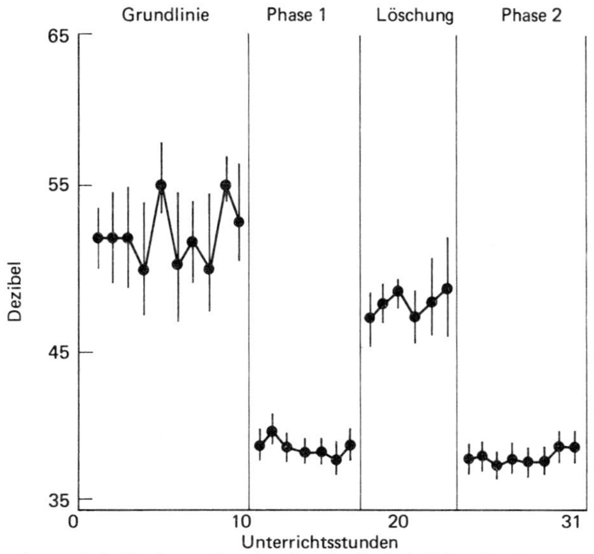

Anmerkung: Jeder Punkt repräsentiert den durchschnittlichen Pegelwert einer Stunde; die vertikalen Linien deuten die mittleren Abweichungen an.

Aus *Schmidt* u. *Ulrich* (1969).

Abbildung 12-3. Modifikation des Geräuschpegels im Unterricht durch positive Verstärkung

von ruhigerem Verhalten im Klassenzimmer wieder eingeführt, und damit sank der Geräuschpegel erneut unter das festgesetzte Limit von 42 Dezibel ab.

Es gilt zu bedenken, daß Grundlage dieser Studie eine Gruppenkontingenz war. Die Gruppe insgesamt, nicht ein einzelner, war das Objekt der Verhaltensmodifikation. Gruppenmitglieder übernehmen oft Rollen, um sicherzugehen, daß alle profitieren. So kann bei Gruppenkontingenzen die Gruppe den einzelnen manchmal mittragen, so daß jeder den anderen verstärkt und ihm hilft, die Verstärkung zu erreichen. Ebenso ist es möglich, daß einzelne in der Gruppe andere bedrohen, die die Chancen der Gruppe für eine Verstärkung gefährden (*Sulzer-Azaroff* u. *Mayer,* 1977). Dieser Nebeneffekt tritt nicht sehr oft ein (*Sulzer-Azaroff,* 1981), aber man muß auf ihn vorbereitet sein und ihn unter Umständen eliminieren, wenn er das Gesamtverhalten der Gruppe zu verändern droht.

Unbeabsichtigte Verstärkung von unterrichtsstörendem Verhalten

Viele unterrichtsstörende Verhaltensweisen von Schülern – Aufstehen und Umherlaufen in der Klasse, unaufgefordertes Sprechen, Lärmen, Schreien, Schlagen usw. – werden durch die Aufmerksamkeit, die ihnen der Lehrer schenkt, ungewollt verstärkt und aufrechterhalten. Wenn er einen Schüler wegen solchen Verhaltens zum Rektor schickt oder ihn anbrüllt, wenn er sein Verhalten in irgendeiner Form hervorhebt oder kritisiert, so können dies aus der Sicht des Schülers äquivalente Verhaltensweisen sein, – dann nämlich, wenn der Schüler nichts anderes will, als die Aufmerksamkeit des Lehrers auf sich zu lenken. Daher erscheint es einem Lehrer oft als paradox, wenn ein Schüler gerade um so häufiger ohne Erlaubnis losredet, je öfter ihm gesagt wurde, sich vorher zu melden. Aufmerksamkeit des Lehrers – in welcher Form auch immer – kann für den Schüler eine Verstärkung darstellen. Um ein unerwünschtes Schülerverhalten zu „löschen", kann es daher in vielen Fällen besser sein, wenn der Lehrer es einfach ignoriert. Wenn das Beachtetwerden durch den Lehrer eine positive Verstärkung für unaufgefordertes Sprechen darstellt, dann wird die Häufigkeit dieses Verhaltens nur dadurch reduziert, daß man es ignoriert. Nur eine Löschung durch fortgesetzte Nichtverstärkung verringert die Häufigkeit eines Verhaltens bis auf das jeweilige minimale, durch Verstärkung unbeeinflußte, „freie operante Niveau".

Verstärkung alternativen Verhaltens und Verstärkung niedriger Reaktionsquoten

Obwohl es zunächst paradox erscheinen mag, kann eine Verstärkung tatsächlich dazu verwendet werden, Verhalten zu reduzieren oder ganz zu eliminieren (*Kazdin,* 1980). Die Technik der *differentiellen Verstärkung alternativen Verhaltens* bedeutet, daß alle anderen Verhaltensarten *außer* der einen, die man unterdrücken oder eliminieren möchte, verstärkt werden. Wenn man beispielsweise verhindern will, daß ein Schüler im Unterricht ständig in unangebrachten Situationen schwatzt, muß man alle Verhaltensweisen verstärken, die ein Gespräch mit anderen nicht zulassen. Man kann diese Technik bei allen möglichen unerwünschten Verhaltensweisen anwenden: träumen, heimlich unter der Bank lesen, im Arbeitsheft 'rumkritzeln usw. Die differentielle Verstärkung alternativen Verhaltens trägt dann dazu bei, solches unerwünschtes Verhalten zu verringern oder auszulöschen.

In ähnlicher Weise kann auch die *differentielle Verstärkung niedriger Reaktionsquoten* bestimmtes Verhalten reduzieren oder eliminieren. Wenn sich ein Verhalten, das als unerwünscht beurteilt wird, in seiner Häufigkeit von allein reduziert, sollte der Lehrer eine solche Reduzierung verstärken. Das heißt, wenn ein Schüler, der ständig schwatzt, sich in einer bestimmten Situation auf einmal ruhig verhält, kann diese Verstärkungstechnik zum Einsatz kommen. Die Verstärkung von niedrigeren Reaktionsquoten ist bereits bei einer Vielzahl von unerwünschten Verhaltensweisen erfolgreich gewesen.

Was diese beiden Verfahren so attraktiv macht ist, daß es bei beiden positive Ereignisse sind, die dazu Anlaß geben, unerwünschtes Verhalten zu unterdrükken bzw. zu eliminieren. Extinktion und differentielle Verstärkung sind in jedem Fall der Bestrafung vorzuziehen, einem Verfahren zur Verhaltensveränderung, dem wir nun unsere Aufmerksamkeit zuwenden wollen.

Bestrafung

Eine Reaktion läßt sich auch dadurch eliminieren, daß wir den Schüler bestrafen, sobald er die Reaktion zeigt. In der Abbildung 12-1 finden wir zwei Bereiche, die mit „Bestrafung" bezeichnet sind. Darauf wollen wir in diesem Abschnitt näher eingehen.

Bestrafung I. Eine Bestrafung vom Typ 1 liegt vor, wenn ein negativer oder aversiver Stimulus auf eine bestimmte Reaktion hin erfolgt. Wenn man eins auf die Finger bekommt, weil man etwas vom Tisch genommen hat, wenn man angebrüllt wird, weil man unerlaubt auf die Straße gegangen ist, wenn man für seinen Aufsatz eine 5 bekommt, wenn man wegen andauernden Störens vom Unterricht ausgeschlossen wird – all dies sind Strafen, die in der Schule eingesetzt werden, um die Auftretenshäufigkeit eines bestimmten Verhaltens zu verringern.

Nur: Funktioniert das Bestrafen überhaupt? Soll man Bestrafung einsetzen? Antworten auf diese Fragen sind in den letzten Jahrzehnten recht unterschiedlich ausgefallen. In den fünfziger Jahren glaubte man, gestützt auf Untersuchungen von *Estes* (1944), daß Bestrafung eine Reaktion nur zeitweilig abschwächen oder unterdrücken kann, so daß die Reaktion nach dem Aussetzen der Bestrafung erneut auftritt. Ein Beispiel: in der ersten Phase eines Experiments wurden Ratten durch positive Verstärkung dazu konditioniert, einen Hebel zu drücken, um Nahrung zu erhalten. In der darauffolgenden Phase erhielten sie jedoch statt der Nahrung einen elektrischen Schock. Diese Form der Bestrafung wirkte sich in der Tat in einer Abnahme der Hebeldruckreaktionen aus. Wenn in einer dritten Phase jedoch diese Bestrafung ausgesetzt wurde, stieg die Hebeldruckrate wieder auf das Niveau vor der Bestrafung an (in dieser Phase wurde keine positive Verstärkung gegeben; es handelte sich also um eine Extinktionsperiode). Die Gesamtzahl der Hebeldruckreaktionen, die in dieser Phase bis zur vollständigen Extinktion des Hebeldrückens abgegeben wurden, war in etwa genau so hoch wie bei Ratten einer Kontrollgruppe, die in der zweiten Phase des Experiments nicht mit Elektroschocks „bestraft" worden waren.

Diese experimentellen Befunde deckten sich mit Untersuchungsergebnissen über Erziehungsstile. *Sears, Maccoby* und *Levin* (1957) stellten fest, daß die Bestrafung durch die Eltern von unerwünschtem Verhalten, wie fehlende Selbständigkeit und Aggression, bei Kindern ohne Wirkung blieb. Diese Untersuchungen schienen zu zeigen, daß durch Bestrafung im großen und ganzen ein bestimmtes Verhalten einfach nicht ausgelöscht werden kann.

Neuere Untersuchungen haben jedoch diese früheren Schlußfolgerungen als Irrtum ausgewiesen. Unter entsprechenden Bedingungen – und ganz besonders dann, wenn eine Bestrafung intensiv ist – kann Verhalten dauerhaft unterdrückt werden. Auf die Frage „kann ein Verhalten durch Bestrafung reduziert werden?" „muß eine eindeutig bejahende Antwort gegeben werden ...", stellen *Azrin* und *Holz* (1966, S. 426) fest, und *Johnston* (1972) kommt nach einer Zusammenfassung von neueren Untersuchungsergebnissen zu der Schlußfolgerung, daß andere Mittel, die außer Bestrafung zur Reduzierung eines Verhaltens eingesetzt werden können (zum Beispiel Extinktion, „Sättigung" durch Überproduktion eines Verhaltens oder Ausbildung von inkompatiblen Reaktionen) weniger wirksam sind, nicht so unmittelbar greifen und nicht so anhaltend wirksam sind wie Bestrafung – wenn diese adäquat eingesetzt wird.

Bestrafung als paradoxe Verstärkung

Bei einigen Untersuchungen im Humanbereich, die zu gegenteiligen Ergebnissen führten, waren wahrscheinlich die zur Bestrafung eingesetzten Stimuli einfach nicht aversiv genug. In anderen Fällen hatte Bestrafung deshalb nicht den gewünschten Effekt, weil sie, wie in unserem oben erwähnten Beispiel, das Bedürfnis der bestraften Individuen nach Aufmerksamkeit erfüllte und deshalb, paradoxerweise, als positive Verstärkung wirkte. Der Lehrer, der einem Schüler nur dann Beachtung schenkt, wenn dieser sich undiszipliniert verhält, kann ungewollt ein solches Verhalten verstärken, anstatt es zu bestrafen – auch wenn es sich dabei aus der Sicht des Lehrers „eindeutig" um eine Bestrafung handelt.

Bestrafung im Unterricht?

Wir haben gesehen, daß Bestrafung wirksam sein kann; aber nicht alle wirksamen Mittel müssen auch tatsächlich benutzt werden. Soll Bestrafung im Unterricht eingesetzt werden? Die Antwort darauf hängt von verschiedenen Faktoren ab. Wenn das Verhalten, das unterdrückt werden soll, gefährlich ist oder äußerst unerwünscht, dann kann Bestrafung als ein Mittel zur Eliminierung dieses Verhaltens eingesetzt werden. Der Einsatz von Bestrafung wäre für Eltern und Lehrer etwa dann gerechtfertigt, wenn Kinder Nägel in Steckdosen stecken, oder wenn sie um ein Haar überfahren werden, weil sie, ohne nach links oder rechts zu schauen, auf die Straße gelaufen sind.

Andere Beispiele für schulisches Verhalten, das prinzipiell den Einsatz von Strafe rechtfertigt, sind: schwächere Mitschüler tyrannisieren; gefährlicher Mißbrauch von elektrischen Geräten im Werkunterricht; Zerstörung von Schuleigentum; ständige Verletzung von Regeln, die für einen geordneten Unterrichtsablauf notwendig sind; oder das Ausprobieren von „Kunststücken" in der Turnhalle, die zu erheblichen Verletzungen führen können. Allerdings sollte man hierbei immer bedenken, daß die Bestrafungsinstanz (Lehrer oder Eltern) aus der Sicht der Schüler generell negative oder aversive Stimulusqualitäten annehmen kann. Kinder, die ihren Lehrer oder ihre Eltern „hassen" oder ihnen aus dem Weg gehen, liefern ein charakteristisches Beispiel für Reaktionen auf ein negativ oder aversiv besetztes Stimulusobjekt, das diese negativen oder aversiven Eigenschaften offensichtlich aufgrund häufig angesetzter Bestrafung erworben hat. Darüber hinaus können sich solche ausgeprägten Gefühle von Haß oder Ablehnung durch Generalisierungsprozesse auf ein bestimmtes Unterrichtsfach oder alles, was mit der Schule zu tun hat, übertragen (vgl. den obigen Abschnitt über Reizgeneralisierung). Derartige Generalisierungsprozesse können sich in einer Reihe von negativen Verhaltensweisen niederschlagen: Abschreiben und „Spicken", Schule schwänzen, häufige Ausreden und Lügen im Unterricht, Verpetzen von Klassenkameraden und „sich drücken", wo immer es geht. All dies sind Verhaltensweisen, mit denen der Schüler versucht, Bestrafungen zu vermeiden und sie treten häufig im Zusammenhang damit auf, daß ein Schüler ständig etwas falsch macht, versagt, „erwischt" worden ist oder durch abweichendes Verhalten aufgefallen ist (vgl. *Becker, Engelmann* und *Thomas,* 1971, S. 156). Alles in allem gesehen, stellt die Bestrafung im Unterricht eine Waffe dar, die für den Lehrer ebenso riskant sein kann wie für den Schüler unangenehm. Ihr Einsatz sollte deshalb sehr gut überlegt und sorgfältig begründet sein.

Richtiger Einsatz von Strafe

Wenn Bestrafung im Unterricht unter bestimmten Umständen gerechtfertig ist, wie sollte sie dann eingesetzt werden? Die Ergebnisse zahlreicher Untersuchungen zu dieser Frage legen nahe, daß Bestrafung am wirksamsten ist, wenn sie *(a)* unmittelbar auf das Verhalten erfolgt, das bestraft werden soll; *(b)* keine Ausweich- oder Fluchtmöglichkeiten zuläßt; *(c)* so intensiv wie nötig ist; und vor allem *(d)* dem Schüler eine alternative Reaktion zur Verfügung steht, das heißt, daß er weiß, wie er sich hätte verhalten sollen, um der Strafe zu entgehen – und auch in der Lage ist, dieses Verhalten auszuführen (dazu gehört, daß der Schüler weiß, was er falsch gemacht hat und warum er bestraft worden ist). Wann immer dies möglich ist, sollte darüber hinaus, bevor zu einer tatsächlichen Bestrafung geschritten wird, versucht werden, das gleiche Resultat mit einer Warnung zu erreichen. Wenn allerdings die Warnung ein Verhalten nicht unterdrückt, sollte sie bestraft werden. Bei beständiger Anwendung wird durch dieses Verfahren eine Warnung derart wirksam werden, daß die Notwendigkeit für eine fortlaufende Bestrafung entfällt. Kurz gesagt, Bestrafung vom Typ 1 kann ein wirksames Mittel zur Verhaltensmodifikation darstellen, aber sie muß mit großer Sorgfalt eingesetzt werden, sonst richtet sie mehr Schaden an als durch sie Positives erreicht wird.

Bestrafung II. In der Schule ist eine andere Form der Bestrafung eher annehmbar. Diese Bestrafungsform des Typs 2 in Abbildung 12-1. Sie besteht darin, eine positive Verstärkung abzubrechen und hat zwei Erscheinungsformen – „Auszeit" und „Folgekosten".

„Auszeit"

1. *Auszeit* („time out") ist ein Verfahren, bei dem wir Schülern eine Verstärkung vorenthalten (... ihnen eine „Auszeit" vorschreiben), wenn sie bestimmtes unerwünschtes Verhalten zeigen (*Hall* u. *Hall*, 1980). Wir können einem Schüler die Gelegenheit vorenthalten, einen Film oder ein Fernsehprogramm anzuschauen, an einem Projekt im Werkunterricht weiterzuarbeiten, an einer Sportveranstaltung teilzunehmen usw. Diese Art von Bestrafung scheint oft deswegen annehmbarer zu sein, weil es nicht notwendig ist, aversive Stimuli oder Ereignisse ins Spiel zu bringen. Es ist dazu lediglich notwendig, dem Schüler positive Stimuli oder Ereignisse vorzuenthalten. Darüber hinaus muß bedacht werden, daß physische Bestrafung (Typ 1) dem heutigen Verständnis von gutem Lehrerverhalten zuwiderläuft und den Lehrer als ein Vorbild für aggressives Verhalten hinstellt.
2. *Folgekosten* („response cost") ist die zweite Variante des Bestrafungstyps 2. Sie beinhaltet den kontingenten Entzug bestimmter Verstärker. Der Elfmeter beim Fußball, als Folge eines vorangegangenen Fouls, ist ein Beispiel für das Folgekostenprinzip. Eine einmal erworbene Verstärkung wird als Folge unangemessenen Verhaltens nicht weiter gewährt. Zur Bestrafung dagegen gehört die Konfrontation mit einem aversiven Ereignis als Folge eines unangemessenen Verhaltens. Wenn man bei Rot über die Kreuzung geht und dafür ins Gefängnis kommt, ist das ein Beispiel für Bestrafung. Wenn man für dieses Vergehen fünf Mark zahlen muß, ist das ein Beispiel für Folgekosten – die Beseitigung oder der Entzug von bereits erworbenen Verstärkern. **„Folgekosten"**

   Ein Beispiel für Folgekosten als Kontrolle unerwünschten Verhaltens im Unterricht ist es, bereits erworbene Belohnungen („Tokens") wieder einzuziehen. Oder wenn der Lehrer eine bereits gegebene Zusage (z.B.

„keine Hausaufgaben") zurücknimmt, weil die Klasse während seiner kurzen Abwesenheit nicht die Aufgaben im Arbeitsheft gelöst, sondern „getobt" hat. *Abrahamson* u. *Crocker* (1978) berichten von einer geschickten Folgekostenbestrafung von sechs Schülern, die den Unterricht erheblich gestört hatten. Sie wollten sich nie auf ihre Plätze begeben, wenn sie dazu aufgefordert wurden, und mußten gelegentlich regelrecht dazu gezwungen werden. Der Lehrer hatte eine große Stoppuhr zur Verfügung, die immer mit der Aufforderung, sich hinzusetzen, gestartet wurde. Dann hatten die Schüler zehn Sekunden Zeit, sich auf ihre Plätze zu begeben. Wenn sie länger dazu brauchten, wurde ihnen diese Zeit von der Mittagspause abgezogen. Mit diesem Folgekostenverfahren konnte das unerwünschte Verhalten der Schüler innerhalb kürzester Zeit fast völlig eliminiert werden. Ein weiteres Verfahren wurde vor kurzem von *Rappaport* et al. (1982) vorgestellt. Sie arbeiteten in einem Versuch mit zwei Jungen, denen bis dahin ein Medikament zur Kontrolle ihrer Hyperaktivität verabreicht worden war. Sie stellten fest, daß die Aufmerksamkeit der Jungen im Unterricht und die Erfüllung von schulischen Aufgaben dadurch gesteigert werden konnte, daß man ihre Freizeitaktivitäten einschränkte, wann immer sie ihre Schulaufgaben nicht erledigten. Mit diesem Folgekostenverfahren konnte man ihre Hyperaktivität weitaus wirksamer kontrollieren als mit dem Medikament.

Argumentieren als alternative zur Bestrafung. Und wie steht's mit guten Worten, möchte man jetzt vielleicht fragen. Kann man nicht mit einem Schüler über sein Verhalten vernünftig reden? Die Antwort heißt ja. Man sollte es auch mit reinen Vernunftmitteln versuchen, Verhalten zu ändern. Denn in bestimmten Situationen hat man auch damit Erfolg. Allerdings hat eine Untersuchung über Argumentationstechniken zur Verhaltensunterdrückung gezeigt, daß „Kinder auf Argumentieren nur reagieren, um Angst zu unterdrücken oder um nicht bestraft zu werden. Wer sich [als Lehrer] ... aufs Argumentieren als einzige disziplinarische Maßnahme verläßt, kann nicht damit rechnen, daß der Schüler als Reaktion darauf mit Verhaltensunterdrückung reagiert. Argumentieren hinterläßt nur dann eine Wirkung, wenn der betreffende Schüler zuvor häufig bestraft worden ist (*Walters* u. *Grusec,* 1977, S. 207).

Was tun, wenn Strafen keinen Erfolg haben?

Was sollte der Lehrer tun, wenn gute Worte und eine erlassene Strafe keine Folgen haben und der Schüler weiterhin unerwünschtes Verhalten zeigt? Der Lehrer kann noch einmal einige Möglichkeiten wirksamer Bestrafungstechniken zu Rate ziehen, die wir oben vorgestellt haben, insbesondere Unmittelbarkeit. Konsistenz und Unausweichlichkeit der Bestrafung, und die Verfügbarkeit alternativer Verhaltensmöglichkeiten. Trägt die Bestrafung unfreiwillig dazu bei, das Bedürfnis des Schülers nach Aufmerksamkeit zu befriedigen? Wenn das der Fall ist, sollte man vielleicht das unerwünschte Verhalten einfach ignorieren. Ist die Bestrafung streng genug im Verhältnis zu dem Grad der Unerwünschtheit oder Gefährlichkeit des Verhaltens, das eliminiert werden soll? Gibt es parallel zur Bestrafung eine mögliche positive Verstärkung, wie z. B. Aufmerksamkeit oder Lob von anderen Schülern, die die Wirkung der vom Lehrer auferlegten Strafe ausschaltet? Gibt es in der Bestrafungssituation attraktive Alternativen, die den Schüler veranlassen könnten, eine positive Verstärkung zu erlangen bzw. eine Strafe zu umgehen? Wenn wir einen Schüler bestrafen, wenn er andere schlägt, sollten wir ihn häufig genug dann verstärken, wenn er es gerade nicht tut. Wenn wir Bestrafungstechniken des zweiten Typs verwenden, sollten wir dem Schüler erklären, was er tun muß, bevor er Dinge tun darf, die ihm Spaß machen.

Was tun, wenn zu häufig bestraft werden muß?

Wer als Lehrer das Gefühl hat, ständig bestrafen zu müssen, der sollte die gesamte Unterrichts- und Lernsituation genau überprüfen. Was war die Ursache für das Verhalten, welches eine Strafe des Lehrers nach sich zog? Sind die Aufgaben zu schwierig oder zu langwierig? Sind sie langweilig oder haben sie keinen Bezug zu den Interessen und Bedürfnissen der Schüler? Wird dem Bedürfnis des Schülers nach Bewegung und Betätigung entsprochen? Auf der Suche nach den zugrundeliegenden Faktoren stößt man unter Umständen auf viele andere Konzepte und Prinzipien der Pädagogischen Psychologie. An dieser Stelle wollen wir nur andeuten, daß der Lehrer ständiges Bestrafen als ein Symptom dafür ansehen sollte, daß etwas mit seinen eigenen Verhaltensweisen und Methoden oder mit der ganzen schulischen Situation nicht stimmt, und daß er als Pädagoge diese Unstimmigkeit als Herausforderung betrachten sollte. Wenn er sich dieser Herausforderung stellt, wird sich das Bedürfnis, bestrafen zu müssen, vermindern.

12.7 Operantes Konditionieren: ethische Probleme

Das Wissen um die Möglichkeiten des Lernens durch operantes Konditionieren im Humanbereich wirft eine Reihe von ethischen Problemen auf, die den tatsächlichen Einsatz von operaten Konditionierungsmethoden im Unterricht betreffen. Solche Methoden repräsentieren nach der Meinung mancher Kritiker Manipulation und Kontrolle. Die Befürworter dieser Methoden halten dem entgegen: ist es nicht gerade die Aufgabe des Lehrers, die Unterrichtssituation und die gesamte schulische Umgebung für die Schüler so zu arrangieren und zu manipulieren, daß bestimmte Lernprozesse erfolgen können?

Die Bedeutung unseres Wissens über die Möglichkeiten operanten Konditionierens geht weit über das Tierexperiment und auch über das Klassenzimmer hinaus. In seinem Bestseller *Beyond Freedom and Dignity* (1971) untersuchte *B. F. Skinner* zum Beispiel die Anwendungsmöglichkeiten des operanten Konditionierens auf Problembereiche wie die Veränderung der menschlichen Gesellschaft und die Schaffung von besseren, menschlicheren Lebensbedingungen.

Wann ist operantes Konditionieren gerechtfertigt?

Für viele Formen des Lernens scheint der Einspruch gegen die Verwendung von operanten Konditionierungsmethoden ungerechtfertigt zu sein. Wenn durch den Einsatz von Konditionierungsmethoden ein Kind vom Bettnässen befreit wird (vgl. *Lovibond,* 1964), die extreme Vermeidung jeglicher sozialen Interaktion bei autistischen Kindern beseitigt wird (vgl. *Lovaas, Schaeffer* u. *Simmons,* 1965), körperliche Aggression von Kindern im Vorschulalter abgebaut wird (vgl. *Brown* u. *Elliot,* 1965), oder das Stottern bei Kindern beseitigt wird (vgl. *Goldiamond,* 1965) – dann wird wohl kaum jemand den Einwand einer Verhaltensmanipulation vorbringen. Wenn ein Kind sich ändert, so daß es häufiger erwünschte Verhaltensweisen zeigt und weniger häufig unerwünschte, und zwar durch Manipulation von Verstärkungen entsprechend den Prinzipien des operanten Konditionierens, dann sind Eltern und Lehrer einfach froh, wenn sie sehen, daß unerwünschte Verhaltensweisen verschwinden und wünschenswerten Platz machen. Sie fragen nicht nach den ethischen Problemen, die sich mit den Methoden der Verhaltensänderung verbinden. Wenn operante Konditionierungsmethoden dazu verwendet werden, die Hyperaktivität eines Kindes in der Schule zu verringern, so daß es auf seinem Stuhl sitzen bleibt und dadurch vom Unterricht profitiert, wird fast jeder zustimmen, daß solche Methoden ein gerechtfertigtes Mittel zur Erreichung eines angemessenen Ziels darstellen. Wenn allerdings dieselben Methoden dazu verwendet werden, den *normalen* Aktivitätsgrad einer Schulklasse einzuschränken, nur weil sie den Lehrer „nervös" macht, dann meinen auch wir, daß hier diese Techniken mißbraucht werden. Der jeweilige Zweck, zu dem operante Konditionierungsmethoden verwendet werden, bestimmt ihren ethischen Wert.

Technik, Zweck und ethischer Wert

Niemand widerspricht, daß ein Einsatz von Konditionierungsmethoden im Unterricht nicht wünschenswert erscheint, wenn sie dazu dienen, unannehmbaren Zwecken Vorschub zu leisten. Wir können nur unsere Zustimmung bekunden, daß ein in diesem Sinne unerwünschtes Verhalten weder durch Konditionierungsmethoden noch durch irgendeine andere Methode vermittelt werden sollte. Unter dieser Perspektive gesehen, besteht das eigentliche Problem darin zu entscheiden, ob die Zwecke, die mit einer bestimmten Lehrmethode verfolgt werden, unter ethischen Gesichtspunkten annehmbar sind oder nicht.

Die meisten Einwände erfolgen, wenn operante Konditionierungstechniken dazu benutzt werden, Einstellungen, Werte, Meinungen und Kenntnisse zu verändern, von denen man annimmt, daß sie sich auf rationale, intellektuelle Prozesse gründen sollten, statt auf die „irrationalen" Prozesse des operanten Konditionierens. Der Prozeß, der dazu führt, daß eine Person einen liberalen oder konservativen Standpunkt vertritt, sollte das Resultat von logischen Schlußfolgerungen auf einer korrekten Informationsgrundlage sein. Wir bekommen eine Gänsehaut, wenn wir uns vorstellen, daß die politischen Ansichten eines Menschen durch Konditionierungsprozesse „geformt" worden sind, von denen er nichts weiß und die er nicht kontrollieren kann. Solche Techniken riechen nach Gehirnwäsche. Warum nehmen wir an, daß es erstrebenswerte Verhaltensweisen gibt, die *nicht* durch Konditionierungsprozesse herausgebildet werden sollten? Und welche Kriterien verwenden wir, um über eine solche Einschränkung des Anwendungsbereiches zu entscheiden?

Rationale Prozesse und operantes Konditionieren

Eines dieser Kriterien besteht darin, wann immer angestrebte Verhaltensweisen und Einstellungen über rationale Prozesse erreicht und gerechtfertigt werden können, solche Prozesse einzusetzen und nicht auf operante Konditionierungsmethoden zurückzugreifen. Natürlich können wir ein Kind dazu konditionieren, „2 + 2 = 4" oder „die Demokratie ist das beste Regierungssystem" zu sagen. Aber wir sollten in diesem Fall lieber Informationen und Instruktionen anbieten, die das Kind dazu führen, durch eigene Überlegungen festzustellen, wieviel 2 + 2 ist und was Demokratie bedeutet. Solche Lehr- und Lernprozesse, die manchmal unter dem Begriff „reflexives Denken" (*Metcalf,* 1963) zusammengefaßt werden, gründen auf der Annahme, daß der Mensch ein rationales Wesen ist, und wenn man ihn irrational behandelt, dann verstößt man gegen ein moralisches Prinzip. Also muß der Lehrer, wenn er nicht gegen moralische Prinzipien verstoßen will, den Verstand des Schülers wecken. Bloße Verhaltensänderung ist nicht genug für den Lehrer. Die Veränderung muß, sowohl von seiten des Lehrers als auch des Schülers, gewollt werden, und ihre Grundlagen müssen rationale Prozesse sein. Nach diesem Modell „... ist es die Hauptaufgabe des Lehrers sicherzustellen, daß die Schüler die Gründe für eine Einstellungs- oder Verhaltensänderung, die bei ihnen eintritt, erkennen und annehmen" (*Nuthall* u. *Snook,* 1973, S. 66). Unterrichten ist also etwas anderes als Einüben und Konditionieren, wo nur gerade die jeweiligen konkreten Handlungsweisen im Mittelpunkt der Aufmerksamkeit stehen und nicht die Überzeugung und das vernunftgeleitete Tun. Wir wollen nicht, daß Schüler als Folge einer operanten Konditionierung patriotisch, altruistisch und demokratisch werden. Statt dessen bestehen wir darauf – ausgehend von unserem Verständnis menschlicher Freiheit und Würde –, daß die Schüler solche Ziele durch Abwägen der jeweiligen Gegebenheiten und durch Reflexion über ihre Bedeutung erreichen.

Bewußte Wahrnehmung und Kooperation von Schülern beim Konditionieren

Ein zweites Kriterium, auf dessen Grundlage wir entscheiden können, wann erstrebenswerte Unterrichtsziele den Einsatz von Konditionierungsverfahren nicht rechtfertigen, ist das Ausmaß der bewußten Wahrnehmung, die ein Schüler von einem ihn betreffenden Konditionierungsprozeß hat. Unter ethischen Gesichtspunkten muß bei einer Anwendung von Konditionierungsmethoden im Unterricht 1. die Kooperation des Schülers gesichert sein; und 2. sollte er bewußt wahrnehmen, daß diese Methoden dazu eingesetzt werden, sein Verhalten zu verändern. (In vielen Fällen setzt eine effektive Konditionierung die willentliche Mitarbeit eines Schülers notwendigerweise voraus.) Diese Voraussetzungen können jedoch nur dann gemacht werden, wenn bei den Schülern hinreichende Fähigkeiten zu rationalem Verhalten gegeben sind. Bei Kindern bis zu einem gewissen Alter oder geistig zurückgebliebenen Kindern müssen andere entscheiden, ob der Einsatz von Konditionierungsverfahren unter ethischen Gesichtspunkten zu vertreten ist oder nicht.

Verhaltensorientierter Humanismus – humanistisch orientierte Verhaltenstheorien

In der letzten Zeit haben sich verhaltenstheoretische und humanistische Positionen einander angenähert und sind eine gewisse Verbindung miteinander eingegangen (vgl. etwa *Thoresen,* 1972). Operante Techniken werden dazu eingesetzt, bei Personen, die sich durch eigenes Verhalten in ihrem Freiheits- und Entscheidungsspielraum selbst eingeengt haben, Selbstregulationsmechanismen zu entwickeln. Unangenehme Angewohnheiten mancher Personen, unter denen diese erheblich gelitten hatten, ohne sich davon befreien zu können, konnten durch den Einsatz von Konditionierungsverfahren eliminiert werden. Der Einsatz von Konditionierungsverfahren war diesen Personen dabei nicht nur voll bewußt; sie haben sie vielmehr auch *selbst* angewendet, waren also sozusagen ihr eigener Therapeut. So kann zum Beispiel mangelndes

Selbstbewußtsein, unter dem viele Menschen leiden, weil sie sehen, daß es ihr soziales Verhalten behindert, oftmals nicht durch rein rationale Prozesse abgebaut werden, durch das Üben von „Willenskraft" oder ähnlichen „freien" und „würdigen" Methoden. Dennoch würden wir es nicht gutheißen, wenn ein solches Verhalten durch Methoden beseitigt würde, deren Einsatz der einzelne nicht bewußt wahrnimmt und mit denen er nicht einverstanden ist.

Intrinsische und extrinsische Verstärkung

Ein drittes Kriterium, das manchmal bei der Beurteilung von Konditionierungsmethoden herangezogen wird, ist die Forderung, daß weitgehend solche Methoden Anwendung finden sollten, die sich auf sogenannte „intrinsische" Belohnungen und Anreize stützen. Belohnungen oder Anreize werden als „intrinsisch" bezeichnet, wenn sie als ganz natürlicher Bestandteil einer Lerntätigkeit auftreten und nicht als ein gesondertes Ereignis davon abgetrennt werden können. Wenn ein Schüler etwa eine mathematische Aufgabe richtig löst, wäre eine intrinsische Belohnung dabei sein Gefühl der Befriedigung, ein mathematisches Prinzip richtig angewendet zu haben. Viele Pädagogen meinen, daß intrinsische Belohnungen den extrinsischen überlegen sind, weil letztere (wie etwa Lob, gute Noten, Geld) das Lernen entwürdigen. Die meisten Befürworter von Konditionierungsverfahren jedoch entgegnen darauf, daß intrinsische Belohnungen im Anfangsstadium des Lernprozesses für den Schüler oft unerreichbar sind. Intrinsische Belohnungen stellen sich häufig einfach deshalb nicht ein, weil der Lernende die dafür notwendigen angemessenen Verhaltensweisen noch nicht oder nur in Ansätzen ausführen kann. Sollte der Schüler deshalb ohne eine Verstärkung bleiben? Oder sollte man ihn mit einer extrinsischen Verstärkung belohnen, die dazu führt, daß bei seinen weiteren Reaktionen eine graduelle Annäherung an das angestrebte Endverhalten eintritt? Die Antwort auf diese Frage sollte davon abhängig gemacht werden, was sich in der jeweiligen Situation durchführen läßt und Erfolg hat. Wir sollten nicht auf intrinsische Verstärkung setzen, wenn wir erkennen, daß ein Schüler dadurch anhaltende Frustrations- und Mißerfolgsgefühle entwikkelt. Wenn intrinsische Verstärkungen Erfolg haben, um so besser. Wenn sie keinen Erfolg haben, sollte auf extrinsische Belohnungen zurückgegriffen werden.

Von einigen Pädagogen ist der Vorwurf der „Bestechung" gegen die Anwendung positiver extrinsischer Verstärkung erhoben worden. Aber Bestechung heißt, Belohnungen benutzen, um jemanden dazu zu bringen, etwas Unehrliches oder Unfaires zu tun. Wenn eine positive extrinsische Verstärkung dazu verwendet wird, um ehrliches und erstrebenswertes Verhalten zu fördern, und zwar unter bewußter Wahrnehmung und Kooperation des Schülers, kann man dies nicht als Bestechung bezeichnen. Wir glauben übrigens auch, daß die meisten Lehrer wahrscheinlich nicht unterrichten würden, wenn sie nicht dafür bezahlt würden. Sollten wir bei Schülern Verhaltensweisen erwarten, die „edler" und selbstloser sind als die von ihren Lehrern?

Selbstverstärkung und Unabhängigkeit

Ein weiterer Einwand gegen die Verwendung operanten Konditionierens im Unterricht geht davon aus, daß ein Schüler dadurch von anderen abhängig wird und seine Unabhängigkeit untergraben wird. Dabei wird jedoch übersehen, daß Schüler lernen können, sich selbst zu verstärken und dadurch von einer äußeren Verstärkungsinstanz unabhängig werden können. Außerdem kann die

Abhängigkeit von ganz bestimmten Verstärkungen (etwa Anerkennung durch den Lehrer), wann immer dies nötig erscheint, ausgeblendet werden zugunsten von bestimmten neuen Verstärkungen (etwa Anerkennung durch die Klassenkameraden). Schließlich können Schüler auch lernen, ein stabiles Verhaltensmuster bei einer nur sehr geringen Verstärkungsquote zu zeigen.
Kurz gesagt, obwohl die in diesem Abschnitt angeschnittenen Probleme sehr komplex sind und nicht alle Pädagogen und Psychologen mit uns übereinstimmen, halten wir den Schluß für gerechtfertigt, daß Konditionierungsverfahren unter Berücksichtigung von ethischen Gesichtspunkten im Unterricht Anwendung finden können. Wenn solche Verfahren mit Überlegung angewendet werden, sind sie für den Lehrer eine wirkungsvolle und menschliche Methode, um das Verhalten von Schülern auf ein angestrebtes Ziel hin zu verändern.

12.8 Zusammenfassung

In diesem Kapitel sind einige Konzepte und Prinzipien aus dem Bereich des operanten Konditionierens und seiner praktischen Anwendungsmöglichkeiten dargestellt worden. Wir haben uns mit positiver und negativer Verstärkung befaßt, mit Verstärkungsplänen und dem *Premack*-Prinzip. Der „Kontingenzvertrag“ zwischen Lehrer und Schülern ist eine Technik, in der das *Premack*-Prinzip eine praktische Anwendung erfährt und die dazu eingesetzt werden kann, die Schülerleistung anzuheben und zu festigen und erwünschtes Verhalten in der Klasse herauszubilden. Zu einer „Stimuluskontrolle“ von operanten Reaktionen kommt es, wenn eine Verstärkung nur nach bestimmten Hinweisreizen erfolgt, die den angemessenen Zeitpunkt für eine Reaktion signalisieren, und ausbleibt, wenn solche Hinweisreize fehlen. Reizdiskrimination und Reizgeneralisierung sind zwei gegensätzliche Prozesse, die in Verbindung miteinander eine Voraussetzung für das Lernen von Begriffen und Konzepten darstellen. Verstärkung ist zweifellos das Schlüsselkonzept der Verhaltensmodifikation. Welche Verstärkungsarten eingesetzt werden sollten, in welchem Ausmaß und zu welchem Zeitpunkt usw., sind Fragen von grundsätzlicher Bedeutung, wenn wir ein Verhalten durch operantes Konditionieren verändern wollen. Sie haben gesehen, wie das Aussetzen von Verstärkungen zur Extinktion oder „Löschung“ eines bestimmten Verhaltens führt. Und Sie haben auch gesehen, daß Verhaltensänderungen zwar auch durch Bestrafung eintreten können, obwohl Bestrafungstechniken – insbesondere, wenn sie auf Bestrafung vom Typ 1 basieren – für den Lehrer eine zweischneidige Sache darstellen und unter ethischen Gesichtspunkten abzulehnen sind.
Schließlich haben wir die ethischen Probleme, die sich aus der Anwendung von operanten Konditionierungsverfahren im Unterricht ergeben können, näher betrachtet. Wir sind zu dem Schluß gekommen, daß Konditionierungsverfahren für den Lehrer in bestimmten Situationen unter ethischen Gesichtspunkten vertretbar sind, und in anderen nicht – und daß die Beurteilung des Zweckes, zu dem solche Verfahren jeweils eingesetzt werden, über ihre Vertretbarkeit entscheidet. Operantes Konditionieren kann Lehrern eine Hilfe sein, besser zu lehren; und es kann Schülern helfen, besser (und mehr) zu lernen.

Kapitel 13

Die kognitive Verarbeitung von Information

13.1 Überblick

In Kapitel 12 haben wir eine Reihe von Vorstellungen und Grundsätzen dargestellt, die für das Lernen generell von Bedeutung sind. Diese Vorstellungen und Grundsätze waren aus der Theorie des operanten Konditionierens abgeleitet, mit der man zu erklären versucht, wie Lernen überhaupt abläuft. In diesem Kapitel werden wir uns mit Ansätzen befassen, die eine ganz bestimmte Art des Lernens verständlich machen wollen, nämlich das kognitive Lernen, insbesondere das kognitive Lernen von bedeutungshaltigem verbalen Material. Bei dieser Form des Lernens gibt es Phänomene, zu deren Verständnis die Theorie des operanten Konditionierens nicht besonders viel beitragen kann. Da die Tätigkeit des Lehrers häufig darin besteht, den Schülern Tatsachen, Konzepte, Prinzipien und Fertigkeiten zu vermitteln, die in unserer Kultur von Bedeutung sind, sollte der Lehrer auch wissen, wie bedeutungshaltiges verbales Material gelernt wird. Ein charakteristisches Merkmal der Forschung über diese Form des Lernens ist, daß man nicht darauf abzielt, Lernen schlechthin durch eine einzige, integrierte Theorie zu erklären, sondern daß man sich darauf konzentriert hat, die kognitiven Prozesse zu verstehen und zu beschreiben, die beim Lernen von bedeutungshaltigem verbalen Material eine Rolle spielen: Aufmerksamkeit, Gedächtnis, Gedankenstrukturierung, Übung, Vergessen, Wiedererinnern und Sinnstiften. Es geht uns darum zu wissen, wie Aufmerksamkeit und Gedächtnis funktionieren, denn ein Teil dessen, was wir im Unterricht vermitteln, soll ja beachtet und erinnert werden. – In diesem Kapitel gehen wir also auf die Frage ein, ob Stimuli, die Emotionen, bildhafte Vorstellungen oder symbolische Repräsentationen hervorrufen, besser erinnert werden als Stimuli, bei denen dies nicht der Fall ist. Geht von dem, was wir im Gedächtnis gespeichert haben, jemals etwas unwiederbringlich verloren? Spielt die Anordnung des Unterrichtsstoffes eine Rolle – wird damit den Schülern geholfen, sich besser zu erinnern, was im Unterricht abgelaufen ist? Wie beeinflußt körperliche Betätigung den Lernprozeß? Das heißt, was würde passieren, wenn Sie die Schlüsselbegriffe dieses Kapitels im Verlauf Ihrer Lektüre laut herdeklamieren würden? Vielleicht würde jemand, der dies zufällig hört, Sie für verrückt halten; aber es ist durchaus denkbar, daß Sie dadurch den Stoff dieses Kapitels recht gut behalten. Mit den hier angerissenen Fragen und Phänomenen beschäftigt sich dieses Kapitel.

13.2 Informationsaufnahme und -verarbeitung

Wir werden uns im folgenden auf einen theoretischen Ansatz der Informationsaufnahme und -verarbeitung (*information processing*) stützen, der sich am besten in Anlehnung an das Gedächtnismodell erklären läßt, das in Abbildung 13-1 wiedergegeben ist. Das Modell stellt einen Stimulus an den Anfang eines bestimmten Ereignisses und eine Reaktion an sein Ende, genauso wie bei anderen Lerntheorien. Was weitaus verfeinerter dargestellt ist, sind die hypothetisch gedachten geistigen Prozesse zwischen diesen beiden Endpunkten. Die gestrichelten Linien repräsentieren die Grenze zwischen den inneren kognitiven Ereignissen und der äußeren Welt. An diesem Modell, das wir in Anlehnung an *Houston* (1981) und *Mayer* (1981) erstellt haben, kann man deutlich erkennen, daß physikalische Stimuli wie Licht, Wärme, Druck oder Geräusche von einem Menschen aufgenommen und in seinem sensorischen

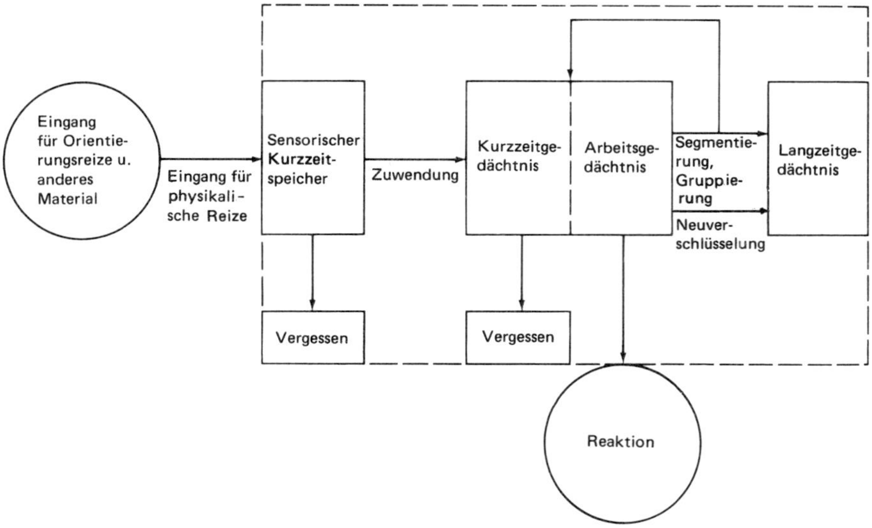

Sensorischer Kurzzeitspeicher:	Kurzzeitgedächtnis:	Arbeitsgedächtnis:	Langzeitgedächtnis:
Die Kapazität dieses Speichers ist wahrscheinlich unbegrenzt. Ein genaues Abbild der sensorischen Information wird während einer sehr kurzen Zeitspanne gespeichert. Der visuelle Speicher nimmt wie eine Kamera „Schnappschüsse" auf, die innerhalb von 0,5 Sekunden wieder ausgeblendet werden. Möglicherweise gibt es für jeden Sinn einen separaten Speicher.	Die Kapazität dieses Speichers ist auf etwa sieben Informationsblöcke begrenzt. Die Information ist nicht mehr im Rohzustand der sensorischen Phase wie beim sensorischen Kurzzeitspeicher. Sie kann durch neue Information abgestoßen werden. Kurzzeitgedächtnis ist bewußtes Gedächtnis: es enthält alles, dessen sich ein Mensch in einem bestimmten Augenblick bewußt ist.	Hat die gleichen Merkmale wie das Kurzzeitgedächtnis. Ist u.U. kein echter Speicher. Es läßt sich mit einem Schmierzettel vergleichen, auf den man sich kurze Notizen macht („Wem schenke ich was zu Weihnachten?").	Ebenso wie der sensorische Kurzzeitspeicher hat dieser Speicher wahrscheinlich eine unbegrenzte Kapazität. Nichts kann durch Vergessen verloren gehen, wenn auch manche Information nicht abgerufen werden kann, weil man sie nicht lokalisieren kann.

Abbildung 13-1. Ein Gedächtnismodell auf der Grundlage von Informationsaufnahme und -verarbeitung

Kurzzeitspeicher (*short-term sensory storage system*) für kurze Zeit festgehalten werden. Wenn eine solche Stimulusinformation eingehendere Beachtung findet, wird sie vom sensorischen Kurzzeitspeichersystem an das Kurzzeitgedächtnis (*short-term memory*) und Arbeitsgedächtnis (*working memory*) weitergeleitet. Eine so gespeicherte Information kann, wenn sie bearbeitet oder enkodiert wird, in diesem System umgewälzt bzw. an das Langzeitgedächtnis (*long-term memory*) weitergeleitet werden. Die besonderen Merkmale dieses hypothetischen Systems werden in Abbildung 13-1 kurz beschrieben; auf sie kommen wir im Verlauf des Kapitels ausführlich zu sprechen.

Die Orientierungsreaktion

Von den Umweltreizen, die auf ein Individuum einwirken, lösen einige eine sogenannte Orientierungsreaktion (OR) aus und andere nicht. Eine Orientierungsreaktion – man könnte auch von einer „Was ist das?"-Reaktion oder Suchreaktion sprechen – erfolgt auf irgendwelche Veränderungen von Stimuli oder auf außergewöhnliche Stimulusmerkmale. Eine Orientierungsreaktion kann von Änderungen der Körperhaltung, Blickrichtungswechsel, charakteristischen Veränderungen im Elektroenzephalogramm, galvanischen Hautreaktionen, Pupillenerweiterung und anderen psychophysiologischen Reaktionen begleitet sein. Eine Katze oder ein Reh, die etwa auf ein Geräusch in ihrer Umgebung ruckartig die Ohren stellen, selbst wenn sie sich in einer Ruhephase befinden, sind ein Beispiel dafür, wie ein Organismus ständig die Umwelt überwacht – und er muß sie überwachen, um zu überleben. Alles Ungewöhnliche ruft eine Orientierungsreaktion hervor. Die Orientierungsreaktion zentriert die Aufmerksamkeit eines Individuums (egal, ob Mensch oder Tier) auf den Stimulus, der die Orientierungsreaktion ausgelöst hat, so daß sich das Individuum entscheiden kann, ob es flüchten oder verharren, sich auf ein Opfer stürzen oder einfach nur den Stimulus genauer beobachten soll.

Seine Aufmerksamkeit auf etwas konzentrieren ist genau das, was der Lehrer von einem Schüler erreichen will, wenn er im Unterricht einen Gedanken zu vermitteln versucht. Frau Schmidt hat größtenteils recht, wenn sie ihrem Peter sagt: „Paß gut auf, sonst lernst du nichts!" Oder, mit den Worten des berühmten Psychologen und Philosophen *William James:*

> Jedermann weiß, was Aufmerksamkeit ist: es ist das geistige Ergreifen in klarer und deutlicher Form, das Ergreifen eines einzigen aus der Anzahl von anscheinend mehreren möglichen Objekten oder Gedankensträngen. Ihr wesentliches Merkmal ist die Zentrierung und Konzentration des Bewußtseins. Dies bedeutet aber auch, daß man sich von bestimmten Dingen abwendet, um sich dafür anderen um so wirkungsvoller zuwenden zu können" (*James,* 1890, S. 403–404).

Aufmerksamkeit kann natürlich durch bewußte Prozesse eines Individuums von innen heraus gesteuert werden. Aber Aufmerksamkeit kann auch durch eine Orientierungsreaktion kontrolliert werden, die das Individuum dazu bringt, seine Aufmerksamkeit auf einen bestimmten Stimulus zu konzentrieren. Solche Aktivierungsphänomene können durch Stimuli hervorgerufen werden, die sich in vier große Kategorien einordnen lassen: Psychophysische

Stimuli, emotionale Stimuli, Stimulusdiskrepanzen und Aufforderungsreize (vgl. *L. Lynn,* 1966; *Day* u. *Berlyne,* 1972).

Die physikalische Qualität von Stimuli

Veränderungen der Intensität, Größe, Farbe oder Tonhöhe sind Stimuluseigenschaften, die eine Orientierungsreaktion hervorrufen können. Beim Frontalunterricht im Klassenzimmer kann zum Beispiel die Veränderung der Tonhöhe des Lehrers eine Orientierungsreaktion bei einem Schüler auslösen. Eine mehrfarbige Grafik in einem Buch kann dasselbe bewirken. Schauspieler und Werbefachleute wenden solche Techniken, die auf der Auslösung von Orientierungsreaktionen beruhen, häufig an; sie haben es gelernt, weil sie ständig mit dem Problem konfrontiert sind, die Aufmerksamkeit ihrer Zuhörer zu fesseln. Auch der Lehrer kann die Intensität und Tonhöhe seiner Sprache verändern, um die Aufmerksamkeit seiner Schüler zu fesseln. Die dynamischen Eigenschaften des Lehrers – seine Körperhaltung, seine Bewegungen und Gesten – sind mitentscheidend dafür, was Schüler aus dem Unterricht aufnehmen (vgl. Kapitel 19).
Wenn der Lehrer etwas an die Tafel schreibt oder schriftliche Unterrichtsmaterialien vorbereitet, kann er die Stimuluseigenschaften des verwendeten Materials durch ungewöhnliche Anordnung, Schreibweise oder verschiedene Formen der Hervorhebung verändern. Zum Beispiel durch:
Ungewöhnliche
Wort-
Stellungen
oder **farbliche Veränderungen**
oder *Veränderungen des Schriftbilds* usw.

Wenn die Veränderungen bei solchen Hervorhebungen nicht allzu komplex sind, können sie den Lernprozeß unterstützen (*Hershberger* u. *Terry,* 1965), vor allem wenn eine solche Veränderung als Orientierungspunkt für Informationen dient, die der Schüler nicht vergessen darf (*Glynn* u. *DiVesta,* 1979). Der Lehrer sollte sich zum Ziel setzen, eine gewisse Variation der Stimuluseigenschaften bei der Präsentation des Unterrichtsstoffes miteinzuplanen.

Die emotionale Qualität von Stimuli

Wie jedermann weiß, wecken manche Stimuli emotionale Reaktionen. Solche Stimuli steigern etwa unsere Pulsfrequenz, sie steigern den Grad unserer Aktivität oder lassen uns den Atem anhalten. Im Unterricht kommen solche emotionalen Reaktionen zwar selten vor, aber sie fehlen nicht gänzlich. Lesestoff, der emotionsgeladene Wörter wie *Töten, Gold* oder *Brennen* enthält, wird schneller gelernt als ein Lesestoff mit eher neutralen Wörtern (*Olson* u. *Pau,* 1966). Wie wir weiter unten sehen werden, sind es vielleicht die unzähligen Vorstellungsmöglichkeiten, die diese Wörter begleiten und die

bewerkstelligen, daß man sie leichter lernt (etwa die auditiven oder visuellen Vorstellungen, die dadurch angeregt werden).
Bei dem sogenannten „Cocktail-Party-Phänomen" – damit ist das Phänomen gemeint, sich im lauten Stimmengewirr einer Cocktailparty auf einen bestimmten Gesprächspartner zu konzentrieren, und dessen Worte aus dem übrigen Stimmengewirr herauszufiltern – tritt eine sofortige Orientierungsreaktion auf, wenn jemand hört, daß in irgendeiner Ecke des Raumes sein Name genannt worden ist. Diese Reaktion erfolgt teilweise aufgrund der emotionalen Reaktion, die jeder mit seinem Namen verbindet. Vielleicht lernen Kinder ihre Namen deshalb leichter lesen und schreiben, weil ihre Namen Orientierungsreaktionen auslösen. Diese mögliche Quelle einer Aktivierung durch emotionale Stimuluseigenschaften legt nahe, im Unterricht bildkräftige Ausdrücke der Umgangssprache usw. einzusetzen, um Orientierungsreaktionen der Schüler hervorzurufen.

Stimulusdiskrepanz

Die Wirkung anderer aufmerksamkeitserregender Stimuli hängt von ihrer Neuartigkeit, ihrer Komplexität, ihrem Überraschungswert oder ihrer Außergewöhnlichkeit usw. ab. Sie ziehen die Aufmerksamkeit auf sich, weil sie irgendwie „nicht in die Situation passen", weil sie von dem, was erwartet wurde, in irgendeiner Form abweichen. Solche Abweichungen von Bekanntem oder Erwartetem sind mit dem Begriff Stimulusdiskrepanz gemeint.
Der „Kontrasteffekt" verdeutlicht solche widersprüchlichen Stimuluseigenschaften: Ein sehr großer Mensch in einer Gruppe normal großer Erwachsener; eine unerwartete Kombination (etwa vier Buben beim Skat); ein klassizistisches Bauwerk inmitten von Wolkenkratzern – sie alle ziehen die Aufmerksamkeit auf sich, weil sie von ihrer Umgebung oder von unseren Erwartungen abweichen.

Stimulus-Diskrepanz im Unterricht

Wann immer ein Lehrer von Stimulus*diskrepanzen* Gebrauch macht, ist es wahrscheinlich, daß eine bestimmte Form von Aufmerksamkeit dadurch geweckt wird. Solche Ungereimtheiten können etwa darin bestehen, daß sich der Lehrer auf den Fußboden und nicht an seinen Tisch setzt, daß er ein Diagramm an der Tafel falsch beschriftet, daß er ein Wort falsch buchstabiert oder eine Rechenaufgabe falsch löst oder daß er widersprüchliche Theorien oder Informationen anbietet. Eine besondere Form von aufmerksamkeitssteigernder Stimulusdiskrepanz, die der Lehrer im Unterricht einsetzen kann, ist

Komplexität

Komplexität als Abweichung von einem einfachen Kontext. So kann er etwa nach mehreren Additionen von zweistelligen Zahlen eine Additionsaufgabe folgen lassen, bei der fünfstellige Zahlen zusammengezählt werden sollen.

Ambiguität

Eine andere Form von Diskrepanz ist Stimulus*ambiguität.* Ein Beispiel hierfür wäre, wenn der Lehrer im Unterricht eine Landkarte mit vielen Details aber ohne Städte vorlegt, und er die Schüler raten läßt, wo sich Städte entwickelt

Inkongruenz

haben könnten. *Inkongruenz* schließlich ist eine dritte Form von Stimulusdiskrepanz. Wenn ein Lehrer einen „Fliegenden Fisch" bespricht oder ein Säugetier, das Eier legt (also das Schnabeltier), oder wenn er auf einen

Schneesturm am Äquator (in den Anden von Ecuador) zu sprechen kommt, dann verwendet er Inkongruenz des Stimulusmaterials, um die Aufmerksamkeit von Schülern zu wecken. Gemeinsam ist diesen verschiedenen Formen der Stimulusdiskrepanz, daß sie gewöhnlich zu einer erhöhten Aufmerksamkeit führen.

Der Aufforderungscharakter von Stimuli

Aufforderungsreize

Aufforderungsreize (*manding stimuli* oder *mands*) sind verbale Stimuli mit einem Aufforderungs- oder Befehlscharakter, die mit hoher Wahrscheinlichkeit dazu führen, daß ein Individuum, an das sie gerichtet sind, der darin ausgedrückten Aufforderung nachkommt (vgl. *Skinner,* 1957). Wenn jemand **„Halt!“** ruft, unterbrechen die meisten Personen normalerweise ihre Tätigkeit, um den Grund für diesen Ausruf festzustellen oder um sich zu versichern, ob weitere Anweisungen oder zusätzliche Informationen folgen. Der Lehrer hat gewöhnlich einen ganzen Satz solcher verbalen Aufforderungsreize, die einen Aktivierungswert für Schüler besitzen, parat. Er kann sagen „was nun kommt, ist sehr wichtig“ oder „paßt genau auf“ oder „jetzt hört mal gut her ...“ oder „schaut euch das an!“. Dies sind Aufforderungsreize, die alle mit ziemlicher Wahrscheinlichkeit eine bestimmte Konsequenz haben – die Aufmerksamkeit der Schüler wird sich auf das richten, was gerade geschieht.

Merke:

Im Verhaltensrepertoire des Lehrers sollte sich auch eine Reihe von Verhaltensweisen finden, deren Funktion darin besteht, die Aufmerksamkeitsprozesse von Schülern zu steuern. Der Lehrer kann sich dabei auf das Wissen über den Aktivierungswert von bestimmten Stimuluseigenschaften stützen – deren Intensität und Qualität (also ihre physikalische Beschaffenheit), deren emotionaler Wirkung, deren Aufforderungscharakter und deren problemstiftenden Anregungswert. Aber er sollte auch wissen, daß er diese aufmerksamkeitserregenden Stimuli nur sparsam einsetzen darf. Alle Möglichkeiten, Aufmerksamkeit zu wekken, haben ein Problem gemeinsam. Der Schüler kann sich mit der Zeit an Stimuli, die Orientierungsreaktionen hervorrufen, anpassen. Eine sehr häufige Verwendung von Aufforderungsreizen läßt sie ihre Wirkung auf die Schüler verlieren. Wenn das Ungewöhnliche allzu häufig bemüht wird, kann es sehr schnell zu etwas ganz Gewöhnlichem werden. Der Schüler kann sich an den wechselnden Tonfall und die wechselnde Lautstärke der Lehrerstimme gewöhnen. Er kann seine emotionale Reaktion auf Wörter wie *Mörder* verlieren, wenn sie allzu häufig vorkommen. Techniken zur Auslösung der Orientierungsreaktion sollten nur dann eingesetzt werden, wenn es gilt, die Aufmerksamkeit auf wichtige Informationen oder Ereignisse zu lenken.

13.3 Kurzzeitgedächtnis und Vergessen

Wir gehen jetzt noch einmal genauer auf den in Abbildung 13-1 beschriebenen Weg der Informationsspeicherung ein. Wir nehmen an, daß ein Ereignis in der physikalischen Welt in den sensorischen Kurzzeitspeicher aufgenommen und dort bearbeitet worden ist. Wenn bestimmte Stimuli beachtet werden, geht eine Information, die diese Stimuli repräsentiert, weiter an das Kurzzeitgedächtnis bzw. das Arbeitsgedächtnis. Im Kurzzeitgedächtnis werden Informationen gespeichert, die nur für einige wenige Sekunden verfügbar sein müssen. Eine Telefonnummer etwa, die wir gerade nachgeschaut haben und von der wir wissen, daß wir sie nicht nochmal brauchen, wird hier gespeichert und nach ihrem Gebrauch sofort wieder vergessen.
Wie rasch im Kurzzeitgedächtnis gespeicherte Informationen wieder vergessen werden, zeigt uns ein Experiment von *Peterson* (1966), dessen Ergebnisse in Abbildung 13-2 grafisch dargestellt sind. Die Versuchspersonen in diesem Experiment lernten bedeutungslose Trigramme (Gruppen von drei Buchstaben), wie zum Beispiel XJR und YGM. Anschließend wurde die Behaltensleistung unter verschiedenen Bedingungen gemessen. Wenn sie die Trigramme unmittelbar nach dem Erlernen wiederholen sollten, konnten sich die meisten Versuchspersonen an etwa 88% erinnern. Wenn eine unmittelbare Wiederholung ausgeschaltet war (nach dem Lernen der Trigramme mußten die Versuchspersonen Zahlenreihen aufsagen), konnten bereits nach drei Sekunden nur noch 62% der Trigramme wiedergegeben werden. Eine weitere Gruppe konnte nach sechs Sekunden Unterbrechung durch eine andere Tätigkeit nur noch 41% erinnern und eine letzte Gruppe nach achtzehn Sekunden gerade noch 15%. Dieser Versuch zeigt, daß eine Information, die im Kurzzeitgedächtnis bzw. im Arbeitsgedächtnis gespeichert wird, sehr schnell wieder vergessen wird, wenn nicht irgendetwas mit ihr geschieht.
Ein gutes Beispiel dafür, wie leicht wir bestimmte Merkmale von Dingen vergessen, mit denen wir schon tausendmal umgegangen sind, ist bei *Nickerson*

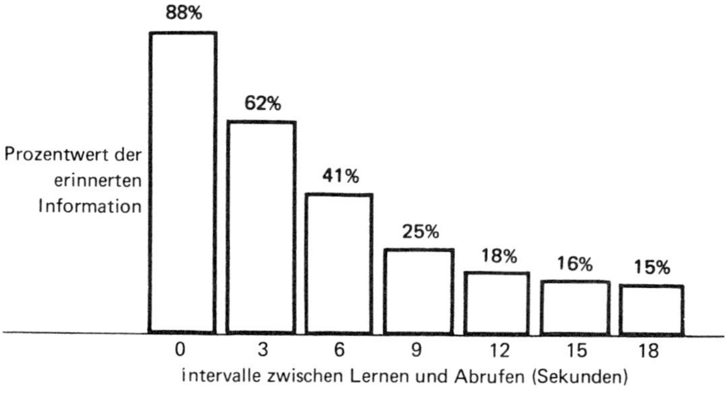

Nach *Peterson* u. *Peterson* (1959)

Abbildung 13-2. Erinnerte Information nach unterschiedlich langen Pausen zwischen Lernen und Abrufen von bedeutungsleeren Trigrammen.

u. *Adams* (1979) zu finden. In ihrem Versuch gaben Sie den Versuchspersonen folgende Anweisung: „Zeichnen Sie in die untenstehenden Kreise einen Pfennig." Bevor Sie weiterlesen, versuchen Sie das bitte auch einmal.

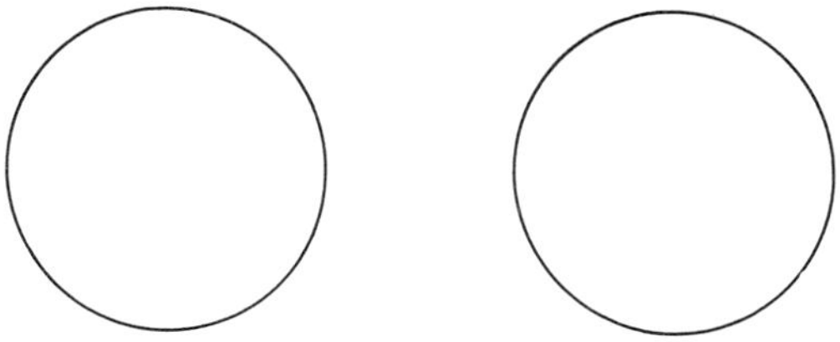

vorne hinten

In diesem Experiment können sieben Merkmale eines Pfennigs bewertet werden: vorne vier („zwei Ähren", „1", „Pfennig" und ein Buchstabe) und hinten drei („Eichenlaub", „Bundesrepublik Deutschland" und die Jahreszahl). Wenn Sie so sind wie wir (und die meisten der Versuchspersonen), haben Sie kein hohes Ergebnis erreicht. Dieser Befund ist ein Beispiel dafür, was geschieht, wenn Stimuli nicht genau beachtet und eingeübt werden – sie werden einfach vergessen! Wir vergessen etwas, selbst wenn wir tausend Gelegenheiten haben, es zu behalten.

Vergessen

Vergessen dient einem wesentlichen Zweck: ohne Vergessen würde unser Gedächtnis hoffnungslos überlastet. Es ist keinesfalls wünschenswert, alle Informationen, die wir an einem Tag aufnehmen, auch im Gedächtnis zu speichern. Wenn wir nicht die meiste Information, die wir einmal aufgenommen und verarbeitet haben, wieder vergessen würden, könnten wir kaum überleben. Für den Lehrer bedeutet dies, daß er den natürlichen Vergessensprozeß irgendwie bekämpfen muß, wenn er die Informationen, die er den Schülern anbietet, für wertvoll genug erachtet, um sie zu speichern.

Wenn sie jemand an etwas nicht mehr erinnern kann, kann dies mehrere Ursachen haben. Es kann daran liegen, daß er nicht in der Lage ist, eine Information aus dem Langzeitgedächtnis abzurufen – obwohl sie dort gespeichert ist. Oder es kann daran liegen, daß die Aufnahme und Verarbeitung von neuer Information und der Versuch, früher gespeicherte Informationen abzurufen, miteinander kollidieren. Die Ursache kann aber auch sein, daß die ursprüngliche Erinnerungsspur im Kurzzeitgedächtnis zu schnell zerfallen ist. Wie dem auch sei, wir sollten uns bewußt sein, daß eine eingeschränkte Erinnerungsfähigkeit etwas Funktionales, Natürliches und Universales ist. Als Lehrer sollten Sie wissen, daß von den jeweiligen Fakten, die Sie im Unterricht vortragen, das meiste vergessen wird. Das ist die Realität.

Guilford (1952) hat eine Grafik erstellt (vgl. Abbildung 13-3), welche die unterschiedliche Erinnerungsfähigkeit von verschiedenem Lernmaterial über einen längeren Zeitraum zeigt. Bei sinnlosem Material schwindet die Fähigkeit, sich an einzelne Wörter zu erinnern, sehr schnell, oft innerhalb von Minuten. Nun können Sie natürlich einwenden, daß Sie im Unterricht schließlich keine sinnlosen Wörter lehren. Aber wir sollten uns vor Augen halten, daß Begriffe wie zum Beispiel *Algorithmus, moralisch, Evolution, Radium, qua-*

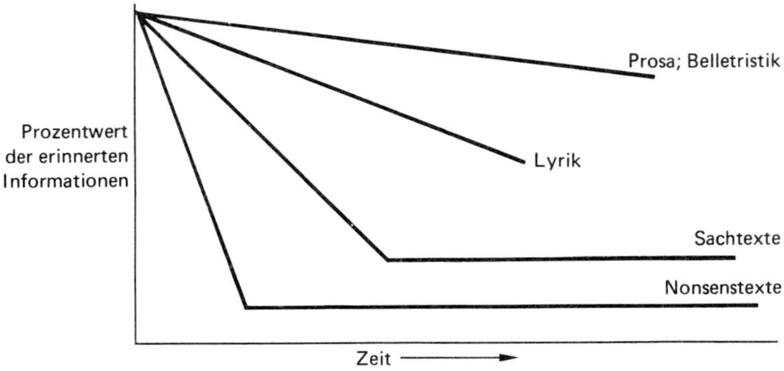

Aus *Guilford* (1952, S. 408).

Abbildung 13-3. Unterschiedliche Erinnerungsfähigkeit von verschiedenem Lernmaterial in schematischer Darstellung

dratisch oder *Natrium* für Schüler bei der ersten Begegnung oft nur sinnlose Wörter sind. Aber selbst wenn es sich um einen Sachtext oder um Prosa handelt, ist, wie aus der Abbildung 13-3 hervorgeht, ein deutlicher Rückgang der Erinnerungsfähigkeit erkennbar.

Ein Beispiel für das Absinken von relativ spezifischen Erinnerungsleistungen läßt sich einer Untersuchung von *R. W. Tyler* (1934) entnehmen. In dieser Untersuchung wurden die Kenntnisse von Collegestudenten vor, unmittelbar nach und 15 Monate nach einem Zoologiekurs gemessen. In Abbildung 13-4 sind einige Ergebnisse von *Tyler* wiedergegeben.

Fähigkeit, gelernte Prinzipien anzuwenden oder neue Daten zu interpretieren

Die korrekte Benennung von Körperteilen bestimmter Tiere nahm während des Kurses zu, aber 77% dieser Steigerung waren 15 Monate später bereits wieder verloren. Die Fähigkeit, zoologische Fachausdrücke zu erkennen, nahm ebenfalls zu; aber auch hiervon waren 15 Monate später 26% verloren. (Die durchschnittlichen Testwerte fielen in dieser Zeit von 83% auf 66%.) Aber die Fähigkeit der Studenten, die Prinzipien, die ihnen in diesem Zoologiekurs vermittelt worden waren, auf neue Situationen zu übertragen oder auf ihrer Grundlage neue Experimentalsituationen zu interpretieren, zeigte keinen Rückgang, sondern zum Teil sogar eine Steigerung. Aber auch der übliche Erinnerungsverlust bei einzelnen Unterrichtsstunden nach einer Woche ist schon recht erheblich im Vergleich zu dem Erinnerungsverlust bei einem ganzen Kurs nach einem Jahr. Dem Lehrer sollte bewußt sein, daß es sich beim Erinnern von Faktenmaterial aus einer Unterrichtsstunde etwa so verhält, wie es in der Tabelle 13-1 dargestellt ist.

Der Rückgang der Erinnerungsfähigkeit mit zunehmender Zeit ist noch aus einem weiteren Grunde erwähnenswert: er hat unterschiedliche Auswirkungen bei Schülern mit unterschiedlichen Fähigkeiten. Begabte Schüler behalten mehr als Durchschnittsschüler und diese wiederum mehr als Schüler mit nur geringer Begabung (vgl. *Royer* et al., 1978). Dieser Unterschied tritt auch dann auf, wenn begabte und weniger begabte Schüler auf den gleichen Ausgangsstand gebracht werden, bevor die Behaltensaufgabe beginnt.

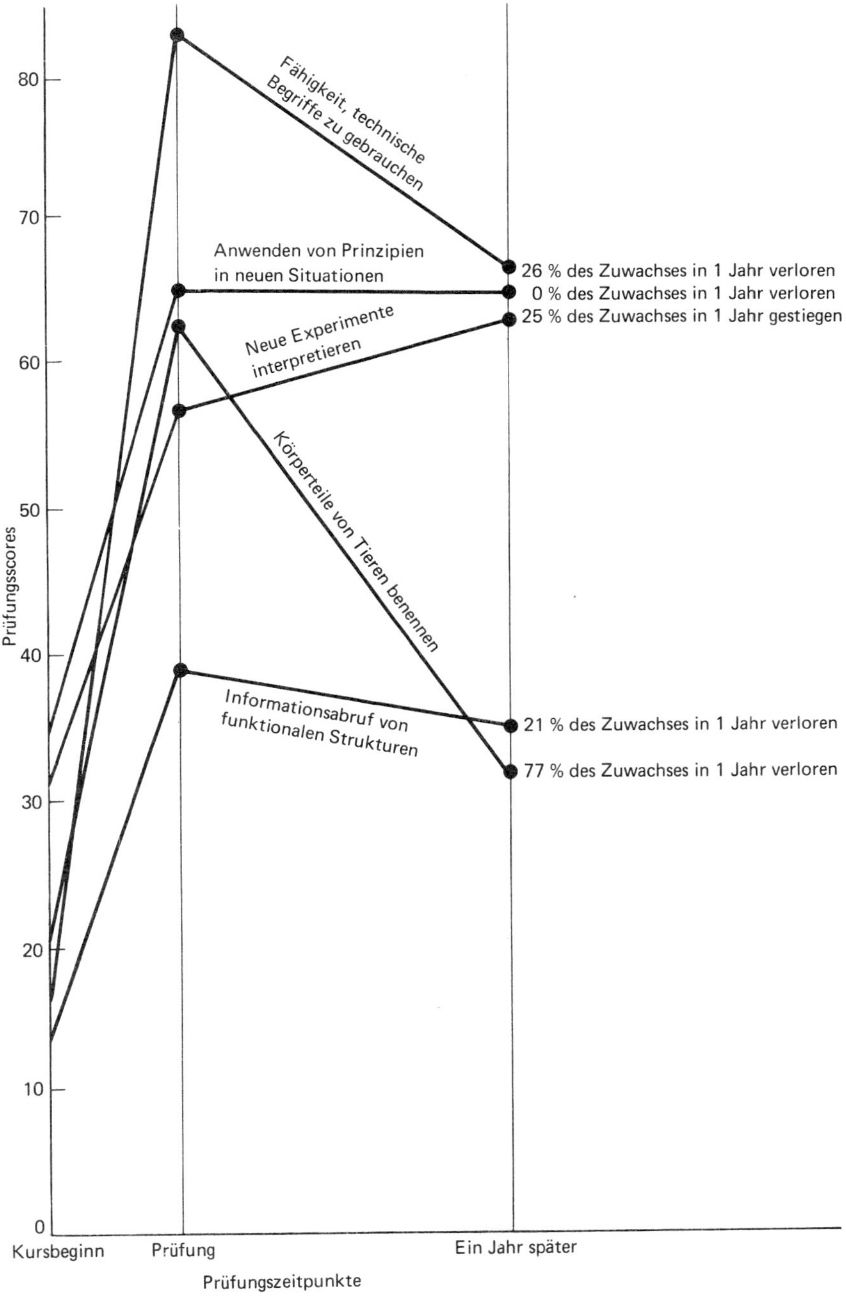

Nach *R. W. Tyler* (1934).

Abbildung 13-4. Vergessensrate von unterschiedlichem Lernmaterial und einzelnen Fähigkeiten nach einem Zoologiekurs

Tabelle 13-1. Erinnerung von schulischem Lernstoff unmittelbar nach der Vermittlung und eine Woche später

	Darbietung von Lernstoff			
	Erste 25 Minuten	Nächste 15 Minuten	Letzte 15 Minuten	Gesamt 55 Minuten
Unmittelbare Erinnerung	44%	25%	48%	41%
Erinnerung nach 1 Woche	14%	17%	20%	17%

Aus *McLeish* (1968, S. 10).

Dennoch muß der Lehrer nicht völlig verzweifeln. Auch bei einer derartig massiven Vergessensrate kann die Fähigkeit, „neue Experimente zu interpretieren", unverändert hoch bleiben oder sogar zunehmen, wie Abbildung 13-4 zeigt. Auch die oberste Kurve in Abbildung 13-3, die das Erinnerungsvermögen an Prosatexte repräsentiert, verläuft fast horizontal. Diese Ergebnisse sind ein deutliches Anzeichen dafür, daß es ein Verfahren zur Einschränkung des Erinnerungsverlustes gibt. Wir werden im folgenden einige Möglichkeiten aufzeigen, wie der Lehrer Informationen in das Langzeitgedächtnis seiner Schüler einbringen kann und wie er ihnen dabei helfen kann, diese Informationen wieder abzurufen.

13.4 Langzeitgedächtnis

Kehren wir noch einmal zur Abbildung 13-1 zurück. Wir haben uns bereits damit auseinandergesetzt, was mit aufgenommenen Informationen im Kurzzeitgedächtnis und im Arbeitsgedächtnis geschieht. Über zwei Problembereiche haben wir noch nichts gesagt: den Übergang von der Kurzzeitspeicherung zu einer Langzeitspeicherung und das Abrufen oder Verfügbarmachen einer Information, die im Langzeitgedächtnis gespeichert ist. Ersteres scheint kein großes Problem darzustellen. Es ist dazu lediglich notwendig, das im Kurzzeitgedächtnis gespeicherte Material irgendwie zu „verstärken", mit Assoziationen anzureichern und es für einen bestimmten Zeitraum im Brennpunkt der Aufmerksamkeit zu halten.

Abrufen und Verfügbarmachen von Information im Langzeitgedächtnis

Informationen, die im Langzeitgedächtnis gespeichert sind, abzurufen oder verfügbar zu machen, scheint ein ungleich schwierigeres Problem darzustellen. Nehmen wir einmal an, daß bald jede verbale, visuelle oder auditive Information von tatsächlicher oder potentieller Bedeutung im Langzeitgedächtnis gespeichert werden kann und darüber hinaus, daß diese Information permanent gespeichert werden kann. Unser Problem hat dann eine gewisse Ähnlichkeit mit dem Problem, vor dem der Chefbibliothekar einer riesigen Zentralbibliothek steht. Ständig kommen neue Dokumente herein, die gespeichert werden müssen. In der Zeit des Mikrofilms und anderer extrem rationeller Speichersysteme ist dies kaum problematisch; Platz zur Speicherung steht nahezu unbegrenzt zur Verfügung. Schwierig wird die Situation erst, wenn jemand ein ganz bestimmtes Buch anfordert: das Hauptproblem unseres Bibliothekars besteht nicht in der Speicherung, sondern im Abrufen und Verfügbarmachen von gespeicherter Information – es ist das Problem einer gut funktionierenden Katalogisierung.

Erinnerungsspuren

Wir können uns Gedächtnissysteme in ähnlicher Weise vorstellen. Abrufen und Verfügbarmachen ist das Problem, nicht Speicherung. Erinnerungsspuren sind relativ beständig, wie aus zahlreichen Untersuchungen hervorgeht. Eine Bestätigung dafür hat *Penfield* (1969) geliefert, der bei neurochirurgischen Operationen an Epileptikern eine elektrische Sonde benutzte, um sicherzustellen, daß bei den jeweils notwendigen Eingriffen intakte Hirnareale nicht verletzt wurden. Dabei zeigte sich, daß bei der Reizung eines bestimmten Neurons Patienten über Ereignisse aus der weit zurückliegenden Vergangenheit genaueste Schilderungen abgeben konnten, wie zum Beispiel über einen Kindergeburtstag. Dieses Material unterlag nicht der bewußten Erinnerungsfähigkeit, sondern konnte nur durch die elektrische Stimulation hervorgerufen werden. Einige Theorien über die Speicherung im Langzeitgedächtnis gehen davon aus, daß hierbei eine bestimmte Kodierung durch RNS-Moleküle (Ribonukleinsäuremoleküle) erfolgt (zum Beispiel *Hydén,* 1969) und daß Gedächtnisspuren durch die verschiedenen möglichen Molekülmuster kodiert sind. Einige neuere Untersuchungen legen sogar nahe, daß das gedächtnistragende RNS von einem Organismus auf einen anderen übertragen werden kann. *Golub, Masiarz, Villars* und *McConnell* (1970) gehen zum Beispiel davon aus, daß durch eine Injektion von RNS, die aus den Gehirnen von Ratten nach einem Lernexperiment extrahiert wird, in das Zentralnervensystem von untrainierten Ratten diesen die fremden Erinnerungsspuren übertragen werden. Die Ergebnisse solcher Experimente sind jedoch nicht unumstritten und bedürfen der weiteren Bestätigung. Durch solche Untersuchungsergebnisse scheint die Phantasie mancher Science-Fiction-Autoren beflügelt worden zu sein, in deren Romanen von Schulen die Rede ist, in denen Wissensübertragung durch intracraniale Injektionen vorgenommen wird – eine moderne Version des bekannten Nürnberger Trichters.

RNS

In einem anderen theoretischen Modell des Langzeitgedächtnisses wird davon ausgegangen, daß Erinnerungen nach demselben Prinzip gespeichert werden wie Laser„fotografien", sogenannte Hologramme (vgl. zum Beispiel *Pribram,* 1969; 1981). Unter Verwendung von kohärentem Laserlicht lassen sich solche „Fotografien" als dreidimensionale Objekte in den Raum projizieren; sie können gedreht und aus verschiedenen Winkeln betrachtet werden, so daß ihre Rückseite erkennbar wird. Dabei kann aus jedem beliebigen Hologrammteil die gesamte dreidimensionale Projektion reproduziert werden – allerdings wird das Gesamtbild zunehmend unschärfer, wenn immer kleinere Hologrammteile zur Projektion verwendet werden. Diese Eigenschaften des Hologramms passen gut zu dem, was wir über Erinnerungsspuren wissen, und lassen das Hologramm als ein brauchbares Modell für die Speicherung von Informationen im Langzeitgedächtnis erscheinen. *Pietsch* (1972) hat auf der Grundlage von 700 Experimenten mit Salamandern, an deren Zentralnervensystem systematische Eingriffe unternommen wurden, eine gewisse Bestätigung für das Hologramm-Modell des Gedächtnisses im tierischen Bereich gefunden.

Hologramm-Modell des Gedächtnisses

Visuelle, verbale und sinnorganisierende Speichersysteme

Was unsere Arbeit als Lehrer betrifft, ist es unwesentlich, ob das menschliche Gehirn Informationen chemisch speichert, wie es die RNA-Theorien vermuten, oder ob das Hologramm-Modell, das von *Pribram* (1981) und anderen aufgestellt worden ist, zutrifft. Uns interessiert mehr die Form der Speicherung, z. B. bei Informationen, wie sie in diesem Buch enthalten sind. Werden Informationen in verbaler Form oder in bildhafter Form oder in einer Kombination von beiden oder in keiner der hier genannten Formen gespeichert? Die Doppelkodetheoretiker (*Paivio,* 1971; 1978) glauben, daß jede Information an sensorische Eingaben gebunden ist. Nach ihrer Auffassung wird das bildhaft gespeichert, was durch den visuellen Sinn kodiert wurde, und verbal jenes, was durch Hören oder durch motorische Aktivität, wie sie beim lautlosen Lesen auftritt (subvokale Sprachbildung), kodiert wurde. Diese Theorie klingt gut, sie spricht unseren gesunden Menschenverstand an. Aber bevor wir das Thema abschließen, müssen wir noch auf die Untersuchung von *Bower* et al. (1975) hinweisen. In ihrem Experiment wurden die Versuchspersonen aufgefordert, sich an bestimmte Bilder wie z. B. jene in Abbildung 13-5 zu erinnern. Es war ihnen überlassen, wie sie die Bilder im Gedächtnis speicherten, ob visuell oder verbal oder beides, und wie sie sich wieder an sie erinnerten. Aus der Erinnerung konnten die Versuchspersonen ungefähr 50% dieser bildhaften Stimuli rekonstruieren. Einer anderen Gruppe wurden demgegenüber Erklärungen zu den Bildern mitgeliefert, also daß Stimulus (A) ein Zwerg sei, der die Tuba bläst, und Stimulus (B) ein Vogel, der einen sehr großen Wurm gefangen hat. Diese Personengruppe konnte etwa 70% der bildhaften Stimuli korrekt rekonstruieren.

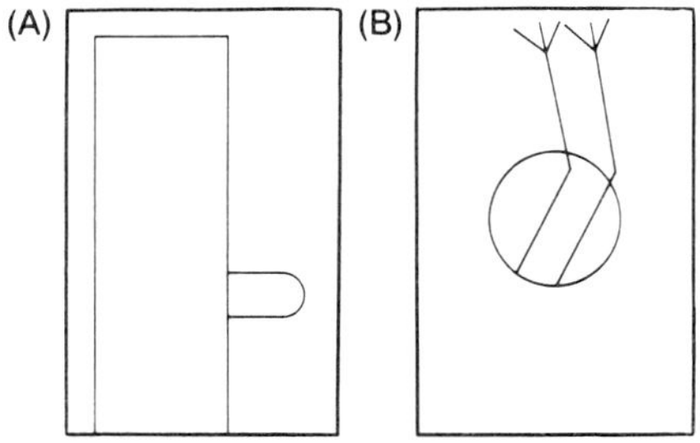

Abbildung 13-5. Zwei bildhafte Stimuli aus dem Experiment von *Bower, Karlin* u. *Dueck* (1975)

Wir können diesen Anstieg in der Behaltensleistung folgendermaßen erklären: eine Information kann visuell oder verbal gespeichert werden; auch die Kombination von visueller und verbaler Speicherung ist möglich; und schließlich kann sie auch über ihre Bedeutung gespeichert werden. Unabhängig davon, ob der Stimulus visuell oder verbal ist, seine Bedeutung für das Individuum bestimmt die Form der Speicherung, der Erinnerung und der Anwendung.

Die Anhänger der kognitiven Theorie haben erkannt, wie wichtig der Bedeutungsgehalt für die Informationsspeicherung ist, und sie haben Modelle entwickelt, wie so ein Gedächtnissystem aussehen könnte (vgl. *Kintsch,* 1974; *Norman* u. *Rumelhart,* 1975; *Lindsay* u. *Norman,* 1977). Das im folgenden kurz vorgestellte Modell ist verhältnismäßig einfach, aber es zeigt deutlich, wie ein semantisches oder von der Kategorie der Bedeutung definiertes Modell der Wissensspeicherung im Gedächtnis aussieht. *J. R. Anderson* (1980) beginnt damit, Sätze wie diese nach ihren „Propositionen", d. h. ihren logischen Bedeutungsgliedern, bildhaft zu strukturieren:

1. Der flinke Hund jagt den Hasen.
2. John fuhr von Los Angeles nach San Francisco.
3. Lincoln wurde in einer Holzhütte geboren und war Präsident der USA.

Jeder dieser Sätze enthält Aussagen oder Sinneinheiten *(propositions),* die logisch aufeinander bezogen sind und somit bildhaft aufgeschlüsselt werden können. In Abbildung 13-6 sind diese Aussagebeziehungen dargestellt. Sinneinheiten bilden das Herzstück aller Denkansätze über mögliche Wissensspeicherung. Eine logische, d. h. in sich geschlossene Sinneinheit ist die kleinste Spracheinheit, die für sich allein als eine separate Feststellung stehen kann. Eine Feststellung kann als richtig oder falsch beurteilt werden. Jede Sinneinheit ist in Form einer Ellipse abgebildet. Von einer Sinneinheit gehen beschriftete Pfeile aus, einer in Richtung ihrer Beziehungen, der andere in Richtung ihrer Argumente. Ein Knotenpunkt besteht aus einer Sinneinheit, ihren Beziehungen und ihren Argumenten. Knotenpunkte können sich überschneiden und so Netzwerke bilden. Sich überschneidende und hierarchisch geordnete Netzwerke werden dann als das bestimmt, was wir für gewöhnlich assoziatives Gedächtnis nennen.

Mit Hilfe der in Sinneinheiten aufgebauten Netzwerke *(propositional networks)* – sie erinnern uns an die Molekülmodelle der Chemiker – ist es uns möglich, eine bildhafte Vorstellung davon zu entwickeln, wie Menschen sich an Informationen erinnern. Da das Langzeitgedächtnis aller Wahrscheinlichkeit nach dauerhaft ist, ist es für den Pädagogen ungemein wichtig, die Schlüsselstelle in der Umwelt zu finden, die dafür verantwortlich ist, daß die „korrekten" Netzwerke aktiviert werden, damit die in ihnen gespeicherten Informationen abgerufen werden können. Zwei Möglichkeiten stehen uns im Unterricht zur Verfügung, um leichter an dieses Informationsmaterial heranzukommen: (1) Wir können den Bedeutungsgehalt des zu lernenden Materials betonen; (2) wir können die „mathemagenischen" Verhaltensweisen beim Lernen unterstützen. Mit beiden Komplexen wollen wir uns im folgenden befassen.

Bedeutungsgehalt des Lehrstoffes

Von „Sinn" und „Bedeutung" des Lehrstoffes zu reden, gehört vielleicht zu den am meisten überstrapazierten Äußerungen, die im Bereich der schulischen Ausbildung anzutreffen sind. Die Betonung, daß der Lehrer für ein „sinnvolles" und „bedeutungshaltiges" Lernen Sorge tragen müsse, muß fälschlicherweise den Eindruck erwecken, daß von Lehrern im Unterricht üblicherweise

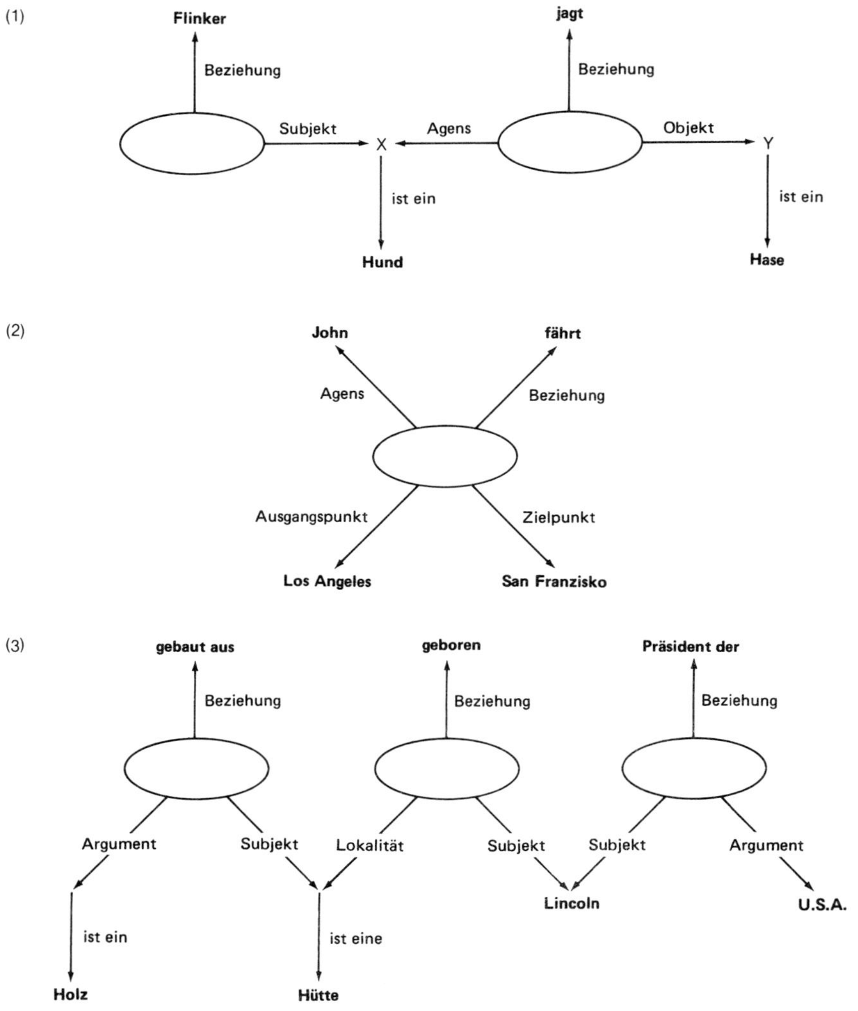

Aus: *Cognitive Psychology and its Implications,* von *J. R. Anderson.* J. R. Freeman & Company. Copyright 1980.

Abbildung 13-6. Netzwerke von Sinneinheiten („Propositional Networks"), dargestellt anhand dreier Beispielsätze

sinn- und bedeutungsloses Material vermittelt wird. Richtig ist allerdings, daß manche Lehrer vergessen, bei der Frage des Bedeutungsgehaltes von Unterrichtsstoff die Unterschiede zwischen ihren eigenen kognitiven Strukturen und denen ihrer Schüler in Betracht zu ziehen.

Bedeutungsgehalt als Anzahl von Assoziationen

Der Bedeutungsgehalt eines Lehrstoffes läßt sich am besten durch die Anzahl der Assoziationen, die sich mit einer bestimmten Information verbinden, messen. Bedeutungshaltiges Material besitzt einen hohen Bekanntheitsgrad, oder es läßt sich in einer bestimmten Form logisch ordnen. Sehen wir uns dazu die Wortreihen in der Tabelle 13-2 an. Wenn wir versuchen, diese drei Wortreihen auswendigzulernen, würden wir die Reihe C auf einer Skala der

Bedeutungshaltigkeit ganz oben einstufen und Reihe B ganz unten. Die Reihe C hat eine Struktur in Form eines logischen Satzes, daher können wir sie leicht lernen. Die Reihe A enthält Wörter, mit denen wir vertraut sind; auch sie können wir verhältnismäßig leicht lernen. Reihe B ist schwer zu lernen, obwohl sie genau die gleichen Buchstaben wie A und C enthält, weil sie weder einen hohen Bekanntheitsgrad besitzt noch eine erkennbare Struktur aufweist. Dadurch gehen von ihr nur sehr wenige Assoziationen aus, die uns helfen könnten, sie im Gedächtnis zu behalten.

Tabelle 13-2. Wortreihen mit unterschiedlichem Bedeutungsgehalt

Liste A	Liste B	Liste C
gold	red	der
der	llov	topf
voll	dlog	voll
bei	med	gold
ist	tsi	ist
jungen	ieb	bei
topf	negnuj	dem
dem	fpot	jungen

Die Auswirkung eines unterschiedlichen Bekanntheitsgrades von Elementen des Lehrstoffes läßt sich auch an dem folgenden Beispiel verdeutlichen: Wenn man in einem Test beurteilen läßt, ob ein bestimmter Syllogismus wahr oder falsch ist, liegt die Irrtumsquote gewöhnlich höher bei Syllogismen wie zum Beispiel diesem: „Alle Blogs sind Skleten: Skleten sind keine Lechts: Also sind Blogs keine Lechts“. Dagegen treten kaum Irrtümer auf bei Syllogismen wie diesem: „Alle Hunde sind Vierbeiner: Vierbeiner sind keine Menschen: Also sind Hunde keine Menschen“. Obwohl diese beiden Syllogismen, unter Anlegung formallogischer Kriterien, sich im Schwierigkeitsgrad nicht unterscheiden, besteht doch ein erheblicher Unterschied im Bekanntheitsgrad ihrer Begriffe.

Bekanntheitsgrad, Bedeutungsgehalt, Assoziationen, Denkmuster – all dies hilft dem Lernenden, Informationen so für das Langzeitgedächtnis zu kodieren, daß sie im Bedarfsfall zugänglich sind. Je reichhaltiger das Netz von Assoziationen ist, in das eine Information für den Schüler eingebunden ist und je differenzierter die Sinneinheiten in diesem Netzwerk sind, desto schneller wird gelernt und desto langsamer wird vergessen.

Vermittlungsglieder (Mediatoren). Eine Methode, durch die auch scheinbar bedeutungsleeres und unverbundenes Material für den Schüler bedeutungsvoll werden kann, besteht im Einschalten von Vermittlungsgliedern oder Mediatoren, die einen Bedeutungszusammenhang zwischen vorher isolierten Elementen des Lehrstoffes herstellen. Nehmen wir an, der Schüler soll eine Liste mit Wortkombinationen lernen, wie zum Beispiel *Kamm – Becher, Fuß – Stuhl, Hammer – Glocke* usw. Hier fungiert das jeweils erste Wort als ein Stimulus für den Lernenden, auf den er mit dem zweiten Wort als Reaktion antworten soll. Diese Form des Lernens von paarweise assoziiertem Lernmaterial *(paired-associate learning)* kann für Kinder mit einem Lernhandicap oder geistig retardierte Kinder eine schwierige Aufgabe darstellen. Einem normal begabten Kind der Mittelschicht bereitet diese Aufgabe jedoch keine Schwierigkeiten (vgl. *Jensen,* 1967), und zwar offenbar deswegen, weil es gelernt hat, durch die Einschaltung von Vermittlungsgliedern zwischen solchen Wortpaaren einen Bedeutungszusammenhang herzustellen. Es lernt also nicht *Kamm – Becher,* sondern etwa *„der Kamm ist im Becher";* nicht *Fuß – Stuhl,* sondern *„sein Fuß ist auf dem Stuhl";* und nicht *Hammer – Glocke,* sondern *„der Hammer schlägt gegen die Glocke"* etc. Wenn Kindern mit einem Lernhandicap oder geistig retardierten Kindern diese Strategie beigebracht wird, erreichen sie in etwa die gleiche Leistung beim Lernen von paarweise assoziiertem Material wie normale Mittelschichtkinder. Offenbar erwerben Kinder der Mittelschicht während ihrer Sozialisation – auf einer formalen oder informellen Basis – die Fähigkeit, von sich aus, auch ohne direkte Instruktion, bedeutungsstiftende Vermittlungsglieder zu verwenden, durch welche die Anzahl von assoziativen Verbindungen einer Information erhöht wird und die letztlich dazu führen, daß gespeicherte Informationen über ihre Umwelt leichter zugänglich werden.

Lernen von paarweise assoziiertem Lernmaterial *(paired-associate learning)*

Durch Demonstrationsbeispiele der Verwendung solcher Vermittlungsglieder kann ein Lehrer seinen Schülern eine gewisse Lernhilfe geben. Wenn wir im Unterricht zum Beispiel darüber sprechen, daß Israel ein internationales Handelszentrum für Diamantenschleifer ist, dann läßt sich dies im obigen Sinne als paarweise assoziiertes Lernmaterial auffassen, nämlich „Israel – Diamantenschleifen". Wenn wir es für wichtig halten, daß dieser Sachverhalt behalten wird, könnten wir eine Reihe von zusätzlichen Vermittlungsgliedern einführen. Wir könnten etwa sagen, daß Israel Rohdiamanten zum Schleifen importiert, daß Rohdiamanten von den und den Ländern nach Israel exportiert werden, um dort geschliffen zu werden, daß Rohdiamanten von Israel eingeführt und fertiggeschliffene Diamanten ausgeführt werden, daß israelische Diamantenschleifer zu den besten der Welt zählen usw. In jedem dieser Fälle ist ein Bindeglied zwischen „Israel" und „Diamantenschleifen" eingeführt worden, das einen späteren Abrufungsprozeß der gespeicherten Information aus dem Gedächtnis erleichtert. Eine solche Technik, die auf dem Einsatz von Mediatoren beruht, erweist sich als besonders nützlich beim Lernen von fremdsprachlichem Vokabular, von Verschlüsselungen („Codes") und überall dort, wo der Unterrichtsstoff mehr oder weniger willkürlich miteinander verbundene Elemente enthält.

Bedeutungstiftende Vermittlungsglieder oder „Mediatoren"

Fast jeder Unterrichtsstoff, in dem derart willkürlich (paarweise) miteinander verbundene Elemente auftreten, wird leichter erinnert, wenn bedeutungstiftende Vermittlungsglieder verwendet werden (vgl. *Russell* u. *Storms,* 1955; *Underwood* u. *Schulz,* 1960). Darüber hinaus können solche Mediatoren auch bei komplexen Lernaufgaben, wie etwa die Übertragung von bestimmten Lernstrategien auf eine veränderte Situation, für den Schüler eine Hilfe darstellen (vgl. *Kendler, Kendler* u. *Learned,* 1962). Allgemein läßt sich sagen, daß Vermittlungsprozesse, bei denen verbale Verbindungsglieder oder „Leitstimuli" als Gedächtnisstützen oder Handlungshilfen eingesetzt werden, wichtige Strategien darstellen, die das Lernen, die Abrufung von gespeicherter Information und die Umsetzung von Gelerntem in Verhalten erleichtern.

Vorstrukturierung des Lernstoffes. Eine von *Ausubel* (1968; 1978) vorgeschlagene Technik zur Unterstützung des Lern- und Abrufungsprozesses geht ebenfalls vom Bedeutungsgehalt und Bekanntheitsgrad des Lehrstoffes aus. Bei dieser Technik gibt der Lehrer den Schülern *vor* der eigentlichen Behandlung des Lehrstoffes eine „Vorstrukturierung" – eine knappe Zusammenfassung des jeweils folgenden Lehrstoffes, die Aufbau und Struktur erkennen läßt.

Übergeordnete Begriffe

Durch eine Vorstrukturierung des Lehrstoffes sollen dem Schüler vor allem eine Reihe von relevanten übergeordneten Begriffen (Subsumtionsbegriffe) vermittelt werden – Begriffe also, die es gestatten, Gruppen von mehr spezifischen Begriffen und Informationen jeweils zu einer Einheit zusammenzufassen. Dem liegt die Vorstellung von einem Langzeitspeichersystem zugrunde, in dem Abstrakta Einheiten bilden, denen zugehörige Konkreta untergeordnet sind – anders ausgedrückt: daß unser Gedächtnis hierarchisch strukturiert ist. Nach dieser Vorstellung können hierarchisch strukturierte Inhalte, da sie der Struktur des Speichersystems entsprechen, leichter aus dem Gedächtnis abgerufen werden.

Viele Wissenschaftler, die von der zuvor dargestellten Netzwerktheorie überzeugt sind, gehen von der Vorstellung aus, daß propositionale und semantische Netzwerke in der Tat hierarchisch strukturiert sind (*Moates* u. *Shumacher,* 1980; *Lachman* et al., 1979).

Die Vorstrukturierung für einen bestimmten Lehrstoff kann aus einer kurzen schriftlichen oder mündlichen Darstellung bestehen, die sich auf einem relativ hohen Abstraktionsniveau bewegt. Durch die Vorstrukturierung sollte eine Art geistiges Gerüst vermittelt werden, das dem Schüler Anhaltspunkte für die nachfolgenden Informationen bietet und ihren Aufbau erkennen läßt. Wenn wir die Unterrichtsstunde mit einer Vorstrukturierung des Lehrstoffes beginnen, erhöhen wir den Bekanntheitsgrad und Bedeutungsgehalt des Materials, das wir vermitteln wollen, und dadurch wird, wie wir gesehen haben, die spätere Abrufung dieses Materials aus dem Gedächtnis erleichtert (*Luiten* et al., 1980). Wir werden in Kapitel 19 über die Methode des Frontalunterrichts erneut auf das Thema der Lehrstoffvorstrukturierung eingehen.

Sequenzierung

Hierarchisch gegliederte Lernschritte. In Kapitel 4 diskutierten wir *Gagnés* Konzeption einer hierarchischen Struktur von aufeinander aufbauenden Lernprozessen als Grundlage für die Darbietung des Unterrichtsstoffes. Die Zunahme der Lerneffektivität, die bei einer systematischen Gliederung des Lehrstoffes auf der Basis dieser Hierarchie gefunden wurde, ist ermutigend. Wie wir sehen, gehen *Gagné* und *Ausubel* von den gleichen Grundannahmen aus: in beiden Ansätzen wird versucht, den Vorteil zu nutzen, der in einer Gliederung des Unterrichtsstoffes auf der Basis von hierarchischen Strukturen liegt. Bei einem Vorgehen nach dem Muster von *Gagné* (vgl. *Gagné,* et al., 1962) wird von der jeweils unteren Ebene der Hierarchie, die für ein bestimmtes Stoff- oder Problemgebiet erstellt worden ist, zur nächsthöheren fortgeschritten. Auf diese Weise stützt sich *Gagné* auf Bedeutungsgehalt und Bekanntheit mit den Elementen einer Lernaufgabe, um das Verständnis von sehr abstrakten Begriffen oder Vorgängen zu vermitteln, wie zum Beispiel „Uhrzeit", oder um Schülern ein abstraktes Prinzip verständlich zu machen wie „intermittierende Verstärkung führt zu erhöhter Löschungsresistenz einer Reaktion". Bedeutungsgehalt ist ein Bestandteil von *Gagnés* Programm, weil der Schüler den jeweils nächsten Schritt in einer Lernsequenz erst dann vollzieht, wenn er das Material aus der vorangegangenen Stufe beherrscht – erst dann zur nächsthöheren Ebene einer Hierarchie vordringt, nachdem er die unteren Ebenen erarbeitet hat und versteht. Für das oben erwähnte Beispiel („intermittierende Verstärkung führt zu erhöhter Löschungsresistenz einer Reaktion") heißt dies, daß wir zuerst die Bedeutung der einzelnen Komponenten dieses abstrakten Prinzips vermitteln, wie „Verstärkung", „Löschung" und „(operante) Reaktion". In *Ausubels* Programm wird der Bedeutungsgehalt durch die Vorstrukturierung des Unterrichtsstoffes vermittelt, durch die dem Schüler ein gedankliches Gerüst und die grundlegenden Kategorien vorgegeben werden, welche die Einordnung der anschließend gegebenen neuen Informationen erleichtern und sie in einen übergeordneten Bedeutungszusammenhang stellen.

Hierarchische Organisation des Lernmaterials. Die Wirksamkeit von Verfahren, die sich auf Vorstrukturierung und hierarchisch gegliederte Lernschritte stützen, hängt vermutlich eng zusammen mit ihrer Betonung der hierarchischen Organisation des Lernmaterials bei jedem einzelnen Schritt in einer Lernsequenz (vgl. *Mandler,* 1969). *Bower* (1970a) hat hervorgehoben, daß die hierarchische Organisation des vorgegebenen Lernmaterials eine äußerst wesentliche Hilfe für die Abrufung von Informationen aus dem Gedächtnis darstellt. *Bower, Clark, Winzenz* und *Lesgold* (1969) haben eine aufschlußreiche Untersuchung zur hierarchischen Organisation von Lernmaterial durchgeführt. Bei dieser Untersuchung sollten jeweils bestimmte Gruppierungen von Begriffen gelernt und zu einem späteren Zeitpunkt wiedergegeben werden, die sich auf Metalle, Legierungen, Edelsteine, Minerale und verschiedene Gesteinsarten bezogen. Einer ersten Gruppe von Versuchspersonen wurden diese Begriffe zum Beispiel in der folgenden, nicht hierarchisch organisierten Form vorgelegt:

Platin	Kalkstein	Smaragd
Aluminium	Silber	Granit
Bronze	Kupfer	Rubin
Saphir	Stahl	usw.

Einer zweiten Gruppe von Versuchspersonen wurden diese Begriffe dagegen, wie in Abbildung 13-7 dargestellt, in einer hierarchisch organisierten Form vorgegeben.

Die Ergebnisse dieser Untersuchung sind bemerkenswert (vgl. Abbildung 13-8); die hierarchisch organisierte Vorgabe des Lernmaterials führte zu

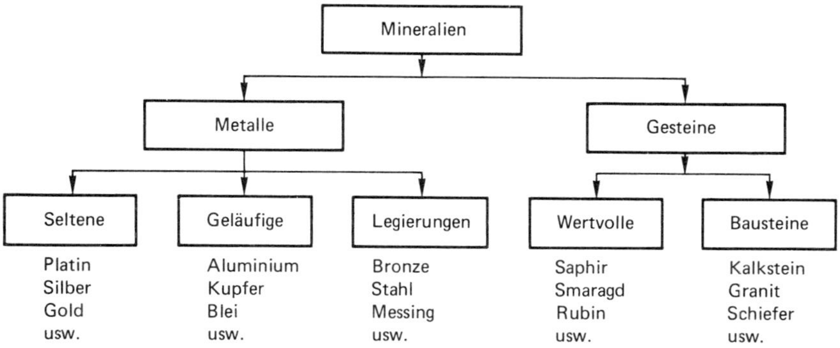

Nach *Bower, Clark, Winzenz* u. *Lesgold* (1969).

Abbildung 13-7. Hierarchische Organisation von Lernmaterial am Beispiel einer Begriffshierarchie

erheblich besseren Erinnerungsleistungen. Die Unterschiede zwischen den beiden Gruppen sind besonders ausgeprägt, wenn das Lernmaterial (vier nacheinander vorgegebene Begriffslisten mit jeweils drei Begriffsgruppen) nur ein- oder zweimal vorgegeben wurden (bei einer zeitlichen Beschränkung von ca. einer Minute pro Begriffsliste); aber auch nach vier solchen Lerndurchgängen sind die Unterschiede noch recht erheblich.

Es ist offensichtlich, daß die Versuchspersonen, denen die geordneten Listen vorlagen, ungefähr dreimal so viele Wörter erinnern konnten wie diejenigen, denen die wahllos zusammengestellten Listen vorlagen. Vom dritten Versuch an konnten die Versuchspersonen der Gruppe 1 sich an alle 112 Wörter ihrer Liste erinnern, während das Erinnerungsvermögen der Gruppe 2 im vierten Versuch noch nicht an das Ergebnis des ersten Versuchs der Gruppe 1 herangekommen war (*Bower,* 1970a, S. 39).

Die Ergebnisse der Untersuchung von *Bower* und seinen Mitarbeitern enthalten deutliche Hinweise für die Entwicklung von schulischen Curricula und

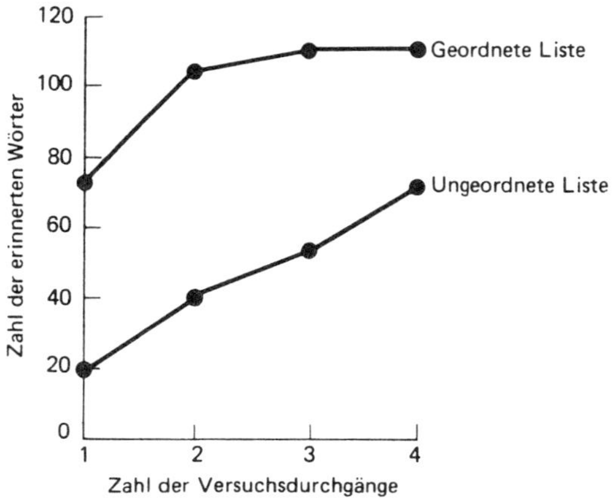

Nach *Bower, Clark, Winzenz* u. *Lesgold* (1969).

Abbildung 13-8. Auswirkungen der hierarchischen Organisation von Lernmaterial auf die Erinnerungsleistung

allgemein für jede Situation, bei der Wissen vermittelt und von den Schülern behalten werden soll. Einfach ausgedrückt: Materialorganisation fördert Behalten. Wenn die Vorgabe von Lernmaterial im Unterricht in einer Form erfolgt, bei der allgemeine und übergeordnete Begriffe jeweils eine Reihe von lehrspezifischen Begriffen subsumieren – wenn das Lernmaterial also hierarchisch organisiert ist, dann kann die Lernleistung des Schülers dadurch erheblich verbessert werden.

Hierarchische Organisation von Lernmaterial als Erinnerungshilfe

Schemata und Bedeutungsgehalt. Das, was wir über das Speichern von Informationen in geordneten Sinneinheiten wissen, ist selbst wiederum in einer noch abstrakteren Weise strukturiert. Der Begriff, unter dem wir diese Abstraktionen zusammenfassen, heißt Schemata (Einzahl: Schema). Schemata sind abstrakte Strukturen, die das im Gedächtnis gespeicherte Wissen repräsentieren (*Rumelhart* u. *Ortony,* 1977). Man darf mit einiger Gewißheit annehmen, daß unser Weltverständnis von sich überschneidenden Schemata bestimmt wird. Alles, was wir tun, ist von Schemata strukturiert: ins Restaurant zum Essen gehen, ein Basketballspiel anschauen, die Oma besuchen. Das Wissen, das sich an jede dieser Tätigkeiten bindet, ist unser handlungsleitendes Schema für unser Tun. Ein Schema für „Student" würde sich also mit anderen Schemata überschneiden, z.B. Universität, Lesen, Referate schreiben usw. Die Wissensstruktur in einem Schema ist immer mit anderen Schemata fest verbunden. Das Schema für „Student" würde von der Art und Weise bestimmt sein, wie die – abstrakt repräsentierten – Informationen über die üblichen Assoziationen beschaffen sind, die wir mit dem Wort „Student" verbinden. Das Schema für „Student" ist also etwas wesentlich anderes als das Konzept von „Student" und die Sinneinheiten, die man mit dem Begriff in Verbindung bringen würde. Das Konzept liefert eine formale Definition der Eigenschaften von Studenten und Nichtstudenten. Das Schema demgegenüber liegt dem Konzept zugrunde. Es vermittelt ein allgemeineres Bild von dem persönlichen Wissen, das mit dem Begriff „Student" verknüpft wird. Das Schema ist ein Ordnungssystem, ein Regal mit lauter Fächern, in die wir unsere Erfahrungen einordnen. So würden wir z.B. einen Achtzehnjährigen als „Student" und einen Achtzigjährigen als „Rentner" bezeichnen. Unsere Schemata, d.h. unsere Wissensstrukturen über Studenten und Rentner, enthalten den Ordnungsfaktor „Alter", den wir normalerweise mit den beiden Begriffen verbinden. Aber weder das Konzept von „Student" noch das Konzept von „Rentner" setzen Alter als bestimmende Eigenschaft dieser beiden Begriffe voraus: es gibt achtzehnjährige Rentner ebenso wie achtzigjährige Studenten. Unsere Schemata, die wir an unsere Erfahrungen binden, bestimmen, wie wir diese Erfahrungen interpretieren.

Abstrakte Wissensstrukturen

Schema umfassender als Konzept

Einige Theoretiker sind in der Tat davon überzeugt, daß die einer Unterrichtssituation zugrunde liegenden Schemata genauso wichtig sind wie der mündliche oder schriftliche Unterrichtsstoff selbst. „Es gilt als generelle pädagogische Maxime, daß die Schemata, die ein Schüler bereits hat, prinzipiell das bestimmen, was er aus dem Unterricht lernt. Nehmen wir als Beispiel einen Textabschnitt aus einem Lehrbuch der Geographie über eine unbekannte Nation. Ein Erwachsener würde nun ein umfassendes Nationenschema ins Spiel bringen, welches auf Subschemata verweisen würde, in denen Allgemeinwissen über politische Systeme, Wirtschaft, Geographie, Klima usw. gespeichert ist. Jedes Subschema hätte wiederum seine eigene Infrastruktur, und es würde mit anderen Subschemata an verschiedenen Punkten Verbindungen eingehen. ... Der junge Leser hat demgegenüber unter Umständen noch kein Nationenschema, womit er den Text angemessen in seinen Wissensbestand einfügen kann. Im schlimmsten Fall wäre für ihn der Text reines Kauderwelsch. ... Es ist jedoch eher anzunehmen, daß der junge Leser teilweise bereits ein Schema aufgebaut hat, mit dessen Hilfe er den Text zwar entschlüsseln kann, ohne allerdings schon in der Lage zu sein, umfangreiche oder tiefgreifende Wissensstrukturen aufzubauen" (*Anderson* et al., 1978).

Bedeutungsgehalt bedingt durch angemessenes Schema

Damit soll gesagt sein, daß das Lernen von bedeutungshaltigem Material vom Einsatz angemessener Schemata abhängig ist. Wenn die relevanten Schemata nicht existieren, muß der Lehrer einen Kontext oder ein Schema dessen, was gelernt werden soll, herstellen. Nur so kann das neue Material in bereits existierende Wissensstrukturen eingebettet und mit anderen Schemata in Verbindung gebracht werden. Wenn der Lehrer solche Schemata nicht bereitstellt, wird der Schüler seine eigenen einbringen, und diese sind dann unter Umständen dem Lerngegenstand nicht angemessen. Ein Beispiel dafür, wie das, was gelernt wird, auch kräftig schematisiert wird, ist in einem Experiment von *Anderson* et al. (1977) dargestellt worden. Sie legten ihren Versuchspersonen eine Textpassage aus einer Geschichte vor; lesen Sie bitte mit:

Rocky erhob sich langsam von der Matte, der Plan für seine Befreiung nahm Gestalt an. Er zögerte einen Moment und dachte nach. Die Dinge standen nicht allzu gut. Was ihn am meisten bedrückte, war, festgehalten zu werden, besonders auch deswegen, weil die Angriffe gegen ihn recht schwach gewesen waren. Er überlegte, was er jetzt tun sollte. Die Fesseln, die ihn banden, waren stark, aber er war überzeugt, sie sprengen zu können. Allerdings war ihm eines klar – das Timing mußte perfekt sein. Rocky war sich klar darüber, daß er am Anfang eine harte Gangart eingeschlagen hatte und die Strafe deswegen so hart ausgefallen war – viel zu hart, wie er meinte. Die Situation wurde langsam frustrierend; der Druck war jetzt schon viel zu beklemmend geworden. Unerbittlich, wie man mit ihm umging. Der Ärger war nicht mehr aufzuhalten. Jetzt war der Zeitpunkt gekommen, endlich war er am Zuge. Er wußte, daß die nächsten Sekunden über Erfolg oder Scheitern entscheiden würden (S. 372).

Handelt diese Geschichte von einem Gefängnisausbruch – ja oder nein? Nehmen wir an, wir haben einen Test mit Multiple-Choice-Fragen, um Ihre Erinnerung an diese Geschichte zu überprüfen, und eine Frage wäre: Wie wurde Rocky für sein aggressives Verhalten bestraft: (a) mit Gefängnis oder (b) mit einem Punktverlust? Wenn Sie glauben, daß diese Geschichte von einem Ausbruch aus dem Gefängnis handelt, werden Sie (a) ankreuzen. Wenn Sie allerdings das Fach Sport studieren, so wie die Hälfte der Versuchspersonen in diesem Experiment, ist auch die Wahl für die Lösung (b) denkbar, denn dann interpretieren Sie das, was in der Geschichte vorfällt, im Zusammenhang mit einem Ringkampf. 64% der Versuchspersonen, die im Hauptfach Sport studierten, entschieden sich für diese Wahlmöglichkeit. Lesen Sie die Geschichte doch noch einmal aus dieser Perspektive. Nur 28% der Versuchspersonen, die Musik im Hauptfach studierten, interpretierten die Geschichte als Ringkampf. – Mit diesem und anderen ähnlichen Experimenten (vgl. *Anderson* u. *Pichert,* 1978) will man in der Forschung deutlich machen, wie die Schemata, die in eine Lernerfahrung eingebracht werden, das beeinflussen, was gelernt und erinnert wird.

Metaphernreiche Unterrichtssprache

Dieses Prinzip läßt sich besonders drastisch an einem anderen Beispiel demonstrieren: Versuchspersonen, denen deskriptive Textpassagen vorgelegt werden, sind kaum in der Lage, sich ihrer zu erinnern, solange kein relevantes Schema für die Informationsspeicherung verfügbar ist. Wenn jedoch ein passendes Schema bereitgestellt wird, kann ein Großteil der Textinformation ohne Schwierigkeit erinnert werden (*Bransford* u. *Johnson,* 1972). Der Bedeutungsgehalt einer Lerneinheit wird erst dann zugänglich, wenn wir Schemata bereitstellen oder es dem Schüler ermöglichen, ein eigenes passendes Schema in die Unterrichtssituation einzubringen. In Zusammenhang damit wird heute auch die Vermutung geäußert, daß eine metaphernreiche Sprache im Unterricht lernfördernd sein kann („elektrischer Strom ist wie fließendes Wasser" oder „Langzeitgedächtnis funktioniert wie ein riesiger Bibliothekskatalog"), denn neue Informationen können mit nur geringfügigen Veränderungen in ein bereits existierendes Schema integriert werden (*Ortony,* 1975). Der Bedeutungsgehalt bestimmter Informationen hinterläßt beim Schüler um so deutlichere Spuren, je mehr man diese Informationen in bereits vorhandene Wissensstrukturen einbinden kann.

Merke:

Die Crux bei jeder Form der Erinnerung ist die Herausbildung eines wirkungsvollen Abrufsystems für gespeicherte Informationen. Gespeicherte Information wird nicht vergessen, aber sie ist manchmal nur sehr schwer zugänglich. Wie können Sie Ihren Schülern bei der Herausbildung eines solchen Abrufsystems helfen? Sie können das, was noch neu und unbekannt ist, mit dem in Verbindung setzen, was bereits gelernt wurde und bekannt ist. Sehen Sie Ihr Unterrichtsmaterial danach durch, ob es neue Wörter, Ausdrücke, Ideen und Begriffe enthält, und verbinden Sie diese mit dem, was Ihre Schüler bereits verstehen. Helfen Sie Ihren Schülern, beim Lernen Vermittlungsglieder oder Mediatoren einzusetzen. Wenn Sie mit Ihren Schülern etwa die Verfahrensweise bei einem Mißtrauensvotum erarbeiten wollen, stellen Sie die einzelnen Schritte des Verfahrens in einer geordneten Sequenz dar – entweder verbal (zum Beispiel „Mißtrauensantrag – Bundestag – Abstimmung") – oder in einem schematischen Diagramm:

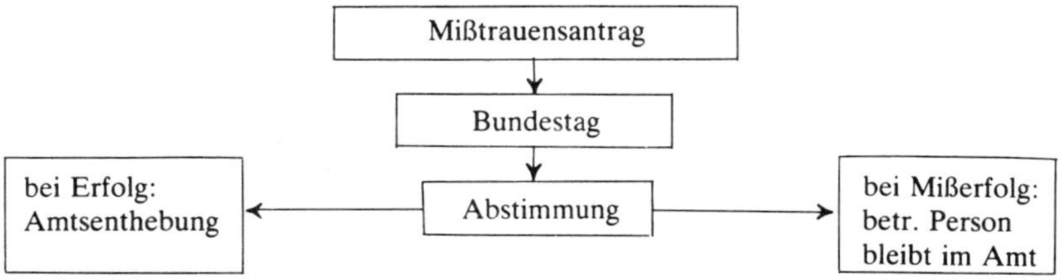

Sie können Lernmaterial in einer hierarchisch organisierten Form vorgeben, so daß Ihre Schüler dieses Material leichter lernen und besser behalten können.

Aktives Lernen („mathemagenisches Verhalten“)

Eine Reihe von anderen Faktoren, welche die Erinnerung von gespeicherten Informationen beeinflussen, hängen mit der mehr oder weniger *aktiven* Rolle des Schülers bei der Aufnahme von Lernmaterial zusammen – während oder auch nach dem Unterricht (die Aktivität, von der hier die Rede ist, muß für einen Außenstehenden nicht unbedingt wahrnehmbar sein). Für jede Form des Unterrichts gilt, daß ein aktiveres Lernen mit großer Wahrscheinlichkeit zu einer höheren Erinnerungsleistung über einen längeren Zeitraum führt als ein passives Lernen. Eine erhöhte Aktivität des Schülers beim Lernprozeß führt dazu, daß mehr assoziative Verbindungen zum Lehrstoff hergestellt werden, und dadurch die Kodierung für die Gedächtnisspeicherung erleichtert wird; sie kann sich jedoch auch allein deshalb schon positiv auswirken, weil dabei die Aufmerksamkeit des Schülers verstärkt auf den Lernstoff gerichtet wird.

Aktives Lernen erhöht die Erinnerungsleistung

Die verschiedenen Formen der Eigenaktivität des Schülers, die den Lernprozeß positiv beeinflussen, lassen sich unter dem Terminus „mathemagenisches Verhalten“ zusammenfassen. Der Begriff *mathemagenisch* ist aus dem Griechischen abgeleitet; er setzt sich zusammen aus *mathema:* „das Gelernte“ und *gignesthai:* „geboren werden“, „hervorbringen“ (vgl. *Rothkopf,* 1965; 1970). Der Ausdruck *mathemagenisches Verhalten* stellt also eine Umschreibung für die Tatsache dar, daß Lehrstoff erst durch die Eigenaktivität des Schülers zu etwas Gelerntem wird, daß es letztlich der Schüler ist, der etwas „Gelerntes hervorbringt“. Das Stimulusmaterial, das in einem Schulbuch oder in einer Unterrichtsstunde durch den Lehrer vermittelt wird, stellt sozusagen nur einen „nominalen Stimulus“ für einen Lernprozeß dar; der „effektive Stimulus“ besteht immer nur in dem, was ein Schüler tatsächlich aufnimmt und verarbeitet. Wenn wir von dieser Unterscheidung ausgehen, besteht mathemagenisches Verhalten in gewisser Weise darin, einen vom Lehrer vorgegebenen „nominalen Stimulus“ in einen für den Schüler wirksamen „effektiven Stimulus“ zu verwandeln. Wenn ein Schüler das, was er in einem Schulbuch liest oder was der Lehrer im Unterricht erzählt, aufnimmt und verarbeitet, dann können der „nominale“ und der „effektive Stimulus“ weitgehend ähnlich sein. Wenn er dagegen über den Hamburger nachdenkt, den er gerade gegessen hat, oder über die Party am nächsten Wochenende, dann sind der „nominale“ und der „effektive Stimulus“ sehr unterschiedlich. Jeder Lehrer möchte wahrscheinlich erreichen, daß zwischen „nominalen“ und „effektiven Stimuli“ so häufig wie möglich und für so viele Schüler wie möglich Übereinstimmung besteht. So gesehen, ist die Beeinflussung des mathemagenischen Verhaltens von Schülern ein wichtiger Unterrichtsfaktor. Die Wahrscheinlichkeit, daß eine weitgehende Übereinstimmung zwischen „nominalem“ und „effektivem Stimulus“ besteht, wird durch eine positive Beeinflussung des mathemagenischen Verhaltens durch den Lehrer erheblich erhöht. Für alle im folgenden dargestellten Techniken, durch die mathemagenisches Verhalten im Unterricht herausgebildet und unterstützt werden kann, gilt, daß damit eine Steigerung der Erinnerungsleistung erzielt werden kann.

„Nominaler“ und „effektiver Stimulus“

Lautes Aufsagen. Eine klassische Untersuchung über lautes Aufsagen („Rezitation“) und ihre Auswirkung auf den Lernprozeß ist bei *Gates* (1917) zu finden. In dieser Untersuchung lernten die Versuchspersonen eine Liste mit sinnlosen Silben oder eine kurze Biographie von bekannten Persönlichkeiten. Dabei wurden verschiedene Gruppen gebildet, die jeweils unterschiedlich lang das zu lernende Material laut aufsagen sollten. Dadurch wurden 1. im Sinne unserer obigen Unterscheidung „nominale" und „effektive Stimuli" weitgehend ähnlich und 2. wurden dadurch auditive Stimuli (Hören des laut ausgesprochenen Lernmaterials) und psychomotorische Reaktionen (sprachliche Artikulation) mit dem symbolischen verbalen Material verknüpft, was die Kodierungsmöglichkeiten dieses Materials verbesserte. Die Erinnerungsleistung wurde unmittelbar nach der Lernphase gemessen und vier Stunden später; als Maß für die Erinnerungsleistung diente dabei der Prozentsatz der erinnerten sinnlosen Silben bzw. die Menge der biographischen Daten, die anschließend wiedergegeben werden konnten. Die Ergebnisse für die erste Lernaufgabe (sinnlose Silben) sind in der Abbildung 13-9 wiedergegeben. Die Ergebnisse der zweiten Lernaufgabe (biographische Daten), eine Lernaufgabe mit höherem Bedeutungsgehalt, gingen in die gleiche Richtung.

Hovland, Lumsdaine und *Sheffield* (1949) führten eine ähnliche Untersuchung durch. Die Lernaufgabe bestand hierbei im Auswendiglernen des phonetischen Alphabets, das beim amerikanischen Militär zum Buchstabieren verwendet wird (A = able, B = baker etc.). Das Lernmaterial wurde im Unterschied zu der Untersuchung von *Gates* auf eine Leinwand projiziert. In dieser

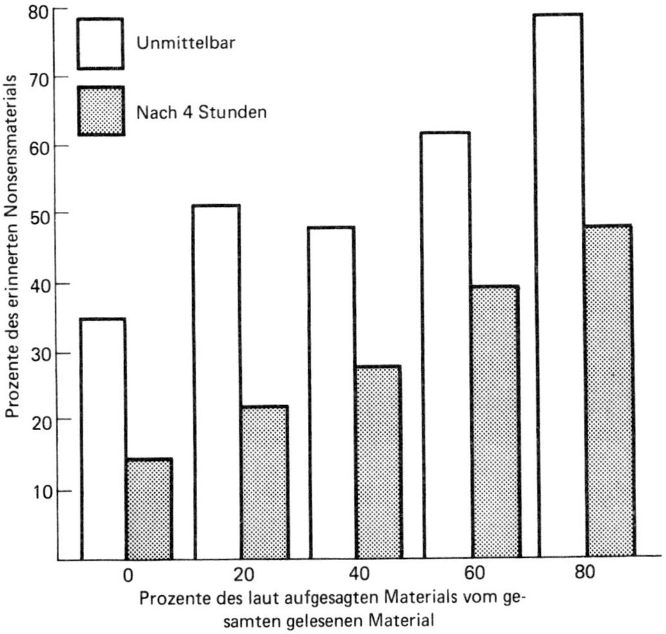

Nach *Gates* (1917).

Abbildung 13-9. Auswirkung des lauten Aufsagens (von 20, 40, 60 oder 80% des Lernmaterials – die verbleibenden Teile wurden nur still gelesen) auf die Erinnerungsleistung (unmittelbar nach dem Lernen und vier Stunden später)

Untersuchung wurden zwei Lerngruppen miteinander verglichen: eine aktive Lerngruppe, die bei der Betrachtung des projizierten Stimulusmaterials die jeweils richtige Antwort (bei A: „able", bei B „baker" usw.) laut aussprach und eine passive Lerngruppe, die Stimuli und zugeordnete Reaktionen still betrachteten. Zusätzlich wurde in jeder Gruppe eine Hälfte der Versuchspersonen vorgewarnt, daß sie am Ende der Trainingsperiode getestet würden; die andere Hälfte erhielt keine solche Vorwarnung. Auf diese Weise konnte der Effekt eines aktiven Lernens unter zwei verschiedenen motivationalen Bedingungen (Erwartung/keine Erwartung eines Tests der Lernleistung) untersucht werden. Die Anzahl der richtig erinnerten Stimulus-Reaktions-Paarungen unter den verschiedenen Bedingungen ist in der Tabelle 13-3 wiedergegeben.
Der Unterschied zwischen der passiven Lerngruppe ohne Testerwartung und der aktiven Lerngruppe mit Testerwartung ist signifikant. Die anderen drei Gruppen zeigten untereinander keine signifikanten Unterschiede, möglicherweise aufgrund eines sogenannten „Ceiling-Effekts", das heißt der festgelegten oberen Grenze von 26 richtigen Antworten, die bei dieser Lernaufgabe möglich waren (26 Buchstaben im Alphabet). Die positive Auswirkung eines aktiven Lernens zeigt sich jedoch auch in dem Mittelwert von 21,9, der in der Gruppe mit lautem Aufsagen ohne Testerwartung erreicht wurde.

Tabelle 13-3. Die Auswirkung von aktiver Verbalisation (unter zwei motivationalen Bedingungen) auf das Lernen

Test angekündigt		Laut aufgesagt
	nein	ja
nein	17,2	21,9
ja	21,2	22,5

Nach *Hovland, Lumsdaine* u. *Sheffield* (1949).

Eine positive Auswirkung des lauten Aufsagens wurde auch von *Seibert* (1932) für das Lernen von fremdsprachlichem Vokabular gefunden und von *Forlano* (1936) für das Rechnen und Buchstabieren. *Berelson* und *Steiner* (1964) vertreten zwar die Auffassung, daß diese positive Auswirkung bei Lernmaterial mit einem hohen Bedeutungsgehalt geringer sein würde, dennoch kann man generell feststellen, daß lautes Aufsagen den Lernprozeß unterstützt. Dies kann mehrere Gründe haben: vielleicht wird dadurch die Aufmerksamkeit des Lernenden auf eine bestimmte Aufgabe ausgerichtet; vielleicht werden dadurch der „nominale" und „effektive Stimulus" weitgehend zur Deckung gebracht; vielleicht kommt es allein deswegen zu einer positiven Auswirkung, weil das Lernmaterial dabei explizit wiederholt wird; vielleicht nimmt die Kodierbarkeit des zu lernenden Materials zu, und vielleicht sind auch alle diese Gründe gemeinsam für den positiven Einfluß verantwortlich. Auf jeden Fall kann das laute Aufsagen als ein mathemagenisches Verhalten angesehen werden, das sich günstig auf das Lernen auswirkt.

Körperliche Betätigung. *Kunihira* und *Asher* (1965) haben in ihrer interessanten Untersuchung über den Wert körperlicher Betätigung im Unterricht die These aufgestellt, daß Sprache anfänglich über eine assoziative Verbindung einer Reihe von Tätigkeiten mit einer Reihe von verbalen Aufforderungsreizen *(mands)* gelernt wird. Eine solche Verknüpfung liegt vermutlich dann vor, wenn jemand sagt, „steh' auf!" (verbaler Aufforderungsreiz) und irgendeine Person daraufhin aufsteht (Tätigkeit als Modellverhalten). Auf der Grundlage mehrerer solcher Modelle, die auf einen bestimmten verbalen Hinweisreiz erfolgen, lernt ein Kind diese Stimulus-Reaktions-Verbindung kennen, lange bevor es selbst sprechen kann. Viele Eltern werden sich daran erinnern, daß Kinder auf komplexe Anforderungen wie „hol' deine roten Socken" richtig reagieren, lange bevor sie in der Lage sind, selbst zu sprechen.

Wenn nun die Muttersprache auf der Grundlage der Beobachtung von Modellhandlungen gelernt wird, bei denen nach einer verbalen Aufforderung die jeweils entsprechende Reaktion ausgeführt wird, dann sollte nach dieser Methode auch das Erlernen einer Fremdsprache zu einem späteren Zeitpunkt möglich sein. *Kunihira,* der japanische Mitarbeiter der oben genannten Untersuchung, hat gezeigt, daß ein Fremdsprachenunterricht in der Schule nach diesem Muster möglich ist (und zwar auch dann, wenn über die zu lernende Fremdsprache keinerlei Vorkenntnisse existieren). Er sprach den Schülern einer Klasse, nachdem er sich hingesetzt hatte, das japanische Wort „tate" vor und stand dabei auf. Daraufhin sagte er „aruke" und ging nach vorn an die Tafel. Anschließend wiederholte er beide Wörter, diesmal jedoch als verbale Aufforderungsreize für die Schüler: Wenn er „tate" sagte, standen die Schüler auf; wenn er „aruke" sagte, gingen sie nach vorn an die Tafel. Nach 20 Minuten intensiver Übung nach diesem Muster hatten die Schüler keine Schwierigkeiten, folgende Anweisung auszuführen: „Isu kara tate, kokuban no anata no namae o kese!" („Steh auf und wisch deinen Namen an der Tafel aus!"). Keiner der Schüler hatte zuvor irgendwelchen Kontakt mit der japanischen Sprache gehabt. Die Ergebnisse, die *Kunihira* und *Asher* mit dieser Methode des Erlernens von Sprache in ihrer Untersuchung erzielten – ohne Verbalisation des Sprachmaterials durch die Schüler und ohne irgendwelche schriftlichen Unterlagen – waren eindrucksvoll; dies gilt sowohl für den Umfang des gelernten Sprachmaterials wie auch für die Lerngeschwindigkeit und die Erinnerungsleistungen, die festgestellt wurden.

Die Gründe für die Wirksamkeit dieser Methode hängen vermutlich damit zusammen, was wir in unserem Modell der Informationsaufnahme und -verarbeitung (Abbildung 13-1) „Anreicherung mit Assoziationen" genannt haben. Dadurch, daß ein für die Schüler relativ bedeutungsleerer Begriff wie *tate* sowohl mit einem spezifischen Bedeutungsgehalt („aufstehen") assoziiert wird wie auch mit einer Tätigkeit (die psychomotorischen Erfahrungen, die mit dem Aufstehen verbunden sind), also eine Anreicherung mit Assoziationen erfolgt, bildet sich möglicherweise ein sehr effizientes Kodierungsschema für die Speicherung dieses Begriffes heraus.

Wir sollten in diesem Zusammenhang vielleicht den berühmten Gedächtniskünstler kurz erwähnen, von dem *Luria* (1968) berichtet – einem Mann, der *nie* irgendetwas vergaß (später werden wir ausführlich darauf zu sprechen kommen). Dieser Mann schien ein Gedächtnis zu besitzen, das auf einer extremen „Synästhesie“ beruhte (bei einer „Synästhesie“ lösen die verschiedenen Stimuli eines bestimmten sensorischen Systems zugeordnete symbolische Repräsentationen in einem oder mehreren anderen sensorischen Systemen aus, und jede dieser symbolischen Repräsentationen stellt eine assoziative Anreicherung dar). Ein Mensch, der die Fähigkeit zur Synästhesie besitzt, kann zum Beispiel „Farben hören“ oder er sieht Zahlen in ihrer geometrischen Anordnung (als visuelles Muster). Ausgeprägte Synästhesie führt zu einer extremen Anreicherung mit Assoziationen; dies wirkte sich bei dem Gedächtniskünstler, den *Luria* beschreibt, in einer geradezu perfekten Kodierungsfähigkeit und einem höchst leistungsfähigen Abrufsystem gespeicherter Informationen aus, die ihn in den Stand versetzten, erstaunliche Gedächtnisleistungen zu vollbringen.

Synästhesie

Farben „hören“

Vielleicht sollte der Lehrer im Unterricht die Verbindung von Stimuli verschiedener sensorischer Systeme (Wahrnehmung der Körpermotorik, auditive, visuelle oder geschmacksbezogene Stimuli etc.) unterstützen, wann immer solche Stimuli in einer bestimmten Lernaufgabe kombiniert werden können. Der hohe Wirkungsgrad von *Kunihiras* Methode beim Erlernen einer Fremdsprache könnte zum Beispiel das Resultat einer solchen Kombination sein (vielleicht lag der Grund dafür aber auch nur darin, daß die Aufmerksamkeit und das Interesse der Schüler ständig wachgehalten wurden). Wir können jedenfalls festhalten, daß die „nominalen“ und „effektiven Stimuli“ meist weitgehend deckungsgleich sind, wenn beim Erlernen einer Sprache körperliche Betätigung dazugehört. Wenn der Lehrer also in einer Lernsituation Tätigkeiten mit auditiven Stimuli koppelt, kann er damit mathemagenisches Verhalten anregen.

Überlernen (Overlearning). Es ist wahrscheinlich mehrmals in Ihrem Leben passiert, daß von Ihnen verlangt wurde, etwas nochmals durchzuarbeiten oder zu wiederholen, von dem Sie meinten, Sie würden es bereits ziemlich sicher beherrschen. Vielleicht haben Sie das aus Sicherheitsgründen auch freiwillig getan, oder vielleicht erinnern Sie sich daran, eine wichtige Telefonnummer immer wieder in Gedanken wiederholt zu haben, um sie ja nicht zu vergessen. Wenn jemand etwas, das er gelernt hat, sehr genau im Gedächtnis hat und jederzeit wiedergeben kann, und dann versucht, das bereits Gelernte noch einmal zu erarbeiten, durchzugehen oder zu wiederholen, nennt man das *Überlernen* („overlearning“). In der Abbildung 13-10 finden wir die Ergebnisse einer Untersuchung (*Krueger,* 1929) über die Auswirkungen unterschiedlich intensiven Überlernens auf die Erinnerungsfähigkeit. Wir wollen „50% überlernen“ definieren als „50% mehr Lernversuche als zur Beherrschung (erste korrekte Wiedergabe) eines bestimmten Lernmaterials nötig sind“. In der Untersuchung von *Krueger* führte ein solches Überlernen zu einer ausgeprägten Zunahme der Erinnerungsleistung (Lernmaterial: einsilbige Substantiva). Dabei ist hervorzuheben, daß ein hundertprozentiges Überlernen (das heißt eine noch einmal so lange Beschäftigung mit dem Lernmaterial, wie sie bis zu seiner erstmaligen korrekten Wiedergabe notwendig war) die Erinnerungsleistung noch erheblich steigerte. Ob man die Erinnerungsleistung einen oder sieben Tage nach dem Lernen überprüft, das Ergebnis bleibt, relativ gesehen,

Überlernen und Erinnern

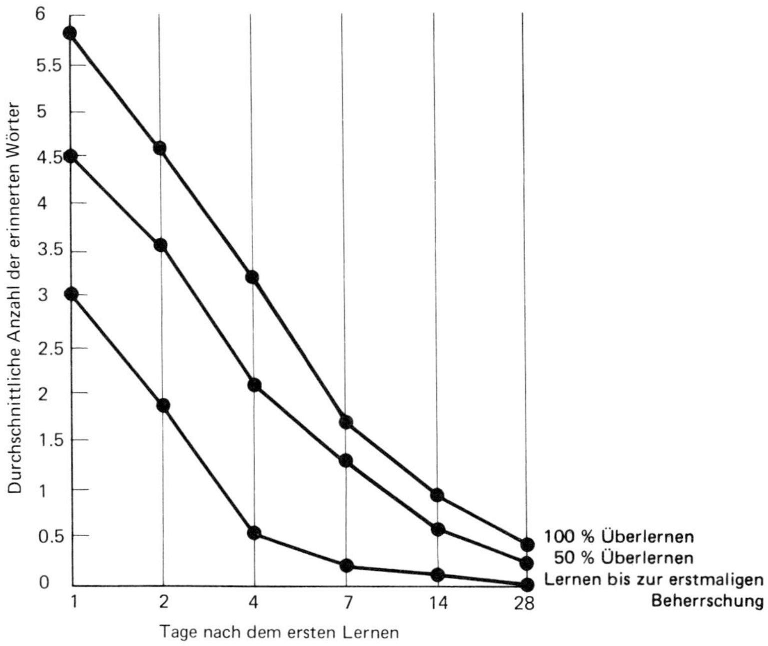

Nach *Krueger* (1929).

Abbildung 13-10. Auswirkungen von Überlernen auf die Erinnerungsleistungen

das gleiche: „Overlearning" wirkt sich positiv aus, und ein hundertprozentiges Überlernen führt zu einer höheren Erinnerungsleistung als ein fünfzigprozentiges.

Mayer (1983) hat ein interessantes Ergebnis aus einem Test vorgelegt, bei dem es um das Lernen von technischen, bislang nicht bekannten Sachverhalten ging. Die Wiederholung eines Lerndurchgangs hat nicht nur rein quantitativen Charakter: das Resultat ist nicht einfach *mehr* Wissen oder *größere* Erinnerung. Wiederholung kann auch dazu führen, daß ganz *verschiedene Lernarten* zum Zuge kommen. Mit jeder Wiederholung von technisch komplexem Material scheint sich der Lerner zunehmend mehr auf den konzeptionellen Rahmen des Lernmaterials zu konzentrieren. Die Wiederholungen helfen ihm, den Stoff in persönlich bedeutsame Gedankenkomplexe einzubetten. In *Mayers* Untersuchung nahm das wortwörtliche Inhaltserfassen mit jeder Wiederholung stetig ab, während die Problemlösungsfertigkeiten und Transferfähigkeiten mit jedem neuen Durchgang zunahmen. So ist es wahrscheinlich, daß beim Wiederholen und Überlernen Vorteile genutzt werden können, die darüber hinausgehen, einfach mehr zu lernen oder einfache Zusammenhänge wortwörtlich zu erfassen. Wenn es um wirklich komplexe Sachverhalte geht, sind mehrere Lerndurchgänge für ein wirkliches Verständnis des Zusammenhangs und der damit verbundenen Lösungsmöglichkeiten unter Umständen erforderlich. Wir kommen auf diesen Aspekt noch einmal in Kapitel 14 im Zusammenhang mit dem Transfer von Lernen zurück.

Wenn wir von unserem Schema der Informationsaufnahme und -verarbeitung (Abbildung 13-1) ausgehen, sind zwei Gründe für die positive Auswirkung eines Überlernens denkbar: Die wiederholte Abrufung gespeicherter Information kann zur Herausbildung eines wirkungsvolleren Kodierungssystems führen; es kann aber auch sein, daß bei jeder Wiederholung des Lernmaterials eine Anreicherung mit jeweils neuen Assoziationen stattfindet und dadurch ein späterer Abrufungsprozeß erleichtert wird. Auf jeweils einem dieser beiden Wege (oder vielleicht auch auf beiden Wegen) trägt ein Überlernen zu mathemagenischem Verhalten bei.

Gedächtnishilfen. Gedächtnishilfen sind Techniken, mit deren Hilfe wir uns an bestimmte Dinge oder Ereignisse erinnern. Von den verschiedenen verfügbaren Techniken greifen wir drei besonders wichtige heraus: (1) die bildhaften Vorstellungen, (2) die Lokalisierungsmethode und (3) die Schlüsselwortmethode.

1. Bildhafte Vorstellungen. Der Fall eines „Mnemonikers", den der bedeutende russische Psychologe *Luria* (1968) untersuchte (und auf den wir oben bereits kurz zu sprechen kamen), verdeutlicht an einem Extrembeispiel (ausgeprägte Synästhesie), von welcher Bedeutung bildhafte Vorstellungen für das Gedächtnis sein können. *Luria* berichtet, daß der von ihm untersuchte „Mnemoniker" namens S. nahezu nie etwas vergaß, also ein sogenanntes fotografisches Gedächtnis besaß. Eines der bemerkenswertesten Kunststücke, die S. mit seinem Gedächtnis vollbrachte, war die vollkommen fehlerfreie Wiedergabe einer Liste von sehr ähnlichen sinnlosen Silben, die er nur ein einziges Mal für kurze Zeit vorgelegt bekommen hatte (einige dieser Silben sind in der Tabelle 13-4 wiedergegeben). S. konnte diese Liste sogar nach einem Zeitraum von vier Jahren mit der gleichen Fehlerfreiheit wiedergeben, ohne lange überlegen zu müssen (und ohne daß sich S. hätte darauf vorbereiten können: die Überprüfung seiner Erinnerungsleistung erfolgte ohne Ankündigung, und S. war beim Lernen der Liste nicht darüber informiert worden, zu einem späteren Zeitpunkt nochmals getestet zu werden). Nach weiteren acht Jahren wurde S. nochmals ohne Vorwarnung aufgefordert, die Liste zu reproduzieren, und er machte auch dann keinen einzigen Fehler. Aus seinem Bericht, wie er sich an die Zeilen 3 und 4 dieser Liste erinnerte, wird deutlich

Tabelle 13-4. Sinnlose Silben, an die sich „S" erinnern soll

(1)	ma	va	na	sa	na	va
(2)	na	sa	na	ma	va	
(3)	sa	na	ma	va	na	
(4)	va	sa	na	va	na	ma
(5)	na	va	na	va	sa	ma
(6)	na	ma	sa	ma	va	na
(7)	sa	ma	sa	va	na	
(8)	na	sa	ma	va	ma	na

Aus Kapitel 3 von *A. R. Luria: The Mind of a Mnemonist: A little Book about a vast Memory* (Basic Books: New York, 1965).

Bildhafte Vorstellung bei einem Fall von Synästhesie

seine Fähigkeit erkennbar, bei der Wahrnehmung und Kodierung des Lernmaterials komplexe symbolische Repräsentationen (vor allem im visuellen Bereich) zu entwickeln. Mit den sinnlosen Silben der dritten Zeile (sa, na, ma, va, na) assoziierte er etwa folgende bildhafte Vorstellungen:

„Hier fängt die Slizkaya-Straße an. In der Nähe der Turmpforte ist ein Schlitten (SANA – russisch: *sani* ist gleich ‚Schlitten'), auf dem meine Wirtin (MAVA) sitzt. Sie hält ein langes weißes Brett in der Hand, auf das NA (russisch: *na* ist gleich ‚auf') geschrieben ist" (vgl. *Luria,* 1968, S. 54).

Die symbolischen Repräsentationen zu den sinnlosen Silben der Zeile vier (va, sa, na, va, na, ma) hatten eine ähnliche Form:

„Aha! Hier an der Ecke von Kolkhoznaya-Platz und Stretenka ist das Warenhaus, wo sich der Wächter als meine Freundin, die blasse Magd Vasilisa (VASA) entpuppt. Sie gestikuliert mit der linken Hand, um mir zu sagen, daß das Geschäft geschlossen ist ... (im Jiddischen: *nava*), eine Geste, die für ... die Amme *(Nama)* gemeint ist, die ganz naß ist, und dort plötzlich auftaucht, um in das Geschäft zu gehen" (vgl. *Luria,* 1968, S. 55).

S. war ein kurioser Fall. Er konnte Ereignisse in seiner Umgebung derart mit Assoziationen anreichern (vor allem bildhaften) und dadurch mit solcher Vollständigkeit für die Gedächtnisspeicherung kodieren, daß er unfähig war, auch nur einen winzigen Teil davon zu vergessen. Der Mechanismus, der dieser Fähigkeit von S. zugrundelag, wird *Synästhesie* genannt. Bei S. bestanden keine Trennlinien zwischen Sehen, Hören, Fühlen, Schmecken oder Riechen. Alles, was er wahrnahm, wurde in mehrfacher Form kodiert. Aus Geräuschen und Farben in seiner Umwelt wurden bei S. Linien, Schlierenmuster und Farbtupfer in einer bestimmten Anordnung. Zahlen waren in seinem Gedächtnis tanzende Figuren. Ein bestimmter Geschmack war mit Buchstaben assoziiert usw. S. selbst schildert dies folgendermaßen:

„Ich erkenne ein Wort nicht allein an den Bildern, die es hervorruft, sondern anhand eines ganzen Komplexes von Gefühlen, die davon ausgelöst werden. Es ist schwer auszudrücken. ... Es ist nicht eine Angelegenheit der Phantasie oder des Hörens, sondern es ist ein allumfassendes Gefühl, das ich bekomme. Gewöhnlich nehme ich ein Wort nach seinem Geschmack und seinem Gewicht wahr, und ich muß mich nicht anstrengen, um es in Erinnerung zu rufen – das Wort scheint sich selbst in Erinnerung zu rufen. Aber das ist schwer zu beschreiben. Was ich fühle, ist zum Beispiel etwas Ölig-Glattes, das mir durch die Finger schlüpft. ... Oder ich fühle plötzlich ein leichtes Kribbeln in der linken Hand, das von einer großen Anzahl winziger sehr leichter spitzer Körperchen verursacht wird. Wenn das passiert, erinnere ich mich einfach, ohne mich besonders darum zu bemühen. ...
Selbst Zahlen wecken Bilder in mir. Zum Beispiel die Zahl 1. Das ist ein stolzer, gut gebauter Mann; 2 ist eine temperamentvolle Frau; 3 ein trübseliger Mensch (warum, weiß ich nicht); 6 ist ein Mann mit einem geschwollenen Fuß; 7 ein Mann mit einem Schnauzbart; 8 ist eine sehr dicke Frau – ein Sack in einem Sack. Was die Zahl 87 betrifft, da sehe ich eine dicke Frau und einen Mann, der seinen Schnauzbart zwirbelt" (vgl. *Luria,* 1968, S. 28; 31).

Zu einem anderen bekannten russischen Psychologen – *Wigotsky* – sagte S. etwa, und er meinte dies wörtlich: „Was für eine krümelig-gelbe Stimme Sie haben!"

Mnemonische Hilfen

Erst in den letzten Jahren haben wir zu verstehen begonnen, welche Rolle mnemonische Hilfen bei der Erinnerungsleistung spielen. Die Einbildungskraft (etwa auditive Vorstellungen oder Visualisationen) ist offenbar von entscheidender Bedeutung für solche Gedächtnishilfen. Es scheint so zu sein, daß die Funktionen des Gehirns, die mit den verbalen und visuellen Kodierungsfähigkeiten zusammenhängen, in verschiedenen Hemisphären angelegt sind: Sprache hauptsächlich in der linken Hemisphäre und nonverbale visuelle Repräsentation in der rechten Hemisphäre. Man kann also davon ausgehen, daß wir zwei Systeme der Aufnahme und Speicherung von Information besitzen: ein verbales und ein nonverbales bildhaftes. Letzteres ist besser für die Verarbeitung von konkreter und räumlicher Information geeignet; und ersteres für die Verarbeitung abstrakter und bedeutungshaltiger Information, insbesondere dann, wenn diese Information in einer fortlaufenden Sequenz auftritt (wie dies bei sprachlichem Material meist der Fall ist). Zwischen diesen beiden Systemen bestehen reichhaltige Verbindungen, wahrscheinlich wegen der sinnorganisierenden Netzwerke, die wir weiter oben beschrieben haben. Wenn wir verbales Material mit bildhaften Vorstellungen (oder anderen nonverbalen symbolischen Repräsentationen) verbinden können, und wenn wir umgekehrt nonverbale symbolische Repräsentationen zusätzlich mit einem verbalen Etikett versehen können, dann werden gespeicherte Informationen sehr viel leichter zugänglich (vgl. *Bower,* 1970b).

Speicherung von nonverbalen bildhaften Vorstellungen und verbale Speichersysteme

Da das Lernen in der Schule überwiegend auf verbalem Wege vonstatten geht, sollte der Schüler lernen, wie er bildhafte Vorstellungen (aus verschiedenen Bereichen der Sinneswahrnehmung) und verbales Material miteinander verknüpfen kann. Dies kann teilweise deshalb möglich gemacht werden, weil die Speicherkapazität für bildhafte Informationen anscheinend noch größer ist als die bereits sehr große Speicherkapazität für verbales Material (vgl. *Shepard,* 1967). Für den Unterricht bedeutet das: wenn der Schüler sich eine bildhafte Vorstellung von einem Sachverhalt machen soll, müssen wir diesen so viel wie möglich mit konkreten Wörtern beschreiben. *Paivio* (1969) hat die Hypothese aufgestellt, daß konkrete Wörter wie zum Beispiel „Zebra" sowohl perzeptive als auch verbale Kodebildungen in Gang setzen, während abstrakte Termini wie zum Beispiel „Gerechtigkeit" nur verbale Kodes hervorrufen und daher in der Regel schwerer zu lernen sind. Das wird von *Anderson* (1974) bestätigt, der daraus ganz eindeutige Schlußfolgerungen für das Verhalten des Lehrers im Unterricht zieht – auf eine knappe Formel gebracht: Versuchen Sie, so konkret wie möglich zu sein und verwenden Sie konkrete Wörter, die die Einbildungskraft anregen!

Verwendung konkreter Wörter im Unterricht

Kann Schülern die Fähigkeit zur bildlichen Vorstellung vermittelt werden, um ihre Lernfähigkeit zu erhöhen? *Rohwer* (1972) kam nach mehreren erfolglosen Versuchen, die Fähigkeit zur bildlichen Vorstellung bei jüngeren Kindern herauszubilden, zu der Schlußfolgerung, daß ein Kind erst ab einem gewissen Alter eine solche Strategie erfolgreich lernen kann. *Levin* (1976) glaubt, daß es für Kinder unter etwa sieben Jahren keine Unterstützung beim Lernen ist, wenn wir sie auffordern, sich etwas bildhaft vorzustellen. Andererseits fanden *Varley* et al. (1974), daß die Verbindung von Tätigkeit, bildlicher Darstellung (z.B. beim Zeichnen eines bestimmten Gegenstands) und Beschreibung mit Worten auch für jüngere Kinder eine Lern- und Erinnerungshilfe ist. Solche Techniken können wahrscheinlich auch jüngeren Schülern helfen, jene Fähigkeit zu entwickeln und einzuüben, die *Lurias* Mnemoniker in so ausgeprägtem Maße besaß.

Zeichnen von Objekten

Lokalisierungsmethode

2. Die Lokalisierungsmethode. Eine Gedächtnishilfe, die der Lehrer im Unterricht vermitteln kann, ist unter der Bezeichnung „Lokalisierungsmethode“ bekannt geworden. Sie geht auf einen Trick zurück, dessen sich bereits die Redner in der Antike bedienten. Durch diese Methode kann, im Gegensatz zur herkömmlichen Gedächtnisleistung, die Erinnerungsfähigkeit bis zum Siebenfachen gesteigert werden. Eine Speicherung von Sachverhalten nach der Lokalisierungsmethode besteht aus zwei Schritten: in einem ersten Schritt versucht man, sich die Lokalisierung oder räumliche Verteilung von Elementen des Lernmaterials vorzustellen und einzuprägen. Anders ausgedrückt: man versucht eine Reihe von räumlichen Anhaltspunkten für die räumliche Einordnung von Lernmaterial zu finden und sie in der Form von aneinandergereihten „Einzelaufnahmen“ im Gedächtnis zu behalten. Abbildung 13-11 ist ein Beispiel dafür. Es stellt die räumlichen Anhaltspunkte in der näheren Umgebung des elterlichen Wohnsitzes dar, an denen sich eine Person in der Jugendzeit orientiert hatte und die ihr so deutlich in Erinnerung sind, daß sie jederzeit in Gedanken aufgesucht werden können (die Zusammenstellung dieser räumlichen Anhaltspunkte erfolgte auf einer rein gefühlsmäßigen Basis; ausschlaggebend war dabei lediglich die deutliche Erinnerbarkeit). Diese Abfolge leicht visualisierbarer räumlicher Anhaltspunkte könnte bei der Anwendung der Lokalisierungsmethode durch die betreffende Person sehr gut als Koordinatensystem für die Einordnung von Lernmaterial dienen. Die gleiche Funktion könnte aber auch zum Beispiel ein Koordinatensystem auf der Basis von deutlich erinnerten Straßenbahnhaltestellten erfüllen, ebenso ein

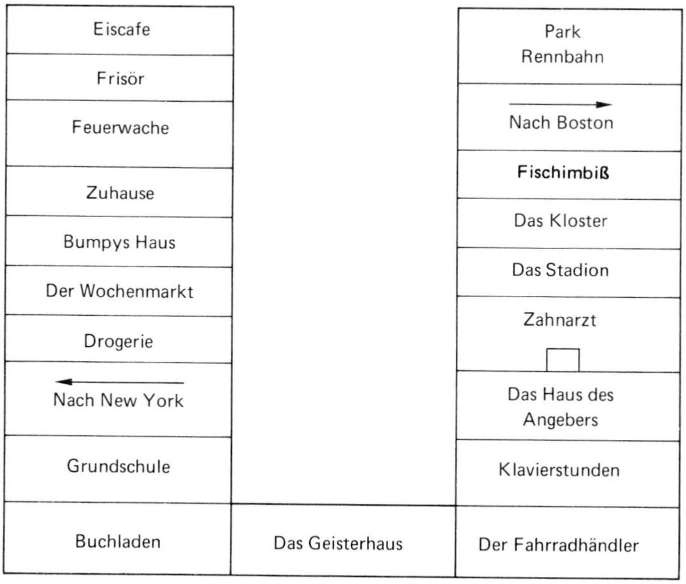

Aus *Crovitz* (1970, S. 43).

Abbildung 13-11. Beispiel für ein räumlich strukturiertes Koordinatensystem bei der Lokalisationsmethode: markante Anhaltspunkte in der häuslichen Umgebung zur Jugendzeit einer Person (ausgewählt nach der Deutlichkeit der späteren Erinnerung daran)

System, das auf der Anordnung der verschiedenen Räume eines Hauses basiert oder auf den Markierungen eines vertrauten Wanderwegs. Nahezu alles, was eine vertraute Struktur aufweist, kann als Koordinatensystem bei der Lokalisierungsmethode verwendet werden – vorausgesetzt, die einzelnen strukturellen Anhaltspunkte können jederzeit und mit großer Deutlichkeit erinnert werden.

In einem zweiten Schritt werden dann die einzelnen Elemente des Lernmaterials auf dieses Koordinatensystem bezogen. Die bildlichen Vorstellungen und die verbalen Etiketten des Lernmaterials werden auf die jeweiligen Knotenpunkte oder „Loci" des deutlich erinnerten Koordinatensystems verteilt und ihre Verknüpfung gelernt. Wenn diese Knotenpunkte oder Loci deutlich erinnert werden, dann ist es verhältnismäßig leicht, sie in Gedanken der Reihe nach aufzusuchen und die dort „abgelegte" Information wiederzufinden.

Ross und *Lawrence* (1968) untersuchten die Wirksamkeit einer solchen Lokalisationsmethode bei einer Gruppe von Studenten. Das Lernmaterial bestand hierbei aus mehreren Listen mit jeweils 40 Substantiva; als Koordinatensystem für die Lokalisierung sollten vertraute Anhaltspunkte auf dem Universitätsgelände verwendet werden. Die 40 Substantiva pro Liste konnten nur einmal durchgearbeitet werden; für jedes Wort standen 13 Sekunden zur Verfügung. Bei einem Test der Erinnerungsleistung unmittelbar nach dem Lernen wurden im Durchschnitt 38 von 40 Substantiva korrekt wiedergegeben, und zwar in der richtigen Reihenfolge. Am darauffolgenden Tag betrug die Zahl der erinnerten Substantiva immerhin noch durchschnittlich 34. *Bower* bemerkt zu diesem Ergebnis:

> Im Vergleich zu Ergebnissen, die üblicherweise beim Auswendiglernen von verbalem Material gefunden werden, sind solche Erinnerungsleistungen höchst bemerkenswert, wenn nicht verwirrend. Die Bedeutung einer derartigen Demonstration der Wirksamkeit der [Lokalisierungs-]Methode liegt darin, das Ausmaß deutlich zu machen, in dem Gedächtnishilfen wirksam sein können (*Bower, 1970b, S. 500*).

3. Schlüsselwortmethode. Dieses Konzept ist umfassend von *Levin* (1981) und seinen Mitarbeitern entwickelt worden (vgl. *Jones* u. *Hall,* 1982; *Shriberg* et al., 1982). Nehmen wir an, ein amerikanischer Schüler lernt Spanisch. Wenn er zum ersten Mal auf ein neues Wort trifft, beispielsweise „carta" („Brief"), sucht er sich ein englisches Schlüsselwort, mit dessen Hilfe er „carta" abrufen kann, also z.B. „cart" („Einkaufswagen"). Fremdwort und muttersprachliches, Schlüsselwort werden dann zu einem visuellen Komplex zusammengefügt. Wenn der Schüler nun „carta" hört oder liest, visualisiert er

und kann problemlos mit „letter" reagieren.

In Dutzenden von Untersuchungen haben *Levin* und seine Kollegen nachgewiesen, wie die Schlüsselwortmethode in allen möglichen Bereichen die Lernleistungen verbessern kann: muttersprachliches Vokabular, fremdsprachliches Vokabular, die Präsidenten der Vereinigten Staaten, die fünfzig Staaten und deren Hauptstädte usw. – alles läßt sich mit dieser Methode lernen. *Levin* (1981) und *Bellezza* (1981) geben auch für den pädagogischen Bereich günstige Prognosen ab: auch hier hat sich die Schlüsselwortmethode in mehrfacher Weise als erfolgreich erwiesen. (a) Sie ist durchgängig effektiv; (b) sie zeigt weitreichende Wirkungen; (c) sie ist in vielen verschiedenen Curriculumbereichen einsetzbar; (d) sie nimmt wenig Unterrichtszeit in Anspruch, und (e) sie ist es wert, in der Forschung noch stärker berücksichtigt und weiterentwickelt zu werden.

Die Beschäftigung mit Gedächtnishilfen oder mnemonischen Strategien, insbesondere mit der Funktion, die bildliche Vorstellungen für das Gedächtnis spielen, kann auf eine lange Geschichte zurückblicken. Die wissenschaftliche Untersuchung solcher Phänomene aus psychologischer Sicht ist jedoch bis vor kurzem weitgehend vernachlässigt worden. Auf der Grundlage neuerer Ergebnisse zu diesem Problembereich kann man jedoch feststellen, daß Lern- und Erinnerungsleistungen in zweierlei Weise erheblich verbessert werden können: durch die Verwendung von systematisch strukturierten, deutlich erinnerten (räumlichen) Anhaltspunkten als Bezugsrahmen für die Speicherung einer Information; durch den extensiven Einsatz von nonverbalen, bildhaften Vorstellungen in verschiedenen sensorischen Bereichen und durch Schlüsselwortmethoden. Der Lehrer kann sich beide Methoden bei seinem eigenen Studium zunutze machen, und er kann sie seinen Schülern vermitteln. Wahrscheinlich hat jeder von Ihnen schon einmal selbst eine Gedächtnishilfe verwendet oder anderen zu vermitteln versucht. Die meisten Gedächtnishilfen, die in verschiedenen Unterrichtsfächern eingesetzt werden, sind allerdings weit weniger effektiv als etwa die geschilderte Lokalisierungsmethode; sie beruhen meist auf „Eselsbrücken" oder bloßen Regelsprüchen, wie etwa „gar nicht wird gar nicht zusammengeschrieben" oder „a und ab – e, ex und de – cum und sine – pro und prae" (Präpositionen mit Ablativ).

Die spezifische Form von Gedächtnishilfen auf der Grundlage der beiden dargestellten Strategien (Lokalisierungsmethode und Intensivierung von nonverbalen, bildhaften Vorstellungen) ergibt sich oft erst aus dem situativen Unterrichtsgeschehen und sollte gemeinsam mit den Schülern bei der Auseinandersetzung mit dem Unterrichtsstoff erarbeitet werden. Schließen wir diesen Themenkreis mit folgender „R-E-G-I-E-Anweisung" als mnemonische Hilfe ab:

Regelmäßiger
Einsatz von
Gedächtnishilfen
Intensiviert die
Erinnerungsfähigkeit.

13.5 Sinnerzeugendes („generatives") Lernen

Viele der in diesem Kapitel vorgestellten Ideen können als Teil eines übergeordneten Lernmodells angesehen werden, das nach *Wittrock* (1978) das generative Lernmodell genannt wird. *Wittrock* sagt, daß kognitives Lernen dann stattfindet, wenn der Schüler den Lernstoff für sich selbst in bedeutungshaltige Information umstrukturiert: d. h. er *erschafft* sich, er *generiert* den Bedeutungsgehalt. *Wittrock* entdeckte, daß durch die Einfügung eines einzigen vertrauten Wortes in jeden Satz eines in den amerikanischen Schulen verbreiteten Lesetexts das Textverständnis um 50% und die Erinnerung an den Text sogar um 100% angehoben werden konnte. Dies sind erstaunliche Ergebnisse. Das eine vertraute Wort gab den Dingen eine größere Bedeutung und ermöglichte es den Schülern, das, was sie lernen sollten, auf ihre eigenen kognitiven Strukturen zu übertragen. Mit dieser Technik konnte jeder Schüler für sich seine eigenen Bedeutungen generieren. Wenn der Lehrer Möglichkeiten findet, die dem Schüler helfen, bedeutungshaltige Verbindungen zwischen dem, was gelernt werden soll, und dem eigenen Gedächtnisspeichersystem herzustellen, dann hilft er ihm mit großer Wahrscheinlichkeit, seine Lernleistungen zu verbessern. Es gibt viele Möglichkeiten, solche Verbindungen wirksam werden zu lassen: bildhafte Vorstellung; Organisationshilfen; Vorstrukturierung; Mediatoren; die Schlüsselwortmethode; kurze Zusammenfassungen von Textabschnitten; Analogien, Vergleiche und Metaphern in der Unterrichtssprache; die Auslösung passender Schemata.

> Nach diesem Modell unterrichten heißt, die Schüler anzuregen, Strategien zur Informationsverarbeitung einzusetzen ... und spezifische Gedächtnisspeicher, die für den Lernstoff von Belang sind, einzurichten (*Wittrock,* 1978, S. 26).

In diesem Kapitel ging es uns zum großen Teil um die Frage, mit welchen Mitteln wir dazu beitragen können, daß der Unterricht noch stärker an das System des Schülers angepaßt wird, mit dem er Informationen im Gedächtnis speichert. Mit einem einfachen Trick, sagt *Wittrock,* kann jeder ein besserer Lehrer werden: er muß nur jene Schüler ausfindig machen, die nicht von allein wissen, wie sie Beziehungen zwischen dem, was sie lernen sollen, und dem, was sie bereits wissen oder erfahren haben, herstellen sollen. Das Lernen im Unterricht und durch Unterricht ließe sich wesentlich steigern, wenn wir den Schülern beibringen könnten, wie sie sich solche Assoziationen selbst erarbeiten können.

13.6 Zusammenfassung

In diesem Kapitel haben wir uns mit der Arbeitsweise des menschlichen Gedächtnisses und mit dem Lernen von verbalem Material, das Sinn und Bedeutungsgehalt besitzt, beschäftigt, und wir haben zahlreiche Fallbeispiele und Untersuchungsergebnisse hierzu diskutiert. Als Ausgangspunkt diente uns ein „Information Processing"-Modell, das die einzelnen Schritte bei der

Aufnahme und Verarbeitung von Information in schematischer Form darstellt (vgl. Abbildung 13-1). Wir haben gesehen, daß Informationen im Langzeitspeichersystem des menschlichen Gedächtnisses offenbar dauerhaft erhalten bleiben und daß mangelnde Erinnerungsfähigkeit in erster Linie ein Problem der Abrufung von gespeicherter Information und ihrer Zugänglichkeit ist. Wir sind auf fünf Faktoren näher eingegangen, durch die das Abrufen von Information aus dem Gedächtnis erleichtert wird: (1) die Verwendung von Lernmaterial mit einem hohen Sinn und Bedeutungsgehalt, (2) die Verbindung einzelner Elemente durch Vermittlungsglieder oder Mediatoren, (3) die Vorstrukturierung eines Stoffgebietes durch „Advance Organizers", (4) die systematische Gliederung einer Lernsequenz in hierarchisch strukturierte, jeweils aufeinander aufbauende Lernschritte und (5) die hierarchische Organisation von Lernmaterial bei jedem einzelnen Lernschritt. Wenn Sie zum ersten Mal ein bestimmtes Stoffgebiet im Unterricht behandeln, werden Sie es wahrscheinlich kaum bereits in optimaler Form aufbereitet haben und darbieten. Wir haben in diesem Kapitel mehrere wichtige Punkte zusammengestellt und besprochen, auf deren Grundlage die Aufbereitung und Darbietung eines bestimmten Stoffgebietes im Laufe einiger Semester oder Jahre verbessert werden kann. Durch die folgenden Leitlinien ausgedrückt: Greifen Sie bei der Einführung von neuem und unbekanntem Material soweit es geht auf bereits Gelerntes zurück. Analysieren Sie ihren Lehrstoff danach, ob er Mediationsglieder oder gedankliche Verbindungen aufweist, die zu einem wirksamen Lernprozeß führen. Gliedern Sie eine Lernsequenz möglichst in hierarchisch strukturierte Lernschritte, die jeweils systematisch aufeinander aufbauen. Versuchen Sie, den Lehrstoff jeweils in einer hierarchisch organisierten Form zu präsentieren (eine solche hierarchische Organisation entspricht, wie wir gesehen haben, dem Aufbau und der Funktion des menschlichen Gedächtnisses). Und greifen Sie zum Mittel der Vorstrukturierung (Einsatz von „Advance Organizers"), um die Aufnahme von neuem und unbekanntem Material zu erleichtern. Und berücksichtigen Sie schließlich beim Ablauf von Lernprozessen mathemagenische Tätigkeiten, also den aktiven Beitrag der Schüler, durch den ein vorgegebener Unterrichtsstoff zu etwas Gelerntem wird. Dies kann dadurch geschehen, daß Sie das Tätigkeitsbedürfnis der Schüler in den Unterricht miteinbeziehen, oder daß Sie einen bestimmten Lernstoff verbal ausformulieren oder laut wiederholen lassen. – Informationen können leichter aus dem Gedächtnis abgerufen werden, wenn sich damit gedankliche Bilder und Vorstellungen verbinden. Versuchen Sie also ganz bewußt Wörter und Ausdrücke zu verwenden, die anschaulich sind und mit denen sich bildliche Vorstellungen verbinden – Ausdrücke, die sich auf konkrete sinnliche Erfahrungen beziehen, anschauliche Metaphern, Beschreibungen in kräftigen, leuchtenden Farben und Begriffe, die in Bildern sprechen. (Und vergessen Sie nicht unsere „R-E-G-I-E-Anweisung"!)

Kapitel 14

Soziale Lerntheorie

14.1 Überblick

In Kapitel 12 konnten Sie feststellen, wie wichtig Umweltkontingenzen sind, wenn man bestimmte Verhaltensweisen formen und aufrechterhalten will. In Kapitel 13 haben wir beschrieben, wie die kognitiven Tätigkeiten eines Menschen – also Aufmerksamkeit, Kodierung, Einübung und Einsatz von Schemata – mitbestimmen, was gelernt wird. In diesem Kapitel über soziale Aspekte des Lernens werden wir beide Erklärungsansätze für Lernen – externe Verstärkung und interne kognitive Prozesse – berücksichtigen, um verständlich zu machen, wie wir von anderen Menschen lernen. Menschen sind soziale Wesen. Durch das Beobachten unserer sozialen Umgebung, durch kognitives Interpretieren dessen, was in dieser Umgebung vor sich geht, und durch die Verstärkung bzw. Bestrafung unserer Reaktionen auf das, was wir dort erfahren, lernen wir in ungemein vielfältiger Weise, Informationen zu verarbeiten und komplexe Fertigkeiten zu entwickeln.
Aus der Perspektive der sozialen Lerntheorie „sind es nicht ausschließlich innere Kräfte oder ausschließlich Umweltreize, die menschliches Verhalten bestimmen. Im Gegenteil: es ist eine ständige Wechselbeziehung individueller und umweltbestimmter Einflußgrößen, die menschliche Funktionsweisen im sozialen Kontext festlegt" (*Bandura,* 1977, S. 11–12). Die soziale Lerntheorie betont, daß die Umweltbereiche, in denen der einzelne Mensch sich bewegt, keine Zufallserscheinungen sind, sondern oft von ihm selbst durch sein eigenes Verhalten ausgewählt und verändert werden. Auf der Grundlage der sozialen Lerntheorie untersuchen wir das ständige Wechselspiel von Umweltvariablen, persönlichen Merkmalen und den daraus resultierenden äußeren (erkennbaren) und inneren (versteckten) Verhaltensweisen des einzelnen. Diese Perspektive hat Erklärungen dafür möglich gemacht, wie Beobachtungslernen eigentlich abläuft und wie wir es lernen, unser eigenes Verhalten zu regulieren. Über beide Prozesse muß der Lehrer nachdenken und so werden wir uns im folgenden ausführlich mit ihnen beschäftigen.

14.2 Beobachtungslernen

Es wäre in der Tat traurig, wenn wir nicht aus der Beobachtung anderer Menschen in unserer Umwelt etwas lernen könnten. Wir würden unendlich viel länger brauchen und sehr viel mehr Fehler machen, um uns das Wissen, die Fertigkeiten und die Einstellungen unserer Kultur anzueignen. Aber glücklicherweise lernen wir von unseren Freunden, Eltern und Lehrern, wie man in bestimmten Situationen mehr oder weniger richtig reagiert, indem wir beobachten, wie diese sich verhalten und welche Folgen das hat. In vielen verschiedenen Lebensbereichen lernen wir ein ungemein umfangreiches Repertoire an potentiellem und tatsächlichem Verhalten allein durch unsere Beobachtungen. Wie wird dieser Prozeß aus der Sicht der sozialen Lerntheorie beschrieben?

4 Phasen des Beobachtungslernens

Diese Theorie besagt, daß es vier Phasen des Lernens durch Beobachtung von Modellverhalten gibt: die Aufmerksamkeitsphase, die Behaltensphase, die Reproduktionsphase und die Motivationsphase („attention" – „retention" – „reproduction" – „motivation"). Schematisch dargestellt sieht das so aus (vgl. Abbildung 14-1):

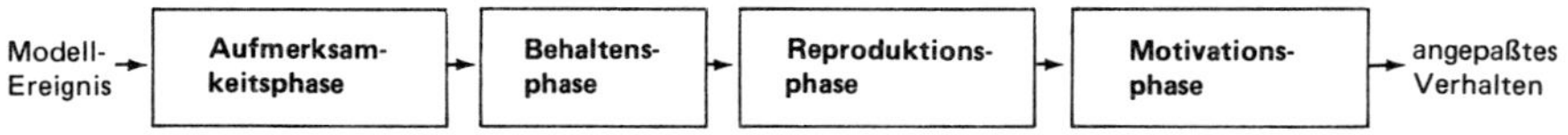

Aus: Nach *Bandura* (1977), S. 23.

Abbildung 14-1. Der Prozeß des Beobachtungslernens

Aufmerksamkeitsphase

Wir haben bereits im letzten Kapitel im Zusammenhang mit der Theorie von Informationsaufnahme und -verarbeitung festgestellt, daß Lernen ohne Aufmerksamkeit nicht möglich ist. Auch beim Lernen durch Beobachtung modellhaften Verhaltens ist dies eine unabdingbare Voraussetzung.

Der Lehrer als Modell

Es ist nachweislich so, daß wir Modellen mit hohem sozialen Status, hoher Kompetenz und Sachkenntnis unsere besondere Aufmerksamkeit schenken. Diese Attribute werden gemeinhin (gottseidank!) auch den Lehrern zugeschrieben. Der Schüler wird seinem Lehrer in der Regel aufmerksam folgen, wenn dieser eine Rechenaufgabe löst, ein Wort phonetisch umschreibt, einen Sprungwurf beim Handball vormacht, die Einzelschritte bei der Bestimmung einer Pflanze durchgeht oder einen Frosch seziert. Diese Beispiele alltäglicher Unterrichtstätigkeiten verdeutlichen bereits, daß viel von dem, was man in der Schule lernt, über das genaue Beobachten des Lehrers abläuft. Lehrer ziehen die Aufmerksamkeit aufgrund ihres erkennbaren Status, ihrer Kompetenz und Sachkenntnis auf sich, und darüber hinaus auch deshalb, weil die Schüler gelernt haben, daß die Lehrer sie auch für ihre Aufmerksamkeit belohnen bzw. sie für unaufmerksames Verhalten bestrafen können.

Von den Teenagern, aber auch schon von den Neun- bis Zwölfjährigen, wissen wir, daß Modelle mit großem Prestige mit einem derartigen Eifer beachtet werden, daß bestimmte Verhaltensweisen eine Zeitlang in großer Mode sind. Vor einigen Jahren war es die Haartracht einer Schauspielerin, die millionen-

fach von jungen Mädchen oder Frauen kopiert wurde, ebenso wie zwanzig Jahre davor die Stirnlocke eines männlichen Gesangsidols millionenfach von jungen Männern kopiert worden war. Als in den USA eine im Fernsehen bekannte Persönlichkeit in einer Sendung eine Leihkarte für die örtliche Bibliothek aus der Tasche zog, stieg unmittelbar danach die Antragsrate für Leihkarten im ganzen Land um schätzungsweise 500% bei den Neun- bis Vierzehnjährigen (vgl. *National Coalition on Television Violence,* 1981). In der Schule sind es oft die Kraftmeier, Sportfanatiker oder der Klassenclown, die zu Prestigemodellen aufsteigen. Was an ihrem Verhalten bei den Mitschülern so große Beachtung findet, wird oft vom Lehrer nicht gerade gern gesehen.
Die persönlichen Merkmale eines Schülers haben ebenfalls einen Einfluß darauf, ob er mit Aufmerksamkeit dabei ist, wenn der Lehrer ein Verhalten modelliert, das gelernt werden soll. Insbesondere sind es Abhängigkeitsbedürfnisse, Selbstwertgefühl und der Eindruck von der eigenen Leistungsfähigkeit, die zum Teil oder ganz bestimmen, ob ein Schüler dem Verhalten eines Modells folgt oder nicht. Noch wesentlicher als die Eigenschaften eines Lehrers oder Mitschülers sind allerdings die Aufmerksamkeitsanreize einer Lernsituation (*Bandura,* 1969). Wenn der Lehrer sagt, „Was jetzt kommt, wird auch in der nächsten Klassenarbeit drankommen", und dann zeigt, wie man Celsius in Fahrenheit umwandelt und umgekehrt, dann manipuliert er den Aufmerksamkeitsanreiz. Wenn also der Anreiz in den Vordergrund gestellt wird, kann er andere Faktoren, die den Aufmerksamkeitspegel der Schüler senken könnten, überlagern.

Aufmerksamkeitsanreize

Schließlich muß noch erwähnt werden, daß die Eindeutigkeit, die Rate und die Komplexität der Stimuli, denen Aufmerksamkeit geschenkt werden soll, ebenfalls einen Einfluß darauf haben, ob der Aufmerksamkeitspegel aufrechterhalten werden kann oder nicht. Wenn der Lehrer die Aufmerksamkeit der Schüler hat, kann er den Imitationsprozeß dadurch erleichtern, daß er die zentralen Punkte einer Lernsituation deutlich heraushebt. Die Sorgfalt, mit der der Lehrer als Modell dem Schüler hilft, die bedeutsamen Aspekte der Unterrichtssituation von anderen, weniger bedeutsamen abzuheben, kann imitatives Lernen wesentlich erleichtern. Dies ist besonders bei der Arbeit mit kleinen Kindern (z.B. Sprachvorbild) zu beachten oder bei der Arbeit mit geistig behinderten oder lernbehinderten Schülern.

Die Fähigkeit des Beobachters, Informationen zu verarbeiten, schränkt die Anzahl der zentralen Modellaspekte, die in einer einzelnen Sequenz erworben werden können, deutlich ein. Wenn also die vom Modell vermittelten Stimuli für die Aufnahmefähigkeit des Beobachters quantitativ oder qualitativ zu komplex sind, wird Beobachtungslernen zwangsläufig eingeschränkt und verkürzt. Unter solchen Bedingungen wäre es erforderlich, die modellhaften Stimuli mehrfach anzubieten, um zu gewährleisten, daß das Endverhalten dem Modell voll entspricht (*Bandura,* 1969, S. 138).

Behaltensphase

Kontiguität

Beobachtungslernen ist im Ablauf mit Kontiguitätslernen identisch. Die zwei aneinander gekoppelten Ereignisse, die hierbei erforderlich sind, sind Aufmerksamkeit für das Modellverhalten und die symbolische Repräsentation dieses Verhaltens im Langzeitgedächtnis. „Beobachter, die Modellverhalten in Worte, kategoriale Begriffe oder bildhafte Vorstellungen verschlüsseln, lernen und behalten bestimmtes Verhalten besser als jene, die nur beobachten oder während des Zuschauens mit anderen Dingen beschäftigt sind" (*Bandura,* 1977, S. 26). Verbale und/oder visuelle Gedächtnishilfen und Schemata, die gebraucht werden, um beispielsweise einen Motor auseinanderzunehmen oder eine lange Subtraktionsaufgabe zu lösen oder einen mündlichen Bericht zu geben, müssen vom Beobachter im gleichen Augenblick entwickelt werden, wo er beobachtet, wie vor seinen Augen ein Motor auseinandergenommen wird, eine Rechenaufgabe gelöst oder ein Bericht vor der Klasse abgegeben wird. Diese verbalen und/oder visuellen Schemata, diese gedächtnisunterstützenden Kodes, können später abgerufen werden, wenn neu gelerntes Verhalten in die Tat umgesetzt werden soll.

Einübung

Im letzten Kapitel wurde bereits gesagt, daß Unterrichtsstoff besser behalten werden kann, wenn eine erkennbare Einübung stattfindet („Alle zusammen: die vier Phasen des Beobachtungslernens sind __________, __________, __________ und __________.") Die Einübung muß jedoch nicht in jedem Fall erkennbar sein, sie kann auch „unter der Oberfläche" ablaufen. Ein solches „stilles" Einüben von teilweise durch Beobachtung gelerntem Verhalten erkennen wir oft in Unterrichtspraktika, wenn der Student seine erste Unterrichtsstunde oder eine Minisituation vorbereitet. Von seinem Mentor – oder Modell – lernt er, vor der Klasse zu stehen, die Stunde mit einer geeigneten Maßnahme einzuleiten, die Schlüsselbegriffe oder -konzepte an die Tafel zu schreiben, Schüler aufzurufen, am Schluß der Stunde eine Zusammenfassung zu geben usw. Vor dem eigentlichen Unterricht geht der Praktikant seinen Plan noch einmal im Geiste durch. Diese stille Einübung hilft dem Praktikanten (oder anderen Lehrern), sich die Schlüsselelemente der Verhaltensstruktur, die er sich aneignen will, zu merken. Diese Art stillen Einübens ist ferner hilfreich, eine engere Anpassung von Lernerverhalten zu Modellverhalten herzustellen, wenn das Lernerverhalten schließlich in die Tat umgesetzt wird.

Reproduktionsphase

Erkennbare Ausführung gelernten Verhaltens

In dieser Phase des Lernens durch Orientierung an Modellen leiten die bildhaften oder verbalen symbolischen Kodes im Gedächtnis die eigentliche Ausführung oder praktische Umsetzung des neu gelernten Verhaltens. Man hat feststellen können, daß Betrachtungslernen dann den höchsten Grad an Genauigkeit erlangt, wenn die Ausführung unmittelbar auf eine stille Einübung folgt. Die Vorteile, die sich aus der Umsetzung neu gelernten Verhaltens in die Tat ergeben, sind in einem Experiment mit Kindern der Papago-Indianer deutlich gemacht worden (*Swanson* u. *Henderson,* 1977). Es ist für die Papagos, einem nordamerikanischen Indianerstamm, typisch, in der Interaktion mit Weißen wenig Fragen zu stellen. In ihrer Kultur zieht man es vor, sich Kenntnisse und Fertigkeiten durch Beobachtung und Nachahmung anzueignen und nicht durch direktes Fragen. Demzufolge ist das Papago-Kind in der Schule im Vergleich mit anderen Kindern benachteiligt, denn die sind daran gewöhnt, Fragen zu stellen, wenn sie etwas wissen wollen. Die Papago-Eltern wollen jedoch, daß ihre Kinder es lernen zu fragen, so daß sie sich in der dominanten weißen Kultur behaupten können. Mit diesem Experiment wurde nun versucht, den Papago-Kindern die Fertigkeit zu vermitteln, Fragen zu stellen, und man ging klugerweise so vor, daß man bei den kulturell bevorzugten Techniken (Beobachtungslernen) ansetzte, um die neuen Verhaltensweisen einzuüben. Die Papago-Kinder im Vorschulalter wurden in einem Vortest auf ihre Fähigkeit, Fragen zu stellen, getestet. Man zeigte ihnen Bilder und forderte sie auf, so viele Fragen dazu zu stellen wie ihnen einfielen. Dann wurden die Kinder auf drei Experimentiergruppen aufgeteilt. Einer Gruppe wurden ausschließlich Situationen am Bildschirm vorgeführt. In einer von vielen Filmsequenzen wurde gezeigt, wie ein weibliches erwachsenes Papago-Modell und zwei Puppen in Gestalt zweier Papago-Kinder (Laura und Norbert) ein Gespräch führen:

Modell: Laura und Norbert, schaut euch dieses Bild an und stellt mir ein paar Fragen dazu. (Kamera-Zoom auf Bild)
Laura: *Warum* schaut dieser Mann so ängstlich aus?
Modell: Gute Frage! Weil er gerade von seinem Pferd herunterfällt. Fragt weiter.
Norbert: *Wieso* hat er keinen Sattel?
Modell: Gute Frage! Weil es ihm gefällt, ohne Sattel zu reiten. Fragt weiter.
Laura: *Was würde passieren,* wenn er in den Kaktus fiele?
Modell: Die Frage gefällt mir! Die Stacheln würden ihm ganz schön weh tun. Ihr beide könnt so gute Fragen stellen! Ihr werdet ganz schön schlau sein, wenn ihr erst mal groß seid.
Norbert: Jawohl. Wir werden viel lernen, wenn wir Fragen stellen!

Nach *Swanson* u. *Henderson,* 1977, S. 349.

Eine Reihe ähnlicher Bänder wurde den Kindern zweimal gezeigt. Eine zweite Gruppe sah diese Filmserie ebenfalls. Aber anstatt diesen Kindern die Bänder zweimal zu zeigen, übte man mit ihnen, Fragen in Gang zu bringen. Eine am Experiment beteiligte Papago-Lehrerin forderte die Kinder auf, zu ähnlichen Bildern wie bei den Filmsequenzen Fragen zu stellen. Jede Frage wurde durch mündliches Lob verstärkt. Auf diese Weise hatten die Kinder Gelegenheit, das Verhalten des Modells zu übernehmen und eine Rückkoppelung für ihr Verhalten zu bekommen. Eine dritte Gruppe diente als Kontrollgruppe. Ihr wurden Bänder gezeigt, die nichts mit Fragenstellen zu tun hatten. Die Ergebnisse dieser Untersuchung sind in Tabelle 14-1 zusammengefaßt. Aus

Tabelle 14-1. Auswirkung von modellhaftem Verhalten auf den Erwerb von Verhalten – mit und ohne anschließender Übung (Beispiel: Fragenstellen)

Versuchsgruppe	Vortest Durchschnitt	Nachtest Durchschnitt	Behaltenstest Durchschnitt
Kontrollgruppe	2,0	2,0	2,5
Modell allein	3,13	29,73	19,4
Modell plus Übung	1,76	82,7	93,7

Aus: *Swanson* u. *Henderson* (1977), S. 350.

den Daten wird ersichtlich, daß alle drei Gruppen im Vortest in etwa gleich abschnitten, mit relativ niedrigen Werten. Im Vergleich zu dem Nachtest sowie einem zwei Wochen danach durchgeführten Behaltenstest sind demgegenüber große Unterschiede erkennbar. Der Vergleich von Modell- und Kontrollgruppe verdeutlicht, wie sehr das Beobachten von Modellverhalten zur Aneignung neuer Verhaltensweisen führen kann. Diese Wirkung kann sogar noch gesteigert werden, wenn neben der Beobachtung auch noch Umsetzung und Rückkoppelung in das Lernprogramm integriert werden. Das verdeutlichen die hohen Testwerte von Nachtest und Behaltenstest in diesem Experiment.

Die erkennbare Umsetzung bestimmter Verhaltensweisen ist dann besonders wichtig, wenn es darum geht, aus der Körperhaltung Hinweise zu entnehmen, die dann in eigenes neues Verhalten umgesetzt werden sollen. So kann man viel aus der Beobachtung von Hochleistungssportlern lernen, etwa beim Geräteturnen, Kunstspringen oder Eiskunstlauf. Auch die stille Einübung bestimmter beobachteter Übungsabläufe kann dabei helfen. Aber erst, wenn es darum geht, die bildhaften Vorstellungen mit den entsprechenden körperlichen Funktionsabläufen zu verbinden, wird deutlich, wie schwer es ist, es dem Modell gleichzutun. Die versteckten, nicht beobachtbaren motorischen Fertigkeiten werden erst dann erkennbar, wenn man selbst versucht, das neue Verhalten in die Tat umzusetzen.

Die Reproduktionsphase erlaubt es auch dem Modell (oder Trainer oder Lehrer) zu sehen, ob alle Teilkomponenten einer Verhaltenssequenz gelernt worden sind. Gelegentlich werden nur einzelne Teile einer Verhaltenssequenz korrekt verschlüsselt und behalten. Im Unterricht können wir beispielsweise feststellen, daß bestimmte Schüler nach der Einführung von quadratischen Gleichungen nur einen Teil dieser komplexen Aufgabe lösen können. Sie brauchen dann noch zusätzliche Hilfen, um die gesamte Sequenz zu beherrschen. Solche Mängel werden in der Regel erst dann bemerkt, wenn den Schülern Leistungen abverlangt werden. Aus diesem Grunde ist die Reproduktionsphase im Unterricht unverzichtbar. Eine Untersuchung von *Schunk* (1981) macht dies deutlich. Kinder mit Lernproblemen im Rechnen sollten das Dividieren mit großen Zahlen lernen. Wenn die Schüler in der Einführungs- bzw. Reproduktionsphase Fehler machten, wurden ihnen korrekte Modelle zum Vergleich gegeben. Im Vergleich mit einer zweiten Gruppe, die keine Modelle in dieser Unterrichtssequenz zur Verfügung hatte, erzielte die Modellgruppe deutlich höhere Leistungen. Darüber hinaus zeigte sie mehr Ausdauer und Selbstvertrauen bei nachfolgenden Rechenaufgaben des gleichen Typs.

Korrektur durch Rückkoppelung

In diesem Zusammenhang ist ein Hinweis auf die Bedeutung der Rückkoppelung für die Korrektur fehlerhaften Verhaltens nötig. Die Techniken des operanten Konditionierens befassen sich ausgiebig mit Möglichkeiten der Verstärkung und Bestrafung und ihre Auswirkungen auf das Verhalten sind, wie wir bereits feststellen konnten, unübersehbar. Aber ein Großteil der Hinweise, die ein Lehrer seinen Schülern über ihr Verhalten im Unterricht gibt, scheint weder eine verstärkende noch eine bestrafende Wirkung zu haben, sondern lediglich eine informative. Über die eigenen Leistungen in Kenntnis gesetzt zu werden – eine einfache Form der Rückkoppelung – hat eine starke Wirkung auf nachfolgendes Verhalten. Wenn die Erstkläßler beobachtet, verschlüsselt und im Geiste wiederholt haben, wie man ein „A" schreibt und es dann selbst versuchen, wenn Abiturienten versuchen, ein Sonett zu schreiben oder Sportstudenten einen Auerbachsalto vom Dreimeterbrett versuchen, sollten sie sofort eine Bestätigung erhalten. Diese Rückkoppelung kann sich auf die richtigen Aspekte des Versuchs beziehen, aber sie sollte sich vor allem auf die fehlerhaften Verhaltensabschnitte konzentrieren. Den Schüler sofort über unangemessene Reaktionen zu informieren, bevor sich diese zu Gewohnheiten entwickeln, ist eine gesunde Praxis, denn eine solche korrigierende Rückkoppelung muß nicht als Bestrafung gesehen werden. Am Anfang der Reproduktionsphase trägt sie als Verhaltensvariable vielmehr zur korrekten Ausprägung einer Fertigkeit entscheidend bei. Es ist z.B. auch eine korrigierende Rückkoppelung, wenn wir den Schülern sagen, ihre Bleistifte beim Schreiben fester in der Hand zu halten, oder die Verszeilen in ihrem Sonett zu zählen, oder höher vom Sprungbrett abzuspringen. Korrigierende Rückkoppelungen, die emotional neutral formuliert werden, geben Informationen an die Schüler weiter, die ihnen bei der Bewältigung der Aufgabe behilflich sind. Gerade in der Anfangsphase der Reproduktion neu erworbener Verhaltensweisen ist diese Mitteilung besonders nützlich, denn bei den ersten Umsetzungsversuchen in dieser Phase des Beobachtungslernens muß der Schüler sich ganz besonders auf die Überwachungs- und Korrekturfunktion des Lehrers als Verhaltensmodell verlassen.

Motivationsphase

Verhalten, das durch Beobachten erworben wurde, wird in die Tat umgesetzt, wenn es sich lohnt, d.h. wenn man dafür verstärkt wird. Wenn es eine Strafe nach sich zieht, wird es in der Regel unterdrückt. In diesem Punkt haben die soziale Lerntheorie und die Theorie des operanten Konditionierens ähnliche Vorstellungen davon, wie Verstärkung und Bestrafung bestimmtes Verhalten formen und aufrechterhalten können. Aus der Perspektive des Beobachtungslernens wird nämlich durch eine Verstärkung oder Bestrafung nur die Motivation des Lerners angesprochen, etwas zu leisten, nicht aber das Lernen selbst. Hinzu kommt, daß die soziale Lerntheorie nicht nur das sichtbare Verhalten, sondern gerade auch die verdeckt ablaufenden kognitiven Tätigkeiten betont; also können stellvertretende Verstärkungen und Bestrafungen ebenfalls Verhalten formen und aufrechterhalten. Stellvertretende Verstärkungen und Bestrafungen treten dann auf, wenn wir die Folgen bestimmter Verhaltensweisen bei anderen beobachten. Wenn eines unserer älteren Geschwister dafür gelobt wird, daß es ein gutes Zeugnis nach Hause gebracht hat oder wegen seiner vulgären Ausdrucksweise vom Mittagstisch verwiesen wird, lernen wir daraus oft genauso viel, als wenn wir es selbst gewesen wären, deren Verhalten von den Eltern gelobt bzw. getadelt wurde.

Stellvertretende Verstärkung und Bestrafung

In einem Experiment hat *Bandura* (1965a) beide Aspekte – die Unterscheidung von Lernen und Ausführen des Gelernten sowie die stellvertretende Verstärkung bzw. Bestrafung – sichtbar gemacht. Eine Gruppe von Jungen und Mädchen schauten sich einen Film über ein Modell an, dessen aggressives

Unterscheidung von Lernen und Ausführen des Gelernten

Verhalten in Worten und Taten heftig war. Ein Teil der Gruppe sah am Ende des Films, wie das Modell für das, was es getan hatte, schwer bestraft wurde. Der andere Teil sah, wie das Modell überschwenglich belohnt wurde. In Abbildung 14-2 sind einige der Ergebnisse wiedergegeben. Im linken Feld der Abbildung („kein Anreiz“) ist zu erkennen, daß die Kinder der beiden Gruppen sich hinsichtlich ungewöhnlicher, neuartiger aggressiver Verhaltensweisen signifikant unterschieden. Das heißt: das, was das Modell als Konsequenz seines Verhaltens erfuhr, hat das Verhalten des Beobachters beeinflußt. Stellvertretend erfahrene Verstärkungen und Belohnungen können die Verhaltensleistung eines Beobachters wirksam modifizieren. Und das ist gut so. Es bedeutet nämlich folgendes: wenn Sie einen Schüler in Ihrer Klasse öffentlich für sein Verhalten verstärken – beispielsweise dafür, daß er einen Zeitungsartikel über ein gerade anstehendes Thema mitgebracht oder das Klassenzimmer aufgeräumt hat –, dann verstärken Sie gleichzeitig alle anderen Schüler mit, die das Verhalten beobachtet haben. Auf diese Art und Weise können Sie das Verhalten Ihrer Klasse insgesamt beeinflussen, ohne notwendigerweise mit jedem Schüler einzeln arbeiten zu müssen. Entsprechendes gilt für Strafen. Wenn Sie einen Schüler z. B. dafür bestrafen, daß er unerlaubterweise die Klasse verlassen oder einen anderen Schüler beim Lernen gestört hat, werden die Beobachter dieser Verhaltensweisen nicht ohne weiteres das gleiche tun. Abbildung 14-2 zeigt außerdem noch die Ergebnisse einer Belohnungssituation („positiver Anreiz“). Zunächst durften die Kinder das Modell nachahmen und man machte ihnen in diesem Zusammenhang klar, welche Auswirkungen stellvertretend erfahrene Verstärkungen und Bestrafungen haben. Danach stellte man positive Anreize in Aussicht, wenn die Kinder das neue Verhalten des Modells nachahmen würden. Wie die Abbildung 14-2 zeigt, verschwanden die Verhaltensunterschiede zwischen den beiden Gruppen fast völlig. Das bedeutet, daß die Ausführung des Verhaltens, nicht aber das Lernen selbst von

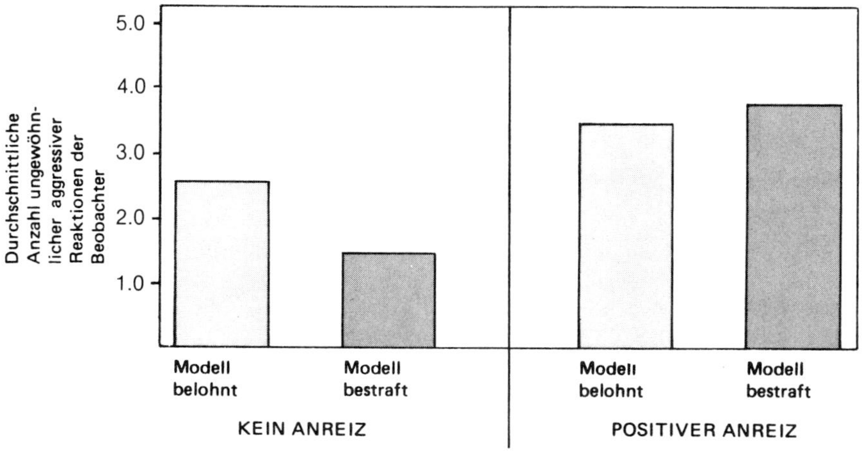

Aus: Nach *Bandura* (1965 a).

Abbildung 14-2. Die Auswirkungen von Belohnung und Bestrafung eines Modells auf das Verhalten von Beobachtern unter zwei Anregungsbedingungen

Verstärkung und Bestrafung beeinflußt werden, unabhängig davon, ob diese direkt oder stellvertretend erfahren werden. Unter der Bedingung eines positiven Anreizes konnten beide Gruppen das Verhalten des Modells in etwa gleich gut durch eigenes Verhalten imitieren. Dieses Ergebnis zeigt deutlich, daß die Kinder die entsprechenden Verhaltensweisen ursprünglich über die Beobachtung des Modells, d.h. funktional gelernt hatten. Es zeigt ferner, daß Lernen ohne erkennbare Reaktion des Schülers erfolgen kann. Wenn das wahrgenommene Verhalten beobachtet und im Gedächtnis verschlüsselt worden ist, so ist das eine ausreichende Rückversicherung für einen abgeschlossenen Lernprozeß. Die augenfällige, unmittelbare Vorführung des Gelernten durch eine erkennbare Verhaltensäußerung tritt gegebenenfalls dann ein, wenn der Schüler auf eine entsprechende Umweltsituation trifft. Die positiven oder negativen Folgen bestimmter Verhaltensweisen in der Umwelt werden deswegen auch von der sozialen Lerntheorie als Anregungsbedingungen für Lernen und nicht als ursächlich dafür verantwortlich angesehen.

Das Wissen über den Unterschied zwischen Lernen von Verhalten und dessen tatsächlicher Ausführung als auch über die Auswirkungen von stellvertretender Verstärkung und Bestrafung hat bei vielen Eltern und Lehrern Besorgnis über Gewalt in Film und Fernsehen ausgelöst. In einem typischen amerikanischen Zeichentrickfilm sind etwa 25 bis 30 Gewaltakte pro Stunde zu sehen (vgl. *National Coalition on Television Violence,* 1981). Obwohl diese Sorge über Gewalt im Fernsehen bereits seit den frühen fünfziger Jahren besteht (eben seit dem Aufkommen des Fernsehens selbst), ist dies nach wie vor ein vielbeachtetes Problem. Eine von der amerikanischen Regierung in Auftrag gegebene Studie kommt zu folgendem Ergebnis:

> Es sieht so aus, als werde die in den fünfziger Jahren begonnene Tendenz der Gewalt fortgesetzt. Es gab zwar einige wenige Veränderungen und Fluktuationen, aber allgemein gesehen bleibt das Fernsehen trotz der ausdrücklichen Besorgnis von Kongreßabgeordneten und Bürgerinitiativen eine gewalttätige Form der Unterhaltung (*Television and Behavior,* 1982, S. 37).

Gewalttätigkeit und Modellverhalten

Kinder lernen durch Beobachten, und wenn gewalttätige Vorbilder gezeigt werden, die nicht bestraft werden oder gar in einer bestimmten Weise für ihr Verhalten verstärkt werden, dann kann so manches Kind, das so etwas anschaut, gefährliche Dinge lernen. Solche sozial unerwünschten Verhaltensweisen könnten in der Zukunft unter bestimmten Bedingungen in die Tat umgesetzt werden. Wir zitieren als Beispiel den vielgelobten Film *The Deerhunter,* der sowohl im Kino als auch im Fernsehen gelaufen ist. In diesem Film wird eine Szene gezeigt, in der „Russisches Roulette" gespielt wird. Nach dem letzten Stand der Zahlen haben 22 Menschen, die den Film sahen, im Anschluß daran „Russisches Roulette" gespielt und sich dabei erschossen (vgl. *National Coalition on Television Violence,* 1981). Obwohl die Interpretation dieses Zusammenhanges nach wie vor in Zweifel gezogen wird, ist die Beziehung eindeutig klar: „Die in den siebziger Jahren zusammengetragenen Beweise deuten allem Anschein nach in überwältigender Zahl darauf hin, daß Gewalt und Aggression im Fernsehen eine positive Korrelation mit Kindern eingeht" (*Television and Behavior,* 1982, S. 38). Zur Erklärung dieser Korrelation hat man in der wissenschaftlichen Diskussion unter anderem auch die Theorie des

Beobachtungslernens herangezogen. Aus der Perspektive der sozialen Lerntheorie erscheint es sinnvoll zu sein, Kinder von bestimmten Filmen oder Fernsehsendungen fernzuhalten und zugleich darauf zu bestehen, daß Film- und Fernsehproduzenten sich daran halten, daß am Ende ihrer Geschichten der „Böse" geschnappt wird und für seine Verbrechen büßt.
Schließlich muß im Zusammenhang von Motivation und Modellverhalten ein weiterer Faktor erwähnt werden. Dabei handelt es sich um Selbstverstärkung und Selbstbestrafung des eigenen Verhaltens. Wie immer wir uns verhalten, wir haben einen Sinn dafür, uns selbst zu beurteilen. Auf diese Weise regulieren wir unser Verhalten oft selbst. Dieser Aspekt wird im weiteren Verlauf dieses Kapitels noch behandelt.

Der Lehrer als Verhaltensmodell

Es ist nicht uninteressant zu wissen, daß die primäre Bedeutung von „Lehren" laut *Websters* Wörterbuch „Zeigen" ist. Normalerweise denken wir nicht genügend darüber nach, daß wir die Lernbedingungen unserer Schüler durch Zeigen, Demonstrieren oder Modellieren verbessern können. Wir machen uns mehr Sorgen darüber, was wir unterrichten werden, als wie wir es tun werden. Die Erkenntnisse über Modellverhalten und Lernen können, wie wir gesehen haben, jedoch dazu beitragen, daß die Schüler bestimmte Fertigkeiten schneller oder leichter lernen. In einem Experiment, mit dem auf der Grundlage der sozialen Lerntheorie ein Lehrertraining zur Optimierung von Lehrverhalten durchgeführt wurde, haben *Zimmerman* u. *Kleefeld* (1977) dies klar bewiesen. Sie untersuchten das Lehrverhalten bei zwei Gruppen von Lehrern, die dasselbe Thema (Prinzip der Ordnung – Längenmaß) in einer Unterrichtsstunde bearbeiteten. Die Lehrer in der ersten Gruppe informierten sich über die Unterrichtsaufgabe, prüften das Unterrichtsmaterial sowie die Testaufgaben, mit denen die Schülerleistungen beurteilt werden sollten. Die Lehrer der zweiten Gruppe erhielten das gleiche Informationsmaterial und wurden darüber hinaus mit einfachen Techniken vertraut gemacht, wie sie als Verhaltensmodelle den Unterricht gestalten konnten: darauf achten, daß die Kinder aufmerksam mitarbeiten; jede Tätigkeit in ihrem Ablauf beschreiben; Gedächtnishilfen zur Intensivierung der Verschlüsselungsleistungen bei der Auseinandersetzung mit dem Lernstoff anbieten; dasselbe Verfahren bei jedem Beispiel (Ordnung bestimmter Gegenstände nach ihrer Länge) anwenden; die Kinder auffordern, ihre Arbeit zu beurteilen usw.

Modellverhalten des Lehrers ist lernbar

Die Kinder dieser Grundschulklasse wurden in drei Gruppen aufgeteilt. Gruppe 1 und Gruppe 2 wurden von den so trainierten bzw. untrainierten Lehrern unterrichtet. Gruppe 3 wurde überhaupt nicht unterrichtet; sie diente als Kontrollgruppe. Alle Kinder wurden in einem Vortest und einem Nachtest anhand von zwei Testitems überprüft: (1) Beurteilungsvermögen („Ist diese Gruppe von Gegenständen der Länge nach geordnet?") und (2) Ordnungsvermögen („Kannst du diese Gegenstände der Länge nach anordnen?"). Die Ergebnisse dieser Untersuchung sind in Tabelle 14-2 aufgeführt. Sie zeigen eindeutig, daß Lehrer, die nicht viel darüber wissen, wie wir von Modellen lernen, keinen großen Lernzuwachs bei den Kindern bewirken, die sie unterrichten: die Kinder aus der Gruppe der untrainierten Lehrer zeigten kaum bessere Ergebnisse als die Kinder, die überhaupt nicht unterrichtet worden waren. Auf der anderen Seite war der Unterricht der trainierten Lehrer im Hinblick auf beide Lernaufgaben, Beurteilungsvermögen und Ordnungsvermögen, wesentlich effektiver. – Die Übertragung der operanten, der kognitiven und der sozialen Lerntheorie auf eine bestimmte Unterrichtssituation erfordert allerdings ein gewisses Maß an Planung, Kreativität und Übung. Aber wie dieses einfache Experiment zur Anwendbarkeit dieser Theorien beweist, werden die Lernleistungen der Schüler dadurch auch wesentlich erhöht.

Tabelle 14-2. Auswirkungen eines Trainings in Modellverhalten zur Vermittlung von Lernstrategien auf die Leistung von fünfjährigen Kindern

Testgruppe	Testitem: Beurteilungsvermögen		Ordnungsvermögen	
	Vortest	Nachtest	Vortest	Nachtest
	Durchschnittswerte			
Kein Unterricht	4,83	6,50	0,16	0,66
Untrainierte Lehrer	5,90	6,00	0,42	2,33
Trainierte Lehrer	5,25	10,08	0,50	5,08

Aus: *Zimmerman* u. *Kleefeld* (1977), S. 164.

14.3 Selbststeuerung des Verhaltens

Manches von dem, was wir im Leben so tun, hat für uns keine große Bedeutung. Ein schnelles Mittagessen in der Imbißstube hat für gewöhnlich keine großen Auswirkungen auf Selbstverstärkung der Selbstbestrafung. Wenn jedoch das, was wir tun, wirklich wichtig für uns ist, neigen wir dazu, uns selbst in gewissem Umfang einzuschätzen. Wenn wir beispielsweise eine Diät einhalten oder ernährungsbewußt leben, ist es wahrscheinlich, daß wir das, was wir in dieser Hinsicht tun, einer wie auch immer gearteten Selbstbeurteilung unterwerfen; unser Besuch in der Imbißstube kommt dann bei dieser Beurteilung nicht sehr gut weg. Diese gedankliche Strafe oder Belohnung, die wir uns auferlegen bzw. gönnen, hinterläßt die gleichen Spuren wie direkt oder stellvertretend erfahrene Verstärkungen und Bestrafungen. Indem wir unsere eigenen kognitiven Prozesse und unsere eigene bewußte Gestaltung unserer Lebenswelt beeinflussen, können wir uns selbst durch selbsterzeugte Belohnungen und Strafen motivieren, d.h. wir können unser eigenes Verhalten steuern (vgl. *Thoresen* u. *Mahoney,* 1974).

Selbstbestrafung und Selbstverstärkung

Selbststeuerungsprozesse

Der derzeitige Forschungsstand über die Psychologie der Selbststeuerung läßt erkennen, wie unangemessen die Theoriebildung bislang war, durch die wir darzustellen versuchten, wie wir unser eigenes Verhalten steuern (*Karoly,* 1977; *Coates* u. *Thoresen,* 1979). Ein vereinfachtes Modell dieses Prozesses ist von *Bandura* (1978) entwickelt worden. Es geht von der Hypothese aus, daß es drei Schlüsselprozesse im Lernablauf gibt, mit denen wir unser eigenes Verhalten steuern. Diese verdeckt ablaufenden Prozesse können als eine Untergruppe der motivationalen Phase des Beobachtungslernens (vgl. Abbildung 14-1) gedacht werden. In einem ersten Schritt beobachten wir das eigene Verhalten, d.h. wir untersuchen unser Verhalten im Hinblick auf seine Quantität, Qualität, Originalität, Wiederholungsrate usw. Danach beurteilen wir in einem zweiten Schritt unsere Verhaltensleistung, d.h. das „was dabei herauskommt". Wir beurteilen im Vergleich zu unserer selbstgesetzten Norm, wie gut wir uns verhalten haben. Schließlich legen wir uns in einem dritten Schritt selbstbestimmte Konsequenzen auf. Auf der Grundlage unserer Beurteilung des eigenen Verhaltens können wir Selbstbefriedigung, Stolz, Unzufriedenheit mit uns selbst empfinden oder Kritik an unserem Verhalten üben. Diese persönliche Reaktion steckt den Rahmen für selbstbestimmte Konsequenzen ab – entweder belohnen wir uns für unser Verhalten oder wir erlegen uns selbst eine Strafe auf.

3 Prozesse der Selbststeuerung

Beobachtung der eigenen Verhaltensleistung. Nehmen wir an, ein Lehrer möchte die Häufigkeit seines Frontalunterrichts ändern, oder ein Schüler sein Aufmerksamkeitsverhalten im Unterricht, oder Tante Maria möchte festlegen, wieviele Pralinen sie pro Tag verdrückt – der erste Schritt ist die Beobachtung der jeweils in Betracht kommenden Verhaltensweisen. Man kann sich selbst beobachten, indem man die zeitliche Erstreckung oder die Häufigkeit eines Verhaltens aufzeichnet. In Kapitel 11 haben wir im Zusammenhang mit operanten Konditionierungstechniken betont, wie wichtig es ist, sich genaue Aufzeichnungen über das Verhalten anderer zu machen. Dasselbe Verfahren können wir auch auf uns selbst anwenden, wenn wir unser eigenes Verhalten überwachen wollen oder anderen beibringen wollen, ihr Verhalten zu überwachen. In verschiedenen Untersuchungen konnte festgestellt werden, daß bereits die reine Information, die man über sein eigenes Verhalten erhält, in angemessene Verhaltensänderungen umgemünzt wird (*R. D. Nelson,* 1977; *Rosenbaum* u. *Drabman,* 1982). In einer solchen Untersuchung (*Broden* et al., 1971) bei Kindern einer achten Klasse konnte das Aufmerksamkeitsverhalten eines Schülers und das Störverhalten eines anderen Schülers dadurch beeinflußt werden, daß diese beiden ihr eigenes Verhalten überwachten. Der Schüler, der mit seinen Gedanken immer woanders war, wurde aufgefordert, sich selbst anhand eines einfachen Kontrollbogens (vgl. Abbildung 14-3) zu überprüfen. Der andere Schüler führte einfach eine Liste, wie häufig er in einem bestimmten Zeitabschnitt andere Schüler gestört hatte. In einem anderen Zusammenhang wird dieser Sachverhalt ebenso deutlich: die Schriftsteller *Trollope, Hemingway* und *Irving Wallace* führten genau Buch darüber,

Aufzeichnungen machen über eigenes Verhalten

wieviel Wörter oder Seiten sie täglich produzierten (*Wallace* u. *Pears,* 1977). Die Selbstbeobachtung führte in beiden Fällen wahrscheinlich zu Selbstbeurteilung und selbstbestimmter Verstärkung, denn die Schüler änderten ihr Verhalten in der gewünschten Richtung aufgrund der Ergebnisse ihrer eigenen Kontrollen und die Schriftsteller schlossen ihre Romane im selbstgesteckten Zeitrahmen ab.

+	–	–	+	–	–	+	–	+	

Lisa: Wenn du gerade daran denkst, im Laufe des Tages, nimm dir bitte einen Augenblick Zeit und halte fest, was du gerade getan hast. Wenn du gerade gelernt hast, mache ein „+"; wenn du nicht gelernt hast, mache ein „-".

Abbildung 14-3. Ein einfacher Selbstbeobachtungskontrollbogen

Beurteilung der eigenen Verhaltensleistung. Woher nehmen wir die Maßstäbe, mit denen wir unsere eigene Verhaltensleistung beurteilen? Bisweilen scheinen sie von uns selbst zu stammen, z.B. wenn Maler, Schriftsteller oder Lehrer immer wieder ein Bild, ein Kapitel bzw. ein Unterrichtskonzept überarbeiten, bis es stimmt. Die soziale Lerntheorie weist demgegenüber auf die Tatsache hin, daß viele unserer Leistungsnormen, wie so vieles andere auch, von Modellen in unserer sozialen Umwelt übernommen sind. Die Zeit, die wir beispielsweise an Aufgaben wenden, die schwer zu lösen sind, ist von Personen beeinflußt, die uns als Vorbild gelten; auf diesen Sachverhalt haben *Zimmerman* u. *Ringle* (1981) hingewiesen. In ihrem Experiment beobachteten Kinder Modelle, die ein Problem zu lösen versuchten und daran scheiterten. Die Modelle wiederum zeigten bei der Arbeit hohe bzw. geringe Ausdauer und sprachen dabei über stark optimistisch gefärbtes bzw. stark pessimistisch gefärbtes Problemlösungsverhalten. In Abbildung 14-4 sind einige der Ergebnisse zusammengetragen. Es ist eindeutig erwiesen, daß wir unsere Ansprüche an Ausdauer von Modellen herleiten und daß der Einfluß der Vorbilder auf solche Maßstäbe sehr gewichtig sein kann. In diesem Experiment zeigten jene Schüler die niedrigsten Ausdauerwerte, die Modelle beobachtet hatten, die selbst nur geringe Ausdauer hatten und die sich über ihre Erfolgschancen pessimistisch äußerten. Diese Schüler zeigten wahrscheinlich ein Verhalten, das wir „gelernte Hilflosigkeit" nennen, eine chronische Schwäche, aufgrund derer Kinder glaubten, daß Mißerfolg ihr Los im Leben ist (vgl. *Brown* u. *Inouye,* 1978). Das einzig Positive, was wir über Kinder sagen können, die auf dieser Grundlage gelernter Hilflosigkeit Leistungen beurteilen und Maßstäbe bilden, ist, daß dieses Verhalten *gelerntes Verhalten* ist. Und wenn etwas gelernt werden kann, kann es sehr wahrscheinlich auch wieder verlernt werden.

Modelle und Leistungsnormen

Bandura u. *Kupers* (1964) haben ein weiteres Beispiel dafür geliefert, wie wir Leistungsmaßstäbe bilden. In ihrem Experiment gingen Kinder mit einem Erwachsenen als Modell zum Kegeln. In der einen Gruppe setzte das Modell

Erwachsene als Modell

den Maßstab für Selbstverstärkung hoch an, im Gegensatz zu der zweiten Gruppe, deren Modell geringe Ansprüche an sich stellte. Nachdem die beiden Gruppen mit ihren Modellen Erfahrung gesammelt hatten, spielten sie alleine weiter. Allem Anschein nach hatten sie in der kurzen Zeit die Maßstäbe ihrer Modelle widerstandslos übernommen, denn die Autoren stellten fest:

> ... die Kinder, die einem Modell mit geringen Leistungsansprüchen zugeteilt waren, ließen sich gehen und waren selbstgefällig, auch bei nur geringen Erfolgen; im Gegensatz dazu äußerten die Kinder der Gruppe mit hohen Gütemaßstäben bei gleich schlechten Ergebnissen Selbstverleugnung und Selbsterniedrigung (*Bandura,* 1965b, S. 332–333).

Niedrige Normen bedeuten mittelmäßige Leistung

Die Ergebnisse dieser Untersuchung, die durch andere ähnliche Ergebnisse abgesichert sind (vgl. *Bandura,* 1977), sind für Lehrer wie Eltern gleichermaßen wichtig. Manche der Gütemaßstäbe, mit denen wir unser eigenes Verhalten beurteilen, sind von anderen Menschen übernommen. Eltern und Lehrer, die gewillt sind, sich bei ihren Kindern mit niedrigen Ansprüchen für Verhaltensleistungen zufriedenzugeben, können damit rechnen, daß die Kinder diese

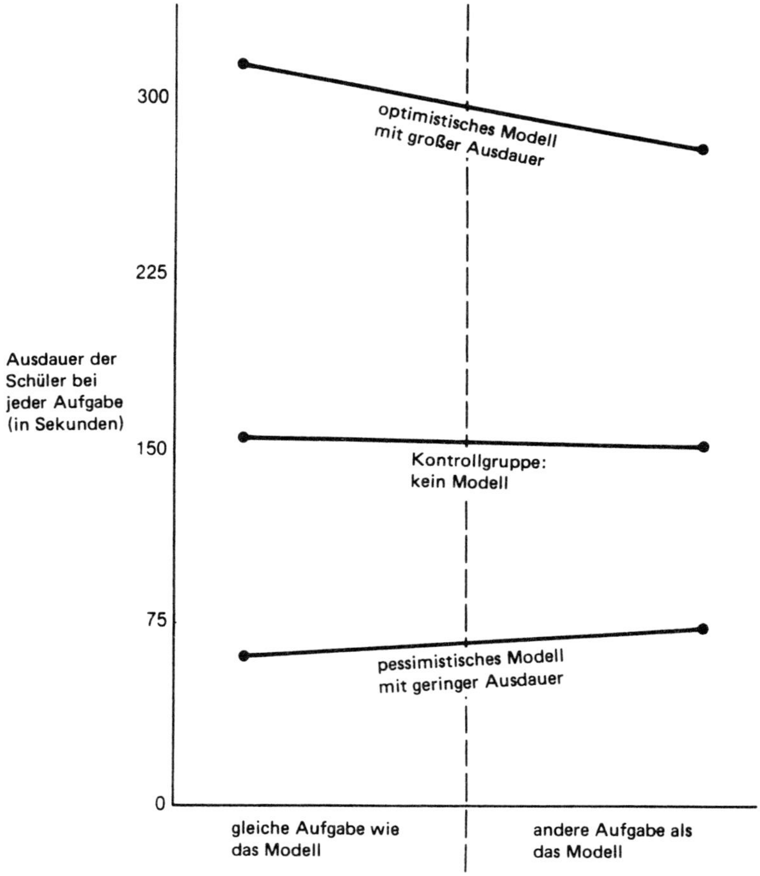

Aus: *Zimmerman* u. *Ringle* (1981).

Abbildung 14-4. Auswirkungen von Ausdauer und Optimismus eines Modells auf die Verhaltensleistungen von Beobachtern

Maßstäbe übernehmen. Eltern und Lehrer, die demgegenüber strenge Maßstäbe an sich anlegen, können darauf bauen, daß diese von den Kindern übernommen werden.

Es gibt Forschungsergebnisse, die deutlich machen, daß Kinder dazu neigen, strenge Leistungsbedingungen zu akzeptieren, und daß sie sich selbst nur mäßig belohnen, wenn hohe Gütemaßstäbe regelmäßig vorgeschrieben und durch eigenes Verhalten des Erwachsenen nachahmbar gemacht werden. Wenn Erwachsene allzu große Nachsicht üben, geben sich Kinder mit Durchschnittsleistungen zufrieden und belohnen sich auch noch für solche Ergebnisse (*Bandura,* 1977, S. 137).

Unrealistisch hohe Normen

Eine Warnung ist an dieser Stelle angebracht. Wenn hohe persönliche Gütemaßstäbe auch wünschenswert sein mögen, können sie gleichwohl so hochgeschraubt sein, daß sie dysfunktional werden. „Strenge Systeme der Selbstverstärkung (gewöhnlich auf unrealistisch hohe Normsetzungen zurückzuführen) können ursächlich in Zusammenhang gebracht werden mit Depression, Gefühlen der Verzweiflung, Ziellosigkeit, selbstzerstörerischen Tendenzen sowie Selbstmord" (*Karoly,* 1977). Menschen mit zu hoch gesteckten Zielen würdigen ihre eigenen Leistungen herab und leben ständig in einem Zustand der Angst und Depression. Uns allen sind schon solche Schüler begegnet, die 99 Punkte in einem Test erzielten und daran zerbrachen, daß es nicht die vollen 100 waren. Solche Schüler brauchen genauso viel Hilfe dabei, sich wirklichkeitsnahe Gütemaßstäbe zu setzen, genauso wie jene Schüler, die damit zufrieden sind, es gerade so geschafft zu haben.

Selbstbestimmte Konsequenzen. Auf der Grundlage einer großen Anzahl von Experimenten kommt *Bandura* (1978) zu folgendem Ergebnis:

Es gibt zahlreiche Beweise dafür, daß Menschen, die ihr eigenes Verhalten belohnen, signifikant höhere Leistungen erbringen, als solche, die dieselben Aufgaben unter Unterrichtsbedingungen lösen und dafür nicht verstärkt werden, deren Belohnung von Zufälligkeiten abhängt oder die ihre auf eigene Überwachung und Zielsetzung gegründeten Ergebnisse nicht selbst belohnen (S. 351).

Menschen, die sich selbst bestrafen, insbesondere für Verhalten, das sie selbst nicht für wünschenswert halten (z. B. Stottern, Zwangsvorstellungen), oder für Verhalten, das von anderen bestraft werden wird (z. B. Betrügen, Stehlen), können ebenfalls Einfluß auf ihr Verhalten nehmen. Selbstbelohnung bzw. Selbstbestrafung kann auch über kognitive Kanäle ablaufen, so z. B., wenn man bewußt zu sich selbst sagt, „Die Prüfung habe ich wie eine Eins durchgezogen" oder „Da habe ich wirklich Mist gebaut". Auch durch eine bestimmte Umstrukturierung der eigenen sozialen Umgebung können Selbstverstärkung und Selbstbestrafung wirksam werden. Sie können ins Kino gehen, nachdem Sie den ganzen Tag gebüffelt haben, oder auf das Abendessen verzichten, weil Sie nachmittags im Café „zugeschlagen" haben. Ein bekannter Schriftsteller beschreibt sein Selbstverstärkungssystem folgendermaßen: „Ich schenke mir jeden Morgen ein Glas Scotch ein, stelle es vor mich hin auf den Tisch und trinke es erst, wenn ich zehn handgeschriebene Seiten voll habe." Die Unterrichtsversion dieser Techik sähe so aus: die Schüler können sich mit Verstärkern versehen (freie Zeit, Süßigkeiten, Spiele, Comics und anderes mehr), wenn sie befriedigt feststellen können, daß sie ein bestimmtes Verhal-

tensziel erreicht haben. Selbstverstärkungen werden so zu äußerst mächtigen Vermittlern beim Lernen von Selbstkontrolle (*O'Leary* u. *Dubey,* 1979).
Alle unsere Gewohnheiten lassen sich steuern: Essen, Rauchen, Unterrichten, Studieren usw. Wir müssen diese Gewohnheiten nur selbst beobachten, selbst beurteilen und selbst verstärken. Selbststeuerung ist das Ziel, das wir für unsere Schüler und für uns selbst anstreben.

Der Lehrer und die Steuerung des eigenen Verhaltens

Die Psychologie steht noch am Anfang ihrer Bemühungen um die Erforschung der Selbststeuerung von Verhalten. Nicht alle Trainingsprogramme, die Techniken der Selbststeuerung vermitteln, sind auch erfolgreich, und nicht alle Programme, die funktionieren, haben eine dauernde Wirkung oder lassen sich auf verschiedene Lernsituationen übertragen (vgl. *Coates* u. *Thoresen,* 1979; *O'Leacy* u. *Dubey,* 1979; *Pressley,* 1979). Die vorliegenden Ergebnisse sind allerdings vielversprechend. Als wir vor kurzem einen Lehrer besuchten, dem es schwerfiel, mit einem Schüler zu arbeiten, den er verabscheute, schlugen wir ihm vor, zunächst einmal festzustellen, wie häufig und in welchen typischen Situationen er mit diesem Kind Kontakt hatte. Dann ließen wir ihn die Daten, die er gesammelt hatte, auswerten. Daraufhin stellte er fest, daß er jeden Kontakt mit dem Schüler mied und es nur zu Berührungen kam, wenn ein unerwünschtes Ereignis eintrat (Prügelei, Unaufmerksamkeit, Stören). Also willigte er ein zu versuchen, den Schüler dabei zu „erwischen", wenn er einmal etwas richtig machte. Er begann ihn dafür zu verstärken, daß er seine Aufgaben erledigte und im Unterricht nicht störte. Wann immer der Lehrer dies tat, klopfte er sich selbst im stillen auf die Schulter. Einmal traf er sich mit dem Schüler zum Mittagessen und belohnte sich dafür, seine Zeit dafür geopfert zu haben. Das Verhalten des Schülers besserte sich ein wenig. Die Einstellung des Lehrers und sein Verhalten änderten sich ebenfalls. Er hörte auf, den Schüler zu quälen und stellte darüber hinaus fest, daß er ihn nicht mehr so sehr verabscheute wie früher. In kurzer Zeit hatte der Lehrer sein eigenes Verhalten einreguliert und angefangen, den Schüler gerechter zu behandeln.

Selbststeuerung des Lehrers im Unterricht

Die von *Pressley* vorgenommene Sichtung der Forschungsergebnisse verdeutlicht, daß Selbststeuerungstraining mit Kindern deren Selbstkontrolle erhöht, besonders bei Verhaltensstörungen wie Aggressivität, Impulsivität, Stehlen, Unaufmerksamkeit und Unfähigkeit, Belohnungen abzuwarten. Die Arbeiten von *Glynn* und seinen Mitarbeitern sind von besonderem Interesse für den Lehrer (*Glynn* et al., 1973; *Glynn* u. *Thomas,* 1974). Sie bauten eine Sequenz von Selbstüberwachung, Selbstbeurteilung und Selbstbelohnung auf, um die Konzentrationsfähigkeit von Schülern im Unterricht zu erhöhen. Im Verlauf der Untersuchung stieg die Verhaltensleistung der Schüler von etwa 50% auf etwa 90% an. Wenn Sie je einen Unterricht beobachtet haben, bei dem die halbe Klasse ständig mit anderen Dingen beschäftigt war, obwohl der Lehrer sich nach bestem Wissen abmühte, dann wissen Sie, wie ungeheuer wichtig eine solche Technik sein kann. Obwohl die Entwicklung von Techniken zur Vermittlung von Selbstkontrolle im Unterricht noch ganz am Anfang steht,

Selbststeuerung der Schüler bei mangelnder Konzentration

sind doch bereits einige allgemeingültige Elemente herausgearbeitet worden, von denen wir die folgenden als Leitgedanken für ein Programm zur Selbststeuerung von Verhalten empfehlen würden:

1. Die Schüler sollten lernen, sich selbt genau zu beobachten, vielleicht in der Weise, daß sie zunächst ihre selbsterstellten Unterlagen mit denen des Lehrers oder eines außenstehenden Beobachters vergleichen.
2. Kontingenzverträge (Lernkontrolle) sollten für Verhaltensänderungen aufgestellt werden.
3. Die Kontrolle über diese Kontingenzverträge sollte nach und nach den Schülern übertragen werden.
4. Wenn selbstbestimmte Kontingenzen erste Wirkungen zeigen, sollte den Schülern gezeigt werden, wie sie durch eigene verbale Instruktionen und belobigende Feststellungen ihr Verhalten selbst in die richtige Richtung lenken können.
5. Wenn die Schüler ihr eigenes Verhalten kontrollieren, sollten ausdrückliche, vertraglich niedergelegte Kontingenzabmachungen zurückgezogen werden (vgl. *Rosenbaum* u. *Drabman,* 1982).

14.4 Zusammenfassung

Lernen durch Beobachtung von Modellverhalten hat weitreichende Wirkungen. Wenn wir einem Modell unsere Aufmerksamkeit schenken und verbale oder bildhafte Verschlüsselungen für das, was wir beobachten, entwickeln, lernen wir von dem Modell. Durch erkennbares oder „stilles" Einüben prägen wir uns das neu gelernte Verhalten ein. An einem bestimmten Punkt dieses Prozesses müssen wir versuchen, das Modellverhalten zu reproduzieren. Die korrigierende Rückkoppelung hat eine ausgeprägte Wirkung auf unser Verhalten, solange sie früh genug in die Reproduktionsphase eingeschaltet wird. Direkte, aber auch stellvertretend erfahrene und selbsterzeugte Verstärkungen und Bestrafungen entscheiden darüber, ob und bis zu welchem Grad das neu gelernte Verhalten in die Tat umgesetzt wird. Nach der Auffassung der sozialen Lerntheorie sind Lernen und Ausführen des Gelernten zwei grundsätzlich verschiedene Phänomene.
Unsere kognitiven Reaktionen auf das eigene Verhalten ermöglichen es, daß wir unser eigenes Verhalten selbst steuern. Indem wir Beobachtungen sammeln, sammeln wir Daten über unsere eigenen Reaktionen. Internalisierte Leistungsgütemaßstäbe, die wir uns in der Regel durch die Beobachtung von Modellen angeeignet haben, helfen uns, das eigene Verhalten zu beurteilen. Durch Selbstbelohnung oder Selbstbestrafung können wir unser Verhalten wirksam kontrollieren, d. h. es müssen nicht Umweltreize oder innere Antriebe sein, was uns kontrolliert. Statt dessen können wir lernen, selbstbestimmte sozial denkende Menschen zu werden. Wenn wir die Vorstellungen der sozialen Lerntheorie auf uns selbst anwenden, können wir bessere Lehrer bzw. bessere Schüler werden.

Kapitel 15
Verbesserung des Lerntransfers

15.1 Überblick

In diesem Teil über Lerntheorien und ihre Anwendungsmöglichkeiten nimmt dieses Kapitel eine besondere Stellung ein. Zugleich ist es eines der kürzesten Kapitel in diesem Buch. Dies ist leider deshalb so, weil wir nicht wissen, was wir den Lehrern mehr sagen sollen, als daß sie sich diesem Thema mit großer Aufmerksamkeit zuwenden sollen und versuchen sollen, in ihrem Unterricht immer ein ganz bestimmtes Ziel vor Augen zu haben. Dieses Ziel, von dem wir hier sprechen, bleibt immer dasselbe, unabhängig davon, ob wir operantes Konditionieren verwenden, um jemandem etwas im Unterricht zu vermitteln, oder die soziale Lerntheorie, oder kognitive und informationsverarbeitende Ansätze. Es geht hierbei um folgendes Ziel: der Schüler, den wir unterrichten, soll nachweisen, das er etwas gelernt hat, in Situationen, die nicht identisch sind mit jener Situation, in der er es ursprünglich gelernt hat. Wenn das, was in der Schule gelernt worden ist, nicht auf Situationen außerhalb der Schule übertragen werden kann, wozu ist es dann überhaupt von Nutzen? Generalisierungsprozesse, die durch Lernen entwickelt werden, stehen schon seit vielen Jahren im Zentrum des Interesses der pädagogischen Wissenschaften, die in diesem Zusammenhang gewöhnlich den Begriff „Transfer“ verwenden.

15.2 Lerntransfer

Der Prozeß, der die Übertragung früher gelernter Reaktionen auf eine veränderte oder neue Situation ermöglicht, wird in der Pädagogischen Psychologie *Transfer* genannt. Ein solcher Transfer tritt oft, wenn auch nicht immer, in positiver Form auf: in diesem Fall wird eine neue Aufgabe, als Resultat anderer, früher bewältigter Lernaufgaben leichter und schneller adäquat gelöst. Bei einem negativen Transfer führt dagegen die Erfahrung mit früheren Lernaufgaben dazu, daß die Lösung einer neuen Aufgabe in irgendeiner Form beeinträchtigt oder gestört wird. Was ein Schüler im Physikunterricht über Flaschenzüge gelernt hat, sollte ihm beim Einbau eines neuen Automotors von Nutzen sein. Wenn eine Schülerin im Handarbeitsunterricht lernt, eine Bluse auf der Maschine zu nähen, sollte sie zu Hause ein Kleid nähen können. Was ein Schüler über die englische Grammatik gelernt hat, sollte ihm helfen, korrektes Englisch zu schreiben. Wenn das nicht der Fall wäre, welche Begründung hätten wir dann dafür, daß wir solche Ausbildungsziele in schulische Lehrpläne aufnehmen? Was in der Schule gelernt wird, soll den Schüler auf außerschulische Situationen vorbereiten. Das heißt, der Unterricht sollte so aufgebaut werden, daß er positiven Transfer fördert und negativen Transfer vermeidet.

Förderung von positivem und Vermeidung von negativem Transfer

Um das Problem von Transfer verstehen zu können, müssen wir der Frage nachgehen, wie sich das Erlernen einer Aufgabe auf das Erlernen einer anderen auswirkt. Mit diesem Problem haben sich bereits zu Beginn dieses Jahrhunderts zwei bedeutende amerikanische Wissenschaftler befaßt, *E. L. Thorndike* und *Charles Judd*. Die von ihnen entwickelten Ansichten haben sich seither recht gut behauptet.

Auswirkung einer Aufgabe auf eine andere

Traditionelle Sichtweisen

Thorndike und sein Mitarbeiter *Woodwork* (1901) stellten die einleuchtende Theorie auf, daß ein Transfer dann auftreten müsse, wenn die Stimuli in zwei Situationen ähnlich seien und dieselben Reaktionen hervorgerufen würden. Je mehr Elemente einer Situation mit denen einer anderen Situation übereinstimmten, desto größer müsse der Transfer sein. Diese Theorie der identischen Elemente als Begründung für Transfer nahm Gestalt an, als *Thorndike* eine Reihe von Experimenten durchführte, um festzustellen, ob vorheriges Üben bei einer bestimmten Aufgabe, etwa alle auf einer Seite auftauchenden „E" auszustreichen, die Leistung bei einer anderen Aufgabe, etwa alle auf der nächsten Seite auftauchenden „S" auszustreichen, beeinflussen würde.

Seine Untersuchungen zeigten, daß nur dann ein positiver Transfer auftrat, wenn in beiden Aufgaben jeweils sehr ähnliche Wahrnehmungsleistungen oder ein sehr ähnliches motorisches Verhalten notwendig waren oder wenn die beiden Aufgabengruppen andere gemeinsame Elemente aufwiesen; ein genereller Transfer, unabhängig von solchen spezifischen Ähnlichkeiten oder Übereinstimmungen, ließ sich nicht finden. *Thorndike* schloß daraus, daß ein positiver Transfer von einer Aufgabe zu einer anderen (zum Beispiel ein Transfer vom Klavierspielen zum Schreibmaschineschreiben) nur insoweit stattfindet, als in beiden Aufgaben gemeinsame Wahrnehmungs- und Verhaltenselemente vorhanden sind (zum Beispiel bestimmte Auge-Hand-Koordinationsfähigkeiten). Er stellte fest, daß „eine Veränderung in einer Funktion eine andere nur insoweit verändert, als beide Funktionen identische Elemente haben" (*Thorndike,* 1913, S. 358). Aufgrund solcher Untersuchungen argumentierte *Thorndike* gegen die Lehre von der „formalen Bildung", die im pädagogischen Bereich zur damaligen Zeit häufig vertreten wurde. Bei dieser Lehre von der „formalen Bildung" wurde davon ausgegangen, daß bestimmte Unterrichtsfächer – vor allem Mathematik und klassische Sprachen wie Latein und Griechisch – zu einer allgemein geistigen Schulung beitragen oder, anders ausgedrückt, daß diese Fächer einen *allgemeinen Transferwert* für zahlreiche andere Unterrichtsfächer besitzen. *Thorndike* zitiert eine Quelle, in der es heißt:

Formale Bildung

Der Wert des Deutschstudiums [als Fremdsprache] liegt im wissenschaftlichen Studium der Sprache, in dem wissenschaftlichen Herangehen als solchem, im konsequenten Training des Verstandes, der Beobachtungsfähigkeit, der Fähigkeit zum Vergleich und zur Synthese; kurzum, im Aufbau und in der Stärkung des wissenschaftlichen Intellekts (vgl. *Thorndike,* 1913).

In den zwanziger Jahren begann *Thorndike,* mit Hilfe von Intelligenztests die Lehre von der „formalen Bildung" in Frage zu stellen. Zunächst untersuchte er 8564 Schüler der höheren Schule, später weitere 5000. Er verglich die IQs vergleichbarer Schülergruppen, die verschiedene Curricula während eines Schuljahres durchlaufen hatten. Nehmen wir an, Schüler A hatte die Fächer Latein, Staatsbürgerkunde, Deutsch, Chemie und Wirtschaftslehre; Schüler B hatte Französisch, Staatsbürgerkunde, Deutsch, Chemie und Wirtschaftslehre; und Schüler C hatte Latein, Staatsbürgerkunde, Deutsch, Chemie und Geometrie (vgl. Tabelle 15-1). *Thorndikes* Überlegungen waren, den IQ-Zuwachs im Laufe eines Schuljahres bei größeren Schülergruppen zu messen, deren Fächerkombinationen wie im Beispiel der drei Schüler A, B und C bis auf ein oder zwei Fächer übereinstimmten, und durch den wechselseitigen Vergleich des Intelligenzzuwachses in diesen Gruppen jeweils den allgemeinen Transfereffekt zu bestimmen, der sich auf die einzelnen Unterrichtsfächer zurückführen ließ. Durch einen Vergleich des Intelligenzzuwachses von Schüler A und C könnte man etwa den allgemeinen Transfereffekt von Wirtschaftslehre und Geometrie bestimmen. Auf ähnliche Weise könnte man durch einen Vergleich des Zuwachses bei Schüler A und B den generellen Transfereffekt von Latein und Französisch bestimmen.

Mit dieser etwas groben, aber logischen Methode gelangte *Thorndike* zu dem Ergebnis, daß keines der in seiner Untersuchung erfaßten Unterrichtsfächer einen wesentlichen Transfereffekt hatte. Der Intelligenzzuwachs, der sich jeweils auf ein bestimmtes Unterrichtsfach zurückführen ließ, war nicht nur äußerst gering, sondern auch bei den verschiedenen Fächern in etwa gleich. *Thorndike* stellte ebenfalls fest, daß diejenigen Schüler, die bereits erhebliche intellektuelle Fähigkeiten besaßen, auch den größten IQ-Zuwachs während des Jahres verzeichneten. Gleichgültig, welches Fach sie wählten, immer war ein bedeutender Zuwachs zu verzeichnen.

Tabelle 15-1. Die Transferstudie von *Thorndike* – vereinfachtes Beispiel der Untersuchungsmethode

	Fächer						
Schüler	Geometrie	Latein	Staatsbürgerkunde	Deutsch	Chemie	Wirtschaftslehre	Französisch
A	Nein	Ja	Ja	Ja	Ja	Ja	Nein
B	Nein	Nein	Ja	Ja	Ja	Ja	Ja
C	Ja	Ja	Ja	Ja	Ja	Nein	Nein

Personen mit hohen geistigen Fähigkeiten haben diese nur scheinbar aufgrund ihrer Wahl bestimmter Schulfächer herausgebildet; der Hauptgrund für das Auftreten solcher Fähigkeiten liegt darin, daß Individuen, in denen diese Fähigkeiten bereits angelegt waren, bestimmte Fächer gewählt haben und deshalb mehr aus ihrem Studium lernten als Individuen mit geringer ausgeprägten geistigen Fähigkeiten. Wenn erstere Griechisch und Latein lernten, waren diese Fächer scheinbar für das Auftreten hoher geistiger Fähigkeiten verantwortlich. Wenn die gleichen Personen dann Physik und Trigonometrie lernen, sind es scheinbar diese Fächer. Und wenn die fähigeren Schüler alle Leibeserziehung und Schauspiel als Fächer wählen würden, so wären es eben diese, die Individuen mit hohen geistigen Fähigkeiten hervorbringen. Gerade die letztgenannten Fächer bildeten übrigens tatsächlich einen wesentlichen Bestandteil des „Studienprogramms" der besten Denker, die die Welt hervorgebracht hat – die Griechen im Athen des klassischen Altertums. Wenn die positive Korrelation von Intelligenzzuwachs und bereits angelegten Fähigkeiten in Rechnung gestellt wird, ist der Zuwachs, der sich auf ein bestimmtes Unterrichtsfach zurückführen läßt, sicherlich nicht groß (*Brolyer, Thorndike* u. *Woodyard,* 1927).

Nach der Veröffentlichung dieser Untersuchungen verschwand die Theorie der „formalen Bildung" fast völlig von der Bildfläche im angelsächsischen Bereich. Aber gelegentlich ist sie doch wieder zum Vorschein gekommen, und zwar in verschiedenen Jahrzehnten in unterschiedlicher Ausprägung. Wenn wir den Verfechtern der Computertechnologie Glauben schenken, dann zeigen Kinder, die Programmieren gelernt haben, auch in Dutzenden von anderen Bereichen bessere Leistungen. In dieser Erwartung lebt die alte Theorie der „Formalbildung" wieder auf, wobei jetzt das Lernen der Computersprachen ersatzweise für das Lernen von Griechisch und Latein steht. *Thorndike* würde sich wahrscheinlich im Grabe herumdrehen, wenn er von diesen extravaganten Behauptungen hörte.

Thorndikes Theorie, nach der jeweils identische Elemente in einzelnen Lernsituationen für einen Transfer verantwortlich sind, beherrschte in der Folgezeit das Feld – allerdings nur in einer sehr engen Auslegung. Danach gab es eine „substantielle Identität" *(identity of substance),* d.h. eine direkte inhaltliche Übereinstimmung zwischen den Elementen einer (schulischen) Lernsituation und den Elementen (des wirklichen Lebens), in denen das Gelernte angewendet werden sollte. So glaubten beispielsweise die Curriculumplaner, daß das Addierenlernen nur insofern etwas zum Multiplizierenlernen beiträgt, als das Multiplizieren teilweise die Fähigkeit des Addierens voraussetzt.

Identity of substance

Thorndike hatte außerdem darauf hingewiesen, daß es eine „Identität des Verfahrens" *(identity of procedure),* d.h. einen Transfer des Prinzips von Lernaufgaben gibt. Hierbei erleichtert das Lernen von allgemeinen Gewohnheiten, Einstellungen, Lösungsprinzipien und Strategien (zum Beispiel auch das Vorgehen nach einer wissenschaftlichen Methode), die spätere Bewältigung der verschiedensten Situationen. *Thorndikes* „Identität des Verfahrens" stellte eine Form des Transfers dar, die von anderen Pädagogen als die verbreitetste Form des Transfers angesehen wurde. Diese Pädagogen sahen in generellen Lösungsprinzipien und Regeln die Schlüsselelemente für einen Transfer der Inhalte von einer Lernsituation auf eine andere. Ein Kind kann zum Beispiel lernen, daß die Aufspaltung einzelner Wörter in Silben ihm bei der akustischen (phonetischen) Analyse der Wörter behilflich sein kann. Es lernt, das Wort „Mäuschen" als Mäus-chen auszusprechen oder das Wort „Tangente" als Tan-gen-te. Die Stimuli und die Reaktionen in den beiden

Identity of procedure

Situationen sind verschieden. Trotzdem kann die Lernleistung der einen Aufgabe (Prinzip der Silbentrennung) das Erlernen einer unterschiedlichen nachfolgenden Aufgabe in gewissen Situationen erleichtern.

Transferwert von allgemeinen Lösungsprinzipien

Der Transferwert von Prinzipien wurde zum ersten Mal von *Judd* (1908) hervorgehoben, später auch von anderen (zum Beispiel *Hendrickson* und *Schroeder,* 1941). In diesen Arbeiten wurden nicht spezifische Stimulus-Reaktions-Beziehungen analysiert, sondern der Transferwert von allgemeinen Lösungsregeln und Prinzipien untersucht, die sich auf ganz unterschiedliche Problemstellungen und Lernsituationen anwenden ließen. Wenn ein Kind beispielsweise nur auswendig gelernt hat, daß auf die Zahl 4 die Zahl 5 folgt, und es dann gefragt wird, welche Zahl nach 4723 kommt, kann es völlig ratlos sein. Wenn es dagegen das Prinzip der Zahlenfolge gelernt hat, wird es dazu in der Lage sein, die richtige Antwort „4724" zu geben, auch wenn die spezifischen Stimulus- und Reaktionselemente in dieser Aufgabe vorher nicht aufgetreten sind.

Judds Lehre vom Transfer der Prinzipien steht mit *Gagnés* Regellernen in dessen hierarchischer Anordnung von Lernaufgaben in enger Beziehung (*Gagné,* 1977; vgl. Kapitel 4). Diese setzt einen Lehrplan voraus, der auf einem sukzessiven positiven Transfer von niedrigeren zu höheren Lernebenen basiert, an der Spitze dieser hierarchisch gegliederten Lernebenen steht dabei das Lernen von allgemeinen Regeln und Prinzipien.

Prinzipien sind in der Regel Hilfen für positiven Transfer, aber sie können auch negativen Transfer bewirken. Das bedeutet, daß ein Prinzip, das für einen bestimmten Aufgabenkomplex von Nutzen ist, den Schüler in die falsche Richtung lenken kann, wenn er eine neue Aufgabe angeht, die ähnlich zu sein scheint. *Luchins* (1942) konfrontierte seine Versuchspersonen mit einer Gruppe von Problemstellungen folgender Art: „Sie haben drei Behälter: der eine faßt 3 Liter, der zweite 21 Liter und der dritte 127 Liter. Wie erhalten sie 100 Liter?" Eine Lösungsmöglichkeit des Problems ist, daß man erst den 127-l-Behälter füllt und dann daraus einmal mit dem 21-l-Behälter und zweimal mit dem 3-l-Behälter Wasser entnimmt. Symbolisch hieße das: $X = C - B - 2A$, wobei C den letztgenannten Behälter bezeichnet, B den mittleren und A den erstgenannten. Nehmen wir an, die Aufgabe hieße jetzt so: „Sie haben drei Behälter: der eine faßt 6 Liter, der zweite 9 Liter und der dritte 42 Liter. Wie erhalten sie 21 Liter?" Die Versuchsperson löst diese Aufgabe analog zur Formel $X = C - B - 2A$, oder $42 - 9 - (2 \times 6) = 21$. Nehmen wir an, in der Aufgabenreihe folgt nun, nachdem sechs bereits gelöst worden sind, folgende Aufgabe als siebente: „Sie haben drei Behälter: der erste faßt 3 Liter, der zweite 23 Liter und der dritte 49 Liter. Wie erhalten Sie 20 Liter?" **Versuchen Sie bitte, diese Aufgabe zu lösen, bevor Sie weiterlesen.**

Negativer Transfer

Wenn Sie versucht haben, diese Aufgabe nach der obigen Formel zu lösen, so ist dies ein Beispiel für negativen Transfer: das Prinzip, das Sie zuvor kennengelernt haben, hat Sie dabei beeinflußt, diese Aufgabe in inadäquater Form zu lösen – so wie Sie es ohne Kenntnis dieser Formel wahrscheinlich nicht versucht hätten –, denn es ist einfacher, den 23-l-Behälter zu füllen und daraus 3 Liter zu entfernen. Mit anderen Worten, der Lösungsversuch mit der Formel $C - B - 2A$ war unangemessen, weil unter diesen Bedingungen die Formel B

– A ausgereicht hätte. Allgemein formuliert liegt ein *negativer Transfer* immer dann vor, wenn die Lösung eines bestimmten Problems den darauffolgenden Lösungsversuch eines neuen Problems behindert oder erschwert.

Transfer von Regeln

Bis jetzt haben wir festgehalten, daß allgemeine Lösungsprinzipien bei positivem oder negativem Transfer eine Rolle spielen. Dabei kann es sich um allgemeine Verhaltensregeln und Arbeitsstrategien handeln. Grundschulkinder können zum Beispiel Regeln lernen, die sie davon abhalten, unabhängig zu arbeiten, ihre Arbeitsaufgaben selbst auszuwählen und selbständig über die Zusammensetzung ihres Lernmaterials zu entscheiden. So kommt es zu einer Arbeitshaltung, die ein selbständiges Lernen beeinträchtigt und die zu einer weitgehenden Abhängigkeit der Lernleistung von äußeren Impulsen und äußerer Kontrolle führt. Wenn man solchen Kindern freistellt, ihr Lernmaterial selbst auszuwählen, so sind sie damit anscheinend überfordert und erweisen sich als mehr oder weniger unfähig, selbständig zu lernen. Auf der anderen Seite gibt es aber auch Verhaltensregeln und Arbeitsstrategien, die bei der Lösung früherer Problemstellungen herausgebildet wurden, und zu einem positiven Transfer bei der Lösung neuer, ganz verschiedener Aufgaben führen können. Wenn man zum Beispiel in einer Brainstorming-Sitzung gelernt hat, das zu sagen, was einem als erstes in den Sinn kommt, wird sich dies wahrscheinlich positiv auf die Problemlösung bei den verschiedensten neuen Aufgaben auswirken. Es besteht kein Zweifel darin, daß die allgemeinen Regeln und Prinzipien, die Sie als Lehrer im Unterricht vermitteln, erheblichen Einfluß auf das zukünftige Lernen und Problemlösen Ihrer Schüler haben.

Der Transfer des Transfers muß eigens gelernt werden

Deshalb sollten Sie dem Transferwert solcher Regeln und Prinzipien besondere Aufmerksamkeit schenken. Und: Sie sollten Ihren Schülern gegenüber diesen Transferwert ausdrücklich hervorheben. Gehen Sie nicht ohne weiteres davon aus, daß Ihre Schüler das, was sie in einer bestimmten Situation im Unterricht gelernt haben, in neuen und veränderten Situationen anwenden können. Versuchen Sie, soweit es möglich ist, Hilfestellung für die situationsgerechte Anwendung von Unterrichtsstoff in den verschiedensten Bereichen zu geben (vgl. *V. N. Campbell*, 1964).

Aus der älteren Transferforschung können wir schließen, daß positiver Transfer dann auftritt, wenn die Elemente von zwei Aufgaben einander ähnlich sind. Diese Ähnlichkeiten können in Form von einfachen Auge-Hand-Koordinationen auftreten oder in Form komplexer mathematischer Fertigkeiten. Wenn zwei Aufgaben in der Substanz oder in ihrem Verfahren identisch sind, dann führt das zu einem positiven Transfer *nur dann, wenn* diese Ähnlichkeiten erkannt werden. Das führt uns zu einem wichtigen Unterrichtsprinzip: Ähnlichkeiten bei unterschiedlichen Aufgaben müssen hervorgehoben werden, damit ein Transfer eintreten kann.

Heutige Sichtweisen

Nach der traditionellen Sichtweise konnte es zum Transfer nur kommen, wenn die Elemente einer neuen Aufgabe zu jenen einer ursprünglichen Aufgabe Ähnlichkeiten aufwiesen oder wenn Prinzipien, die bei einer bestimmten

Aufgabe gelernt wurden, auf eine andere übertragen werden konnten. Die heutige Forschung akzeptiert diese Ergebnisse, wobei es ihr nicht länger auf eine genaue Abgrenzung dieser beiden Aspekte ankommt. Die kognitive Psychologie fragt eher nach den geistigen Prozessen, die ablaufen, wenn jemand beweist, das er einen Transfer gelernt hat. In diesem Zusammenhang stellen sich zwei Hauptfragen:

1. Was im eigentlichen ist es, das dem einzelnen dabei hilft, eine Brücke zwischen der ursprünglichen Lernsituation und der neuen Transfersituation zu schlagen?
2. Wenn wir herausfinden, was da vonstatten geht, können wir es dann unterrichtlich so umsetzen, daß jenen geholfen wird, bei denen ein Transfer nicht spontan auftritt?

Zwei Forschungsansätze – *Metakognition* und *Problemlösungsverhalten bei Experten und Anfängern* – verdeutlichen, daß das Wahrnehmungsverhalten solcher Menschen, die Transfer zeigen, sich tatsächlich von dem anderer Menschen unterscheidet, bei denen sich kein Transfer einstellt. Darüber hinaus verdeutlichen sie, daß manche dieser Transferfertigkeiten im Unterricht vermittelt werden können.

Metakognition. Metakognition ist das Wissen über das eigene Wahrnehmungssystem. Metakognitives Denken im Lern- und Transferprozeß äußert sich auf zweierlei Weise: Denken darüber, was man weiß und Denken darüber, wie man einen Lernprozeß organisiert (vgl. *Flavell,* 1976; *A. L. Brown,* 1978). Metakognitives Wissen entwickelt sich allem Anschein nach nur sehr langsam. Der Lehrer muß sich darüber im klaren sein, daß es bei manchen Schülern nur in ganz geringem Ausmaß vorhanden ist. Metakognitives Wissen schließt die Fähigkeit ein, sich selbst Fragen wie diese zu stellen:

- Was weiß ich über dieses Thema (Selbstkontrolle eines Leistungstests)?
- Wieviel Zeit brauche ich, um diesen Stoff zu lernen?
- Gibt es einen guten Plan, nach dem ich diese Aufgabe bewältigen kann?
- Wie kann ich das Ergebnis meiner Anstrengungen voraussagen oder abschätzen?
- Wie soll ich meine Vorgehensweisen ändern?
- Wie entdecke ich einen Fehler, falls ich einen mache?

Metakognitive Fertigkeiten sind Fertigkeiten zur Selbstüberwachung, die während des Lern- und Unterrichtsprozesses aktiviert werden. Nehmen wir einmal an, wir hätten solches Wissen nicht und somit nicht die Fähigkeit, unsere Antworten zu überprüfen, unsere Arbeitszeit einzuteilen oder zu überprüfen, ob wir bereits relevantes Wissen im Gedächtnis gespeichert haben. Dann würden wir jede Lernaufgabe so angehen, als ob sie unsere erste sei, und Lernen wäre ein unendlich schwieriger Prozeß. Wir müssen metakognitive Fertigkeiten entwickeln, wenn Lernen leichter werden soll, je mehr wir lernen. Das Problem für den Lehrer in diesem Zusammenhang ist, daß nicht jeder Mensch mit zunehmendem Alter diese Fertigkeiten erwirbt.

Im Vergleich zu durchschnittlich begabten Schülern zeigen beispielsweise Schüler mit leichten Lernbehinderungen oder geringfügig geistig behinderte Schüler bisweilen solche metakognitiven Defizite (vgl. *Brown* u. *Palincsar,* 1982). Unterstellen wir einmal, daß lernbehinderte Schüler ganz andere und defizitäre Denkprozesse beim Lernen durchlaufen. Dann könnte man versuchen, dem Problem in der Weise zu begegnen, daß man einfach diesen Schülern beibringt, so zu denken wie andere Schüler, die metakognitiv denken, wenn sie eine Aufgabe lösen. Eben das haben *Palincsar* u. *Brown* (1981) getan und damit deutlich gemacht, wie wichtig Metakognition für Lernen und Transfer ist. In ihrer Untersuchung beschäftigten sie sich mit amerikanischen Schülern der Sekundarstufe, die einen IQ von etwa 90 besaßen. Diese Schüler konnten Prosatexte entziffern, hatten aber große Schwierigkeiten, die Texte inhaltlich zu verstehen. Das heißt, diesen Schülern fehlte eine Fertigkeit, die wir oft als gegeben voraussetzen: die Fertigkeit, Wörter lesend zu erfassen, um so einen Text zu verstehen und daraus etwas zu lernen. Diese Schüler hingegen lasen die Wörter und waren sich zugleich anscheinend gar nicht dessen bewußt, was sie ihnen entnehmen und wie sie daraus etwas lernen sollten. Es fehlten ihnen allem Anschein nach metakognitive Fertigkeiten. *Palincsar* und *Brown* gingen nun folgendermaßen vor: zunächst gaben sie ihnen beständige Korrekturhilfen durch eindringliche Rückmeldungen bei Aufgaben, wo die Schüler versuchten, die Verständnisfragen zum Text zu beantworten. Sie lobten die Schüler für korrekte Antworten und lehrten sie, wie sie ihre Antworten verändern konnten, wenn sie falsch waren. Danach lernten die Schüler Lernstrategien: wie man Hauptgedanken zusammenfassend wiedergibt, Informationen klassifiziert, Fragen voraussagt, die über bestimmte Textteile gestellt werden könnten, und wie man etwas klarstellt, was einem konfus erscheint bzw. wie man Probleme, die sich einem in den Weg stellen, lösen kann. Das heißt, die Schüler lernten metakognitive Fertigkeiten, um sie beim Lernen einzusetzen. In Abbildung 15-1 ist die Leistungsentwicklung eines Schülers dargestellt. Zu Beginn der Untersuchung lag der Prozentsatz der richtigen Beantwortung von Verständnisfragen zum Text bei 15 Prozent. Nach dem Feedback durch Korrekturen steigerte sich die Anzahl der korrekten Antworten auf 50 Prozent, und nachdem der Schüler sich kognitive Lernstrategien angeeignet hatte, konnte er im Schnitt 80 Prozent der Fragen korrekt beantworten.

Hinzu kommt, daß die Schüler die hier gelernten metakognitiven Strategien auf ihre Arbeit im regulären Unterricht übertrugen. Ihre Leistungen im Unterricht steigerten sich von 20 auf 46 Prozent. Nach einer kurzen Auffrischung durch ein Wiederholungstraining einige Zeit danach konnte die Lern- und Transferverbesserung auch noch Monate später festgestellt werden.

Sicher ist es das Ziel eines jeden Lehrers, daß sich auch bei seinen Schülern solche Transfers von Wahrnehmungsfertigkeiten einstellen, aber bei manchen Schülern bleibt der Erfolg aus. Wie begegneten *Palincsar* und *Brown* diesem Problem? Zunächst gingen auch sie davon aus, daß viele Lern- und Transferprobleme auf Defizite im Bereich metakognitiver Fertigkeiten zurückzuführen sind. Viele Schüler brauchen augenscheinlich Übung in Selbststeuerung (vgl. Kapitel 14: Soziale Lerntheorie), Selbstüberwachung, Selbstüberprüfung, Problemidentifizierung u. ä., d. h. viele Schüler müssen metakognitive Fertig-

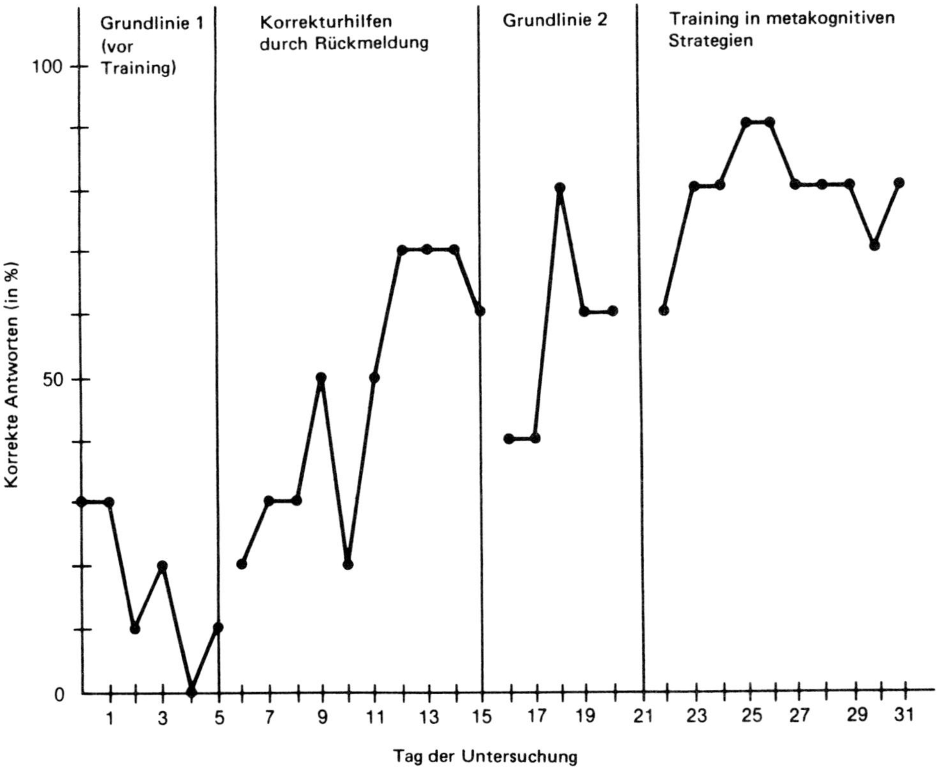

Aus: Nach *Palincsar* u. *Brown* (1981).

Abbildung 15-1. Steigerung der Prozentwerte für richtig beantwortete Verständnisfragen vor, während und nach metakognitivem Training eines Schülers

keiten erst erlernen. Das können sie nur, wenn sie die Generalisierung kognitiver Strategien beherrschen, denn sonst ist jede neue Lernaufgabe in ihrer Komplexität schier unbezwingbar. Die Aufgabe, Texte zu verstehen und das aus ihnen Gelernte auf andere Situationen zu übertragen, führt eigentlich zu der Frage, in welchem Umfang wir im schulischen Unterricht Lernen an sich vermitteln wollen. In solchen Lernsituationen braucht der Schüler metakognitive Fertigkeiten, um

- differenzierte Voraussagen darüber machen zu können, was gelesen wird oder was passieren wird;
- im Unterricht und bei der Lösung von Aufgaben sich auf das Wesentliche zu konzentrieren und ferner zu wissen, wie man den Blickwinkel verändern kann;
- neue Ideen auf bereits bestehende Wissensstrukturen zu beziehen;
- aus sich heraus Fragen zu generieren;
- die wichtigen Informationen oder Eigenschaften eines Textes oder einer Aufgabe herauszupicken und sich auf diese zu konzentrieren;
- irrelevante Informationen oder Eigenschaften eines Textes oder einer Aufgabe unbeachtet zu lassen;

- zu erkennen, wo eine innere Beziehung auftritt oder impliziert ist;
- einen Text oder eine Aufgabe zu veranschaulichen;
- den Wert einer Idee in Betracht zu ziehen;
- zu wissen, wann es sinnvoll ist, um Rat nachzusuchen (vgl. *Tierney,* 1985).

Um all dies auf den Punkt zu bringen: wenn wir Anfängern etwas beibringen, dann tun wir bestimmte Dinge, einerlei, ob wir ihnen beibringen, wie man Schach oder Poker spielt, wie man ein Pferd reitet, Fahrrad oder Rollschuh oder Auto fährt. Wir machen es ihnen normalerweise vor, wir stellen ihnen ein Vokabular zur Verfügung, mit dem sie das, was sie tun und leisten, beschreiben können, und wir machen ihnen deutlich, wie sie ihre eigene Tätigkeit regulieren und überwachen können. Wir vermitteln ihnen also eine Strategie für die Lösung einer Aufgabe, und zugleich vermitteln wir ihnen Strategien zur Überwachung ihres Tuns. Dieser Überwachungsaspekt im Unterrichtsprozeß ist es, den wir als Metakognition bezeichnen (vgl. *Flavell,* 1979). Im Unterricht passiert es uns nur allzu oft, daß wir die meiste Zeit mit direkter, für Anfänger gedachter Instruktion zubringen und längst nicht so viel Zeit damit, metakognitive Fertigkeiten zu vermitteln. Das meint *Brown,* wenn er feststellt: „Metakognitive Defizite sind das Problem des Anfängers, ungeachtet seines Alters. Unwissenheit ist nicht notwendigerweise an Alter gebunden; im Gegenteil, sie ist mehr ein Resultat von Unerfahrenheit, wie man mit einer neuen (und schwierigen) Problemsituation umgehen soll" (1980, S. 475). Experten auf solchen Gebieten wie Schach, Autofahren, Poker oder Reiten sind unter Umständen deswegen Experten auf ihrem Gebiet, weil sie metakognitive Fertigkeiten anwenden können. Solche Fertigkeiten erlauben es Spezialisten, das, was sie wissen, auf neue Problembereiche zu übertragen, und damit sind wir wieder beim Aspekt des Transfers. Dies führt uns nun zu der Frage, wie Experten und wie Neulinge an bestimmte Aufgaben herangehen.

Das Lernen des Lernens muß gelernt werden

Problemlösungsverhalten bei Experten und Anfängern. Was macht einen Experten zum Experten? Eine Antwort ist, daß Experten die unvergleichliche Fähigkeit haben, einzigartige Probleme zu lösen. Das heißt, sie können ihre zuvor erworbenen Kenntnisse so organisieren, daß sie sie auf scheinbar neue Situationen anwenden können, um so neue Probleme oder Aufgaben zu lösen. Diese Übertragung auf etwas Neues ist natürlich genau das, was wir als Transfer bezeichnen. Wenn wir also jetzt untersuchen, worin sich Experten und Anfänger unterscheiden, wenn sie Probleme lösen, können wir etwas darüber lernen, wie Transfer sich einstellt. Wir wollen diesen Gedankengang am Beispiel von Experten aus den Bereichen des Schachs und der Physik erläutern.
Worin unterscheidet sich ein Großmeister im Schach von einem Anfänger? Die zu dieser Frage vorhandenen Untersuchungen deuten darauf hin, daß ein entscheidender Unterschied darin liegt, daß Experten mit zunehmender Erfahrung bis zu 50000 vertraute Konfigurationen im Gedächtnis gespeichert haben. Diese 50000 unterschiedlichen und dem Schachspieler vertrauten Konfigurationen sind sein „Vokabular", das er beim Schachspiel gebraucht. Das ist so, als hätten wir ein Vokabular von 50000 Substantiven und Verben zu

unserer Verfügung, um unsere Umwelt zu beschreiben. Jeder dieser 50000 Konfigurationen sind nun beigeordnet bestimmte Spielzüge oder Kombinationen. Der Experte weiß, daß, wenn das Spiel einem Typus gleicht, dem er bereits einmal begegnet ist, er bestimmte Züge machen muß, um zu gewinnen. Wenn der Experte beispielsweise an zehn Brettern gleichzeitig spielt, spielt er de facto zehn in sich distinkte Spieltypen. Er scheint zu wissen, daß er am ersten Brett den Typ 6974A vor sich hat, und daß er das Spiel gewinnen kann, wenn er den Läufer zieht. Am zweiten Brett hat er es mit dem Typ 12074 zu tun, wo er seinen Turm gegen den gegnerischen Springer opfern muß, um seine Dame zu schützen. Jedes Spiel ist nach Typen oder Konfigurationen klassifiziert. Die neue Spielsituation, die mit jedem neuen Spielzug gegeben ist, wird vom Experten in einen „guten alten Bekannten" umgemünzt – in eine Konfiguration, die er *kennt!* (vgl. *deGroot,* 1965).

Worin unterscheiden sich Experten auf dem Gebiet der Physik von Anfängern? Ein Unterschied ist, daß sich die Experten bei der Untersuchung eines Problems mehr Zeit nehmen als Anfänger. Wenn sie aber erstmal mit der Arbeit beginnen, lösen sie die Probleme schneller als Anfänger. Auch ist es wohl so, daß die Experten sich häufiger ein abstraktes Bild von dem Problem machen als Anfänger. Das heißt, sie können in ihrem Arbeitsgedächtnis abstrakte Repräsentationen aller Details, die sie zur Lösung einer Aufgabe brauchen, geistig erfassen. Auch unterscheiden sie sich von Anfängern darin, daß sie häufiger neue Aufgaben als Aufgaben eines bestimmten Typs klassifizieren. Also bestimmen sie beispielsweise eine bestimmte Aufgabe als zum Typ X gehörig, die nur bei Berücksichtigung bestimmter statischer Gesetze gelöst werden kann. Oder bei einer anderen Aufgabe geht es um Kraftmomente, wo eine bestimmte Version des zweiten Newtonschen Gesetzes (Kraft = Masse × Beschleunigung) zur Anwendung kommen muß (vgl. *Chi* et al., 1982).

Es scheint so, daß Experten nach extensiven Erfahrungen in ihren Interessenbereichen auf den so verschiedenen Gebieten der Physik und des Schachs sehr ähnliche Mechanismen anwenden, um positiven Transfer, d.h. die Anwendung alter Informationen in einem neuen Problemlösungskontext, zu erreichen. Die Experten beider Gebiete versuchen, ein neues Problem einem bestimmten Typus zuzuordnen, das Problem anschaulich im Gedächtnis zu erfassen und vertraute Routineverfahren anzuwenden, die sich mit Lösungen bestimmter Probleme verbinden, denen sie zuvor schon einmal begegnet sind. In verschiedenen Bereichen geht man anscheinend beim Lösen von Problemen so vor, daß man sie nach Kategorien klassifiziert, denn wenn eine Kategorie erst einmal erkannt worden ist, scheinen sich die Lösungen wie von alleine einzustellen. Untersuchungen über das Verhalten von Studenten beim Lösen bestimmter algebraischer Aufgaben, von Ärzten beim Lösen medizinischer Probleme und von Experten auf Gebieten wie Schach und Physik zeigen, daß der erfahrene Problemlöser ein kognitives „Schema" (vgl. Kapitel 13: Informationsverarbeitung) bei der Lösung seiner Aufgaben benutzt. Hat er dieses Schema erst einmal in seinem Gedächtnis lokalisiert, dann steuert das Schema, d.h. eine abstrakte Repräsentation des zu bearbeitenden Phänomens, den Lösungsprozeß. Anfänger oder Neulinge haben, so scheint es, noch keine elaborierten Schemata entwickelt. So ist jede Aufgabe, mit der sie konfrontiert

werden, völlig neu und dementsprechend äußerst schwierig. Experten andererseits haben viele Problemschemata sowie die dazugehörigen Schritte, die zu einer Lösung führen, im Gedächtnis gespeichert. Lehrer, Automechaniker, Küchenchefs und Schneider zeigen, wenn sie auf ihrem Gebiet Experten sind, Transferleistungen, die jenen der Schachgroßmeister und der theoretischen Physiker in nichts nachstehen.
Für Lehrer, denen Transfer im Unterricht etwas bedeutet, enthalten diese Beobachtungen zwei wichtige Hinweise:

1. Die Schüler müssen in einem bestimmten Wissensbereich langandauernde Erfahrungen gesammelt haben, um die Fertigkeiten zu lernen, die gebraucht werden, wenn ein Transfer auftreten soll. Die oberflächliche „Häppchen"erziehung, die wir unseren Schülern oft angedeihen lassen (ein bißchen hiervon, ein bißchen davon; 45 Minuten dieses Thema, 45 Minuten jenes Thema), reicht wahrscheinlich nicht aus, um Fachkönnen zu entwikkeln. Ein solches Bildungskonzept bringt Schüler hervor, die mit einer ungeheuren Ansammlung von Ereignissen und Wissensbereichen einigermaßen vertraut sind, aber in keinem einzigen es zum Experten bringen.
2. Der Lehrer kann dem Schüler helfen, Probleme zu lösen, indem er mit Absicht die erforderlichen Problemlösungsstrategien modellhaft vorlebt. So kann der Lehrer sagen: „Schaut euch das Bild noch einmal genau an. Von welcher Seite kommt der Lichteinfall und wie wirkt er sich auf die Bildperspektive aus? Was müßte der Maler tun, um die Personengruppe mehr in den Mittelpunkt der Aufmerksamkeit des Betrachters zu rücken? Stellt euch vor, das Licht fällt direkt von vorn auf die Szene oder schräg von vorn oder ganz von der linken Seite. Wenn es uns darum geht, in einem Bild ein Element, das uns wichtig erscheint, perspektivisch herauszuheben, müssen wir neben den anderen bereits erwähnten Elementen auch den Aspekt des Lichteinfalls berücksichtigen. Wir können das jetzt einmal anhand verschiedener Skizzen ausprobieren ..."

Aus den Untersuchungen über Metakognition und die kognitiven Prozesse von Experten und Anfängern hat sich ein ganz neues Forschungsgebiet entwickelt, das sich mit der Ausbildung von kognitiven Fertigkeiten bzw. kognitiven Prozessen befaßt (vgl. *Lochhead* u. *Clement,* 1979; *Brown* u. *Campione,* 1982). Das Ausbildungsziel im Bereich der kognitiven Fertigkeiten ist es, dem Schüler Möglichkeiten an die Hand zu geben, das, was er gelernt hat, auf neue Situationen zu übertragen. Obwohl die Ergebnisse noch recht neu sind, häufen sich Beweise dafür, daß Problemlösungs- und Transferfähigkeiten sichtbar gesteigert werden können, wenn man den Schüler lehrt, Fertigkeiten der Selbstüberwachung, Selbststeuerung und der selbständigen Organisation seiner Arbeit einzusetzen, um seine eigenen Lernprozesse und die Anwendung des Gelernten auf neue Situationen unter Kontrolle zu haben (vgl. *Belmont* et al., 1982). Wir haben immer gehofft, daß unsere Schüler *lernen* würden zu denken, neuartige Aufgaben zu lösen und Transferfähigkeiten zu zeigen. Aber wir haben nie wirklich gewußt, wie wir solche Fertigkeiten *lehren* könnten. Das werden wir vielleicht bald schon wissen, denn die hier angesprochenen kognitiven wissenschaftlichen Verfahren liefern uns mehr und mehr Informationen darüber, wie solche Denkfertigkeiten entwickelt werden können.

15.3 Transfer im Unterricht

Es stehen uns zwei grundsätzliche Möglichkeiten zur Verfügung, den Unterricht auf Transferprozesse abzustimmen. Wir können uns auf die Möglichkeiten des inhaltsbezogenen Transfers besinnen – dann richten wir unseren Unterricht nach der Theorie der identischen Elemente aus. Oder wir konzentrieren uns auf die Möglichkeiten des verfahrensbezogenen Transfers – dann setzen wir unser Wissen davon um, wie Prinzipien und Regeln in einem breitgefächerten Spektrum von Situationen zur Geltung kommen können. Diese beiden Transferansätze schließen sich nicht gegenseitig aus, d. h. wir sollten immer beide berücksichtigen, wenn wir unseren Unterricht auf Transfermöglichkeiten hin orientieren.

Transfer von spezifischen Lerninhalten: das Problem der materialen Bildungsinhalte

Wenn wir den Unterricht auf den Transfer spezifischer Lerninhalte ausrichten, könnten wir das Argument vertreten, daß wir so oft wie möglich das, was ein Schüler unserer Meinung nach lernen sollte, direkt vermitteln. Wenn der spätere Beruf eines Menschen voraussetzt, daß er ein Computerprogramm schreiben kann, so sollte er während seiner Ausbildung das Programmieren lernen, und zwar vorzugsweise den Programmiertyp, den er später auch braucht. Welche Kenntnisse jemand über die Geschichte des Computers haben muß, um ein guter Programmierer zu sein, läßt sich kaum sagen. Wenn Sie Platon im Original lesen wollen, studieren Sie Griechisch. Erwarten Sie aber nicht, daß Ihnen diese Lernerfahrungen beim Englischlernen helfen. Um Englisch zu lernen, sollten Sie lieber gleich Englisch studieren. Die Statistik kann unter Umständen ein nützliches Hilfsmittel zur Lösung sozialer Probleme sein, aber sie wird gewiß nicht unser Denkvermögen schlechthin verbessern. Für die Lösung dieser sozialen Probleme selbst ist es unter einer solchen Perspektive des Transfers angezeigt, sich direkt mit diesen Problemen zu befassen.
Diese Überlegungen stimmen mit jenem Teil der Theorie identischer Elemente überein, der sich auf den Transfer materialer Bildungsinhalte bezieht. Diese Transferperspektive kann ein nützliches Korrektiv darstellen: ein Lehrer sollte sorgfältig überprüfen, ob Unterrichtslektionen, von denen er annimmt, daß sie zur Entwicklung irgendeiner spezifischen Fähigkeit wie etwa Lesenlernen beitragen oder die für ein bestimmtes Unterrichtsfach nützlich sein sollen, wirklich zu einem positiven Transfer führen. Die Untersuchungen zum Transfer von spezifischen Lerninhalten machen uns deutlich, daß es oft besser ist, Kinder in direkter Form das zu unterrichten, was wir ihnen vermitteln wollen.

Oft können wir feststellen, daß die Zeit, die wir damit verbringen, unsere Schüler auf bestimmte Fertigkeiten vorzubereiten, besser damit genutzt werden könnte, wenn wir ihnen den Stoff, den sie sich aneignen sollen, direkt vermitteln. *Hudgins* (1977) hat festgestellt, daß die in den oberen Klassen der Grundschule oft verwendeten Satzdiagramme deshalb verteidigt werden, weil sie die Schüler angeblich darauf „vorbereiten", später komplexe Sätze besser zu verstehen und bilden zu können. Demgegenüber machen empirische Untersuchungen folgendes deutlich: „Man kann den Schülern zwar Satzdiagramme recht wirkungsvoll vermitteln, aber für das Bildenkönnen von komplexen Sätzen sind sie relativ bedeutungslos. So hat man in einer Untersuchung gefunden, ... daß die Kinder der Kontrollgruppe sogar geringfügig bessere Leistungen erbrachten als die Kinder, die das Erstellen von Diagrammen gelernt hatten" (*Hudgins,* 1977, S. 153). Gleichwohl: der Mythos vom Transfer wird trotz solcher empirischer Beweise weiter aufrechterhalten.
Demgegenüber kann eine komplexe Aktivität wie beispielsweise das Lesen in Teilaufgaben aufgespalten werden, die leichter gelernt werden können, weil sie dadurch einfacher geworden sind, und diese einfacheren Aufgaben können dann wieder in größere und komplexere Leistungseinheiten zusammengefaßt werden. In einem solchen Verfahren macht die Idee eines Vorbereitungstrainings durchaus Sinn.

Transfer von Regeln und Prinzipien: das Problem der formalen Bildungsinhalte

Wenn wir den Unterricht auf den Transfer von Regeln und Prinzipien ausrichten, haben wir es oft mit der Aufgabe zu tun, wie wir Konzepte, Prinzipien und Verfahren vermitteln können, die ein breitgefächertes Anwendungsspektrum haben. Die Bedeutung von Wörtern wie zum Beispiel *unfair* oder *unglaubwürdig* zu lernen, ist sicherlich eine adäquate Methode, um den Wortschatz von Schülern zu erweitern, aber es gilt zu beachten, wieviel nützlicher es ist zu lernen, daß die Vorsilbe *un* „nicht" oder „im Gegensatz zu" bedeutet. Auf dieser Basis kann der Schüler die Bedeutung vieler anderer Wörter selbst finden: unbezahlbar, unbewaffnet, unausgesprochen usw. Der Lehrer sollte versuchen, eine wissenschaftliche Vorgehensweise als breit anwendbare Untersuchungsmethode zu vermitteln. Er sollte auch versuchen, den Gebrauch von Hilfsmitteln und die Anwendung von Arbeitstechniken zu vermitteln, die sich bei zahlreichen, ganz verschiedenen Aufgaben anwenden lassen, wie etwa das Bibliographieren, Katalogisieren, das Arbeiten mit Lochkarten, Zufallstafeln usw. All diese Hilfsmittel sind dann – und vielleicht nur dann – von Nutzen, wenn sie so im Unterricht eingeführt werden, daß ein Schüler sie anschließend auch auf neue Aufgaben und Problemstellungen anwenden kann. Wenn ein Lehrer im Unterricht neue Lösungsprinzipien oder Arbeitstechniken einführt, sollte dies anhand einer Vielzahl von Beispielen geschehen, um die Breite des möglichen Anwendungsbereiches erkennbar zu machen. Und er sollte versuchen, viele solcher Beispiele in Realsituationen

Übertragbare Arbeitsmittel und -techniken

einzubetten. Letztlich muß fast alles, was im Unterricht gelernt wird, einen Nutzen oder Wert für das außerschulische Leben haben.
Wir haben den Transferwert von allgemeinen Fertigkeiten und Techniken betont. Wir müssen uns aber auch vergegenwärtigen, daß Einstellungen des Menschen zu sich selbst und zu den Lernbereichen zu jenen Phänomenen zählen, die am ehesten übertragbar sind.

Einstellungen sind übertragbar

Wenn ein Kind sich selbst als kompetent und einen Lernbereich als „erlernbar" einschätzt, dann können wir von ihm erwarten, daß es die Problemstellungen tatkräftig angeht. Aus diesem Grund werden wir in Kapitel 17 auf die allgemeine Einstellung von Schülern gegenüber Leistungen und ihre jeweils persönliche Leistungsmotivation ausführlich eingehen.

Allgemeine Richtlinien zum Transfer im Unterricht

Wir wollen die Überlegungen aus den vorangegangenen Abschnitten in sechs Punkten zusammenfassen, die als Richtlinien für eine Ausrichtung des Unterrichts auf Transferprozesse dienen können:

Ähnlichkeit mit der Realsituation

1. Gleichen Sie die Trainingssituation der Realsituation soweit wie möglich an. Wenn Schreibkräfte gewöhnlich in lärmerfüllten Schreibräumen arbeiten müssen, ihre Ausbildung jedoch in einem ruhigen Raum erfolgt, ist dies für einen positiven Transfer problematisch. Wenn Sie Ihren Schülern zeigen wollen, wie man eine Sonnenuhr baut, dann ist es kaum von Nutzen, wenn es im Klassenzimmer geschieht und unter Verwendung von Materialien, die nur dort vorzufinden sind; lassen Sie also lieber eine Sonnenuhr im Freien bauen und mit Materialien, die dort zu finden sind. Fordern Sie einen Studenten der Publizistik nicht auf, eine Story in 20 Tagen zu schreiben, wenn er in der Realsituation nur 20 Minuten zur Verfügung hat. Wenn sich keine wirklichkeitsnahen Bedingungen schaffen lassen, dann versuchen Sie wenigstens, solche Bedingungen zu beschreiben, damit die Schüler nicht vor unlösbaren Schwierigkeiten stehen, wenn sie sich in einer Realsituation befinden. Ein Faktor, der dafür verantwortlich ist, daß ein Anfänger Aufgaben oder Probleme nicht so gut lösen kann wie ein Experte, ist der, daß der Anfänger bislang nur Aufgaben aus zweiter Hand (aus dem Lehrbuch zum Beispiel) kennt und noch keinen „echten" Problemen begegnet ist. Probleme, die in Lehrbüchern geschildert werden, sind eindeutig und klar. Wirkliche Probleme sind verzwickt und oft mit noch anderen Fragen eng verknüpft. Solche komplexen Sachverhalte bringen den Anfänger aus dem Gleichgewicht. Als Lehrer müssen wir immer die wirkliche Welt vor Augen haben, in der unsere Schüler später einmal leben und arbeiten werden.

Übungsmöglichkeiten für eine neu erlernte Fähigkeit

2. Bieten Sie viele Übungsmöglichkeiten zur Grundaufgabe an, bevor Sie die Transferaufgabe stellen. Dieser Leitgedanke wird bei der Pilotenschulung strikt beachtet. Landungen, simulierte und reale, werden immer wieder auf dem Trainingsgelände geübt, ehe der Flugschüler einen Landeversuch auf einem anderen Flughafen versuchen darf. Zum Experten wird man erst nach langem Üben!

3. Bieten Sie vielseitige Übungsmöglichkeiten in Problembereichen an, die mit dem ursprünglichen Problembereich verwandt sind. Wenn die Interpretation eines Vertrags auf dem Programm steht, dann stellen Sie dem Lernenden viele Beispiele verschiedener Vertragsarten mit unterschiedlichem Wortlaut zur Verfügung, damit er erkennt, was unter den jeweils wechselnden Bedingungen konstant bleibt, nämlich die Vertragspartner, die Bedingungen, der Preis usw.

Vielseitige Übungsmöglichkeiten

4. Wenn die Stimuli einander ähnlich, die erforderlichen Reaktionen aber verschieden sind, kann ein negativer Transfer die Folge sein. Für den Anfänger kann beispielsweise 3 + 2 und 3 − 2 ähnlich sein, obwohl die hier angemessenen Reaktionen unterschiedlich sein müßten. *Romanisch* und *romantisch* sind leicht zu verwechseln, ebenso wie *Ethnographie, Ethnologie* und *Ethologie.* Wenn der Lehrer darauf achtet, wie verwirrend manche Dinge für den Schüler sein können, kann er potentielle Probleme bereits im Vorfeld ausmachen. Wenn die Stimuli ähnlich sind, müssen Lehrer und Schüler gegebenenfalls einige Zeit darauf verwenden, ihre Unterschiede herauszuarbeiten. Wenn das zu einem frühen Zeitpunkt in einer Lernsequenz getan wird, nennen wir ein solches Verfahren Stimulusvordifferenzierung. Stimulusvordifferenzierung wird gebraucht, um den Schülern die Ähnlichkeiten *und* die Unterschiede zwischen einzelnen Stimuli klarzumachen, so daß sie selbst bestimmen können, welche Reaktionsweise angemessen ist.

Stimulus-Vordifferenzierung

5. Achten Sie darauf, daß am Beginn einer längeren Lernsequenz oder von komplexen Aufgaben erfolgreich abgeschlossene Lernschritte stehen. Wenn Schüler etwa in einem Unterrichtsabschnitt über Geologie lernen sollen, vulkanisches, metamorphes Gestein und Sedimentgestein zu unterscheiden, sollten Sie damit beginnen, jedes dieser Gesteine erfolgreich zu identifizieren. Wenn ein Schüler zu Beginn einer längeren Lernsequenz oder einer komplexen Aufgabe einzelne Lernschritte erfolgreich bewältigt hat, befindet er sich in einer besseren Ausgangslage für die Lösung der nachfolgenden Lernschritte. Ein Beispiel: das Erlernen der Grundlagen der Aufgabe „56 : 8“ erleichtert die Lösung auch dieser Aufgabe: „93254031,2 : 83274“. – Oder: das gründliche Studium der geschichtlichen Entwicklung in der Sowjetunion während des Zweiten Weltkrieges bildet die Grundlage für ein besseres Verständnis der sowjetischen Politik während des Kalten Krieges. Und wenn wir beim Skifahren lernen, auf leicht geneigtem Hang einen Bogen zu fahren, so wird das ungemein nützlich sein, wenn wir einen Schwung auf steiler und eisiger Piste fahren wollen – das heißt, die erste Fertigkeit wird auf das Erlernen der zweiten übertragen.

Erfolgreich abgeschlossene Lernschritte zu Beginn längerer und komplexer Aufgaben

6. Bieten Sie eine Vielzahl von Beispielen an, um ein Prinzip oder eine allgemeingültige Regel zu verdeutlichen. Achten Sie beim Unterrichten des Begriffs „Rhythmus“ darauf, daß der Schüler seine Bedeutung im Tanz, in der Musik, in der Prosa, in der Lyrik und in der Kunst versteht. Wenn der Begriff „Gemeinschaft“ verdeutlicht werden soll, dann erwähnen Sie die Ameisen, die Bienen, die Eskimos, aber auch den Sportverein, die Kleinstadt, den Mieterschutzbund, die Nachbarschaftsverbände, das Rote Kreuz oder die Drogenhilfe. Wenn Sie sagen, Geometrie und Trigonometrie sind nützlich, dann

Beispiele

zeigen Sie den Schülern, daß sie sie benutzen können, um die Entfernungen zwischen verschiedenen Punkten in der Stadt zu messen, um die Höhe von Gebäuden abzuschätzen, um die Anzahl von Fliesen zu bestimmen, die nötig sind, um den Fußboden eines Raumes auszulegen, oder um ein Boot über einen See zu steuern.

Anwendungen

7. Fordern Sie die Schüler auf, einige Anwendungsbeispiele zu bringen. Fordern Sie sie auf, festzustellen, welchen tatsächlichen Nutzen es hat zu lernen, wie man die Schallgeschwindigkeit mißt. Fragen Sie sie, ob der Stil eines Schriftstellers Gemeinsamkeiten mit einem anderen hat, den sie bereits kennen, oder ob die Handlung des neuen Romans auf Ereignisse bezogen werden kann, mit denen sie vertraut sind. Lassen Sie die Schüler aufzählen, was sie zu Hause messen, und darüber nachdenken, wie oft sie etwas messen müssen. Kurz gesagt, helfen Sie den Schülern, Verbindungen zwischen den Unterrichtsstoffen der Schule und ihren außerschulischen Erfahrungsbereichen herzustellen.

Laut denken

8. Veranlassen Sie Ihre Schüler, laut zu denken, wenn sie versuchen, Aufgaben zu lösen. Versuchen Sie selbst, sich in die innere Logik der metakognitiven Strategien des einzelnen Schülers hineinzudenken. Wenn der Schüler nicht gelernt hat, mit solchen Fertigkeiten wie Selbststeuerung, Selbstüberwachung und Selbstüberprüfung umzugehen, wird das ein Hindernis für Lernen und Transfer sein. Sie können das Lernen solcher Fertigkeiten dadurch unterstützen, daß Sie im Unterricht als Modell fungieren und vormachen, wie Sie selbst Probleme angehen, so daß die Schüler Sie dann nachahmen können.

15.4 Zusammenfassung

Unser Ziel ist es, im Unterricht positiven Transfer zu erreichen und negativen Transfer möglichst zu vermeiden. Positiver Transfer tritt häufig dann auf, wenn Lehrer mehrere verschiedene Erklärungen für ein Ereignis zu geben versuchen, viele verschiedene Beispiele einbringen, Übungsmöglichkeiten bereitstellen, Regeln mit breitgefächerten Anwendungsmöglichkeiten vermitteln, Übungsmöglichkeiten in Realsituationen miteinbeziehen und zum Mittel der Stimulusvordifferenzierung greifen, wenn die Gefahr eines negativen Transfers besteht. Die Schüler sollten ermutigt werden, Regeln und Prinzipien für sich selbst auszuarbeiten, und sie sollten Beispiele dafür geben, wie sie die Regeln und allgemeinen Grundsätze, die sie gelernt haben, anwenden können. Der Lehrer sollte das Zeitgeschehen in den Medien verfolgen und auf die Interessen seiner Schüler eingehen, so daß Verbindungen zwischen dem, was im Unterricht gelernt werden muß und dem, was außerhalb der Schule wichtig ist, hergestellt werden können. Es wird häufig schwierig für Sie sein festzustellen, ob Sie Ihren Unterricht erfolgreich auf positive Transferprozesse ausgerichtet haben. Die beste Methode, einen transferorientierten Unterricht sicherzustellen, ist es wahrscheinlich, sich ständig über die Verbesserung von Transfereffekten Gedanken zu machen.

Teil E

Motivation

Schüler unterscheiden sich darin, wie sie auf Unterrichtsaktivitäten und auf Unterrichtsmaterialien reagieren: einige werden sich begeistert auf neue Dinge stürzen, einige werden sie nur widerwillig oder zögernd aufnehmen und einige werden sich einfach weigern, überhaupt etwas zu lernen, was immer Sie auch anzubieten haben. Wenn Sie sie darum bitten, werden manche Schüler das Telefonbuch lesen (und auswendiglernen), nur um Ihnen zu gefallen. Andere werden versuchen, ihre Aufgaben so zu manipulieren, daß sie „billig davonkommen". Die einen werden immer versuchen, ausgezeichnete Leistungen zu bringen, was sie auch tun, vom Turnen bis zur Chemie, während andere versuchen, es gerade so zu schaffen, nicht mehr und nicht weniger.

Das unterschiedliche Aktivierungsniveau, das wir bei unseren Schülern beobachten, und die Bereiche, mit denen sie sich gern beschäftigen oder die sie meiden, haben mit dem Konzept der Motivation zu tun. In Kapitel 16 können Sie sich einen Überblick über das Konzept der Motivation verschaffen und darüber, wie Psychologen es theoretisch fassen. In Kapitel 17 werden die Persönlichkeitsfaktoren vorgestellt, welche die Motivation beeinflussen. Es sind, bis zu einem gewissen Grad, jene Faktoren, die dafür verantwortlich sind, daß der eine nach hervorragenden Leistungen strebt, während der andere es nur eben gerade schaffen will. In Kapitel 18 beschäftigen wir uns mit der Frage, wie operantes Konditionieren, mit besonderer Betonung der Umweltkontingenzen, Motivationsstrukturen verändert. Abschließend entwickeln wir einige Leitlinien, die Sie in Ihrem Unterricht berücksichtigen können.

Die Kapitel dieses Teils möchten Ihnen helfen, die Motivation im Unterricht im Bedarfsfall zu steigern, und zwar bei sich selbst und bei Ihren Schülern; die Ausführungen können als Anregung dienen, das Wie *Ihres Unterrichts so zu organisieren, daß Sie mit einer interessierten Klasse arbeiten können.*

Kapitel 16

Der Einfluß der Motivation auf das Lernen

16.1 Überblick

Angenommen, wir haben zwei nicht miteinander verwandte Schüler mit gleichen allgemeinen intellektuellen Fähigkeiten. Beide leben in ihrem Elternhaus, gesichert und geborgen, und Schule und Schularbeit gelten dort ungefähr gleich viel. Angenommen, einer der beiden Schüler versagt in Mathematik, während der andere die besten Noten in der Klasse erhält. Nehmen wir ein anderes Schülerpaar: angenommen, der eine arbeitet gern in Gruppen, aber nur manchmal, während der andere immer die Gruppenarbeit vorzieht. Oder nehmen wir in einem dritten Fall an, ein Kind verkauft Limonade, um sich Geld zu verdienen, während das andere nie einen Pfennig in der Tasche hat.
Dies sind Beispiele für Unterschiede zwischen einzelnen Personen, die uns auf das Konzept der Motivation hinweisen. Worauf bezieht sich dieses Konzept? Es wird verwendet, um (a) Verhaltensunterschiede bei ein und derselben Person aufzuklären, entweder zeitbezogene Unterschiede („Heute arbeitet er aber langsamer als sonst!“), oder aufgabenbezogene Unterschiede („Er ist in Kunst besser als in Sport.“), oder um (b) Unterschiede zwischen zwei einander im Typ ähnlichen Personen aufzuklären („Jochen liest besser als Gisela.“), wenn Konzepte wie die der Fähigkeit nicht adäquat erscheinen, um die Unterschiede zu erklären.

16.2 Wesen und Bedeutung der Motivation

Allgemein gesprochen wissen wir alle, was Motivation ist. Aufgrund persönlicher Erfahrungen können wir den Unterschied zwischen brennendem Interesse auf der einen Seite und tödlicher Langeweile auf der anderen Seite erkennen. Bei Shakespeare finden wir ein klassisches Beispiel für ein sehr geringes Motivationsniveau in seiner Beschreibung eines kleinen Schuljungen: „Der weinerliche Bube, der mit Bündel und glattem Morgenantlitz, wie die Schnecke ungern zur Schule kriecht.“
Aber die meisten von uns haben auch die andere Situation zumindest einmal im Leben erfahren – eine Zeit leidenschaftlichen Interesses, als wir nicht schnell genug auf den Grund einer Sache stoßen konnten, die uns zutiefst beschäftigte, die uns völlig gefangen nahm. *Motivation* ist also der Begriff, mit dem wir das

Motivation als Energie und Ausrichtung

beschreiben, was einem Menschen die *Energie* zu seinem Tun verleiht und was die *Ausrichtung* seiner Tätigkeit bestimmt. Motivation wird manchmal auch mit dem Motor und dem Lenkrad eines Automobils verglichen. Energie und Ausrichtung bilden das Zentrum des Konzepts der „Motivation".

Verhalten hängt von Merkmalen der Person und solchen der Umwelt ab; diese stehen in Wechselwirkung miteinander und mit den kognitiven Ansichten und Urteilen, die man über sein eigenes Verhalten entwickelt. Diese Auffassung von Verhalten wird auch als „reziproker Determinismus" (vgl. *Bandura,* 1978) bezeichnet und läßt sich graphisch so darstellen:

Reziproker Determinismus

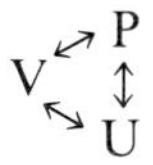

wobei V = Verhalten, P = Persönlichkeitsvariablen und U = Umweltvariablen bedeuten.

Während wir uns in diesem Kapitel mit Motivation allgemein befassen, werden wir in den folgenden beiden Kapiteln die P-Variablen und die U-Variablen näher ins Auge fassen. Die Persönlichkeitsvariablen schließen sowohl relativ stabile und überdauernde Eigenschaften oder Dispositionen *(traits)* ein, wie auch vorübergehende Gestimmtheiten oder kurzzeitige Aktivierungszyklen *(states).* Einige dieser Persönlichkeitsvariablen sind angelernt, andere nicht. In Tabelle 16-1 haben wir Beispiele für die Bezeichnungen zusammengestellt, die wir den einzelnen typischen Persönlichkeitsvariablen beigeben.

Eigenschaften und Gestimmtheiten

Tabelle 16-1. Einige gebräuchliche Bezeichnungen für Persönlichkeitsvariablen, die die Motivation beeinflussen

	Gewöhnlich gelernt	Gewöhnlich nicht gelernt
Eigenschaften (Traits): gewöhnlich stabil	Leistungsbedürfnis Machthunger Bedürfnis nach Gruppengehörigkeit	Forschungsdrang Furcht, Unterstützung zu verlieren Gefallen am anderen Geschlecht
Gestimmtheiten (States): gewöhnlich vorübergehend	Testangst Schamgefühl Lampenfieber	Hunger Durst Nikotinsucht

Die Umweltvariablen, mit denen wir uns befassen werden, schließen neben Schulnoten oder Zensuren und anderen Anreizen auch frustrierende Situationen, Komplexität der Umwelt, dissonante Situationen und andere Faktoren mit ein. Sie alle liegen außerhalb des Persönlichkeitsbereichs, beeinflussen jedoch die Energie oder Ausrichtung des Verhaltens oder beide zugleich.

Persönlichkeitsvariablen können zu zielgerichtetem Handeln führen, z.B. wenn ein Hungergefühl auftritt oder der Wunsch nach Leistung geweckt wird. Umweltvariablen können zielgerichtetes Handeln wecken, wenn z.B. der Anblick eines saftigen Bratens die Gäste an den Tisch holt oder wenn die greifbare Nähe einer guten Note einen Schüler veranlaßt, noch mehr zu lernen. Wenn die P- und U-Variablen gemeinsam operieren und dadurch verhaltensfördernd auf die Ausrichtung auf ein gemeinsames Ziel einwirken, ist die Art der zielgerichteten Tätigkeit, die zum Einsatz gebracht wird, eindeutig. Unter diesen Bedingungen können wir sagen, daß ein Mensch stark motiviert ist.

Es ist unwahrscheinlich, daß wir unsere Schüler dazu bringen können, ständig auf der höchsten Stufe der Motivation zu arbeiten. Dennoch wollen wir, daß unsere Schüler interessiert sind und ihre Arbeit in der Schule doch als irgendwie „relevant" betrachten. Und wir wollen das negative Extrem vermeiden, daß ein Schüler so frustriert und unzufrieden wird, daß er am liebsten von der Schule wegbleiben würde.

Motivation als Ziel und Mittel

Für den Lehrer ist es wichtig, die Schüler zu motivieren, weil Motivation sowohl ein Ziel an sich sein kann als auch ein Mittel zur Leistungsförderung in bestimmten Lernbereichen des Unterrichts. Die Herausbildung von Lern- und Leistungsmotivationen als Ziel stellt eine der grundlegenden Aufgaben des schulischen Unterrichts dar. Wir wollen, daß unsere Schüler ein Interesse an bestimmten intellektuellen und ästhetischen Betätigungen entwickeln und diese Interessen beibehalten, auch wenn die Schulzeit beendet ist. Wir wollen, daß erwachsene Bürger ein Interesse an Kunst und Musik, an Wissenschaft und am öffentlichen Leben haben. Bestimmte Motivationsarten gehören zu den Zielen, nach denen der Unterricht strebt. Interessen und Werte verschiedener Natur sind als Ergebnis schulischen Unterrichts ein Teil der „affektiven Ziele", die wir in Kapitel 4 diskutiert haben.

Als ein Mittel wird Motivation zu einem der Faktoren, wie z.B. „Intelligenz" oder „frühere Lernerfahrung", die bestimmen, ob ein Schüler die Kenntnisse, das Verständnis oder die Fertigkeiten erwerben wird, die wir uns für ihn wünschen. *Uguroglu* u. *Walberg* (1979) analysierten 232 Korrelationskoeffizienten zwischen Motivationsmeßwerten und schulischer Leistung. In ihrem Forschungsbericht sind Untersuchungen von 637000 Schülern aller Schulklassen erfaßt. Die von ihnen festgestellten Korrelationen waren zu 98 Prozent positiv, bei einem geschätzten Mittelwert von ca. +0,34. Normalerweise interpretieren wir ein solches Ergebnis dahingehend, daß ein hohes Motivationsniveau zu hohen Leistungen führt. Aber wir sollten ebenfalls festhalten, daß ebenso häufig ein hohes Leistungsniveau zu hoher Motivation führt. Das bedeutet, daß in solchen Untersuchungen über Motivation und Schulleistung es nicht immer eindeutig ist, was Ursache und was Wirkung ist. Unbestreitbar ist allerdings, daß beide Hand in Hand gehen. Allein die einfache Beobachtung lehrt uns bereits, daß motivierte Schüler wirkungsvoller lernen und daß unmotivierte Schüler eher dazu tendieren, den Unterricht zu stören.

Begriffe und Faktoren, die mit Motivation in Beziehung stehen

Motivation ist ein diffuser Begriff; er wird oft mit anderen Faktoren verbunden, die die Energie und Ausrichtung des Verhaltens beeinflussen – Faktoren wie Interesse, Bedürfnis, Wert, Einstellung, Bestreben und Ansporn.

Motivation und Interesse

1. Der Schüler, der an einem bestimmten Fach *Interesse* hat, ist für gewöhnlich auch aufmerksam. Er fühlt, daß dieses Fach für ihn anders ist als andere Fächer. Er möchte dieses Fach genau durchschauen. Er beschäftigt sich gern mit ihm, entweder um des Faches selbst willen oder des Zieles wegen, zu dem es führen kann. Sein Aufmerksamkeitspegel ist hoch, seine Arbeitsleistung ist gleichbleibend und seine Befriedigung ist groß. Interesse kann sich auf zweierlei beziehen: auf die Auswahl von Stimuli oder auf die Aufmerksamkeit für etwas. So ist es möglich, daß bestimmte Dinge einfach nicht bemerkt und in Angriff genommen werden, solange nicht ein Interesse für den Gegenstand, das Ereignis oder den Gedanken vorhanden ist.

Motivation und Bedürfnis

2. Dem Schüler, der ein *Bedürfnis* hat, fehlt etwas, das eine bestimmte Aktivität oder ein Ergebnis vermitteln kann. Es kann also einem „Bedürfnis nach Leistung" dadurch entsprochen werden (mit entsprechend gesteigerter Befriedigung), daß der Schüler ein Ziel, um das er sich bemühen muß, erreicht. Ein „Bedürfnis nach Zugehörigkeit" wird durch freundschaftliche Beziehungen zu anderen Personen zufriedengestellt. Ein „Bedürfnis nach Dominanz" wird durch Vorherrschaft, Macht oder Kontrolle über andere Personen befriedigt.

Motivation und Werte

3. Ein *Wert* ist die Ausrichtung auf eine ganze Gruppe von Zielen, die als lebenswichtig angesehen werden. Der Wert wird mit dem Namen der Zielkategorie bezeichnet. Ein weitverbreiteter Katalog von Wertkategorien ist von dem deutschen Psychologen *Eduard Spranger* (1928) entwickelt worden. Der Katalog enthält die folgenden reinen Typen: (a) der theoretische Wert oder Wahrheit um ihrer selbst willen, wie sie von der „reinen Wissenschaft" erstrebt wird, (b) der ökonomische Wert oder Reichtum um seiner selbst willen, wie er von denen erstrebt wird, denen es nur ums Geld geht, (c) der ästhetische Wert oder Schönheit um ihrer selbst willen, wie sie von Künstlern und Komponisten erstrebt wird, (d) der politische Wert oder Macht um ihrer selbst willen, wie sie überall dort auftritt, wo Führerpersönlichkeiten Kontrolle über andere erstreben, (e) der soziale Wert oder das Wohlbefinden des anderen, wie er von humanitär Gesinnten und Sozialarbeitern erstrebt wird, (f) der religiöse Wert oder das mystische Einssein mit der übernatürlichen Welt, wie er von Menschen erstrebt wird, denen es primär um die Beziehung zwischen Mensch und Gott geht. Ein Test zur Charakterisierung von Einzelpersonen oder Gruppen bezüglich ihrer vorherrschenden Wertstruktur ist von *Allport, Vernon* und *Lindzey* (1960) entwickelt worden. *Pace* (1970) arbeitete unter Verwendung des „College Characteristics Inventory" mit ähnlichen Vorstellungen, um die vorrangigen Wertorientierungen verschiedener Colleges in den USA zu bestimmen. Die Umweltbedingungen der Colleges wurden mit Fragebögen untersucht, die an die Studenten der einzelnen Institutionen ausgegeben wurden. Abbildung 16-1 zeigt die Profile von vier Colleges in fünf Wertbereichen.

Werte verschiedener Colleges

Die Motivation der Studenten, bestimmte Colleges zu besuchen, liegt darin, daß ihre persönlichen Wertvorstellungen sich mit dem decken, was sie über die Wertstruktur ihres Colleges wissen. Ein Student mit einer Wertorientierung, die sich von dem auf dem Campus vorherrschenden Wertsystem unterscheidet,

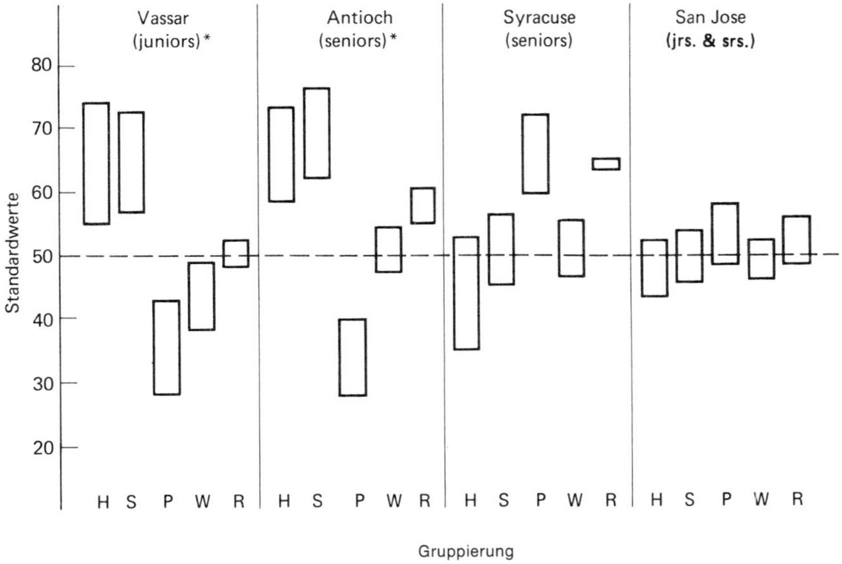

H = Humanistisch/intellektuell
S = Naturwissenschaftlich/intellektuell
P = Praktisch (oder angewandt) im Gegensatz zu theoretisch oder abstrakt
W = Wohlfahrt und soziale Verantwortung
R = Rebellion gegen die normierte Gemeinschaft
Die Standardwertskala hat einen Mittelwert von 50; die mittleren ⅔ der Streuung liegen (= 1 Sigma) für alle Colleges innerhalb von 20 Punkten ober- und unterhalb von 50. Die Säulen repräsentieren die Ausdehnung der durchschnittlichen Standardwerte für die Variablen einer jeden Gruppierung.

* Juniors = 3. Studienjahr, Seniors = 4. (letztes) Studienjahr.

Nach *Pace* (1970, S. 81) – basierend auf Daten der späten 50er Jahre.

Abbildung 16-1. Wertprofile von vier Colleges in den späten 50er Jahren

wird mit großer Wahrscheinlichkeit seine Werte im Verlauf eines Anpassungsprozesses an die Gemeinschaft ändern. *Newcomb* (1943) stellte z.B. eine solche Einstellungsverschiebung bei ursprünglich „konservativen" Studenten nach vierjährigem Besuch eines „liberalen" Colleges fest. Wertvorstellungen sind genau wie Einstellungen ähnlichen Verschiebungen unterworfen. Veränderungen in der Werthaltung pflegen sich meist in veränderten Verhaltensweisen zu äußern.

Motivation und Einstellungen

4. Die *Einstellung* eines Schülers oder einer Schülerin bestimmten Dingen gegenüber beinhaltet ihre Gefühle für oder gegen das, was sie in diesen Dingen erkennen. Zu einer solchen Einstellung gehören Emotion (Gefühle), Ausrichtung (für oder gegen etwas), ein Ziel (das „Etwas") und kognitive Elemente (als was man das „Etwas" erkennt). Wenn eine Schülerin Mathematik mag, heißt das, daß es ihr Spaß macht, sich mit Dingen zu beschäftigen, die für sie Mathematik repräsentieren. Sie wird wahrscheinlich solche Aktivitäten suchen, gegenüber denen sie eine positive Einstellung empfindet. Einstellungen wecken, ebenso wie Motive, zielgerichtete Handlungen und geben ihnen eine bestimmte Ausrichtung.

Motivation und Leistungserwartungen

5. Die *Leistungserwartungen* eines Schülers sind seine Hoffnung oder sein Wunsch nach einer bestimmten Art von Leistung. Auf einem bestimmten Erwartungsniveau wird der Schüler sich anstrengen; darunter wird er sich nur wenig bemühen. Manche Schüler streben nie danach, in der Schule gut zu sein oder auf die Universität zu gehen. Andere haben aufgrund ihres häuslichen Hintergrunds und früherer Erfolge so starke Leistungserwartungen, daß all ihr Tun zu diesen Leistungszielen hin mobilisiert und ausgerichtet wird.

Motivation und Anreiz

6. Ein Schüler sieht in einem *Anreiz* etwas, das die Fähigkeit besitzt, ein einmal gewecktes Motiv zu befriedigen. Er spornt ihn zu einer Tätigkeit an, die ihn an ein bestimmtes Ziel führt. Wenn Neugier das Motiv des Schülers ist, dann setzen Verstehen und Kenntnisse die Anreize. Wenn Leistung das Motiv ist, dann wirken Erfolg, Ehre oder gute Noten als Anreiz. Aber auch Geld, Liebe und Freiheit sind mächtige Anreize. Die Tatsache, daß ein Anreiz zu Aktivität führt, ist für die Verhaltensmodifikation ein Wink mit dem Zaunpfahl: ihre Techniken machen voll Gebrauch von diesem Aspekt der Motivation, denn wenn Verhalten geäußert wird, kann es verstärkt und nach den Prinzipien des operanten Konditionierens geformt werden (vgl. Kapitel 12).

Die Rolle der Motivation bei Verhalten und Lernen

Das Motivationskonzept hilft uns, einige verblüffende Fakten über Verhalten und Lernen zu verstehen und zu erklären. Es wäre schwer, diese Fakten ohne ein solches Konzept wie Motivation (oder Interesse, Bedürfnis, Wert, Einstellung, Erwartung oder Anreiz) zu erklären. Deshalb ist das Motivationskonzept erforderlich, damit wir verstehen können, wie es (a) zu Verstärkung, (b) zu Zielorientierung und (c) zum Zeitaufwand kommt, den jemand beweitwillig mit einer Aufgabe zubringt.

Motivation und Verstärkung

Motivation bestimmt Verstärker. Nehmen wir einmal an, in der Schulzeitung steht, daß der Schüler X für seine hervorragenden Leistungen bei den Bundesjugendspielen vom Sportbund mit einer Brockhaus-Enzyklopädie belohnt worden ist. Und in einem anderen Bericht heißt es, daß die Schülerin Y für ihr Physikprojekt über das Kernkraftwerk ihrer Heimatstadt einen Preis gewonnen hat – eine Jahreskarte fürs Schwimmbad. Kurios? Ja – denn wir wissen, daß motivationale Strukturen dafür verantwortlich sind, was als Verstärker akzeptiert wird und was nicht. Wenn wir eine Verhaltenssteigerung anstreben (in Häufigkeit, Dauer oder Umfang), müssen wir das Verhalten selbst verstärken, und um das zu tun, müssen wir als Verstärker solche Möglichkeiten auswählen,die vom Betroffenen als positiv oder wertvoll eingeschätzt werden. Es ist wahrscheinlich, wenn auch nicht hundertprozentig, daß der Sportler sich eher über die Freikarte gefreut hätte und die Physikerin über die Enzyklopädie. Ihre Motive (Bedürfnisse, Werte, Erwartungen, Interessen usw.) bestimmen, was für sie ein Verstärker ist und was nicht. Der Lehrer sollte dies beachten, wenn er versucht, für einen bestimmten Schüler die richtigen Verstärker zu finden. Ein freundliches Schulterklopfen ist gegebenenfalls die richtige Verstärkung für den Schüler, der ein starkes Anerkennungsbedürfnis hat. Für den Schüler mit einem hohen Autonomiebedürfnis hat es keine Wirkung.

Motivation und Verhaltensziele

Motivation ist für die Zielorientierung verantwortlich. Neben ihrem Wert für die Bestimmung von Verstärkern ist das Motivationskonzept für uns deshalb wichtig, weil die *Zielorientierung* jedes Verhaltens eine motivationale Basis voraussetzt.
Wir verhalten uns immer so, als ob wir „irgendwo hingehen" würden. Wir setzen uns an den Schreibtisch, nehmen Papier und Kugelschreiber zur Hand, schreiben eine Zeitlang, stecken das beschriebene Papier in einen Umschlag, den wir adressieren und mit einer Briefmarke versehen. Später werfen wir den Umschlag in einen Briefkasten. All diese einzelnen Handlungen sind in einer größeren Einheit zusammengefaßt, die einen eindeutigen Zweck verfolgt.

Motivation bestimmt, wieviel Zeit mit einer Aufgabe verbracht wird. Atkinson (1980) hat festgestellt, daß eine der weitreichendsten Schlußfolgerungen der Motivationsforschung die ist, daß die Beziehungslinie zwischen Zeitaufwand und Motivation bei einer bestimmten Aufgabe fast linear verläuft (vgl. Abbildung 16-2).

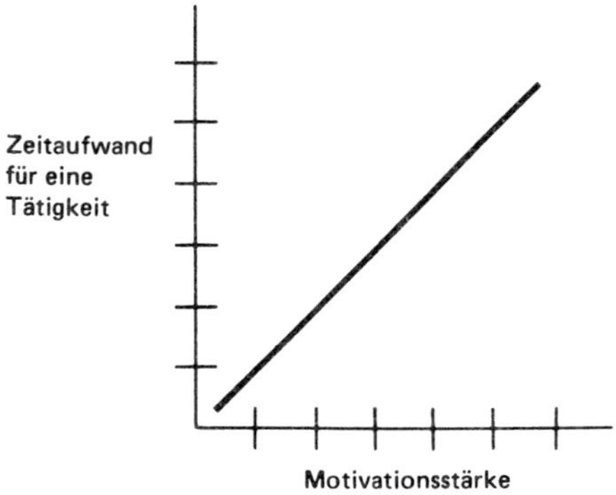

Abbildung 16-2. Beziehung zwischen Zeitaufwand und Motivationsstärke

Das bedeutet: wir können aufgrund dessen, was wir über die Motive eines Schülers wissen, abschätzen, wieviel Zeit er für eine bestimmte Aufgabe verwenden wird. So besteht eine Möglichkeit, die Motivationsstärke zu bewerten, darin, die Zeit zu messen, die der Schüler bereit ist, für eine bestimmte Tätigkeit zu investieren (vgl. *Carroll,* 1965). Dieses Meßverfahren läßt sich sowohl bei einer kurzen Lernsequenz als auch bei einem ganzen Kurs anwenden. Der Zeitaufwand kann exakt gemessen oder auch nur geschätzt werden. Die Zeitspanne, die ein Schüler mit seinen schulischen Aufgaben verbringt, ist, wie man festgestellt hat, eine der geeigneteren Möglichkeiten der Voraussage von schulischem Erfolg (vgl. *Fisher* et al., 1978). Das bedeutet, daß für den Lehrer die Meßwerte der Ausdauer eines Schülers wichtige Anhaltspunkte für mögliche Schülerleistungen sind. Solche Messungen zeigen uns, daß

Ausdauer dadurch reduziert werden kann, daß der Wert, eine Aufgabe zu Ende zu führen, herabgesetzt wird, ferner auch dadurch, daß das Selbstwertgefühl des Schülers beeinträchtigt wird und dadurch, daß die Aufgabe unangenehm gemacht wird. Andererseits läßt sich Ausdauer dadurch steigern, daß wir eine Belohnung in Aussicht stellen oder die nachteiligen Auswirkungen eines Mißerfolgs deutlich machen. Ausdauer beim Lernen muß nicht notwendigerweise immer positiv bewertet werden. Für den klinischen Psychologen ist es unter Umständen das Anzeichen für ein Problem. Wegen eines neurotischen Leistungsbedürfnisses oder wegen einer gespielten oder angelernten Hilflosigkeit beispielsweise kann ein Kind unmäßig viel Zeit mit einer unlösbaren Aufgabe zubringen. In einem solchen Fall wird Motivation zu einer Behinderung anstatt zu einer Lernhilfe.

Motivation und Ausdauer

16.3 Motivation und Schulleistung

Das Motivationskonzept hilft uns, Unterschiede in schulischer Leistung zu erklären, die über jene hinausgehen, die sich aufgrund unterschiedlicher Intelligenz oder Fähigkeiten, die für den schulischen Unterricht eine Rolle spielen, ergeben. Wie wichtig der Motivationsaspekt in diesem Bereich ist, läßt sich an der verhältnismäßig niedrigen Korrelation zwischen Intelligenz und Schulnoten ermessen. Der typische durchschnittliche Korrelationswert liegt bei 0,45. Diese durchschnittliche Korrelation liegt niedrig genug, daß wir einzelne Schüler mit geringen Fähigkeiten, aber relativ hohen Leistungen finden können und umgekehrt.

„Overachievement" und „Underachievement"

Um diesen Ausnahmen von der generell positiven Korrelation zwischen Intelligenz und schulischer Leistung Rechnung zu tragen, wurden die Begriffe der erwartungswidrigen Leistung, des „Overachievement" und des „Underachievement", geprägt. Sie beziehen sich auf die Abweichung von einem jeweils vorausbestimmen Leistungsgrad eines Individuums, d.h. darauf, ob eine Leistung über oder unter dem Leistungsgrad liegt, der für den einzelnen auf der Grundlage seiner Intelligenz oder seinen intellektuellen Fähigkeiten, die im Unterricht eine Rolle spielen, vorausbestimmt worden ist. Die Voraussage basiert auf der statistischen Korrelation zwischen den Messungen von Intelligenz und Schulleistung. Wenn diese Korrelation perfekt wäre, d.h. wenn $r = 1{,}00$ wäre, dann würde jeder Mensch genau das leisten, was er auf der Grundlage seiner Intelligenz zu leisten vermag.

Das linke Feld der Abbildung 16-3 zeigt einen solchen Fall. Wenn wir hier Schulleistung aufgrund von Intelligenz vorausbestimmen wollten, würden wir eine perfekte Voraussage machen: wir wählen uns einen Punkt auf der Intelligenzskala, gehen gerade aufwärts bis zur Diagonallinie, die sich durch die Punktwerte hindurchzieht, dann links hinüber zur Leistungsskala; am Schnittpunkt haben wir den Leistungswert, den wir auf der Grundlage der Intelligenzinformation vorausbestimmt haben – tatsächliche Schulleistungswerte und Idealwerte sind hier identisch. Das rechte Feld der Abbildung 16-3 zeigt eine Korrelation von ungefähr 0,45, eine Korrelation also, die ungefähr

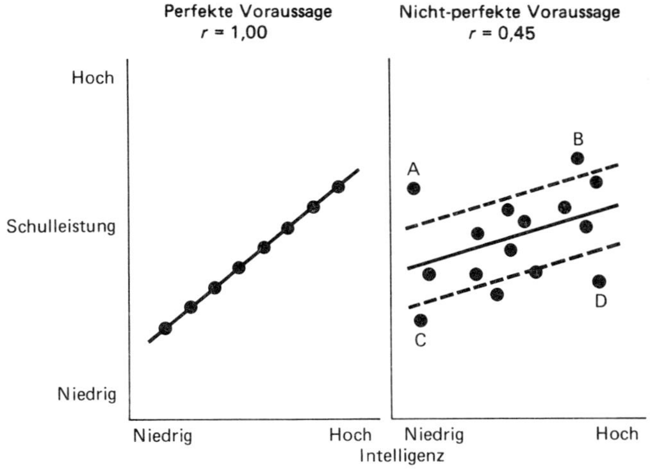

Im rechten Diagramm sind A und B „Overachievers", und C und D sind „Underachievers".

Abbildung 16-3. Zwei hypothetische Beispiele der Vorhersage von Schulleistung für unterschiedliche Korrelationswerte von Intelligenz und Schulleistung

der tatsächlich gefundenen Beziehung zwischen Intelligenz und Schulleistung entspricht – Idealwerte und tatsächliche Schulleistungswerte sind in diesem Fall nicht identisch (die idealen Werte sind durch die durchgezogene Gerade repräsentiert). Die gestrichelten Linien begrenzen den Raum, den wir bei $r =$ 0,45 als Irrtumsbereich der Voraussage erwarten können. Die Punktwerte der Schüler A, B, C und D liegen nun allerdings deutlich außerhalb der den Idealraum begrenzenden Irrtumslinien. Wenn wir im Fall A von der Intelligenzskala zur Ideallinie gehen und von dort hinüber zur Leistungsskala, so stellen wir an diesem Schnittpunkt (der unter dem Schnittpunkt von A und der Leistungsskala liegt) fest, daß wir die Leistung von Schüler A *zu niedrig* eingeschätzt haben. Das heißt, Schüler A ist als ein *„Overachiever"* einzustufen. Das gleiche gilt für Schüler B. Bei Schüler C haben wir auf der Grundlage des Intelligenzwertes eine zu hohe Voraussage über die Leistung gemacht. Schüler C ist also ein *„Underachiever"*, was ebenfalls für Schüler D zutrifft.

Die Begriffe „Overachievement" und „Underachievement" sind mit Problemen der jeweils verwendeten Untersuchungsmethoden behaftet (vgl. *R. L. Thorndike,* 1963). Trotzdem werden die beiden Termini in der Pädagogik häufig gebraucht. Wie wichtig sie sind, wird deutlich, wenn wir uns eine Gruppe von Schülern vorstellen, die die gleiche Intelligenz haben, aber unterschiedliche Leistungen zeigen. Wie können wir diese Schwankung verstehen?

Eine mögliche Erklärung besteht darin, von einem unterschiedlichen Motivationsniveau auszugehen. Der „Underachiever" gibt sich unter Umständen weniger Mühe und der „Overachiever" mehr als jene Schüler, deren Leistung sich in etwa mit dem deckt, was sich auf der Basis ihrer intellektuellen Fähigkeiten vorhersagen läßt. *Ringness* (1965) hat die motivationalen Unterschiede bei amerikanischen Schülern mit gleichem IQ-Niveau untersucht. Er benutzte eine Gruppe von Schülern mit „Normalleistung" – 30 Jungen der 9. Klasse mit IQs von 120 oder mehr und einem Notendurchschnitt von 3,0 oder höher (entspricht etwa der Note 2,5 oder besser). Dazu fand er eine Gruppe von 30 „Underachievers", gruppiert nach jeweils gleichem IQ, Geschlecht, Alter, Fächerkombination und Stundenanzahl; ihr Notendurchschnitt war 2,0 oder niedriger (entspricht im bundesdeutschen System etwa der Note 3,5 oder schlechter). *Ringness* maß die Motivation der beiden Gruppen mit verschiedenen Tests und einem Interview. Es stellte sich heraus, daß die Jungen mit den besseren Leistungen stärker leistungsmotiviert waren, aber kaum Motivation zu sozialem Anschluß in der Gruppe zeigten. Die weniger leistungsmotivierten Schüler akzeptierten die schulischen und elterlichen Leistungsstandards nicht so bereitwillig, dafür bewerteten sie die Popularität in ihrer Peergruppe stärker. In diesem Fall bezogen sich die Begriffe „Overachievement" und „Underachievement" einfach nur auf Unterschiede der Motivation zu schulischer Leistung.

Leistungsmotivation und Motivation zu sozialem Anschluß

Diese Interpretation ist von *Mitchell* u. *Piatkowska* (1974) bestätigt worden. Sie stellten fest, daß „Underachievers" im Vergleich zu „Overachievers" schlechtere Lerngewohnheiten und schlechtere Lernfertigkeiten hatten, daß sie sich mit weniger Sorgfalt ihren Aufgaben zuwandten, weniger hohe schulische und berufliche Ziele verfolgten und insgesamt schulisch weniger produktiv waren. „Overachievement" und „Underachievement" können somit als deskriptive Termini gesehen werden, die sich auf die Motivation beziehen, im schulischen Bereich Erfolg zu haben.

16.4 Motivationsformen

Wieviele verschiedene Arten von Motiven gibt es und wie sind sie untereinander verbunden? Diese Fragen leiten in den Bereich der Strukturierung von Motiven über. In Kapitel 5 haben wir uns mit der Strukturierung von Intelligenz beschäftigt. Wir fragten uns, ob die formale Struktur dergestalt sei, daß es einen einzigen allgemeinen Intelligenzfaktor gibt, eine Anzahl von spezifischen Faktoren, oder eine Hierarchie von allgemeinen unspezifischen Faktoren. Ebenso können wir fragen, ob alle Motive auf eine allgemeine Motivation reduziert werden können, oder ob es mehrere voneinander unabhängige Motivationsarten gibt.

Ein allgemeiner motivationaler Faktor oder mehrere spezifische Motivationsformen?

Ein-Motiv-Auffassung

Als Beispiel für die Vorstellung einer einzigen, allumfassenden Art von Motivation können wir *Freuds* Vorstellung von der *Libido* heranziehen – jener allem menschlichen Streben zugrundeliegenden sexuellen Energie. Nach *Freud* beeinflußt die Libido sowohl bewußte als auch unbewußte Prozesse auf irrationale und instinktive Weise. Ein zweites Beispiel wird uns von jenen

Psychologen geliefert, die einen ähnlich unspezifisch-energetischen Faktor als Grundlage sämtlicher Triebfunktionen annehmen und keinen grundsätzlichen Unterschied zwischen verschiedenen Trieben sehen, einerlei, welchen Ursprungs sie sind. Das heißt, nach ihrer Meinung besteht nur ein geringer Unterschied, ob das Verhalten durch den Hungertrieb, Dursttrieb, dem Bedürfnis nach Liebe oder dem Bedürfnis nach Leistung bestimmt wird. Ein drittes Beispiel wäre jene Theorie, die alle Motive auf eine Art generalisierter Angst reduziert (vgl. *J. S. Brown,* 1953).

Zwei-Motiv-Auffassung

In der späteren Freudschen Motivationskonzeption wird von 2 Motivationsarten ausgegangen, die von 2 antagonistischen Triebkräften – Eros und Thanatos – gespeist werden; analoge, einander entgegengesetzte Motivationsformen finden sich auch in zahlreichen anderen Motivationskonzeptionen. Viele Schriftsteller, Hermann *Hesse* z. B. in *Demian,* haben die Vorstellung von der Dualität der Motivation entwickelt – Maskulinität und Femininität, Gut und Böse, Yin und Yang. Dies sind gängige Darstellungen der Motivationstheorien, die auf zwei Faktoren aufbauen.

Viel-Motiv-Auffassung

Psychogene Bedürfnisse

Auch auf die Idee schließlich, daß es viele verschiedene Arten der Motivation gibt, ist mit Nachdruck hingewiesen worden. Lange Listen von Motiven sind erstellt worden. *Madsen* (1968) zitiert mehrere solcher Versuche. *Murray* (1938) hat einen der bekanntesten Kataloge erstellt; er enthält 28 psychogene (nichtphysiologische) Bedürfnisse. Dieser Katalog ist in Abbildung 16-4 wiedergegeben, und zwar danach geordnet, ob ein Bedürfnis die Lernaufgaben eines Schülers oder seine Beziehungen zu anderen Menschen berührt. Ein Katalog dieser Größenordnung hilft uns, die vielen verschiedenen Verhaltensweisen zu erkennen, die in einer Motivationstheorie irgendwie geklärt werden müssen.

In Kapitel 17 werden wir uns auf das Leistungsbedürfnis von Schülern konzentrieren, einem der Bedürfnisse in *Murrays* Katalog, das umfänglich untersucht worden ist.

Eine Hierarchie der Motive

Nach *Maslow* (1964) ordnen sich die menschlichen Bedürfnisse in eine Hierarchie ein (vgl. Abbildung 16-5).

Die „höheren" Bedürfnisse entstehen erst, nachdem die grundlegenderen „tieferliegenden" Bedürfnisse, wie Nahrung und Sicherheit, befriedigt worden sind. Wenn ein solches „tieferliegendes" Bedürfnis mit einem „höheren" gleicher Intensität konkurriert, so behauptet sich ersteres.

Selbstverwirklichung

Die höchste Funktionsstufe ist erreicht, wenn ein Mensch „sich selbst verwirklicht hat", nachdem alle anderen Bedürfnisse in der Hierarchie befriedigt worden sind. Ein Mensch, der sich selbst verwirklicht hat, ist von Bedürfnissen motiviert, offen zu sein und nicht defensiv, andere und sich selbst zu lieben, ohne Aggressionen oder manipulativen Bedürfnissen nachzugeben; sein Tun ist ethisch und moralisch auf das Wohl der Gesellschaft ausgerichtet; er ist autonom und kreativ, wißbegierig und spontan im geistigen Austausch mit der Umwelt (*Maslow,* 1971). Allgemein gesagt erlaubt es die Befriedigung der

Psychogene Bedürfnisse

Aufgabenbezogene Bedürfnisse		Zwischenmenschliche Bedürfnisse	
Bedürfnisse, die sich auf die Arbeitsgewohnheiten beziehen	Bedürfnisse, die sich auf das Leistungsniveau des Schülers beziehen	Bedürfnisse, die Menschen voneinander fernhalten	Bedürfnisse, die Menschen zusammenhalten
Ordnungsliebe: Das Bedürfnis, Dinge einzuordnen, zu organisieren und aufzuräumen; ordentlich und sauber sein; genau sein. *Konstruieren:* Das Bedürfnis, zu organisieren und aufzubauen. *Bewahren:* Das Bedürfnis, Dinge zu sammeln, zu reparieren, zu säubern und zu erhalten. *Erwerben:* Das Bedürfnis, Besitzgüter und Eigentum zu erwerben; für Geld oder Güter arbeiten. *Behalten:* Das Bedürfnis, den Besitz von Dingen zu erhalten; horten; sparsam und geizig sein. *Erkennen:* Das Bedürfnis zu erforschen; lesen und Wissen suchen; neugierig sein; Fragen stellen. *Spielen:* Das Bedürfnis, zu entspannen, Spaß zu haben; Abwechslung und Unterhaltung suchen. *Sich exponieren:* Das Bedürfnis, Informationen zu geben, Fakten zu vermitteln; erklären und demonstrieren.	*Überlegenheit:* Das Bedürfnis, hervorragend zu sein. Ambitionen, zusammengesetzt aus Leistungs- und Anerkennungsbedürfnissen. *Leistung:* Das Bedürfnis, Hindernisse zu überwinden, schwierige Aufgaben so gut wie möglich auszuführen. *Anerkennung:* Das Bedürfnis, Lob und Anerkennung zu erhalten; Auszeichnungen und Ehrungen suchen. *Vermeiden von Mißerfolg:* Das Bedürfnis, Mißerfolg, Schmach, Erniedrigung und Gespött zu vermeiden. *Widerstand:* Das Bedürfnis, Niederlagen zu bezwingen; seine Ehre tatkräftig verteidigen. *Exhibition:* Das Bedürfnis, Aufmerksamkeit auf sich zu lenken; andere in Aufregung versetzen, sie amüsieren oder schockieren. *Unverletzlichkeit:* Das Bedürfnis, seinen guten Namen rein zu halten; gegen Kritik immun sein; den Verlust der Selbstachtung verhindern. *Demütigung:* Das Bedürfnis, aufzugeben; sich fügen und Strafe auf sich nehmen; sich selbst verurteilen.	*Dominanz:* Das Bedürfnis, andere zu beeinflussen oder zu kontrollieren; andere führen, dirigieren oder organisieren. *Zurückweisung:* Das Bedürfnis, den anderen auszuschließen, zu schneiden oder zu ignorieren; die Distanz wahren. *Defensivität:* Das Bedürfnis, sich gegen Beschuldigung und Geringschätzung zu verwehren; Entschuldigungen anbieten, um eigene Aktionen zu rechtfertigen. *Aggression:* Das Bedürfnis, anzugreifen oder zu verletzen; den anderen gering schätzen, verletzen, beschuldigen, bestrafen oder verspotten. *Autonomie:* Das Bedürfnis, sich anders als die anderen zu verhalten; einzigartig und unkonventionell sein.	*Gruppenzugehörigkeit:* Das Bedürfnis, Freundschaften zu schließen und Vereinigungen zu gründen; kooperieren; sich Gruppen anschließen. *Rücksichtnahme:* Das Bedürfnis, andere zu bewundern und ihnen zu folgen; bereitwillig kooperieren und dienen. *Hegen und Pflegen:* Das Bedürfnis, den anderen zu bereichern, zu unterstützen und zu beschützen. *Beistand suchen:* Das Bedürfnis, Hilfe, Schutz und Sympathie zu suchen; auf Hilfe vertrauen. *Schuldvermeidung:* Das Bedürfnis, durch Gehorsam und Unterdrückung jeglicher asozialer oder unkonventioneller Impulse Schuld zu vermeiden. *Angleichung:* Das Bedürfnis, zuzustimmen und Glauben zu schenken; sich mit anderen identifizieren; ihnen nacheifern und sie imitieren.

Aus *Murray* (1938).

Abbildung 16-4. Psychogene Bedürfnisse des Schülers

grundlegenderen Bedürfnisse einem Menschen, sich selbst zu verwirklichen. In Kapitel 22, das humanistische Lehrmethoden behandelt, werden wir die Umweltbedingungen diskutieren, die für eine Selbstverwirklichung des Menschen Voraussetzung sind.

	Selbstverwirklichung: Äußerung der Bedürfnisse eines voll handlungsfähigen Schülers oder Menschen schlechthin; das Selbst werden, das man wirklich ist.	
Ästhetische Bedürfnisse	*Ästhetische Bedürfnisse:* Wertschätzung der Ordnung und des Gleichgewichts allen Lebens; Sinn für Schönheit und Liebe allen Lebens.	
Leistungsbedürfnisse, Intellektuelle Bedürfnisse	*Verständnisbedürfnis:* Wissen von den Beziehungen, Systemen und Prozessen, die in weitläufigen Theorien ausgedrückt sind; die Integration des Wissens und des Sagen- und Märchenguts in weitläufige Strukturen.	Seins- und Werdensmotive, die aus dem Innern des Menschen entspringen, sind edel und fortdauernd, und werden stärker, wenn sie *erfüllt* werden.
	Wissensbedürfnis: Zugang zu Informationen und zu Sagen- und Märchengut haben; wissen, wie Dinge getan werden; wissen wollen, was Dinge, Ereignisse und Symbole bedeuten.	
Gruppenzugehörigkeitsbedürfnisse, soziale Bedürfnisse	*Geltungsbedürfnis:* als ein besonderer Mensch mit speziellen Fähigkeiten und wertvollen Eigenschaften anerkannt werden; besonders und anders sein.	Mangelmotive oder Erhaltungsmotive, die durch äußere Faktoren erfüllt oder verneint werden, sind stark und wiederkehrend, und werden stärker, wenn sie *nicht erfüllt* werden
	Zugehörigkeitsbedürfnis: als Mitglied einer Gruppe akzeptiert werden; wissen, daß andere deiner gewahr sind und dich bei sich haben wollen.	
Physische Bedürfnisse, Organisationsbedürfnisse	*Sicherheitsbedürfnis:* sich sorgen, daß der nächste Tag gesichert ist; eine reguläre und voraussagbare Existenz für sich selbst, seine Familie und seine Eigengruppe haben.	
	Überlebensbedürfnis: sich um die unmittelbare Existenz sorgen, fähig sein, in diesem Augenblick zu essen, atmen und zu leben.	

Diese Hierarchie der Bedürfnisse basiert auf einer Fassung von *Maslow* (1954), die von *Root* (1970) modifiziert wurde.

Abbildung 16-5. Eine Hierarchie der Bedürfnisse

16.5 Zusammenfassung

Alle Motivkataloge, die wir hier zitiert haben, sind plausibel. Das Hauptproblem ist, über die Einsichten und Intuitionen der Psychologen hinaus ein gemeinsames Ziel und eine gültige Basis zu finden, um zwischen dem einen oder anderen Motivkatalog wählen zu können. Die Kataloge haben zwar einen gewissen grob-deskriptiven Wert, aber sie können nur in begrenztem Ausmaß einen Anspruch auf Wissenschaftlichkeit erheben.
Ungeachtet der zahlreichen Motive und ihrer spezifischen Bezeichnung ist ein solches Konzept wie Motivation (oder Interesse, Bedürfnis, Wert, Einstellung, Erwartungshaltung und Ansporn) erforderlich, um erklären zu können, warum ein Schüler unterschiedliche Leistungen in ein und derselben Aufgabe, z. B. der Multiplikation, unter verschiedenen Bedingungen oder zu verschiedenen Zeitpunkten erbringt. Des weiteren können Schüler mit etwa gleichem Lern- und Begabungshintergrund bei der gleichen Aufgabe, z. B. der Rechtschreibung, sehr verschiedene Leistungen zeigen. Die Termini für erwartungswidrige Leistungen, „Overachievement" und „Underachievement" bzw. „Overachiever" und „Underachiever" sind hier für den Lehrer von Nutzen, der sich darum bemüht, die Leistungsunterschiede bei Schülern mit ähnlichen Fähigkeiten zu verstehen. Das Motivationskonzept stellt in diesem Fall trotz seiner mangelnden Eindeutigkeit eine Erklärungshilfe dar. Andere theoretische Konzepte scheinen für eine Erklärung solcher Verhaltensunterschiede weniger adäquat zu sein. Einige der Motivationsvariablen, die das Verhalten beeinflussen und Bedeutung für das Lehren und Lernen in der Schule haben, werden in den folgenden drei Kapiteln behandelt. Dort diskutieren wir im einzelnen die Persönlichkeitsvariablen und ihre Beziehung zur Motivation, operante Konditionierungsansätze und deren Einfluß auf individuelle Motivstrukturen und Unterrichtsvariablen und -techniken, die der Lehrer bei der Bewältigung von motivationalen Problemen im Unterricht in Betracht ziehen kann.

Kapitel 17

Persönlichkeitsfaktoren und Motivation

17.1 Überblick

In dieser Einheit behandeln wir die „inneren“, im Schüler liegenden Faktoren, die seine Motivation beeinflussen. Dies sind die Persönlichkeitsvariablen, verhältnismäßig stabile Faktoren, die sich darin äußern, wie Schüler sich gewöhnlich in verschiedenen Situationen und Aufgaben verhalten. Unsere Aufmerksamkeit gilt zunächst der Leistungsmotivation, d. h. dem Streben des einzelnen nach Erfolg – danach, etwas gut zu können. Ohne eine solche Motivation könnten kapitalistische Wirtschaftssysteme nicht funktionieren, die Wissenschaft wäre unerträglich langweilig und viele wissenschaftliche und künstlerische Projekte kämen zum Stillstand.
Wir werden darüber sprechen, wie Leistungsmotivationsmuster gemessen werden, in welcher Beziehung sie zu anderen Motiven stehen und welche Bedeutung sie für die schulische Ausbildung besitzen.
Wir werden auch untersuchen, wie man Leistungsmotivation steigern kann, denn es steht außer Zweifel, daß eine Klasse, in der die meisten Schüler nach Erfolg streben, für den Lehrer einen Grund zur Freude darstellt. Wenn Schüler nicht leistungsorientiert sind, können bestimmte Trainingsverfahren unter Umständen Abhilfe leisten; deshalb werden wir neuere Versuche zur Entwicklung solcher Trainingsmethoden beschreiben.
Wir werden auch auf neuere Forschungen über die Zuschreibungstheorie eingehen, die sich damit befaßt, wie Schüler ihren schulischen Erfolg und Mißerfolg interpretieren. Schüler, die Erfolg und Mißerfolg auf die eigenen Lernanstrengungen zurückführen, verhalten sich erkennbar anders als Schüler, die für ihren Erfolg bzw. Mißerfolg äußere Umstände wie z.B. Glück verantwortlich machen. Wir werden ebenfalls kurz darauf eingehen, wie die Bedürfnisse des Schülers nach sozialer Anerkennung, Macht und Beifall seine schulische Leistungsfähigkeit beeinflussen. Kurz gesagt, der Lehrer muß die persönlichen Motivationsstrukturen seiner Schüler kennen, weil diese Strukturen bestimmen, was ein Schüler im Unterricht tun will, und weil diese Strukturen Leitlinien für den Lehrer sein können, Lernanreize für einen bestimmten Schüler zu schaffen.

17.2 Messung der Motivstärke

Nach *Freud* können wir die Wünsche eines Menschen – seine Motivationsstruktur – aus seinen Phantasien ablesen. Wenn wir dem zustimmen, dann könnten wir eine standardisierte Situation entwickeln, um die Phantasien eines Menschen ans Tageslicht zu bringen und zu analysieren. *Murray,* dessen Katalog von psychogenen Bedürfnissen wir in Kapitel 16 diskutierten, hat dies mit seinem „Thematischen Apperzeptionstest" (TAT) versucht.
Er stellte eine Reihe von vieldeutigen Bildern zusammen, zu denen die Versuchspersonen Geschichten erfinden sollten. Wenn Sie die Versuchsperson des TAT wären, würden Sie gefragt:

Thematischer Apperzeptionstest

1. Was passiert gerade? Wer ist das?
2. Was hat zu der Situation geführt; was ist zuvor passiert?
3. Was wird gerade gedacht? Was wird gewünscht? Von wem?
4. Was wird geschehen? Was wird getan werden?

Sie können sich jetzt eine Geschichte zu einem solchen Bild ausdenken; beantworten Sie dabei die vier Fragen. Die Aufgabe sollte in etwa vier Minuten bearbeitet sein.

Diese bis zu einem gewissen Grad standardisierte Situation weckt die Phantasie eines Menschen, seine Geschichte kann analysiert und bewertet werden. *McClelland* und *Atkinson* (1948) untersuchten die Bedeutung solcher Geschichten bei Versuchspersonen, die 1, 4 oder 16 Stunden lang keine Nahrung erhalten hatten. Die Versuchspersonen lieferten Ergebnisse, die zeigten, wie die Stärke eines Motivs, in diesem Fall Hunger, die Phantasieproduktionen beeinflußt. Es ist nicht schwer, sich vorzustellen, daß jemand, der sechzehn Stunden lang nichts gegessen hat, das Bild des Jungen sieht und sagt: „Dieser arme, hungrige Junge ist zur Schule gekommen, und nun kann er sich nicht auf seine Aufgaben konzentrieren, weil sein Magen ständig knurrt."

Die Messung von Leistungsmotivation

Manipulation der Leistungsmotive

Angenommen, wir sind jetzt nicht an der Messung eines nichtgelernten Motivs wie Hunger interessiert, sondern eines angelernten Motivs, wie z.B. dem Bedürfnis, etwas zu leisten. Wenn wir Leistungsmotive verändern können, dann können wir feststellen, ob die TAT-Geschichten wirklich die Stärke des zugrundeliegenden Leistungsmotivs reflektieren.
Stellen Sie sich vor, eine Schülergruppe hat gerade einen speziellen Intelligenztest absolviert. Einigen aus dieser Gruppe wird gesagt, daß der Test und nicht der einzelne Schüler beurteilt wird, anderen wird gesagt, ihre Testergebnisse zeigten, daß ihre intellektuellen Fähigkeiten minderwertig seien (auf der Basis der Testnormen), wieder anderen wird überhaupt nichts über die Testleistungen gesagt. Diese drei Bedingungen sind denen in der oben erwähnten Untersuchung über die Motivstärke von Hunger ähnlich. Das heißt, in dem

Fall, wo der Test (nicht der Schüler) beurteilt wird, wird sich der Schüler entspannt fühlen, es wird ein Ruhezustand herrschen wie nach einem guten Essen. Wo keine Information gegeben wurde, haben wir einen *neutralen* Zustand, in dem weder Erregung noch Befriedigung dominieren, etwa so wie zwischen zwei Mahlzeiten. Im dritten Fall jedoch, wo den Schülern gesagt wird, wie unwissend sie sind, haben wir die Bedingung einer *aktivierten* Leistungsmotivation, ähnlich wie bei einem Menschen, der seit 16 Stunden nichts gegessen hat. Der Wunsch, eine gute Leistung zu bringen, ähnlich wie das Verlangen nach Nahrung, sollte sich also auch in den Phantasien der Schüler niederschlagen. *McClelland* und seine Mitarbeiter haben einen solchen Versuch gemacht. Zunächst mußten die Versuchspersonen den Intelligenztest absolvieren, dann die drei verschiedenen Erklärungen abgeben, und schließlich wurde der TAT-Test durchgeführt. Wenn die Leistungsmotivation, ähnlich wie das Hungermotiv, tatsächlich manipuliert worden war und die Testwerte tatsächlich die Stärke solcher Motivation reflektierten, dann mußten die Geschichten, d.h. die Phantasieproduktionen, hohe, mittlere und niedrige Werte von Leistungsvorstellungen reflektieren. Das Ergebnis war eindeutig: die mittleren Werte der drei Gruppen, gemessen an den Leistungsvorstellungen, waren 1,95 für *entspannt*, 7,33 für *neutral* und 10,10 für *aktiviert*. *McClelland* schloß daraus, daß Leistungsmotivation meßbar ist (vgl. *McClelland, Clark, Roby* u. *Atkinson*, 1949).

TAT-Verrechnung

Das Punktsystem zur Messung von Leistungsmotivation im TAT hilft uns, die Konzeption des TAT besser zu verstehen. Einen Punkt gibt es jeweils für:

- *Leistungsvorstellungen:* Gepunktet wird, wenn das Thema der Geschichte einen Bezug zum Erreichen eines Leistungsniveaus hat, einerlei, ob es darum geht, Schafe zu hüten, gut Tennis zu spielen oder in die Führungsspitze von General Motors aufzusteigen. Beispiel: „Der Junge auf diesem Bild will der größte Mathematiker aller Zeiten werden."
- *Bedürfnisaussagen:* Gepunktet wird, wenn in der Geschichte Leistungsbedürfnisse ausgesprochen werden. Im obigen Beispiel ist *wünschen* das Schlüsselwort. Es repräsentiert eine Bedürfnisfeststellung. Andere Wörter, die *wünschen* ersetzen können, sind *ersehnen, brauchen, haben wollen* oder *müssen*.
- *Instrumentelle Aktivitäten:* Gepunktet wird, wenn eine Möglichkeit zum Erreichen des Ziels angeboten wird. Eine deutliche Reaktion dieses Typs könnte sein: „Er plant, sich in seiner Freizeit mehr mit Differentialrechnung zu beschäftigen, um seine Zukunftspläne voranzutreiben."

Eine Anzahl weiterer Fragekategorien vervollständigt das System, und für jede Geschichte können insgesamt elf Punkte vergeben werden (vgl. *McClelland, Atkinson, Clark* u. *Lowell*, 1953).

Die Messung anderer Motive

Motive des sozialen Anschlusses

Bedürfnisse nach sozialem Anschluß lassen sich auf ähnliche Weise einschätzen. Ein Beispiel hierfür ist eine Untersuchung, bei der jedes Mitglied einer sozialen Gruppe von den anderen Mitgliedern als Freund beurteilt wurde und die im Anschluß erhobenen TAT-Geschichten danach ausgewertet wurden, ob sie Vorstellungen enthielten, die etwas mit sozialem Anschluß zu tun haben (vgl. *Shipley* u. *Veroff,* 1952). In einem solchen Zustand der Aktivierung enthalten die Phantasieprodukte mehr Hinweise auf sozialen Anschluß, Gruppenzugehörigkeit und soziale Anerkennung als unter neutraleren Bedingungen.

„Machtmotive“

Auch die „Machtmotive“ einzelner Personen sind unter ähnlichen Bedingungen gemessen worden. Kurz vor Auszählung der Stimmen bei einer Wahl des Schulsprechers wurden die TAT-Geschichten der einzelnen Kandidaten mit denen jener Schüler verglichen, die mit der Wahl nichts zu tun hatten (*Veroff,* 1957). TAT-Geschichten können auch sexuelle Phantasien widerspiegeln.

Sexuelle Motive

Man hat die Phantasiegeschichten von Collegestudenten, die unter Alkoholeinfluß Aktfotos junger Mädchen betrachteten, mit Geschichten anderer Studenten verglichen, die nur Bier zu trinken und keine Fotos zu sehen bekamen (*Clark,* 1955). Auch hier konnten die Motive der Versuchspersonen aus den TAT-Geschichten gefolgert werden. Kurz gesagt, der TAT ist nicht nur auf Hunger sensibilisiert, sondern auch auf Bedürfnisse nach Leistung, sozialem Anschluß, „Macht“ und Sexualität; er kann somit zur Messung von Motivstrukturen verwendet werden.

Welche Bedeutung hat es nun, daß wir solche Motive messen können, und welche Bedeutung hat es darüber hinaus insbesondere, daß Schüler sich im Bereich der Leistungsmotivation unterscheiden? Erstens können schulische Leistungsunterschiede für Schüler mit unterschiedlicher Leistungsmotivation vorausgesagt werden. Zweitens, und für den Lehrer sehr viel wichtiger, kann Leistungsmotivation gelehrt werden.

17.3 Beziehungen zwischen Leistungsbedürfnis und tatsächlicher Leistung

Der Testwert einer TAT-Leistungsvorstellung sollte sich in irgendeiner anderen gemessenen Leistung eines Schülers spiegeln. Sonst ist das TAT-Ergebnis wertlos. Und in der Tat hat sich ergeben, daß die Intensität des Motivs, etwas zu leisten, mit einer Anzahl interessanter Messungen der tatsächlich erbrachten Schulleistung korreliert.

Wahl der Arbeitspartner

Angenommen, ein Schüler mit hoher Leistungsmotivation hat die Wahl zwischen zwei Arbeitspartnern. Den einen mag er, den anderen, einen guten Schüler, weniger. Der leistungsmotivierte Schüler tendiert dazu, den guten Schüler zu wählen. Schüler mit hohem Bedürfnis nach sozialer Anerkennung und niedrigem Leistungsbedürfnis tendieren in die entgegengesetzte Richtung (*French,* 1956). In einem solchen Versuch legten *French* u. *Thomas* (1958) ihren Versuchspersonen einen Katalog zu lösender recht komplexer Aufgaben vor. Ihre Ergebnisse zeigen deutlich, daß die Versuchspersonen mit hohem Leistungsbedürfnis mehr Ausdauer zeigten und mit größerer Wahrscheinlichkeit zur Lösung einer Aufgabe vordrangen. *Lowell* (1952) verglich die Leistungen von Versuchspersonen mit hohen und niedrigen Leistungsbedürfnissen, deren Aufgabe es war, einfache Additionsaufgaben zu lösen und zusammengewürfelte Wortgruppen zu entwirren. Die Personen mit höherem Leistungsbedürfnis lösten in der erlaubten Zeitspanne mehr Aufgaben aus beiden Bereichen als die anderen.

Ausdauer

Problemlöseverhalten

Wendts (1955) Untersuchung ist typisch für diese Art von Analysen. Sie gibt uns aufschlußreiche Daten über die Leistungsmotivation von Schülern der höheren Schule (vgl. Abbildung 17-1). Der Grad der Leistungsmotivation wurde in Beziehung gesetzt zur Leistungsquantität (Zahl der versuchten Aufgaben) und zur Leistungsqualität (Prozentsatz der richtig gelösten Aufgaben) bei der Bearbeitung von mathematischen Problemstellungen. Die Schüler

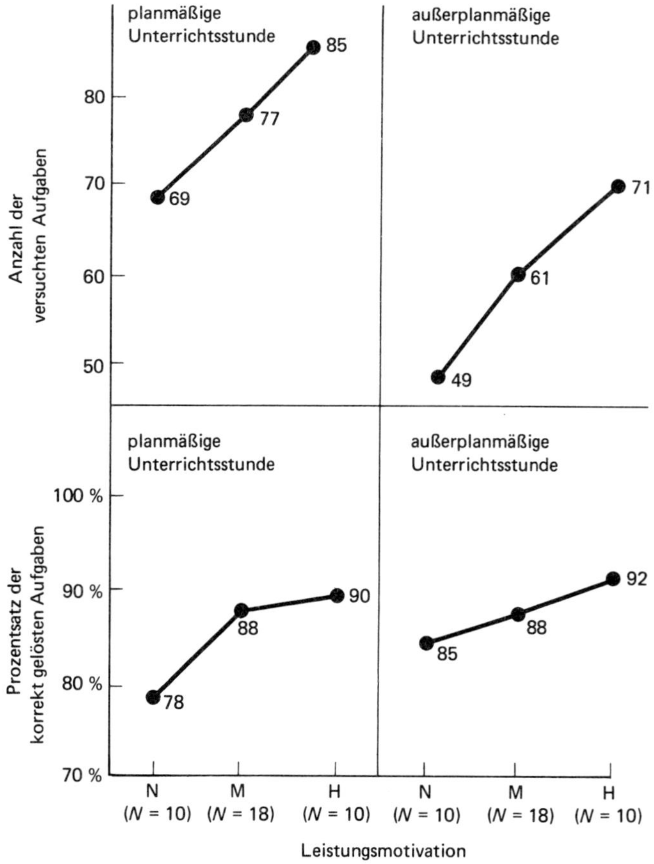

Aus *Wendt* (1955, S. 452).

Abbildung 17-1. Beziehung zwischen Leistungsbedürfnis und Leistungsnachweis bei mathematischen Aufgaben

mit hoher Leistungsmotivation erbrachten auch in einer außerplanmäßigen Stunde eine gute Leistung, in der jeder seine eigene Leistungsquote ermitteln konnte. Anscheinend veranlaßte sie ihre Leistungsorientierung dazu, auch ohne äußere Überwachung einen hohen Leistungsgrad beizubehalten. Die positive Beziehung zwischen Leistungsbedürfnis und Ausdauer (Zahl der versuchten Aufgaben) trat deutlich zutage. Andere Untersuchungen (*Weiner* u. *Kukla,* 1970) haben nachgewiesen, daß Schüler mit hoher Leistungsmotivation auch eine längere Ausdauer haben als solche mit niedriger Leistungsmotivation, selbst bei Aufgaben, die von Mißerfolgen begleitet sind. Die Schüler mit hoher Leistungsmotivation sehen im Mißerfolg oft ein Ergebnis ihrer eigenen mangelnden Anstrengung, sie führen ihn nicht auf äußere Einflüsse zurück. So argumentieren sie auch, daß sie die meisten Aufgaben problemlos lösen könnten, wenn sie sich noch mehr Mühe geben würden. Vielleicht erklärt diese Beziehung die besseren Erfolge von Schülern mit hoher Leistungsmotivation im Bereich des „Entdeckungslernens" (*Evans,* 1967). Hohe Leistungsmotivation ist eindeutig mit einer Neigung verbunden, einmal angefangene Aufgaben zu Ende zu führen. Den roten Faden wieder aufgreifen, scheint eine Eigenschaft von Schülern mit hoher Leistungsmotivation zu sein. Solche Schüler bauen eine komplexe und überdauernde Struktur von übergeordneten, nebengeordneten und untergeordneten Aktivitäten auf. Diese Struktur leitet den Schüler durch eine geordnete Reihe von Einzelschritten hindurch zu einem Ziel hin, selbst wenn der Prozeß über lange Strecken aufrechterhalten werden muß (*Heckhausen,* 1967).

Leistungsquote

Tendenz, unterbrochene Aufgaben zu Ende zu führen

Nicht jede Untersuchung über Leistungsmotivation weist eine positive Beziehung zu wichtigen Schülervariablen auf, wie z. B. Ausdauer bei der Aufgabenlösung, Leistungsqualität, Risikoverhalten, Wunsch nach Beendigung unterbrochener Aufgaben, Wunsch nach Zusammenarbeit mit Partnern, die das Problem lösen können, oder Fähigkeit zur Verfolgung eines entfernten Zieles. Besonders schwierig ist, Untersuchungen zu finden, die ähnliche Beziehungen für beide Geschlechter aufzeigen. Die meisten hier vorgestellten Studien betreffen nur männliche Versuchspersonen. Jedoch könnte die sich ändernde Rolle der Frau in der Gesellschaft dazu führen, daß diese Beziehungen auch für weibliche Versuchspersonen stärker hervortreten und somit den männlichen ähnlicher werden.

Geschlechtsunterschiede in der Beziehung von Leistungsmotivation und Verhalten

Aber die Sache ist noch komplizierter: in letzter Zeit ist die Forschung zu der Überzeugung gekommen, daß es für Leistungsmotivation zwei Grundtypen gibt, die *autonome,* bei der der einzelne seine momentane Leistung mit früheren Leistungen vergleicht und hierfür internalisierte Vergleichsgütemaßstäbe benutzt, und die *soziale,* bei der der einzelne seine Leistung mit den Leistungen anderer vergleicht. Autonome Leistungsmotivation entwickelt sich bereits im frühen Kindesalter und dominiert bis zum Beginn der Schulzeit. Dann, wie wir im Hinblick auf den Konkurrenzbetrieb unseres Schulwesens schon voraussagen können, entwickelt sich die Leistungsmotivation, die sich am sozialen Vergleich orientiert; sie gewinnt bereits im zweiten Schuljahr die Oberhand (vgl. *Ruble,* 1980; *Feld* et al., 1979).

Die verfügbaren Untersuchungen haben auf jeden Fall gezeigt, daß es wichtig ist, sich näher mit der Leistungsmotivation von Schülern zu befassen. Die

Lehrer können davon profitieren, indem sie die Entstehung der Leistungsmotivation erkennen und Möglichkeiten sehen, mit denen sie sich steigern läßt. Dieser Aspekt des für einen Schüler typischen Verhaltens kann für seine Zukunft in unserer Gesellschaft wesentlich sein.

Leistungsmotivation und gesellschaftliche Produktivität

Einige bemerkenswerte Untersuchungsergebnisse lassen darauf schließen, daß zwischen dem Grad der Leistungsmotivation und der Produktivität einer Gesellschaft eine enge Beziehung besteht. Die Ergebnisse besagen, wenn auch nur andeutungsweise, daß Leistungsmotivation den ökonomischen und technologischen Fortschritt fördern kann. *DeCharms* und *Moeller* (1962) haben z.B. die in amerikanischen Lesebüchern für Kinder aus den Jahren 1800 bis 1950 erkennbaren Leistungsbilder untersucht. Zugleich untersuchten sie die Anzahl von Patenten, die pro Bevölkerungsmillion erteilt wurde. Die Daten sind in Abbildung 17-2 festgehalten; sie zeigen einen beachtlich ähnlichen Kurvenverlauf. Wenn auch die Korrelation nicht notwendigerweise eine Kausalität widerspiegelt, so muß man sich fragen, ob nicht die Lesebücher der Kinder ihre späteren Werthaltungen und ihr Verhalten als Erwachsene beeinflußt haben. Viele Wissenschaftler, die sich mit der Erforschung der Leistungsmotivation befassen, glauben, daß die Entwicklung der Motivation in den Schulen für die wirtschaftliche und technologische Entwicklung einer Gesellschaft mitentscheidend ist.

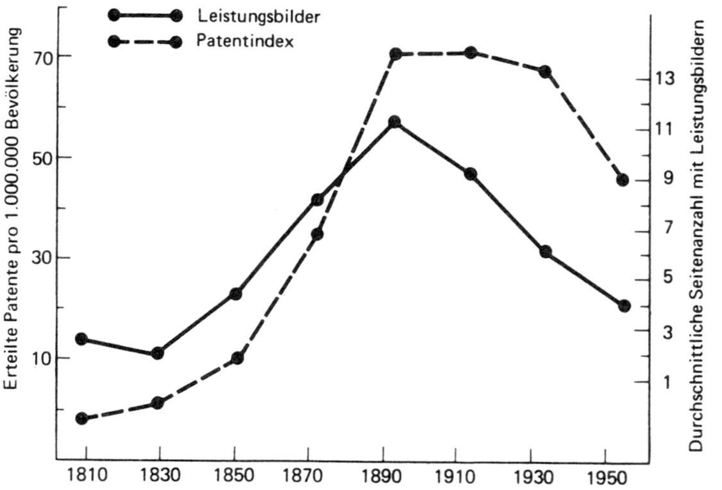

Aus *DeCharms* u. *Moeller:* „Values Expressed in American children's readers: 1800–1950", *Journal of Abnormal and Social Psychology,* 64, II (1962, S. 136–142)

Abbildung 17-2. Mittlere Seitenzahl (von insgesamt 25 Seiten) von Lesebüchern, auf denen Leistungsbilder vorgestellt werden, im Vergleich mit dem Patentindex

Hoffnung auf Erfolg und Furcht vor Mißerfolg

Furcht vor Mißerfolg

Nicht jeder Schüler oder Lehrer ist allein durch die Hoffnung auf Erfolg motiviert. Manchmal ist die Leistung, die wir bei bestimmten Aufgaben erbringen, ein Resultat von Furcht vor Mißerfolg. Solche Furcht vor Mißerfolg (Beschämung, Gespött der Peergruppe, Strafe der Eltern) kann eine stärkere Motivation bedeuten als der Wunsch, etwas gut zu machen. Sie kann einen Schüler sogar davon abhalten, bestimmte Aktivitäten überhaupt in Angriff zu nehmen. Oder sie kann ihn dazu verleiten, unrealistisch schwere Aufgaben in Angriff zu nehmen. Jeder Mensch ist, so läßt sich sagen, doppelt motiviert: er kann motiviert sein, Mißerfolge zu vermeiden *(M_{mv})*, oder er kann motiviert sein, Erfolg zu haben *(M_e)*. Auf eine detailliertere Beschreibung können wir hier verzichten. Wichtig ist nur zu wissen, daß beide Motivstrukturen zugleich in uns stecken. Demnach können wir einzelne Menschen als $M_{mv}>M_e$-Typen charakterisieren (bei ihnen ist die Motivation, Mißerfolg zu vermeiden, größer als die Erfolgsmotivation) oder als $M_e>M_{mv}$-Typen (bei ihnen ist die Erfolgsmotivation größer als die Motivation, Mißerfolg zu vermeiden). Diese Theorie führt uns zu der Voraussage, daß für Personen, deren M_e größer ist als ihr M_{mv}, mittelschwere Aufgaben motivierend sind, und für Personen, deren M_{mv} größer ist als ihr M_e, sind leichte oder schwere Aufgaben am wenigsten negativ motivierend, sie werden also häufiger gewählt als Aufgaben mittlerer Schwierigkeit. Mittelschwere Aufgaben werden von diesen Personen gemieden.

$M_{mv}>M_e$ oder $M_e>M_{mv}$

Finden schulbezogene Ereignisse Unterstützung durch die Voraussagen nach dieser Theorie? *Mahone* (1960) stellte die Hypothese auf, daß Schüler, deren M_e größer ist als ihr M_{mv}, realistischere Berufserwartungen äußern als jene, deren M_{mv} größer ist als ihr M_e. Er befragte Hochschulstudenten nach ihren beruflichen Zielen. Ihr M_e wurde mit dem TAT gemessen und ihr M_{mv} mit einer Angstskala. Danach wurde jeder Student nach dem Schema $M_e>M_{mv}$ bzw. $M_{mv}>M_e$ klassifiziert.

Realistische Berufserwartungen

Daraufhin beurteilten Psychologen, die in Berufsberatung ausgebildet waren, die realistische Basis der Berufswahl jedes Studenten nach seinem Notendurchschnitt, seinem „College Entrance Examination Score“ (Hochschulaufnahmeprüfung) und nach anderen Variablen. Wie Tabelle 17-1 erkennen läßt, tendieren die Daten zu einer Bestätigung der Hypothese. Wenn die Tendenz, Mißerfolge zu vermeiden, stärker ist, werden häufiger unrealistische Berufserwartungen genannt: umgekehrt ist es bei der Tendenz, nach Erfolg zu streben.

Tabelle 17-1. Beziehung zwischen Motivationstyp und realistischer Berufswahl

	M_e größer als M_{mv}	M_{mv} größer als M_e
Realistisch	75%	39%
Unrealistisch	25%	61%

M_e = Motivation, etwas zu leisten
M_{mv} = Motivation, Mißerfolg zu vermeiden

Nach *Mahone* (1960).

Isaacson (1964) analysierte Bereiche des Hochschulcurriculums, die bei den Studenten als leicht, mittelschwer oder schwer galten, um gute Noten zu bekommen. Er arbeitete mit der Hypothese, daß ein größerer Prozentsatz von $M_e > M_{mv}$-Studenten die mittelschweren Seminare belegen würde, während $M_{mv} > M_e$-Studenten die leichten oder ganz schweren Seminare belegen würden. Abbildung 17-3 zeigt, daß die Daten die Hypothese bestätigen.

Seminarwahl nach Schwierigkeit

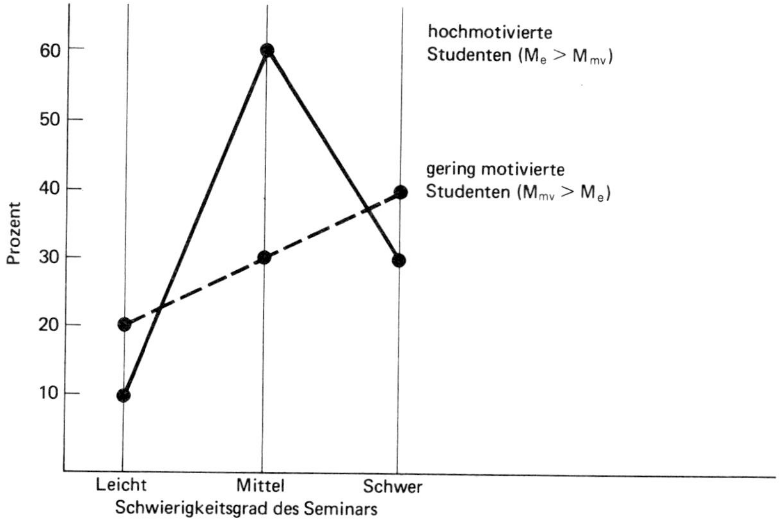

Die Graphik zeigt den Prozentsatz von College-Studenten, die Seminare verschiedenen Schwierigkeitsgrads als Resultat ihrer Motivation, etwas zu leisten, oder ihrer Motivation, Mißerfolg zu vermeiden auswählten.

Nach *Isaacson* (1964)

Abbildung 17-3. Auswirkungen von Leistungsbedürfnissen auf die Wahl von Seminaren

Warum wählen Studenten mit höherem M_{mv} als M_e schwierige Seminare aus, wo sie mit Mißerfolg oder schlechteren Noten rechnen müßten? Vielleicht sagt ihnen ihr Gefühl, daß, wenn sie unter solchen Bedingungen Mißerfolg haben, sie dann nicht persönlich dafür Verantwortung tragen müssen. Diese Entschuldigung wäre für sie nicht da, wenn sie mittelschwere Kurse wählen oder eine realistische Berufswahl treffen würden. Auf der anderen Seite sind mittelschwere Aufgaben für jene Studenten am attraktivsten, die mehr von M_e als von M_{mv} motiviert sind. Sie wollen Erfolg haben; was sie nicht wollen, sind unrealistisch schwere Aufgaben oder Aufgaben, die zu leicht sind, als daß sie eine Herausforderung sein könnten.

Auswirkungen von Erfolgs- und Mißerfolgserfahrungen

Erfolgs- und Mißerfolgserfahrungen spielen für eine Diskussion von M_e und M_{mv} eine wichtige Rolle. *Weiner* (1972) meint, daß Erfolg und Mißerfolg bei Aufgaben unterschiedliche Wirkungen auf die Motivintensität haben, je

Wann verringert Erfolg die Motivation?

nachdem, ob M_e größer ist als M_{mv} oder umgekehrt. Tabelle 17-2 erläutert diese Beziehung. Der Lehrer sollte auf das wichtige Ergebnis aufmerksam gemacht werden, daß im $M_e > M_{mv}$-Fall ein teilweiser Erfolg bei bestimmten Aufgaben zu einer *verringerten* Motivation führt, weiter an diesen Aufgaben zu arbeiten, während ein Mißerfolg bei diesen Aufgaben zu einer *verstärkten* Motivation führt, eine Tatsache, die dem gesunden Menschenverstand zu widersprechen scheint.

Tabelle 17-2. Aufgabenbezogene Motivationsveränderung als Funktion einer initialen Motivationsstruktur und Erfolg oder Mißerfolg bei der Aufgabenlösung

	M_e größer als M_{mv}	M_{mv} größer als M_e
Erfolg	Vermehrte Motivation	Verringerte Motivation
Mißerfolg	Verringerte Motivation	Vermehrte Motivation

M_e = Motivation zum Erfolg
M_{mv} = Motivation, Mißerfolg zu vermeiden

Nach *Weiner* (1972).

Während also ein *teilweiser* Mißerfolg für den $M_e > M_{mv}$-Typ stimulierend ist, können allzu viele Mißerfolge negative Wirkungen auf die Leistung haben. Wegen dieser eigenartigen Beziehungen ist es für den Lehrer wichtig, seine Aufgabenstellungen genau vorauszuplanen. Er muß diese Faktoren bei der Überprüfung und Kommentierung von Schülerleistungen sorgfältig abwägen. Der Einsatz von programmierten Curricula, die irrtumsfreie Leistungen betonen (vgl. Kapitel 21), sollte die Motivation von $M_e > M_{mv}$-Schülern verringern und jene von $M_{mv} > M_e$-Schülern steigern. Auch die strenge Benotung eines Schülers mit $M_e > M_{mv}$-Eigenschaften wird ihn vermutlich zu besseren Leistungen motivieren, während sie bei $M_{mv} > M_e$-Schülern vermutlich zu noch schlechteren Leistungen führen wird. Wir können daran ermessen, warum die richtige Entscheidung im Unterricht zwar nicht leicht, aber auch nicht unmöglich ist. Die Bestimmung – selbst auf informeller Grundlage – ob M_e oder M_{mv} größer ist, ist zweifellos für die Schüler wie auch für die Lehrer wichtig. Die Motivstruktur hat einen Einfluß darauf, welches Risiko man eingeht, welche Berufserwartungen man hat, welche Auswirkungen Erfolg und Mißerfolg haben, sowie auf viele andere Lebensbereiche, die etwas mit der Ausrichtung und der Energie persönlicher Leistungsbemühungen zu tun haben. Etwas über die Motivstrukturen der Schüler zu wissen, kann dem Lehrer helfen, seine Schüler zu besseren Leistungen hinzuführen.

Nun sind unglücklicherweise solche Techniken, die der Lehrer ohne weiteres verwenden könnte, nicht in einer ausreichend validen Form verfügbar, und der TAT und ähnliche Tests können von Nichtpsychologen nicht angewendet werden. Einfachere Techniken, mit denen Lehrer die Leistungsmotivation ihrer Schüler objektiv bewerten könnten, sind noch nicht weit genug entwikkelt. Deshalb ist der Lehrer, der unbedingt Daten über die Leistungsmotivation eines bestimmten Schülers braucht, am besten beraten, wenn er die Hilfe eines Schulpsychologen in Anspruch nimmt.

Kausale Zuschreibungen von Erfolg und Mißerfolg

Schüler und Lehrer erfüllen ihre schulischen Aufgaben gut oder schlecht. Für ihren Erfolg bzw. ihren Mißerfolg geben sie gewöhnlich Gründe an, d.h. sie schreiben ihn bestimmten Ursachen zu. Diese Begründungen oder Zuschreibungen sind Leitlinien für nachfolgendes Verhalten, denn sie beeinflussen emotionale Reaktionen und Erwartungen an weiteren Erfolg bzw. Mißerfolg. Wenn wir also etwas über die typische Zuschreibungsstruktur eines Menschen in Erfahrung bringen, hilft uns das, seine Gefühle und sein Verhalten besser zu verstehen.

Kausale Zuschreibungen der Schüler

Kausale Zuschreibungen der Schüler. *Bar-Tal* u. *Darom* (1979) stellten mit ihren Untersuchungen folgendes fest: wenn Schüler mit einer Klassenarbeit oder einer Hausaufgabe Erfolg hatten, dann tendierten sie dazu, ihren Erfolg entweder auf die Erklärungen des Lehrers, auf die häuslichen Lernbedingungen, auf den Schwierigkeitsgrad der Aufgaben oder auf den hohen Interessensgehalt der Aufgaben zurückzuführen. Wenn sie keinen Erfolg hatten, schrieben sie ihn folgenden Ursachen zu: geringe Fähigkeiten, mangelndes Bemühen oder die Schwierigkeit der Klassenarbeit oder des Stoffes. Allgemein gesagt schrieben sie ihren Erfolg externen Ursachen zu (z.B. die Fähigkeit des Lehrers, den Stoff gut zu vermitteln), während sie für ihren Mißerfolg interne Ursachen verantwortlich machten (z.B. eigene Unfähigkeit). Die Forschungen über Zuschreibungen auf seiten der Schüler haben ergeben, daß es nur eine kleine Anzahl von Kategorien gibt, die von Schülern wiederholt genannt werden, um ihren Erfolg oder Mißerfolg zu erklären – Anstrengung, Fähigkeit, Schwierigkeitsgrad der Aufgabe, Stimmung und Glück bzw. Pech gehören zu den am häufigsten genannten (vgl. *Bar-Tal* u. *Darom,* 1979; *Frieze* u. *Snyder,* 1980). Warum ist das für den Lehrer von Interesse? Weil Schüler, die ihre eigene Unfähigkeit ursächlich mit ihrem Mißerfolg in Verbindung bringen, nach und nach soweit kommen, daß sie gar nichts anderes mehr erwarten als Mißerfolg. Sie neigen dazu, geringe Fähigkeiten als eine stabile Eigenschaft ihrer Persönlichkeit zu sehen, was dazu führt, daß sie häufig leistungsorientierten Aufgaben aus dem Wege gehen oder es nicht schaffen, bei leistungsorientierten Aufgaben ihr Bestes zu geben. *Fyans* u. *Maehr* (1980) untersuchten in diesem Zusammenhang die Zuschreibungsstrukturen von 743 Schülern der fünften bis zwölften Klasse. Sie stellten dabei fest, daß die Zuschreibungen der Schüler eine gute Voraussage dafür waren, ob sie Aufgaben auswählen würden, die Können, Anstrengung oder Glück verlangten.

Zuschreibungen und Leistungsmotivation

Manche Schüler koppeln beide Zuschreibungstypen aneinander. Sie machen für ihren Mißerfolg eine interne Eigenschaft verantwortlich, etwa mangelnde Fähigkeit, und zugleich schreiben sie ihren Erfolg externen Eigenschaften zu, beispielsweise der geringen Schwierigkeit einer Aufgabe oder einfach ihrer „glücklichen Hand“. Bei einer solchen Erfolgszuschreibung ist es den betreffenden Schülern dann geradezu unmöglich, irgendeinen Sinn darin zu sehen, sich bei ihren Schulaufgaben besondere Mühe zu geben. *Bar-Tal* (1979) stellte in diesem Zusammenhang fest, daß Zuschreibungsstrukturen, bei denen Mißerfolg auf stabile und interne Ursachen zurückgeführt wird (z.B. Fähigkeit) und Erfolg auf instabile externe Ursachen (z. B. Glück), zu Fehlanpassungen führen.

Fehlanpassung

Solche durch mangelnde Anpassung gekennzeichneten Zuschreibungsstrukturen finden wir vergleichsweise häufiger bei solchen Menschen, die aufgrund ihrer gesellschaftlichen Position ein negatives Selbstbild entwickelt haben: z. B. Schwarze, Schüler aus Familien mit geringem Einkommen, Frauen und Behinderte. Sie lehnen es oft ab, daß persönliche Anstrengung ein kausaler Faktor für Erfolg oder Mißerfolg ist. Diese Tendenz setzt sich in bestimmten Bereichen der schulischen Ausbildung fort, wo wir bei Schülern der genannten Gruppen ein von Fehlanpassung gekennzeichnetes Leistungsverhalten erkennen (vgl. *Frieze,* 1980). Da die Zuschreibungsstrukturen eines Menschen über einen längeren Zeitraum hinweg stabil bleiben (vgl. *Bar-Tal* et al., 1982), sind Trainingsprogramme erforderlich, um solche selbstzerstörerischen Zuschreibungsstrukturen bei Schulkindern aufzubrechen.

Zuschreibungen der Lehrer

Kausale Zuschreibungen der Lehrer. Das, was die Lehrer in der Schule tun, ist natürlich ebenso von Erfolg und Mißerfolg bestimmt. Auf was führen sie ihre Erfolge und Fehlschläge zurück? Wenn sie die Leistungen der Schüler bei Klassenarbeiten kommentieren, geben die Lehrer für den Erfolg der Schüler häufig folgende Ursachen an: die häusliche Umgebung der Schüler, ihre Lernanstrengungen, ihr Interesse und – kann man etwas anderes erwarten? – natürlich auch ihr eigenes methodisches Können. Den Mißerfolg der Schüler führen sie demgegenüber darauf zurück, daß die Schüler sich nicht genügend vorbereitet haben, daß ihre häusliche Umgebung denkbar ungünstige Lernvoraussetzungen bietet und daß die Aufgaben schwierig waren (vgl. *Bar-Tal,* 1979). Mit anderen Worten: Lehrer neigen dazu, sich mit den Schülern den Verdienst zu teilen, wenn diese erfolgreich waren. Hatten sie jedoch keinen Erfolg, dann führen die Lehrer das gewöhnlich auf Ursachen zurück, die nichts mit ihnen selbst zu tun haben. Solches Verhalten ist vielleicht verständlich, aber dem Berufsstand der Lehrer nicht gerade angemessen.

Selbstverpflichtung und Zuschreibung

Ames (1982) hat allerdings festgestellt, daß die Selbstverpflichtung der Lehrer zu guten Unterrichtsleistungen als hoch oder niedrig eingestuft werden kann. Lehrer, die dem Unterricht an sich einen hohen Wert zuschreiben, fühlen sich persönlich für den Mißerfolg eines Schülers verantwortlich. Lehrer, für die das Unterrichten keinen so hohen Stellenwert hat, führen den Mißerfolg eines Schülers eher auf dessen Eigenschaftsmerkmale zurück. Sie bemühen sich auch nicht besonders darum, daß der Schüler zum Erfolg kommt, während die Lehrer der ersten Gruppe darin einen persönlichen Ansporn sehen.

Ort der Steuerung

Menschen, die ihren Erfolg bzw. Mißerfolg generell auf ihr eigenes Verhalten zurückführen, also auf ihr persönliches Bemühen oder ihre Fähigkeiten, haben, wie es wissenschaftlich heißt, einen *internen* Ort der Steuerung. Menschen demgegenüber, die ihren Erfolg bzw. Mißerfolg Aspekten wie Glück oder Schwierigkeitsgrad der Aufgabe zuschreiben, haben einen *externen* Ort der Steuerung. Diese Eigenheiten in der Zuschreibung von Ursachen für bestimmtes eigenes Verhalten sind mit vielen anderen individuellen Eigenschaften verbunden. Dazu sagt *Weiner* (1977):

Interne und externe Steuerung

> ... kausale Zuschreibungen bestimmen zum Teil die affektiven Konsequenzen von Erfolg und Mißerfolg. Stolz und Schamgefühl ... erfahren eine absolute Maximierung, wenn Leistungsergebnisse internen Ursachen zugeschrieben werden, und sie werden minimalisiert, wenn Erfolg und Mißerfolg auf externe Ursachen zurückgeführt werden. Wenn also Erfolg auf ein hohes Fähigkeitsniveau bzw. harte Arbeit zurückgeführt wird, dann resultiert das in noch mehr Stolz und externem Lob, im Gegensatz zu Erfolg, der als Folge von Leichtigkeit der Aufgabe oder Glück wahrgenommen wird. Ähnlich verhält es sich bei Mißerfolg. Wird er als Folge von Unfähigkeit oder mangelnder Anstrengung wahrgenommen, dann resultiert das in noch größerem Schamgefühl und externer Bestrafung, im Gegensatz zu Mißerfolg, der dem besonderen Schwierigkeitsgrad der Aufgabe oder Pech zugeschrieben wird. Insgesamt können wir feststellen, daß der Begründungszusammenhang über Ursache und Wirkung die affektiven oder emotionalen Konsequenzen von Leistungsergebnissen beeinflußt (S. 183).

Stolz und Schamgefühl

Neben diesem Aspekt der emotionalen Konsequenzen bei Leistungsmotivation ist das Ausmaß und Verhältnis von interner und externer Steuerung auch mit Arbeitstempo, Aufgabenauswahl und Ausdauer in Verbindung gebracht worden (vgl. *Bar-Tal,* 1978; *Weiner,* 1974; *Weiner* u. *Sierad,* 1975). Welches Selbstbild der Schüler von sich hat, scheint ebenfalls in Verbindung zu stehen zu seinen Zuschreibungsstrukturen. Der Schüler mit einem internen Ort der Erfolgssteuerung („Ich bin erfolgreich gewesen, weil ich die Aufgaben gekonnt habe oder mich entsprechend bemüht habe") und einem externen Ort der Mißerfolgssteuerung („Ich habe Mist gebaut, weil ich Pech hatte") geht an neue Aufgaben mit einem positiven Selbstbild heran (vgl. *Johnson,* 1981). Gelernte Hilflosigkeit, das Extrem eines negativen Selbstbilds im Schüler, kann ebenso an Zuschreibungsstrukturen gekoppelt sein. *Gelernte Hilflosigkeit* bezieht sich auf Schüler, für die eine Beziehung zwischen Anstrengung und Leistung nicht existiert. Dies sind die Schüler, die glauben, daß nichts von dem, was sie tun, zum Erfolg führen wird. Für sie ist es ein typisches Anzeichen, daß sie an einen internen Ort der Mißerfolgssteuerung glauben („Ich bin eben blöd"), was ein starkes Gefühl von Scham und Selbstzweifel hervorruft (vgl. *Covington* u. *Omelich,* 1981), insbesondere dann, wenn eine Kette von Mißerfolgen hinter ihnen liegt. Die Überzeugung, daß geringe Fähigkeiten die Ursache für den eigenen Mißerfolg sind, führt häufig zu Passivität bei schulischen Aufgaben. Wenn ein Schüler es nicht mehr versucht, seine Aufgaben zu bewältigen, kann dieses schlechte Leistungsverhalten auf ein geringes Bemühen zurückgeführt werden, was in unserer Gesellschaft weniger schändlich ist als geringe Fähigkeiten (vgl. *Covington* u. *Omelich,* 1979). Der Lehrer muß sich bemühen, solche Kinder mit gelernter Hilflosigkeit aufzuspüren, denn, wie wir noch sehen werden, können Zuschreibungsstrukturen doch

Steuerung und Selbstbild

Gelernte Hilflosigkeit

so beeinflußt werden, daß solche Kinder, die der Schule aus dem Weg gehen oder in ihr versagen, Möglichkeiten erhalten, mit dem Bildungssystem besser zurechtzukommen.

Das vielleicht bekannteste Beispiel für die Bedeutung von Internalität und Externalität als Persönlichkeitseigenschaften ist das von *Coleman* et al. (1966) erarbeitete Forschungsergebnis, daß schwarze Kinder in den USA häufiger als weiße Kinder daran glauben, daß Erfolg durch Glück bedingt sei (externer Faktor) und nicht durch eigenes Bemühen (interner Faktor). Dieser Typus von Zuschreibungsprozeß – der externe Ort der Steuerung – beeinflußt allem Anschein nach die schulische Leistung. Schwarze Schüler, die glaubten, daß Erfolg auf harte Arbeit zurückzuführen ist, hatten höhere Testwerte in Lesetests als Schüler, die an Glück glaubten. Die Durchschnittsleistung bei verbalen Fähigkeitstests war bei jenen, die von der Bedeutung harter Arbeit durchdrungen waren, höher als der Durchschnitt *aller* Kinder, ungeachtet ihrer Rasse oder regionalen Herkunft in den USA, die glaubten, daß allein glückliche Umstände für Erfolg verantwortlich sind.

Harte Arbeit und Glück

Lehrer sollten sich besonders über die Schüler Gedanken machen, deren „externe“ Steuerung anhaltend hoch ist, denn ihnen fehlt allem Anschein nach die notwendige Überzeugung, die sie veranlassen könnte, Verantwortung für ihre schulischen Leistungen zu übernehmen, und außerdem scheint ihr Motivationsniveau niedrig zu sein, was schulische Aufgaben anbelangt. Wie wir jedoch noch sehen werden, ist es möglich, das Zuschreibungssystem eines Menschen und seine Leistungsmotivation zu modifizieren.

17.4 Die Entstehung von Leistungsbedürfnissen und der Ort der Steuerung

Woher kommt das starke Bedürfnis nach Leistung? Wenn wir die Ursprünge dieser Motive untersuchen, können wir dann etwas darüber lernen, welche Trainingsmethoden es für solche Menschen gibt, die eine mangelhafte Leistungsmotivation haben? Diese Fragen sind schon am Anfang der Forschung über Leistungsmotivation gestellt worden.

Kindheitsfaktoren

Die mit Leistungsmotivation verbundenen Kindheitsfaktoren schließen, so scheint es, die tatsächliche Leistung, Unabhängigkeitstraining, die Vermittlung von elterlichen Leistungserwartungen und das Ausmaß an Selbstvertrauen in die eigene Leistung, das von einem Kind gefordert wird, mit ein. Diese Faktoren sind selbst wiederum mit Eigenschaften des häuslichen Hintergrunds verbunden, wie z.B. Kultur und Sozialschicht, die Stellung des Kindes innerhalb der Geschwisterreihe, die Zahl der Kinder in der Familie und das Alter der Mutter.

Die sich zum Teil widersprechenden Untersuchungsergebnisse stimmen darin überein, daß junge Mütter der Mittelschicht mit weniger Kindern stark leistungsorientierte Söhne erziehen (*Rosen,* 1961). Auch Erstgeborene tendieren zu höheren Leistungsbedürfnissen (*Sampson,* 1962). *Rosen* (1959) hat festgestellt, daß der soziale Rang für die meisten Unterschiede in der Leistungsmotivation zwischen einzelnen ethnischen Gruppen verantwortlich ist. Das heißt, bei gleichem sozialen Rang nehmen die Unterschiede in der Leistungsmotivation ab. Sie verschwinden jedoch nicht völlig. Insgesamt jedoch scheinen die kulturspezifischen Zusammenhänge des Leistungsbedürfnisses mit dem Aufbau von Selbstvertrauen in die eigene Leistung in Beziehung zu stehen. *Winterbottom* (1958) schloß aus ihren Untersuchungen, daß Mütter von Jungen mit starkem Leistungsbedürfnis von ihrem Kind Unabhängigkeit und Problembewältigung bereits zu einem früheren Zeitpunkt verlangen als Mütter von Jungen mit geringerem Leistungsbedürfnis. *Rosen* (1959) stellte demgegenüber jedoch fest, daß eine hohe Leistungsmotivation anscheinend nur dann auftritt, wenn die Mutter eine Interesse daran zeigt, daß ihr Kind seine Umwelt bewältigen kann, und nicht dann, wenn die Mutter Selbstvertrauen und Unabhängigkeit deswegen betont, um sich selbst aus der Verantwortlichkeit für ihr Kind zu befreien. Dieselben Faktoren sind aller Wahrscheinlichkeit nach auch die Vorläufer für interne und externe Steuerungsprozesse.

Selbstvertrauen

17.5 Leistungstraining und Zuschreibungstraining

Trainingsprogramme zur Förderung von leistungsorientiertem Verhalten sind inzwischen entwickelt worden. Ein solches typisches Programm, das auf dem Leistungsmotivationsansatz beruht, legt den Schwerpunkt auf Verhaltensänderungen und belohnt solche Veränderungen. Auch Wahrnehmungsveränderungen werden betont, wenn auch nicht in gleich hohem Maße. Ein anderer Programmtyp basiert auf dem Zuschreibungsansatz; hier liegt der Schwerpunkt auf dem Bemühen, die Denkstrukturen zu verändern, mit denen der einzelne sein eigenes Verhalten beurteilt. Beide Ansätze haben bereits erste Erfolge verzeichnet.

Trainingsprogramme für Leistungsmotivation

Training von Geschäftsleuten

McClelland startete 1966 ein Trainingsprogramm für Eigentümer und Leiter von Kleinbetrieben in Indien. Es wurden kurze Intensivkurse von 25 bis 100 Stunden Dauer über 5 bis 10 Tage angesetzt. Die Analyse der Ergebnisse zeigt, daß die betroffenen Personen noch mehrere Jahre nach dem Training sehr viel einsatzfreudiger waren als vor dem Training.

Etwa ein Viertel bis ein Drittel der Geschäftsleute aus Kleinbetrieben, mit denen wir arbeiteten, wurden über einen Zeitraum von zwei Jahren ungemein aktiv, wenn sie nicht am Leistungsmotivationstraining teilgenommen hatten. Nach einem solchen Training waren es jedoch ganze zwei Drittel, die in den beiden folgenden Jahren eine starke Leistungsmotivation beibehielten (*McClelland,* 1969, S. 9).

Training von Schülern

Ähnliche Resultate wurden in Spanien erzielt sowie bei schwarzen und weißen Geschäftsleuten aus Kleinbetrieben in den USA. Dieselben Prinzipien sind auch bei Schülern angewandt worden, um ihre Leistungsmotivation zu steigern. Hier führte die Theorie jedoch zu einem gedämpfteren Optimismus:

> Es gibt Gründe anzunehmen, daß Leistungsmotivation in der schulischen Situation weniger wahrscheinlich zu erhöhter Leistung führt als bei Unternehmern, einfach deshalb, weil viele schulische Aufgaben nicht „herausfordernd" sind. Tatsächlich ist es für einen Schüler, der vorankommen will, oft besser, konform zu gehen und brav *genau das zu tun, was der Lehrer von ihm verlangt.* Vielleicht haben wir aus diesem Grund weniger imposante Erfolge der Leistungsverbesserung in der Schule gehabt, obwohl die Erfolge dennoch greifbar gewesen sind und vielleicht bedeutender als viele der anderen kompensatorischen Erziehungsprogramme, die heute so sehr in Mode sind (*McClelland,* 1969, S. 9).

Ein experimentelles sechswöchiges Sommerprogramm ist von *Kolb* (1965) mit höheren Schülern durchgeführt worden, bei denen es sich um „Underachievers" handelte. Er lebte während des Experiments mit den Jungen zusammen, betreute sie und zeigte ein Verhalten, das von einem starken Leistungsbedürfnis geprägt war, so daß die Jungen ständig ein Vorbild hatten. Er weckte in den Jungen hohe Erwartungshaltungen über das Training und ermunterte sie dazu, die Leistungen zu definieren, wenn sie Pläne zur Verbesserung ihrer schulischen Leistungen aufstellten. Er bot Spiele an und ließ bestimmte Situationen simulieren, damit die Schüler neue Wege des Denkens und Verhaltens ausprobieren konnten. Seine Techniken waren allerdings für Schüler der Unterschicht keine Hilfe.

Training von Jungen der Unterschicht

Nach *Kolbs* Experiment versuchten *Aronoff, Raymond* und *Warmoth* (1965), ein Trainingsprogramm zu entwickeln, das auch für Jungen der Unterschicht tauglich sein würde. Sie entwickelten neue Fallstudien, neue programmierte Textmaterialien, Lehrerhandbücher, Spiele und Übungen. 1966 wurden zwei Leistungsmotivationskurse mit den neuen Materialien mit 21 High-School-Juniors (11. Klasse) durchgeführt, die aus 56 potentiellen Schulversagern ausgewählt worden waren. Ein Jahr später hatte nur einer der 21 Schüler die Schule verlassen, im Vergleich zu 8 Schülern aus 36 der (untrainierten) Kontrollgruppe (vgl. *Alschuler,* 1967). Die Durchschnittsnoten der trainierten Schüler stiegen um 0,5 bis 1 Note, obwohl sie schwierigere Fächer gewählt hatten als die Kontrollgruppe. Darüber hinaus waren bei der trainierten Gruppe mehr neue Interessen und Aktivitäten zu verzeichnen als bei der Kontrollgruppe. *Alschuler* (1973) hat eine ganze Reihe von Untersuchungen über Leistungstrainings mit Jugendlichen beschrieben.

DeCharms (1970) konzentrierte seine Untersuchung auf Motivationsveränderung bei Kindern aus schwarzen Familien mit geringem Einkommen. Sein Programm war darauf ausgerichtet, „selbstbestimmtes" Verhalten (im Gegensatz zu „fremdbestimmtem" Verhalten) zu entwickeln; es zeigt gewisse Ähnlichkeiten mit dem Leistungsmotivationstraining. Das Training half dem Schüler, seine eigenen Stärken und Schwächen kennenzulernen, Ziele realistisch auszuwählen, konkrete Handlungen zu bestimmen, die zur unmittelbaren Erreichung der Ziele durchgeführt werden konnten, und zu bestimmen, ob er den selbstgestellten Zielen näher kam. *DeCharms* stellte als Ergebnis fest, daß bereits nach einem Trainingsjahr Verbesserungen der Leistungsmotivation, der realistischen Zielbestimmung und der Befreiung von Gefühlen der Hilflosigkeit zu erkennen waren. Die Schüler blieben auch seltener vom

Unterricht fern und verspäteten sich weniger oft. Daten über Wortschatz-, Lese-, Sprach- und Mathematikleistungen bei Schülern, die ein zweijähriges Trainingsprogramm absolviert hatten, sind in Abbildung 17-4 zusammengetragen. Es ist zu erkennen, daß das Training in wichtigen Bereichen effektiv war. In einer vor kurzem durchgeführten Bewährungskontrolle hat *DeCharms* (1980) festgestellt, daß das Training die Wahrscheinlichkeit signifikant erhöht hat, daß diese Kinder aus Familien mit niedrigem Einkommen ihren Schulabschluß erreichen.

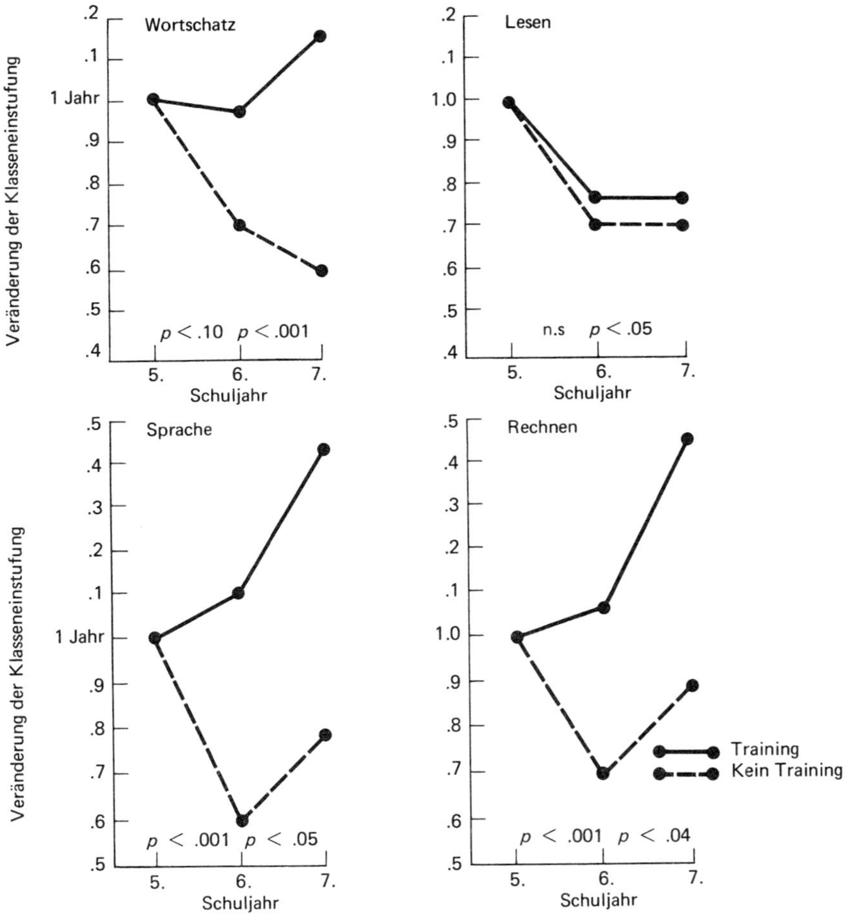

Alle Versuchspersonen sind im 5. Schuljahr auf gleichem Niveau. Die linke, senkrechte Skala bedeutet „mehr oder weniger als eine normale Jahresleistung". Die Abweichung nach oben bedeutet somit z.B. bei der Graphik „Sprache": der Schüler ist nach einem Jahr um 1/10 Jahr in der Sprachleistung voraus, nach einem weiteren Jahr um ca. 4/10 bis 5/10. Die Abweichung nach unten bedeutet im jeweiligen Fall: der Schüler liegt mit seiner Leistung um den angezeigten Bruchteil eines Jahres hinter der normalen Jahresleistung zurück.

Nach *DeCharms* (1970).

Abbildung 17-4. Unterschiede der Klasseneinstufung (Mittelwerte) nach dem Iowa Test of Basic Skills (Test über schulische Grundfertigkeiten)

Trainingsprogramm für Zuschreibung

Wie wir bereits festgestellt haben, neigen die Menschen dazu, die Ursachen für persönlichen Erfolg und Mißerfolg in recht systematischer Weise zu sehen. Zuschreibungen, die auf Fehlanpassung beruhen, müssen verändert werden. *Weiner* (1982) sagt dazu, daß es das Ziel der Trainingsprogramme für Zuschreibungsveränderungen sei, folgenden Kausalablauf zu verändern:

Mißerfolg → Folgerung: Unfähigkeit → Gefühl der Inkompetenz → Leistungsverlust.

Als Ziel wird demgegenüber folgender Kausalablauf angestrebt:

Mißerfolg → mangelndes Bemühen → Schuldgefühle → Leistungsanstieg.

Gelernte Hilflosigkeit

Eben diese Veränderung ist es, so lautet die Hypothese, was das Trainingsprogramm von *Dweck* (1975) so erfolgreich gemacht hat. *Dweck* hat versucht, die Zuschreibungstendenzen von Kindern zu verändern, bei denen gelernte Hilflosigkeit bzw. Resignation nach Mißerfolg konstatiert worden war. Nach 25 täglichen Übungsdurchgängen war erkennbar, daß *Dwecks* Versuchspersonen mehr Verantwortung für ihren Mißerfolg beim Lösen mathematischer Aufgaben übernahmen, nachdem sie gelernt hatten, ihren Mißerfolg auf ungenügende Anstrengung zurückzuführen. *Andrews* u. *Debus* (1978) erweiterten und verifizierten *Dwecks* Arbeiten. So scheint es heute möglich zu sein, daß Kinder bestimmte Aspekte interner Steuerung von jenen Lehrern lernen können, die systematisch interne Zuschreibungen verstärken und modellieren. *Andrews* u. *Debus* stellten fest, daß die Auswirkungen des Trainings beständig sind und daß diese Zuschreibungsstrategien generalisierbar, d. h. auf ein breites Spektrum schulischer Unternehmungen übertragbar sind. Wenn also ein Kind aufgrund von Mißerfolg den Anschein völliger Resignation macht und keinerlei Sinn für persönliche Verantwortung mehr hat, ist es unter Umständen angebracht, daß der Lehrer für dieses Kind ein Programm zur systematischen Verstärkung zusammenstellt. Der Grundgedanke dabei ist, Schüler soweit zu kriegen, daß sie ihre Probleme auf mangelndes eigenes Bemühen zurückführen und eben diese Einsicht verstärken. *Diener* u. *Dweck* (1978) haben ferner auf die Möglichkeiten hingewiesen, wie Techniken der Selbstüberwachung, Selbstinstruktion und Selbstverstärkung (vgl. Kapitel 14: Soziale Lerntheorie) eingesetzt werden können, um Kinder mit fehlerhaften Zuschreibungsstrukturen anzuleiten, „mit sich selber zu reden", und zwar in einer Art und Weise, die insgesamt hilfreicher ist. *Fowler* u. *Peterson* (1981) haben nachgewiesen, daß ein solcher Ansatz die Ausdauer bei Leseaufgaben erhöhen kann. Die verbalen Reaktionen der Kinder verändern sich und nach und nach auch ihre tatsächliche Leistung. Am Ende machen sie den Eindruck, als seien sie leistungsorientierter geworden.

Nirgendwo ist diese Entwicklung deutlicher erkennbar als in Untersuchungen über geistig behinderte Schüler. Viele solcher Schüler haben es gelernt, hilflos zu sein infolge der Erwartungen, die andere für sie stellvertretend hegen, und aufgrund ihrer eigenen auf tatsächliche Fähigkeitsdefizite zurückzuführenden

Schwierigkeiten, Leistungen zu erbringen. Wenn ihr Zuschreibungssystem jedoch verändert wird, ergeben sich teilweise erstaunliche Leistungssteigerungen (vgl. *Gold* u. *Ryan,* 1979). Lernanstrengungen und nicht nur Lernfähigkeiten können eine Menge bewirken! All jene Menschen, die zu Gruppen gehören, die gegen die Stereotype geringer Fähigkeiten ankämpfen müssen – Schwarze, Frauen, Lernbehinderte und andere – können von Trainingsprogrammen für Zuschreibungsmodifikationen profitieren.

Der Lehrer kann die Motivstruktur verändern

Diese Projekte, in denen systematische Trainingsverfahren detailliert beschrieben werden, verdeutlichen uns einen wichtigen Sachverhalt. Sie zeigen, daß Lehrer aller Schularten mit nur ein wenig eigenem Training und Gelegenheit zum Selbststudium die Zuschreibungssysteme und Leistungsmotivation ihrer Schüler verbessern können. Es steht außer Zweifel, daß das, was die Lehrer sagen und tun, gerade auch die Zuschreibungsstrukturen, die ihre Schüler entwickeln, wesentlich beeinflussen (vgl. *Bar-Tal,* 1982).

17.6 Gruppenzugehörigkeit, Macht und Anerkennung als Motive

Unsere Aufmerksamkeit galt bislang der Beschreibung und dem Training von Leistungsmotivation, da sie für den Erfolg von zentraler Bedeutung ist – in der Schule als auch in anderen Bereichen unseres Lebens. Aber neben der Leistung sind auch andere Motive in der Schule wichtig.

Das Bedürfnis nach Gruppenzugehörigkeit und sozialem Anschluß

Das Motiv, das einem Bedürfnis nach Gruppenzugehörigkeit und sozialem Anschluß zugrundeliegt, repräsentiert das Ausmaß, in dem ein Schüler freundschaftliche soziale Beziehungen zu anderen Menschen sucht und braucht. Welche Auswirkungen dieses Motiv auf die schulische Leistung haben kann, ist aus Untersuchungen von *McKeachie* (1961) über Hochschulstudenten hervorgegangen. Seine These war, daß die fachliche Leistung eines Studenten mit einer starken Motivation zu sozialem Anschluß in solchen Seminaren größer sein würde, in denen Hinweisreize für sozialen Anschluß im Vordergrund stehen, im Vergleich mit Seminaren, wo solche Hinweise kaum erkennbar sind. Studenten mit einer schwach ausgeprägten Motivation zu sozialem Anschluß würden dagegen in solchen Seminaren mit ausgeprägten Hinweisreizen zu sozialem Anschluß eine relativ geringe Leistung zeigen.

Hinweisreize für sozialen Anschluß

Dem Bedürfnis des Studenten nach Zugehörigkeit zu einer Gruppe kann sowohl von seinen Kommilitonen als auch von seinen Lehrern entsprochen werden. *McKeachie* nahm an, daß sympathische, freundliche und an der Person des Studenten interessierte Lehrer diesem Bedürfnis eher entsprechen würden als solche Lehrer, die nur fachliches Interesse in den Vordergrund stellten oder nur an sich selbst interessiert wären.

Er maß die Intensität der Motivation zu sozialem Anschluß und Gruppenzugehörigkeit der Studenten mit dem TAT. Das persönliche Interesse der Lehrer maß er anhand von Beobachtungsberichten und anhand von studentischen Antworten in einem Fragebogen über das „Klima" in ihren Seminaren. *McKeachies* Untersuchung umfaßte die Seminarklassen von 31 Hochschullehrern der Fächer Französisch (2. Studienjahr), Mathematik (1. Studienjahr) und allgemeine Psychologie.

Abbildung 17-5 macht deutlich, daß Studenten der Psychologieseminare mit starker Motivation zu sozialem Anschluß bessere Noten in den Seminaren erhielten, die von sympathischen Lehrern unterrichtet wurden, während Studenten mit geringer Motivation zu sozialem Anschluß bessere Leistungen in den Seminaren erbrachten, die von weniger sympathischen Lehrern unterrichtet wurden. Dieses Ergebnis wurde zum Teil noch einmal in einer anderen Untersuchung von *McKeachie, Lin, Milholland* und *Isaacson* (1966) bestätigt.

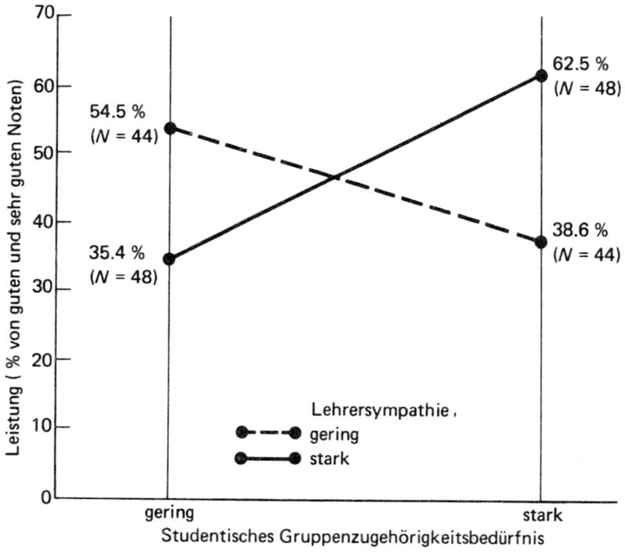

Nach *McKeachie* (1961).

Abbildung 17-5. Wechselwirkung von Lehrersympathie und studentischem Bedürfnis nach Gruppenzugehörigkeit und sozialem Anschluß als Leistungsdeterminanten

Das Bedürfnis nach sozialer „Macht"

Freiwillige Mitarbeit der Studenten

McKeachie untersuchte ebenfalls die Frage, ob Studenten mit starker sozialer „Macht"- oder Dominanzmotivation (der Wunsch, andere zu beeinflussen) in solchen Seminaren bessere Leistungen erbringen würden, in denen sie von ihren Lehrern dazu angehalten werden, ihre Gedanken frei zu äußern. Diese Seminare würden dann durch einen hohen Grad an freiwilliger studentischer Mitarbeit charakterisiert sein, wodurch ein Ventil für diejenigen mit einem starken Machtbedürfnis geschaffen wäre. Abbildung 17-6 zeigt, daß Studenten mit stark ausgeprägtem „Machtmotiv“ tatsächlich in den Seminaren bessere Leistungen erzielten, in denen freiwillige Mitarbeit vorherrschend war. Studenten mit geringem sozialen „Machtbedürfnis“ zeigten in Seminaren ohne diesen Freiwilligkeitscharakter die besseren Leistungen. Diese Unterschiede tauchten bei Studentinnen deshalb nicht auf, weil deren „Machtbedürfnisse“ andere Eigenschaften haben als die ihrer männlichen Kommilitonen.

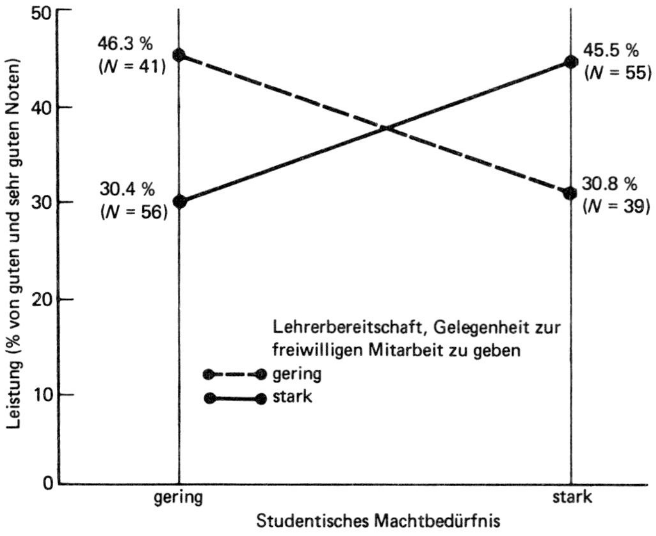

Nach *McKeachie* (1961)

Abbildung 17-6. Wechselwirkung zwischen der Lehrerbereitschaft, Gelegenheit zur Selbstbejahung (freiwilliges Mitarbeiten) zu geben, und dem studentischen „Machtbedürfnis“, als Determinationsbasis für Leistung

Wir betonen noch einmal, wie wichtig es ist, daß der Lehrer die Motivationen seiner Schüler oder Studenten versteht. Die charakteristischen Verhaltensweisen eines Lehrers interagieren anscheinend mit Motivationsstrukturen der Schüler bzw. Studenten, z. B. ihren Bedürfnissen nach sozialer „Macht“ oder sozialem Anschluß. Manchen Schülern wird durch die Umwelt, die der Lehrer schafft, geholfen, andere werden eher durch sie behindert. Das Konzept der „Aptitude-Treatment-Interaction“ (ATI), das wir in Kapitel 10 vorstellten, hat gerade diese gegenseitige Anpassung von Lehrer und Motivstrukturen der Schüler zum Inhalt mit dem Ziel, die Schülerleistungen zu steigern. Augenblicklich müssen wir uns noch damit begnügen, auf die intuitiven Entscheidungen des Lehrers darüber zu vertrauen, wie er eine solche wechselseitige adäquate Anpassung herbeiführen kann. Eines Tages, so hoffen wir, wird es objektivere und dennoch praktikable Methoden geben, um solche Entscheidungen zu treffen.

Das Bedürfnis nach sozialer Anerkennung und andere Motivationsmuster

Konformität und Unterwürfigkeit

Ein Motivationsmuster, das jeder Lehrer bei seinen Schülern wahrnehmen kann, insbesondere dann, wenn es stark ausgeprägt ist, ist das Bedürfnis nach sozialer Anerkennung. Zwar brauchen wir alle die Anerkennung anderer, aber die meisten von uns sind nicht übermäßig abhängig von ihr. Ein Schüler, der extrem von Anerkennung abhängig ist, verhält sich nach der Beschreibung von *Crowne* und *Marlowe* (1964) Autoritäten gegenüber konformistisch und unterwürfig. Er geht möglichst nie das Risiko ein, seine Selbstachtung zu gefährden oder sozial abgewiesen zu werden. Forschungen über Schüler mit stark ausgeprägtem Anerkennungsbedürfnis lassen folgendes erkennen: sie verwenden mehr Wortassoziationen, die denen anderer Schüler gleichen; sie sind dafür lieber weniger unkonventionell, sind leichter zu überreden; sie treffen ihre Zielsetzungen in risikoreichen Situationen sehr viel vorsichtiger, und sie zeigen positivere Einstellungen gegenüber langweiligen und eintönigen Aufgaben.

Ein Schüler, der in starkem Maße von sozialer Anerkennung abhängig ist, charakterisiert sich selbst in vorteilhafter Weise, trifft weniger genaue Selbsteinschätzungen und schützt seine Selbstachtung vor potentiell „feindlichen" Urteilen. Obwohl Personen mit starkem Bedürfnis nach sozialer Anerkennung gruppenorientiert sind und nach sozialem Anschluß suchen, werden sie häufiger von anderen abgelehnt. Das Kind, das der Liebling des Lehrers sein möchte, zeigt oft solche Tendenzen.

Wenn der Lehrer die Beratung seiner Schüler als eine seiner Aufgaben akzeptiert, wird er den Schülern mit starkem Anerkennungsbedürfnis besondere Aufmerksamkeit schenken müssen. Natürlich gibt es für den Lehrer auch bei anderen motivationalen Mustern Probleme, so z.B. bei Konformität, Abhängigkeit, Schmeichelei, Aggression und Demütigung (vgl. Abbildung 16-4), insbesondere dann, wenn solche Strukturen die Überhand gewinnen. Überstarke Konformität, Abhängigkeit oder Schmeichelei, überstarke verbale oder physische Aggression gegen sich selbst oder andere – all dies erfordert das Verständnis des Lehrers. Die Ursprünge dieser Motive und die Möglichkeiten für ihre Reduzierung sind noch nicht so weit erforscht wie die Ursprünge der Leistungsmotivation. Aber wir wissen, daß Faktoren in der unmittelbaren Umwelt – Faktoren, die schneller wirksam werden als das oben beschriebene Trainingsprogramm – Motivationsgrade und daraus entstehende Verhaltensweisen beeinflussen können. Die Arten kontingenter Belohnungen und Strafen, die wir in Kapitel 12 über operantes Konditionieren diskutiert haben, können auf solche Motivstrukturen einwirken. In Kapitel 18 werden wir diese Möglichkeiten operanter Konditionierungsansätze im einzelnen behandeln.

17.7 Zusammenfassung

Die Messung sozialer Motive im Klassenzimmer ist schwierig. Manchmal muß der Lehrer die Bedürfnisse der Schüler durch sorgfältiges Beobachten in Verbindung mit Intuition und mit gesundem Menschenverstand abschätzen – und das ist auch der Mühe wert. Wir hatten bereits festgestellt, daß eine hohe Leistungsmotivation mit bestimmten wertvollen schulischen Verhaltensweisen parallel läuft. Darüber hinaus kann nun das Motiv, nach Erfolg zu streben, trainiert werden. Schüler können lernen, manche Aufgaben besser lernen zu *wollen*. Vielleicht haben Sie Schüler, die kein Bedürfnis zeigen, bei irgendeiner Aufgabe Erfolg zu haben, die sich selbst als Schachfiguren betrachten, die hin und her geschoben werden, und die glauben, daß ihr Verhalten von externen Kräften kontrolliert wird. Wenn dem so ist, können Sie ein Leistungstraining bzw. ein Zuschreibungstraining einsetzen, allein mit dem Ziel, die Schüler so weit zu bringen, daß sie bereit sind, einige der Dinge zu lernen, die Sie für wichtig halten. Erfolgserfahrungen und Mißerfolgserfahrungen haben unterschiedliche Auswirkungen, je nach der dominierenden Motivstruktur und dem jeweiligen Zuschreibungssystem des einzelnen Schülers.
Wenn die Schüler von Angst angetrieben und gesteuert werden, wenn es ihnen also primär darum geht, Mißerfolge in ihrem Leben zu vermeiden, dann treffen sie andere Entscheidungen, als wenn ihr dominierendes Motiv die Hoffnung auf Erfolg ist. Lehrer müssen sich dieser Faktoren bewußt sein, wenn sie mit ihren Schülern arbeiten, so daß sie sie angemessen behandeln können. Schüler mit hoher bzw. niedriger Leistungsmotivation werden – ebenso wie Schüler, die für ihre Zuschreibungen interne oder externe Begründungszusammenhänge herstellen – bei bestimmten schulischen Aufgaben unterschiedliche Leistungen erbringen, wenn sie unabhängig voneinander arbeiten. Je nach seiner individuellen Motivations- und Zuschreibungsstruktur braucht der eine Schüler mehr Überwachung, Anleitung und Strukturhilfen als der andere. Wie wir gesehen haben, beeinflußt die Zuschreibungsstruktur der Schüler und der Lehrer ihre emotionale Verfassung und ihr nachfolgendes Verhalten. Wenn wir mehr über die Zuschreibungsstrukturen der einzelnen Schüler in Erfahrung bringen und im Zusammenhang damit über unsere eigenen typischen Erfolgs- und Mißerfolgszuschreibungen, können wir bessere Lehrer werden.
Selbst unvollkommenes Wissen über die Bedürfnisse Ihrer Schüler nach sozialer Anerkennung, sozialer Macht und Gruppenzugehörigkeit kann Ihnen eine Hilfe sein, die unverwechselbaren Bedürfnisse Ihrer Schüler zu berücksichtigen. Bei dem einen wollen Sie vielleicht ein höheres Maß an sozialer Verstärkung erreichen; von einem anderen vielleicht Gruppenarbeit verlangen; und mit einem dritten wollen Sie vielleicht über seine manipulativen Tendenzen reden, deretwegen er sich bei seinen Mitschülern unbeliebt macht. Die Kenntnis bestimmter Motivstrukturen hilft Ihnen und Ihren Schülern dabei, die im Unterricht anfallenden Aufgaben effizienter und ohne große Mißstimmungen zu lösen.

Kapitel 18
Umweltfaktoren und Motivation

18.1 Überblick

Wie wir in Kapitel 16 festgestellt haben, wird Verhalten *(V)* von der Wechselwirkung zwischen Persönlichkeitsvariablen *(P)*, wie der Leistungsmotivation oder der Wahrnehmung des eigenen Verhaltens, und von Umweltvariablen *(U)*, wie der sozialen Anerkennung bestimmt. Die Unterscheidung zwischen *P*- und *U*-Variablen kann leicht unscharf werden, da eine individuelle Variable ebenfalls durch Ereignisse in der Umwelt geformt und aufrechterhalten werden kann.

In diesem Kapitel beschäftigen wir uns mit der Möglichkeit, zu einem Verständnis zur Verbesserung von Motivation zu gelangen, die mit dem Ansatz des operanten Konditionierens gegeben ist. Bei diesem Ansatz ist die Umwelt in den Mittelpunkt gerückt – insbesondere die in dieser Umwelt vorhandenen Verstärkungskontingenzen. Aus dem Ansatz des operanten Konditionierens lassen sich praktische Vorgehensweisen zur Verhaltensveränderung durch Beeinflussung der Umwelt ableiten. Daneben beschäftigen wir uns mit einigen Vorstellungen über die motivierenden Auswirkungen von Frustrationen. Wenn Schüler frustriert werden, so wird bei ihnen, wie bei uns allen, Verhalten in Gang gesetzt und ihm eine Richtung gegeben; dabei handelt es sich jedoch häufig um unerwünschtes Verhalten. Frustrierte Schüler sind häufig aggressiv. Dann stellen wir einige Methoden der Verhaltensmodifikation vor, die sich als äußerst wirksame Mittel zur Verbesserung der Motivation von frustrierten und aggressiven Schülern erwiesen haben. Schließlich bearbeiten wir einen ganzen Komplex von Vorstellungen darüber, wie man die Unterrichtsvariablen so manipulieren kann, daß sie zu Motivationssteigerungen führen.

18.2 Intrinsische und extrinsische Motivation

Manchmal scheint Verhalten von Umweltvariablen nicht beeinflußt zu werden. Manchmal scheint die ausdauernde Energie, mit der sich ein Mensch bestimmten Dingen zuwendet, einfach aus irgendeinem unbekannten Trieb zu resultieren, wobei anscheinend keine Verstärkung von außen vorhanden ist. Eine derartige Motivation, die anscheinend ohne Belohnungen vorhanden ist, wird manchmal „intrinsisch“ genannt. (Diese Bedeutung von *intrinisch* muß klar von einer anderen Bedeutung unterschieden werden, die sich darauf bezieht, daß eine Tätigkeit in sich selbst schon belohnend sein kann.) Häufig wird ein derartiges anscheinend unbelohntes Verhalten für wünschenswerter gehalten als eine „extrinsische" Motivation, die von beobachtbaren Belohnungen abhängig ist. Die Gegner der operanten Methoden sagen z. B.: „Belohnungen verderben das Kind; sie führen dazu, daß es nur noch für Belohnung arbeitet. Das Kind, das wir *wirklich* wollen, braucht keine Belohnungen. Wenn wir das Kind dafür bezahlen, daß es liest oder Klavier spielt, dann verbauen wir ihm die Chance, eine unmittelbare Zuneigung zum Lesen oder Klavierspielen zu entwickeln. Verstärken heißt bestechen!".

Scheinbar unbelohntes Verhalten

Dem halten wir entgegen, daß die Motivation aller Menschen den verstärkenden Konsequenzen früheren Verhaltens entstammt. Sie sorgen möglicherweise selbst dafür, daß sie Verstärkung aus externen Quellen erhalten. Niemand liest oder spielt Klavier, wenn eine derartige Verstärkung nicht vorhanden ist. Ein guter Leser oder Klavierspieler mag den Anschein erwecken, er sei von innen motiviert, weil er Prozesse der Selbstverstärkung entwickelt hat. Ursprünglich ist das Lesen oder das Klavierspielen vielleicht durch soziale Anerkennung von den Eltern oder von Lehrern gefördert worden – durch ein anerkennendes Schulterklopfen oder ein Bonbon, wenn die Worte *Hut* und *Mut* richtig gelesen wurden, oder dadurch, daß das erste erkennbare Lied regelrecht gefeiert wurde. Die Belohnungen, die darin bestehen, daß man Ausführungen über das Leben Hemingways machen kann, nachdem man seine Biographie gelesen hat, oder das Vergnügen, das mit dem Klavierspielen auf einer Party verbunden ist, führen möglicherweise dazu, daß scheinbar intrinsisch motiviertes Verhalten aufrechterhalten bleibt.

Selbstverstärkung

Die Unterscheidung von intrinsischer und extrinsischer Motivation kann auch als ein Problem der Zuschreibung oder der Selbstwahrnehmung dargestellt werden. Wenn Menschen sich selbst als die Ursache ihres eigenen Verhaltens sehen, d. h. wenn ihre Selbstwahrnehmung ihnen sagt, daß sie die Ursache sind und daß eine interne Verhaltenskontrolle vorliegt, dann gehen diese Menschen davon aus, daß sie intrinsisch motiviert sind. Wenn Menschen ihr Verhalten als umweltbedingt einschätzen, d. h. wenn sie glauben, daß sie wie Schachfiguren herumgeschoben werden, dann klassifizieren sie selbst (genauso wie andere Menschen auch) ihr Verhalten als extrinsisch motiviert (vgl. *Calder* u. *Straw,* 1975). Diese Wahrnehmungen der eigenen Verhaltensmotivation sind deswegen wichtig, weil sie das Verhalten der betreffenden Person in eindrucksvoller Weise beeinflussen. In einer Reihe von Untersuchungen ist das Ausgangsinteresse von Kindern für bestimmte Tätigkeiten gemessen worden (vgl. *Lepper* et al., 1973; *Lepper* u. *Greene,* 1975). Die Kinder durften nach dieser Messung weiterspielen, wobei sie wußten, daß sie für ihre Bemühungen später belohnt werden würden. Andere Kindergruppen wurden im Vergleich dazu entweder gar nicht oder unerwartet belohnt. Die Gruppe, deren Tätigkeiten von der Erwartung einer Belohnung beeinflußt waren, zeigten eine relative Abnahme an Leistungsbereitschaft. Es war, als würde ihre intrinsische Motivation irgendwie durch die Belohnung „unterminiert". Möglicherweise hatten sich ihre Zuschreibungen verändert: hatten sie anfangs die Ursache in sich selbst gesehen, so war es nun ihr Eindruck, von außen gesteuert zu werden.

Wahrnehmung des eigenen Verhaltens

Motivation unterminieren

> Wenn wir bedenken, daß viele der Tätigkeiten, zu denen wir die Kinder im Unterricht ermuntern, zumindest bei einigen auf ein anfängliches Interesse stoßen, dann bewirkt die Darbietung dieser Tätigkeiten in einem systematischen Kontext extrinsischer Anreize ... möglicherweise die Unterminierung des intrinsischen Interesses an solchen Aktivitäten. Ohne es zu wissen ..., sind wir dafür verantwortlich, daß aus Betätigungen, die aus ursprünglichem Interesse entstehen, Schufterei wird, auf die sich die Kinder nur dann einlassen, wenn ein äußerer Druck besteht, der sie dazu zwingt oder es ihnen schmackhaft macht ... (*Lepper* u. *Greene,* 1975, S. 484–485).

Wir dürfen also nicht vergessen, daß manche Schüler in bestimmten Situationen tatsächlich deswegen weniger leisten, weil sie dafür eine Belohnung bekommen haben oder noch bekommen werden. Diese Tendenz ist besonders dann erkennbar, wenn das anfängliche Interesse von der Komplexität oder Neuartigkeit der Aufgabe geweckt wird (vgl. *Lepper* u. *Greene,* 1978). In den meisten Fällen jedoch zeigen Belohnungssysteme, mit denen Verhalten motiviert werden soll, gleichförmige Wirkungen, insbesondere dann, wenn sie mit Bedacht eingesetzt und sorgfältig überwacht werden. *Pittman* et al. (1982) haben zu diesem Thema einige wichtige Unterscheidungen eingeführt. Sie betonen, daß verbale Belohnungen allem Anschein nach das Interesse weniger unterminieren als Sachbelohnungen. Aber selbst hier müssen wir noch einmal differenzieren. Verbale Belohnungen werden dann als Hilfe wahrgenommen, wenn sie Informationen über die Leistung beinhalten, während verbale Belohnungen, mit denen eine Verhaltenskontrolle ausgeübt werden soll, nicht als hilfreich wahrgenommen werden. Das heißt, wenn einem gesagt wird, „Danke – genauso will ich die Sache erledigt haben", dann wird das Interesse an dieser Aufgabe wahrscheinlich unterminiert, während es erhalten bleibt, wenn es heißt, „Danke – das machst du sehr gut so". Als Kontrolle gemeinte Feststellungen führen zu externer Orientierung und geringerer Motivation, während informative Feststellungen zu einer internen Orientierung und erhöhtem Kompetenzgefühl führen (vgl. *Deci,* 1975). *Pittman* und seine Mitarbeiter betonen ferner, daß Belohnungen das Interesse an leichten Aufgaben nicht generell unterminieren. Leichte Aufgaben, so scheint es, rufen eine intrinsische Orientierung hervor, und die Leistungen in solchen Situationen werden durch externe Belohnungen angehoben. Diese Tendenz würde bedeuten, daß der vom Schüler als „leicht" oder „schwer" empfundene Schwierigkeitsgrad einer schulischen Aufgabe dafür ausschlaggebend ist, ob die Belohnung des Lehrers die Motivation des Schülers, sich dieser Aufgabe zu widmen, anhebt oder zerstört. Diese hochspezifischen Wirkungszusammenhänge machen erneut deutlich, welch schwierige Entscheidungen der Lehrer bisweilen treffen muß und wie einflußreich diese Entscheidungen auf das Verhalten der Schüler sind.

Belohnungssysteme

Leichte und schwere Aufgaben

18.3 Operantes Konditionieren und Motivation

Dem Leser sollte klar sein, daß genau genommen der Begriff *Motivation* für Psychologen, die sich eng an die Konzepte des operanten Konditionierens anlehnen, überflüssig ist, da er über solche Operationen wie Deprivieren,

Beunruhigen, einen Anreiz geben oder verstärken hinaus keine Bedeutung hat. Alle diese Bedingungen führen unmittelbar zu Verhalten.
Im Modell des operanten Konditionierens ist ein motivierter Schüler nicht notwendigerweise ein Schüler, der starke Motive zum Lernen hat, oder der von machtvollen biologischen oder sozialen Bedürfnissen und Trieben angetrieben wird. Ein motivierter Schüler ist vielmehr ein Schüler, der richtig verstärkt worden ist. Seine Verstärker sind in den richtigen Quoten, mit adäquater Häufigkeit und zur richtigen Zeit (d.h. schnell genug) nach seiner jeweiligen Handlungsweise vorhanden gewesen.
Welches Kind wird ein wirklich motivierter Schüler? Welches zeigt das einmal gelernte Verhalten noch lange, nachdem die Schulzeit vorbei ist? Welches wird völlig in der aktiven oder passiven Beschäftigung mit der Kunst aufgehen? Es ist der Mensch, der gelernt hat, lange Zeit ohne erkennbare Verstärkung auszukommen. Er hat diese Art der Beständigkeit in einem schrittweisen Prozeß erworben, in dem über einen langen Zeitraum hinweg das Verhältnis von Verstärkern zu Reaktionen immer kleiner wurde. Wissenschaftler und Künstler, die in ihrem Gebiet ganz aufgehen, können sich mit langwierigen Projekten beschäftigen, ohne daß sie Erfolg oder Anerkennung erfahren. Diese Menschen haben aus den Erfahrungen im Laufe ihres Lebens gelernt, trotz stark verzögerter Verstärkungspläne ihre Arbeit fortzusetzen. Der Pädagoge, der bei seinen Schülern eine derartige Hingabe erreichen will, wird dafür sorgen, daß in den frühen Lernstadien das Verhältnis von Verstärkern zu den zu bekräftigenden Handlungsweisen groß ist. Danach wird er mit den künstlerischen, wissenschaftlichen oder anderen Fortschritten eines Schülers dazu übergehen, die Verstärkungsquote nach und nach einzuschränken oder zu senken. In dem Versuch, die Motivation vom Standpunkt des operanten Konditionierens aus zu erfassen, wird die Entwicklung einer solchen Hingabe oder starken Motivation auf dieselbe Weise beschrieben, wie das Erlernen irgendwelcher anderer Handlungen.
Angenommen ein Lehrer sagt sich: „Wenn ich das Interesse meiner Schüler an Mathematik wecke, dann werden sie ihre Aufgaben regelmäßig erledigen." In diesem Fall muß der Lehrer nun spezifizieren, was dazu führt, daß Interesse geweckt wird. Das heißt, das Motivationskonzept „Interesse wecken" ist überflüssig. Der Lehrer könnte genauso gut gleich sagen: „Wenn ich es so einrichte, daß 50% der Hausaufgabennoten die Zeugnisnote bestimmen, werden die Schüler ihre Aufgaben regelmäßig erledigen." Die einfache Tatsache, daß das Verhalten des Lernenden unter die Kontrolle eines verstärkenden Stimulus gebracht wird, wird dazu führen, daß die Hausaufgaben regelmäßig erledigt werden. Es genügt, die Umwelt zu manipulieren, um Verhalten zu ändern. Es sind also die Stimuli in der Umwelt, die als „Motivatoren" wirken. Von einem Menschen, der auf bestimmte Umweltstimuli auf bestimmte Weise reagiert, wird gesagt, er sei unter Stimuluskontrolle.
Stimuluskontrolle kann durch verstärkende Stimuli oder Anreize ausgeübt werden. Anreiz ist nicht dasselbe wie Verstärker. Ein Anreiz ist die Ankündigung oder Erwartung einer Verstärkung. Die Erwartung, daß man gelobt werden wird, ist der Anreiz. Das Lob selbst ist der Verstärker. Anreize, wie z.B. die Erwartung bestimmter Noten, einer Geldsumme oder sozialer Aner- **Anreize**

kennung sind machtvolle Motivatoren. Bei einem Menschen, der unter der Stimuluskontrolle einer dieser Anreizbedingungen steht, wird die Energie, die er aufwendet, zunehmen und wird sich die Richtung seines Verhaltens ändern. Irgendetwas wird dann zu einem Anreiz, wenn es in der Lebensgeschichte eines Menschen mit Verstärkung verknüpft war. Nahrung kann ein Anreiz sein, weil sie in der Lebensgeschichte von Menschen konsistent mit der Befriedigung von Hunger verknüpft ist.

Anreize im Unterricht sind alle jene Ereignisse, die eine Verstärkung ankündigen. Ein anerkennender Blick des Lehrers im Vorbeigehen kann ein kontingenter Verstärker für irgendeine Tätigkeit sein, mit der der Schüler gerade beschäftigt ist. Er kann aber auch einen Anreiz darstellen – ein Signal des Lehrer, daß er den Schüler mag und daß der Schüler erwarten kann, daß ihm der Lehrer Beachtung schenkt und eine freundschaftliche Haltung ihm gegenüber einnimmt. Wenn der Schüler unter Stimuluskontrolle steht, dann wird die Erwartung einer Verstärkung, die aus dem anerkennenden Blick oder irgendeinem anderen, entsprechenden Stimulus resultiert, einen Motivator darstellen.

Verstärker und Stimuluskontrolle

Wie kann man herausfinden, welche Verstärker und Anreize Schüler motivieren werden? Gibt es Stimuli, die bereits eine Kontrolle ausüben? Die Vorlieben eines Schülers für bestimmte Verstärker zu kennen, bedeutet, daß man weiß, unter welchen Umweltstimuli und für welche Anreize der Schüler arbeiten wird.

Eine Methode, die für einen bestimmten Schüler angemessenen Verstärker zu bestimmen, ist, den Schüler zu beobachten. Wie wir in Kapitel 12 gesehen haben, ist hierfür das *Premack*-Prinzip von Nutzen. Das Prinzip besagt, daß das, was ein Kind auf eigene Initiative hin tut, als Verstärkung für Tätigkeiten eingesetzt werden kann, auf die das Kind nicht spontan eingeht. Eine weitere, einfache Möglichkeit, angemessene Verstärker für einen bestimmten Schüler herauszufinden, ist, den Schüler selbst zu fragen. Was der Schüler als Verstärker anerkennt – ob es das Lob des Erwachsenen ist oder die Erlaubnis, an bestimmten Tätigkeiten teilzuhaben, oder ob es Dinge oder Süßigkeiten sind –, läßt sich in einem informellen Gespräch mit dem Schüler leicht klären. Die Information läßt sich aber auch so gewinnen, daß wir speziell für diesen Sachverhalt entwickelte Instrumentarien zur Feststellung von Belohnungspräferenzen einsetzen (z. B. das „Reward Preference Assessment Instrument" von *Cartwright* u. *Cartwright,* 1970). Schließlich gibt es auch die Möglichkeit, ein „Verstärkungsmenu" zusammenzustellen, eine Liste also, auf der verschiedene Betätigungsmöglichkeiten, Gegenstände und Süßigkeiten verzeichnet sind, die der Lehrer anbieten kann. Der Schüler stellt seine Verstärker „à la carte" zusammen, bevor er mit einer nützlichen Aufgabe beginnt.

Verstärkungsmenu

Wir sollten hier noch die weit verbreitete Ansicht erwähnen, daß es für Kinder verschiedener sozialer Schichten unterschiedliche Arten von Verstärkern gibt. Diese Auffassung scheint nicht den Tatsachen zu entsprechen (vgl. *Schultz* u.

Sherman, 1976). Verstärker müssen für jedes Kind individuell ausgewählt werden. Der Lehrer sollte sich nicht auf die Vermutung einlassen, daß Geschlecht, Rasse, soziale Schicht oder Alter konsequent auf bestimmte Verstärkungspräferenzen hindeuten.

Aber insgesamt sind hier einige Warnungen angebracht. Diese Vorgehensweise ist durchaus nicht unfehlbar. Schüler sind nicht immer dazu imstande oder auch dazu bereit, zutreffende Aussagen über sich selbst abzugeben, und Motivationssysteme verändern sich im Laufe der Zeit. Daneben ist es möglich, daß die Beispiele für Verstärker und für Verstärkungsquellen mit den Werten des Lehrers nicht übereinstimmen. Will er wirklich einen Schüler mit guten Noten verstärken? Wenn er das nicht will, wenn er es vorzieht, die Bedeutung, die die Anerkennung durch Erwachsene, das Wettbewerbsstreben oder materielle Belohnungen wie Süßigkeiten für den Schüler haben, zu vermindern, so kann er andere Verstärker einsetzen, die mit seinen Werten eher in Einklang stehen. Sinn dieses Verfahrens ist es, einen einfachen Weg zu finden, um die Präferenzen eines Schülers aufzudecken und dann Anreize so zuzuschneiden, daß der Schüler motiviert wird.

Frustration und Motivation

Ein Anreiz kann eine Kontrollfunktion ausüben, wenn die Erwartung einer Verstärkung gewöhnlich durch eine tatsächliche Verstärkung erfüllt wird. Was geschieht, wenn das nicht der Fall ist? Angenommen, ein Schüler arbeitet auf eine gute Note hin, er will einen Wettbewerb gewinnen oder eine Freistunde bekommen, und angenommen, in der Vergangenheit ist sein Verhalten durch diese Ereignisse verstärkt worden. Dann erlebt er Frustration oder das Ausbleiben von Verstärkung. Die Intensität und die Ausrichtung seines Verhaltens wird sich ändern. Eine derartige Frustration, das Ausbleiben von Verstärkung, führt zu einer Art von motiviertem Verhalten, die frustriertes Verhalten genannt wird. Wenn die Verstärkung weiterhin ausbleibt, folgt auf die Frustration das Phänomen der Löschung, das in Kapitel 12 beschrieben wird.

Ausbleiben von Verstärkung

Wie kann es zu einer Frustration beim Schüler kommen? Zunächst kann sie einfach aus einer ausbleibenden Verstärkung resultieren – der Schüler erhält nicht die erwartete Note, da der Lehrer keine Zeit hatte, seine Arbeit durchzusehen. Oder der Schüler kann für seine Gruppe keine Punkte erzielen. Weiterhin kann es dann zur Frustration kommen, wenn der Lehrer die Vervollständigung von Handlungsweisen, die zu Verstärkung führen, verhindert. Wird ein Schüler aus einer Gruppe, in der er gute Leistungen bringt, herausgenommen und einer anderen zugewiesen, in der er weniger leistet, so wird für ihn eine Verstärkung ausbleiben. Ebenso würde es einen Schüler frustrieren, wenn er eine Aufgabe, die ihn ganz in Anspruch nimmt, nicht zu Ende führen kann, nur weil die Zeit abgelaufen ist. In diesen beiden Beispielen stellt der Schüler fest, daß es schwieriger für ihn ist, eine Verstärkung zu erhalten als er erwartet hat.

Eine andere Möglichkeit, Frustration zu erzeugen, besteht darin zu verhindern, daß mit einer Reaktion überhaupt begonnen wird, die zu Verstärkung führen würde. Ein Beispiel hierfür wäre, wenn ein Schüler von einer Rechtschreibprüfung befreit wird, weil er sowieso schon gut rechtschreiben kann. Für diesen Schüler ist die Chance verbaut, irgendwelche Handlungen überhaupt zu beginnen, die zu Verstärkung führen würden. In einer klassischen Untersuchung von *Barker, Dembo* u. *Lewin* (1943) wird dies beschrieben. 30 Kinder (25 bis 61 Monate alt) durften eine Zeitlang mit sehr begehrten Spielsachen spielen. Danach wurden die Kinder von den Spielsachen durch ein Drahtnetz getrennt. Die Versuchsleiter hielten u. a. die Konstruktivität, die die Kinder im Spiel zeigten, fest. In der Folge von Frustrationen „regredierten" die Kinder, sie zeigten Verhaltensmuster, die für jüngere Altersstufen charakteristisch sind. Die Regression betrug im Durchschnitt 17,3 Monate im psychischen Alter. Das heißt, nach der Frustration spielten sie im Durchschnitt wie Kinder, die etwa 1,5 Jahre jünger sind. Ihr Ausdrucksverhalten war weniger ungezwungen, ihre Unterhaltungen weniger freundlich, und es wurden weniger Anzeichen dafür beobachtet, daß sie sich wohlfühlten. Statt dessen waren sie unruhiger, sangen und sprachen laut, stotterten, lutschten am Daumen, schlugen sich und so weiter.

Auswirkungen der Frustration: Regression und Aggression

Die charakteristischen Auswirkungen von Frustration auf das Verhalten – Unbeherrschtheit, Abkapselung, Regression, Überaktivität und ganz besonders Aggression – wurden bei Ratten, Primaten und Menschen beobachtet (*Lawson,* 1965). Frustration motiviert: sie ändert das Energieniveau und die Richtung von Verhalten. Sie kommt als Ergebnis des Ausbleibens einer erwarteten Verstärkung, der verhinderten Vervollständigung einer potentiell verstärkenden Aktivität oder überhaupt der Verhinderung von verstärkenden Reaktionen zustande.

Frustration motiviert gewöhnlich zu einem Verhalten, das sozial unerwünscht ist. Der Lehrer sollte deshalb verhindern, daß es zu frustrierenden Situationen kommt. Wenn einmal Aggression, Regression oder ungewöhnliche Emotionalität im Verhalten von Schülern zu beobachten ist, so kann man ein derartiges Verhalten als Hinweis auf das Vorhandensein von Frustration betrachten. Dann kann man versuchen, die frustrierenden Ereignisse oder die Umweltfaktoren zu identifizieren, die verhindern, daß die Schüler Verstärker erhalten, und entscheiden, ob etwas unternommen werden sollte, um die Frustration abzubauen.

18.4 Motivierungssysteme

Der Leser sollte sich einmal vorstellen, er wäre dafür verantwortlich, eine Gruppe von 36 männlichen Jugendlichen zu unterrichten, von denen die meisten – ungefähr 85 Prozent – Schulversager sind. Sie alle sind solcher Verbrechen wie Autodiebstahl, Einbruch, Vergewaltigung oder Mord für schuldig befunden worden. Ihre Leistungen in fünf Bereichen des Curriculums

– Lesen, Englisch, Naturwissenschaften, Mathematik, Sozialkunde – zu Beginn des Programms, das der Leser entwickeln sollte, zeigen die „Vorher"-Zeilen der Tabelle 18-1. Was würde man unternehmen, wenn man zwischen 3 und 18 Monate Zeit hätte, mit diesen Jungen zu arbeiten? Würde man die Verbesserungen, die die „Nachher"-Zeilen der Tabelle 18-1 zeigen, erwarten?

Tabelle 18-1. Prozentsatz der kriminellen Jugendlichen auf bestimmten Klassenstufen in fünf Curriculumgebieten vor und nach einem Training

	Klassenstufe			
	1–4	5–7	8–10,5	10,6–12
Lesen				
vorher	22%	36%	39%	3%
nachher	3	28	39	30
Englisch				
vorher	97	3	0	0
nachher	8	33	25	22
Naturwissenschaften				
vorher	22	78	0	0
nachher	14	28	44	14
Mathematik				
vorher	72	28	0	0
nachher	14	8	53	25
Sozialkunde				
vorher	33	67	0	0
nachher	6	36	19	39
	N = 36			

Nach *Cohen* (1973, S. 305)

Tokenökonomien

Diese eindrucksvollen Daten über den Leistungszuwachs stammen von *H. L. Cohen* (1973). In seinem Programm wurde für eine Lernumwelt gesorgt, bei der mit schulischen Leistungen, die mit den üblichen Tests gemessen wurden, Punkte erzielt werden konnten, die dann für materielle Güter, für Dienstleistungen und für besondere Privilegien eingetauscht werden konnten. Der Schüler mußte für die Aufnahme in einen Kurs „Gebühren" bezahlen. Das heißt, er kaufte sich mit Vorschußpunkten in einen Kurs ein, in dem er bei guten Leistungen den Vorschuß abverdienen und weitere Punkte hinzuverdienen konnte. Mit den zusätzlich verdienten Punkten konnten die Jungen alles Mögliche einkaufen: Freizeit im Gesellschaftsraum, Bücher, Zeitschriften, Extrakleidung, Versandhausartikel, eine eigene Dusche, ein eigenes Schlaf- und Wohnzimmer, Mahlzeiten wie in einem Restaurant usw. Die Jungen konnten sich sogar Ausgang verdienen, um einkaufen zu gehen oder Stadtrundfahrten zu machen oder ihre Familien zu besuchen. Dieses ökonomische System, in dem die Verstärkung kontingent auf schulische Leistungen hin erfolgte, motivierte die Schüler dazu, ein Leistungsniveau zu erreichen, wie es bei solchen Gruppen zuvor nie dagewesen war. Ihre Leistungen waren besonders beachtlich, wenn man die vielen früheren, erfolglosen Versuche bedenkt, bei gestörten und delinquenten Jugendlichen die Motivation zu solchen Leistungen aufzubauen.

Es ist wiederholt festgestellt worden, daß dieses System, das wir *Tokenökonomie* nennen, in vielerlei Hinsicht das schulische und soziale Verhalten von Schülern verbessert (vgl. *O'Leary* u. *Drabman,* 1971). Die dramatisch anmutenden Ergebnisse in einer Jugendstrafanstalt haben also ihr Gegenstück im ganz normalen schulischen Unterricht. Eine für den Unterricht typische Tokenökonomie beinhaltet: (a) eine Reihe von Verhaltensweisen, für die es Tokens gibt; (b) eine Reihe von Regeln, anhand derer die Schüler ihre Tokens für die gewünschten Verstärker eintauschen; (c) eine Reihe von Regeln, nach denen die Tokens für angemessenes Verhalten vergeben werden und bisweilen (d) eine Reihe von Regeln, nach denen Tokens infolge unangemessenen Verhaltens wieder eingezogen werden. *McLaughlin* (1975) hat festgestellt, daß die derzeit verwendeten Systeme sich für den allgemeinen Schulgebrauch als wirksam erwiesen haben, daß sie leichter zu handhaben sind als die Lehrer glauben, daß sie relativ billig sind und sich mit den Auffassungen der meisten Schulbehörden decken *und* daß die Schüler sie mögen. Deshalb ist davon auszugehen, daß solche Programme zahlenmäßig zunehmen werden.

Merkmale der Tokenökonomie

Cohen, der ursprünglich nur mit delinquenten Jugendlichen gearbeitet hatte, dehnte seine Arbeiten auf die übliche schulische Umwelt aus und entwickelte ein Modell zur Programmierung interpersoneller Curricula für Jugendliche. (PICA = „Programming Interpersonal Curricula for Adolescents.") Das Kernstück des Programms, mit dem angemessene schulische und soziale Verhaltensweisen verstärkt werden, sind Techniken des wirksamen Einsatzes von Verstärkern („Kontingenzmanagement"). Zu dem Programm gehören auch kurze Kurse darüber, wie man mit der Schule, mit Autoritätspersonen, mit Eltern, Drogen und sexuellen Problemen fertig wird. Das Programm war zunächst für jugendliche Schüler gedacht, die als kriminell oder potentielle Schulversager galten, wurde aber doch für die Verwendung durch einen gewöhnlichen Klassenlehrer entworfen. Ein anfänglicher Versuch mit 12 „Problem"schülern erbrachte eindrucksvolle Ergebnisse. Wie Abbildung 18-1 zeigt, wurden während einer einjährigen Arbeit mit diesem Programm bemerkenswerte Veränderungen in den verbalen und mathematischen Leistungen dieser Jugendlichen zustande gebracht. Die Schüler bauten ferner ihr Störverhalten ab, nahmen häufiger am Unterricht teil und zeigten Verbesserungen in einem weiten Bereich anderer sozialer Verhaltensweisen. *Cohens* Arbeit stellt eine Antwort auf die weit verbreitete Frage dar, ob es eine Möglichkeit gibt, Jugendliche zu motivieren, die irgendeine Form von Fehlentwicklung zeigen. Das Verhalten dieser jungen Leute stand ursprünglich nicht unter der Kontrolle von Stimuli, die der Lehrer kannte. Mit dem Programm wurde eine systematischere Kontrolle des Verhaltens über Stimuli erreicht, die für die Schüler, die Lehrer, die Eltern und die Gemeinschaft insgesamt befriedigend waren.

Techniken des „Kontingenz-Managements"

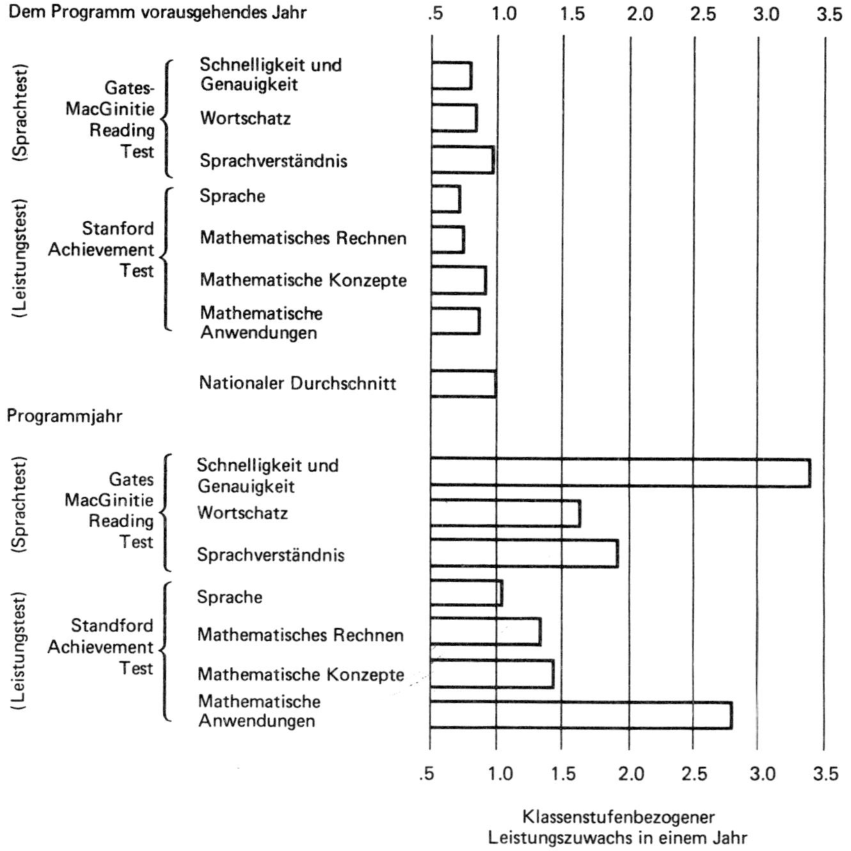

Die Leistung wurde über die Verbesserung in den Werten im Gates-MacGinitie Reading Test und im Stanford Achievement Test ermittelt.

Nach *Cohen* (1973, S. 310)

Abbildung 18-1. Leistungszuwachs bei 11 Schülern nach Absolvierung des Programmed Interpersonal Curriculum for Adolescents

Einfluß der Eltern

Die Arbeit mit Jugendlichen kann manchmal deshalb so schwierig sein, weil so viele der wichtigen Verstärker für Jugendliche (Autos, Geld, Ausgehen usw.) außerhalb der Kontrolle des Lehrers liegen. Selbst Lob und Aufmerksamkeitsgesten von seiten der Erwachsenen, die bei jüngeren Schülern so wirksam sind, können bei Jugendlichen einen negativen Motivationswert bekommen. Die Eltern hingegen kontrollieren einen Teil dieser wichtigen Verstärker, und der Lehrer kann sich mit ihnen zusammentun, so daß sie gemeinsam versuchen können, den Jugendlichen zu motivieren (vgl. *Warshaw,* 1975). Zu den Verstärkern des Elternhauses gehören Geld, Auto, Jobs und Geldverdienen, Führerschein oder gelegentlich auch Befreiung vom Unterricht. Bestimmte Tokens (Punkte, Scheckhefte, Sternchen usw.) können möglicherweise verwendet werden, um diese Verstärker zu erwerben. Kurze Berichte des Lehrers oder ein gelegentlicher Anruf bei den Eltern können diese informiert halten, so daß die häusliche Verstärkung zum schulischen Verhalten entsprechend angemessen verläuft.

Motivation und Verhaltensverträge

Zu der Art von systematischem Vorgehen, die von *Cohen* entwickelt wurde, gehören häufig formelle oder informelle Verhaltensverträge zwischen Lehrern und Schülern. Die Bezahlung für die Erfüllung des Vertrags wird in Form von Punkten oder Tokens, in Form von Nahrungsmitteln oder einfach von verbalem Lob – einem sehr machtvollen Verstärker und Anreiz – ausgegeben. Verträge verschiedener Art scheinen sich für verschiedene Zwecke und bei Schülern ganz unterschiedlicher Altersstufen als eine ungewöhnlich vielversprechende pädagogische Erfindung zu erweisen.

Motivierungsspiele

Beispiel: Verhaltensverträge im Mathematikunterricht. Alschuler (1968) entwickelte als Teil seiner Bemühungen, Leistungsmotivation zu verbessern, ein Vertragssystem zur Motivierung in Form eines Spieles. Zu Beginn der Durchführung dieses Systems in der Klasse bekamen alle Kinder einen Vorschuß von 2000 Dollar Spielgeld. Je nachdem, wie sie spielten, konnten die Kinder „reich werden" oder „bankrott gehen". Tabelle 18-2 zeigt den Auszahlungsplan. Je größer das selbstgewählte Risiko ist, etwa den Versuch zu unternehmen, 100% der Aufgaben richtig zu lösen, um so größer ist der Gewinn. Der Schüler erleidet Verluste, wenn er den Prozentsatz von Aufgaben, den er angestrebt hat, nicht richtig löst, wenn er seine Verträge eigenmächtig ändert und wenn er seine Arbeit zu spät abliefert, was zum schwersten Verlust führt. Die Kontrakte wurden in ähnlicher Form abgeschlossen, wie sie in Abbildung 18-2 dargestellt ist, wobei der Lehrer für die Klassenverwaltung zeichnete.
Die Kinder führten ihre Leistungsbögen selbst, der Lehrer bekam sie nie zu sehen. Am Ende des Schuljahres wurden Preise (Hamster, Spielzeugautos usw.), die die Schüler ausgewählt hatten, an die sechs Kinder verteilt, die die größten Gewinne erzielt hatten. Alle Schüler, die mit dem Mathematikbuch zu

Tabelle 18-2. Auszahlungsplan für das Mathematikspiel

Prozentsatz der korrekt gelösten Probleme	Aufwendungen für den Bewältigungsversuch des Problemsatzes	Gewinn bei Erfolg	Gewinnrate
100	500 Dollar	2000 Dollar	4:1
90	450 Dollar	1350 Dollar	3:1
80	350 Dollar	700 Dollar	2:1
70	250 Dollar	400 Dollar	8:5
60	150 Dollar	250 Dollar	5:3
50	100 Dollar	150 Dollar	3:2

Der Unterzeichnete wird versuchen, ______ Prozent der Probleme in Kapitel _______ zu lösen.

Der Betrag von Dollar ______ ist bei der Klassenverwaltung für Materialien und Konzessionen hinterlegt worden.

Mir ist bewußt, daß 10% des Gesamtgewinns von der Auszahlung für jeden Tag abgezogen werden, den der Vertrag nach dem ________ unerfüllt bleibt.

Mir ist ebenfalls bewußt, daß der Vertrag jederzeit bis zu einer Woche vor Ablieferungstermin gegen einen Unkostenbeitrag von Dollar 10,00 revidiert werden kann. 1% des Gesamtgewinns wird für jede falsche Antwort, die über die festgesetzte Zahl hinaus erfolgt, abgezogen.

Datum: ___________

Vertragschließender Schüler	Vertreter der Schulverwaltung
____________________	____________________

Aus *Alschuler* (1968).

Abbildung 18-2. Mathematikkontrakt

Ende gekommen waren, erhielten eine Auszeichnung. Die Kinder wurden dazu angehalten, nur ein mäßiges Risiko einzugehen, auf der Grundlage der Rückmeldungen ihre Pläne zu revidieren, und selbständig über Hausaufgaben, die Geschwindigkeit des Fortschreitens und darüber, ob Hilfe von Freunden und vom Lehrer erforderlich ist, zu entscheiden. Aufgabe des Lehrers war es zu beraten, nicht Informationen zu geben. Der Lehrer sollte warmherzig und freundlich sein, er sollte die Kinder ermutigen und sich darauf konzentrieren, ihnen zu einem „Gewinn" in dem Spiel zu verhelfen. Seine Aufgabe war es, für die soziale Anerkennung zu sorgen, die für den Aufbau und den Erhalt von Leistungsverhalten notwendig ist.

Funktionierte das Spiel? Während des vorausgehenden Jahres, in der vierten Klasse, erzielten 17 Prozent der Schüler einen Leistungszuwachs in einem standardisierten Mathematiktest, der der Erwartung entsprach (d.h. einen Zuwachs von einem Jahr, gemessen in Klassenstufenäquivalenten) oder ihn übertraf. Während der fünften Klasse, als das Kontraktspiel durchgeführt wurde, übertrafen 100 Prozent dieser Schüler die nationale Norm für den erwarteten Zuwachs. Es wurde sogar ein durchschnittlicher Leistungszuwachs von drei Jahren in diesem einen Jahr festgestellt. Da an dem Programm jedoch nur ein paar Schüler aus einer Klasse teilnahmen und keine geeignete Kontrollgruppe vorhanden war, müssen diese Ergebnisse erst noch bestätigt werden.

Nun könnte eingewandt werden, dieser Leistungzuwachs sei zwar eindrucksvoll, die Kinder würden aber möglicherweise raffgierig und entwickelten ein übermäßiges Konkurrenzdenken, da sie nur für Geld oder andere materielle Belohnungen arbeiteten. Am besten begegnen wir diesem Einwand vielleicht, indem wir *Alschulers* Beobachtungen der Klasse zitieren:

Kinder, die in der vierten Klasse nie etwas in Mathematik getan hatten, wenn nicht unter Zwang, begannen plötzlich, ihre Bücher an den Wochenenden mit nach Hause zu nehmen. Nur selten wurden die vereinbarten Termine überschritten. Viele Schüler fingen an, sich selbst optimistischer einzuschätzen und doch zugleich realistischer, ihre Leistungen entsprachen den selbstgewählten Maßstäben. Ein Junge war dabei, der im vierten Schuljahr während des Mathematikunterrichts ständig herumzappelte. Drohungen und strenge Worte konnten ihn nicht dazu bringen, aufmerksam zu sein und auf seinem Stuhl sitzen zu bleiben. In seinem gesamten Arbeitsergebnis zeigte sich nur ein kleiner Prozentsatz seiner Fähigkeiten. Unter den neuen Bedingungen wählte er jedoch als erstes Ziel 70%, wobei ihm zwei Wochen zur Erfüllung des Vertrags zur Verfügung standen. Nach drei Tagen revidierte er sein Ziel auf 100%, bezahlte die Extragebühr und bewältigte alle, nahezu 100 Aufgaben mit nur 11 Fehlern. Eine Schülerin, die vom Lehrer als schwerfällig eingeschätzt wurde, hing im vierten Schuljahr im Mathematikunterricht ständig hinter der Klasse her und gab nur selten Hausaufgaben ab. Sie erfüllte als erste ihren 100%-Kontrakt, den sie für den ersten Unterrichtsabschnitt abgeschlossen hatte, und machte dabei nur 6 Fehler. Ihre Gesamtfehlerzahl war die niedrigste in der ganzen Klasse. Vier andere Mädchen hatten in der vierten Klasse den Mathematikunterricht für eine ausgezeichnete Gelegenheit gehalten, andere Dinge zu tun, z. B. sich gegenseitig Briefchen zu schreiben und heimlich mit Ton zu spielen. Auch in der fünften Klasse steckten sie weiterhin die Köpfe zusammen, aber wenn sie gebeten wurden, ruhig zu sein, so war der Grund dafür gewöhnlich eine allzu lautstarke Auseinandersetzung über mathematische Probleme (z.B. das exakte Vorgehen bei der Programmierung einer Rechenmaschine). Alle Schüler arbeiteten pünktlich und sauber. ... Der Lehrer hatte den Eindruck, daß in der ersten Hälfte der fünften Klasse der Enthusiasmus mehr auf das Spiel als auf ein intrinsisches Interesse an Mathematik zurückzuführen war. In der zweiten Hälfte des Jahres jedoch kam die neuerworbene Kompetenz zum Tragen, das Spiel, die Preise und das Spielgeld wurden mehr oder weniger bedeutungslos, während der Arbeitsschwung anhielt. Die Mathematik selbst war für die Schüler interessant geworden (*Alschuler,* 1968, S. 57–58).

Wir wissen zwar nicht, ob diese Schüler einmal halsabschneiderische Unternehmer werden, wir wissen aber, daß sie bessere Mathematiker geworden sind. Wir vermuten, daß Motivierungsspiele dieser Art nicht schädlich sind und insgesamt nützlich sein können.

Konferenzen zwischen Lehrer und Schüler

Verhaltensverträge und individuelle Motivierung. Eine weitere Methode, Verhaltensänderungen durch Kontrakte zustande zu bringen, ist am Wisconsin Research and Development Center for Cognitive Learning entwickelt worden. In diesem System, individuelle Motivierung (*individually guided motivation*) genannt, wird ausgiebig von Konferenzen zwischen Lehrern (oder einer Hilfe des Lehrers) und Schülern Gebrauch gemacht. In den Konferenzen vereinbaren Schüler und Lehrer Abkommen, der Schüler wird für abgeschlossene Arbeit verstärkt, erhält Rückmeldung und setzt sich neue Ziele. Das Programm zielt auf die Art von Selbstbestimmung und von sozial erwünschten Verhaltensweisen ab, die in Tabelle 18-3 (*Klausmeier, Sorenson* u. *Ghatala,* 1971) aufgeführt sind. In regelmäßig eingeplanten Konferenzen, die fünf bis zehn Minuten dauern, befragt ein Lehrer oder eine Hilfskraft den Schüler über die Durchführung dieser Verhaltensweisen. Möglicherweise wird z. B. Verhalten 8 („Arbeitet an schulbezogenen Aufgaben außerhalb der Schulzeit") bei

Tabelle 18-3. Verhaltensindikatoren für Motivation

A Der Schüler beginnt sofort mit der Arbeit und schließt sie ab, nachdem er selbst, der Lehrer oder die Gruppe Aufgaben gestellt hat, die zusammen den minimalen Anforderungen in den verschiedenen Curriculumbereichen entsprechen.
1. Widmet dem Lehrer und anderen Elementen der Situation seine Aufmerksamkeit, wenn dies erforderlich ist;
2. beginnt mit seinen Aufgaben unverzüglich;
3. versucht Feedback über seine Leistungen in den Aufgaben zu erhalten;
4. kehrt freiwillig zu seinen Aufgaben nach einer Unterbrechung oder nach einem anfänglichen Mißerfolg zurück;
5. bleibt bei der Aufgabe, bis sie abgeschlossen ist.

B Der Schüler will aus eigenem Antrieb mehr lernen als den minimalen an ihn gestellten Ansprüchen genügt, ohne daß dazu die Anleitung durch einen Lehrer notwendig ist; er arbeitet auf dieses Ziel während der Schulstunden und in seiner Freizeit hin. Zusätzlich zu den unter 1–5 aufgeführten Verhaltensweisen zeigt der Schüler die folgenden:
6. Arbeitet weiter, wenn der Lehrer den Raum verläßt;
7. arbeitet während der Schulstunden mehr als von ihm verlangt wird;
8. beschäftigt sich außerhalb der Schulstunden mit schulbezogenen Aktivitäten;
9. macht Tätigkeiten ausfindig, die für Projekte der Klasse von Bedeutung sind;
10. versucht eigene Vorschläge zu machen, um über die Minimalanforderungen an Umfang und Qualität der Arbeit hinauszugelangen.

C Das Verhalten des Schülers ist in Übereinstimmung mit den Bestimmungen und Gepflogenheiten der Schule hinsichtlich des Umgangs mit Eigentum, der Beziehungen der Schüler untereinander und der Beziehungen der Schüler zu Erwachsenen.
11. Verhält sich während „stiller" Zeiten und Tätigkeiten innerhalb und außerhalb der Schule ruhig;
12. interagiert harmonisch mit anderen Schülern;
13. interagiert harmonisch mit dem Lehrer und anderen Erwachsenen;
14. achtet auf sein eigenes Eigentum und auf das anderer;
15. fordert andere Schüler dazu auf, sich in Übereinstimmung mit den Bestimmungen der Schule zu verhalten.

D Der Schüler verbalisiert ein Wertsystem, das mit den vorausgehenden Verhaltensweisen übereinstimmt.
16. Wenn er dazu aufgefordert wird, bringt er Beispiele für eigene Handlungen, die für die Verhaltensweisen 1–15 illustrativ sind;
17. wenn er dazu aufgefordert wird, begründet er, weshalb er die Verhaltensweisen 1–15 gezeigt hat.

Aus *Sorenson, Schwenn* u. *Klausmeier* (1969, S. 2).

einem bestimmten Schüler als verbesserungsbedürftig beurteilt. Der Schüler führt über seine Arbeiten in diesem Bereich Buch. Es wird ihm die Gelegenheit gegeben, realistische Ziele aufzustellen, Buch zu führen, zu erfahren, weshalb es sich um ein wichtiges Verhalten handelt, zu lernen, wie er dem Lehrer mit eigenen Worten die Bedeutung außerschulischer Arbeit deutlich machen kann, und positive Verstärkung für das Erreichen seiner Ziele zu erhalten.
Das Verfahren hängt stark von einer direkten und persönlichen Beziehung ab, wie aus dem folgenden Beispiel deutlich wird, in dem es um die Motivation des Leseverhaltens geht. In einer Untersuchung aus einer umfangreichen Reihe wurde den Schülern Lesematerial und Bücher für verschiedene Sprachniveaus

in der Schulbibliothek und in der Klasse zur Verfügung gestellt. Belohnungen wie Kreide, Bleistifte und Radiergummis wurden zunächst dann verteilt, wenn jemand zwei Bücher gelesen hatte, später dann, wenn fünf Bücher gelesen worden waren. Einmal in der Woche wurden von freiwilligen erwachsenen Hilfskräften, die in die Klasse kamen, individuelle Konferenzen durchgeführt. Die Hilfskräfte arbeiteten fünf bis fünfzehn Minuten mit dem Kind, hörten ihm beim Vorlesen zu, ließen sich eine Zusammenfassung eines gelesenen Buches geben und stellten schließlich gemeinsam mit dem Kind einige Ziele für die folgende Woche auf. Ein Beispiel für eine erste Konferenz ist das folgende Gespräch (*Sorenson, Schwenn* u. *Klausmeier,* 1969, S. 21–22):

Robert Braun ist in der zweiten Klasse. Er ist acht Jahre alt. Die für Robert zusammengestellten Ausgangsdaten zeigen, daß er vor den Konferenzen wenig selbständig gelesen hat. In den acht Wochen, in denen die Ausgangshäufigkeit ermittelt wurde, hatte er vier Bücher gelesen. Während der achtwöchigen Konferenzperiode las Robert 20 Bücher. In den Gates MacGinitie Reading Tests, die im September durchgeführt worden waren, zeigte Robert im Wortschatzteil Leistungen, die denjenigen der zweiten Klasse entsprachen; sein Rohwert im Sprachverständnis war so niedrig, daß kein Äquivalenzwert für die Klassenstufe berechnet werden konnte. Im Mai entsprachen die Testergebnisse Roberts im Wortschatz denjenigen der Klassenstufe 3,3 und im Sprachverständnis denjenigen der Klassenstufe 2,0. Robert machte also beträchtliche Fortschritte in seinen Leistungen.
Die Konferenzen mit Robert wurden von einer Hilfskraft an der Franklin-Schule durchgeführt. Hier ist ein Ausschnitt aus einer von den Konferenzen mit Robert – und zwar aus seiner ersten. Es ist ein gutes Beispiel dafür, was in der ersten Konferenz eines Kindes erreicht werden sollte.

Hilfskraft: Guten Morgen, Robert.
Robert: Guten Morgen, Frau ______.
Hilfskraft: Robert, ich möchte dir erklären, weshalb wir diese kleinen Zusammenkünfte einmal in der Woche durchführen werden. Deine Lehrerin, Frau ______, und ich haben gedacht, es würde dir und einigen anderen Jungen und Mädchen in deiner Klasse Spaß machen, einmal in der Woche mit einem von uns zusammenzukommen, und sich darüber zu unterhalten, was du während der Woche gelesen hast. Würde dir das wohl Spaß machen? *(Erkläre den Zweck der Konferenz.)*
Robert: (nicht so sicher) Na ja, vielleicht. Meinen Sie Lesen in meinem Lesebuch?
Hilfskraft: Nein, ich meine, wir könnten über Bücher sprechen, die du zum Spaß liest. Macht dir Lesen Spaß? Ich meine nicht nur Lesen im Unterricht?
Robert: Manchmal, aber Fernsehen ist mir lieber.
Hilfskraft: Was für Bücher liest du denn gerne? Magst du Bücher über Tiere oder über Sport oder vielleicht über Raumfahrt oder über was sonst? *(Finde die Interessen des Kindes heraus.)*
Robert: (Taut langsam auf) Ich lese gern etwas über Tiere. Ich habe einmal ein Buch über ein Pferd gelesen, das hieß Fred, aber ich weiß nicht mehr, wie das Buch heißt. Aber das Pferd gehörte einem Bauern und es trug einen lustigen Strohhut, aus dem die Ohren herausguckten.
Hilfskraft: Ah ja. – Siehst du diese Bücher hier auf dem Regal? Die könnt ihr, du und die anderen in deiner Klasse, lesen. Du kannst sie auch mit nach Hause nehmen, wenn du möchtest. Dann mußt du nur deinen Namen auf diese Karte schreiben, die hinten im Buch steckt. Dann wirfst du die Karte in diesen Kasten. Du kannst das Buch dann eine Woche lang behalten. Dann solltest du es zurückbringen, damit jemand anderer es auch lesen kann. *(Mache das Kind mit dem vorhandenen Lesematerial und dem Leihverfahren vertraut.)*
Robert: Sind da auch Tierbücher dabei?
Hilfskraft: Oh ja. Es sind ein paar gute Bücher über Tiere dabei. Schau, hier ist eines, das heißt „Der Löwe und das Reh", und hier ist ein anderes „Wo ist der Bär?". Aber es sind auch noch andere gute Bücher dabei. Willst du gleich eines davon mitnehmen? Dann kannst du mir davon erzählen, wenn wir uns das nächste Mal treffen. Welches möchtest du haben? *(Hilf dem Kind bei der Auswahl.)*

Robert: Kann ich diese beiden haben?
Hilfskraft: Sicher, aber ich glaube, zwei sind erst mal genug, damit für alle genügend da sind.
Robert: Gut.
Hilfskraft: So, Robert, jetzt gebe ich dir noch diesen Protokollbogen, damit wir einen Überblick behalten über all die Bücher, die du liest. Siehst du, wo „Titel des Buches" steht? Jedesmal, wenn du ein Buch gelesen hast, kannst du seinen Namen hier eintragen. So können wir sehen, wieviele Bücher du gelesen hast. Willst du das bitte tun? *(Sorge für das Erstellen von Aufzeichnungen.)*
Robert: In Ordnung, aber was ist, wenn ich es mal vergesse?
Hilfskraft: Na ja, versuch's eben, dich immer daran zu erinnern. Aber da du mir ja jede Woche über die Bücher erzählst, die du gelesen hast, solltest du nicht viel Probleme haben, dich zu erinnern. Schreib doch gleich deinen Namen auf den Protokollbogen. Und denk bitte immer daran, daß du ihn zu unserem Treffen mitbringst.
Robert: In Ordnung. Treffen wir uns dann nächste Woche?
Hilfskraft: Ja, nächste Woche zur gleichen Zeit (Montag, 10 Uhr vormittags) wieder hier (im hinteren Teil des Klassenzimmers). Ist dir das recht? *(Plane zukünftige Konferenzen.)*
Robert: Ja. Soll ich bis dahin meine Bücher gelesen haben? Ich weiß nicht, ob ich *so viel* schaffen kann.
Hilfskraft: Du liest gerade so viel wie du willst. Aber wir können nächste Woche mehr Spaß haben, wenn du mir etwas über die Bücher erzählen kannst. Ich hab sie noch nicht gelesen und würde gern wissen, wovon sie handeln und welches die besten Stellen sind. *(Ermuntere zu selbständigem Lesen.)*
Robert: Wirklich? Gut, ich versuch's.
Hilfskraft: Prima. Also bis zur nächsten Woche. *(Verstärke die erwünschte positive Reaktion auf das Lesen.)*

Mit diesem Vorgehen sind vielversprechende Ergebnisse erzielt worden. Im Laufe der neun Monate des Schuljahres hatten 72 Schüler einer dritten Jahrgangsstufe in der Innenstadt, die an diesem Programm zur Lesemotivierung teilgenommen hatten, im Durchschnitt (Median) 21 Bücher gelesen. Diese Kinder hatten vor Beginn des Motivierungsprogramms nahezu überhaupt nicht selbständig gelesen.
Vertragssysteme, die auf klar definierten Zielen aufbauen und den persönlichen Kontakt zwischen Erwachsenen und Kind einplanen, scheinen eine wirksame Möglichkeit zum Anheben der Lernmotivation zu sein. Dabei sollte für aufgabenorientiertes Verhalten und für das Erreichen der gesetzten Ziele großzügig Verstärkung gegeben werden. Ein derartiges Vorgehen scheint auch die Leistungen von Schülern, denen zunächst nur sehr wenig zugetraut wurde, günstig zu beeinflussen.

Die beiden eben erörterten *Vertragssysteme* wurden mit jüngeren Schülern durchgeführt. Aber auch in der von *Cohen* entwickelten Tokenökonomie für Jugendliche, die oben vorgestellt wurde, wurde ein Kontraktsystem verwendet. Irgendeine Art von Kontrakt kann auf allen Schulniveaus Verwendung finden. Auf diese Art den Unterricht zu individualisieren, werden wir in Kapitel 21 genauer eingehen.

Mißbräuchliche Verwendung von Verträgen und von Tokenökonomien

Vertragssysteme, Tokenökonomien und ähnliche Motivierungsmethoden haben ihren Wert, sie können jedoch auch mißbraucht werden. Wenn die Belohnungen zu reichlich werden, können sie die intrinsische Motivation (in der zweiten der oben angeführten Bedeutungen) zerstören.
Wenn wir erreichen wollen, daß die Kinder an dem Lesen um seiner selbst willen Spaß haben und dabei von der Anerkennung durch den Lehrer oder von

Schulnoten, die eine Belohnung für Lesen darstellen könnten, unabhängig werden, dann müssen wir sorgfältig darauf achten, daß die extrinsischen Belohnungen schrittweise entzogen werden, sobald das Kind anfängt, die Erfahrung zu machen, daß Lesen um seiner selbst willen Spaß macht. In Untersuchungen wurde nachgewiesen, daß eine derartige intrinsische Motivation zu einer Aktivität durch Belohnungen, die dieser Aktivität künstlich angeheftet werden und ihr nicht inhärent sind, reduziert werden kann. Aber selbst *Lepper* und seine Mitarbeiter geben zu, daß solche Auswirkungen nicht immer „oder überhaupt generell auf eine Verringerung des intrinsischen Interesses an einer Tätigkeit" hinauslaufen (*Lepper* et al., 1973, S. 136).

Dauerhafte Auswirkungen

Die Auswirkungen von Tokenökonomien sind allem Anschein nach dauerhaft, wenn der Frage genügend Beachtung geschenkt wird, wie der Allgemeingültigkeitsgrad der Programme gesteigert werden kann (vgl. *Wildman* u. *Wildman,* 1975). In einer Langzeituntersuchung wurde die Leistung von Achtkläßlern beurteilt, die in der fünften und sechsten Klasse an einem Tokenökonomieprogramm teilgenommen und zwischenzeitlich keine weiteren Programme absolviert hatten. Ihr Leistungsniveau war nach dieser Zeit immer noch gleichbleibend hoch, sicherlich auch deswegen, weil natürlich auftretende Verstärker in ihrer Umwelt ständig auf sie einwirkten (Lob der Eltern und Lehrer, besondere Privilegien für gute Leistungen usw.). Im Vergleich zu einer Kontrollgruppe verzeichneten die Schüler, die zwei Jahre zuvor das Verstärkungsprogramm durchlaufen hatten, bessere Erfolge in ihren Leseleistungen, sie hatten insgesamt einen besseren Notendurchschnitt und waren weniger häufig wegen Verhaltensproblemen ins Klassenbuch eingetragen bzw. vor den Schulleiter zitiert worden (vgl. *Dickinson,* 1974).

Tokenökonomien und Vertragssysteme sind also berechtigt, wenn es darum geht, Lernhandlungen in Gang zu setzen, die sonst nicht zustande kämen, und eine Kompetenz bis zu einem Punkt aufzubauen, an dem die intrinsische Befriedigung, die in der Tätigkeit selbst liegt, allmählich vorhanden ist. Man muß jedoch sorgfältig darauf achten, daß intrinsische Belohnungen die Verstärkungsfunktion sobald wie möglich übernehmen können, so daß der Schüler lernen kann, an der Tätigkeit als solcher Freude zu haben und sie um ihrer selbst willen durchzuführen.

18.5 Motivierungstechniken im Unterricht

In diesem Abschnitt beschäftigen wir uns mit den Umweltvariablen, auf die ein Lehrer zur Motivationsanhebung zurückgreifen kann. Dazu gehört eine Anzahl von Techniken, die keine größere Umorganisation der Klasse verlangen, wie sie z. B. für die Anwendung der Tokenökonomie oder eines individuellen Betreuungssystems notwendig wäre. Im folgenden geben wir einige Anleitungen für den Unterricht und den Hintergrund für derartige Anleitungen.

1. Sage den Schülern präzis, was sie erreichen sollen

Wenn wir Schülerverhalten tatkräftig und richtungsweisend unterstützen wollen, müssen wir dem Schüler genaue Anweisungen geben, was er bei einer bestimmten Aufgabe erreichen soll. In vielen Unterrichtsstunden versäumen es die Lehrer, den Schülern genaue Arbeitsanweisungen zu geben (vgl. *Berliner,* 1982). Die Lehrer stürzen sich auf den Unterrichtsstoff, ohne den Schülern mitzuteilen, was das Ziel der Aufgabe ist und was die Schüler tun müssen, um die Aufgabe erfolgreich zu bewältigen. Schüler, deren Lehrer keine genauen Informationen geben, erbringen schlechtere Leistungen als Schüler, die aufgrund von Lehreranweisungen genau wissen, was sie zu tun haben. *Brophy* (1982) stellte fest, daß über 20 Prozent aller im Unterricht neu gestellten Aufgaben überhaupt nicht einleitend vorgestellt wurden – die Lehrer fingen einfach damit an. Darüber hinaus drückten die Lehrer in etwa einem Viertel der Unterrichtszeit positive Erwartungen über die neuen Aufgaben aus, und in einem weiteren Viertel der Zeit belieferten sie die Schüler tatsächlich mit ausschließlich negativen Erwartungen über die neuen Aufgaben. Den Schülern nichts darüber zu sagen, was bei einer Aufgabe geleistet werden soll bzw. sie mit negativen Erwartungen zu konfrontieren, ist nicht gerade eine sinnvolle Motivationsmethode!

2. Lobe den Schüler

In vielen Fällen ist eine materielle Verstärkung weniger wichtig als das verbale Lob des Lehrers. Das relativ einfache Mittel, Äußerungen wie „gut“, „großartig“, „sehr schön“ und „gute Arbeit“, kontingent nach angemessenen Leistungen oder nach Annäherung an angemessene Leistungen anzuwenden, ist eine wirkungsvolle Motivationsmöglichkeit. *Crandall* (1963) hat dargelegt, wie die Umweltvariable „soziale Anerkennung“ zu der Bedingung führen kann, die wir Leistungsmotivation nennen. *Reimanis* (1968) verifizierte die Ausführungen *Crandalls* am Beispiel von Vorschulkindern und *Stein* (1969) verifizierte sie am Beispiel von Kindern der vierten Klasse. Es scheint außer Zweifel zu stehen, daß soziale Anerkennung einen starken Einfluß auf das Leistungsverhalten von Schulkindern ausübt.

Lob ist von denjenigen Motivierungsmitteln, die ein Lehrer zur Verfügung hat, dasjenige, das am leichtesten anzuwenden und am natürlichsten ist.

Wenn Lob systematisch nach bestimmten Verhaltensweisen eingesetzt wird, führt das zu einer Anhebung der Häufigkeit dieser Verhaltensweisen: dieser Aspekt kann nicht stark genug betont werden. Denn es bedeutet zugleich, daß soziale Anerkennung in ihren vielen Ausprägungen ein relativ konstanter Verstärker oder Lernanreiz ist. Zugleich müssen wir aber im Auge behalten, daß zu viel Lob beim Schüler relativ rasch zu Übersättigung führen kann. Lob kann im Unterricht zu einem so häufigen Faktor der Kommunikation werden, daß es seinen Nutzen als motivationale Kraft verliert. *Brophys* (1981) Untersuchung über die Auswirkung von Lob im Unterricht enthält auch eine Reihe von Leitgedanken für seinen effektiven bzw. ineffektiven Einsatz; sie sind in

Tabelle 18-4 wiedergegeben. Wir kommen auf sie noch einmal in Kapitel 24 zurück.

Als weiteren Aspekt müssen wir berücksichtigen, daß manche Schüler weniger stark auf Lob reagieren als andere. Extravertierte Schüler (sie sind an Dingen außerhalb ihrer selbst und am sozialen Leben allgemein interessiert) können mehr durch Tadel als durch Lob motiviert werden, während introvertierte Schüler (sie sind mehr an ihren eigenen Gedanken und Gefühlen interessiert) mehr durch Lob als durch Tadel zu motivieren sind (vgl. *Kennedy* u. *Willcutt,* 1964). Daneben können manche Lehrer ihre Schüler mit Lob effektiver motivieren als andere (vgl. *Lipe* u. *Jung,* 1971). Trotz dieser Einschränkungen ist es jedoch offensichtlich so, daß häufige soziale Anerkennung, die gezielt auf erwünschtes Verhalten hin erfolgt, das zuverlässigste Mittel für einen Lehrer sein kann, wenn schulische Leistungen oder schulisches Verhalten geändert werden soll.

Auswirkungen des Lehrerkommentars auf Schülerarbeit

In einer interessanten Untersuchungsreihe wurden die Auswirkungen von Lehrerkommentaren auf die Schülerleistungen nachgewiesen (vgl. *Page,* 1958; *Stewart* u. *White,* 1976). Die Ergebnisse verdeutlichen, daß spezifizierte Lehrerkommentare zu Schülerleistungen nur einen geringen positiven Effekt für nachfolgende Testleistungen haben. Obwohl sich die Lehrer mit ihren Kommentaren so viel Mühe machen, die dann doch relativ nutzlos sind, glauben wir, daß *Page* mit seiner Auffassung Recht hat:

> Wenn der durchschnittliche Lehrer die Zeit und Mühe nicht scheut, unter die Arbeiten der Schüler Kommentare zu schreiben (die er für ‚ermutigend' hält), so hat dies offenbar eine meßbare ... Wirkung auf die Bemühungen, die Aufmerksamkeit, die Einstellungen der Schüler oder was immer die Ursache dafür ist, daß das Lernen besser wird, und diese Auswirkungen sind augenscheinlich nicht von der ... Fähigkeit des einzelnen Schülers abhängig (S. 181).

Dieser Aspekt von sozialer Anerkennung, sozialer Verstärkung, Lob und Ermutigung, mit dem *Page* sich beschäftigt hat, macht deutlich, daß Schüler mit solchen Techniken motiviert werden können. Die anhand von Tests ermittelten veränderten Leistungsergebnisse deuten das an. Manchmal vergessen die Lehrer, wie wichtig ihre Kommentare für die Schüler sind. Wir haben Lehrer erlebt, die ständig alle möglichen Schüler für ihr Verhalten lobten, und genauso begegnen wir immer wieder Lehrern, die anscheinend nie ein gutes Wort für ihre Schüler übrig haben. Beide Extreme sind unangemessene Verhaltensweisen des Lehrers.

3. Verwende Tests und Noten mit Bedacht

In Kapitel 28 werden wir im Zusammenhang der Frage nach Notengebung und Beurteilung auf einige Argumente eingehen, die das Für und Wider von Tests und Noten im Unterricht beleuchten. Unsere eigene Auffassung ist, daß Tests und Noten als Motivationsfaktoren nützlich sind, trotz der vielen gewichtigen Kritik, die sich dagegen ausgesprochen hat.

Soziale Belohnungen

Die Tatsache, daß Tests und Noten als Grundlage für die Zuteilung verschiedener Arten sozialer Belohnung dienen – Anerkennung, Beförderung, Schulabschluß, Zertifikate, Zulassung

Tabelle 18-4. Leitgedanken für effektives und ineffektives Lob

Effektives Lob

1. wird „kontingent", d. h. planmäßig, erteilt;
2. spezifiziert die Einzelheiten des Erreichten;
3. äußert sich in Spontaneität, Variabilität und anderen Anzeichen von Glaubwürdigkeit; verdeutlicht die klare Zuwendung zum Schüler und seiner Leistung;
4. belohnt das Erreichen spezifizierter Leistungskriterien (unter möglichem Einschluß von Bemühenskriterien);
5. informiert den Schüler über seine Kompetenz oder den Wert seiner Leistung;
6. ist für den Schüler eine Orientierungshilfe, um sein aufgabenbezogenes Verhalten und sein Problemlösungsdenken selbst besser einzustufen;
7. verwendet frühere Leistungen des Schülers als Kontext zur Beschreibung momentaner Leistungen;
8. erkennt die bemerkenswerte Anstrengung oder den Erfolg bei einer für diesen Schüler besonders schwierigen Aufgabe an;
9. schreibt Erfolg dem Bemühen und der Fähigkeit des Schülers zu, wobei impliziert ist, daß ähnlicher Erfolg weiterhin erwartet werden kann;
10. fördert endogene Zuschreibungen (der Schüler glaubt, daß er sich bei einer Aufgabe deswegen besondere Mühe gibt, weil er die Aufgabe gern macht und/oder aufgabenbezogene Fertigkeiten entwickeln will);
11. zentriert die Aufmerksamkeit des Schülers auf sein eigenes aufgabenbezogenes Verhalten;
12. fördert die eigene Anerkennung von aufgabenbezogenem Verhalten sowie wünschenswerte Zuschreibungen, nachdem der Lernprozeß abgeschlossen ist.

Ineffektives Lob

1. wird zufällig oder unsystematisch erteilt;
2. ist auf globale positive Reaktionen beschränkt;
3. hat eine durchschaubare Uniformität, die vermuten läßt, daß es sich um eine konditionierte Reaktion infolge von minimaler Beachtung handelt;
4. belohnt die reine Teilnahme an einer Aufgabe, ohne Berücksichtigung der Leistungsprozesse oder Ergebnisse;
5. informiert den Schüler entweder gar nicht oder nur über seinen Status;
6. ist für den Schüler nur eine Orientierungshilfe, um sich mit anderen zu vergleichen und Konkurrenzstreben zu wecken;
7. wählt die Leistungen der Mitschüler als Kontext zur Beschreibung der momentanen Leistungen des betreffenden Schülers;
8. wird ohne Rücksicht auf die Mühe erteilt, die der Schüler aufgebracht hat, und ohne Rücksicht auf die Bedeutung der Leistung für ihn;
9. schreibt Erfolg allein der Fähigkeit des Schülers zu oder solchen externen Faktoren wie Glück oder Leichtigkeit der Aufgabe;
10. fördert exogene Zuschreibungen (der Schüler glaubt, daß er sich bei einer Aufgabe wegen externer Gründe besondere Mühe gibt – um dem Lehrer zu gefallen, einen Wettkampf oder einen Preis zu gewinnen usw.);
11. zentriert die Aufmerksamkeit des Schülers auf den Lehrer als externe Autoritätsfigur, die ihn manipuliert;
12. greift in den momentanen Lernprozeß ein und lenkt die Aufmerksamkeit des Schülers von aufgabenbezogenem Verhalten ab.

Quelle: Nach *Brophy,* 1981.

zu Hochschulen und Fachschulen, bessere Arbeitsplätze, höheres Prestige, mehr Geld, interessantere Arbeit –, verleiht Tests und Noten ihre motivierende Wirkung. Noten werden so zu Anreizen und Verstärkern. Die Schüler machen die Erfahrung, daß mit besseren Noten Vorteile verbunden sind. So kommt es dazu, daß die Durchführung von Tests und die Zuteilung von Noten Auswirkungen auf die Lernmotivation von Schülern haben.

Kontinuierliche Motivation

Dennoch darf die Kritik an Tests und Noten nicht von der Hand gewiesen werden. Am meisten beeindruckt uns das Argument, daß die Beurteilung von Anstrengungen, die der Schüler bei der Lösung von Aufgaben auf sich nimmt, potentiell einen zerstörerischen Effekt auf die *Kontinuität* der Motivation ausübt – die Tendenz also, Aufgaben in einem Kontext wieder aufzunehmen, der nicht mehr derselbe ist wie der ursprüngliche Unterrichtskontext (vgl. *Maehr,* 1976). Der Lehrer hat es hier wieder einmal mit dem Problem der rechten Gewichtung zu tun. Tests und Noten werden wahrscheinlich das Lernverhalten vieler Schüler positiv beeinflussen – eben jener Schüler, die in den Noten einen Wert erkennen – und in diesen Fällen wird diese Methode zur Motivationssteigerung lernfördernd sein. Auf der anderen Seite ist es ebenso wahrscheinlich, daß bei manchen Schülern die von außen auferlegten Noten dazu führen, daß ihre Lerneifer außerhalb des unterrichtlichen Kontexts nachläßt. Zwar hat sich „die externe Bewertung durch den Lehrer als ein potentiell gefährliches Mittel" (*Salili* et al., 1976, S. 99) erwiesen, aber dennoch ist es ein nützliches Mittel, wenn es mit Vorsicht gehandhabt wird. Wenn der Lehrer Tests und Noten verwendet, um den Schüler zu *informieren* und nicht, um ihn zu bestrafen, wenn er Tests und Noten als einen Beweis für individuelles Können und Lernzuwachs sieht und nicht als Nachweis darüber, wie gut ein Schüler im Vergleich zu anderen ist, und wenn er in Tests und Noten einen Indikator für Lernanstrengung sieht und nicht als unverrückbaren Beweis für geistige Fähigkeiten, dann macht er sich ein motivationales Hilfsmittel zunutze, das von beträchtlicher Reichweite ist.

4. *Nutze die Weckwirkung von Spannung, Entdeckung, Neugier und Forschungsdrang*

Die Weckwirkung neuer Stimuli wurde bereits in Kapitel 13 über das Lernen sinnvollen verbalen Materials erwähnt. Stimuli, die neu, überraschend, komplex, widersprüchlich oder mehrdeutig sind, lassen eine Art von Wachheit der Auffassung entstehen, die *Berlyne* (1965) „epistemische Neugier" nannte. Damit ist ein Verhalten gemeint, das darauf abzielt, Wissen zu erwerben, sich die Mittel zur Bewältigung und zum Verständnis der Umwelt anzueignen.

Epistemische Neugier

Wenn epistemische Neugier vorhanden ist, so ist der Mensch in einem motivierten Zustand, er versucht, das Ausmaß der Unordnung, mit der er konfrontiert ist, zu vermindern. Einige der Möglichkeiten, über die epistemische Neugier geweckt werden kann, wurden von *Berlyne* kategorisiert.

- „Überraschung": wenn eine Kugel aus Messing erst durch einen Ring fällt und dann, nachdem sie erhitzt worden ist, stecken bleibt. (Hitze führt zur Ausdehnung der Kugel.)
- „Zweifel" oder „Konflikt zwischen Glauben und Unglauben": wenn man Schüler fragt, ob die Winkelsumme eines Dreiecks immer 180° ist.
- „Verwirrung" oder „Unsicherheit": wenn mehrere Lösungsmöglichkeiten für ein Problem wahrgenommen werden, aber anscheinend keine eindeutig richtig ist. Verwirrung kann man z. B. mit einem Problem erzeugen, bei dem

versucht werden soll, vorauszusagen, in welcher Gegend einer Stadt die höchste Kriminalitätsquote auftreten wird, und bei dem nur mehrere soziologische und ökonomische Tatsachen über die verschiedenen städtischen Bereiche angegeben werden.

- „Ratlosigkeit" oder Konfrontation mit nicht miteinander zu vereinbarenden Forderungen: ist z. B. mit dem klassischen Problem, das von *Duncker* (1945) beschrieben wurde, gegeben. Dabei soll der Tumor eines Patienten mit Strahlen behandelt werden, die stark genug sind, den Tumor abzutöten, aber gleichzeitig schwach genug, um anliegendes Gewebe zu schonen. (Die Lösung: man richte schwache Röntgenstrahlen aus verschiedenen Richtungen auf den Tumor, so daß der Strahlungsbetrag dort, wo sich die Strahlen überschneiden hoch ist, während er in den umliegenden Geweben wesentlich niedriger ist.)
- „Widerspruch": es wird ein Befund dargestellt, der anscheinend ein allgemeines Prinzip oder den gesunden Menschenverstand umwirft. Ein Beispiel dafür ist die Feststellung, daß die Löschungsresistenz nach partieller Verstärkung größer ist als nach kontinuierlicher Verstärkung (vgl. Kapitel 12).

Konflikt zwischen kognitiven Schemata

In allen diesen Fällen – Überraschung, Zweifel, Verwirrung, Ratlosigkeit und Widerspruch – wird auf irgendeine Art ein Konflikt zwischen kognitiven Schemata erzeugt. Die Motivation hält solange an, bis der Konflikt aufgelöst wird oder das Suchen nach einer Lösung anfängt, langweilig zu werden. Dabei muß jedoch daran gedacht werden, daß die Schüler gelangweilt oder frustriert werden, wenn sie die dargestellte Situation nicht bewältigen oder das Problem nicht lösen können, und daß mit derartigen Methoden möglicherweise keinerlei positive Reaktionen bei den Schülern hervorgerufen werden können.

5. *Tue gelegentlich etwas Unerwartetes*

Auch bei diesem Vorgehen kann der Lehrer aus der oben erörterten „epistemischen" Neugier Nutzen ziehen. Immer wenn etwas alltäglich und gewöhnlich geworden ist, so kann dies für den Lehrer einen Hinweis darauf darstellen, was er an Außerordentlichem und Ungewöhnlichem tun kann. Wenn die Schüler über ihre Lernprobleme sprechen, kann der Lehrer plötzlich seine eigenen ins Spiel bringen. Wenn die Erörterungen im Naturkundeunterricht auf einem extrem „angewandten" Niveau stattfanden, kann der Lehrer für eine theoretische Wende sorgen. Wenn sonst immer der Lehrer die Aufgaben für die Klassenarbeit vorbereitet hat, können die Schüler dazu aufgefordert werden, das zu erledigen. Wenn es üblich war, daß der Lehrer die Schüler abfragt, so können nun die Schüler dazu aufgefordert werden, dem Lehrer einen Test vorzulegen. Wenn man gelegentlich von den Erwartungen, die die Schüler entwickelt haben, abweicht, so wird das den Effekt haben, daß ihre Aufmerksamkeit geweckt und ihre Beteiligung gefordert wird.

6. Reize den Appetit

Damit ist gemeint, daß der Schüler eine kleine Belohnungsprobe erhält, bevor er sich um das Lernen bemüht (*Marx,* 1960). Der Schüler sollte im vorhinein eine gewisse soziale Anerkennung erfahren, so daß er weiß, was er durch weitere Bemühungen gewinnen kann. Man kann dem Kind vorlesen, um ihm so eine Probe der Freude zu geben, die es durch selbständiges Lesen erreichen kann. Macht man auf diese Weise „den Mund wäßrig", so läuft das darauf hinaus, daß man in einem frühen Abschnitt der Verhaltenssequenz einen Verstärker auf die gleiche Weise gibt, wie er später in der Sequenz angewendet werden wird. So wird der Verstärker zu einem Anreiz, er wird einen Einfluß auf das Verhalten ausüben. Aus dieser Überlegung folgt u. a., daß der Lehrer die Anfangsstadien einer Aufgabe so gestalten sollte, daß sie leicht zu bewältigen sind. Für die Motivierung eines Schülers ist es wichtig, daß eine Unterrichtssequenz so gestaltet wird, daß der Schüler zu Beginn einen gewissen Erfolg haben kann. Das bedeutet, daß die Schwierigkeit und die Komplexität einer Aufgabe schrittweise erhöht wird. Ziel des Lehrers ist es, dafür zu sorgen, daß die Aneignung von Kenntnissen oder Fertigkeiten zu Beginn mit häufigen Belohnungen einhergeht.

Die Anfangsstadien leicht gestalten

Zu diesem Vorgehen gehört auch, daß der Lehrer die Verstärker gleichmäßig auf die Schüler aufteilt. Andernfalls kann man es bei einigen Schülern nicht erreichen, daß ihr Appetit gereizt wird. In der pädagogischen Praxis ist es vernünftig, die Verstärkungsmöglichkeiten auf alle Schüler zu verteilen und nicht einen Wettbewerb in Gang zu setzen, so daß die Verstärkung auf ein paar „Sieger" eingeschränkt bleibt.

Brophy u. *Evertson* (1976) stellten fest, daß Drittkläßler mehr lernen, wenn der Lehrer einen Schüler erst beim Namen aufruft und dann eine Frage stellt statt umgekehrt. Vermutlich erlaubt dieses Verfahren dem Lehrer, die Teilnahme der Schüler zu kontrollieren (und im Zusammenhang damit die Belohnungen), während das umgekehrte Verfahren es den besseren und engagierten Schülern ermöglicht, sich einen überproportional großen Anteil an Antwort- und Verstärkungsgelegenheiten zu verschaffen. Der Lehrer sollte verhindern, daß ein Wettbewerb zwischen den Schülern entsteht, er sollte keine Spiele verwenden, in denen zwangsläufig einige Schüler „verlieren", wenn nicht dafür gesorgt ist, daß nicht immer dieselben Schüler die Verlierer sind. Dieser Sachverhalt – wir haben das bereits erwähnt und werden wieder darauf zurückkommen – muß in die Curriculumplanung eingehen und bei der Notenbildung berücksichtigt werden. In dem Curriculum sollte für eine Vielfalt von Begabungen und Fertigkeiten Platz sein. Bei einem Benotungssystem sollte man nicht von Verteilungskurven ausgehen, die es von vornherein nur einem festgesetzten Teil der Schüler gestatten, zu bestehen oder gute Noten zu erhalten.

Durch Konkurrenz wird die Verteilung von Verstärkern eingeschränkt

7. Verwende Bekanntes als Beispiele

Wenn man Beispiele verwendet, so sollte man wohl darauf achten, daß sie Bekanntes bieten, man sollte keine weniger vertrauten Namen, Gedanken, Zitate usw. verwenden. In Textaufgaben kann man die Namen vertrauter Lehrer oder Mitschüler verwenden und auf den abgedroschenen Herrn Meier oder die Frau Schmidt verzichten. Wenn im Unterricht ein alphabetischer Katalog für die Bücherei aufgestellt werden soll, so können Buchtitel verwendet werden, die sich auf die Sport- oder Filmhelden der Schüler beziehen und nicht auf irgendwelche esoterischen Themen (*Speeth* u. *Margulies,* 1969).

8. Verwende einen einmaligen und unerwarteten Kontext, wenn es darum geht, Konzepte und Prinzipien anzuwenden

Das Gesetz von Angebot und Nachfrage kann am Beispiel des Marihuanapreises erläutert werden. Das Gesetz der Lautstärkenverminderung mit dem Entfernungsquadrat kann auf die Dezibelstärke einer Rockgruppe an verschiedenen Entfernungen von ihrem Standort angewandt werden. Man beachte den Unterschied zwischen Punkt 6 und 7. Will man z. B. Interesse wecken, so sollte man vertraute Dinge verwenden, um die Schüler zu motivieren. Geht es um die Anwendung von bereits Gelerntem, so sollte das einmalige und unerwartete dazu beitragen, daß die Beteiligung der Schüler aufrechterhalten bleibt.

9. Verlange die Anwendung von früher Gelerntem

Mit seiner Anwendung wird früher Gelerntes verstärkt, bereits erworbene Reaktionen werden bekräftigt. Daneben wird die Erwartung geweckt, daß das, was gerade gelernt wird, später gebraucht wird. Bei einem Lernen, das gerade stattfindet, sollte man sich nicht darauf beschränken, nur die für dieses Lernen erforderlichen Informationen zu geben. Wo immer möglich, sollte man auf früher vermittelte Tatsachen, auf früher erworbene Konzepte und Prinzipien zurückgreifen.

10. Arbeite mit Simulationen und Spielen

In den letzten zwanzig Jahren hat der Einsatz von Spielen und Simulationen im Unterricht stark zugenommen. Nachdem sich nun auch der Mikrocomputer Eingang ins Klassenzimmer verschafft hat, werden Unterrichtsspiele und ähnliche Situationen nochmals einen Zugewinn verzeichnen. Spiele und Simulationen motivieren die Schüler, fördern Interaktion, vermitteln ein eindeutiges Bild von Lebenswirklichkeit und ermöglichen es dem Schüler, sich direkt in den Lernprozeß einzubringen (vgl. *Charles* u. *Stadsklev,* 1973). Man kann sich nur darüber wundern, mit welcher Begeisterung oder gar Verbissenheit Schüler „Pac-Man" oder „Space Invaders" oder andere Computerspiele „bearbeiten“ (vgl. *Bowman,* 1982). Eine ähnliche Intensität bei der Beschäftigung mit Lernaufgaben ist das Ziel der Pädagogen, die Lernspiele und Simulationen für den Unterricht entwickeln.

Ein Beispiel aus einem anderen Bereich ist das „Collegespiel“, das häufig in den Abschlußklassen der amerikanischen High-School zum Einsatz kommt. Dieses Spiel vermittelt den Schülern einen Eindruck über typische Kursanforderungen, über das Schwierigkeitniveau von Kursen, über den erforderlichen Arbeitsaufwand, über Konflikte, die im ersten Studienjahr entstehen usw. In einem einfachen Spiel, das eineinhalb bis drei Stunden einschließlich einer Nachbesprechung dauert, erfahren die Schüler etwas über die Komplexität des Collegelebens; ihre Beteiligung und ihre Motivation ist dabei wahrscheinlich höher, als wenn sie drei Stunden lang einem Vortrag über „Wie bereite ich mich auf das College vor?“ zuhören würden.

„Abspaltung“ ist ein dreiwöchiges Spiel, in dem die Verfassungskrisen von 1776–1789 simuliert werden. Über eigene Nachforschungen und über Rollenspiel erfahren die Schüler etwas über parlamentarische Verfahren, über die Anfertigung von Reden, über die Probleme der dreizehn Staaten und über alte politisch-philosophische Gedanken. Das Spiel scheint die Schüler in einer Weise in seinen Bann zu ziehen, wie es der traditionelle Geschichtsunterricht nie konnte. „Drogenbekämpfung“ ist ein drei Unterrichtsstunden umfassendes Spiel, das über die Rolle der Drogenhändler, der Süchtigen, der Stadtverwaltung, der Polizei und der Bürger informiert. „Ghetto“ ist ein vierstündiges Spiel, in dem Schüler etwas darüber lernen können, welchen emotionalen, physischen, sozialen und ökonomischen Kräften die Armen unterworfen sind, wenn sie versuchen, ihre Lebensumstände zu verbessern. „Goldrausch“ ist ein Spiel, das täglich 20 Minuten durchgeführt wird, und zwar solange, bis der Lehrer den Eindruck hat, daß die Schüler ein Verständnis für die Goldrauschsituation im amerikanischen Westen und für die Lebensbedingungen der Goldsucher entwickelt haben. Die Schüler bekommen eine Goldsucherausrüstung, sie stecken ihr Stück Land ab, suchen nach Gold, finden es oder gehen bankrott. „Zweifel und Theorien“ ist ein Spiel, das auf verschiedenen Komplexitätsniveaus gespielt werden kann und bei dem die Schüler lernen sollen, die richtige Art von Fragen zu stellen, um so ihre Fähigkeiten zum Bilden wissenschaftlicher Theorien und zum Planen von Experimenten zu verbessern. Es führt u. a. zu einem Verständnis der Theorie der linguistischen Struktur von *Noam Chomsky.* „Zweifel und Theorien“ dauert bei einfacheren Komplexitätsniveaus etwa eine Stunde.

Die Liste solcher Spiele wächst unaufhörlich. Diese wenigen Beispiele können vielleicht schon einen Eindruck von der Vielfalt vermitteln, die dem Lehrer bereits zur Verfügung steht. Die meisten Spiele machen Spaß, sorgen für wichtige Lernerfahrungen, wecken ein starkes und anhaltendes Interesse bei den Schülern und erlauben es dem Lehrer, sich auf neue und abwechslungsreiche Weise in die Lernerfahrungen der Schüler einzubringen (vgl. *Seidner,* 1976). Computerversionen solcher Spiele kommen ebenfalls auf den Markt. Der Einsatz oder gar die eigene Entwicklung von Spielen und Simulationen im Unterricht ist ein nahezu sicherer Weg, um die Motivation der Schüler und des Lehrers anzuheben.

11. Verringere die Attraktivität konkurrierender Motivierungssysteme auf ein Minimum

Manchmal fühlt sich vielleicht ein Schüler, der die Anerkennung seiner Mitschüler gewinnen will, dazu gedrängt, dem Lehrer gegenüber abweisend zu sein, in der Schule schlecht zu arbeiten, zu schwänzen, zu rauchen oder sonstwie sich der Autorität zu widersetzen. Was kann der Lehrer unternehmen, damit derartige Verhaltensweisen vom Standpunkt der Schüler aus weniger wünschenswert werden? Man kann dadurch für eine Abhilfe sorgen, daß man erreicht, daß die Führer unter den Schülern sich an schulischen Aktivitäten beteiligen (z. B. an der Durchführung von Tests oder an der Vertretung der Schule auf einer naturwissenschaftlichen Ausstellung). Konzentriert man sich darauf, die angesehensten und beliebtesten Führer einer Clique vom Rauchen und vom Drogenkonsum abzuhalten, so wird man damit mehr Erfolg haben als wenn man versucht, ein gewöhnliches Mitglied einer Clique davon zu überzeugen, daß sein Verhalten nicht notwendigerweise mit dem der Gruppe konform sein muß.

Führer zur Beteiligung bringen

Um die Attraktivität konkurrierender Motivierungssysteme auf ein Minimum zu reduzieren, kann es erforderlich sein, neben der Verstärkung angemessenen Verhaltens auf eine Bestrafung unangemessenen Verhaltens zurückzugreifen. Für den Lehrer ist es wesentlich, daß er zunächst analysiert, welche konkurrierenden Motivierungssysteme vorhanden sind. Dann muß er je nach den Umständen Mittel ausfindig machen, die Attraktivität von Verhaltensweisen, die für die Schüler nicht angemessen sind, auf ein Minimum zu reduzieren. In den obigen Beispielen konkurrierte die Akzeptierung durch die Mitschüler mit den Bedürfnissen nach Anerkennung durch den Lehrer und durch andere Erwachsene. Ein anderes konkurrierendes Motivierungssystem könnte z. B. ein Leistungsbedürfnis sein, das nicht durch die Arbeit in der Schule, sondern durch sportliche Aktivitäten oder durch Hobbies befriedigt wird. Oder die Schüler brauchen vielleicht Geld und können es nur auf eine Weise verdienen, die verhindert, daß sie die Unterrichtsziele erreichen. Durch die Analyse derartiger konkurrierender Systeme sollte es dem Lehrer möglich werden, Mittel zu finden, mit denen er ihre für die Erziehung ungünstigen Auswirkungen vermindern kann.

Die Analyse konkurrierender Motive

12. Verringere die unangenehmen Konsequenzen für Schüler, die sich am Unterricht beteiligen, auf ein Minimum

Die Beteiligung des Schülers in bestimmten Unterrichtsfächern sollte immer positiv verstärkt werden. Die Faktoren oder Vorkommnisse, die aversive – d. h. unerwünschte – Auswirkungen auf seine Beteiligung haben, sollten auf ein Minimum begrenzt werden. Was sind solche aversiven Auswirkungen? Wenn man einmal auf sie hingewiesen wurde, liegen sie ganz nahe:

Aversive Auswirkungen

- Verlust der Selbstachtung, z. B. wenn man einen Gedanken nicht versteht oder eine Aufgabe nicht richtig löst;

- physisches Unbehagen, z. B. zu lange auf einem Stuhl sitzen müssen, in einem Raum mit schlechter Akustik etwas zu verstehen zu versuchen, auf einer Tafel oder auf einem Bildschirm etwas lesen müssen, das für die Entfernung zu klein geschrieben ist;
- Frustration aufgrund des Unvermögens, Verstärkung zu erhalten;
- die Mitteilung, daß man etwas kaum verstehen wird;
- mit der Arbeit mitten in einer interessanten Tätigkeit aufhören müssen;
- Tests über Materialien und Gedanken vorgelegt bekommen, die nicht unterrichtet worden sind;
- der Versuch, etwas zu lernen, das für das gegenwärtig vorhandene Fähigkeitsniveau zu schwierig ist oder nicht verstanden werden kann;
- zu erleben, daß der Lehrer auf die Bitte um Hilfe nicht eingeht;
- einen Test vorgelegt bekommen, der aus trivialen oder unverständlichen Fragen besteht;
- von den Lehrern erst am Ende des Kurses, wenn es bereits zu spät ist, um Mängeln abzuhelfen, mitgeteilt bekommen, wie gut die eigenen Leistungen sind;
- beim Lernen zu schnell voranschreiten müssen, um mit den besseren Schülern Schritt zu halten;
- mit anderen Schülern konkurrieren zu müssen in einer Situation, in der nur ein paar Schüler Erfolg haben können (z. B. eine gute Note kriegen können), unabhängig davon, wie gut man selbst lernt oder die Unterrichtsziele bewältigt; kurz: in Übereinstimmung mit einer vorgegebenen Verteilungskurve benotet werden;
- einer Gruppe schlechterer Schüler zugewiesen werden;
- eine langweilige Darstellung des Lehrers durchstehen müssen – einen Unterricht, der sich ständig wiederholt, langweilig ist, nicht genügend herausfordert, banal, platt und leicht ist; (wenn ein Lehrer laut aus einem Buch oder Manuskript vorliest, so wird er damit in den meisten Fällen wahrscheinlich aversive Konsequenzen bei den Schülern erreichen);
- mit einem Lehrer zu tun haben, der anscheinend selbst kein Interesse an dem Fachgebiet hat;
- sich auf eine Weise verhalten müssen, die dem Verhalten eines angesehenen Modells (Lehrer oder Führer der Schülergruppe) widerspricht.

18.6 Soziale Einflüsse auf die Motivation

Die Motivierungstechniken des Lehrers kommen immer innerhalb einer sozialen Situation zur Anwendung, die sich hemmend oder fördernd auf die Einflußmöglichkeiten des Lehrers auswirkt. Viele soziale Einflüsse wirken sich gleichzeitig sowohl auf das Verhalten des Lehrer als auch auf das der Schüler aus. Hier sollen nur zwei derartige Einflüsse erörtert werden: das *soziale Klima* der Schule und der Klasse und die *soziale Macht* des einzelnen.

13. Erfasse das soziale Klima der Schule

Die Schule entwickelt als eine kleine, eigenständige Gesellschaft ein soziales Klima, das motivationale Auswirkungen hat. Der Lehrer muß durchschauen, welches Klima herrscht, da es einen Einfluß auf die Motivation in seiner Klasse ausübt.

J. S. Coleman (1960) untersuchte die Statussysteme an High Schools, um festzustellen, welche Wirkungen sie auf den einzelnen Schüler innerhalb der Schule ausüben. Der Leser erinnere sich an seine eigene Schulzeit und beantworte, vorausgesetzt er ist männlichen Geschlechts, die folgende Frage: „Als was sollen sich Ihre ehemaligen Mitschüler an Sie erinnern? Als sportliches As, als hervorragenden Schüler oder als den Schüler, der am beliebtesten war?" Wenn der Leser weiblichen Geschlechts ist, antwortete er auf die folgende Frage: „Als was sollen sich Ihre ehemaligen Mitschüler an Sie erinnern? Als hervorragende Schülerin, als eine Schülerin, die bei Freizeitaktivitäten die Führung übernahm oder als jene Schülerin, die am beliebtesten war?"

Wie der Leser wohl bereits angenommen hat, entschieden sich in der Untersuchung von *Coleman* die meisten Jungen für das „sportliche As" und gaben an, daß die „tonangebenden Gruppen" an ihrer Schule größtenteils aus Sportlern bestanden. Die Mädchen entschieden sich zum Teil für „Freizeitführer" und für „das beliebteste Mädchen", beides ebenfalls Merkmale für ihre „tonangebenden Gruppen". Wesentlich, aber nicht überraschend ist das Ergebnis, daß sich nur eine kleine Anzahl von Schülern dafür entschied, man solle sich an sie als an hervorragende Schüler erinnern.

Ethos der Schule

Was an dieser Untersuchung aufregend ist, ist die Auswirkung dieses „Ethos" oder „Klimas" auf die einzelnen Schüler an der Schule. In Abbildung 18-3 ist der Zusammenhang zwischen (a) dem Prozentsatz der Schüler an einer Schule, die gute Noten für ein Kriterium der Mitgliedschaft in der tonangebenden Gruppe ansahen, und (b) dem Prozentrang, den der mittlere IQ derjenigen Schüler an dieser Schule einnahm, die die besten Noten erhielten. *Coleman* wollte feststellen, ob an einer Schule, an der Sport und Beliebtheit wichtiger sind, die fähigsten Schüler dazu motiviert sind, in Konkurrenz um die Belohnungen, die auf diesen Gebieten zur Verfügung stehen, zu treten und dabei ihre Möglichkeit, hervorragende schulische Leistungen zu zeigen, ungenutzt lassen. Demgegenüber wäre zu erwarten, daß an einer Schule, an der gute Noten wichtiger sind, die fähigsten Schüler dazu motiviert sind, in Konkurrenz um gute Noten zu treten.

Die in Abbildung 18-3 dargestellten Ergebnisse zeigen deutlich, daß an Schulen, an denen ein höherer Prozentsatz von Schülern angibt, daß gute Noten wichtig sind, um als Führer zu gelten, diejenigen Schüler, die gute Noten anstreben und sie auch erhalten, eher höhere IQs als ihre Mitschüler an derselben Schule haben. Wenn dagegen nur ein kleiner Prozentsatz von Schülern gute Noten als wichtige Voraussetzung für die Mitgliedschaft in der Führergruppe ansieht, dann erhalten weniger fähige Schüler an dieser Schule die besten Noten. Die fähigeren Schüler an einer solchen Schule sind anscheinend dazu motiviert, die Verstärkung durch ihre Kameraden mit anderen Mitteln anzustreben als mit hervorragenden Leistungen in der Schule.

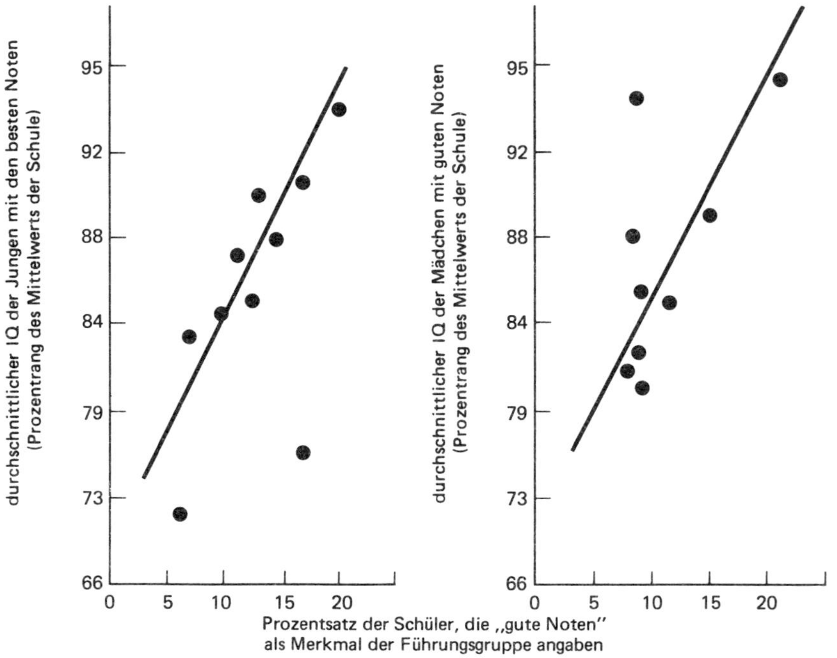

Die graphische Darstellung zeigt den Zusammenhang zwischen (a) den Prozenträngen des mittleren IQs der Schulen für Jungen und Mädchen, die die Durchschnittsnote A oder A- erhielten, und (b) dem Prozentsatz der Jungen und Mädchen an jeder Schule, die „gute Noten" als wichtig für die Mitgliedschaft in der Führungsgruppe angaben. Je intellektueller das Ethos der Schule, desto gescheiter im Vergleich zu den Mitschülern sind diejenigen Schüler, die im Durchschnitt die beiden besten Noten haben.

Nach *Coleman* (1960).

Abbildung 18-3. Graphische Darstellung des Zusammenhangs zwischen dem Schulklima und der Motivation

Jugendliche Subkulturen

Schulausstellungen

Die Bedeutung für die amerikanische Gesellschaft insgesamt ist klar. Da es an den High Schools den jugendlichen Subkulturen gestattet wird, ihre Energien in sportliche, soziale und ähnliche Aktivitäten zu investieren, werden, wenn man von den intellektuellen Aktivitäten ausgeht, die von Erwachsenen gefordert werden, Leute mit einem ziemlich mittelmäßigen Fähigkeitsniveau herangebildet. Tatsächlich gestattet anscheinend die High School diesen Subkulturen nicht nur, schulische Leistungen abzuwerten, sondern sie unterstützt sie auch noch dabei. ... Diese Ergebnisse sind deshalb so beachtenswert, weil sie auf Möglichkeiten verweisen, wie unter Verwendung einer ziemlich unkomplizierten sozialen Theorie die schulischen Maßnahmen an der High School so organisiert werden könnten, daß die jugendlichen Subkulturen ihre Energien eher in Richtung auf das, was gelernt werden soll, kanalisieren. Man könnte sich die möglichen Auswirkungen von städtischen oder regionalen „Schulausstellungen" ausmalen, an denen Spiele und Schulvergleichskämpfe durchgeführt werden und die einzelnen Schulen bewertet werden. Es wäre möglich, daß die bloße Einrichtung derartiger Spiele, ähnlich wie die regionalen Basketballwettkämpfe im mittleren Westen der Vereinigten Staaten, tiefgreifende Auswirkungen auf das pädagogische Klima an den teilnehmenden Schulen hätte (*Coleman,* 1960, S. 344, 347).

Die Motivationsstruktur der Schüler könnte problemlos verändert werden, wenn die soziale Anerkennung mehr von schulischen Leistungen abhinge als von Leistungen im Sport, von Freizeitaktivitäten oder von Beliebtheit. Zum Teil ist dies in einer Untersuchung nachgewiesen worden, wo bei Hauptschülern aus Familien mit geringem Einkommen positive Verhaltensmodifikationen festgestellt werden konnten (vgl. *Rutter* et al., 1979). Die Kriminalität war geringer und die Anwesenheit sowie die Leistung waren höher, wenn die einzelne Schule eine hohe Erwartungshaltung an schulische Leistung und persönliche Verantwortung des Schülers anlegte. Zugleich bemühte sich die Schule selbst darum, eine sichere, geordnete und qualifizierte Unterrichtsumgebung für den Schüler zu schaffen. Das neue Unterrichtsklima hatte nicht nur eine positive Wirkung auf die fachlichen Leistungen der Schüler; auch das Selbstwert- und Verantwortungsgefühl der Schulgemeinde schlechthin verbesserte sich (vgl. *Purkey* u. *Smith,* 1983).

14. Erfasse die Machtverhältnisse zwischen Lehrern und Schülern

Welchen sozialen Einflüssen die Motivation unterliegt, wurde in Untersuchungen über das „Klima", wie in der von *Coleman,* festgestellt. Die Kräfte und die Normen, aus denen das Klima an einer Institution besteht, sind jedoch letztlich zwischen Individuen wirksam. Diese Wirksamkeit ist dann vorhanden, wenn ein Individuum, das versucht, das Verhalten eines anderen Individuums zu beeinflussen oder es zu motivieren, in irgendeiner Form soziale Macht besitzt (*French* u. *Raven,* 1959). Diese soziale Macht nimmt verschiedene Formen an: Belohnungsmacht (*rewarding power*), Unterdrückungsmacht (*coercive power*), rechtliche Macht (*legitimate power*), Macht des Leitbildes (*referential power*) und Expertenmacht (*expert power*).

Belohnungsmacht

Die *Belohnungsmacht* eines Menschen besteht darin, daß er über die Belohnungen eines anderen Menschen Kontrolle ausüben kann. Diese Art von Macht ist in den Beziehungen zwischen Arbeitgeber und Arbeitnehmer, Lehrer und Schüler, Eltern und Kind anzutreffen. In allen diesen Fällen kann ein Mensch den anderen dadurch belohnen, daß er entweder sein Gehalt anhebt, gute Noten gibt oder Zuneigung zeigt.

Unterdrückungsmacht

Unterdrückungsmacht besteht in einer Kontrolle über Bestrafungen. Ein Arbeitgeber kann kündigen, ein Lehrer kann einen Schüler durchfallen lassen, Eltern können ihr Kind tadeln.

Rechtliche Macht

Die restlichen Begriffe beziehen sich auf andere Quellen, aus denen Menschen ihre Macht ableiten. *Rechtliche Macht* beruht auf Gesetzen, Regeln und Bräuchen, die einem Menschen Belohnungs- oder Unterdrückungsmacht über einen anderen verleihen. Ein Schülerlotse und ein Schulrektor erhalten ihre Macht auf diese Weise.

Macht des Leitbilds

Expertenmacht

Mit Macht des Leitbilds ist gemeint, daß auf einen Menschen deshalb Einfluß ausgeübt werden kann, weil dieser Mensch so sein möchte wie der, den er bewundert oder weil er ihm nacheifert. Die *Expertenmacht* schließlich resultiert aus den Fachkenntnissen oder der speziellen Kompetenz eines Menschen. Der Werklehrer übt einen Einfluß auf seinen Schüler aus, und der Mentor kann deshalb einen Einfluß auf den Praktikanten ausüben, weil er im Besitz von Expertenmacht ist. Die Analyse der sozialen Macht als einer Grundlage für das Vermögen eines Menschen, einen anderen Menschen zu motivieren, führt zu interessanten Überlegungen. Zunächst einmal können Lehrer alle fünf Arten sozialer Macht besitzen. Vom Staat wurde ihnen eine gewisse Macht über die Schüler verliehen (rechtliche Macht), sie besitzen häufig so viel Ansehen, daß die Schüler ihnen ähnlich sein wollen (Macht des Leitbilds) und ihre Kenntnisse und Fertigkeiten sind gewöhnlich größer (Expertenmacht). Daß Lehrer Belohnungs- und Unterdrückungsmacht besitzen, ist eindeutig. Es kommt einem plausibel vor, daß Lehrer, die sich auf ihre Unterdrückungs- und ihre rechtliche Macht stützen, um Einfluß auf die Schüler auszuüben, weniger wünschenswert sind als diejenigen, die auf andere Einflußmöglichkeiten zurückgreifen können.

Der Aufgabentypus, den der Lehrer vorrangig für seine Unterrichtszwecke auswählt, bedingt zugleich die Form der sich daraus ergebenden sozialen Macht. *Bossert* (1979) hat sich mit diesem Phänomen befaßt und festgestellt, daß Lehrer, die sich z. B. hauptsächlich auf Frontalunterricht beschränken, weniger enge soziale Bindungen mit ihren Schülern eingehen können als Lehrer, die individuelle Projekte oder Kleingruppenarbeit bevorzugen. Er stellte darüber hinaus fest, daß der Frontalunterricht den Lehrer ins Kontrollzentrum des Unterrichtsgeschehens plaziert, wo er sich auf seine legitime Autorität und den unpersönlichen Einsatz von Sanktionen verlassen muß, während andere Unterrichtsformen es dem Lehrer gestatten, sich direkter und persönlicher mit den einzelnen Schülern zu befassen und dadurch in ihrem Lernverhalten zu beeinflussen. Der Lehrer muß also sowohl die sozialen als auch die instruktionalen Vor- und Nachteile der Handlungen in Betracht ziehen, die er in einer bestimmten Unterrichtssituation umsetzen will.

Schüler besitzen Macht

Wir sollten uns auch darüber klar sein, daß der Unterricht keine Einbahnstraße ist. Schüler besitzen die Macht, einen Einfluß auf das Verhalten ihres Lehrers auszuüben. Schüler können den Lehrer belohnen, indem sie ihre Hausarbeiten machen, indem sie sich an den Diskussionen in der Klasse beteiligen, indem sie bekräftigend mit dem Kopf nicken, indem sie lachen und indem sie bei einer Beschäftigung ruhig bleiben. Sie können den Lehrer bestrafen, indem sie das Gegenteil all dieser Dinge tun. Der Lehrer muß sich immer dessen bewußt sein, daß er der Gemeinschaft dient. Ältere Schüler besitzen Leitbild- und Expertenmacht über jüngere. Lehrer und Schüler können also gegenseitig ihr Verhalten ändern.

Ein Mensch, der im Besitz einer größeren Anzahl der verschiedenen Formen sozialer Macht und größerer Ausprägungsgrade dieser Macht ist, übt einen größeren Einfluß auf das Verhalten eines anderen aus. Ist jemand im Besitz solcher umfangreicher Machtmittel, so wird sein Verhalten „ansteckend“ (d. h. es wird von anderen nachgeahmt). Ein solcher Mensch ist mehr indirekten als direkten Versuchen ausgesetzt, sein Verhalten zu modifizieren. Andere bringen ihm mehr Achtung entgegen. Er versucht häufiger, andere zu beeinflussen und ist dabei erfolgreicher. Seine Versuche, andere zu beeinflussen, werden eher direkt als indirekt sein (*Lippitt, Polansky, Redl* u. *Rosen,* 1952). Wegen all dieser Faktoren, die mit der sozialen Macht, die Individuen ausüben und auf die sie sich stützen, verbunden sind, muß der Lehrer in der Klasse die sozialen Beziehungen zwischen den Schülern, zwischen Schülern und Lehrer, unter den Lehrern, zwischen Lehrern und Eltern und unter den Schülern, Lehrern und den in der Verwaltung Tätigen kennen.

18.7 Zusammenfassung

Wir sind in diesem Kapitel über Motivation davon ausgegangen, daß es wichtig ist, zwischen intrinsischer und extrinsischer Motivation zu unterscheiden. Dabei haben wir festgestellt, daß das, was als intrinsische Motivation (im Sinne von Unabhängigkeit von externen Belohnungen) gilt, gleichwohl seine Wurzeln in extrinsischen Verstärkungssystemen hat. Außerdem haben wir festgestellt, daß es wichtig ist zu beobachten, wie der einzelne Schüler seine eigenen Aktivitäten wahrnimmt. Wenn der Schüler sich selbst als intrinsisch motiviert wahrnimmt, können extrinsische Belohnungen sich negativ auf seine Leistungen auswirken. Analysiert man extrinsische Verstärkungssysteme vom Standpunkt des operanten Konditionierens aus, so besteht der wichtigste Punkt darin, für das Lernen irgendeine Art von Stimuluskontrolle festzulegen. Ein Anreiz ist z. B. ein Kontrollstimulus, da die Schüler sich darum bemühen werden, den Verstärker, der dem Anreiz entspricht, zu erhalten. Wenn man etwas über die Präferenzen eines Schülers weiß, ob es nun die Vorliebe des älteren Schülers für Freizeit, für Modellbau oder für Automagazine ist, oder das Verlangen eines Kindes nach Schokolade, nach Puppenkleidern, nach Comic-Heften oder nach Tauschbildern von Fußballern, so wird das für die Planung eines individuell zugeschnittenen Motivierungsprogrammes für einen Schüler eine Hilfe sein.

Dieses Kapitel enthielt daneben eine Einführung in die Motivationsmerkmale der Frustration. Wenn Umweltbedingungen zu Frustration führen, so folgen generell eine Reihe negativer Konsequenzen. Die Bedingungen, die verhindern, daß Schüler Verstärkung erhalten, wie z. B. Verzerrungen des Lehrers und Bevorzugung einzelner Schüler, führen zu Frustration. Eine unangemessene Zuweisung von Schülern zu einzelnen Arbeitsgruppen, in denen Verstärkung nur schwer zu erreichen ist, ist eine andere Möglichkeit, über die Lehrer ihre Schüler frustrieren. Wenn Aggression, Überaktivität, Abkapselung und andere Konsequenzen der Frustration auftreten, so sollte man die Umwelt, die man geschaffen hat, überprüfen.

Eine Möglichkeit, ein Motivationssystem mit Anreizen und Verstärkern zu schaffen, besteht darin, innerhalb einer Tokenökonomie Vertragssysteme einzurichten. Derartige Systeme in die Tat umzusetzen, verlangt viel Zeit und Energie und sollte deshalb wohl eher von einem Lehrerteam als von einem einzelnen Lehrer angegangen werden. Die vorläufigen Ergebnisse einer Anzahl von Programmen, von denen einige von einem Lehrer allein durchgeführt werden können, weisen darauf hin, daß diese Art von wirkungsvollen, auf die Umwelt bezogenen Motivierungssystemen in der Schule wirkungsvoll praktiziert werden können und daß sie die erwünschten Veränderungen im Verhalten der Schüler anscheinend auch hervorrufen.

Schließlich wiesen wir auf einige Vorbehalte gegenüber der Verwendung extrinsischer Belohnungen, z. B. Tokenökonomien, hin. Sie sollten nur dann verwendet werden, wenn sie dazu notwendig sind, einen Schüler dazu zu bringen, daß er Lernhandlungen durchführt, die er andernfalls vermeiden würde. Sobald die intrinsischen Belohnungen, die der Tätigkeit selbst eigen sind, wirksam zu werden beginnen, sollten die extrinsischen Belohnungen abgebaut werden, so daß der Schüler lernen wird, an der Tätigkeit so viel wie möglich um ihrer selbst willen Freude zu haben. Andernfalls kann ein Schüler lernen, von der extrinsischen Belohnung abhängig zu werden, und die erwünschte Betätigung vermeiden, wenn ihm diese extrinsische Belohnung entzogen wird.

Wenn Motivierungstechniken im Unterricht eingesetzt werden sollen, muß man beachten, daß es wichtig ist, den Schülern genau zu sagen, was man von ihnen erwartet. Zugleich darf man nicht vergessen, daß es sowohl effektive als auch ineffektive Möglichkeiten des verbalen Lobs gibt, um das Lernverhalten und die Einstellungen des Schülers zum Lernen und zu sich selbst zu beeinflussen. Tests und Noten können ein geeignetes Mittel zur Motivation bestimmter Schüler sein, aber für andere Schüler sind sie unter Umständen ein Schaden. Diese ambivalente Wirkung muß bei der Notengebung immer berücksichtigt werden. Man solle versuchen, sich die Überraschung nutzbar zu machen – es macht Spaß, die Schüler manchmal ein bißchen aus der Bahn zu werfen, indem man sich etwas anders verhält als sonst. Dadurch, daß man besondere Beispiele für die Anwendung von Konzepten und Prinzipien verwendet, kann man dazu beitragen, daß eine Übertragung möglich und die Motivation der Schüler sichergestellt wird. Beginnt man jedoch mit der Vermittlung des Konzepts oder Prinzips, so sollte man Beispiele aus vertrauten Bereichen verwenden. Man sollte auch versuchen, Spiele in das Curriculumgebiet, das man bearbeitet, einzubauen. Man kann die Schüler dazu anhalten, welche zu erfinden, wenn es keine gibt. Man sollte versuchen, die Führer unter den Schülern dazu zu bringen, daß sie die Ziele des Unterrichts übernehmen, so daß die anderen Schüler dies mit größerer Wahrscheinlichkeit auch tun. Man sollte eine lange Liste unangenehmer oder aversiver Möglichkeiten, mit den Schülern umzugehen, vermeiden; diese Liste reicht von einer ungünstigen Temperatur und Beleuchtung in der Klasse bis zum Stellen trivialer und bestrafend wirkender Fragen in Tests. Man sollte sich schließlich des sozialen Klimas an der Schule und seiner Auswirkungen auf die Werte der Schüler bewußt sein und die verschiedenen Quellen sozialer Macht kennen, die der Lehrer und die Schüler gegenseitig aufeinander ausüben. Vor allem aber sollte man mit wachem Auge verfolgen, was in der Klasse vor sich geht und welchen Eindruck man gewinnt, wenn man einen bestimmten Gegenstand auf bestimmte Weise unterrichtet. Man sollte dafür sorgen, daß die eigenen Unterrichtserfahrungen einander ergänzen und so ein immer größerer Erfahrungsschatz angesammelt wird. Wenn etwas funktioniert, wird man es wieder verwenden wollen; wenn bei einem bestimmten Vorgehen die Schüler nicht motiviert sind, wird man dieses Vorgehen aufgeben. Wenn man seine eigenen Unterrichtsversuche als Experimente betrachtet und ihre Wirksamkeit festhält, so wird das dazu beitragen, daß man im Laufe der Zeit ein hervorragender Lehrer wird.

Teil F

Lehrmethoden

Wir sind an dem Punkt angekommen, wo wir uns die Frage stellen können: wie soll ich unterrichten? Diese Frage stellt sich für jeden Lehrer. Eine Durchleuchtung der Antworten auf diese Frage setzt Kenntnisse über die verschiedenen Lehrmethoden und ihre Auswirkungen auf das Lernen voraus.

Was ist eine Lehrmethode? Allgemein gesagt besteht eine Lehrmethode aus immer wiederkehrenden Verhaltensmustern des Lehrers, die auf verschiedene Fachgebiete angewandt werden können, die für mehr als einen Lehrer charakteristisch und für das Lernen relevant sind (*Gage,* 1969, S. 1446). Der Begriff *Verhaltensmuster* meint eine Reihe von Verhaltensweisen, die gleichzeitig oder in einer ganz bestimmten Abfolge auftreten. Der Hinweis, daß diese Muster *immer wiederkehren,* bedeutet, daß sie in Abständen von Minuten oder Wochen wiederholt werden. Mit der Anwendbarkeit auf mehr als ein Unterrichtsfach ist gemeint, daß der Begriff *Lehrmethode* nicht auf Verhaltensweisen des Lehrers angewandt werden sollte, die z. B. nur für den Unterricht über das Addieren von Brüchen oder über die Natur einer chemischen Verbindung brauchbar sind. Wir meinen, daß die Art und Weise, wie der Unterricht in bestimmten Fachgebieten abläuft, mit dem Begriff *Unterrichtstechniken* bezeichnet werden sollte; diese Unterrichtstechniken sind Gegenstand der verschiedenen Seminare über Methodik und Didaktik, z. B. der Naturwissenschaften, der Sozialkunde, der Mathematik oder des Englischunterrichts. Wir fassen den Begriff Lehrmethode allgemeiner auf; in der Bedeutung, die wir ihm beilegen, bezieht er sich auf Vorgehensweisen, die für alle Fachgebiete geeignet sind. Die Forderung, daß eine Lehrmethode für mehr als einen Lehrer praktizierbar sein muß, bedeutet, daß sie nicht von Begabungen oder Eigenschaften abhängen darf, die auf ein paar Leute beschränkt sind.

Im allgemeinen Sprachgebrauch bedeutet *Lehrmethode* weitgehend das gleiche wie Anwendung bestimmter curricularer Materialien. So wird der Begriff Lehrmethode manchmal verwendet, wenn solche Dinge wie die Ganzheitsmethode beim Lesenlernen oder die chronologische Methode gegenüber der thematischen im Musikunterricht gemeint sind. Wir gebrauchen den Begiff Lehrmethode nicht in diesem Sinne, vielmehr verwenden wir ihn ausschließlich in der oben definierten Bedeutung.

Wir wollen uns zunächst damit befassen, die Lehrmethoden zu kategorisieren, und zwar unter Einsatz einer quantitativen und sehr folgenreichen Determinante, der *Gruppengröße.*

1. $N = 1$. Die eine der beiden extremen Ausprägungsmöglichkeiten in diesem Merkmal ist dann gegeben, wenn die „Gruppe“ nur aus einem Schüler besteht, der mit dem Lehrer oder für sich allein arbeitet. In diesem Fall werden Methoden wie Einzelbetreuung, programmierter Unterricht, individuell ausgerichteter Unterricht und selbständiges Arbeiten angewandt.
2. $N = 2–20$. In der Reihenfolge der Gruppengrößen kommt als nächstes eine kleine Gruppe von etwa 2–20 Schülern. In solchen Gruppen wird die Diskussionsmethode am häufigsten angewandt, aber auch Rollenspiel, szenische Darstellungen und Gruppenspiele gehören dazu.
3. $N = 20–40$. Als nächstes in dieser Reihenfolge kommt die Gruppengröße, die dem traditionellen Klassenumfang entspricht, der etwa von 20–40 Schülern mit einem Durchschnitt von etwa 28 oder 30 Schülern in den meisten Schulsystemen entspricht. Die traditionelle Methode, die bei derartigen Gruppen angewandt wird, kann einfach „Unterricht in der Klasse“ genannt werden; diese Methode besteht aus einer Kombination anderer Methoden und einem unverwechselbaren Merkmal – dem Unterrichtsgespräch. Die Einzelheiten des tatsächlich durchgeführten Unterrichts in der Klasse (und auch andere Methoden) variieren beträchtlich zwischen den einzelnen Lehrern.
4. $N > 40$. Wenn die Gruppen schließlich mehr als z. B. 40 Schüler aufweisen und bis zu 100 Schüler umfassen, dann wird im typischen Fall die Methode des Lehrvortrags verwendet, wobei gelegentlich Film, Rundfunk und Fernsehen als Medium dienen.

Diese häufig verwendeten Kategorien der Gruppengröße zur Bestimmung der Lehrmethoden sind ohne weitere Erläuterung einsichtig. Aber nicht alle Lehrmethoden sind für alle Schüler zur Erreichung aller Unterrichtsziele gleichermaßen angemessen (vgl. *Bligh,* 1970). Dieser allgemeine Grundsatz wird häufig übersehen, wenn Schüler und Lehrer über Unterrichtsmethoden sprechen. Auf die Frage, welche Methode die beste sei, gibt es eigentlich keine Antwort, es sei denn, man spezifiziert die Schülermerkmale und die Unterrichtsziele. Wichtige Merkmale der Schüler sind ihr Alter, ihre Intelligenz, ihre motivationalen Eigenschaften und das, was sie in einem bestimmten Unterrichtsfach bereits früher gelernt und geleistet haben. Hierbei denken wir an die Möglichkeiten, die uns mit dem ATI-Ansatz (vgl. Kapitel 10) geboten sind. Manche Methoden führen bei Schülern mit bestimmten Merkmalen zu besseren Ergebnissen, andere Methoden sind für andere Schüler mit den ihnen eigenen Merkmalen geeigneter. Individualunterricht ist bei bestimmten Unterrichtszielen vorteilhaft, die Diskussion in kleinen Gruppen bei anderen, das uns allen vertraute Unterrichtsgespräch in der Klasse bei wieder anderen und Unterrichtsvorträge bei noch anderen. Darüber hinaus gibt es innerhalb der einzelnen Methode, z. B. dem Vortrag im Frontalunterricht, unzählige Variationsmöglichkeiten im Verfahren, im Stil, in der Technik und im Ablauf. Das gilt sogar dann, wenn der Inhalt des Vortrags weitgehend konstant gehalten wird. Diese methodeninterne Variabilität ist ein Merkmal aller hier vorgestellten Methodenkategorien – beim Unterrichtsgespräch, beim Individualunterricht, beim humanistischen Ansatz und beim regulären Klassenunterricht. Die

Behauptung, daß irgendeine der Hauptkategorien einer anderen im Hinblick auf eine bestimmte Unterrichtsart oder ein bestimmtes Unterrichtsziel überlegen ist, kann, wenn wir es ganz genau betrachten, eigentlich niemals zutreffen. Um dem Lehrer aber eine Leitlinie zu geben, haben wir versucht abzuschätzen, in welchen Situationen bestimmte Methoden mehr oder weniger angebracht sind.

Wir gehen von der Annahme aus, daß jede Methode für bestimmte Ziele mehr geeignet und für andere weniger geeignet ist. Wenn wir die verschiedenen Methoden in eine Dimension bringen und eine Reihe von Zielen (von denen einige in Kapitel 4 definiert worden sind) in eine andere, so wie es in der nachfolgenden Illustration dargestellt ist, erhalten wir eine Matrix. In den einzelnen Matrixzellen, d.h. dort, wo sich eine Methode mit einem Ziel überschneidet, können wir einen „Angemessenheitsindex" eingeben. (Beachten Sie bitte, daß wir uns hier auf zwei der drei Dimensionen konzentrieren, die im Eingangskapitel in Abbildung 1-1 dargestellt sind, wo „Lernaufgaben", „Lehrmethoden" und „Schüler" in ein Schema eingebunden sind.)

Unsere Einschätzung der Angemessenheit bestimmter Methoden für bestimmte Ziel basiert auf Forschungsergebnissen, gesundem Menschenverstand und Vermutungen. Der Forschungsbericht von *McKeachie* u. *Kulik* (1975) läßt erkennen, daß der Unterrichtsvortrag besser ist als die Diskussionsmethode, wenn es darum geht, Wissen zu vermehren, und daß demgegenüber

Eine Ziele-Methoden-Matrix: Einschätzung der Angemessenheit jeder Hauptmethode für jede Kategorie von Unterrichtszielen

	Lehrmethode				
Zielkategorie	Vortrag	Diskussion	Individualansatz	Humanistischer Ansatz	Unterricht in der Klasse
Kognitiver Bereich					
1. Wissen	B	C	A	C	B
2. Verstehen	B	B	A	C	B
3. Anwenden	C	A	A	B	B
4. Analyse	C	A	A	B	B
5. Synthese	C	A	A	B	B
6. Beurteilung	D	A	C	B	B
Affektiver Bereich					
1. Rezipieren	B	A	A	A	B
2. Antworten	D	A	B	A	B
3. Bewerten	B	A	D	A	B
4. Organisation der Werte	B	B	D	A	B
5. Charakterisierung durch Werte	D	B	D	A	B
Psychomotorischer Bereich					
1. Grobkoordination	D	D	A	C	D
2. Feinkoordination	D	D	A	C	D
3. Nichtverbale Kommunikation	D	B	C	A	B
4. Sprachverhalten	D	A	C	B	B

Skala: A = sehr gut; B = gut; C = ausreichend; D = schlecht.

die Diskussionsmethode besser ist, um Anwendungs-, Analyse-, Synthese- und Beurteilungsfertigkeiten zu fördern. Unsere anderen Einschätzungen in der Tabelle basieren weit weniger auf verläßlichen Forschungsdaten. Größtenteils gründen sie auf allgemeinen Vorstellungen oder Stereotypen von bestimmten Lehrmethoden. Und solche Stereotype sind natürlich gefährlich, weil die eigentlichen Unterrichtsmethoden, die innerhalb dieser Großgruppen tatsächlich zur Anwendung kommen, in sich sehr verschieden sein können. Viele Wissenschaftler (*Wallen* u. *Travers, 1963; Berliner* u. *Gage,* 1976; *Lumsdaine,* 1967; *Costin,* 1972; *Kallos,* 1973) haben die Grobschlächtigkeit solcher Etiketten wie „Methoden“ bemängelt. Unterrichtsvorträge unterscheiden sich wesentlich voneinander, ebenso wie der Unterricht nach einer der anderen genannten Methoden. Sehr viel differenziertere Analysen dessen, was im einzelnen bei Anwendung bestimmter Methoden im Unterricht abläuft, sind erforderlich, bevor adäquate Feststellungen darüber gemacht werden können, welche Art von Unterricht für welche Ziele angemessen ist. Das heißt: die Einschätzungen in dieser Tabelle sollten als grobe, stereotype Richtwerte angesehen werden.

Zunächst werden wir uns in Kapitel 19 mit dem Frontalunterricht beschäftigen, in Kapitel 20 dann mit der Diskussionsmethode. In Kapitel 21 stellen wir die Methoden vor, mit denen sich Individualunterricht durchführen läßt. Der „offene“ Ansatz der humanistischen Methode, die mehr ein Wertesystem über schulischen Unterricht und seine Auswirkungen auf das Kind ist als eine eigentliche Unterrichtsmethode, wird in Kapitel 22 vorgestellt. In Kapitel 23 und 24 schließlich werden einige der Forschungsgrundlagen über effektiven Unterricht in der Klasse erörtert. Dabei gehen wir sowohl auf Probleme der Unterrichtsvorbereitung (gelegentlich als „präinteraktive Phase“ bezeichnet) ein als auch auf Fragen der Unterrichtsdurchführung („interaktive Phase“).

Wenn wir versuchen wollten, die verschiedenen Methoden miteinander zu vergleichen, dann wäre das ungefähr so, als wenn wir ein Kammerorchester mit einer Jazzband vergleichen würden, oder Kino und Fernsehen, oder Bücher und Zeitschriften. Bis zu einem gewissen Grad machen solche Vergleiche, grob gesagt, Sinn, und es läßt sich tatsächlich eine stimmige Aussage über die Vorteile und Nachteile im Hinblick auf bestimmte Zwecke machen. Aber mindestens genauso aussagekräftig ist es, wenn wir feststellen, was den größeren und geringeren Wert *innerhalb* solcher Kategorien ausmacht, die wir als Orchester oder Bücher usw. bezeichnen. Gerade diese Faktoren innerhalb jeder einzelnen Methode sind es, die wir als förderlich erachten und denen wir uns in den Kapiteln 19 bis 24 zuwenden.

Kapitel 19

Frontalunterricht: Unterrichtsvortrag und erklärende Darstellung

19.1 Überblick

Ein großer Teil des Unterrichts findet immer noch in Form von Solovorstellungen statt. Bei Vorträgen, Erklärungen, der Darstellung von Zusammenhängen gleitet der Lehrer häufig ins Monologisieren ab. Ein einzelner Schüler, oder auch ein paar Hundert, können dem Lehrer über Zeiträume von 30 Sekunden bis zu 60 Minuten zuschauen und zuhören. Der Lehrer muß sich die Frage vorlegen, ob er dieser Beachtung durch seine Schüler emotional standhalten kann, ob er die Voraussetzungen dafür mitbringt, daß er sie auf so wirksame Weise wie möglich unterrichten kann, ob er weiß, wie er den Kontakt zu ihnen herstellen kann, ob er sie dazu motivieren kann, dem, was er sagt, ihre Aufmerksamkeit zu widmen, ob er seine Gedanken zusammenhängend ordnen und diese Ordnung seinen Schülern mitteilen kann, ob er seine Solovorstellung so zu Ende führen kann, daß die Schüler schließlich etwas gelernt haben und ihre Bedürfnisse befriedigt wurden. Dieses Kapitel soll dem Lehrer die Möglichkeit verschaffen, diese Probleme zu lösen.
Wir werden uns jetzt mit Vorträgen (relativ langen, ununterbrochenen, formalen Erörterungen, die häufig vom Hochschullehrer praktiziert werden) und mit erklärenden Darstellungen (kürzeren Erörterungen, die etwa 30 Sekunden bis 5 Minuten dauern, die häufiger in kleinen Seminaren oder in den Klassen unterhalb der Hochschulstufe angewandt werden) beschäftigen. Wir werden nacheinander die Vorbereitungen des Vortragenden, die Einführung, die er geben sollte, den Haupt- und den Schlußteil des Vortrags behandeln.

19.2 Ziele des Frontalunterrichts

Samuel Johnson, der große englische Literat, wurde 1799 von seinem Biographen *James Boswell* zitiert: „Vorträge waren früher nützlich, aber jetzt, wo jedermann lesen kann und Bücher so zahlreich vorhanden sind, sind Vorträge überflüssig. Wenn die Aufmerksamkeit nachläßt und man einen Teil des Vortrags verpaßt, ist er verloren; man kann nicht, wie bei einem Buch, noch einmal zurückschlagen“ (*Boswell,* 1790, 1953). Dies ist eine weitverbreitete Ansicht.
McLeish (1976) hat Kriterien aus verschiedenen Jahrhunderten zusammengetragen. Generell hat man den Vortrag bzw. die Vorlesung als einen Anachro-

nismus seit der Erfindung des Buchdrucks bezeichnet, als etwas, das die Zuhörer zur Passivität verdammt und dazu, sich über das Vorgetragene Aufzeichnungen zu machen, anstatt sie dazu zu befähigen, in einen aktiveren Gedankenaustausch mit den Wissensquellen (in der Schule: Curricula) einzutreten. Auch im an sich konservativen amerikanischen Universitätssystem ist Kritik heute keine Seltenheit mehr. Studenten beschweren sich über „unser absurdes Vorlesungssystem" (*Stanford Daily,* 19. April 1963, S. 2); „25 Studierende der Medizin an der Harvard-Universität sagen, ihre Vorlesungen seien langweilig und eine Zeitverschwendung" (*Associated Press,* 31. Januar 1966); andere beklagen sich, „daß nur eine verschwindend geringe Zahl an Studenten sich zu Wort meldete oder Fragen stellte" (*Stanford Daily,* 7. Januar 1981, S. 4).

Argumente für die Vorlesung

Die Vorlesung wird jedoch auch verteidigt, da sie nützlich ist, wenn es darum geht, einen Überblick über einen gesamten Wissensbereich durch Vermittlung einer lebenden Persönlichkeit zu geben, eine Beziehung zwischen derartigen Kenntnissen und den primären Zielen des Lebens herzustellen und bei den Studenten aktives Interesse zu wecken, das Voraussetzung für ein wirkliches Verständnis ist. Viele Schüler lernen beim Lesen nicht effektiv; sie können durch eine Vorlesung in das Stoffgebiet eingeführt werden. Der Vortragende kann den Stoff, wenn dies notwendig ist, mit verschiedenen Worten darstellen, während die in einem Buch gewählte Formulierung nicht geändert werden kann. Komplexe Stoffbereiche, insbesonders völlig neue, die noch nicht in Lehrbücher Eingang gefunden haben, können in Vorlesungen dargestellt werden. Der Vortragende kann einen Ausgleich zwischen der überwältigenden Fülle von Büchern in einem Bereich und dem Mangel an Büchern in einem anderen schaffen. Er kann auf eine Weise einen Rahmen herstellen, einen Überblick schaffen und Kritik anfügen, wie das in schriftlichem Material nicht möglich ist. Er kann in einem wesentlich größeren Ausmaß für ein ästhetisches Vergnügen bei seinen Zuhörern sorgen und Enthusiasmus vermitteln als dies eine gedruckte Seite kann. Die Aufführung eines Dramas mitzuerleben hat Vorteile gegenüber dem Lesen dieses Dramas. Vorträge können besser vorbereitet und sorgfältiger geplant werden als Bemerkungen aus dem Stegreif bei einer Diskussion (Hale Committee, zitiert nach *McLeish,* 1976, S. 258).

Dieser Überblick über die Auffassungen, die in den vergangenen Jahrhunderten vertreten wurden, läßt den Eindruck entstehen, daß es schwierig sein dürfte, irgend etwas Neues für oder gegen die Vortragsmethode zu sagen. Jedenfalls ist die Frage interessant, weshalb die Vortragsmethode trotz der Nachteile, die seit Jahrhunderten auf der Hand liegen, überdauert hat. Die Antwort ist möglicherweise in administrativen Gründen zu suchen und nicht so sehr in Gründen, die mit dem Lernen und Unterrichten zu tun haben. Erstens

Die Vortragsmethode ist billig und anpassungsfähig

ist die Vortragsmethode billig, da das Zahlenverhältnis von Schülern zum Lehrer extrem groß sein kann. Zweitens ist die Vortragsmethode flexibel, da sie ohne weiteres auf eine bestimmte Zuhörerschaft, ein bestimmtes Stoffgebiet, bestimmte Zeitgrenzen und eine bestimmte Geräteausstattung zugeschnitten werden kann. Die Vortragsmethode kann daneben variabel in den Unterrichtsplan eines Lehrers eingebaut werden, was bei schriftlichem und programmiertem Unterrichtsmaterial nicht in diesem Ausmaß möglich ist. Der

Lehrer kann nicht immer so ausreichend weit vorausplanen, daß es möglich ist, sein Unterrichtsmaterial zu vervielfältigen. Manchmal verhindert einfach eine allzu menschliche Unzulänglichkeit, daß der Lehrer genau die Gedanken, die er aus vielen Quellen ausgewählt hat, die bisher nicht schriftlich vorliegen und die er darstellen möchte, zu Papier bringt und sie drucken läßt. Eine Lehrmethode, die so anpassungsfähig ist, wird niemals Methoden weichen, die eine gründlichere Planung voraussetzen und nur bei bestimmten Gruppen, in einem bestimmten Stoffgebiet, zu festgesetzten Zeiten oder unter Verwendung bestimmter Ausrüstungsgegenstände (z. B. Projektoren, Bücher, Ton- oder Videorecorder, Computer) praktizierbar sind.

Verstärkung für den Vortragenden

Drittens macht die Vortragsmethode für den Lehrer und die Schüler eine Art der Verstärkung verfügbar, die in anderen Unterrichtsverfahren nicht gegeben ist. Der Lehrer wird durch die Aufmerksamkeit, die er bei seinen Schülern erreichen kann, wenn er seinen Vortrag effektiv einsetzt, belohnt. Aus der folgenden Verteidigung der Vortragsmethode, die von einem Kunstprofessor stammt, wird die Verstärkung, die der Vortragende erhält, ersichtlich:

> Mir macht die Vorlesungsmethode Spaß. Mit ihr ist die Möglichkeit gegeben, einer größtmöglichen Anzahl von Studenten in der kürzestmöglichen Zeit auf sehr dramatische Weise ein Destillat aus Ideen und Informationen über einen Gegenstand darzubieten. Je größer die Zuhörerschaft ist, desto besser wird meine intellektuelle Leistung. Mit welcher anderen Lehrmethode könnte ich so viele an meiner lebenslangen Betrachtung von Kunst und meiner Liebe zu ihr teilnehmen lassen? Man steht auf einer Bühne vor einer Leinwand, auf die die gesamte Kunstgeschichte projiziert wird. Man kann die afrikanische Kunst erforschen, griechische Skulpturen interpretieren, die Auffassungen der Kathedralenerbauer darstellen, für Leonardo eintreten, die politische Theorie von Palastarchitekten verdeutlichen, Picasso analysieren und über die Sun-Malerei philosophieren. Kein anderes Thema bietet so viele visuelle Anregungen und genau das regt mich nach so vielen Vorlesungen und Jahren immer noch an. Wenn man dieses Hilfsmittel, den Projektor, hat, und wenn man seinen Part genau kennt, wer würde da nicht gerne vor einem großen Publikum agieren? (*Elsen,* 1969, S. 21).

Die Verstärker für den Schüler

Viertens können die emotionale Wärme, der Humor, die Dramatik, die Intensität, die Logik, der Enthusiasmus und die Beachtung, die ein Vortragender, der sein Geschäft versteht, auf seine Zuhörer übertragen kann, für die Schüler Verstärkungen darstellen.

Fünftens kann den Schülern, die einem Vortrag zuhören, dadurch, daß ihnen versichert wird, daß ihre Beteiligung und ihre Aufmerksamkeit angemessen sind, ein Gefühl der Sicherheit vermittelt werden. Das heißt, in der Vortragssituation kann den Schülern das Gefühl vermittelt werden, daß sie zur richtigen Zeit das Richtige tun, wenn sie einem Vortrag zuhören, ihm ihre Aufmerksamkeit widmen, vielleicht Aufzeichnungen machen und auf die gleiche Weise mit Interesse oder Langeweile reagieren wie die vielen anderen Schüler auch. Die Wirksamkeit von Lehrmethoden wird häufig daran gemessen, wieviel die Schüler lernen, welche Kenntnisse und welches Verständnis für das Stoffgebiet sie sich aneignen. Mit der Vortragssituation können aber auch soziale Verstärkung, ästhetisches Vergnügen und die Vermittlung einer emotionalen Sicherheit über die eigene Zulänglichkeit – gewissermaßen eine Verminderung der wesensgemäßen Einsamkeit des Menschen – verbunden sein. Auch dies können Ergebnisse der Vortragsmethode sein, die für ihre fortgesetzte Anwendung sprechen.

Empirische Befunde über die Effektivität von Vorträgen

Trotz all dieser Vorteile, die möglicherweise mit Vorträgen verbunden sind, wäre diese Methode wohl aufgegeben worden, wenn aufgrund von Erfahrungen und Forschungsergebnissen angenommen werden müßte, daß sie gänzlich wirkungslos ist. Dies konnte jedoch nicht bewiesen werden, obwohl eine große Menge von Experimenten darüber durchgeführt wurde.

Vortrags- gegenüber Diskussionsmethode

Lernen auf anderen Wegen

Methoden im Vergleich

Vergleich zwischen Vortrag und anderen Methoden. Bei diesen Experimenten wurden die Leistungen in den Abschlußprüfungen von Schülern, die mit der Vortragsmethode unterrichtet wurden, mit denjenigen von Schülern, die mit anderen Methoden unterrichtet wurden, insbesondere der Diskussionsmethode, verglichen. Das Urteil lautet im Endeffekt, daß die Vortragsmethode im großen und ganzen ebenso effektiv ist wie die anderen Methoden. *Dubin* und *Taveggia* (1968) stellten die Daten (und nicht bloß die Schlußfolgerungen) zusammen, die sich aus fast 100 Untersuchungen im Verlaufe von 40 Jahren ergeben hatten. Sie stellten die Ergebnisse von 88 voneinander unabhängigen Vergleichen der Noten in Abschlußprüfungen von Schülern, die mit der Vortrags- und der Diskussionsmethode unterrichtet worden waren, zusammen; diese Vergleiche waren in 36 experimentellen Untersuchungen durchgeführt worden. 51% dieser Vergleiche führten zu einem für die Vortragsmethode günstigen Ergebnis, 49% sprachen für die Diskussionsmethode. *Dubin* und *Taveggia* standardisierten auch die Unterschiede von Durchschnittswerten in den Abschlußprüfungen von Schülern, die mit diesen beiden Methoden unterrichtet worden waren. Im Durchschnitt betrug der Unterschied zwischen den standardisierten Durchschnittswerten, wie sich herausstellte, 0,09, ein Betrag, der so nahe bei 0 liegt, daß er dem Zufall zugeschrieben werden kann. *McKeachie* u. *Kulik* (1975) wählten einen anderen Ansatz, um diese Untersuchungen zu überprüfen. Sie verglichen die Vortrags- und Diskussionsmethode auf der Grundlage von drei unterschiedlichen Typen von Kriterien – eine „Überprüfung der Fakten“, eine Messung von „Behaltensleistung und selbständigerem Denken“ sowie eine Messung der „Einstellungen und Motivation“. Bei jeder überprüften Studie bestimmten sie, ob die Vortrags- oder die Diskussionsmethode überlegen war (ohne Berücksichtigung der statistischen Signifikanz). Wie die Ergebnisse in Tabelle 19-1 zeigen, war die Vortragsmethode in 21 Vergleichen über „Überprüfung der Fakten“ in 12 Fällen der Diskussionsmethode überlegen, in 4 Fällen in etwa gleich und in 5 Fällen unterlegen. Im zweiten Vergleichssektor „Behaltensleistung und selbständigeres Denken“ war die Diskussionsmethode in allen 7 Vergleichsfällen überlegen. Und in den 9 Vergleichen über wünschenswerte „Einstellungen und Motivation“ war die Diskussionsmethode siebenmal überlegen, einmal gleich und einmal unterlegen.

Die meisten solcher Untersuchungen fahren sich in einem methodischen Problem fest, das wir hier erwähnen sollten. Studenten (oder Schüler), die wissen, daß sie in einer abschließenden Prüfung über ihre Kenntnisse geprüft werden, gleichen die Unzulänglichkeiten der Methoden, nach denen sie unterrichtet werden, aus, einerlei, ob diese nun Vortrags- oder Diskussionsme-

Tabelle 19-1. Anzahl der Untersuchungen mit unterschiedlichen Ergebnissen über den Vergleich der Vortrags- und Diskussionsmethode (nach drei Kriterien)

	Kriterien		
	Überprüfung der Fakten	Behaltensleistung und selbständigeres Denken	Einstellungen und Motivation
Vortragsmethode *überlegen*	12	0	1
Vortrags- und Diskussionsmethode in etwa *gleich*	4	0	1
Diskussionsmethode *überlegen*	5	7	7

Quelle: Nach *McKeachie* u. *Kulik* (1975, S. 182).

Ausgleichseffekt

thoden sind. Diese Kompensation tendiert dazu, die Unterschiede in den Auswirkungen der Unterrichtsmethoden auf die Schülerleistung zu verringern. *McLeish* nannte dies den *Ausgleichseffekt:* „Ungeachtet der Unterschiede, die sich aus den verwendeten Methoden ergeben, wird die Arbeit, die die Schüler individuell als Vorbereitung für eine Prüfung ableisten, ihre Testergebnisse weitgehend einander angleichen" (1976, S. 271).

Denkprozesse bei Vorträgen. Lehrmethoden werden gewöhnlich hinsichtlich ihrer „Produkte", der Kenntnisse, des Verständnisses oder der Einstellungen, die am Ende der Unterrichtsperiode vorhanden sind, verglichen. Sie können jedoch auch hinsichtlich der „Denkprozesse" der Schüler während des Unterrichts verglichen werden. Ein derartiges Kriterium hat den Vorteil, daß es weniger anderen Einflüssen unterliegt, z. B. dem von Lehrbüchern oder von Diskussionen mit anderen Studenten oder Lehrern außerhalb des Unterrichts. *Bloom* (1953) untersuchte solche Denkprozesse mit der „Methode der Erinnerungsstimulierung". Er spielte den Studenten eine Tonbandaufzeichnung einer ganzen Unterrichtsstunde innerhalb von 24 Stunden nach dem Unterricht vor. Er hielt das Band bei „kritischen Punkten" an und forderte die Studenten auf, sich daran zu erinnern, was sie an diesem Punkt der Vorlesung oder der Diskussion gedacht hatten. Bei Vorlesungen waren 31% der Gedanken der Studenten für das Thema irrelevant: bei Diskussionsklassen betrug der entsprechende Prozentsatz 14%. Andere Untersuchungen zeigen, daß die gedankliche Leistung der Schüler eine substantielle Korrelation mit ihren aus Vorträgen bezogenen Informationen eingeht (vgl. *Siegel* et al., 1963).

Methode der Erinnerungsstimulierung

Der richtige Einsatz von Vorträgen

Unter welchen Bedingungen ist die Vortragsmethode geeignet und unter welchen nicht? Aus der Durchsicht vieler Untersuchungen kamen mehrere Autoren (*McKeachie,* 1967; *Verner* u. *Dickinson,* 1967; *Bligh,* 1972; *Costin,* 1972; *McLeish,* 1976) zu dem Schluß, daß die Vortragsmethode dann *geeignet*

Wann Vorträge geeignet sind

ist, wenn (a) das Hauptziel in der Vermittlung von Informationen besteht, (b) der entsprechende Stoff anderweitig nicht verfügbar ist, (c) der Stoff für eine bestimmte Gruppe auf eine besondere Weise organisiert und dargestellt werden muß, (d) wenn es notwendig ist, das Interesse an dem Thema zu wecken, (e) der Stoff nur für eine kurze Zeit im Gedächtnis behalten werden soll und (f) wenn eine Einführung in einen bestimmten Bereich oder Orientierungshilfen für Lernaufgaben gegeben werden sollen, die dann mit irgendeiner anderen Lehrmethode weiter verfolgt werden sollen.

Wann Vorträge nicht geeignet sind

Die gleichen Autoren vertraten die Auffassung, daß Vorträge dann *nicht geeignet* sind, wenn (a) andere Ziele als die Vermittlung von Information angestrebt werden, (b) Behalten über einen längeren Zeitraum hinweg erwünscht ist, (c) der Stoff komplex oder abstrakt ist oder eine Menge von Details enthält, (d) eine wesentliche Voraussetzung für das Erreichen der Unterrichtsziele die Beteiligung des Lernenden ist, (e) kognitive Ziele höherer Ordnung erreicht werden sollen, wie Analyse, Synthese oder Integration, oder (f) die Intelligenz oder die Unterrichtserfahrungen der Schüler durchschnittlich oder unterdurchschnittlich sind.

Diese Schlußfolgerungen mögen bis zu einem gewissen Ausmaß vertretbar sein. Wir meinen jedoch, daß sie, wenn man andere Faktoren, einschließlich der administrativen, sozialen und Flexibilitätsfaktoren, auf die weiter oben in diesem Abschnitt hingewiesen wurde, berücksichtigt, abgeschwächt werden müssen. Die häufig verdammte Vortragsmethode wird wahrscheinlich auch weiterhin Bestand haben. Sie kann auf eine Weise angewandt werden, die ihrer verfestigten Position im Bereich der höheren Bildung Berechtigung verleiht. Im folgenden werden wir uns damit befassen, wie die Vortragsmethode verbessert werden kann.

19.3 Vorbereitung des Vortrags

Die Art der Vorbereitung, die ein Lehrer durchführen sollte, hängt davon ab, wie lange der ohne Unterbrechung ablaufende Teil des Unterrichts dauern soll. Für einen längeren und eher formalen Vortrag muß sich der Lehrer gründlich vorbereiten. Auf die kürzeren, weniger formalen Erklärungen kann sich der Lehrer jedoch oft nicht vorbereiten oder er muß dies auf andere Art und Weise tun. Der Lehrer gibt seine Erklärungen „aus dem Stegreif" in Situationen, die er nicht bis in alle Einzelheiten vorhersehen konnte. Er geht dabei spontan vor, die Erklärung ist improvisiert. Mit der „Vorbereitung" für Erklärungen werden wir uns in einem späteren Abschnitt dieses Kapitels befassen.

Bei der Vorbereitung eines längeren Vortrags sollte der Lehrer drei Aspekte berücksichtigen:

1. Kommen Medien zum Einsatz? Gibt es Film- oder Fernsehaufnahmen, Dias oder Kassetten, die man verwenden kann? Es gibt eine Vielzahl von Unterrichtsmitteln und es lohnt sich für gewöhnlich, die Kataloge (z. B. der Stadt- oder Landesbildstellen) einzusehen, ob entsprechendes Material

verfügbar ist. Der Lehrer sollte sie vorher auf ihre Brauchbarkeit und die mit ihrem Einsatz verbundenen Kosten hin überprüfen.

2. Fühle ich mich bei dieser Aufgabe wohl? Viele Menschen fürchten sich davor, in der Öffentlichkeit vor einem Publikum zu sprechen. Furcht vor einem Vortrag mindert die Fähigkeit des Lehrers, frei mit anderen zu kommunizieren (vgl. *Clevinger,* 1955; *Ellis* u. *Jones,* 1974). Diese Art von Angst läßt sich verringern (vgl. *Fremouw* u. *Harmatz,* 1975). Eine häufig verwendete und wirkungsvolle Technik ist beispielsweise die systematische Desensibilisierung. Der Betroffene lernt, sich zu entspannen, und sobald er gelernt hat, sich auf ein Zeichen hin zu entspannen, wird er mit einer sich in ihrer Intensität steigernden Serie angstproduzierender Ereignisse konfrontiert. Jede solche Situation in der Angsthierarchie wird als neutralisiert betrachtet, wenn der Betroffene in der imaginären Situation ganz entspannt bleiben kann. Diese systematische Desensibilisierung funktioniert deshalb, weil Entspannung und Angst nicht miteinander kompatibel sind. Ein derartiges Training kann bewirken, daß der Redner ohne Furcht vor sein Publikum tritt.
3. Ist genügend Vorbereitungszeit vorhanden? Einen Vortrag gut aufzubauen braucht viel Zeit: Informationen müssen zusammengestellt werden, es muß festgelegt werden, welche Punkte der Redner besonders hervorheben wird, wie er die Abfolge seiner Gedanken aufbauen wird und wie er sprechende und frische Beispiele anbringen kann. Der Vortrag ist, in verkleinertem Maßstab, genauso aufgebaut wie ein Curriculum. Jeder Vortrag hat eine Einführung, einen Hauptteil und einen Schluß. Diese Teile werden im folgenden im einzelnen beschrieben.

19.4 Die Einleitung des Vortrags

In diesem Abschnitt beschreiben wir einige Funktionen der Einleitung und führen Beispiele dafür an, wie man sie sich zunutze machen kann. Dann werden wir auf Techniken zur Motivierung und Strukturierung eingehen, die in erster Linie in der Einleitung angewendet werden können, jedoch auch immer dann während des gesamten Vortrages, wenn neue Themen eingeführt werden.

Die Einleitung kann vielen verschiedenen Zwecken dienen: dem Herstellen einer Beziehung zwischen Lehrer und Schüler, dem Wecken von Interesse bei den Schülern, dem Darstellen des wesentlichen Vortragsinhalts und dem Bewußtmachen einschlägiger Kenntnisse oder Erfahrungen (vgl. *Gregory,* 1975). Wenngleich die Wirksamkeit der verschiedenen Arten von Einleitungen nicht untersucht wurde (*E. Thompson,* 1960, S. 65), werden dem Lehrer doch mehr Alternativen zur Verfügung stehen, wenn er die einzelnen Typen kennt.

In seiner Analyse der Unterrichtsstunden verschiedener Lehrer hat *Shutes* (1969) die unterschiedlichen Aufgaben herausgearbeitet, die Einleitungen erfüllen können.

Herstellen einer Beziehung zwischen Lehrer und Schülern

Diese Funktion der Einleitung ist dann erfüllt, wenn sich der Lehrer vorstellt, wenn er nach den Namen seiner Schüler fragt, wenn er auflockernde Bemerkungen über das Wetter oder die Tageszeit macht, wenn er einen Witz oder eine Anekdote erzählt oder wenn er auf Verfahrensfragen eingeht.

Die Aufmerksamkeit der Schüler gewinnen

Hierher gehören Äußerungen des Lehrers, mit denen er um Aufmerksamkeit bittet, die Klasse dazu auffordert, so viel wie möglich zu lernen, erwähnt, daß nach der Unterrichtsstunde ein Fest folgen wird, ein visuelles Hilfsmittel erläutert (Tafel, Demonstrationsgegenstände usw.), den Schülern bestimmte Rollen zuweist oder Fragen stellt. Der Vortragende versucht, das Interesse seiner Schüler zu wecken oder ihre Aufmerksamkeit zu gewinnen. Im folgenden werden einige Techniken und Methoden, mit denen die Aufmerksamkeit der Schüler gewonnen werden kann, dargestellt.

Von vernünftigen Annahmen über die Interessen der Schüler ausgehen. Welche Interessen bringen die Schüler mit? Wenn die Schüler gerne gute Noten haben möchten und der Vortragende den Schülern deutlich machen kann, daß er ihnen zu diesen guten Noten verhelfen will, dann hat er eine größere Chance, das Interesse seiner Schüler zu wecken. Der erste Vortrag und die folgenden sollten sich mit einem Stoff befassen, über den die Schüler später geprüft werden.

Relevanz für die Ziele der Schüler

Hier geht es in erster Linie darum, daß der Gegenstand des Vortrags für die Schüler und ihre Ziele von Belang ist (Relevanzaspekt) – gleichgültig, ob diese Ziele in der Lösung einer Unterrichtsaufgabe, in guten Noten, im beruflichen Erfolg, in der Befriedigung von Neugier, in dem Vermögen, anderen Menschen zu helfen, oder in der Möglichkeit bestehen, mehr Geld zu verdienen. Vorträge, die für die Motive der Schüler von Bedeutung sind, haben aus sich heraus eine motivierende Wirkung. Um diese Bedeutsamkeit zu erreichen, muß der Lehrer davon ausgehen, daß die Interessen der Schüler aus vielen Gründen immer wieder sehr unterschiedlich sind; dazu gehören:

- das Alter, das Geschlecht, der sozioökonomische Status, das Fähigkeitsniveau, vorausgehende Unterrichtserfahrungen und -erfolge, die Rasse, die Nationalität, die Religion der Schüler usw.;
- die Zeit, in der sie leben;
- Veränderungen in den Lebensumständen und -bedingungen;
- Ereignisse der außerschulischen Welt der Kunst, der Politik und der Wissenschaft;
- die Entwicklungsstufe des Schülers (z.B. entwickeln Jugendliche mehr Interesse am anderen Geschlecht und an der Arbeitswelt; Studenten geht es mehr um berufliche Interessen).

Derartige Einflußgrößen sollten unabhängig von dem Gegenstand des Vortrags berücksichtigt werden – ob dieser Gegenstand nun „Hamlet“, „Isotopen“, „Grenznutzen“ oder „Schmetterlinge“ ist. Wie wir bereits in Kapitel 18 über Motivation ausgeführt haben, sollten die Worte, die Beispiele, die Analogien und die Belege, für die man sich entschieden hat, aus Bereichen stammen, an denen die Schüler Interesse haben.

Motivierungshinweise bieten. Die Mitteilung, daß bestimmte Gedanken wichtig sind, daß die Examensfragen bestimmte Themen betreffen oder daß bestimmte Gedanken oder Techniken schwierig sind – alle diese Mitteilungen stellen Hinweise dar, die zum Lernen motivieren. *Hovland, Lumsdaine* und *Sheffield* (1949) haben nachgewiesen, daß Schüler, die von vornherein darauf hingewiesen werden, daß sie über den Inhalt eines Films geprüft werden, eher mehr lernten. *Allison* und *Ash* (1951) haben festgestellt, daß das Lernen durch die Mitteilung verbessert werden kann, daß der Inhalt eines Filmes wichtig und schwierig ist. Wahrscheinlich ist es besser, den Schülern zu sagen, in anderen Unterrichtssituationen ebenso wie bei Vorträgen, daß ein Thema oder Problem schwer zu verstehen oder zu lösen ist, als zu behaupten, daß es leicht sei.

Schüler auf Schwierigkeiten hinweisen

Genauso kann es Schüler motivieren, wenn wir in ihnen „ein Gefühl der Unausgeglichenheit wecken, indem wir z. B. sagen, daß es sich um ein brandheißes Thema handelt ... oder indem wir sie mit einer oder mehreren provokativen Fragen reizen“ (*Gregory,* 1975, S. 59). So können Sie beispielsweise einen Vortrag über die Vortragsmethode damit beginnen, daß Sie sagen, daß es sich hierbei sowohl um die am weitesten verbreitete, aber zugleich auch um die am meisten kritisierte Methode handelt – und dann mit der Frage fortfahren: „Warum?“

Darstellung der wesentlichen Vortragsinhalte

Hier kündigt der Vortragende den Titel bzw. das Thema seines Vortrags an:

- Wir beschäftigen uns heute mit dem Feingehalt unserer Münzen.
- In dieser Stunde befassen wir uns mit den verschiedenen Währungen, die in der Geschichte unseres Landes in Gebrauch gewesen sind.
- In dieser Stunde werdet ihr etwas über die verschiedenen Umstände erfahren, die unser Land dazu gezwungen haben, von einer Vielfalt verschiedener Währungen Gebrauch zu machen.

Der Lehrer kann die Hauptpunkte (mindestens zwei bis vier) zusammenfassen oder die Begriffe definieren, die mit dem Thema zusammenhängen. Die genaue Angabe der Ziele des Vortrags gehört ebenfalls hierher:

- Am Ende dieser Unterrichtsstunde sollt ihr imstande sein, neben der Sklaverei fünf weitere Gründe für den amerikanischen Bürgerkrieg anzugeben.

In verschiedenen Untersuchungen (*Belgard* et al., 1971; *Fortune* et al., 1966) wurden Korrelationen in Höhe von 0,50 und 0,39 bzw. 0,26 festgestellt zwischen den Einstufungen einer Unterrichtsstunde durch die Schüler nach der „Klarheit der Ziele“ und den Meßwerten der Leistungen, die die Schüler nach dieser Stunde erbrachten. In den beiden genannten Untersuchungen wurde eine Einstufungsskala verwendet, bei der eine hohe Einstufung in der „Klarheit der Ziele“ bedeutete, daß in den Augen der Schüler die Lehrer den Zweck ihrer Unterrichtsstunde hatten deutlich machen können.

Vorstrukturierung. Wird den Schülern von vornherein mitgeteilt, wie ein Vortrag aufgebaut ist, so führt dies wahrscheinlich dazu, daß sie den Vortragsinhalt leichter verstehen und besser im Gedächtnis behalten und anwenden können. *Ausubel* (1968) hat für diese Art von Vorbereitung den Begriff *Vorstrukturierung (advance organizers)* geprägt (vgl. Kapitel 13). Die Wirksamkeit der Vorstrukturierung bei Vorträgen ist nicht eindeutig festzustellen. Aber *Luiten* et al. (1980) haben aus den Ergebnissen von 135 Untersuchungen eine quantitative Synthese hergestellt, woraus zu schließen ist, daß die „durchschnittliche Vorstrukturierung eine zwar geringe, aber dennoch förderliche Wirkung auf Lernen und Behalten zeigt“ (S. 217). Diese Wirkung trat auf allen Klassenstufen, in allen Fächern und bei allen Darbietungsformen (schriftlich oder mündlich) auf. Viele dieser verschiedenen Arten der unterrichtsvorbereitenden Organisation haben sich als wirkungsvolle Lernhilfen erwiesen (vgl. *Frase,* 1969; *Merrill* u. *Stolurow,* 1966).

Wirkung auf Lernen

Ausubel (1980) ist der Ansicht, daß man in den meisten Fällen, in denen die von ihm entwickelte Vorstrukturierung zur Anwendung gekommen ist, seine Definition mißverstanden hat. Aus seinen eigenen Darstellungen schließen wir, daß die Vorstrukturierung beispielsweise in Form von *Organisationsregeln (rules of organization)* auftreten kann, die einem Konglomerat scheinbar unverbundener Ideen zugrunde liegen. Oder sie kann in Form von Aussagen höherer Ordnung Gestalt annehmen. Die Regeln oder Oberbegriffe sollten den Schülern dadurch das Lernen erleichtern, daß sie ihnen Konzepte an die Hand geben, an denen sie neue Gedanken aufhängen können. Mit einer solchen konzeptionellen Stütze können die Schüler besser die vorgetragenen Informationen klassifizieren, behalten und abrufen. Es ist möglich, daß solche Stützen bereits im Verhalten des Schülers vorhanden sind, dann werden sie durch die Vorstrukturierung lediglich geweckt und zum Einsatz gebracht. Es ist also denkbar, daß solche *advance organizers* dem Schüler dabei helfen, das, was er rein mechanisch gelernt hat, was also in seiner Bedeutung nicht klar und daher unorganisiert ist, klassifizierbar und somit leichter erinnerbar zu machen.

Organisationsregeln

Dieses Verfahren ist, wie der Leser sicher bereits festgestellt hat, genau das Gegenteil des Vorgehens, bei dem dem Schüler zunächst eine Reihe von Fakten dargestellt wird und es dann seine Aufgabe ist, durch induktives Denken zu allgemeinen Feststellungen zu kommen. Tatsächlich kann es den Anschein haben, als ob mit einer Vorstrukturierung die Idee des Unterrichtens über die „Entdeckungs“methode nicht vereinbar wäre, bei der die Schüler Konzepte oder Prinzipien mehr oder weniger selbständig aus Fakten ableiten sollen. Wenn den Schülern die jeweiligen Schlußfolgerungen jedoch nicht mitgeliefert werden, kann eine Vorstrukturierung auch bei der Entdeckungsmethode dazu verwendet werden, die Schüler bei der Entwicklung der Konzepte und Kategorien zu unterstützen, die sie zur Interpretation ihrer „Entdeckungen" benötigen. Der Sinn der Vorstrukturierung besteht dann darin, dem Schüler ein „Ideengerüst" zur Verfügung zu stellen, so daß er seine Erfahrungen in eine vorgegebene Struktur einordnen kann. Mit einer Vorstrukturierung werden nicht notwendigerweise Entdeckungsprozesse verhindert. Für bestimmte Zwecke des Unterrichtsvortrags ist eine Vorstrukturierung sinnvoll; sie kann z. B. dann eingesetzt werden, wenn es darum geht, den Schülern zum Erwerb von Konzepten und Prinzipien zu verhelfen, die zum Verständnis einer Ansammlung von Fakten und Ideen erforderlich sind.

Ideengerüst

Relevante Kenntnisse oder Erfahrungen abrufen. Bei dieser Verfahrensweise stellt der Lehrer Fragen über die Vorkenntnisse oder Vorerfahrungen der Schüler, die mit seinem Thema etwas zu tun haben. Die Fragen können in einen kurzen schriftlichen Vortest eingekleidet sein, der die Schüler „alarmiert" (*Hartley* u. *Davies*, 1976), d. h. sie auf das Wesentliche aufmerksam macht. Die Testergebnisse vermitteln dem Lehrer auch einen Überblick über den Wissensstand der Schüler im Hinblick auf den Sachverhalt, den er behandeln wird. Auf diese Weise erhält er Informationen, aufgrund derer er möglicherweise den Inhalt seines Vortrags modifiziert. Der Lehrer kann auch mündlich die Kenntnisse der Schüler abfragen, Beispiele anführen oder die Schüler auffordern, welche zu geben, er kann bereits vorhandene Kenntnisse den Schülern in Erinnerung bringen oder Frägen stellen, mit denen der Zusammenhang zwischen ihren Kenntnisen und einem einleitenden Beispiel hergestellt werden soll, oder er kann einen solchen Zusammenhang selbst herstellen. *Ausubel* (1968, S. VI) betont dieses Nachfragen nach bereits vorhandenen Kenntnissen ganz besonders, wenn er feststellt, daß der wichtigste Faktor, der Lernen beeinflußt, das ist, was der Lernende bereits weiß, und daß der Lehrer sich davon zunächst ein Bild machen und dann den Schüler entsprechend unterrichten sollte. *Gagné* (1970, S. 470) vertritt eine ähnliche Auffassung, wenn er sagt, daß der wichtigste Faktor beim Lernen der ist, daß der Schüler sich bereits zuvor „Voraussetzungsfähigkeiten" *(prerequisite capabilities)* angeeignet hat. Die Bildung kognitiver Schemata (vgl. Kapitel 13) gehört ebenfalls in diesen Zusammenhang, denn das Kodieren von Informationen scheint dann wirkungsvoller zu sein, wenn entsprechende Schemata bewußt ins Gedächtnis gerufen werden, sobald der Lernprozeß beginnt.

Vortesten

Vorwissen

Merke:

Es ist der Mühe wert, sich mit dieser Liste möglicher Funktionen der Einleitung zu beschäftigen. Wenn der Lehrer seine Schüler noch nicht gut kennt, sollte er sich besonders darum bemühen, „eine Beziehung zwischen Lehrer und Schülern herzustellen". Wenn die Schüler mehr Interesse oder Aufmerksamkeit zeigen sollten, kann dieses Ziel erreicht werden, wenn man die Einleitung dazu benutzt, „das Interesse der

Schüler zu gewinnen". Wenn das Thema den Schülern völlig unbekannt ist, wird man die Einleitung dazu verwenden, „den wesentlichen Vortragsinhalt darzustellen". Wenn man meint, die Schüler könnten die Verbindung zwischen dem, was sie bereits wissen, und dem Thema nicht wahrnehmen, kann man mit der Einleitung „einschlägige Kenntnisse oder Erfahrungen bewußt machen" beginnen.

19.5 Der Hauptteil des Vortrags

Nach der Einleitung – nach der Entscheidung für eine oder mehrere ihrer möglichen Funktionen und nach dem Einsatz dieser Funktion, nach dem Einsatz von Motivierungstechniken und nach der Vorstrukturierung – wendet sich der Lehrer dem Hauptteil seines Vortrags zu. In diesem Teil des Vortrags geht es um die Zweckbestimmung des Inhalts, um den logischen Aufbau, um die explizite Darstellung des Aufbaus und um die Erhaltung der Aufmerksamkeit.

Inhaltliche Vollständigkeit

In einem Vortrag sollte das, was zu lernen ist, inhaltlich auch enthalten sein. Diese Regel gilt allerdings nur für Vorträge, die nicht durch eigene Lektüre der Schüler ergänzt werden sollen. Wenn der Schüler den Inhalt in einem Lehrbuch oder anderswo nachlesen kann, ist diese Forderung nicht ganz so wichtig. In vielen Untersuchungen ist herausgearbeitet worden, bis zu welchem Grad der Lehrer in seinem Vortrag tatsächlich den erforderlichen Inhalt bringen konnte, d. h. bis zu welchem Grad er Inhalte vortrug, die prüfungsrelevant waren. Die Ergebnisse zeigen gemeinhin, daß die Schülerleistungen um so besser waren, je besser der Inhalt im Vortrag abgedeckt war. Das erlaubt die generelle Schlußfolgerung: „Der Inhalt wirkt sich nachhaltig auf die Leistung aus" (*Abrami* et al., 1982, S. 454).

Man kann ohne tiefschürfendes Nachdenken voraussagen, daß die Fragen, die von den Lehrern gründlicher behandelt worden waren, von den Schülern häufiger richtig beantwortet wurden. Das gleiche Phänomen wurde in einer internationalen Untersuchung in zwölf Nationen über die Mathematikleistungen festgestellt (*Husén,* 1967). Die Testfragen wurden von Lehrern und Schülern danach eingestuft, in welchem Ausmaß die Schüler dazu Gelegenheit hatten, das zu lernen, worauf die Fragen abzielten. Die in diesem Merkmal höher eingestuften Fragen wurden tatsächlich häufiger richtig von den Schülern beantwortet. Der Vortragende sollte also, kurz gesagt, den Inhalt (Fakten, Konzepte, Prinzipien) darstellen, den seine Schüler lernen sollen; dies gilt besonders dann, wenn der Vortrag die einzige Quelle ist, die zum Lernen zur Verfügung steht. Diese Variable, die manchmal auch „time on target" genannt wird, ist sicher ein wichtiger Faktor für das Lernen.

Zeitfaktor und Zielfaktor

Logischer Aufbau

Man ist sich generell darin einig, daß ein Vortrag gut „aufgebaut" sein sollte. Wir alle haben gut aufgebaute Vorträge gehört – Vorträge, deren Struktur einleuchtete, die in logischer Hinsicht stimmig waren und die auf ein bestimmtes Ziel zuzusteuern schienen. Wir haben aber alle auch Vorträge gehört, denen man nur unter Schwierigkeiten folgen konnte, weil sie zu viele Gedankensprünge enthielten. *Buxton* (1956, S. 148) stellte dies so dar: „... Ziel des Vortragens ist letzten Endes Kommunikation, und diese Kommunikation wird wahrscheinlich effektiver sein, wenn ihre Ordnung oder Abfolge offenkundig ist ...". *Skinner* (1968, S. 107) stellte fest, daß „gut aufgebautes Material natürlich auch leichter zu lernen ist". *Nisbet* (1967, S. 31) ist jedoch anderer Auffassung:

Verbessert eine geordnete Struktur das Verständnis?

Ich denke unweigerlich an drei oder vier große Lehrer dieses Jahrhunderts, die kennenzulernen ich das Privileg hatte: Gilbert Lewis in Chemie, Edward Tolman in Psychologie, Carl Sauer in Geographie, A. L. Kroeber in Anthropologie. Die Vorlesungen keiner dieser Männer hätten einer Überprüfung auf die Deutlichkeit ihres Aufbaus hin standgehalten. Fruchtbare Geister kümmern sich fast nie darum, ihr Stoffgebiet völlig eindeutig zu strukturieren. Wie könnten sie das auch, und dabei zugleich Generationen von Studenten ... das Gefühl verschaffen, daß im Wissen, wie in der Schönheit einer Frau, etwas Wunderbares und Verlockendes verborgen liegt, das sich einer präzisen Klassifizierung entzieht?

Um sich über diesen Streitpunkt Klarheit zu verschaffen, führte *E. Thompson* (1960) ein Experiment durch. Er manipulierte einen Vortragsaufbau, indem er eine gut aufgebaute Rede (Version 1) nahm und „die Reihenfolge der Sätze innerhalb jedes Hauptabschnittes nach dem Zufall umgestaltete" (Version 2) und dann den Aufbau noch weiter verschlechterte, indem er „innerhalb der Einleitung, des Haupt- und Schlußteils der Rede die Sätze in eine zufällige Reihenfolge brachte" (Version 3). Schließlich wurde die ursprüngliche Rede in der Version mit dem guten Aufbau mit Überleitungen versehen – mit einfachen Beschreibungen der Punkte, die im folgenden abgehandelt werden sollten – und zwar nach der Einleitung und vor und nach der Entwicklung jedes einzelnen Punktes (Version 4). *Thistlethwaite, deHaan* und *Kamenetzky* (1955) hatten nämlich festgestellt, daß überleitende Feststellungen, die die Struktur einer Mitteilung verdeutlichen und hervorheben, zu einem besseren Verständnis führen.

Struktur und überleitende Bemerkungen

Den Versuchspersonen von *E. Thompson,* Collegestudenten in einem Rhetorikkurs für Anfänger, wurde vor dem Experiment ein Test über die Strukturierungsfähigkeit und danach ein Verständnistest vorgelegt. Zwischen den durchschnittlichen Verständniswerten ergaben sich signifikante Unterschiede, die Rangfolge dieser Durchschnittswerte entsprach dem Ausmaß der Strukturierung und der Häufigkeit von Überleitungen in den Reden. Kurz gesagt, die Struktur des Vortrags stellte für die Studenten eine Hilfe dar, ebenso wie die überleitenden Feststellungen, die die Beziehungen zwischen den Einheiten der Rede verdeutlichen. Die Studenten erkannten auch, wenn ein Vortrag unstrukturiert war und hielten ihn dann auch aus diesem Grund für weniger gut.

Dem Lehrer stehen viele verschiedene Möglichkeiten zur Verfügung, den

Hauptteil seines Vortrags aufzubauen. Einige dieser Möglichkeiten beschrieb *Goyer* (1966) bei der Entwicklung eines Tests für die Fähigkeit, Gedanken zu strukturieren:

Komponenten-(Teil-Ganzes-)Beziehungen,
sequentielle Beziehungen,
Material-Zweck-(Relevanz-)Beziehungen,
Überleitungs- (oder Verknüpfungs-)Beziehungen.

Komponenten-(Teil-Ganzes-)Beziehungen. Der Vortragende macht deutlich, auf welche Weise in einer umfangreicheren Idee mehrere kleinere „enthalten" sind. Wenn dem Schüler dieser Zusammenhang einmal deutlich geworden ist, ist es leichter für ihn, die umfangreichere Idee zu verstehen und die weniger umfangreichen, die in ihr subsumiert sind, zu behalten.

Beispiel (vgl. Abbildung 19-1)

„Wenn ich mein Hobby, Angeln, beschreiben sollte, würde ich die Fragen behandeln, weshalb ich gerne angele, welche Ausrüstung für das Angeln notwendig ist und wo die besten Angelplätze sind. Unter dem übergeordneten Punkt, weshalb ich gerne angele, würde ich die Tatsachen aufführen, daß es sich um einen Sport, der im Freien durchgeführt wird, handelt und daß er entspannend wirkt. Bei der Behandlung der erforderlichen Ausrüstung würde ich über die Wurfrute zum Angeln mit einem Köder sprechen, über die Rohrrute, die man zum Standfischen braucht und über die Fliegenrute, die man zum Fliegenfischen braucht. Wenn es um die besten Angelplätze geht, würde ich den Eisbach erwähnen, wo es viele Forellen gibt, und den Chiemsee, wenn man Renken angeln will."

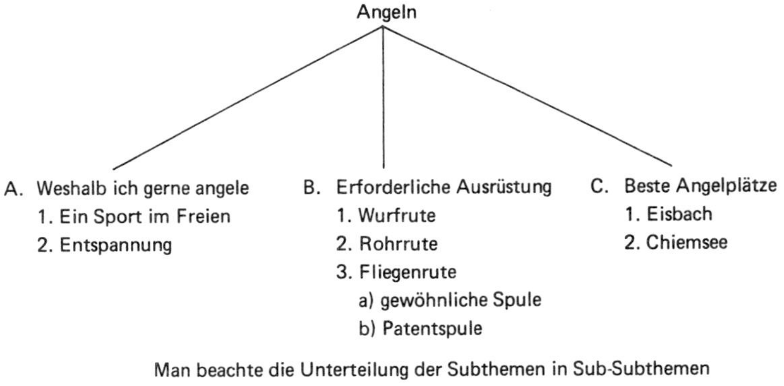

Abbildung 19-1. Eine Komponenten-(Teil-Ganzes-)Anordnung für einen Vortrag über Angeln

Klassifikationshierarchie

Diese Art von Aufbau wird auch *Klassifikationshierarchie* (*Bligh*, 1972) genannt; dabei werden verschiedene Inhalte (Fakten, Konzepte, Prinzipien usw.) unter einem gemeinsamen, einheitlichen übergeordneten Punkt zusammengefaßt. Mit dieser Zusammenfassung wird die Anzahl verschiedener Inhalte verringert und so das Verständnis erleichtert. Wenn die Anzahl der unter einem übergeordneten Punkt zusammengefaßten Inhalte zu umfang-

reich, d. h. größer als sieben wird, ist möglicherweise eine weitere Untergliederung wünschenswert, sofern sie logisch durchführbar ist.
Wenn der Vortragende eine solche Struktur gebraucht, sollte er darauf achten, daß er seine Schüler darüber informiert, wenn er sich einem neuen Hauptpunkt zuwendet. Er kann zu Beginn alle Hauptpunkte ankündigen und dann darauf hinweisen, daß er sich nun mit dem ersten befassen wird. Nach Abhandlung des ersten Hauptpunktes gibt er den Schülern ein „Überleitungssignal" und macht so deutlich, daß nun der nächste Hauptpunkt behandelt wird. Er kann z. B. sagen: „Mit diesem Thema sind wir fertig, wir wollen uns jetzt dem zweiten Hauptthema (Gegenstand, Hauptpunkt, Zweck, Problem usw.) zuwenden." Innerhalb jedes Hauptpunktes könnte der Vortragende die einzelnen Unterpunkte numerieren, so daß die Schüler beständig über den Stand seines Vortrages auf dem laufenden bleiben.

Überleitungssignal

Sequentielle Beziehungen. Dabei geht es um chronologische Reihungen, um Ursache-Wirkungs-Abfolgen, um das Hinsteuern auf einen Höhepunkt und um die Reihenfolge von Themen. Der Vortragende geht hier von einer bestimmten Grundlage für die Unordnung einer Reihe von Gedanken in einer bestimmten Abfolge aus. Wenn diese Grundlage einmal verstanden ist, kann die Sequenz leichter behalten werden.

Beispiel (vgl. Abbildung 19-2)
„Bei der Behandlung eines Problems in einer informellen Gruppendiskussion sollten wir über die folgenden Stufen in der angegebenen logischen Reihenfolge vorgehen. Zunächst sollten wir die Tatsachen untersuchen, aus denen sich das Problem ergibt. Dann sollten wir das Problem feststellen und es definieren. Dann sollten wir nach Kriterien suchen, die zur Bewertung der Lösungen angewandt werden können. Als nächstes sollten wir die Lösungen überprüfen und beurteilen. Und schließlich sollten wir die Schritte überlegen, die zur Durchführung der angenommenen Lösungen erforderlich sind."

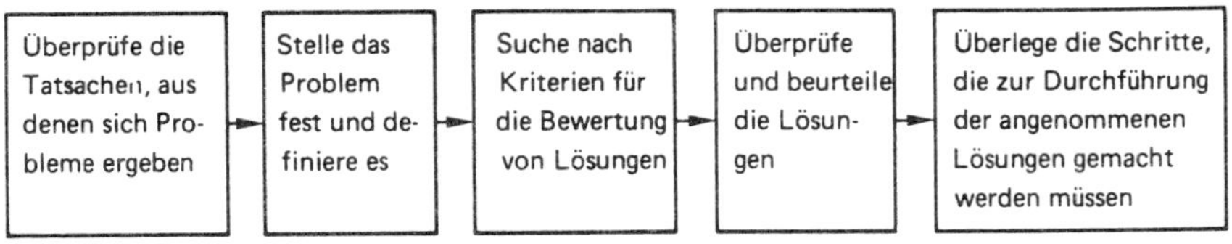

Abbildung 19-2. Sequentielle Anordnung eines Vortrags

Problemzentrierter Vortrag

Ein derartiger Vortrag beginnt mit einer Reihe von Tatsachen, die eine Frage aufwerfen oder ein Problem schaffen. Der Vortragende nennt dann Sachverhalte, die jeweils zu berücksichtigen sind, und er führt Gründe an, die für die einzelnen Lösungsmöglichkeiten sprechen. Derartige problemzentrierte Vorträge können eine ausgeprägte Motivationswirkung haben und sehr spannend sein. Die dramatische Verwirrung läßt sich durch rhetorische Fragen, die zeitlich sorgfältig geplante Einführung neuer Befunde und sorgfältige Erklärungen darüber, wie sich die hypothetisch angenommenen Lösungsmöglichkeiten aus diesen Befunden ableiten lassen, erhöhen.

Zentraler oder durchgehender Gedanke

Material-Zweck-(Relevanz-)Beziehungen. Damit ist gemeint, daß ein zentraler oder durchgehender Gedanke herausgestellt wird und andere Gedanken, die nicht zu der übergeordneten Gruppe gehören, ausgeschlossen werden. Dabei gibt der Vortragende die Kriterien vor, die bestimmen, ob ein bestimmter Gedanke oder ein bestimmtes Ding in eine Argumentation aufgenommen werden sollte oder nicht. Dann legt er dar, wie die Anwendung dieser Kriterien dazu führt, daß bestimmte Gedanken aufgenommen werden und andere nicht. Wenn ein Redner z.B. eine Zuhörerschaft davon überzeugen will, daß die Landwirtschaft subventioniert werden sollte, kann er die Tatsache, daß stabile Nahrungsmittelpreise die Stabilität unserer gesamten Wirtschaft beeinflussen, für sein bedeutsamstes Argument halten. Auf diese Weise wird hervorgehoben, daß der Bauer in großem Umfang die Güter anderer Hersteller kauft, daß er Nahrungsmittel für uns alle liefert und daß er deshalb ebenso ein Recht auf faire ökonomische Unterstützung hat, wie andere Leute auch. Für das genannte Vortragsziel ist es belanglos, daß die Landwirtschaft ein wissenschaftlicher und technischer Industriezweig ist, der ohne kostspielige Maschinen, wissenschaftlich erprobte Düngemittel und harte Arbeit nicht auskommt.

Verkettung

Bestandsaufnahme

Bei diesem Aspekt des Vortragsaufbaues kann auch auf das zurückgegriffen werden, was *Bligh* (1972) *Verkettung* genannt hat – eine Abfolge oder Kette von Ereignissen in logischer oder chronologischer Reihenfolge oder in der Abfolge Ursache/Wirkung. Diese Verbindungen zwischen aufeinanderfolgenden Gliedern der Kette müssen eindeutig und leicht zu begreifen sein. Um ein momentanes Abgleiten der Aufmerksamkeit bei den Schülern aufzufangen, kann der Vortragende gelegentlich „Bestandsaufnahmen" machen, die er vielleicht schriftlich auf der Tafel darstellt.

Beziehung herstellende Worte oder Wendungen

Überleitungs- oder Verknüpfungsbeziehungen. Zur Herstellung dieser Beziehungen werden Worte und Abfolgen von Worten benutzt, mit denen immer wieder eine Beziehung zur übergeordneten Kommunikationsstruktur hergestellt wird. Der Vortragende setzt diese Worte oder Wendungen ein, um so die Struktur seines Vortragsaufbaus deutlich zu machen und den Schülern die Möglichkeit zu geben, sie vollständig zu durchschauen. So wird z.B. mit der Wiederholung bestimmter Formulierungen dem Schüler deutlich gemacht, aus welchen Teilen eine Gedankenreihe zusammengesetzt ist. Eine abschließende Wendung zeigt an, daß eine Zusammenfassung folgt.

Beispiel:

„Es gibt viele Möglichkeiten, den Unterricht hinsichtlich verschiedener Zweckbestimmungen zu analysieren. *Gegenstand der Analyse* können die Komponenten des Lernprozesses sein, auf die der Unterricht eine Wirkung ausübt, wenn man sich für diese Wirkung interessiert. *Gegenstand der Analyse* kann die zeitliche Abfolge der logischen Schritte, die in dem Unterricht vorkommen, sein, wenn man ein Ausbildungsprogramm für Lehrer plant. *Gegenstand der Analyse* können die Klassenstufe oder das Unterrichtsfach sein, wenn man einen Vortrag vor Lehrern verschiedener Klassenstufen oder verschiedener Unterrichtsfächer halten will. *Ich wiederhole:* Es gibt viele Möglichkeiten, den Unterricht hinsichtlich verschiedener Zweckbestimmungen zu analysieren."

In diesem Beispiel wird mit der wiederholt gebrauchten Formulierung „Gegenstand der Untersuchung" die Parallelität der aufeinanderfolgenden Gedanken deutlich gemacht. Mit der Wendung „Ich wiederhole“ wird die Zusammenfassung angekündigt.

Der Vergleich. Wenn in einem Vortrag oder in einem Abschnitt eines Vortrags zwei oder mehr Dinge miteinander verglichen werden, sollte der Lehrer die Vergleichsgrundlage ausdrücklich darstellen. Für einen Vergleich braucht man Bezugspunkte oder Grundlagen, zwischen denen der Vergleich aufgebaut wird. Der Vortrag kann so gestaltet werden, daß zunächst der Bezugspunkt 1 angeführt und an Beispielen verdeutlicht wird. Dann wird untersucht, ob die Dinge, die zu vergleichen sind, ähnlich oder verschieden sind. Dann wird der Bezugspunkt 2 eingeführt und der Prozeß wiederholt. Der Lehrer fährt solange nach diesem Schema fort, bis alle Bezugspunkte behandelt worden sind. In Abbildung 19-3 ist dieser Aufbau eines Vergleichs schematisch dargestellt. Wenn z.B. Einzelbetreuung und eine Filmvorführung als Alternativen der Einführung eines bestimmten Themas miteinander verglichen werden sollen, könnten wir festhalten, daß sie hinsichtlich ihrer Kodierungseinheiten unähnlich sind, da im ersten Fall die Kodierung in erster Linie über verbale Merkmale, im zweiten aber über visuelle Merkmale erfolgt. Vergleicht man sie jedoch in einer anderen Dimension und fragt, ob sie flüchtig oder beständig sind (wie z.B. ein schriftlicher Text und eine Fotografie), so stellen wir fest, daß sie sich ähnlich sind, da sowohl die Einzelbetreuung als auch der Film flüchtige Ereignisse sind. Diesen Prozeß könnte man solange fortsetzen, bis alle Bezugspunkte oder Vergleichsgrundlagen für das Gegeneinanderhalten von Aspekt A (Einzelbetreuung) und Aspekt B (Filmvorführung) überprüft sind. Dann könnte man eine Gesamteinstufung ihrer Ähnlichkeit oder ihrer Unterschiedlichkeit vornehmen.

Vergleichsbasis

Kombinationsverfahren. Wenn hinsichtlich eines Gegenstandes zwei oder mehr Unterscheidungen getroffen werden können, können diese miteinander kombiniert werden. Mit einer solchen Kombination kann man zu neuen

Vergleichsgrundlage	Aspekt A auf jeder Grundlage	Aspekt B auf jeder Grundlage	Zusammenfassende Aussagen über die Ähnlichkeit oder Unterschiedlichkeit
1			
2			
3			
4			

Zusammenfassende Aussagen über die Ähnlichkeit oder Unterschiedlichkeit der Aspekte A und B:

Abbildung 19-3. Aufbau eines Vergleichs

Einsichten in die Struktur und den Aufbau des Gegenstandes gelangen. Dabei benutzt man sogenannte 2×2- oder $N_1 \times N_2$-Tafeln, wie sie in Abbildung 19-4 dargestellt sind. Hier werden zwei Unterscheidungsgesichtspunkte so miteinander kombiniert, daß sich $N_1 \times N_2$-Kategorien ergeben; ein Vortrag kann dann so aufgebaut werden, daß die einzelnen Kategorien nacheinander abgehandelt werden. Dem Schüler sollten die einzelnen Unterscheidungsgesichtspunkte und alle möglichen Kombinationen deutlich gemacht werden.

N_1- und N_2-Kategorien

Eine derartige kombinatorische Struktur wird dann komplexer, wenn einer der Unterscheidungsgesichtspunkte in weitere, untergeordnete Unterscheidungsgesichtspunkte und deren Kombinationen untergliedert werden kann (vgl. Abbildung 19-4).

	Männer	Frauen
zugewiesene Rolle		
übernommene Rolle		

Eine Struktur für die Beschreibung von Geschlechterrollen

Sportarten

	Individualsport	Teamsport	
		ohne Interaktionen	mit Interaktionen
Kontakt	z.B. Boxen	z.B. Ringen	z.B. Fußball
kein Kontakt	z.B. Tennis	z.B. Turnen	z.B. Volleyball

Eine Struktur für die Beschreibung von Sportarten

Abbildung 19-4. Beispiele für einen kombinatorischen Aufbau von Vorträgen

Netzwerk

Wenn jedes aus einer Anzahl von Dingen (Fakten, Konzepten, Prinzipien usw.) in Beziehung zu jedem anderen Ding betrachtet werden soll, kann auch eine Darstellung dieser Beziehungen in Form eines Netzwerkes, wie es in Abbildung 19-5 dargestellt ist, nützlich sein. Mit all diesen Darstellungsformen von Beziehungen erreicht man, daß die Kombinationen visuell faßbar werden; man gelangt zu einprägsamen Systemen, die es dem Lernenden erleichtern, die Beziehungen im Gedächtnis zu behalten. Daneben erleichtern diese Techniken es dem Redner, das, was behandelt werden soll, zu strukturieren und den Vortragsaufbau festzulegen. Sie sind also für die Planung und die Durchführung der einzelnen Schritte und Erklärungen des Vortrags nützlich und erleichtern es den Schülern, diese einzelnen Schritte und Erklärungen zu behalten.

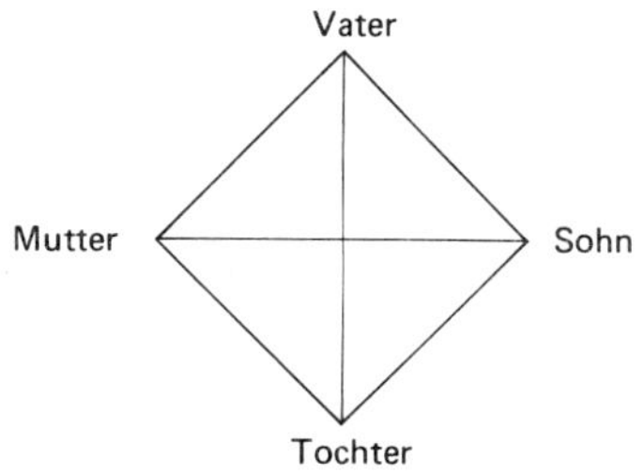

Beziehung innerhalb einer Familie

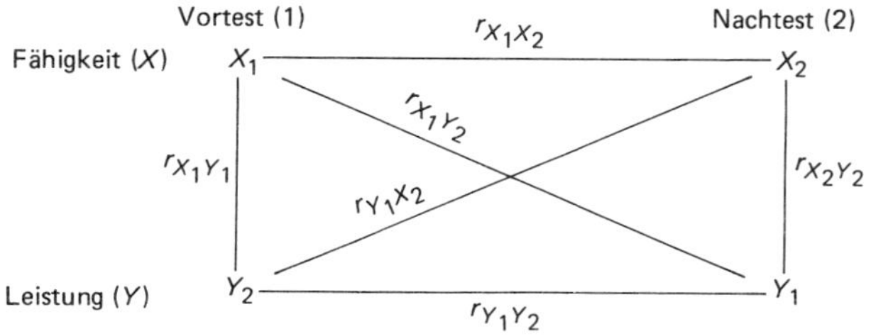

Beziehung zwischen den Korrelationen zwischen vier Variablen

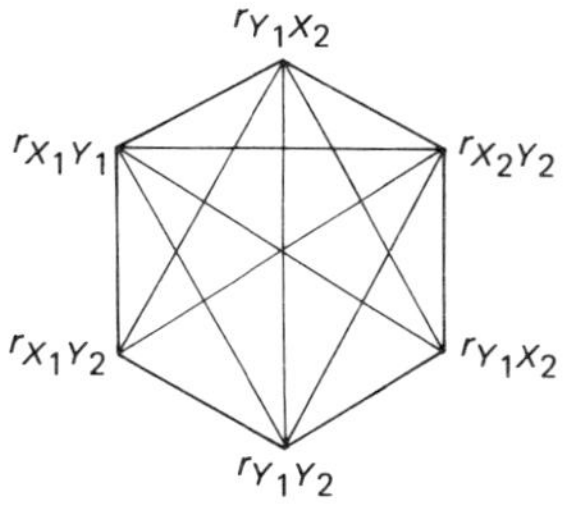

Beziehung zwischen einer Reihe von Variablen

Abbildung 19-5. Beispiele für Netzwerke von Beziehungen, die zum Aufbau von Vorträgen verwendet werden können.

Ein Modell für die Strukturierung von Erklärungen. Für den Lehrer wäre es hilfreich, wenn ihm irgendein Modell zur Verfügung stünde, an das er sich bei der Strukturierung seiner Darstellungen oder seines Vortrags halten kann. Eine häufig verwendete Darstellungsform ist die *Erklärung* oder der Versuch, deutlich zu machen, auf welche Weise die Beziehungen zwischen zwei oder mehr Konzepten, Variablen oder Ereignissen ein Spezialfall einer allgemeineren Beziehung oder eines allgemeineren Prinzips sind. Nehmen wir an, der Lehrer möchte erklären, weshalb es im Winter kälter ist als im Sommer oder weshalb es zwischen San Francisco und London einen Zeitunterschied gibt.
Ein Modell für die Strukturierung derartiger Erklärungen würde folgendermaßen aussehen:

Schritt 1. Stelle sicher, daß du die Frage, um die es geht oder die in dem Vortrag aufgeworfen werden soll, verstanden hast. Worum geht es dem Schüler, der die Frage stellt oder der die Erklärung braucht?

Schritt 2. Stelle die „Dinge“ (Elemente, Variablen, Konzepte oder Ereignisse) heraus, zwischen denen die Beziehung, die erklärt werden muß, besteht.

Schritt 3. Kennzeichne die Beziehung zwischen den „Dingen“, die in Schritt 2 identifiziert wurden.

Schritt 4. Mache deutlich, auf welche Weise die in Schritt 3 gekennzeichnete Beziehung ein Spezialfall einer allgemeineren Beziehung oder eines allgemeineren Prinzips ist.

Thyne (1963, S. 127–129) hat ein Beispiel für eine Erklärung gegeben, das mit diesem Modell übereinstimmt:

Thynes Beispiel

An einem stürmischen Winterabend wunderte sich mein Nachbar über ein eigenartiges, tiefes, summendes Geräusch, das aus den Wänden seines Hauses zu kommen schien. Nach langer Suche führte er es schließlich auf eine Türdichtung an seiner Haustüre zurück – eine Holzleiste, an der eine lange Gummiröhre befestigt ist. … Mein Nachbar weiß nun, wie das unheimliche Geräusch zustande kommt, nicht nur, weil ihm jetzt klar ist, daß es von der Türdichtung kommt – denn dies könnte, für sich alleine betrachtet, immer noch verwundern –, sondern weil er weiß, daß ein über ein offenes Rohrende streichender Luftzug ein solches Geräusch verursacht. … Wenn mein geräuschgeplagter Nachbar das durchschaut, dann nicht nur deshalb, weil er weiß, daß ein Luftzug über diese bestimmte Röhre hinstreicht, wobei dieses bestimmte Geräusch entsteht. Wenn das alles wäre, was er weiß, würde er natürlich wissen, woher das Geräusch kommt, aber man könnte kaum sagen, daß er es „verstanden“ hat. Wenn das alles wäre, was er weiß, könnte er genauso gut entdeckt haben, daß das Geräusch von einem Stück Käse in seiner Speisekammer kommt, denn das eine würde nicht mehr Sinn ergeben als das andere. Er versteht das Geräusch nur insofern, als er weiß, daß ein Luftzug, der über das Ende eines Rohres streicht, einen bestimmten Ton erzeugt, und er *sieht diese Besonderheit als ein Beispiel für jenes allgemeine Prinzip.*

Unser Modell

Schritt 1. Stelle sicher, daß du die gestellte Frage verstehst, d. h. das, worum es dem Schüler geht, der um eine Erklärung bittet oder sie benötigt. *Weshalb kommt das tiefe, summende Geräusch aus den Wänden des Hauses?*

Schritt 2. Stelle die Elemente, Variablen, Konzepte oder Ereignisse heraus, zwischen denen die Beziehung besteht, die erklärt werden muß. (a) *Das tiefe, summende Geräusch,* (b) *kommt aus,* (c) *Wände des Hauses,* (d) *Dichtung an der Haustür,* (e) *Holzleiste*, (f) *Gummiröhre.*

Schritt 3. Kennzeichne die Beziehung, die zwischen den in Schritt 2 genannten Elementen besteht. *Luft (Luftzug), der über das Ende der Gummiröhre streicht, verursacht das unheimliche Geräusch.*

Schritt 4. Mache deutlich, auf welche Weise die in Schritt 3 gekennzeichnete Beziehung ein Spezialfall einer allgemeineren Beziehung oder eines allgemeineren Prinzips ist. *Das allgemeine Prinzip lautet, daß Luft, die über das Ende irgendeiner Röhre streicht, einen gewissen Ton erzeugt.*

Lehrer können solche Erklärungsstrategien erlernen. *Miltz* (1971) vermittelte z. B. 30 Referendaren, die an einem entsprechenden Training teilnahmen, diese Techniken. In Tabelle 19-2 sind die Beurteilungen der Erklärungen, die

die Trainingsteilnehmer vor und nach dem Training abgaben, zusammenfassend dargestellt. Die Mittelwerte der Einstufungen von 10 Beurteilern, die nicht darüber informiert waren, welche der Erklärungen vor dem Training und welche nach dem Training abgegeben wurden, wurden dazu verwandt, festzustellen, ob sich die Qualität der Erklärungen zwischen dem Vor- und dem Nachtest verändert hatte. Das Training führte zu signifikant höheren Einstufungen der Fähigkeit der Lehrer, eine Erklärung zu strukturieren, der Deutlichkeit ihrer Erklärungen und der Gesamtqualität der Erklärungen.

Tabelle 19-2. Mittelwerte der Einstufungen von Erklärungen, die Lehrer abgaben, durch Beurteiler

	Vortest	Nachtest
Struktur	2,92	3,62
Deutlichkeit	2,79	3,59
Qualität	2,84	3,68

Bei diesen Einstufungen bedeutete 5 = hervorragend, 4 = gut, 3 = durchschnittlich, 2 = schlecht und 1 = sehr schlecht.

Nach *Miltz* (1971).

Explizite Darstellung des Aufbaus

Es genügt nicht, wenn der Vortrag lediglich gut aufgebaut ist. Der Aufbau muß den Schülern darüber hinaus ausdrücklich dargestellt werden. Im folgenden behandeln wir einige Möglichkeiten, mit denen dieser Forderung entsprochen werden kann: Deutlichkeit, die Regel-Beispiel-Regel-Technik, das erklärende Bindeglied, verbale „Bedeutungshinweise“ und die Strukturstütze.

Deutlichkeit. Bei der Aufgabenstellung ist es wichtig zu beachten, daß die Schüler die Aufgabe um so schneller erfüllen, je deutlicher, nachhaltiger und umfassender sie formuliert ist. Das hat *Van der Will* (1976) in einem Experiment mit achtjährigen Grundschulkindern festgestellt. Auch wenn eine Aufgabenstellung kürzer war und langsamer erfolgte, so daß sie genauso viel Zeit in Anspruch nahm wie die vorhergehende eindeutig und umfassend formulierte, führte diese dennoch zu insgesamt korrekteren Ergebnissen. Es war also effektiver zu sagen: „Nehmt einen blauen Buntstift zur Hand. Erst malt ihr einen großen blauen Kreis und dann einen kleinen blauen Kreis daneben“, als zu sagen: „Nachdem ihr einen großen blauen Kreis gemalt habt, malt noch einen kleinen blauen daneben“ (*Van der Will,* 1976, S. 195).

Die Regel-Beispiel-Regel-Technik. Rosenshine (1971a) stellte fest, daß besonders wirkungsvolle Redner in ihren Erklärungen häufiger die Regel-Beispiel-Regel-Sequenz anwandten als weniger effektiv Vortragende. Ein besonders guter Lehrer würde z.B. die jugoslawische Außenpolitik folgendermaßen erklären:

„Als kommunistisches Land will Jugoslawien friedliche und freundschaftliche Beziehungen mit anderen europäischen Ländern. Dies soll dadurch erreicht werden, daß die Handelsbeziehungen und die kulturellen Beziehungen sowie die persönlichen Kontakte mit anderen europäischen Ländern gefördert werden. In Jugoslawien glaubt man, daß zwischen den europäischen Ländern bessere Beziehungen hergestellt werden müssen."

In diesem Beispiel sind der erste und der letzte Satz als Regeln aufzufassen, während in den dazwischen liegenden Sätzen Beispiele geboten werden.

Ursachen, Bedeutungen und Konsequenzen

Erklärende Bindeglieder. In guten Erklärungen wird, nach *Rosenshine,* auch von erklärenden Bindegliedern Gebrauch gemacht. Diese Bindeglieder sind Präpositionen und Konjunktionen, die die Ursache, das Ergebnis, die Bedeutung oder den Zweck eines Ereignisses oder eines Gedankens angeben. Beispiele dafür sind: *weil, um zu, wenn ... dann, deshalb, dementsprechend* und, in einem bestimmten Sinn gebraucht, *daher, indem* und *durch.* Mit erklärenden Bindegliedern können Satzteile miteinander verbunden werden, die entweder dem gleichen Satz oder verschiedenen Sätzen angehören, so daß ein Teil des Satzes zur Erklärung oder Verdeutlichung eines anderen Teiles dient. Die folgenden fünf Sätze haben im wesentlichen den gleichen Inhalt: die letzten drei enthalten erklärende Bindeglieder (kursiv gedruckt).

1. Die Chinesen beherrschen Bangkoks Wirtschaft, und sie stellen eine Bedrohung dar.
2. Die Chinesen beherrschen Bangkoks Wirtschaft, stellen aber eine Bedrohung dar.
3. Die Chinesen beherrschen Bangkoks Wirtschaft; *deshalb* stellen sie eine Bedrohung dar.
4. Die Chinesen stellen eine Bedrohung dar, *weil* sie Bangkoks Wirtschaft beherrschen.
5. *Indem* sie Bangkoks Wirtschaft beherrschen, stellen die Chinesen eine Bedrohung dar.

Erklärende Bindeglieder können deshalb wichtig sein, *weil* (ein erklärendes Bindeglied!) sie als Hinweis auf die Tatsache dienen, daß eine Beziehung angegeben wird.

Aufforderungsreize

Die Verwendung verbaler „Bedeutungshinweise". In einem bestimmten Komplex von Inhalten ist nicht alles gleich bedeutsam. Deshalb sollte der Vortragende verbale „Bedeutungshinweise" verwenden. Mit solchen Hinweisen wird den Schülern deutlich gemacht, was sie besonders gut lernen sollten (*Pinney,* 1969; *Petrie,* 1963). Diese Hinweise wirken als Aufforderungsreize (siehe Kapitel 13), die dem Lernenden deutlich machen, daß er nun aufpassen soll. Beispiele für solche Hinweise sind: „Beachtet jetzt bitte dies ..."; „Es ist besonders wichtig, sich klarzumachen, daß ..."; „Es wird sehr zu eurem Verständnis beitragen, wenn ihr daran denkt, daß ..."; „Ich möchte jetzt zu dem kommen, was dabei vielleicht der wichtigste Punkt ist, nämlich, daß ...". *Pinney* analysierte die Mitschriften von Unterrichtsstunden, die 32 unerfah-

rene Lehrer hielten; jeder Lehrer hielt einen 40minütigen Unterricht in einer Klasse mit etwa 25 Schülern, die ausschließlich für diese Untersuchung zusammengestellt wurde. *Pinney* stellte fest, daß solche verbalen Bedeutungshinweise durchgehend bei denjenigen Lehrern häufiger vorkamen, deren Unterricht zu besseren Leistungen bei den Schülern führte. *Petrie* (1963) berichtet von sechs anderen Untersuchungen, in denen sich zeigte, daß diese Art des Hervorhebens zusammen mit Wiederholungen zu einem besseren Verständnis mündlicher Mitteilungen führte. Von diesen Ergebnissen muß man ausgehen, wenngleich die Zuhörer Wiederholungen nicht schätzen.
Maddox u. *Hoole* (1975) demonstrierten mit ihrem Experiment nicht nur den Wert solcher verbaler Bedeutungshinweise, sondern auch den Wert nichtverbaler Hinweise (besonders für Mitschriften oder Aufzeichnungen), wie sie gegeben werden können, wenn sich der Vortragende für einen Moment von seinem Pult entfernt oder wenn er etwas an die Tafel schreibt.

Strukturstützen. Wenn der Vortragende irgendeines der oben angegebenen Aufbauschemata verwendet, sollte er gewöhnlich dieses Schema von Anfang an offen darlegen. Wenn der Aufbau eines Vortrags keinen Einfluß auf das Verständnis der Schüler hatte, so kann das daran liegen, daß in den bisher durchgeführten Experimenten nicht sorgfältig genug sichergestellt wurde, daß die Schüler den Aufbau erkennen. Wenn die Schüler den Aufbau eines Vortrags durchschauen, bedeutet dies nicht notwendigerweise, daß Spannung verlorengeht. Die Einzelheiten, mit denen eine zusammenfassende Darstellung oder der Aufbau des Vortrags ausgefüllt werden, können immer noch so lebendig, treffend und fesselnd gestaltet werden, daß eine gewisse Spannung bestehen bleibt.

Offene Darlegung des Aufbaus von Anfang an

Wenn jedoch visuelle Hilfsmittel, z.B. eine Tafel oder ein Projektor zur Verfügung stehen, kann der Vortragende den Aufbau schrittweise verdeutlichen. Jeder Haupt- und Unterpunkt wird dann an die Tafel geschrieben oder an die Wand projiziert, sobald er an die Reihe kommt.
Genau diese Art von Variablen wurde in einem Experiment von *Lau Kam Cheong* (1972) manipuliert. Alles in allem wurde in diesem Experiment der eindeutige Beweis erbracht, daß es sinnvoll ist, Studenten die Struktur eines Vortrags deutlich zu machen. Geschieht dies schrittweise, so wie sich der Vortrag entwickelt, so erhalten die Studenten deutliche Überleitungssignale zwischen den einzelnen Abschnitten des Vortrags. Dieses Vorgehen ist wahrscheinlich wirksamer als die Darstellung der ganzen, dem Vortrag zugrundeliegenden Struktur zu Beginn oder am Ende des Vortrags.

Schrittweise Darstellung der Struktur günstig

Erhaltung der Aufmerksamkeit

Auch die beste Organisationsstruktur ist sinnlos, wenn die Aufmerksamkeit der Schüler nicht aufrechterhalten werden kann. Der Leser wird ohne Zweifel von selbst auf Techniken kommen, mit denen das Ziel der Aufmerksamkeitserhaltung erreicht werden kann und die ihm besonders liegen. Einige dieser Techniken werden im folgenden aufgeführt.

Variation der Stimuli. Bei gleichbleibender Stimulation irgendeiner Art kommt es zur Gewöhnung. Gleichbleibenden Denk- und Bewegungsmustern wird bald keine Aufmerksamkeit mehr geschenkt. Der Schüler langweilt sich bald, wenn die Tonlage immer gleich bleibt, wenn der Vortragende völlig stillhält und keinen Gebrauch von Gesten macht, wenn er eine monotone grammatikalische Struktur gebraucht, wenn sein Sprechmuster ohne weiteres voraussagbar wird oder wenn ein Klischee auf ein anderes folgt. Abwechslung hat motivationale Auswirkungen. *Rosenshine* (1971a) stellte fest, daß Abwechslung in den Bewegungen und Gesten positiv mit den Leistungen der Schüler korreliert. Alles, was der Vortragende ziemlich häufig variieren kann, ohne daß dabei die Variation so extrem wird, daß die Schüler vom Vortragsinhalt abgelenkt werden, trägt vermutlich dazu bei, daß die Schüler aufmerksam bleiben.

Natürlich ist denkbar, daß man mit einer zu häufigen Stimulusvariation auch über die Stränge schlagen kann. *Wyckoff* (1973) stellte fest, daß die Stimulusvariation eine kurvilineare Beziehung zur Schülerleistung eingeht. Das bedeutet, daß mit ansteigender Stimulusvariation – Mimik und Gestik des Lehrers, Kunstpausen einlegen usw. – die Schülerleistung abnimmt. Ein weiteres Ergebnis seiner Untersuchung war, daß die Beziehung zwischen Stimulusvariation und Leistung bei Grundschullehrern negativ war, während sie positiv war bei Lehrern der Sekundarstufe: „Es hat den Anschein, als ob Stimulusvariation jüngere Schüler mehr ablenkt als ältere" (S. 89).

Wechsel der Kommunikationskanäle. Eine Form der Stimulusvariation, die dem Vortragenden zur Verfügung steht, ist die Verwendung von Diapositiven, graphischen Darstellungen, Bildern, Wandtafeln, Tageslichtprojektoren und von anderen visuellen Medien, die zur Ergänzung des Vortrags dienen können. Durch den abwechselnden Einsatz des auditiven und visuellen Kommunikationskanals kann man Änderungen in den verdeckten Reaktionsmustern und Aufmerksamkeitsmechanismen der Schüler erreichen. Erwachsene scheinen der visuellen Information den Vorzug zu geben. Diese Vorliebe zeigte sich bei einer Begriffsbildungsaufgabe (*Lordahl,* 1961) und auch in einer Untersuchung, in der nachgewiesen wurde, daß Kinder mit zunehmendem Alter visuell, d.h. in Filmen dargebotene Sachverhalte zunehmend mehr Aufmerksamkeit widmeten und auditiv dargebotener Information zunehmend weniger (*Stevenson* u. *Siegel,* 1969). Geht man vom Lernerfolg und nicht von den Vorlieben aus, so gibt es keinen eindeutigen Beweis für die Nützlichkeit visueller Stützen, die zusätzlich zu schriftlichem Material oder zu mündlichen Darstellungen gegeben werden (siehe zusammenfassende Darstellungen von *W. H. Allen,* 1960; *Twyford,* 1969; *Carroll,* 1971).

Auditive gegenüber visueller Information

Wie graphische Darstellungen zur Unterstützung von Vorträgen und Erklärungen eingesetzt werden könnten, wurde von *May* (1965a, 1965b) beschrieben. Die vorliegenden Befunde lassen vermuten, daß eine graphische Darstellung, ein Schaubild oder eine Tabelle um so besser sind, je einfacher sie sind. Als allgemeine Regel kann man festhalten, daß der Vortragende den Stimulus variieren sollte, indem er Bilder als Begleitmaterial verwendet, die einen Sachverhalt auf schnelle und einfache Weise deutlich machen. Die Informa-

Einfachheit

tion, die eine graphische Darstellung enthält, sollte eine Zusammenfassung darstellen. In graphischen Darstellungen sollte der Stoff in kondensierter Form enthalten sein, sie sollten Trends oder Veränderungen von Prozessen deutlich machen. Sind die graphische Darstellung, das Diagramm oder das Schaubild einfach, mit deutlichen Bezeichnungen und einem kurzen Begleittext versehen, so können sie für das Lernen während eines mündlichen Unterrichts nützlich sein. Dabei muß man jedoch beachten, daß auch die meisten Erwachsenen graphische Darstellungen nicht schnell oder effektiv lesen können und deshalb solche Darstellungen bei jungen Schülern nahezu sicher zu Verwirrungen führen. Die Intelligenz und das Bildungsniveau der Schüler muß ziemlich hoch sein, wenn sie aus graphischen Darstellungen im mündlichen Unterricht Nutzen ziehen sollen (siehe *Wendt* u. *Butts,* 1962). Dennoch kann der Stimuluswechsel, der mit der Anwendung der beschriebenen Mittel einhergeht, den erforderlichen Aufwand rechtfertigen.

Körperliche Aktivität. Der Hinweis, daß aktives Lernen wünschenswert ist, ist besonders wichtig für den Vortrag. Jedem von uns ist es in seiner Ausbildungszeit schon einmal passiert, daß er während eines Vortrags einschlief und das, obwohl man möglicherweise ein mäßiges Interesse an dem Gegenstand hatte und der Vortrag einigermaßen dynamisch gehalten wurde. Man kann einfach nicht erwarten, daß in einem sich hinziehenden Vortrag die Aufmerksamkeit beständig auf den Inhalt dieses Vortrags gerichtet bleibt. Der Erfolg von *Kunihiras* Technik, bei der im Sprachunterricht körperliche Aktivitäten durchgeführt werden, und der Erfolg des aktiven Handelns in der Untersuchung von *Gates* (beide in Kapitel 13 beschrieben) zeigen nachdrücklich, daß Lehrer die Wirksamkeit ihres Unterrichts vermehren können, wenn sie den Lernenden Gelegenheit dazu geben, körperliche Entlastungshandlungen durchzuführen. Gibt man den Zuhörern Gelegenheit, sich nach der Hälfte eines Vortrages zu strecken, führt man kurze Pausen zwischen einer Filmvorführung und einem Vortrag ein, läßt man die Reaktionen auf den Vortrag verbalisieren, Namen aussprechen und wiederholen usw. – all das kann für das Lernen förderlich sein. *W. H. Allen* (1957) stellte 26 Untersuchungen zusammenfassend dar, in denen die Beteiligung an solchen Übungen während Filmvorführungen untersucht wurde. 11 Untersuchungen führten nicht zu eindeutigen Ergebnissen, die Ergebnisse von 2 sprachen gegen das aktive Lernen und in 13 stellte sich das aktive Lernen, gleich welcher Art, als positiv heraus.

Sich strecken, Pausen, Verbalisierung

Humor. Sollte man seinen Vortrag durch humorige Einlagen lebendiger gestalten? *Kaplan* u. *Pascoe* (1977) geben eine Antwort. Mit ihren differenzierten Experimenten konnten sie frühere Untersuchungsergebnisse ablösen. Sie untersuchten entsprechende Vorträge danach, ob der darin enthaltene Humor konzeptbezogen oder nichtkonzeptbezogen oder beides zugleich war. Die Ergebnisse wurden mit einer Kontrollgruppe verglichen, deren Vorträge nicht mit Humor gespickt waren. Sechs Wochen später konnten sich die Zuhörer besser an die Inhalte erinnern, die mit konzeptbezogenem Humor verdeutlicht worden waren, als an die anderen Inhalte.

Wenn Schüler ihre Lehrer beurteilen, dann korrelieren diese Urteile ebenfalls mit dem Humor, mit dem der Lehrer seinen Unterricht würzt. In einer diesbezüglichen Untersuchung wurden die Tonbandaufzeichnungen von siebzig verschiedenen Unterrichtsstunden analysiert, um Umfang und Verschiedenartigkeit des absichtsvoll eingebrachten Humors zu messen: Witze, Rätsel, Wortspiele, lustige Geschichten, humorvolle Kommentare usw. Insgesamt gesehen wies der Humor eines Lehrers verglichen mit der Beurteilung seiner Leistungsfähigkeit durch seine Schüler eine Korrelation von 0,31 auf. Den Schülern, bei denen diese Aufzeichnungen gemacht worden waren, waren zuvor weder der Zweck der Untersuchung noch hinterher die Analyseergebnisse bekannt gegeben worden. Nachdenklich stimmt dabei, daß diese positive Korrelation nur bei den 49 Lehrern auftrat ($r = 0{,}38$), nicht aber bei den 21 Lehrerinnen ($r = -0{,}01$) (*Bryant* et al., 1980). Es mag sein, daß diese Korrelationen nicht mehr bedeuten, als daß effektivere Lehrer mehr Humor gebrauchten und nicht, daß ihr Humor ursächlich für ihre größere Effektivität verantwortlich war. Wie dem auch sei, das *Experiment* von *Kaplan* u. *Pascoe*, das wir im vorausgehenden Abschnitt zitiert haben, weist auf eine kausale Beziehung zwischen Humor und Behaltensleistung hin.

Enthusiasmus zeigen. Vortragende werden seit jeher darauf hingewiesen, daß sie „Enthusiasmus für den Gegenstand des Vortrags zum Ausdruck bringen sollten" (*Brown* u. *Thornton,* 1963). Im Gegensatz zu anderen Ratschlägen für Vortragende wurde die Berechtigung dieses einen in Korrelations- und experimentellen Untersuchungen nachgewiesen. *Rosenshine* (1971b) stellte die Ergebnisse von fünf Korrelationsuntersuchungen zusammen, in denen Einstufungen des Enthusiasmus mit Maßen für die Leistungen der Schüler in Beziehung gesetzt wurden. Die signifikanten Korrelationen reichten von 0,37 bis 0,56.

Korrelationsuntersuchungen

In experimentellen Untersuchungen wurde eindeutig nachgewiesen, daß Schüler aus Vorträgen, die dynamisch und enthusiastisch gehalten werden, mehr lernen. In einer Untersuchung von *Coats* und *Smidchens* (1966) wurden zwei 10minütige Vorträge von jeweils zwei Lehrern gehalten, bei denen auf zweierlei Weise vorgegangen wurde: (a) statisch („Der statische Redner las die ganze Rede von einem Manuskript ab. Seine Gestik war unausgeprägt, er stellte keinen Blickkontakt her und variierte seinen Tonfall minimal. Er sprach jedoch mit deutlicher Diktion und ausreichender Lautstärke.") und (b) dynamisch („Die dynamischen Reden wurden aus dem Gedächtnis gehalten, der Tonfall wurde häufig variiert, es wurde ausgiebig von Gesten Gebrauch gemacht, Blickkontakt wurde hergestellt, der Redner verhielt sich lebhaft."). Aus einem Test, der unmittelbar nach dem Vortrag durchgeführt wurde, ergab sich, daß „die Schüler von dem dynamischen Vortrag wesentlich mehr behalten hatten als vom statischen". *Mastin* (1963) ließ 20 Lehrer der sechsten und siebenten Klasse zwei Vorträge mit einer Woche Abstand über zwei verschiedene Themen halten. Bei einem Thema, das nach dem Zufall ausgewählt wurde, verhielt sich der Lehrer so, daß der Eindruck entstand, ihm seien „die vorgetragenen Gedanken, die dargebotenen Bilder und der Gegenstand des Vortrags überhaupt gleichgültig"; bei dem anderen Thema vermittelte derselbe Lehrer den Eindruck, „daß er von den Gedanken, dem Illustrationsmaterial des Vortrags und dem Gegenstand, den er behandelte, begeistert sei". In 19

Experimentelle Untersuchungen

Variation im Tonfall, Gestik, Blickkontakt, Lebhaftigkeit

von den 20 Klassen waren die durchschnittlichen Leistungen nach dem enthusiastisch gehaltenen Vortrag besser.
In einer Reihe von Experimenten, die bei *Abrami* et al. (1982) zusammenfassend beschrieben sind, ist „Enthusiasmus" in hervorragender Weise definiert und demonstriert worden. In diesen Experimenten wurden durchgehend auf Videoband aufgenommene Vorträge eingesetzt, die alle von demselben Schauspieler gehalten worden waren. Die Vorträge waren auf drei verschiedenen Informationsniveaus angesiedelt – einem hohen, einem mittleren und einem niedrigen, und zwar je nach Anzahl der in ihnen enthaltenen wesentlichen Einzelpunkte. Die Vorträge mit den unterschiedlichen Informationsniveaus wurden jeweils auf zwei verschiedene Arten gehalten, entweder mit ausgeprägter oder mit geringer „Ausdruckskraft" (entweder definiert als „enthusiastischer, freundlicher, charismatischer Redner" oder als „humorloser Redner ohne Enthusiasmus oder Charisma" – S. 447).
Nachdem die auf Band aufgezeichneten Vorträge verschiedenen Schülergruppen vorgespielt worden waren, stellten die Autoren anhand eines Leistungstests fest, daß die Testwerte im Durchschnitt bei den Schülern, denen die mit Enthusiasmus vorgetragenen Reden vorgespielt worden waren, *nicht* einheitlich höher waren. Im Leistungsbereich gab es also keine Unterschiede. Höhere Werte wurden nur bei Messungen der Zufriedenheit festgestellt. Kurz gesagt: das Ausmaß an Enthusiasmus bestimmte signifikant die Zufriedenheit der Schüler, und zwar auf allen drei Informationsniveaus.
Zu den Eigenschaften eines enthusiastischen Lehrers gehören beispielsweise ausgeprägte Gestik, wechselnde Intonation, ständiger Blickkontakt, häufiger Standortwechsel auf der „Bühne" sowie Humor und lebendige Beispiele. In einem weiteren Sinne bedeutet Enthusiasmus aber auch einfach lebendige und überzeugende Kommunikation mit den Schülern. Auch ein Redner, der seinen Stoff mit Ernst vorträgt oder gar abliest, kann enthusiastisch wirken, wenn er die Bedeutung und Faszination seines Themas den Zuhörern vermitteln kann.

Fragen in Vorträge einbetten. Die Vorstellung, daß der Vortragende Techniken zur Auslösung von Reaktionen anwenden sollte, scheint auf den ersten Blick einen Widerspruch zu enthalten: gewöhnlich stellt man sich vor, daß die Schüler bei Vorträgen nicht reagieren. Tatsächlich jedoch reagieren sie gewöhnlich verdeckt, manchmal aber auch offen. Der Vortragende muß versuchen, für ein hohes Reaktionsniveau zu sorgen, da damit die Aufmerksamkeit und das Lernen gefördert werden. Eine Frage, die mitten in einen Vortrag oder eine Erklärung eingeschoben wird, kann eine Anzahl von interessanten Auswirkungen haben. *Berliner* (1968) stellte fest, daß Fragen folgende Funktionen ausüben können:

Schüler reagieren bei Vorträgen

Mögliche Funktionen von Fragen

1. *Emphase.* Einzelne Punkte des behandelten Stoffes, die besondere Beachtung verdienen, können durch Kontrollfragen hervorgehoben werden.
2. *Übung.* Die Beantwortung einer Frage ermöglicht es dem Schüler, neu erworbene Kenntnisse zu üben.
3. *Selbstbewußtheit.* Schüler, denen bewußt gemacht wird, daß sie einen Punkt nicht verstanden haben, werden möglicherweise vermehrt dazu

motiviert, die nachfolgenden Abschnitte des Vortrags zu erfassen. Wenn auf die eingeschobenen Fragen eine Mitteilung folgt, der entnommen werden kann, welche Antwort richtig ist, dann haben diese Fragen normalerweise eine instruierende Wirkung.

4. *Aufmerksamkeit.* Mit einer Frage, die eine Antwort des Schülers „provoziert“, kann die Aufmerksamkeit des Schülers während des Vortrags angehoben werden.
5. *Ablenkung.* Bei richtigem Einsatz können Fragen während eines Vortrags eine Stimulusvariation bewirken, ähnlich wie die Kaffeepausen im Büro oder auf dem Bau. Diese Art von Ablenkung verringert ferner die Geschwindigkeit, mit der neue Informationen aufgenommen werden müssen; damit ist dem Zuhörer mehr Zeit zur Informationsverarbeitung gegeben.
6. *Rückschau.* Mit Fragen, die in den Vortrag eingestreut werden, ist es möglich, den Zuhörer dazu anzuhalten, sich nochmals mit bereits aufgenommenen Informationen zu beschäftigen. Bei diesem verdeckt ablaufenden Revisionsprozeß ist der Schüler gehalten, noch einmal alle diese Informationen „abzutasten“. So kann man mit einer einzigen Frage über den bereits dargebotenen Stoff erreichen, daß *alle* Informationen des soeben Gesagten noch einmal „abgetastet“ werden.

Fragen während des Vortrags verbessern das Lernen

Berliner (1968) verglich die Auswirkungen von in Vorträgen eingestreuten Fragen mit denjenigen der Anweisung an die Schüler, sich Aufzeichnungen zu machen oder einfach aufmerksam zu sein. Den Schülern wurde unmittelbar nach einem 45minütigen auf Videoband aufgezeichneten Vortrag und noch einmal eine Woche später ein Test vorgelegt, in dem Fragen über die Geschichte Chinas kurz beantwortet werden mußten. Wie aus Tabelle 19-3 ersichtlich, waren die Leistungen derjenigen Gruppen, der während des Vortrags Fragen gestellt wurden und die diese Fragen zu beantworten versuchten, in diesem Test besser als der Gruppen, in der sich die Schüler wie üblich Aufzeichnungen machten oder einfach aufmerksam zu sein versuchten.

Tabelle 19-3. Mittelwerte von Schülern bei einem sofort und später durchgeführten Lerntest

Tätigkeit des Schülers während des Vortrags	Test unmittelbar nach dem Vortrag	Test eine Woche nach dem Vortrag
Beantwortet alle 2½ Minuten eine Frage	23,11 (N = 47)	19,98 (N = 42)
Macht Aufzeichnungen	18,29 (N = 34)	18,14 (N = 28)
Ist einfach aufmerksam	13,87 (N = 38)	13,96 (N = 27)

Nach *Berliner* (1968).

Aufzeichnungen. Die empirischen Ergebnisse über den Wert von Vortragsaufzeichnungen oder -mitschriften sind uneinheitlich (vgl. *Hartley* u. *Davies*, 1977). Bei 16 von 34 Experimenten sind die Ergebnisse statistisch nicht signifikant. In Korrelationsstudien jedoch, wo das Anfertigen von Aufzeichnungen unter natürlichen Bedingungen gemessen wird, d.h. unter Bedingungen, die nicht durch eine experimentelle Situation „erzwungen" werden, „sind die über einen Zeitraum von fünfzig Jahren verstreuten Ergebnisse bemerkenswert gleichartig geblieben, und sie zeigen, daß das Mitschreiben zu besseren Leistungen in nachfolgenden Tests führt" (S. 4). Neuere Untersuchungen von *Berliner* (1971) legen ebenfalls dar, daß schriftliche Aufzeichnungen möglicherweise nur dann günstig sind, wenn das Kurzzeitgedächtnis des Schülers relativ gut ist. Schüler mit einem schlechten Kurzzeitgedächtnis scheinen mehr Nutzen aus einem Unterrichtsvortrag zu ziehen, wenn sie einfach aufmerksam zuhören und nicht mitschreiben. Wenn der Lehrer einen Vortrag hält, sieht er es oft gern, wenn alle Schüler mitschreiben, denn das bestärkt ihn möglicherweise in der Annahme, daß seine Schüler das, was er ihnen mitzuteilen hat, für wichtig halten. *Moore* (1968) führte in diesem Zusammenhang ein Experiment mit nichtverbalen Bedeutungshinweisen durch: wenn der Lehrer eine grüne Karte hochhielt, hieß das „Schreibt mit", und eine rote Karte bedeutete „Schreibt nicht mit". Im Vergleich zu einer Kontrollgruppe erbrachten diese Schüler in einem Leistungstest bessere Ergebnisse und darüber hinaus beurteilten sie den sechswöchigen Kurs und den Lehrer mit besseren Noten.

Informationsblätter. Solche Informationsblätter, die einen Überblick über den Aufbau eines Vortrags enthalten, können die Schülerleistung signifikant verbessern, wie *Hartley* (1976) nachgewiesen hat. In dieser Untersuchung wurde ferner festgestellt, daß das Informationsblatt insoweit effektiver war, als sich die Schülerleistungen auch ohne zusätzliche Aufzeichnungen verbesserten. Auch war es wirkungsvoller, ein „komplettes" Informationsblatt zu verteilen als ein „unvollständiges", in dem die illustrativen Details weggelassen und dadurch Platz für eigene Aufzeichnungen geschaffen war. Dieser Typus regte die Schüler zwar an, sich mehr Aufzeichnungen zu machen, aber ihre Leistungen waren nicht besser als die derjenigen Schüler, die das komplette Blatt erhalten hatten. Ein anderer Typus eines „unvollständigen" Informationsblattes war wie ein Lückentext gestaltet: zwanzig Schlüsselwörter bzw. Hauptgedanken des Vortrags waren ausgelassen und die Schüler konnten sie selbst nachtragen. Dieses Verfahren führte zu besseren Leistungen als alle anderen vom kompletten Handout bis zu gar keinem.

Eindeutigkeit

Wir sind uns sicher alle darin einig, daß ein Vortrag klar und verständlich sein sollte. Natürlich reicht es nicht aus, dem Vortragenden zu sagen, er soll sich klarer ausdrücken. Wir müssen ihm eine spezielle Hilfe anbieten, damit er diesen abstrakten Rat in konkrete (ziemlich eindeutige) Verhaltensweisen ummünzen kann (vgl. *Owens,* 1974). Um diesem Bedürfnis entgegenzukommen, hat man in der Forschung folgende Vorschläge entwickelt:

Beispiele. In einem Experiment von *Evans* u. *Guyman* (1978) wurde ein ganz normaler alltäglicher Unterrichtsvortrag in der Weise umgeschrieben, daß jedem wichtigen Konzept zwei illustrative Beispiele hinzugefügt wurden, ohne jedoch die gedankliche Sequenz zu verändern. Dieser so umstrukturierte Vortrag wurde dann einer anderen, vergleichbaren Schülergruppe vorgetragen. Die lernte bei der revidierten, mit Beispielen angereicherten Fassung mehr und gab auch eine günstigere Gesamtbewertung ab als die ursprüngliche Gruppe.

Vermeidung ungenauer Ausdrücke. Manche Gedanken hinterlassen beim Zuhörer den Eindruck, als sei sich der Redner seiner Sache nicht ganz sicher. Solche Gedanken sind in Worte gefaßt, die Genauigkeit vermeiden und ungefähre Annäherungen bevorzugen, die eher vieldeutig als eindeutig sind. Dazu gehören solche Wörter wie *beinahe, allgemein* und *viele.* In verschiedenen Untersuchungen hierzu hat man feststellen können, daß mit zunehmender Verschwommenheit, gemessen nach der Häufigkeit solcher Wörter, die Leistungen der Schüler in Tests über das Verständnis des dargebotenen Stoffes abnehmen. *Smith* u. *Cotton* (1980) haben beispielsweise Tonbandaufzeichnungen von jeweils zwei 12- bis 14minütigen Unterrichtssequenzen im Mathematikunterricht angefertigt. Das eine Sequenzpaar enthielt 120 verschwommene Begriffe, das andere gar keine. Im folgenden ist ein Abschnitt wiedergegeben, der keine verschwommenen Begriffe enthielt.

„Der erste Lehrsatz beinhaltet zwei Sehnen, die sich an einem Punkt im Kreis schneiden. Betrachtet hierzu Abbildung 1: AB schneidet CD im Punkt E. Die Länge des Segments AE entspricht 4 Einheiten, die Länge von EB 3 Einheiten, und die Länge von ED entspricht 6 Einheiten. Die Länge des Segments EC entspricht 2 Einheiten. Jetzt seht ihr, daß $4 \times 3 = 2 \times 6$ ist" (S. 672).

Derselbe Inhalt wurde in seiner verschwommenen Version so dargestellt:

„Also der erste Lehrsatz beinhaltet *da irgendwie ein paar* Sehnen, die sich an einem Punkt im Kreis schneiden. *Also vielleicht* sollten wir uns erstmal Abbildung 1 anschauen. AB schneidet CD in Punkt E, *nicht wahr?* Schaut euch Abbildung 2 an. Die Länge des Segments AE entspricht 4 Einheiten, die Länge von EB 3 Einheiten und die Länge von ED entspricht 6 Einheiten, *wie ihr seht.* Die Länge des Segments EC, *also ja, die* entspricht 2 Einheiten. *Vielleicht* könnt ihr jetzt *mal* darauf achten, daß $4 \times 3 = 2 \times 6$ ist" (S. 672).

Die Liste von verschwommenen Begriffen, die *Smith* u. *Cotton* (1980) in ihrem Experiment anwendeten, enthält die folgenden Kategorien und Beispiele:

- zweideutige Bestimmungen: *Bedingungen, irgendwie, irgendwo, Ding;*
- Annäherungen: *etwa, ein wenig, fast, ein gewisses, sozusagen;*
- „Bluffen" und „Sich wieder erholen": *tatsächlich, und so weiter, und so fort, jedenfalls, wie ihr wißt, auf den Punkt gebracht, im wesentlichen, in der Tat, mit anderen Worten, natürlich, oder was auch sonst, um es kurz zu sagen, wißt ihr, seht ihr;*
- Fehler zugeben: *entschuldigt, tut mir leid, ich vermute;*
- unbestimmte Quantifizierungen: *ein Haufen, ein paar, einige, manche, mehrere;*
- Vielzahl: *Art(en) von, Typ(en) von;*
- Möglichkeiten: *so wie die Chancen stehen, könnte sein, kann, vielleicht, könnte, unter Umständen, scheint;*

- Wahrscheinlichkeiten: *generell, allgemein gesagt, oft, gewöhnlich, wahrscheinlich, im Regelfall.*

Die Schüler absolvierten einen Test mit zwanzig Aufgaben, nachdem sie die verschwommene bzw. die klare Version gehört hatten. In beiden Unterrichtssequenzen wurde illustratives Material zur Verdeutlichung des geometrischen Lernstoffs gezeigt. Die Testwerte der Gruppe, die den stark verschwommenen Unterricht erlebt hatte, waren sehr viel niedriger als die Werte der Gruppe, denen der Stoff klar präsentiert worden war. Auch gaben die Schüler dieser Gruppe über den Lehrer und seine Darbietung eine günstigere Gesamtbeurteilung ab.
Dieses Experiment und andere zusätzliche Untersuchungen, die auf die ursprünglichen Arbeiten zu diesem Komplex von *Hiller* (1968) zurückzuführen sind, haben überzeugend dargelegt, daß Verschwommenheit die Leistungen und Einstellungen von Schülern herabmindert. Der Lehrer sollte nicht nur über sein Thema Bescheid wissen, sondern er sollte auch versuchen, Wörter und Ausdrücke zu vermeiden, die den Eindruck von Verschwommenheit hinterlassen.

19.6 Der Schlußteil des Vortrags

Nach Beendigung des Hauptteiles kommt der Lehrer zum Schlußteil seines Vortrags. Wie sollte er diesen Vortragsteil gestalten? Auch für diesen Abschnitt des Vortrags hat *Shutes* (1969) eine Anzahl von Funktionen aufgeführt. Dabei legte er seinen Analysen von Videobandaufzeichnungen das tatsächliche Vorgehen einiger Junglehrer zugrunde. Wir wollen uns nun damit beschäftigen, welche dieser Funktionen wünschenswert sind und wie sie in die Wirklichkeit umgesetzt werden können.

Funktionen des Schlußteils

Freundlichkeiten

Fragen an die Schüler

Beantwortung der Fragen von Schülern

Rückblick oder Nachstrukturierung

Wenn der Lehrer zum Abschluß seines Vortrags kommt, kann er (a) einige freundliche Bemerkungen machen, (b) die Schüler dazu auffordern, Vorstellungen, die der Vortrag enthielt, wiederzugeben oder Beispiele anzuführen, (c) Fragen der Schüler beantworten, (d) in einer Art von „Nachstrukturierung" deutlich machen, was die Schüler nun wissen sollten. Er könnte z.B. seine Freude darüber ausdrücken, daß er die Klasse unterrichten durfte, und den Schülern Glück wünschen. Er könnte eine abschließende Anstrengung unternehmen, das Verständnis der Schüler zu vertiefen, indem er sie auffordert, bestimmte Vorstellungen noch einmal anzugeben oder Beispiele, Definitionen und Anwendungsmöglichkeiten zu liefern. Er könnte sich um eine Verdeutlichung bemühen, indem er bei der Beantwortung von Fragen der Schüler dadurch etwas Neues bietet, daß er bereits dargestellte Punkte mit anderen Worten noch einmal erklärt, daß er andere Schüler die Frage eines Mitschülers beantworten läßt und dadurch, daß er Vorstellungen, die der Vortrag enthielt,

auf bestimmte neue Probleme oder Situationen anwendet. Der Lehrer kann deutlich machen, was die Schüler nun wissen sollten, indem er auf die entscheidenden Punkte hinweist, sie hervorhebt und wiederholt oder indem er Fragen über die Hauptpunkte des Vortrags stellt.
Shutes (1969) untersuchte, in welchem Ausmaß Lehrer diese Aufgaben eines Stundenschlusses in die Wirklichkeit umsetzen und stellte fest, daß diejenigen Junglehrer, deren einstündiger Unterricht, gemessen an den Leistungstestwerten ihrer Schüler, effektiver war, auch mehr von diesen Funktionen des Schlußteils verwirklichen. Diese Lehrer unterschieden sich von den weniger effektiven insbesondere dadurch, daß sie

- die Gedanken des Vortrags auf neue Sachzusammenhänge anwandten;
- einzelne Punkte in einem Rückblick wiederholten und hervorhoben;
- ankündigten, daß ein Test folgen wird;
- die Schüler dazu aufforderten, bestimmte Sachverhalte wiederzugeben;
- sich danach erkundigten, ob die Schüler Fragen über bestimmte Abschnitte des Vortrags hatten.

Sollte eine Zusammenfassung am Ende oder am Anfang eines Unterrichtsvortrags stehen? Am Anfang könnte sie die Lernbereitschaft des Schülers wecken und strukturieren; am Ende ist sie als Rückschau und Wiederholung denkbar. Eine Zusammenfassung unterscheidet sich von einer Vorstrukturierung nicht nur in ihrer Position, sondern auch darin, daß sie *weniger* abstrakt, allgemein und allumfassend als der Vortrag oder das Unterrichtsmaterial ist. Wenn auch die Forschungsergebnisse nicht eindeutig sind und sich häufiger auf schriftliches als auf mündliches Vortragsmaterial beziehen, so ist die Tendenz doch klar: die Zusammenfassung am Ende des Vortrags wird bevorzugt. Wenn man beispielsweise einer Schülergruppe einen Artikel mit einer Länge von etwa 1000 Wörtern zu lesen gab, dann waren die Testergebnisse über ihr Faktenwissen besser, wenn die Zusammenfassung am Ende erfolgte anstatt am Anfang oder überhaupt nicht. Die Ergebnisse galten gleichermaßen für Schüler beiderlei Geschlechts, und betrafen sowohl Fakten, die nur im Artikel vorkamen als auch Fakten, die sowohl im Artikel als auch in der Zusammenfassung erfaßt waren (vgl. *Hartley* et al., 1979).

Vortragsverkettung

In Vorlesungen oder Vortragskursen sollte das Ende eines Vortrags Hinweise auf Wesen und Inhalt des nächsten einschließen. Die Einzelvorträge bilden eine Kette, und die Verbindungen zwischen den einzelnen Gliedern sollten deutlich gemacht werden. Der Vortragende sollte deshalb die übergreifende Struktur der Vorträge genauso herausarbeiten wie die innere Struktur eines einzelnen Vortrags.

Beispiel:

„Wie Sie sich erinnern werden, ist dieser Vortrag der fünfte in einer Reihe, die sich mit dem Thema „Ökologie“ befaßt. Das letzte Mal habe ich das Konzept der ökologischen Nische vorgestellt. Daran hat sich das heutige Thema über den Aspekt angeschlossen, daß eine ökologische Nische für die meisten Organismen ein sehr empfindliches Gleichgewicht aufweist. In der nächsten Sitzung werde ich darauf eingehen, wie durch den Einfluß des Menschen solche ökologischen Nischen verändert worden sind, ein Aspekt, der sich aus den heute getroffenen Schlußfolgerungen zwingend ergibt."

Wird die übergreifende Vortragsstruktur auf diese Weise dargestellt, so fällt es den Schülern leichter, die gesamte Vortragsreihe mit einer zusammenhängenden Struktur zu versehen. Eine solche Darstellung der Struktur sowohl des einzelnen Vortrags, als auch der gesamten Vortragsreihe wird gewöhnlich eher zu selten als zu häufig vorgenommen. Das heißt, die meisten Vortragenden machen wohl den Fehler, daß sie „das ganze Bild" nicht häufig vor Augen führen.

Das ganze Bild vor Augen führen

19.7 Vorbehalte gegenüber der Vortragsmethode

In diesem Kapitel haben wir Vorschläge und Empfehlungen über die am häufigsten verdammte und dennoch, zumindest auf dem Niveau der Hochschule, am häufigsten angewandte Lehrmethode gemacht. Abschließend sollten wir auf die Vorbehalte hinweisen, die wir im Verlauf unserer positiven Darstellung der Vortragsmethode bisher nicht angebracht haben.

Zu ausschließlicher Gebrauch von Vorträgen

Erstens wird die Vortragsmethode leicht falsch angewandt. Es wird manchmal zu häufig und zu ausgedehnt von ihr Gebrauch gemacht; sie wird häufig auf Kosten anderer Methoden benutzt, die zum Erreichen bestimmter Unterrichtsziele besser geeignet wären. Mit der Vortragsmethode kann die Passivität und Abhängigkeit der Schüler gefördert werden. Der Lehrer kann sie als Mittel dazu mißbrauchen, seine Hobbies und bevorzugten Interessen zu behandeln, statt sie dazu einzusetzen, die Leistungen, die die Schüler erwerben wollen und die sie brauchen, zu fördern. In sehr heterogenen Klassen kann der Vortrag auf einen zu eng gefaßten Wissensstand der Schüler zugeschnitten sein und so für Schüler, deren Wissen über oder unter diesem Stand liegt, verfehlt sein: zu viele Schüler haben entweder die für ein Verständnis erforderlichen Kenntnisse noch nicht oder sie sind bereits im Besitz des Wissens, das mit dem Vortrag vermittelt werden soll.

Nicht jeder Lehrer ist ein fähiger Redner

Schließlich ist die Vortragsmethode nicht für jeden Lehrer geeignet. Ihre richtige Anwendung hängt von Persönlichkeitseigenschaften ab – von der Stimme, dem Stil, dem Auftreten, dem Arbeitstempo, der Sprachflüssigkeit, der Unbekümmertheit und der Klarheit der Gedanken – Eigenschaften, die einfach nicht jedermann in der richtigen Mischung besitzt. In Theaterstücken und Filmen müssen die einzelnen Rollen richtig besetzt werden – nicht jeder Schauspieler ist für jede Rolle geeignet – und ebenso müssen Lehrmethoden mit den Stärken und Schwächen des Lehrers in Übereinstimmung gebracht werden. Wenn die Persönlichkeit eines Lehrers für Vorträge nicht geeignet ist, so ist es viel sinnvoller, wenn dieser Lehrer sich für die Anwendung einer anderen Methode entscheidet als wenn er versucht, den richtigen Gebrauch dieser Methode zu erlernen. Der schlechte Redner, der seinen persönlichen

Stil von Grund auf ändern müßte, wenn er effektive Vorträge halten wollte, sollte sich also nach anderen Methoden umsehen – er kann sich für die Diskussionsmethode, die Einzelbetreuung, den individuell ausgerichteten Unterricht oder für eine der humanistischen Methoden entscheiden. Diese anderen Methoden werden in den nächsten Kapiteln behandelt.

19.8 Zusammenfassung

Um Ihnen die Einsatzmöglichkeiten der Vortragsmethode im Gesamtkomplex des Frontalunterrichts zu verdeutlichen, haben wir die Ziele und die Absichten, die sich mit dieser Methode verbinden, diskutiert. Es wurden grundsätzliche Erwägungen zu den vier Phasen eines Vortrags erörtert: die Vorbereitung des Vortrags, seine Einleitung, sein Hauptteil und sein Schluß.

Bei der Vorbereitung auf einen Vortrag müssen Entscheidungen über die Verwendung audiovisueller Medien getroffen werden. Daneben ist es erforderlich, die eigene Motivation zu erkunden, sich danach zu befragen, wieviel Zeit man der Vorbereitung widmen kann. Bei dieser Vorbereitung kann es wiederum erforderlich sein, die eigene Angst durch systematische Desensibilisierung zu vermindern.

Die Einleitung in den Vortrag kann verschiedenen Zwecken dienen: die Herstellung einer Beziehung zu den Schülern und das Gewinnen ihrer Aufmerksamkeit. Wenn der letztgenannte Zweck erreicht werden soll, muß man sich Gedanken darüber machen, welche Interessen die Schüler haben und was für diese Interessen von Belang ist, und entsprechende, die Motivation anhebende Hinweise geben. In der Einleitung sollte auch der wichtigste Inhalt des Vortrags in einem kurzen Überblick dargestellt werden, es sollte die Methode der Vorstrukturierung angewandt werden und die Schüler sollten auf Vorstellungen aufmerksam gemacht werden, die ihnen bereits geläufig sind.

Der Hauptteil des Vortrags sollte alle Sachverhalte, die man behandeln will, beinhalten. Es sollten eine oder mehrere Möglichkeiten, den logischen Aufbau zu verdeutlichen, angewandt werden; dabei kann man auf Relevanz-, Sequenz- oder Kombinationsbeziehungen hinweisen. Man sollte den Aufbau deutlich und explizit machen, indem man Regel-Beispiel-Regel-Strukturen, erklärende Bindeglieder, verbale Bedeutungshinweise und möglicherweise einige Strukturstützen anwendet. Um die Aufmerksamkeit der Schüler während des Vortrags zu erhalten, kann man die Stimulil variieren und die Kommunikationskanäle wechseln. Auch körperliche Betätigung – daß sich die Schüler im Zimmer umherbewegen – trägt zur Aufmerksamkeitserhaltung bei. Ein nahezu sicheres Mittel zu erreichen, daß die Schüler mehr lernen, besteht darin, Enthusiasmus in irgendeiner Form zu zeigen. In den Vortrag eingeschobene Fragen haben ebenfalls, wie nachgewiesen wurde, günstige Auswirkungen.

Im Schlußteil des Vortrags sollte schließlich das, was die Schüler nun wissen und können sollten, zusammengefaßt werden. Es wurde festgestellt, daß es günstige Auswirkungen auf das Lernen hat, wenn der Lehrer sich für die

Aufmerksamkeit seiner Schüler bedankt und seine Freude darüber zum Ausdruck bringt. Fordert man dazu auf, Fragen zu stellen, so nützt man eine letzte Gelegenheit, bestimmte Punkte zu verdeutlichen. Man kann einen Vortrag abschließen, indem man darlegt, wie er mit den vorausgehenden und den nachfolgenden verknüpft ist.

Am Ende des Kapitels wurden einige Vorbehalte angebracht: man sollte keinen übermäßigen Gebrauch von der Vortragsmethode machen, wenn geeignete Alternativen zur Verfügung stehen. Der Lehrer sollte diese Methode nicht anwenden, wenn seine Persönlichkeit den mit ihr verbundenen Ansprüchen einfach nicht genügt.

Kapitel 20
Unterricht in kleinen Gruppen

20.1 Überblick

Welche Unterrichtsziele lassen sich am besten im Unterricht mit kleinen Gruppen verwirklichen? Das am häufigsten gebrauchte Verfahren ist die Diskussion, aber auch das Rollenspiel und kooperative Lernformen gehören dazu. Die Antwort auf diese Frage beinhaltet auch Ziele wie kritisches Denken, demokratisches Verhalten und andere komplexe kognitive und sozialemotionale Ziele. Diese Methode scheint dann am erfolgreichsten zu sein, wenn wir es mit Unterrichtsbereichen zu tun haben, in denen ein geringer Konsens unter den beteiligten Schülern herrscht, aber auch, wenn es uns darum geht, die Einstellungen über kontroverse Themen zu verändern. Sie ist für Lehrer geeignet, die ein angemessenes Toleranzverhalten und Selbstsicherheit besitzen und für Schüler, denen es schwerfällt, Problemlösungsfertigkeiten und sprachliche Ausdrucksfähigkeit zu entwickeln.
Nehmen wir einmal an, Sie wollen Unterricht in kleinen Gruppen machen. Alle Faktoren, die berücksichtigt werden müssen – die Unterrichtsziele, die Bedürfnisse der Schüler, die Gelegenheit zum Einsatz der Methode, die Gruppengröße –, legen einen solchen Unterricht nahe, und so haben Sie sich entschieden, diese Methode anzuwenden. Wie sollten Sie nun verfahren?
In diesem Kapitel werden wir uns mit den erforderlichen Maßnahmen und den zu vermeidenden Gefahren beschäftigen. Wir werden Ihnen Möglichkeiten an die Hand geben, mit denen Sie lernen können, sich diese Methode praktisch – und nicht nur theoretisch-passiv – anzueignen.
Die dafür erforderlichen Maßnahmen fallen in drei Bereiche: Maßnahmen, die Sie vor der ersten und allen nachfolgenden Stunden bedenken müssen, Maßnahmen, die Sie während der Stunde und solche, die sie nach der Stunde bedenken müssen. Die erwähnten Gefahren können intellektueller und sozialemotionaler Natur sein, und wir werden versuchen, Ihnen dabei zu helfen, sie durchzustehen bzw. sie zu umgehen.

20.2 Ziele des Unterrichts in kleinen Gruppen

Seit es Unterricht gibt, sind Schüler in Gruppen zusammengefaßt worden. Ursprünglich lag der Grund dafür wohl in der Vorstellung, daß zu jedem Zeitpunkt mehr als nur ein Schüler von der Arbeit eines Lehrers profitieren soll; dem Lehrer zuhören können mehrere Schüler gleichzeitig. Über viele Jahrhunderte hinweg reichte diese Überlegung aus, um die Vortragsmethode zu rechtfertigen, bei der der Lehrer sich an eine große oder kleine Gruppe von Schülern gleichzeitig wandte. Nach der Erfindung des Buchdrucks war es nicht mehr notwendig, Schüler, wie bei der Vortragsmethode, lediglich zum Zwecke einer Einwegkommunikation zu versammeln. Rundfunk, Film, Fernsehen und Vervielfältigungsapparate machen dies in noch größerem Ausmaß überflüssig. Die Kritik der Vortragsmethode setzte also bereits vor mehreren Jahrhunderten, wie wir in Kapitel 19 gesehen haben, ein.

Diese Kritik führte dazu, daß man über die Möglichkeiten und Vorteile des Kleingruppenunterrichts nachzudenken begann, einer Methode, die einen direkten Kontakt zwischen den Schülern voraussetzte. Bei dieser Art von Zusammenkünften konnte ein Schüler einen anderen ansprechen, der dann antworten konnte. Auch weitere Schüler konnten sich an dem Gespräch beteiligen. Der Lehrer verfolgte gewöhnlich diese komplexen Interaktionen von außen, er spielte die Rolle des Vorsitzenden, des Führers, des Initiators, er faßte zusammen und machte den Schiedsrichter.

Kritisches Denken

Wir sind der Ansicht, daß der Nutzen des Kleingruppenunterrichts darin besteht, daß mit ihr die Fähigkeit zum kritischen Denken bei der Bewertung von Ideen gefordert wird. Wenn die Schüler dieses Ziel erreichen sollen, müssen sie lernen, ihre Meinungen mit Überlegungen zu stützen, die auf Tatsachen, Definitionen, Konzepten und Prinzipien beruhen. Ein weiteres wichtiges Ziel eines solchen Unterrichts besteht darin, die Beteiligung der Schüler an der Diskussion zu fördern. In einer undemokratischen Versammlung, Klasse, Schule oder Nation ist die Fähigkeit, „zusammen zu überlegen", nicht wichtig.

Demokratische Fertigkeiten

Unter demokratischen Bedingungen jedoch ist die Fertigkeit wichtig, Ideen rational und ohne Einschränkungen zu überprüfen. Für ein derartiges Zusammenarbeiten in Gruppen sind Fertigkeiten Voraussetzung, die gelernt werden müssen. Der Unterricht in kleinen Gruppen ist dafür offensichtlich besonders geeignet. Die Fähigkeit, anderen zuzuhören, ihre Argumente abzuwägen, den eigenen Standpunkt in der Hitze der Debatte zu formulieren, dem Einfluß zu widerstehen, den persönlichen Vorlieben und Abneigungen gegenüber anderen auf das eigene Denken ausüben, sich trotz emotionaler Argumente und Einflüsse beständig auf das jeweilige Problem zu konzentrieren – für alle diese Fertigkeiten ist eine gewisse Übung im Diskutieren Voraussetzung. Wie wir in Kapitel 19 gesehen haben, vertreten *McKeachie* u. *Kulik* (1975) die Auffassung, daß die Diskussion dem Frontalunterricht überlegen ist, wenn es um die Vermittlung komplexerer kognitiver und affektiver Unterrichtsziele geht. Da bei der Diskussion die Schüler aktiver sein können und ihnen mehr Rückkoppelung gegeben werden kann, sollte man erwarten, daß sie, wenn es um das Verständnis für Konzepte und die Entwicklung von Fertigkeiten des Problemlösens geht, wirkungsvoller als der Unterrichtsvortrag ist, und so, wie *McKeachie* u. *Kulik* die Forschungsergebnisse interpretieren, trifft das auch zu. Die Vermittlung von Informationen geht jedoch im Kleingruppenunterricht langsamer vonstatten als im Frontalunterricht. Man sollte also erwarten, daß zur reinen Vermittlung von Informationen der Frontalunterricht geeigneter ist.

Bereiche mit hoher bzw. niedriger Übereinstimmung

Analysiert man den Wert des Kleingruppenunterrichts, so sollte man immer berücksichtigen, in welchem Ausmaß Übereinstimmung über das Unterrichtsthema besteht. Über manche Themen, die hochstrukturiert sind, herrscht Übereinstimmung. Die wichtigsten Konzepte, Prinzipien und Methoden sind in einem solchen Ausmaß allgemein anerkannt, daß niemand, der kompetent ist, sie ernsthaft in Zweifel zieht. In solchen Bereichen wie Mathematik, Naturwissenschaften und Ingenieurwissenschaften herrscht weitgehend Übereinstimmung darüber, was für den Anfänger wichtig ist, wie das Stoffgebiet organisiert werden soll, welche Konzepte vorrangig sind und welche Prinzipien Gültigkeit besitzen.

Bereiche mit hoher Übereinstimmung

In anderen Bereichen ist ein derartig hohes Ausmaß an Übereinstimmung nicht vorhanden und kann vielleicht prinzipiell niemals erreicht werden. In den Sozial- und Humanwissenschaften – in der Geschichts-, in der Wirtschafts-, in der politischen Wissenschaft, in der Psychologie, Soziologie, Anthropologie, in der Literatur- und Musikwissenschaft und in den Schönen Künsten herrscht bei weitem keine so große Übereinstimmung darüber vor, was wichtig, gut, wahr, gültig oder schön ist. Es gibt viele kontroverse Auffassungen darüber, wie der jeweilige Wissensbereich organisiert werden sollte, und das trifft hier auch schon für die Anfangsgründe zu. Hier gibt es häufig viele verschiedene „Schulrichtungen". Unter Umständen ist das, was ein Lehrer in einem Einführungskurs über einen solchen Bereich mit niedriger Übereinstimmung lehrt, dem, was ein anderer lehrt, nicht einmal ähnlich.

Bereiche mit niedriger Übereinstimmung

Ziele und Übereinstimmung

Die Unterrichtsziele in Bereichen mit hoher und mit niedriger Übereinstimmung sind unterschiedlich. In Bereichen mit hoher Übereinstimmung besteht das Hauptziel darin, allgemein anerkannte Fakten, Konzepte und Prinzipien zu vermitteln. Der Schüler muß sich Kenntnisse über eine Reihe von Definitionen, Gesetzen und Problemlösungswegen aneignen, deren Gültigkeit gut belegt ist. Auch in den Bereichen mit niederer Übereinstimmung muß sich der Schüler einige Kenntnisse aneignen, jedoch nicht in einem so hohen Ausmaß. Die Kenntnisse eines Experten sind möglicherweise für einen anderen irrelevant, unannehmbar oder weitgehend bedeutungslos. In derartigen Bereichen muß der Schüler wohl mehr ein umfassendes Verständnis für das Wesen des Wissensbereiches entwickeln. Hier ist die Fähigkeit, sich in dem Wissensbereich zurechtzufinden, von größerer Bedeutung. Der Schüler muß in größerem Ausmaß ein Verständnis für die kontroversen Auffassungen entwickeln. Er muß die Fähigkeit besitzen, einen vernünftigen eigenen Standpunkt zu entwikkeln und ihn zu verteidigen.

Diskussion mehr geeignet für Bereiche mit niedriger Übereinstimmung

In Bereichen mit hoher Übereinstimmung können also Bücher und Vorträge, bei denen die Kommunikation nur in einer Richtung stattfindet, gute Dienste leisten. In Bereichen mit niedriger Übereinstimmung wird es notwendig sein, die Diskussionsmethode anzuwenden. Nur über diese Methode wird sich der Schüler die Übung im Formulieren einer Position, im Überprüfen verschiedener Standpunkte und im Anhören von Fakten, die er gelesen und mit denen er seinen Standpunkt verteidigen kann, aneignen, die er braucht. Wir vertreten nicht die Auffassung, daß in Bereichen mit hoher Übereinstimmung nur

Vorträge Anwendung finden sollten oder daß in Bereichen mit niedriger Übereinstimmung nur die Diskussionsmethode angewandt werden sollte. Der Gebrauch verschiedener Methoden und eine in das Unterrichtsprogramm eingebaute Vielfalt sind unabdingbar. Unsere Ausführungen sollten nur dazu beitragen, daß der Leser in einem Programm, das er vielleicht entwickeln will, die Ausgeglichenheit, die er wünscht, auch tatsächlich herstellen kann.

Kontroverse Standpunkte und Einstellungen

Öffentliche Entscheidungen

Kleingruppenunterricht kann auch besser als Frontalunterricht dazu geeignet sein, die Einstellungen und das Verhalten von Schülern zu verändern. Während der Diskussion treffen die Teilnehmer öffentlich Entscheidungen und legen sich so selbst auf einen bestimmten Standpunkt fest. Solche Diskussionen bewirken eher Verhaltensänderungen als Vorträge, bei denen große Sorgfalt darauf verwendet wird, eine bestimmte Betrachtungsweise zu erzwingen. Wenngleich die Ergebnisse aus den Untersuchungen über diese Frage uneinheitlich sind, zeigte sich doch ein eindeutiger Trend, der die allgemein vertretene Auffassung sehr plausibel erscheinen läßt. *Lewin* (1947) verglich in seinem klassischen Experiment über diese Frage die Wirksamkeit der Vortragsmethode mit einer Diskussionsmethode, bei der unter anderem Hausfrauen dazu gebracht wurden, sich öffentlich auf die Verwendung ungewöhnlicher Fleischsorten in ihrem Küchenplan festzulegen. In einer Nachuntersuchung zeigte sich, daß der Prozentsatz der Hausfrauen, die tatsächlich solche neuen Nahrungsmittel verwendeten, viel größer war, wenn sie an der Diskussion teilgenommen und sich in der Öffentlichkeit festgelegt hatten, als wenn sie lediglich einem eindringlichen und überzeugenden Vortrag zugehört hatten, in dem zur Verwendung derartiger Fleischsorten aufgefordert wurde.

Diskussion gegenüber Vortrag bei der Änderung von Verhalten

Andere Beispiele sprechen von ähnlichen Erfolgen: „Gruppendiskussion ist ein erfolgreiches Verfahren gewesen, um Mütter dazu zu bringen, ihren Kindern Orangensaft und Lebertran zu geben, Arbeiter, ihre Produktionsrate zu erhöhen, Studenten, freiwillig an Experimenten teilzunehmen, jugendliche Straftäter, ihre Verhaltensstrukturen zu verbessern, und Eltern, ihre erkennbaren Einstellungen zu geistig Behinderten zu revidieren" (*Gall* u. *Gall,* 1976, S. 201–202. – Die genannten Beispiele werden dort detailliert dargestellt. Weitere dort belegte Beispiele: positive Einstellungsveränderungen bei Fünftkläßlern über Indianer, bei Sechstkläßlern über ökologische Konzepte, und allgemein größere Toleranz gegenüber anderen ethnischen Gruppen).

Die Persönlichkeit des Lehrers

Ertragen einer geringeren Strukturiertheit

Für welche Unterrichtsziele der Unterricht in kleinen Gruppen geeignet ist, hängt auch von der Persönlichkeit und dem Temperament des Lehrers ab. Manche Lehrer sind für die Diskussionsmethode besser geeignet als andere. Möglicherweise ist hier von Bedeutung, ob der Lehrer das geringe Ausmaß an Struktur und Organisation seines Unterrichts ertragen kann, das mit der

Diskussion verbunden ist. Manche Lehrer fühlen sich nicht wohl, wenn ein Gespräch nicht durchorganisiert ist, sich nicht logisch entwickelt und nicht in allen Punkten wirklich von Belang ist. Solche Lehrer werden sich beim Gruppenunterricht kaum wohlfühlen.

Der Lehrer, der für die Arbeit mit kleinen Gruppen gut geeignet ist, braucht wahrscheinlich eine gewisse „intellektuelle Agilität" – die Fähigkeit, dem ständig sich wechselnden Verlauf einer Diskussion zu folgen, ohne dabei den Argumentationsweg aus dem Auge zu verlieren oder die Geduld zu verlieren, weil ihm die Vorgänge zu komplex werden. Er muß seinen Schülern dabei helfen können, eine Verbindung zwischen zunächst zusammenhangslosen Punkten herzustellen, und sie immer wieder dazu bringen können, daß sie sich mit dem Problem, das gerade bearbeitet wird, beschäftigen.

Autorität aufgeben

Ein Lehrer, der Gruppenunterricht macht, muß dazu bereit sein, einen Teil der Autorität, mit der er die Abläufe im Klassenzimmer bestimmt, aufzugeben. Beim Frontalunterricht hat der Lehrer eine überlegene Position. Er hat die absolute Entscheidungsgewalt darüber, welche Ideen betrachtet werden sollen. Beim Gruppenunterricht kann jeder Teilnehmer einen gewissen Einfluß darauf ausüben, welche Richtung die Diskussion nimmt. Der Lehrer muß die Entscheidungsautorität darüber, was wichtig ist und welche Argumente verfolgt werden sollen, mit den Schülern teilen. Nicht alle Lehrer sind so selbstsicher, daß sie ihre Autorität mit den Schülern teilen und sich dabei wohlfühlen können.

Diskussionen spielen gewöhnlich dann eine Rolle, wenn die Schüler über die Festlegung von Zielen, Themen, Problemen, Methoden oder die Verwendung von Hilfsmitteln mitentscheiden können. Wenn Alternativen dieser Art angeboten werden, sollten die Schüler über sie diskutieren, bevor sie eine Entscheidung treffen. In solchen Diskussionen wird den Alternativen eine gewisse persönliche Bedeutung verliehen.

Probleme lösen

Eine Diskussion ist offensichtlich unabdingbar, wenn Schüler Probleme lösen, die sie selbst erkannt und ausgewählt haben. Diese Art von Unterricht ist Bestandteil der *Entdeckungsmethode.* Diese Methode verlangt von den Schülern, daß sie Konzepte, Prinzipien und Lösungen selbständig ausfindig machen und nicht vom Lehrer oder im Lehrbuch angeboten bekommen. Die Entdeckungsmethode kann im Einzel- oder Gruppenunterricht verwendet werden.

Entdeckungsmethode

Die Vorteile einer besseren Einprägsamkeit und eines größeren Transfers, die für die Entdeckungsmethode postuliert werden, treffen, wie man annehmen kann, auch auf die Diskussion zu. Problemlösungsprozesse können dann zustande kommen, wenn der Schüler die emotionale Bedeutung, die ein bestimmter Gegenstand für ihn selbst hat, herausfinden muß. In einem Kurs über amerikanische Geschichte könnten solche Sachverhalte z. B. der Bürgerkrieg, die Kontroverse über die Sklaverei und die Behandlung der amerikanischen Schwarzen nach dem Bürgerkrieg sein. Zur Beschäftigung mit derart brisanten Dingen ist die Diskussion geradezu notwendig, gleichgültig, ob es sich um schwarze oder weiße Schüler handelt. Solche Diskussionen finden ihren Niederschlag im affektiven Umgang mit solchen Themen. Daneben werden auch intellektuelle Einsichten gefördert, da bei Diskussionen die Komplexität des Gegenstands deutlich wird. Einige Untersuchungen haben gezeigt, daß „Schüler nach einem Training in Diskussionsfertigkeiten den Diskussionsprozeß wirkungsvoller als Lern- und Problemlösungshilfe einsetzen können als ohne ein solches Training" (*Gall* u. *Gall,* 1976, S. 208).

Affektive Ergebnisse

Ausdrucksfähigkeit

Schließlich kann die Diskussion auch zur Förderung der Ausdrucksfähigkeit beitragen. Die Schüler bekommen Übung darin, sich selbst klar auszudrücken, eine gute Aussprache und eine grammatikalisch richtige und interessante Satzstruktur zu gebrauchen. Schüler, die fast ausschließlich zuhören und schreiben, haben im mündlichen Gebrauch ihrer Sprache zu wenig Übung. In der modernen Gesellschaft ist der mündliche Sprachgebrauch jedoch mindestens ebenso wichtig wie der schriftliche.

Mündlicher Sprachgebrauch aus dem Stegreif

Gerade der mündliche Sprachgebrauch aus dem *Stegreif* ist besonders wichtig. In dem Hin und Her der Gruppendiskussion brauchen die Schüler die Fähigkeit, ihre Gedanken, so wie sie gerade in ihnen auftauchen, mit Bedacht und deutlich zum Ausdruck zu bringen. Dieses Ziel unterscheidet sich von der Fähigkeit, an Diskussionen selbst teilzunehmen. Der Erwerb dieser letztgenannten Fähigkeit ist eher ein soziales und emotionales Ziel. Die Ausdrucksfähigkeit hängt mehr von kognitiven und psychomotorischen Fertigkeiten ab – von dem Vermögen, deutlich, hörbar, korrekt, präzise und logisch, kurz auf eine Art und Weise zu sprechen, die den Umständen und dem Gegenstand angemessen ist. Bei Gruppendiskussionen kann der Schüler rhetorische Floskeln und Wirkungen ausprobieren. Wenn der Schüler andere dabei beobachtet, wie sie sprechen, kann er ein besseres Gefühl dafür entwickeln, was zur Verbesserung seines eigenen Ausdrucks notwendig ist.

20.3 Die Diskussion im Unterricht: Vorbereitung

Vor der Unterrichtsstunde, in der die Diskussion im Mittelpunkt stehen soll, ist eine Planung ebenso notwendig wie bei der Anwendung irgendeiner anderen Lehrmethode. Bei der Planung eines solchen Unterrichts, der mit Hilfe der Diskussionsmethode durchgeführt werden soll, ist jedoch auf einige Besonderheiten zu achten. Man muß sich über die Unterrichtsziele, die man selbst und die die Schüler erreichen wollen, klar werden. Man muß die Bedürfnisse und die Kenntnisse, die die Schüler in die Diskussion mitbringen werden, berücksichtigen.

Die Themenwahl

Die Unterrichtsziele, für die die Diskussionsmethode geeignet ist, werden nun genauer, d. h. unter Berücksichtigung des speziellen Unterrichtsfachs und der Schüler, mit denen man es zu tun hat, bestimmt. Später werden wir dies noch genauer ausführen, allgemein kann man jedoch zunächst feststellen, daß mit Zielen hier lediglich die „Themen" der Diskussion gemeint sind und Thema kann all das sein, was Menschen beschäftigt. Diskussionsthemen haben jedoch eine Anzahl von Dimensionen, und im Unterricht sollten die Ausprägungen des Themas in den einzelnen Dimensionen berücksichtigt werden.

Ziele als Themen

Nichtkontroverse Themen. Zunächst unterscheiden sich Themen in dem Ausmaß, in dem es kontroverse Meinungen über sie gibt. Über manche Themen stimmen alle informierten Leute überein und die Aufgabe des Lehrers ist es möglicherweise, die Schüler dahin zu bringen, daß sie die gleiche Position einnehmen wie die Leute, die informiert sind. Vielleicht geht es bei allen nichtkontroversen Themen lediglich darum, zu Kenntnissen und einem Verständnis zu gelangen, und vielleicht sollten derartige Themen deshalb gar nicht Gegenstand eines Unterrichts in kleinen Gruppen werden. Solche Themen können jedoch für einen derartigen Unterricht geeignet sein, wenn es von Vorteil ist, daß die Schüler von selbst, aufgrund der sozialen Prozesse während der Diskussion, zu der einzigen, nichtkontroversen, korrekten Position gelangen und nicht aufgrund irgendeiner Form von Darstellung dieser Position (Lesen, einen Vortrag hören oder einen Film ansehen) oder durch Einzelarbeit. Wenn man solche Themen wie der Sinn von Längen- und Breitengraden (im Geographieunterricht der sechsten Klasse), die Bedeutung des Atomgewichts (im Chemieunterricht der Sekundarstufe) oder die Form eines Sonetts betrachtet, kann man annehmen, daß es hier keine kontroversen Meinungen gibt. Welchen Sinn hat es dann, diese Themen in einer Diskussion zu behandeln? Der Sinn besteht darin, daß die Schüler Übung darin bekommen, sich selbst deutlich und genau auszudrücken, daß sie erfahren, daß derselbe Gedanke auf verschiedene Weise ausgedrückt werden kann, und daß sie lernen können, schrittweise Annäherungen an eine zutreffende Formulierung eines Gedankens kritisch zu bewerten, auch wenn es keine kontroversen Meinungen über ihn gibt.

Sich selbst ausdrücken lernen

Verschiedene Formulierungen desselben Gedankens

Bewertung schrittweiser Annäherungen

Bei einer Diskussion über Längen- und Breitengrade könnte man zunächst von der Feststellung ausgehen: „Längen- und Breitengrade sind gerade Linien auf der Erdoberfläche, die die Oberfläche in kleine Abschnitte unterteilen, so daß verschiedene Dinge, wie Seen oder Städte, lokalisiert werden können." In der auf diese Feststellung folgenden Diskussion könnten einzelne Schüler darauf hinweisen, daß die Linien nicht gerade sind, daß die Abschnitte einen sehr unterschiedlichen Umfang aufweisen können und daß jede Verbindung eines Längen- und Breitengrads einen Punkt definiert und nicht ein Gebiet oder einen Abschnitt. Diese Gedanken werden dann von der Klasse, so wie sie geäußert werden, aufgelistet und in eine Ordnung gebracht und so eine zusammenhängende und korrekte Darstellung des Themas erstellt. Ähnlich könnte man den Unterricht in Diskussionsgruppen gestalten, wenn die Bedeutung des Atomgewichts und die Form des Sonetts behandelt werden. Ein weiterer Vorteil der Diskussionsmethode bestünde darin, daß der soziale Kontext, in den jede Wissenschaft eingebettet ist, ebenfalls dargestellt werden könnte. Man könnte z.B. die Probleme behandeln, die vorhanden waren, bevor man sich auf ein international genormtes System der Längen- und Breitengradbezeichnungen einigte. Man könnte darstellen, wie es dazu kam, daß Greenwich in England zum Ausgangspunkt für die Längeneinteilung wurde.

Kontroverse Themen. Auch kontroverse Themen werden in einem solchen Unterricht behandelt. Es wird sogar häufig behauptet, daß die Diskussion besonders oder ausschließlich für Themen geeignet ist, für die es keine zutreffende oder richtige Position, die von allen kompetenten Fachleuten gemeinsam vertreten wird, existiert. Der Sinn einer Diskussion über kontroverse Themen besteht nicht unbedingt darin, daß man zu einer zutreffenden Feststellung gelangt. Wenn man die Wahrheit über wichtige Probleme über eine Diskussion herausbringen könnte, so würde sie vermutlich längst feststehen und es gäbe keine Kontroversen mehr über das Thema. Bei neuartigen Themen, die bisher nicht behandelt wurden, kann das Ziel einer Diskussion tatsächlich die Feststellung der Wahrheit sein. Auf jeden Fall liegt der Nutzen solcher Diskussionen (a) in ihren motivationalen Auswirkungen, (b) in dem durch sie erwirkten Bedürfnis, dem Druck der Logik und des Wissens eines anderen Diskussionsteilnehmers standzuhalten und (c) in dem daraus resultierenden Prozeß der Schärfung des eigenen Verständnisses von der eigenen Logik, dem eigenen Wissen und der eigenen Position.

Motivationale Auswirkungen

Die motivationalen Auswirkungen zeigen sich in Form einer „epistemischen Neugier" (vgl. *Berlyne,* 1965; *Johnson* u. *Johnson,* 1979), ein Konzept, das wir in Kapitel 18 erläutert haben. Der durch divergierende Vorstellungen hervorgerufene Konflikt erweckt das Bedürfnis nach neuer Information, nach der Neustrukturierung der Gedanken und nach Lösung des Konflikts.
Das Bedürfnis, der Logik und dem Wissen eines anderen Diskussionsteilnehmers zu widerstehen, äußert sich darin, daß man versucht, die Perspektive des anderen besser zu verstehen. So stellte *Kurdek* fest, „daß eine kognitiv gut entwickelte Fertigkeit, andere Perspektiven aufzugreifen, eine enge Beziehung eingeht zu der Bereitschaft, mit Gleichaltrigen (Schüler der Grundschule) zu streiten und zu argumentieren" (in: *Johnson* u. *Johnson,* 1979, S. 54).
Die Schärfung des eigenen Verständnisses von dem, was die eigene Logik, Information und Position prägt, stammt aus Auseinandersetzungen mit anderen an der Kontroverse Beteiligten. Wenn Kinder, die das Prinzip der Bewahrung (vgl. Kapitel 7) kennen, mit anderen Kindern, die es nicht kennen, paarweise gruppiert werden, und jedes Paar mit der Lösung einer Bewahrungsaufgabe beauftragt wird, „gewinnt" meistens das mit diesem Prinzip vertraute Kind, nicht etwa wegen seiner größeren sozialen Dominanz, sondern weil dieses Kind „eine größere Sicherheit und eine überlegene Logik zum Einsatz bringt" (*Johnson* u. *Johnson,* 1979, S. 55). Infolgedessen lernen die Kinder, die das Prinzip der Bewahrung nicht kennen, aus der Kontroverse mit den Kindern, die es kennen. Zu ähnlichen Ergebnissen ist man in Experimenten gekommen, in denen kontroverse Diskussionen über moralische Konflikte

untersucht wurden. „Insgesamt gesehen … beweisen diese Untersuchungen, daß Kontroversen zwischen Kindern dazu beitragen können, daß die Kinder höhere Stufen kognitiven und moralischen Urteilens erreichen" (*Johnson* u. *Johnson,* 1979, S. 55).

Die Diskussion ist wohl das geeignete Verfahren, wenn kontroverse Gegenstände, über die kaum Übereinstimmung herrscht, bearbeitet werden oder wenn wichtige Wertvorstellungen geklärt werden müssen. Die meisten Lehrer vermeiden jedoch diese Art von Themen. *Massialas, Sweeney* und *Freitag* (1969) stellten fest, daß 52% der Lehrer, die sie beobachteten, weniger als 10% ihrer Unterrichtszeit auf das Diskutieren kontroverser Themen verwandten. Die Lehrer können zwar eine Zensur über die Bereiche, die die Schüler behandeln wollen, z. B. die Bereiche Sex, Politik, Drogen und Schulwesen, ausüben. Die Schüler werden sich jedoch keine Übung in der Verdeutlichung von Wertvorstellungen, in der Beurteilung von Beweisen, im Bilden von Hypothesen oder im Herstellen von Beziehungen zwischen Tatsachen und „Zusicherungen" aneignen, wenn die Diskussion nur auf triviale Themen angewandt wird. Sicherlich dient es dem Ziel, das Demokratieverständnis zu fördern, wenn verschiedene Meinungen darüber angehört werden, ob das Geld in der Klassenkasse für eine Weihnachtsfeier verwendet werden sollte, aber bei der Behandlung dieses Themas wird es vermutlich nicht zu den Leidenschaften kommen, die in einer Diskussion über Abtreibung, über Benotung, über Bekleidungssitten oder über Rassentrennung auftreten werden. An unseren Schulen kommt es selten vor, daß diese letztgenannte Art von Themen in einer intensiven Diskussion unter Anleitung qualifizierter Diskussionsleiter gründlich behandelt werden.

Ernstzunehmende Themen

Erstellung einer gemeinsamen Grundlage

Neben der Festlegung des Themas vor der Diskussion ist es erforderlich, für die Schüler und für sich selbst eine *gemeinsame Grundlage* zu erstellen, von der man bei der Bearbeitung des Themas ausgehen kann. Diese gemeinsame Grundlage erreicht man gewöhnlich dadurch, daß man den Schülern die Aufgabe gibt, einen bestimmten Abschnitt in einem Buch zu lesen. Zu dieser Grundlage kann man jedoch auch auf irgendeine andere Art gelangen, mit der Sachverhalte, Gesichtspunkte oder Einsicht in das Thema vermittelt werden: Filme, Fernsehprogramme, Exkursionen, Besichtigung eines Museums, eines Bauernhofes, eines Laboratoriums usw.

Gewöhnlich reichen die groben Erfahrungen, zu denen man durch Lesen, Besichtigen oder Beobachten gelangen kann, nicht aus; darüber hinaus sind mit Hinsicht auf die nachfolgende Diskussion einige Hinweise über die speziellen Dinge erforderlich, die die Schüler beachten sollten, während diese gemeinsame Grundlage erstellt wird. Wenn z. B. einer zwölften Klasse die Aufgabe gegeben wird, Hamlet zu lesen, so muß darauf hingewiesen werden, daß dem Geisteszustand Ophelias oder dem Konflikt Hamlets, der sich entscheiden muß, ob er seinem Vater oder seiner Mutter gegenüber loyal sein soll, besondere Beachtung geschenkt werden muß. Wenn im Geschichtsunter-

Hinweise auf spezifische Dinge

richt der Film „Die Geburt einer Nation" vorgeführt wird, so muß den Schülern der Hinweis gegeben werden, daß sie besonders beachten sollten, wie die Schwarzen während des ersten Viertels des zwanzigsten Jahrhunderts von der dominierenden Mehrheit der Weißen gesehen wurden. Wenn in einem Museum beobachtet wird, wie Kugeln durch ein Gitter fallen und dabei eine Normalverteilung entsteht, so sollten die Schüler darauf hingewiesen werden, daß es darum geht, Lehrsätze zu finden, die dieses Phänomen erklären.

Präzisierung der Ziele für eine Diskussion

Das bisher Gesagte reicht, wie der Leser festgestellt haben wird, nicht dazu aus, ein Unterrichtsziel als Diskussionsthema zu formulieren. Zur Planung des Unterrichts gehört sowohl die Erstellung einer gemeinsamen Grundlage als auch die Abgrenzung des Gebiets, das behandelt werden soll. Man könnte das Ziel einer Diskussion folgendermaßen formulieren:

A. Nach der Vorführung des Films über die Ursprünge der Naturwissenschaft werden die Schüler darüber diskutieren, inwiefern die Naturwissenschaft einen Fortschritt gegenüber der Alchemie darstellt, sowie über die vier Hauptgründe für den allgemeinen Widerstand gegenüber wissenschaftlichen Methoden.
B. Nachdem die Schüler die Beschreibungen über alternative Energiequellen gelesen haben, werden sie über die Möglichkeiten diskutieren, derartige Gedanken zu verwirklichen, über die ökonomische Durchführbarkeit, über den zur Verwirklichung erforderlichen Zeitaufwand, über die Rolle, die die Regierung bei der Verwirklichung spielen würde, und über die Auswirkungen der verschiedenen Energiequellen auf die Umwelt. Fünf Diskussionen von je 45 Minuten Dauer werden über diese Gegenstände durchgeführt werden.

Der Nutzen derartiger Zielformulierungen ist offensichtlich – es wird verhindert, daß Schüler und Lehrer Diskussionen durchführen, die, im nachhinein betrachtet, nicht mehr als ein Kaffeekränzchen waren. Wenn die Diskussion auch nur minimal strukturiert wird, indem eine gemeinsame Grundlage erstellt und die zu behandelnden Gebiete abgegrenzt, die Schlußfolgerungen, zu denen man gelangen sollte, jedoch nicht angegeben werden, erreicht man, daß die Diskussion die wichtigen Gegenstände, die mit dem Thema zu tun haben, behandelt. Die Festlegung einer bestimmten Diskussionszeit trägt ebenfalls dazu bei, sich darüber klar zu werden, wie gut eine Gruppendiskussion vorankommt, ob man innerhalb der verfügbaren Unterrichtszeit zur Entwicklung bedeutsamer Gedanken gelangt.

Sitzordnung und Kommunikationsstruktur

Hat die Sitzordnung der Diskussionsteilnehmer einen Einfluß auf das Funktionieren der Gruppe? Die Antwort lautet: ja. *Sommer* (1967) verglich eine kreisförmige Sitzordnung (Seminarmuster) mit einem Vorlesungsmuster, bei dem der Lehrer den in Reihen sitzenden Schülern gegenübersteht. Unter beiden Bedingungen nahmen die Schüler, die den Lehrer direkt anschauten, mehr an der Diskussion teil als die Schüler, die an den Seiten saßen. Beim Vorlesungsmuster nahmen die Schüler, die vorne und in der Mitte des Klassenzimmers saßen, mehr teil als die Schüler in den hinteren Reihen oder an den Seiten. Die wichtigste Variable bei diesen Sitzordnungen scheint der Blickkontakt zu sein. Direkter Blickkontakt zwischen den Mitgliedern einer Gruppe fördert die Kommunikation. Auch der Platz des einzelnen in der Gruppe im Bezug zur Position des Lehrers ist für den Blickkontakt von Bedeutung (vgl. *Caproni* et al., 1977).

Engagement der Schüler

Tashkani-Knowles (1973) führte eine Untersuchung mit 24 dritten und vierten Klassen durch. Sie stellte fest, daß die Schüler sich intensiver mit der ihnen gestellten Aufgabe befaßten, wenn sie in kleine Gruppen aufgeteilt waren, als wenn sie alle in einer großen Gruppe arbeiteten. Auch die Zeitdauer der ununterbrochenen Beschäftigung mit einer Aufgabe wird von der Sitzordnung mitbestimmt. Erstkläßler konzentrierten sich weniger lang auf eine Aufgabe, wenn sie an einzelnen Tischen sitzen und einander anschauen, als wenn sie in Reihen sitzen und alle in dieselbe Richtung schauen (vgl. *Axelrod* et al., 1979). In einer siebenten Klasse wurde festgestellt, daß bei der Gruppierung an Einzeltischen die Zahl der „Zwischenrufe" – „jedes hörbare verbale Geräusch, das ein Schüler ohne Erlaubnis des Lehrers macht" (*Axelrod,* 1979, S. 33) – deutlich höher war. In den oberen Klassen bzw. im Unterricht, in dem Diskussionsverfahren zum Einsatz kommen, ist aufmerksame Mitarbeit eine Vorbedingung dafür, daß die Schüler frei mit anderen kommunizieren und Zwischenrufe (ohne Erlaubnis des Lehrers) machen können. In solchen Situationen ist es wünschenswert, daß die Schüler miteinander Blickkontakt haben. Hier hat Blickkontakt im Zusammenhang mit den verschiedenen Sitzordnungen (traditionelle Reihen, U-Form und Tischgruppen – vgl. Abbildung 20-1) jeweils unterschiedliche Bedeutung. Für Informationsvermittlung und Stillarbeit der Schüler ist das traditionelle Arrangement wohl am geeignetsten; für Diskussionen ist die U-Form wahrscheinlich effektiver; für Kleingruppenarbeit an bestimmten Aufgaben scheint die Tischgruppe bevorzugt zu werden (vgl. *Hurt* et al., 1978).

Studentische Präferenzen bestimmter Sitzordnungen wurden in Hochschulseminaren über Kommunikationsaspekte von *McCroskey* u. *McVetta* (1980) untersucht. Sie fanden heraus, daß die Vorlieben an die unterschiedlichen Lehrveranstaltungstypen (Pflichtveranstaltungen und wahlfreie Veranstaltungen) gebunden war sowie an den Grad der „Kommunikationsfurcht" des einzelnen Studenten, d.h. seine Furcht, vor anderen Studenten sich zu äußern. Insgesamt gesehen bevorzugten etwa die Hälfte (48%) der Studenten die Reihenanordnung, etwa ein Drittel die U-Form und ein Fünftel die Tischgruppenanordnung. Die Wahl der Reihenanordnung stieg jedoch bei Pflichtveranstaltungen auf 55%, denn hier erwarteten die Studenten weniger eigenen Einsatz, und sie sank auf 33% bei wahlfreien Veranstaltungen, bei denen sich mehr Studenten (44%) für die U-Form entschieden. Kommunikationsfurcht führte zu einer engen Präferenzbindung an die Reihenanordnung, wohl wegen der Annahme, daß eine direkte Beteiligung weniger stark erwartet würde.

Schon in vorausgegangenen Untersuchungen hatte man für die drei verschiedenen Sitzordnungstypen festgestellt, daß es bestimmte Plätze gibt, deren Potential für Interaktionen entweder hoch, mittel oder gering ist (vgl. Abbildung 20-1). Obwohl die Studenten nicht über diese Ergebnisse informiert waren, wiesen ihre Vorlieben für bestimmte Plätze eine Beziehung zu ihren Testwerten über Kommunikationsfurcht aus: Studenten mit hoher Kommunikationsfurcht neigten dazu, Sitze zu bevorzugen, die man zuvor innerhalb des jeweiligen Arrangements als geringfügig interaktiv angesehen hatte. So ist es dem Lehrer anheimgestellt, bestimmte Platzpräferenzen seiner Schüler als Hinweis darauf zu verwerten, ob der Schüler bereitwillig oder weniger bereitwillig an einer Diskussion teilnehmen wird. Wie wir ferner in Abbildung 20-1 erkennen können, ist die U-Form eindeutig (nach objektiven Kriterien und nach Schülerpräferenzen) die für Interaktionsprozesse, die ja beim Lehren und Lernen durch Diskussion Vorbedingung sind, geeignetste Form.

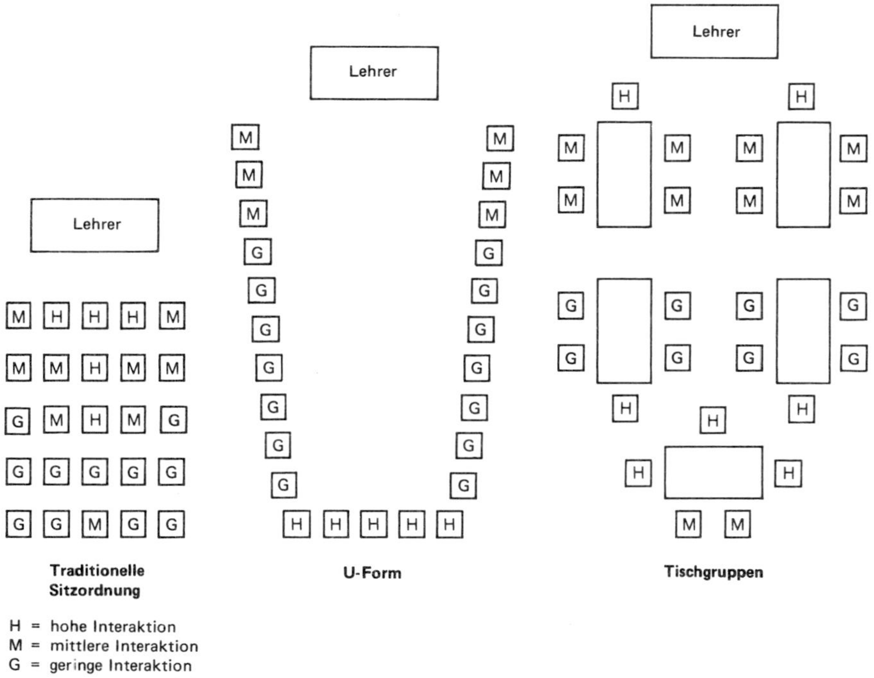

Aus: *McCroskey* u. *McVetta,* 1980.

Abbildung 20-1. Drei typische Sitzordnungen und ihr Interaktionspotential

Auch die Quantität und die Qualität der Kommunikation zwischen den Mitgliedern einer Diskussionsgruppe wird von dem vorliegenden Kommunikationsmuster oder -netzwerk beeinflußt. In Abbildung 20-2 sind fünf von den vielen möglichen Kommunikationsnetzwerken dargestellt.

Sozialpsychologen haben die Kommunikation in Gruppen untersucht, die so angeordnet waren, wie in Abbildung 20-2 dargestellt. Wird die *Radkonfiguration* bei der Diskussion von Problemen angewandt, so sind die Diskussionsbei-

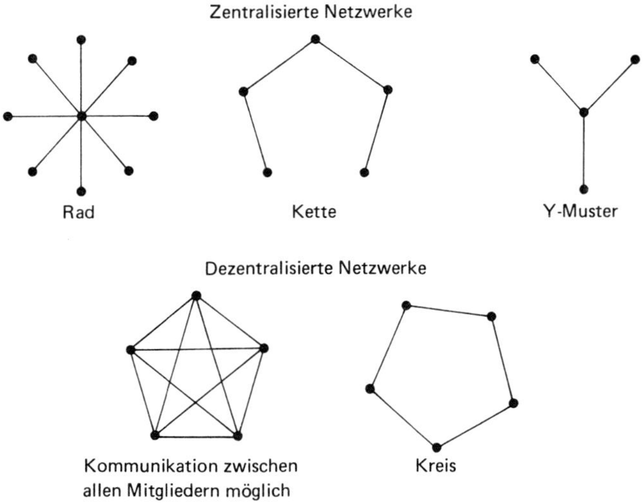

Nach *Collins* u. *Raven* (1969).

Abbildung 20-2. Einige zentralisierte und dezentralisierte Kommunikationsnetzwerke

träge der peripheren Gruppenmitglieder alle auf eine zentrale Person gerichtet, die zu Lösungen gelangt oder Entscheidungen trifft und Mitteilungen an die peripheren Mitglieder richtet. Der Lehrer übernimmt häufig diese Rolle, wenn er um Äußerungen über ein Problem bittet, wenn er Interaktionen zwischen den Schülern verhindert und schließlich eine bestimmte Vorgehensweise oder eine Lösung bekanntmacht. Seine zentrale Stellung im Kommunikationsnetzwerk macht den Lehrer zur Schlüsselfigur. Den Lehrern fällt es häufig nicht leicht, ihre zentrale Stellung freiwillig aufzugeben, und deshalb errichten sie Kommunikationsnetzwerke, die dem Rad, der Kette oder dem Y-Muster entsprechen. Zu einer *Kette* kommt es dann, wenn hierarchische Strukturen vorhanden sind, z. B. wenn der Vorsitzende des Dekorationsausschusses an den Vorsitzenden des Tanzausschusses berichtet, der dann seinerseits dem Lehrer am oberen Ende der Kette Bericht erstattet. Ein *Y-Muster* ergibt sich dann, wenn der Lehrer einen Ausgleich zwischen zwei Standpunkten zu schaffen versucht, wenn er die Mitteilungen an andere Diskussionsteilnehmer weitergibt, die Positionen weiter außen im Netzwerk einnehmen. Gleichgültig, ob ein Lehrer oder Schüler die zentrale Position einnimmt, der Inhaber dieser Position ist im Besitz der mit ihr verbundenen Macht, er beherrscht einen großen Teil der Interaktionen in der Gruppe.

Zentrale Stellung des Lehrers

Struktur und Konsens

Die *kreisförmige Anordnung* und die andere *dezentralisierte Anordnung,* bei der die Gruppenmitglieder eine wesentlich größere Chance haben, miteinander zu kommunizieren, und bei der jedes einzelne Mitglied Zugang zu den Kommunikationen zwischen anderen Mitgliedern hat, sind mit diffuseren Beeinflussungsmustern in der Gruppe verbunden. Mit der zentralisierten oder dezentralisierten Struktur von Gruppen sind bestimmte Konsequenzen verbunden.

Bei der Diskussion von Problemen, über die weitgehend Übereinstimmung herrscht, ist eine zentralisierte Struktur, wobei entweder ein Lehrer oder ein Schüler die zentrale Position einnimmt, wahrscheinlich wirkungsvoller. Es herrscht Übereinstimmung darüber, daß bei einem großen Bereich von Problemen eine zentralisierte Struktur zu schnelleren Lösungen führt. Bei komplexen Problemen, über die kaum Übereinstimmung herrscht, ist die dezentralisierte Struktur, bei der mehr Mitteilungen übertragen werden und die Möglichkeiten für die Gruppe, sich einer Lösung zu nähern, größer sind, wahrscheinlich wirkungsvoller. Darüber hinaus sind die Mitglieder von dezentralisierten Gruppen nahezu immer zufriedener. Im Laufe der Zeit entwickelt sich jedoch auch in dezentralisierten Gruppen eine Kompetenz- und Statushierarchie der Mitglieder. Auf diese Weise eignen sich auch solche Gruppen schließlich effektive Verfahrensweisen an, so daß sie ihre Aufgabe ebenso schnell erfüllen können wie die zentralisierten Gruppen (*Guetzkow* u. *Simon,* 1955).
Der Lehrer muß sowohl den physischen als auch den funktionalen Aspekt der Struktur beachten. Bestimmte Strukturen lassen bei einzelnen Schülern das Gefühl entstehen, daß sie mehr oder weniger peripher oder nicht wichtig seien (*Schmuck* u. *Schmuck,* 1971). Im allgemeinen trägt eine dezentralisierte Struktur, bei der mehr Gelegenheit zu Blickkontakten und ein offener Zugang zu den Kommunikationskanälen vorhanden ist, dazu bei, daß die Diskussion vorankommt und daß die Lehrer und bestimmte dominierende Schüler die Gruppendiskussion nicht vollständig an sich reißen können.

20.4 Die Diskussion im Unterricht: Durchführung

Wenn die Frage der Unterrichtsziele, die mit bestimmten Themen verbunden sind, geregelt und wenn die Entscheidung für eine bestimmte Sitzordnung gefallen ist, dann kommt der Lehrer mit seinen Schülern zusammen, um eines oder mehrere der zur Erörterung vorgesehenen Themen zu diskutieren. Nun geht es darum, wie sich der Lehrer während der Unterrichtsstunde verhalten sollte. Welche Möglichkeiten stehen ihm zur Verfügung? Welche Entscheidungsgrundlagen hat er für die Auswahl unter ihnen? Seine Alternativen betreffen (a) das Ausmaß seiner eigenen Beteiligung und (b) das Niveau der Struktur und Bedeutsamkeit der Diskussion für das Thema, das er erreichen will.

Die Rolle des Lehrers

Beteiligung des Lehrers

Wie stark sollte sich der Lehrer an der Diskussion beteiligen? Wenn er will, kann der Lehrer nahezu das ganze Gespräch an sich reißen. Oder er kann fast vollständig schweigsam bleiben. Oder er kann einen Weg einschlagen, der zwischen diesen beiden Extremen liegt. Die Entscheidung ist hier völlig dem Lehrer überlassen, da ihn seine Rolle mit nahezu uneingeschränkter Autorität in dieser Hinsicht ausstattet.

Je mehr der Lehrer spricht, desto weniger können natürlich die Schüler sprechen und desto weniger können sie Nutzen aus der Diskussion ziehen. Diese Überlegung führt dazu, die Beteiligung des Lehrers möglichst gering zu halten. Nachdem er die Unterrichtsstunde eröffnet hat und das Thema bekanntgemacht ist, zieht sich der Lehrer auf die Rolle des Zuhörers, Beobachters und vielleicht des Vorsitzenden in dem Sinne zurück, daß er den Schülern das Wort erteilt, indem er sie aufruft oder ihnen zunickt. Manche Lehrer geben sogar den Vorsitz an einen Schüler ab, um besser zuhören zu können und auch um zu verhindern, daß die Schüler sich mit ihren Beiträgen an den Lehrer wenden, statt an andere Schüler.

Im Idealfall hört der Lehrer lediglich zu und die Schüler geben sich dem Thema hin – sie grenzen es ab und präzisieren es, sie erzielen eine Übereinstimmung über Definitionen und Annahmen, sie überprüfen Feststellungen auf ihre Richtigkeit oder Beispiele und Analogien auf ihre Bedeutung und erreichen so schrittweise eine Übereinstimmung über ein nichtkontroverses Thema oder präzisieren den Inhalt eines kontroversen Themas. Der Lehrer schweigt, arbeitet dabei jedoch schwer; vielleicht macht er sich gelegentlich eine kurze Notiz, um so einen Punkt im Gedächtnis zu behalten, auf den er später hinweisen wird. Die Arbeit des Lehrers besteht darin, daß er die Diskussion verfolgt, analysiert und bewertet, ihre Logik und Bedeutung, ihre sachliche Richtigkeit und ob wirklich themenbezogen diskutiert wird. Es ist wichtig, daß der Lehrer solche Überlegungen den diskutierenden Schülern mitteilt, aber diese Rückmeldung sollte ohne persönliche Kritik stattfinden und nur einen geringen Teil der Diskussionszeit in Anspruch nehmen.

Widerstände der Schüler gegen das Schweigen des Lehrers

Häufig werden die Schüler das Schweigen des Lehrers nicht einfach hinnehmen und Fragen an ihn richten. Der Lehrer steht dann vor dem Problem, ob er antworten soll. *Shulman* (1970) hat folgende Überlegungen bezüglich dieser Frage angestellt: „Wenn (der Lehrer) nachgibt und antwortet, wird er feststellen, daß es zu einem ritualisierten Ablauf kommt, im Verlaufe dessen immer mehr ‚der Experte gefragt wird‘ und die Diskussionsteilnehmer völlig damit aufhören, sich gegenseitig zu helfen.“

Zu Beginn einer Gruppendiskussion muß, wenn die ersten Fragen an den Lehrer gerichtet werden, eine Technik entwickelt werden, mit der erreicht wird, daß die Schüler sich gegenseitig bei der Beantwortung ihrer Fragen helfen. Der Lehrer wird sicherlich einige gute Gedanken über das Diskussionsthema haben, er sollte sie jedoch zurückstellen und eine spätere Gelegenheit benutzen, sie in die Diskussion einzubringen. Zu Beginn einer Gruppendiskussion werden die Schüler die Rolle des Lehrers mehr aus dem erschließen, was er tut und was er nicht tut, als aus dem, was er über seine Rolle sagt.

Eine Möglichkeit zu überprüfen, wer Kontrolle über die Gruppe ausübt, besteht darin, das Muster der Blickkontakte zu beobachten. Schauen die Schüler, wenn sie sprechen und wenn sie eine Bemerkung beendigt haben, den Lehrer an, um seine Zustimmung zu erhalten? Richten sich alle Augen auf den Lehrer, wenn eine Pause entsteht? Wenn diese Fragen mit Ja beantwortet werden müssen, liegt die Kontrolle über den Gruppenprozeß wahrscheinlich größtenteils beim Lehrer, auch wenn der Lehrer nicht sehr gesprächig dabei ist. Nach einiger Zeit möchte der Lehrer vielleicht nicht länger schweigsam bleiben. Es tauchen vielleicht Schwierigkeiten auf und es besteht die Gefahr, daß sich die Diskussion festfährt, daß sich Verwirrung breitmacht, einzelne Feststellungen ständig wiederholt werden oder nur noch belanglose Bemerkungen gemacht werden. An diesem Punkt greift der Lehrer ein und versucht mit möglichst wenig Worten die Diskussion wieder in Gang zu bringen. Er kann auf einen Unterschied, eine Tatsache oder einen Standpunkt hinweisen. Er kann diesen Hinweis unvollständig lassen, so daß die Schüler ihn vervollständigen und die damit verbundene Genugtuung haben können. Wenn der Lehrer den Beitrag, den er für notwendig hielt, geleistet hat, übernimmt er wieder die Rolle des Zuhörers und Beobachters.

Gefahr der Ziellosigkeit

Die Gefahr einer minimalen Beteiligung des Lehrers besteht darin, daß es zu übermäßiger Desorganisation oder Ziellosigkeit kommt. Das eigentliche Thema der Diskussion gerät in Vergessenheit. Anstelle der Diskussion, die pädagogisch von Nutzen hätte sein sollen, tritt ein zielloses Geplauder, das von niemandem ernstgenommen wird. Man könnte zwar die Auffassung vertreten, daß alles, was Schüler tun, irgendeinen pädagogischen Wert hat, es besteht jedoch die Gefahr, daß die Schüler eine ziellose und gegenstandslose Diskussion nicht ernstnehmen und daß so ihre Lernmotivation unter diesen Bedingungen abnimmt. Um zu verhindern, daß die Diskussion sinnlos wird, muß der Lehrer korrekt und schnell entscheiden, wann seine Intervention notwendig ist. Wenn er zu schnell und zu häufig interveniert, nimmt er möglicherweise seinen Schülern die Gelegenheit zu lernen, wie man ohne Hilfe aus einer Sackgasse wieder herauskommt. Wenn er mit seiner Intervention zu lange wartet, werden die Schüler eine beträchtliche Frustration erleben.

Die Rolle des Schülers

Eine Möglichkeit, die Rolle, die der Lehrer spielt, optimal zu gestalten, besteht darin, den Schülern ausdrücklich zu erklären, welche Rolle sie selbst übernehmen sollten. In einer Diskussionsgruppe sollten die Schüler dazu imstande sein, eigene Lösungen für ein Problem vorzuschlagen, und sie sollten vom Lehrer und von den anderen Schülern dazu angeleitet werden, ihren Lösungsvorschlag gegen Angriffe zu verteidigen, ihn genauer auszuarbeiten, ihn mit anderen Vorstellungen in Beziehung zu bringen und nötigenfalls auf den Angriff einzugehen und den eigenen Lösungsvorschlag zu modifizieren (*Axelrod* et al., 1949). Die Bemerkungen eines Schülers sollten, wenn möglich, von seinen Mitschülern bewertet werden und der Schüler selbst sollte sich an der Bewertung der Bemerkungen anderer beteiligen. Ebenso sollten sich die Schüler selbst versichern, daß sie eine Mitteilung verstanden haben, indem sie einen Mitschüler um eine Verdeutlichung seiner Bemerkung bitten und indem sie, wenn notwendig, einander gegenseitig Fragen stellen. Wenn der Lehrer diese Aufgabe übernehmen muß, weil sie die Schüler nicht erfüllen, sollte er darauf hinweisen, daß er von den Schülern erwartet, daß sie diese Aspekte selbst einer kritischen Prüfung unterziehen und klären. Wenn der Lehrer nicht davon überzeugt ist, daß diese Rollen für seine Schüler geeignet sind, werden die Schüler sie auch nicht übernehmen.

Hervorheben der Rolle des Schülers

Die Diskussionsleitung

Damit eine effektive Diskussion stattfinden kann, müssen sowohl der Lehrer als auch die Schüler verstehen, welche Rolle der Diskussionsleiter spielt. In einer Diskussion, die für die Schüler von Nutzen ist, lernen sie:

1. *Welcher Art die Sachverhalte sind,* indem sie prüfen, ob ihr Tatsachenwissen korrekt ist, indem sie die Zusammenhänge zwischen Fakten ausfindig machen, indem sie die Grundlage der Daten sowie die wichtigen, weniger wichtigen und fehlenden Sachverhalte ermitteln.
2. *Eine bestimmte Position einzunehmen,* indem sie entweder eine neue Position entwickeln, wenn sie noch keine vertreten haben, indem sie eine bereits eingenommene Position modifizieren oder indem sie eine Position besser stützen können, die sie für wichtig halten.
3. *Was andere meinen,* indem sie feststellen, welche Ansichten andere vertreten, welche verschiedenen Positionen es gibt und wie sehr manche Leute von einer bestimmten Position überzeugt sind.
4. *Wie man mit einem bestimmten Problem umgehen soll,* indem sie entscheiden, ob die Diskussion fortgesetzt, ein bestimmtes Vorgehen durchgeführt, Briefe geschrieben, Kontakt zu Schlüsselpersonen aufgenommen oder das Problem fallen gelassen werden soll.

Sicherstellen, daß alle Standpunkte Gehör finden

Gall, Weathersby, Elder und *Lai* (1972) schlagen vor, daß der Lehrer als Diskussionsleiter, um die Ziele zu erreichen, zu Beginn der Diskussion die Schüler an der Entscheidung beteiligen sollte, welche Themen diskutiert werden sollen. Um sicherzustellen, daß alle Standpunkte Gehör finden, sollte der Lehrer Denkpausen einschieben, Schüler aufrufen, die ihre Meinung noch nicht ausgedrückt haben und denjenigen Schülern, die eine unpopuläre Ansicht vertreten oder sich mit ihrer Meinung in der Minderheit befinden, zu ihrem Recht verhelfen. Um zu erreichen, daß die Diskussion eng am Thema bleibt, muß der Lehrer den Diskussionsgegenstand zu Beginn festlegen und, wenn erforderlich, während der Diskussion immer wieder auf ihn hinweisen. Der Lehrer kann den Bedeutungsgehalt der Bemerkungen mancher Schüler kritisch überprüfen. Er kann den Trend der Diskussion zusammenfassend darstellen. Um eine Diskussion in Gang zu halten, bei der sehr verschiedene Positionen eingenommen werden, sollte der Lehrer es lernen, eine vorläufige Übereinstimmung über einen Gegenstand oder eine Vorgehensweise zu erzielen, so daß die Diskussion vorankommt. Schließlich sollte der Lehrer eine Diskussion abschließen, indem er einen Schüler dazu auffordert, ihr Ergebnis noch einmal zusammenfassend darzustellen – die verschiedenen Positionen, die vertreten wurden, noch einmal zu beschreiben, insbesondere diejenigen, die von der Position des Schülers selbst abweichen, zu überprüfen, ob und weshalb die Position irgendeines Schülers modifiziert wurde, und die Maßnahmen zu erörtern, die in Zukunft zu treffen sind.

Schüler sollten lernen, ihr Verständnis für die Bemerkungen eines anderen Schülers dadurch zum Ausdruck zu bringen, daß sie sie zutreffend zusammenfassend darstellen. Sie können die Relevanz von Informationen oder Bemerkungen, die Gültigkeit von Beweisen, die Wertvorstellungen, die sich in einer Bemerkung gezeigt haben usw., einer kritischen Prüfung unterziehen. Auf diese Weise wird die Diskussion präziser und alternative Standpunkte werden besser verstanden. Die Schüler sollten auch lernen, wenn sich die Diskussion ihrem Ende nähert, die Initiative bei der Entscheidung zu übernehmen, welches Vorgehen in Zukunft gewählt werden soll. Die Zufriedenheit mit der Gruppendiskussion nimmt zu, wenn diese Fertigkeiten gelernt und in der Praxis umgesetzt werden (vgl. *Lai, Gall, Elder* u. *Weathersby,* 1972). Ob diese Fertigkeiten dazu führen, daß eine Diskussion „besser" wird, ist nur sehr schwer festzustellen.

Wann sollte der Lehrer eingreifen? Wir wollen uns nun wieder der Frage zuwenden, wie der Lehrer zu einer Entscheidung darüber gelangen kann, wann er eingreifen sollte. Dazu einige nützliche Regeln:

Abschweifung

1. Stelle fest, ob eine *Abschweifung* zu viel Zeit in Anspruch nimmt. Wenn mehrere aufeinanderfolgende Beiträge zu weit auseinanderliegen, sollte der Lehrer kurz an das Thema erinnern und daran, welcher Teil des Themas gerade diskutiert wird. Hier kann es für die Steuerung der Diskussion von Nutzen sein, wenn ihr Ziel genauer formuliert wird und nicht bloß das „Thema".

Pausen

2. Stelle fest, ob die *Pausen* zwischen den einzelnen Beiträgen zu lang werden. Dieses Sichhinziehen von Pausen kann bedeuten, daß die Diskussionsteilnehmer die zunehmende Verwirrung bemerken und zu sprechen zögern, entweder weil sie selbst verwirrt sind oder weil sie das Gefühl haben, daß es keinen Sinn hat, sich verständlich zu machen. Wenn die Pausen zu lang werden, sollte der Lehrer eingreifen, um herauszufinden, weshalb sie zu lang werden.

Sachliche Irrtümer

3. Stelle fest, ob offensichtlich *sachliche Irrtümer* akzeptiert werden. Wenn dem so ist und wenn der Irrtum schwerwiegende Auswirkungen auf die inhaltliche Gültigkeit der Diskussion hat, sollte der Lehrer eingreifen, um den Irrtum zu korrigieren. Natürlich wäre es besser, wenn ein Schüler den Irrtum aufklären würde. Der Lehrer sollte jedoch nicht zulassen, daß der Irrtum zu viel Schaden anrichtet, bevor er der Diskussion wieder zu einer sachlichen Basis verhilft. Der Irrtum sollte insbesondere dann korrigiert werden, wenn er offensichtlich nicht selbst zu einer Korrektur führt, d.h., wenn das Verfolgen seiner logischen Konsequenzen den Irrtum nicht offenkundig macht. Der Lehrer sollte nicht zulassen, daß Irrtümer akzeptiert werden, bloß um den Schülern die Vorteile zu verschaffen, die mit einer selbstgesteuerten Diskussion verbunden sind. Ein Problem besteht hier darin, daß der Lehrer möglicherweise selbst den Unterschied zwischen einer Wertung und einer Tatsachenfeststellung nicht kennt. *Zeigler* (1967) stellte fest, daß 42% von 803 Lehrern der Sekundarstufe darin übereinstimmten, daß die folgende Feststellung rein sachlicher Natur ist: „Die amerikanische Regierungsform mag nicht perfekt sein, aber sie ist die beste Art von Regierung, die bisher die Menschheit entwickelt hat."

Unterscheidung von Wertungen und Sachverhalten

Logische Fehlschlüsse

4. Stelle fest, ob schwerwiegende *logische Fehlschlüsse* unentdeckt bleiben. Solche Fehlschlüsse können subtiler Art sein, es kann schwierig sein, sie zu entdecken und sie können auch in Gruppen mit äußerst kompetenten Mitgliedern die inhaltliche Gültigkeit der Diskussion beeinträchtigen. *Piaget* hat darauf hingewiesen, daß man bei jungen Schülern davon ausgehen kann, daß sie nur mäßig logisch denken. Der Lehrer kann den Schülern jedoch häufig einen großen Dienst erweisen, der anhaltende und weitreichende Auswirkungen hat, indem er darauf hinweist, wenn die Art von logischen Fehlern vorkommt, die den Philosophen seit vielen Jahrhunderten bekannt ist.

   Was sind dies für logische Fehlschlüsse? Der Leser sollte ein Logiklehrbuch (z.B. *Ennis,* 1969) heranziehen, in dem diese Fehlschlüsse behandelt werden. Es ist jedoch möglich, einige von ihnen kurz aufzuführen und sie zu verdeutlichen. (Eine umfassende Darstellung enthält der Beitrag über „Fallacy" in der Encyclopaedia Britannica, 1970, Vol. 9, S. 50–51, oder der Beitrag über „Logic, Applied" in der Encyclopaedia Britannica Macropaedia, 1974, Vol. 11, S. 28–29.)

1. Die Verwechslung zusätzlicher Attribute mit wesentlichen Attributen. Beispiel: Lungenatmung mit Landlebewesen gleichsetzen.
2. Eine allgemeine Regel auf einen besonderen Fall anwenden, ohne die besonderen Umstände zu berücksichtigen, oder umgekehrt. Beispiel: Wenn es nicht richtig ist zu töten, dann ist die Todesstrafe notwendigerweise nicht richtig.
3. Eine unerhebliche Tatsache beachten, statt sich um die Tatsache zu kümmern, um die es gerade geht. Beispiel: Statt die Gedankengänge eines Redners anzugreifen, ihn persönlich angreifen oder Ängste oder Gefühle der Zuhörerschaft ausnutzen.
4. Den Kern eines Problems außer acht lassen, z.B. den Beweis für die Richtigkeit einer Schlußfolgerung anhand von Gedankengängen führen, die Voraussetzungen für diese Schlußfolgerung sind. Beispiel: Eine zur Diskussion gestellte neue Sozialpolitik mit der Begründung verurteilen, daß sie „unamerikanisch" sei.
5. Von einer Konsequenz auf ihre Voraussetzung schließen. Beispiel: Wenn ein Mann fleißig ist, ist er auch produktiv; deshalb muß er, wenn er produktiv ist, auch fleißig sein.
6. Bei einer Schlußfolgerung von einer unzureichenden oder fehlerhaften Begründung ausgehen. Beispiel: Wenn ein Mensch reich ist, muß er hart gearbeitet haben. Dieser Fehlschluß kann auch in Form des unter 7. Aufgeführten auftreten.
7. Von der Annahme ausgehen, daß, weil b auf a folgt, b das Ergebnis von a ist. Beispiel: Nachdem ich zu der Party gekommen war, wurde es turbulent; deshalb muß ich dafür verantwortlich gewesen sein, daß die Party turbulent geworden ist.
8. Verschiedene Fragen zu einer einzigen zusammenfassen, wodurch die Tatsache verdeckt wird, daß es um mehr als eine Frage geht. Beispiel: Betrügst du immer noch bei Tests? Hier werden die Fragen, (a) ob man überhaupt bei Tests betrügt und (b) ob man gegenwärtig bei Tests betrügt,

zusammengefaßt, so daß eine einzige Antwort in jedem Fall ein Eingeständnis bedeutet, daß man irgendwann einmal bei Tests betrogen hat.

Diese Art von logischen Fehlern wird bei Klassendiskussionen häufig vorkommen, so daß der Lehrer gut daran tut, sich an sie zu erinnern und während einer Diskussion, zumindest hin und wieder, auf sie hinzuweisen. Diese Fehler sind weit verbreitet; indem man auf sie hinweist, kann man seinen Schülern das Vorgehen bei logischen Analysen im Modell darstellen. Daß man mit der Verdeutlichung dieser weit verbreiteten Fehler Erfolg gehabt hat, wird man dann feststellen, wenn ein Schüler einen darauf hinweist, daß man selbst nicht logisch gedacht hat.

Kognitive Anleitung für Gruppen

Die Struktur der Diskussion. *Hill* (1969) hat für die Lösung des Strukturproblems eine „Kognitive Anleitung für Gruppen" vorgeschlagen, die aus neun Schritten besteht, die vom Lehrer/Moderator und den Schülern/Diskussionsteilnehmern gemeinsam vollzogen werden. Diese Anleitung umfaßt neun Einzelschritte:

1. *Definition von Begriffen und Konzepten.* Erstelle eine Liste von Wörtern oder Konzepten, die für die Gruppenmitglieder definiert werden müssen; definiere und erkläre die Termini; überprüfe, ob jeder die angebotenen Definitionen versteht; lasse zur Verdeutlichung der Bedeutung der Begriffe Beispiele anführen; lasse die Diskussionsteilnehmer die Definitionen, die angeboten wurden, neu formulieren.
2. *Sicherstellen, daß alle Teilnehmer den Diskussionsgegenstand kennen.* Stelle sicher, daß wirklich eine gemeinsame Grundlage vorhanden ist, ob diese gemeinsame Grundlage nun ein Film, ein Gedicht, ein Aufsatz oder eine Vorlesung ist.
3. *Festlegung der Haupt- und Unterthemen.* Stelle in einer Übersicht dar, welche Themen oder Probleme der Diskussionsgegenstand enthält.
4. *Festlegung der Diskussionszeit.* Formuliere eine Eingangsfrage für jedes Unterthema und jedes Thema und setze eine Diskussionszeit fest. Ernenne einen Teilnehmer zum Zeitnehmer und teile der Gruppe mit, wann für die Diskussion über ein bestimmtes thematisches Gebiet nur noch zwei Minuten zur Verfügung stehen.
5. *Diskussion der Themen und Unterthemen.*
6. *Einordnung des Diskussionsstoffes in bereits bekannten.* Weise darauf hin, wie sich diese Diskussion in andere Diskussionen einfügt, wie mit ihr bestimmte Teile des Curriculums verdeutlicht wurden, wie in ihr Probleme entstanden, die auch in anderen Unterrichtsfächern eine Rolle spielen usw. Stelle eine Verbindung zwischen einzelnen Dingen her, indem du darauf hinweist, inwieweit andere Positionen zum Diskussionsergebnis im Widerspruch stehen, durch es gestützt oder bereichert wurden.
7. *Anwendung des Diskussionsergebnisses.* Lege den Teilnehmern die Frage vor, wie die Diskussion in Handlungen umgesetzt werden kann, auf welche Aspekte des eigenen Lebens sie einen Einfluß hatte, auf welche Weise sie dazu führen kann, daß die Fähigkeit zunimmt, mit anderen Problemen und insbesondere mit konkreten Situationen fertig zu werden?

8. *Bewertung des Diskussionsmaterials.* Bewerte auf der Grundlage der Diskussion das Material, das dazu verwendet wurde, die Diskussion in Gang zu bringen. War es zutreffend, gründlich, verzerrt usw.?
9. *Bewertung der Diskussion und der anderen Diskussionsteilnehmer.*

Diese „kognitive Anleitung" wird dazu eingesetzt, Diskussionen unter einer Vielzahl von Unterrichtsbedingungen zu steuern, in der Ausbildung von Bewährungshelfern, Schulberatern, Statistikern, Kernphysikern, Sozialarbeitern, Krankenschwestern und Pädagogischen Psychologen. Es gibt keine Untersuchungsergebnisse, anhand derer die Brauchbarkeit der Methode beurteilt werden könnte. Wenn jedoch etwas durch Zuhören, Lesen oder Beobachten gelernt werden muß und wenn das Bedürfnis besteht, über den Lerngegenstand zu diskutieren, dann dürfte dieses Vorgehen nützlich sein. Sein Hauptvorteil liegt vielleicht darin, daß nahezu jeder, der dieses Verfahren kennt, als Diskussionsleiter tätig werden kann. Wenn der Lehrer also einige Erfahrungen mit dieser Technik gewonnen hat, kann er z. B. fünf Schülergruppen gleichzeitig diskutieren lassen und braucht sich keine Sorgen darüber zu machen, ob nicht alle völlig verschiedene Richtungen einschlagen.

20.5 Die Diskussion im Unterricht: Nachbereitung

Die Arbeit des Lehrers nach der Diskussion sollte im Anfertigen von Aufzeichnungen und Protokollen und im Bewerten der Diskussionen bestehen.

Aufzeichnungen und Protokolle

Überraschende Betrachtungsweisen

Um sicherzustellen, daß die gerade abgelaufene Diskussion günstige Auswirkungen auf zukünftige Unterrichtsstunden und Diskussionen hat, sollte sich der Lehrer (oder ein Schüler) nach der Stunde einige Aufzeichnungen machen. In diesen Aufzeichnungen sollten einige von den während der Diskussion überraschend aufgetauchten Gedanken behandelt werden. Diese Gedanken können Bestandteil des Diskussionsplanes über dieses Thema werden, der für andere Schüler in späteren Jahren erstellt wird. In einer Diskussion über das Modell des klassischen Konditionierens kann ein Lehrer z. B., ohne dies vorher geplant zu haben, auf das Modell des operanten Konditionierens hinweisen. Daß er dies tat, sollte in seinen Aufzeichnungen nach der Stunde vermerkt werden. In einer Diskussion über „Finnegans Wake" weist ein Schüler vielleicht für denLehrer unerwartet auf die Vergleichbarkeit des Stils von *James Joyce* mit bestimmten Aspekten im Stil von *Gertrude Stein* und von *Ernest Hemingway* hin. Auch diese Gedanken sollte der Lehrer in seinem schriftlichen Protokoll festhalten. Ebenfalls festgehalten werden sollten die Literaturhinweise, die während der Diskussion vom Lehrer oder von den Schülern angeführt wurden. Derartige Hinweise ermöglichen es den Schülern, die an dem Thema interessiert sind, mehr darüber zu lesen.

Schwierige Punkte

Der Lehrer sollte auch Punkte, Gegenstände, Definitionen oder logische Fehlschlüsse festhalten, die zu Schwierigkeiten während der Diskussion führten. Ein Hinweis auf diese Schwierigkeiten zu Beginn der nächsten Unterrichtsstunde kann die Einsicht der Schüler in die intellektuelle Kontinuität ihrer Arbeit fördern und ihnen die Prozesse, die während ihrer Diskussion abliefen, deutlichen machen.

Beurteilungen

Diskussionsbeurteilungsbogen

Neben der Anfertigung von Aufzeichnungen kann der Lehrer bei seinem Vorgehen nach der Stunde auch einen einfachen „Diskussionsbeurteilungsbogen" benutzen. Ein solcher Bogen stellt eine Einstufungsskala wie die folgende dar, die den Schülern vorgelegt werden kann:

Für wie nützlich hältst du den heutigen Unterricht? ...

Eine völlige Zeitverschwendung	*Mäßig nützlich*	*Recht nützlich, aber mit vielen Schwächen*	*Nützlich, aber einige Schwächen*	*Nahezu durchgehend nützlich*	*Sehr nützlich*

Wenn der Lehrer solche Einstufungen vornehmen läßt, sollte er den Schülern versichern, daß sie anonym bleiben. Er kann dann die durchschnittliche Einstufung der Diskussion berechnen. Er kann die Durchschnittswerte mehrerer Diskussionen festhalten und sie mit seinem eigenen Eindruck vergleichen. Er kann den während der Diskussion entstehenden Eindruck über ihre Nützlichkeit mit der durchschnittlichen Einstufung durch die Schüler in Beziehung setzen. Auf diese Weise kann er sich vielleicht die Fähigkeit aneignen, die Einstufung vorauszusagen, und so nach und nach sein Verhalten so ausrichten, daß die Einstufungen immer besser werden. Es kann sich vielleicht herausstellen, daß niedere Einstufungen mit einer zu starken Beteiligung des Lehrers selbst oder eines bestimmten Schülers verknüpft sind oder damit, daß der Lehrer zu nachdrücklich oder zu wenig darauf bestand, daß die Diskussion am Thema bleibt, oder mit einer Fehleinschätzung des Strukturierungsniveaus der Diskussion. Die Meinungen der Schüler sind natürlich nicht als das einzige Kriterium für den Nutzen einer Diskussion anzusehen. Wenn der Lehrer sie jedoch mit seiner eigenen Einschätzung vergleicht, kann er besser erkennen, ob seine eigenen Maßstäbe, Werte und sein eigener Geschmack von den Schülern geteilt werden.

Kommentare der Schüler

Eine weitere Informationsquelle sind Kommentare der Schüler, die sie wiederum anonym auf dem Beurteilungsbogen angeben können. In solchen Kommentaren können die Schüler direkt die Gründe für ihre hohe und niedere Einstufung angeben. Gewöhnlich wird das Ausmaß an Übereinstimmung zwischen diesen Kommentaren überraschend *niedrig* ausfallen. Sie werden auf viele verschiedene Gesichtspunkte eingehen. Häufig wird ein Schüler das verurteilen, was ein anderer lobt. Aus diesen Kommentaren ergeben sich jedoch im allgemeinen Informationen, die für die Verbesserung der Diskussion nützlich sind. Ein Hindernis für das Sammeln und für die Nutzanwendung der Einstufungen und Kommentare von Schülern kann ein verständlicher Widerwillen auf seiten des Lehrers sein, sich einer möglichen Beeinträchtigung seiner Selbstachtung auszusetzen. Was die Schüler in den Einstufungen und Kommentaren zum Ausdruck bringen, kann die Gefühle des Lehrers verletzen. Es liegt jedoch nicht in der Entscheidung des Lehrers, ob sein Diskussionsunterricht bewertet wird. Seiner Entscheidung bleibt lediglich überlassen, ob er die Bewertung erfahren will. Leider entscheiden sich viele Lehrer dafür, die Bewertung lieber nicht zu erfahren.

20.6 Intellektuelle Gefahren

Allgemein gesagt gibt es zwei Arten von Gefahren – intellektuelle und sozial-emotionale. Zunächst sollen die intellektuellen Gefahren erörtert werden, zu denen eine unbeabsichtigte Beeinflussung der Diskussion, die Ermutigung zum Nachgeben, das Zurückhalten entscheidender Informationen und das „Zu-Tode-Reiten" des Themas gehören.

Beeinflussung der Diskussion

Eine Diskussion beeinflussen heißt, den Schülern Hinweise geben, die dazu geeignet sind, intellektuelle oder rationale Prozesse bei ihnen zu untergraben. Eine derartige Beeinflussung kommt häufig dann zustande, wenn der Lehrer seine Meinung auf eine Weise zum Ausdruck bringt, die die Diskussion einschränkt oder die Schüler zur Konformität zwingt. Wenn die Schüler z.B. über das Problem der Geburtenkontrolle diskutieren, wird eine Darstellung einer Reihe von festgesetzten Annahmen über die Verbesserungsmöglichkeiten der Nahrungsproduktion eine beeinflussende Wirkung haben. Auch in Diskussionen über Literatur, Musik und Malerei kann es zu solchen Beeinflussungen kommen. Über den dramaturgischen Sinn von Hamlets Monolog kann von Schülern nicht ernsthaft diskutiert werden, denen bewußt ist, daß der Lehrer das gesamte Werk Shakespeares uneingeschränkt für vollkommen hält. Der Anthropologe *Jules Henry* (1957) untersuchte, auf welche Weise manche Grundschullehrer die Klasse beeinflussen und in welchem Ausmaß die Schüler bereit sind, dem Lehrer das zu geben, was er will:

Gelehrigkeit der Schüler

Zweite Klasse. Den Kindern wurden Filme über Vögel vorgeführt. Am Ende des ersten Filmes wurde das Bild einer jungen Drossel gezeigt.

Lehrer: Hat der letzte Vogel so ausgesehen, als ob seine Federn jemals schwarz werden würden?
Die Kinder verstanden anscheinend nicht, worauf die Frage abzielt, und beantworteten sie etwas zögernd.
Lehrer: Ich finde, er sah mehr wie ein Rotkehlchen aus, oder?
Kinder (im Chor): Ja.

Vierte Klasse. Kunsterziehungsunterricht. Lehrer hält ein Bild hoch.
Lehrer: Hat Robert das Moos und die Bäume nicht gut getroffen?
Begeisterte „Ooh's“ und „Aah's“ von den Kindern. ... Die Kunsterziehungsstunde ist vorbei.
Lehrer: Wievielen hat das heute Spaß gemacht?
Viele Hände gehen hoch.
Lehrer: Wieviele haben etwas gelernt?
Etliche Hände gehen wieder runter.
Lehrer: Wieviele werden es das nächste Mal besser machen?
Viele Hände gehen hoch.

Die Macht des Lehrers

Den Lehrern aller Klassenstufen muß beständig bewußt sein, welche Macht sie im Klassenzimmer ausüben. Aufgrund ihrer sozialen Macht, insbesondere ihrer Belohnungs- und Unterdrückungsmacht, die ihnen die Benotung verleiht, werden auch ganz gelegentliche Hinweise auf ihre eigene Meinung, ihre Einstellungen und Überzeugungen einen Einfluß auf einige Mitglieder der Klasse ausüben. Die Schüler haben ein gut entwickeltes Einfühlungsvermögen, mit dessen Hilfe sie sich genau auf das einstellen können, was, wie sie meinen, der Lehrer will.
Die Einflußnahme des Lehrers muß jedoch nicht immer dazu führen, daß die Verhaltensmöglichkeiten des Schülers eingeschränkt werden. Sein Einfluß kann eine Diskussion beleben, wenn der Schüler das Gefühl hat, daß er den Lehrer angreifen kann. Zweifelsohne kann der Lehrer Werte haben und Meinungen vertreten, die er für unverletzlich hält, z.B. bestimmte Überzeugungen über die Vernunft und über wissenschaftliche Methoden oder eine unumstößliche Ansicht, daß der Mensch seinen Mitmenschen verpflichtet ist. Wenn er solche Überzeugungen hat, sollte er sie nicht verbergen. Er sollte aber sein Möglichstes tun, solche Überzeugungen seinen Schülern auf *rationale Weise* zu vermitteln. Er sollte jedoch keinerlei Zwang ausüben, z.B. mit schlechten Noten oder dadurch, daß er abweichende Meinungen lächerlich macht, um den Schülern seine Meinung aufzuzwingen.

Unbeabsichtigtes Ermuntern zum Nachgeben

Macht der Gruppe

Wenn eine Gruppe von Menschen über einen Gegenstand, eine Tatsache oder eine Meinung gleicher Auffassung ist und wenn man diese Auffassung übernimmt, obwohl man sie für falsch hält, dann kann man dies „nachgeben“ nennen. Gruppen üben eine außerordentlich große Macht über das Individuum aus, zum Teil auf ganz subtile Weise. *Asch* (1956) hat dargelegt, wie sich eine ahnungslose Versuchsperson verhält, wenn sie zu einer Gruppe von sieben anderen Personen stößt, die Verbündete des Versuchsleiters sind. Der ahnungslosen Versuchsperson wird gesagt, daß ein Wahrnehmungstest durchgeführt wird, und die Verbündeten des Versuchsleiters vertreten bei bestimmten Versuchsdurchgängen übereinstimmend die Meinung, daß die Linie C oder die Linie A ebenso lang ist wie die Bezugslinie auf einer anderen Karte. *Asch* stellte fest, daß bei diesen Versuchsdurchgängen, bei denen sich die naive Versuchsperson entscheiden muß, ob sie sich der Mehrheitsmeinung unterwirft oder ob sie sich eine selbständige Meinung bildet, 37% der Beurteilungen

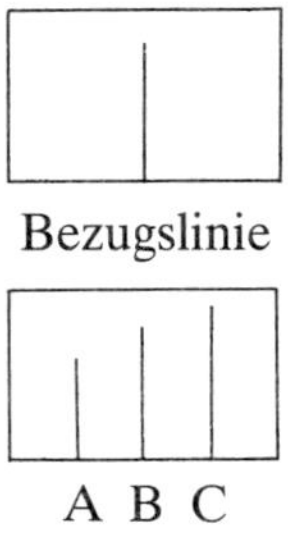

falsch waren, d.h., die Versuchspersonen haben nachgegeben. In nach dem Experiment durchgeführten Interviews beschrieben die ahnungslosen Versuchspersonen das intensive Unbehagen und die Belastung, der sie sich in einer solchen Situation ausgesetzt fühlten. Die Ergebnisse der Experimente von *Crutchfield* (in: *Krech, Crutchfield* u. *Ballachey,* 1962) bestätigten und erweiterten diese Feststellung, daß dem Gruppendruck sehr häufig nachgegeben wird. Diese Macht der Gruppe und ihre Auswirkungen auf die Urteilsbildung sind festzustellen, wenn Collegestudenten einem Gruppendruck unterworfen werden und schließlich die Auffassung vertreten, daß folgende „Fakten" richtig sind:

Dem Gruppendruck nachgeben

1. In den Vereinigten Staaten leben viele alte Menschen, 60–70% der Bevölkerung sind über 65 Jahre alt.
2. Der durchschnittliche Amerikaner nimmt sechs Mahlzeiten am Tag zu sich.
3. Amerikaner schlafen durchschnittlich 4–5 Stunden pro Nacht.
4. Die durchschnittliche Anzahl der Kinder pro Familie liegt zwischen 5 und 6.
5. Der amerikanische Kontinent ist groß, er erstreckt sich über 6000 Meilen von San Francisco bis New York (*Tuddenham* u. *Macbride,* 1959).

Nicht jeder Student stimmte allen diesen Feststellungen zu, aber einige taten es. Das Gruppenmitglied gab bei einigen dieser Feststellungen nach, wenn es der Meinung war, daß es das einzige Gruppenmitglied mit einer abweichenden Meinung sei.

Nachgeben ist weit verbreitet

Von den bedeutsamen Ergebnissen dieser Untersuchung über Konformität sind zwei für den Lehrer besonders wichtig. Erstens: Das Phänomen ist weit verbreitet. Der Lehrer und eine Gruppe von Schülern können gemeinsam eine bestimmte Auffassung über einen Gegenstand haben und eine Minderheitenmeinung zur Konformität mit dem Rest der Gruppe „zwingen". Die an den Schulen vorhandenen Gruppen wenden gewöhnlich immer die gleichen Mechanismen im Umgang mit Abweichlern an – sie ignorieren sie, sie greifen sie körperlich an, sie schließen sie von Sportmannschaften aus usw.

Ein Abweicher vermindert das Nachgeben

Das zweite für den Lehrer wichtige Ergebnis besteht darin, daß das Nachgeben wesentlich unwahrscheinlicher wird, wenn auch nur ein weiteres Mitglied die Minderheitsmeinung vertritt. Der Lehrer sollte also dafür sorgen, daß unterschiedliche Positionen Gehör finden und sich Bündnisse herausbilden. Wenn eine Minderheit dazu Gelegenheit hat, ihre Position zu verfestigen, so ändert sich die Meinung der Mehrheit möglicherweise kaum, aber zumindest kann die Minderheit ihre Meinung aufrechterhalten.

Zurückhalten entscheidender Informationen

Das Zurückhalten entscheidender Informationen ist ein Fehler, den Lehrer manchmal machen, die ihre eigene Beteiligung an der Diskussion möglichst gering halten wollen, um die der Schüler möglichst intensiv werden zu lassen. Die Diskussion erreicht irgendwann einen Punkt, an dem sie nach einer Tatsache, einer Definition, einer Unterscheidung, einem Konzept oder Prinzip schreit. Und der Lehrer stellt das, was erforderlich ist, nicht zur Verfügung, obwohl er es könnte. In dieser Situation gibt es keine klaren Leitlinien für den

Lehrer. Es ist jedoch nicht falsch, wenn der Lehrer das Fachwissen und die Erfahrung, die er besitzt, seinen Schülern zukommen läßt, wenn dies für die Diskussion von Vorteil ist. Es ist sicherlich falsch, wenn der Lehrer ein zu großes Bedürfnis hat, den Schülern seine eigene Kompetenz vor Augen zu führen. Dieses Bedürfnis kann dazu führen, daß er in die Diskussion eingreift, wenn die Schüler in Wirklichkeit seine Hilfe gar nicht brauchen. Ein Lehrer, der sich dieser Tendenz bewußt ist, wird klügere Entscheidungen treffen.

Ein Thema „zu Tode reiten"

Besteht die Gefahr, daß ein Thema zu Tode geritten wird, so sollte der Lehrer diese Situation schnell erkennen. Ein Thema ist dann zu Tode geritten, wenn der Beitrag, den es zum Erreichen der Unterrichtsziele leisten kann, ausgeschöpft worden ist. Anzeichen dafür, daß ein Thema nichts mehr hergibt, sind Wiederholungen von bereits getroffenen Feststellungen, längere Pausen zwischen den einzelnen Beiträgen, belanglose Beiträge und eine Atmosphäre der Langeweile und Unaufmerksamkeit. Lange bevor sich diese Anzeichen zeigen, sollte das Thema geändert oder auf einen neuen Aspekt des Themas hingewiesen werden.

Anzeichen für die Erschöpfung des Themas

Um diese Gefahr zu vermeiden, sollte der Lehrer seine Diskussionen gelegentlich auf Tonband aufzeichnen. Wenn er die Aufzeichnungen noch einmal anhört, kann er sie auf Anzeichen für eine Beeinflussung, für Dominanz, Konformität, nicht zur Verfügung gestellte Informationen oder dafür, daß das Thema zu Tode geritten wurde, hin überprüfen.

Aufzeichnungen anhören

20.7 Sozialemotionale Gefahren

Sozialemotionale Gefahren im Unterricht mit kleinen Gruppen entstehen aus den Einstellungen der Schüler sich selbst, den anderen Schülern und dem Lehrer gegenüber. Diese Gefahren können den Nutzen der Diskussion sehr beeinträchtigen. Fehlende Beteiligung, die Gefahr, daß die Gefühle einiger Schüler verletzt werden, und die Möglichkeit, daß die Teilnehmer nicht zusammenpassen, sind Dinge, auf die besonders geachtet werden sollte.

„Funkstille" und mangelnde Beteiligung

Manchmal taucht in einer Stunde, in der diskutiert werden soll, das Problem auf, daß alle schweigen. Der Lehrer beendigt seine einführenden Bemerkungen oder eine Frage und keiner der Schüler sagt irgendetwas. Was sollte der Lehrer nun tun? *Shulman* (1970) hat einige nützliche Vorschläge gemacht:

Wenn niemand etwas sagt

1. Warte ab. Geht man so vor, so zeigt sich, daß Stillschweigen nur etwa 30 Sekunden lang ertragen werden kann. Wesentliches längeres Warten kann

zu einer peinlichen oder feindseligen Situation führen. Läßt man das Schweigen jedoch eine vertretbare lange Zeit andauern, so macht man damit deutlich, daß ausreichend Zeit zur Verfügung steht, um darüber nachzudenken, was man sagen will.
2. Stelle die Frage, was das Stillschweigen bedeutet. Eine solche Frage gestattet es den Schülern, auf ihre Verwirrung hinzuweisen, auf ihre Bedenken, etwas Unwichtiges oder Dummes zu sagen, oder deutlich zu machen, daß sie mehr Zeit brauchen, die Frage, um die es gerade geht, zu überdenken.
3. Stelle laut Vermutungen darüber an, was das Stillschweigen bedeutet. Wenn der Lehrer feststellt, daß „es riskant ist, als erster zu antworten", kann er damit erreichen, daß ein Schüler dazu bereit wird, das Risiko einzugehen.

Ungleichmäßige Beteiligung

Ein anderer Aspekt des Problems besteht darin, daß sich die Teilnehmer nicht gleichmäßig beteiligen – eine Feststellung, die für fast alle Diskussionsgruppen zutrifft. *Stephan* und *Mishler* (1952) haben festgestellt, daß die relative Häufigkeit der Beiträge der einzelnen Mitglieder bei relativ undifferenzierten Gruppen, in denen über ein allgemein bekanntes Problem oder ein Thema ungezwungen diskutiert wird, relativ gut voraussagbar sind. Wenn die Mitglieder einer Gruppe nach der Häufigkeit ihrer Beiträge in eine Rangordnung gebracht werden, dann steht die Häufigkeit der Beiträge jedes einzelnen Mitglieds, der Tendenz nach, in einem konstanten Verhältnis zur Häufigkeit der Beiträge der Person, die den Rangplatz unmittelbar über dem jeweiligen Mitglied einnimmt.
Andrews (1965) meint, daß 20% der Schüler an Klassendiskussionen selten oder gar nicht teilnehmen. Eine ungleichmäßige Verteilung der Beiträge muß nicht immer unerwünscht sein. Es wird immer große Unterschiede zwischen den Schülern in ihren Kenntnissen über und ihren Interessen an einem bestimmten Thema geben und diese Unterschiede werden sich auf das Ausmaß der Beteiligung auswirken. Wenn jedoch bestimmte Schüler unabhängig vom Thema immer eine starke Beteiligung zeigen und andere Schüler Woche für Woche keine Beiträge liefern, dann sollte der Lehrer erwägen, ob nicht vielleicht soziale und emotionale Faktoren und nicht rationale am Werk sind. Drei Faktoren, die auf solche fehlende oder mangelnde Beteiligung des einzelnen Schülers einen Einfluß ausüben, sind Geschlecht, Alter und ethnischer Hintergrund. Diesen Faktoren widmen wir im folgenden unsere Aufmerksamkeit.

Geschlecht, Alter und ethnischer Hintergrund als Faktoren für Beteiligung

Lockhead u. *Hall* (1975) schlossen aus ihrem Sammelreferat zu diesem Bereich, daß männliche Teilnehmer in Diskussionsgruppen häufiger als weibliche dazu tendieren, sich zu Wort zu melden, größeren Einfluß zu haben und sich mehr auf die mit der Diskussion verbundenen Aufgaben zu konzentrieren (vgl. Ergebnisse in: *Gall* u. *Gall,* 1976, S. 209). Hochschulen für Frauen in den

USA sind mit dem Argument verteidigt worden, daß hier die Studentinnen von der männlichen Dominanz in Diskussionsgruppen befreit werden und es ihnen dadurch ermöglich werde, ihre partizipatorischen Fähigkeiten besser zu entwickeln. Tatsächlich ist der größere Einfluß von Frauen aus dem Nordosten der USA im öffentlichen Leben der Vereinigten Staaten der Tatsache zugeschrieben worden, daß mehr Frauen im Nordosten der USA an Hochschulen für Frauen immatrikuliert sind, während die Frauen im Mittelwesten und Westen des Landes häufiger koedukative Hochschulen besuchen. In diesem Zusammenhang ist auch das von *Deal* (1971) festgestellte Ergebnis zu erwähnen, daß in Gruppen, in denen Entscheidungen getroffen werden müssen, der Altersunterschied der Schüler ein wichtiger Einflußfaktor ist.

E. G. Cohen (1982) ist auf der Grundlage verschiedener Untersuchungsergebnisse zu dem Schluß gekommen, daß schwarze Schüler in Gruppen, in denen auch weiße Schüler waren, weniger intensiv an den Aufgaben teilnahmen und auch weniger Einfluß hatten. Die Unterschiede waren auch dann festzustellen, wenn die schwarzen und weißen Schüler hinsichtlich ihrer aufgabenbezogenen Kompetenz parallelisiert worden waren. Dies wurde auch bei einem Spiel, bei dem es auf Gruppenentscheidungen ankam, festgestellt. 19 Gruppen von jeweils zwei schwarzen und zwei weißen Jungen (Sekundarstufe I) wurden hinsichtlich ihrer sozialen Klasse und ihrer Einstellung gegenüber der Schule parallelisiert; in 14 dieser Gruppen beteiligten sich die schwarzen Schüler an Gruppenentscheidungen weniger intensiv. Ähnliche Ergebnisse über geringere Beteiligung und geringeren Einfluß sind bei folgenden ethnischen Gruppen festgestellt worden: Indianerjungen in einem Reservat, äußerlich erkennbare Mexiko-Amerikaner sowie israelische Juden mit osteuropäischem Hintergrund (im Vergleich zu Juden mit westlichem Hintergrund).

Ethnische Unterschiede weit verbreitet

Was kann getan werden, damit solche Unterschiede in Beteiligung und Einfluß zwischen einzelnen Schülern, die zu ethnischen Gruppen mit unterschiedlichem gesellschaftlichen Status gehören, geringer werden? *E. G. Cohen* (1982) hat vier mögliche Verfahren beschrieben:

Möglichkeiten der Verringerung solcher Unterschiede

1. Neue Statuseigenschaften können eingeführt werden – Eigenschaften, die zu positiveren Kompetenzerwartungen bei Schülern mit niedrigem Status führen. So kann beispielsweise der Schüler mit niedrigem Status bei bestimmten neuen Aufgaben als „Lehrer" eines Klassenkameraden mit hohem Status fungieren.
2. Eine „Referenzautorität" kann in den Unterricht einbezogen werden, i.e. eine Person, die nicht zur Gruppe gehört, aber der Minderheit mit niedrigem Status angehört und zugleich für die anstehende Aufgabe hohe Kompetenz besitzt. In der Schule können gegebenenfalls Erwachsene diese Rolle übernehmen. Oder es können Filmaufnahmen von Ereignissen gezeigt werden, bei denen eine Person, die einer Minderheit angehört, eine Führungsrolle spielt.
3. Ein Beurteiler, der für die Schüler einen hohen Status hat, etwa der Lehrer, kann die Erwartungshaltungen sowohl der Minderheits- als auch der Mehrheitsgruppe im Hinblick auf die Kompetenz der Minderheitsgruppe steigern. So kann der Lehrer beispielsweise die Kompetenz, die Leistung

und generell das, was die Schüler der Minderheitsgruppe zum Unterricht beitragen, lobend hervorheben.

4. Man kann für die Gruppe „Normen“ oder ausdrückliche Erwartungen aufstellen, die die gleich hohe Beteiligung aller zur Gruppe gehörigen Schüler bedingt. Das fängt beispielsweise damit an, daß es der Lehrer zur Norm macht, daß jeder die Chance haben muß zu sprechen und daß jedem zugehört werden muß.

Diese vier Interventionsarten gelten allgemein als wirksames Mittel zur Verringerung von Unterschieden in Beteiligung und Einfluß bei Gruppen mit unterschiedlicher Statuszusammensetzung, wobei die Unterschiede durch ethnische Faktoren, durch Geschlecht oder Alter bedingt sein können. Sie sind ein vielversprechendes Mittel zur Verbesserung der Gleichbehandlung und Chancengleichheit in Schulen, in denen trotz räumlicher Einbindung der Minderheitsgruppen die Bildungschancen ungleich verteilt sind, denn nur wenn Schritte dieser Art unternommen werden, kann ein größeres Maß an sozialer und psychologischer Gleichheit und Zusammengehörigkeit erreicht werden.

Wenn es erforderlich zu sein scheint, daß der Lehrer bestimmte Schüler zu mehr Beteiligung anhält, was kann er dann tun? Zunächst einmal kann er erwägen, die Gruppengröße zu verringern, also eine Klasse von sagen wir 30 Schülern in sechs Gruppen zu je fünf Schülern aufteilen. *Hare* (1962, S. 243) hat hierzu vorliegende Untersuchungen überprüft und festgestellt, daß Gruppen von fünf Schülern am besten gewährleisten, daß jeder sich beteiligen kann und daß zugleich eine ausreichende Vielfalt der Meinungen vorhanden ist. Die Entscheidung für mehrere Gruppen bedeutet aber zugleich, daß bestimmte Schüler die Gruppenarbeit leiten, da der Lehrer selbst nicht bei allen zugleich dabei sein kann. Weiter unten kommen wir noch darauf zu sprechen, welche Möglichkeiten und Probleme diese Sitzordnung beinhaltet. Kleine Gruppen lassen sich auch dadurch einrichten, daß der Lehrer mit fünf oder sechs Schülern ein Diskussionsgespräch führt, während der Rest der Klasse mit einer Stillarbeit beschäftigt ist (vgl. Kapitel 2).

Kleinere Gruppen zusammenstellen

Was kann der Lehrer unternehmen, eine unerwünscht niedrige Beteiligung, wenn sie vorhanden ist, anzuheben? *Applegate* (1969) stellte mit Hilfe von Fragebögen fest, daß Schüler meinten, sie könnten sich an Diskussionen in Gruppen von 15 oder weniger Schülern leichter beteiligen als in Gruppen von 25 bis 30 Schülern. Die Gründe dafür, daß sie sich an Diskussionen unabhängig von der Gruppengröße nicht beteiligen, waren allerdings durchgehend etwa die gleichen. Aus einer Liste von 12 Begründungen wurde am häufigsten ausgewählt: „Nicht ausdrücken können, was man meint“ und „Die Möglichkeit, etwas Falsches zu sagen“. Die Beteiligung kann also verbessert werden, wenn (a) die Diskussionsgruppen kleiner gehalten werden, (b) den Schülern vom Lehrer sorgfältig und unaufdringlich geholfen wird, „das zu sagen, was sie meinen“, und (c) ein Klima des Vertrauens herrscht, in dem auf eine falsche Äußerung keine Bestrafung erfolgt und der Schüler nicht ausgelacht wird.

Die Häufigkeit der Äußerungen ist, wie viele andere Verhaltensweisen, beim einzelnen Schüler durch Verstärkungsprozeduren beeinflußbar. Ein Verstärker kann jedoch nur dann auf eine Reaktion eines Schülers erfolgen, wenn diese Reaktion zustande kam. Wie kann ein Lehrer erreichen, daß der Schüler zum ersten Mal sich am Gespräch beteiligt? Ein relativ unaufdringliches Verfahren besteht darin, zu Beginn und immer wieder während der Diskussion anzukündigen, daß „wir jetzt die Reihe herumgehen und jeden eine oder zwei Bemerkungen machen lassen" über das Thema oder das Problem, das gerade behandelt wird. Bei diesem Vorgehen wird keinem einzelnen Schüler besondere Beachtung geschenkt und das Verfahren ist insofern ganz offensichtlich gerechtfertigt, als mit ihm alle Meinungen zum Ausdruck gebracht werden, bevor die Diskussion fortgesetzt wird. Eine Gefahr bei dieser Verfahrensweise besteht in dem „Phänomen des Nächsten in einer Reihe", bei dem sich der Schüler, der als nächster sprechen soll, zu sehr darauf konzentriert, was er sagen wird, und so demjenigen, der vor ihm dran ist, praktisch keine Aufmerksamkeit schenkt (*Tzeng,* 1974). Wenn nun jedoch ein Schüler, der sich früher nicht an der Diskussion beteiligt hat, eine Äußerung abgibt, so kann der Lehrer diesen Beitrag sofort verstärken.

Die Reihe herumgehen

Der Nächste in einer Reihe

Der Beitrag eines Schülers läßt sich dadurch verstärken, daß der Lehrer seine Ideen würdigt, dem Schüler dankt, seine Einsichten lobt usw. Werden die Ideen eines Schülers mit anderen Ideen in Beziehung gesetzt und wird häufig auf sie verwiesen, so stellt dies eine Art positiver Verstärkung dar, die, wie wiederholt festgestellt wurde (vgl. *Gage,* 1978, S. 30), die Leistung und günstige Einstellungen fördert:

Anwendung der Gedanken von Schülern

> Der Prozentsatz der Äußerungen des Lehrers, die eine Anwendung der Gedanken und Meinungen, die vorher von Schülern ausgedrückt wurden, darstellen, steht in direktem Zusammenhang zu den Durchschnittswerten der Klasse in Einstellungsskalen, mit denen die Attraktivität des Lehrers, des Unterrichts usw. ermittelt wird, sowie mit den durchschnittlichen Leistungswerten, die nach der Ausgangsfähigkeit korrigiert wurden (*Flanders* u. *Simon,* 1969, S. 1426).

Wird diese Art der Verstärkung häufig genug angewandt, so sollte dies die Reaktionshäufigkeit bei einem Schüler, der sich nicht beteiligt hat, anheben. Operante Verfahren sind wirksam. *Bavelas, Hastorf, Gross* und *Kite* (1965) entwickelten eine Methode, mit der Verhaltensänderungen dieser Art demonstriert werden können. In dem Experiment dieser Autoren wurden neun Gruppen mit jeweils vier Teilnehmern, die über Fallgeschichten zwischenmenschlicher Beziehungen diskutierten, durch ein Einwegfenster beobachtet. Nach Beendigung dieser ersten Diskussion brachten die Diskussionsteilnehmer die Führungspositionen der Gruppenmitglieder in eine Rangordnung. Die Gruppenmitglieder, die den dritten Rangplatz einnahmen, wurden das Objekt einer Strategie zur Verhaltensänderung. Während der zweiten Diskussion erhielt jedes einzelne Gruppenmitglied individuell Rückmeldung in Form eines grünen Lichtes, wenn der Versuchsleiter seinen Beitrag positiv bewertete, und in Form eines roten Lichts, wenn er den Beitrag als nicht sinnvoll einstufte. Die kleinen Lichtanzeigen waren vor jedem Teilnehmer so angebracht, daß die anderen Gruppenmitglieder sie nicht sehen konnten. Die Zielperson erhielt immer dann, wenn sie sprach, das grüne Licht und die anderen Diskussionsteilnehmer immer das rote, außer wenn sie ihre Übereinstimmung mit der Zielperson zum Ausdruck brachten; dabei kam es zu bemerkenswerten Veränderungen innerhalb von nur 20 Minuten. In einer dritten Diskussion, in

Untergeordnete Positionen in Führungspositionen verwandeln

der keine Rückmeldung gegeben wurde, zeigte sich, daß die Veränderungen bis zu einem gewissen Ausmaß dauerhaft waren. Diese Ergebnisse sind in Tabelle 20-1 dargestellt. „Dies alles weist offensichtlich darauf hin, daß es möglich ist, aus einer Person mit einem ziemlich niederen Status innerhalb einer sehr kurzen Zeitspanne einen Führer zu machen, zumindest in den Augen der Mitglieder dieser Gruppe" (*Hastorf*, 1965). Eine Veränderung der Verstärkungskontingenzen in der Umwelt kann, entsprechend den Voraussagen der meisten operanten Psychologen, bewirken, daß eine mit einer untergeordneten Position ausgestatteten Person zum Führer einer Gruppendiskussion wird. Diese Umweltveränderungen bestehen in einer positiven Verstärkung der Beteiligung der Zielperson und in einer leichten Bestrafung verbaler Äußerungen von Schülern mit hoher Reaktionsrate. Die leichte Bestrafung muß deshalb angewandt werden, damit die Zielperson „Raum" für ihre Beiträge erhält. Es ist unwahrscheinlich, daß positive Verstärkung alleine wirksam ist. Verbale und nichtverbale Kommunikationen können vermutlich denselben Zweck erfüllen wie ein grünes Licht. Kopfnicken und positive Anmerkungen („Ein guter Gedanke!", „Das ist interessant!") werden die Beiträge der Zielperson verstärken, während Stirnrunzeln und bestrafende Bemerkungen („Augenblick mal, Maria, wir wollen doch noch einmal hören, was Hans gesagt hat, ich finde, es war sehr vernünftig") die Reaktionshäufigkeit anderer Gruppenmitglieder vermindern wird.

Tabelle 20-1. Verhaltensweisen der Zielperson bei Gruppendiskussionen

	Sitzung		
	erste	zweite	dritte
Soziometrischer Rang	3,23	1,70	2,30
Prozentsatz der Sprechzeit	13,40	35,50	24,60
Prozentsatz aller Äußerungen	17,20	31,20	25,40

Aus *Bavelas* et al. (1965).

Gruppenzusammenhalt

Von *Zusammenhalt in der Gruppe* sprechen wir, wenn es darum geht, ob einzelne Gruppenmitglieder in der Gruppe bleiben wollen oder nicht, inwieweit sie sich mögen und füreinander Sorge tragen. Bis zu welchem Maße ist solches Verhalten in der Klasse wünschenswert? *Gall* u. *Gall* (1976) stellen in ihrem Forschungsbericht fest:

„. . . der Lehrer sollte einen nicht zu engen Zusammenhalt in der Diskussionsgruppe fördern. Obwohl eine starke Gruppenbildung mehr Möglichkeiten zu wechselseitigen Belohnungen bereithält, ist sie aus der Sicht der unterrichtlichen Ziele eine zweischneidige Angelegenheit, denn es ist ebenso leicht möglich, daß einzelne Gruppenmitglieder isoliert werden, wenn sie die Ansichten der Mehrheit nicht unterstützen, die Aufgabe ignorieren oder ihre Mitarbeit aus bestimmten Gründen einschränken" (S. 215).

Gefühle der Schüler verletzen

Eine weitere sozialemotionale Gefahr, die vermieden werden muß, besteht in der Verletzung der Gefühle von Schülern. Sarkasmus und Spott sind Mittel, auf die so gut wie kein Lehrer zurückgreifen sollte. Über den Charme, den Humor und den pädagogischen Wert des bissigen Unterrichtsstils eines Lehrers wie *George Lyman Kittredge* in Harvard wurden zwar Geschichten geschrieben:

Sarkasmus, Spott, Feindseligkeiten vermeiden

Er hatte ein stürmisches Temperament und zeigte unverhohlen seine Abneigung gegenüber dem Durchschnittsstudenten. Mit seinem weißen Bart, der qualmenden Zigarre und seiner gebieterischen Stimme flößte er ihnen Respekt ein und kümmerte sich nicht um ihre Zuneigung. Einmal lachten sie ihn aus, als er einen Schritt zu weit vortrat und von seinem Podest herunterfiel. Er schaute sie an und sagte: „Dies ist das erste Mal, daß ich mich auf das Niveau meiner Zuhörerschaft herunterbegeben habe" (*Highet,* 1955, S. 218–219).

Aber solche Lehrer – und Schüler, die selbstsicher genug sind, um keinen Schaden von ihnen zugefügt zu bekommen – gibt es wohl selten. Wenn der Lehrer nicht einen besonderen Grund hat, anzunehmen, daß er ein feindseliges Verhalten zeigen kann – auch eine mit Humor verbrämte Feindseligkeit –, ohne Schaden anzurichten, sollte er ein solches Verhalten vermeiden. Das gleiche ist über das Verhalten der Schüler zu sagen, das ihnen im Umgang miteinander gestattet werden sollte.

Es kann jedoch schwierig werden, Äußerungen von Schülern gegenüber Respekt zu zeigen, wenn diese Äußerungen sich während der Diskussion als falsch, nicht zum Thema gehörig oder als unlogisch herausstellen. Kann man verhindern, daß der Schüler, der solche Äußerungen abgab, sich angegriffen fühlt? Die Antwort darauf lautet, daß eines der wichtigsten, allgemeinen Ziele der Diskussion darin besteht, Kritik oder Verbesserungen ertragen zu lernen, ohne sie „persönlich zu nehmen". Die Schüler müssen lernen, daß sie sich in erster Linie um die Lösung des Problems oder der Aufgabe bemühen, nicht um die Bewahrung ihrer Selbstachtung.

Lernen, Kritik nicht persönlich zu nehmen

Dieses Ziel ist jedoch häufig nur schwer zu erreichen. Es kann dabei eine Hilfe sein, wenn der Lehrer auf rationale und emotionslose Weise auf Kritik an seinen eigenen Gedanken reagiert. Hier wird wieder deutlich, wie wichtig es ist, daß der Lehrer nicht zuläßt, daß seine Gedanken für unumstößlich gehalten werden.

20.8 Andere Kleingruppenmethoden

Bisher haben wir uns ausschließlich mit der Diskussion beschäftigt, also einem der am häufigsten verwendeten Verfahren, um Gruppen bis zu ungefähr 20 Schülern zu unterrichten. Für Gruppen dieser Größe sind aber auch noch andere Methoden entwickelt worden, und mit zwei besonders wichtigen wollen wir uns im folgenden näher befassen: dem Rollenspiel und dem kooperativen Lernen.

Rollenspiel

Um Schülern die Möglichkeit zu geben, die Sichtweisen und Gefühle von Menschen in bestimmten Problembereichen kennenzulernen und zu verstehen, verwenden die Lehrer häufig die Rollenspieltechnik. Dazu gehört zunächst einmal die Erstellung einer Problemsituation; dann werden bestimmten Schülern verschiedene Rollen zugeteilt. Die Schüler übernehmen diese Rollen und spielen die Szene miteinander. Abschließend besprechen sie, was sie gesagt und getan haben. Alle möglichen Problemsituationen lassen sich im Rollenspiel darstellen: Konflikte zwischen Eltern und Kindern, Lehrer-Schüler-Interaktionen, Trainer-Spieler-Beziehungen, Schüler-Schüler-Konflikte usw. Im Sozialkundeunterricht können die Schüler die Rollen der Abgeordneten verschiedener miteinander im Streit liegender Nationen übernehmen oder als Repräsentanten der verschiedenen Parteien einen „Frühschoppen“ veranstalten. Im Literaturunterricht können die Schüler die Rollen verschiedener Charaktere aus einem Drama oder Roman übernehmen und sich in hypothetische neue Situationen hineindenken.

Die Zuteilung bestimmter Rollen ist ebenfalls von verschiedenen Faktoren abhängig. Sehr häufig übernimmt ein Schüler die Rolle des „anderen“, desjenigen also, dessen Meinung er nicht teilt oder mit dem er Kompetenz- bzw. Konfliktprobleme hat. Der Grundgedanke hierbei ist, daß durch die Übernahme der „anderen“ Rolle der Schüler lernt, sich in die Sichtweise seines Gegenübers hineinzuversetzen und das Problem von dieser Seite aus zu betrachten. Was ein Schüler „einfach nicht anhören“ konnte, d.h. nicht verstehen konnte, solange jemand anders es gesagt hat, kann ihm jetzt in der neuen Rolle verständlicher werden, sowohl in emotionaler wie in intellektueller Hinsicht. In einer Stunde über *Hamlet* kann ein sehr entschlußfreudiger Junge die Rolle der Ophelia übernehmen, und ein sehr entschlußfreudiges Mädchen kann Hamlet verkörpern. In einer Diskussion über das Rauchen kann ein Raucher die Rolle des Bundesgesundheitsministers übernehmen und ein Nichtraucher die Rolle eines süchtigen Kettenrauchers.

Obwohl das Rollenspiel seinen speziellen Nutzen darin hat, daß man dabei die Gefühle und Einstellungen anderer ausloten kann, sind Informationen, Tatsachen, Konzepte, Prinzipien und logisches Denken davon nicht ausgeschlossen. Die affektiven und kognitiven Komponenten menschlicher Probleme kommen in derselben inneren Verknüpfung zum Tragen wie im wirklichen Leben auch. Vorurteile, Stereotypen, fehlerhafte Logik, Ignoranz und falsche Informationen manifestieren sich in der Rollenspielsituation; sie können im Anschluß an das Spiel überprüft werden und so zu einer Klärung beitragen.

Der grundlegende Vorteil des Rollenspiels ist, daß die Situation, die mit ihm hergestellt wird, für die Beteiligten keine Bedrohung darstellt. Die emotionalen und rationalen Fehler, die uns im wirklichen Leben oft so unglücklich machen, „kosten“ relativ wenig im Rollenspiel. Der Schüler kann eine Rolle bis zu ihren logischen und emotionalen Grenzen hin ausloten, er kann ihre möglicherweise verheerende Bedeutung erfassen und so sehr viel einsichtiger werden, ohne viel zu investieren. Störrisches und irrationales Verhalten im

Rollenspiel kann dem Schüler eine Lehre sein, die sich durchaus auf reale Problemsituationen übertragen läßt.

Das Rollenspiel ist in allen Altersgruppen eingesetzt worden, bei kleinen Kindern (*Maccoby,* 1959), bei Jugendlichen (*Shaftel* u. *Shaftel,* 1967) und bei Studenten (*Sayre,* 1957). Die Beobachter eines Rollenspiels, die nicht beteiligten Mitschüler also, sollten im vorhinein mit einigen Anweisungen versehen werden (wobei die Rollenspieler selbst für einen Augenblick den Raum verlassen), und zwar im Hinblick auf bestimmte Phänomene, Konflikttypen, Konzepte oder Aspekte der Interaktion, die aller Wahrscheinlichkeit nach auftreten und dem Zweck des Spiels dienen werden.

Wenn ein Schüler zum ersten Mal an einem Rollenspiel teilnimmt, fühlt er sich wahrscheinlich unwohl dabei; deshalb sollte der Lehrer ihn darin bestätigen, daß das, was er da tut, legitim und ernstzunehmen ist, wenn es auch recht unkonventionell erscheint. Die Erfahrung lehrt, daß die meisten Beteiligten aller Altersstufen dieses Verfahren sehr schnell akzeptieren und seinen Sinn verstehen.

Das Rollenspiel selbst ist spontan und unvorbereitet. Wer was zu wem sagt, wird im jeweiligen Augenblick von den Spielern selbst entschieden, je nachdem, wie sie die Bedingungen der ihnen gestellten Aufgabe und ihre Rolle darin sehen. An einem typischen Rollenspiel sind nur zwei bis fünf Rollen und Spieler beteiligt, so daß die Komplexität des Geschehens innerhalb überschaubarer Grenzen bleibt. Das Spiel selbst dauert nur ein paar Minuten, höchstens aber eine viertel Stunde. Die Handlung muß nicht zu einem logischen Ende führen, sie kann abgebrochen werden, sobald genug geschehen ist, was sich als Stoff für eine sinnvolle Diskussion anbietet.

Was nun die folgende Besprechung betrifft, so können alle bisher erörterten Vorschläge über Diskussion und Kleingruppenunterricht berücksichtigt werden. Das Rollenspiel hat nur eine neue, andersgeartete „gemeinsame Grundlage" geschaffen, eine Grundlage, die die Probleme, Konflikte, menschlichen Bedürfnisse und Verhaltensweisen in einer einmalig lebendigen und realistischen Weise aufzeigt. Den Rollenspielern sollte in der Regel zunächst Gelegenheit gegeben werden, sich zu äußern, und zwar im Hinblick darauf, wie sie ihre eigene Rolle und die Rollen der anderen aus der „Innensicht" beurteilen. Dann können die Beobachter ins Gespräch einbezogen werden: sie können die Vor- und Nachteile, die Stärken und Schwächen, die Klarheit und Verschwommenheit der Rollen kommentieren, die sie gerade erlebt haben.

Wie man üben kann, Rollen zu übernehmen und damit zu Möglichkeiten gelangt, Rollenspielfähigkeiten zu entfalten und zu bewerten, haben *McCaleb* u. *Korman* mit Schülern der achten Klasse gezeigt:

Der Lehrer bot den Schülern Rollen wie diese an: überrede den Schulleiter, eine Musikbox in der Caféteria zu installieren oder eine Schülerfete an einem Abend unter der Woche zu genehmigen; überzeuge den Vater deiner Freundin, ihr ein monatliches ‚Gehalt' für Kleider zu geben ...; beschreibe ein Rockkonzert, zuerst einem Freund und danach seinen Eltern (*McCaleb* u. *Korman,* 1978, S. 44).

Wenn der Schüler sich eine solche Situation ausgesucht hatte, übte er mit einem Partner, mit dem Ziel, sich vorzustellen, wie sein Mitspieler in der Rollenspielsituation wohl reagieren könnte und um zu zeigen, wie gut er seinen Standpunkt in Handlung umzusetzen vermag. In den vorgebrachten Argumenten spiegelten sich drei Ebenen des Rollenverständnisses. *Stufe 1:* Manche Schüler lieferten nur solche Argumente, die allein der Verkörperung der Rolle entsprachen („Ich weiß, das wird sich gut auf meine Note auswirken"). *Stufe 2:* Andere zeigten, daß ihnen auch mögliche Gegenargumente bewußt waren („Ich weiß, daß das sehr teuer sein kann"). *Stufe 3:* Ein Schüler versuchte deutlich zu machen, daß die Bewilligung seines Antrags auch für den Erwachsenen ein Vorteil sein würde („Die Musik in der Caféteria könnte die Schüler veranlassen, nicht so viel Zeit beim Essen zu verplempern"). Diese drei Stufen, die die Fähigkeit widerspiegeln, wie gut ein Schüler eine Rolle zu übernehmen versteht, wurden dann als Grundlage für mündliche (Sprach- und Lese-) Aufgaben und für schriftliche Aufgaben verwendet, mit dem Ziel, das Fähigkeitsniveau der Schüler anzuheben.

Kooperatives Lernen

Wenn wir es erreichen, daß Schüler miteinander arbeiten und nicht gegeneinander, können wir Vorurteil und Feindschaft unter den Schülern und zwischen einzelnen Gruppen abbauen. Angenommen, der Lehrer stellt seiner Klasse, die er in vier oder fünf Gruppen unterteilt hat, verschiedene komplexe Aufgaben. Die Schüler verteilen nun die Arbeiten untereinander, sie helfen einander (besonders den schwächeren) und lassen sich lobend oder kritisch über das aus, was jeder in der Gruppe leistet und einbringt. Wird sich so gegenseitiges Wohlwollen und Respekt unter den einzelnen Schülern in der Gruppe entwickeln? Wenn in der Gruppe Schüler aus Minderheiten sind, gegen die andere Schüler Vorurteile hegen, ist es wahrscheinlich, daß aufgrund dieser kooperativen Erfahrung Vorurteile abgebaut, ja sogar, daß positive Einstellungen aufgebaut werden. „Wenn außerdem ... genügend kooperative Erfahrungen über die Grenzen der ethnischen Barrieren hinaus gesammelt werden können, wird die Reizgeneralisierung (vgl. Kapitel 12) zu einer Erweiterung der positiven Einstellungen führen, und zwar nicht nur gegenüber den eigenen, ethnisch fremden Gruppenmitgliedern, sondern auch gegenüber Angehörigen dieser ethnischen Gruppe ganz allgemein" (*Weigel* et al., 1975, S. 223). Diese wie auch andere kooperative Lernmethoden sind inzwischen mehrfach kritisch überprüft worden (vgl. *Webb,* 1982a; *Slavin,* 1980a, 1980b; *Johnson* et al., 1981).

Eine dieser kooperativen Lernmethoden, die Schülerteammethode und die Leistungsverteilungsmethode, ist von *Slavin* (1978) entwickelt worden. Bei diesem Verfahren wird der vom Lehrer vermittelte Stoff von Schülerteams durchgeprüft. Dafür wird das Team vom Lehrer belohnt, und zwar anhand eines Rechenschaftssystems, bei dem eine direkte Konkurrenz zwischen einzelnen Schülern ausgeschaltet ist. Jeder Schüler wird einer Leistungs„abteilung" zugeteilt, zusammen mit anderen Schülern, die in der Vergangenheit in etwa gleiche Leistungen gezeigt haben. Die wöchentlichen Testwerte des einzelnen Schülers werden nur mit denen der anderen Schüler in seiner Abteilung verglichen. So kann jeder Schüler eine relativ gute Note erhalten, was seine Motivation voraussichtlich steigert. Dieses Verfahren verlangt aber auch eine sorgfältige Strukturierung des Stoffs und der Unterrichtsschritte sowie eine genaue Prüfung der Arbeitsblätter der einzelnen Teams, bei der sich die Schüler gegenseitig unterstützen.

Eine andere kooperative Lernmethode ist das sogenannte „Gruppenforschungsmodell" (vgl. *Sharan* u. *Lazarowitz,* im Druck). Bei diesem Ansatz kooperieren die Schüler bei der Planung eines Unterrichtssthemas, sie formulieren gemeinsam die Verfahren, sammeln Daten und interpretieren sie und stellen die Einzelbeiträge in Form eines Gruppenergebnisses zusammen. Die Gruppen bestehen aus zwei bis sechs Schülern, die gemeinsam die einzelnen Schritte unter Anleitung des Lehrers durchlaufen.

Eine gründliche quantitative Synthese der 286 Ergebnisse aus den vielen Experimenten, in denen diese Verfahren mit den konventionellen Unterrichtsverfahren verglichen wurden, ist von *Johnson* et al. (1981) erstellt worden. Die Autoren kommen zu folgendem Schluß:

(a) Kooperation ist beträchtlich wirkungsvoller als Konkurrenz und Einzelanstrengung; (b) auch bei vorhandener Konkurrenz der Gruppen untereinander ist Kooperation im Vergleich zu Konkurrenz oder Einzelanstrengung überlegen; (c) aber Wettbewerb und Einzelanstrengung unterscheiden sich nicht signifikant voneinander (S. 47).

Gelegentlich macht die Zusammensetzung der Gruppe einen Unterschied. So hat *Webb* (1982b) festgestellt, „daß mittelmäßig begabte Schüler in homogenen Begabungsgruppen höhere Leistungen erbrachten ... als mittelmäßig begabte Schüler in gemischten Begabungsgruppen" (S. 642).

20.9 Zusammenfassung

Kleingruppenmethoden sind ein geeignetes Verfahren, kritische Denkfähigkeit, demokratisches Verhalten, Einstellungsveränderungen, Motivation und freies, selbständiges Ausdrucksvermögen zu fördern. Zur Vermittlung von Sachverhalten sind sie verhältnismäßig ungeeignet.

Vor der Diskussionsstunde muß ein Thema ausgewählt werden. Hier spielen für kontroverse und nichtkontroverse Themen unterschiedliche Faktoren eine Rolle. Es muß irgendeine gemeinsame Grundlage, von der Lehrer und Schüler ausgehen können, hergestellt werden, indem z.B. vor der Diskussion alle Beteiligten den gleichen Stoff lesen. Hat man die Diskussionsziele präzisiert, z.B. die Lösung bestimmter Probleme als Ziel für die Diskussion gesetzt, so wird man sich leichter tun. Schließlich muß man sich über die Größe der Gruppe und ihre Sitzordnung Gedanken machen und sie so gestalten, daß die Diskussion gefördert wird.

Während der Diskussion muß der Lehrer seine Rolle auf ihren Verlauf abstimmen, er muß bestimmen, wie häufig und an welchen Punkten er selbst Beiträge leisten will. Das gleiche trifft für die Rolle der Schüler zu; Lehrer und Schüler sollten zu einer gemeinsamen Auffassung darüber gelangen, welche Rolle sie jeweils spielen sollten. Zur Leitung einer Diskussion gehört, daß man entscheiden kann, wann man eingreifen sollte; es wurden einige Leitlinien angegeben, wie man sich Abschweifungen, Pausen, sachlichen Irrtümern und logischen Fehlschlüssen gegenüber verhalten sollte. Es sollte die richtige Art und das richtige Ausmaß von Struktur für die Diskussion gewählt werden.

Nach der Diskussionsstunde sollte der Lehrer Aufzeichnungen über überraschend auftauchende Gedanken und entstandene Schwierigkeiten machen. Darüber hinaus kann es sinnvoll sein, die Diskussion hinsichtlich verschiedener Dimensionen zu bewerten und Bewertungen der Schüler mit Hilfe von Einschätzskalen und Kommentarbögen zu erheben.

Eine intellektuelle Gefahr kann darin bestehen, daß der Lehrer die Diskussion auf eine Weise beeinflußt, die ihren pädagogischen Wert beeinträchtigt. Der Lehrer kann seine Schüler unbeabsichtigterweise dazu ermuntern, sich dem Gruppendruck auf unerwünschte Weise zu beugen. Er kann entscheidende Informationen zurückhalten, wenn er sie eigentlich geben sollte. Der Lehrer sollte wach dafür sein, wann der pädagogische Nutzen eines Themas in einer bestimmten Gruppe sich erschöpft hat.

Eine sozialemotionale Gefahr kann mit der fehlenden oder mangelnden Beteiligung einiger Schüler gegeben sein. Hier kann mit Hilfe von Verstärkungstechniken und einer Anhebung der Kompetenz in dem entsprechenden Sachgebiet Abhilfe geschaffen werden. Eine Verletzung der Gefühle der Schüler kann dadurch vermieden werden, daß man Feindseligkeiten und persönliche Angriffe, entweder durch den Lehrer oder durch andere Schüler, vermeidet.

Am Ende dieses Kapitels haben wir verschiedene Techniken für die Unterrichtsarbeit mit kleinen Gruppen beschrieben, die nicht direkt zur Diskussion selbst gehören; dazu zählen vor allem das Rollenspiel und das kooperative Lernen.

Kapitel 21
Individueller Unterricht

21.1 Überblick

Es gibt Situationen, in denen die Unterrichtsziele am besten dadurch erreicht werden, daß die Schüler selbständig arbeiten oder daß der Lehrer mit einem einzelnen Schüler arbeitet. Mit dem individuellen Unterricht kann die Selbständigkeit der Schüler gefördert werden – ihre Fähigkeit, über kurze oder lange Zeiträume kleine oder umfangreiche Projekte selbständig zu bearbeiten. Da dies ein Ziel des Unterrichts ist, spricht viel für die individuelle Unterweisung, wenn sie zweckentsprechend angewandt wird.

Der individuelle Unterricht gestattet, garantiert jedoch nicht, eine Anpassung des Unterrichts an einen einzelnen Schüler. Das heißt, der individuelle Unterricht kann oder kann nicht individualisiert stattfinden. Eine individualisierte Unterweisung liegt dann vor, wenn die Unterrichtsziele, das Lernmaterial, das Fachgebiet oder die Unterrichtsmethoden speziell für einen bestimmten Schüler oder eine kleine Gruppe von Schülern mit gemeinsamen Charakteristiken ausgewählt werden. Ein individualisierter, d. h. dem einzelnen Schüler angepaßter, Unterricht kann mit einem Individuum oder gleichzeitig mit mehreren durchgeführt werden. Vielleicht sollte man lieber den Begriff *angepaßt* und nicht den Begriff individualisiert gebrauchen, da es leicht einzusehen ist, daß ein dem einzelnen Schüler angepaßter Unterricht auch in einer Gruppe von Schülern durchgeführt werden kann. Gegenstand dieses Kapitels und des nächsten ist der individuelle Unterricht, der zum Teil individualisiert oder angepaßt stattfindet.

In diesem Kapitel beschäftigen wir uns mit den verschiedenen Formen des individuellen Unterrichts, für den kaum zusätzliches Lernmaterial oder eine neue Organisation der Schule nötig ist. Wir beschäftigen uns zunächst mit den *Hausaufgaben* und legen dar, wie diese Form des individuellen Unterrichts sich auf das Lernen auswirkt. Dabei gehen wir auch auf die *Lerngewohnheiten* von Schülern ein. Eine Erörterung der Frage, wie man lernen sollte, kann dem Leser auch die Bewältigung seiner eigenen Aufgaben erleichtern und sollte vielleicht auch mit denjenigen Schülern durchgeführt werden, die Lernschwierigkeiten haben. Darüber hinaus beschäftigen wir uns mit dem selbständigen und selbstbestimmten Lernen an der Hochschule und stellen dabei den Keller-Plan und das Bewältigungslernen (Lernen bis zur vollständigen Beherrschung des Lernstoffes – Mastery Learning) dar. In einem weiteren Abschnitt dieses Kapitels werden Verhaltensverträge und ihre Anwendungsmöglichkeiten in den verschiedenen Klassenstufen besprochen. Schließlich werden wir verschiedene Möglichkeiten der Einzelbetreuung von Schülern beschreiben. Diese Methoden der individuellen Unterweisung verlangen einige dem Lernen förderliche Veränderungen in der Organisation von Klassen. Jede einzelne dieser Methoden kann schon von einem einzelnen Lehrer an einer Schule angewandt werden, wenngleich dies nicht immer die ideale Voraussetzung ist. Diese Methoden sind kaum davon abhängig, daß neue Unterrichtstechnologien oder neue Lernmaterialien und Ausrüstungsgegenstände vorhanden sind. Abschließend gehen wir noch auf den programmierten Unterricht und auf die Einsatzmöglichkeiten des Computers ein.

21.2 Ziele des individuellen Unterrichts

Ebenso wie die Vortrags- und die Diskussionsmethode für bestimmte pädagogische Zwecke geeignet sind, gibt es Gelegenheiten, bei denen Schüler selbständig arbeiten sollten. Was sind dies für Gelegenheiten? Wann ist es das beste, einen Schüler mit einem Arbeitsauftrag, einer Aufgabe, einem Abschnitt in einem Buch, einer Einheit eines programmierten Unterrichtsprogramms oder einem umfangreichen Auftrag, zu dessen Erfüllung selbständige Bemühungen und selbständiges Studium erforderlich sind, sich selbst zu überlassen?

Berücksichtigung individueller Unterschiede

Individualisierung des Unterrichts

Die Individualisierung des Unterrichts hat in den letzten Jahren an Bedeutung zugenommen. Die Pädagogen waren mit dem konventionellen Unterricht, mit seinen Grundannahmen und mit seiner Wirksamkeit, nicht mehr zufrieden. Diese Unzufriedenheit entstammt zum Teil den Bemühungen, individuelle Unterschiede im Unterricht zu berücksichtigen. Dieses Problem ist, insbesondere seit den zwanziger Jahren, ein wichtiger Forschungsgegenstand in der Pädagogik. Zu dieser Zeit griff der Gebrauch von Tests immer mehr um sich und man stieß auf die Intelligenzunterschiede zwischen den Schülern einer typischen Klasse. Aus den entsprechenden Untersuchungen wurde deutlich, daß die besten Schüler in der üblichen Klassenzusammensetzung wesentlich mehr und wesentlich schneller lernen konnten als die leistungsschwächsten Schüler in der gleichen Klasse. Die Unterschiede machten die Aufgaben des Lehrers komplizierter. Aufgaben, die für einige Schüler sich als angemessen erwiesen, waren für andere nicht geeignet. Das Lernmaterial, die Erklärungen, die Unterrichtsgegenstände, die Diskussionen und viele andere Bestandteile des Unterrichts waren unweigerlich für einige Schüler in der Klasse unangemessen. Die Vortragsmethode wurde durch dieses Problem offensichtlich in Frage gestellt. Aber auch bei der Unterrichtsdiskussion, an der sich die Schüler auf verschiedene Weise beteiligen konnten, war der Diskussionsgegenstand für alle Schüler, trotz der individuellen Unterschiede zwischen ihnen, immer derselbe. Die Langeweile, die Frustrationen und die Widersätzlichkeit von

Schülern konnten darauf zurückgeführt werden, daß es mit den in großen und auch in kleinen Gruppen angewandten Methoden nicht möglich war, individuelle Unterschiede auf angemessene Weise zu berücksichtigen. Es hatte also den Anschein, als müsse jeder Versuch, Schüler in Gruppen zu unterrichten, mit großer Wahrscheinlichkeit dazu führen, daß für einige Schüler der Unterricht nicht angemessen sein würde.

Die naheliegende Lösung bestand darin, einen individuell ausgerichteten Unterricht durchzuführen. Jeder Schüler sollte Aufgaben bearbeiten, die seinen speziellen Fähigkeiten und Interessen angemessen sind. Er sollte mit einer Lerntechnik und einem Lernstil arbeiten, die seinem Temperament entsprechen. Er sollte seine Lerngeschwindigkeit selbst bestimmen.

Fähigkeitsgruppierung

Eine Zwischenstufe auf dem Weg zum individuell ausgerichteten Unterricht war das Gruppieren nach Fähigkeiten. Dabei werden Schüler mit etwa der gleichen Fähigkeit in einer Gruppe zusammengefaßt. Die Gruppen können innerhalb einer Klasse gebildet werden oder sie können selbst getrennte Klassen für langsamere und schnellere Schüler darstellen. Bei anderen Versuchen, mit dem Problem der individuellen Unterschiede fertig zu werden, wurden Förderklassen gebildet, die Einzelbetreuung eingeführt, Schulen ohne Benotung geschaffen, Verfahren, bei denen eine Klasse wiederholt oder übersprungen werden konnte, angewandt, Pläne, bei denen die Klassenstufe häufiger gewechselt werden konnte, entwickelt und einzelnen Gruppen und Individuen innerhalb derselben Klasse spezielle Tätigkeiten und Aufgaben zugewiesen (*Thomas* u. *Thomas*, 1965).

Stabile gegenüber momentanen individuellen Unterschieden

Diese Individualisierungstechniken sind dann einigermaßen plausibel, wenn es um die Bewältigung individueller Unterschiede in *stabilen* Merkmalen geht. Für den Umgang mit individuellen Unterschieden, die nur *momentan* zu einem bestimmten Punkt beim Lernen eines bestimmten Stoffs oder Gegenstands bestehen, sind sie jedoch nicht geeignet. Schüler unterscheiden sich nämlich nicht nur in relativ stabilen Merkmalen, wie ihren schulischen Fähigkeiten oder Interessen, sondern sie unterscheiden sich auch in einem bestimmten Augenblick in dem Ausmaß, in dem sie gerade eine Erklärung verstehen, in dem sie so weit sind, daß sie sich einem anderen Problem oder Gegenstand zuwenden können, oder in dem es notwendig ist, ein bestimmtes Konzept oder eine bestimmte Fertigkeit weiter zu üben.

Mit dem Bilden homogener Gruppen (Gruppen von Schülern, die sich in ihren Fähigkeiten weniger unterscheiden, als das in der Klassengruppe insgesamt der Fall ist) wird das Problem momentaner Unterschiede in den Fortschritten der Schüler nicht gelöst. Wenn solche momentanen Unterschiede vorhanden sind, heißt das, daß die Erklärung, die ein Lehrer auf die Frage eines Schülers hin gibt, für die anderen Schüler in der Klasse möglicherweise nicht angemessen ist. Zu jedem denkbaren Zeitpunkt können einige Schüler so weit sein, daß das Niveau der Diskussion angehoben werden kann, während andere gerade erst anfangen, die Ideen, über die diskutiert wird, zu begreifen.

Förderung der Selbständigkeit

Abgesehen davon, daß der individuell ausgerichtete Unterricht von Nutzen sein kann, wenn es um das Erreichen pädagogischer Ziele ganz allgemein geht, kann er auch dazu eingesetzt werden, wenn das Ziel darin besteht, daß die Schüler selbständig arbeiten und lernen. Pädagogen gehen im allgemeinen davon aus, daß Schüler letzten Endes die Fähigkeit erwerben müssen, selbständig zu lernen. „Zu lernen, wie man lernt," wird als eigenständiges, wichtiges Ziel erachtet. Schüler sollten dazu imstande sein, wenn sie die Schule verlassen haben, weiterhin zu lernen. Dieses Ideal wurde bereits 1873 vertreten, als *Herbert Spencer* schrieb, daß

Lernen, wie man lernt

> ... in der Erziehung der Prozeß der Selbstentwicklung weitestgehend gefördert werden sollte. Die Kinder sollten dahin gebracht werden, daß sie ihre eigenen Untersuchungen anstellen und ihre eigenen Schlüsse ziehen. Es sollte ihnen so wenig wie möglich einfach *mitgeteilt* werden und man sollte erreichen, daß sie so viel wie möglich selbst *entdecken*. Der Fortschritt der Menschheit beruht ausschließlich auf selbständig angeeignetem Wissen; und ... um die bestmöglichen Ergebnisse zu erzielen, muß der Verstand eines jeden Menschen irgendwelche Fortschritte, die auf eben diesem Vorgehen beruhen, machen, ... (zitiert in *Dale,* 1967, S. 41).

Einzelbetreuung und selbständiges Lernen

Die Berücksichtigung individueller Unterschiede ist ein Ziel des individuellen Unterrichts; die Möglichkeit zu haben, sich in selbstbestimmtem, unabhängigem Lernen zu üben, ist ein weiteres. Das erstgenannte Ziel läuft auf Einzelbetreuung und computerunterstützten Unterricht hinaus. Das zweite Ziel, dem Schüler dabei zu helfen, daß er selbständig lernen kann, führt zu Programmen des *selbständigen Lernens,* wobei der Lehrer mehr oder weniger anleitende Hilfen gibt. Es ist die Art und Weise, in der schon immer Wissenschaftler, Journalisten und freischaffende Künstler – um nur einige zu nennen – gelernt haben. Bei Schülern zielt das selbständige Lernen hauptsächlich darauf ab, daß sie fähiger werden, Verantwortung für ihre eigene Erziehung zu übernehmen. Der Lehrer reduziert den Anteil des traditionellen Unterrichts in der Klasse und übt weniger Kontrolle über die Zeit und das Denken der Schüler aus. Es besteht jeweils eine ganz spezielle, direkte Beziehung zwischen Schüler und Lehrer. Jeder Schüler geht beim Lernen oder Forschen einen anderen Weg. Ein derartiger Unterricht ist von *Bonthius, Davis* und *Drushal* (1957) beschrieben worden. Beim *selbstbestimmten Lernen* bleibt die formale Unterrichtsstruktur erhalten, der Lehrer hat viele Schüler; der wesentliche Unterschied zum konventionellen Unterricht besteht darin, daß die Anzahl der formellen Unterrichtsstunden, die der Schüler besucht, vermindert wird (*Gruber* u. *Weitman,* 1962). Ziele des selbstbestimmten Lernens sind Kenntnisse des Schülers über ein Stoffgebiet, seine Fähigkeit, über das Stoffgebiet „nachzudenken" und es selbständig zu erlernen und eine allgemeine Bereitschaft zu unabhängigem, intellektuellem Arbeiten und zu intellektueller Neugier.

Selbständiges Lernen

Selbstbestimmtes Lernen

21.3 Lerngewohnheiten

Gewöhnlich erwarten Lehrer und Schüler gleichermaßen, daß ein Großteil des Lernens stattfindet, während der Schüler, entweder zu Hause oder im Klassenzimmer alleine arbeitet. Viele Schüler lernen eine Menge bei diesem individuellen Arbeiten. Der Lehrer gibt Kapitel im Geschichtsbuch, Aufgaben im Mathematikbuch oder bestimmte Seiten eines Romans usw. als Hausaufgabe auf und der Schüler bearbeitet die Aufgabe. Der Umfang dieser Hausaufgaben an amerikanischen Schulen nimmt schrittweise von 10 bis 30 Minuten von der ersten bis zur dritten Klassenstufe zu und von 30 bis 50 Minuten von der fünften zur sechsten Klassenstufe. An der Junior High School (Sekundarstufe I) können 45 bis 120 Minuten Hausarbeit pro Tag angebracht sein. Für die High School (Sekundarstufe II) werden von einer bis zu drei Stunden empfohlen.

Umfang der Hausaufgaben

Hausaufgaben

Führen Hausaufgaben zu Leistungsverbesserungen? *Wolf* (1979) ging in seiner Untersuchung über verschiedene Länderstudien, die von der International Association for the Evaluation of Educational Achievement (IEA) durchgeführt worden waren, dieser Frage nach und stellte fest, „daß die wöchentliche Stundenzahl der Hausaufgaben eine wesentliche Beziehung zur Leistung aufweist" (S. 321). In einer ähnlich breitgefächerten Untersuchung überprüfte *Keith* (1982) die Wirkung der Hausaufgaben bei 20000 Schülern der 12. Klasse (Abschlußklasse) an amerikanischen High Schools, wobei er den möglichen Einfluß von ethnischem Hintergrund, Familienverhältnissen, allgemeiner geistiger Fähigkeit und der Schulart (allgemeinbildend bzw. berufsbezogen) statistisch ausschaltete. Die Hausaufgabenzeit wurde auf einer Skala gemessen, die von „Hausaufgaben werden nie gestellt" bzw. „Ich habe Hausaufgaben auf, aber ich mache sie nicht" bis zu „mehr als 10 Stunden pro Woche" reichte. Für sich selbst gesehen korrelierte die Hausaufgabenzeit zu 0,32 mit den Noten. Und selbst wenn die anderen vier Variablen berücksichtigt worden waren, korrelierte sie immer noch zu 0,19 mit Noten. Aber auch dies war nur eine Korrelationsstudie, und damit ist die Möglichkeit noch nicht ausgeschlossen, daß Schüler, die bessere Noten erhalten, durch diese Art von Belohnung motiviert werden, noch mehr zu tun, im Gegensatz zu der Möglichkeit, daß die Hausaufgaben ursächlich für die besseren Noten verantwortlich sind.
Um zu eindeutigeren Schlüssen über den ursächlichen Einfluß von Hausaufgaben auf Leistung zu kommen, brauchen wir Experimente. Kürzlich sind 23 solcher Versuche aus dem Bereich des Mathematikunterrichts von *Marshall* (1982) überprüft worden. Sie stellte fest, daß Hausaufgaben tatsächlich zu höheren Leistungen führten, insbesondere in den oberen Klassen (7–10), und dies vor allem bei Problemlösungsaufgaben im Gegensatz zu reinen Rechenaufgaben. Das bedeutet, daß Lehrer Hausaufgaben erteilen und daß Schüler sie machen sollten, sofern sie wollen, daß sich ihre Leistungen und Noten verbessern. Gleichzeitig müssen wir aber zwei Warnungen aussprechen:

Hausaufgaben, die keine enge curriculare Bindung aufweisen, haben auch einen weniger wahrscheinlichen Einfluß auf die Leistung in dem betreffenden Bereich. Und: wenn Lehrer ihre Schüler wegen unsorgfältig oder unkorrekt gemachter Hausaufgaben nicht zur Rechenschaft ziehen, dann wird auch der Nutzen der Hausaufgaben geringer sein.

Lernfertigkeiten

Der Lehrer kann den Schülern auch dadurch beim selbständigen Lernen helfen, daß er ihnen eine der vielen, mit dem gesunden Menschenverstand entwickelten Anleitungen zur Verbesserung der Lernfertigkeiten vorschlägt.

SQ3R *Robinson* (1970) empfahl die „SQ3R“ *(survey-question-read-recite-review)*-Methode des Lernens:

1. *Überblick (Survey):* Verschaffe dir einen Überblick über den Stoff, indem du den Titel liest, dir bereits erworbene Kenntnisse und Erfahrungen, die mit dem Thema zu tun haben, ins Gedächtnis zurückrufst, die Bedeutung des Themas für dich selbst erwägst und Überschriften, Schlüsselsätze, Diagramme und ähnliches überfliegst.
2. *Fragen (Question):* Richte Fragen an den Stoff, d.h. verwandele die Überschriften in Fragen, die durch den Stoff beantwortet werden.
3. *Lesen (Read):* Lies das Material aufmerksam durch, um so die Antworten auf die Fragen, die du gestellt hast, zu erhalten.
4. *Wiedergeben (Recite):* Gib das Gelesene in der Form wieder, in der du später die Fragen beantworten mußt, z.B. ohne dabei das Buch zu benutzen.
5. *Rückschau (Review):* Verschaffe dir noch einmal einen Überblick, indem du deine Aufzeichnungen durchsiehst, dir die Haupt- und Unterpunkte ins Gedächtnis zurückrufst, praktische Übungen durchführst und auf andere Weise sicherstellst, daß du den Stoff kennst und verstanden hast.

Kann der Schüler seine Leistungen mit dieser plausibel erscheinenden SQ3R-Methode wirklich verbessern? Vielleicht ein ganz klein wenig, sagen *Johns* u. *McNamara* (1980) und sie kommen zu dem Schluß, „daß die überlegene Effektivität von SQ3R empirisch noch nicht nachgewiesen worden ist und wir noch mehr Forschungsergebnisse benötigen“ (S. 707).
Führen Unterstreichungen und Randbemerkungen beim Lesen zu besserem Textverständnis nur dann, wenn die Schüler selbständig lernen? Wer glaubt, daß Aufzeichnungen oder Unterstreichungen eine tatsächliche Hilfe sind, wird bei der Durchsicht der Forschungsergebnisse eine Überraschung erleben. *Marken* u. *Maland* (1979) haben das getan und selbst auch ein kleines Experiment durchgeführt, und jedesmal sind sie zu dem Ergebnis gekommen, daß die Wirkung äußerst gering zu sein scheint.

SSHA Die Untersuchungen von *W. F. Brown* und *W. H. Holtzman* (1967), die während der Entwicklung des Survey of Study Habits and Attitudes (SSHA) (Fragebogen über Lerngewohnheiten und -einstellungen) durchgeführt wurden, können eine Hilfe für die Verbesserung des Lernens bei der Erledigung von Hausaufgaben und des selbständigen Lernens darstellen. Der SSHA-Fragebogen mißt das Ausmaß, in dem ein Schüler erwünschte Lernmethoden, Lernmotivation und Einstellungen zur schulischen Arbeit angibt. Für die Schüler der siebenten Klassen in sieben verschiedenen Schulbezirken korrelierte der SSHA-Wert zu 0,55 mit dem Notendurchschnitt, jedoch nur zu 0,32 mit einem Test für schulische Fähigkeiten. Der Test für schulische Fähigkeiten korrelierte zu 0,61 mit dem Notendurchschnitt. Wenn der SSHA-Wert und der Test für schulische Fähigkeiten zusammen für die Voraussage des Notendurchschnitts benutzt wurden, ergab sich eine „multiple" (d. h. kombinierte) Korrelation von 0,72. Wenn die Korrelation zwischen dem SSHA-Wert und dem Notendurchschnitt ermittelt wurde und dabei die schulische Fähigkeit partialisiert (d. h. statistisch konstant gehalten) wurde, war die partielle Korrelation 0,47. Die Ergebnisse für die achte bis zwölfte Klassenstufe waren ähnlich. Eine in England durchgeführte Studie (*Dobson,* 1979) erbrachte ähnliche, aber insgesamt geringere Korrelationen zwischen SSHA und Prüfungsnoten. Kurz gesagt: der SSHA mißt Verhaltenstendenzen, die von dem, was Tests für schulische Fähigkeiten messen, ziemlich verschieden sind und dennoch in einem signifikanten Zusammenhang zu schulischen Leistungen stehen.

Multiple Korrelation

Gleichwohl: in Kapitel 2 haben wir bereits darauf hingewiesen, daß Korrelationen nicht dasselbe sind wie Kausalbeziehungen. Das heißt, die Korrelationen zwischen dem SSHA und Schulnoten sind kein Indikator dafür, ob wünschenswertes Lernverhalten *kausal* für bessere Leistungen verantwortlich ist. Dennoch scheinen einige der SSHA-Items einen derartigen kausalen Zusammenhang nahezulegen. Wir haben versucht, diese Items in Ratschläge umzumünzen, die der Lehrer seinen Schülern erteilen kann.

Vermeidung von Verzug

- Plane mit Sorgfalt.
- Vermeide es, in Zeitdruck zu kommen.
- Verbessere die angestrichenen Fehler.
- Vermeide Verzögerungen.
- Lerne zu Hause täglich eine Stunde oder mehr.
- Mache deine Aufgaben regelmäßig zur gleichen Zeit.

Lehreranerkennung

- Besprich deine Aufgabenprobleme mit dem Lehrer.
- Bitte um weitere Erklärungen bei unklaren Aufgaben.

Akzeptierung von Aufgaben

- Versuche, dich für Aufgaben zu interessieren.
- Vermeide allzu intensive Beschäftigung mit nichtschulischen Tätigkeiten.

Arbeitsmethoden

- Arbeite gewissenhaft und hart.
- Bleibe bei der Sache.

- Arbeite sorgfältig.
- Halte gute Ordnung.
- Vermeide Unterbrechungen beim Lernen.
- Schau dir eine Aufgabe vor Beginn genau an.
- Sei bei Arbeitsbeginn ausgeruht.
- Greife bei schriftlichen Aufgaben auf vorhandene Beispiele zurück.
- Übertrage die Diagramme und Illustrationen, die der Lehrer an die Tafel zeichnet, in dein Arbeitsheft.
- Stell das Radio oder den Kassettenrecorder beim Lernen ab.
- Bringe deine Aufgaben in eine bestimmte Ordnung, bevor du beginnst.
- Überprüfe deine Antworten noch einmal, bevor du eine Arbeit abgibst.
- Lerne lieber allein als mit anderen zusammen.

Manchmal ist es für die Schüler bereits eine Hilfe, wenn ihnen der Lehrer lediglich eine Liste dieser Verhaltensweisen zur Verfügung stellt. Alle diese Verhaltensweisen stellen Bereiche dar, die, wie man annehmen könnte, ihrer Kontrolle unterliegen. Wenngleich man ihren Wert für selbstverständlich halten mag, wurde doch auch empirisch nachgewiesen, daß diese Verhaltensweisen, die möglicherweise in einem kausalen Zusammenhang zur Schulleistung stehen, sinnvoll sind. Schüler, die angeben, daß sie sich so verhalten, zeigen tatsächlich bessere Leistungen in der Schule als Schüler mit der gleichen schulischen Fähigkeit, die angeben, daß sie sich nicht so verhalten.

Empirisch validiert, möglicherweise kausal

Es wurden auch Experimente durchgeführt, in denen Schüler direkt in besseren Lerngewohnheiten der oben aufgeführten Art trainiert wurden. In diesen Experimenten haben sich generell mäßige bis erheblich positive Auswirkungen gezeigt. *Entwistle* (1960) stellte einen Überblick über 22 derartiger Experimente auf dem Hochschulniveau zusammen und kam zu dem Schluß, daß sich bei denjenigen Studenten stärkere Auswirkungen auf die Noten zeigten, deren Motivation zur Teilnahme an einem Kurs über Lerntechniken hoch war. Diese Kurse sind in eine Reihe von Schritten unterteilt, die die Studenten im Verlaufe mehrerer Wochen durchlaufen. Sie berichten einem Berater, wie sie mit den Schritten, die in einer Prüfliste aufgeführt sind, vorankommen. Die Studenten werden in irgendeiner Form sofort verstärkt, wenn sie in Übereinstimmung mit den Anweisungen gelernt haben. Sie können z. B. lernen, sich mit einer 10minütigen Pause oder einem Stück Schokolade oder irgendeiner angenehmen Betätigung oder einem erwünschten Gegenstand zu belohnen, wenn sie z. B. 40 Minuten mit der SQ3R-Methode ununterbrochen gelernt haben. Günstig ist auch, wenn sich die Schüler öffentlich dazu verpflichten, einen bestimmten Verhaltensvertrag einzuhalten. Derartige Kontrakte mit sich selbst, bei denen die Belohnung auf das Lernen hin erfolgt und nicht ihm vorausgeht (*Murdock,* 1971; *Wark,* 1969), stehen natürlich in Übereinstimmung mit den Prinzipien des operanten Konditionierens, die in Kapitel 12 behandelt wurden.

Selbstverstärkung

21.4 Selbständiges und selbstbestimmtes Lernen

Der Lehrer kann einem Schüler eine Aufgabe geben, deren Erledigung mehrere Tage oder Wochen dauert, und den Schüler vom Besuch des formellen Unterrichts während dieser Zeit befreien. Ein solcher Unterricht zielt auf selbständiges und selbstbestimmtes Lernen ab.

Einige der gemeinsamen Elemente der Methoden des selbständigen Lernens wurden von *Griffin* (1965) dargestellt, der sich mit 150 Beispielen zu dieser Methode befaßt hat. Er stellte fest, daß diese Methoden sich dadurch auszeichnen, daß die Schüler die Unterrichtsziele und -tätigkeiten für sinnvoll halten, daß Lernen eine persönliche Bedeutung für sie gewinnt, sie sich selbst die für die Arbeit erforderliche Disziplin auferlegen, sie auf menschliche und materielle Hilfsmittel zurückgreifen und bessere Ergebnisse zustande bringen als früher für sie erreichbar waren. Wie sollte ein Lehrer vorgehen, der die Vorteile dieses Unterrichts für seine Schüler nutzen will?

Verhaltensverträge mit Schülern

Zur Organisation des selbständigen Lernens verwenden Lehrer häufig „Verhaltensverträge" mit ihren Schülern. In diesen Verträgen wird im einzelnen angeführt, (a) was gelernt werden soll, (b) auf welche Weise die Schüler ihre Leistungen nachweisen werden, (c) die Hilfsmittel, die die Schüler bei der Erfüllung der Verträge verwenden sollen, (d) die Schritte, die durchgeführt, oder die Aufgaben, die erledigt werden sollen, (e) die Abschnitte, nach denen die Fortschritte beurteilt werden können und (f) der Zeitplan, der eingehalten werden muß. Beispiele für solche Verhaltensverträge werden weiter unten in diesem Kapitel dargestellt.

Selbständigkeit ist eine graduelle Angelegenheit. Der Lehrer kann den Schüler ziemlich genau überwachen und anleiten. Lehrer und Schüler können die Arbeit des Schülers gemeinsam planen, wobei der Schüler weniger überwacht und kritisiert wird. Der Schüler kann nahezu vollständig alleine arbeiten, seine Aufgaben selbst bestimmen und auswählen, sein Vorgehen selbst planen und eine fertige Arbeit am Ende abliefern.

Welches Ausmaß an Selbständigkeit angemessen ist, hängt von der Reife des Schülers und von den entsprechenden Lernzielen ab. Auch die jüngsten Schüler in den ersten Klassenstufen sollten Erfahrungen mit einem gewissen Ausmaß an selbständigem Lernen sammeln können und auch die reifsten Schüler sollten manchmal mit sehr „unselbständigen" Methoden, wie z.B. Vorträgen, unterrichtet werden. Das heißt, selbständiges Lernen sollte Bestandteil des schulischen Lernens auf allen Stufen der Schullaufbahn sein.

Unter der Bezeichnung „der integrierte Schultag" oder „offener Unterricht" kommen seit kurzem viele Merkmale des selbständigen Lernens im Unterricht der Primarstufe zur Anwendung. Darauf werden wir in Kapitel 22 eingehen.

Mit der Einrichtung einer Fernuniversität (Open University) in England sind viele Kurse entwickelt worden, die auf selbständigem Lernen aufbauen. *Brew* u. *McCormick* (1979) untersuchten die Methoden, mit denen Studenten an solche Kurse herangingen. Eine ganze Reihe von Fragen tauchte auf: Wie detailliert sollte der Stoff in den Lehrbüchern gelernt werden? Reicht es auch, wenn man sich nur einen Überblick verschafft? Wie soll man Lernhilfen einsetzen, beispielsweise Vorlesungen, die über Funk oder Fernsehen ausgestrahlt werden usw.? Manche Studenten sahen in den Vorlesungen nur ein Gerüst für eigene Lektüre und Denkansätze; andere betrachteten sie als Hauptbestandteil des Fernkurses. Diese verschiedenen Auffassungen machen deutlich, daß Schüler oder Studenten, die selbständig lernen sollen, Leitlinien brauchen, um zu wissen, wie sie lernen sollen und was für eine Art von Lernen (Faktenlernen, grundlegende Gedanken erfassen usw.) bei einer bestimmten Aufgabe erforderlich ist.

21.5 Der *Keller*-Plan und seine Varianten

1968 veröffentlichte der Verhaltenspsychologe *F. S. Keller* einen provozierenden Aufsatz, der zu einer Renaissance des individuellen Unterrichts im amerikanischen Hochschulwesen führte. Zu Beginn der achtziger Jahre gab es Tausende von Collegekursen, die sich an den Konzepten des *Keller*-Plans orientierten. Nach diesem Plan wird ein Universitätskurs in fünfzehn bis dreißig Lektionen aufgespalten. Der Student lernt jede Lektion einzeln und schließt sie mit einem Test ab. Wenn er den Test besteht, geht er zur nächsten Lektion über. Das bedeutet konkret, daß der *Keller*-Plan nach folgenden grundsätzlichen Merkmalen aufgebaut ist:

Flexibles Lerntempo

1. *Individuelles Lerntempo.* Der Student kann den Kurs nach seinem eigenen Lerntempo absolvieren, gerade so schnell oder langsam, wie es für ihn richtig ist, solange es den administrativen Rahmen nicht sprengt. Diese Flexibilität läßt sich zum Teil deswegen erreichen, weil die Noten des einzelnen Studenten von feststehenden Kriterien und nicht davon abhängen, welche Leistungen er im Vergleich zu anderen Studenten erbringt.

Parallelformen von Tests

2. *Das Beherrschen des Stoffes als Ziel.* Solange ein Student einen bestimmten Unterrichtsbereich nicht beherrscht, wendet er sich nicht einem neuen Lernstoff zu. Für Mißerfolge gibt es keine Bestrafung. Dieses System setzt voraus, daß von vornherein Parallelformen kurzer Tests zur Verfügung stehen. Die Studenten können dann, nachdem sie zunächst keinen Erfolg gehabt und eine neue Lernanstrengung gemacht haben, sich einem erneuten Testdurchgang unterziehen. Dieser Zyklus des Lernens und Testens wird solange fortgesetzt, bis der Student das Kriterium für eine akzeptable Leistung erreicht hat. Je nachdem, welches Vertrauen der Dozent in die Testitems hat, werden diese Kriterien mit 80 oder 90% richtige Antworten festgelegt.

Tutoren

3. *Einsatz von Tutoren.* Es stehen fortgeschrittene Studenten zur Verfügung, die den Anfängern bei ihren Problemen helfen, mit ihnen das Stoffgebiet besprechen, die Bedeutung spezieller Punkte darlegen, falsch beantwortete Items durchgehen und natürlich für Unterstützung und Ermutigung sorgen.

Lernmaterialien

4. *Arbeitshilfen.* Die Studenten erhalten Arbeitshilfen für die verschiedenen Lerneinheiten. In diesen Arbeitshilfen werden Ziele formuliert, Vorschläge für das Lernen gemacht, auf verfügbare Quellen hingewiesen, Projekte

oder Experimente beschrieben, die in Angriff genommen werden können und dem Studenten Beispiele für Testitems vorgelegt.

5. *Ergänzung durch traditionelle Unterrichtstechniken.* Vorträge, Filme, Fernsehprogramme, Kurzfilme, Gastvorträge, Demonstrationen usw. können zum Zwecke der Anregung oder Verdeutlichung in den Unterricht eingeplant werden. Es wird jedoch nicht so häufig von diesen Hilfsmitteln Gebrauch gemacht wie in traditionellen Kursen. Die Anwesenheit bei diesen speziellen Zusammenkünften ist gewöhnlich freiwillig.

Ergänzung durch traditionelle Verfahren

Es gibt zahlreiche Varianten des *Keller*-Plans, der auch kurz PSI (Personalized System of Instruction) genannt wird. Nur bemerkenswert wenige dieser Varianten führen nicht zum gewünschten Ziel, solange die grundlegenden Elemente des Systems unangetastet bleiben. Das besondere an dem *Keller*-Plan und seinen Varianten ist das Ausbleiben größerer negativer Auswirkungen. Aus den bislang vorliegenden Ergebnissen wird deutlich, daß diese Methode der traditionellen Kursgestaltung bei weitem überlegen ist. So konnte man beispielsweise in einer quantitativen Synthese (oder „Metaanalyse“) der Ergebnisse aus 75 Kursvergleichen (Vergleichsbasis: konventionelle Methode und PSI-Methode) feststellen, „daß PSI generell zu überlegenen studentischen Leistungen führt, zu weniger Streubreite in den Leistungen und zu besseren studentischen Beurteilungen über die Kurse; demgegenüber hat PSI keine Auswirkungen auf einen Kursabbruch oder den für diese Kurse aufgebrachten Zeitaufwand“ (*Kulik* et al., 1979, S. 307).

Anderen Methoden nachweislich überlegen

Wenn bei konventionellen Kursen die durchschnittliche Testleistung bei den Abschlußprüfungen im 50. Prozentrang lag, betrug er bei den PSI-Gruppen ungefähr 70. „Höhere PSI-Werte gab es in 10 von 11 Untersuchungen über Gesamtqualität, in 8 von 8 Untersuchungen über Lernen, in 6 von 8 Untersuchungen über allgemeines Wohlbefinden und 7 von 8 Untersuchungen über Arbeitsbelastung“ (*Kulik* et al., 1979, S. 312). Auf der anderen Seite wurde eine geringfügig höhere Abbruchrate bei PSI-Kursen ausgemacht: in 17 von 27 Vergleichsuntersuchungen war die Abbruchrate allgemein gesehen höher, zahlenmäßig war die Differenz allerdings minimal. PSI-Kurse konnten ihre Überlegenheit auch bei Behaltenstests beweisen, Tests also, die mehrere Wochen nach Beendigung des Kurses absolviert wurden. Hier waren die PSI-Kurse sowohl bei Multiple-Choice-Fragen als auch bei Open-End-Fragen überlegen, und zwar sowohl bei Studenten mit hoher als auch mit niedriger Leistungsfähigkeit. Die Überlegenheit der PSI-Methode war in verschiedenen Fächern festzustellen (Naturwissenschaften, Sozialwissenschaften, Mathematik und Ingenieurswissenschaften), auf verschiedenen Ebenen (Einführungskurse und weiterführende Kurse) und an verschiedenen Hochschultypen (von bedeutenden Forschungsuniversitäten bis zu Zweijahrescolleges).

Der *Keller*-Plan hat über die USA hinaus auch in England (vgl. *Bond* et al., 1975), Australien und Neuseeland (*Imrie* et al., 1980) Fuß gefaßt. Obwohl zahlreiche Varianten zum Einsatz gekommen sind, sind die grundlegenden Charakteristika geblieben. So hat man beispielsweise in 17 PSI-Kursen über Mathematik in Australien und Neuseeland folgende Varianten erprobt: die Anzahl der einzelnen Lektionen wurde zwischen 4 und 15 festgelegt und über einen Zeitraum von 10 Wochen bis zu einem ganzen Jahr verteilt, die Beherrschungsniveaus zwischen 70 und 90 Prozent festgelegt und die Plenumssitzungen entweder nur einmal zu Beginn des Kurses oder auch zweimal pro Woche angesetzt. Teilweise gab es gar keine Abschlußprüfungen, teilweise waren sie freiwillig und teilweise Pflicht; die Studentenzahl variierte zwischen 23 und 528 in Kursen, die sich thematisch von Einführungen in die Statistik über Integral- und Infinitesimalrechnung bis hin zu Differentieller Topologie erstreckten (vgl. *Imrie* et al., 1980). Eine solche Methode, die sich in einem so breiten Spektrum anwenden läßt, sollte auch auf den Unterricht in der Sekundarstufe übertragbar sein.

Der Aspekt, den die Studenten in PSI-Kursen am häufigsten positiv beurteilen, ist die Freiheit, das eigene Lerntempo zu bestimmen, die Freiheit zu lernen, wann und wo sie wollen. Die persönliche Beratung mit einem Betreuer wird an zweiter Stelle als vorteilhaft genannt. Möglicherweise ist der Zeitaufwand beim PSI-System größer, aber zumindest in einer Untersuchung wurde festgestellt, daß dieser Zeitaufwand dadurch kompensiert wird, daß keine Vorlesungen besucht werden müssen. „Insgesamt gesehen ist der Zeitaufwand also in etwa derselbe" (vgl. *Born* u. *Davis,* 1974, S. 365).

Einige Studenten schieben den Beginn des Kurses hinaus oder sie zögern die Tests hinaus; sie sind es zumeist, die in diesem System stranden. Wenn diese Studenten dann bemerken, wie weit sie zurückgefallen sind, brechen sie oft den Kurs ab. Ein wahlweise angebotener Zeitplan, gekoppelt mit einer schriftlichen Erinnerung oder ein paar Telefonanrufen, kann die Gefahr, daß ein Student den Anschluß verliert, in Grenzen halten. Auch ein mit dem Kursleiter vereinbarter Zeitplan mit Zieldaten und Abgabeterminen als Strukturhilfe hat die Zahl der „Drop-outs" verringert (vgl. *Reiser* u. *Sullivan,* 1977). Eine weitere Möglichkeit ist mit einem Punktesystem ausprobiert worden, wo die Studenten zusätzliche Punkte sammeln konnten, wenn sie einen Test früher als vorgesehen abgaben; auf diese Weise konnten Studenten, die zurückgefallen waren, durch vorzeitige Abgabe eines Tests die Differenz wieder aufholen. Mit diesem Punktesystem „entwickelten die Studenten selbst ein ausgeglichenes Lerntempo über zwei Semester hinweg ..." (*Bijou* et al., 1976, S. 36).

Welche Elemente der PSI-Methode sind nun eigentlich für die Leistungsverbesserungen verantwortlich? In einigen Untersuchungen dieser Frage (z.B. *Calhoun,* 1973) ist festgestellt worden, daß sie alle – selbstbestimmtes Lerntempo, Einzelbetreuung, Festlegung des Beherrschungsniveaus, unmittelbare Rückkoppelung sowie häufiges Testen von relativ kleinen Lektionen – zu ihrer Effektivität beitragen. Demgegenüber haben *Block* u. *Burns* (1976) ein Element besonders hervorgehoben: „Die Bedingung, daß die einzelne Lektion vor Beginn des nächsten Lernschritts beherrscht werden muß, hat durchgehend die stärksten Auswirkungen gezeigt" (S. 35). Daß auch die Testhäufigkeit des PSI ein besonders wirkungsvoller Faktor ist (vgl. *Abbott* u. *Falstrom,* 1977), baut auf Erkenntnissen auf, die bereits in den fünfziger Jahren gemacht wurden (vgl. *Fitch* et al., 1951). Ein grundsätzlicher Mangel des *Keller*-Plans wurde von einem betroffenen Studenten so formuliert:

Meine hauptsächlichen Bedenken, die auch von anderen Studenten geteilt wurden, waren, daß bei diesem Kurs kein Gedankenaustausch mit den Kommilitonen möglich war. Der

Austausch von Wissen und Beurteilungsgesichtspunkten aber ist für den Lernprozeß ein entscheidender Punkt. ... Beim *Keller*-Plan mußte ich gefährliche Klippen allein umschiffen. Das führte dazu, daß mein Blickfeld verhältnismäßig eng und begrenzt blieb. Es wäre natürlich eine Möglichkeit, diesem Umstand abzuhelfen, wenn man Diskussionsgruppen ins Leben riefe und die Adressen der Studenten austauschen würde, die sich dafür interessierten (*Gasper,* 1980, S. 471).

Die Erörterung des *Keller*-Plans wäre nicht vollständig, wenn wir kritische Fragen von der Art ausklammerten, wie *Jaynes* (1975) sie gestellt hat:

Ich kann mir vorstellen, daß das in Fächern wie Chemie, Mathematik, Hauswirtschaft, Physik, Maschinenbau, Tonsatz, Jura und beim Autoreparieren hilft. Aber wie steht es um die Fächer, wo es eine ungeheure Vielfalt der Methoden und der Inhalte gibt ...? Literatur, Geschichte, Philosophie – diese Fächer, wenn sie überhaupt etwa bedeuten, bauen auf zwischenmenschliche Kommunikation. Es sollte niemand gezwungen werden, sie mechanisch auswendig zu lernen. Man wird durch die Keller-Methode nicht unterrichtet. Ich wehre mich gegen die allzu arrogante Normierung, die sie dem menschlichen Denken aufzwingt. ... Was die Keller-Methode bei komplexen thematischen Fragestellungen tut, ist, die Feinheiten und Besonderheiten des individuellen Arbeitsstils des Studenten abzuschleifen. Sie maßregelt seinen Wunsch, die eigene Bedeutung seiner Individualität in den Lernprozeß einzubringen.

21.6 Zielerreichendes Lernen (Mastery Learning)

Wie bereits erwähnt, setzt der *Keller*-Plan die Beherrschung eines Stoffs voraus, bevor der Schüler zu einem neuen Stoff übergehen kann. Der Gedanke des zielerreichenden Lernens wurde von *Bloom* (1968) entwickelt und von *Block* (1971) genauer ausgearbeitet. Er geht davon aus, daß das Lernen an der Schule weitgehend von zeitlichen Faktoren abhängt (vgl. *Carroll,* 1963). Für *Carroll* ist der wichtigste Index für die *Fähigkeit eines Schülers* die Zeit – die Zeit, die er braucht, um Ahnungslosigkeit in Wissen oder Unvermögen in Beherrschung zu verwandeln. Das Ausmaß, in dem ein Schüler lernt, kann als eine Funktion des Verhältnisses der Zeit, die ihm zur Verfügung steht, zu der Zeit, die er zum Lernen braucht, dargestellt werden:

Bedeutung der Zeit

$$\text{Ausmaß des Lernens} = f\left[\frac{\text{für das Lernen zur Verfügung stehende Zeit}}{\text{für das Lernen erforderliche Zeit}}\right]$$

Lehrer verlangen häufig von ihren Klassen, daß sie im Gleichschritt durch den Unterrichtsstoff marschieren. Sie sorgen nicht dafür, daß alle ihre Schüler die Zeit zur Verfügung haben, die sie zum Lernen brauchen. So kommt es, daß die langsameren Schüler Werte von 40, 50 und 60% in Leistungstests erzielen und so zum Ausdruck bringen, daß sie nur in einem mäßigen Ausmaß gelernt haben. Ihre schnelleren Klassenkameraden können 80-, 90- und 100%-Werte in den Leistungstests erreichen, da für sie die Zeit dazu ausreichte, sich den Stoff anzueignen oder sogar ihn zu überlernen.

Ein weiterer Bestandteil des Modells von *Carroll* ist die *Qualität des Unterrichts.* Wenn der Unterricht schlecht ist, müssen die Schüler mehr Zeit auf das Lernen verwenden. Wenn der Unterricht gut ist, brauchen die Schüler nur wenig Zeit auf das Lernen verwenden. Die *Motivation des Schülers* ist das Ausmaß, in dem der Schüler bereit ist, lang genug zu lernen, um eine Aufgabe bewältigen zu können. Schließlich ist noch die *Fähigkeit des Schüler, den Unterricht zu verstehen,* ein Bestandteil des Modells. Wenn ein Schüler den Unterricht nicht verstanden hat oder nicht gut lesen kann, wird die Zeit, die er zur Erledigung einer Unterrichtsaufgabe braucht, noch länger. Das vollständige Modell lautet:

Das vollständige Modell

$$\text{Ausmaß des Lernens} = f\left[\frac{\text{für das Lernen zur Verfügung stehende Zeit} \times \text{Motivation}}{\text{für das Lernen erforderliche Zeit} \times \text{Qualität des Unterrichts} \times \text{Fähigkeit, den Unterricht zu verstehen}}\right]$$

Blooms (1968) Beitrag bestand darin, daß er eine „Methode des zielerreichenden Lernens" (*mastery approach*) entwickelte, bei der den Schülern so viel Zeit zu Verfügung gestellt wird, wie sie benötigen, die Schüler motiviert werden und die Wahrscheinlichkeit angehoben wird, daß es zu einem guten Unterricht kommt und daß der Unterricht verstanden wird. *Bloom* vertritt die Auffassung, daß nur 5 bis 10% der Schüler einer gewöhnlichen Klasse nicht eine gute oder sehr gute Note erzielen können, wenn ihnen genügend Zeit gegeben wird.

Diagnostische Tests und Rückmeldung

Bei der Methode des zielerreichenden Lernens können sich die Schüler zu irgendeinem Zeitpunkt, den sie selbst wählen, einem Test unterziehen und so die Beherrschung eines Bereichs des Curriculums demonstrieren. Die Tests dienen diagnostischen Zwecken. Die Schüler erhalten schnell Rückmeldung. Die Schüler, die das Beherrschungsniveau, das als angemessen erachtet wird, nicht demonstrieren können, erhalten sofort Rezepte, wie sie für eine Abhilfe sorgen können. Es wird ihnen so viel Zeit und Beachtung gewidmet, wie notwendig ist, damit sie das Kriteriumsniveau erreichen, das für die Beherrschung gesetzt wurde. Für die Schüler, die bisher wegen ihrer Langsamkeit benachteiligt waren, wird nun die Unterrichtsgeschwindigkeit und die Art der Rückmeldung auf ihre Bedürfnisse abgestimmt. Wenn sie einmal festgestellt haben, daß sie denselben Beherrschungsgrad erreichen können wie irgendein Mitschüler, auch wenn sie 50% mehr Zeit dafür brauchen, wirken sich ihre Erfolgserlebnisse motivierend aus.

Zielerreichendes Lernen und Selbstbild

> ... die Beherrschung eines Stoffs hat Auswirkungen auf das Selbstbild des Schülers. Jeder Mensch strebt danach, daß seine Bedeutung anerkannt wird, und wird sich schließlich in denjenigen Bereichen, in denen ihm sein Erfolg oder seine Kompetenz von anderen deutlich gemacht werden, selbst für leistungsstark halten. ... Die Beherrschung einer Sache und die öffentliche Anerkennung für diesen Erfolg sind für die Selbstsicherheit und als Verstärkung notwendig. Der Autor ist der Meinung, daß sich häufige und objektive Hinweise auf die Entfaltung der eigenen Person günstig auf die psychische Gesundheit auswirken. Aus diesem Grund kann das zielerreichende Lernen zu einer der wirkungsvollsten Quellen für psychische Gesundheit werden. ... Man kann getrost annehmen, daß 90% unserer Schüler zunehmend weniger therapeutische und psychologische Hilfe bräuchten, wenn ihnen deutlich gemacht würde, daß sie den Lernanforderungen entsprechen (*Bloom,* 1968).

Einsatz von Tutoren

Bei den Beherrschungstechniken wird durch den Einsatz von Tutoren eine hohe Qualität des Unterrichts zu erreichen versucht. Mit einem Eins-zu-eins-Verhältnis von Lehrer zu Schüler wird eine bessere Anpassung des Unterrichts an die Bedürfnisse des Individuums möglich. Bei Anwendung der Methode des zielerreichenden Lernens berücksichtigt der Lehrer Unterschiede in der Fähigkeit, den Unterricht zu verstehen, indem er den gleichen Teil des Curriculums mit verschiedenen Lehrmethoden behandelt. Ein Unterricht in kleinen Gruppen, die Auswahl zwischen mehreren Lehrbüchern, Arbeitsbücher, programmierter Unterricht, Lernspiele und natürlich die Eins-zu-eins-Interaktion mit einem Tutor können bei einem bestimmten Schüler bewirken, daß er versteht, was er tun und lernen soll. Die Beherrschungsmethoden und der *Keller*-Plan weisen eine gewisse Ähnlichkeit auf. Bei beiden werden zeitliche Faktoren und Rückkoppelung ganz anders eingesetzt als im traditionellen Unterricht. Bei beiden kommen Tutoren und andere Methoden zur Individualisierung des Unterrichts zu Einsatz.

Nach einer Sichtung von 97 Vergleichen zwischen „Beherrschungsgruppen" und anderen Gruppen kamen *Block* u. *Burns* (1976) zu dem Schluß, „daß Schüler, die nach der Methode des zielerreichenden Lernens unterrichtet worden waren, in 89 Prozent der Fälle bessere Leistungen erzielten und in 61 Prozent der Fälle sogar signifikant bessere Leistungen. In 27 Vergleichen über die durchschnittlichen Behaltensleistungen waren die Ergebnisse ähnlich: ... die Werte der Schüler aus den ‚Beherrschungsgruppen' waren fast immer höher ... und in 63 Prozent der Fälle signifikant höher" (S. 19).

Sicher wird man das Ideal, daß 90 Prozent der Schüler Leistungen erbringen, die der Note „sehr gut" entsprechen, nur in seltenen Fällen erreichen können; aber es ist anscheinend doch so, daß immer mehr Schüler, die nach der Methode des zielerreichenden Lernens unterrichtet werden, erhebliche Leistungssteigerungen erbringen. Ohne Zweifel wird in Zukunft die Unterrichtspraxis die hervorstechenden Aspekte dieser Methode stärker berücksichtigen. Aber es hat auch kritische Stimmen zu der Methode des zielerreichenden Lernens gegeben. *Mueller* (1976) und *Cox* u. *Dunn* (1979) beispielsweise betonen fünf kritische Punkte: (a) die Methode entlastet den Schüler zu sehr von der eigenen Lernverantwortung, und so ist es denkbar, daß er es gar nicht lernt, selbständig zu lernen; (b) diese Methode setzt Unterrichtssequenzen voraus, die zeitlich entweder gar nicht fixiert sind oder sehr liberal gehandhabt werden müssen; (c) sie verlangt, daß die schnelleren Schüler „auf der Stelle treten", bis auch die langsameren aufgeholt haben, es sei denn, die schnelleren Schüler werden motiviert, sich in dieser Zeit mit Aufgaben zu beschäftigen, die übere die planmäßig festgelegten hinausgehen; (d) sie legt einen wesentlichen Anteil der Unterrichtsressourcen – Korrekturhilfen, Lehrerhelfer, Betreuung durch Gleichaltrige, alternative Lernmaterialien – auf die schwächeren Schüler fest, und diese Ressourcen sind begrenzt, selbst dann, wenn sie außerhalb des eigentlichen Unterrichts zum Einsatz kommen; (e) sie macht zur Bedingung, daß der ganze Stoff einer Unterrichtslektion von fast allen Schülern gleich gut gelernt werden muß, obgleich diese Bedingung schwer zu erfüllen ist, wenn man sich nicht nur auf die Grundfertigkeiten und die hierarchisch strukturierten Fächer (wie Mathematik) beschränken will. So sieht *Mueller* den besonderen Wert dieser Methode im Primarstufenbereich, und hier speziell für die Vermittlung der Grundfertigkeiten und bei der Arbeit mit lernschwachen Schülern. Dementsprechend ist die Methode weniger wirkungsvoll, um das Lernpotential der schnelleren Schüler zu steigern, insbesondere in der Sekundarstufe und in Fächern, in denen es keine festgeschriebenen vordefinierten Ziele gibt. Insgesamt gesehen

> ... ist die Philosophie des zielerreichenden Lernens für sich genommen bewundernswert, aber sie muß mit der praktischen Unterrichtsrealität ausbalanciert werden, denn es ist unmöglich, daß jeder Schüler die gewünschten Ziele gleich gut erreicht. Die Ergebnisse dieser scharfen Kontrastierung von Ideal und Wirklichkeit sollten allerdings nicht als Schwäche des zielerreichenden Lernens ausgelegt werden. Statt dessen sollten diese naturgegebenen und möglicherweise temporären Einschränkungen dazu dienen, den Ansatz des zielerreichenden Lernens zu stärken (*Cox* u. *Dunn,* 1979, S. 29).

21.7 Lernverhaltensverträge in der Primarstufe

Der Unterricht an den Grundschulen ist nur schwer zu charakterisieren, da er beständigen Änderungen unterworfen ist. In der Unterrichtspraxis schlägt das Pendel mal nach der einen, mal nach der anderen Seite aus; eine Idee erfreut sich allgemeiner Beliebtheit, wird fallengelassen und kommt wieder. Zur Zeit setzen sich an den öffentlichen Schulen immer mehr Leute für einen individuellen Unterricht ein. Am weitesten verbreitet ist beim individuellen Unterricht die Anwendung von Lernverhaltensverträgen. Viele Pädagogen vertreten die Meinung, daß Verträge, deren Erfüllung den Schülern überlassen wird, für Schüler der Primarstufe nicht geeignet sind, da sie im Gegensatz zu Studenten etwa, die ihre Hochschule besuchen, weil sie sich dafür entschieden haben, der gesetzlichen Schulpflicht unterliegen. Die Erfahrung hat jedoch gezeigt, daß viele uninteressierte Grundschüler eine bessere Motivation zur Arbeit in der Schule entwickeln, wenn sie ihr Lernprogramm mitbestimmen können. Nicht alle Schüler gedeihen beim selbständigen Lernen, aber ebenso wenig profitieren alle Schüler vom traditionellen Unterricht.

Verhaltensverträge, deren Erfüllung den Schülern überlassen bleibt

Eine Grundlage, von der der Lehrer bei der Anleitung eines Schülers zum selbständigen Arbeiten ausgehen kann, besteht darin, sich ein Urteil darüber zu bilden, wie gut der Schüler die folgenden vier Aufgaben selbständig erledigen kann:

1. Kann er das Thema oder das Projekt, das er selbständig bearbeiten soll, angeben?
2. Kann er in einer Übersicht darstellen, was er tun soll?
3. Kann er Hilfsmittel angeben, die in dem Projekt angewandt werden sollen?
4. Kann er sich auf einen Zeitpunkt festlegen, zu dem die Arbeit fertiggestellt sein soll?

Mit Hilfe von Besprechungen mit den Schülern, in denen der Lehrer die Fähigkeit der Schüler, ein selbständig zu bearbeitendes Projekt darzustellen, überprüft, kann sich der Lehrer ein Urteil darüber bilden, ob der Schüler zum selbständigen Arbeiten in dem entsprechenden Gebiet fähig ist. *Ward* (1973) empfahl ein Beurteilungsschema ähnlich dem in Abbildung 21-1 dargestellten.

Lernen unter Anleitung

Schüler, die sich in diesem Schema auf dem Niveau des *Lernens unter Anleitung* befinden, zeigen kaum die Fähigkeit, selbständig zu arbeiten oder sich eine gewisse Selbstdisziplin aufzuerlegen. Der Lehrer muß eine Menge Zeit darauf verwenden, diesen Schülern bei der Abgrenzung von Problemen, beim Ausfindigmachen von Hilfsmitteln und bei der Festlegung von Terminen usw. zu

Gesamtbeurteilung des Selbständigkeitsniveaus für die Schüler	Bereich des selbständigen Lernens											
	Ein zu bearbeitendes Thema angeben			Die zu ergreifenden Maßnahmen darstellen			Hilfsmittel angeben			Termine setzen		
	Lernen unter Anleitung	Gemeinsames Planen	Selbständiges Bearbeiten	Lernen unter Anleitung	Gemeinsames Planen	Selbständiges Bearbeiten	Lernen unter Anleitung	Gemeinsames Planen	Selbständiges Bearbeiten	Lernen unter Anleitung	Gemeinsames Planen	Selbständiges Bearbeiten
Alexander S. *2*		X			X		X					X
Michael B. *3*				X			X		X		X	
Anna J. *1*	X			X			X			X		
Barbara I. *?*			X	X			X				X	
usw.												

Nach *Ward* (1973).

Abbildung 21-1. Ein Schema zur Beurteilung des Selbständigkeitsniveaus von Schülern

Gemeinsames Planen

Selbständiges Lernen

helfen. Schüler auf dem Niveau des *gemeinsamen Planens* können ihre Handlungen selbst bestimmen, brauchen während der Bearbeitung ihres Projekts jedoch immer wieder Hilfen. Der Lehrer muß die Fortschritte des Schülers überwachen, eingreifen, wenn es erforderlich wird, und sich zurückziehen, wenn der Schüler in größerem Ausmaß die Fähigkeit erwirbt, selbständig zu lernen. Diejenigen Schüler, die bereits Themen abgrenzen, Hilfsquellen ausfindig machen, Entscheidungen treffen, Termine einhalten können, usw. befinden sich auf dem Niveau des *selbständigen Arbeitens*. Der Lehrer wird diese Schüler unterstützen, sie kritisieren, ihnen zuhören, sie anleiten und ihnen gegenüber mehr ein kollegiales Verhalten an den Tag legen. Der Schüler hat die Fähigkeit, auf intellektuell produktive Weise selbständig zu arbeiten. Das Ziel des Lehrers ist es, seine Schüler vom Lernen unter Anleitung über das gemeinsame Planen zum selbständigen Arbeiten zu bringen.

Ward (1973) schlug die Verwendung von Verhaltensverträgen vor, mit denen, wie er meint, erreicht werden kann, daß die Lehrer mit den Lernfortschritten ihrer Schüler Schritt halten und daß die Schüler wissen, was von ihnen erwartet wird. Die folgenden sieben Elemente können Bestandteil eines Lernverhaltensvertrags sein.

1. *Genau bestimmtes Zielverhalten.* Der Nutzen derartiger Ziele als Leitlinien sowohl für den Lehrer als auch für die Schüler sollte nunmehr deutlich sein.
2. *Erkennbar machen, welches Lernen stattgefunden hat.* Die Lehrer und Schüler müssen zu irgendeiner Übereinkunft darüber kommen, wie die Leistungen bewertet werden sollen. Den Schülern könnte die Wahlmöglich-

keit zwischen Tests, schriftlichen Arbeiten, mündlichen Darstellungen oder Berichten über Projekte, die sie bearbeitet haben, gegeben werden. Welche Methode auch gewählt wird, in dem Vertrag sollte festgehalten werden, auf welche Weise das Gelernte nachgewiesen werden soll.

3. *Hilfsmittel zu Beginn.* Um Verwirrungen am Anfang der Arbeit zu vermeiden, sollten zu Beginn eine Reihe von Hilfsmitteln zur Verfügung gestellt werden. Dies kann durch Hinweise auf Bücher, Enzyklopädien, Personen in der Gemeinde, von denen man das Erforderliche erfahren kann, Filme usw. geschehen.
4. *Darstellung der Maßnahmen, die der Reihe nach getroffen werden müssen.* Ein Kontrakt kann über einen ausgedehnten Zeitraum hinweg wirksam sein. Daher ist es wünschenswert, daß eine Reihe von Maßnahmen festgelegt wird, die von den Schülern bei der Erarbeitung ihrer Zielverhaltensweisen getroffen werden müssen.
5. *Kontrollpunkte.* Es sollten bestimmte Rückversicherungsgelegenheiten festgelegt werden; Lehrer und Schüler sollten in bestimmten Abständen zusammenkommen und über Fortschritte und Probleme diskutieren. Diese Zusammenkünfte haben auch eine motivationale Funktion.
6. *Termine.* Der selbständig arbeitende Schüler muß lernen, wie er sich realistische Termine setzen und sie einhalten kann. Wenn ein Schüler einen Termin nicht einhält, so ist dies ein Hinweis für den Lehrer, daß irgendetwas falsch läuft. Vermutlich braucht der Schüler mehr Anleitungen; ein neuer Vertrag kann ausgehandelt werden.
7. *Neue Aktivitäten.* Die Festlegung der Tätigkeiten, die für die Erfüllung des Vertrags ausgeführt werden müssen, trägt dazu bei, daß die Schüler auch neuartige Aktivitäten verstehen und durchführen, ohne daß es zu ausgedehnten Unterbrechungen kommt. Neuartige Betätigungen können eine Belohnung für ein erfolgreich abgeschlossenes Projekt darstellen. Die neuartige Aufgabe kann darin bestehen, daß der Schüler sich Bücher zum Lesen aussuchen darf, daß er für eine Woche Klassensprecher wird, daß er Schallplatten aussuchen darf, die im Musikunterricht gespielt werden sollen, daß er die Planung für einen Klassenausflug übernimmt usw. Sie kann aber auch einfach in einer Fortsetzung der Arbeit bestehen, für die der Schüler bereits Interesse gezeigt hat.

Abbildung 21-2 enthält zwei Beispiele für Lernverhaltensverträge. Der Lehrer, der seine Schüler zum selbständigen Lernen anleitet, muß mehr Kenntnisse über Hilfsmittel und mehr Hilfsmittel verfügbar haben als im traditionellen Unterricht erforderlich sind.

Lehrmittelsammlungen

Lehrmittelsammlungen für Naturwissenschaften, Mathematik, Sozialkunde, Kunsterziehung usw. müssen zusammengestellt werden. Die Lehrer möchten vielleicht sogar die Wände zwischen ihren Klassenzimmern niederreißen oder kleine Nischen in die Räume einbauen; eine unbeschränkte Verfügung über die räumlichen Verhältnisse ist für die Methode des selbständigen Lernens jedoch nicht erforderlich. Lehrer, die mit Systemen des selbständigen Lernens arbeiten, schließen sich häufig zusammen, um bessere räumliche Voraussetzungen zu schaffen. Sie legen gemeinsame Lehrmittel- und Materialsammlungen in Schränken, Fluren, Speichern und den rückwärtigen Teilen von Klassenzimmern an. In den Lehrmittelsammlungen können Materialien zum programmierten Unterricht, Bücher, Tonbänder, Nachschlagewerke, Filme und Kurzfilme, Arbeitsbücher und eine Liste von freiwilligen Helfern aus der Gemeinde, die mit einem Schüler ein bestimmtes Projekt bearbeiten können, enthalten sein (vgl. *Ward, Kelly* u. *Stenning,* 1971; *Bechtol,* 1973).

Name des Schülers: Wilhelm S.

Was gelernt werden soll	Wie das Gelernte demonstriert werden soll
1. Was eine Milchstraße ist. Wie eine zustande kommt.	1. Beschreibe die Merkmale einer Milchstraße schriftlich, einschließlich Einzelheiten darüber, wie sie zustande kam.
2. Die Bezeichnungen, Positionen und Größen der Planeten in unserem Sonnensystem.	2. Fertige Planetenmodelle an, aus denen ihre Größe deutlich wird. Hänge sie entsprechend ihrer Position im Raum an die Decke des Klassenzimmers.
3. Auf welchen Planeten neben der Erde Menschen leben könnten; was zur Erhaltung des Lebens erforderlich ist.	3. Fertige Zeichnungen an, aus denen deutlich wird, wie Menschen auf zwei anderen Planeten außer der Erde leben könnten. Stelle die Behausungen, die Kleidung und andere erforderliche Dinge dar.

Zu verwendende Hilfsmittel: Bibliothek – Bücher, Zeitschriften, Kurzfilme. Schreibe einen Brief an die NASA, in dem du um Informationen über die Möglichkeit des Lebens auf anderen Planeten bittest.

Lernmaßnahmen:	Kontrolltermine und Aufgaben
1. Schreibe den Brief.	Freitag, 10. April: geh den Brief mit dem Lehrer durch, bevor du ihn absendest.
2. Geh in die Bibliothek und hol dir das Lernmaterial.	Mittwoch, 15. April.
3. Lies und sammle Informationen.	Mittwoch, 22. April: geh mit dem Lehrer die Aufzeichnungen durch.
4. Schreib die Arbeit über die Milchstraße.	Freitag, 24. April: leg dem Lehrer die Arbeit zur Durchsicht vor.
5. Fertige Modelle an.	Freitag, 1. Mai: demonstriere die Modelle und Zeichnungen der Klasse.
6. Fertige Zeichnungen an.	

Termin für die Erfüllung des Vertrags: Freitag, 1. Mai.
Nächste Aufgabe: Entwickle ein Mathematikspiel.

Aus *Ward* (1973, S. 162).

Abbildung 21-2. Beispiele für Lernverhaltensverträge

Vielen Lehrern und Schülern macht das Abschließen von Verträgen und das selbständige Lernen Spaß, manchen jedoch nicht. Es müssen Lern- und Lehrtechniken gefunden werden, deren Durchführung für Lehrer und Schüler angenehm und persönlich sinnvoll ist. Viele Lehrer und Schüler brauchen Wochen oder Monate, bis sie sich an das selbständige Lernen gewöhnt haben; manchmal werden solche Programme vorzeitig wieder aufgegeben. Der Lehrer sollte solche Programme lange genug verfolgen, so daß sie sich einspielen können. Häufig geschehen überraschend erfreuliche Dinge erst dann, wenn solche Systeme bereits längere Zeit in Kraft waren.

21.8 Einzelbetreuung

Eine weitere Methode des individuellen Unterrichts, die für Schüler mehr oder weniger gut geeignet sein kann, ist der Einsatz von Tutoren. Diese Methode kann bei Schülern aller Altersstufen zum Einsatz kommen. In den meisten Tutorenprogrammen sind die Tutoren Laienlehrer. Tutoren können Schüler sein, die nur ein paar Jahre älter als die von ihnen betreuten Kinder sind. Tutor kann ein Erwachsener sein, der keine spezielle pädagogische Ausbildung hatte, abgesehen von der, die er während des Tutorenprogramms erhielt. In manchen Untersuchungen besteht der Zweck des Einsatzes von Tutoren ebenso sehr oder noch mehr darin, den Tutor zu fördern, wie darin, den Betreuten zu helfen. Das heißt, Tutorenprogramme zielen häufig auf eine Anhebung der Selbstachtung und Kompetenz des Tutors in den Bereichen ab, deren Betreuung er übernommen hat, wobei gleichzeitig dem Betreuten spezielle Hilfe beim Lernen zuteil wird. Man hat viele verschiedene Kombinationen von Tutor und Betreuten ausprobiert. Wenngleich der spezifische Inhalt des Tutorenunterrichts durch die Besonderheiten des Prozesses bestimmt wird, sind doch bestimmte allgemeine Komponenten durchgehend erkennbar: der Tutor sollte zunächst *diagnostizieren* und dann *Abhilfe schaffen,* während er die ganze Zeit über die Betreuten *ermutigt und unterstützt.*

Hilfe für Tutoren und Betreute

Diagnostizieren

Gespräch, Versuche, Tests

Die diagnostischen Maßnahmen, die der Tutor trifft, haben das Ziel, so genau wie möglich das festzustellen, was verhindert, daß der Betreute Fortschritte macht. Die Diagnose kann während eines zwanglosen Gesprächs gestellt werden, bei dem der Betreute versucht, seine eigenen Probleme zu beschreiben. Oder der Betreute kann dazu aufgefordert werden, eine Arbeitsprobe zu liefern, z. B. laut zu lesen oder eine Rechenaufgabe zu lösen, so daß der Tutor beobachten kann, wo die Fehler des Betreuten zu liegen scheinen. In anderen Fällen kann ein diagnostischer Test gegeben werden, aus dem objektiv deutlich wird, welche Art von Fehlern der Betreute macht und wo er Unterstützung braucht. Der Tutor kann auch den regulären Lehrer des Betreuten um

Information darüber bitten, welcher Art die Probleme des Schülers sind und dazu Vorschläge einholen, wie sie gelöst werden können.
Tests zur Diagnose von Sprachschwierigkeiten stehen zur Verfügung. Ein typisches Beispiel für diese Tests ist der Stanford Diagnostic Reading Test, mit dem Meßwerte für Sprachverständnis, Wortschatz und verschiedene Worterkennungsfertigkeiten wie das Bilden von zusammengesetzten Wörtern, die Lautdiskrimination und die Untergliederung in Silben ermittelt werden. Die auditive Diskrimination und die Identifikation von Lautanfängen und -abschlüssen werden ebenfalls geprüft.
Es ist jedoch fraglich, ob solche Tests Fähigkeiten messen, die für sprachliche Leistungen *ursächlich* verantwortlich sind. Ebenso fraglich ist demgemäß der diagnostische Wert solcher Tests (vgl. *Calfee* u. *Venezky,* 1968). Sie können also nicht dazu verwendet werden, festzustellen, welche Ursachen den sprachlichen Schwierigkeiten eines Kindes zugrundeliegen.
Andere Autoren (z. B. *Carner,* 1969) befürworten vom Lehrer zusammengestellte informelle Fragebögen, mit denen sich die sprachlichen Fähigkeiten der Schüler erfassen lassen. In solchen Fragebögen könnte z. B. die Anwendung neuer Wörter verlangt werden, die in Lesebüchern für Anfänger enthalten sind; die Fehler des Kindes könnten ermittelt werden und der Lehrer könnte Fragen über Einzelheiten und Schlußfolgerungen in den Fragebogen aufnehmen, mit denen das Verständnis des Kindes dessen, was es gelesen hat, erfaßt wird. Die meisten Tutoren jedoch – auch die meisten Lehrer – sind nicht dazu imstande, solche diagnostischen Tests herzustellen. Sie werden auf die weniger formellen und weniger anspruchsvollen Verfahren zurückgreifen müssen, die wir dargestellt haben, solange keine geeigneten Instrumente zur Diagnose der *Ursachen* von Sprachschwierigkeiten verfügbar sind.
Aus diagnostischen Verfahren, die beim Einsatz von Tutoren im Mathematikunterricht zur Anwendung kamen, wurde deutlich, daß es wichtig ist, sich um die Lösungsprozesse und nicht bloß um die Richtigkeit der Antworten von Schülern zu kümmern. Es hat sich herausgestellt, daß Befragungen der Schüler und die Aufforderung, „laut zu denken", in diesem Bereich ebenso wie im Sprachunterricht nützlicher sind als die üblichen diagnostischen Tests. Wenn sich der Tutor auf die Prozesse konzentriert, die die Schüler anwenden, kann er ihre spezifischen Probleme ausmachen, ob es sich nun darum handelt, daß der Schüler die grundlegenden Eigenschaften von Zahlen nicht versteht oder daß er bestimmte Algorithmen (Rechenverfahren) nicht kennt. Tutoren sollten auch ein Gefühl für emotionale Probleme haben, z. B. für mangelndes Interesse oder allgemeine Anpassungsschwierigkeiten in der Schule.

Laut denken

Abhilfe schaffen

Wenn sich der Tutor bestimmte Vorstellungen über die Ursachen der Schwierigkeiten des Schülers gebildet hat, gibt er seinem Schützling die Gelegenheit, sich in den Fertigkeiten zu üben, an denen es ihm mangelt. Er stellt Fragen, wartet auf die Antworten, lobt richtige Reaktionen oder macht sie dem Schüler vor, wenn er sie nicht selbst durchführen kann. Reagiert der Schüler richtig, so

Vorgehen bei richtigen und falschen Reaktionen

ist dies ein Hinweis für den Tutor, daß er auf diesem Niveau oder diese Fertigkeit weiter üben kann oder daß er, wenn die Leistungen des Schülers bereits seinen Vorstellungen entsprechen, zur nächsten Fertigkeit oder zur nächsten Aufgabe übergehen kann. Eine falsche Reaktion bedeutet auf der anderen Seite, daß der Tutor die richtige Antwort geben sollte (und nicht bloß eine teilweise richtige Antwort oder einen Hinweis oder einen „Anstoß"). Eine falsche Reaktion bedeutet auch, daß der Tutor seinen Unterricht ändern muß, indem er die Aufgabe noch einmal erklärt und neue Beispiele anführt. Dann wiederholt er die Frage, läßt dieselbe Aufgabe noch einmal bearbeiten oder die praktische Übung noch einmal durchführen. *Della-Piana, Jensen* und *Murdock* (1970) haben an einem Beispiel eine Trainingsart vorgestellt, der sich ein Lehrer unterziehen könnte, der sich die Durchführung eines Diagnose-Therapie-Zyklus aneignen will; dieses Beispiel ist in Abbildung 21-3 enthalten. Es handelt sich um ein sehr detailliertes Programm für die Tutorenausbildung. Der Lehrer möge diesem Beispiel entnehmen, wie er eigene Verfahrensweisen für den Einsatz von Tutoren oder für die Ausbildung von Laien und Unterrichtshelfern, die ihn bei seiner Arbeit unterstützen, entwickeln kann.

Programmierter Unterricht durch Tutoren

Ebersole (1971) und *Ellson, Harris* und *Barber* (1968) haben weitere Unterrichtsmaterialien für Tutoren, die zum größten Teil programmiert sind, entwickelt. In dem letztgenannten Material wird das Verhalten des Tutors durch die einzelnen Programmschritte bis in Einzelheiten hinein festgelegt. Welchen Stoff der Tutor behandeln soll, wie lange er auf eine Reaktion warten soll, was er nach richtigen oder falschen Reaktionen sagen soll, wie er die Erfolge und Mißerfolge des Kindes festhalten soll usw., all dies wird genau beschrieben. Es werden Verfahren für die Ausschaltung von Fehlern angegeben, bei denen das Problem schrittweise vereinfacht, seine Form geändert und Hinweise zur Verfügung gestellt werden, bis der betreute Schüler die Lösung selbst entdeckt. Daneben erhält der Tutor spezielle Texte, die der Schüler unvorbereitet lesen soll, andere, die er dem Schüler zum Lesen überlassen kann, und Materialien für Verständnis-, Wort- und Analyseübungen.

Für die Fördertechniken im Bereich der Mathematik kommen die gleichen allgemeinen Richtlinien zur Anwendung. Der Tutor sollte das, was unterrichtet werden soll, analysieren können, er sollte die Lernstrukturen festlegen können, wie das in Kapitel 4 beschrieben wurde. Der Tutor sollte also wissen, welche Schritte beim Bruchrechnen oder beim Wurzelziehen einzuhalten sind. Er sollte besonderen Wert darauf legen, daß die Gründe für die Rechenregeln verstanden werden. Richtige Antworten und Lösungsprozesse sollten großzügig verstärkt werden, falschen Antworten sollte mit weiterführenden diagnostischen Maßnahmen, mit erneuten Erklärungen und mit weiteren Testdurchgängen nachgegangen werden.

Manipulationsmaterial

Dem Schüler kann Manipulationsmaterial zur Verfügung gestellt werden, z. B. eine Zahlenlinie (eine gerade Linie, auf der in gleichen Abständen Zahlen abgesteckt sind) oder Cuisenaire-Stäbe (eine Reihe von unterschiedlich langen und verschiedenfarbigen Stäben, die so zusammengesteckt werden können, daß die Kinder Verhältnis- und andere Beziehungen selbst erkennen können). Der Tutor kann den Kindern eine Reihe von Übungen aufgeben, die sie selbst bewerten können, und er kann sie Aufzeichnungen über ihre eigenen Fortschritte anfertigen lassen.

Positive Verstärkung

Jeder Tutor sollte großzügig für positive Verstärkung sorgen. Die meisten Schüler im Tutorenunterricht haben bereits Erfahrungen gemacht, die sie als Mißerfolge wahrnehmen, und das, was sie an der Schule erleben, droht für sie zu einer aversiven Erfahrung zu werden, wenn es nicht bereits so weit gekommen ist. Die Beziehung zu einem anderen Menschen, dem Tutor, kann nun, vorausgesetzt, er wird respektiert und geschätzt, dazu führen, daß die Lernsituation wieder mit einer gewissen Sicherheit ausgestattet wird. Bei seiner Arbeit mit dem Tutor wird der Schüler nicht mit anderen Schülern verglichen; vielmehr werden seine Leistungen nur mit den Leistungen, die er früher erbracht hat, verglichen. Seine Fortschritte sollten ihm auf positive und ermutigende Weise deutlich gemacht werden, wie gering sie auch immer, gemessen an anderen Maßstäben, sein mögen. Die Sitzungen mit dem Tutor sollten so kurz gehalten werden, daß sie den Schüler nicht ermüden oder langweilen. Der Tutor sollte versuchen, eine spielerische, humorvolle, generell angenehme Atmosphäre zu schaffen und den Unterricht auf eine Weise angenehm und positiv zu gestalten, die seinem eigenen Alter und Status und dem Alter und Status des Schülers entspricht.

Sicherheit beim Lernen

Vermutlich der größte Teil der Tutoren sagt dem Schüler, um ihn zu ermutigen, daß eine Aufgabe leicht ist. Wir empfehlen dagegen, dem Schüler zu sagen, daß eine Aufgabe oder ein Problem ziemlich schwierig ist. So kann erreicht werden, daß das Erfolgserlebnis größer wird, wenn der Schüler die Aufgabe bewältigt hat, und daß die Selbstachtung weniger beeinträchtigt wird, wenn er die Aufgabe nicht schafft.

Sage: „Die Aufgabe ist schwierig“

Die Wirksamkeit der Einzelbetreuung

Bei unserer Durchsicht der Literatur über die Einzelbetreuung stellen wir fest, daß die Ergebnisse der Experimente sehr häufig positiv ausfielen. *Bernstein* (1959), der über 200 Artikel über den Rechenförderunterricht durchsah, kam zu dem Schluß, daß offensichtlich alle Verfahrensweisen der Einzelbetreuung zu irgendwelchen guten Ergebnissen führten. Auch wenn diese Einschätzung zu günstig sein sollte, herrscht doch der Eindruck vor, daß der Einsatz von Tutoren günstige Auswirkungen sowohl auf die Betreuten als auch auf die Tutoren hat. Diese Auswirkungen bestehen offensichtlich darin, daß kognitive Ziele, z.B. bestimmte Werte in standardisierten Leistungstests, und affektive Ziele, z.B. ein günstigeres Selbstbild, erreicht werden. Jahrelange Erfahrungen mit dem Einsatz von Tutoren auf verschiedenen Altersstufen haben eine Gruppe von Autoren davon überzeugt, daß sowohl ältere als auch jüngere Kinder großen Nutzen aus dieser Arbeit mit Tutoren ziehen (*Lippitt* u. *Lippitt,* 1968, 1970; *Peggy Lippitt,* 1969; *S. Bloom,* o.J.).

Die individuelle Beachtung durch einen anderen Menschen, die Bestandteil des Tutorenunterrichts ist, ist auch ein Bestandteil des „zielerreichenden Lernens“ (*Bloom,* 1968), eine Methode, die oben dargestellt wurde. Bei dieser Methode wird dem Schüler zum Lernen *so viel Zeit wie nötig* gelassen, es

Nun soll ein Diagnose-Therapie-Zyklus dargestellt werden, in dem die Rolle des Lehrers, die wir gerade beschrieben haben, simuliert werden soll. Führen Sie jeden einzelnen Schritt dieses Zyklus genau so durch, wie oben angegeben, bevor Sie zum nächsten Schritt übergehen.

1. Bei drei verschiedenen Gelegenheiten schaut ein Kind auf das Wort *blinken,* setzt dann die einzelnen Buchstaben in Laute um und liest wie folgt:
/b/l/i/nk/en, blicken
Was hat das Kind für eine Leseschwierigkeit? (Formulieren Sie Ihre Antwort, bevor Sie zum nächsten Schritt übergehen.)

2. Vergleichen Sie Ihre Beschreibung der Leseschwierigkeiten des Kindes mit den folgenden Alternativen. Gehen Sie dann, wie angegeben, zum nächsten Schritt über. Das Kind liest /b/l/i/nk/en, blicken, weil
   a) es nicht sorgfältig liest oder nicht genau hinschaut oder nicht denkt. (Gehen Sie zu 3a über).
   b) Es erkennt die einzelnen Phänomene richtig, fügt sie aber aus irgendeinem Grund nicht richtig zusammen. Vermutlich deshalb, weil „blicken" im Wortschatz des Kindes eine höhere Häufigkeitsquote hat als „blinken". (Gehen Sie zu 3b über.)
   c) Das Kind kennt den Laut ‚n' nicht. (Gehen Sie zu 3c über.)
   d) Es handelt sich um das Ersetzen einer Konfiguration durch eine andere. (Gehen Sie zu 3d über.)

3a. Sie meinen, das Kind ‚hat nicht sorgfältig gelesen . . .' Dies ist eine ziemlich vage Feststellung, die nicht genügend Informationen enthält, um ein diagnostisches Verfahren oder eine Behandlung aufbauen zu können. (Gehen Sie zurück zu 2b.)

3b. Sehr gut! Das Kind kennt die Laute, die den Buchstaben entsprechen. Es fügt sie einfach nicht richtig zusammen, vermutlich aus dem angegebenen Grund. Wie würden Sie nun diese Diagnose überprüfen? (Legen Sie Ihr Verfahren für die Validierung der Diagnose fest und gehen Sie dann zu 4. über.)

3c. Das Kind gab den richtigen Laut für jedes einzelne Lautzeichen an, fügte sie jedoch nicht richtig zusammen. Sein Problem bestand also nicht darin, den Laut ‚n' auszusprechen. (Gehen Sie zurück zu 2b.)

3d. Die Wörter schauen ähnlich aus. Aber das Kind sprach jedes einzelne Element in ‚blinken' richtig aus und hat also jedes einzelne Element ‚wahrgenommen' und vermutlich nicht bloß die Konfiguration. Das Problem trat bei dem nächsten Schritt, beim Zusammenfügen der einzelnen Laute auf. (Gehen Sie zurück zu 2b.)

4. Sie haben ein Verfahren oder mehrere Verfahren für die Überprüfung der Gültigkeit Ihrer Diagnose vorgeschlagen. Vergleichen Sie Ihren Vorschlag mit den drei hier angegebenen Alternativen und halten Sie sich an die gegebenen Anweisungen.
   a) Man läßt das Kind die folgenden Worte paarweise lesen:

Sack	Stock	schicken
sank	Stunk	Schinken
decken	placken	klicken
denken	Planken	klinken

   b) Es soll überprüft werden, ob der Fehlertyp auch in einem Kontext zustande kommt. Das Kind soll die folgenden zwei Sätze lesen.
   Die Sterne blinken. Seine Augen blikken mich an.
   c) Ist die höhere Häufigkeitsquote des Wortes blicken in das Leselernprogramm eingebaut? Das muß überprüft werden.

(Gehen Sie zu 5a weiter, unabhängig von Ihrer Entscheidung.)

5a. Das Verfahren 4a wurde als diagnostische Überprüfung verwendet und das Kind las jedes Wortpaar richtig, außer dem Paar *klicken-klinken,* das es folgendermaßen las:
klicken: /k/l/i/ck/e/n, klicken;
klinken: /k/l/i/nk/e/n, klicken

5b. Das Verfahren 4b wurde zur Überprüfung der Diagnose angewandt und das Kind las die Worte *blinken* und *blicken* in dem Satzkontext richtig.

5c. Das Wort *blicken* hat tatsächlich eine höhere Häufigkeitsquote in dem Leselernprogramm als das Wort *blinken*.

Welche Behandlung würden Sie für die Schwierigkeiten, wie Sie sie nun diagnostiziert haben, vorschlagen?

(Gehen Sie zu 6 über.)

____

____

6. Sie haben ein Unterrichtsverfahren auf der Grundlage der Diagnose vorgeschlagen. Vergleichen Sie Ihren Vorschlag mit den unten angegebenen Alternativen und befolgen Sie die Anweisungen.

   a) Das Kind muß im Zusammenfügen von Wörtern unterrichtet werden, die mit kl und bl angehen und nk und ck in der Mitte oder am Ende entfalten. Das Kind soll z. B. einen Laut ausdehnen und ihn in den nächsten ohne Pause übergehen lassen. Dann wird die Dauer der einzelnen Laute solange reduziert, bis das Wort richtig ausgesprochen wird.
   /blll/iiii/nnnnk/en/
   /blll/iii/nnnk/en/
   /bll/ii/nnk/en/
   blinken
   Es müssen große Pausen zwischen den einzelnen Lauten vermieden werden, also nicht /bl/—/i/—/nk/en

   b) Da im Kontext die Schwierigkeiten vermindert sind und es im Leselernprogramm nicht genügend Sätze gab, bei denen *blinken* verwendet wurde, sollen zusätzliche Übungen mit Texten durchgeführt werden, in denen die Problemwörter vorkommen. Auf diese Weise wird das Kind zu einer richtigen Aussprache wie in 4b gelangen.

   c) Das Kind muß in der Aussprache der Laute trainiert werden, für die *ck* und *nk* geschrieben wird, so daß es sie in einer Reihe von anderen Lauten erkennen kann.

(Gehen Sie zu 7 über, unabhängig von Ihrer Entscheidung.)

7. Sie haben in der vorausgehenden Einheit ein Unterrichtsverfahren vorgeschlagen. Die Ergebnisse der Anwendung dieses Unterrichtsverfahrens werden unten dargestellt. Überprüfen Sie die Ergebnisse des Verfahrens, das Sie vorgeschlagen haben.

   a) Nach dem Unterricht war das Kind dazu im Stande, *blicken – blinken* und ähnliche Wortpaare richtig zusammenzufügen, die mit Kombinationen von Konsonanten begannen, gleichgültig ob das Wortpaar für sich oder zusammen mit anderen Wörtern in irgendeiner Reihenfolge dargeboten wurde. Gehen Sie zum nächsten Simulationsproblem über.

   b) Es ist nicht unbedingt zu erwarten, daß das Kind auf die von Ihnen vorgeschlagene Weise zum richtigen Lesen der Problemwörter gebracht wird. Es liest die Problem-Wörter bereits richtig, wenn sie in einem Kontext dargeboten werden. Die von Ihnen vorgeschlagene Übung hatte keine Auswirkungen auf das Lesen von Wörtern, die in einer Wörterliste enthalten sind. (Gehen Sie zu 6a zurück.)

   c) Ein Üben der Laute, die den Lautzeichen ck und nk entsprechen, hatte keine Auswirkungen auf die Fähigkeit des Kindes, Wörter wie *blinken* und *klinken* richtig zusammenzufügen. (Gehen Sie zu 6a zurück.)

Aus *Della-Piana, Jensen und Murdock* (1970)

Abbildung 21-3. Programmiertes Unterrichtsmaterial für die Ausbildung von Lehrern in einem Diagnose-Therapie-Zyklus

kommen diagnostische Verfahren, Fördertechniken, häufige Tests und ausführliche Rückmeldungen zum Einsatz. Diejenigen Wechselbeziehungen, die auch Bestandteil des Tutorenunterrichts sind, können möglicherweise zum Teil für den offenkundigen Erfolg des zielerreichenden Lernens verantwortlich gemacht werden.

21.9 Programmierter Unterricht

1954 wurde die Pädagogik plötzlich mit einem radikal neuen und vielversprechenden Ansatz konfrontiert – mit dem programmierten Unterricht. In seinem historischen Aufsatz „The Science of Learning and the Art of Teaching" diagnostizierte *Skinner* (1954) die Mißstände im Unterricht und beim Lernen an unseren Schulen und verordnete eine Therapie. *Skinner* ging bei diesem Aufsatz von der Theorie des operanten Konditionierens aus, die er bei seinen Untersuchungen über das Verhalten von Ratten und Tauben entwickelt hatte und deren bedeutendster Vertreter er war. In seiner Betrachtungsweise bestand das Hauptproblem in einer drastischen Unzulänglichkeit in der Anzahl und dem Aufbau der Verstärkungskontingenzen, die im Unterricht zur Anwendung kamen. Im üblichen Klassenzimmer wird den Schülern, wie er es sah, viel zu selten Gelegenheit gegeben, auf diskriminative Hinweisreize zu reagieren. Der einzelne Schüler hat nur selten die Möglichkeit, sich zu äußern oder zu reagieren. Die einzelnen Hinweisreize werden in planloser Abfolge gegeben. Wenn ein Schüler jedoch einmal die Gelegenheit hat zu reagieren, z.B. bei einem Test, wird er häufig erst nach einem Zeitintervall verstärkt oder bestraft, das viel zu lang ist, als daß die Verstärkung oder Bestrafung wirksam sein könnte.

***Skinners* Diagnose**

***Skinners* Heilmittel**

Das Heilmittel war der programmierte Unterricht – ein System, bei dem (a) jedem einzelnen Schüler ein bestimmter Inhalt vorgelegt wird (eine relativ kurze Darstellung des Unterrichtsstoffs, etwa einen Satz oder einen Absatz lang), (b) jeder Schüler tätig werden muß (eine Frage richtig beantworten oder ein Problem lösen muß) und (c) jeder Schüler unmittelbar nach seiner Reaktion Informationen über die Richtigkeit seiner Verhaltensweise erhält.

Lernschritte und Programme

Jede Kombination dieser Punkte a, b und c konstituiert einen „Lernschritt" des Programms. Ein Beispiel für eine Reihe derartiger Lernschritte ist in Abbildung 21-4 dargestellt. Auf jeden einzelnen Lernschritt folgt ein weiterer, der auf den ihm vorausgehenden aufbaut. Die einzelnen Lernschritte folgen so aufeinander, daß der Schüler von seinem Ausgangsniveau (das man mit Unkenntnis umschreiben könnte) ausgehend zu dem hingeführt wird, was *Skinner* das erwünschte „Verhaltensrepertoire" nennen würde und was Nichtbehavioristen mit voller Kenntnis oder uneingeschränktem Verstehen des

Das erste Prinzip: Handeln

1. In einem seiner frühen Aufsätze hat *Skinner* (1958) auf die Ähnlichkeit zwischen einem Unterrichtsprogramm und einem Tutor hingewiesen:

> „Zwischen dem Programm und dem Schüler läuft ein ständiger Wechselprozeß ab. Im Gegensatz zu Unterrichtsvorträgen, Lehrbüchern und den herkömmlichen audiovisuellen Hilfsmitteln bewirkt die Maschine eine ununterbrochene Tätigkeit. Wie ein guter Tutor besteht die Maschine darauf, daß ein bestimmter Punkt durch und durch verstanden ist ..., bevor der Schüler zum nächsten übergeht. Vorträge, Lehrbücher und deren mechanisierte Entsprechungen laufen ab, ohne sicherzustellen, daß der Schüler alles versteht, und so fällt er recht schnell zurück."

Hört sich gut an, nicht wahr? Nun ist es zwar leicht zu behaupten, daß ein ideales Programm diese Forderungen erfüllt, aber es ist sehr viel schwieriger, solche Wunderdinge in wirkliche Unterrichtsmaterialien einzubauen. Bedeutet Schülertätigkeit – *irgendeine* Tätigkeit – wirklich dasselbe wie „Verstehen"? Vergleichen Sie einmal die folgenden Lernschritte und ihre *nicht*mechanisierte Version (z. B. einen Vortrag):

> 1. Um ein Tier *positiv zu verstärken,* macht man die Abgabe eines Verstärkers, z. B. ein bißchen Nahrung, davon abhängig, daß das Tier eine angemessene Reaktion zeigt. Wenn die Nahrung von einer Reaktion abhängig gemacht wird, dann wird die Reaktion des Tieres p ____________ v ____________.
> 2. Wenn man einem Tier ein bißchen Nahrung gibt, sobald es eine angemessene Reaktion zeigt, dann nennt man das P ____________ V ____________.

Ein Redner würde natürlich keine Lücken in seinen Äußerungen lassen, das wäre ja auch recht sonderbar! Kreuzen Sie jede der folgenden Feststellungen an, von der Sie glauben, daß sie einen solchen Unterricht richtig kennzeichnen:

○ Ein Schüler, der die Lücken in solchen Lernschritten ausfüllt, geht eine *„Tätigkeit"* ein (mit anderen Worten: er tut etwas).
○ Der Schüler, der die Lücken richtig ausfüllt, *versteht* den jeweiligen Punkt genau.
○ Wenn ein Redner dieselbe Definition vorträgt und der Schüler sie in seinen schriftlichen Aufzeichnungen niederlegt, dann geht der Schüler eine *„Tätigkeit"* ein.
○ Ein Schüler, der die Definition des Redners korrekt aufschreibt, *versteht* den Punkt genau.

Wir haben Sie hier nach Ihrer Meinung gefragt. Wir müssen jetzt erst einmal uns darüber einigen, was eigentlich mit „Handeln" gemeint ist. Meine Vorstellung von „Tätigkeit" schließt beides ein, sowohl die Lücken ausfüllen als auch die Vortragsmitschrift. Der Schüler *tut* etwas, einerlei, ob dieses Etwas zu angemessenem Lernen führt oder nicht. Wissenschaftler, die sich mit Verhaltenszielen befassen (*Mager,* 1962; *Popham* u. *Baker,* 1970; *Vargas,* 1972), warnen uns davor, den Begriff „verstehen" zu verwenden, da es keinen Konsens darüber gibt, in welchen Tätigkeiten sich Verstehen spiegelt. Demgegenüber finde ich sehr wohl einen Konsens darüber, in welchen Tätigkeiten es sich *nicht* spiegelt – die meisten Menschen werden mir zustimmen, daß keiner von den oben genannten Schülern wirklich etwas *versteht,* wenn das *alles* ist, was er an Tätigkeit leistet.

Aus: *Markle* (1983).

Abbildung 21-4. Ein Lernschritt aus einem programmierten Lehrbuch

Stoffs umschreiben würden (bzw. daraufhin überprüfen würden, ob es dieser Umschreibung entspricht).

Einige Programmentwickler vertreten die Auffassung, daß Programme so abgefaßt werden sollten, daß die meisten Schüler (z. B. 90%) dazu imstande sind, bei den meisten Lernschritten (z. B. 90%) die richtige Reaktion auszuführen. So soll erreicht werden, daß die Wahrscheinlichkeit hoch wird, daß der Schüler beim Durcharbeiten des Programms nur positive Verstärkungen erlebt. Die positive Verstärkung, die auf eine richtige Reaktion hin erfolgt, stellt sicher, daß die Ausführung richtiger Reaktionen in der Zukunft sehr wahrscheinlich wird und daß die Motivation oder der Wunsch des Schülers zu lernen, gestärkt wird (wenngleich *Skinner* meint, daß es überflüssig und sogar irreführend ist, sich auf einen internen Prozeß, wie die Motivation, zu beziehen).

Hohe Erfolgsraten

Der Beitrag des programmierten Unterrichts

Wir haben dargestellt, daß der programmierte Unterricht anscheinend in erster Linie für das Erlernen einer speziellen Fertigkeit (z. B. wie man einen Oszillographen benutzt oder einen Rechenschieber; wie man einen Korrelationskoeffizienten berechnet usw.) und für Förder- und Vertiefungszwecke nützlich ist, daß er aber nicht die Hauptrolle im Unterricht übernehmen kann. Der anfängliche Enthusiasmus für den programmierten Unterricht ist beträchtlich zurückgegangen. Der programmierte Unterricht hat nicht zu der erhofften Revolution im Klassenzimmer geführt. Aber er hat mit dazu beigetragen, daß man dem, was eine operante Theorie des Unterrichts an Verbesserungen in der Unterrichtsorganisation einbringen kann, heute mehr Aufmerksamkeit schenkt. Man hat besseres Unterrichtsmaterial entwickelt, das im individuell gesteuerten Unterricht auch zur Anwendung kommt.

Verbessertes Unterrichtsmaterial

Der programmierte Unterricht hat auch bewirkt, daß man erneut Anstrengungen auf sich genommen hat, die Ideale eines individualisierten Unterrichts zu verwirklichen, und zwar in der Hinsicht, daß im Unterricht mehr Rücksicht genommen wird auf die besonderen Fähigkeiten, Lernraten und Interessen der einzelnen Schüler. Die Schüler werden jetzt eher in die Lage versetzt, ihr Lerntempo selbst festzulegen, entweder schneller voranzukommen oder langsamer zu arbeiten und sich immer wieder einen Überblick über den derzeitigen Lernstand zu verschaffen. Sie haben mehr Zeit für die einzelnen Aufgaben zur Verfügung und können, falls erforderlich, auf die Hilfe eines Tutors zurückgreifen.

Größere Rücksicht auf den einzelnen

Aktiveres Engagement

Die Schüler haben heute mehr Gelegenheit, sich aktiv an dem Lernprozeß zu beteiligen – über das Lesen, Zuhören oder Anschauen hinaus etwas zu unternehmen. Sie erhalten z. B. Aufgaben, die relativ häufige Reaktionen erfordern – Beantworten von Fragen, Durchführen von Tests, Aufsuchen von Literaturstellen, Gebrauch machen von Büchern und vielen anderen Dingen, nicht nur von Lehrbüchern (Puzzles, Spiele, Bibliotheken, Tonbänder und einfache Arbeitsmaterialien, wie z. B. Magnete und Büroklammern). Die Schüler erhalten häufiger sowohl affektive als auch kognitive Rückmeldung.

Mehr Rückmeldung

Die affektive Form heißt Lob und Anerkennung für angemessenes Verhalten und richtige Reaktionen. Durch kognitive Rückmeldungen wird dem Schüler bestätigt, daß das, was er getan hat, richtig war oder, wenn es nicht richtig war, wie es verbessert werden kann. Den Lehrern ist bewußt geworden, daß die Schüler nicht solange wie früher in Unkenntnis darüber gelassen werden sollten, zu welchen Ergebnissen ihre Arbeit geführt hat.

21.10 Computer im Unterricht

Im Gegensatz zu den Lehrmaschinen, die häufig beim programmierten Unterricht zum Einsatz kamen und jetzt praktisch verschwunden sind, ist der computerunterstützte Unterricht (Computer Assisted Instruction – CAI) weiterhin Gegenstand intensiver Forschung und geprägt von Bemühungen um eine Weiterentwicklung. Mit CAI wird eine Art programmierter Unterricht ermöglicht, der eine Reihe von Vorteilen aufweist:

1. Informationen über die Reaktionen des *individuellen* Schülers können gespeichert, wieder abgerufen und am Ende jeder einzelnen Unterrichtseinheit statistisch ausgewertet werden, so daß die Ergebnisse für den Lehrer sofort zugänglich sind. **Informationsspeicherung**
2. Informationen über Schüler*gruppen* können auf die gleiche Weise statistisch ausgewertet werden.
3. Tausende von Schülern können von einem einzigen Computer Gebrauch machen, und zwar über Telefonverbindungen zu Terminals, die Tausende von Kilometern vom Computer entfernt aufgestellt sein können.
4. Informationen über die *Latenz* der Reaktion eines einzelnen Schülers können erhoben werden. Solche Informationen verdeutlichen, wieviel Zeit zwischen der Darbietung eines Stimulus oder einer Aufgabe und der Reaktion des Schülers verstreicht. **Reaktionslatenz**
5. Mit Hilfe von Kopfhörer und Bildschirm kann der Schüler Unterrichtsmaterialien verarbeiten, und zwar entweder in nichtverbaler Form (z. B. Bilder, Diagramme und Filme) oder in akustischer Form (z. B. französische Vokabeln oder Grammatiksätze, oder Musikstücke). Mit einem sogenannten „Lichtgriffel" kann der Schüler taktil reagieren: er beantwortet eine Frage, indem er mit dem Stift den Bildschirm an einem bestimmten Punkt berührt – dort, wo er glaubt, daß die Lösung abgebildet ist. **Lichtgriffel**

Der computerunterstützte Unterricht birgt also große Möglichkeiten. Ob die mit ihm verbundenen Kosten ebenso groß sein müssen, ist eine noch ungelöste Streitfrage. Man kann sich jedoch vorstellen, daß die Kosten pro Schüler auf ein vertretbares Niveau gedrückt werden können, wenn CAI-Einrichtungen erst einmal in die Massenproduktion gehen und von den Schulen vermehrt eingesetzt werden. In einem vierjährigen Probelauf in Los Angeles (1976–1980) betrugen die täglichen Unkosten für einen 10minütigen CAI-Durchgang über das Schuljahr verteilt 130 Dollar (vgl. *Ragosta* et al., 1982, S. 2). In demselben Projekt, das zur Förderung lernschwacher Schüler eingerichtet worden war, „hat man festgestellt, daß nach Maßgabe der vorhandenen Mittel bis zu drei Übungsdurchgänge von je 10 Minuten Dauer für jedes lernschwache Kind bereitgestellt werden konnten . ... Somit hat es den Anschein, als sei diese Unterrichtsstrategie im Rahmen der derzeitigen Bedingungen für kompensatorische Unterrichtsmaßnahmen von den Kosten her gesehen machbar" (*Levin* u. *Woo,* 1979, S. 32).

Entscheidungen des Computers

Mit der CAI wird die individuell ausgerichtete Behandlung von Schülern in bestimmten Bereichen einfacher. Der Computer kann die letzte Reaktion eines Schülers bei einer Reihe von Lese- oder Rechenübungen berücksichtigen und sofort entscheiden, ob der Schüler mehr Übung braucht oder ob er zur nächsten Aufgabe übergehen kann. Dem Lehrer bleibt die langweilige Aufgabe erspart, die Arbeit des Schülers auszuwerten und zu beurteilen. Daneben ist der Lehrer wesentlich langsamer und kann sich weniger gut dem sich ändernden Verhalten des Schülers anpassen als der Computer. Mit CAI kann Logik, Russisch, Strategie, Marktforschung und jeder andere Stoff gelehrt werden, der programmiert werden kann. Die CAI hat jedoch auch ihre Grenzen. *Suppes* (1966) hat drei Stufen der Einsetzbarkeit des CAI abgegrenzt: Dialog, Einzelbetreuung und Drill. Bisher kann die CAI nicht adäquat auf gesprochene Sprache oder auf geschriebene Sätze oder Abschnitte oder Aufsätze eingehen; das bedeutet, es kann kein ausführlicher Dialog mit dem Schüler stattfinden. Auch eine Einzelbetreuung ist mit der CAI nur unter großen Anstrengungen möglich: mit Verzweigungen des Hauptprogramms, bei denen die spezielle Reaktionsgeschichte des einzelnen Schülers berücksichtigt wird. Auf der einfachsten Unterrichtsstufe, auf der Stufe des Drills und der Übung, bietet die CAI in gleicher Weise für alle Schüler eine Reihe von Aufgaben in den Bereichen der Rechtschreibung, des Addierens, des Vokabulars einer Fremdsprache usw. dar und korrigiert die Reaktionen der Schüler. Ein Beispiel für ein einfaches Drillprogramm für das Erlernen des Vokabulars einer Fremdsprache ist in Abbildung 21-5 dargestellt. Wie man sieht, kann der Computer, wenn der Schüler ein Wort zum zweiten Mal nicht richtig angibt, wie ein Mensch mit einem gewissen Humor reagieren. (Bei den Hör- und Sprechübungen im fremdsprachlichen Unterricht werden Sprachlabors eingesetzt, die mit Tonbandgeräten und Kopfhörern ausgestattet sind, so daß jeder Schüler individuell für sich üben kann.)

Dialog, Einzelbetreuung, Drill

CAI-Programmierung

Wie komplex die Erstellung von CAI-Programmen ist, wird aus der Arbeit über die Anfangsgründe des Lesens von *Atkinson, Fletcher, Lindsay, Campbell* und *Barr* (1973) deutlich. In dem Programm geht es in erster Linie um die Dekodierung (Verknüpfung von Buchstaben oder Buchstabengruppen mit Lauten); es besteht aus acht Programmbereichen. (1) Umgang mit dem Fernschreiber, (2) Buchstabenwiedererkennen, (3) Bestimmung eines visuell dargebotenen Wortes, (4) Rechtschreibmuster, (5) Lautbildung, (6) Buchstabieren, (7) Wortverständnis und (8) Satzverständnis. In jedem Programmbe-

Programmbereiche

Der Schüler (S) gibt eine Identifikationsnummer ein: 012. Der Computer (C) antwortet, indem er ausdruckt: Guten Abend, David. Dies ist die vierte Deutschstunde. Wenn du so weit bist, daß wir beginnen können, tippe bitte den Buchstaben B. Wenn du dir das Verfahren noch einmal anschauen möchtest, tippe bitte den Buchstaben V ein.

S: B
C: *Reichen*
S: To hand
C: Gut!
Kochen
S: To boil
C: Sehr gut!
Öffnen
S: To offer
C: Nein, das ist nicht richtig. Möchtest du noch einmal probieren?
S: To open
C: OK.
Arbeiten
S: To arbitrate
C: Nein, das ist nicht richtig. Möchtest du es noch einmal probieren?
S: To look
C: Nein, das ist nicht richtig. *Arbeiten* = to work. Dummkopf! *Machen*
S: To make
C: Richtig, weiter so.

Nach *Licklider* (1962).

Abbildung 21-5. Ein Beispiel für ein Drill- und Übungsprogramm im fremdsprachlichen Unterricht (Muttersprache: Englisch)

reich wird eine spezielle Dekodierungsfertigkeit geübt. Bei jeder Lernsitzung werden Aufgaben aus einzelnen oder aus allen Programmbereichen gestellt, wobei die Anzahl der einzelnen Aufgaben danach ausgerichtet wird, daß der Lernfortschritt optimal wird. Der Übergang auf einen neuen Programmbereich hängt von den Leistungen im vorausgehenden Programmbereich ab.

Aufgabenformen

Jeder Programmbereich enthält Aufgaben verschiedener Form – Abschreiben, Wiedererkennen oder Wiedergeben. Jede einzelne Aufgabe besteht aus der üblichen *a-b-c*-Sequenz, die oben dargestellt wurde: (a) Darbietung, (b) Reaktionsauslösung und (c) Rückmeldung. Bei einer Wiedererkennung im Programmbereich 4 wird z.B. dem Schüler (a) STRICK BLICK TRICK dargeboten und (b) der Computer fordert ihn über Kopfhörer dazu auf, BLICK mit der Schreibmaschine zu schreiben. Wenn der Schüler richtig reagiert, wird ein + ausgedruckt und der Schüler kann daneben „gut" über den Kopfhörer hören. Wenn der Schüler falsch reagiert, sieht und hört er das richtige Wort.

Erst wenn der Schüler ein bestimmtes Leistungskriterium erfüllt hat, geht er zur nächsten Übung über. Das Leistungskriterium hängt von den Fähigkeiten des Schülers (Prozentsatz der von ihm in einem Vortest richtig wiedererkannten Wörter) und von der Schwierigkeit des Wortes ab (dem Prozentsatz der richtigen Reaktionen aller Schüler auf dieses Wort). Je besser also die Leistungen eines Schülers sind, desto weniger häufig befaßt er sich mit einem bestimmten Wort; und je schwieriger das Wort ist, desto häufiger befaßt er sich mit ihm. Die Beurteilung der Fähigkeit des Schülers und der Schwierigkeit des Wortes kann der Computer ohne weiteres vornehmen. Diese beiden Variablen werden so kombiniert, daß die Lernarbeit pro Zeiteinheit für einen bestimmten Schüler optimiert wird.

Optimierung

In Abbildung 21-6 sind Wortschatzübungen mit visuell dargebotenen Wörtern und Lautbildungsübungen aus Programmen, die von *Atkinson, Fletcher, Lindsay, Campbell* und *Barr* (1973) entwickelt wurden, dargestellt. Das Beispiel zeigt, auf welche Weise der Computer Probleme verschiedener Art darbietet, Reaktionen auslöst und sofort Rückmeldung gibt.

Effektivität des Computers im Unterricht

Wie effektiv ist also der computerunterstützte Unterricht? In dem bereits erwähnten Vierjahresprojekt in Los Angeles wurden folgende Ergebnisse aufgeführt:

- Nur zehn Minuten CAI-Mathematik täglich führten bei den Schülern zu signifikanten Verbesserungen in den Grundrechnungsarten.
- Zwanzig Minuten CAI-Mathematik verdoppelten die Leistungen der Schüler in den Grundrechnungsarten.
- Im zweiten und dritten Jahr CAI-Mathematik steigerten die Schüler ihre Leistungen noch einmal signifikant.
- Weniger ausgeprägte, aber dennoch positive Ergebnisse gab es im ersten Jahr in Lese- und Ausdrucksfertigkeiten, bei einem täglichen CAI-Unterricht von 10 Minuten.
- In den nachfolgenden Jahren konnten diese Leistungen – bei Weiterführung des CAI-Unterrichts – erhalten bleiben, aber nicht mehr gesteigert werden.
- Eine unabhängige Vergleichsanalyse hat gezeigt, daß der Gewinn, der sich infolge des CAI-Mathematikunterrichts ergab, in etwa gleich groß war wie der Gewinn, den andere Schüler aus einem (zeitlich gleich langen) Einzelunterricht zogen (*Ragosta* et al., 1982, S. 1–2).

Die Annahme, daß ein Kommunikationsmedium eine Wirkung auf Informationsempfänger ausübt, die von der Mitteilung unabhängig sind, erscheint plausibel. Man kann sich z.B. fragen, welche Auswirkungen die bloße Tatsache des Vorhandenseins von Computern im Klassenzimmer auf die Schüler hat. In einem Experiment (*Hess* et al., 1970) wurden die Einstellungen von mexikanisch-amerikanischen Schülern aus Familien mit niederem Einkommen untersucht, die ein bis zwei Jahre lang einen Mathematikförderunterricht erhielten. Die CAI-Gruppen bestanden aus 50 Schülern der Sekundarstufe I; die Nicht-CAI-Gruppe bestand aus 139 gleichaltrigen Schülern. Die Einstellungen zum Computer waren bei beiden Gruppen in etwa gleich. Das heißt, die Erfahrungen mit dem Computer zeitigten keine wesentlichen Auswirkungen auf die Einstellung zum Computer. Die CAI-Schüler nahmen jedoch sowohl den Computer wie den Lehrer anders wahr. Aus den Einstufungsskalen, die in Abbildung 21-7 dargestellt sind, werden diese Unterschiede

Wie Schüler CAI beurteilen

(a) Wiedererkennen von phonetischen Buchstabenmustern			**(a) Abschreibübung**	
	Ausdruck	akustische Mitteilung	Ausdruck	akustische Mitteilung
Programmbefehl:	-IN-IT-IG	(Tippe /IG/ wie in fig.)	PEN	(Tippe pen.)
Der Schüler reagiert, indem er tippt:	IG		PEN	
Programmbefehl:	+	(Gut!)	+	(Großartig!)
Programmbefehl:	-IT-IN-IG	(Tippe /IT/ wie in fit.)	EEG	(Tippe egg.)
Der Schüler reagiert, indem er tippt:	IT		EFF	
Programmbefehl:	+		1111EGG	(kein egg.)
Programmbefehl:	-IG-IN-IT	(Tippe /IN/ wie in pumpkin.)		
Der Schüler reagiert, indem er tippt:	IN			
Programmbefehl:	+	(Ausgezeichnet!)		
(b) Baue ein Wort			**(b) Erkennungsübung**	
Programmbefehl:	-IN-IT-IG P-	(Tippe pin)	PEN NET EGG	(Tippe pen)
Der Schüler reagiert, indem er tippt:	PIN		PEN	
Programmbefehl:	+	(Großartig!)	+	
Programmbefehl:	-IG-IN-IT F-	(Tippe fig.)	NET PEN EGG	(Tippe net.)
Der Schüler reagiert, indem er tippt:	FIN		NET	
Programmbefehl:	1111FIG	(Nein, wir wollten fig. tippen.)	+	(Ausgezeichnet!)
Programmbefehl:	-IN-IG-IT SL-	(Tippe slit.)		
Der Schüler reagiert, indem er tippt:	SLIT			
Programmbefehl:	+	(Gut!)		
Wortschatzübungen mit visuell dargebotenen Worten			*Lautbildungsübungen*	

Aus *Atkinson, Fletcher, Lindsay, Campbell* u. *Barr* (1973, S. 31, 33).

Abbildung 21-6. Programmierter CAI für den Anfangsunterricht im Lesen

deutlich. Diese Daten lassen die Annahme, deren Berechtigung weiter untersucht werden müßte, zu, daß Computer als nahezu genauso warm oder kalt wahrgenommen werden wie die Person des Lehrers. Darüber hinaus werden sie in signifikant größerem Ausmaß als fair, gut, angenehm, klar und leicht wahrgenommen. Diese Schüler sahen den Computer als kleiner und nicht als größer als der Lehrer an. In diesem Unterschied spiegelt sich vermutlich die Wahrnehmung der Machtverhältnisse in der Klasse durch die Schüler wider. Im allgemeinen wurde der Computer, wie *Hess* und seine Mitarbeiter feststellten, als sachkundig, fair und emotional neutral eingestuft. Die Schüler

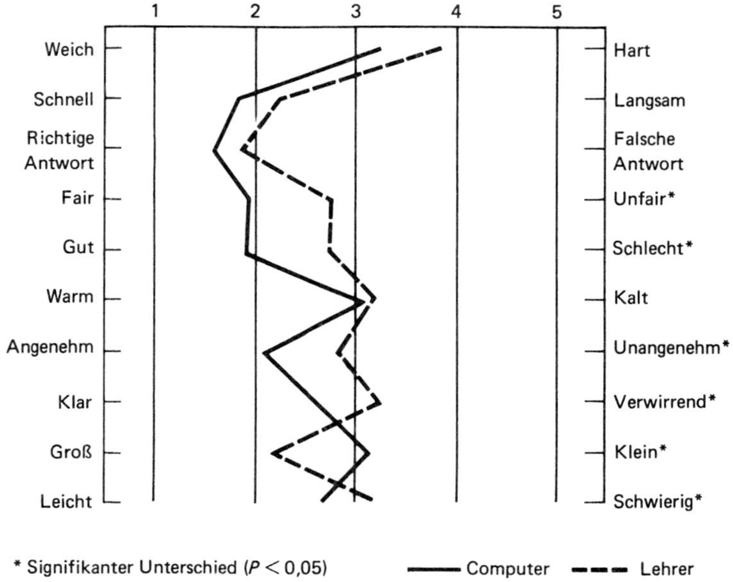

Nach *Hess, Tenezakis, Smith, Brad, Spellman, Ingle* u. *Oppman* (1970).

Abbildung 21-7. Einstellungen gegenüber dem Computer und dem Lehrer von Schülern, die ein bis zwei Jahre einen Mathematikförderunterricht mit CAI hatten

vertrauten dem Computer, aber sie neigten auch dazu, seine Wirksamkeit zu überschätzen. Die Untersuchung weist darauf hin,

> ... daß die Auffassung, der Computer stelle lediglich Informationen zur Verfügung, zu einfach ist und Wesentliches außer acht läßt. Diese Ansicht berücksichtigt nicht das Ausmaß, in dem der CAI bei den Schülern zu Auseinandersetzungen führt, die über ihre Unterrichtsfunktion hinaus affektive und soziale Färbung haben. Diese Einflüsse, und die Variationsmöglichkeiten, die in zukünftigen Programmen eingesetzt werden könnten, haben nicht nur auf das, *was* ein Kind lernt, sondern auch auf die Prozesse, über die es eine Beziehung zwischen sich selbst und den sowohl technologischen als auch menschlichen Strukturen einer komplexen Gesellschaft herstellt, potentielle Auswirkungen (*Hess* et al., 1970).

21.11 Zusammenfassung

Wir haben verschiedene Formen des individuellen Unterrichts dargestellt. Eine Analyse von Hausaufgaben und Lerngewohnheiten hat gezeigt, daß bestimmte Verhaltensweisen, die der Kontrolle des Schülers unterliegen, so geändert werden können, daß das selbständige Lernen effizienter wird. Untersuchungen über das selbständige Lernen auf dem Niveau der Universität oder der Sekundarstufe, wie z. B. die Antioch- und Colorado-Studien, haben nicht zu eindeutigen Ergebnissen geführt. Es hat sich jedoch herausgestellt, daß diese Methoden sicherlich nicht so schädlich sind wie ihre Kritiker meinten, noch so eindeutig erfolgreich sind wie ihre Befürworter gehofft hatten. Auf der anderen Seite haben sich der *Keller*-Plan und Methoden des zielerreichenden Lernens als ungewöhnlich effektiv, verglichen mit dem traditionellen Unterricht, erwiesen. Diese Art von Unterrichtsverfahren hatten sowohl auf die Leistungen als auch auf die Einstellungen günstige Auswirkungen.

An amerikanischen Schulen wird zunehmend mehr Gebrauch von Kontraktsystemen beim selbständigen Lernen gemacht. Auch Methoden der Einzelbetreuung werden zunehmend mehr angewandt. Im allgemeinen können diese Methoden der individuellen Unterweisung dem einzelnen Schüler weitgehend angepaßt werden. Vertragssysteme und der Einsatz von Tutoren ermöglichen eine größere Individualisierung des Unterrichts.

Wir haben dargestellt, wie diese Methoden funktionieren und auf weiterführende Literatur verwiesen. Wir weisen noch einmal nachdrücklich darauf hin, daß keine bestimmte Methode und keine bestimmte Bedingung für jeden Lehrer und jeden Schüler gleichermaßen gut geeignet ist. Innovationen im Unterricht gegenüber sollte man immer eine abwartende Einstellung einnehmen und ihre Entwicklung sorgfältig beobachten.

In diesem Kapitel wurden ferner die Methoden des individuellen Unterrichts beschrieben, die in der Schule insgesamt zur Anwendung kommen und für die eine Neuorganisation erforderlich ist, die der einzelne Lehrer nicht bewerkstelligen kann. Zunächst betrifft das den programmierten Unterricht. Nachdem gut zwei Jahrzehnte lang Erfahrungen mit dem programmierten Unterricht gesammelt worden sind, wird er nun in etlichen Schulen lediglich zur Ergänzung des herkömmlichen Unterrichts in bestimmten Fächern eingesetzt. Die ursprüngliche Vorstellung, daß er einen Hauptteil der täglichen schulischen Arbeit übernehmen könnte, ist mehr oder weniger aufgegeben worden. Eine zweite Methode jedoch, die höhere Ansprüche an schulische Einrichtungen und Curricula stellt, wird weiterhin aktiv ausgebaut: der computerunterstützte Unterricht. Sein Einsatz hat im muttersprachlichen Unterricht zu Leistungsverbesserungen geführt, und die Kosten können wahrscheinlich in überschaubaren Grenzen gehalten werden, wenn sich der Einsatz von CAI-Programmen in größerem Umfang erst einmal durchgesetzt hat.

Kapitel 22

Offene und humanistische Ansätze im Unterricht

22.1 Überblick

Seit etwa 1960, als *A. S. Neills* „Summerhill“ veröffentlicht wurde, gewann eine neue Bewegung, die sich eine fundamentale Kritik und Verbesserung der Erziehung zum Ziel gesetzt hatte, immer mehr an Bedeutung. Die Bewegung fand bei Tausenden von Studenten, die mit ihrer eigenen Ausbildung unzufrieden waren, großen Anklang. Diese Bewegung schien genau dem Unmut zu entstammen, den die Studenten über die Reglementierung, den Druck, das Wettbewerbsstreben und die Sinnlosigkeit bisher nur vage empfunden hatten und der nun von Autoren wie *Neill, John Holt, Jonathan Kozol* und *Paul Goodman* deutlich zum Ausdruck gebracht wurde. Die Bewegung ist unter verschiedenen Bezeichnungen bekannt geworden: die neue Romantik, alternative Erziehungssysteme usw. Wir werden die Begriffe *humanistische Erziehung* und *offener Unterricht* verwenden.
Jeder Pädagogikstudent und jeder zukünftige Lehrer sollte die Gelegenheit haben, sich unter Anwendung der Konzepte und Hilfsmittel der Pädagogischen Psychologie mit dieser neuen Bewegung zu befassen.
Wir beginnen unsere Erörterung der humanistischen Ansätze im Unterricht mit der Darstellung der Prinzipien, auf denen die Bewegung der humanistischen Beziehung aufbaut. Wir beschäftigen uns dann mit den Funktionen und Merkmalen von Lehrern, die für einen humanistischen Unterricht unabdingbar sind. Lehrmethoden, die häufig bei der humanistischen Erziehung zum Einsatz kommen – spezielle Arten von Gruppenübungen und Rollenspiel –, werden ebenfalls dargestellt. Das Kapitel wird mit einem kurzen historischen Vergleich der humanistischen Bewegung mit früheren pädagogischen Reformbewegungen abgeschlossen.

22.2 Ziele der humanistischen Ansätze

Den grundsätzlichen Zielen der humanistischen Methoden kann man ohne weiteres zustimmen. Die vielen verschiedenen Vertreter der Methoden, die man humanistische nennt, wolle alle, daß der Lernende selbst mehr Verantwortung beim Festlegen dessen, was gelernt werden soll, übernimmt und mehr Fähigkeiten zur Selbstbestimmung und Selbständigkeit erwirbt. Über diese

Verantwortung im Bestimmen dessen, was gelernt wird

grundsätzlichen Ideen hinaus, über die weitgehende Übereinstimmung herrscht, legen einige Vertreter des humanistischen Standpunkts großen Wert auf Kreativität, Interesse an den Künsten und Neugier. Viele vertreten die Auffassung, daß Noten, Standardcurricula, Stundenpläne, Tests, Beurteilungen, Zeugnisse und Anwesenheitspflicht weniger stark betont oder sogar vollständig aufgegeben werden sollten.

In vielerlei Hinsicht ähneln die humanistischen Unterrichtsmethoden in der Praxis einer Kombination aus der Diskussionsmethode und der Methode des individuell ausgerichteten Unterrichts. Die humanistische Methode setzt jedoch darüber hinaus eine Veränderung des Status des Lehrers voraus, die überlegene Stellung des Lehrers muß aufgegeben, er muß dem Schüler gleichgestellt werden. Es wird der Standpunkt vertreten, daß die Auswahl des Fachgebietes eine Angelegenheit des Schülers ist, nicht eine des Lehrers oder der staatlichen Curriculumplaner. Zur Einrichtung eines humanistischen Unterrichts gehört die Überzeugung, daß Schüler eine Tendenz zur Selbstverwirklichung haben. Der Lehrer sollte sich diese Tendenz zunutze machen und den Unterricht so gestalten, daß die Schüler Sachverhalte kennenlernen, die sie für sinnvoll halten. Wenn dies geschieht, werden Schüler „den Wunsch haben, zu lernen und sich zu entwickeln, sie werden nach Lösungen streben, die Hoffnung hegen, Kompetenz zu erreichen, und sich wünschen, kreativ zu sein" (*Carl Rogers,* 1959).

Lehrer den Schülern gleichgestellt

Der humanistische Unterricht fördert die freie Entwicklung und schützt das Kind vor übermäßigen Belastungen, die ihm die Gemeinschaft, die Gesellschaft und die Familie auferlegen könnten. Die intellektuellen Unterrichtsergebnisse sind den sozialemotionalen nachgeordnet. Wenn jedoch die entsprechenden Voraussetzungen erfüllt sind, wird auch das intellektuelle Ergebnis demjenigen, das üblicherweise erreicht wird, weit überlegen sein, da der größte Teil des Lernens selbst bestimmt wird und so für den Schüler mit einem hohen Bedeutungsgehalt ausgestattet ist.

Ursprünge der gegenwärtigen humanistischen Bewegung

Die Ziele und Praktiken der humanistischen Erziehung sind denjenigen der progressiven Bewegung, die in der ersten Hälfte unseres Jahrhunderts wirksam war, ähnlich. Wie *Goodman* (1970) meint, wandte sich *John Dewey* gegen eine Schule, die für eine industrialisierte Gesellschaft ungeeignet war. Er griff den Puritanismus dieser Zeit an, das Ignorieren der Vorstellungen der modernen Psychologie, den ausgiebigen Gebrauch des Drillens als Unterrichtsmethode und die vielen dekorativen, nutzlosen Aspekte der Erziehung. Die modernen humanistischen Pädagogen sind ebenfalls Reformer, die sich über die Ergebnisse der Revolution, die *Dewey* vorhersah, Gedanken machen. Die modernen Reformer sind der Überzeugung, daß die gegenwärtige urbane Gesellschaft zu der Art von geistloser Existenz führen könnte, wie sie in „1984" von *Orwell* beschrieben wird. Diese Gesellschaft könnte sogar den Untergang der Menschheit in einem Dritten Weltkrieg zur Folge haben.

Summerhill

Die Verhinderung dieser Möglichkeiten ist das Ziel der Bemühungen der humanistischen Pädagogen. *A. S. Neill* (1960), der Begründer von „Summerhill“, einer radikalen und damit anderen Erziehungsmethode in England, war vielleicht der erste der modernen humanistischen Pädagogen. *Carl Rogers,* der seine Richtlinien für die Schule von seiner nondirektiven Psychotherapie ableitete, und *Abraham Maslow* (1954), der seinen Richtlinien sein Motivationskonzept zugrunde legte, entwickelten die für die Bewegung wichtigen psychologischen Theorien. Wenn auch ihre Ansichten in vielen Gebieten weit auseinandergehen, ist doch nahezu allen Theoretikern und Praktikern die Überzeugung gemeinsam, daß „ein Kind von Natur aus klug und realistisch ist. Wenn es sich selbst überlassen wird, wenn es die Erwachsenen auf keine Weise beeinflussen, wird es sich in dem Ausmaß entwickeln, in dem es sich entwickeln kann“ (*Neill,* 1960, S. 4).

Dies ist die Vorstellung vom „edlen Wilden“, die *Rousseau* als Reaktion auf die Gesellschaft des 18. Jahrhunderts vertrat. Derselbe Gedanke ist in *John Holts* (1964, 1967) Anklage enthalten, daß unsere Gesellschaft und unsere Schulen lebendige, wißbegierige Dreijährige in halbtote, ängstliche, total gelangweilte Fünftkläßler verwandeln.

Angestrebte Ergebnisse

Selbstverwirklichung

Die Anwendung humanistischer Methoden in der Schule soll den Schülern die Fähigkeit vermitteln, zu sich selbst verwirklichenden Personen zu werden, wie sie von *Maslow* beschrieben wurden (vgl. Kapitel 16). Dabei wird angenommen, daß die Kreativität des sich selbst verwirklichenden Menschen jedermann angeboren ist und für ihre Entwicklung keine speziellen Begabungen oder Fähigkeiten notwendig sind. Die einzige Voraussetzung für diese Kreativität ist die richtige Umwelt, in der sie sich entwickeln kann und in der sie gefördert wird. Sie kommt dann zum Ausdruck, wenn Menschen im Alltagsleben aufmerksam, spontan, ausdrucksstark, echt, fröhlich und ohne Angst sind. Damit sich ein Mensch in diese Richtung entwickeln kann, ist eine spezielle Art von Freiheit an den Schulen unerläßlich. Ein derartiger Erziehungsprozeß könnte Schüler hervorbringen, deren Verhalten denjenigen von Menschen, die eine erfolgreiche Psychotherapie erhalten haben, sehr ähnlich wäre. *Rogers* und *Dymond* (1954) legten Beweise dafür vor, daß mit einem bestimmten therapeutischen Verfahren erreicht werden kann, daß ein Mensch eine völlig neuartige Einstellung zu sich selbst gewinnt – daß er sich selbst, seine Gefühle und die anderer Personen in größerem Ausmaß akzeptiert. Er wird zu einer sich selbst bestimmenden, zuversichtlichen, reifen und flexiblen Person, die realistische Vorstellungen über ihre eigenen Ziele hat. Seine fehlangepaßten Verhaltensweisen wird er los. Er wird mehr zu dem Menschen, der er sein möchte. Die Schüler eines Lehrers, der das richtige Klima im Klassenzimmer schafft, müßten einige dieser Verhaltensweisen zeigen.

Wie wir in Kapitel 4 dargelegt haben, sind einige Autoren der Auffassung, daß viele wichtige Unterrichtsergebnisse kaum in Begriffen, die sich auf Verhalten beziehen, darzustellen und noch schwieriger zu messen sind. Hierzu gehören auch diejenigen Ergebnisse, auf die die humanistische Pädagogik abzielt.

Humanistische Pädagogen legen weniger Wert auf Kenntnisse und Fertigkeiten, sie stellen die Persönlichkeit des Schülers in den Mittelpunkt: ausgehend von Untersuchungsergebnissen und von seinen eigenen Vorstellungen über die Bedingungen eines sinnvollen Lernens stellte *Rogers* fest:

> Als ich mich mit diesen Untersuchungen beschäftigt hatte und mir über die Planung besserer Untersuchungen, die informativer sein und zu eindeutigeren Schlüssen führen sollten, Gedanken machte, wurde mir klar, daß die Ergebnisse derartiger Untersuchungen niemals unsere Fragen beantworten würden. Die Beurteilung all dieser Ergebnisse muß sich nämlich an den Erziehungszielen orientieren, die man vertritt. Wenn man den Erwerb von Kenntnissen an die erste Stelle rückt, dann kann man die Bedingungen, die ich beschrieben habe, als nutzlos verwerfen, da es keinen Beweis dafür gibt, daß sie in größerem Umfang zu faktischem Wissen führen. ... Wenn man Unabhängigkeit für erstrebenswert hält, wenn man über die zunehmende Einförmigkeit der Kenntnisse, der Werte, der Einstellungen, die unser gegenwärtiges System erzeugt, beunruhigt ist, dann wird man versuchen, Lernbedingungen zu erreichen, die für die Einzigartigkeit, für die Selbstbestimmung und für das auf die Eigeninitiative des Schülers zurückgehende Lernen Raum lassen (*Rogers,* 1969, S. 239–240).

Unabhängigkeit und Einzigartigkeit

Es wird behauptet, daß sich Schüler, die nach den Vorstellungen von *Rogers* unterrichtet werden, in der persönlichen Anpassung im eigeninitiierten Lernen außerhalb des Curriculums, in der Kreativität und im Verantwortungsbewußtsein signifikant mehr verbessern als Schüler in konventionellen Klassen. Um diese Behauptungen zu stützen, zitiert *Rogers* Untersuchungen eines Psychologiedozenten, eines Lehrers in einer sechsten Klasse sowie eigene Untersuchungen.

Einige der Ergebnisse, auf die dieser Ansatz abzielt, betreffen den Lehrer, nicht den Schüler. Man kann davon ausgehen, daß die technologische Revolution deutliche Auswirkungen auf die Schule hat, daß sie die Rolle des Lehrers beträchtlich verändert. Mit dem humanistischen Unterricht soll ein aktives, prozeßorientiertes, selbstbestimmtes, eindringliches, reflektiertes und schülerzentriertes Lernen erreicht werden. In einem solchen Unterricht hätte der Lehrer nicht mehr die Rolle des Beurteilers und Wissensvermittlers zu spielen, vielmehr wäre die Erfüllung der speziellen menschlichen – im Gegensatz zur programmierten oder computerunterstützten – Unterrichtsfunktionen seine Aufgabe. Diese Methoden würden dem Lehrer also eine neue Rolle zuweisen, die in einem pädagogischen System, in dem Maschinen eine immer größere Bedeutung gewinnen, immer wichtiger wird. Vorausgesetzt, diese Methoden führen zu den Ergebnissen, die sie für sich in Anspruch nehmen, würde darüber hinaus das Unterrichten mehr Spaß machen.

22.3 Prinzipien der humanistischen Erziehung

Die humanistische Erziehung geht von einigen grundlegenden Annahmen aus. Erstens, Schüler lernen das, was sie wissen müssen und wissen wollen. Zweitens, zu lernen, wie man lernt, ist wichtiger als der Erwerb faktischer Kenntnisse. Drittens, das Urteil des Schülers stellt die einzige sinnvolle Bewertung seiner Arbeit dar. Viertens, Gefühle sind ebenso wichtig wie Tatsachen und zu lernen, wie man fühlt, ist ebenso wichtig, wie zu lernen, wie man denkt. Und schließlich, Lernen findet nur dann statt, wenn sich der Schüler nicht bedroht fühlt.

Selbstbestimmung

Das erste Prinzip, von dem man beim Aufbau eines Unterrichts nach humanistischen Idealen ausgehen muß, lautet, daß der Schüler entscheiden sollte, was er lernen soll. Dieser Gedanke wird immer wieder von den Befürwortern humanistischer Methoden zum Ausdruck gebracht. *Goodman* (1964) meint, daß nichts wirklich gelernt wird, das nicht irgendein Bedürfnis, einen Wunsch, die Neugier oder Phantasie befriedigt. Auf andere Weise Gelerntes wird sofort wieder vergessen. Wenn man von diesem Grundsatz ausgeht, muß man sich fragen, weshalb Lehrer und andere Erwachsene bestimmen, was Schüler wissen sollen, und sich dann darüber Gedanken machen, wie sie sie motivieren können. Weshalb sollen die Schüler nicht mit Tätigkeiten beginnen, die sie selbst durchführen wollen, und weshalb sollen sich die Lehrer nicht darauf beschränken, einfach die Informationen und die Ausrüstungsgegenstände zur Verfügung zu stellen, die die Schüler für ihre Arbeit brauchen? Ein solches Vorgehen würde mit dem übereinstimmen, was in der Pädagogik „intrinsische Motivation" genannt wird; man würde sich den Forschungsdrang und die Neugier der Schüler zunutze machen (vgl. *Berlyne,* 1965).
Man kann einwenden, daß es ohne die Anleitung durch eine ältere und klügere Person (d.h. einen Lehrer) manchmal zu unangenehmen oder zeitraubenden Erfahrungen kommen muß. Der humanistische Pädagoge würde darauf antworten:

> Wenn wir Tommy zeigen, wie seine Maschine funktioniert, stehlen wir diesem Kind sofort seine Freude am Leben – die Freude am Entdecken – die Freude an der Überwindung eines Hindernisses. Schlimmer noch! Wir veranlassen das Kind anzunehmen, daß es minderwertig und von Hilfe abhängig sei (*Neill,* 1960, S. 25).

Dieser Hinweis auf die Gefahr, daß ein Kind sich für minderwertig halten wird, wenn man z.B. dadurch, daß man festlegt, was es lernen soll, seine Überlegenheit zum Ausdruck bringt, wird häufig von Befürwortern der humanistischen Erziehung angebracht. Wir sollten unsere Handlungen nach der Überzeugung ausrichten, daß Menschen denkende, sich entscheidende und lernende Lebewesen sind. Es ist nicht erforderlich, insbesondere in den ersten Klassenstufen, Schüler zu „motivieren". Wir müssen nur so viel wie möglich von der Welt in die Schulen bringen, den Kindern Achtung erweisen, den Kindern, die das wollen, Anleitungen geben und ihnen nicht im Wege stehen.
Es gibt einige Hinweise darauf, daß eine Selbstbestimmung der Schüler nicht unbedingt zu Zeitverschwendung führen muß. Nur wenige Schulen gehen tatsächlich so weit, wie dies in diesem ersten Prinzip gefordert wird. *V. N. Campbell* (1964) verglich das selbstbestimmte Lernen mit dem sonst im Unterricht üblichen Erlernen von Abschnitten in Geographie, Geschichte, Mathematik usw., wobei die Lernzeit jeweils einige Wochen umfaßte, und stellte keine signifikanten Unterschiede fest. Für die Schüler stellte dies nur

eine kurze Erfahrung mit dem selbstbestimmten Lernen dar, nachdem ihnen jahrelang gesagt worden war, was sie tun sollen. Die Tatsache, daß die Schüler der Experimentalgruppe nicht zurückblieben, bietet einen eindrucksvollen Beleg dafür, daß das selbstbestimmte Lernen zumindest nicht schädlich ist. Darüber hinaus haben *Campbell* und andere Autoren (*Youngs, Farmer* u. *Damm,* 1970), die ähnliche Programme ausprobiert haben, positive motivationale Auswirkungen des selbstbestimmten Lernens festgestellt. Diese Auswirkungen wurden auch von Inspektoren des britischen Erziehungsministeriums festgestellt, die *A. S. Neills* berühmte Schule Summerhill überprüften. Die Inspektoren berichteten, daß das Prinzip der Wahlfreiheit an der Schule so weit verwirklicht war, daß kein Kind irgendwie dazu verpflichtet war, an irgendwelchen Unterrichtsstunden teilzunehmen. Und doch, „... die Kinder sind voller Leben und Begeisterung. Es gab keine Anzeichen für Langeweile und Apathie ... Initiative, selbstverantwortliches Handeln und Integrität werden von dem System gefördert ..." (Ministry of Education, 1949). In diesem System wurde das Prinzip verwirklicht, daß die Arbeit an der Schule von den Interessen der Schüler ausgehen sollte.

Leistung nicht beeinträchtigt

Es muß allerdings darauf hingewiesen werden, daß frühere Summerhill-Schüler häufig darauf hinwiesen, daß ihre schulische Ausbildung über das Alter von 10 oder 12 Jahren hinaus mangelhaft war. Eltern von Summerhill-Schülern, die selbst *Neills* Schule besucht hatten, neigten dazu, ihre Kinder mit etwa 13 Jahren aus der Schule herauszunehmen, da sie in die schulische Ausbildung an dieser Schule kein Vertrauen hatten (*E. Bernstein,* 1968). Nichtsdestoweniger wurden in dieser impressionistischen Untersuchung über 50 ehemalige Summerhill-Schüler auch einige Vorteile festgestellt: eine gesunde Einstellung zur Sexualtät und zu Personen anderen Geschlechts, Selbstvertrauen und Ungezwungenheit im Umgang mit Autoritätspersonen, kontinuierliche Reifung der Persönlichkeit und ein besseres Verständnis für die eigenen Kinder.

Zeugnis ehemaliger Schüler

Lernen wollen und wissen, wie man lernt

Ein zweites Prinzip der humanistischen Erziehung fordert, daß Schulen, insbesondere Schulen für junge Menschen, Schüler hervorbringen sollten, deren Wunsch zu lernen beständig wächst und die daneben wissen, wie man lernt. Tatsachenwissen um seiner selbst willen wird für unsinnig gehalten. Es ist ohne Bedeutung, was Kinder lernen, solange sie weiterlernen wollen. Aufgabe der Schule ist es, die Gestaltung der Umwelt an dem Ziel auszurichten, daß Kinder lernen wollen.

Sind wir Menschen dadurch ausgezeichnet, daß wir neue Dinge lernen wollen? Humanistische Pädagogen würden mit *J. W. Gardner* (1963) darin übereinstimmen, daß „das letzte Ziel des Erziehungssystems darin besteht, dem Individuum die Last seiner eigenen Erziehung aufzubürden". Der Wunsch, selbständig lernen zu wollen, ist ein wünschenswerter motivationaler Zustand des Schülers und Aufgabe der Schule und des Lehrers ist es, den Schülern dazu zu verhelfen, daß sie lernen, wie man lernt.

Allzu häufig geben wir unseren jungen Leuten Schnittblumen, wenn wir sie lehren sollten ihre eigenen Pflanzen zu ziehen. Wir stopfen ihre Köpfe mit Produkten früherer Innovationsversuche voll, statt daß wir sie lehren, selbst Neues zu schaffen. Wir betrachten den Intellekt als ein Warenhaus, das gefüllt werden muß, und sollten ihn doch als ein Instrument, von dem Gebrauch gemacht werden soll, betrachten (*J. W. Gardner,* 1963, S. 21–22).

Anpassungsfähigkeit

Ein Mensch, der weiß, wie man sich einen Wissensbereich erschließt und sich selbst in ihn einbringen kann, wird „die vorteilhafte Erwartung hegen, daß es unablässig erforderlich sein wird, unter sich beständig ändernden Bedingungen sich neue und herausfordernde Lernmöglichkeiten zu eigen zu machen" (*Rogers,* 1969, S. 164). Solche Schüler werden sich am leichtesten anpassen, wenn sie mit neuartigen Herausforderungen konfrontiert werden – mit der Notwendigkeit zu dem, was *Gardner* „Selbsterneuerung" nennt. Es sollte darauf hingewiesen werden, daß humanistische Pädagogen kein Monopol auf dieses Prinzip besitzen. Viele der jüngsten Reformen im Mathematik- und Naturkundeunterricht beruhen auf den gleichen Prinzipien. Die Kritik eines sinnlosen Auswendiglernens von Tatsachen an den Schulen hat eine lange Geschichte, was die Widerstandskraft dieser Lernart deutlich macht (vgl. *Silberman,* 1970). Die meisten Pädagogen würden, unabhängig von der Richtung, die sie vertreten, darin übereinstimmen, daß das Lernen, wie man lernt, oder seine allgemeinere Form, das Lernen, wie man denkt, ein wesentlicher Bestandteil des Unterrichts sein muß.

Ausgedehnte Übung erforderlich

Levinson und *Reese* (1963), die die gleiche Art von Phänomenen bei Kindern untersuchten, stellten fest, daß stabile Lernhaltungen oder Transfer erst nach ausgedehnter Übung mit bestimmten Arten von Problemen zustandekamen. Wenn ein Kind beim Lernen mit einer Reihe von Aufgaben zu früh mit der Übung aufhörte, zeigte es kaum einen Transfer auf eine Reihe von ähnlichen Aufgaben. Die Ergebnisse machten deutlich, daß grundlegende Fertigkeiten gut beherrscht werden müssen, bevor ein Transfer auf komplexere Verhaltensweisen möglich ist. *Gagné* kam zu einem ähnlichen Ergebnis, wenn er aus seiner Analyse von Lernhierarchien unter Unterrichtsbedingungen den Schluß zog, daß einfaches Lernen eine Vorbedingung komplexeren Lernens ist (vgl. Kapitel 4).

Diese empirischen Untersuchungen und die überzeugenden Argumente, die für Drillübungen ins Feld geführt wurden (*Ausubel,* 1963b), zwingen uns, uns noch einmal mit der Bedeutung des Auswendiglernens und des Lernens von Fakten zu beschäftigen. Nichts kann sinnloser sein, als auswendigzulernen, daß *A* ein Symbol ist, das „ä" genannt wird. Und doch ist dieses Wissen eine grundlegende Voraussetzung für die Bewältigung irgendeiner Lernhierarchie, in der schriftliches Material verwendet wird. Offensichtlich ist dieses Wissen ein fundamentaler Schritt auf dem Weg zum Umgang mit schriftlichem Material. Aktivitäten des Auswendiglernens, die nicht gerechtfertigt sind, sollten in einem Curriculum nicht vorkommen. In vielen Fällen kann das Auswendiglernen jedoch deshalb gerechtfertigt sein, weil es eine grundlegende Voraussetzung für das Lernen, wie man lernt, ist und deshalb nicht gedankenlos verworfen werden sollte. Aufgabe der humanistischen Pädagogen und aller verantwortungsvoll handelnden Pädagogen ist es, nicht gerechtfertigtes Auswendiglernen vom notwendigen zu trennen.

Selbstbewertung

Ein drittes Prinzip der humanistischen Pädagogik lautet: Selbstbewertung ist die einzige wünschenswerte Form der Bewertung. Selbstbewertung ist die Voraussetzung für die Entwicklung von Autonomie. Es wird die Überzeugung vertreten, daß eine Bewertung durch Schulen und Lehrer in Form von Noten, Schülerbögen usw. das Lernen stört. Bewertungsinstrumente wie standardisierte Tests werden für unerheblich gehalten. Ein humanistischer Pädagoge (*Glasser*, 1969) hat objektive Tests deshalb angegriffen, weil sie so tun, als gäbe es für jede Frage nur eine einzige richtige Antwort, und weil sie vom Schüler außerordentlich umfangreiche Gedächtnisarbeit verlangen. *Glasser* vertrat die Auffassung, daß die „Normalverteilungs"form der Bewertung tatsächlich anormal ist. Sie führt zu Noten, die nicht auf Fertigkeiten oder Fähigkeiten beruhen, sondern auf einem Vergleich mit anderen, manchmal völlig unterschiedlichen Schülern.

Prüfungen ohne Verwendung von Büchern

Prüfungen, bei denen keine Bücher verwendet werden dürfen, wurden ebenfalls angegriffen, da sie sowohl zum Auswendiglernen ermuntern als auch zu einer unerwünschten Gleichförmigkeit in den Reaktionen der Schüler führen. Die Reformer weisen darauf hin, daß, wenn es in einer Prüfung tatsächlich darum geht, dem Schüler (und dem Lehrer) Rückmeldungen und Anleitungen zu geben anstatt zu bewerten, Bücher zur Verfügung stehen sollten, da sie geschrieben wurden, damit man von ihnen Gebrauch macht.

Glasser (1969) behauptete, daß bei humanistischen Testtechniken Betrügereien im Klassenzimmer nicht vorkämen. Die Schüler sollten an ihren eigenen Maßstäben gemessen werden, sie sollten nicht mit anderen Schülern verglichen und nicht benotet werden.

Vergleiche und Noten werden von *Holt* (1964) als demütigend für das Kind angesehen. Er ist der Meinung, daß viele Kinder in der Schule Dinge vergessen, nicht weil sie ein schlechtes Gedächtnis hätten, sondern weil sie schließlich ihrem eigenen Gedächtnis mißtrauen. Diese Kinder werden es nicht mehr wagen, eine Antwort zu geben, der sie sich nicht völlig sicher sind, da sie so häufig benotet und korrigiert worden sind und deshalb mögliche negative Konsequenzen befürchten. Sie kommen schließlich zu der Überzeugung, daß sie einen Fehler machen oder machen werden und häufig verhalten sie sich dementsprechend als Opfer dieser sich selbst erfüllenden Voraussage.

Die Zuweisung einer Note durch den Lehrer, gleichgültig, ob es sich um eine sehr gute oder sehr schlechte handelt, ist in dieser Betrachtungsweise bestenfalls belanglos und schlimmstenfalls ein Beleg dafür, daß Außenstehende das Recht haben, andere Leute oder deren Produkte mit Etiketten zu versehen. So betrachtet setzt das Benoten, wie behauptet wird, einen Prozeß in Gang, der dazu führt, daß die Kinder für Noten und nicht um ihrer persönlichen Befriedigung willen arbeiten. Das Benoten wird auch einfach als eine Möglichkeit gesehen, Schüler dazu zu bringen, daß sie sich für minderwertig halten. Wenn Noten öffentlich mitgeteilt werden, wie dies häufig geschieht, kann es darüber hinaus leicht dazu kommen, daß Schüler, die versagt haben, ein Stigma tragen, das Auswirkungen auf ihre soziale Identität hat. Die Angst vor der Erzeugung derartiger Stigmata und der Glaube an das Recht auf einen persönlichen Intimbereich für alle Schüler haben manche humanistische Pädagogen dazu veranlaßt zu fordern, daß die Aufzeichnungen über einen Schüler nur diesem Schüler und von ihm selbst bezeichneten Leuten zugänglich sein sollten. Die Schülerbögen sind als Eigentum des Schülers zu betrachten und ihm auszuhändigen, wenn er eine Klasse oder Schule verläßt.

Schülerbögen nur den Schülern zugänglich

Wenn ein Mensch das auswählen soll, was er lernen will, und wenn er Fertigkeiten im Lernen entwickeln soll – so lauten die ersten beiden Prinzipien –, dann muß dieser Mensch sich auch in der Selbstbewertung üben können. „Dann, wenn der einzelne selbst die Verantwortung für die Entscheidung darüber übernehmen muß, welche Kriterien wichtig für ihn sind, welche Ziele er zu erreichen versucht hat und in welchem Ausmaß er diese Ziele erreicht hat, lernt er wirklich, Verantwortung für sich selbst und für seine Entwicklung zu übernehmen" (*Rogers,* 1969, S. 142–143). Der humanistische Pädagoge muß also fordern, daß Lehrer und Schüler regelmäßig zusammenkommen, um Pläne und Verträge für Lerntätigkeiten auszuarbeiten. Bei diesen Zusammenkünften müssen auch die Bewertungskriterien festgelegt werden und der Schüler muß Gelegenheit dazu haben, sich in der Selbstbewertung zu üben, um sie schließlich zu beherrschen.

Die Bedeutung von Emotionen

Der humanistische Pädagoge erkennt eine Unterscheidung zwischen dem kognitiven und affektiven Bereich nicht an. Daraus ergibt sich das Prinzip, daß an den Schulen für das Auftreten von „Gefühlen" gesorgt wird und Emotionen nicht zu einem schamhaften Wegschauen führen. Einige Psychologen haben es geradezu vermieden, solche fundamentalen menschlichen Zustände wie Liebe, Trauer, Freundschaft und Freude zu untersuchen. Humanistische Psychologen untersuchen derartige Phänomene und wenden sich gegen eine in ihren Augen gefühllose, unpersönliche, von Computern beherrschte Welt, eine Welt, die so aufgebaut ist, daß in ihr persönliche Gefühle eingeschränkt und dementsprechend die Menschen entmenschlicht werden. *Mood* (1970) wies darauf hin, daß Lehrer einen tiefgreifenden Einfluß auf das Leben ihrer Schüler haben können und stellte fest:

> Es bildet sich allmählich eine völlig neue Auffassung darüber aus, was zivilisiertes Verhalten ausmacht. Diese Auffassung ist ihrem Wesen nach liebevoller und gütiger als die, an die wir uns gewöhnt haben, aber ihre Anerkennung trifft auf gewisse Schwierigkeiten, da sie gewöhnlich von jungen Leuten vertreten wird, die nicht zum Establishment gehören und deren Verhalten vielen Leuten ein Greuel ist.... Hauptbestandteil dieses neuen Maßstabs für zivilisiertes Verhalten ist der Urteilsspruch, daß psychische Gewalt ebenso verabscheuungswürdig ist wie physische ... (*Mood,* 1970, S. 17).

Psychische Gewalt

Eine psychische Gewalttat wird immer dann begangen, wenn ein empfindungsloser Lehrer, nur um „Wissen" zu erzeugen, jene Akte der Menschlichkeit außer acht läßt, für die Gefühle, Emotionen und Phantasie Voraussetzung sind. Humanistischen Pädagogen kommt es eigenartig vor, daß Vertreter der Pädagogik bestimmte Phänomene in zwei Bereiche unterteilt haben, den kognitiven und den affektiven (siehe Kapitel 4), wo doch „jedermann" weiß, daß die beiden Bereiche immer miteinander verknüpft sind. Darüber hinaus neigen diese Pädagogen dazu, sich auf den kognitiven Bereich zu konzentrieren und den affektiven zu ignorieren.

Die Entwicklung einer persönlichen Bedeutung

Vom Standpunkt des humanistischen Pädagogen aus gesehen besteht das Lernen im Sichaneignen neuer Informationen oder Erfahrungen *und* im Entdecken der persönlichen Bedeutung dieser Informationen und Erfahrungen. Die Fehlschläge unserer Schulen sind fast nie ein Ergebnis irgendwelcher Unzulänglichkeiten bei der Darstellung von Sachverhalten; darin sind wir gut. Vielmehr sind sie ein Ergebnis der Tatsache, daß die Schüler keine Möglichkeit haben, die Gegenstände, Ereignisse und Kenntnisse mit einer persönlichen Bedeutung zu versehen und ihnen gegenüber persönliche Gefühle zu entwickeln (*Combs*, 1967).

Um die kognitiven und affektiven Bereiche wieder miteinander zu verbinden, hat *George Brown* (1971) Verfahrensweisen entwickelt, mit denen Emotionen zum Bestandteil des Curriculums gemacht werden können. In einem großen Teil dieser Verfahrensweisen, der „konfluenten" Erziehung, wie *Brown* sie nennt, wird von der Gestalttherapie und den gruppendynamischen Techniken des Esalen Institute in Big Sur, Kalifornien, Gebrauch gemacht. An diesem Institut wurden Techniken erforscht, mit denen Menschen dazu verholfen werden kann, daß sie ihre Möglichkeiten entdecken und sich wieder auf ihre kreativen und affektiven Prozesse zurückbesinnen. *R. M. Jones* (1968), der von einer ähnlichen Betrachtungsweise ausgeht, ist der Ansicht, daß Lerninhalte wieder eine ganz persönliche Bedeutung gewinnen müssen, denn nur so kann man auch seine persönlichen Gefühle zum Ausdruck bringen:

> Die Wirksamkeit von Emotionen im Erzeugen von Interesse und Beteiligung an einem Unterricht, dem die Kinder sonst mit Desinteresse und Zurückhaltung begegnen würden, ist in ihrer tiefgreifenden persönlichen Vertrautheit begründet – einer Vertrautheit, die von der frühen Kindheit an eine Folge von Emotionen ist. Der Wert einer emotionalen Beteiligung am Lernprozeß liegt also darin begründet, daß mit ihr die Assimilation neuer oder fremdartiger Erfahrungen für die eigene Person erleichtert wird (*Jones*, 1968, S. 174).

Jones und *Brown* haben versucht, eine Verbindung zwischen dem affektiven und dem kognitiven Bereich herzustellen. Andere messen affektiven Erfahrungen an sich einen Wert bei und setzen sich für Lerneinheiten oder volle Kurse im Ausdrücken von Gefühlen, im Verstehen von Emotionen usw. ein. Bestandteil eines solchen Kurses könnten z. B. Übungen im Entwickeln und Verstehen von *Vertrauen* als einer Emotion sein. Es können solche Techniken wie das „Blindenführen" angewendet werden. Bei dieser Übung wechseln sich die Teilnehmer darin ab, einander mit verbundenen Augen eine Zeitlang umherzuführen. Diese Technik und andere dienen dazu, ein Gefühl des Vertrauens hervorzurufen und es einer Prüfung zu unterziehen.

Manche humanistische Pädagogen befürworten ein affektives Curriculum an den Schulen mit Lerneinheiten, bei denen solche Gefühle wie Vertrauen, Haß, Abhängigkeit und Güte erkundet werden. *Schutz* (1967) hat einen Katalog von Übungen zusammengestellt, mit denen zwischenmenschliche Kommunikation trainiert werden kann. Zu diesen Übungen gehören Berührungsspiele, Erfahrungen im Ausgestoßen- und Wiederaufgenommenwerden und Spiele, bei denen die Teilnehmer üben, ihre Gefühle in Worte zu fassen. Wenn sie auch verschiedener Auffassung darüber sind, wie man affektive Erfahrungen in den Unterricht einbringen sollte, erkennen doch alle humanistischen Pädagogen die Notwendigkeit an, einer, wie sie es sehen, übermäßigen Betonung des kognitiven Unterrichts Einhalt zu gebieten.

Die Abwesenheit von Bedrohung

Das letzte Prinzip der humanistischen Pädagogik lautet: Lernen ist dann am einfachsten, mit dem größten Bedeutungsgehalt ausgestattet und wird dann am besten behalten, wenn es in eine unbedrohliche Situation eingebettet ist. Dieses Prinzip geht über die Ablehnung von Noten hinaus; es geht von der Annahme aus, daß die heutige Schule für viele Schüler ein Ort ist, an dem sie erniedrigt, lächerlich gemacht, abgewertet, verspottet und mit Verachtung behandelt werden. „Dies sind Bedrohungen für die Person selbst, für die Auffassung, die sie von sich selbst hat, und solche Bedrohungen beeinträchtigen den Lernprozeß stark" (*Rogers,* 1969, S. 162).
Der Schüler, der nicht gut lesen kann und aufgefordert wird, laut zu lesen, das Kind, das nicht addieren kann, und an die Tafel geschickt wird, um Aufgaben zu lösen, der körperlich schwerfällige Schüler, der dazu gezwungen wird, sich mit anderen im Sport zu messen, der arme, der einfache, der behinderte oder der langsame Schüler – alle diese Schüler erleben die Schule als Bedrohung. Wenn aber der Lehrer, die Klasse oder die Schule als bedrohend erlebt werden, stellt dies ein Hemmnis für das Lernen dar. Lehrer, die den Eindruck machen, daß sie sich sehr um ihre Schüler kümmern, können sich in Wirklichkeit schrecklicher Verhaltensweisen schuldig machen. *Henry* (1963) beschrieb eine Schulklasse, in der es ein Überwachungssystem zur Förderung demokratischer Verantwortung gab. In der Praxis diente das System als Mittel dazu, daß die Kinder ihre Furcht und Erniedrigung dadurch zum Ausdruck brachten, daß sie andere Kinder in der Klasse verbal angriffen. Unter solchen Bedingungen werden Kinder mehr durch die Angst vor einem Mißerfolg als durch den Wunsch nach Erfolg motiviert. Durch Angst vor einem Mißerfolg motivierte Kinder zeigen gewöhnlich Verhaltensweisen, die nicht ihrer eigenen psychischen Gesundheit dienen, sondern fehlangepaßt sind.
Auf der anderen Seite fühlt sich das Kind unter bedrohungsfreien Bedingungen sicher und kann sich häufig von Hemmnissen befreien, die sein Lernen behindern. Die Schule gewinnt eine neue Bedeutung, wenn ihre Schüler, junge wie ältere, sich in neue Bereiche vorwagen und dabei bereitwillig lernen, da sie sich sicher sind, daß ihre Selbstachtung nicht bedroht werden wird.

22.4 Unterrichtsfunktionen und -methoden

Der Lehrer als Förderer

In einer humanistischen Schule oder Klasse besteht die Aufgabe des Lehrers darin, das Lernen zu fördern. Die Auffassung, daß der Lehrer alleine für das Lernen verantwortlich ist, wird abgelehnt. Die Funktion des Lehrers besteht also darin, Anleitungen für das Lernen zu geben, ein Modell für das Lösen von Problemen darzubieten, das Anlaufen von Lernprozessen zu katalysieren, Hilfen beim Lernprozeß bereitzustellen und den Schülern ein Freund zu sein, zu dem sie mit ihren Problemen kommen können. Die Verantwortung für das Lernen und die Entscheidung für angemessene Lerntätigkeiten liegt bei den Schülern.

Bestimmung des Klassenklimas

Der Lehrer bestimmt als Förderer den Ton, die Stimmung oder das Klima in einer Klasse. Dadurch, daß er sein Vertrauen und seinen Respekt deutlich macht, schafft er die Situation, die für die Reifung des Schülers optimal ist. *Kozol* (1967) z.B. brachte es fertig, mit einem recht einmaligen Curriculum, das direkt auf die Bedürfnisse junger schwarzer Kinder ausgerichtet war, ein Gefühl der menschlichen Wärme zu vermitteln. Es dürfte auch nicht ganz uninteressant sein, daß er für seine Bemühungen dann auch seine Stellung verlor.

Bedürfnissen entgegenkommen

Aufgabe des Lehrers, der nach diesem System arbeitet, ist es auch, die speziellen Bedürfnisse seiner Klasse zu befriedigen. Ein Schüler oder eine Klasse möchte vielleicht an den Bundespräsidenten schreiben, eine Boa constrictor anschaffen oder ein Gespräch mit dem Bürgermeister, dem Hausmeister, einem ortsansässigen Künstler oder einem berühmten Mathematiker führen. Der Lehrer ist dann mit besonderen Bedürfnissen konfrontiert, die er befriedigen muß, und er muß seinerseits bei dem Versuch, diese Bedürfnisse zu befriedigen, sich um Hilfe und Quellenmaterial bemühen (vgl. *Borton,* 1970).

Beim Äußern von Emotionen helfen

Zwei weitere Aufgaben jedoch machen den Einsatz von Methoden notwendig, die vom durchschnittlichen Lehrer nur selten angewandt werden. Beim humanistischen Unterricht achtet der Lehrer darauf, daß starke Emotionen oder tiefe Gefühle ausgedrückt werden, und er hilft dabei. Vom Lehrer wird verlangt, daß er sich wie ein klinischer Psychologe oder ein Psychiater verhält. Die Annahme, daß die meisten Lehrer darin trainiert werden können, sich auf diese Weise zu verhalten, ist angreifbar, aber unglücklicherweise wird dieses Problem häufig übersehen. Zwei Jungen, die miteinander raufen, können dazu aufgefordert werden, sie gegenseitig auf die Hände zu schlagen, einen Ringkampf durchzuführen oder sich gegenseitig solange zu stoßen, bis ihr Zorn abgeklungen ist. Diese Aufforderung ist von der Reaktion des typischen Lehrers jedoch weit entfernt, die darin bestehen würde, daß die Kinder dazu aufgefordert werden, ihre Emotionen unter Kontrolle zu halten. Der Lehrer

Sich wie ein klinischer Psychologe verhalten

als Förderer kann den Versuch unternehmen, seiner Klasse zu einem Verständnis des Prozesses der Ablehnung zu verhelfen, nachdem ein neuer Schüler auf dem Sportplatz von einem Spiel ausgeschlossen worden ist. Der Lehrer könnte dabei die Schüler dazu auffordern, sich in fünf Gruppen mit jeweils fünf oder sechs Mitgliedern zu unterteilen und in jeder einzelnen Gruppe darüber zu entscheiden, welches Mitglied von der Gruppe ausgeschlossen werden soll. Die Gruppenmitglieder stehen dann Arm in Arm und bilden einen eng verwobenen, sich bewegenden Kreis, während die ausgeschlossenen Schüler versuchen, wieder in den Kreis hineinzukommen. Wenn einer der ausgeschlossenen Schüler in die Gruppe einbricht, dann akzeptiert ihn die Gruppe völlig. Unter Anleitung eines kompetenten Führers kann eine solche Übung dazu führen, daß es zu einem Verständnis für die Prozesse der Gruppenablehnung und -akzeptierung kommt. Von den ausgeschlossenen Mitgliedern erhalten die Schüler aus erster Hand eine Darstellung darüber, was es bedeutet, aus einer Gruppe ausgeschlossen zu werden und wie man sich fühlt, wenn man bei dem Versuch Mitglied einer neuen Gruppe zu werden, zurückgestoßen wird. Auch die Euphorie, die ein Schüler erlebt, wenn er schließlich von einer Gruppe akzeptiert wird, kann zur Darstellung kommen. Manche Lehrer benutzen in der Arbeit mit Schülern, von denen sie meinen, daß sie nicht an sie herankommen können, die schriftliche Darstellungsform als eine Möglichkeit für diese Schüler, ihre eigenen Emotionen zu erkunden (*Kohl,* 1967).

Gruppenablehnungsübung

Je größer die Bedeutung eines Bereichs der Emotionalität ist, desto größer ist die Wahrscheinlichkeit, daß die Beschäftigung mit ihm vermieden wird. Der humanistische Lehrer kann sich z.B. darum bemühen, die Bedeutung, die hinter der Verwendung „verbotener“ Wörter steht, herauszuarbeiten. Dieser Versuch könnte z.B. mit einer Diskussion über die verschiedenen Arten von Hänseleien in einer kleinen Gruppe durchgeführt werden. Er könnte darin bestehen, daß ein entsprechendes Wort immer wieder herausgeschrien wird solange, bis es keine Bedeutung mehr hat. Das Wort könnte in Techniken des Rollenspiels, in Diskussionen über Phantasie und über Träume oder mit Hilfe von anderen therapeutischen Lernhandlungen einer Überprüfung unterzogen werden.

Wesentlich ist, daß der humanistische Lehrer dazu bereit ist, sich an Aktivitäten zu beteiligen, die für das Zum-Ausdruck-Bringen und das Verstehen der emotionalen Seite des Lebens förderlich sind. Ob er diese Bereitschaft auch immer tatsächlich in die Tat umsetzen kann, bleibt offen. Die affektive Welt ist für uns viel schwieriger zu verstehen als die kognitive. Wenn der Lehrer an dem emotionalen Leben seiner Schüler selbst Anteil nimmt, ist die Wahrscheinlichkeit, daß manche Schüler verletzt werden, vermutlich hoch. Sie wird wohl auch solange hoch bleiben, bis wir wissen, wie man diese Techniken trainieren kann. Eine gute Absicht reicht einfach nicht aus, wenn man eine Gruppe in diese Bereiche führen will. Auf der anderen Seite ist es wahrscheinlich ebenso schädlich, wenn die Existenz der affektiven Komponenten des Lebens vom Lehrer ignoriert wird, insbesondere deshalb, weil Lehrer im Leben ihrer Schüler oft ein wichtiges „Gegenüber“ sind.

Beim Lernen helfen

Diese letzte Funktion des Lehrers wurde bereits kurz erwähnt. Er stellt Hilfsmittel zur Verfügung und wählt Techniken aus, die dem Schüler das Lernen erleichtern. In dieser Rolle übt er eine weitreichende Macht aus. Der Lehrer kann z. B. einen Vortrag über ein Thema halten, da eine Gruppe von Schülern bestimmte Informationen haben will. Er kann einer Diskussionsgruppe bei der Erforschung eines bestimmten Bereichs helfen. Er kann eine T-Gruppe oder *sensitivity-group* zusammenstellen, ein Rollenspiel oder ein Psychodrama arrangieren. (Diese Techniken werden weiter unten beschrieben.) Die Methoden des humanistischen Pädagogen sind ebenso vielfältig wie die Bewegung selbst. Einige Methoden, wie Vorträge und Diskussionen, werden von allen Lehrern benutzt. Andere, wie die im folgenden dargestellten, kommen seltener zur Anwendung.

22.5 Dem humanistischen Ansatz verpflichtete andere Methoden

Es gibt eine Reihe von Unterrichtsmethoden, deren Ziele und Prinzipien sich auf den humanistischen Ansatz zurückführen lassen. Hierzu gehören insbesondere auch der „offene“ Unterricht und affektive Erziehungsprogramme. Beide werden wir im folgenden zusammenfassend vorstellen.

Offener Unterricht

Integrierte Tagespläne

Der *Plowden*-Report (*Plowden* et al., 1967), der in England erstellt wurde, richtete die Aufmerksamkeit der pädagogischen Welt auf eine Revolution, die an den britischen Grundschulen stattgefunden hatte. Journalisten (*Silberman,* 1970; *Featherstone,* 1971) erwähnten die britischen Programme lobend und andere Autoren stellten die Philosophie, die Praxis, die psychologischen Grundlagen und die vermutlichen Auswirkungen dieser Programme für den Kindergarten und die Grundschule dar (vgl. *Cazden,* 1969; *Barth,* 1970; *Bussis* u. *Chittenden,* 1970; *Rathbone,* 1972). Diese Programme, die mit verschiedenen Bezeichnungen versehen wurden – offener Unterricht, integrierte Tagespläne, Leicestershire-Modell, oder informeller Unterricht – vertreten alle ein weitgehend individualisiertes Vorgehen bei der Kindererziehung (vgl. *Walberg* u. *Thomas,* 1971). Sie haben eine gewisse Ähnlichkeit mit der progressiven Bewegung in den Vereinigten Staaten, die in den zwanziger Jahren begann und bis in die fünfziger Jahre hinein reichte, und manche Experten erwarten, daß der offene Unterricht auf genau dieselben Probleme hinauslaufen wird, die die progressive Bewegung zum Sturz gebracht haben (vgl. *Westbury,* 1973; *Hunt,* 1976).
Unter den typischen Bedingungen des offenen Unterrichts haben die Schüler

keine festen Sitzplätze, sondern wechseln von einem Tätigkeitsbereich zum nächsten oder von einer kleinen Gruppe zu einer anderen nach eigenem Belieben über. Es gibt verschiedene Bereiche für das Arbeiten mit Sandkastenmodellen, für das Operieren mit Zahlen, für das Experimentieren mit Wasser, für naturkundliche und künstlerische Betätigungen. Die Kinder haben häufig die Möglichkeit, von der ganzen Schule Gebrauch zu machen und andere Klassen zu besuchen. Wenn es das Wetter zuläßt, arbeiten und spielen sie einen Großteil des Tages im Freien. Die Kinder helfen sich gegenseitig paarweise oder in Gruppen gleichen oder verschiedenen Alters. Ein Großteil des Unterrichtsgespräches findet unter den Kindern selbst statt. Befürworter des offenen Unterrichts meinen, daß die Kinder unter derartigen Bedingungen größere intellektuelle Fortschritte machen, solange der Lehrer zur Verfügung steht, um Fragen zu beantworten und z. B. das erforderliche Begriffsinventar zur Verfügung zu stellen.

Freie Entscheidung der Schüler

Der Begriff *offener Unterricht* bezieht sich auf das Schlüsselelement dieser Vorgehensweise: die Schüler wählen frei die Tätigkeiten aus, an denen sie sich beteiligen wollen. Die Schüler können sich dafür entscheiden, allein oder in einer Gruppe zu arbeiten, Rechenaufgaben zu bearbeiten oder Sandkastenmodelle zu erstellen, ihre Umwelt zu erkunden oder einfach dazusitzen und zu träumen. Es gibt keine starren Stundenpläne. Kinder, die an einer bestimmten Aufgabe Interesse haben, können sie solange fortsetzen, wie sie wollen, und diejenigen, die eine Aufgabe langweilt, können zu einer anderen übergehen. Von jedem einzelnen Kind wird erwartet, daß es täglich eine bestimmte Menge liest, schreibt und rechnet, aber für welche Vorgehensweise es sich dabei entscheidet und wieviel Zeit es für die einzelnen Tätigkeiten aufwenden will, ist weitgehend dem Kind selbst überlassen. Der Lehrer beobachtet das Kind, leitet es an und beteiligt sich an seiner Arbeit. Versuche, die Entscheidungen eines Kindes zu verändern, werden nur dann unternommen, wenn dies unbedingt erforderlich ist. Die Lehrer zögern nicht, Zwang auszuüben oder Belehrungen zu geben, wenn dies erforderlich ist. Im typischen Fall richten sie ihr Verhalten jedoch nach der Überzeugung aus, daß Kinder dazu imstande sind, ihren eigenen individuellen Unterricht auf die für sie beste Weise zu gestalten. Die Lehrer vermeiden es also solange, in die Tätigkeiten des Kindes einzugreifen, bis dies erforderlich wird. *Featherstone* (1971) stellte fest, daß die Entscheidungsfreiheit und das Ausmaß an sinnvollem Arbeiten sowohl englische Eltern mittleren Alters als auch amerikanische Beobachter in Erstaunen versetzte.

Inventar des offenen Unterrichts

„Offene" Pädagogen setzen sich für das Recht der Kinder ein, sich mit dem zu beschäftigen, was sie interessiert. Um das Interesse der Kinder hochzuhalten, wird sehr viel Unterrichtsmaterial benötigt, allerdings ist es nicht notwendig, dieselben Dinge 30 oder 40 mal anzuschaffen. Einen Auszug aus einem Inventar für einen offenen Unterricht enthält Tabelle 22-1 (die komplette Liste ist fünfmal so lang).

Wie mit einfachen Materialien eine komplexe und vielfältige Diskussion in Gang gebracht werden kann, ist in Abbildung 22-1 graphisch dargestellt. Ein scheinbar harmloses Ereignis kann zu tiefgreifenden Lernerfahrungen führen, wenn der Lehrer von diesen „Anregungsmitteln" Gebrauch macht.

Tabelle 22-1. Auszug aus einem Inventar für den offenen Unterricht auf der Primarstufe

GROSSE AUSRÜSTUNGSGEGENSTÄNDE

- Aquarium
- Nähmaschine
- Projektor und Filme, 8 mm und 16 mm
- Teewagen
- Wasserbehälter
- Webrahmen
- Werkbank

MATERIALIEN FÜR DEN ABENTEUERSPIELPLATZ

- Areal mit Rasen und Bäumen
- Baumstümpfe
- Gefällte Bäume
- Orangenkisten

AUSRÜSTUNG FÜR KÖRPERLICHE BETÄTIGUNGEN

- Balancierbalken
- Klettergerüst
- Planken
- Stäbe
- Strickleiter

AUSRÜSTUNG FÜR DIE HÄUSLICHE ECKE

- Elastische Binden
- Teddybär
- Kleidertrockner
- Wasserkessel

VORSCHLÄGE FÜR „SCHICK ANZIEHEN“

- Handschuhe
- Langer Spiegel
- Röcke
- Schürzen

KOCHUTENSILIEN

- Backformen
- Dosen
- Kochtöpfe
- Waage

MUSIK

- Glocken
- Glockenspiel
- Orchesterinstrumente
- Selbstgemachte Instrumente

HOLZARBEITEN

- Bambusstangen
- Bindfadenrollen
- Farben
- Feilen
- Haken
- Kneifzangen
- Sägen

PUPPEN

- Handpuppen
- Puppentheater
- Schattenspiel
- Starke Lichtquelle

MATERIALIEN FÜR KONSTRUKTIVE UND KREATIVE TÄTIGKEITEN UND UNTERSUCHUNGEN

- Alabaster
- Batterien
- Bindfaden
- Blumentöpfe
- Bolzen
- Buntes Band
- Dicke Bleistifte
- Dosen
- Eimer
- Elastische Binden
- Enzyklopädien mit authentischen Bildern und Informationen
- Fackeln
- Farbfilter
- Ferngläser
- Flaschenzüge
- Geometrische Formen
- Gießkanne mit verschieden großen Sprühköpfen
- Gips
- Golfschläger
- Holz
- Holzfeilen, rund und dreieckig
- Kalender
- Kartons, alle Größen
- Knetmasse
- Kohlepapier
- Konvexe Spiegel
- Landkarten
- Lederstücke
- Lesebücher
- Locher
- Magnete aller Art und Größe
- Magnettafel
- Malpapier
- Maßband
- Mikroskop
- Morsealphabet
- Murmeln
- Nadelkissen
- Nähnadeln
- Netz
- Olivenöl
- Pappe
- Pinzette
- Pipette
- Plakatfarbe
- Plastikbälle
- Plastikbeutel
- Puzzles
- Quadratisches Papier
- Rechenschieber
- Saatgut
- Schachspiele
- Schläuche
- Schlüssel
- Seil
- Soda
- Spulen
- Staubsauger
- Stoffe
- Stoppuhr
- Strohhalme
- Stundenpläne
- Stricknadeln
- Tapeten
- Teller
- Thermometer
- Tinte
- Trichter
- Vergrößerungsgläser
- Waagen
- Wasserwaagen
- Wörterbücher
- Würfel
- Zucker

Nach: *Brown* u. *Precious* (1973).

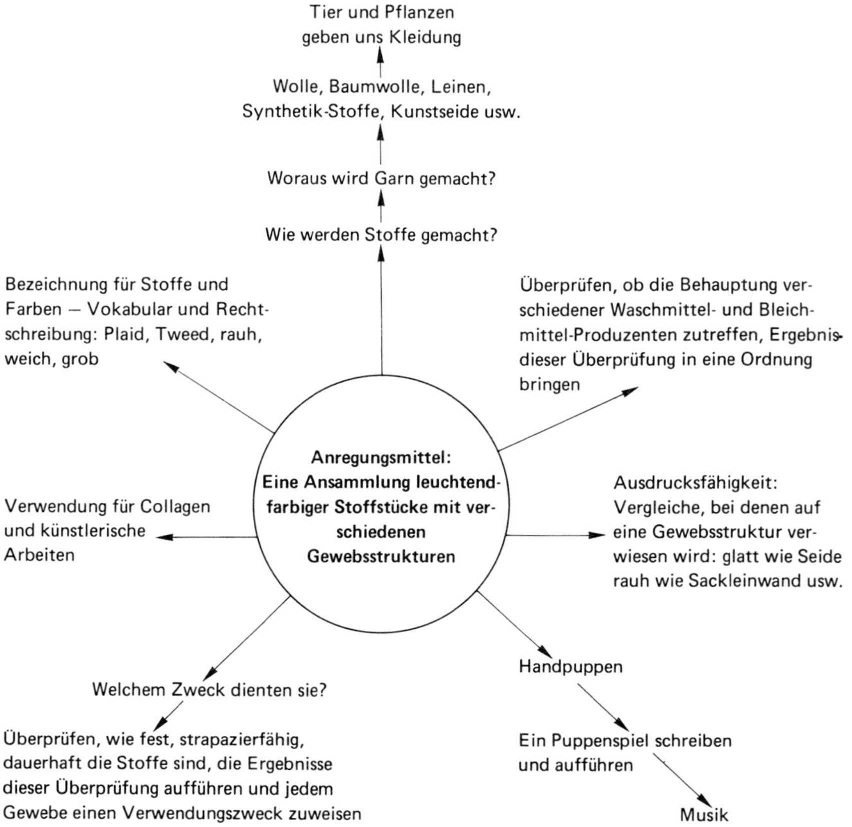

Aus: *Hassett* u. *Weisberg* (1972, S. 36).

Abbildung 22-1. Wie ein scheinbar harmloses Spielmaterial zu vielfältigen und komplexen Lernprozessen führen kann

Die Befürworter des offenen Unterrichts vertraten die Auffassung, daß die Forschungsergebnisse von *Piaget* (siehe Kapitel 7) für die Wahlfreiheit und den ausgiebigen Einsatz des Spielens sprechen: Kinder haben einen natürlichen Forschungs- und Entdeckungsdrang. Das Spiel übt eine Funktion aus, in ihm werden die Erfahrungen gesammelt, die für die Entwicklung des operationalen Denkens notwendig sind. Der Lehrer sollte die Kinder beim Spielen beobachten, ihnen Fragen stellen, auf ihre Denkvorgänge achten und Tätigkeiten vorschlagen, die die individuelle Reifung des Kindes fördern. An diesen informellen Schulen findet das Lernen vollständig individualisiert statt. Es kann nicht nur jedes Kind seine eigene Lerngeschwindigkeit wählen, sondern auch seine speziellen Unterrichtsmethoden und Lernbereiche. In diesen Programmen haben die Schüler mehr Entscheidungsfreiheit als in irgendeinem anderen System des individualisierten Unterrichts. Die Lehrer müssen darauf hingewiesen werden, daß Programme des offenen Unterrichts wesentlich größere Anforderungen an sie stellen als die traditionellen Unterrichtsmethoden. Informelle Methoden führen aber offensichtlich auch zu weit mehr positiven Konsequenzen für Lehrer und Kinder, wenn erreicht werden kann, daß die Methoden funktionieren. Von *Brown* und *Precious* (1973) und von *Silberman* (1973) gibt es Anleitungen für den Einsatz dieser Methoden.

Fragen für die Forschung

Rathbone (1972) stellte Fragen zusammen, deren Beantwortung durch die Vertreter dieser Unterrichtsform noch aussteht. Er stellt die Frage, ob für Kinder der Unterschicht, die möglicherweise nicht das Verantwortungsbewußtsein aufbringen, das für ein effektives Lernen unter diesen Bedingungen Voraussetzung ist, der offene Unterricht ineffektiv oder sogar schädlich sein könnte. *Rathbone* wies auch darauf hin, daß möglicherweise die Aspekte des Erfahrungsammelns oder des „Herummurksens", wie er meinte, beim integrierten Tagesablauf u.U. zu sehr im Vordergrund stehen. Möglicherweise werden einige Dinge besser gelernt und behalten, wenn ein Kind direkt dazu angewiesen wird. Kommt es beim offenen Unterricht, mit seiner Betonung der Entscheidungsfreiheit, zu Schülern, die nur ein Gebiet weitgehend beherrschen und sich in anderen Gebieten kaum Fähigkeiten aneignen? Kann der offene Unterricht auch auf die Sekundarstufe übertragen werden oder ist er nur für die Primarstufe geeignet?

Eine fundamentale und für die Wissenschaft schwierig zu beantwortende Frage lautet: Welcher Art und von welcher Qualität ist das Lernen bei diesem System? Gegenwärtig gibt es kaum Möglichkeiten, die Kreativität, das Verantwortungsbewußtsein, die Autonomie, die Fähigkeit zu konzentriertem Arbeiten, altruistisches Verhalten und andere Arten von Ergebnissen zu messen, die für den offenen Unterricht in Anspruch genommen werden. Dennoch: die wissenschaftlichen Ergebnisse, die wir im Zusammenhang mit den letzten beiden Kapitelabschnitten 22.3 und 22.4 über humanistische Unterrichtsprinzipien und -methoden zitiert haben, geben Anlaß zu der Vermutung, daß beim offenen Unterricht die schulischen Leistungen etwas geringer sind, was die Möglichkeit nicht ausschließt, daß die Einstellungen des Schülers zu sich selbst und zur Schule besser sind. Aber selbst diese Möglichkeit ist in einer Untersuchung angezweifelt worden, in der die Einstellungen von Schülern der ersten sechs Klassen (offener Unterricht und traditioneller Unterricht) in folgenden Bereichen miteinander verglichen wurden: Lernen, Lehrer, Rechnen und Muttersprache.

> Insgesamt gesehen schien das Alter die bedeutendste Variable zu sein. ... Die jüngeren Schüler in unserer Untersuchung bevorzugten die traditionellen Verfahren, während die älteren Schüler offene Lehrer und offene Lernverfahren bevorzugten. Insbesondere die Einstellungen zum Rechnen schienen unter offenen Lernbedingungen in den höheren Klassen zu leiden (*Arlin*, 1976, S. 224).

Affektiver Unterricht

In den letzten zehn Jahren sind eine ganze Reihe von Programmen entwickelt, ausprobiert und beurteilt worden, deren Hauptziel die affektive Erziehung des Kindes ist. *Hess* u. *Baskin* (1978) haben die gemeinsamen Elemente dieser Programme gesichtet und beschrieben. Wir werden uns nur mit einem für die Primarstufe entwickelten Programm detailliert befassen, aber es liegen inzwi-

schen auch Programme für die Sekundarstufe und die Hochschule vor (vgl. *C. L. Cooper,* 1974/75; *Gazda* et al., 1977; *Miller,* 1976).
Bei dem als „Project AWARE“ bekannt gewordenen Unterrichtsprogramm ging man folgendermaßen vor: Die Kinder trafen sich in Gruppensitzungen von je 30 Minuten, die zweimal in der Woche abgehalten wurden. Die Kinder saßen im Kreis: als Verfahren wurden hauptsächlich Gruppendiskussion und Rollenspiel eingesetzt. Das Ziel der ersten Unterrichtseinheit (3 Sitzungen) war *miteinander bekannt werden.* Dazu gehörte, die Namen der anderen zu lernen, Regeln für die Diskussionen aufzustellen und deren Zweck zu verstehen. In der nächsten Einheit (16 Sitzungen) ging es darum, das Wahrnehmen und Verstehen von *Gefühlen* zu fördern. Dabei wurden Bilder von traurigen, fröhlichen, ärgerlichen und anderen Menschen gezeigt, und die Kinder diskutierten die Bilder und mögliche Gründe für die dort dargestellten Gefühle. In der dritten Einheit (12 Sitzungen) war es das Ziel, den Kindern zu helfen, *individuelle Unterschiede* zu verstehen und zu akzeptieren. Der Lehrer hatte ein „geheimnisvolles Paket“ mitgebracht, um die Spannung und Neugier der Kinder zu wecken, denn der Inhalt des Pakets hatte angeblich für jedes Kind eine spezielle Bedeutung. In dem Paket befand sich ein Spiegel, in dem sich die Kinder betrachten konnten. Außerdem hatte der Lehrer Anstecker in zwei verschiedenen Farben dabei: jedes Kind erhielt einen Anstecker, und dann benachteiligte der Lehrer zehn Minuten lang alle Kinder mit Ansteckern der einen Farbe. Danach wurden die daraus resultierenden Prozesse und Gefühle diskutiert. Im Anschluß daran wurden die anderen Kinder benachteiligt, und eine weitere Diskussion schloß sich an. In der vierten Einheit (40 Sitzungen) ging es um die Entwicklung *sozialer Fertigkeiten,* und zwar um Selbstvertrauen sowie Respekt für und Anteilnahme an anderen. Der Lehrer las den Kindern eine Aufgabe vor oder schilderte ihnen ein Problem und half ihnen im Anschluß daran, in einem Rollenspiel mögliche Lösungen auszuprobieren und danach zu diskutieren. In einem anderen Problemzusammenhang wurde den Kindern ein Bild von zwei raufenden Jungen gezeigt, und die Diskussion zielte dann auf die Ursachen, Lösungen, Sichtweisen und Konsequenzen ab, so, wie diese in diversen Rollenspielen dargestellt worden waren. Eine andere ähnliche Aufgabe behandelt zum Beispiel das Problem, wenn sich jemand beim Einkaufen oder in einer ähnlichen Situation vordrängelt.
Das „Project AWARE“ wurde mit einer vierten und einer fünften Klasse erprobt (vgl. *Elardo* u. *Caldwell,* 1976); in beiden Fällen gab es parallele Kontrollgruppen. Die Fähigkeit, Rollen zu übernehmen, verbesserte sich in den Projektgruppen in größerem Ausmaß als in den Kontrollgruppen. Auch die Lehrerbeurteilungen über die Schüler verbesserten sich in den Projektgruppen in größerem Ausmaß, und zwar in 4 von 11 Bereichen – Respektlosigkeit/Ablehnung, Außensteuerung, Unaufmerksamkeit/Verschlossenheit und kreative Initiative. Die Projektgruppen verzeichneten außerdem größere Verbesserungen in der Fähigkeit, Lösungen für Probleme (dargeboten anhand von Geschichten) zu entwickeln.
In ihrer zusammenfassenden Bewertung von sieben solcher affektiven Erziehungsprogramme stellten *Hess* u. *Baskin* (1978) fest, daß in vier von acht hierzu vorliegenden Experimenten eine größere *Selbstwertschätzung* festgestellt

wurde. Ähnliche gemischte Ergebnisse gab es für den Bereich *Einstellung zur Schule.* Durchweg positive Ergebnisse gab es für die Beurteilungskriterien *Verständnis sozialer Kausalzusammenhänge* und *Fähigkeit zur Übernahme von Rollen.* In zwei Experimenten wurden außerdem die *Beziehungen zu anderen Kindern* gemessen; auch hier waren die Ergebnisse positiv. Da, wo die verschiedenen Ansätze zur Entwicklung von *Disziplin* gemessen wurden, zeigte sich ebenfalls eine positive Tendenz. Und der Nachweis *schulischer Leistung* war in zwei von drei Programmen positiv, in denen dieser Aspekt berücksichtigt war.

Insgesamt gesehen haben diese frühen Versuche, Prinzipien der affektiven Erziehung in die Praxis umzusetzen, d.h. das emotionale Wohlbehagen der Kinder und ihre sozialen Fertigkeiten zu fördern, zu relativ vielversprechenden, aber noch längst nicht adäquaten Ergebnissen geführt. Eine solche Erziehung steht vor der großen Schwierigkeit, ihre Ziele eindeutig zu definieren. Außerdem braucht sie geeignetere Verfahren, um zu bestimmen, ob und in welchem Maße diese Ziele – innere Zustände, kognitive Fertigkeiten und erkennbares Verhalten – erreicht worden sind (vgl. *Costa,* 1977). Und schließlich braucht sie verbesserte Techniken, mit denen sich bestimmen läßt, bis zu welchem Ausmaß die Programme tatsächlich das erreichen, was sie anstreben.

Analyse und Bewertung des offenen Unterrichts

Der Begriff *offener Unterricht* ist auf eine ganze Reihe von Aspekten bezogen worden (vgl. *Marshall,* 1981; *Giaconia* u. *Hedges,* 1982):

1. Freie Wahl der Tätigkeiten, an denen Schüler teilnehmen werden.
2. Flexible Raumaufteilung.
3. Großer Reichtum an Lernmaterialien.
4. Curriculare Integration verschiedener fachlicher Bereiche.
5. Betonung des Unterrichts in kleinen Gruppen oder auf individueller Basis, im Gegensatz zu großen Klassen.
6. Funktion des Lehrers als Person, die Lernen ermöglicht und erleichtert.
7. Entwicklung der Fähigkeit des Schülers, Eigenverantwortung für sein Lernen zu übernehmen.
8. Echte gegenseitige Achtung von Lehrern und Schülern.
9. Diagnostische Evaluierungsverfahren zur Verbesserung des Lernens.
10. Altersübergreifende Gruppierung der Kinder.
11. Team-Teaching.

Nicht alle der hier genannten Aspekte sind in jedem Programm vertreten, das nach den Prinzipien des offenen Unterrichts aufgebaut ist. Die Befürworter des offenen Unterrichts sind sich bislang nicht darüber einig geworden, welche Aspekte vorrangige Bedeutung haben. Auch die Verfahren zur Messung der tatsächlichen Verwirklichung dieser Aspekte im Unterricht sind sehr unterschiedlich. Administrative Beurteilungen, Fragebögen für die Lehrer, Beobachtungen von geschulten Außenseitern – alle diese Verfahren hat man eingesetzt, und alle haben zu unterschiedlichen Ergebnissen geführt. Demzufolge ist es bislang schwer gewesen zu sagen, ob das eine oder andere Programm tatsächlich „offenen Unterricht" praktiziert oder nicht – das hängt eben von der jeweiligen Definition ab. Selbst bei einer klaren Definition war das Ausmaß der „Implementierung", d.h. der tatsächlichen Umsetzung der Prinzipien im Unterricht, von einer Situation zur nächsten – Lehrer, Klasse, Schule oder Schuldistrikt – verschieden. Lehrer, die in den Fragebögen behauptet hatten, sie würden „offen" unterrichten, wurden von Beobachtern gewöhnlich sehr viel weniger „offen" beschrieben.

Ebenso könnte man anhand einer „Offenheitsskala" feststellen, daß Klassen, die als gleich „offen" eingeschätzt werden, große Unterschiede in den verschiedenen Offenheitskomponenten aufweisen. Beispielsweise kann eine Klasse durch große Wahlfreiheit der Schüler und geringe räumliche Flexibilität gekennzeichnet sein, während eine andere Klasse, die genauso „offen" erscheint, nur eine geringe Wahlfreiheit ermöglicht, dafür aber eine große räumliche Flexibilität. Zusammengezählt wäre also bei beiden ein gleich großer Offenheitswert festzustellen. Was aber Offenheit im einzelnen bedeutet, wird von den beiden Klassen ganz unterschiedlich ausgelegt. Wenn man das bedenkt, sind Vergleiche zum traditionellen Unterricht nur sehr schwer zu bewerten.

Alle diese Probleme haben *Marshall* (1981) dazu veranlaßt zu fordern, daß offener Unterricht auf der Grundlage seiner inneren Komponenten und Kombinationen beurteilt wird und nicht als ein einziges, in sich geschlossenes Gebilde. Solche Beurteilungen könnten besser darstellen, welche Aspekte des Gesamtkonzepts für das von Bedeutung sind, was die Schüler im einzelnen lernen.

Eine solche Komponentenbeurteilung ist von *Giaconia* u. *Hedges* (1982) erarbeitet worden. Sie führten eine Metaanalyse von 150 Untersuchungen durch, die mit großer Mühe von *Horwitz* (1979) ausfindig gemacht worden waren, dessen eigene Beurteilung aber unvollkommen war. Mit Hilfe verfeinerter statistischer und analytischer Verfahren stellten *Giaconia* und *Hedges* die Ergebnisse von Dutzenden von Vergleichswerten über offenen und traditionellen Unterricht neu zusammen, und zwar im Hinblick auf vier leistungsbezogene und zwölf nichtleistungsbezogene Ergebnisse. In Tabelle 22-2 sind die Gesamtergebnisse festgehalten, d.h. vor Aufschlüsselung nach einzelnen Komponenten. Diese Ergebnisse, in denen die Resultate von Dutzenden anderer Untersuchungen zusammengebunden sind, legen folgende Vermutungen nahe: Offener Unterricht

- führt gewöhnlich zu niedrigeren sprachlichen Leistungen, allerdings in einem fast unbedeutenden Ausmaß;
- hat fast keine konsistente Auswirkung auf Rechnen, Lesen und andere Arten schulischer Leistung;
- verbessert gewöhnlich die Leistungsmotivation, Kooperativität, Kreativität und Selbständigkeit in einem bescheidenen Ausmaß;
- hat fast keine konsistente Auswirkung auf Anpassung, Angst, Ort der Steuerung oder Selbstbild;

- verbessert gewöhnlich, wenn auch nur geringfügig, die Einstellungen des Schülers zur Schule und zum Lehrer sowie seine Neugier und generelle geistige Fähigkeit.

Tabelle 22-2. Zusammenfassung der Ergebnisse einer Metaanalyse über Vergleichsuntersuchungen von offenem und traditionellem Unterricht.

Ergebnis	Zahl der Untersuchungen	Zahl der Vergleiche	Durchschnittliche Auswirkungsgröße*	Prozentsatz der Entscheidung für offenen Unterricht	traditionellen Unterricht	keinen der beiden
Leistungsbezogene Ergebnisse						
Sprache	33	34	– 0,069	33	63	4
Rechnen	57	64	– 0,037	43	52	5
Lesen	63	73	– 0,083	42	54	4
Verschiedenes	25	23	– 0,153	38	55	7
Nichtleistungsbezogene Ergebnisse						
Leistungsmotivation	8	10	– 0,262	29	57	14
Anpassung	9	19	0,170	58	42	0
Angst	19	29	– 0,010	49	51	0
Einstellung zur Schule	50	68	0,169	68	31	1
Einstellung zum Lehrer	17	20	0,199	67	25	8
Kooperativität	8	7	0,229	80	10	10
Kreativität	22	21	0,286	69	19	12
Neugier	7	5	0,165	57	29	14
Generelle geistige Fähigkeit	16	13	0,183	59	36	5
Selbständigkeit	22	26	0,278	68	30	2
Ort der Steuerung	16	19	0,007	46	50	4
Selbstbild	60	84	0,071	53	41	6

* Positive Werte bedeuten Überlegenheit des offenen Unterrichts; negative: Überlegenheit des traditionellen Unterrichts. Wert von 0,00 bis 0,20 sind gering; Werte höher als 0,20 sind mäßig.

Nach *Giaconia* u. *Hedges* (1982, S. 587).

Aber die Ergebnisse in Tabelle 22-2 zeigen auch, was geschieht, wenn man offenen Unterricht als ein undifferenziertes Ganzes betrachtet. *Giaconia* u. *Hedges* (1982) gingen über eine solche Globalanalyse hinaus. In jedem Ergebnisbereich unterschieden sie noch einmal die Untersuchungen danach, ob die Befürwortung des offenen Unterrichts zu Ergebnissen geführt hat, die als (a) bedeutend oder (b) unbedeutend konstatiert wurden. Dann verglichen sie die unter jedem der beiden Grundtypen zusammengefaßten Untersuchungen hinsichtlich der verschiedenen Aspekte des offenen Unterrichts, die in den einzelnen Untersuchungen beinhaltet waren. Dabei wurden folgende Aspekte berücksichtigt:

1. Rolle des Kindes (Ausmaß der Eigenaktivität beim Lernen);
2. diagnostische Beurteilung (Verwendung von Arbeitsergebnissen als Bei-

spiele, Beobachtungen usw., aber selten Tests, als Leitlinien für den Unterricht);
3. manipulierbare Unterrichtsmaterialien;
4. individueller Unterricht (Anpassung des Lerntempos, der Methoden und Materialien; Kleingruppenverfahren);
5. altersübergreifende Schülergruppen (zwei oder mehr Klassen im selben Bereich);
6. flexible Raumaufteilung (offene Lernbereiche, Aktivitätszentren, keine Trennwände, flexible Sitzordnungen);
7. Team-Teaching (zwei oder mehr Lehrer, die gemeinsam planen und unterrichten; Eltern als Lehrerhelfer).

In Tabelle 22-3 sind die Durchschnittswerte für die Anzahl der Aspekte des offenen Unterrichts wiedergegeben, die in Untersuchungen ermittelt wurden, in denen bedeutende bzw. unbedeutende Auswirkungen des offenen Unterrichts im Vergleich zum traditionellen Unterricht konstatiert worden waren. Die Zahlen verdeutlichen, daß nur in den Bereichen von Selbstbild und Kreativität ein beachtlicher Unterschied in der Anzahl der genannten Aspekte bestand. (Bei anderen Ergebnissen war der Unterschied sehr gering oder die verfügbaren Informationen waren für einen Vergleich nicht anwendbar.)

Tabelle 22-3. Durchschnittliche Anzahl von Aspekten des offenen Unterrichts, die zur Bestimmung der bedeutenden bzw. unbedeutenden Auswirkungen im Vergleich von offenem und traditionellem Unterricht herangezogen wurden

	Durchschnittliche Anzahl von Aspekten im offenen Unterricht in:		
Schülerergebnisse	Untersuchungen mit bedeutenden Auswirkungen	Untersuchungen mit unbedeutenden Auswirkungen	Differenz
Selbstbild	6,12	3,88	2,24
Kreativität	4,71	3,71	1,00
Positive Einstellung zur Schule	4,15	3,92	0,23
Leseleistung	4,47	4,53	– 0,06
Rechenleistung	4,43	4,71	– 0,28
Sprachleistung	4,75	5,00	– 0,25

Nach *Giaconia* u. *Hedges* (1982, S. 596).

Welche Aspekte des offenen Unterrichts machen nun einen wirklichen Unterschied aus? Um diese Frage zu beantworten, führten *Giaconia* u. *Hedges* eine Analyse durch, deren Ergebnisse in Tabelle 22-4 dargestellt sind. Dort finden wir, nach Einzelbereichen des offenen Unterrichts aufgeschlüsselt, den Prozentsatz von Untersuchungen mit bedeutenden bzw. unbedeutenden Ergebnissen. Beispielsweise hatten 100 Prozent der Untersuchungen, in denen eine bedeutende Auswirkung des offenen Unterrichts konstatiert worden war, den

Tabelle 22-4. Prozentsatz von Untersuchungen mit „bedeutenden“ (B) und „unbedeutenden“ (U) Nachweisen spezifischer Unterrichtsergebnisse beim offenen Unterricht

		Selbstbild	Kreativität	Positive Einstellung zur Schule	Selbstbild/ Kreativität/Durchschnitt	Nichtleistungsbezogener Durchschnitt	Leseleistung	Rechenleistung	Sprachleistung	Leistungsdurchschnitt*
Rolle des Kindes	B	100			93,0	90,3				
	U	50			58,5	62,0				
Diagnostische Beurteilung	B	100	100	73	100,0	91,0				
	U	46	50	50	48,0	44,3				
Manipulierbare Materialien	B	100	80	82	90,0	87,3	77			75,7
	U	27	50	56	38,5	44,3	50			57,0
Individueller Unterricht	B	100			91,5	87,7				
	U	44			55,5	62,0				
Altersübergreifende Gruppierung	B		83		82,0	70,0		57	57	58,3
	U		33		54,0	51,3		79	75	73,0
Teamteaching	B			36			73			68,7
	U			62			50			47,3
Flexible Raumaufteilung	B			54						
	U			85						

* Diese Spalte verzeichnet einen ungewichteten Durchschnitt, der für deskriptive Zwecke kalkuliert worden ist. Signifikanztests wurden nicht durchgeführt.

Anmerkung: Untersuchungen, bei denen keine Angaben über einen bestimmten Aspekt gemacht wurden und über die kein auf Informationen gegründetes Urteil getroffen werden konnte, wurden aus dem betreffenden Aspektbereich ausgeschlossen. Der durchschnittliche Prozentsatz solcher ausgeschlossener Fälle beträgt unter Berücksichtigung aller Aspekte und aller Schülerergebnisse insgesamt 7%. – Prozentpaare, die um weniger als 20 differierten, wurden mit wenigen Ausnahmen ausgeschlossen. Aus *Giaconia* u. *Hedges* (1982).

Rollenaspekt verzeichnet, während dieser nur bei 50 Prozent der Untersuchungen verzeichnet war, in denen nur geringfügige Auswirkungen konstatiert worden waren. Im Bereich der nichtleistungsbezogenen Ergebnisse waren alle Aspekte außer „Team-Teaching“ und „Räumliche Flexibilität“ häufiger in den „bedeutenden“ Untersuchungen vertreten. Bei den leistungsbezogenen Ergebnissen waren die Aspekte „Manipulierbares Unterrichtsmaterial“ und „Team-Teaching“ in den „bedeutenden“ Untersuchungen häufiger verzeichnet, während „Altersübergreifende Gruppierung“ weniger häufig verzeichnet war.

Mit diesen handfesten und detaillierten Analysen haben wir Ergebnisse, anhand derer wir eine genaue Aussage darüber machen können, welche Aspekte des offenen Unterrichts zu welchen – zum traditionellen Unterricht unterschiedlichen – Ergebnissen führen. Das Gesamtbild ist nicht mehr nur schwarz/weiß. Für bestimmte Zwecke scheinen bestimmte Aspekte des offenen Unterrichts nützlich zu sein; für andere Zwecke scheinen andere Aspekte dieser Unterrichtsform hinderlich zu sein. Als Pädagogen müssen wir die Ziele und Mittel des offenen Unterrichts sorgfältig abwägen. Wir müssen nach neuen Methoden und Praktiken Ausschau halten, die es uns ermöglichen, alle Ziele umfassend auszuschöpfen, ohne dabei leistungsbezogene oder nichtleistungsbezogene Ergebnisse zu opfern.

22.6 Zusammenfassung

Die grundlegenden Prinzipien und Annahmen, die der humanistischen Erziehung zugrundeliegen, sind: (a) Schüler müssen die Möglichkeit haben, ihre eigenen Bedürfnisse und Methoden im wesentlich größeren Ausmaß als üblich zu bestimmen; (b) Schüler brauchen mehr Gelegenheit zu lernen, wie man lernt, und nicht dazu, irgendein bestimmtes Stoffgebiet zu erlernen; (c) Schüler brauchen Übung in der Selbstbeurteilung vielleicht mehr als sie eine Bewertung durch andere, z.B. durch Lehrer, brauchen; (d) zu lernen, wie man Gefühle ausdrückt, mitteilt, versteht und wie man mit ihnen fertig wird, ist wichtiger als Tatsachen, Konzepte, Prinzipien oder intellektuelle Fertigkeiten zu erlernen; und schließlich (e) am besten kann in einer Atmosphäre gelebt und gelernt werden, die frei von Bedrohung, Druck, Wettbewerbsstreben, von außen auferlegten Normen usw. ist.

Die Durchführung dieser Art von Erziehung setzt einen Lehrer voraus, der ein echter, offener und selbstsicherer Mensch mit grundsätzlich warmherzigen und positiven Einstellungen gegenüber anderen Personen ist. Ein solcher Lehrer kann sich in andere einfühlen, d.h., er kann sich in eine Person versetzen und die Gefühle und Bedürfnisse von Schülern verstehen. Ein solcher Lehrer kann sich deshalb als ein Lernender verhalten, der „mit" seinen Schülern arbeitet und nicht „auf" sie einwirkt.

Um dem Schicksal anderer Reformbewegungen zu entgehen, ist es erforderlich, daß die humanistische Erziehung deren Exzesse vermeidet und statt dessen ihre Behauptungen durch rationale und empirische Beweise absichert.

Kapitel 23

Der Unterricht in der Klasse: Planung und Organisation

23.1 Überblick

Wir kommen jetzt zu einem Bereich, den wir alle aus vielen tausend Stunden eigener Erfahrung kennen. Gibt es also überhaupt etwas zum Thema „Unterricht“, über das Sie nicht schon Bescheid wissen? Was können wir Ihnen Neues über einen Prozeß sagen, den Sie gut 20 Stunden in der Woche, knapp 40 Wochen im Jahr, und das 13 Jahre lang am eigenen Leibe erfahren haben?

In diesem und im nächsten Kapitel wollen wir Sie in diesen Prozeß von zwei neuen Standpunkten aus einführen: dem des Lehrers und dem des Pädagogischen Psychologen. Vom Standpunkt des Lehrers aus werden Sie den Unterricht in der Klasse als eine Tätigkeit betrachten, bei der Sie selbst die Möglichkeit haben, den Ablauf des Geschehens zu gestalten. Sie werden sich daran erinnern, daß Sie selbst damals als Schüler(in) diese Möglichkeit in einen nur sehr geringen Ausmaß hatten. Damals taten Sie weitgehend das, was Ihre Lehrer und Lehrerinnen von Ihnen verlangten. Sie hatten kaum mehr Freiheiten als man Ihnen „von oben“ her einräumte. Nun, in der Lehrerrolle, geben Sie den Takt und das Tempo an und haben damit die Verantwortung, die mit dieser Rolle verbunden ist.

Vom Standpunkt des Pädagogischen Psychologen aus werden Sie den Unterricht in der Klasse unter Maßgabe der Konzepte und Prinzipien der Pädagogischen Psychologie betrachten. In gewissem Sinne stellen die vorausgehenden Kapitel dieses Buches eine Vorbereitung auf die jetzt folgende Betrachtung des Unterrichts dar. Aber wir machen Sie auch mit einigen neuen Konzepten bekannt, die ausdrücklich dafür entwickelt worden sind, die Vorgänge im Unterricht in der Klasse zu verstehen und zu verbessern.

23.2 Ziele des Unterrichts in der Klasse

Wir wenden uns nun also der am weitest verbreiteten Unterrichtsmethode zu – dem Unterricht in der Klasse. Auf allen schulischen Bildungsniveaus – auf der Primarstufe, der Sekundarstufe und auch an der Universität – ist der Unterricht im Klassenverbund die am häufigsten angewandte Methode. Er wird viel häufiger eingesetzt als der Frontalunterricht, vielleicht mit Ausnahme der großen Einführungsveranstaltungen an der Universität. Der Unterricht in der

Klasse ist das, was die meisten Menschen eigentlich meinen, wenn sie den Begriff *Unterricht* verwenden. Als der Prototyp der Lehrmethoden ist er häufiger wissenschaftlich untersucht worden als jede andere methodische Hauptkategorie. In gewisser Hinsicht stellt der Unterricht in Klassen eine

Kombination von Elementen anderer Methoden

Kombination von Elementen der drei anderen Methoden dar, die wir in den Kapiteln 19 bis 21 erörtert haben, wobei der Anteil jeder dieser anderen Methoden unterschiedlich groß ist. Gelegentlich halten Lehrer ihren Klassen Vorträge. Gewöhnlich sind diese Vorträge kurz, 5 bis 15 Minuten lang, und der Lehrer läßt mehr Unterbrechungen durch Fragen der Schüler zu als in einem großen Hörsaal möglich ist. Wenn die Unterbrechungen häufig genug vorkommen und nicht nur in Form von Fragen der Schüler, sondern auch in Form von Antworten auf die Fragen durch den Lehrer odere andere Schüler stattfinden, wird aus dem Vortrag allmählich eine Diskussion. Typischerweise dominiert im Unterricht in Klassen, bei dem die Schüler in Reihen sitzen und alle in die gleiche Richtung schauen (und nicht um einen Tisch herum sitzen), der Lehrer, da der Lehrer den größten Anteil an dem hat, was gesagt wird. Und schließlich kann es zu einem selbstbestimmten oder unabhängigen Lernen kommen, insbesondere an der Grundschule, wo die Lehrer häufig „Stillarbeiten" durchführen lassen. Während solcher Phasen arbeiten die Schüler allein oder zusammen mit einem oder zwei anderen Schülern an den ihnen zugewiesenen Aufgaben.

Die Grundstruktur

Die für den Unterricht in der Klasse typische Komponente ist das *Frage-Antwort-Verfahren* – „ein Unterrichtssegment, bei dem der Lehrer ein bestimmtes Kind aufruft, eine Frage zu beantworten, einen Textabschnitt zu lesen oder Hausaufgaben vorzustellen usw. Das Frage-Antwort-Verfahren besteht normalerweise aus einem relativ kurzen verbalen Austausch zwischen Schüler und Lehrer" (*Stodolsky* et al., 1981, S. 123). *Stodolsky* und seine Mitarbeiter stellten fest, daß das Frage-Antwort-Verfahren in den Klassen, die sie beobachtet haben (Mathematik und Sozialkunde), etwa ein Drittel der Unterrichtszeit in Anspruch nahm.

Hoetker und *Ahlbrand* (1969) haben festgestellt, daß der Unterricht in Klassen oder die „Frage-Antwort-Methode" mindestens seit Beginn des 20. Jahrhunderts in etwa der gleichen Form fortbesteht. *Hoetker* stellte fest, daß seine neun High-School-Lehrer für Englisch in St. Louis sich auf genau die gleiche Weise verhielten wie die 15 Lehrer für Wirtschaftskunde, die von *Bellack, Kliebard, Hyman* und *Smith* (1966) in New York beobachtet worden waren. Das heißt,

Die Spielregeln der Klassenzimmersprache

beide Gruppen hielten sich an die „Spielregeln der Klassenzimmersprache", eine Bezeichnung, die von *Bellack* stammt. In beiden Stichproben hatten die Lehrer den größten Anteil an dem, was gesagt wurde, wie Tabelle 23-1 zeigt. Gemessen an der Anzahl der „Unterrichtsmaßnahmen" stammten in beiden Stichproben mehr als 60% der Äußerungen von Lehrern; gemessen an den Zeilen in der Mitschrift des Unterrichts stammten in beiden Gruppen mehr als 70% der Äußerungen von Lehrern. In beiden Untersuchungen waren die Unterrichtsmaßnahmen der Lehrer gleichmäßig verteilt über:

a) *Strukturieren* (Festsetzen des Kontexts für das Verhalten in der Klasse durch Ingangsetzen oder Beendigen einer Interaktion und durch den Hinweis, wie das Verhalten geartet sein soll);
b) *Anregen* (eine Reaktion hervorrufen);
c) *Antworten* (Erfüllen der Erwartung, die durch die Anregungsmaßnahme gesetzt wurde);
d) *Reagieren* (Modifizierung oder Bewertung einer vorausgehenden Maßnahme).

Anregungen und Reaktionen der Lehrer machten etwa 25–30% aller Unterrichtsmaßnahmen aus. Die Antworten der Schüler beliefen sich ebenfalls auf

Tabelle 23-1. Vergleiche von ausgewählten Durchschnittswerten des verbalen Verhaltens im Klassenzimmer bei *Bellack* (1966) und *Hoetker* (1967)

Variable	*Bellack*	*Hoetker*
A. Prozentsatz der Lehreräußerungen, Unterrichtsmaßnahmen	61,7	65,7
B. Prozentsatz von Lehreräußerungen, Zeilen der Mitschrift	72,1	74,5
C. Verteilung der Unterrichtsmaßnahmen des *Lehrers* in Prozent aller Maßnahmen		
Strukturieren	4,8	3,6
Anregen	28,8	32,3
Antworten	3,5	1,8
Reagieren	24,3	27,0
D. Verteilung der Unterrichtsmaßnahmen der *Schüler* in Prozent aller Maßnahmen		
Strukturieren	0,4	0,3
Anregen	4,4	2,0
Antworten	25,0	30,4
Reagieren	5,7	1,1
E. Verteilung der Unterrichtsmaßnahmen des *Lehrers* in Prozent aller Zeilen der Mitschrift		
Strukturieren	14,5	22,4
Anregen	20,3	20,6
Antworten	5,0	4,3
Reagieren	24,8	31,4
F. Verteilung der Unterrichtsmaßnahmen der *Schüler* in Prozent aller Zeilen der Mitschrift		
Strukturieren	3,0	3,4
Anregen	2,5	1,2
Antworten	15,6	13,1
Reagieren	5,1	0,6
G. Prozentsatz der Lehrerfragen, die auf Gedächtnisprozesse abzielten	80,8*	87,9

* Ermittelt aus Daten von *Bellack* et al. (1966, S. 74–75).

Nach *Hoetker* u. *Ahlbrand* (1969, S. 146).

etwa 25–30% aller Unterrichtsmaßnahmen. Die restlichen Unterrichtsmaßnahmen bestanden zu jeweils geringen Anteilen aus Antworten und Strukturierungen des Lehrers sowie aus Strukturierungen, Anregungen und Reaktionen der Schüler (vgl. Tabelle 23-1). Zu prinzipiell gleichen Ergebnissen sind *Komulainen* et al. (1981, S. 20) in vierten Klassen in Finnland gekommen.

Die große Ähnlichkeit zwischen den bei *Bellack* et al. und bei *Hoetker* erwähnten Verteilungen der Unterrichtsmaßnahmen läßt darauf schließen, daß dieses Grundmuster in den anderen Klassenstufen und in vielen Fächern ebenfalls auftreten wird. Dafür spricht auch die Beobachtung von *Bellack*, daß viele Lehrer dazu neigen, ihre Verhaltensmuster von einer Unterrichtsstunde zur nächsten weitestgehend beizubehalten.

Untersuchungen aus dem Anfang dieses Jahrhunderts (vgl. die Zusammenfassung bei *Hoetker* u. *Ahlbrand,* 1969) zeigen, daß auch damals schon eine sehr ähnliche Grundstruktur des Lehrerverhaltens vorherrschte. Eine Untersuchung aus jüngerer Zeit (*Mehan,* 1969) stellt ein Grundmuster auf, das sogenannte „Impuls-Antwort-Beurteilungs-Verfahren“, das dem von *Bellack* identifizierten Grundmuster sehr ähnlich ist. *Bellack* (1976) berichtet, daß seine Formel (Strukturieren – Anregen – Antworten – Reagieren) in ungefähr 35 Untersuchungen über Unterrichtspraktiken in allen Klassenstufen als Grundstruktur beobachtet werden konnte: in so verschiedenen Fächern und Bereichen wie Lesenlernen, Englisch (als Muttersprache), Mathematik, Buchhaltung, Naturwissenschaften, Lehrerbildung und Krankenschwesternausbildung; in sechs weiteren Ländern (Australien, Kanada, Finnland, Bundesrepublik Deutschland, Japan und Schweden); und unter so unterschiedlichen Rahmenbedingungen wie individueller Unterricht, „offener“ Mathematikunterricht in der Grundschule und Vorschulerziehung. Die Verhältnisse in den USA sind von *Goodlad* u. *Klein* (1979) und ihren Mitarbeitern untersucht worden; sie stellten fest, daß das Frage-Antwort-Verfahren ende der sechziger Jahre die vorherrschende Grundstruktur in 260 Klassen (Kindergarten und Grundschulklassen 1 bis 3) war.

Innerhalb dieser Gleichartigkeit tauchen gelegentlich auch Variationen auf (vgl. *Stodolsky* et al., 1981); so z. B. bei einem Vergleich von Mathematik- und Sozialkundeunterricht in fünften Klassen, wo man feststellen konnte, daß mehr aktives Problemlösungsverhalten in der Mathematik und weniger erkennbare Schüleraktivität im Sozialkundeunterricht auftraten. Obwohl in beiden Fächern das Lehrbuch als primäres Unterrichtsmittel eingesetzt wurde, gab es im Mathematikunterricht mehr schriftliche Arbeiten, sowohl im Heft als auch an der Tafel. Im Sozialkundeunterricht verbrachten die Schüler mehr Zeit damit, Informationen aufzunehmen, während im Mathematikunterricht konzept- und fertigkeitsbezogenes Lernen mehr im Vordergrund stand.

Unterschiede traten auch im Hinblick auf den sozioökonomischen Status des Schulbezirks auf. Das Frage-Antwort-Verfahren trat häufiger in Schulen mit niedrigem sozioökonomischen Status auf und hier insbesondere in den sozialkundlichen Fächern; allerdings hing das Auftreten auch von der Klassengröße ab: bei kleinen Gruppen wurde es weniger häufig in Schulen mit niedrigem sozioökonomischen Status (25 Prozent) als in Schulen mit Mittel- und Oberschichtsstatus (50 Prozent) angetroffen.

Eine weitere Unterscheidung betrifft die Funktion des Frage-Antwort-Verfahrens. Es wurde zur Wiederholung, Neueinführung, Antwortüberprüfung, Übung und Verständniskontrolle von Fakten oder Gedanken gebraucht. Oft wurden in einer einzelnen Frage-Antwort-Sequenz mehrere Funktionen gleichzeitig erfüllt. Mit diesen verschiedenen Funktionen ergaben sich natürlich unterschiedlich häufige Gelegenheiten für den Schüler, sich am Unterricht zu beteiligen.

Schließlich heben *Stodolsky* et al. mit ihrer Untersuchung auch hervor, daß das Frage-Antwort-Verfahren mehr positive Faktoren enthält als ihm gemeinhin zugeschrieben werden. Die Kinder paßten relativ gut auf, sie schienen oft leichter mit dem Frage-Antwort-Verfahren zu lernen als bei Stillarbeit, die Kinder waren nicht besonders ängstlich und sie erhielten ein gewisses Maß an Aufmerksamkeit von ihrem Lehrer. Frage-Antwort-Verfahren können recht banal sein, beispielsweise wenn Kinder einen Großteil der Stunde damit zubringen, einen Text laut zu lesen. Solche Praktiken lassen im übrigen erahnen, warum in Schulbezirken mit hohem sozioökonomischen Status im Sozialkundeunterricht diese Grundstruktur nicht angewendet wurde: dort gab es andere (bessere) Curricula und Lernmittel.

Gründe für die weite Verbreitung des Unterrichts in der Klasse

Warum beherrscht das Frage-Antwort-Verfahren den Unterricht in der Klasse schon seit so langer Zeit? Bei dieser anregenden Frage muß man sich mit einigen Vermutungen zufriedengeben. So haben *Hoetker* u. *Ahlbrand* (1969) auch keine rechte Antwort, wenn sie sagen:

> Die von uns gesichteten Untersuchungen zeigen eine bemerkenswerte Stabilität der verbalen Verhaltensmuster im Unterricht über das letzte halbe Jahrhundert hinweg, obwohl jede nachfolgende Generation von Pädagogen, einerlei, wie sehr sich ihre wissenschaftliche Überzeugung ansonsten unterschied, diese Schnellfeuermethode des Frage-Antwort-Verhaltensmusters verdammt hat. Was ist an dem Frage-Antwort-Verfahren dran ..., das es so unvergleichlich erfolgreich macht in dem evolutionären Kampf mit anderen, eher empfohlenen Methoden? (S. 163).

Anpassungsfähigkeit

Erstens: Der Unterricht nach dem Frage-Antwort-Verfahren kann, trotz seiner offensichtlichen Gleichförmigkeit, von einer Klassenstufe und einem Fachgebiet zum anderen sehr *anpassungsfähig* sein. Wenn es das Ziel des Unterrichts ist, Fakten, Konzepte und Prinzipien zu lernen oder zu verstehen, dann kann der Lehrer im *Frontalunterricht* die Sachverhalte vortragen, mehr oder weniger formal und ausführlich, je nach Alter der Schüler. Wenn als Ziel die Fähigkeit angestrebt wird, Gedanken kritisch zu überprüfen, kann der Lehrer dies über *Diskussionen* anstreben, in denen die Schüler ihre eigenen Standpunkte und Bewertungen zum Ausdruck bringen können. Wenn als Ziel schließlich die Fähigkeit des Schülers angestrebt wird, selbständig zu arbeiten und sein Lerntempo selbst zu bestimmen, an Aufgaben, die seinen eigenen Bedürfnissen entsprechen, wenn es also um *selbständiges und selbstbestimmtes Lernen* geht, kann der Lehrer die Unterrichtsstunde auch darauf ausrichten.

Welchen Anteil jeweils Unterrichtsvortrag, Diskussion und individuelle Methoden am normeln Unterricht in der Klasse eigentlich haben, läßt sich anhand der Ergebnisse von *Stodolsky* et al. (1981) abschätzen, die in Tabelle 23-2 zusammengefaßt sind. Die Ergebnisse stützen sich auf umfängliche Beobachtungen von 35 fünften Klassen in 22 Schulbezirken Chicagos. In 18 Klassen wurde der Mathematikunterricht und in 17 der Sozialkundeunterricht erfaßt. Die Tabelle zeigt, daß Unterrichtsvorträge kaum auftraten, was man bei dieser Klassenstufe auch erwarten kann. Sie verdeutlicht ferner, daß das Frage-Antwort-Verfahren häufiger im Mathematik- als im Sozialkundeunterricht vorkam und häufiger in Klassen mit niedrigem sozioökonomischen Status als in Klassen mit hohem sozioökonomischen Status. Sie besagt auch, daß Stillarbeit am Platz häufiger in Mathematik und in Klassen mit niedrigem sozioökonomischen Status beobachtet wurde. Demgegenüber war Gruppenarbeit häufiger im Sozialkundeunterricht anzutreffen, insbesondere in Klassen mit hohem soziökonomischen Status. Die unterschiedlichen Werte zwischen dem Mathematik- und dem Sozialkundeunterricht sind vielleicht leichter zu verstehen als die zwischen den beiden sozioökonomischen Gruppen; *diese* Unterschiede spiegeln möglicherweise die Anpassung der Lehrer an die Fähigkeitsniveaus der Schüler, die bekanntlich mit sozioökonimischem Status korrelieren. Vielleicht spiegeln sie auch die größere bzw. geringere Verfügbar-

Tabelle 23-2. Prozentwerte der Segmente*, die auf verschiedene Unterrichtsaspekte vergeben wurden (5. Klasse)

	Mathematik			Sozialkunde		
	Sozio-ökonomischer Status					
Unterrichtsaspekt	niedrig	mittel	hoch	niedrig	mittel	hoch
Stillarbeit	42,6	19,5	21,9	17,2	15,0	4,9
– in Gruppen	0,6	2,1	7,8	1,5	2,8	6,2
– Einzelarbeit	1,2	13,6	20,3			
Frage-Antwort-Verfahren	37,7	27,1	18,8	29,1	17,7	5,6
Diskussion			3,1	3,7	3,3	3,1
Unterrichtsvortrag	2,5	1,7			1,1	
Demonstration		0,4	1,6	0,7	1,7	0,6
Schülertätigkeiten überprüfen	6,2	7,6	1,6	3,0	3,9	
Testen	3,7	3,8	1,6	1,5	2,2	1,2
Gruppenarbeit		2,1	4,7	26,9	28,9	58,0
Audiovisuelle Medien				3,7	2,8	5,6
Wettspiele	0,6	14,0	1,6	0,7	3,3	
Schülerberichte				0,7	2,8	4,9
Anweisungen erteilen	4,3	5,9	6,2	7,5	10,6	8,6
Vorbereitung		1,7	1,6	0,7	3,3	1,2
Einzelbetreuung		0,4	9,4			
Verschiedenes	0,6			2,2	0,6	
Summe der Unterrichtsaspekte	100%	100%	100%	100%	100%	100%

* „Ein Segment ist definiert als ein in sich geschlossener Zeitabschnitt in einer Stunde, in dem ein bestimmter Unterrichtsaspekt, ein spezifizierter Inhalt und die Beteiligung der Schüler zum Tragen kommt, und der in einem örtlich fixierten Rahmen abläuft" (S. 122).

Nach *Stodolsky* et al. (1981).

keit von Unterrichtsmaterialien, die vom finanziellen Spielraum der einzelnen Schule abhängt.
Hinzu kommt, daß die oben angeführten Befunde nur die im Durchschnitt vorhandenen Verhältnisse wiedergeben. Wir erfahren nichts darüber, wie das Verhalten der Lehrer um diese Durchschnittswerte streut. Wenn eine derartige Streuung vorhanden wäre, so würde das vermuten lassen, daß bei der Methode des Unterrichts in Klassen Vorträge, Diskussionen und selbständiges Lernen Anwendung finden, was dann wiederum die Universalität des Unterrichts in Klassen erklären würde. Wenn dies zutrifft, können wir davon ausgehen, daß der Unterricht in Klassen dem Lehrer die Möglichkeit verschafft, die Vorteile der drei anderen wichtigen Lehrmethoden, der Vorträge, der Diskussionen und des selbständigen Lernens, zu nutzen und dabei den Anteil der einzelnen Methoden am Gesamtunterricht so zu gestalten, wie es den Fähigkeiten der Schüler, der Ausbildung und dem Temperament des Lehrers und den Erfordernissen des Fachgebiets und der Unterrichtsziele am besten entspricht.

Streuung des Lehrerverhaltens um die Durchschnittswerte

Zweitens: Die Frage-Antwort-Methode könnte, wie *White* (1974) vermutet hat, mit *Bestätigung und Verstärkung für den Lehrer* verbunden sein. Dem Lehrer stehen mehrere Möglichkeiten zur Verfügung festzustellen, ob seine Schüler lernen: er kann ihre Hausaufgaben überprüfen, er kann selbstkonstruierte oder standardisierte Tests einsetzen und er kann während des Unterrichts Fragen stellen. Die letztgenannte dieser Möglichkeiten kann bei weitem am leichtesten durchgeführt werden, sie nimmt am wenigsten Zeit in Anspruch, sie ist am wenigsten umständlich und macht am meisten Spaß, und gewöhnlich stellt sie einen unmittelbareren Bezug zu dem her, was unterrichtet worden ist, als standardisierte Tests. Da darüber hinaus mit der Frage-Antwort-Methode soziale Verstärkung verbunden ist, wird der Lehrer bei Anwendung der anderen Methoden auch nicht annähernd im gleichen Ausmaß verstärkt; bei der Frage-Antwort-Methode geben die Schüler dem Lehrer nicht nur korrekte Antworten, sondern sie widmen ihm auch ihre Aufmerksamkeit.
Zu korrekten Antworten kommt es jedoch nur dann, wenn die Fragen gut zu beantworten sind. Der Lehrer wird also nur dann verstärkt, wenn er Fragen stellt, die für die Schüler nicht zu komplex sind. *White* vermutet, daß nur einfache „Tatsachenfragen" zu einer solchen Verstärkung führen werden. Der Lehrer kann jedoch auch lernen, durch Antworten verstärkt zu werden, in denen sich das Bemühen der Schüler um komplexere Antworten zeigt, die kognitive Prozesse eines höheren Niveaus voraussetzen. Wie dem auch sei, die Frage-Antwort-Methode ist möglicherweise deshalb so weit verbreitet, weil mit ihr eine relativ leicht zu erzielende Verstärkung und Bestätigung für den Lehrer verbunden ist. Die Leistungen der Schüler müssen nicht notwendigerweise dieser Verstärkung geopfert werden, wenn die Frage-Antwort-Methode mit jener Vielfalt, Flexibilität und Geschicklichkeit, wie sie in diesem und dem folgenden Kapitel beschrieben sind, eingesetzt wird.

Verstärkung für den Lehrer

Drittens: Für die weite Verbreitung der Frage-Antwort-Methode gibt es jedoch auch plausible Gründe, die weniger wünschenswert sind. Erstens ist es möglich, daß sich Lehrer einfach deshalb auf diese altehrwürdige Weise verhalten, weil sie von anderen Unterrichtsmöglichkeiten nichts wissen. Wenn

Unkenntnis über Alternativen

ihre Ausbildung wirkungslos geblieben ist, neigen Lehrer dazu, so zu unterrichten wie sie selbst unterrichtet wurden. Es ist also möglich, daß die Frage-Antwort-Methode lediglich von einer Lehrergeneration zur nächsten weitergereicht wird. Die Lehrerausbildung war, zumindest bis vor kurzem, nicht so effektiv, daß diese Verhältnisse ihre Wirksamkeit verloren hätten.

Starre Schulorganisation

Viertens kann die Verwendung der Frage-Antwort-Methode im Unterricht auch durch die starre Organisation der Schulen gefördert werden. Ausgehend von der Annahme, daß dies die beste Klassengröße sei, sind die Schulen in Klassen von ungefähr 30 Schülern (+ oder − 10) unterteilt. In Untersuchungen über die Klassengröße hat sich im allgemeinen gezeigt, daß innerhalb der Streubreite von etwa 15 bis 45 Schülern die Klassengröße keinen Unterschied in den Leistungen der Schüler bewirkt. Gleichwohl weisen die Lehrer seit langer Zeit nachdrücklich darauf hin, daß sie ihre Aufgaben besser erfüllen könnten, wenn die Klassen kleiner wären. Neuere Forschungsberichte unterstützen diese Forderung nach kleineren Klassen. *Glass* u. *Smith* haben mehrere Dutzend solcher Vergleichsuntersuchungen über Klassengröße und Leistung aufgearbeitet. Aufgrund der Daten kann man folgende Hypothese aufstellen: Wenn ein Schüler, dessen Testleistung in einem standardisierten Test beim Prozentrang 50 liegt, ein Jahr lang einer Klasse mit vierzig Schülern zugeteilt wurde, ist es wahrscheinlich, daß er am Ende des Jahres nur eine Testleistung erreichen würde, die unter dem Prozentrang 40 liegt. Auf der anderen Seite würde derselbe Schüler nach einem Jahr in einer Klasse mit fünfzehn Schülern wahrscheinlich eine Testleistung erbringen, die den Prozentrang 60 übersteigt. Diese Auswirkungen der Klassengröße treten mit aller Wahrscheinlichkeit deshalb auf, weil sich in kleineren Klassen bestimmte Lehrerverhaltensweisen leichter verwirklichen lassen. In kleineren Klassen kann es mehr schriftliche Aufgaben, eine engere Überwachung der Schülerbeteiligung, mehr individualisierte Unterrichtsprogramme und mehr Feedback über die Leistungen geben als in größeren.

Klassengröße

Andererseits kostet eine Verringerung der Klassengröße viel Geld. Vielleicht ist das der Grund dafür, warum Schulen bis in die jüngste Vergangenheit hinein so gebaut und personell so ausgestattet worden sind, daß ein solcher klassenweiser Unterricht einfach zwangsläufig entstand. Die starre Raumaufteilung der Schule nach Klassenzimmern hat das traditionelle Frage-Antwort-Verfahren immer gefördert. Eine feste Sitzordnung mit Blick nach vorn erschwert die Diskussion, im Gegensatz zu einer Kreisanordnung, wo die Schüler einander sehen können. Bis in das letzte Jahrzehnt hinein hat es kaum flexible Sitzanordnungen in der Klasse gegeben. In den meisten amerikanischen Schulen gibt es sie heute noch nicht. Und selbst wenn es die äußeren Behinderungen erlauben, richten die Lehrer ihre Klassen oft so ein wie früher: mit nach vorn ausgerichteten unverrückbaren Sitzreihen.

Starre Raumaufteilung

Fünftens: Der Unterricht in der Klasse erlaubt es dem Lehrer, die *drei Grundaufgaben* allen Unterrichts zu erfüllen: den Stoff zu vermitteln, den Schülern Gelegenheit zu geben, das, was sie lernen sollen, zu üben, und die äußeren Bedingungen so zu gestalten, daß sichergestellt ist, daß die Schüler auf

die Lernaufgaben vorbereitet und an ihnen interessiert sind (vgl. *Westbury*, 1973, S. 101).
Man kann sich vorstellen, daß der Unterricht in der Klasse so gestaltet werden kann, daß er die verschiedenen Möglichkeiten, Leistungen zu erbringen, unterstützt. Der Unterricht in der Klasse eignet sich dazu, die anderen drei eingangs dieses Abschnitts genannten Hauptmethoden mit jeweils unterschiedlichem Anteil zu vermischen. Aber er kann auch in einer bestimmten Weise etwas unverwechselbar Eigenes sein. In diesem und im nächsten Kapitel untersuchen wir solche und andere Möglichkeiten. Die hier zu sichtende wissenschaftliche Literatur ist recht voluminös. Wir werden es aber nicht versäumen, Dimensionen zu entwickeln, mit denen man beschreiben kann, wie ein solcher Unterricht in der Klasse durchgeführt wird, und wir werden wenigstens ansatzweise darstellen, wie wir uns das vorstellen.

23.3 Der Unterricht als Instrumentierung für ein Zusammenspiel der Methoden

Unterricht in der Klasse ist größtenteils eine Synthese verschiedener Kombinationen von Methoden des Frontalunterrichts (Kapitel 19), der Diskussionsmethode (Kapitel 20), individueller Unterrichtsmethoden (Kapitel 21) und dessen, was wir die humanistischen Methoden genannt haben (Kapitel 22). Beim Unterricht in der Klasse wird jede einzelne dieser Vorgehensweisen zu bestimmten Zeiten, für bestimmte Zwecke, bei allen oder einigen Schülern in der Klasse angewendet. Bei jeder Unterrichtseinheit haben Lehrer und Schüler mehr als ein Ziel, das sie anstreben. Bei jeder Art von Unterrichtsziel sind bestimmte Methoden geeigneter als andere. Darüber hinaus gibt es zwischen Schülern Unterschiede in den Zielen und Lehrmethoden, die für sie am besten geeignet sind. Daraus folgt, daß der Lehrer in der Klasse eine Kombination von Methoden anwenden soll.

Wozu eine Kombination von Methoden?

Unserer Meinung nach ist es größtenteil genau diese Kombination von Methoden, die die am meisten verwendete Unterrichtsmethode kennzeichnet – das Unterrichten in Klassen. Diese Art des Unterrichtens geht auf kaum bekannte Gründe zurück, sie kann jedoch als ausreichend flexibel betrachtet werden, so daß sie den Ansprüchen des formellen Unterrichts, der in Schulen abläuft, größtenteils genügt – eines Unterrichts, der in Schülergruppen durchgeführt wird, die zwischen 20 und 40 Schüler umfassen, die sich auf all die Arten unterscheiden, die an früherer Stelle bereits erwähnt wurden.
Besteht der Unterricht in der Klasse aus mehr als der Kombination der anderen Unterrichtsmethoden (derjenigen, die für große Gruppen, für kleine Gruppen und für Individuen geeignet sind)? Die Antwort kann in der Analogie gesehen werden, die mit dem Begriff *Instrumentierung* eingeführt wurde. Dieser Begriff bezieht sich auf das Verweben von musikalischen Themen und von Gruppierungen des Orchesters ineinander, durch das der Komponist seine künstlerischen Effekte erzielt. Die Wiedergabe einer musikalischen Komposition als

Die Bedeutung von Verknüpfungen und Sequenzen

Ganzes besteht nicht nur aus den verschiedenen Themen und Instrumentarten (Violinen, Klarinetten usw.). Sie besteht ebenso aus den Verbindungen, Beziehungen und Übergängen zwischen ihnen, und zwar in einer Abfolge, die den Effekt des Ganzen im gleichen Ausmaß bestimmt, wie es die einzelnen Themen tun. Die Beziehungen zwischen den Noten und nicht die einzelnen Noten für sich bestimmen die Melodie. Diese Tatsache wird offenkundig, wenn alle einzelnen Noten in eine andere Tonart transponiert werden, die Melodie aber die gleiche bleibt.

Von ebenso großer Bedeutung ist es beim Unterricht in der Klasse, wie die einzelnen Lehrmethoden (analog zu den Themen in der Musik) miteinander kombiniert werden. *In welchem Umfang* sollen Frontalunterricht, Diskussion, der Einsatz von Tutoren usw. stattfinden? In welchen *Abfolgen* sollen diese Methoden eingesetzt werden und welchen *Anteil* sollen sie am gesamten Unterricht haben? Welches *Tempo* soll gewählt werden? Welche *Strukturen* und *Variationen* sollen verwendet werden? Alle diese Faktoren bestimmen den besonderen Charakter jeder einzelnen Spielart des Unterrichts in der Klasse. Es ist also ebenso gerechtfertigt, den Unterricht in der Klasse an sich zu untersuchen, wie es sinnvoll ist, ganze Symphonien über ihre Einzelsätze und -themen hinaus zu betrachten.

23.4 Unterrichtsphasen mit und ohne Interaktionen

Soziale Interaktion

Die Arbeit des Lehrers in der Klasse geht in zwei Phasen vor sich: in einer mit und in einer ohne Interaktionen. Während der interaktiven Phase nimmt der Lehrer an sozialen Wechselbeziehungen teil. Soziale Interaktion bedeutet, daß jede einzelne von zwei oder mehr Personen abwechselnd (a) den Stimulus darstellt, der eine Reaktion bei einer anderen Person auslöst, und (b) die Reaktion durchführt, für die wiederum eine andere Person den Stimulus darbot. So vollzieht sich im Geben und Nehmen der soziale Austausch, sobald der Lehrer sich seinen Schülern zuwendet (vgl. Kapitel 24).

Planung

In der Phase ohne Interaktion arbeitet der Lehrer alleine (oder beim Teamunterricht mit anderen Lehrern zusammen). In dieser Phase plant der Lehrer seinen Unterricht und bereitet das Nötige vor. Er denkt über Unterrichtsziele und über seine Schüler nach. Er organisiert den Unterricht planmäßig und beschafft sich die erforderlichen Materialien. Er bereitet Hausarbeiten, Übungen, Lernerfahrungen, Exkursionen, Demonstrationen, Diskussionsrichtlinien und Leistungstests vor. Er stellt Betrachtungen über die Klasse als Ganzes an, über ihre Interessen und ihren Leistungsstand, und er macht sich Gedanken über die einzelnen Schüler, über ihre Leistungen und Probleme.

Die Phase ohne Interaktionen kann natürlich in einen präinteraktiven und einen postinteraktiven Teil unterstellt werden. Die präinteraktive Phase läuft vor dem Unterricht, vor dem Schuljahresbeginn und auch vor jeder einzelnen Zusammenkunft mit der Klasse ab. Die postinteraktive Phase findet nach jedem Zusammentreffen mit der Klasse und ebenso nach Beendigung des gesamten Unterrichts statt. In diesem Abschnitt werden wir uns nur mit der präinteraktiven Phase befassen, die postinteraktive Phase überlassen wir den Betrachtungen in Teil G, „Messen und Bewerten".

Alle vorausgehenden Kapitel dieses Buches stellten eine Vorbereitung auf die nichtinteraktiven Phasen des Unterrichts in Klassen dar. Wir befaßten uns mit dem, was gelehrt werden soll, d. h. mit der Aufstellung der Unterrichtsziele. In den Kapiteln über Intelligenz und Motivation, über Persönlichkeit und kognitive Entwicklung und über die Art und Weise, in der das Geschlecht des Schülers seine Welt und Persönlichkeit geformt hat, befaßten wir uns mit den Merkmalen von Schülern, die berücksichtigt werden sollten. Wir haben uns auch mit mehreren relativ klaren und eindeutig abgegrenzten Lehrmethoden beschäftigt – mit den Arten von Unterrichtszielen und mit der Art von Schülern, für die jede einzelne am besten geeignet ist, und mit der Art und Weise, in der sie durchgeführt werden sollten. In der präinteraktiven Phase des Unterrichts in Klassen wird man alle diese Konzepte und Prinzipien zu einer Synthese zusammenfügen, und das häufig auf eine nicht vollständig bewußte Weise. So gelangt man zu Plänen und Entscheidungen darüber, wie ein bestimmter Unterricht ein Schuljahr hindurch oder während einer dreiwöchigen Unterrichtseinheit oder in einer bestimmten Stunde ablaufen soll. Tatsächlich kann man den Standpunkt vertreten, daß die präinteraktive Phase des Unterrichts, ebenso wie die interaktive Phase, weitgehend dadurch bestimmt wird, daß man Entscheidungen trifft, was dementsprechend die „grundlegende Fähigkeit des Lehrers" genannt wurde. *Shavelson* (1976) hat diese Fähigkeit beschrieben. Er weist darauf hin, daß Lehrer in der präinteraktiven Phase eine Unmenge von Entscheidungen über Alternativen treffen und dabei ihre Einschätzungen der Eignung der Alternativen für einen Schüler oder eine Schülergruppe, die sich in bestimmten „Lernstadien" aufhalten, unter Berücksichtigung bestimmter Unterrichtsziele zugrundelegen. Die alternativen Lernstadien sind „noch nicht gelernt", „möglicherweise gelernt" und „gelernt". Angenommen, eine Klasse oder einige Schüler haben nach dem Urteil des Lehrers z. B. das Addieren von Brüchen bereits gelernt. Der Lehrer wird die Klasse oder die Schüler dann dazu auffordern, den entsprechenden Abschnitt im Lehrbuch auszulassen, da der Nutzen der Unterrichtsalternative (die Schüler diesen Abschnitt im Lehrbuch studieren lassen) in Kombination mit dem Lernzustand (die vorhandene Beherrschung der Addition von Brüchen) gering ist.

Entscheidungen treffen

Die Planung von Unterrichtsstunden

Ein Gutteil der Zeit dieser präinteraktiven Phase wird auf die Planung von Unterrichtsstunden verwendet werden, wobei Entscheidungen über solche Dinge wie (a) Lehrbücher und andere Lehrmittel, (b) Zeitpläne für die Vorgehensgeschwindigkeit, Prüfungen, Schülerbögen usw. und (c) außerhalb der Klasse zu erledigende Aufgaben und Maßnahmen, wie Hausaufgaben und Exkursionen, getroffen werden müssen. Die meisten Autoren sind der Auffassung, daß der Lehrer seine Arbeit in der Klasse so gründlich wie möglich organisieren sollte, bevor er mit ihr zusammentrifft, während er gleichzeitig bereit dazu bleiben sollte, seine Pläne zu revidieren, nachdem er mit seinen Schülern zusammengekommen ist und ihre Fähigkeiten, Interessen, früheren Lernerfahrungen usw. kennengelernt hat.

23.5 Wie Lehrer ihren Unterricht planen

Die Denkprozesse des Lehrers können zweierlei Gestalt annehmen: er kann Entscheidungen treffen oder Informationen verarbeiten (vgl. *Clark,* 1980). Entscheidungen treffen erfordert vom Lehrer, daß er eine Situation oder ein Problem in bewußt entschlossener Weise einschätzt. Informationen verarbeiten bedeutet für ihn, daß er Möglichkeiten nutzt, die ihm helfen, mit einer komplexen Umgebung zurechtzukommen. Diese Möglichkeiten haben wir in Kapitel 13 analysiert. Eine Unterrichtseinheit zu planen, zwingt den Lehrer mehr zum Entscheiden als zur Verarbeitung von Informationen, denn diese Tätigkeit ist an sorgfältige Überlegungen gebunden. Für die Interaktion mit den Schülern in der Klasse braucht er demgegenüber den informationsverarbeitenden Ansatz. Darauf gehen wir im nächsten Kapitel ein.
Bis vor kurzem war man der Auffassung, daß die Planungen des Lehrers von einem „präskriptiven Modell" auszugehen hätten. Diesem Modell entsprechend sollte Unterricht als eine Sequenz bedeutender Aufgaben angesehen werden, die folgendermaßen abzulaufen habe: (a) Ziele definieren, (b) der Lernsituation angemessene Schülermerkmale bestimmen, (c) Lernerfahrungen auswählen und anordnen und (d) Beurteilungsverfahren auswählen und einsetzen. Dieses Modell ist insoweit ein rationales Modell, als man zunächst entscheiden muß, wohin man will, bevor man die Mittel auswählt, mit denen man sein Ziel erreichen will. Dieses Verfahren ist, wie *Shavelson* u. *Stern* (1981) kritisch angemerkt haben, allerdings ein wenig weltfremd:

> Obwohl dieses präskriptive Modell einer der Aspekte ist, die in der Lehrerbildung mit größter Nachdrücklichkeit vermittelt werden, wird es in der tatsächlichen Planung von Unterricht in der Schule gerade nicht durchgehend gebraucht. Offensichtlich passen die Erfordernisse eines zügigen Unterrichts und das präskriptive Planungsmodell nicht zusammen. Diese Fehlanpassung entsteht deswegen, weil Lehrer gezwungen sind, den Unterrichtsfluß in Gang zu halten, denn sonst müssen sie mit Disziplinschwierigkeiten rechnen (S. 477).

Eine Untersuchung aus Finnland bestätigt diese allgemeine Schlußfolgerung. *Kansanen* (1981) befragte sechs Lehrer darüber, „wie sie während der präinteraktiven Phase des Unterrichts denken" (S. 34). In Tabelle 23-3 sind die Planungsmaßnahmen zusammengefaßt, über die die Lehrer regelmäßig oder ziemlich regelmäßig, manchmal oder nie nachdachten. *Kansanen* stellte fest, „daß die Denkprozesse der Lehrer nicht auf die Ziele gerichtet waren. Keiner von ihnen nannte je die Ziele als Richtschnur für sein Denken" (S. 35). Die Tabelle ist auch deswegen eine Hilfe, weil sie die Vielfalt der Planungsschritte verdeutlicht, über die zumindest einer der Lehrer nachgedacht hatte und die daher als Vorschlagsliste für jeden Lehrer dienen könnte. Alle sechs Lehrer machten sich regelmäßig „im Kopf" einen Entwurf, sie benutzten das Lehrbuch und das dazugehörige Lehrerhandbuch, und planten die verschiedenen Unterrichtstätigkeiten. Manchmal verwendeten sie auch Zusatzmaterial. Sonst hatten sie wenig gemein. Die Lehrer A und F führten viele solcher einzelner Planungsschritte durch, Lehrer B, D und E hingegen nur einige. Es ist denkbar, daß man bei anderen Lehrern, einerlei, in welchem Land, zu ähnlichen Ergebnissen kommen würde. Was *Kansanen* sagt, ist allgemeingültig:

Tabelle 23-3. Planungsschritte von finnischen Lehrern in der präinteraktiven Phase des Unterrichts

	Lehrer					
Planungsschritte	A	B	C	D	E	F
Langzeitplanung	R	N	R	M	N	R
Kurzzeitplanung	R	M	R	M	M	R
Form der Planung						
– gedankliche Übersicht	R	R	R	R	R	R
– lehrbuchorientiert	R	R	R	M	R	R
– schriftlich niedergelegt	R	N	M	N	N	N
– schriftlich detailliert niedergelegt	M	N	N	N	N	N
Planungshilfen						
– landesweiter Lehrplan	R	N	M	N	N	R
– örtlicher Lehrplan	R	N	R	N	N	R
– Lehrbuch	R	R	R	R	R	R
Lehrbuchhilfen	R	R	R	R	R	R
– Kollegen	N	N	M	N	N	N
– Zusatzmaterial	M	M	M	M	M	R
Planungsinhalte						
– Tätigkeitsformen	R	R	R	R	R	R
– audiovisuelle Medien	R	M	M	N	M	R
– Hausaufgaben	M	N	N	N	N	N
– Beurteilung	M	N	R	N	N	R

Hinweis: R = regelmäßig oder ziemlich regelmäßig, M = manchmal, N = nie.

Nach *Kansanen* (1981).

Der Lehrplan – zumindest in Finnland – ist dergestalt, daß nicht alle Ziele auch notwendigerweise in den Unterrichtsmaterialien auftauchen. Die allgemeinen Ziele ... werden nicht verwirklicht, wenn die Lehrer den Lehrplan und dessen Zielsetzungen nicht kennen. So ist es leicht einzusehen, welch wichtige Rolle der Lehrer im Unterrichtsprozeß wirklich spielt (S. 37).

Als Alternative zu diesem zielorientierten Modell hat *Zahorik* (1975, 1976) das „integrierte Ziele-Mittel-Modell" entwickelt. Mit diesem Modell im Rücken kann sich der Lehrer auch erlauben, zuerst die Mittel auszusuchen und dann die Ziele zu bestimmen. Die Ziele sollten sich viel eher „aus der Unterrichtstätigkeit ergeben, um dieser Tätigkeit eine neue Richtung und eine neue Bedeutung zu geben. Diese Perspektive stellt die Lerntätigkeit des Schülers an die erste Stelle" (*Zahorik,* 1976a, S. 489). Wenn also beispielsweise im offenen Unterricht der Lehrer möchte, daß die Schüler ihre Lerntätigkeiten und -verfahren noch mehr selbst wählen dürfen, bringt ihm das zielorientierte Modell nur Probleme, weil er das Gefühl hat, er müsse eigentlich erst die Ziele spezifizieren. Das integrierte Modell hingegen bedeutet, daß die vom Schüler gewählten Lerntätigkeiten auf eine gleichberechtigte Ebene mit den Zielen gestellt werden und daß die Ziele von den Schülern selbst unter Anleitung des Lehrers bestimmt werden.

Aber selbst wenn der offene Unterricht, wie wir gesehen haben, nicht die typische Unterrichtsmethode ist, weder in den USA noch in irgendeinem anderen Land, so legt doch das integrierte Modell die Vermutung nahe, daß die vorrangige Beachtung der Ziele sich nicht immer mit der wirklichen Arbeit des Lehrers im Unterricht deckt. Untersuchungen über praktische Unterrichtsplanung in den USA (*Zahorik*, 1975) und in England (*Taylor*, 1970) deuten darauf hin, daß die Lehrer nicht mit der Zielformulierung beginnen. Statt dessen beginnen sie damit, sich über Inhalt, Materialien, verfügbare Zeit und solche Lernsituationen Gedanken zu machen, auf die ihre Schüler gut ansprechen werden. Erst danach machen sie sich Gedanken über Ziele und Beurteilungsverfahren.
Zahorik (1975) befragte 194 Lehrer darüber, womit sie sich bei der Unterrichtsplanung beschäftigten und in welcher Reihenfolge. Am häufigsten erwähnten die Lehrer die Schüleraktivitäten; aber *an erster Stelle* nannten sie das Unterrichtsthema, es wurde von den meisten Lehrern noch vor der Zielbestimmung angeführt. Unterrichtstätigkeiten, die beim integrierten Modell an erster Stelle erscheinen würden, wurden von fast keinem der Lehrer speziell erwähnt. Diese Ergebnisse decken sich weitgehend mit denen einer anderen Untersuchung an 12 erfahrenen Lehrern, die dieses Experiment unter Laborbedingungen absolvierten (vgl. *Peterson* et al., 1978). Sie wurden aufgefordert, beim Planen ihres Unterrichts „laut" zu denken, und es ergab sich, daß sie die meiste Zeit ihrer Planungsmaßnahmen auf Inhaltsaspekte konzentrierten und sich erst an zweiter Stelle mit methodischen Fragen befaßten (Strategien und Tätigkeiten). Die allerwenigste Zeit wurde auf die Zielformulierung verwendet (vgl. Tabelle 23-4).

Tabelle 23-4. Durchschnittlicher Mittelwert der relativen Planungszeit bei verschiedenen Planungskategorien, gemessen in drei aufeinanderfolgenden Tagen

Planungskategorie	Tag 1	Tag 2	Tag 3	Mittelwert (100% = 1,000)
Unterrichtsziele	0,039	0,039	0,044	0,041
Unterrichtsthema	0,399	0,334	0,210	0,314
Unterrichtsprozeß	0,244	0,316	0,309	0,290
Unterrichtsmaterialien	0,040	0,050	0,101	0,072
Schüler	0,052	0,071	0,084	0,069
Verschiedenes	0,202	0,189	0,259	0,217

Nach *Peterson* (1978, S. 423).

Diese im Laboratorium über drei Tage laufende Untersuchung über Unterricht und Unterrichtsplanung steht am einen Ende der Skala; am anderen finden wir eine Fallstudie von *Yinger* (1980) über einen Grundschullehrer, dessen Verhalten in der Schule er während der ersten zwölf Wochen des Schuljahres hin vierzig Tage lang beobachtete; dabei zeichnete er während der Planungssitzungen die laut geäußerten Gedankenprozesse des Lehrers auf. In einer zweiten

Phase beobachtete er das Planungsverhalten des Lehrers bei einer simulierten Planungsaufgabe.

Es ging dem Lehrer beim Planen seines Unterrichts primär um Unterrichts*tätigkeiten;* dies war die Grundeinheit seiner Planung. Dabei wurden sieben Aspekte berücksichtigt: Ort, Aufbau und Abfolge, Zeitdauer, Teilnehmer, Kriterien annehmbaren Schülerverhaltens, Unterrichtsmaßnahmen oder Routineverhalten sowie Inhalt und Unterrichtsmaterialien. Neben den Lehrstrategien beschäftigte er sich beim Planen hauptsächlich mit den wiederkehrenden Maßnahmen, d. h. mit der Unterrichts*routine,* wobei es um vier Aspekte ging: Tätigkeiten, Lehrverhalten, Organisation und Ausführung. Diese Routineaspekte sollten helfen, die Unterrichtsmaßnahmen zu vereinfachen und vorhersagbar zu machen.

Unterrichtstätigkeit

Unterrichtsroutine

Yinger schloß aus diesen Beobachtungen, daß Unterrichtsplanung auf fünf Ebenen abläuft: Jahresplanung, Halbjahresplanung, Lektionsplanung, Wochenplanung und Tagesplanung. Auf jeder Ebene plant der Lehrer die Unterrichtsziele, verwendet er Informationsquellen und setzt er Kriterien zur Beurteilung der Tauglichkeit des Unterrichtsentwurfs ein. Des weiteren gehört zur Planung auch das Erkennen und Formulieren von Problemen sowie das Problemlösen selbst.

Probleme aufspüren ist der Prozeß, durch den man sich eines Problems, das gelöst werden muß, bewußt wird. Bei der Unterrichtsplanung bedeutet Probleme aufspüren die Entdeckung einer möglichen Unterrichtsidee, die weitere Planung und Verfeinerung bedingt (*Yinger,* 1980, S. 115).

Diese Problemlösungstätigkeit setzt sich in immer feineren Planungsdetails fort, bis schließlich der Entwurf in die Praxis umgesetzt und danach beurteilt wird. Wenn er funktioniert, macht ihn der Lehrer zur Routine.

In anderen Untersuchungen hat man sich nicht mit der Befragung und Beobachtung eines einzelnen Lehrers in einer Realsituation befaßt, sondern damit, etwas über die allgemeine „Planungspolitik" des Lehrers schlechthin in Erfahrung zu bringen. Am Beispiel von Inhaltsentscheidungen wurde ein solcher Versuch von *Floden* et al. (1981) mit 66 Lehrern durchgeführt. Die Lehrer erhielten die Beschreibungen von hypothetischen Schulbezirken und wurden aufgefordert, eine Themenliste (Mathematik im vierten Schuljahr) zu überprüfen und zu entscheiden, was an Themen hinzugefügt bzw. was gestrichen werden sollte. Diese Informationen stellten einen inneren Zusammenhang her zu sechs Faktoren, die auf die jeweiligen Entscheidungen einen Einfluß haben konnten:

1. Ein im Schulbezirk durchgeführter Test, der es nahelegt, daß der Lehrer die neuen Themen in den Unterricht einbaut oder die derzeit verwendeten streicht.
2. In der Schule verwendete Lehrbücher, die das Gleiche nahelegen.
3. Im Lehrplan festgelegte Lernziele, die das Gleiche nahelegen.
4. Die Auffassungen anderer Lehrer, die das Gleiche nahelegen.
5. Die Auffassung des Schulleiters, die das Gleiche nahelegt.
6. Die Auffassungen von Eltern, die das Gleiche nahelegen.

Jeder dieser 6 Faktoren war gegenüber den anderen 5 unabhängig. Mit diesem Verfahren konnte gemessen werden, welches Gewicht die einzelnen Faktoren hatten. Es stellte sich heraus, daß der Test und die Ziele (Faktoren 1 und 3) den größten Einfluß auf die Entscheidungen der Lehrer hatten, neue Themen einzufügen. Allgemein waren die Lehrer geneigt, dem Druck nachzugeben, einerlei, aus welcher Richtung er kam. Zugleich wollten sie nur ungern Themen aus dem vorgegebenen Kanon fallen lassen. Die Ergebnisse sind zwar auf eine simulierte Situation zurückzuführen, aber dennoch machen sie deutlich, daß das Lehrbuch nicht notwendigerweise der bestimmende Faktor für inhaltsbezogene Entscheidungen der Lehrer ist. Vielleicht hat das damit etwas zu tun, daß ohnehin „nur wenige Lehrer alles, was im Lehrbuch steht, auch unterrichten" (S. 140). Der bemerkenswerte Einfluß des Tests deutet darauf hin, daß die Lehrer durchweg den Test als ein Indiz für Unterrichtseffektivität akzeptiert haben. Außerdem sind diese Ergebnisse ein Beleg für die Feststellung von *Ross* (1980), „daß curriculare Entscheidungen des einzelnen Lehrers gegen den Einfluß des Schulleiters abgeschirmt sind" (S. 219). Aber die Ergebnisse dieser klug erdachten Untersuchung müssen, wie die Autoren selbst erkannt haben, mit tatsächlichem Lehrerverhalten verglichen werden, insbesondere dann, wenn als weitere Einflußfaktoren auf die Entscheidungen des Lehrers die Fähigkeiten der Schüler und ihre früheren Leistungen miteinbezogen werden.

Die neueren Untersuchungen zur Unterrichtsplanung verdeutlichen, daß viele fähige Lehrer ihr Augenmerk zunächst auf die Schüleraktivitäten oder auf verfügbares Unterrichtsmaterial oder auf solche Aspekte wie Unterrichtsroutine und Organisationsroutine richten. Der eigentliche Unterrichtsentwurf ist oft recht einfach gestaltet, eine grobe Übersicht oder eine Themenliste erscheint bereits ausreichend und oft wird er gar nicht schriftlich festgehalten. Die Unterrichtsentwürfe lassen nicht nur erkennen, daß die Lehrer, die sie erstellt haben, ihren Unterricht gut organisieren können, sondern auch, daß sie ein gesundes Gefühl von Selbstsicherheit und Selbstvertrauen haben (vgl. Institute of Research on Teaching, 1978).

23.6 Eine Hierarchie der Planungsbedingungen

In unseren Ausführungen über Motivation in Kapitel 16 haben wir darauf hingewiesen, daß es eine Hierarchie persönlicher Bedürfnisse gibt. Hunger und Durst müssen befriedigt sein, bevor man anderen Bedürfnissen nachkommen kann. Diese müssen ihrerseits befriedigt sein, bevor man danach streben kann, das höchste Motivationsniveau zu erreichen – die Selbstverwirklichung. In gleicher Weise können die im Unterricht auftretenden Bedürfnisse nach ihrer Priorität in eine grobe Reihenfolge gebracht werden.

Prioritäten für die Planung

Erstens muß der Lehrer im Unterricht für *Disziplin, Kontrolle und Organisation* Sorge tragen. Ohne ein bestimmtes Maß an Ordnung in der Klasse kann nicht viel im Unterricht geschehen, was erzieherischen Wert hat. Zweitens muß der Lehrer seine Kenntnisse über *Unterrichtsplanung* einsetzen. Drittens muß er seine eigenen *Vorurteile kontrollieren,* die sich auf den Umgang mit einzelnen Schülern auswirken. Es hat sich herausgestellt, daß solche Vorurteile oft in Erscheinung treten und oft großen Schaden anrichten. Viertens schließlich, wenn all dies geplant ist und den entsprechenden Bedürfnissen des Alltags im Unterricht Genüge getan wurde, ist der Lehrer soweit zu überlegen, wie er seinen Unterricht *abwechslungsreich und flexibel* gestalten kann. Vielfalt und Flexibilität sind nicht nur deshalb zu empfehlen, weil sie ein angenehmeres Unterrichtsklima schaffen. Man hat auch festgestellt, daß diese Merkmale dort, wo Schüler mehr lernen, auch häufiger vorhanden sind. Also werden wir versuchen Ihnen einige Vorschläge zu machen, unter welchen möglichen Alternativen Sie wählen können, wenn Sie Ihren Unterricht abwechslungsreicher gestalten wollen.

23.7 Planungsstrategien für Disziplin und Unterrichtsorganisation

Wir wenden uns nun Problemen zu, von denen viele Lehrer und Schulleiter meinen, daß sie die wichtigsten Ursachen für die Mißerfolge der Lehrer sind: Disziplin, Kontrolle über Klasse und Unterricht sowie Unterrichtsorganisation. Wenn die Schüler sich schlecht betragen, stören und Unordnung schaffen – und da kennen sie Hunderte von Möglichkeiten –, dann heißt es vielleicht vom Lehrer, er habe darin versagt, das für den Unterricht und das Lernen in der Klasse notwendige Lernmilieu zu schaffen. Andererseits kann es natürlich auch passieren, daß in der Klasse eine unnatürliche Stille herrscht. Wir werden auch darauf eingehen.

Außerunterrichtliche Faktoren bei Problemverhalten

Aus den Massenmedien wissen wir, daß Problemverhalten in der Schule an der Tagesordnung ist. Die Lehrer in vielen Schulen wissen aus eigener Erfahrung, wieviele Schwierigkeiten es dort mit Zuspätkommen, Schwänzen, Aufsässigkeit, Obszönität, Gewalttätigkeit und Vandalismus gibt. Obwohl die Probleme ernstzunehmen sind, ist es fraglich, ob sie schlimmer als früher sind. *Doyle* (1980) hat die Situation von der Zeit um 1890 und 1970 miteinander verglichen und festgestellt, „daß Schüler heute sich nicht schlechter betragen als in früheren Zeiten“ (S. 14). Demgegenüber schloß *Check* (1979) aus Antworten von 634 Lehrern in Wisconsin und Iowa, daß die meisten Lehrer (ungefähr 62%) den Eindruck hatten, „daß ihre Disziplinprobleme heute weitgreifender seien als noch vor Jahren“ (S. 135); dieser Eindruck war stärker bei Lehrern der Primarstufe und Sekundarstufe I vorhanden (79%) als bei Lehrern der Sekundarstufe II.
Lehrer sind von Gewalttätigkeit und Vandalismus in der Schule betroffen, aber sie können nicht allein dafür verantwortlich gemacht werden, diesen Zustand

verursacht zu haben oder ihn zu bereinigen. Die Ursachen liegen in denselben gesellschaftlichen Faktoren, die auch für Kriminalität außerhalb der Schule verantwortlich sind: Ablehnung der Kinder durch die Eltern, Armut und niedriger sozioökonomischer Status, Gewalt im Fernsehen, Frustration infolge schlechter schulischer Leistungen (die Korrelationen zwischen Leistung und Aggressivität liegen bei 0,39 für Jungen und 0,36 für Mädchen) sowie der Einfluß von Gleichaltrigen und Banden (vgl. *Feldhusen,* 1979).

Gesellschaftliche Faktoren

In der Schule selbst, aber immer noch außerhalb der Kontrolle des einzelnen Lehrers, können die Ursachen für Verhaltensprobleme in der schulischen Struktur verborgen sein. Die schulische Struktur kann einen bestimmten Schüler in eine für ihn unangemessene Schulstufe und damit in ein unangemessenes Curriculum zwingen. Ein solches Curriculum züchtet Mißerfolge und bedroht das Selbstwertgefühl. Delinquentes Verhalten ist dann der verzweifelte Versuch des Schülers, dem Mißerfolg und der Bedrohung zu entgehen. In verschiedenen Untersuchungen (*McPartland* u. *McDill,* 1977; *Feldhusen* et al., 1973) hat man feststellen können, daß die Familie in viele stärkerem Maße für das kriminelle Verhalten eines Jugendlichen ursächlich verantwortlich ist als die Schule. Und dennoch spielt auch die Schule eine bedeutende Rolle (*Rutter* et al., 1979; *Edmonds,* 1981; *Purkey* u. *Smith,* 1983). Alle möglichen Faktoren, die in der schulischen Struktur liegen, sind mitverantwortlich für Kriminalität, Gesetzesbruch und Problemverhalten in der Schule: das Bilden von Leistungsgruppen, die Schulgröße und damit verbunden das unpersönliche Klima und das Gefühl von Massenabfertigung, fehlende Autorität des Lehrers, große Klassen, die verhindern, daß der Lehrer einzelnen Schülern die erforderliche Aufmerksamkeit schenkt und auch eine schlechte Kommunikation zwischen Schule und Elternhaus. *Edmonds* betont in diesem Zusammenhang, wie wichtig in einer solchen Schule folgende Faktoren sind: eine „starke" Verwaltung, hohe Erwartungen an die Leistungen der Schüler, eine gesittete Atmosphäre, die Betonung der Grundfertigkeiten und eine häufige Überwachung der Schüler im Hinblick auf den individuellen Leistungsfortschritt.

Schulische Faktoren

Im großen und ganzen sind diese Probleme so schwergewichtig, daß sie von der Pädagogischen Psychologie allein nicht gelöst werden können. Sie verlangen die Aufmerksamkeit aller Sozial- und Verhaltenswissenschaften – insbesondere der Politik, Ökonomie, Soziologie und der Sozialpsychologie. Politische und wirtschaftliche Kräfte auf internationaler und nationaler Ebene ebenso wie auf lokaler schaffen Lebensbedingungen, die Armut, Entfremdung und Profitgier verursachen. Der letztgenannte Faktor beispielsweise veranlaßt das Fernsehen dazu, so viele Sendungen auszustrahlen, in denen Gewalt verherrlicht wird, was wiederum nach Ansicht vieler Wissenschaftler (vgl. *Liebert,* 1974; *Leifer* et al., 1974) die Ursache für jugendliche Aggressivität ist.

Politische und wirtschaftliche Kräfte

Was kann der einzelne Lehrer trotz dieser düsteren Perspektiven tun, wenn Disziplin und Verhaltensprobleme in seiner Klasse auftreten? Einige wirkungsvolle Ansätze sind in der Zwischenzeit entwickelt worden, und ihnen wenden wir uns jetzt zu.

Zwei Kategorien von Problemverhalten und ihre Bewältigung

Um Ihnen zu helfen, Problemverhalten planmäßig zu bewältigen, werden wir zunächst einmal die Problemtypen kategorisieren, denen Sie aller Wahrscheinlichkeit nach begegnen werden: (a) zu wenig erwünschtes Verhalten und (b) zu viel unerwünschtes Verhalten. Zur ersten Kategorie zählt Unaufmerksamkeit, fehlendes Interesse an schulischen Aufgaben, unangemessene Interaktion mit anderen Schülern, Schule schwänzen, Unpünktlichkeit und ungenügend ausgeprägte Selbständigkeit. Zur zweiten Kategorie gehören: jemanden körperlich angreifen, unaufgefordert in der Klasse umherwandern, Krach machen, die Autorität des Lehrers in unangemessener Weise herausfordern und ungerechte oder destruktive Kritik und Beschwerden.

Der Unterschied zwischen diesen beiden Arten von Problemverhalten führt zu einem entprechenden Unterschied in der Art und Weise, wie man sich auf sie einstellen und ihnen begegnen soll. Das „Zuviel" an Problemverhalten verlangt nach Auslöschung. Bestrafung oder Folgekosten. Diese drei Arten der Abschwächung bzw. Auslöschung von Verhalten haben wir in Kapitel 12 beschrieben. Das „Zuwenig" an wünschenswertem Verhalten verlangt demgegenüber nach Verstärkung als Verhaltensintensivierung. Mit beiden Spielarten werden wir uns jetzt kurz befassen.

Der Anfang des Schuljahres ist eine besonders wichtige Phase im Hinblick auf eine erfolgreiche Unterrichtsorganisation. Gerade in den ersten paar Wochen stellt der Lehrer die Weichen, wonach sich entscheidet, wie gut seine Klasse organisiert sein wird und wie reibungslos alles im weiteren Verlauf des Jahres ablaufen wird. In einer Beobachtung von Grundschullehrern konnte man feststellen, daß die organisatorisch effektiveren Lehrer in den ersten drei Wochen des neuen Schuljahrs (a) mehr funktionierende Regelsysteme aufgestellt hatten, (b) ein besseres Einfühlungsvermögen für die Bedürfnisse und Probleme ihrer Schüler entwickelt hatten und (c) mehr dazu tendierten, klare Aufgabenanweisungen zu geben (vgl. *Emmer* et al., 1980).

Auch bei Lehrern der Sekundarstufe I wurden nach den ersten drei Wochen ähnliche Praktiken bei denjenigen Lehrern ausgemacht, die ihren Unterricht wirksamker organisieren konnten (vgl. *Evertson* u. *Emmer,* 1982). Auf dieser Stufe lag allerdings im Vergleich zu der Primarstufe die Betonung weniger stark auf der Vermittlung von Regeln und Verfahren. Hier richteten die Lehrer dann mehr aus, wenn sie den Schülern deutlicher klarmachten, was sie von ihnen erwarteten, wenn sie regelmäßig überprüften, ob die Schüler das, was von ihnen erwartet wurde, auch erfüllten, wenn sie die Schüler darüber aufklärten, wie sie abweichendes Verhalten korrigieren konnten, und wenn sie die Verantwortung für die Erledigung der Aufgaben den Schülern selbst übertrugen.

Strategien bei zu viel unerwünschtem Verhalten

Allgemein gesagt gibt es vier Strategien, wie man einem Zuviel an unerwünschtem Schülerverhalten begegnen kann. (a) Man kann ihm vorbeugen; (b) man kann es auslöschen; (c) man kann ein dazu unverträgliches erwünschtes

Verhalten hervorrufen; (d) man kann es bestrafen, um so ein damit unvereinbares erwünschtes Verhalten hervorzurufen.
Zur *Verhinderung von unerwünschtem Verhalten* kann sich der Lehrer auf die Organisationshilfen von *Kounin* (1970) berufen. Es gibt bestimmte sensible Bereiche im Lehrerverhalten, die in bestimmten Situationen „das Zünglein an der Waage" sind. Sie zu kennen, kann dem Lehrer eine Hilfe sein, wenn er mit Disziplin- und Organisationsschwierigkeiten zu kämpfen hat.

Bescheid wissen

1. *Bescheidwissen (Allgegenwärtigkeit). Kounin* stellte fest, daß der Eindruck der Schüler darüber, bis zu welchem Grad der Lehrer die Abläufe in der Klasse überschaut, nachhaltig von Bedeutung ist. Dieses Bescheidwissen äußert sich darin, daß der Lehrer den Eindruck erweckt, er wisse genau, was überall in der Klasse vor sich geht, einschließlich der Teile außerhalb seines Gesichtsfelds; es korreliert positiv mit der Unterrichtsbeteiligung der Schüler und mit der Abwesenheit von Fehlverhalten, sowohl in mündlichen als auch in schriftlichen Unterrichtsphasen. Lehrer, die über alles gut Bescheid wissen, machen kaum Fehler, wenn es darum geht festzustellen, welcher Schüler sich schlecht verhält, welches von zwei Fehlverhalten das schlimmere ist, oder wann genau er eingreifen muß, um ein Fehlverhalten zu stoppen. Lehrer, die sehr gut Bescheid wissen, scheinen „hinten Augen zu haben".

Mehrfachverarbeitung

2. *Mehrfachverarbeitung.* Erfolgreiche Lehrer beherrschten ferner die Mehrfachverarbeitung, d. h. sie konnten sich zwei oder mehr Verhaltensproblemen gleichzeitig widmen, ohne die Übersicht und Kontrolle über die Situation insgesamt zu verlieren.

Arbeitsschwung

3. *Arbeitsschwung.* Effektive Lehrer konnten den Arbeitsschwung der Klasse aufrechterhalten, d. h. es gab keine Verzögerung oder gar einen Stillstand im Unterrichtsfluß.

Störungsfreiheit

4. *Störungsfreiheit.* Der erfolgreiche Lehrer konnte für einen kontinuierlichen Ablauf der aufgabenorientierten Unterrichtsaktivitäten sorgen, ohne sich ablenken zu lassen oder selbst Schüler abzulenken, wenn sie von einer Aufgabe zur nächsten übergingen.

Aufmerksamkeit wecken

5. *Aufmerksamkeit wecken.* Der Lehrer konnte das Frage-Antwort-Verfahren über einen längeren Zeitraum in einer Weise einsetzen, daß die Schüler interessiert, aufmerksam und mit wachen Sinnen dabei waren. Generell läßt sich dies z. B. durch Spannungsmomente erreichen: was für Fragen werden als nächstes gestellt, wer kommt als nächster dran? Auch ist es möglich, den unaufmerksamen Schüler direkt aufzurufen.

Diese Maßnahmen für Lehrerverhalten und -fertigkeiten basieren auf *Kounins* sorgfältig analysierten audiovisuellen Unterrichtsmitschnitten. Es stellte sich heraus, daß diese Maßnahmen positiv mit der Unterrichtsbeteiligung der Schüler und der Abwesenheit von abweichendem oder falschem Verhalten der Schüler im Unterricht korrelierten (vgl. Tabelle 23-5). In Untersuchungen von *Brophy* u. *Evertson* (1974) gab es ähnliche Werte. Das Ausmaß, bis zu dem die beobachteten Lehrer diese Verhaltensweisen im Unterricht zeigten, hatte

Tabelle 23-5. Korrelationen zwischen Lehrer- und Schülerverhalten in zwei Unterrichtssituationen

Lehrerverhalten	Unterrichtssituation			
	Unterrichtsgespräch		Stillarbeit	
	Arbeitsbeteiligung	Abwesenheit von abweichendem Verhalten	Arbeitsbeteiligung	Abwesenheit von abweichendem Verhalten
Bescheidwissen	0,62	0,53	0,31	0,51
Mehrfachverarbeitung	0,46	0,36	0,26	0,38
Arbeitsschwung	0,66	0,64	0,20	0,49
Störungsfreiheit	0,60	0,49	0,38	0,42
Aufmerksamkeit wecken	0,60	0,44	0,23	0,29
		N = 49 Lehrer		

Aus *Kounin* (1970, S. 169).

einen positiven Bezug zu den Leistungen der Schüler im Lesen (Primarstufe). Es gibt also gute Gründe dafür anzunehmen, daß Bescheidwissen, Mehrfachverarbeitung, Arbeitsschwung, Störungsfreiheit und das Wecken von Aufmerksamkeit häufiger bei Lehrern anzutreffen sind, die ihren Unterricht unter Kontrolle haben und deren Schüler es zu guten Leistungen bringen.

Unerwünschtes Verhalten *auszulöschen,* d. h. es nicht zu verstärken, bedeutet gewöhnlich, daß der Lehrer solchem Verhalten einfach keine Beachtung schenkt. Diese Strategie scheint paradox zu sein und ganz der natürlichen Neigung des Lehrers nach Bestrafung zuwiderzulaufen, aber man hat wiederholt festgestellt, daß es funktioniert (vgl. *O'Leary* u. *O'Leary,* 1977, S. 55–107). Wo es angebracht ist, sollte der Lehrer den Schüler ignorieren. Er kann ihm den Rücken zudrehen, sich einem anderen Schüler widmen, der wünschenswertes Verhalten zeigt, er kann sich von dem sich falsch verhaltenden Schüler entfernen – all diese Verfahrensweisen werden die gewünschte Wirkung haben: eine den Schüler verstärkende Aufmerksamkeit wird zurückgehalten, denn gerade sie ist es, wie man oft festgestellt hat, die darauf hinausläuft, daß der Lehrer unfreiwillig das unerwünschte Verhalten verstärkt. Seit Jahrhunderten haben die Lehrer ungewollt ihre eigenen Absichten dadurch unterminiert, daß sie ihre Schüler bei Fehlverhalten ausgeschimpft, ihnen gedroht, sie „runtergemacht" oder sogar körperlich bestraft haben. Schüler haben oft auf diese Anstrengungen des Lehrers damit reagiert, daß sie denselben Verstoß wiederholten oder sich einen neuen ausdachten, und noch einen und noch einen. Den Schülern sind die Gründe für das eigene Fehlverhalten dabei oft gar nicht zu Bewußtsein gekommen – Gründe, die in der Verstärkungswirkung der Aufmerksamkeit des Lehrers verborgen sind, selbst wenn diese Aufmerksamkeit dem Schüler böse Folgen einbrockte.
Was soll der Lehrer tun, wenn das Fehlverhalten eines Schülers von anderen Mitschülern verstärkt wird, denn deren Belustigung oder Bewunderung kön-

nen das Störverhalten des Schülers ebenso verstärken. Hier kann der Lehrer die anderen Schüler ganz offen auffordern, ihn zu unterstützen, indem sie ihren Mitschüler ignorieren. Als Lehrer können Sie ein solches ignorierendes Verhalten für die Schüler modellhaft repräsentieren. Außerdem ist es sinnvoll, die Aufmerksamkeit der Schüler wieder auf ihre interessanten Aufgaben zu richten, so daß es für sie leichter wird, den Störenfried zu ignorieren als ihm Aufmerksamkeit zu schenken. Wenn die anderen Schüler Sie auf das störende Verhalten ihres Mitschülers aufmerksam machen, wechseln Sie einfach das Thema und beschäftigen sich weiter mit dem, woran Sie und Ihre Schüler gerade gearbeitet hatten, bevor die Störung eintrat.

Solches Auslöschen durch Ignorieren oder durch Aufmerksamkeitsentzug muß unter Umständen sehr oft wiederholt werden, bevor die Häufigkeitsrate der Störungen abnimmt und schließlich auf ein akzeptables Maß gesunken ist. Eine unfreiwillige Verstärkung, die Ihnen aus Versehen „rausrutscht", kann den ganzen Prozeß ins Gegenteil verkehren, denn dann verändert sich der Verstärkungsplan (vgl. Kapitel 12) von einem Plan regelmäßigen Verstärkungsentzugs zu einem Plan intermittierend-variabler Verstärkung, mit dem sich Verhalten nur immer mehr verfestigt. Also müssen Sie und Ihre Schüler sehr konsequent das unerwünschte Verhalten ignorieren. Dadurch, daß Sie dies tun, wird ihr eigenes Verhalten durch die allmähliche Abnahme oder endgültige Auslösung des Problemverhaltens verstärkt. *Brophy* u. *Putnam* (1979) haben dieses Löschungsverfahren allerdings skeptisch beurteilt:

> Bestimmtes Fehlverhalten ist so störend oder gefährlich, daß man es nicht ignorieren darf. Manche Schüler interpretieren die fehlende erkennbare Mißbilligung als Billigung. ... Es widerspricht generell der allgemein gebräuchlichen und akzeptierten Praxis, blanken Hohn, Obszönitäten oder Drohungen, die direkt an den Lehrer gerichtet sind, zu ignorieren. ... Wenn wir versuchen, so etwas zu ignorieren, werden wir die Schüler ratlos machen und ihnen den Eindruck vermitteln, der Lehrer habe keinen genauen Überblick mehr über das, was da eigentlich vor sich geht oder er sei völlig unfähig, damit fertig zu werden (S. 206).

Tanner (1978) hat eine Lösung dieser Streitfrage vorgeschlagen. Nach ihrer Auffassung ist das Löschungsverfahren dann praktikabel, wenn das unerwünschte Verhalten (a) vorübergehender Natur ist, (b) nicht ernst oder gefährlich ist, (c) sich mit Wahrscheinlichkeit auf die Schüler oder deren Lernprozeß störend auswirkt und (d) von einem Schüler kommt, dessen Verhalten gewöhnlich gut ist.

Wünschenswertes inkompatibles Verhalten verstärken

Um wünschenswertes Verhalten zu verstärken, das mit dem unerwünschten Verhalten inkompatibel ist, kann der Lehrer den Schülern bestimmte Hinweise geben und Verstärker anbieten. Wenn der Schüler eine Antwort einfach rausbrüllt, ohne sich zu melden und aufgerufen zu werden, kann man ihn aufrufen, *bevor* er ohne Erlaubnis spricht, und man kann ihn immer dann, wenn er die Hand hebt, aufrufen und dafür loben, daß er sich gemeldet hat. Wenn ein Schüler sich mit anderen geschlagen hat, weil sie ihn auf dem Schulhof angepöbelt haben, kann man ihn auffordern, als Antwort darauf die Namen derer auf ein Blatt Papier zu schreiben, die ihn angepöbelt haben und die Pöbelei selbst einfach zu ignorieren (vgl. *Clarizio,* 1971, S. 94). So ist es möglich, die Stimuli zu beseitigen, die das unerwünschte Verhalten ausgelöst haben. Wenn Raufereien in erster Linie in bestimmten Spielen auftreten, wird man diese Spiele aufgeben. Wenn Ruppigkeiten immer nur zwischen zwei bestimmten Schülern auftreten, sollte man sie auseinandersetzen. Wenn ein Schüler allzu häufig seinen Platz verläßt, um sich beim Lehrer Hilfe zu holen, kann der Lehrer häufiger an seinen Platz gehen und so diese Störung beheben.

Strafe

Wenn nichts von alledem mehr funktioniert, *greifen Sie zur Strafe.* Angenommen, alle Anstrengungen nach unseren Vorschlägen versagen und senken ein unerwünschtes Verhalten nicht auf ein Niveau, das die Durchführung eines ordnungsgemäßen Unterrichts gestattet; angenommen, in einer Klasse ist nach wie vor „die Hölle los", nur weil ein Schüler oder einige wenige Schüler sich falsch verhalten: hier verweisen wir Sie auf das, was wir in Kapitel 12 über das Bestrafen gesagt haben. Wenn Bestrafung notwendig und ethisch gerechtfertigt erscheint, sollten Sie zu diesem Mittel greifen. Wenn die Erziehung anderer Schüler wegen des Fehlverhaltens von einem oder zwei anderen zu sehr leidet, ist es Ihre Verantwortung, das zu tun, was nötig ist – auch das Bestrafen gehört dazu –, um einen ordnungsgemäßen Unterricht zu gewährleisten.

Folgende fünf Formen der Bestrafung sind denkbar: (a) leise Ermahnungen, (b) Zurechtweisungen, die mit Lob und Ermahnungen zu angemessenem Verhalten gekoppelt sind, (c) soziale Isolierung, (d) Folgekosten oder Punktverlust (vgl. *O'Leary* u. *O'Leary,* 1977, S. 111), und (e) körperliche Züchtigung. Die „leise Ermahnung" hört nur der Schüler, den sie betrifft; sie ist häufig (aber nicht immer) wirksamer als die Ermahnung, die andere Schüler auch hören können (*O'Leary* et al., 1970).

Lehrer, deren Klassen übermäßig störanfällig sind, können negative Aufmerksamkeit als Bestrafungsform einsetzen. Mit negativer Aufmerksamkeit sind Worte, Mimik, Stimme und Gestik gemeint, mit deren Hilfe der Lehrer einem Schüler deutlich macht, daß er sich falsch verhalten hat; auch gehören solche „Techniken" dazu wie nahe an den Schüler herangehen oder rasches Handeln. Der Lehrer kann auch ebenso rasch den Schüler durch seine Aufmerksamkeit positiv verstärken, sobald dieser erste Anzeichen von angemessenem Verhalten zeigt. Diese Verfahren erfordern ein Lehrertraining durch Rollenspiel, aber die Lehrer eignen sich die vorgesehenen Verhaltensweisen problemlos an, z. B. schnell und emphatisch sagen „Einen Moment mal!" oder „Warte, bis du dran bist!", „Das reicht!" oder „Nicht jetzt!". Wenn das Verhalten es erforderlich macht, kann der Lehrer auch das „Auszeit"verfahren verwenden (vgl. Kapitel 14) und den Schüler von Tätigkeiten, die ihm besonderen Spaß machen, eine Zeitlang ausschließen. Diese neuerworbenen Verhaltensweisen verringerten in einem von *Jones* u. *Miller* (1974) durchgeführten Versuch Störungen im Unterricht, und die trainierten Lehrer benutzten diese Fertigkeiten auch noch in einem Nachtest drei Monate später.

Körperliche Züchtigung ist eine kontroverse Angelegenheit. Die meisten Psychologen (vgl. American Psychological Association, 1975, S. 632) und Pädagogen (vgl. *Cryan,* 1981) widersetzen sich dieser Art von Bestrafung. Gleichwohl ist sie in den Vereinigten Staaten immer noch weit verbreitet (vgl. *Hyman* u. *Lally,* 1981), ebenso wie in England (vgl. *Whittaker,* 1981; *Starr,* 1981). Abgesehen von den ethischen, gesetzlichen und medizinischen Bedenken (vgl. *Wessel,* 1981, aus der Sicht der Kinderheilkunde), sind die psychologischen Gesichtspunkte am besten in der 1975 gefaßten Resolution der American Psychological Association zusammengefaßt. Diese Vereinigung der Psychologen in den USA widersetzt sich der Anwendung von körperlicher Züchtigung in Schulen, Heimen, Jugendstrafanstalten und allen anderen öffentlichen und privaten Einrichtungen, in denen Kinder betreut oder erzogen und ausgebildet werden. Hierfür wird eine Reihe von Gründen angegeben. Es gibt wirksamere, humanere und kreativere Möglichkeiten, mit Kindern umzugehen; die Erziehung zu moralischem und selbstverantwortlichem reifen Handeln verbietet eine solche Art der Bestrafung; sie führt eher zu einem geringeren Selbstwertgefühl. Kinder lernen zu einem Großteil durch Nachahmung; die körperliche Züchtigung macht es wahrscheinlich, daß die Kinder später selbst zu diesem Mittel der Bestrafung greifen werden. Der wirksame Einsatz von Bestrafung zur Eliminierung unerwünschten Verhaltens verlangt eine sensible Kontrolle über die beteiligten sozialen und kognitiven Faktoren; diese ist bei der körperlichen Züchtigung nicht gewährleistet und führt so eher zu Aufsässigkeit, Feindseligkeit und dem Gefühl der Machtlosigkeit, ohne daß das unerwünschte Verhalten verringert wird (vgl. American Psychological Association, 1975, S. 632).

Merke

Kurz gesagt: übermäßig unerwünschtes Verhalten kann verringert oder ganz gelöscht werden durch

- Vorbeugen;
- konsistentes Ignorieren;
- Erreichen, daß auch die anderen Schüler es konsistent ignorieren;
- Erzeugen erwünschten Verhaltens, das mit dem unerwünschten unvereinbar ist;
- Entfernen der Stimuli, d. h. der Bedingungen oder Gelegenheiten, die das unerwünschte Verhalten anscheinend auslösen;
- Bestrafen.

Strategien bei zu wenig erwünschtem Verhalten

Wie wir oben bereits festgestellt haben, bestehen viele Verhaltensprobleme darin, daß die Schüler zu wenig von etwas Erwünschtem tun, z. B. freiwillig ein Gedicht aufsagen, sich für seine Meinung einsetzen oder seine Aufmerksamkeit dem widmen, was in der Klasse gerade erklärt oder diskutiert wird. Diese weniger störende Art von Verhaltensproblemen kann nach der Meinung von Psychiatern und klinischen Psychologen ein schwerwiegendes Symptom dafür sein, daß etwas nicht in Ordnung ist, als die auffälligeren Arten von Fehlverhalten, die oben erörtert wurden. Die Scheu, die Zurückgezogenheit, das Tagträumen und die Unaufmerksamkeit können andeuten, vorausgesetzt, sie sind ausgeprägt genug, daß man den Schüler einer psychologischen Behand-

Problematik der Zurückgezogenheit

lung zuführen sollte. Ein entsprechender Fachmann – ein Psychagoge, ein Schul- oder klinischer Psychologe oder ein Psychiater – kann entscheiden, ob der Lehrer damit fortfahren sollte, das Problem alleine zu bearbeiten, oder ob der Schüler irgendeine Art von spezieller fachlicher Hilfe benötigt.

Eine Möglichkeit zu entscheiden, ob das Problem für den Lehrer zu schwierig ist, besteht darin, nachzuprüfen, ob seine Techniken ausreichend Erfolg haben. Die Techniken des Lehrers sind hier in erster Linie diejenigen des Auslösens, Verstärkens und Formens erwünschter Verhaltensweisen auf die Weise, die in Kapitel 12 ausführlicher beschrieben worden ist. Die *Auslösung* kann dadurch stattfinden, daß der Schüler aufgerufen wird, daß ihm Gelegenheit gegeben wird, sich zu engagieren und an interessanten Aufgaben in der Schule teilzunehmen, daß ihm Aufträge gegeben werden, die die erwünschte, zu seltene Aktivität erforderlich machen. *Modellverhalten* kann entweder mit Hilfe eines Films oder einer Fernsehaufzeichnung oder eines anderen Verfahrens, an dem angemessenes Verhalten abzulesen ist, dargestellt werden (vgl. *O'Connor,* 1972; *Henderson* et al., 1975).

Auslösen

Modell sein

Wenn der Schüler, nachdem er aufgerufen wurde, antwortet, sollte ihn der Lehrer sofort und mit Überzeugung (jedoch nicht zu durchsichtig) mit Lob *verstärken.* Wenn sich der Schüler meldet, sollte ihn der Lehrer aufrufen. Wenn der Schüler Anzeichen von Interesse oder Anteilnahme von sich gibt, sollte ihm der Lehrer Beachtung schenken und mit ihm sprechen, seine Ideen akzeptieren, an seinen Plänen Anteil nehmen. Wenn der Schüler eine Meinung äußert, sollte der Lehrer zustimmen, wenn er das überzeugt tun kann, oder zumindest die Meinung ernstnehmen und sie achtungsvoll behandeln.

Verstärken

Mit dem Lob werden wir uns noch einmal in Kapitel 24 im Zusammenhang mit Möglichkeiten zur Verbesserung des interaktiven Teils des Unterrichts befassen.

Gewöhnlich werden diese erwünschten Verhaltensweisen nicht sofort vollständig vorhanden sein, sobald man mit seinen Versuchen, sie zu erzeugen, begonnen hat. Aus diesem Grunde sollte man sich an das Prinzip der *Formung* sukzessiver Approximationen, wie es in Kapitel 12 beschrieben wird, erinnern und es anwenden. Wenn der Schüler eine gewisse *Bereitschaft* zeigt, sich zu melden, dann sollte man sein versuchsweises Verhalten verstärken. Zeigt der Schüler einen flüchtigen Funken von Interesse, sollte man die Gelegenheit benutzen, ihn wiederum mit Aufmerksamkeit und Lob zu verstärken. Äußert der Schüler eine Meinung zögernd und versuchsweise, so sollte man das Angebot sofort annehmen und die Idee in der nächsten Bemerkung verwerten. In dem Ausmaß, in dem diese Art erwünschten Verhaltens etwas stabiler wird, kann man damit beginnen – aber nicht zu schnell! –, etwas mehr zu verlangen, bevor eine Verstärkung folgt. Wie umfangreiche Erfahrungen gezeigt haben, wird die Geduld des Lehrers nach und nach belohnt werden. Die Planung einer Strategie zur Formung des Schülerverhaltens durch den Lehrer wird ihrerseits durch zunehmend engere Approximationen des Schülerverhaltens an das Verhalten eines aktiven, interessierten, anteilnehmenden, aufmerksamen und selbstsicheren Schülers geformt werden.

Formen

Eine Hilfe bei diesem Prozeß, vorausgesetzt, der Schüler geht darauf ein, ist die Art von Verhaltensverträgen, die in Kapitel 12 erörtert wurden. Man kann

Verhaltensverträge

z. B. zu der Übereinkunft kommen, daß sich der Schüler einmal an jedem Tag melden soll. Wenn der Vertrag erfüllt wird, kann die Belohnung (innerhalb vernünftiger Grenzen) in etwas bestehen, das der Schüler will – vielleicht fünf Minuten allein mit dem Lehrer, vielleicht ein Comic-Heft oder bei einem älteren Schüler die Möglichkeit, das neue Mikroskop der Schule zu benutzen. Wenn dieser Vertrag eine Zeitlang beständig erfüllt wird, kann ein neuer geschlossen werden, z. B. sich zweimal am Tag an drei Tagen hintereinander melden. Wiederum erfolgt auf die Erfüllung des Vertrags die vereinbarte Belohnung. Nach und nach wird der Verhaltensvertrag in dem Ausmaß überflüssig, in dem die intrinsischen Belohnungen des Sichmeldens, die z. B. darin bestehen, ein akzeptiertes und aktives Mitglied der Klassengruppe zu sein, die Verstärkung darstellen, die das Meldeverhalten des Schülers aufrechterhält.

Merke:

Um das Ausmaß eines erwünschten Verhaltens bei einem Schüler anzuheben, der sich nicht genügend beteiligt und sich nicht genügend auf seine Aufgaben konzentrieren kann, sollten Sie folgendes tun:

- modellhaftes Verhalten zeigen;
- verstärken;
- Reaktionen hervorlocken;
- das Prinzip der Formung von sukzessiven Annäherungen anwenden;
- unter Umständen Verhaltensverträge aushandeln.

Sie sollten also auch nur das kleinste Anzeichen des mangelnden erwünschten Verhaltens verstärken: Rufen Sie den Schüler auf oder verschaffen Sie ihm andere Möglichkeiten, beispielsweise Arbeitsaufträge oder partnerschaftliches Arbeiten mit anderen Schülern zusammen. Akzeptieren und belohnen Sie schrittweise Annäherungen an das erwünschte Verhalten solange, bis es sich zu einer annehmbaren Verhaltensleistungs ausformt. Schließen Sie mit dem Schüler Vereinbarungen über bestimmte Verhaltensleistungen, die dann belohnt werden, wenn er sie gezeigt hat.

Funktionieren diese Techniken, mit denen das Verhalten des Schülers verbessert werden soll, denn wirklich? *Borg* u. *Ascione* (1982) trainierten eine Experimentalgruppe von siebzehn Lehrern der Klassen 3 bis 6, verschiedene dieser Unterrichtsfertigkeiten anzuwenden. Eine ungefähr gleichartige Kontrollgruppe von ebenfalls siebzehn Lehrern erhielt ein dafür nicht relevantes (Selbstbild-)Trainingsprogramm. Das neunwöchige Trainingsprogramm der Experimentalgruppe war folgendermaßen aufgebaut: zunächst studierten die Lehrer einzelne situative Grundmuster des zur Rede stehenden Verhaltens und erprobten diese in Unterrichtssimulationen; dann übten sie in ihren eigenen Klassen und überprüften sie anhand von Tonbandaufzeichnungen. Der Unterricht der beiden Lehrergruppen wurde von Unterrichtsbeobachtern begutachtet, und zwar im Hinblick auf siebzehn spezielle Formen des Unterrichtsverhaltens, sowohl vor als auch nach dem Training. Aus den Beobachtungen geht hervor, daß das Trainung zu den erwünschten Veränderungen im Unterrichtsverhalten führte, und zwar bei 14 der insgesamt 17 Verhaltensvariablen. Im großen und ganzen war das Training also erfolgreich gewesen. Die Schüler in den Klassen der Lehrer aus der Experimentalgruppe erzielten bessere Ergebnisse sowohl in ihrem aufgabenbezogenen Verhalten als auch in der Vermeidung von geringem bzw. starkem abweichenden Verhalten.

23.8 Planungsstrategien zur Vorurteilskontrolle

Als Beobachtungsübung haben wir einmal einer Gruppe junger Lehrer die Aufgabe gestellt, Schüler, die an Interaktionen mit erfahrenen Lehrern beteiligt waren, zu klassifizieren. Sie wurden gebeten, die folgenden Kategorien zu verwenden:

- Sitzplatz in der vorderen Hälfte der Klasse im Gegensatz zu Sitzplatz in der hinteren Hälfte der Klasse;
- Sitzplatz auf der linken Seite der Klasse im Gegensatz zu Sitzplatz auf der rechten Seite der Klasse;
- Mädchen gegenüber Jungen;
- nett aussehende Schüler im Gegensatz zu durchschnittlich aussehenden Schülern;
- fähigere Schüler im Gegensatz zu weniger fähigen Schülern;
- Mitglieder von Minoritätsgruppen im Gegensatz zu Mitgliedern von Nichtminoritätsgruppen.

Über einfache Berechnungen konnte man die Anzahl der Interaktionen, die nach dem Zufall zu erwarten gewesen wären, bestimmen und aufgrund der Beobachtung waren wir imstande, die tatsächliche Anzahl der Interaktionen zu ermitteln. Wenn Lehrer und Schüler zum Beispiel hundertmal interagierten, dann wäre zu erwarten, daß die Hälfte der Interaktionen mit Schülern auf der linken Seite der Klasse und die andere Hälfte mit denjenigen auf der rechten Seite stattfindet. Wenn in der Klasse 10 Schüler aus Minoritätsgruppen und 20 Schüler aus Nichtminoritätsgruppen sind, würden wir erwarten, daß die Verteilung dieser hundert Interaktionen annähernd so aussieht, daß 33 mit den Minoritätsschülern und 67 mit den Nichtminoritätsschülern stattfinden. Aus den Klassenlisten erhielten wir Informationen über den IQ und legten so den Ausprägungsgrad der Schüler in dieser Dimension fest.

Interaktive Vorurteile der Lehrer

Wir fanden, daß jeder der beobachteten Lehrer gewisse Verzerrungen zeigte. Einige arbeiteten bevorzugt mit Mädchen, andere mit Jungen. Einige arbeiteten hauptsächlich mit Schülern in der vorderen Hälfte des Raumes. Einige arbeiteten nahezu ausschließlich mit den fähigeren Schülern. Nicht alle diese Verzerrungen richten Schaden an, aber einige tun das bestimmt. Verzerrungen in der Interaktion zwischen Lehrer und Schülern aus Minoritätsgruppen sind besonders ärgerlich. Der Bericht der Bürgerrechtskommission (The U.S. Civil Rights Commission, 1973) über die Interaktionen mexikanisch-amerikanischer und angloamerikanischer Schüler mit ihren Lehrern wies diese Art von Verzerrungen eindeutig nach, wie in in Abbildung 23-1 dargestellt.

Das ansprechende Äußere eines Schülers hat einen Einfluß darauf, wie der eine oder andere Lehrer mit ihm umgeht. In einer Untersuchung wurden den Schülerberichten Fotos von hübscheren und weniger hübschen Kindern beigelegt, und die Lehrer sollten nun Urteile über diese Schüler abgeben. Insgesamt ergaben sich dabei mehr positive Urteile über die hübscheren Kinder (vgl. *Clifford* u. *Walster,* 1973). *Ross* u. *Salvia* (1975) kamen zu ähnlichen Ergebnissen über das Vorurteil von Lehrern bei der Voraussage von Schülerleistungen und Sonderschulzuweisung. In einer weiteren Untersuchung beobachtete man in einer Schule die Lehrer der 5. und 6. Klassen, wie sie mit 80 Jungen und Mädchen umgingen, und ihre Interaktionen wurden als positiv, negativ oder neutral klassifiziert. Nach Abschluß der Beobachtungsphase kategorisierten diese Lehrer die Schüler nach verschiedenen Kriterien, einschließlich Attraktivität. Die als attraktiv eingestuften Jungen und Mädchen waren häufiger in

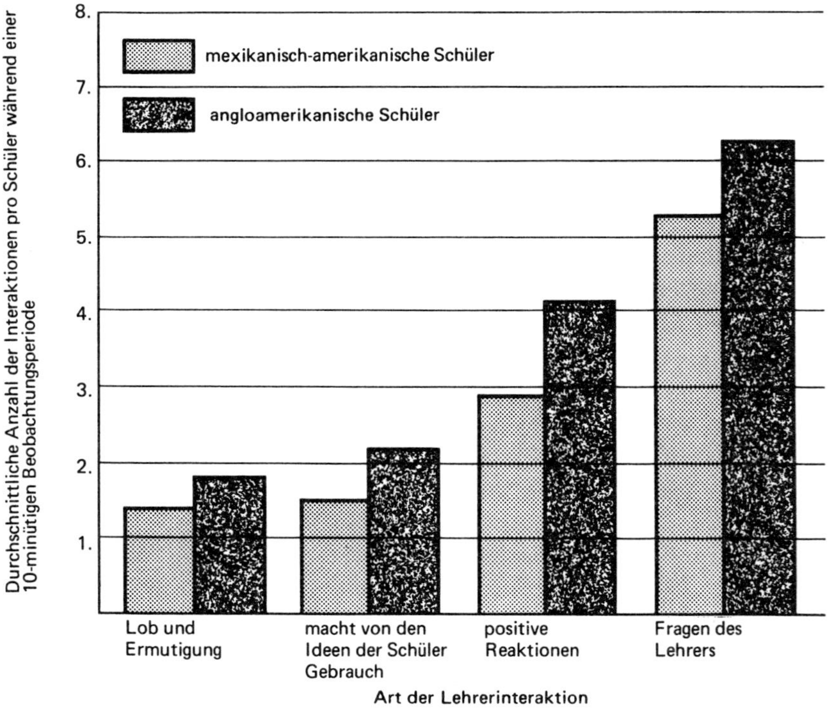

Die Interaktionen kamen während Beobachtungsperioden in 429 Klassen im ganzen Südwesten der USA zustande.

Aus: U.S. Civil Rights Commission (1973).

Abbildung 23-1. Interaktionen von Lehrern mit mexikanisch-amerikanischen und angloamerikanischen Schülern

positive Interaktionen einbezogen worden als die unattraktiven Jungen und Mädchen. Unattraktive Mädchen hatten häufiger negative Interaktionen, dies galt jedoch nicht für unattraktive Jungen (vgl. *Algozzine,* 1977). Diese Unterschiede traten auf, obwohl es keine schichtspezifischen Unterschiede (Beruf des Vaters) zwischen den einzelnen Gruppen gab.

Ähnliche Vorurteile sind auch im Umgang der Schüler miteinander festgestellt worden. Kinder mit großer Anziehungskraft oder einem gewinnenden Wesen werden häufiger zu Spielkameraden für Tätigkeiten ausgewählt, in denen sich Anerkennung spiegelt (vgl. *Salvia* et al., 1975; *Gronlund,* 1959, S. 200–201). Ferner hat man Beziehungen nachweisen können zwischen gegenseitiger Anerkennung und anderen Schülereigenschaften, z.B. Leistung und soziale Schicht (vgl. *Gronlund,* 1959). Aber insgesamt gesehen ist es für den Lehrer ein großes Problem, die soziale Anerkennung solcher Schüler zu verbessern, die in ihrer Klasse Einzelgänger sind.

Lehrer sind unterschiedlich stark anfällig für Vorurteile. So stellte z.B. *Babad* (1979) fest, daß manche Lehrer sehr viel genauer als andere feine Unterschiede zwischen zwei gleichwertigen Zeichnungen herausarbeiteten, wenn eine Zeichnung einem Kind mit hohem sozialen Status zugeordnet wurde und die andere einem Kind mit niedrigem sozialen Status. Die hochgradig vorurteilsanfälligen Lehrer betrachteten sich selbst darüber hinaus als vernünftiger und weniger emotional – Neigungen, die von *Babad* einem ausgeprägteren „Dogmatismus" zugeschrieben wurden. Dieselbe Interpretation von derartigen Vorurteilsunterschieden wurde von *Babad* et al. (1982) geliefert.

Planen als Gegenmittel gegen Verzerrungen

Menschen verhalten sich einfach nicht zufällig; sie agieren in Übereinstimmung mit früher erworbenen Gewohnheiten, Einstellungen und Erwartungen. Zur Überwindung der eigenen unbewußten oder unbeabsichten Vorurteile muß man regelrecht Strategien ersinnen. Es ist erforderlich, Pläne dafür zu entwikkeln, welche Schüler gebeten werden sollen, Berichte zu erstellen. Vielleicht wird der Lehrer absichtlich ganz bestimmte Schüler zur Beantwortung ganz bestimmter Fragen aufrufen. Möglicherweise wird er seinen Lieblingsschüler neben denjenigen setzen, bei dem ihm die Zusammenarbeit die größten Schwierigkeiten macht, so daß er versuchen kann, mit beiden zu interagieren. Wenn er eine Vorliebe für Interaktionen mit den Schülern in der vorderen Hälfte (oder auf einer Seite) des Raumes, mit Jungen (oder Mädchen), mit gut gekleideten, mit gescheiten oder mit sonst einem besonderen Merkmal versehenen Schülern hat, so sollte er eine kodierte Notiz über sein Vorurteil auf seinem Tisch liegen haben. Jedesmal, wenn er J>M sieht, wird er daran erinnert, etwas häufiger Jungen aufzurufen, um sein Vorurteil auszugleichen. Er könnte auch an der Rückwand des Zimmers das Zeichen H für „hintere Hälfte des Zimmers" oder R für „rechte Seite" oder N für „niederer sozioökonomischer Status" befestigen, so daß er daran erinnert wird, seinen Vorurteilen entgegenzuarbeiten. Lehrer müssen ihre Vorurteile mehr als andere Personen kritisch erfassen und sie kompensieren, da das, was sie tun, bei den Schülern, für die sie verantwortlich sind, Schaden anrichten kann.

23.9 Planungsstrategien für Variabilität und Flexibilität

Wenn, wie wir zu Beginn dieses Abschnitts vermutet haben, das Treffen von Entscheidungen die grundlegende Fähigkeit eines Lehrers ist, dann sollte der Lehrer eine Vielfalt alternativer Möglichkeiten zu unterrichten kennen. Ohne derartige Kenntnisse hat der Lehrer nichts, über das er Entscheidungen treffen muß.

Um diesem Mangel an Alternativen abzuhelfen, schlug *Morine* (1973) drei grundsätzliche Vorgehensweisen zur Planung eines wirkungsvollen Unterrichts vor, die auf verschiedene Unterrichtsbereiche angewendet werden können. Tabelle 23-6 zeigt diese Vorgehensweisen:

Typen von Vorgehensweisen bei einer effektiven Planung

1. Erstellen alternativer Lehrstrategien,
2. Berücksichtigung alternativer Akzentuierungsmöglichkeiten,
3. Veränderung der vorhandenen Unterrichtsbedingungen.

Wenn man z. B. die *Ermittlung des Lernerfolgs der Schüler* betrachtet, so kann der Lehrer alternative Abläufe zur Erreichung dieses Ziels entwerfen. Der Lehrer könnte z. B. einen selbst konstruierten Vortest verwenden *oder* frühere schriftliche Arbeiten analysieren. Mit Hilfe dieser beiden Prozeduren kann der Lernerfolg der Schüler ermittelt werden. Der Lehrer kann als Bewertungsalternativen die Bewertung von Testleistungen oder des Verhaltens in der Alltagswelt berücksichtigen. Er kann in diesem Unterrichtsbereich die vorhandenen Bedingungen ändern, indem er die üblichen schriftlichen Arbeiten der Schüler analysiert und indem er standardisierte Tests verwendet.

Ebenso sollte man das Organisationsprinzip der *Untergruppierung von Schülern* berücksichtigen. Der Lehrer kann dafür sorgen, daß ein leistungsstarker Schüler mit einem leistungsschwachen zusammenarbeitet, *oder* er kann die leistungsschwachen Schüler in einer Gruppe zusammenfassen. Mit diesen Alternativen sind unterschiedliche Betonungen des kognitiven und des sozialen Lernens verbunden. Die Veränderung der Unterrichtsbedingungen kann so stattfinden, daß die Schüler beim Sprachunterricht üblicherweise gemäß ihren Fähigkeiten gruppiert werden und beim Literaturunterricht gemäß ihren Interessen.

Tabelle 23-6 zeigt, wie dieselbe Art alternativer Methoden, Akzentuierungen und Bedingungen angewandt werden kann auf:

- Formulierung von Lernzielen,
- Auswahl von Unterrichtsmaterial,
- Auswahl von Unterrichtsstrategien,
- räumliche Anordnungen im Klassenzimmer,
- Rückmeldungen von den Schülern einholen,
- den Schülern Rückmeldungen geben.

Dieses Schema zeigt, welche Vielfalt von Wahlmöglichkeiten beim Unterricht eine Rolle spielen kann. Lehrer, die sich auf die Entscheidungen zwischen diesen Möglichkeiten nicht vorbereiten, tendieren dazu, lediglich das zu tun, was sich ergibt – und dies führt dann allzu häufig zu der tödlichen Monotonie des Frage-Antwort-Verfahrens, auf das oben hingewiesen wurde.

Tabelle 23-6. Beispiele für die Anwendung dreier Grundtypen von Planungsfertigkeiten auf acht verschiedene Unterrichtsaspekte

Unterrichtsaspekte	*Drei Grundtypen von Planungsfertigkeiten* Erstellen alternativer Unterrichtsabläufe	Berücksichtigung alternativer Wertvorstellungen	Veränderung der vorhandenen Unterrichtsbedingungen
Ermittlung des Lernerfolgs der Schüler	1. Verwende selbstkonstruierte Vortests *oder* analysiere frühere schriftliche Arbeiten.	9. Der Lehrer kann auf die Testleistungen *oder* das Verhalten in der Alltagswelt Wert legen.	17. Wenn standardisierte Tests das geforderte Diagnosemittel sind, kann der Lehrer die üblichen schriftlichen Arbeiten als zusätzliche Informationen verwenden.
Bildung von Untergruppen von Kindern für den Unterricht	2. Lasse leistungsstarke Schüler zusammen mit leistungsschwachen arbeiten *oder* fasse alle Leistungsschwachen in einer Gruppe zusammen.	10. Der Lehrer kann auf das soziale Lernen *oder* kognitive Lernen Wert legen.	18. Wenn die Schüler für einen Sprachunterricht homogen gruppiert sind, kann der Lehrer temporäre Untergruppen für das Literaturstudium auf der Basis verschiedener Interessen bilden.
Lernerfolg (verhaltensbezogene Ziele)	3. Wenn mehrere Beispiele gegeben sind, werden die Schüler eine zutreffende Regel entdecken, *oder* wenn eine Regel gegeben ist, werden die Schüler Beispiele dafür entwickeln.	11. Der Lehrer kann auf selbständiges Denken *oder* Kenntnisse Wert legen.	19. Wenn für die Planung des Unterrichts verhaltensbezogene Ziele gefordert sind, kann der Lehrer einige zusätzliche Langzeitziele formulieren.
Unterrichtsmittel	4. Verwende manipulierbares Material *oder* verwende einen Film, um ein mathematisches Prinzip zu lehren.	12. Der Lehrer kann auf konkretes Lernen *oder* abstraktes Lernen Wert legen.	20. Wenn ein Sozialkundefilm verfügbar ist, kann der Lehrer ihn für die Verwendung im Literaturunterricht einrichten.
Unterrichtsstrategien	5. Verwende bei der Analyse eines Films eine strukturierte Diskussion *oder* eine offene Diskussion.	13. Der Lehrer kann auf eine autoritäre Beziehung *oder* eine nichtautoritäre Beziehung zu den Kindern Wert legen.	21. Wenn individualisierter Unterricht die Norm ist, kann der Lehrer, indem er eine Gruppenbeteiligung fordert, für einen Gruppenunterricht sorgen.
Räumliche Anordnungen im Klassenzimmer	6. Gruppiere die Kinder in mehreren kleinen Grüppchen, so daß „Flüstersitzungen" möglich werden, *oder* gruppiere sie in einem großen Halbkreis um den Lehrer, wenn der Inhalt eines Films diskutiert werden soll.	14. Der Lehrer kann auf Schüler-Schüler-Interaktionen *oder* Schüler-Lehrer-Interaktionen Wert legen.	22. Wenn Normtische und -stühle vorhanden sind, kann sie der Lehrer aus dem Raum entfernen und die Schüler ihre eigenen Tische konstruieren lassen.
Rückmeldung von den Schülern einholen	7. Lasse die Kinder Antworten auf kleine, individuelle Tafeln schreiben *oder* lasse sie die Antworten auf Fragen im Grammatikunterricht verbal (d. h. mündlich) geben.	15. Der Lehrer kann auf konkurrenzfreie Atmosphäre *oder* Konkurrenz Wert legen.	23. Wenn Arbeitsbögen und Arbeitshefte die normale Kontrollmethode über die Leistungen der Schüler sind, kann der Lehrer Lernverhaltensverträge als neue Methode einführen.
Dem Schüler Rückmeldung geben	8. Fordere andere Schüler auf, eine allgemeine Bemerkung eines Schülers zu bewerten *oder* stelle neue Informationen zur Verfügung, so daß der Schüler seine eigene Bemerkung überprüfen kann.	16. Der Lehrer kann auf externe Beurteilung *oder* Selbstbeurteilung Wert legen.	24. Wenn die Benotung der Arbeit der Schüler das akzeptierte Mittel ist, den Schüler über seine Leistung zu informieren, kann der Lehrer mit Einzelbesprechungen weitermachen.

Aus *Morine* (1973, S. 136).

Ist Abwechslung gut?

Ist Abwechslung im Unterricht gut? Man könnte die Auffassung vertreten, daß Regelmäßigkeit und Einförmigkeit im Unterricht deshalb wünschenswert sind, weil es dadurch den Schülern möglich wird, sich an eine Vorgehensweise zu gewöhnen und sich deshalb mehr auf den Inhalt dessen, was gelernt werden soll, zu konzentrieren. Auf der anderen Seite könnte argumentiert werden, daß Abwechslung deshalb wünschenswert ist, weil sie die Aufmerksamkeit der Schüler fördert, ihre Neugier weckt, Langeweile verhindert und neue Möglichkeiten des Lernens eröffnet, wo alte vielleicht versagt haben. Was denkt die Forschung darüber?

Abwechslung im Umfang einzelner Unterrichtsabschnitte

Forschungsergebnisse über Variabilität. Es muß Klarheit über die Verhaltens- oder Unterrichtsabschnitte bestehen, die variieren sollen. Die Länge der Abschnitte kann variieren. Relativ kurze Segmente wären Teile eines Unterrichts, die nur eine oder zwei Minuten in Anspruch nehmen, z.B. das Stellen einer Frage, Erklärungen mit Hilfe von Gesten, mündliche Erklärungen, Einsatz eines bestimmten Tonfalls oder lautes Sprechen. Relativ lange Segmente würden sich über eine Stunde, einen Tag oder eine Woche erstrecken. Sie könnten in Form einer Exkursion in eine weit entfernte Stadt, eines Films, einer Debatte, eines Rollenspiels, eines Unterrichts mit Hilfe von Tutoren oder eines Unterrichtsvortrags stattfinden.

Abwechslung im Unterricht kann auch den Stil und die Methode betreffen. Der

Stil

Stil im Unterricht ist die Ausdrucksweise des Lehrers, seine Gesten, seine Bewegungen im Raum, die Tonhöhe und der Umfang seiner Stimme und das

Methode

Ausmaß seines Enthusiasmus. *Methode* bezieht sich im Unterricht auf die mehr formalen und bewußten Aspekte des Lehrens, z.B. auf die Art und Weise, wie der Lehrer mit den Schülern umgeht, die Art von Fragen, die er stellt (Fragen, die in der Hierarchie der Taxonomie der Unterrichtsziele niedriger oder höher stehen), darauf, wie die Fragen gestellt werden (ob sie sich an Individuen oder Gruppen wenden, ob sie Antworten von Individuen oder Gruppen verlangen), auf die Abfolge der Fragen (von Fragen niederer Ordnung zu solchen höherer oder umgekehrt), auf das Tempo des Unterrichts, auf soziale Anordnungen (Konkurrenz oder Kooperation zwischen den Schülern), auf die Tätigkeiten, die von den Schülern verlangt werden oder die ihnen gestattet sind (z.B. leise lesen, laut lesen, Filme oder Fernsehaufzeichnungen ansehen, Tonbandaufzeichnungen anhören, in einem naturwissenschaftlichen Labor oder einem Sprachlabor arbeiten, alleine oder in einer Gruppe arbeiten). Lehrmethoden können auch in dem Ausmaß und in der Art der von den Schülern zu treffenden Entscheidungen variieren, die der Lehrer ermöglicht.

Materialien und Einrichtungen

Variabilität kann auch die Unterrichtsmaterialien und -einrichtungen betreffen. Verschiedene Themen – jahreszeitliche, geographische, nationale, kulturelle u.a. – können als Grundlage für Veränderungen im Unterrichtsmaterial verwendet werden, d.h. es können Bücher, Filme, Projektarbeiten, Schwarze Bretter usw. verwendet werden. Einrichtungen außerhalb des Klassenzimmers, z.B. Parks, Observatorien, Fabriken und Museen können herangezogen werden, um die Lernumgebung abwechslungsreich zu gestalten. Die Sitzordnung des Klassenzimmers kann variiert werden, indem die Schüler in Reihen, in Kreisen oder in kleinen Gruppen angeordnet werden.

Während der präinteraktiven Phasen des Unterrichts kann der Lehrer also Variationen für alle diese Aspekte von kurzen und langen Unterrichtsabschnitten planen: (a) Stil, (b) Unterrichtsmethode und (c) Unterrichtsmaterialien und -hilfsmittel.

Variation der kurzen Segmente und Aufmerksamkeit

In mehreren Untersuchungen haben sich positive Korrelationen zwischen dem Ausmaß der Variation der kurzen Segmente und der Aufmerksamkeit der Schüler bei ihren Lernaufgaben ergeben. *Kounin* (1970) berichtet z. B., daß Abwechslung in den offenen Verhaltensmustern von Lehrern und Abwechslung in der zeitlichen Verteilung von Unterrichtsmaterialien in 11 ersten und 49 zweiten Klassen positiv (0,83 und 0,52) mit der Arbeitsbeteiligung der Schüler korrelierte. Zur Messung der Abwechslung unterteilte *Kounin* die Ereignisse im Klassenzimmer in „Aktivitäten", von denen jede hinsichtlich ihres Inhalts, hinsichtlich sich nicht im Verhalten äußernder Vorgänge, hinsichtlich der Darstellungsstruktur des Lehrers und hinsichtlich fünf anderer Dimensionen kodiert wurden. Der Abwechslungswert bestand aus der Anzahl von Veränderungen in diesen acht Dimensionen, die von einer Aktivität zur nächsten stattfanden. Die Variationen eines Lehrers konnten darin bestehen, daß er viele nur leicht verschiedene Aktivitäten durchführte oder aber nur ein paar, aber sehr verschiedene. Die Arbeitsbeteiligung wurde gemessen, indem für jeden einzelnen Schüler alle 12 Sekunden festgehalten wurde, ob der Schüler mit der gestellten Aufgabe „eindeutig beschäftigt", „wahrscheinlich beschäftigt" oder „sicher nicht beschäftigt" war. Wenn auch die Leistung selbst hier nicht gemessen wurde, so scheint aufgrund anderer Untersuchungen (*Rosenshine,* 1971b, S. 147) doch der Schluß gerechtfertigt zu sein, daß größere Arbeitsbeteiligung mit größeren Leistungen einhergeht.

Variation und Leistung

Untersuchungsergebnisse über die Zusammenhänge zwischen dem Wechsel von kurzen oder langen Unterrichtsabschnitten und den Leistungen oder der Arbeitsbeteiligung von Schülern wurden von *Rosenshine* (1971b, S. 137–147) zusammengestellt. Die Korrelationen sind größtenteils positiv, aber niedrig und (da die Anzahl der Lehrer in den einzelnen Untersuchungen gewöhnlich klein ist) nicht größer als nach dem Zufall möglich wäre. Bei acht Untersuchungen, in denen Maße der *Flexibilität* des Lehrers durch Auszählen seiner Verhaltensweisen im Klassenzimmer ermittelt wurden, ergaben sich in sechs positive Korrelationskoeffizienten (0,46; 0,43; 0,37; 0,25; 0,19; 0,02). In einer ergab sich ein negativer Koeffizient (−0,07) und ein Ergebnis konnte hinsichtlich der Richtung der Korrelation nicht interpretiert werden. Flexibilität wurde so gemessen, daß festgehalten wurde, wie häufig der Lehrer von einem Verhalten, z. B. Diskussion, zu einem anderen, z. B. Verwaltungsroutine, überwechselte.

Abwechslung in den Materialien und Techniken

Zur Illustration dessen, was mit Abwechslung gemeint ist, beschreiben wir kurz drei Untersuchungen. In einer Untersuchung wurde z. B. die Abwechslung in den Unterrichtsmaterialien und -techniken über Interviews mit 21 Lehrern der fünften Klasse und über Beobachtungen in ihren Klassenzimmern gemessen. Ein zusammengesetztes Maß dieser Art von Abwechslung kombiniert mit Abwechslung im Loben und in den Prüfungsmethoden korrelierte 0,48 mit den

Leistungen der Schüler, wobei Vortestunterschiede in den Fähigkeiten und Leistungen der Schüler zwischen den einzelnen Klassen bei der Berechnung berücksichtigt wurden. In einer zweiten Untersuchung, in der die Abwechslung im Gebrauch kognitiver Prozesse durch 15 Sozialkundelehrer in zehnten und zwölften Klassen gemessen wurde, ergaben sich ähnlich positive Korrelationen. Das Abwechslungsmaß bestand hier aus dem Verhältnis der am meisten verwendeten Prozesse (d.h. „empirisches" Vorgehen oder Feststellen von Fakten und Erklären) zu den am wenigsten häufig verwendeten Prozessen (d.h. analytisches Vorgehen oder Definieren und Bewerten). Je kleiner das Verhältnis war, für desto größer wurde die Variation des Lehrers erachtet. Die drei Lehrer, deren Schüler am meisten lernten, wiesen signifikant höhere Werte kognitiver Variation auf als die restlichen 12 Lehrer der Untersuchung. In einer dritten Untersuchung wurden 15 Lehrer der vierten Klasse als hoch, mittel und niedrig im Verhältnis ihres Gebrauchs von „konvergenten" (eine richtige Antwort) zu „divergenten" (viele richtige Antworten) Fragen klassifiziert. Die mittlere Lehrergruppe, die am meisten Variabilität zeigte, hatte die Schüler, die im Wortschatz und (wenngleich nicht signifikant) in Sozialkunde die meisten Fortschritte machten. Schließlich stellte *Rosenshine* (1971b, S. 142–147) acht Untersuchungsergebnisse zusammen, bei denen die Variabilität der Lehrer über *Einstufungen* oder *Berichte* von Beobachtern oder Schülern gemessen wurde und nicht über die Auszählung von Verhaltensweisen durch Beobachter. Die Einstufungen dieser Untersuchungen betrafen solche Dimensionen wie Abwechslung gegenüber keine Abwechslung; Anzahl der Bücher und Umfang der verwendeten Ausrüstung, der Darstellungsformen und des benutzten Bereichs im Klassenzimmer; die Anzahl verschiedener Arten von Lesematerialien, von audiovisuellen Aktivitäten, von verschiedenen Forschungsmaterialien, Landkarten und Globen und der Tätigkeiten, die die Klassen über einen Zeitraum von 20 aufeinanderfolgenden Schultagen durchführten; und schließlich die Flexibilität des Lehrers. In allen außer in einer von diesen acht Untersuchungen bestand ein positiver (jedoch nicht immer signifikanter) Zusammenhang zwischen dem Abwechslungs- und Flexibilitätsmaß und den (nach Vortestwerten) korrigierten Leistungen der Schüler.

Abwechslung im Gebrauch kognitiver Prozesse

Variation in der Konvergenz der gestellten Fragen

Merke:

Die vorliegenden Daten legen also die Annahme nahe, daß größere Abwechslung und Flexibilität im Unterricht mit besseren Leistungen und größerer Aufmerksamkeit bei den Schülern verbunden ist. Da in diesen Untersuchungen Korrelations- und nicht experimentelle Methoden verwendet wurden, ist ein *kausaler Zusammenhang* nicht nachgewiesen worden. Aber auch, wenn experimentelle Beweise noch nicht vorhanden sind, wird der Lehrer wohl gut daran tun, in seiner Unterrichtsplanung für Abwechslung, Variation und Flexibilität zu sorgen, um so das Interesse der Schüler an ihren Lernaufgaben zu erhöhen und ihre Bewältigung kognitiver Unterrichtsziele zu verbessern.

Planung und Organisation von Variabilität und Flexibilität

Wie kann in der Unterrichtsplanung für Abwechslung und Flexibilität im Unterricht gesorgt werden? Bevor wir uns mit den Möglichkeiten der Unterrichtsplanung und -organisation beschäftigen, müssen wir einige Zwänge, denen Lehrer unterworfen sind, berücksichtigen.

Zwänge, denen Lehrer unterworfen sind

Unser Schulsystem läßt den Lehrern bei der Festlegung ihres Curriculums nicht freie Hand. Unsere gesamte Gesellschaft nimmt an der Festlegung dessen, was an unseren öffentlichen Schulen gelehrt wird und wie es gelehrt wird, Anteil. Dies trifft insbesondere für die USA zu: wie *Kirst* u. *Walker* (1973) gezeigt haben, wird auf vielen Niveaus Curriculumpolitik für die öffentlichen Schulen in den Vereinigten Staaten gemacht. Auf nationalem Niveau üben der Kongreß und seine Erziehungsausschüsse und im Verwaltungsbereich das Office of Education, das National Institute of Education und die National Science Foundation großen Einfluß aus. Sie unterstützen die Curriculumentwicklung und die Verteilung von Programmen u. a. über Naturwissenschaften, Mathematik, Fremdsprachen und Vorschulerziehung. Lehrbuchverlage und nationale Testbehörden üben ohne Frage ebenfalls ihren Einfluß aus. Stiftungen und Handelsverbände unterstützen oder opponieren gegen Trends in den verschiedenen Curricula. Nationale Fachorganisationen wie die Association for Supervision and Curriculum Development beeinflussen die Curricula. In den einzelnen Staaten beeinflussen die Gesetzgebungskörperschaften, die Erziehungsabteilungen, Förderungsgesellschaften und Fachbereichsgesellschaften, wie z. B. der State Council für Sozialkunde, das Curriculum. Innerhalb von Städten und Kreisen üben das Schulamt, der Schulrat, der Schulleiter und vielleicht der Fachleiter ihren Einfluß aus. Lokale politische Organisationen, konservative und liberale, versuchen die gewählten und ernannten Beamten zu beeinflussen, um das, was im Klassenzimmer gelehrt wird, mitzubestimmen.

Autonomie des Lehrers in der Darbietungsweise

Nichtsdestoweniger

sind Lehrer darin autonom, wie sie den Stoff in ihrer Klasse darbieten. Der Lehrer bestimmt Plan und Methoden des Unterrichts selbst. Untersuchungen über Curriculuminnovation auf der Stufe der unmittelbaren Unterrichts stellen jedoch fest, daß „Lehrer selten die Initiativen zur Einführung neuer Vorgehensweisen in ihrer Arbeit selbst aufbringen" (*Kirst* u. *Walker*, 1973, S. 503).

Alternativen zum Frage-Antwort-Verfahren

Wie kann der Lehrer erreichen, daß sein Unterricht abwechslungsreicher wird und nicht bloß in der Umsetzung des Frage-Antwort-Verfahrens besteht? Zunächst sollte man an die Alternativen denken, die in den Kapiteln 19 (Frontalunterricht), 20 (Unterricht in kleinen Gruppen), 21 (Individueller Unterricht) und 22 (Offene und humanistische Ansätze im Unterricht) bereits vorgestellt wurden. Zusätzlich kann man für den Unterricht in unterschiedlich großen Klassen die Umsetzung der folgenden Möglichkeiten in Betracht ziehen

– aufgeschlüsselt nach Unterricht in großen Gruppen, kleinen Gruppen und für einzelne Schüler.

Alternativen für große Gruppen (N > 40). Dazu gehören:

1. Demonstrationen durch den Lehrer oder die Schüler;
2. mündliche Berichte einzelner Schüler oder von Schülergruppen vor der ganzen Klasse;
3. Betrachten von Lichtbildern, Filmen oder Fernsehsendungen;
4. Anhören von Tonbändern oder Radiosendungen;
5. Exkursionen.

Alternativen für kleine Gruppen (N = 2 bis 20). Dazu gehören:

1. Diskussionen (gewöhnlich nicht länger als 20 oder 30 Minuten) zwischen Paaren von Schülern oder zwischen Schülerteams;
2. Rollenspiel oder Theateraufführungen (siehe Kapitel 20);
3. Podiumsdiskussionen;
4. Entwerfen von Projekten;
5. Besprechung der richtigen und falschen Antworten in bereits durchgeführten Tests;
6. gemeinsames Aufsagen der ganzen Klasse zur Einübung von Fertigkeiten, die die Schüler beherrschen sollten.

Alternativen für Einzelbetreuung (N = 1). Dazu gehören:

1. Genaue Beachtung der schriftlichen Aufgabenanweisungen;
2. Heranziehen von Nachschlagewerken und anderem Buchmaterial (Enzyklopädien, Zeitungen, Zeitschriftenartikel, *Who's Who?*, Atlanten usw.);
3. Überwachung der Arbeit der Schüler.

Unterricht: Thema mit Variationen

Der Lehrer sollte neben dem traditionellen Frage-Antwort-Verfahren die erwähnten Variationsmöglichkeiten bei seiner Planung berücksichtigen. Für die planmäßige Einführung derartiger Variationen muß er auch ein gewisses Geschick erwerben. Zu den Problemen, die bei der Einführung gezielter Abwechslung zu berücksichtigen sind, gehört die Erstellung eines geeigneten Stundenplans und eine geeignete Zeitaufteilung, der planmäßige Einsatz erforderlicher Materialien, Ausrüstungen, Transportmöglichkeiten und anderer technischer Dinge und die Verfügbarkeit von Alternativen und Ergänzungen, um unvorhersehbaren Ereignissen, die im logischen Ablauf der Diskussion oder bei Pannen mit der Ausrüstung oder anderen Materialien entstehen, gerecht werden zu können. Nur mit Erfahrung und Übung ist es zu erreichen, daß ein Lehrer Geschick bei diesen praktischen Aspekten des Planens und Organisierens von Abwechslung entwickelt. Der Pädagogische Psychologe kann lediglich auf die Theorie und die Forschungsergebnisse hinweisen, die der

Vorstellung, daß Abwechslung den Unterricht in der Klasse verbessert, zugrundeliegen. Das Vorgehen gemäß dieser Vorstellung wird mit großer Wahrscheinlichkeit dazu führen, daß die kognitiven und affektiven Lernerfolge angehoben werden. Damit dies erreicht werden kann, ist es notwendig, die Art von Planung in den präinteraktiven Phasen des Unterrichts anzuwenden, der dieser Abschnitt gewidmet war.

23.10 Zusammenfassung

Der Unterricht in der Klasse ist die am weitesten verbreitete Art des Unterrichts; er eröffnet uns die Möglichkeit, alle anderen Unterrichtsstrategien (Unterrichtsvortrag, Diskussion, individuelle Verfahren und humanistische Ansätze) in einer „instrumentierten" Weise zu verwenden. Der Unterricht in der Klasse ist in zwei Phasen geteilt – die präinteraktive Phase der Planung und Vorbereitung und die interaktive Phase der Unterrichtsdurchführung. (Auf diese Phase gehen wir im nächsten Kapitel ein.) Auf die postinteraktive Phase, die ebenfalls Teil der Phase ist, in der keine Interaktion mit den Schülern stattfindet, gehen wir gesondert in den Kapiteln 26 bis 28 ein.

Die präinteraktive Phase ist von der Unterrichtsplanung bestimmt. Es gibt eine Hierarchie von Planungsbedingungen: (a) Disziplin, Kontrolle und Organisation; (b) Unterrichtsplanung; (c) Vorurteilskontrolle im Umgang mit bestimmten Schülern; (d) Planung im Hinblick auf Variabilität und Flexibilität im Unterricht.

Bei den Planungsstrategien für Disziplin und Kontrolle im Klassenzimmer sollte der Lehrer zwei Arten von Verhaltensproblemen berücksichtigen: zu viel unerwünschtes und zu wenig erwünschtes Verhalten. Um bei einem „Zuviel" Abhilfe zu schaffen, kann der Lehrer Beachtung (seine eigene und die seiner Schüler) verweigern, inkompatibles Verhalten verstärken und Situationen beseitigen, die das unerwünschte Verhalten erzeugen. Um mit einem „Zuwenig" fertig zu werden, kann er positive Verstärker verwenden, Gelegenheiten schaffen, Techniken der Reaktionsformung verwenden und Verhaltensverträge abschließen. Schließlich kann er bestimmte Fertigkeiten zur Beherrschung des äußeren Ablaufs entwickeln: „Bescheidwissen", „Mehrfachverarbeitung", „Arbeitsschwung", „Störungsfreiheit" und „Aufmerksamkeitwekken". Es wurde festgestellt, daß alle diese Merkmale mit einer größeren Arbeitsbeteiligung der Schüler und mit einem geringeren Ausmaß an Störverhalten einhergehen.

Untersuchungen haben gezeigt, daß Vorurteile im Unterricht oft in überreichlichem Ausmaß auftreten. Der Lehrer sollte deshalb planen, wie er sie unter Kontrolle halten kann. Das heißt, er sollte versuchen, seine Neigung zu kompensieren, Schüler nach ihrem Geschlecht, ihrem sozialen Status, ihrer Klugheit, ihrer Rasse, ihrem ethnischen Hintergrund, ihrem gewinnenden Äußeren oder sogar ihrem Platz im Klassenzimmer unterschiedlich und häufig unfair zu behandeln. Wen er aufruft, wie lange er auf eine Antwort wartet, wie sehr er sich mit einem einzelnen Schüler abgibt, wie er auf die Antwort eines

Schülers reagiert – all dies kann vorurteilsbedingt sein. Der Lehrer kann selbst für Hinweisreize sorgen, die ihn zu einer Korrektur seiner Vorurteile auffordern.

Da festgestellt wurde, daß Abwechslung und Flexibilität mit besseren Leistungen der Schüler verknüpft sind, sollte der Lehrer planmäßig dafür sorgen, daß sein Unterricht mit diesen Merkmalen versehen ist. Sie können in kleine und große Unterrichtsabschnitte eingebaut werden. Die Planung sollte also darauf abzielen, daß viele alternative Vorgehensweisen für die Durchführung verschiedener Aufgaben des Unterrichts entwickelt werden und somit eine Auswahl zwischen ihnen möglich wird; dies bezieht sich auf die Ermittlung des Lernerfolgs der Schüler, auf die Verwendung von Unterrichtsstrategien und auch auf das Feedback, das man von den Schülern erhält. Hier können in großen Gruppen, kleinen Gruppen und bei der individuellen Unterweisung viele Alternativen zu der Frage-Antwort-Methode verwendet werden. Die planmäßige Einführung einer derartigen Variabilität und Flexibilität verlangt eine Planung, die mit dem persönlichen Einsatz und der Übung des Lehrers immer besser wird.

Kapitel 24

Der Unterricht in der Klasse: Stillarbeit und Unterrichtsgespräch

24.1 Überblick

Wir wenden uns nun dem Teil des Unterrichts zu, dem die Forscher die größte Beachtung schenken – den interaktiven Aspekten des Unterrichts unter Klassenzimmerbedingungen. Daran denken die meisten Menschen, wenn sie das Wort Unterricht hören, da sie mit diesem Aspekt die meisten Erfahrungen gemacht haben.

Das vorliegende Kapitel ist eine Einführung in einen weiten Bereich von Unterrichtsverhaltensweisen. Größtenteils sind Forschungsgrundlagen vorhanden, wenn diese Verhaltensweisen als nützlich im interaktiven Unterricht in verschiedenen Fächern und Klassenstufen bezeichnet werden. Es soll auf das Frage-Antwort-Verfahren eingegangen werden und darauf, wie der Lehrer seinen Unterricht so strukturieren kann, daß die Schüler unter den Bedingungen des Klassenzimmers etwas lernen. Daneben soll das Geschick des Lehrers im Fragenstellen und im Darstellen von Gegenständen erörtert werden. Die Auswirkungen des Lobens und des Gebrauchs von Ideen der Schüler auf die Leistungen werden ebenfalls untersucht. Schließlich werden die Leistungen der Schüler in Klassen analysiert, in denen der Lehrer häufig Kritik und Tadel verwendet.

Im Vergleich zu den Methoden des Unterrichts in großen Gruppen (Unterrichtsvortrag), in kleinen Gruppen (Diskussion) und im individuellen Unterricht, die in den Kapiteln 19–21 vorgestellt wurden, sind es die interaktiven Phasen des Unterrichts in der Klasse gewesen, die die Vorrangstellung in allen Schulstufen überall in der Welt seit Jahrhunderten beherrscht haben. Selbst heute, in einer Zeit, in der der gesamte Bildungsbereich einem sehr schnellen Wandel unterworfen ist, überwiegt nach wie vor diese traditionelle Form des Unterrichts in der Klasse.

24.2 Gründe für die Beibehaltung dieser traditionellen Unterrichtsform

Obwohl der Unterricht in der Klasse vorherrschend ist, kann doch die Frage gestellt werden, weshalb sich Pädagogische Psychologen oder gegenwärtige und zukünftige Lehrer ernsthaft um einen derartigen Unterricht kümmern sollten, wenn andere Unterrichtsmöglichkeiten bekannt und machbar sind.

Die Antwort lautet, daß diese Art von Unterricht nicht ohne weiteres aufgegeben werden kann und wahrscheinlich auch nicht aufgegeben werden sollte. Er kann nicht ohne weiteres preisgegeben werden, weil massive Änderungen in der Erziehung entsprechend umfangreiche Veränderungen in tief verwurzelten Erfahrungen und Denkweisen von Millionen von Menschen voraussetzen – nicht nur von Lehrern, sondern auch von Rektoren, Schulräten, Mitgliedern von Schulämtern, von Eltern, Schularchitekten und von den für die Schulfinanzierungspolitik Verantwortlichen. Das Unterrichtssystem in Klassen ist Bestandteil eines größeren Systems sozialer, politischer und ökonomischer Kräfte in unserer Gesellschaft. Es ist in ein Netz machtvoller Bräuche und Traditionen eingewoben. Deshalb müssen Änderungen in der Erziehung in einem schrittweisen Prozeß vor sich gehen. Aus diesem Grund sind die Aussichten groß, daß die meisten Schüler wenigstens der nächsten Generation zum großen Teil einen Unterricht in Klassen erleben werden.

Änderungen sind ein komplexer Prozeß

Der Unterricht in Klassen ist bisher nicht eindeutig unterlegen

Aber auch, wenn der Unterricht in der Klasse ohne weiteres aufgegeben werden könnte, so ist doch die Frage, ob er aufgegeben werden sollte. Erstens konnte die Überlegenheit anderer Methoden bisher nicht so weitgehend nachgewiesen werden, daß jeder vernünftige Widerstand gegen Änderungen unmöglich geworden wäre. Von den verschiedenen, in den vorausgehenden Kapiteln beschriebenen Alternativen konnte bisher nicht schlüssig nachgewiesen werden, daß sie zu einer effektiveren Bewältigung der Unterrichtsziele durch die Schüler führen. Daneben können, und das ist wichtiger, viele der Vorteile dieser Alternativen im Rahmen des Unterrichts in der Klasse verwirklicht werden. Zweitens können die Methoden des Unterrichtsvortrags und der Diskussion (vgl. Kapitel 19 und 20) ohne weiteres im traditionell geprägten Unterricht eingebettet werden. Das gleiche gilt für verschiedene Aspekte des individuellen Unterrichts – Hausaufgaben, Stillarbeit, Einzelbetreuung und programmierter Unterricht. Selbst solche neuen Technologien wie der computerunterstützte Unterricht (CAI – vgl. Kapitel 21) können in Verbindung mit dem Unterricht in der Klasse zum Einsatz kommen. Wenn er richtig aufgebaut wird, können die wünschenswert erscheinenden Merkmale aller unterrichtsmethodischen Alternativen, die nicht notwendigerweise auf den Unterricht in der Klasse ausgerichtet sind, in diesen gleichwohl einbezogen werden. Die richtige Anwendung dieser Alternativen setzt eine gewissenhafte Planung nach Art der in Kapitel 23 beschriebenen Varianten voraus; aber diese Varianten lassen sich problemlos in den Rahmen des Unterrichts in der Klasse einfügen. Das ist der Grund für unsere Schlußfolgerung, daß der Unterricht in der Klasse weiterhin unsere ernsthafte Beachtung verdient.

Der Forschungsstand. Die Pädagogikstudenten sind heute besser dran als noch vor zwanzig Jahren. Die Unterrichtsforschung ist reichhaltiger und bedeutender geworden. Inzwischen kann man sich auf relativ viele Untersuchungen stützen. Die Forschung ist jedoch in ihrer Quantität immer noch unzureichend, mit einer unzulänglichen Theorie ausgestattet und zu häufig ungenau und einfallslos in ihren Methoden. Es gibt jedoch ausreichend viele und valide Untersuchungen, so daß einige versuchsweise Schlußfolgerungen über erwünschtes und unerwünschtes Verhalten beim Unterricht in Klassen aus den

Forschungsergebnissen gerechtfertigt sind. Derartige Schlüsse können nunmehr mit größerer Berechtigung gezogen werden als dies noch vor einer Generation möglich war.

24.3 Stillarbeit und Unterrichtsgespräch

Das Herzstück des Unterrichts in der Klasse sind Stillarbeit und Unterrichtsgespräch. Stillarbeit bedeutet, daß die Schüler für sich oder mit anderen an Aufgaben arbeiten, die der Lehrer ihnen gestellt hat oder die sie sich selbst gestellt haben, und die sowohl auf das Lehrbuch als auch auf das Arbeitsheft des Schülers bezogen sein können. Die Stillarbeit hat in den letzten Jahren als spezielle Komponente des Unterrichts in der Klasse vor allem im Grundschulbereich an Bedeutung gewonnen (vgl. *Rosenshine,* 1979). Das Unterrichtsgespräch gewinnt dann von Klasse zu Klasse bis in die Sekundarstufe zunehmend an Bedeutung. Es handelt sich dabei um die von *Bellack* beschriebene Ereigniskette, die sich ständig wiederholt:

Ereigniskette

1. *Der Lehrer erstellt eine Struktur,* indem er kurz das Thema oder Problem umreißt, das erörtert werden soll.
2. *Mit einer Aufforderung oder Frage* wendet er sich an einen oder mehrere Schüler.
3. *Ein Schüler reagiert oder beantwortet die Frage.*
4. *Der Lehrer reagiert* auf die Antwort des Schülers.

Das eine oder andere Glied dieser Kette kann weggelassen werden. So können beispielsweise das Strukturieren und die Reaktionen des Lehrers nur gelegentlich auftreten. Die Fragen des Lehrers und die Antworten der Schüler sind jedoch fast immer vorhanden und können deshalb als wesentlicher Bestandteil des Unterrichtsgesprächs angesehen werden.

24.4 Die Stillarbeit

Amerikanische Grundschulkinder arbeiten in den ersten zwei oder drei Jahren 50 bis 70 Prozent für sich allein und führen nur in 10 bis 15 Prozent der Unterrichtszeit ein Unterrichtsgespräch (vgl. *Rosenshine,* 1980). Dadurch gewinnen die für die Stillarbeit bedeutsamen Variablen als Korrelate und möglicherweise auch Ursachen für Leistung entsprechend an Bedeutung. Dieser große Anteil der Stillarbeit im Grundschulunterricht ist wahrscheinlich das Ergebnis dessen, daß die Lehrer sehr häufig auf Gruppenarbeit zurückgreifen. Das Gruppieren der Schüler wiederum geht auf den Wunsch der Lehrer zurück, mit kleinen Gruppen von, sagen wir, acht Schülern beim Lesen oder beim Rechnen zu arbeiten. Die anderen Schüler erhalten in dieser Zeit Stillaufgaben, vorzugsweise solche, die unterrichtlich relevant und so angemesen sind, daß sie bei jedem einzelnen Schüler zu einer hohen Erfolgsrate führen (vgl. *Rosenshine,* 1980, S. 118).

Variablen bei der Stillarbeit: unterrichtsbezogene Lernzeit

Die für die Stillarbeit bedeutenden Variablen erscheinen in Form von „durchgenommenen Inhalten“, „Aufgabenorientierung“, „Konzentrierung auf unterrichtsbezogenes Lernen“ und „Beschäftigungsdauer“. Die einzelnen Klassen unterscheiden sich sehr in den einzelnen Meßwerten dieser Variablen (vgl. *Berliner,* 1979). In Tabelle 24-1 sind die Ergebnisse aus vier 2. Klassen zusammengetragen. So sehen wir beispielsweise, daß die Anzahl der Stunden, die die Kinder über einen Zeitraum von 150 Schultagen (entspricht in den USA im Schnitt einem Schuljahr) auf „unterrichtsbezogenes Lernen“ in Mathematik verwendeten, in den vier Klassen auf 33, 30, 50 und 58 Stunden geschätzt wurden. Ähnlich unterschiedlich waren die Werte in vier 5. Klassen im Lesen. Hier wurden 60, 78, 140 und 148 Stunden gezählt. Die Methode, mit der diese geschätzten Werte ermittelt wurden, verdeutlicht, was mit „unterrichtsbezogener Lernzeit“ gemeint ist. Die erste Reihe in Tabelle 24-1 sagt aus, daß in der Klasse 2–5 in der gesamten Beobachtungszeit 2530 Minuten auf Mathematik verwendet wurden. Geteilt durch die Tage (93), in denen diese Werte gesammelt wurden (Reihe 2), erhalten wir 27 Minuten als Durchschnittszeit pro Tag für Mathematik (Reihe 3). „Prozentsatz der Beschäftigungsdauer“

Tabelle 24-1. Unterrichtsbezogene Lernzeit in vier 2. Klassen und vier 5. Klassen

		Klassenstufe und Klassengruppe							
		2. Klasse – Mathematik				5. Klasse – Lesen			
Reihe	*Variable*	5	21	8	13	1	3	11	25
1.	Aufgewendete Zeit insgesamt in Minuten	2530	2687	4736	5127	5749	6344	12383	9965
2.	Anzahl der Beobachtungstage	93	83	94	96	97	96	87	74
3.	Durchschnittlich aufgewendete Zeit pro Tag in Minuten (Reihe 1 : Reihe 2)	27	32	50	53	59	66	142	135
4.	Prozentsatz der Beschäftigungsdauer	71	62	61	78	82	77	84	75
5.	Lernzeit pro Tag in Minuten (Reihe 3 × Reihe 4)	19	20	31	41	48	51	119	101
6.	Prozentsatz der Zeit der inhaltsorientierten Arbeit mit hohem Erfolg	67	59	65	55	51	61	47	58
7.	Unterrichtsbezogene Lernzeit pro Tag in Minuten (Reihe 5 × Reihe 6)	13	12	20	23	24	31	56	59
8.	Aufgewendete Stunden über den Zeitraum von 150 Tagen (150 × Reihe 5 : 60)	48	50	78	103	120	128	298	283
9.	Unterrichtsbezogene Lernzeit pro 150 Tage in Stunden (150 × Reihe 7 : 60)	33	30	50	58	60	78	140	148

Nach *Berliner* (1979).

(Reihe 4) ist definiert als der Prozentsatz der Zeit, in der nach Aussage der geschulten Beobachter die einzelnen Schüler tatsächlich an den gestellten Aufgaben arbeiteten. Dieser Prozentsatz multipliziert mit Reihe 3 ergibt Reihe 5. Dies ist die Zeit, von der wir annehmen, daß sie zu Leistungssteigerungen führt, wenn sie (a) auf eine hohe Erfolgsquote (80 Prozent oder mehr) von Schülerantworten hinausläuft, die auf Übungen im Unterrichtsgespräch, im Arbeitsheft oder in einem Test bezogen sind, und wenn (b) der Beobachter den Schwierigkeitsgrad der Aufgabe als gering einschätzt (Reihe 6). Das Produkt von Reihe 5 und Reihe 6 ergibt die „unterrichtsbezogene Lernzeit pro Tag in Minuten" (Reihe 7). Um die Zahl der „aufgewendeten Stunden über den Zeitraum von 150 Tagen" (Reihe 8) abzuschätzen, multiplizieren wir Reihe 5 mit 150 und dividieren das Ergebnis durch 60, um die Minuten in Stunden zu übertragen. Um die „unterrichtsbezogene Lernzeit pro 150 Tage in Stunden" (Reihe 9) abzuschätzen, multiplizieren wir Reihe 7 mit 150 und dividieren das Ergebnis durch 60.
Der Nachweis, daß die unterrichtsbezogene Lernzeit positiv mit Leistung korreliert, ist für zweite und fünfte Klassen von *Fisher* et al. (1980) erbracht worden. Diese als BTES-Studie (Beginning Teacher Evaluation Study) bekannt gewordenen Einzeluntersuchungen zeigten, daß die dem Schüler für die Lösung einer Aufgabe zugewiesene Zeit und die Intensität seines Engagements zu einer bedeutsamen Voraussage der Leistungen in Lesen und Mathematik führen konnten. Da eine hohe Korrelation zwischen vorunterrichtlichen und nachunterrichtlichen Leistungen besteht, muß man zur Beurteilung der Leistungsfähigkeit des Lehrverhaltens den anfänglichen Lernstand jedes Schülers in Rechnung stellen. Auch wenn eine solche Kontrolle ausgeübt wurde, ergaben sich trotz dieser rechnerischen Anpassung immer noch Leistungsunterschiede bei den Schülern. Und etwa 10 Prozent dieser Schwankung war auf das unterschiedliche Ausmaß der unterrichtsbezogenen Lernzeit der einzelnen Schüler zurückzuführen, die selbst wiederum von den Lehrern beeinflußt wurde. Die Ergebnisse machen folgendes deutlich: wenn wir das Unterrichtsverhalten des Lehrers so verändern, daß damit zugleich ein Einfluß auf die unterrichtsbezogene Lernzeit der Schüler ausgeübt wird, dann führt das wiederum zu einer Veränderung ihrer Leistungen (*Fisher* et al., 1980).

Intensivierung der unterrichtsbezogenen Lernzeit

Wie kann der Lehrer die unterrichtsbezogene Lernzeit seiner Schüler nutzbringender gestalten? Eine einfache Antwort ist, daß er mehr Zeit für solche Aufgaben reserviert, die unterrichtsbezogenes Lernen ermöglichen. Wenn der Lehrer seinen Tagesplan aufstellt, kann er sich vornehmen, die ganzen 45 Minuten einer Unterrichtsstunde für Mathematik oder Lesen zu nutzen und nicht nur 30 Minuten. Was immer dafür geopfert werden muß, muß nicht unbedingt etwas sein, was besonders wertvoll ist. Denn es ist immer wieder festzustellen, daß es bei den einzelnen Lehrern ungemein unterschiedlich ist, wie gründlich sie ihre Unterrichtszeit nutzen. Und es ist ebenso festzustellen, daß eine effektivere Zeitausnutzung – oder eine effektivere Vermeidung von

Zeitverschwendung – mit höheren Leistungen der Schüler eng verbunden ist. An welche Möglichkeiten der besseren Zeitausnutzung denken wir dabei? Eine Reihe solcher Möglichkeiten sind in einer Untersuchung über vier Experimente herausgefiltert worden, in denen eine positive Beziehung von Lehrerverhalten und Schülerleistung beim frühen Lesenlernen festgestellt worden waren (vgl. *Crawford* et al., 1978). Die vier Experimente (vgl. *Brophy* u. *Evertson,* 1974; *McDonald* u. *Elias,* 1976; *Soar,* 1973; *Stallings* u. *Kaskowitz,* 1974) lieferten Hunderte von Korrelationen. Zusätzliche Anregungen kamen von einer Studie zur Beurteilung von Junglehrern (Beginning Teacher Evaluation Study – BTES), die die Ergebnisse einer sechsjährigen Beobachtung von Lehrern in Kalifornien in Empfehlungen zur Unterrichtspraxis zusammenfaßt. Die Verbindung der Ergebnisse dieser BTES-Studie mit den Meßwerten über Lehrerverhalten aus den vier Experimenten ermöglichte es, Verhaltensweisen zu bestimmen, die deswegen zu greifen schienen, weil durch sie Zeitverschwendung verringert und unterrichtsbezogene Lernzeit erhöht werden konnte. So ließen sich folgende Empfehlungen formulieren:

1. *Lehrer sollten ein System von Regeln in den Unterricht einbringen,* das es den Schülern gestattet, ihren persönlichen und arbeitsbezogenen Bedürfnissen nachzukommen, *ohne* vorher den Lehrer um Erlaubnis fragen zu müssen (*Stallings* u. *Kaskowitz,* 1974; *Brophy* u. *Evertson,* 1974).
2. *Lehrer sollten durch die Klasse gehen und die Stillarbeit der Schüler beaufsichtigen* und so den Schülern ein Bewußtsein für ihr Verhalten vermitteln (*Stallings* u. *Kaskowitz,* 1974; *McDonald* u. *Elias,* 1976). Dieselbe Empfehlung wurde auch von den Autoren der BTES-Studie ausgesprochen:

   Der Begriff Beaufsichtigung *(monitoring)* kann sich auch auf das Verhalten des Lehrers beziehen, wenn dieser in der Klasse umhergeht und überprüft, wie die Schüler mit ihrer Stillarbeit vorankommen. Wir stellten fest, daß ein Lehrer selten bei einem Schüler verweilt, ohne eine kurze Bemerkung über dessen Arbeit zu machen, Rückmeldung zu geben oder etwas zu erklären. Wenn der Schüler diese Aufmerksamkeit von seinem Lehrer während der Stillarbeit erhält, paßt er besser auf. ... Beschreibungen von leistungsstarken Klassen geben Anlaß zu der Vermutung, daß gute Lehrer dies nicht nur tun, um Schüler ‚bei der Stange zu halten', sondern auch um so viel wie möglich darüber in Erfahrung zu bringen, wie die Schüler vorankommen, so daß sie ihren weiteren Unterricht besser darauf abstimmen können (*Fisher* et al., 1980, S. 26–27).

3. *Lehrer sollten darauf achten, daß ihre Arbeitsaufträge interessant und lohnend sind,* und dennoch leicht genug, daß jeder Schüler sie ohne weitere Lehrersteuerung erfüllen kann (*Stallings* u. *Kaskowitz,* 1974; *McDonald* u. *Elias,* 1976).
4. *Lehrer sollten sichergehen, daß ihre Hinweise und Unterrichtsorganisation ausreichend und zugleich auf ein Minimum beschränkt sind;* sie können das dadurch bewerkstelligen, daß sie den Arbeitsplan für den jeweiligen Tag an die Tafel schreiben, so daß die Schüler jederzeit wissen, wo was stattfindet und was sie dabei zu tun haben (*McDonald* u. *Elias,* 1976; *Soar,* 1973). Die BTES-Studie macht in diesem Punkt allerdings eine Einschränkung:

   Ein gewisser Zeitaufwand für nichtunterrichtsbezogene Tätigkeiten ist anscheinend unausweichlich. Die meisten Lehrer wandten in etwa die gleiche Zeit auf für nichtunterrichtsbezogene Tätigkeiten wie z. B. Überleitungen vor und nach Pausen, Aufräumarbeiten und Warten zwischen einzelnen Aufgaben. ... Die Lehrer, die am meisten Zeit für unterrichtsbezogene Tätigkeiten aufwenden konnten, bewirkten damit zugleich, daß die nichtaufgabenbezogene Zeit der Schüler (Tagträumen, mit dem Nachbarn schwatzen) von durchschnittlich 8 auf 4 Minuten pro Stunde sank; im Hinblick auf die Dauer ihrer anderen, nichtunterrichtsbezogenen Tätigkeiten gab es aber keinen Unterschied zu dem für alle Lehrer ermittelten Durchschnitt (*Rosenshine,* 1980, S. 109).

5. *Lehrer sollten vom Lehrbuch und vom Arbeitsheft regen Gebrauch machen* und alle anderen Tätigkeiten fördern, die schriftliches Arbeiten betreffen. Schriftliche Arbeiten weisen, wie man ermittelt hat, eine enge Beziehung zu höheren Schülerleistungen auf, während der Einsatz von Spielen, Spielzeug und technischem Gerät mit niedrigeren Schülerleistungen korreliert (*McDonald* u. *Elias,* 1976; *Stallings* u. *Kaskowitz,* 1974; *Brophy* u. *Evertson,* 1976).
6. *Lehrer sollten das „Timing" von Verhaltenssteuerung beherrschen* (vgl. Kapitel 23), d.h. sie sollten verhindern, daß das Fehlverhalten eines Schülers zunimmt, sich in der Klasse ausbreitet und schließlich dazu führt, daß auch andere Schüler davon angesteckt werden (*Brophy* u. *Evertson,* 1974).
7. *Lehrer sollten disziplinarische Maßnahmen gezielt einsetzen* (vgl. Kapitel 23), d.h. sie sollten versuchen, eine Maßnahme, die erforderlich ist, um den ungestörten Ablauf des Unterrichts zu gewährleisten, so zu treffen, daß der Schüler, von dem die Störung des Unterrichts primär ausgeht, zur Rechenschaft gezogen wird (*Brophy* u. *Evertson,* 1974).

Diese Empfehlungen zur Unterrichtsorganisation bei der Stillarbeit gehen allesamt auf die Ergebnisse der genannten Korrelationsstudien zurück. Außerdem erscheinen sie uns recht sinnvoll zu sein. Sind sie deshalb auch selbstverständlich? Vielleicht, aber ihre mögliche Selbstverständlichkeit bedeutet nicht, daß Lehrer diese Informationen nicht brauchen oder daß sie diese Verhaltensweisen bereits beherrschen. Diese Variablen des Lehrerverhaltens hätten nicht der strengen Prüfung standgehalten, wenn sich nicht erwiesen hätte, daß sie eine Korrelation zur Schülerleistung aufweisen. Und sie könnten nicht mit der Schülerleistung korrelieren, wenn es nicht Tatsache wäre, daß es bei jedem einzelnen Punkt bedeutsame Unterschiede im Verhalten der einzelnen Lehrer gibt. Zugleich stellt sich die Frage, ob es nicht einfacher ist, die Stillarbeit in ihrem gegenwärtigen Umfang spürbar zu verringern (aber nicht aufzugeben) anstatt zu versuchen, den einen oder anderen Aspekt der Stillarbeit wirkungsvoller zu gestalten. Dieser Vorschlag ist nicht etwa deshalb sinnvoll, weil Stillarbeit trivial oder wertlos ist. Stillarbeit sollte vielmehr deswegen im Umfang verringert werden, weil man in der BTES-Studie und in anderen Untersuchungen nachgewiesen hat, daß die Schüler sich in Stillarbeitsphasen weniger stark auf den Unterricht konzentrieren (ungefähr nur 70 Prozent der Zeit) als in Gruppenarbeitsphasen, die vom Lehrer geleitet werden (etwa 84 Prozent der Zeit) (vgl. *Rosenshine,* 1980, S. 119).

24.5 Das Unterrichtsgespräch

Wir kommen jetzt also zur zweiten Möglichkeit, den Unterricht in der Klasse zu gestalten, dem Unterrichtsgespräch. Wie bereits erwähnt, zeigen sich die Leistungen älterer Schüler durch diese Methode beeinflußbar. Das Unterrichtsgespräch taucht in den ersten Grundschulklassen noch nicht so häufig auf, nimmt dann aber immer mehr zu und wird in der Sekundarstufe wesentlich häufiger eingesetzt als die Stillarbeit. In der BTES-Studie war der Anteil des Unterrichtsgesprächs sogar noch größer und wichtiger als der Anteil der Gruppenarbeit. Gruppenarbeit korrelierte 0,31 mit Schülerbeteiligung insgesamt. Das Unterrichtsgespräch hingegen, d.h. „der inhaltsreiche Gedankenaustausch – Erklärungen, Fragen und Antworten, und Feedback", korrelierte 0,45 mit der Schülerbeteiligung insgesamt (*Rosenshine,* 1980, S. 121).
Versuchen wir die vielen in Experimenten untersuchten Verhaltensvariablen der Lehrer zu klassifizieren, so erhalten wir drei grundlegende Kategorien des Unterrichtsgesprächs: Strukturierung, Aufforderung und Reaktion. Diese drei Variablen sind als Schätzwert oder als Meßwert erhoben worden und dann mit den Leistungen oder Einstellungen der Schüler korreliert worden. Demzufolge gruppieren wir diese Lehrerverhaltensvariablen danach, ob sie etwas mit dem Strukturierungsverhalten, dem Aufforderungsverhalten oder dem Reaktionsverhalten des Lehrers zu tun haben. (Wir schließen „Antwortverhalten" aus, weil es primär eine Schülerverhaltensweise und nicht eine Variable des Lehrerverhaltens ist.)

Strukturierungsverhalten des Lehrers

Zum Strukturierungsverhalten des Lehrers gehören Bemerkungen wie die folgenden: „Gut, wir wollen jetzt die Tatsachen, die über den Nationalsozialismus bekannt sind, verlassen und uns darum kümmern, was seine Ursachen gewesen sein könnten. Eine so tiefgreifende und alles umfassende Bewegung wie der Nationalsozialismus kann nicht aus dem Nichts entstehen. Es müssen Ursachen in der Geschichte Deutschlands vorhanden gewesen sein – vorausgehende ökonomische, politische und soziale Phänomene und Prozesse. Wir wollen einmal schauen, was sich ergibt, wenn wir die Gründe, weshalb die Nazis an die Macht kamen, untersuchen."
Die Strukturierung kann auch in viel kürzeren Formen stattfinden:
„Legt jetzt bitte euer Lesematerial zur Seite. Wir beginnen jetzt mit Musik."
„Eine weitere Art von Dreieck ist das gleichschenklige. Es hat zwei gleiche Winkel. Daneben hat es einige weitere interessante Eigenschaften. Wir wollen uns das einmal ansehen."
Kurz gesagt, so wie sie hier verwendet werden,

Definition des Strukturierens

erfüllen Strukturierungsmaßnahmen die pädagogische Funktion, bei der der Kontext für das folgende Verhalten dadurch festgesetzt wird, daß Interaktionen zwischen Schülern und Lehrer entweder in Gang gesetzt oder angehalten oder ausgeschlossen werden. Lehrer setzen mit Hilfe einer Strukturierungsmaßnahme, bei der sie die Aufmerksamkeit auf das Problem oder den Gegenstand lenken, der während dieser Unterrichtsstunde erörtert werden soll, häufig eine bestimmte Unterrichtsperiode in Gang (*Bellack* et al., 1966, S. 4).

Welche Dimensionen des Strukturierungsverhaltens von Lehrern wurden untersucht? In den Übersichten von *Rosenshine* (1971b) und *Dunkin* u. *Biddle* (1974) finden sich Untersuchungen über

- die Häufigkeit der Anregung und Strukturierung durch den Lehrer,
- Signale setzen,
- Organisation,
- Lehrersprechzeit.

Häufigkeit der Anregung und Strukturierung durch den Lehrer. Welches Ausmaß an Anregung und Strukturierung durch den Lehrer ist wünschenswert? Sollte der Lehrer dieses Verhalten häufig oder selten bringen? Eine wirklich quantitative Antwort ist nicht verfügbar, aber aus den entsprechenden Untersuchungen ergeben sich einige Eindrücke. „Es besteht ein (schwacher) Zusammenhang zwischen einem mäßigen Gebrauch von Anregung und Strukturieren durch den Lehrer und hohen Leistungen der Schüler" (*Dunkin* u. *Biddle,* 1974, S. 334). Was mit dem Begriff *mäßig* gemeint ist, ist schwer zu beschreiben. Man kann lediglich feststellen, daß in einer 50minütigen Unterrichtsstunde sehr hohe und sehr niedere Häufigkeiten von Anregungs- und Strukturierungsmaßnahmen durch den Lehrer für die Schüler nicht so vorteilhaft waren wie eher mäßige Häufigkeiten. Möglicherweise hat auch die Häufigkeit des Strukturierens nur in höheren Klassen Bedeutung, da *Wright* u. *Nuthall* (1970) in einer Untersuchung in Neuseeland in Naturkundeunterrichtsstunden in 17 dritten Klassen keinen Zusammenhang zwischen dem Ausmaß des Strukturierens und den Leistungen der Schüler feststellen konnten.

Die geschätzte optimale Häufigkeit

Signale setzen. Eine andere Art des Strukturierens im Unterrichtsgespräch ist das Signalisieren. Dieses Verhalten ist dann zu beobachten, wenn der Lehrer irgendwie signalisiert, daß *ein Teil der Stunde zu Ende ist und ein neuer beginnt:* „Gut, das genügt, was die Auswirkungen von Inflation betrifft. Jetzt wollen wir einmal an die Ursachen herangehen." *Anderson* et al. (1979) führten ein erfolgreiches Experiment mit Lehrern der 1. Klasse durch, in dem eine Variante effektiven Unterrichtens die war, ein für alle gut erkennbares Signal zu geben, um die Aufmerksamkeit der Schüler auf den Lehrer zu konzentrieren. Zu einem ähnlichen Ergebnis kam *Arlin* (1979), der feststellte, daß beim Übergang von einer Unterrichtstätigkeit zur nächsten die Schüler weitaus weniger störten, wenn die Lehrer „strukturierte" Überleitungen wählten. Strukturierte Überleitungen waren definiert als solche Überleitungen, bei denen „bestimmte Regeln oder Verfahren eingesetzt werden, um eine Überleitung in Gang zu setzen", wie z.B. „Also gut, wir beginnen dann mit dem Rechnen in fünf Minuten: ihr solltet deswegen jetzt anfangen, eure Malsachen wegzuräumen" (S. 48).
Offensichtlich kann ein derartiges Signalgeben mit den Leistungen in sehr kurzen Unterrichtseinheiten (10 Minuten) und auch in längeren (45 Minuten) in Zusammenhang stehen. So ergab sich in einer Untersuchung über 10minütige Unterrichtseinheiten an sechsten und zwölften Klassen mit 6 bzw. 35

Lehrern ein positiver Zusammenhang zwischen derartigen Signalen bei Übergängen und den Leistungen (*Crossan* u. *Olson,* 1969). In dieser Untersuchung wurde auch ein positiver Zusammenhang zwischen der Neigung des Lehrers, *Worte, die gelernt werden sollen, zu betonen* oder mit einem speziellen Signal zu versehen, und den Leistungen festgestellt. Zum Beispiel: „Merkt euch den Begriff *selektive Mobilität.* Mit ihm wird ein wichtiges Argument umschrieben." *Pinney* (1969) zählte die Häufigkeit, mit der Junglehrer eine andere Art des Signalgebens, nämlich *verbale Hinweise auf die Bedeutung,* in zwei 45minütigen Sozialkundestunden an achten und neunten Klassen verwendeten, wie z. B. „Jetzt achtet auf dies ..." Er fand einen positiven Zusammenhang zwischen dieser Häufigkeit und den durchschnittlichen Meßwerten der Schüler in Leistungstests. Das Wissen des Lehrers um die Übergänge in Unterrichtsstunden und seine Kenntnisse darüber, was an der Unterrichtsstunde wichtig ist, sollten den Schülern mitgeteilt werden. Setzt man derartige Signale, so strukturiert man damit auch die Lernaufgabe.

Das Betonen von Worten, die gelernt werden sollen

Verbale Hinweise auf wichtige Inhalte

Wahrnehmbare Organisation

Organisation. Eine weitere Art des Strukturierens kann dadurch gemessen werden, daß man Einschätzungen des Organisationsgrades erhebt. Schülereinschätzungen des Ausmaßes, in dem kurze (15–20 Minuten) Unterrichtsübungen *organisiert* waren, korrelierten, wie sich herausstellte, positiv mit ihren Leistungen (*Belgard* et al., 1971). In einer großen Stichprobe aus High-School-Physikklassen zeigte sich denn auch durchgehend, daß zwischen den Urteilen der Schüler über die „Desorganisation" des Unterrichts und ihren Leistungen und Interessen für die Naturwissenschaften ein klarer, leistungsmindernder Zusammenhang besteht (*Anderson* u. *Walberg,* 1968; *Walberg* u. *Anderson,* 1968; *Walberg,* 1969a, 1969b). Ein Unterricht, der von den Schülern als organisiert wahrgenommen wird, ist also mit großer Wahrscheinlichkeit mit besseren Leistungen der Schüler verknüpft.

Wie kann den Schülern der Eindruck vermittelt werden, daß eine Unterrichtsstunde organisiert ist? Der Eindruck sollte nicht falsch sein. Er sollte auf visuell und auditiv wahrnehmbaren Beweisen dafür beruhen, daß der Unterricht eine Richtung hat – auf irgendein Ziel zusteuert – und daß die Einzelschritte in diese Richtung durchdacht sind. Strukturierungsmaßnahmen – einschließlich des „Signalgebens", des „Betonens von Worten (Konzepten), die gelernt werden sollen", „verbaler Hinweise auf die Bedeutung" – werden dabei von Nutzen sein. Den Schülern Einblick in die Planung des Lehrers zu geben, ist wohl auch deshalb nützlich, weil damit verbunden ist, daß die Materialien und Demonstrationen bereits vor dem Unterricht in eine bestimmte Ordnung gebracht wurden und daß der Lehrer dazu imstande ist, die Schüler von vornherein über die Struktur der Ideen, mit denen sie sich befassen sollen, zu informieren.

Schließlich wird eine Stunde auch dann besser organisiert sein, wenn der Lehrer sehr selbstdiszipliniert ist und nicht vom Thema abschweift oder den Zusammenhang verliert. *Smith* u. *Cotton* (1980) verwenden hier den Begriff „Diskontinuität", um den Zustand zu beschreiben, der eintritt, wenn der Lehrer in ungeordneter Weise von einem Thema zum nächsten *innerhalb* einer Stunde oder eines Themenkomplexes übergeht. Solche Überleitungen sind „Abschweifungen oder unwichtige thematische Einschübe" und sie werden, wie wir in Kapitel 9 festgestellt haben, dafür verantwortlich gemacht, daß nicht nur die Schülerleistung verringert wird, sondern auch die Zustimmung des Schülers zu Fragebogenitems wie „Der Lehrer hat sich sehr gut an das Thema gehalten" und „Der Lehrer hat wirklich gewußt, wovon er redete".

Lehrersprechzeit. Wir wenden uns nun einer Dimension des Lehrerverhaltens zu – der Lehrersprechzeit –, die Gegenstand von mehr Untersuchungen gewesen ist als irgendeine andere. Diese Dimension weist offensichtlich Ähnlichkeiten mit der Dimension des Strukturierens durch die Festsetzung des Kontexts für das Verhalten der Schüler auf. Das, was der Lehrer sagt, gilt zumeist dem Vortrag über Sachverhalte und den Arbeits- und Verhaltensanweisungen. Die Lehrersprechzeit ist die Zeit, während der der Lehrer spricht oder – anders gemessen – die Zahl der Einheiten, die man bei einer Verschriftlichung seiner Redeteile wählt, wie z. B. die Anzahl der Zeilen oder Wörter, die in einer festgesetzten Zeitspanne vorkommen. Bekanntlich hat die Schulpädagogik der vergangenen Jahrzehnte der Lehrersprechzeit nur einen geringen Wert beigemessen. Die Lehrer wurden dazu gedrängt, nicht nur keine Vorlesungen zu halten, sondern auch den Umfang ihrer eigenen Äußerungen zu vermindern und den Umfang der Äußerungen der Schüler anzuheben. Die Ursprünge dieser Lehrmeinungen brauchen uns hier nicht zu interessieren. Wir wollen uns lieber mit den Daten befassen, die aus Korrelationsuntersuchungen stammen.

Diese Variable war Gegenstand von neun Korrelationsuntersuchungen, die *Rosenshine* (1971b) und *Dunkin* u. *Biddle* (1974) zusammenfassend dargestellt haben. Wenngleich keine der Korrelationen statistisch signifikant war (zum Teil wegen der geringen Anzahl von Lehrern, die von 15 bis 31 mit einem Median von 17 reichte, so waren sie doch durchgängig positiv und niedrig. Die Korrelationskoeffizienten waren 0,45 (N = 16), 0,02 (N = 15), 0,11 (N = 30), 0,08 (N = 16), 0,30 (N = 15), 0,29 (N = 31) und in einer Untersuchung (N = 17) war die Korrelation für die Äußerungen des Lehrers −0,09, für Monologe des Lehrers aber 0,35, eine verwandte Variable, die als Feststellungen oder Abfolge von Fragen des Lehrers definiert wurde, die nicht durch Äußerungen der Schüler unterbrochen wurden. *Soar* (1966) zählte die Anzahl der Sekunden aus, während deren der Lehrer mit vorlesungsartigen Darstellungen beschäftigt war, bevor er eine Frage stellte. Wenngleich er keinen Unterschied machte, ob nun die Kommentare sich auf eine vorausgehende Diskussion oder auf nachfolgende Fragen bezogen, korrelierte dieses Maß positiv (0,28) mit den allgemeinen Leistungen in zwei Schulhalbjahren bei Klassen von 55 Lehrern der Klassenstufen drei bis sechs.

Später hat *Soar* (1973) auch „ausgedehnte Lehrersprechzeit" mit angepaßter Leseleistung in der 2. Klasse korreliert und dabei eine Korrelation von 0,44 erhalten.

Fünf von den neun Korrelationen zwischen irgendwie gearteten Äußerungen des Lehrers und den Leistungen der Schüler lagen also bei 0,29 oder darüber; nur eine war negativ. So scheint der Schluß gerechtfertigt zu sein, daß eher eine niedere positive Korrelation zwischen Äußerungen des Lehrers und Leistungen der Schüler besteht. Wenn angenommen werden kann, daß die Äußerun-

Niedere positive Korrelation mit Leistung

gen des Lehrers hauptsächlich aus der Strukturierungskomponente des Frage-Antwort-Verfahrens besteht, kann der Schluß gezogen werden, daß ein höheres Ausmaß an Strukturierung durch den Lehrer mit besseren Leistungen der Schüler verknüpft ist. Dabei sollte jedoch nicht übersehen werden, daß, worauf wir bereits hingewiesen haben, wahrscheinlich ein optimaler Punkt existiert, bei dessen Überschreiten das Strukturieren und die Äußerungen der Lehrer Fortschritte der Schüler auf bestimmten Gebieten behindern. Die niederen positiven Korrelationen zwischen den Äußerungen des Lehrers und den Leistungen legen jedoch die Vermutung nahe, daß die meisten Lehrer diesen Punkt exzessiver Äußerungen nicht erreichen, an dem die Leistungen abzufallen beginnen. Die Korrelationen lassen vielmehr vermuten, daß Lehrer u. U. zu wenig sprechen und so das Maximum an Leistungen nicht erreichen. Wahrscheinlich ist die Qualität der Äußerungen des Lehrers wichtiger als ihre Quantität. Diese Annahme wird durch die durchgängig positiven und beträchtlichen Korrelationen zwischen Einstufungen der Eindeutigkeit der Äußerungen von Lehrern und Leistungen der Schüler gestützt (*Rosenshine,* 1971b).

Einstufungen der Eindeutigkeit

Einstufungen der Eindeutigkeit sagen uns jedoch nichts darüber, wie man eindeutig sein kann, nur daß sie wichtig ist. Die vielleicht besten Hinweise darauf, wie man Eindeutigkeit erreichen kann, sind diejenigen über Darstellen und Erklären in Kapitel 19.

Wir können also festhalten, daß das Ausmaß eindeutiger Äußerungen von Lehrern über die Gegenstände, die gelernt werden sollen, und ein mäßiges Ausmaß an Strukturierung und Informationsübermittlung in positivem Zusammenhang mit den Leistungen der Schüler stehen.

Ein Experiment zur Strukturierung. Eine Reihe von Strukturierungsmöglichkeiten wurden experimentell gezielt bei Sechstkläßlern während einer 9 Tage dauernden „Ökologie"unterrichtseinheit eingesetzt (vgl. *Clark* et al., 1979). Vier speziell für diese Aufgabe angeworbene Lehrer wurden sorgfältig darauf vorbereitet, diesen Unterricht einmal sehr gut strukturiert in sechzehn Klassen zu halten, und parallel dazu sehr unstrukturiert in sechzehn anderen, nach dem Zufallsprinzip ausgewählten ebensolchen Klassen. Zum gut strukturierten Unterricht gehörten folgende Verhaltensweisen des Lehrers: er sollte

- die Hauptgedanken und den Lernstoff am Ende einer Stunde zusammenfassen und am Anfang der nächsten Stunde als Einleitung noch einmal in geraffter Form präsentieren;
- die Ziele zu Beginn der Stunde angeben;
- den Inhalt der Stunde zu Beginn umreißen;
- Überleitungen von einem Teil zum nächsten signalisieren;
- die wesentlichen Gesichtspunkte einer Stunde herausheben;
- nach der Beendigung einzelner Unterrichtsabschnitte diese zusammenfassen.

In den schlecht strukturierten Stunden fehlten alle diese Verhaltensformen des Lehrers. Im Anschluß an die neun Unterrichtstage absolvierten die Schüler einen Leistungstest zum Thema „Ökologie". Die Testergebnisse der Schüler, deren Unterricht gut strukturiert war, lagen im Durchschnitt höher als die der Vergleichsgruppe. Der Unterschied war beträchtlich: der Durchschnitt einer „gut strukturierten" Klasse lag über den Durchschnittswerten von drei Viertel der „schlecht strukturierten" Klassen. Dieser Unterschied war allerdings nur bei den geringer zu bewertenden Wissensfragen auszumachen, nicht jedoch bei den höher zu bewertenden Fragen, die logisches Denken erforderten.

Aufforderungsverhalten des Lehrers

Nun sollen die Verhaltensweisen der Lehrer, die in der Aufforderungsphase der Frage-Antwort-Episoden in der Klasse vorkommen, betrachtet werden. Nachdem er das Wechselgespräch strukturiert hat, regt der Lehrer eine Antwort an oder fordert einen Beitrag, verbal oder nichtverbal, von einem oder mehreren Schülern:

Impulse setzen

„Jetzt wollen wir mit einigen Tatsachen über den Nationalsozialismus beginnen. Wann kamen die Nazis in Deutschland an die Macht?" ... „Welche Situation war zu dieser Zeit in Deutschland für die Mittelklasse vorhanden?" ... „Was war die große Angst der deutschen Industriellen zu dieser Zeit?" ... „Welchen Vorteil schlug Hitler aus den verschiedenen Aspekten der deutschen Situation 1933?"

„Welche Eigenschaften besitzt ein gleichschenkliges Dreieck, außer daß es zwei gleiche Winkel aufweist?"

Untersuchungen über das Aufforderungs- oder Frageverhalten von Lehrern befassen sich in der Regel mit

- der Häufigkeit von Fragen;
- dem Schwierigkeitsgrad und dem kognitiven Niveau von Fragen;
- der Richtung der Fragen (Adressatenkreis);
- dem Adressatenwechsel bei Fragen sowie dem Nachfragen.

Die Häufigkeit von Fragen. Die durchschnittliche Häufigkeit mündlicher Fragen ist in verschiedenen Untersuchungen (vgl. die Übersicht von *Gall,* 1970) sehr hoch eingeschätzt worden – im Naturkunde- und Sozialkundeunterricht der Primarstufe auf etwa 150 Fragen pro Stunde und somit vermutlich auf mehrere hundert pro Tag, sowohl in der Primarstufe als auch in der Sekundarstufe.

Hohe Häufigkeit

Diese Durchschnittshäufigkeiten sagen nichts darüber aus, worin sich die einzelnen Lehrer bei so häufigen Fragen unterscheiden. Lernen die Schüler mehr, je mehr Fragen ihnen gestellt werden? In acht Untersuchungen hat man versucht, sich hierüber Klarheit zu verschaffen (vgl. *Rosenshine,* 1971b, S. 159–170; *Dunkin* u. *Biddle,* 1974, S. 139; *Crawford* et al., 1978). Dabei wurden in sechs Untersuchungen positive Korrelationen mit den Leistungen der Schüler ermittelt (0,44, 0,44, 0,30, 0,13, 0,11 und 0,07) und in zwei Fällen negative (−0,19 und −0,05). Die Mehrheit der wissenschaftlichen Ergebnisse befürworten also eine größere Fragehäufigkeit. Wenn unterrichtsbezogene und nichtunterrichtsbezogene Fragen getrennt voneinander untersucht werden, sieht das

Ergebnis anders aus: in dem von *Stallings* u. *Kaskowitz* (1974, S. 295) durchgeführten Experiment korrelierten unterrichtsbezogene Fragen positiv (0,32) und nichtunterrichtsbezogene Fragen negativ (−0,29) mit den Leistungen von Drittkläßlern im Lesen.

Das kognitive Niveau von Fragen. Vielleicht ist es dieses Merkmal und nicht die Quantität der Fragen oder Wechselgespräche, das von Bedeutung ist. Welcher Art sind die Fragen, die Lehrer stellen? Eine Grundlage für die Klassifizierung von Fragen ist mit der Taxonomie der Unterrichtsziele auf kognitivem Gebiet gegeben, mit der sich Kapitel 4 kurz befaßte. *Gall* (1970, S. 710) vertrat die Auffassung, daß „*Blooms Taxonomie* am besten die Gemeinsamkeiten herausstellt, die zwischen den Systemen existieren", die in sieben verschiedenen Versuchen, Fragen nach der Art des für die Beantwortung erforderlichen kognitiven Prozesses zu klassifizieren, verwendet wurden.
Fragen können auch anderen Zwecken dienen als der Erzeugung intellektueller Prozesse, wie sie in der Taxonomie herausgestellt werden (*Gall,* 1970, S. 710). Es wäre z. B. schwierig, diese anderen Zwecke in die folgende Klassifizierung einzuordnen:

- Schüler dazu auffordern, ihren ersten Antwortversuch zu verbessern („Weiter. Kannst du das genauer darstellen?");
- zu Diskussionen anregen („Wilhelm, was meinst du zu dem, was Karin gerade als Grund für Watergate angeboten hat?");
- Neugier erregen und zur genaueren Betrachtung motivieren („Warum sollte irgend jemand 20 Milliarden Dollar ausgeben, um einen Menschen auf den Mond zu bringen, wenn hier auf der Erde Leute hungern?" – „Weshalb meint ihr, daß diese prähistorischen Leute Stonehenge bauten?");
- Bemühungen von Schülern auf den Erwerb einer kognitiven oder sozialen Fähigkeit hinsteuern („Was meint ihr, würde passieren, wenn man den pythagoräischen Lehrsatz hierauf anwenden würde?" – „Weshalb meint ihr, verlor Susanne ihre Beherrschung?").

Fragen und Erfahrungen von Schülern

Unter welche taxonomische Klassifikation eine Frage fällt, hängt von den vorausgehenden Erfahrungen der Schüler ab. Hat der Schüler die Antwort früher einmal gelesen oder gehört, so verlangt die Frage ein bloßes Erinnern oder einfach ein Wissen, gleichgültig, wie komplex die Antwort ausfällt. Die Frage setzt vielleicht nur scheinbar einen höheren intellektuellen Prozeß voraus, wie z. B. Analyse („Welches sind die Hauptursachen für die Zunahme pornographischer Filme in den vergangenen Jahren?") oder Synthese („Welchen Einfluß übte die Erfindung von Langspielplatten und Tonbandgeräten auf die Gewohnheiten des Musikhörens in Amerika aus?"). Wenn der Schüler die Antworten auf diese Fragen gelesen hat, so verlangt ihre Beantwortung lediglich, daß er sich erinnert. Umgekehrt können Fragen, die scheinbar ein bloßes Erinnern verlangen („Wann wurde das Fernsehen weit verbreitet?", „Welche Partei kontrollierte den Kongreß 1929?"), tatsächlich deduktives Denken voraussetzen, wenn der Schüler die Antworten niemals gelesen oder gehört hat. Der Schüler kann in diesem Fall zu einer Antwort gelangen, indem er Schlüsse aus den Tatsachen zieht, daß Präsident Franklin Roosevelt während seiner berühmten Kaminplaudereien im Radio zu hören war, während Präsident Eisenhower sich über das Fernsehen an die Nation wandte. Oder er bringt vielleicht die Tatsachen, daß der Kongreß das Smoot-Hawley-Gesetz über Zollerhöhungen 1929 verabschiedete und daß die Republikaner traditionell hohen Zöllen den Vorzug gaben, miteinander in Verbindung. Kurz gesagt, es hängt sowohl von der Frage als auch von den früheren Erfahrungen des Schülers ab, welche kognitiven Prozesse der Schüler bei der Entwicklung einer richtigen Antwort verwenden muß.

Fragentypen und Leistung

Möglicherweise hat diese Abhängigkeit von vorausgehenden Erfahrungen die Zusammenhänge zwischen den Fragentypen und der Leistung beeinflußt. Diese Zusammenhänge sind nämlich gering und nur mäßig gleichsinnig. Ziel der entsprechenden Untersuchungen war es, festzustellen, ob Lehrer, die relativ mehr komplexe Fragen stellen, Schüler haben, die die Unterrichtsziele umfassender erreichen. Der Antrieb zu diesen Untersuchungen entstammte zum Teil den wiederholten Feststellungen, daß die meisten Fragen (bis zu 80%), die Lehrer stellten, „lediglich" ein Erinnern oder Wissen dessen verlangten, was im Lehrbuch oder sonstwo gelesen oder gehört wurde, während nur etwa 20% intellektuelle Prozesse auf einem höheren Niveau der kognitiven Skala voraussetzten (*Gall*, 1970, S. 713). Der hohe Prozentsatz von Gedächtnisfragen kann durchaus gerechtfertigt sein, da derartige Fragen die groben Informationen herausstellen, die als Grundlage für höhere intellektuelle Prozesse erforderlich sind, wie z. B. für Analyse, Synthese und Bewertung. Die Verhaltensweisen der einzelnen Lehrer variierten jedoch um die oben angegebenen durchschnittlichen Prozentsätze. So kam es zu der interessanten Frage: Gehen derartige Variationen mit Variationen in den Leistungen der Schüler einher?

Schwierigkeitsgrad von Fragen

„Einfache" Fragen sind zumeist leichter zu beantworten als „komplexe" Fragen. So ist es wichtig zu wissen, daß der in den zuvor genannten Untersuchungen über unterrichtsbezogene Lernzeit (vgl. *Fisher* et al., 1980) festgestellte Prozentsatz der Zeit, die auf einfache Fragen verwendet wird, eine positive Korrelation zur Leistung der Schüler aufweist, während der Prozentsatz der auf komplexe Fragen verwendeten Zeit negativ mit der Schülerleistung korrelierte. Mit diesem Ergebnis haben wir ein Argument dafür, daß einfach dimensionierte Fragen für die Leistungsförderung von größerem Nutzen sind. Wenn man generell also der Auffassung ist, daß der Schwierigkeitsgrad von Fragen insgesamt niedrig sein sollte, so daß zu 80 bis 90 Prozent der Zeit korrekte Antworten gegeben werden, dann trifft diese Forderung ganz besonders für Schüler zu, die (aufgrund ihres niedrigen sozioökonomischen Status') es nur zu geringeren Leistungen bringen (vgl. *Brophy* u. *Evertson,* 1974, S. 114). Bei solchen Schülern einer 3. Klasse korrelierte der Prozentsatz der richtigen Antworten positiv (0,51) mit ihrer Leistung. Bei den mehr leistungsorientierten Schülern mit hohem sozioökonomischen Status korrelierte der Prozentsatz der richtigen Antworten negativ (−0,31) mit ihrer Leistung. Dieses Resultat darf aber nicht falsch interpretiert werden: es bedeutet lediglich, daß der Prozentsatz der korrekten Antworten niedriger sein darf – aber immer noch hoch genug sein muß.

So könnte man sagen: Weil Fragen auf einem niedrigen Schwierigkeitsgrad angesiedelt sein sollten und weil Fragen, deren kognitives Niveau nicht so hoch ist, in der Regel weniger schwierig ausfallen, machen es die Lehrer schon ganz richtig, wenn sie mehr Fragen auf einem niedrigeren kognitiven Niveau stellen.

Schwierigere Fragen fördern die Leistung

Experimentelle Ergebnisse weisen jedoch genau in die andere Richtung. *Redfield* u. *Rousseau* (1981) trugen die Ergebnisse von 14 einschlägigen Experimenten zusammen und unterzogen deren Statistik einer Metaanalyse. Die aber beweist, „daß der überwiegende Einsatz von Fragen mit einem höheren kognitiven Niveau im Unterricht eine positive Wirkung auf die Leistung hat" (S. 241). Diese Wirkung ist darüber hinaus noch sehr ausgeprägt: „Man kann davon ausgehen, daß der Durchschnittsschüler aus einer Klasse, dessen Lehrer die meiste Zeit Fragen mit niedrigem kognitiven Niveau stellt, nach einiger Zeit in einer Klasse, in der der Lehrer überwiegend Fragen mit hohem kognitiven Niveau stellen würde, Leistungen erbringen könnte, die beim Prozentrang 77 liegen" (S. 243).

Wenn also ein erkennbarer Widerspruch darin besteht, daß es einerseits wünschenswert ist, Fragen mit geringem Schwierigkeitsgrad zu stellen und andererseits es effektiver ist, wenn die Fragen ein höheres kognitives Niveau haben, wie können wir dann diesen Widerspruch erklären? Die Antwort könnte sich in der Tatsache verbergen, daß die Ergebnisse, die den geringen Schwierigkeitsgrad betreffen, in den Klassen 1 bis 5 ermittelt wurden, während die Ergebnisse über das hohe kognitive Niveau in den oberen Klassenstufen ermittelt wurden. Darauf geht auch *Winne* (1979) ein, wenn er sagt: die kognitive Entwicklung von Kindern im Grundschulalter hat unter Umständen noch nicht die Stufe erreicht, die erforderlich ist, um solche Fragen zu bewältigen, die nur mit höheren geistigen Fähigkeiten beantwortet werden können. Nach *Winnes* Ansicht deuten die Ergebnisse *Piagets* darauf hin, daß die erforderliche Stufe des operationalen Denkens erst erreicht wird, wenn die Kinder ungefähr in der 7. Klasse sind (vgl. Kapitel 7).

Schwierigere Fragen und Schülerverhalten

Abgesehen von seinen Auswirkungen auf die Leistungen der Schüler können wir das Fragen auf einem höheren kognitiven Niveau auch mit dem Argument verteidigen, daß solche Fragen einen Einfluß darauf haben, was der Schüler im Unterricht sagt. Sowohl *Winne* (1979) als auch *Dillon* (1982) haben die diesbezügliche Literatur zu diesem Einwand gesichtet: insgesamt gesehen sprechen sich alle fünf Korrelationsuntersuchungen einmütig für komplexere Fragen auf einem höheren Niveau aus; Lehrer, die mehr solcher Fragen stellen, für deren Beantwortung der Schüler Anwendungs-, Interpretations- und Analysefähigkeiten einsetzen muß, rufen eher ein Schülerverhalten hervor, das auf einem relativ hohen Niveau angesiedelt ist. Das bedeutet, daß die Antworten der Schüler auf die Fragen der Lehrer sich auf etwa dem gleichen Niveau kognitiver Komplexität ansiedeln, auf dem die Fragen gestellt wurden. Das gilt nicht nur für die Antworten der Schüler, sondern auch für Feststellungen, die sie treffen (vgl. *Dillon,* 1982). Diese Übereinstimmung ist keineswegs vollständig, aber sie ist ganz sicher bis zu einem bestimmten Grad vorhanden. „Eine kognitive Entsprechung zwischen Lehrerintervention und Schülerantwort tritt in etwa der Hälfte der Fälle ein" (*Dillon,* 1982, S. 548). Fragen auf einem höheren Niveau „funktionieren" – sie veranlassen die Schüler, sich so zu verhalten, daß sie Informationen auf einem relativ höheren kognitiven Niveau verarbeiten. Komplexere Fragen bewirken es anscheinend, daß Schüler komplexere gedankliche Prozesse durchlaufen, Prozesse, bei denen es nicht nur auf Erinnerung ankommt, sondern auch noch auf andere logische Denkprozesse. Allein dies schon rechtfertigt Fragen solcher Art.

Komplexe Fragen bewirken komplexe Gedanken

Wartezeit I. Nachdem der Lehrer eine Frage gestellt hat, verstreicht eine gewisse Zeit, bis der Schüler antwortet. Diese Zeit nennen wir Wartezeit I (vgl. *Rowe,* 1974). Wartezeit II demgegenüber ist die Pause zwischen der Antwort eines Schülers und der nächsten Äußerung des Lehrers. Darauf gehen wir im nächsten Abschnitt über das Reaktionsverhalten des Lehrers ein. Es wirkt sich in verschiedener Hinsicht günstig auf die Antworten der Schüler aus, wenn wir die Wartezeit (beide Typen), die durchschnittlich eine Sekunde beträgt, auf durchschnittlich mehr als drei Sekunden verlängern:

1. die Länge der Antworten nimmt zu;
2. die Anzahl der unaufgeforderten, aber angemessenen Antworten nimmt zu;
3. das Ausbleiben von Antworten nimmt ab;
4. das Selbstvertrauen nimmt zu, was sich in einer Abnahme von Antworten mit Inflexion (fragenähnliche Tongebung der Stimme) zeigt;
5. die Häufigkeit spekulativer Antworten nimmt zu;
6. die Häufigkeit der Vergleiche von Aussagen, die von verschiedenen Schülern stammen, nimmt zu;
7. die Häufigkeit von Äußerungen, die Schlußfolgerungen aus Informationen darstellen, nimmt zu;
8. die Häufigkeit der von den Schülern gestellten Fragen nimmt zu;
9. die Häufigkeit der Antworten von Schülern, die vom Lehrer als relativ langsam eingeschätzt werden, nimmt zu;
10. die Vielfalt der von den Schülern gezeigten Verhaltensweisen nimmt zu (*Rowe,* 1974, S. 81).

Schüler brauchen Zeit zum Nachdenken

Wenn Sie eine komplexe Frage stellen, müssen Sie Ihren Schülern Zeit lassen, darüber nachzudenken, welche Antwort sie wohl geben könnten. Sie brauchen Zeit, um die mit der Frage verbundenen Informationen zu verarbeiten. Drängen Sie nicht auf eine Antwort. Lehrer neigen dazu, länger auf eine Antwort bei solchen Schülern zu warten, die sie für die fähigeren halten, und weniger lange bei jenen, die sie für weniger fähig halten (*Rowe,* 1974). Als Lehrer sollte man sich also davor hüten, den Schüler zu rasch zu einer Antwort zu bewegen. Im Gegenteil, eine längere Wartezeit nach einer Frage kann als durchaus angemessenes Lehrerverhalten gelten.
Diese Feststellungen gründen sich auf Experimente, in denen Lehrer die beiden Aspekte der Wartezeit (hoch und niedrig) und die beiden kognitiven Frageniveaus (hoch und niedrig) experimentell zu variieren hatten. *Fagan, Hassler* u. *Szabo* (1981) arbeiteten mit zwanzig Lehrern, mit denen sie, jeweils in Gruppen zu fünft, bestimmte Fragetypen eingeübt hatten: entweder Fragen mit hoher Wartezeit und hohem kognitiven Niveau oder Fragen mit einem

dieser beiden Faktoren oder Fragen mit keinem der beiden Faktoren. Die Lehrer diskutierten dann mit ihren Schülern (Klassen 3, 4 und 5) literarische Texte. Wenn die Wartezeit hoch war, waren auch die Antworten der Schüler auf Lehrerfragen länger. Auf Fragen mit hohem kognitiven Niveau antworteten die Schüler mit mehreren alternativen Antworten und häufiger auf einem hohen Niveau. Die Kombination von längerer Wartezeit und höherem Frageniveau jedoch erbrachte noch bessere Ergebnisse für diese Variable. Die Lehrer, die ein Wartezeittraining absolviert hatten, fragten mehr komplexe Fragen, aber die Gesamtzahl ihrer Fragen war geringer – ein Ergebnis, das uns einsichtig erscheint, wenn wir bedenken, daß eine längere Wartezeit bedeutet, daß insgesamt weniger Fragen in einer Unterrichtsstunde untergebracht werden können.
Tobin u. *Capie* (1982) haben ein ähnliches Experiment mit 13 Lehrern durchgeführt, die jeweils acht Unterrichtsstunden in den Klassen 6, 7 und 8 hielten. Bei ihren Ergebnissen kommt noch hinzu, daß eine längere Wartezeit (bis drei Sekunden, aber nicht mehr) auch zu besserer Aufmerksamkeit der Schüler führte und daß die Wartezeit eine Korrelation von 0,69 mit den durchschnittlichen Leistungsergebnissen der dreizehn Klassen ergab. Die Auswirkungen der Wartezeit von drei Sekunden waren dann am größten, wenn die Wartezeit einherging mit qualitativ besseren Fragen, d. h. Fragen mit einem höheren kognitiven Niveau, mit größerer Klarheit und mit größerer Bedeutung für die Unterrichtsziele.

Was zuerst: Name oder Frage?

Der Adressatenkreis. Hier legen es die Forschungsergebnisse nahe, daß ein Lehrer, der sich mit seiner Frage an einen bestimmten Schüler wendet, den Schüler erst beim Namen aufrufen sollte, bevor er seine Frage stellt. Diese Empfehlung steht im Gegensatz zu dem Argument, daß das umgekehrte Verfahren – erst die Frage stellen und dann einen Schüler aufrufen – wirkungsvoller ist, weil man damit erreichen kann, daß alle Schüler über die Frage nachdenken, wenn niemand weiß, wer aufgerufen wird, sie zu beantworten. Aber die Untersuchungsergebnisse sagen eindeutig: es ist besser, denjenigen, der eine Frage beantworten soll, erst aufzurufen und dann die Frage zu stellen. Dieses Verfahren korreliert z. B. positiv (0,55) mit der Leseleistung der Schüler in der dritten Klasse (*Brophy* u. *Evertson,* 1974, S. 113). Die Ergebnisse in einer ersten Klasse sind ähnlich: „Der Prozentsatz aller Interaktionen, die erfolgen, wenn die Schüler der Reihe nach aufgerufen werden, korrelierte positiv mit der Leseleistung (*Anderson* et al., 1979, S. 203).

„Der nächste bitte“

So scheint es vorteilhafter zu sein, jüngere Schüler in einer geordneten und vorhersagbaren Weise aufzurufen („Der nächste bitte“) als nach einem zufälligen Schema. Man nimmt an, daß das geordnete Verfahren deshalb wirkungsvoller ist, weil es die Angstschwelle der Schüler verringert. Aber an dieser Stelle könnten wir wiederum mit dem Gegenargument kommen, daß es besser wäre, die Angstschwelle zu erhöhen, zumindest ein klein wenig, so daß die Aufmerksamkeit der Schüler aufrechterhalten bleibt. Das heißt, auch das zufallsbestimmte Aufrufverfahren hat einen gewissen Vorteil; allerdings ist dabei auf ein Problem zu achten: Lehrer neigen dazu, die fähigeren Schüler zu bevorzugen und den schwächeren Schülern die ihnen zustehenden Möglichkeiten zur aktiven Teilnahme am Unterricht zu versagen (*Brophy* u. *Evertson,* 1976, S. 81).

Das alles führt zu dem Schluß, daß der Lehrer nicht mehr als 10 bis 15 Prozent der Zeit Schüler aufrufen sollte, die sich freiwillig zu Wort melden. Nur so kann gewährleistet werden, daß alle Schüler eine relativ gute Chance haben, sich durch Antworten am Unterricht zu beteiligen. In zwei Untersuchungen wurde bestätigt, daß es negativ mit den Leistungen im Lesen korreliert, wenn man nur diejenigen aufruft, die sich melden (*Brophy* u. *Evertson,* 1974, S. 113; *Anderson* et al., 1979, S. 203). – Das gleiche gilt für die Praxis des Lehrers, Zwischenrufe zu akzeptieren oder zuzulassen, Antworten also, die die Schüler geben, ohne vom Lehrer aufgerufen worden zu sein. Die Häufigkeit der Zwischenrufe korrelierte negativ mit der durchschnittlichen Leseleistung der Klasse in zwei Untersuchungen (*Brophy* u. *Evertson,* 1974, S. 113; *Anderson* et al., S. 203). Aber in beiden Untersuchungen wurde zusätzlich noch festgestellt, daß Zwischenrufe von Kindern mit niedrigem sozioökonomischen Status erlaubt sein sollten, denn gerade sie neigen dazu, sich mit ihren Antworten im Unterrichtsgespräch zurückzuhalten. Die Untersuchungsergebnisse bestätigen, daß eine positive Korrelation mit deren Leseleistung eintritt, wenn man Zwischenrufe dieser Schüler akzeptiert.

Freiwillige aufrufen

Zwischenrufe

Der Grundgedanke bei alledem ist, die Kontrollmöglichkeiten des Lehrers im Unterrichtsgespräch zu verstärken, so daß alle Schüler die gleiche Chance haben zu antworten, unter gleichzeitiger Ausrichtung der jeweiligen Tätigkeiten auf das Unterrichtsziel. Mit diesem Gedanken verbindet sich zugleich die Empfehlung, daß der Lehrer verhindern sollte, daß die Häufigkeit der von den Schülern eingeleiteten Fragen und Kommentare zu groß wird. Das führt nämlich dazu, daß die fähigeren Schüler den Unterricht an sich reißen, auf Kosten jener Mitschüler, die sich weniger stark auf den Unterricht konzentrieren können. So konnte festgestellt werden, daß beim Vorlesen die Häufigkeit der Interaktionen einzelner Schüler mit dem Lehrer oder anderen Erwachsenen (z. B. Praktikanten) negativ mit den Leseleistungen der Schüler korrelierten (*Stallings* u. *Kaskowitz*, 1974, S. 297; *Anderson* et al., 1979, S. 203).

Von Schülern kommende Fragen und Kommentare

Adressatenwechsel und Vermittlungshilfen. Wenn der Lehrer eine Frage gestellt hat und ein Schüler eine unrichtige oder unangemessene Antwort gegeben hat, was sollte er dann als nächstes tun? Zu den Alternativmöglichkeiten gehören der Wechsel des Adressaten und die Vermittlungshilfe. Mit Adressatenwechsel ist gemeint, daß der Lehrer dieselbe Frage einem anderen Schüler stellt:

Definition des Adressatenwechsels

> L: „Karl, wieviel Grad hat ein gleichschenkliges Dreieck?“
> Karl: „360.“
> L: „Margret, wieviel Grad hat ein gleichschenkliges Dreieck?“

Damit wird die Klasse dazu aufgefordert, weiter über die Frage nachzudenken, die korrekte Beantwortung durch den Lehrer wird ihr vorenthalten. Offensichtlich ist zu erwarten, daß ein Adressatenwechsel positiv mit den Leistungen der Schüler korreliert. *Wright* u. *Nuthall* (1970) untersuchten das Verhalten von 17 Lehrern der dritten Klasse und das ihrer Schüler während drei

Naturkundeunterrichtsstunden. Der Inhalt der Unterrichtsstunden war standardisiert. Zu den untersuchten Variablen gehörte auch die Häufigkeit, mit der der Lehrer den Adressaten wechselte, wenn eine Frage nicht beantwortet wurde. Es stellte sich heraus, daß diese Variable positiv (r = 0,54) mit den Leistungen der Schüler korrelierte.

In einer anderen Untersuchung wurde ermittelt, daß der Wechsel des Adressaten positiv (ca. 0,50) mit der Leistung von Schülern der Mittelschicht korrelierte (*Brophy* u. *Evertson,* 1974), während dieses Ergebnis von einer anderen Untersuchung nicht bestätigt werden konnte (*Anderson* et al., 1979, S. 215). Die gleiche Variable korrelierte negativ (−0,65) mit der Leistung in Klassen mit Schülern überwiegend aus der Unterschicht (*Brophy* u. *Evertson,* 1974). Es erscheint daher bei Schülern mit niedrigem sozioökonomischen Status besser zu sein, „beim ursprünglichen Adressaten zu bleiben und, wenn möglich, von diesem eine Antwort zu erhalten" (S. 47).

Definition der Vermittlungshilfen

Bei den Vermittlungshilfen auf der anderen Seite stellt der Lehrer demselben Schüler weitere Fragen. Wenn die Antwort nicht richtig war, wiederholt der Lehrer die Frage unter Verwendung anderer Worte. Wenn die Antwort richtig war, stellt der Lehrer die zweite Frage, in der er die Implikationen der ersten Antwort aufnimmt, und dann vielleicht eine dritte oder noch mehr Fragen.

> L: „Siegfried, was tat Hitler als nächstes, nachdem er Chamberlain in München sein Versprechen gegeben hatte?"
> Siegfried: „Nun, er überwältigte die Tschechoslowakei in ein paar Monaten, und das, obwohl er versprochen hatte, es nicht zu tun."
> L: „Gut, Siegfried, was passierte dann?"
> Siegfried: „Die Alliierten sahen dann, daß Hitler mit nichts zufriedengestellt werden könnte, daß sie ihn nicht stoppen können, daß er unersättlich war. Ein Krieg schien unvermeidbar und das begannen sie allmählich zu begreifen."

Diese Technik des Rückfragens und Vermittelns kann dann zum Tragen kommen, wenn es uns darum geht, eine achtbare Antwort selbst von Schülern zu bekommen, die nur wenig leisten und insgesamt nur wenig unterrichtsbezogene Konzentration aufbringen. Oder sie kann dort zum Einsatz kommen, wo wir von leistungsstärkeren Schülern eine noch bessere, ausführlichere, kognitiv höher stehende Antwort erhalten möchten. Im ersten Fall kann ein solches Nachfragen die Tendenz verringern, daß von einem Schüler allzu oft die „keine-Antwort"-Reaktion kommt, denn wenn sie zu häufig auftritt (von Schülern mit niedrigem sozioökonomischen Status), dann korreliert sie negativ (−0,63) mit der Leistung (*Brophy* u. *Evertson,* 1974, S. 115). Wenn wir Vermittlungshilfen einsetzen, um die Häufigkeit der „keine-Antwort"-Reaktion zu verringern, können wir das am besten so tun, daß wir die Frage neu formulieren, zusätzliche Hilfen geben oder eine ganz neue Frage stellen. Die Häufigkeit solcher Verfahren korreliert positiv (ca. 0,45) mit der durchschnittlichen Leseleistung bei Schülern mit niedrigem sozioökonomischen Status (*Brophy* u. *Evertson,* 1974, S. 146) und bei Schülern der Mittelschicht (*Anderson* et al., 1979, S. 205, 214). Aber solche Hilfestellungen müssen sehr behutsam erfolgen.

Die Wirkung von Vermittlungshilfen um besserer Antworten willen, unsere zweite Variante also, ist von *Soar* (1966) untersucht worden. Er stellte fest, daß Vermittlungshilfen eines bestimmten Typs (der Schüler soll eine Beziehung herstellen, eine Verallgemeinerung formulieren oder ein Problem lösen) zu einer Gruppe von Verhaltensweisen gehört, die positiv mit mathematischen und anderen Arten von Leistungen korreliert. – Vermittlungshilfen können auch in der Form erfolgen, daß der Lehrer aus dem Schüler eine Antwort „zur Klärung eines Sachverhalts in nichtbedrohlicher Weise hervorlockt": *Spaulding* (1965) stellte fest, daß diese Art von Verhalten zu einer Reihe von miteinander verwandten Verhaltensweisen gehört, die positiv mit den Leistungen der Schüler in Mathematik und im Lesen korrelierten.

Stellt man als Lehrer Ersatzfragen gleichen oder gar höheren Niveaus an den Schüler, so wirkt sich das nicht auf die Schülerleistung aus: dieses Ergebnis erbrachte die bereits erwähnte Untersuchung von *Wright* u. *Nuthall* (1970). *Abraham, Nelson* u. *Reynolds* (1971) führten eine Untersuchung mit zwei Lehrern durch, die dann trainiert worden waren, Diskussionen sowohl mit als auch ohne Vermittlungshilfen durchzuführen. Die beiden Lehrer leiteten Diskussionen an acht sechsten Klassen, wobei sie in vier der Klassen mit dem einen Diskussionsstil arbeiteten und in den anderen vier Klassen mit dem anderen. Die Leistungsmessungen betrafen folgende Fähigkeiten: (a) Daten beobachten oder sammeln, (b) Schlüsse ziehen oder Vorstellungen auf neue Gebiete anwenden, (c) einen Schluß verifizieren oder seine Richtigkeit beurteilen und (d) Klassifikationen aufstellen oder Gruppen mit bestimmten gemeinsamen Eigenschaften bilden. Die Unterrichtsstunden mit Vermittlungshilfen führten in allen Schulen (unabhängig von deren leistungsbezogenem Niveau) zu verbesserten Schülerleistungen im Fähigkeitsbereich (c). In den stärker leistungsorientierten Schulen konnten auch im Bereich (b) Verbesserungen festgestellt werden, wenn Vermittlungshilfen eingesetzt wurden, während demgegenüber in den weniger leistungsorientierten Schulen der Bereich (a) verbessert werden konnte, wenn keine Vermittlungshilfen eingesetzt wurden. Diese Ergebnisse bestätigen die allgemein anerkannte Feststellung, daß Fragen und Aufgaben mit einem geringeren Schwierigkeitsgrad bei weniger leistungsfähigen Schülern zu besseren Ergebnissen führen.

Ein weiteres Konzept, das als „einfaches reziprokes Vorgehen" bezeichnet worden ist (*Dunkin* u. *Biddle,* 1974, S. 335) betrifft Unterrichts*zyklen,* die entweder aus (a) Anregen/Antworten/Reagieren oder (b) Anregen/Reagieren bestehen. In der Untersuchung von *Wright* u. *Nuthall* (1970) stellte sich heraus, daß die Häufigkeit dieses Unterrichtszyklus des einfachen reziproken Vorgehens (wobei Anregen bedeutet, Fragen zu stellen, Vermittlungshilfen zu geben oder den Adressaten zu wechseln) positiv mit den Leistungen der Schüler korreliert.

Fragenstellen und Adressatenwechsel sind wahrscheinlich wünschenswert

Es scheint also, daß sowohl der Adressatenwechsel als auch die Vermittlungshilfen mit höheren Leistungen der Schüler verbunden sind. Diese Feststellung basiert jedoch auf einer nur kleinen Anzahl von Hinweisen, d.h., es wurden nur relativ wenig Untersuchungen unter zu wenigen Umgebungsbedingungen durchgeführt, als daß einem derartigen Schluß zu viel Glauben geschenkt werden könnte. Fragenstellen, Vermittlungshilfen und Adressatenwechsel sind aber schon deshalb zu empfehlen, auch wenn kein anderer Grund angeführt werden könnte, weil sie die Beteiligung der Schüler am Unterricht fördern. Eine aktive Beteiligung der Schüler am Unterricht kann für sich schon als wünschenswert angesehen werden, unabhängig von den Auswirkungen auf die Leistungen, wie sie von Tests gemessen werden.

Reaktionsverhalten des Lehrers

In jedem Unterrichtsgespräch kommt es am Anfang, nachdem der Lehrer unter Umständen den Verlauf der Stunde ein wenig strukturiert hat und die Schüler zur Mitarbeit aufgefordert hat, zu einer Schülerantwort. Dieser Antwort folgt das Reaktionsverhalten des Lehrers. Es handelt sich hierbei um Verhaltensaspekte, die

> durch eine strukturierende, auffordernde, antwortende oder auf etwas Vorangegangenes reagierende Maßnahme in Gang gesetzt, aber nicht notwendigerweise durch sie selbst direkt ausgelöst werden. Pädagogisch gesehen ist es ihre Funktion, das, was zuvor gesagt worden ist, zu modifizieren (durch Klärung, Zusammenbindung oder Erweiterung) und/oder es (positiv oder negativ) zu beurteilen. Reagierende Maßnahmen unterscheiden sich von beantwortenden Maßnahmen: während eine beantwortende Maßnahme immer direkt von einer Aufforderung hervorgerufen wird, ist es die alleinige Funktion von vorausgegangenen Maßnahmen, Reaktionen zu ermöglichen. Wenn der Lehrer die Antwort eines Schülers beurteilt, dann kann das somit als eine reagierende Maßnahme bezeichnet werden (*Bellack* et al., 1966, S. 4).

Die Reaktionen des Lehrers können danach klassifiziert werden, wie bald sie auftreten und ob sie positiv, negativ oder strukturierend sind. Diese Möglichkeiten wollen wir im einzelnen kurz beleuchten.

Wartezeit II. Dieser Wartezeittypus tritt ein, *nachdem der Schüler eine Frage beantwortet hat.* Wie wir weiter oben bereits angemerkt haben, stellte *Rowe* (1974) fest, daß Lehrer nach einer Frage länger warten sollten (mindestens drei Sekunden) als sie es für gewöhnlich tun (ungefähr eine Sekunde), bevor sie die Frage wiederholen, einen anderen Schüler aufrufen oder sonst etwas sagen. Wenn diese Wartezeit verlängert wird, führt das zu den gleichen positiven Folgen wie bei der Wartezeit I. Die meisten Lehrer sollten also das Tempo verringern und ihre Wartezeit erhöhen, das sind die einhelligen Ergebnisse der Untersuchungen von *Rowe* (1974), *Fagan* et al. (1981) und *Tobin* u. *Capie* (1982), die wir bereits gesichtet haben (vgl. Wartezeit I). Dann hat das Unterrichtsgespräch, wie *Rowe* es formuliert, mehr den Charakter einer „Konversation“ und nicht so sehr den einer „Inquisition“, und es führt zu einer Verbesserung der Aufmerksamkeit und der Leistungen der Schüler.

Positive Reaktionen. Positive Reaktionen können durch verbales Lob, Akzeptieren der Ideen von Schülern und Tokens ausgedrückt werden. Alle diese Maßnahmen können als positive Verstärker betrachtet werden. Man würde ohne weiteres erwarten, daß ihre Häufigkeit positiv mit den Leistungen der Schüler und mit einer positiven Einstellung gegenüber der Schule, dem Lehrer oder dem Fachgebiet korreliert. Was ergibt sich aus der entsprechenden Forschung?

Lob. Lob braucht nicht näher erklärt zu werden. Wenn der Lehrer „Gut!", „Richtig", „Das ist schön" und viele ähnliche Dinge sagt, können wir annehmen, daß eine solche Äußerung als positiver Verstärker gedacht und auch so verstanden wird. Nach der Theorie des operanten Konditionierens sollten derartige Verstärker jedes Verhalten, auf das hin sie erfolgen, kräftigen.

Zunächst wollen wir uns der Frage zuwenden, wie oft die Lehrer die Antworten ihrer Schüler loben. *Dunkin* u. *Biddle* stellten in einer Zusammenfassung von zehn Untersuchungen über die Häufigkeit von Lob fest, daß „Lehrer durchschnittlich in nicht mehr als 6% der gesamten Unterrichtszeit Lob austeilen. ... Es scheint, daß der Lehrer im regulären Unterricht mit seinem Lob sehr sparsam umgeht" (1974, S. 121). *Brophy* (1981), der sechs Untersuchungen aus späterer Zeit zusammenfaßt, kommt zu einem ähnlichen Schluß: „Lob für gute Antworten oder gute Arbeit erfolgte weniger als fünfmal pro Stunde. Lob für gutes Verhalten war selten, es erfolgte nur alle 2 bis 10 Stunden in den Grundschulklassen und verschwand danach fast völlig" (S. 10). Andererseits sind negative Reaktionen ebenso selten (*Dunkin* u. *Biddle,* 1974, S . 221; *Brophy,* 1981, S. 9). Die meisten Reaktionen der Lehrer sind demnach neutral.

Beziehung von Lob und Leistung

Haben Lehrer, die öfter Lob austeilen, Schüler, die es demzufolge zu besseren Leistungen bringen? Hier haben wir als Beweisgrundlage dreizehn Korrelationsuntersuchungen, die wir interpretieren können (vgl. die Übersichten von *Rosenshine,* 1971b, S. 64–70; *Dunkin* u. *Biddle,* 1974, S. 121–122). In acht dieser Untersuchungen finden wir positive Korrelationskoeffizienten; die fünf anderen hingegen liefern uns negative Beziehungen. Ein eindeutiger Zusammenhang von Lob und Leistung ist also nicht erkennbar. *Brophy* (1981) zitiert ein Ergebnis, in dem es heißt: „In den frühen Grundschuljahren korreliert die Häufigkeit des Lobs in sehr geringem Maße mit der Schülerleistung in Unterschichtsklassen und in leistungsschwachen Klassen ... nicht aber, oder nur sehr gering (und dann negativ) in Klassen, deren Schüler einen hohen sozioökonomischen Status haben oder die leistungsstark sind ..." (S. 16).

Wie lassen sich diese recht befremdenden Ergebnisse erklären? Wenn Lob verstärkt, dann sollte es auch zu Leistungsverbesserungen führen. Augenscheinlich ist das Lob, das Lehrer austeilen, weit davon entfernt, immer verstärkend zu wirken. *Brophy* (1981) hat diesen Aspekt detailliert auf der Grundlage mehrerer Beobachtungsstudien und Diskussionen analysiert. Dabei kam er zu dem Ergebnis, daß Lehrerlob meistens nicht als Verstärkung verwendet wird, sondern oft ganz anders geartet ist: (a) „ein spontaner Ausdruck der Verwunderung oder Bewunderung"; (b) „eine Wiedergutmachung für Kritik" oder eine Rechtfertigung des Lehrers für eine vorausgegangene Ermahnung; (c) „der Versuch einer stellvertretenden Verstärkung", wenn also der Lehrer einen Schüler lobt, um das Verhalten anderer Schüler unter Kontrolle zu behalten; (d) positive Anleitung als Versuch, menschliche Wärme zu verbreiten; (e) „ein Eisbrecher oder ein Friedensangebot"; (f) „vom Schüler herausgelockte Streicheleinheiten"; (g) „ein Überleitungsritual" oder (h) „ein Trostpreis oder eine Ermunterung" (S. 17–18).

Wenn Lob eine Wirkung haben soll, müßte es sich an den Empfehlungen ausrichten, die in Tabelle 18-4 als Leitgedanken zusammengestellt sind. Sie sollten sich diese Tabelle noch einmal vornehmen, um zu erkennen, was das dort Gesagte im hiesigen Zusammenhang bedeutet. – Ob Lob eine Wirkung erzielt, hängt davon ab, worauf die Schüler es zurückführen, was sie als Ursache für das Lob sehen. Wenn sie Lob als etwas sehen, was nur von lernschwachen Schülern empfangen wird, wenn es also eine Art von „Überlob" ist, dann ist es unglaubwürdig und verliert seine Wirkung. Diese Gefahr besteht weniger in der Grundschule, nimmt aber in der Sekundarstufe beständig zu. Wenn der Lehrer die Schüler allzu häufig lobt, verliert das Lob an Wert.

Lehrermerkmale Lehrer sollten wahrscheinlich Persönlichkeiten sein, denen eine positive Einstellung gegenüber allen Menschen, einschließlich ihren Schülern, eingepflanzt ist. In einer Fragebogenaktion wurde festgestellt, daß Lehrer, die ein hohes Ansehen genießen, folgende Eigenschaften haben: sie sind im Umgang mit anderen Menschen warmherzig, aufnahmebereit, bejahend und verständnisvoll (vgl. *Ryans,* 1960). Der Lehrer sollte bei den meisten Schülern einen Grund finden können, sie zu loben, selbst wenn sie mit nur sehr mäßigen Leistungen aufwarten. Wir meinen damit nicht, daß der Lehrer nur Zuckerbrot verteilen soll. Gelegentlich sollte er auch, besonders bei leistungsstarken Schülern, mit sanfter Kritik ausdrücken, daß er hohe Erwartungen an die Schüler stellt. Er kann deutlich machen, daß eine Antwort nicht richtig ist, indem er dieselbe Frage noch einmal an einen anderen Schüler stellt oder selbst die richtige Antwort gibt: solche Reaktionen auf falsche Antworten korrelieren positiv (0,61) mit der Leseleistung von Schülern in Klassen mit hohem sozioökonomischen Status (*Brophy* u. *Evertson,* 1974, S. 118). An späterer Stelle in diesem Kapitel werden wir noch darauf eingehen, wie der Lehrer auf unangemessene Schülerantworten reagieren kann.

Schülergedanken akzeptieren. Der Lehrer *akzeptiert die Gedanken eines Schülers,* wenn er dessen Beitrag in die nachfolgende Erörterung des Themas einarbeitet. Das kann darin bestehen, daß er das, was ein Schüler gesagt oder vorgeschlagen hat, anerkennt, modifiziert, anwendet, vergleicht oder zusammenfaßt. Diese Reaktionskategorie ist in den *Flanders Interaction Analysis Categories* (*Flanders,* 1970) enthalten. Das Akzeptieren einer Idee wird als positive Reaktion betrachtet, da sie dem Schüler zeigt, daß der Lehrer seine Idee für wert hält, ernstgenommen zu werden. Lob kann oberflächlich oder aus bloßer Höflichkeit gegeben werden; im Akzeptieren der Idee eines Schülers ist dies weniger wahrscheinlich. Ein derartiges Akzeptieren hat deshalb vermutlich verstärkende oder motivierende Wirkungen neben dem kognitiven Wert, der mit der Wiederholung und Weiterverfolgung von Ideen gegeben ist.

> L: „Wilhelm, welche anderen Eigenschaften hat ein gleichschenkliges Dreieck?"
>
> Wilhelm: „Eine Linie, die von der Spitze zwischen den beiden gleichen Winkeln zum Mittelpunkt der entgegengesetzten Seite gezogen wird, bildet mit dieser Seite einen rechten Winkel."
>
> L: „Gut. Wir wollen das an die Tafel zeichnen. Achtet darauf, wie das, was Wilhelm gesagt hat, sich als zutreffend herausstellt. Die Linie von diesem Punkt, an dem sich die beiden gleichen Seiten schneiden, wird zum

Mittelpunkt der entgegengesetzten Seite gezogen. Und sie wird immer einen rechten Winkel mit dieser Seite bilden."

L: „Gut, was taten die Nazis, nachdem sie an die Macht gekommen waren, Katrin?"
Katrin: „Sie gingen systematisch vor, um die Opposition auszuschalten. Sie verfolgten jedermann in Deutschland, der irgendetwas an ihnen in Frage stellte."
L: „Richtig, Katrin, sie errichteten eines der wirksamsten, gründlichsten und unbarmherzigsten Unterdrückungssysteme in der Geschichte der Menschheit. Sie wandten wissenschaftliche Methoden an, um Oppositionelle ausfindig zu machen und auszulöschen."

Das Akzeptieren der Ideen von Schülern steht in Beziehung zu ihren Leistungen

Zu welchen Ergebnissen haben Untersuchungen über die Beziehung zwischen „Akzeptierung der Ideen von Schülern" und den Leistungen von Schülern geführt? *Rosenshine* (1971b, S. 70–74) und *Dunkin* u. *Biddle* (1974, S. 123–124) fanden unter diesen Untersuchungen neun, die leicht zu interpretieren waren und diese Frage betrafen. In acht davon ergaben sich positive Korrelationen mit einem Durchschnitt von $r = 0{,}19$. In einer Untersuchung zeigte sich eine negative Korrelation ($-0{,}45$). Es kann mit einiger Wahrscheinlichkeit angenommen werden, daß die Verwendung der Ideen von Schülern während des Unterrichts zu besseren Leistungen und positiveren Einstellungen der Schüler gegenüber dem Lehrer führt. Wenn es auch möglich ist, daß Schüler mit besseren Leistungen Ideen haben, die leichter akzeptiert werden, sollte man in Abwesenheit von Experimenten, die diese Frage klären könnten, davon ausgehen, daß das Akzeptieren durch den Lehrer die Ursache für die besseren Leistungen ist.
Jedoch sollten die Ideen der Schüler nur dann akzeptiert werden, wenn sie einen Bezug zum Thema des Unterrichtsgesprächs herstellen.

Tokens. Wir haben uns in Kapitel 17 bereits mit *Premacks* Prinzip und mit Kontingenzverträgen und in Kapitel 18 mit Tokenökonomien befaßt. Dabei haben wir auf die Wirksamkeit von Tokens hingewiesen, wenn sie Bestandteil eines umfangreichen Systems sind. Tokens können jedoch auch weniger systematisch als Verstärker verwendet werden. Sie können gegen Dinge eingetauscht werden, die auch normalerweise im Klassenzimmer anzutreffen sind, z. B. gegen die Erlaubnis, das zu lesen, wozu man Lust hat, oder einen Film anzusehen.
Wie *Dunkin* u. *Biddle* (1974, S. 168–175) in ihrer Zusammenfassung festgestellt haben, beschäftigten sich die Untersuchungen über die Verwendung von tokens im Klassenzimmer vorwiegend mit dem Verhalten von Schülern, insbesondere mit Problemverhalten in der Grundstufe. Tokens haben sich als nützlich zur Verringerung unerwünschten Verhaltens erwiesen. Darüber hinaus konnte in drei Experimenten in Spezialklassen (*Birnbrauer, Wolf, Kidder* u. *Tague,* 1965; *Wolf, Giles* u. *Hall,* 1968; *Hewett, Taylor* u. *Artuso,* 1969) mit der Anwendung normalerweise nicht im Klassenzimmer vorhandener extrinsischer Tokens durch den Lehrer erreicht werden, daß sowohl der Anteil richtiger Antworten als auch die Leistungen der Schüler zunahmen.

Negative Reaktionen. Wenn Schüler falsche Antworten geben oder sich in unerwünschter Weise verhalten, neigen manche Lehrer zu Mißbilligung, Rügen, Kritik und Tadel:

- „Das stimmt nicht."
- „Falsch!"
- „Hör auf damit!"
- „Das hast du nicht sehr gut gemacht."
- „Du mußt einfach aufhören, dich so zu betragen; ich werde mir das nicht weiter bieten lassen."
- „Deine Antwort zeigt, daß du deine Aufgaben nicht gemacht hast."
- „Faktisch und logisch ist das, was Du sagst, falsch."

Nach *Dunkin* u. *Biddle* (1974, S. 125) „verwenden Lehrer Kritik durchschnittlich in weniger als 6% der gesamten Unterrichtszeit". *Brophy* (1981) bestätigt dies: Kritik an schlechten Antworten, schlechter Arbeit oder schlechtem Verhalten erfolgte nur selten (zwischen 0,25 bis 2,19 mal pro Stunde und Lehrer) in sechs Untersuchungen, die sich auf ein von *Brophy* und *Good* entwickeltes Kodierungssystem von Zweierinteraktionen stützen (*Brophy-Good Dyadic Interaction Coding System*). Viele andere Untersuchungen über diese Variable haben das Analysesystem der *Flanders Interaction Analysis Categories* verwendet. Der Punkt 7 dieser Kategorisierung lautet:

> *Kritik oder auf Autorität bestehen*
> Äußerungen, die darauf abzielen, nichtakzeptable Verhaltensmuster des Schülers so zu verändern, daß das Verhalten akzeptabel wird; jemand anbrüllen; zum Ausdruck bringen, warum der Lehrer das tut, was er gerade tut; extreme Selbstbezogenheit (*Flanders,* 1970, S. 34).

Kritik und Tadel stehen in negativem Zusammenhang mit der Leistung

Bei den 16 interpretierbaren Untersuchungen über den Zusammenhang zwischen Kritik und Mißbilligung seitens des Lehrers und Schülerleistung ergab sich in 13 Fällen eine negative und in 3 Fällen eine positive Beziehung. Der Zentralwert der negativen Korrelationen betrug −0,32, und die Korrelationen erstreckten sich von −0,22 bis −0,61. Insgesamt gesehen deuten diese Ergebnisse überwiegend auf die Tendenz hin, daß Lehrer, die ihre Schüler häufiger kritisieren, Schüler haben, die bei Leistungstests schlechtere Leistungen erbringen.

Was ist Ursache und was Wirkung? Erzeugt häufigerer Tadel durch den Lehrer niedrigere Leistungen? Oder bewirken die niedrigeren Leistungen, daß der Lehrer häufiger tadelt?

Mögliche Erklärung der Geschlechtsunterschiede

Statistische Korrekturen schließen die Möglichkeit eines Teufelskreises nicht völlig aus. Nach *Dunkin* u. *Biddle* (1974, S. 125) „werden Jungen von ihren Lehrern mehr getadelt als Mädchen" (neun von zehn Untersuchungen zeigen dies) und „sind schlechtere (frühere) Leistungen der Schüler mit häufigerem Tadel durch den Lehrer verbunden". Da Jungen in der Grundschule, wo alle diese Untersuchungen über Tadel durch den Lehrer durchgeführt worden waren, weniger gute Leistungen als Mädchen zeigen, entstammt die negative Korrelation zwischen Tadel des Lehrers und Leistungen der Schüler möglicherweise der Verknüpfung beider Variablen mit dem Geschlecht des Schülers.

Das heißt, in Klassen mit mehr Jungen sind möglicherweise die Leistungen schlechter und die Verwendung von Tadel und Mißbilligung durch den Lehrer häufiger.

Experimente sind notwendig

Um die Frage zu klären, ob Mißbilligung zu schlechteren Leistungen führt oder umgekehrt, sind Experimente notwendig, in denen der Tadel durch den Lehrer manipuliert wird. Eine derartige Manipulation würde darin bestehen, daß zufällig ausgewählte Lehrer darin trainiert werden, ihre Schüler weniger häufig zu kritisieren und zu tadeln. Bis die Ergebnisse derartiger Experimente vorliegen, sollte man sicherheitshalber davon ausgehen, daß Lehrer sich davor hüten sollten, Kritik und Mißbilligung zu großzügig zu verwenden. Zu viel Kritik und Mißbilligung weisen darauf hin, daß irgendetwas falsch ist – an den Einstellungen oder Methoden des Lehrers, am Curriculum, an der Organisation, am Stundenplan oder an irgendeinem anderen der Faktoren, mit denen wir uns beschäftigt haben, nicht jedoch am Schüler. Zu behaupten, daß die Ursache für übermäßige Mißbilligung der Schüler selbst ist, ist unsinnig, da es Aufgabe des Lehrers ist, das, was zur Verbesserung der Dinge notwendig ist, zu tun.

Was aber dann, wenn Schüler falsche Antworten geben? Welche Alternativen gibt es für Kritik und Tadel?

Strukturierungsmaßnahmen: Zu den Alternativen für Kritik und Tadel gehören nach *Wright* u. *Nuthall* (1970):

- dieselbe Frage einem anderen Schüler stellen (Adressatenwechsel);
- strukturieren am Ende einer Episode (eines Abschnittes der Frage-Antwort-Abfolge, die mit einer Aufforderung begann und mit der nächsten endete).

Bei beiden handelt es sich eigentlich um die Art sanfter Kritik, die wir bereits beschrieben haben. Beide Varianten machen dem Schüler deutlich, daß der Lehrer mehr von ihm erwartet, und bei leistungsstarken Schülern korrelieren sie auch positiv mit ihrer Leistung.

Wright u. *Nuthall* stellten fest, daß diese Verhaltensweisen des Lehrers positiv mit den Leistungen der Schüler korrelieren (r = 0,54 und 0,67). Sie befaßten sich in ihrer Untersuchung mit dem Verhalten von 17 Lehrern der dritten Klasse, die einen Abschnitt des Naturkundeunterrichts lehrten, der sich über drei Unterrichtseinheiten von jeweils etwa 10 Minuten erstreckte. Untersuchungen über diese Art von Strukturierungsvariablen sind nicht wiederholt worden. Die Befunde lassen deshalb bloß Vermutungen zu. Sie sprechen dafür, daß eine Sequenz wie die folgende – das Strukturierungsverhalten des Lehrers ist kursiv gedruckt dargestellt – wahrscheinlich mit besseren Leistungen verknüpft ist:

> L: „Wo ist es im August kälter, Hans, in der nördlichen Hemisphäre oder in der südlichen?“
> Hans: „In der nördlichen Hemisphäre.“
> L *(stellt die gleiche Frage noch einmal):* „Peter, wo ist es kälter im August?“
> Peter: „In der südlichen Hemisphäre.“
> L *(lobt und bedankt sich):* „Gut. Danke, Peter.“ *(Strukturiert die abschlie-*

ßende Episode) „Also, Kinder, im August, wenn es hier heiß ist, ist es kalt in Australien und Neuseeland."

Diese Strukturierungsmaßnahmen sind sinnvoll. Wenn ein Fehler einfach selbstverständlich ignoriert wird, handelt es sich nicht um dramatische Kritik oder Erniedrigung. Lob erfolgt nur nach einer richtigen Antwort, was seinem Verwendungszweck entspricht. In der abschließenden Strukturierung wiederholt der Lehrer die richtige Antwort und vermeidet so, daß die Klasse nun die Auswahl zwischen einer richtigen und einer falschen Antwort hat. Ohne die Wiederholung der richtigen Antwort von Peter könnten einige Schüler die falsche Antwort von Hans gelernt haben.

Antworten an leistungsschwache Schüler müssen besonders behutsam erteilt werden. Was passiert, wenn Schüler immer wieder falsche Antworten geben, so daß sie es nach einiger Zeit als ein Zeichen für Mißerfolg auffassen, wenn die zunächst an sie gerichtete Frage einem anderen Schüler noch einmal gestellt wird? Mit diesem Problem ist die weitgreifende Frage aufgeworfen, wie der Lehrer mit leistungsschwachen Schülern umgehen soll. An früherer Stelle haben wir gesagt, der Lehrer solle solchen Schülern einfachere Fragen stellen, Fragen also, bei denen er fast sicher sein kann, daß sie korrekt beantwortet werden. Hier haben wir es dann aber wieder mit dem Problem des Reagierens zu tun – einem Vorurteilsaspekt also, den wir in Kapitel 23 angesprochen haben. Einige nützliche Vorschläge hierzu sind von *Brophy* u. *Good* (1974a) gemacht worden. Sie meinen, daß der Lehrer es vermeiden sollte, geringe Erwartungen gegenüber solchen Schülern zum Ausdruck zu bringen. Statt dessen sollte er:

Geringe Erwartungen nicht äußern!

- auf die Antwort von leistungsschwachen Schülern genauso lang warten wie bei leistungsstarken Schülern;
- bei leistungsschwachen Schülern ebenso dazu bereit sein, die Frage zu wiederholen, einen Hinweis zu geben oder eine neue Frage zu stellen, wie bei leistungsstarken Schülern;
- bei leistungsschwachen Schülern ebenso häufig nichtakzeptable Antworten ohne Lob lassen wie bei leistungsstarken Schülern;
- es vermeiden, leistungsschwache Schüler häufiger zu tadeln als leistungsstarke;
- richtige Antworten von leistungsschwachen Schülern ebenso häufig loben wie richtige Antworten von leistungsstarken Schülern;
- richtige Antworten von leistungsschwachen Schülern ebenso häufig bestätigen wie bei leistungsstarken Schülern;
- leistungsschwachen Schülern ebenso viel Aufmerksamkeit schenken wie leistungsstarken Schülern;
- leistungsschwache Schüler ebenso häufig aufrufen wie leistungsstarke;
- leistungsschwache Schüler ebenso in die Nähe des Lehrers setzen wie leistungsstarke.

In vielen Untersuchungen hat sich gezeigt, daß Lehrer häufig unbewußt leistungsschwache Schüler auf die Weise, vor der gewarnt wurde, benachteiligen (*Brophy* u. *Good*, 1974a). Wenn Lehrer auf diese Art von Benachteiligung dadurch hingewiesen werden, daß ihre Interaktionen mit leistungsschwachen und leistungsstarken Schülern beobachtet und entsprechende Daten gesammelt werden, können sie einen großen Teil dieser unbeabsichtigten Benachteiligung reduzieren oder abschaffen.

24.6 Die Bedeutung der Melodie

Ein großer Teil dessen, was in diesem Kapitel dargestellt wird, kann zu einem falschen Eindruck führen. Dadurch, daß wir uns mit Untersuchungen über jeweils nur eine Variable des Lehrerverhaltens befassen, kann der Eindruck entstehen, als verträten wir die Auffassung, daß die Häufigkeit einzelner Arten von Lehrerverhalten das ist, was für den Unterricht von Bedeutung ist.
Ebenso wie in der Musik ist es jedoch nicht die Häufigkeit der einzelnen Arten von Verhaltensweisen (Noten), die den Gesamteffekt (die Melodie) bestimmt. Es sind die Kombinationen, Sequenzen, Rhythmen und Tempi der Maßnahmen der Lehrer (und damit auch der Handlungsweisen der Schüler), was den Unterschied zwischen einem wirksamen und unwirksamen Unterricht ausmacht. Zumindest ist dies ein plausibler Gedanke. Unglücklicherweise sind die Forscher eben erst dabei, Möglichkeiten zu entwickeln, den Unterricht auf diese subtilere und genauere Weise zu erfassen. In der Zwischenzeit werden wir durch die verfügbaren Untersuchungen dazu gezwungen, den Unterricht so zu betrachten, als ob eine Unterrichtsdimension allein einen Unterschied ausmachen könne. Wie wir in diesem Kapitel gesehen haben, ist dieses Vorgehen nicht völlig sinnlos. Es gibt ziemlich überzeugende Beweise dafür, daß bestimmte Arten einzelner Verhaltensweisen wünschenswert und andere nicht wünschenswert sind. Lehrer sind gut beraten, wenn sie ihre Interaktionen mit den Schülern im Klassenzimmer in Übereinstimmung mit diesen Ergebnissen gestalten; sie beruhen auf besseren Forschungsergebnissen als bislang verfügbar waren.
Wir stimmen also mit *Joyce* (1975, S. 62) überein:

> Manchmal ... habe ich das Gefühl, daß der Lehrer fast wie ein Fechter gesehen wird, der dem Schüler mit seinem Repertoire an scharf gezielten Fertigkeiten einheizt, von denen jede mechanische Auswirkungen auf den Lernerfolg haben soll. Anscheinend wird erwartet, daß eine bestimmte Art von Lernen herauskommt, wenn er den Schüler mit einer bestimmten Art von Frage antippt, und daß wir den Lernerfolg schnell und eindeutig feststellen können. Das Wesen der Interaktionen zwischen der Lernumgebung und dem Schüler ist jedoch nicht so geartet. Es kommt sehr selten vor, daß irgendeine einzelne Fertigkeit (irgendein einzelner Degenhieb) oder irgendeine stilistische Eigenheit als Ursache des Lernens ausgemacht werden kann. Auch wenn wir feststellen, daß vermehrtes Lernen mit der Anwesenheit einer bestimmten Art von Fertigkeit oder eines bestimmten Unterrichtsstils verknüpft ist, besteht der Grund dafür mit größter Wahrscheinlichkeit darin, daß diese Fertigkeit oder dieser bestimmte Stil ein Anzeichen für einen viel umfangreicheren Komplex von Verhaltensweisen ist und auf die Anwesenheit einer bestimmten Art von Umgebung hinweist.

Auf Arbeit verwendete Zeit und Eindeutigkeit der Ziele

Eine Möglichkeit, die Umgebung, die auf allen Klassenstufen bei den Schülern zu höheren Leistungen führt, zu identifizieren, besteht wohl darin, die auf Arbeit verwendete Zeit und die Eindeutigkeit der Ziele der Episode, der

Einzelstunde, der wöchentlichen Unterrichtseinheit oder des Schuljahres zu untersuchen. Verhaltensweisen des Lehrers, wie Lob und Fragenstellen, die die auf Arbeit verwendete Zeit anheben, werden wahrscheinlich zu größeren Leistungen führen. Verhaltensweisen des Lehrers, die dem Schüler zu einem Wissen darüber verhelfen, was er tun soll oder was von ihm erwartet wird, z. B. die Strukturierungsreaktionen des gerichteten Vorgehens, des Signalgebens oder die persönliche Organisation, sie alle verbessern die Leistungen. Wenn der Schüler ausreichend Zeit auf eine bestimmte Aufgabe verwendet und wenn er weiß, was von ihm bei dieser Aufgabe erwartet wird, wird es wahrscheinlich zu größtmöglichen Lernerfolgen kommen.

24.7 Zusammenfassung

Die Stillarbeit und das Unterrichtsgespräch, die beiden Hauptaspekte der interaktiven Phase des Unterrichts, sind häufiger Gegenstand der Forschung gewesen als irgendeine andere Unterrichtsform. Obwohl der Unterricht in der Klasse von vielen neuen Methoden oder Ansätzen in Frage gestellt worden, insbesondere von den in Kapitel 21 (Individueller Unterricht) beschriebenen, so ist es doch weder wünschenswert noch möglich, sich für seine baldige Abschaffung einzusetzen.

Stillarbeit ist insofern ein geeignetes Verfahren, als sie die „unterrichtsbezogene Lernzeit" erhöht, die Zeit also, die der Schüler mit solchen unterrichtsbezogenen Aufgaben zubringt, die einen relativ geringen Schwierigkeitsgrad haben. In den einzelnen Klassen ist die Zeit, die in dieser Weise genutzt wird, sehr unterschiedlich lang. Zu den Möglichkeiten, die unterrichtsbezogene Lernzeit der Schüler zu vergrößern, gehört das Aufstellen von Regeln und Arbeitsplänen, die Beaufsichtigung der Schüler durch den Lehrer, der Einsatz von Lehr- und Arbeitsbüchern anstelle von Spielsachen und Spielen sowie die Vermeidung von falschen disziplinarischen Maßnahmen.

Neuere wichtige Übersichten über die Untersuchungen der interaktiven Aspekte des Unterrichts in Klassen haben eine in größerem Umfang auf Forschungsergebnissen beruhende Überprüfung dessen möglich gemacht, welche Arten von Lehrerverhaltensweisen wünschenswert sind und welche nicht. Die verschiedenen Arten des Lehrerverhaltens können unter die drei hauptsächlichen, immer wiederkehrenden Glieder der Ereigniskette des Frage-Antwort-Ablaufs im Klassenzimmer zusammengefaßt werden: Strukturieren, Auffordern und Reagieren.

Zu dem Strukturierungsverhalten des Lehrers gehören die Häufigkeit der Anregungen und Strukturierungen durch den Lehrer, des Signalgebens, die Organisation und das gerichtete Vorgehen und die Äußerungen des Lehrers. Die Forschungsergebnisse lassen vermuten, daß Anregungen und Strukturierungen durch den Lehrer in mäßigem oder mittlerem Ausmaß vorkommen sollten, daß Signalgeben wünschenswert ist, daß Organisation, die für die Schüler sichtbar ist, wünschenswert ist und daß Äußerungen des Lehrers in

Klassen mit besseren Leistungen eher häufiger und in ausgedehnterer Form vorkommen.
Das Aufforderungsverhalten des Lehrers oder das Fragenstellen weisen keine durchgehend gleichsinnige Beziehung zu den Leistungen der Schüler auf, wenn nur deren Häufigkeit berücksichtigt wird. Das kognitive Niveau der Fragen des Lehrers dagegen scheint in einer konsistenten Beziehung zu dem Niveau der Antworten der Schüler oder zu erschlossenen Denkabläufen, jedoch nicht zu den Leistungen der Schüler zu stehen. Der Adressatenwechsel beim Fragen scheint, wie sich aus einigen wenigen Untersuchungen ergibt, mit höheren Leistungen einherzugehen. Weniger leistungsorientierten Schülern sollten Fragen gestellt werden, die ein wenig leichter sind.
Das Reaktionsverhalten des Lehrers kann schnell oder weniger schnell, positiv oder negativ sein. Eine Anhebung der Wartezeit auf mehr als drei Sekunden hat günstige Auswirkungen. Die Häufigkeit des Lobs, eine der positiven Verhaltensweisen, weist für sich selbst keine eindeutige Beziehung zu den Leistungen auf, aber einige Ergebnisse lassen vermuten, daß kontingentes oder angemessenes Lob mit höheren Leistungen einhergeht, besonders bei schwachen Schülern. Das Akzeptieren der Ideen von Schülern ist ziemlich regelmäßig mit besseren Leistungen verbunden. Das gleiche trifft für die Verwendung von Tokens zu. Von den negativen Reaktionsverhaltensweisen stehen Kritik und Mißbilligung eindeutig in negativer Beziehung zu den Leistungen, aber welche von den beiden Variablen die Ursache für die andere ist, ist hier ganz besonders unklar.
Sanfte Kritik, in der sich die Erwartung an höhere Leistung ausdrückt, scheint auf die mehr leistungsorientierten Schüler eine positive Wirkung zu hinterlassen. Strukturierungsmaßnahmen scheinen wünschenswert zu sein, wenn es auch kaum Beweise dafür gibt. Das Antwortverhalten im Umgang mit leistungsschwachen Schülern muß sorgfältig beobachtet werden, da viele Lehrer, wie sich herausgestellt hat, diese Schüler unabsichtlich auf vielfältige subtile Weise benachteiligen. Schließlich muß, wenn sich dieser Abschnitt auch mit Untersuchungen über jeweils nur eine einzelne Variable des Lehrerverhaltens befaßt hat, berücksichtigt werden, daß das gesamte Verhaltensmuster von Lehrern wahrscheinlich von größter Wichtigkeit ist. Nur der Mangel an Forschungsergebnissen verhindert es, daß dieses Verhaltensmuster mit angemessenem Nachdruck behandelt wird. Die Methode, bei der jeweils nur eine einzelne Variable berücksichtigt wird, ist nicht vollständig sinnlos, aber der Lehrer sollte sich darüber klar sein, daß derartige einzelne Verhaltensweisen wahrscheinlich nur als Symptome für wichtigere komplexere Verhaltensmuster Bedeutung haben.

Teil G

Messen und Bewerten

Das ganze Leben hindurch hat man mit Tests zu tun. Sie bringen Erfolgs- und Mißerfolgserlebnisse, Freude und Gram, das Gefühl, daß einem Gerechtigkeit widerfahren ist und daß man Unrecht erlitten hat. Dieser Teil stellt eine Einführung in Theorie und Praxis des Testens dar – oder, umfassender ausgedrückt, in die Prozesse des Messens und Bewertens in der Pädagogik, denen Tests häufig dienen. Im Kapitel 25 befassen wir uns mit den grundlegenden Konzepten und Unterscheidungen, die man verstehen sollte, wenn man eine fachkundige Beherrschung dieses Gegenstands erreichen will. Kapitel 26 führt in den umfangreichen Bereich des standardisierten Testens ein, das dazu verwendet wird, Entscheidungen über die Erfolgswahrscheinlichkeit eines Individuums in Kursen, Schulen und an Arbeitsplätzen zu treffen, und daneben dazu, die Effektivität von Unterrichtscurricula an einer Schule, in einer Stadt oder in einem Land zu beurteilen. Kapitel 27 enthält dann einige Anweisungen darüber, wie man seine eigenen Tests machen kann und sollte – die Instrumente, mit denen man am besten beurteilen kann, in welchem Ausmaß die Schüler diejenigen Unterrichtsziele erreicht haben, auf die man in seiner eigenen Klasse abgezielt hat. Kapitel 28 schließlich befaßt sich mit dem komplexen, heiklen und kontroversen Bereich des Benotens, in dem das Spektrum der Meinungen von einer sofortigen Aufgabe des Benotens bis zu häufigerem und strengerem Benoten reicht.

Kapitel 25

Grundlegende Konzepte der Messung und Bewertung

25.1 Überblick

In diesem Kapitel werden wir uns mit einigen grundlegenden Vorstellungen über Messen, Testen, Reliabilität, Validität und Bewertung befassen. Wie wir bereits festgestellt haben, besteht die Arbeit des Lehrers aus mehr als nur dem unterrichtlichen Umgang mit den Schülern. Nachdenken und Planen finden vor dem Unterricht statt, und ein Teil dieser Anstrengungen muß auf die Planung der Leistungsbewertung der Schüler verwendet werden, also auf einen Prozeß, der erst nach Durchführung des Unterrichts abgeschlossen wird.
Wenn für die Leistungsbewertung Tests verwendet werden sollen, so müssen in den meisten Fällen ihre Form und ihr Inhalt vor Durchführung einer Unterrichtssequenz bekannt sein, so daß der Unterricht von den Testitems gesteuert und in seiner Breite bestimmt wird. Der Leser hat möglicherweise gehört, daß es falsch ist, nur in Ausrichtung auf den Test zu unterrichten. Wir behaupten gerade das Gegenteil. Die Testitems sollten die Ziele der Unterrichtssequenz ganz unmittelbar wiedergeben, und aus diesem Grunde ist das Unterrichten auf den Test hin gerechtfertigt. Wenn aber der Test mehr als bloße Gedächtnisleistungen erfassen soll, sollte er das Erreichen der Unterrichtsziele mit Mitteln überprüfen, die sich formal von den im Unterricht verwendeten unterscheiden (z. B. unter Verwendung anderer Wörter). Darüber hinaus muß der Test zu Ergebnissen führen, die konsistent oder stabil sind; andernfalls wird das Urteil über die Leistung eines Schülers unzutreffend sein. Bedingungen, mit denen die Stabilität von Testwerten zusammenhängt, werden in diesem Abschnitt erörtert. Daneben ist es erforderlich, die Wege zu kennen, auf denen die Leistungen von Schülern beurteilt werden können. Für die Entscheidung, ob Schüler vorankommen oder mehr Hilfe brauchen, können verschiedene Kriterien verwendet werden. Es muß bekannt sein, welche Kriterien man verwendet und weshalb man gerade diese Kriterien für die Leistungsbeurteilung von Schülern benutzt.
Tests sind oft der Kern eines Bewertungsprogramms, und deshalb werden wir zu Beginn dieses Abschnitts einen kritischen Blick auf das Wesen von Tests und die Merkmale, die bei der Beurteilung von Tests herangezogen werden sollten, werfen.

25.2 Messen

Ein Test ist ein *systematisches Verfahren* zur *Messung einer Stichprobe des Verhaltens* eines Menschen, um dieses Verhalten anhand von *Maßstäben* oder *Normen* zu *bewerten.* Es gibt zwei Hauptformen des Testens, *normbezogenes* und *kriteriumsbezogenes.* Ein guter Test ist *reliabel* und *valide.* Jedes der kursiv gedruckten Wörter in diesen drei Sätzen bedarf einer genaueren Erörterung. Nach dieser Erörterung werden diese drei Sätze beträchtlich mehr Bedeutungsgehalt für den Leser haben als jetzt.

Systematische Verfahren

Standardisierung des Verfahrens

Immer, wenn der Leser kleine Kinder auf Schaukeln oder seinen Bruder bei der Überlegung, wie er eine Erhöhung seines Taschengeldes erreichen könnte, beobachtet hat, war er mit einer unsystematischen Beobachtung befaßt. Eine sorgfältige Betrachtung der Art und Weise, in der man beobachtet hat, legt die Vermutung nahe, daß häufig unzuverlässige Techniken für die Beurteilung der psychomotorischen Fertigkeiten oder der Fähigkeit zum Problemlösen einer Person verwendet werden. Wenn wir die psychomotorischen Fertigkeiten von Kindern beurteilen wollen, wie sie sich in ihrer Geschicklichkeit auf Schaukeln zeigt, sollten wir solche Dinge wie den Typ der verwendeten Schaukel, ob eine Kette oder ein Seil die Schaukel hält und ob die Kinder angeschubst wurden oder selbst beginnen mußten, konstant halten. Das heißt, die angestellten Beobachtungen sollten gewisse Verfahrensregelungen enthalten, so daß alle untersuchten Kinder eine vergleichbare Chance haben, ihre psychomotorische Fertigkeit zu zeigen. Die Beobachtungsregeln und -zeiten müssen im Detail ausdrücklich festgelegt werden. Ebenso haben wir Schwierigkeiten bei der Beurteilung, ob die Problemlösungsfertigkeit im Erreichen einer Taschengeldaufbesserung eines Kindes größer ist als die eines anderen, wenn der eine Junge einen weichherzigen und der andere einen strengen Vater hat. Systematische Beobachtungsverfahren sind daher erforderlich.

Was wir deutlich machen wollen, ist, daß zufällige, unsystematische Beobachtung für den Lehrer nicht ausreicht. Unregelmäßige, unsystematische Beobachtungen sind mit zu vielen Fehlerquellen behaftet, als daß sie zur Rückmeldung für Schüler und ihre Eltern und zur Überprüfung der Wirksamkeit des eigenen Unterrichts verwendet werden könnten. Zu viel steht auf dem Spiele! Wenn wir die Leistungen eines Schülers einschätzen wollen, wie wir das sicherlich das ganze Schuljahr über sehr häufig tun, sollten wir, um zu diesen Schätzurteilen zu gelangen, ein systematisches Verfahren anwenden. Ein Test ist eine Methode, um zuverlässige Leistungsschätzungen zu erhalten. Ein Test, der korrekt konstruiert ist, sorgt dafür, daß alle Schüler dieselben Stimuli erhalten. Tests sind kein Ersatz für Beobachtungen. Sie stellen selbst Verhaltensbeobachtungen dar, die wirkungsvoller, feiner und weniger verzerrt als andere Beobachtungsarten sind. Tests können auch leichter zusammengefaßt und interpretiert werden als die meisten anderen Beobachtungstechniken.

Messen

Quantitative Form

Ein Grund für die Beliebtheit von Tests besteht darin, daß sie eine quantitative Schätzung der Fähigkeit oder Leistung eines Menschen erbringen. Wenn irgendeine Eigenschaft eines Menschen in quantitativer Form dargestellt wird, dann messen wir diese Eigenschaft. Das heißt, wir beantworten die Frage: Wieviel? In der Pädagogik sind die Eigenschaften von Schülern, die uns interessieren, ihre Intelligenz, Kreativität, Fähigkeit im Rechtschreiben, Kenntnisse in den einzelnen Fächern usw. Wenn wir die Kenntnisse einer Person in den Sozialwissenschaften, ihre schulischen Fähigkeiten oder ihre Englischleistungen quantifizieren, dann messen wir.

Einige Tests sind insofern objektiv, als verschiedene Beurteiler leicht zu einer Übereinstimmung über den Wert oder das Maß, das sich aus dem Test ergibt, gelangen können. Bei objektiven Tests können die Testwerte von Hilfskräften oder von Maschinen ermittelt werden. Andere Tests verlangen eine Beurteilung durch einen Experten, und es ist schwieriger zu erreichen, daß Experten genau oder auch nur weitgehend übereinstimmen, da die Kriterien, die jeder einzelne Experte verwendet, entweder nicht beschrieben oder nicht beschreibbar sind; solche Tests werden subjektive Tests genannt.

Stichprobe

Verhaltensstichproben erheben

Es muß im Auge behalten werden, daß ein Test eine Verhaltensstichprobe erhebt. Wir testen nicht die mathematischen Kenntnisse eines Schülers insgesamt oder alle seine Fähigkeiten, französisch zu verstehen. Wir nützen nur eine kleine Anzahl der vielen Möglichkeiten, über die untersucht werden kann, ob ein Schüler Konzepte anwenden kann oder nicht. Da wir beim Testen immer nur eine Stichprobe des Verhaltens erheben, müssen wir sicherstellen, daß die Verfahren zur Auswahl der Verhaltensstichprobe so wenig verzerrt wie möglich sind, daß sie die richtigen Bereiche des Curriculums abdecken und daß sie dem Schüler eine große Anzahl von Möglichkeiten geben, seine Fähigkeiten zu zeigen. Es ist wichtig, daran zu denken, daß die schlechte Leistung bestimmter Schüler möglicherweise eher unserem Stichprobenverfahren zuzuschreiben ist als ihren mangelnden Fähigkeiten. Jedem von uns ist es irgendwann in seiner Schullaufbahn einmal passiert, daß er das Gefühl hatte, für einen Test vorbereitet zu sein, um dann nur festzustellen, daß er die Antworten auf eine Menge Fragen gewußt hätte, der Lehrer sie aber im Test nicht stellte. Einige Methoden um sicherzustellen, daß der Test eine faire Verhaltens- oder Leistungsstichprobe enthält, werden im Kapitel 27 erörtert.

Verhalten

Unsere Tests sollen gemäß ihrem Verwendungszweck Verhalten bei Schülern auslösen. Wir können uns nicht damit befassen, was Schüler beim Lösen von Problemen denken, wenn dieses Denken nicht dadurch beobachtbar gemacht wird, daß sie entweder laut denken oder schreiben oder die Probleme lösen. Wir können die Kreativität von Schülern nicht untersuchen, es sei denn, sie wird beobachtbar gemacht. Was wir untersuchen, sind Lösungen von Problemen oder musikalische, schriftstellerische oder bildkünstlerische Erzeugnisse; d. h. wir untersuchen kreatives Verhalten. Daß wir uns auf das stützen müssen, was beobachtbar ist, ist ein wesentlicher Punkt. Wir gelangen häufig zu einem unzutreffenden Urteil über Menschen, weil wir uns nicht eng an beobachtbares Verhalten halten. Von dem schweigsamen Kind wird oft angenommen, daß es gedankenschwer und nachdenklich sei. Vielleicht ist das Kind einfach ruhig. Das große Kind kann stark oder einfach groß sein. Das kleine Mädchen in der zweiten Reihe, das mit dem Kopf nickt, kann entweder die Ausführungen des Lehrers verstanden haben oder es kann lediglich sozial zugänglich sein und dabei kein Wort verstanden haben. Will man die Bereitschaft zum Nachdenken, physische Tapferkeit oder Verständnis messen, so muß man diese Dimensionen in beobachtbares Verhalten verwandeln, das direkt oder indirekt die Anwesenheit dieser Eigenschaften anzeigt. Das Messen mit Hilfe von Tests zwingt uns dazu, bestimmte Eigenschaften von Schülern, an denen wir interessiert sind, beobachtbar zu machen.

Verhalten auslösen

Bewertung

Wie gut etwas ist

Bewertung ist der Prozeß, durch den wir einem Gegenstand einen Wert zuschreiben. Die Messung einer Stichprobe des beobachtbaren Verhaltens eines Schülers teilt uns mit, wieviel von einer Eigenschaft vorhanden ist (z. B. 40 Punkte in einem Test des Sprachverständnisses). Wie dieser Betrag bewertet werden sollte, ist eine völlig andere Frage. Im Bewertungsprozeß legen wir fest, ob die Leistung eines Schülers für gut gehalten werden soll, ob ein Schüler für eine Berufsausbildung empfohlen werden soll, ob eine Klasse schlechte Leistungen zeigt, ob eine Schule ein hervorragendes Leistungsniveau erreicht usw. Das Messen vermittelt uns Zahlen. Die Beurteilung, genauere Betrachtung und Interpretation durch Menschen verwandeln diese Zahlen in Bewertungen mit Bedeutungsgehalt.

Gütemaßstäbe und Normen

Festgelegtes Kriterium

Das Konzept des Maßstabs hat mit der Bewertung zu tun. Der numerische Testwert eines Schülers wird sicherlich in Abhängigkeit davon, welche Maßstäbe für die Interpretation des Testwerts verwendet werden, unterschiedlich bewertet werden. Möglicherweise wollen wir wissen, ob ein Wert von 40 Punkten in einem Test des Sprachverständnisses über oder unter dem *festgelegten Kriterium für eine akzeptable Leistung* in dieser Sprache liegt.

Vergleichsgruppen

Ein derartiger Maßstab, der für die Interpretation eines Wertes in einem Test verwendet werden kann, ist etwas anderes als eine *Norm,* d. h. eine Bezugsgröße, die zur Interpretation eines Wertes im Verhältnis zu den Werten anderer Personen verwendet wird. Bestimmte Normen, wie diejenigen, die nur von den Schülern derselben Klasse ausgehen, können Normen der unmittelbaren Vergleichsgruppe (Peer-Group) genannt werden. Andere Normen, wie diejenigen, die auf den Schülern eines bestimmten Staates oder der ganzen Nation beruhen, können Normen der mittelbaren Vergleichsgruppe genannt werden. Die Verwendung dieser beiden Arten von Normen ist in einem normbezogenen Testen möglich, das später genauer erläutert werden soll. Gütemaßstäbe auf der anderen Seite werden beim kriteriumbezogenen Testen verwendet.

Normbezogenes Testen

Normbezogen sind diejenigen Tests, bei denen die Testleistungen anderer Personen im selben Meßinstrument als Grundlage für die Interpretation der relativen Testleistung einer speziellen Person verwendet werden. Ein normbezogenes Maß gestattet es uns, ein Individuum mit anderen Individuen zu vergleichen (siehe *Glaser,* 1963).

Bezugspunkt: unmittelbare Vergleichsgruppe. Man stelle sich eine Situation vor, in der Lisa im Vergleich zu ihrer nahen Kameradengruppe, d.h. ihrer Klasse, den höchsten Wert und die Note 1 in Automechanik erhielt. Gloria war die siebente in ihrer Klasse und erhielt die Note 2. In dieser normbezogenen Situation, in der die Werte der unmittelbaren Kameradengruppe als Normen verwendet werden, kann man sagen, daß Lisa mehr über Automechanik weiß als Gloria, zumindest soweit dies durch den Test gemessen wurde. Aber unglücklicherweise sagen die Werte der zwei Mädchen an sich nichts darüber aus, welche Sachkenntnisse sie tatsächlich hatten.

Keine Information über Sachkenntnisse

Angenommen, der durchgeführte Test wurde als Grundlage für die Zulassung zu einem Kurs über fortgeschrittene Automechanik verwendet. Wenn in diesem Kurs nur sechs freie Plätze zur Verfügung stünden, würde Lisa aufgenommen, während Gloria nicht zugelassen würde. Es wäre aber möglich, daß auch Lisa nicht genügend weiß, um aus dem fortgeschrittenen Kurs Nutzen ziehen zu können. Diesen Umstand könnten wir jedoch nicht aufgrund des normbezogenen Tests feststellen. Normbezogene Tests verschaffen uns eine Möglichkeit, die in einem bestimmten Unterrichtsgebiet leistungsstärkeren von den weniger leistungsstarken Schülern zu unterscheiden. Wenn die Normgruppe die eigene Klasse eines Schülers oder die Mitschüler in derselben Klassenstufe an der Schule ist, sagen wir, daß die unmittelbare Kameradengruppe die Normen liefert, über die die Leistung bewertet wird.

Bezugspunkt: mittelbare Vergleichsgruppe. Man stelle sich eine andere Situation vor, in der Lisa und Peter einen nationalen Test über Kenntnisse in Automechanik absolvieren. Peters Testwert liegt auf dem Prozentrang 74 im Vergleich zu Tausenden von anderen, die denselben Test durchgeführt hatten. Das heißt, Peter wird in seinen Kenntnissen über Automechanik von nur 26 Prozent der anderen Schüler übertroffen. Die anderen Schüler, eine repräsentative Normgruppe, im Vergleich zu der Peters Testwert beurteilt werden kann, sind gewissermaßen eine sehr mittelbare oder unsichtbare Kameradengruppe. In dem Ausmaß, in dem diese mittelbare Kameradengruppe von Bedeutung ist, d. h. indem sie als Vergleichsgrundlage geeignet ist, kann sein Testwert interpretiert werden.

Verzerrte Normgruppen

Angenommen, Lisa erzielte einen Testwert, der ihr einen Platz auf dem Prozentrang 53 gemäß den nationalen Normen zuwies. Obwohl Lisas Wert beim Vergleich mit ihrer unmittelbaren Kameradengruppe auf dem Prozentrang 99 lag, ist sie im Vergleich zu dieser hypothetisch angenommenen, ganz mittelbaren Kameradengruppe als deutlich weniger leistungsstark einzuschätzen. Wenn allerdings die mittelbare Kameradengruppe, die Normgruppe für den Test, in der Hauptsache männliche Personen enthielt, kann Lisas Wert als besser beurteilt werden. In unserer Kultur besteht die Tendenz, daß männliche Personen mehr über das Funktionieren von Automobilen wissen als weibliche. Hier handelt es sich genau um das Problem, mit dem viele Schwarze, Chicanos oder amerikanische Indianer konfrontiert werden, wenn ein normbezogenes Testen mit Normen vorgenommen wird, die auf mittelbaren, aber vorgeblich repräsentativen Kameradengruppen beruhen. Schüler, die Minderheitsgruppen angehören und hervorragende Leistungen im Vergleich zu ihren tatsächlichen Kameraden zeigen, scheinen häufig in auf nationaler Basis standardisierten Tests schlechte Leistungen zu bringen. Wenn die Normgruppe, die als Bezugsgröße für die Beurteilung von Testwerten verwendet wird, zu wenig Mitglieder von Minderheitsgruppen enthält, dann ist sie in bestimmter Hinsicht eine verzerrte Normgruppe. Eine derartig verzerrte Gruppe könnte für das Mitglied einer Minderheit, die einen unterschiedlichen kulturellen Hintergrund hat, eine unfaire Benachteiligung bedeuten. Im Falle von Lisa sollte, wenn die Tests als Grundlage für die Zulassung zu Kursen in Automechanik oder für die Durchführung eines Anstellungsgespräches verwendet werden, ihre Leistung vielleicht nur mit der anderer Frauen verglichen werden.

Kriteriumsbezogenes Testen

Empfehlung: verwende kriteriumsbezogene Leistungstests

Wenn wir wirklich Lisas Kenntnisse in Automechanik einschätzen wollen, sollten wir uns einem kriteriumsbezogenen Vorgehen zuwenden und das normbezogene Vorgehen aufgeben. Gleichgültig, was wir über den Stand einer Person im Verhältnis zu ihren Kameraden erfahren, beim normbezogenen Vorgehen können wir niemals ausmachen, ob die Person bestimmte Dinge, z. B. die Funktion einer Antriebswelle, kennt oder nicht. Wir halten dafür, daß die Leistung eines Schülers über kriteriumsbezogene Vorgehensweisen, nicht über normbezogene ermittelt werden sollte, es sei denn, der Zweck des Testens besteht in der Auswahl einer Untergruppe von Schülern für seltene Sonderpositionen. Für die meisten schulischen Zwecke wird ein derartiges praktisches Vorgehen eine merkliche Verbesserung in der Diagnostik und Bewertung bringen.

Was Schüler können

Kriteriumsbezogene Tests messen die Fähigkeit oder Eignung eines Individuums im Hinblick auf ein bestimmtes Kriterium. Ein Vergleich zwischen Schülern ist nicht erforderlich. Das kriteriumsbezogene Maß wird dann verwendet, wenn wir eher wissen wollen, was Schüler können als wo sie im Vergleich zu ihrer unmittelbaren oder mittelbaren Kameradengruppe stehen (*Popham* u. *Husek,* 1969). Der kriteriumsbezogene Test wird absichtlich so konstruiert, daß er zu einer Information führt, die direkt unter Bezug auf ein absolutes Leistungskriterium interpretiert werden kann (*Glaser* u. *Nitko,* 1971).

Das absolute Kriterium beruht gewöhnlich auf der Erfahrung eines Lehrers mit Schülern, auf dem speziellen Unterrichtsgebiet, auf Aufzeichnungen über frühere Leistungen und auch auf der Intuition und den Wertvorstellungen des Lehrers. Angenommen, ein Lehrer setzt fest, daß der Schüler dazu imstande sein muß, acht von zehn Aufgaben der folgenden Arte zu lösen: Welches Wort ist der Name für etwas, das auf dem Kopf getragen wird (HUT/WUT/MUT)? In diesem Fall würde der Lehrer die Frage vorlesen und die Schüler würden Antworten auswählen, die ihre sprachlichen Fähigkeiten demonstrieren. Wenn der Schüler 8, 9 oder 10 Probleme richtig beantworten kann, dann zieht der Lehrer den Schluß, daß die sprachlichen Fertigkeiten der getesteten Art beherrscht werden. Sieben oder weniger richtig beantwortete Items bedeutet definitionsgemäß, daß das vom Lehrer gesetzte Kriterium nicht erreicht wurde. Bei dieser Art des Testens erfahren wir, daß ein Schüler sprachliche Fähigkeiten hat oder nicht hat. Ein Vergleich der Testwerte von Heinrich und Anna erfüllt kein Informationsbedürfnis auf seiten der Eltern oder des Lehrers. Das kriteriumsbezogene Vorgehen entspricht also häufig den Bedürfnissen des Klassenzimmers mehr als das normbezogene Vorgehen.

Kriteriumsbezug und Verhaltensvertrag

Das kriteriumsbezogene Vorgehen kann mit einem Verhaltensvertragssystem kombiniert werden, bei dem Schüler und Lehrer gemeinsam die durchzuführende Tätigkeit aushandeln. Individuelle Unterrichtssysteme mit Verträgen (siehe Kapitel 21) setzen eine Spezifikation der Art und Weise, in der sich die Leistungsfähigkeit zeigen wird, voraus.

Wenn kriteriumsbezogene Tests verwendet werden, gleichgültig, ob das Kriteriumniveau vom Lehrer gesetzt oder ausgehandelt wird, ist die erfolgreiche Bewältigung eines bestimmten Gebiets genau festgelegt und Benotungssysteme für Schüler müssen häufig revidiert werden. Die Verwendung von kriteriumsbezogenen Maßen bedeutet, daß alle Angehörigen einer Klasse Erfolg haben und daß alle versagen können. Hans und Carola haben einen bestimmten Stoff bewältigt und einen anderen nicht. Sie brauchen niemals im Verhältnis zueinander bewertet zu werden. Ein Schüler beschäftigt sich mit einem Gebiet vielleicht mehr als ein anderer. Ein Schüler ist mit seiner Arbeit vielleicht schneller fertig als ein anderer. Aber wenn es darum geht, ihre Leistungsfähigkeit in bestimmten Gebieten des Curriculums zu beurteilen, gestatten es uns kriteriumsbezogene Tests, festzustellen, wie gut Schüler dem Kriterium als Gütemaßstab entsprechen. Es kann sein, daß alle Schüler einen Test bewältigen oder daß dies keiner tut. Es kann sein, daß alle Schüler oder keiner eine 1 in dem Test erhalten.

Festsetzung der Kriterien vor der Testdurchführung

Ein wichtiges Merkmal des kriteriumsbezogenen Testens besteht darin, daß die Leistungskriterien festgesetzt sein sollten, *bevor* der Test den Schülern vorgelegt wird. Nur dann können die Kriterien von den Leistungen der Schüler in dem Test unbeeinflußt bleiben. Nur dann ist es unmöglich für den Lehrer, seine

Gütemaßstäbe so auszurichten, daß ein bestimmter vorher festgelegter Prozentsatz der Schüler die Noten 1, 2 usw. erhält. Die Entscheidung für ein entweder normbezogenes oder kriteriumsbezogenes Vorgehen beim Testen hat also bedeutende Auswirkungen für Klasse und Schule.
Insgesamt gesehen hat also die Entscheidung für normbezogenes Testen auf der einen oder kriteriumsbezogenes Testen auf der anderen Seite ungemein wichtige Folgen für den Unterricht in jeder einzelnen Klasse und auch für die Schule schlechthin. Das Für und Wider des betreffenden Testtyps ist in Tabelle 25-1 zusammengefaßt (*Clift* u. *Imrie,* 1981; vgl. auch *Shepard,* 1979).

Tabelle 25-1. Für und Wider des kriteriums- und des normbezogenen Testens

KRITERIUMSBEZOGENES TESTEN

Beschreibung

Mit einem kriteriumsbezogenen Test messen wir, ob der Schüler das im voraus festgesetzte Kriterium oder Leistungsniveau erreicht hat oder nicht. Solche Testwerte sind davon abhängig, daß wir im voraus einen *absoluten Gütemaßstab* festgelegt haben. Dieser Gütemaßstab ist unabhängig von den Leistungen, die die anderen Schüler erreicht haben, die denselben Unterricht erhalten und denselben Test abgelegt haben.

Einsatz

Kriteriumsbezogenes Testen ist in folgenden Fällen nützlich:
(a) zur Beurteilung individualisierter Lernprogramme;
(b) zur Diagnose von individuellen Schwierigkeiten einzelner Schüler;
(c) zur Einschätzung der Fähigkeit eines Schülers in einem bestimmten Bereich;
(d) zur Messung dessen, was ein Schüler gelernt hat;
(e) zum Nachweis von Kompetenz;
(f) für die Eingangskontrolle bei Beginn einer neuen Lerneinheit;
(g) immer dann, wenn die Beherrschung eines Themas oder einer Fertigkeit von vorrangiger Bedeutung ist;
(h) überall dort, wo es um eine Auswahl ohne Beschreibung durch Zulassungsziffern geht.

Kritik

Die Pädagogen sind sich gemeinhin nicht über den Wert des kriteriumsbezogenen Testens einig. Die folgenden Punkte sind in der Kritik vorherrschend:
(a) Kriteriumsbezogenes Testen sagt uns, was ein Schüler weiß oder tun kann, aber es gibt uns keine Auskunft darüber, inwieweit das, was er weiß oder kann, im Vergleich zu seiner Vergleichsgruppe besser oder schlechter ist. Kriteriumsbezogenes Testen genügt nur in einer Hinsicht: es kann nur einen Teil der Information liefern, die erforderlich ist, um das Können eines Schülers zu beurteilen.
(b) Es ist unrealistisch, vom Lehrer zu erwarten, daß er die erforderlichen Detailkenntnisse besitzt, um Unterrichtsziele so festzulegen, daß gute und zuverlässige kriteriumsbezogene Meßwerte ermittelt werden können.
(c) Wissen und Verstehen sind für eine klare Definition begrifflich nicht scharf genug abgegrenzt, und deshalb ist es äußerst schwierig, angemessene Leistungskriterien aufzustellen.
(d) Kriteriumsbezogenes Testen bietet keinen Anreiz zum Einsatz von Problemlösungsfragen, sondern nur einen Anreiz zum Einsatz von Fragen mit richtigen oder falschen Antworten. Es zwingt den Lehrer dazu, bestimmte Antworten im voraus auszuwählen; die Aufgabe des Schülers beschränkt sich dann darauf, aus der Vorauswahl eines anderen eine Wahl zu treffen.

NORMBEZOGENES TESTEN

Beschreibung

Ein normbezogener Test mißt die Leistung des Schülers auf der Grundlage des Vergleichs mit den Leistungen anderer Schüler bei ein und derselben Aufgabe.

Einsatz

Normbezogenes Testen ist besonders nützlich für:
(a) die Einstufung der Schüler;
(b) die Auswahl der Schüler bei von vornherein festgelegten Aufnahmequoten;
(c) die Entscheidung der Frage, wieviel (mehr oder weniger) ein Schüler im Vergleich zu anderen gelernt hat.

Kritik

Als Kritik am normbezogenen Testen wird in der Literatur primär auf folgende Punkte hingewiesen:
(a) Die Endnote, die der Schüler in einem Fach erhält, verdeckt die Mißverständnisse, die nichtangemessenen Fertigkeiten sowie die möglichen Lücken des Schülers in diesem Fach. Um diese Aspekte richtig bewerten zu können, muß das Testergebnis des Schülers auf den Inhalt des Tests bezogen sein.
(b) Man kann ein bestimmtes Maß an Wissen nicht mit einer unflexiblen Note ausdrücken; im Hinblick auf Inhalt und Bedeutung hat sie für jene, deren Ziel es ist, absolute Gütemaßstäbe zu setzen, wenig Bedeutung.
(c) Wenn ein Schüler über einen längeren Zeitraum ständig mit normbezogenen Maßstäben beurteilt wird, dann führt dies zu einer Verringerung seiner Leistungsmotivation.
(d) Normbezogene Tests erreichen nur einen Teilbereich der Unterrichtsziele.
(e) Der Einsatz von normbezogenen Testverfahren verdeckt die Tatsache, daß der Unterricht in bestimmten Fächern sehr gut und in anderen sehr schlecht ist, oder auch, daß jeder Lehrer unterschiedliche Leistungsmaßstäbe ansetzt.
(f) Legt man Besetzungshäufigkeiten für die einzelnen Notenbereiche gemäß der Normalverteilungskurve fest, so kann dies zu einer administrativen Notwendigkeit ausufern, die sich rücksichtslos über individuelle, pädagogische und selbst statistische Bedenken hinwegsetzt.

Nach *Clift* u. *Imrie* (1981).

25.3 Reliabilität

Angenommen, Sie interessieren sich für die schulische Leistung einer Schülerin namens Carmen. Sie erfahren, daß sie gerade einen Test über ihre Kenntnisse in Botanik absolviert hat. Der Test hatte 40 Items. Carmen hat in diesem Test einen Wert von 24 erhalten. Wenn sie dieses Ergebnis nach normbezogenen Gesichtspunkten interpretieren wollen, müssen Sie noch wissen, daß der Testdurchschnitt der Klasse 29 betrug. Wenn sie Carmens Testleistung nach kriteriumsbezogenen Gesichtspunkten interpretieren wollen, sollten Sie auch wissen, daß die Schüler nach Einschätzung des Biologielehrers 80% der Fragen richtig beantworten mußten, um ihre Kompetenz in Betonik zu beweisen. So hat er 32 als unteren Grenzwert für „noch ausreichend" festgelegt. Mit diesen zusätzlichen Informationen können Sie nun feststellen, daß Carmens Testergebnis etwas unter dem Durchschnitt liegt bzw. daß sie das als noch ausreichend angesetzte Kriterium nicht erfüllt hat.

Präzision, Konsistenz, Stabilität

So einfach ist die Angelegenheit allerdings nicht: wir müssen leider die Sache noch etwas komplizierter machen. Wie bei jedem Test müssen wir uns auch hier fragen, ob wir dasselbe Urteil über Carmens Leistung abgeben würden, wenn ihr derselbe oder ein ähnlicher Test nach kurzer Zeit noch einmal vorgelegt werden würde. Wir haben die Frage zu berücksichtigen, wie präzise, konsistent oder stabil die Testleistung eines Schülers über verschiedene Testdurchgänge und Zeitspannen hinweg ist. Die Präzision, Konsistenz oder Stabilität eines Wertes sind verschiedene Aspekte dessen, was *Testreliabilität* genannt wird, eines der fundamentalen Merkmale von Tests. Wenn wir davon ausgehen, daß die Urteile, die wir über Menschen auf der Basis eines Tests abgeben, von Mal zu Mal die gleichen bleiben, dann nehmen wir an, daß der Test reliabel, d.h. zuverlässig ist.

Test-Retest-Reliabilität

Wie können wir wissen, ob sich aus einem Test eine reliable (zuverlässige) Information über einen Schüler ergibt? Eine Möglichkeit besteht darin, Carmen noch einmal zu testen und nachzuschauen, ob ihr Wert bei dem Retest wieder bei 24 liegt. Wenn das so ist, dann scheint unsere Charakterisierung von Carmen, als hinsichtlich ihrer Botanikkenntnisse leicht unterdurchschnittlich, zuzutreffen. Der Test ist anscheinend ein zuverlässiges Instrument. Gehen wir in unserer Betrachtung nun von einem Schüler zu einer Klasse von 30 über; Reliabilität bezieht sich dann auf das Ausmaß, in dem die Werte, die die Schüler bei einer Testdurchführung erhielten, denjenigen, die sie in einer erneuten Testung bei anderer Gelegenheit erhielten, gleich sind. Bei normbezogenen Testwertbeurteilungen stellt sich jetzt die Frage, ob die Rangfolge der Schüler von einem zum nächsten Mal gleich bleibt. In dem Ausmaß, in dem die Rangplätze der Schüler, die sich aus ihren Testwerten ergeben, von einer Testdurchführung zu einer anderen gleich bleiben, kann der Test als reliabel im Sinne hoher Stabilität betrachtet werden.

Reliabilität im Sinne von Stabilität

Eine Reliabilitätsschätzung, die wir bei normbezogenen Testverfahren verwenden können, besteht in der Korrelation der Rangplätze, die bei der ersten und bei der zweiten Testdurchführung erzielt werden. Wenn zwei Rangordnungen von Testwerten genau gleich sind, beträgt der Korrelationskoeffizient 1,00, und man stellt fest, der Test ist vollkommen reliabel. Wenn die Korrelation bei 0,90 oder 0,84 liegt, kann man sagen, die Reliabilität ist hoch, da die Rangordnungen bei den beiden Testdurchführungen weitgehend gleich blieben. Das heißt, die Information, die wir einem Testwert, der uns eine Entscheidung ermöglichen soll, entnehmen, bleibt von einer Testdurchführung zur anderen relativ konstant.

Reliabilität im Sinne von Präzision

Im allgemeinen werden Reliabilitätskoeffizienten über 0,80 für unabdingbar gehalten, will man ein zutreffendes Urteil über Schüler abgeben. Niedrigere Reliabilitäten sind generell nicht akzeptabel, wenn die Testinformation dazu verwendet werden soll, wichtige Entscheidungen über Individuen zu treffen. Wenn jedoch ein Schüler in dem Test extrem leistungsstark oder -schwach ist, so werden bestimmte Entscheidungen auch dann zuverlässig, wenn die Reliabilität geringer als 0,80 ist.

Im Zusammenhang mit kriteriumsbezogenen Tests hat der Begriff Reliabilität eine andere Bedeutung. Es ist für uns weniger wichtig, ob der Testwert genau trifft; viel wichtiger ist, daß wir uns darauf verlassen können, daß die *Entscheidung richtig war,* daß Carmen den Botaniktest nicht bestanden hat (vgl. *Mehrens* u. *Lehmann,* 1980). In gewisser Hinsicht ist Carmens Testwert sogar ziemlich unbedeutend – alle Testwerte unter 32 sind unter „nicht bestanden" zusammengefaßt, und alle über 32 liegenden Werte gelten als „bestanden". Die Folgerung, die wir aus diesem Ergebnis ziehen, ist für uns von größtem Interesse, nicht der Testwert selbst.

Das Test-Retest-Verfahren kann auch dafür verwendet werden, die Reliabilität der Entscheidung einzuschätzen, die wir über Carmen getroffen haben. Wenn wir feststellen, daß Carmen bei einem Retest wieder nicht besteht, können wir mit einiger Sicherheit annehmen, daß der Test verläßlich ist. So würden wir in unserer Klasse das Testergebnis jedes einzelnen Schülers bei jedem neuen Test wieder analysieren und uns vor Augen führen, wie wir Carmen, Hermann, Doris, Mark und die anderen Schüler bei jedem Test eingestuft haben. Die Sichtung solcher Ergebnisse sagt uns, ob die jeweils getroffenen Entscheidungen sich als gültig erwiesen haben oder nicht. Entsprechende Grenzwerte für Reliabilitäten, die wir mit diesem Test-Retest-Verfahren ermitteln, haben sich allerdings bei kriteriumsbezogenen Tests noch nicht in der gleichen Weise durchgesetzt wie bei normbezogenen Tests (vgl. *Sweezy,* 1981; *Berk,* 1980). Die derzeit verbreiteten Versionen solcher Zahlenwerte liefern uns entweder korrelationale Informationen, die so interpretiert werden wie im obigen Beispiel, oder Wahrscheinlichkeitsschätzungen. Wenn es bei einem kriteriumsbezogenen Test heißt, daß er mit einer Wahrscheinlichkeit von 0,82 die wiederholten Leistungen der Schüler in gleicher Weise nach „bestanden" und „nicht bestanden" klassifiziert, bedeutet das, daß seine Reliabilität größer ist als bei einem Test, der diese Unterscheidung mit einer Wahrscheinlichkeit von nur 0,55 trifft. Beide Variablen der Reliabilitätseinschätzung, Korrelation und Wahrscheinlichkeit, werden mit Zahlenwerten zwischen 0 und 1,00 angegeben und in ähnlicher Weise interpretiert: je näher der Wert an 1,00 heranrückt, desto höher ist die Zuverlässigkeit, gleiche Ergebnisse bei verschiedenen Messungen zu erhalten.

Bis jetzt haben wir uns mit Reliabilität im Sinne von Stabilität über einen bestimmten Zeitraum hinweg befaßt. Die Stabilitätseinschätzung macht die Berechnung von Korrelationen zwischen den Werten in einem Test und einem Retest oder zwischen den Werten in zwei Parallelformen eines Tests erforderlich, die zu verschiedenen Zeiten absolviert werden. Zwischen den beiden Tests kann eine Stunde, ein Tag oder ein Monat liegen.

Innere Konsistenz

Innere Konsistenz. Wir können die Reliabilität auch dann schätzen, wenn wir den Test nur einmal geben. Diese Art von Reliabilität zeigt keine zeitübergreifende Stabilität an; vielmehr gibt sie an, wie präzis die Messung bei einer einzigen Testgelegenheit ist. Wir können also aus einer einzigen Testsitzung zu einer Schätzung der Korrelation zwischen einem Test und einem hypothetischen zweiten Test gelangen, der zur gleichen Zeit gegeben wird. Diese Schätzung wird allgemein als akzeptable Möglichkeit anerkannt, die Reliabilität bei normbezogenen Tests zu bestimmen. Außerdem ist sie auch deshalb erforderlich, weil die meisten Lehrer einen Test nur einmal geben und deshalb die Reliabilität des Tests von dieser einmaligen Durchführung her bestimmen müssen. (Auf die statistischen Verfahren, die erforderlich sind, um diese Art von Reliabilität zu ermitteln, können wir hier nicht eingehen.) Dennoch kann man auch bei einem einzigen Testdurchgang rechnerisch ermitteln, wie zuverlässig gemessen worden ist, ob die Schülerleistung genügt oder nicht. Dieses Verfahren ist allerdings noch in der Entwicklung und für den Lehrer ist der problemlose Einsatz noch mit zu vielen Schwierigkeiten verbunden, die aber nach und nach abgebaut werden (vgl. *Subkoviak,* 1980; *Hambleton* et al., 1978).

Die Möglichkeit, Schätzungen der Reliabilität vorzunehmen, ist ein Aspekt. Ein zweiter, weit wichtigerer, ist es zu wissen, daß die Stabilität und innere Konsistenz von Testwerten bei weitem nicht vollkommen ist. Reliabilitätsschätzungen bei Tests im Unterricht liegen immer unter 1,00 und oft unter 0,80. Daher werden die Testwerte des einzelnen Schülers von einem Test zum nächsten immer ein wenig (oder recht stark) schwanken. Wenn man also vor die Aufgabe gestellt ist, eine Entscheidung auf der Grundlage eines einzigen Testergebnisses zu treffen – z. B. alle Schüler mit einem Ergebnis über 45 kommen in den Leistungskurs, oder alle Schüler mit einem Wert unter 18 haben nicht bestanden – muß man sich auch darüber im klaren sein, daß der festgestellte Testwert, der für eine solche Beurteilung für jeden einzelnen Schüler herangezogen wird, nicht so genau ist wie es den Anschein hat. Dieser Mangel an Testwertgenauigkeit, der sich aus der Unzuverlässigkeit des Ergebnisses ergibt, läßt sich statistisch erfassen, und zwar mit der Berechnung des Standardmeßfehlers.

Standardmeßfehler

Der Standardmeßfehler. Der Meßwert eines Schülers in jedem Test ist aus einem „Fehler“ sowie aus dem „wahren“ Niveau der gemessenen Eigenschaft zusammengesetzt. Wenn wir den IQ messen, so messen wir die Befähigung zur Bewältigung bestimmter schulischer Aufgaben. Diese Messung wird jedoch durch den Gesundheitszustand der Person an dem betreffenden Tag, durch ihren emotionalen Zustand, ihre Motivation, ihren Kontakt mit den Prüfern, durch vorausgehende Übung in dem vom Test erfaßten Gebiet, durch Aufmerksamkeitsfluktuationen, durch Koordination, Gedächtnis und Ermüdung beeinflußt (vgl. *Stanley,* 1971; *Cronbach,* 1970). Von besonderer Bedeutung ist die Tatsache, daß wir das Rateglück der Person bei einer bestimmten Testdurchführung mitmessen.

Ein beobachteter Wert, z. B. Carmens 24 Punkte in dem Botaniktest, besteht also aus dem wahren Wert und einem Fehlerwert. Wie hoch der Fehler im Meßwert einer Person ist, ist das, was wir wissen wollen. Wenn wir den Fehler geschätzt haben, können wir einen Vertrauensbereich um den beobachteten Meßwert schätzen und ziemlich sicher sein, daß der wahre Wert einer Person innerhalb dieses Vertrauensbereiches liegt.

Vertrauensbereich um den beobachteten Wert

Der Standardmeßfehler liefert uns die Informationen, die wir brauchen, um einen Vertrauensbereich für ermittelte Testwerte zu entwickeln. Angenommen, wir lernen aus der Anwendung einer diesbezüglichen statistischen

Formel, daß der Standardmeßfehler bei dem Botaniktest, den Carmen absolvierte, 4 Punkte beträgt. Dann wüßten wir, daß Carmens wahrer Testwert irgendwo im Bereich von 4 Punkten unterhalb bis 4 Punkten oberhalb ihres erreichten Testwerts liegt. Das heißt, ihr wahres Ergebnis wäre wahrscheinlich zwischen 20 und 28.

Aufgrund dieser Fehler in unserem Bemessungssystem müssen wir lernen, die Testwerte von Carmen und unseren anderen Schülern in einer Bandbreite zu sehen und nicht in einzelnen, präzis festgelegten Punkten. Wenn wir wissen, daß es einen Standardmeßfehler gibt, können wir auch größere Vorsicht anwenden, wenn wir zwei Schüler miteinander vergleichen, deren ermittelte Testwerte unterschiedlich zu sein scheinen. Nehmen wir an, Heinrichs Testwert im Botaniktest war 31. Zunächst erscheint uns das so, als liege Heinrich mit diesen 7 Punkten Vorsprung geringfügig über und Carmen etwas unter dem Durchschnitt der Klasse. Wenn wir nun jedoch den Standardmeßfehler heranziehen, um den Vertrauensbereich bei beiden zu ermitteln, erhalten wir ein Ergebnis, das in Abbildung 25-1 graphisch dargestellt ist. Wenn wir gedanklich mit Vertrauensbereichen operieren und nicht mit Einzelpunkten, führt uns das zu Schlußfolgerungen, zu denen wir sonst nicht kommen würden.

Vertrauensbereich aussagekräftiger als Einzelmeßwert

Zunächst fällt uns auf, daß sich die beiden Vertrauensbereiche überschneiden. Daher werden wir wohl kaum den Schluß ziehen wollen, daß Heinrichs wahrer Wert über dem von Carmen liegt. Wenn Heinrichs wahrer Wert am unteren Ende seines Vertrauensbereichs läge, der für Carmen aber am oberen Ende des für sie geltenden Vertrauensbereichs, dann wären die Leistungen von Carmen in dem Botaniktest tatsächlich besser als die von Heinrich!

Die Auffassung, daß Testwerte nicht an einem bestimmten Punkt, sondern innerhalb einer bestimmten Bandbreite auszumachen sind, hat zur Einführung

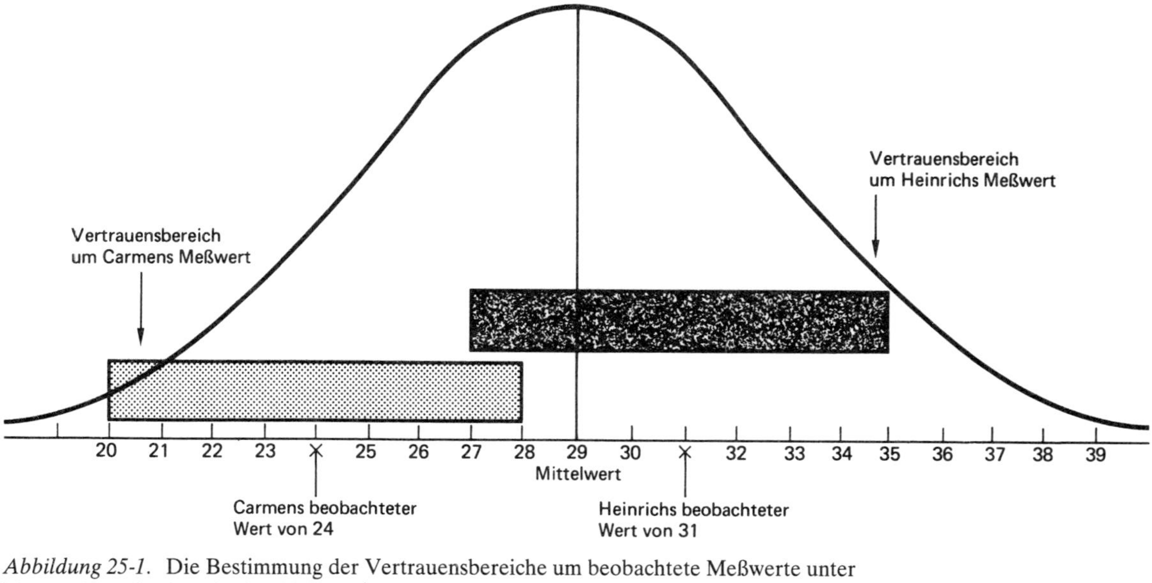

Abbildung 25-1. Die Bestimmung der Vertrauensbereiche um beobachtete Meßwerte unter Verwendung des Standardmeßfehlers (Vertrauensbereich 68%)

einer dritten Kategorie bei kriteriumsbezogenen Tests neben „bestanden“ und „nicht bestanden“ geführt: diese Kategorie wird gemeinhin als „unentschieden“ bezeichnet. Um also die von uns anerkannte Ungenauigkeit der Testwerte im Botaniktest auszugleichen, wäre es angebracht zu sagen, daß beispielsweise mit 30 bis 33 Punkten ein Bereich festgelegt ist, innerhalb dessen wir mehr Informationen brauchen, bevor wir mit Bestimmtheit sagen können, ob ein Schüler, dessen Leistung in diesem Bereich liegt, bestanden hat oder nicht. Die Bandbreite, die wir hier festlegen, spiegelt unser Bedenken angesichts der Größenordnung des Standardmeßfehlers.

Diese gesamte Diskussion über Unzuverlässigkeit und Fehlermessung dient dazu, uns zur Vorsicht zu mahnen. Bei jedem Testverfahren, mit dem wir zu tun haben, bei jedem Test, den wir interpretieren, bei jeder Auswahl oder Benotung, die wir vornehmen, sollten wir daran denken, daß jeder Wert mit einem Vertrauensbereich verbunden ist, der die Streubreite des Fehlers für diesen bestimmten Wert festlegt. Wenn die Reliabilität geringer als 1,00 ist, dann enthält der ermittelte Wert einen bestimmten Fehler. Zahlenwerte, mit denen man arbeitet, sollte man nicht als gottgegeben hinnehmen. Sie sind ebenso fehlbar wie die Menschen, die sie interpretieren müssen.

Verbesserung der Reliabilität

Hinzufügen von Items

Eine Möglichkeit, die Reliabilität zu verbessern und so den Standardmeßfehler zu reduzieren, besteht darin, den Test zu verlängern. Dies gilt für beide Testtypen, den normbezogenen Test ebenso wie den kriteriumsbezogenen Test. Die Schüler, denen die Tests vorgelegt werden, und die Lehrer, die die Tests zusammenstellen, beklagen sich über ausgedehnte Prüfungen. Die Beziehung zwischen Reliabilität und Testlänge ist jedoch eindeutig. Bei einem 5-Item-Test mit einer Reliabilität von 0,20 erhöht das Hinzufügen von 5 weiteren Items desselben Typs den geschätzten Reliabilitätskoeffizienten auf 0,33. Fügt man 15 Items desselben Typs hinzu, so steigt die geschätzte Reliabilität auf 0,50. Wenn die Reliabilität eines Tests gering ist, erhöht das Hinzufügen von Items den Reliabilitätskoeffizienten. Wenn die Reliabilität bereits hoch ist, so hat das Hinzufügen von Items kaum einen Wert.

25.4 Validität

Beschäftigt man sich mit der Validität eines Tests, so interessiert man sich dafür, ob das Testverfahren und die Testinterpretationen tatsächlich eine Messung dessen darstellen, was wir messen wollen. Es gibt viele verschiedene Arten der Validität (vgl. *Cronbach,* 1971; *Messick,* 1980), wir werden uns jedoch nur auf drei konzentrieren: Inhaltsvalidität, Konstruktvalidität und Kriteriumsvalidität.

Inhaltsvalidität

Wenn wir z. B. einen Geologietest konstruieren, so müssen wir sicher sein, daß wir tatsächlich Geologiekenntnisse und -fertigkeiten messen. Wir müssen uns fragen, ob das Gebiet, das gerade interessiert, eine Stichprobe geeigneter Items enthält und ob genügend Itemtypen verwendet werden, so daß in unserer Stichprobe die verschiedenen Arten von Kenntnissen und Fertigkeiten in diesem Gebiet angemessen vertreten sind. Man muß sich die Frage vorlegen, ob man alle Gebiete des Geologiecurriculums erfassen will oder nur diejenigen, die in einer bestimmten Klasse besonders betont wurden.

Gelegenheit zu lernen

Entwickelt man einen Test für das Gebiet der Sozialkunde und stellt dabei Fragen, die auf der Basis der allgemeinen Intelligenz, der Erfahrung mit Tests oder des üblichen Zeitunglesens beantwortet werden können, so ist es fraglich, ob der Inhalt des Sozialkundeunterrichts adäquat überprüft wird. *Die Items eines schulfachbezogenen Tests sollten eng mit dem Unterrichtsgebiet verknüpft sein, in dem die Schüler Gelegenheit hatten, etwas zu lernen.* Wenn unabhängige Experten darin übereinstimmen, daß ein Test, der den Sozialkundeunterricht in der achten Klasse erfassen soll, das übliche Curriculum in diesem Fachgebiet mißt, so besitzt der Test Inhaltsvalidität. In dem Ausmaß, in dem sich die Themen des Sozialkundeunterrichts verändern oder in dem neue Untergebiete betont werden (z. B. ein aktuelles Interesse an der Volksrepublik China), muß sich auch die Inhaltsstichprobe des Tests für den Sozialkundeunterricht der achten Klasse verändern, wenn er valide bleiben soll.

Übereinstimmung von Testinhalt und Unterrichtsinhalt

Die Inhaltsvalidierung ist eine logische Prozedur. Der gesunde Menschenverstand ist eine Grundvoraussetzung für die Bestimmung der Inhaltsvalidität. Kapitel 27 über vom Lehrer konstruierte Tests enthält Hilfen für die Definition eines Gebiets und für die Erhebung von Stichproben aus diesem. Ohne den Rückgriff auf bestimmte vernünftige Prozeduren des Stichprobenerhebens, auf logische Prüfung und auf den gesunden Menschenverstand läuft ein Test Gefahr, wertlos zu werden, da er wohl kaum auf die beabsichtigte Art interpretiert werden kann. Das heißt, ein Test wird kein valider Geologie- oder Sozialkundetest sein, wenn sein Inhalt dem definierten Interessensgebiet in Geologie oder Sozialkunde nicht entspricht. Dieses Problem ergibt sich insbesondere bei normbezogenen Tests und ist bei kriteriumsbezogenen, bei denen die Testitems eng mit den Unterrichtszielen verknüpft sind, weniger häufig vorhanden.

Konstruktvalidität

Die Konstruktvalidität ist vielleicht die am schwierigsten zu verstehende Art von Validität. Sie betrifft die Frage, ob der Test das mißt, was zu messen er vorgibt. Die Konstruktvalidität interessiert gewöhnlich dann, wenn wir standardisierte Tests für psychologische „Konstrukte“ oder Eigenschaften verwenden. Wenn wir einen Test für spezielle naturwissenschaftliche Fähigkeiten verwenden, so interessiert uns, ob er tatsächlich das Konstrukt der naturwissenschaftlichen Fähigkeiten mißt oder ob er statt dessen Kenntnisse in den Naturwissenschaften, die allgemeine Intelligenz oder das Sprachverständnis oder alle diese Merkmale zusammen erfaßt. Dies ist ein kompliziertes Problem; zu viele Tests gelten jedoch nach wie vor als Tests für Kreativität, künstlerische Befähigung oder Kenntnisse in Mechanik, obwohl sie die Eigenschaft, die sie ihrem Anspruch nach messen, in Wirklichkeit nicht messen.

Korrelationsbeweis für Konstruktvalidität

Wie kann man die Konstruktvalidität überprüfen? Eine Möglichkeit besteht in Korrelationsberechnungen. Wenn wir einen Test für künstlerische Befähigung haben und daneben eine Beurteilung darüber, wie gut die Schüler in den künstlerischen Fächern waren, so sollten die beiden Maße zueinander in Beziehung stehen. Das gleiche sollte für einen Test der Fähigkeiten in Mechanik und die Leistungen in Automechanik oder für jede Art von Fähigkeitstest und ein Kriteriumsmaß des entsprechenden Leistungsbereichs gelten. Selbst eine nur niedrige Korrelation wäre schon ein gutes Zeichen. Wir können auch einen Test, z. B. für den IQ, mit einem anderen korrelieren. So würde man z. B. von einem neuen, kurzen IQ-Test fordern, daß er eine weitgehende Korrelation mit dem Stanford-Binet- oder mit dem Wechsler-IQ-Test aufweist, da es sich bei diesen um weithin anerkannte Tests des Konstrukts IQ handelt. Wenn das neue IQ-Maß mit diesen Tests nicht viel gemeinsam hat, dann ist das, was er mißt, *nicht* Intelligenz, wie wir sie gewöhnlich verstehen, gleichgültig, was der Test seiner Intention nach messen soll.

Beweis über Hypothesenprüfung

Eine weitere Möglichkeit, einen Test auf eine Konstruktvalidität hin zu kontrollieren, besteht darin, Hypothesen darüber zu überprüfen, wie sich Leute mit hohen und solche mit niederen Testwerten verhalten sollten. Testet man derartige Konstrukte wie Führereigenschaften, Selbstbild und Einstellung gegenüber Mathematik, so sollten sich Personen mit hohen und solche mit niederen Werten in diesen Tests verschieden verhalten. Wenn ihr Verhalten tatsächlich mit unseren Erwartungen übereinstimmt, so kann der Test Anspruch auf Konstruktvalidität erheben.

Behauptungen darüber, welche Wirkungen eine bestimmte Droge hat, werden von Stellen des Bundes und der Staaten in den USA genauestens überprüft; für die Entwicklung von Tests oder die Ansprüche, die mit ihnen verbunden sind, gibt es keine derartige Regelung. Im Erziehungsbereich gibt es eine Menge Leute, die Tests zusammenstellen, ihnen einen Namen geben und ihre Verwendung empfehlen, ohne daß sorgfältig darauf geschaut wurde, ob die Tests tatsächlich das messen, was ihre Autoren behaupten. Lehrer müssen also vorsichtig sein, wenn sie Tests für die Verwendung im Klassenzimmer auswählen.

Kriteriumsvalidität

Korrelation der Testwerte mit Erfolgskriterien

Verwendet man einen Test zur Auswahl von Schülern für die Aufnahme in eine Schule, in ein Curriculum oder einen Kurs, so muß man sicherstellen, daß er für diese Zwecke valide ist. Angenommen, man hat einen Lehrgang für begabte Schüler und verwendet für die Auswahl einen Kreativitätstest. Wählt der Test tatsächlich Schüler aus, die mit größerer Wahrscheinlichkeit Nutzen aus dem Lehrgang ziehen? Zur Bestimmung der Kriteriumsvalidität muß man eine Gruppe von Schülern testen und sie alle, unabhängig von ihrem Meßwert, in den Lehrgang aufnehmen. Die Werte in dem Selektionstest werden dann mit

den Werten in irgendeinem Kriteriumsmaß, das den Erfolg in dem Unterrichtsprogramm wiedergibt, korreliert. Dann kann man das Ausmaß feststellen, in dem die Personen mit hohen Werten in dem für die Auswahl verwendeten Kreativitätstest mehr Nutzen aus dem Lehrgang zogen als diejenigen mit niederen Werten. Wenn die Erstgenannten mehr von dem Unterricht profitieren und wenn wir in Zukunft Schüler auswählen wollen, die am meisten von solchen speziellen Unterrichtsprogrammen haben, so können wir den Test für die Auswahl verwenden. Der Test ist valide, wenn es darum geht vorauszusagen, wer bei einem bestimmten Kriterium gute Leistungen erzielen wird. (Was wir hier Kriteriumsvalidität nennen, wird auch manchmal als Übereinstimmungsvalidität oder Vorhersagevalidität bezeichnet.)
Hier ist wiederum eine Warnung angebracht. Über Koeffizienten der Selektionsvalidität gelangen wir zu einer nützlichen Technik für die Auswahl und Beratung von Schülern hinsichtlich verschiedener Gebiete des Curriculums. Dies trifft jedoch *nur* dann zu, wenn ein bestimmter Schüler denjenigen Schülern gleicht, die in der Stichprobe waren, in der der Validitätskoeffizient ermittelt wurde. Lehrer, die mit einem Test arbeiten, um Informationen zur Entscheidungsfindung zu bekommen, sollten nachprüfen, ob er einen brauchbaren Koeffizienten der Kriteriumsvalidität hat. Darüber hinaus müssen sie überprüfen, ob die Gruppe, die zur Bestimmung des Koeffizienten verwendet wurde, derjenigen, für die die Information jetzt verwendet werden soll, ähnlich ist. Valide Tests können eine Hilfe bei der Auswahl sein, aber bei jeder Selektion sollten auch die besonderen Bedingungen eines bestimmten Schülers, seine Motivation und die Bedeutung falscher Entscheidungen berücksichtigt werden.

Merke:

Gute Tests sind *reliabel* (zuverlässig). Das bedeutet, daß wir der Information, die sie uns über eine bestimmte Person geben, vertrauen und annehmen können, daß sie zutreffend, zuverlässig, stabil und präzise ist. Der Reliabilitätskoeffizient und der Standardmeßfehler sagen uns, wieviel Glauben wir einem bestimmten Testwert schenken können. Wir müssen Testwerte als Meßwerte betrachten, die mit einem Vertrauensbereich ausgestattet sind. Meßfehler und die Eigenschaft, die wir zu messen versuchen, sind immer miteinander vermengt.
Von größter Bedeutung ist, daß gute Tests *valide* (gültig) sind. Leistungstests sollten Inhaltsvalidität besitzen – eine logische Übereinstimmung zwischen dem Test und dem Bereich, für den seine Items eine repräsentative Stichprobe darstellen sollten. Andere Tests sollten mit Konstruktvalidität ausgestattet sein – sie sollten tatsächlich das messen, was sie zu messen vorgeben. Wie ein Test genannt wird und was er tatsächlich mißt, kann sehr unterschiedlich sein. Schließlich sollten Tests, die für Selektion und Beratung verwendet werden, die Leistung in bestimmten Kursen oder bei bestimmten beruflichen Tätigkeiten voraussagen. Valide Tests leisten das, was sie zu leisten beanspruchen.

25.5 Bewerten

Die Bewertung ist ein sehr spezialisiertes Tummelfeld der Pädagogik geworden. Inzwischen werden Menschen sogar für diese Tätigkeit speziell ausgebildet. Dort, wo Geld für Bildungsprojekte ausgegeben wird, wird auch ausdrücklich verlangt, daß die Projekte bewertet werden. Von Lehrern und in der Schulverwaltung Tätigen wird häufig der Beweis gefordert, daß das, was sie tun, auch einen Wert hat. Bewertungsverfahren sind Bestandteil der pädagogischen Effektivitätsermittlung (die Pädagogen werden für den Erfolg ihrer Bemühungen verantwortlich gemacht), der Produktentwicklung und der Curriculumentwicklung.

Beweise, um Entscheidungen treffen zu können

Eine Bewertung dieser Art hat mit der Sammlung und Anwendung von Informationen zu tun, aufgrund derer Entscheidungen über Lehrgänge, Curricula, Lehrmethoden und andere Schulaktivitäten getroffen werden können (vgl. *Cronbach,* 1963). Bewerter stellen z. B. die folgenden Fragen:

1. Funktioniert der Schulbusplan?
2. Wie kann das Sprachprogramm so verändert werden, daß es den Schülern ermöglicht wird, mehr zu lernen?
3. Wie schmeckt den Studenten das Essen, seit wir den neuen Caféteriapächter haben?
4. Sollte dieser Lehrer eine Gehaltsaufbesserung erhalten?
5. Funktioniert das neue Anthropologiecurriculum?

Der Bewerter ist ein Pädagoge, er unterstützt die Schulbehörde dabei, ihre eigenen Interessen zu wahren, die Konsequenzen alternativer Ansätze zu gewichten und neue Möglichkeiten zu entwickeln, wie sie ihre Aufgaben bewältigen kann (vgl. *Cronbach,* 1980). Der Bewerter sucht, wie Sherlock Holmes, nach Beweisen, die ein bestimmtes Problem durchsichtiger machen. Er muß Beweise sammeln, die Hilfestellung für Entscheidungen leisten. Zu solchen Beweisen gehören z. B. Leistungsmessungen bei Schülern mit Hilfe von vom Lehrer konstruierten und von standardisierten Tests, Verhaltensbeobachtungen an Lehrern und Schülern, Einstellungsmessungen, Befragung von Eltern und finanzielle Aufwendungen. Gleichgültig, ob eine Einheit des Sprachunterrichtes oder ein ganzes Curriculum für Naturwissenschaften bewertet wird, in jedem Fall sind zwei Arten der Bewertung festzustellen: (a) formative Bewertung, mit deren Hilfe ein Lehrgang so verändert werden soll, daß er so funktioniert, wie es beabsichtigt war, und (b) summative Bewertung, bei der ein Programm hinsichtlich dessen beurteilt wird, inwieweit und mit welchen Kosten es zu den Ergebnissen führt, auf die abgezielt worden war (vgl. *Scriven,* 1967).

Formative Bewertung

Bewertung als Revisionsgrundlage

Formative Bewertung hat mit der Revision von Materialien oder Lehrgängen zu tun. Die Information, die sich aus der formativen Bewertung ergibt, wird von den Menschen verwendet, die Materialien oder Lehrgänge entwickeln.

Lehrer und in der Verwaltung Tätige sollten sich häufig mit einer derartigen Bewertung befassen. Lehrer sollten, ob sie nun allein oder in einem Team arbeiten, z.B. die Verwendung eines neuen Films über die Mitose, die induktiven Methoden, die zur Vermittlung des Konzepts „Halbinsel" verwendet werden, oder die Lehrspiele, die zur Verwendung bei Indianern im Südwesten der USA für nützlich gehalten werden, bewerten. Immer dann, wenn neue Lehrgänge, Materialien oder Lehrmethoden ausprobiert werden, ist ein Kontrollsystem für die Neuerung notwendig. Die formative Bewertung der Leistungen und Einstellungen von Schülern und die Beobachtung des Unterrichts sollen eine Grundlage für die Verbesserung des Lehrgangs oder für dessen Abschaffung liefern. Eine Neuerung sollte jeweils so praktiziert werden, daß sie eine Chance erhält, unter den jeweils speziellen Klassenzimmerbedingungen zu funktionieren. Wenn es sich um ein neues Produkt, z.B. ein Filmtrainingsprogramm für Lehrer oder ein logisches Spiel für Schüler handelt, kann es erforderlich sein, daß es viele Male modifiziert wird, bevor sein Konstrukteur oder die Person, die es anwenden will, damit zufrieden ist. Formative Bewertung dient dazu, Tätigkeiten oder Materialien so zu gestalten, daß sie ihrem Zweck dienen.

Summative Bewertung

Bewertung eines Endprodukts

Sobald ein Produkt, ein Lehrgang oder eine Aktivität verbessert, modifiziert und so gut wie möglich angewendet worden ist, kann eine summative Bewertung erforderlich sein. Für eine gute summative Bewertung ist es notwendig, daß konkurrierende Methoden oder Programme ebenfalls geprüft werden, so daß man feststellen kann, ob sie mit geringerem Aufwand an Geld oder Zeit zu denselben oder besseren Ergebnissen führen. Die übliche summative Bewertung kann mit einem Pferderennen verglichen werden: Curriculum A wird Curriculum B, Lehrbuch C dem Lehrbuch D gegenübergestellt.

Das Vorgehen wie bei einem Pferderennen ist eine eng begrenzte Methode, aber sie scheint von einigem Wert zu sein. Die Kenntnisse der pädagogischen Psychologen aus der Erfahrung mit derartigen Vergleichen rechtfertigen nunmehr die Erwartung, daß bei jedem Vergleich unterrichtsbezogener Programme oder Produkte die Wirksamkeit in jeweils denjenigen Gebieten des Curriculums besser sein wird, die von dem jeweiligen Material besonders betont werden, und daß derartige Programme oder Produkte in denjenigen Gebieten des Curriculums, die keine besondere Betonung erfahren, austauschbar sind (vgl. *Walker* u. *Schaffarzick,* 1974).

Bei der Bewertung von Produkten oder Materialien müssen auch andere Faktoren als ihre pädagogische Wirksamkeit in Betracht gezogen werden, nämlich erforderliche Kosten und Zeit, Praktikabilität, Bedürfnisse, die das Programm befriedigt, Einstellungen von Schülern, Vorlieben von Lehrern, das Urteil von Spezialisten usw. Summative Bewertung ist ein komplexer Vorgang, da viele Quellen verwendet werden, um zu den Informationen zu gelangen, die für die Entscheidung über das Beibehalten oder das Aufgeben von Materialien oder Aktivitäten Verwendung finden.

Summative Bewertung durch unbeteiligte Experten

Lehrer haben kaum je mit summativer Bewertung zu tun. Dies ist eine Aufgabe für unabhängige Bewerter außerhalb des Schulsystems. Diese Bewerter müssen in der Messung von Leistungen, Einstellungen, Meinungen und Interessen und in der Überprüfung der wirtschaftlichen, verwaltungstechnischen und ausbildungspolitischen Aspekte ausgebildet sein. *Cronbach* (1980) nennt solche Bewerter „Öffentlichkeitswissenschaftler", die systematische Fragetechniken einsetzen, um ein gesellschaftliches System in Bewegung zu bringen.
Lehrer müssen lernen, summative Bewertungsberichte anzufordern. Wenn Verbraucher Informationen über Waschmaschinen, Automobile oder Kameras wünschen, stehen ihnen viele Quellen zur Verfügung. Lokale Verbrauchergruppen, der Verbraucherverband und Stellen der Bundesregierung liefern Informationen. Die Monatszeitschrift *„Consumers Report"* (vergleichbar der Zeitschrift *Test*) enthält jedes Jahr summative Bewertungen vieler Produkte. Im Bereich der Pädagogik erfüllt das „Educational Products Information Exchange" eine ähnliche Funktion. Diese Institution kann von Lehrern konsultiert werden, wenn sie eine Bewertung von Lehrbüchern, Lernprogrammen, Curricula, audiovisuellen Hilfsmitteln, Arbeitsbüchern, pädagogischen Spielen und anderen pädagogischen Produkten wünschen. Es gibt keinen Grund mehr, teure Materialien zu kaufen oder sich mit neuen Aktivitäten zu befassen, ohne daß man vorher Informationen über ihre Wirksamkeit aus einem summativen Bewertungsbericht erhalten hat. Wenn Lehrer anfingen, den Leuten, die die Produkte entwickeln, solche Fragen, wie die unten aufgeführten, zu stellen, so könnten sie dazu beitragen, daß die Qualität des Erziehungswesens schneller zunimmt:

- Welche meiner Schüler werden aus diesen Materialien Nutzen ziehen – nur die gescheitesten, nur Mittelklasseschüler oder auch andere?
- Welche Fertigkeiten und Kenntnisse werden meine Schüler haben, nachdem sie mit den Materialien gearbeitet haben? Können Sie mir angeben, wie ein Abschlußtest aussehen würde?
- Wie sind die Kosten pro Schüler? Können die Materialien erneut verwendet werden? Sind die Bücher strapazierfähig? Darf ich Kopien machen?
- Wieviel von meiner Zeit werde ich aufwenden müssen? Wieviel von der Zeit der Schüler? Welche Voraussetzungen müssen Schüler und Lehrer erfüllen, die mit diesen Materialien arbeiten wollen?
- Wie schneidet dieses Produkt im Vergleich zu denjenigen ab, das ich bisher benutze? Woher stammen Ihre Kenntnisse?
- Können Sie mir in meiner Gegend den Namen von jemandem nennen, der mit diesen Materialien bereits arbeitet?

25.6 Zusammenfassung

Von Lehrern wird fast immer gefordert, daß sie sich in irgendeiner Form mit der Bewertung von Schülern und von Unterrichtsprogrammen oder Lehrgängen befassen. Sie erfüllen diese Bewertungsfunktionen häufig mit Hilfe von Tests, die die Verhaltensweisen, die für den Lehrer von Interesse sind, quantifizieren. Das Testen kann eine systematische und faire Methode für die

Beobachtung der Leistungen von Schülern darstellen. Der Lehrer muß jedoch daran denken, daß Tests nur kleine Stichproben dessen, was die Schüler gelernt haben, erheben. Aber aus dieser kleinen Stichprobe kann sich ein sinnvoller Hinweis darauf ergeben, was gelernt wurde, besonders dann, wenn kriteriumsbezogene Tests – Tests, deren Items direkt mit den angestrebten Zielen verbunden sind – verwendet werden. Viele wichtige Lehrziele können in Testitems übersetzt werden, die dem Lehrer und den Schülern Informationen darüber liefern, ob die Unterrichtsziele erreicht wurden. Gleichgültig, ob Normen verwendet werden oder nicht, die Testleistung muß vom Lehrer interpretiert und bewertet werden. Bei der Leistungsbewertung von Schülern muß immer an die generelle Regel gedacht werden, daß Tests keine unfehlbaren Instrumente zur Feststellung von Schülerverhalten sind, daß sie vielmehr häufig nur niedrige Reliabilität und unbekannte Validität besitzen. Außerdem sollte man sich Testwerte nicht so vorstellen, daß sie einen bestimmten Punkt auf einer Werteskala angeben, sondern in der Weise, daß sie einen Streubereich oder eine Bandbreite repräsentieren.

Verwendet man eine systematische Methode zur Auswahl von Testitems, die repräsentativ für das Gebiet sind, an dem man interessiert ist, so wird man mit größerer Wahrscheinlichkeit einen Test entwickeln, der hohe *Inhaltsvalidität,* das wichtigste Merkmal eines Leistungstests, besitzt. Tests, die dazu dienen sollen, bestimmte Persönlichkeitszüge, Einstellungen oder Merkmale zu messen, für die es kein einzelnes geeignetes Kriterium gibt, sollten ebenfalls daraufhin überprüft werden, wie gut sie das messen, was sie zu messen beanspruchen, das heißt ihre *Konstruktvalidität* soll geschätzt werden. Wenn mit Hilfe von Tests Selektionsentscheidungen getroffen werden sollen, dann sollten sie irgendeine Art von relevanter Leistung voraussagen, das heißt sie sollten *Kriteriumsvalidität* besitzen.

Die am Anfang dieses Kapitels gegebenen, so komplex erscheinenden Definitionen sollten jetzt klarer geworden sein. Wir wollen sie noch einmal wiederholen. Ein Test ist ein *systematisches Verfahren zur Messung einer Stichprobe des Verhaltens* eines Menschen, um dieses Verhalten anhand von *Gütemaßstäben* oder *Normen zu bewerten.* Es gibt zwei Hauptformen des Testens, *normbezogenes* und *kriteriumsbezogenes Testen.* Ein guter Test ist *reliabel* und *valide.* Es ist wichtig, diese grundlegenden Konzepte des Messens und Bewertens zu kennen, wenn man die Schüler verantwortungsvoll beurteilen will.

Wir haben ferner beschrieben, welche Tätigkeiten die Bewertung umfaßt. Bei der Bewertung werden häufig Tests eingesetzt, aber sie gewinnt ihre Ergebnisse auch mit anderen Mitteln (Interviews, Fragebögen, Kurzberichte usw.), um Informationen für schulische Entscheidungen verfügbar zu machen. Eine formative Bewertung wird vorgenommen, um Lehrern und Schülern Informationen zu liefern, die zur Verbesserung von Programmen oder Curriculummaterialien verwendet werden können. Bei einer summativen Bewertung, die gewöhnlich ein Experte durchführt, wird ermittelt, in welchem Ausmaß Programme und Produkte die beabsichtigte Wirkung tatsächlich erzielen und ob die dabei anfallenden Kosten tragbar und die Zeitgrenzen vernünftig sind.

Schließlich haben wir noch darauf hingewiesen, daß Lehrer ihren Anspruch geltend machen sollten, von Curriculumplanern und pädagogischen Verlagen, die Tests herstellen und vertreiben, mehr Informationen über Bewertungsaspekte zu erhalten.

Popham (1981) faßt in einem dramatischen Appell zusammen, wie wichtig es den Pädagogen ist, Testen, Messen und Bewerten besser zu verstehen:

> Wir leben in einer Welt, die den *Beweis* anhimmelt. Jedermann will den Beweis dafür, daß die neue Schlaftablette uns auch wirklich in Morpheus' Armen ruhen läßt. Wir wollen den Beweis dafür, daß Nahrungsmittelzusätze nicht krebserregend sind ... und wir wollen den Beweis dafür, daß die Schulen unseres Landes etwas taugen.
>
> Es gibt keinen Zweifel, wir leben mitten drin in einer beweissüchtigen Zeit. Diese Beweissucht hat sich in höchst dramatischer Weise in den Bildungssektor hineingedrängelt – und das sollte Pädagogen dazu zwingen, einer fundamentalen Wahrheit Beachtung zu schenken. *In einem beweisorientierten Unternehmen haben jene, die die Mechanismen zur Sammlung der Beweise in der Hand haben, auch das ganze Unternehmen in der Hand.* Da im Bereich der Pädagogik unser Hauptmechanismus zur Beweissammlung der Test ist, ist es einleuchtend, daß all jene, die etwas mit Erziehung zu tun haben, sich Kenntnisse über die Grundlagen des Messens im Unterrricht verschaffen sollten (S. 5–6).

Kapitel 26

Der Lehrer und standardisierte Tests

26.1 Überblick

Jedermann hat während seiner gesamten Schulzeit mit standardisierten Tests zu tun gehabt. Damals war man jedoch bei diesem Prozeß des standardisierten Testens immer auf der Schülerseite. Dieser Abschnitt wird sich mit der anderen Seite – der des Lehrers und, allgemeiner gesagt, des Pädagogen – befassen. Sowohl standardisierte Tests als auch vom Lehrer konstruierte beruhen auf den grundlegenden Methoden und der Theorie, die im Kapitel 25 erörtert wurde, sie sind jedoch für unterschiedliche Zwecke brauchbar und mit unterschiedlichen Vorteilen ausgestattet. Mit diesen Vorteilen und Verwendungszwecken wollen wir uns befassen, bevor wir auf die Art und Weise eingehen, in der standardisierte Tests ausgewählt, durchgeführt und interpretiert werden sollten.

26.2 Vorteile und spezielle Anwendungsbereiche standardisierter Tests

Normen

Ein standardisierter Test ist ein Test, der einer großen und repräsentativen Stichprobe aus einer bestimmten Population vorgelegt wurde, so daß die Werte in dem Test mit denjenigen der Personen dieser Stichprobe verglichen werden können. Das heißt für normbezogene standardisierte Tests gibt es Normen, die den Vergleich des Meßwertes jedes einzelnen Schülers mit denjenigen vieler anderer Schüler möglich machen. Immer dann also, wenn man einen Schüler anhand von Kriterien beurteilen will, die über die Klasse eines einzelnen Lehrers und über die Auffassungen dieses Lehrers darüber, was gelehrt werden sollte, hinausgehen, braucht man einen standardisierten Test. Ein Vergleich von standardisierten Tests und Tests, die vom Lehrer selbst hergestellt werden (vgl. Kapitel 27), ist in Tabelle 26-1 enthalten.

Sorgfältige Konstruktion

Zusätzlich zu dieser ersten Grundvoraussetzung, nämlich daß es Normen für sie gibt – das heißt Grundlagen für die Interpretation von Meßwerten über die Werte anderer Schüler –, sollten standardisierte Tests gewöhnlich einige weitere Eigenschaften besitzen. Eine zweite Eigenheit dieser Tests ist es, daß sie gewöhnlich sorgfältiger konstruiert werden als vom Lehrer selbst hergestellte Tests, da sie von Experten stammen, die die vorhandenen technischen, statistischen und wissenschaftlichen Kenntnisse über das Gebiet des Testens anwenden können. Zum dritten sind mit standardisierten Tests gewöhnlich mehr oder weniger detaillierte Hintergrundinformationen über den Test verbunden – Informationen über seine konzeptionellen Grundlagen, über seine Zwecke und über die Methoden, mit denen Inhalt und Items ausgewählt wurden. Zu dieser Information gehören auch Angaben über die Reliabilität und Validität des Tests (siehe Kapitel 25). Viertens gehören zu standardisierten Tests gewöhnlich detaillierte Instruktionen darüber, wie der Test durchgeführt werden sollte – die exakten Anweisungen, die den Schülern gegeben werden müssen, die Zeitgrenzen, die (wenn überhaupt) einzuhalten sind, und das Vorgehen des Lehrers beim Auftauchen irgendwelcher spezieller Schwierigkeiten.

Hintergrund

Durchführung

Kriteriumsbezogene standardisierte Tests

Kriteriumsbezogene standardisierte Tests setzen sich immer mehr durch. Aus derartigen Tests ergeben sich direkte Informationen darüber, wie gut die Leistungen eines Schülers im Vergleich zu einem bestimmten Kriterium und nicht im Vergleich zu den Leistungen anderer Personen sind. Einige Tests der sprachlichen Leistungsschwäche, der Lebensrettertest des Roten Kreuzes, die Anforderungen für die Auszeichnungen bei den Pfadfindern – all dies sind Beispiele für kriteriumsbezogene standardisierte Tests, die in Lehrgängen verwendet werden. Kriteriumsbezogene Tests, die Leistungen in vielen anderen curricularen Bereichen messen sollen, sind in der Entwicklung und werden in Kürze verfügbar sein.

26.3 Typen der in Schulen verwendeten standardisierten Tests

Die beiden Hauptarten standardisierter Tests, die an Schulen verwendet werden, sind Fähigkeits- und Leistungstests.

Fähigkeitstests

Generelle gegenüber speziellen Fähigkeitstests

Fähigkeitstests können breite Funktionsbereiche umfassen; in einem solchen Falle nennt man sie auch Intelligenztests, Schuleignungstests, Tests der schulischen Fähigkeiten und Tests der allgemeinen Begabung. Wenn sie auf speziellere, intellektuelle Fähigkeiten abzielen, können sie auch spezielle Begabungs- oder Fähigkeitstests genannt werden. Die am häufigsten verwendeten Tests dieser Art sind Tests der verbalen und mathematischen Fähigkeiten, Tests der räumlichen Auffassung, des mechanischen Verständnisses und der schriftlichen Ausdrucksfähigkeit.

Sinnvolle und mißbräuchliche Verwendung von Fähigkeitstests

Im allgemeinen sind Fähigkeitstests normbezogen. Sie werden dazu verwendet, Informationen zur Anleitung und Beratung von Schülern zu erhalten. An der Universität, in Handel und Industrie werden sie für die Auswahl von Personen für und die Zuweisung zu einer bestimmten Ausbildung eingesetzt. Schüler werden auf der Grundlage ihrer Meßwerte in Fähigkeitstests speziellen Klassen zugewiesen oder innerhalb der regulären Klassen auf unterschiedliche

Weise behandelt. Wie wir in Kapitel 5 gesehen haben, gibt es heftige Auseinandersetzungen darüber, ob Fähigkeitstests (in der Form von Intelligenztests) an den Schulen mehr Schaden als Nutzen anrichten. Manchmal werden die Tests mißbräuchlich verwendet, so zum Beispiel, wenn spanisch sprechende Kinder als geistig retardiert behandelt und klassifiziert werden, und dies nur deshalb, weil sie in einem Schuleignungstest, der in englischer Sprache geschrieben ist, schlechte Leistungen zeigen. In derartigen Fällen ist die Behauptung, daß Tests schädlich sind, leicht zu vertreten. Einige Autoren sind jedoch der Ansicht, daß die Tests in anderen Fällen auch dadurch Schaden anrichten, daß sie die Erwartungen, die der Lehrer seinen Schülern gegenüber hegt, beeinflussen. Danach verhalten sich die Lehrer gemäß ihren Erwartungen und behandeln dementsprechend einige ihrer Schüler fortgesetzt unangemessen – sie rufen sie weniger häufig auf, beschäftigen sich weniger ausführlich mit ihnen während des Unterrichtsgesprächs, übertragen ihnen weniger häufig kompliziertere Aufgaben usw. (vgl. *Good,* 1983). Die Begabungs- oder Fähigkeitstests führen zu Voraussagen, die die Lehrer dann unbewußt zum Nachteil derjenigen Schüler, die schlechte Leistungen in den Tests gezeigt haben, erfüllen.

Standardisierte Leistungstests

Standardisierte Leistungstests sind Tests, die die Leistungen von Schülern, das Ausmaß, in dem sie die Unterrichtsziele eines bestimmten Kurses oder einer anderen Einheit des Curriculums erreicht haben, messen. Es gibt zum Beispiel standardisierte Leistungstests für sprachliche Leistungen in der dritten Klasse, für Rechnen in der fünften, Sozialkunde in der siebenten, Algebra in der neunten und Chemie in der elften Klasse. Die Tests wurden von Spezialisten für diese Curriculumgebiete konstruiert. Sie wurden in großen Schülerstichproben aus den entsprechenden Klassenstufen und Kursen durchgeführt. Mit ihrer Hilfe kann festgestellt werden, wie gut die Leistungen eines bestimmten Schülers, einer Klasse, einer Schule, eines Schulbezirks, einer Region oder eines Staates im Vergleich zu denjenigen der Normgruppe sind.

So kann man zum Beispiel häufig aus Zeitungsartikeln erfahren, daß die Schüler einer bestimmten Stadt in ihren sprachlichen Leistungen über (oder unter) der Norm für den Staat als Ganzes lagen. Oder der Artikel stellt fest, daß innerhalb einer bestimmten Stadt die Rechenleistungen der Sechstkläßler an bestimmten Schulen besser und an anderen schlechter waren als der Gesamtdurchschnitt der Stadt. Vergleiche dieser Art können nur mit standardisierten Leistungstests, nicht mit vom Lehrer konstruierten Tests angestellt werden.

Vergleichsmöglichkeiten

Die Unterschiede zwischen Fähigkeits- und Leistungstests

Zukunfts- gegenüber Vergangenheits-orientierung

Worin unterscheiden sich Fähigkeitstests von Leistungstests? Ihre Funktionen unterscheiden sich in erster Linie insofern, als Fähigkeitstests zur *Voraussage* von Leistungen oder der Ergebnisse *zukünftiger* Lernerfahrungen dienen,

Tabelle 26-1. Vergleich standardisierter und vom Lehrer selbst hergestellter Leistungstests (= informelle Tests)

Kriterium	Standardisierter Test	Vom Lehrer selbst hergestellter Test
Reliabilität	Reliabilität gewöhnlich hoch, häufig um 0,90 bei normbezogenen Tests.	Reliabilität selten ermittelt; wenn ermittelt, dann durchschnittlich um 0,60.
Validität	Konstruktvalidität und Kriteriumsvalidität gewöhnlich ermittelt. Inhaltsvalidität bei kriteriumsbezogenen Tests allgemein hoch.	Konstrukt- und Kriteriumsvalidität unbekannt. Inhaltsvalidität gewöhnlich hoch, wenn bei der Konstruktion des Tests systematische Methoden verwendet wurden.
Messung des inhaltlich Gelernten	Mißt einen Inhalt, der der Mehrzahl der amerikanischen Schulen gemeinsam ist. Die Messung grundlegender Fertigkeiten und komlexer Ergebnisse kann den meisten lokal vorhandenen Situationen angepaßt werden. Die Tests spiegeln gewöhnlich nicht ein lokales Curriculum wider.	Mißt den Inhalt eines speziellen lokalen Curriculums. Eine kontinuierliche Anpassung des Tests ist möglich; die Tests können also Betonungsverlagerungen angepaßt werden und schnell ein neues Curriculum widerspiegeln. Betonen eher Kenntnisse als Lernergebnisse höherer Ordnung.
Vorbereitung des Schülers	Lernaufwand wird gewöhnlich nicht dazu führen, daß ein Schüler einen besseren Wert erhält.	Lernaufwand wird dazu führen, daß ein Schüler einen besseren Wert erhält.
Qualität der Testitems	Qualität gewöhnlich sehr hoch; Items von Testexperten geschrieben, ausprobiert und vor Aufnahme in den Test revidiert.	Qualität unbekannt, unterschiedlich häufig Listen der Testitems verfügbar, dann bessere Items
Durchführung der Tests und Testwertermittlung	Standardisiertes und von Klasse zu Klasse gleichartiges Vorgehen. Genaue Vorschriften zur Durchführung.	Das Vorgehen beim Testen ist flexibel.
Interpretation der Werte	Die Werte können mit den Normen einer repräsentativen Bezugsgruppe verglichen werden. Die Werte haben oft Vertrauensbereiche. Testhandbücher enthalten Hilfen zur Interpretation oder Information und zum Treffen von Entscheidungen.	Werte auf der Grundlage der unmittelbaren Bezugsgruppe interpretierbar. Kann ebenso kriteriumsbezogen wie normbezogen werden.

während Leistungstests zur Messung und *Bewertung* der Ergebnisse *zurückliegender* Lernerfahrungen verwendet werden. Leistungstests, die sich auf abgeschlossene Unterrichtseinheiten beziehen, liefern jedoch häufig ebenso gute, wenn nicht bessere Voraussagen über zukünftige Leistungen wie Fähigkeitstests. Die Unterscheidung dieser beiden Arten von Tests über ihre Funktion trifft also nicht immer uneingeschränkt zu. Die Unterscheidung kann auch über den Inhalt getroffen werden.

Inhalt von Fähigkeitstests

Bei Leistungstests auf der anderen Seite sollte sich der Inhalt auf das beziehen, was direkt und mit voller Absicht an den Schulen gelehrt wird, und gewöhnlich ist das auch so. Hier werden Fragen über den Inhalt dessen gestellt, was in den Lehrbüchern gelesen, was in der Klasse diskutiert, was in den Hausaufgaben und an der Tafel geübt und was vom Lehrer erklärt wurde. Der Inhalt von Leistungstests sollte eine hohe Ausprägung in einem Merkmal, das man mit „Unterrichtsbezogenheit“ *(taughtness)* umschreiben könnte, aufweisen, während es beim Inhalt von Fähigkeitstests ohne Belang ist, ob er diese Eigenschaft aufweist. Ein Fähigkeitstest sollte also keine Fragen enthalten, die die Kennt-

Unterrichtsbezogenheit

nisse in Geographie des eigenen Landes oder den französischen Wortschatz erfassen, und in einem Leistungstest sollten keine Fragen enthalten sein, die das räumliche Vorstellungsvermögen messen.
Unglücklicherweise haben die Autoren von Fähigkeits- und von Leistungstests nicht immer mit der erforderlichen Sorgfalt auf diesen inhaltlichen Unterschied geachtet (vgl. *Green,* 1974; *Anastasi,* 1980; *Ebel,* 1980). Für unsere Zwecke genügt es, daran zu denken, daß der Inhalt von Fähigkeitstests ein geringes Ausmaß an „Unterrichtsbezogenheit" aufweisen und Validität zur Selektion und Voraussage besitzen sollte, während der Inhalt von Leistungstests ein hohes Ausmaß an „Unterrichtsbezogenheit" und die Beurteilung der Inhaltsvalidität ein gutes Ergebnis aufweisen sollten.
Wenn man sich ein wenig in die Situation hineinversetzt, erkennt man unschwer, daß Fähigkeitstests, die zukünftige Leistung voraussagen, nicht in einen kriteriumsbezogenen Rahmen eingepaßt werden können. Leistungstests können demgegenüber entweder normbezogen oder kriteriumsbezogen sein.

Nichtkognitive Tests

Zusätzlich zu Fähigkeits- und Leistungstests werden von Lehrern und Schulen manchmal standardisierte Tests zur Erfassung von Meinungen, Einstellungen, Interessen und Bewertungen eingesetzt. Diese Tests werden oft als nichtkognitive Tests bezeichnet, aber wir sollten uns vor Augen führen, daß es praktisch unmöglich ist, einen wirklich „nichtkognitiven" Test zu erstellen (vgl. *Weiss,* 1980). *Messick* (1979) hat vor kurzem eine Klassifikation der nichtkognitiven Variablen erstellt, die für den Lehrer von Interesse sind. Dabei hat er zwölf Bereiche festgelegt. Hierzu gehören: Einstellungen, Interessen, Motive, Temperament, soziale Einfühlung, kognitiver Stil, Werte usw. Weil die richtige Verwendung der Instrumente zur Einschätzung dieser Eigenschaften über den Rahmen unserer Betrachtungen hinausgeht, werden wir uns mit diesen sogenannten nichtkognitiven Variablen nicht weiter beschäftigen. Der Lehrer sollte eng mit Schulpsychologen und Beratungslehrern zusammenarbeiten, wenn Auskünfte über den Charakter, den kognitiven Stil, über Einstellungen und Werte erforderlich sind.

26.4 Die Auswahl standardisierter Tests

Es gibt Hunderte von standardisierten Tests, so daß derjenige, der einen davon benutzen will, seine Auswahl aus einer verwirrenden Vielfalt treffen muß. Derjenige, der einen Test benutzen will, hat zwei Arten von Problemen: (a) Von welchen Kriterien oder Grundlagen für seine Wahl sollte er ausgehen und (b) wie kann er Informationen über standardisierte Tests erhalten, die unter Berücksichtigung der gewählten Kriterien verwendet werden können? Diese Fragen müssen häufig entweder vom einzelnen Lehrer oder, was noch häufiger

Kriterien und Information

ist, von einem Lehrergremium eines bestimmten Schulbezirks beantwortet werden, dessen Aufgabe es ist, standardisierte Tests für die Verwendung im ganzen Bezirk zu empfehlen. Häufig werden die Lehrer von einem Schulpsychologen unterstützt, der mit den technischen Problemen der Testkonstruktion relativ gut vertraut ist. In jedem Fall werden die Lehrer selbst ihre Aufgabe besser erfüllen, wenn sie wissen, worauf bei der Auswahl standardisierter Tests zu achten ist und wie sie die entsprechenden Informationen erhalten können.

Kriterien für die Auswahl standardisierter Tests

Man sollte sich dessen bewußt sein, daß die Kriterien für die Auswahl standardisierter Tests seit mehreren Jahrzehnten in Unmengen von Lehrbüchern und Monographien erörtert worden sind. Unser Kriterienkatalog stützt sich auf *Popham* (1981) und das *Center for the Study of Evaluation* (CSE, 1976). Er ist als Checkliste in Abbildung 26-1 zusammengefaßt. Die folgenden zwölf Fragen können über standardisierte Tests gestellt werden:

Frage 1: Ist das gemessene Verhalten angemessen beschrieben? Die Autoren von standardisierten Tests geben im Handbuch für den Benutzer eine Beschreibung dessen, was der Test ihrer Meinung nach mißt. Dabei kann es sich um eine kurze Zielbestimmung handeln oder um eine ausführliche Darstellung der Verhaltens-Inhalts-Matrix, die für die Itemaufstellung benutzt wurde. Ihre Aufgabe als Lehrer ist es dann zu entscheiden, ob die Beschreibung Sie ausreichend damit vertraut macht, was mit dem Test nach Aussage seiner Autoren gemessen wird. Sie werden wahrscheinlich feststellen, daß die Begleithefte für normbezogene standardisierte Tests mehr allgemeine Angaben über die Merkmale machen, die gemessen werden, wie auch über die Verfahren zur Auswahl der Items, als dies in den Begleitheften zu den kriteriumsbezogenen Testverfahren der Fall ist.

Frage 2: Wieviele Items gibt es pro gemessenem Verhalten? Es ist üblich, bei kriteriumsbezogenen Tests, die auf Lernzielen basieren, nur eine kleine Anzahl von Items pro Ziel zu haben. So gibt sich der eine oder andere beispielsweise mit 3 Items von Additionsaufgaben eines bestimmten Typs als Meßgrundlage dafür zufrieden, daß die Fähigkeit des Schülers, diesen Aufgabentyp zu beherrschen, adäquat gemessen worden ist. Aber wären Sie mit 3 Items zufrieden? Was wäre, wenn wir einen Wortschatztest mit nur 3 Items vor uns hätten? Kaum jemand wird uns hier nicht zustimmen, daß man Wortschatz nicht mit einem Test messen kann, der nur drei solche Items enthält. Teilweise hängt also die Entscheidung darüber, ob wir eine ausreichende Anzahl von Items haben, von dem zu testenden Unterrichtsinhalt ab. Bei normbezogenen Tests sind wir mit einem ähnlichen Problem konfrontiert. Wenn wir einen Sprachleistungstest für die Grundschule über Lese- und Ausdrucksfähigkeit zur Hand nehmen, finden wir vielleicht 1 Item zum Präfix, 1 Item zur Silbentrennung, 4 Items zum Textverständnis, 2 Items zur Grammatik usw. In den Vereinigten Staaten wird dieses Problem besonders deutlich: um die

Test ______________ Datum ______________
Beurteiler ______________

Kriterien	Beurteilung			
	Sehr gut	Gut	Befriedigend	Schlecht
1. Beschreibungen über das gemessene Verhalten	____	____	____	____
2. Anzahl der Items pro gemessenem Verhalten	____	____	____	____
3. Validität	____	____	____	____
4. Reliabilität	____	____	____	____
5. Lehrer-Orientierung	____	____	____	____
6. Schüler-Orientierung	____	____	____	____
7. Angemessenheit	____	____	____	____
8. Vorurteilsfreiheit	____	____	____	____
9. Durchführbarkeit	____	____	____	____
10. Ethische Aspekte	____	____	____	____
11. Retestmöglichkeiten	____	____	____	____
12. Kosten	____	____	____	____

Abbildung 26-1. Eine einfache Checkliste zur Beurteilung eines standardisierten Tests
Nach *Popham* (1981) und dem *Center for the Study of Evaluation* (1976).

Bandbreite der verschiedenen Curricula zu berücksichtigen, hat ein bundesweit normierter standardisierter Test vielleicht nur ein oder zwei Items für jeden Bereich, der im Lehrplan für den muttersprachlichen Unterricht in einem bestimmten Schulamtsbezirk festgeschrieben ist. Reicht das aus? Hier zeigt sich deutlich, daß diese Frage über die Anzahl der Items pro gemessenem Verhalten nur subjektiv beantwortet werden kann. Aber als Lehrer müssen Sie gleichwohl ein begründetes subjektives Urteil abgeben, wenn Sie einen standardisierten Test mit Bedacht auswählen und verwenden wollen.

Frage 3: Ist die Validität des Tests für Ihren Zweck ausreichend? Wir haben bereits gelernt, daß die Autoren von kriteriumsbezogenen Tests mit der Inhaltsvalidität gewöhlich kein Problem haben, ganz im Gegensatz zu den Autoren von normbezogenen Tests, die in diesem Punkt zumeist sehr viel vagere Aussagen machen. Die *Inhaltsvalidität* muß anhand einer systematischen Analyse der einzelnen Testitems und des Curriculums festgestellt werden. Eine sorgfältige Analyse von drei in den USA führenden Unterrichtsreihen für Mathematik und fünf häufig verwendeten normbezogenen standardisierten Tests ist kürzlich abgeschlossen worden. Die Frage, inwieweit die beiden Bereiche deckungsgleich sind, hat zu erschreckenden Ergebnissen geführt. In der *besten* Zuordnung von einer Unterrichtsreihe und einem Test waren nur 71 Prozent der Testinhalte deckungsgleich mit den Unterrichtsinhalten. Der schlechteste Zuordnungswert betrug nur 47 Prozent (vgl. *Communication Quarterly,* Winter 1980). Solche ungünstigen Zuordnungen führen zwangsläufig zu einer ungeheuren Unterschätzung dessen, was Schüler im Unterricht tatsächlich lernen. Die *Konstruktvalidität* kann eher quantitativ bewertet werden; hierfür überprüfen wir die Korrelationen eines Tests mit anderen Indikatoren des angeblich gemessenen Konstrukts. So sollte beispielsweise ein Gruppen-IQ-Test eine bescheidene bis hohe Korrelation mit einem Einzeltest der Intelligenz, wie z.B. dem Stanford-Binet-Test, aufweisen. Und ein Leistungstest sollte mit der Beurteilung von bestimmten Schülerleistungen in eben diesem Unterrichtsbereich korrelieren. – Wenn schließlich ein Test eine wichtige Vorhersage machen soll, z.B. über die voraussichtliche Leistung eines Schülers in einem Wirtschaftsgymnasium oder einer anderen Schule, dann muß seine *Kriteriumsvalidität* hoch genug sein, um dem Lehrer eine begründete Entscheidung zu ermöglichen. Wie hoch ist hoch? Auf diese Frage gibt es keine leichte Antwort. Da müssen Sie zunächst überdenken, welcher Nutzen sich aus den Informationen des Tests ziehen läßt und mit welchen Kosten es verbunden ist, wenn Sie sich irren.

Frage 4: Ist der Test reliabel? In welchem Grad liefern zwei oder mehr Testdurchführungen mit demselben oder einem parallelen Test dieselbe Information für Entscheidungen? Wie groß ist der Standardmeßfehler? Man muß sich die Frage vorlegen, ob ein Testwert mit einem zu großen Fehler verbunden ist, als daß er für die Zwecke, auf die man abzielt, geeignet wäre.

Frage 5: Orientiert der Test den Lehrer in zureichendem Maße? Wenn der Test eindeutige Informationen liefert, die von ungeübten Personen so verstanden werden können, daß sie sie bei ihren Entscheidungen verwenden können, so ist er mit einem hohen Ausmaß an unterrichtswirksamer Information ausgestattet. Andererseits bezieht sich dieses Kriterium auf den Umfang der Alters-, Fähigkeits- und Ausbildungsstufen, für die es in dem Test Normen gibt. In welchem Ausmaß diesem Kriterium Genüge getan wird, hängt auch davon ab, wie repräsentativ die Normgruppe ist, wie lange die Normierung zurückliegt, ob die Normgruppe aus geeigneten geographischen Gebieten, aus geeigneten Altersstufen, kulturellen Gruppen, Schulgruppen und -bezirken ausgewählt wurde. Man denke daran, daß die Interpretation des Meßwertes eines einzelnen Individuums bei normbezogenen Tests mit der Ähnlichkeit dieses Individuums mit der Normgruppe steht und fällt. Weiterhin muß berücksichtigt werden, wie mühelos die Rohwerte, die sich aus dem Test ergeben, in die Art von Werten (Prozentränge, Standardwerte usw.), die in den Normtafeln angegeben sind, verwandelt werden können.

Die Eigenschaften der Normgruppe

Bei kriteriumsbezogenen Tests sollten wir erwarten, daß, wenn ein Ziel getestet wird (z.B. „Der Schüler kann einen Wort für Wort dargebotenen schriftlichen Text verstehen"), uns der Computer die Resultate ausspuckt, wer bestanden hat, wer nicht, und über wen wir noch mehr Unterlagen brauchen. Solches Wissen ist für den Lehrer, der seinen Unterricht verbessern will, unumgänglich.

Frage 6: Orientiert der Test den Schüler in zureichendem Maße? Wie gut kann der Schüler und wie gut können seine Eltern die Ergebnisse verstehen und interpretieren, die der Test liefert? Mit Hilfe des Computers sind wir heute in der Lage, solche Informationen jedem Schüler und jedem Elternhaus zu vermitteln; auch die Hersteller von Tests haben sich bereits auf diese Möglichkeit eingestellt.

Frage 7: Ist der Test für die Testperson angemessen? Mit dieser Frage gehen wir darauf ein, ob der Test für den Personenkreis geeignet ist, der getestet werden soll. Dabei beziehen wir uns mit diesem Kriterium auf das vom Test vorausgesetzte Verständnisniveau, auf seine äußere Form, und darauf, wie der Schüler seine Antworten geben soll. Die Bandbreite der vom Test angesprochenen Alters- bzw. Klassenstufe sollte nicht zu groß sein, sonst werden die Schüler am unteren Ende der Skala den Test zu schwer verständlich und jene am oberen Ende ihn zu kindisch finden. Angemessenheit kann bedeuten: der richtige Schwierigkeitsgrad für Testpersonen eines bestimmten Alters, Geschlechts oder kulturellen Hintergrunds sowie einer bestimmten Klassenstufe. Die Hinweise für die Bearbeitung der einzelnen Fragen sollten klar und angemessen sein. Die graphische Gestaltung des Tests und sein Druckbild, die freien Stellen und Hervorhebungen in Farbe, alles sollte auf äußere Klarheit ausgerichtet sein. Ähnliche Faktoren sollten auch für Tests gelten, die nicht über schriftliche sondern über auditive Kanäle ablaufen. Die Zeiteinteilung der Fragen, die Einzelschrittabfolge und die Art und Weise der Antwortaufzeichnung (Sprechen, Schreiben, Abhaken oder Ausführen) sollten überprüft werden. Auch ist die Frage von Bedeutung, welche Unterlagen außer Papier und Bleistift für die Durchführung des Tests erforderlich sind.

Frage 8: Ist der Test frei von Vorurteilen? Trotz vieler anerkennenswerter Bemühungen scheint es immer noch sehr schwierig zu sein, einen Test herzustellen, der alle Gruppen gleichermaßen fair behandelt. Versteckte Vorurteile ziehen sich durch alle standardisierten und vom Lehrer selbst verfertigten Tests hindurch. Allerdings können manche *offensichtlichen* Vorurteilsquellen schon im vorhinein ausgemerzt werden, wenn der Hersteller einen Probedurchlauf bei verschiedenen kulturellen und ethnischen Gruppen macht, bevor der Test veröffentlicht wird. In den USA z. B. sollte man voraussetzen können, daß Lehrer aus Minderheiten, etwa Puertoricaner, Chicanos, Schwarze, oder auch aus dem sozioökonomisch rückständigen Gebiet der Appalachen Gelegenheit hatten, einen diesbezüglichen Test zu überprüfen, bevor er an die Öffentlichkeit gelangt. Generell können wir die Testitems daraufhin abklopfen, ob sie (a) bestimmte Minderheiten oder andere soziale Gruppierungen beleidigen könnten, (b) einen direkten Bezug zu den Lebenserfahrungen der zu testenden Schüler haben, (c) unmittelbar einen Fragekomplex aufgreifen, ohne viele Worte zu verlieren und (d) ein gemäßigtes Anregungsniveau haben. Ein Beispiel für den Fall (b) wäre es, wenn ein Testautor im Bemühen um „Lebensnähe" in einem Fragezusammenhang auf das Thema „Akne" zu sprechen käme: dies ist für viele Teenager ein äußerst heikles Thema, und es könnte den einen oder anderen Schüler völlig aus dem Konzept bringen (vgl. *Popham,* 1981).

Testdurchführung

Frage 9: Kann der Test leicht durchgeführt werden? Tests, die großen Gruppen vorgelegt werden können, sind leichter durchzuführen als solche, die man nur kleinen Gruppen oder Einzelpersonen vorlegt. Tests, die weniger Zeit in Anspruch nehmen und dabei doch verläßliche Informationen liefern, sind brauchbarer. Man sollte auch berücksichtigen, wie eindeutig die Verwendungsbereiche und Einschränkungen des Tests und die Anweisungen zur

Durchführung angegeben sind. Wieviel Übung ist erforderlich, damit der Test eingesetzt werden kann? Wieviel Zeit nehmen die Vorbereitungen für die Testdurchführung in Anspruch? Kann der Schüler sich den Test selbst geben oder benötigt er dazu jemanden, der psychometrische Fachkenntnisse besitzt?

Frage 10: Verletzt der Test ethische Normen? Ethische Fragen des Testens können die Art und Weise betreffen, in der der Test durchgeführt wird, den Inhalt des Tests oder die Art von Empfehlungen, die auf der Grundlage des Tests vorgenommen werden können. Wenn bei dem Test Streß oder eine Täuschung des Schülers eine Rolle spielt, so sind dies Ausschließungsgründe. Wenn man der Meinung sein kann, daß der Inhalt des Tests abstoßend, beleidigend oder peinlich ist, so kann der Test ebenfalls aus ethischen Gründen für fragwürdig gehalten werden. Wenn er zu Empfehlungen oder zu Rückmeldungen für den Schüler führt, die möglicherweise verletzend oder beleidigend sind, so sind seine ethischen Eigenschaften ebenfalls als gering einzustufen.

Frage 11: Gibt es Retestmöglichkeiten? Sind äquivalente Testformen verfügbar, so daß die Schüler, falls erforderlich, noch einmal getestet werden können? Welche Beweise gibt es dafür, daß die verschiedenen Testformen tatsächlich äquivalent sind? Diese Frage ist besonders wichtig bei kriteriumsbezogenen Tests. Wenn sie bei normbezogenen Tests auftaucht, ist die Frage angebracht, ob es für jede der Alternativformen auch Normen gibt.

Frage 12: Stehen Test und Kostenaufwand in einem annehmbaren Verhältnis? Testen ist teuer. Wollen Sie wirklich die Zeit der Schüler und das Budget Ihrer Schule strapazieren, um die Informationen zu erhalten, die Ihnen die Testwerte liefern können? Wenn Sie dazu gezwungen sind, die Leistungen der Schüler zu überprüfen, können Sie dann die erforderlichen Unterlagen auch auf andere Weise erhalten und so das Geld für einen anderen unterrichtlichen oder schulischen Zweck verwenden? Die Kosten für einen Test sollten sich mit dem Nutzen, den man aus ihm zieht, decken.

Informationsquellen über standardisierte Tests

Der Test selbst

Woher erhält man die Informationen, die man zur Bewertung einer Reihe von standardisierten Tests benötigt, um den für die eigenen Zwecke geeignetsten auswählen zu können? Es gibt verschiedene Arten von Quellen: (a) zunächst den Test selbst einschließlich des Begleitheftes und anderer Materialien, die man vom Testverlag erhalten kann. Man wird feststellen, daß es für die Auswahl von Tests keinen zufriedenstellenden Ersatz für eigene Erkundigungen und die Anwendung des eigenen gesunden Menschenverstandes gibt. (b) Man kann die Literatur über den Test lesen, die aus Zeitschriften und Monographien, die sich mit pädagogischer Forschung beschäftigen, verfügbar ist. (c) Man kann das *Mental Measurements Yearbook* befragen. (d) Man kann die CSE-RBS Test Evaluations verwenden, aus denen wir das Bewertungssystem für Tests in abgewandelter Form übernommen haben. Diese einzelnen Quellen sollen nun genauer betrachtet werden.

Der Test, sein Begleitheft, Bewertungsschlüssel usw. Man kann an einen Testverlag schreiben und einen Katalog anfordern. Wenn der Verlag einen Test von der Art, die man sucht, hat (zum Beispiel einen Sprachleistungstest für die dritte Klasse), so erhält man ein Probe- oder Musterexemplar der Testmaterialien, wenn man sich an die Anweisungen, die in dem Katalog stehen, hält. Die meisten seriösen Testverlage verlangen, daß der Besteller irgendeinen Beweis für seine Qualifikation zur Verwendung der speziellen Art von Test, die er bestellen will, erbringt.

Musterexemplare

Hat man den Test, sein Begleitheft, den Bewertungsschlüssel, die Normtabellen usw. in der Hand, so kann man die oben angeführten Kriterien für die Bewertung des Tests anwenden. Das System setzt eine gewisse Urteilskraft und Einsicht voraus und kann nicht von jemandem angewandt werden, dem es an Unterrichtserfahrung mit dem für den Test relevanten Stoffgebiet, an entsprechenden Kenntnissen des Curriculums oder an psychologischer Ausbildung mangelt. *Man sollte den Test selbst durchführen* und sich dabei Item für Item ein Urteil über die Inhaltsvalidität und über andere Kriterien bilden. Dann sollte man seinen Testwert ermitteln und ihn unter Verwendung der Normen und anderer verfügbarer Materialien interpretieren. Wenn der Test verlangt, daß man den Schülern Zeiten angibt und Anweisungen laut vorliest, kann ein Lehrer die Rolle des Schülers übernehmen und ein anderer ihm den Test vorlegen. Ein derartiges Vorgehen, verbunden mit sorgfältigem Studium des Begleitheftes hinsichtlich der Entwicklung des Tests und der Beweise, die über seine Validität verfügbar sind, ermöglicht es uns, vernünftige Entscheidungen zu treffen.

Durchführung des Tests

Literatur über den Test. Für viele Tests gibt es in beträchtlichem Umfang Forschungsliteratur. Entsprechende Hinweise können häufig der Bibliographie des Begleitheftes entnommen werden. Daneben enthalten die vielen Bände des *Mental Measurements Yearbook,* das weiter unten beschrieben wird, ausführliche Bibliographien über viele Tests.

Zwei nützliche Dokumentationen, in denen Tests für Kinder von der Geburt bis zur Mitte der Grundschulzeit beschrieben und analysiert werden, sind von *Godwin* u. *Driscoll* (1980) und *Johnson* (1979) erstellt worden. Zeitschriften für Lehrer über die verschiedenen Unterrichtsgebiete – zum Beispiel das *Journal of Research in Science Teaching, The Mathematics Teacher* und das *Elementary School Journal* – enthalten Artikel über Forschungsarbeiten mit diesen Tests. Aus verschiedenen bibliographischen Hilfsmitteln – ERIC's CIJE (der *Current Index to Journals in Education* des *Educational Resources Information Center),* der *Education Index* und *Psychological Abstracts* – kann man die Testliteratur entnehmen. In einer Zeitschrift, nämlich *Educational and Psychological Measurement* ist ein Abschnitt „Validity Studies of Academic Achievement" (Untersuchungen über die Validität von Schulleistungen) gewidmet, in dem Beweise für die Validität von Tests behandelt werden.

Deutschsprachige Zeitschriften, die über die Leistungsfähigkeit von Tests berichten, sind (1) *Diagnostica* und (2) *Zeitschrift für differentielle und diagnostische Psychologie.* An neueren deutschsprachigen Büchern, die als Nachschlagewerke für die Leistungsfähigkeit der einzelnen Testverfahren gelten können, sind zu nennen: *R. Brickenkamp: Handbuch psychologischer Tests* (Göttingen: Hogrefe 1975; Ergänzungsband 1983); *Enzyklopädie der Psychologie,* Serie „Diagnostik", Bd. 1–4 (Göttingen: Hogrefe 1983); *K. Heller: Leistungsdiagnostik in der Schule* (Bern, Stuttgart, Toronto: Huber 1984); *K. J. Klauer* (Hrsg.): *Handbuch der pädagogischen Diagnostik,* Bd. 2 (Düsseldorf: Schwann 1978); *H.-J. Pfistner: Lehrer beurteilen Schüler – Beiträge zur Beurteilungspraxis und zur Theorie der Leistung* (Bern, Frankfurt: Lang 1981); *P. Staudenmayer: Testdokumentation – Dokumentation der Testbibliothek des Deutschen Instituts für Internationale Pädagogische Forschung,* Bd. 1: Tests zur Erfassung von Verhaltensweisen und Einstellungen (Frankfurt: Deutsches Institut für Internationale Pädagogische Forschung 1983); *Tests und Trends – Jahrbuch der pädagogischen Diagnostik* (Weinheim: Beltz 1981ff.).

The Mental Measurements Yearbooks. Seit den dreißiger Jahren ist etwa alle fünf Jahre ein Band dieser Reihe erschienen. Die Bände werden von *Oscar K. Buros* herausgegeben; jeder einzelne Band enthält von Experten erstellte Übersichten über viele standardisierte Tests für die Bereiche Schulleistungen, generelle und spezielle Fähigkeiten, Charakter und Persönlichkeit. Der achte Band, der jüngste dieser Reihe, ist 1978 herausgekommen und enthält Rezensionen von über 1000 Tests (vgl. *Buros,* 1978). Die Rezensionen sind in der Regel detailliert und kritisch. *Buros* (1972) selbst hat z. B. davor gewarnt, daß „mindestens die Hälfte aller derzeit auf dem Markt erhältlichen Tests nie hätten veröffentlicht werden sollen". Ein eingehendes Studium der Abschnitte in diesen Bänden über den Test, dessen Verwendung man in Betracht zieht, verschafft einem einen Eindruck über seine Stärken und Schwächen. Wie bereits erwähnt, sind die Bibliographien der Forschungsarbeiten über viele dieser Tests sehr umfangreich; sie enthalten bis zu mehr als tausend Arbeiten für einige der älteren und weitverbreiteten Tests. *Buros' Yearbooks* werden sorgfältig redigiert, sie sind in den Vereinigten Staaten zu einer Hauptinformationsquelle für den Testbereich geworden.

The CSE Test Evaluations. Wie bereits erwähnt, enthält diese Reihe Bewertungen von Tausenden von Tests durch Expertenteams. Die Reihe besteht aus vier Bänden:

1. *CSE Elementary School Test Evaluations,* 1970 (Bewertungen von Tests für die Grundschule);
2. *CSE-ECRC Preschool/Kindergarten Test Evaluations,* 1971 (Bewertung von Tests für Vorschule und Kindergarten);
3. *CSE-RBS Test Evaluations: Test of Higher-Order Cognitive, Affective, and Interpersonal Skills,* 1972 (Bewertungen von Tests für kognitive, affektive und soziale Fähigkeiten höherer Ordnung);
4. *CSE Secondary School Test Evaluations,* 1973 (Bewertungen von Tests für den Sekundarschulbereich).

Die CSE-Reihe stellt für denjenigen, der Tests anwendet, die brauchbarste Quelle von Testbewertungen dar, wobei der Vorteil hinzukommt, daß alle Tests in einem bestimmten Band mit Hilfe derselben Kriterien, die auf die gleiche Weise definiert und angewendet werden, bewertet werden. Man muß lediglich den Abschnitt des Bandes suchen, der sich mit der Art von Tests befaßt, an denen man interessiert ist, und sich dann die Beurteilungen des Tests der entsprechenden Kategorie betrachten. Vorausgesetzt, daß die Beurteilungen der CSE-Reihe selbst valide sind, kann man sich so den am besten eingestuften Test in der entsprechenden Kategorie heraussuchen. Die Verwendung der CSE-Reihe ist mit sehr geringem Aufwand verbunden, setzt aber ein Gutteil Vertrauen voraus.

26.5 Die Durchführung standardisierter Tests

Der Begriff *standardisiert* bezieht sich zum Teil auch auf die Art und Weise, in der Tests durchgeführt werden. Wenn die Anweisungen nicht sorgfältig befolgt werden, sind die Ergebnisse bedeutungslos. Man sollte die Schüler entsprechend den Erfordernissen, die von ihrem Alter und der Art des Tests abhängen, vorbereiten. Die Kinder sollten motiviert werden, aber sie sollten keine Angst dem Test gegenüber entwickeln. Sehr häufig werden Eltern ein Kind beunruhigen, wenn sie meinen, die Tests seien wichtig. Ältere Schüler, die mehr über die den Tests zugeschriebene Bedeutung wissen, werden sich entsprechend ihrem allgemeinen Wunsch, Erfolg in der Schule zu haben, selbst dazu motivieren, gute Leistungen zu bringen. Aber auch sie können zu einer leistungsmindernden Angst neigen. In unserer Kultur, in der den Tests häufig eine zu große Bedeutung beigemessen wird, können Testsitzungen für manche Schüler traumatisch werden. Lehrer und Schulberater müssen diese Art von Testangst vermindern, falls sie vorkommen sollte.

Angst vermeiden

Als Lehrer sollte man darauf achten, daß die Schüler wissen, wie der Test zu handhaben ist. Das wird oft leicht vergessen. Auch ein neu in die Klasse gekommener Schüler braucht unter Umständen eine Einführung, wenn er zuvor noch nie mit einem solchen Test gearbeitet hat. Es wäre auch nicht schlecht, wenn man die Schüler mit bestimmten Itemformen vertraut macht, die sie vielleicht nicht kennen, wie z. B.: „Der Bäcker backt das Brot, der __________ schreibt ein Gedicht." Noch bis in jüngste Zeit ist man in den USA der Auffassung gewesen, daß die Ergebnisse bei standardisierten Tests (z. B. dem *Graduate Record Examination* oder dem *Scholastic Aptitude Test*) nicht verbessert werden können, auch wenn man die Schüler darauf vorbereitet. Inzwischen ist es jedoch unbestritten, daß wir die Testleistungen der Schüler bei standardisierten Tests verbessern können, wenn wir ihnen Zeit geben, sich mit den verschiedenen Typen von Testitems vertraut zu machen. Der höchste Schätzwert, den wir derzeit haben, besagt, daß die Korrelation zwischen dem Zeitaufwand der Schülervorbereitung und der Leistungsverbesserung beim *Scholastic Aptitude Test* über 0,70 ist (*Messick*, 1982), wobei ein Großteil der Verbesserung auf nur sehr kurze Vorbereitungssequenzen

zurückgeführt werden kann. Bei Schülern aus Minderheiten oder Familien mit niedrigem sozioökonomischen Status können die Verbesserungen bisweilen frappierend sein (vgl. *Anastasi,* 1981; *Messick,* 1982).
Wenn für den Test als Ganzes oder für bestimmte Testteile Zeitgrenzen vorgegeben sind, sollten diese streng eingehalten werden. Wenn die Antwortbögen eines Tests ein ungewöhnliches Format haben, sollte der Lehrer die Schüler vorwarnen und ihnen dabei helfen, wie sie sie am besten ausfüllen können (aber nur soweit, wie es die Durchführungsbestimmungen erlauben). Wenn die Schüler besondere Hilfsmittel brauchen (Schmierpapier, Taschenrechner, spezielle Bleistifte usw.), muß der Lehrer rechtzeitig darauf achten, daß diese Dinge beim Testdurchgang auch vorhanden sind.
Die Testdurchführung ist nicht besonders schwierig, wenn der Lehrer sich darauf *vorbereitet* hat. Aber ein Test kann für den Lehrer und seine Schüler zu einem frustrierenden und traumatischen Erlebnis werden, wenn sie zu spät merken, daß sie nicht ausreichend vorbereitet sind. Schlechte Organisation, nicht befolgte Hinweise, nicht beachtete Zeitgrenzen, nicht wissen, was erlaubt ist und was nicht erlaubt ist, all dies kann dazu führen, daß die Schüler zu sehr viel schlechteren (oder kaum besseren) Ergebnissen kommen als sie es eigentlich sollten.
Es ist also erforderlich, daß der Lehrer den Test mindestens einige Tage im voraus in der Hand hat und daß er das Begleitheft mit den Durchführungsbestimmungen kennt. Es ist nützlich, die Anweisungen genau zu studieren, und sicher wird man den Schülern und auch dem standardisierten Test gerecht, wenn man sich entschließt, mit einem anderen Lehrer als Schüler den Test vorher einmal auszuprobieren.

26.6 Die Interpretation standardisierter Tests

Bei normbezogenen Tests stellt der Rohwert die Anzahl der richtig beantworteten Fragen dar; er ist von relativ geringer Bedeutung. Steht ein Wert von 36 für eine hervorragende oder für eine schlechte Leistung? Welche Bedeutung hat ein Wert von 58? Man kann es nicht sagen.
Man erfährt ein wenig mehr, wenn man weiß, wie viele Fragen der Test hat oder wie hoch der maximal mögliche Wert des Tests ist. Hat der Test 60 Fragen, so ist ein Wert von 54 anscheinend hervorragend und einer von 36 nur ausreichend. Aber auch dies kann falsch sein, da der Test vielleicht für das Stoffgebiet, die Klassenstufe und die Art von Schülern, die getestet wurde, sehr leicht ist. In diesem Fall zeigt möglicherweise auch ein Wert von 58 keine sehr gute Leistung an. Oder der Test kann sehr schwierig gewesen sein, so daß auch ein Wert von 36 für eine ganz gute Leistung steht.

Schwierigkeiten bei der Beurteilung der Schwierigkeit

Aber wie kann man wissen, ob der Test sehr schwierig, sehr leicht oder gerade recht war? Die Betrachtung der Testfragen ist für viele Stoffgebiete ein unsicherer Maßstab. Die Lehrer stimmen möglicherweise in ihrer Beurteilung der Fragen nicht überein und es ist keine leichte Aufgabe, Fragen zu schreiben,

die weitgehend das beabsichtigte Schwierigkeitsniveau aufweisen. Eine Frage, die schwierig aussieht, kann sich als leicht erweisen und umgekehrt.
All das, was eben gesagt wurde, trifft für einen kriteriumsbezogenen Test nicht zu. Bei einem derartigen Test *wissen* wir, wie bereits in Kapitel 25 ausgeführt, was ein bestimmter Rohwert bedeutet. Aber die meisten (wenn nicht alle) gegenwärtig vorhandenen, standardisierten Tests sind normbezogene Tests. Für die Verwendung derartiger Tests sind Kenntnisse darüber erforderlich, wie Normen entwickelt und angewandt werden.
Die Stufen der Normentwicklung können nach der Schwierigkeit der zu ihrer Erstellung erforderlichen Operationen in eine Rangfolge gebracht werden:

Normenhierarchie

1. Rangordnung;
2. Prozentrangplazierung;
3. Häufigkeitsverteilungen, Zentralwert und Mittelwert;
4. Standardwerte;
5. Klassen- oder Altersstufennormen.

Rangordnung

Als ersten Schritt bei einer Interpretation einer Ansammlung ungeordneter Rohwerte könnte man diese in eine Rangordnung bringen. Angenommen, man hat für 30 Schüler der vierten Klasse die folgenden Rohwerte aus einem standardisierten Rechtschreibtest mit 50 Items erhalten:

45	22	49	17	45	31	27	40	18	19
40	25	46	22	41	30	30	37	22	23
19	16	39	28	16	28	31	36	36	27

Wie bereits festgestellt wurde, kann man einen einzelnen Meßwert ohne weitere Kenntnisse kaum interpretieren. Bringt man jedoch diese Meßwerte in eine Rangfolge, so kann man feststellen, daß ein Schüler mit einem Wert von 49 den höchsten Wert hatte. Zwei andere Schüler mit Werten von 16 hatten den niedrigsten Rang. Damit ist der erste Schritt gemacht, den Meßwerten Sinn zu verleihen. Die Bildung von Rangordnungen ermöglicht es, Meßwerte miteinander zu vergleichen und innerhalb der fraglichen Schulklasse den Meßwert eines Schülers im Vergleich zu denjenigen seiner Klassenkameraden zu interpretieren.

Prozentrangplazierung

Angenommen, man möchte den Rang eines Schülers in einer Klasse mit 30 Schülern mit demjenigen eines anderen in einer Klasse mit 25 vergleichen. Dazu rechnet man die Ränge beider Schüler so um, daß derjenige Rang dabei herauskommt, den sie in einer Klasse mit 100 Schülern einnehmen würden. Demjenigen Schüler in der Klasse mit 30 Schülern, dessen Rang höher liegt als die von 20 seiner Klassenkameraden, würde dann ein *Prozentrang* von

(20:30) × 100, also 67, zugewiesen. Einem Schüler in einer Klasse mit 25 Kindern, dessen Rang über denen von 20 seiner Klassenkameraden liegt, würde ein Prozentrang von (20:25) × 100, also 80, zugewiesen. Der Prozentrang eines bestimmten Rohwertes gibt also an, welcher Prozentsatz von Schülern unter diesem Rohwert liegt.

Häufigkeitsverteilungen, Zentralwert und Mittelwert

Auf der nächsten Stufe kann man die Meßwerte in eine Häufigkeitsverteilung bringen. Dies hat gegenüber einer Rangordnung den Vorteil, daß gleiche Meßwerte zusammengefaßt werden. Für unsere 30 Meßwerte ist die Häufigkeitsverteilung in Tabelle 26-2 dargestellt. Um die Häufigkeitsverteilung griffiger zu machen, kann man Gruppen von Meßwerten, Klassenintervalle

Klassenintervalle

genannt, zusammenstellen. Benutzt man ein Klassenintervall von 3, so gelangt man zu der in Tabelle 26-2 dargestellten Häufigkeitsverteilung.

Tabelle 26-2. Eine gruppierte Häufigkeitsverteilung

Meßwerte	Häufigkeit *(f)*		Kumulative Häufigkeit *(cf)*
47–49	/	1	30
44–46	///	3	29
41–43	/	1	26
38–40	///	3	25
35–37	///	3	22
32–34		0	19
29–31	////	4	19
26–28	////	4	15
23–25	//	2	11
20–22	///	3	9
17–19	////	4	6
14–16	//	2	2
Summe	N = 30		

Aus unserer gruppierten Häufigkeitsverteilung können wir entnehmen, daß man eine kumulative Häufigkeit (diejenige Häufigkeit, die man durch Addition aller Meßwerte bis zu dem fraglichen Meßwert erhält; vgl. letzte Spalte in Tabelle 26-2) von 15 erhält, wenn man bei einem Rohwert von 28 angelangt ist. Das heißt, die Hälfte der Meßwerte liegt in dem Bereich 14 bis 28. Ein Wert von 29 würde also über der Hälfte der Meßwerte liegen und einen Prozentrang von 50 haben. Ein derartiger Meßwert, der über der einen und unter der anderen Hälfte von Meßwerten liegt, wird *Zentralwert (Median)* genannt. Der Zentralwert stellt eine Schätzung eines Punktes dar, der etwa in der Mitte der Häufigkeitsverteilung liegt. Zentralwerte sind deshalb, ebenso wie Durchschnittswerte, Maße für die zentrale Tendenz. Das am besten bekannte Maß für die zentrale Tendenz ist das *arithmetische Mittel,* gewöhnlich bloß Mittelwert genannt, das man erhält, indem man alle Meßwerte addiert und dann durch die Gesamtzahl der Meßwerte teilt. In unserem Beispiel ist die Summe der Meßwerte 905. Teilt man diesen Betrag durch 30 (die Anzahl der Meßwerte), so erhält man ein arithmetisches Mittel von 30,2.

Standardwerte

Der Mittelwert ist in vielerlei Hinsicht nützlich. Zum einen kann die Abweichung jedes einzelnen Schülers von dem Punkt, der den Mittelwert repräsentiert, gemessen werden. Weiß man nicht nur, ob ein Schüler über oder unter dem Mittelwert liegt, sondern auch, wie weit er über oder unter diesem Wert sich befindet, so hat man eine Menge über seinen Standort in der Gruppe erfahren. Als erstes benötigt man jedoch eine Abweichungseinheit, die unabhängig von der Anzahl der Fragen in dem Test ist, so daß ein Vergleich (a) des Standorts in einer Gruppe einer bestimmten Größe in einem Test mit einem bestimmten Mittelwert mit (b) dem Standort in einer Gruppe anderer Größe in einem Test mit einem anderen Mittelwert möglich wird. Derartige Vergleiche wären dann unabhängig von der Gruppengröße oder der Anzahl der Fragen in den Tests und somit sinnvoll. Der Prozentrang ermöglicht derartige Vergleiche auch, aber er ist mit dem Nachteil verzerrter Einheiten ausgestattet, so daß eine geringfügige Änderung im Rohwert eine große Änderung im Prozentrang immer dann bewirken kann, wenn in einem bestimmten Bereich der Häufigkeitsverteilung die Häufigkeiten stark ansteigen. Da die Häufigkeiten gewöhnlich im mittleren Bereich einer Häufigkeitsverteilung besonders zahlreich werden, wie das der Fall ist, wenn es sich um eine Normalverteilung handelt, so bedeutet dies, daß in diesem Bereich geringfügige Veränderungen im Rohwert zu großen Veränderungen im Prozentrang führen. Ein umgewandelter Meßwert, der diese Art von Verzerrung nicht aufweist, wäre vorzuziehen.

Verzerrte Einheiten

Die Lösung für das Problem, zu einem derartigen umgewandelten Wert zu gelangen, ist mit dem *Standardwert* gegeben. Hierbei handelt es sich um einen Wert, der Rohwerte in solche Werte umwandelt, die eine bestimmte Abweichung vom Mittelwert, gemessen in Einheiten der *Standardabweichung,* angeben. Wie wir bereits wissen, ist die Standardabweichung ein Maß für die Streuung, d. h. Ausdehnung der Häufigkeitsverteilung.

Die Standardabweichung ist nicht nur als Maß für die Varianz oder Streubreite der Häufigkeitsverteilung nützlich. Sie dient auch zur Ermittlung von Standardwerten, die einen Vergleich der Abweichungen vom Mittelwert von einer Verteilung zu einer anderen ermöglichen.

z-Werte. Der Standardwert, häufig z genannt, wird folgendermaßen berechnet:

$$z = \text{Standardwert} = \frac{X - M}{\sigma}$$

X ist irgendein Rohwert, M das arithmethische Mittel und σ die Standardabweichung. Das heißt ein Standardwert oder z-Wert ist als die Abweichung eines

Wertes vom Mittelwert, gemessen in Einheiten der Standardabweichung, definiert. Solche Werte erstrecken sich von −3,0 bis +3,0 mit 0,00 als Mittelwert. Die Nützlichkeit von *z*-Werten wird aus einem Vergleich des relativen Standortes eines Schülers in jedem einzelnen von vier standardisierten Tests ersichtlich:

Test	X (Rohwert)	M (Mittelwert)	X–M	σ	*z*
Algebra	52	47,92	4,08	10,00	+0,41
Physik	116	120,26	−4,26	21,02	−0,20
Deutsch	163	163,00	0,00	23,19	0,00
Französisch	84	72,00	12,00	24,00	+0,50

Es wird deutlich, daß dieser Schüler in Algebra und Französisch weit über dem Durchschnitt liegt (etwa eine halbe Standardabweichung über dem Mittelwert in beiden Fächern). Er liegt in Physik unter dem Durchschnitt und in Deutsch genau im Durchschnitt. Der relative Standort jedes einzelnen Schülers in verschiedenen Tests kann also ermittelt werden, so daß Vergleiche zwischen Schülern im selben Test oder zwischen verschiedenen Tests, die vom gleichen Schüler stammen, möglich werden.

T-Werte und Stanine

T-Werte und Stanine. Um die Minuszeichen und die Stellen hinter dem Komma bei den *z*-Werten zu vermeiden, werden diese Werte gewöhnlich in *T-Werte* umgewandelt, indem man sie mit 10 multipliziert und 50 addiert. Also

$$T\text{-Wert} = 10z + 50 = \frac{10\,(X-M)}{\sigma} + 50.$$

Ein *T*-Wert von 60 entspricht also einem Rohwert, der eine Standardabweichung über dem Mittelwert liegt (er übersteigt also 84% der Werte in einer Normalverteilung). Ein *T*-Wert von 70 entspricht einem Rohwert, der zwei Standardabweichungen über dem Mittelwert liegt (er übersteigt also 98% der Werte in einer Normalverteilung). *T*-Werte von 40, 30 und 20 stehen dementsprechend für Meßwerte, die eine, zwei bzw. drei Standardabweichungen unter dem Mittelwert liegen. Die *T*-Werte für die Schüler, deren *z*-Werte oben angegeben sind, wären also:

Test	*z*-Wert	*T*-Wert
Algebra	+0,41	54
Physik	−0,20	48
Deutsch	0,00	50
Französisch	+0,50	55

Die Ergebnisse vieler standardisierter Tests werden in *T*-Werten angegeben. Die Interpretation dieser Werte muß auf dem Wissen aufbauen, daß ihre Verteilung einen Mittelwert von 50 und eine Standardabweichung von 10 aufweisen.

Während des 2. Weltkrieges entwickelte das United States Aviation Psychology Program einen umgewandelten Meßwert, der eine Streubreite von neun Punkten hatte, so daß er bequem für IBM-Karten verwendet werden konnte. Dieser „Standard-Neun"-Wert wurde *Stanine* genannt; er hat einen Mittelwert von 5 und eine Standardabweichung von annähernd 2. Wenn Meßwerte in Staninen angegeben werden, sollte man sie wie folgt interpretieren können: ein Staninewert von 7 steht für einen Meßwert, der eine Standardabweichung über dem Mittelwert und somit etwa beim Prozentrang 84 einer Normalverteilung liegt. Jedes Stanine ist eine Hälfte einer Standardabweichungseinheit. Auf diese Weise sollte man den relativen Standpunkt in jedem Test, dessen Ergebnisse in Stanines angegeben werden, einschätzen können.

Klassenstufen- oder Altersstufennormen

Bei manchen Tests ist es sinnvoll, die Rohwerte in *Altersstufen-* oder *Klassenstufennormen* zu verwandeln. Diese Normen repräsentieren die Rohwerte, die im Durchschnitt von Schülern einer bestimmten Alters- oder Klassenstufe erreicht werden. Wenn also alle neun Jahre alten Schüler einen mittleren Rohwert von 37 in einem Test erzielen, dann wird demjenigen, dessen Rohwert in diesem Test 37 ist, ein Alterswert von 9 in dem Test zugewiesen. Wenn der Rohwert für alle Schüler am Ende der fünften Klasse 42 in dem Test ist, dann wird jedem Schüler, dessen Rohwert 42 ist, ein Klassenstufenwert von 5,9 (9 Monate nach Beginn der fünften Klasse) in diesem Test zugewiesen.
Die Beihefte guter standardisierter Tests enthalten gewöhnlich Tabellen zur Umwandlung der Rohwerte in *T*-Werte, Altersstufenwerte, Klassenstufenwerte oder Prozentrangplazierungen. Bei der Beurteilung eines Tests sollte man mitberücksichtigen, ob derartige Umwandlungen leicht durchzuführen und gut verständlich sind.

26.7 Zusammenfassung

Standardisierte Tests können dann Schaden anrichten, wenn der Lehrer die Meßwerte, die sich ergeben, als vollkommen reliabel oder die Vorhersagen, die aufgrund des Tests getroffen werden, für uneingeschränkt zutreffend hält. Schlecht informierte Testbenutzer verwechseln häufig Normen mit wünschenswerten Gütemaßstäben für ein bestimmtes Unterrichtsprogramm und vertreten die Meinung, daß die Schule die an sie gestellten Anforderungen nicht erfüllt hat, wenn die Schüler unter einem bestimmten Prozentrang bleiben. Dazu sollte man normbezogene standardisierte Tests nicht verwenden. Sie können auch nicht zur Benotung der Schüler oder zur Bewertung der Leistungen des Lehrers eingesetzt werden.
In der objektiven und allgemeinen Beurteilung der Fähigkeiten und Begabungen eines Schülers sind standardisierte normbezogene Tests jedoch unübertroffen. Will der Lehrer derartige Tests verwenden, so ist eine kritische Betrach-

tung der Reliabilität, Validität, Durchführbarkeit, der Eignung für die speziellen Schüler usw. erforderlich. Der Lehrer sollte die Informationsquellen über den Test heranziehen, die wesentlichen Forschungsarbeiten, die sich mit seiner Verwendung befassen, lesen und sich selbst dem Test unterziehen.

Lehrer, die normbezogene oder kriteriumsbezogene standardisierte Tests verwenden, sollten sich so vorbereiten, daß die Durchführung des Tests gut kontrolliert abläuft. Die Schüler sollten ebenfalls auf die Durchführung des Tests vorbereitet werden, indem sie mit den Regeln, der äußeren Aufmachung, den Itemtypen und den zeitlichen Erfordernissen des Tests vertraut gemacht werden. Daneben müssen leistungsmindernde Ängste von Schülern verringert werden.

Wenn die Testergebnisse vorliegen, sollte der Lehrer dazu imstande sein, den relativen Standort der Schüler zu beurteilen, so wie er aus den Standardwerten, *T*-Werten, Staninen, Altersstufen- und Klassenstufenwerten ablesbar ist; oder er sollte entscheiden können, ob der Schüler einen Test bestanden hat, nicht bestanden hat oder ob das Ergebnis noch unentschieden ist. Wie wir in Kapitel 25 bereits festgestellt haben, sollte schließlich auch bei der Interpretation jedes einzelnen Meßwertes berücksichtigt werden, daß er nur einen Punkt innerhalb eines Vertrauensbereichs darstellt; zugleich sollte berücksichtigt werden, daß jede Entscheidung darüber, ob der Schüler einen bestimmten Stoff beherrscht oder nicht, eine Hypothese ist – und die Wahrscheinlichkeit, daß sie nicht stimmt, ist nicht unerheblich! Alle unsere im Unterricht durchgeführten Messungen sind, wenn auch in unterschiedlichem Ausmaß, fehlerbehaftete Einschätzungen über den wahren Testwert eines Schülers und seine wahren Fähigkeiten.

Dieses Kapitel über standardisierte Tests und das nächste Kapitel über Tests, die der Lehrer selbst herstellen kann, gewähren nur einen kleinen Einblick in einen hochgradig technischen Bereich. Wenn der Leser sich dafür besonders interessiert, empfehlen wir ihm, spezielle Testkurse zu belegen und die zu diesem Komplex vorliegende spezielle Literatur zu studieren (vgl. *Cronbach,* 1970; *Gronlund,* 1981; *Hopkins* u. *Stanley,* 1981).

Kapitel 27

Vom Lehrer selbst erstellte Tests

27.1 Überblick

Wir wenden uns nun einer der wichtigsten Funktionen zu, die wir als Lehrer ausüben: die Bewertungen der Leistungen unserer Schüler beim Erreichen der Ziele, die wir für unsere Klasse gesetzt haben. Kapitel 25 befaßte sich mit einigen grundlegenden Konzepten, die für die Bewertung erforderlich sind. Zu diesen Konzepten gehören Validität, Reliabilität und die Unterscheidung zwischen normbezogenem und kriteriumsbezogenem Testen.

Kapitel 26 enthielt eine Einführung in die Möglichkeiten, diese Vorstellungen beim standardisierten Testen anzuwenden. Dabei wurde festgestellt, daß standardisierte Tests bisher nahezu ausschließlich normbezogen sind. Deshalb wurde es notwendig, sich mit den verschiedenen Möglichkeiten, Schüler miteinander zu vergleichen, zu befassen, nämlich mit Prozentrangplazierungen, *T*-Werten, Altersnormen und Klassenstufennormen. Trotz der Einwände gegen ein normbezogenes Testen – insbesondere des Einwandes, daß es immer dazu führt, daß einige Schüler insofern benachteiligt werden, als sie den anderen gegenüber hintangesetzt werden – macht es die gelegentliche Notwendigkeit der Durchführung standardisierter Tests doch erforderlich, daß man sich mit den Nachteilen normbezogenen Testens abfindet. Standardisierte Leistungstests messen, inwieweit Lernziele erreicht wurden, die vielen Klassen, Lehrern und Schulen gemeinsam sind. Sie sind nicht maßgeschneidert für eine spezielle Klasse.

Doch mit vom Lehrer konstruierten Tests – Tests, die man selbst herstellt – kann man sehr wohl Schüler anhand der Lernziele bewerten, die man für *seinen eigenen* Unterricht und für Lernleistungen *seiner eigenen* Schüler gesetzt hat. Jeder standardisierte Test kann etwas prüfen, das in der speziellen Klasse nicht gelehrt wurde, und damit unfair sein. Die eigenen Test sollten diesen Fehler jedoch niemals aufweisen. Während es beim standardisierten normbezogenen Testen wichtig ist, daß man Tests verwendet, die die Unterschiede zwischen den Schülern deutlich machen, wird in vom Lehrer konstruierten kriteriumsbezogenen Tests darauf kein Wert gelegt. Statt dessen sollte man in der Hauptsache darauf achten, daß die Leistungen von Schülern anhand von Lernzielen bewertet werden, deren Erreichen für sie wichtig ist.

Wenn alle Schüler den Test meistern und den höchstmöglichen Wert erreichen, so sollte man sich darüber freuen. Man sollte nicht den Schluß ziehen, daß der Test zu leicht und ineffektiv war, da er zwischen den Schülern keine Differenzierungen ermöglicht. Wenn kein Schüler gute Leistungen in dem Test zeigt, so sollte man den Schluß ziehen, daß sie nicht angemessen unterrichtet wurden und daß sie die Lernziele nicht erreicht haben, und nicht, daß der Test zu schwierig war. In beiden Fällen wurde der Test ja dazu entwickelt, eine wesentliche, relevante und erwünschte Art von Leistung – und nur diese Art von Leistung – zu messen. Eine Differenzierung zwischen den Schülern ist völlig ohne Belang. Es soll keine vorher festgesetzte „Kurve" oder Häufigkeitsverteilung der Leistungen und Notenstufen geben. Der Meßwert jedes einzelnen Schülers und seine Note sollen angeben, wie gut er die Ziele erreicht hat, und nicht, wie gut seine Leistungen im Vergleich zu denen seiner Mitschüler waren.

Um diese Ziele eines vom Lehrer konstruierten, kriteriumsbezogenen Tests erreichen zu können, muß man wissen, (a) wie festzulegen ist, welche Art von Leistung wichtig ist, (b) wie der Schüler zu dem Einsatz oder Verhalten gebracht werden kann, in dem sich diese Art von Leistung äußert, und (c) wie die Ergebnisse dieses Einsatzes oder Verhaltens dahingehend interpretiert werden können, daß es einem möglich wird, bessere Arbeit mit den Schülern zu leisten. Dieser Abschnitt beschäftigt sich nacheinander mit jeder dieser Fragen.

27.2 Die Festlegung der Leistungsarten

Wie kann man entscheiden, welche Arten von Leistung wichtig für die Schüler sind? Diese Frage entspricht im Grunde genau derjenigen, die in Teil B (Kapitel 3 und 4) über „Unterrichtsziele formulieren, strukturieren und klassifizieren" behandelt wurde. Es handelt sich hier um die Frage der pädagogischen und unterrichtlichen Zielsetzungen: Wie sollen sie festgelegt werden, in welcher Form sollen sie ausgedrückt werden, welche Struktur sollen sie haben, welche Kategorien sollen sie abdecken?

Bereichsbezogenes Testen

In einigen Gebieten ist es möglich, den gesamten Leistungsbereich einigermaßen zuverlässig zu erfassen. Ein gutes Beispiel dafür ist die Multiplikation von ein- und zweistelligen Zahlen bis zu 13 – das „Einmaleins", das wir alle als Kinder gelernt haben. In diesem Fall kann ein Leistungstest auf einer ausreichend großen, repräsentativen Stichprobe der 169 Kombinationen aufbauen. Eine derartige Stichprobe stellt dann ebenso einen „bereichsbezogenen" wie einen kriteriumsbezogenen Test dar. Wenn ein Schüler die Multiplikationen dieser Stichprobe beherrscht, würde man den Schluß ziehen, daß er den ganzen Bereich beherrscht, und man würde seine Leistung positiv bewerten. Ob seine Klassenkameraden ebenso gute oder weniger gute Leistungen erbrachten, wäre für die Bewertung der Leistungen des speziellen Schülers ohne Belang.

Die Spezifikationstabelle

In anderen Gebieten beruht die Festlegung des Leistungsbereichs mehr auf einer Entscheidung des Lehrers, und es ist nicht möglich, ihn so objektiv und sauber abzugrenzen wie das Einmaleins. Gewöhnlich wird empfohlen, daß der Inhalt des Leistungsbereichs so analysiert und dargestellt wird, wie der Inhalt dieses Buches oder irgendeines seiner Abschnitte dargestellt werden könnte. Die Darstellung der Gegenstände wäre dann als eine Dimension einer Tabelle zu betrachten. In der anderen Dimension wäre festzuhalten, zu welchen Leistungen der Schüler in jedem Gegenstand fähig sein sollte. Soll er die Fakten, Definitionen, Konzepte, Konventionen usw., die zu dem Gegenstand gehören, *auswendig gelernt* haben? Oder soll er sie *verstanden* haben? Oder soll er innerhalb jedes Gegenstandes zu *Anwendungen* oder *Analysen* oder *Synthesen* oder *Bewertungen* fähig sein? Man wird diese kursiv gedruckten Begriffe als die Überschriften über die „Taxonomie von Lernzielen im kognitiven Bereich" (vgl. Kapitel 4) wiederfinden. Sie stellen eine gute Möglichkeiten dar, die Fragen anzugehen, wozu Schüler in einem bestimmten Inhaltsbereich fähig sein sollten.

Inhaltsanalyse und Darstellung

Verhaltensspezifikation

Setzt man die beiden Dimensionen – Inhalt und Typen kognitiven Verhaltens – zueinander in Beziehung, so gelangt man zu einer „Spezifikationstabelle" für einen Leistungstest. Eine derartige Tabelle, die Verhaltens-Inhalts-Matrix genannt wird, wurde in Kapitel 3 beschrieben und in Tabelle 3-2 dargestellt. In jede einzelne Zelle der Tabelle, die für ein bestimmtes Verhalten im Bereich eines bestimmten Gegenstandes steht, kann man den Prozentsatz der Fragen einfügen, der sich nach dem Urteil des Lehrers mit dieser Verhaltens-Inhalts-Kombination befassen sollte.

Verhaltens-Inhalts-Matrix

Zwei Beispiele für derartige Spezifikationstabellen zeigt Tabelle 27-1, eines für einen Test über vier Romane von zwei amerikanischen Autoren und eines für einen Test über Messen und Bewerten in der Pädagogik. Wie zu sehen ist, wird es mit der Tabelle möglich, auf geplante und nicht auf vom Zufall abhängige Weise sicherzustellen, daß sich der Test mit den verschiedenen Gegenständen befaßt und den Einsatz relevanter Verhaltensbereiche verlangt. Im zweiten Beispiel hätten die Stoffbereichskategorien entsprechend den Darstellungen der Kapitel 25 bis 27 dieses Buches weiter unterteilt werden können, so daß eine wesentlich feinere Analyse zustande gekommen wäre. Mit Hilfe der Spezifikationstabelle kann man vermeiden, daß man zu viele Fragen über einige Gegenstände und zu wenige über andere stellt oder daß man zu viele „Gedächtnisfragen" und zu wenige „Denkfragen" einfügt.

Die Spezifikationstabelle ist nicht nur für die Entwicklung eines Tests nützlich, sondern auch für den Umgang mit den Meßwerten, die sich aus ihm ergeben. Für die Fragen in den verschiedenen Zellen, Zeilen und Spalten können getrennte Meßwerte ermittelt und so festgestellt werden, ob die Schüler bestimmte Gegenstände oder bestimmte Typen kognitiver Leistungen oder deren Kombinationen (Zellen) beherrschen. Wenn diese Teilwerte reliabel genug sind (in dem Sinne, daß sie auf einer geeigneten Stichprobe von Items beruhen), können sie eine diagnostische Funktion ausüben. Lehrer und Schüler können dann bestimmte Gebiete ausfindig machen, in denen Lei-

Tabelle 27-1. Spezifikationstabellen für verschiedene vom Lehrer konstruierte Tests

Verfügbares Verhalten	*A Farewell to Arms*	*The Sun Also Rises*	*The Great Gatsby*	*Tender is the Night*	Summe
Kenntnis von Tatsachen über Charakter und Aufbau	5%	5%	5%	5%	20%
Fähigkeit zum Erkennen verschiedener literarischer Darstellungsmittel	5%	5%	5%	5%	20%
Fähigkeit, den Roman zur Sozialgeschichte seiner Zeit in Beziehung zu setzen	5%	5%	5%	5%	20%
Fähigkeit, Bewertungskriterien auf den Roman als Ganzes anzuwenden	10%	10%	10%	10%	40%
Summe	25%	25%	25%	25%	100%

	Messen und Bewerten in der Pädagogik			
Stoffbereichskategorie	Kenntnis der Fakten, Definitionen, Prinzipien usw.	Verständnis grundlegender Konzepte und Überlegungen	Fähigkeit zur Anwendung von Prinzipien und Regeln auf praktische Probleme	Summe
Grundkonzepte des Messens und Bewertens	10%	10%	10%	30%
Der Lehrer und standardisiertes Testen	5%	5%	5%	15%
Vom Lehrer konstruierte Tests	5%	5%	30%	40%
Einstufung und Benotung	5%	5%	5%	15%
Summe	25%	25%	50%	100%

Diagnostische Funktion

stungsschwächen vorhanden sind und für die ein weitergehender Unterricht erforderlich ist.

Manchmal wird vielleicht ein Test für nur eine Zelle in der Spezifikationstabelle entwickelt. Ein derartiger Test könnte zum Beispiel Items enthalten, die sich nur mit „Fertigkeiten und Fähigkeiten bei der Lösung mathematischer Probleme, die sich auf chemische Energie und Reaktionen beziehen“, befassen. Es ist ohne weiteres einzusehen, daß der Meßwert eines Schülers in einem derartigen konzentrierten, kriteriumsbezogenen Test dazu verwendet werden kann, festzustellen, ob dieser den entsprechenden Teil des Unterrichts bewältigt hat.

Veröffentlichung von Spezifikationstabellen

Die Spezifikationstabelle sollte unserer Meinung nach Schülern, die alt genug sind, um sie verstehen zu können, vor Durchführung des Tests gegeben werden. Sie kann dazu beitragen, daß sie verstehen, was sie lernen sollen. Sie ermöglicht es auch den Eltern, Steuerzahlern, Administratoren und anderen einzusehen, welche Leistungen der Lehrer bei seinen Schülern anstrebt; Spezifikationstabellen erfüllen diese Aufgabe auf spezifischerem und direkterem Weg als viele andere Methoden zur Darstellung von Zielen.

Wie gewichtet man die Anzahl der Fragen in jeder einzelnen Zelle, Spalte und Zeile? Wir meinen, darin sollte sich der relative Aufwand an Mühe bei der Beschäftigung mit dem entsprechenden Gegenstand, die in und außerhalb der Klasse aufgewendete Zeit und die Bedeutung jeder einzelnen Zelle innerhalb des gesamten Zielbereiches ausdrücken. Wie wir bereits in Teil B festgestellt haben, spielen hier pädagogische Werte eine Rolle. Das Urteil des Lehrers, das wiederum davon beeinflußt wird, was er liest und von Experten erfährt, ist gewöhnlich nützlicher als irgendwelche wissenschaftlichen Daten. In dem Bereich, in dem man als Lehrer die Freiheit hat, Akzente zu setzen, ist es lediglich erforderlich, sein pädagogisches Gewissen zu befragen.

Beurteilung

Wie viele Items sollte man einsetzen? Ceteris paribus ist die Reliabilität und damit die Sicherheit, daß die Entscheidungen über einen bestimmten Schüler zutreffend sind, um so größer, je mehr Items man verwendet. Es werden jedoch häufig Kompromisse notwendig sein. Bei jüngeren Schülern, schwierigeren Fragen, weniger verfügbarer Zeit, leistungsschwächeren Schülern und umfangreicherem Zeitaufwand für bestimmte Arten von Items wird es notwendig sein, die Anzahl der Fragen, die man stellen kann, zu verringern. Aber häufige kurze Tests, ganz am durchgenommenen Stoff orientiert, können ein Äquivalent für weniger häufige längere sein. Die Erfahrung kann lehren, wie viele Items einer bestimmten Art Schüler pro Minute bewältigen können. Der Streubereich reicht möglicherweise von 15 Sekunden pro Item bei Items, die leistungsstarken, älteren Schülern vorgelegt werden, bis zu 100 Sekunden pro Item bei schwierigen Items, die leistungsschwächeren, jüngeren Schülern vorgelegt werden. Jüngere Schüler können wahrscheinlich einen ausreichenden Aufmerksamkeitsgrad bei der Testdurchführung für nur etwa 15 Minuten aufrechterhalten, während Schüler der zwölften Klasse auch bis zu 90 oder 120 Minuten Testzeit auf einmal bewältigen können.

Tests haben mehr Gewicht als Absichtserklärungen

Bevor wir diesen Abschnitt verlassen, soll darauf hingewiesen werden, daß Tests Taten sind und somit mehr Gewicht haben als Erklärungen über pädagogische Werte. Man kann stolz auf seine Absicht hinweisen, Schüler dazu zu bringen, über einen Gegenstand „nachzudenken“ zu lernen – zu „lernen, wie man lernt“ oder „Probleme zu lösen“ oder „einen Sinn dafür zu entwickeln, was wichtig ist“. Wenn sich aber dann herausstellt, daß die Tests die wortgetreue Wiedergabe dessen, was im Lehrbuch steht oder was in der Klasse gesagt wurde, messen, werden sich die Schüler eher auf das verlassen, was sie den Taten des Lehrers entnehmen können, und nicht auf seine Worte. Man wird sich wahrscheinlich mit einiger Bitterkeit daran erinnern, daß man von Lehrern betrogen wurde, die einen im Auswendiglernen von Trivialitäten prüften, obwohl sie einem gesagt haben, man solle wichtige Konzepte und Prinzipien lernen, und man auch versucht hat, das zu tun. Als Lehrer ist man dazu aufgefordert, Tests zu konstruieren, die die pädagogischen Ideale widerspiegeln, die man hat. Der Versuch, dieser Aufforderung gerecht zu werden, beginnt mit der Erstellung einer Spezifikationstabelle für den zu konstruierenden Test.

27.3 Die Entscheidung über die Art der Testfragen

Hat man die Spezifikationstabelle erstellt, so steht man vor der Aufgabe, aus den möglichen Typen von Testitems seine Wahl zu treffen. Die vorhandenen Alternativen können in zwei Hauptkategorien unterteilt werden: lange Antwort (oder Aufsatzfragen) und kurze Antwort. Die Fragen mit kurzer Antwort können wiederum unterteilt werden in Typen mit „freier" und mit „gebundener" Antwort. Hier handelt es sich um die Typen von Fragen mit kurzer Antwort, bei denen der Schüler entweder die Antwort frei formuliert oder sie aus einer Reihe von Alternativen auswählt. Der gebundene Typ kann weiter unterteilt werden in die wohlbekannten Kategorien richtig – falsch, Mehrfachwahl und Zuordnung. Die Typen sind in Abbildung 27-1 dargestellt.

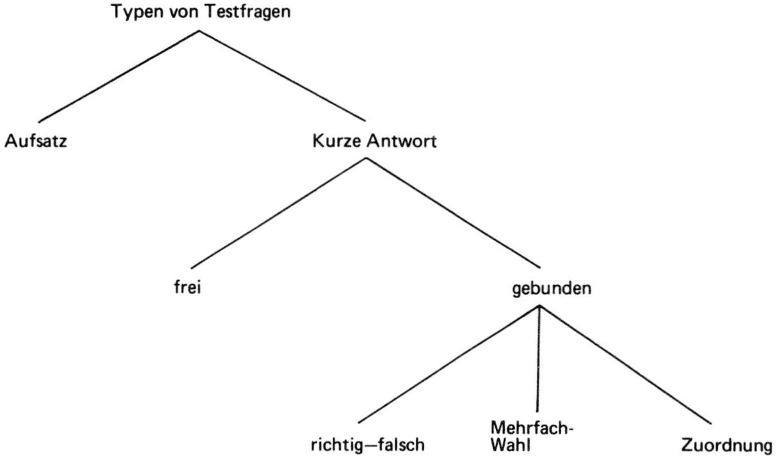

Abbildung 27-1. Typen von Testfragen, unter denen der Lehrer bei der Konstruktion seines eigenen Tests auswählen kann

Aufsatzfragen gegenüber Fragen mit kurzer Antwort

Die Aufsatzfrage ist dann nützlich, wenn man die Fähigkeit eines Schülers zur Strukturierung und zur Anwendung seiner eigenen Methoden auf die Bewältigung eines ziemlich komplexen Problems bewerten will. Das Problem verlangt möglicherweise die Anwendung aller kognitiven Prozesse der Taxonomie: Gedächtnis, Verständnis, Anwendung, Analyse, Synthese und Bewertung. Je weniger man einem Schüler in einer Aufsatzfrage eine bestimmte Struktur vorgibt, um so mehr ist er gezwungen, diese Struktur selbst zu entwickeln. Zur Beantwortung einer Aufsatzfrage braucht man vielleicht nur einen kurzen Absatz, aber es können auch viele Seiten erforderlich sein.

Struktur eines Aufsatztests

Manche Experten sind der Meinung, daß Aufsatzfragen in hohem Ausmaß strukturiert sein sollten. Sie würden also die Schüler dazu auffordern: „Erörtere die Artikel der Konföderation unter Berücksichtigung von a, b und c." Andere Autoren vertreten die Meinung, daß man mehr darüber, was Schüler wissen und wie sie denken, erfährt, wenn man die Frage unstrukturiert läßt und bloß sagt: „Erörtere die Artikel der Konföderation." Die Berücksichtigung der Punkte a, b und c ist dann dem Schüler selbst überlassen.

Der Hauptvorteil einer Aufsatzfrage leitet sich aus der Komplexität der Ansprüche, die sie an den Schüler stellt, ab. Ein weiterer Vorteil besteht darin, daß nur ein relativ geringer Zeitaufwand für die Erstellung einer Aufsatzfrage erforderlich ist. Aber damit ergeben sich auch die entsprechenden Nachteile: die Meßwertermittlung für Aufsatztests verlangt nicht nur einen wesentlich größeren Zeitaufwand, sondern sie ist auch wesentlich schwieriger durchzuführen (und stellt manchmal eine regelrechte Plage dar). Die Komplexität der Antworten, auf die eine Aufsatzfrage abzielt, erzeugt gleichzeitig ihren hauptsächlichen Mangel: die Meßwertzuweisung kann kaum reliabel erfolgen.

Mangelnde Reliabilität bei der Bewertung von Aufsatztests

Reliabilität bezieht sich hier auf die Übereinstimmung zwischen Lehrern in der Zuweisung von Meßwerten für denselben Aufsatztest. Seit 1910 ist bekannt, daß Aufsatztests häufig mit zu geringer Übereinstimmung zwischen verschiedenen Lehrern bewertet werden. Einige Beispiele für die mangelnde Reliabilität der Bewertung durch Lehrer sind in den Tabellen 27-2 und 27-3 dargestellt.

Tabelle 27-2. Leistungsprozentbenotung und geschätzte Klassenstufe für ein und denselben Aufsatz, der 100 Englischlehrern vorgelegt wurde

Leistungsprozent-benotung	Geschätzte Klassenstufe des Aufsatzes										
	Grundschule					High School				College	
	5.	6.	7.	8.	9.	10.	11.	12.	13.	14.	15.
95–99		1		3	3	1	2	3	2		2
90–94			1	4	4	7	5	2	1		
85–89		1	2	3	4	4	6				
80–84		1	2	2	8	8		1			
75–79				2	2	1	3				
70–74				2	1	1	2				
65–69											
60–64	1	1			1						

Tabelle 27-3. Zweimalige Bewertung von 10 Aufsätzen durch denselben Lehrer mit 2 Monaten Zwischenraum

Schüler	Erste Benotung	Zweite Benotung
A	85	70
B	50	75
C	90	95
D	90	95
E	90	70
F	99	90
G	70	60
H	75	80
I	60	80
J	90	75

Nach *Tiegs* (1952).

Tabelle 27-2 enthält die Leistungsprozentbenotung und das geschätzte Klassenniveau eines Schülers, der einen Aufsatz schrieb, der dann 100 Englischlehrern vorgelegt wurde. Die Leistungsprozentbenotung reichte von 60 bis zu 99, das heißt etwa von der Note „sehr gut" bis „noch ausreichend". Darüber hinaus reichte die für den Schüler angenommene Klassenstufe von der fünften Klasse bis zum 6. Semester an der Universität. Die Stabilität der Benotung derselben Lehrer über die Zeit hinweg wurde ebenfalls untersucht. Tabelle 27-3 zeigt, wie ein Lehrer dieselben zehn Aufsätze zwei Monate später erneut benotete. Die Korrelation zwischen den beim ersten Mal und den beim zweiten Mal zugewiesenen Noten liegt nur bei etwa 0,45. Offensichtlich stimmen also Lehrer bei der Benotung von Aufsätzen mit anderen Lehrern oder sogar mit sich selbst bei einer erneuten Benotung nicht überein.

Um eine hohe Reliabilität bei der Benotung von Aufsatztests zu erreichen, ist es erforderlich, die Lehrer für diese Tätigkeit sorgfältig und aufgabenspezifisch auszubilden; aber eine solche Ausbildung gibt es in den USA nicht.

Solche Variablen wie das äußere Erscheinungsbild der Verfasser oder das saubere Schriftbild ihrer Aufsätze haben anscheinend ebenfalls einen gewissen Einfluß auf die Benotung (*Bull* u. *Stevens,* 1979). Daher entsteht der Eindruck, daß die Benotung von Aufsätzen wegen ihrer immanenten Offenheit für verschiedene Interpretationen sehr viel mehr von Vorurteilen beeinflußt ist als die Benotung von Tests, die dem gebundenen Typ zugehören, bei denen es objektiv richtige und falsche Antworten gibt.

Unzureichende Berücksichtigung des Stoffgebiets bei Aufsatztests

Schließlich können Aufsatztests noch den Nachteil haben, daß es mit ihnen in nur unzureichendem Ausmaß möglich ist, den entsprechenden Leistungsbereich zu treffen oder eine adäquate Stichprobe daraus zu erheben. Da jede Aufsatzfrage in der Beantwortung einen relativ hohen Zeitaufwand verlangt, können nur wenige derartige Fragen gestellt werden. Der Lehrer stellt dann vielleicht fest, daß ein Test weite und wichtige Teile des Stoffgebiets unberücksichtigt läßt.

Man kann die Frage, ob man Aufsatztests verwenden sollte, letzten Endes nur durch ein Abwägen des Vorteils, der mit dem Erfassen einer komplexen Art von Leistung gegeben ist, und der Nachteile, die aus der niedrigen Reliabilität der Benotung, der relativ beschränkten Stichprobe aus dem Stoffgebiet und aus dem hohen Zeitaufwand bei der Bewertung des Tests resultieren, lösen. Die meisten Lehrer gelangen zu einem Kompromiß, indem sie *sowohl* Aufsatzfragen *als auch* Fragen mit kurzer Antwort verwenden. Auf diese Art und Weise nützen sie die Vorteile einer Aufsatzfrage aus, die die Schüler zu einer bestimmten Art der Beschäftigung mit dem Stoff motiviert, nämlich dazu, sich mit dem Stoff als Ganzem zu befassen, über ihn nachzudenken und ihn mit ihren eigenen Mitteln darzustellen. Tests mit kurzen Antworten motivieren dagegen die Schüler mehr dazu, sich auf Details und spezifische Eigenheiten zu konzentrieren. Hält man beide Arten von Lernen für wünschenswert, so sollte man beide Arten von Fragen verwenden.

Kompromiß: die Verwendung sowohl von Aufsatztests als auch von Tests mit kurzen Antworten

Fragen mit kurzer Antwort haben den Vorteil, daß man mit ihnen eine bestimmte Tatsache, ein bestimmtes Konzept oder Prinzip, das Gegenstand der Prüfung der Schüler sein soll, erfassen kann. Daneben haben sie den Vorteil, daß die Meßwerte relativ leicht zu erstellen sind, da man nur auf einen relativ begrenzten Bereich von Vorstellungsinhalten zu achten hat – Vorstellungsinhalte, die sich mit einem Wort, einer Wendung oder höchstens einem Satz oder zwei ausdrücken lassen. Die Beurteilung der Richtigkeit einer Antwort wird so also einfacher und in höherem Ausmaß reliabel. Die Übereinstimmung von Lehrern bei der Meßwertzuweisung für Fragen mit kurzer Antwort ist wesentlich höher als bei der für Aufsatzfragen. Aus diesem Grund werden Fragen mit kurzer Antwort häufig *objektiv bewertbare Fragen* genannt.

Man sollte nun nicht die falsche Auffassung vertreten, daß Fragen mit kurzer Antwort lediglich für das Prüfen von Wissen oder Gedächtnis geeignet sind. Vorausgesetzt, daß das entsprechende Stoffgebiet ausreichend anspruchsvoll ist und einen gewissen Scharfsinn voraussetzt, kann man Fragen mit kurzer Antwort entwickeln, die kognitive Prozesse auf den Stufen des Verständnisses, der Nutzanwendung, der Analyse usw. abrufen. Wir werden später versuchen, einige Beispiele für Fragen mit kurzer Antwort darzustellen, die auf diese intellektuellen Prozesse höherer Ordnung abzielen.

In Tabelle 27-4 sind die relativen Vorteile und Nachteile von Aufsatztests und Tests mit kurzer Antwort zusammenfassend dargestellt.

Tabelle 27-4. Relative Vorteile von Aufsatztests und von Tests mit kurzer Antwort

	Testtyp mit dem entsprechenden Vorteil	
Problembereich	Aufsatz	kurze Antwort
Möglichkeit, in vom Lehrer konstruierten Tests kognitive Prozesse höheren Niveaus (Analyse, Synthese usw.) abzurufen	*	
Zur Vorbereitung erforderlicher Aufwand	*	
Brauchbarkeit zur Prüfung von Rechtschreibfähigkeiten	*	
Ausschließen von Ratemöglichkeiten	*	
Angemessenheit der Stichprobe im Leistungsbereich		*
Reliabilität der Meßwert- oder Notenzuweisung		*
Für die Meßwertermittlung notwendiger Aufwand		*
Ausschalten von Täuschungsmöglichkeiten durch „Umschreibung“ des Themas		*
Ausschalten des Einflusses der Rechtschreibgeschicklichkeit und der Qualität der Handschrift, wenn diese ohne Belang sind		*

Freie Fragen gegenüber gebundenen Fragen mit kurzer Antwort

Freie Typen

Hat man sich dafür entschieden, Fragen mit kurzer Antwort zu verwenden, so muß man seine Wahl zwischen den Typen mit freier und mit gebundener Antwort treffen. Typen mit freier Antwort haben die Form direkter Fragen („Wer entdeckte Amerika?“, „Wie ist ein Sonett definiert?“) oder unvollständiger Feststellungen („Amerika wurde entdeckt von __________?", „Ein Sonett kann definiert werden als __________?"). Typen mit gebundener Antwort können die Form von mit *richtig/falsch* zu beantwortenden Feststellungen haben („Amerika wurde von Amerigo Vespucci entdeckt. R F"; „Ein Sonett ist ein Gedicht, das aus sechs Zeilen besteht. R F") oder sie können vom Typ der Mehrfachwahlfragen sein:

Richtig-Falsch-Items

Mehrfachwahlitems

Amerika wurde entdeckt von
A. Magellan,
B. da Gama,
C. Vespucci,
D. Columbus,
E. Erik dem Roten.

Ein Sonett besteht aus
A. sechs Zeilen,
B. acht Zeilen,
C. zehn Zeilen,
D. zwölf Zeilen,
E. vierzehn Zeilen.

Zuordnungsitems

Schließlich können Fragen vom gebundenen Typ in der *Zuordnungsform* gestellt werden:

1. Magellan	A. war ein großer portugiesischer Seemann,
2. da Gama	B. entdeckte Amerika,
3. Columbus	C. landete in Neufundland,
	D. entdeckte Grönland,
	E. umsegelte als erster die Welt.

1. Limerick	A. fünf Zeilen,
2. Sestine	B. sieben Zeilen,
3. Sonett	C. vierzehn Zeilen,
	D. sechzehn Zeilen,
	E. neununddreißig Zeilen.

Schwierigkeit der Bewertung freier Typen

Der Vorteil des freien Typs liegt darin, daß er beim Schüler die Fähigkeit voraussetzt, sich an die richtige Antwort zu erinnern oder sie selbst zu finden. Der gebundene Typ verlangt vom Schüler lediglich, daß er die richtige Antwort erkennt oder daß er richtige von falschen Alternativen unterscheiden kann. Der Nachteil des freien Typs besteht darin, daß der Lehrer, wenn die richtige Antwort nicht nur eine ganz bestimmte Form annehmen kann, bei der Entscheidung, ob die Antwort eines Schülers richtig ist, Schwierigkeiten haben kann. Der Grund dafür ist, daß sich zwangsläufig eine verwirrende Vielfalt von Synonymen und vertretbaren Alternativen für die richtige Antwort und begründbare Mißinterpretationen der Frage zeigen werden. Verwendet der Lehrer den freien Typ, so wird er auch dazu neigen, ausschließlich nach dem einen richtigen Wort, Begriff, Namen usw. zu fragen. Diese Art von Kenntnissen kann sehr wünschenswert sein; wenn der Lehrer jedoch ausschließlich

Fragen mit kurzer Antwort vom freien Typ stellt, so werden in seinen Tests die Fähigkeiten, wichtige Unterscheidungen zu treffen und subtile Denkabläufe zu vollziehen, weitgehend unberücksichtigt bleiben, da derartige Frageformen dafür ungeeignet sind.

Richtig-/Falsch-, Mehrfachwahl- und Zuordnungsfragen

Wenn es ein Anliegen des Lehrers ist, daß seine Schüler die Fähigkeit entwickeln, wichtige Unterscheidungen zu treffen und subtile Denkabläufe zu vollziehen, so wird er sich für die Verwendung von Mehrfachwahl- oder Multiple-Choice-Fragen nach der Art der besseren Beispiele entscheiden, die weiter unten noch angeführt werden. Von allen Fragen des gebundenen Typs ist die Mehrfachwahl- oder Multiple-Choice-Frage wahrscheinlich noch die flexibelste. Von kundiger Hand können Mehrfachwahlfragen so verfaßt werden, daß ihre Beantwortung komplizierte und subtile intellektuelle Prozesse vieler Art voraussetzt. Beim Verfassen derartiger Fragen kann man großen intellektuellen Spaß haben, allerdings ist der Zeitaufwand dabei ebenfalls groß. Mehrfachwahlfragen verlangen genau im Gegensatz zu Aufsatzfragen einen großen Zeitaufwand bei ihrer Erstellung und einen geringen bei ihrer Bewertung. Die Aufgabe, gute Mehrfachwahlitems zu schreiben, ist so anspruchsvoll, daß die großen Organisationen für Testkonstruktion, zum Beispiel der *Educational Testing Service,* von seinen Itemschreibern die Produktion von nicht mehr als etwa 10 derartiger Items während eines Achtstundentages verlangen.

Die Richtig-Falsch-Frage ist relativ ungeeignet. Erstens kann sie leicht mißbräuchlich angewendet werden, da Lehrer häufig Sätze aus dem Lehrbuch entnehmen und sie so, wie sie sind (für richtige Feststellungen), übernehmen oder *nicht* (für falsche Feststellungen) einfügen oder möglicherweise dazu verwenden, auswendig gelerntes Wissen statt Verständnis zu messen. Zweitens hat sich herausgestellt, daß Richtig-Falsch-Items die „Antworthaltung" der bereitwilligen Zustimmung erzeugen. Dabei handelt es sich um eine durchgehende Tendenz, die Menschen in unterschiedlichem Ausmaß aufweisen können, im Zweifelsfalle mit „richtig" zu antworten. Als ein für das, was Leistungstests messen sollten, irrelevanter Persönlichkeitszug vernebelt diese Haltung bereitwilliger Zustimmung die Bedeutung von Meßwerten bei Richtig-Falsch-Tests.

Ebenso sind Zuordnungsitems aufgrund ihrer eingeschränkten Verwendbarkeit relativ ungeeignet. Sie sind gewöhnlich nur für die Messung der Fähigkeit brauchbar, relativ verschiedene Dinge einander zuzuordnen, aber sie ermöglichen keineswegs die Messung einer komplexeren und subtileren Art von Wissen oder von Verständnis.

27.4 Die Formulierung von Testfragen

Dementsprechend werden wir uns in diesem Abschnitt über die Formulierung von Testfragen nur mit zwei Typen befassen: der Aufsatzfrage und der Mehrfachwahlfrage. Diese beiden Typen machen die Erfassung eines große Bereichs intellektueller Aufgaben möglich. Wir empfehlen ausdrücklich, *beide* Arten von Fragen, wo immer möglich, zu verwenden, so daß die Vorteile jeder einzelnen Art genutzt und die Nachteile, die sich bei der Verwendung von jeweils nur einer Art ergeben, verringert werden können.

Die Formulierung und Benotung von Aufsatzfragen

Aufsatztests sollten hauptsächlich für Leistungsbereiche verwendet werden, die nicht ohne weiteres anhand von Mehrfachwahlitems getestet werden können. Dazu gehören die komplexeren Leistungsbereiche der Anwendung, Analyse, Synthese und Bewertung, wie sie in der im Kapitel 4 dargestellten Taxonomie definiert sind. Wenngleich es für Experten manchmal möglich ist, diese Leistungsbereiche anhand von Mehrfachwahl- oder sonstwie objektiv bewertbaren Tests zu erfassen, ist diese Aufgabe für Lehrer, die weder die erforderliche Zeit noch die speziellen Fertigkeiten besitzen, viel zu schwierig.

Aufsatztests für komplexe Leistungen

Aus diesem Grund sollten sich Lehrer bei diesen komplexeren Leistungsbereichen auf Aufsatztests stützen. Das bedeutet gleichzeitig, daß es unangemessen wäre, Aufsatztests zum Erfassen einfacherer Wissens- und Verständnisbereiche zu verwenden. Zum zweiten sollte man, hat man sich erst für die Verwendung eines Aufsatztests für den Zweck, für den er einzig geeignet ist, entschlossen, ihn mit der ganzen Flexibilität benutzen, die erforderlich ist, um genau die Art von kognitiven Prozessen höherer Ordnung zu erfassen, deren Bewältigung man bei seinen Schülern anstrebt. Wie oben bereits erwähnt, sollte man ihnen nicht sagen, daß man Leistungen eines bestimmten Niveaus erwartet, und dann Leistungen eines anderen Niveaus messen. Das heißt, man sollte sich darüber klar sein, daß Aufsatzfragen in der Art komplexer Reaktionen, die sie verlangen, weit streuen können. Einerseits kann man von seinen

Breite gegenüber spezifischen Themen

Schülern verlangen, daß sie darüber schreiben „Wie haben sich deine Ansichten über ... als Ergebnis der jüngsten Lernerfahrungen verändert". In die Lücke können sehr breite Stoffgebiete (Botanik; Rockmusik; Bürgerrechte usw.) oder spezifische (Rhododendren; Mick Jagger; Das Recht, Flugblätter an den Straßenecken auszuteilen, usw.) eingesetzt werden. Die breiteren Themen sind schwieriger reliabel zu bewerten, aber sie verlangen vom Schüler, daß er den Gegenstand selbst strukturiert und abgrenzt. Man muß zwischen diesen Vor- und Nachteilen wählen.

Die Länge der erforderlichen Antwort hängt mit der Breite des Themas zusammen. Längere Antworten können größere Komplexität beinhalten, aber sie sind wiederum schwieriger einheitlich zu bewerten.

Man sollte sich ernsthaft Gedanken über die Worte machen, die man in den Fragen verwendet, und sie vielleicht den Schülern erklären. *Diskutieren, definieren, belegen, erklären, mitteilen, zusammenfassen, klassifizieren, anwen-*

den, kritisieren, formulieren – alle diese Worte enthalten mehr oder weniger spezifische Aufgaben, und man sollte seine Wahl unter ihnen sorgfältig treffen. Will man, daß die Diskussion oder Analyse oder Synthese bestimmte Eigenschaften aufweist, so sollte man diese erwünschten Eigenschaften – entweder generell oder hinsichtlich einzelner Fragestellungen – den Schülern deutlich machen. Sind bestimmte generelle Eigenschaften erwünscht, dann sollte man den Schülern vor dem Test erklären, welche Anforderungen mit diesen Aufgaben gestellt sind. Sind nur bei gewissen Fragen besondere Eigenschaften erwünscht, so sollte die Frage selbst eine Feststellung darüber enthalten, was mit dem Wort (*diskutieren, analysieren* usw.) gemeint ist.

Wahl zwischen Fragen

Wenngleich man gewöhnlich dadurch, daß man den Schülern die Wahl zwischen Fragen läßt, erreicht, daß sie sich bei ihrer Aufgabe wohler fühlen, entsteht für den Lehrer dabei das Problem, sicherzustellen, daß die erwünschte Leistung bei der Beantwortung einer alternativen Frage ebenso gut zum Ausdruck kommt wie bei der einer anderen. Dies ist gewöhnlich nicht zu erreichen. Daher ist es am besten, alle Schüler alle Aufsatzfragen beantworten zu lassen.

Länge der verlangten Antwort

Möglicherweise möchte man die Fähigkeit von Schülern erfassen, einen ziemlich langen (mehr als ein oder zwei Seiten) Aufsatz unter Testbedingungen zu schreiben (was zu Hause ebenso gut durchgeführt werden könnte wie im Klassenzimmer). Man wird jedoch bestimmte Vorteile erringen, wenn man relativ kurze (zum Beispiel fünf Zeilen bis zu einer halben Seite) Antworten verlangt. Zunächst kann man mehrere derartiger kurzer Fragen pro Zeiteinheit stellen; dadurch wird der Umfang der Stichprobe aus den möglichen Leistungen des Schülers größer. Dann kann man kurze Antworten wahrscheinlich reliabler bewerten, da sie weniger Komplexität aufweisen und weniger Raum für die Kompensierung von Stärken und Schwächen lassen, die man bei der Bewertung der Gesamtantwort auf irgendeine komplexe Weise gewichten müßte.

Formulierung einer Modellantwort

In jedem Fall sollte man selbst eine Modellantwort formulieren, um für die Benotung der Antworten der Schüler eine Richtschnur zu haben. Wenn die Frage nicht absichtlich deshalb vage gehalten wurde, damit die Schüler sie selbst strukturieren müssen, kann man, bevor die Frage den Schülern gestellt wird, sich selbst (und später den Schülern) deutlich machen, worauf sie abzielen soll. Wenn die Modellantwort hinsichtlich verschiedener Punkte analysiert werden kann (zum Beispiel, ob dargestellt ist, daß die Bürgerrechte in der Bill of Rights enthalten sind, ob dargelegt ist, daß der erste Zusatzartikel der amerikanischen Verfassung die Rede- und Pressefreiheit enthält, ob auf einen neueren Zeitungsartikel verwiesen wurde, in dem der erste Zusatzartikel eine Rolle spielte usw.), dann kann man diese Punkteliste bei der Benotung der Antworten verwenden. Die Formulierung einer Modellantwort, *bevor* die Frage den Schülern vorgelegt wird, trägt auch dazu bei, sicherzustellen, daß die Frage so beantwortbar ist wie man das wollte.

Verzerrungen bei der Bewertung von Aufsatztests

Verzerrungen sind bei der Bewertung von Aufsatztests das Übliche. Untersuchungen haben gezeigt, daß Lehrer bei der Beurteilung von Sozialkundeaufsätzen solche Faktoren wie Rechtschreibung, Zeichensetzung und Grammatik nicht außer acht lassen können. Andere Untersuchungen haben den Einfluß der Handschrift auf die Bewertung nachgewiesen. Schließlich sollte man die Schüler ihre Namen auf die Rückseite ihrer Aufsätze schreiben lassen, da unserer Ansicht nach Lehrer ihre Bewertung auf der Grundlage der Erwartungen, die sie bestimmten Schülern gegenüber hegen, verzerren. Für menschliche Wesen ist es anscheinend immer eine schwierige Aufgabe, objektiv zu sein.

Sag' etwas Positives

Hat man sein Möglichstes getan, einen Aufsatztest objektiv zu bewerten, so sollte man daran denken, daß die Rückmeldung für die Schüler immer bestimmte positive Elemente beinhalten sollte, auch dann, wenn daneben negative angebracht erscheinen. Die von jenen Lehrern, die Aufsätze benoten, zumeist begangene Sünde ist das Versäumnis, etwas Gutes über die Antworten der Schüler zu sagen. Insbesondere bei der Bewertung der langen Aufsätze, die als Tertialaufsätze bekannt sind, sollten Lehrer daran denken, daß Schüler ihren eigenen Arbeitsergebnissen gegenüber eine empfindliche Haltung einnehmen. Wenn Schüler immer nur eine negative Kritik und Hinweise auf Fehler erhalten, entwickeln sie dem Schreiben gegenüber eine lähmende Angst und werden sobald wie möglich mit dem Schreiben überhaupt aufhören. Ein aufrichtiges Lob an der richtigen Stelle zusammen mit verbessernder Kritik in mäßigem Umfang: so sollte das Vorgehen bei der Benotung von Aufsatztests aussehen.

Man sollte sich darüber klar sein, daß Aufsatztests es gestatten, die Gedanken von Schülern auf eine Weise zu erfassen, wie es mit anderen Mitteln nicht möglich ist. Was sie mündlich sagen, ist eine Sache, und was sie schriftlich ausdrücken, eine andere. Beides ist wichtig, und Schüler, die ein Medium wirksam verwenden können, müssen nicht notwendigerweise auch im anderen gut sein. Richtig verwendet, können Aufsatztests eine hervorragende Grundlage dafür sein, Schüler zu verstehen und ihnen das auch zu erkennen zu geben – hinsichtlich ihrer Kenntnisse, Gedankengänge, Vorurteile und ihrer Kreativität.

Die Formulierung von Mehrfachwahlfragen

Der Stamm und die Alternativen

Mehrfachwahlfragen haben zwei Hauptbestandteile: (a) Zuerst kommt der Stamm, entweder eine Frage oder eine unvollständige Feststellung; er enthält das Thema oder das Problem, auf das sich die Fragestellung bezieht. (b) Anhand der alternativen Antworten kann der Schüler durch Auswahl der besten oder der richtigen seinen Leistungsstand demonstrieren. Es sollen nun einige Regeln betrachtet werden, die sich aus der Erfahrung mit dem Formulieren von Mehrfachwahlfragen ergeben haben.

1. *Der Stamm sollte eine genaue Umschreibung eines mit Bedeutungsgehalt ausgestatteten Problems darstellen und nicht bloß eine Einführung in eine Ansammlung von untereinander nicht in Beziehung stehenden Richtig-Falsch-Feststellungen.*

   Beispiele:

   Schlecht: Die Vereinigten Staaten
   A. haben mehr als 300000000 Einwohner,
   B. erzeugen große Mengen von Gummi,

C. haben wenige gute Häfen,
D. produzieren die meisten Automobile in der Welt.

Besser: Die Bevölkerung der Vereinigten Staaten ist charakterisiert durch
A. eine stabile Geburtenrate,
B. Abstammung aus einer Vielfalt von Nationalitäten,
C. eine gleichmäßige Verteilung über das Gebiet des Landes,
D. eine zunehmende Mobilität von den Vorstädten in die Städte.

Noch besser: Die Geburtenrate der Vereinigten Staaten während der 80er Jahre scheint
A. zu steigen,
B. stabil zu bleiben,
C. zu fallen.

2. *Die Distraktoren (falsche Antwortalternativen) sollten plausibel sein, so daß diejenigen Schüler, die die bewertete Leistung (Kenntnisse, Verständnis usw.) nicht erbringen können, dazu neigen werden, eher sie auszuwählen als die richtige Antwort.* Plausibilität kann man dadurch erreichen, daß man die Distraktoren so gestaltet, daß sie vertraut, vernünftig, relevant usw. sind.
3. *Man verwende so viele Distraktoren, wie auf logische Weise geschaffen werden können.* Man sollte jedoch nicht lediglich darauf achten, daß die Seite voll wird, und den Schüler so dazu zwingen, seine wertvolle Zeit mit Lesen zu verschwenden.
4. *Man sollte nicht zögern, die Anzahl der Distraktoren von Item zu Item zu ändern.* Wo es vernünftig erscheint, kann man ruhig 6 Distraktoren verwenden, während für ein anderes Item vielleicht nur 3 geeignet sind.
5. *Man verwende im Stamm immer dann direkte Fragen und nicht unvollständige Feststellungen, wenn dies angemessen erscheint.* Der Grund dafür ist, daß man derartige Items meist spezifischer und die Antwortalternativen homogener gestalten kann. Bei Fragen kann es nicht so leicht passieren, daß der Standpunkt mitten in einem Item oder in den Antwortalternativen gewechselt wird. Gewöhnlich gelingt es über direkte Fragen leichter, Vorstellungen auszudrücken, da bei unvollständigen Feststellungen die Alternativen am Ende der Feststellung kommen, wo sie möglicherweise nicht besonders gut hinpassen.

Verwende direkte Fragen

Schlecht: Bei der Analyse der Lebenshaltungskosten in den Vereinigten Staaten stellt sich als größte Komponente heraus
A. Nahrung,
B. Wohnen,
C. Kleidung,
D. Gesundheit,
E. Freizeit.

Besser: Welches ist die größte Komponente der Lebenshaltungskosten in den Vereinigten Staaten? (Dieselben Alternativen.)

6. *Wo immer möglich, vermeide man eine Wiederholung von Worten in den Alternativen; solche Worte gehören in den Stamm.*

Schlecht: Welches ist die beste kurze Beschreibung des Stils dieses Romanautors?
A. Ein weitschweifiges Vorgehen bei der Charakterisierung,
B. ein psychologisches Vorgehen bei der Charakterisierung,
C. ein einfühlsames Vorgehen bei der Charakterisierung,
D. ein handlungsorientiertes Vorgehen bei der Charakterisierung.

Besser: Welches ist die beste kurze Beschreibung dafür, wie dieser Autor seine Charaktere schildert?
A. Weitschweifig,
B. psychologisch,
C. einfühlsam,
D. handlungsorientiert.

7. *Länge und Präzision der Antwortalternativen sollten nicht systematisch mit ihrer Richtigkeit variieren.* Schlampige Verfasser von Items neigen dazu, die richtige Antwortalternative am längsten zu gestalten.
8. *Die richtige Antwortalternative sollte von Item zu Item variieren.* Schlampige Autoren neigen dazu, von vornherein eine Verzerrung in ihre Tests einzubauen, indem sie die richtige Antwortalternative zum Beispiel in die Position A und selten in die Position D setzen.

Grammatikalische Konsistenz

9. *Alle Antwortalternativen sollten untereinander und mit dem Stamm in grammatikalisch eindeutiger Beziehung stehen.*

Schlecht: Die Beratungen des Rechtsausschusses über ein Mißtrauensvotum führten zu einer Resolution zugunsten von
A. kein Mißtrauensvotum,
B. die Mehrheit stimmte für drei Gesetzesvorlagen,
C. einer scharfen Trennung zwischen den beiden Parteien,
D. eine Gesetzesvorlage stellt eine Rechtsverletzung fest.

Besser: Die Beratungen des Rechtsausschusses über ein Mißtrauensvotum führten zu Resolutionen zugunsten von wieviel Gesetzesvorlagen?
A. von keiner,
B. einer,
C. zwei,
D. drei,
E. vier.

Überprüfe den Codierungsschlüssel

10. *Es sollte eine und nur eine Antwortalternative geben, die Experten als die beste betrachten würden.* Anderenfalls werden die Schüler die Bewertung des Items und die Fairneß des Tests in Frage stellen. Eine Möglichkeit, diese Regel zu beachten, besteht darin, den Test und den Kodierungsschlüssel anderen Lehrern zur Beurteilung vorzulegen, und zwar vorzugsweise, *bevor* der Test durchgeführt wird.

11. *Wahrscheinlich ist es am besten, die Verwendung von „nicht zutreffend" als einer Alternative völlig zu vermeiden.* Einige Experten akzeptieren ihren Gebrauch, jedoch nur mit der Einschränkung, daß eine völlig richtige Antwort auf den Stamm möglich sein sollte. Eine solche Antwortalternative könnte in mathematischen oder naturwissenschaftlichen Tests akzeptabel sein, in denen Antworten absolut richtig oder falsch sein können. In Tests, die eine ästhetische Beurteilung zum Gegenstand haben und in denen es nur „beste" Antworten gibt, ist diese Art von Alternative zu verwirrend.
12. *Man lasse Tests nicht so umfangreich werden, daß dabei eher Geschwindigkeits- als Niveautests entstehen.* Bei einem Mehrfachwahltest, für den in großem Umfang Nachdenken erforderlich ist, kann die ursprünglich für die Testdurchführung vorgesehene Zeit ohne weiteres überschritten werden. Gewöhnlich will man das Leistungsniveau von Schülern erfassen, und deshalb sollten sie Zeit dazu haben, die Beantwortung aller Items zu versuchen. Nur selten will man die kognitive Leistungsfähigkeit eines Schülers über seine Arbeitsgeschwindigkeit beurteilen. Der Lehrer sollte immer daran denken, daß einige sehr fähige Schüler (zum Beispiel *Albert Einstein*) nur sehr langsam einen Test absolvieren konnten.

Niveau gegenüber Geschwindigkeit

Eine Methode zur Formulierung von Mehrfachwahlitems für Leistungstests, mit denen das Verständnis und nicht bloß auswendig Gelerntes gemessen werden, wurde von *Anderson* (1972) vorgeschlagen. Bei dieser systematischen Methode ist das Verständnis eines Schülers als seine Fähigkeit definiert, eine Frage zu beantworten, die auf einer *Paraphrase* einer Feststellung aufbaut, die im Lernmaterial vorkam. Eine Paraphrase (Umschreibung) steht zu dem ursprünglichen Material hinsichtlich ihrer Bedeutung, jedoch nicht hinsichtlich des Wortlautes oder der Buchstabenfolgen oder irgendeiner anderen Dimension, die Hinweisreize für eine mechanische Gedächtniswiedergabe enthält, in Beziehung. Zwei Feststellungen werden als Paraphrasen füreinander betrachtet, wenn sie kein wesentliches Wort (Umstandswörter, Verben, Hauptwörter) gemeinsam haben und hinsichtlich ihrer Bedeutung gleichwertig sind.

Paraphrasierungen zur Messung des Verständnisses

Findet sich zum Beispiel in dem Lernmaterial die Feststellung: „Der Gefreite sprengte völlig auf sich allein gestellt das Munitionslager", so könnte das Paraphrasenitem dafür lauten:

Der Soldat, der die Granatenvorräte des Feindes in Brand steckte, war
A. auf Streife,
B. auf sich selbst gestellt,
C. mit einem Team von Froschmännern an der Arbeit.

Wenn wir aus einem Lehrbuch oder einem anderen Unterrichtsmittel erfahren, daß „Bestrafung zu einer Abnahme der Reaktionen führt", dann könnte die Paraphrase dafür sein:

Eine Aktivität kann verlangsamt werden oder aufhören nach
A. einem negativ bewerteten Ereignis,

B. der Entfernung eines negativ bewerteten Stimulus',
C. einem kontingenten Verstärker,
D. einem sekundären Verstärker.

Wenn in einem Lehrbuch oder in einem Vortrag die Idee eingeführt wird, daß „sich aufsteigende Luft abkühlt und Wasser freisetzt", dann könnte das Testitem lauten:

Wenn die Meereswinde über das Küstengebirge streichen, werden sie wahrscheinlich
A. Feuchtigkeit aufnehmen,
B. an Geschwindigkeit zunehmen,
C. Regen bringen.

Verwende Beispiele zur Messung des Verständnisses

Im letzten Item verwendeten wir nicht nur eine Paraphrase, sondern gleichzeitig ein Beispiel für das Phänomen, an dem wir interessiert sind. Dies ist immer eine gute Methode zur Messung des Verständnisses von Prinzipien, da Items mit spezifischen Beispielen, die aus übergeordneten Konzepten oder Prinzipien abgeleitet sind, gewöhnlich dann leicht zu beantworten sind, wenn das übergeordnete Konzept oder Prinzip verstanden wurde, und schwer zu beantworten sind, wenn das Prinzip lediglich auswendiggelernt wurde.

Typen von Mehrfachwahlfragen

Mehrfachwahlfragen können auch Denkprozesse höherer Ordnung erforderlich machen. Die Erstellung derartiger Items braucht Zeit, hat aber ihren Reiz und macht Freude. Nachstehend bringen wir für jede Stufe der Taxonomie der Unterrichtsziele je ein Item als Beispiel. Wir meinen, Tests sollten auch dann höhere Niveaus kognitiver Abläufe erfassen, wenn Mehrfachwahlitems verwendet werden.

Kenntnisse (Gedächtnis):
Welches der folgenden Bücher enthält Informationen, die bei der Auswahl eines standardisierten Tests von Nutzen sein können?

+A. *Mental Measurements Yearbook,*
B. *Handbuch für Unterrichtsforschung,*
C. *Das Leistungsniveau an den Schulen von California,*
D. *Annual Review of Psychology.*

Verständnis:
Welche Methode wird zur Messung der Inhaltsvalidität verwendet?
A. Korrelationen zwischen Test und einem Kriterium,
+B. Durchsicht der Testitems und des Curriculums,
C. Korrelation zwischen dem Test und anderen ähnlichen Tests,
D. Durchsicht des Begleitheftes und von Übersichtsarbeiten über den Test.

Anwendung:
Michaels Mathematikwerte in drei verschiedenen standardisierten Tests waren 35 in dem Test, der *T*-Werte angibt, 2 in dem Test, der Stanine nennt und $-1{,}26$ in dem Test, der Standard-(z)Werte anführt. Seine relative Leistung war am *besten* in dem Test mit
A. *T*-Werten,
B. Staninewerten,
+C. Standardwerten.

Analyse:
Wenn keine zusätzliche Information verfügbar ist, welchen der folgenden standardisierten Tests des Rechtschreibens würden Sie auswählen, um feststellen zu können, wie gut Ihre fünfte Klasse im Vergleich zu einer nationalen Stichprobe war?
A. Den *Schmidt*-Test der medizinischen Terminologie: Test-Retest-Reliabilität 0,92; korreliert mit allgemeiner Intelligenz 0,35; Testzeit 72 Minuten.
B. Den *Meier*-Test für häufig verwendete Wörter: Test-Retest-Reliabilität 0,63; Normen aus einer repräsentativen Reihe von städtischen Schulen; korreliert mit dem Huber-Sprachtest 0,41; Testzeit 60 Minuten.
C. Den *Müller*-Rechtschreibtest: Halbierungsreliabilität 0,79; Normen für das ganze Bundesland; korreliert mit den Rechtschreibnoten 0,35; Testzeit 35 Minuten.
+D. Den *Walter*-Rechtschreibtest: Parallelformreliabilität: 0,89; Testzeit 40 Minuten; Wörter aus einer Stichprobe von Zeitungen ausgewählt; Normgruppe eine zufällige Stichprobe, die 5% aller Grundschulkinder erfaßte.

Synthese:
Wenn die folgenden Elemente gegeben sind:
1. Konstruiere eine Spezifikationstabelle;
2. stelle fest, ob Aufsatz oder kurze Antworten geeignet sind;
3. stelle fest, ob freie oder Auswahlitems geeignet sind;
4. stelle die Bedeutung verschiedener inhaltlicher Bereiche fest;
5. erstelle eine Liste der Ziele der Lernzielkontrolle.

Welche Abfolge wäre dann für die Entwicklung eines Klassentests die richtige?
+A. 5, 1, 4, 2, 3
B. 2, 3, 4, 1, 5
C. 5, 3, 2, 4, 1
D. 4, 5, 1, 2, 3

Bewertung:
Bringe die folgenden Dinge unter Verwendung all dessen, was du über ihren Einfluß auf die Umwelt gelernt hast, in eine Rangfolge nach der Gefahr, die sie für die Zukunft der Menschheit darstellen:
1. Überbevölkerung;
2. undichte Atomenergieanlagen;
3. das Verschwinden bedrohter Tierarten, zum Beispiel des Grislybären und des Weißkopfadlers

+A. 1, 2, 3
B. 1, 3, 2
C. 2, 1, 3
D. 2, 3, 1
E. 3, 1, 2
F. 3, 2, 1

Die Kunst, Items zu formulieren

Allgemein gesagt stellt das Formulieren von Mehrfachwahlitems eine Art von Kunst dar. Sie kann gelernt werden, aber manche Leute haben mehr Talent für diese Aufgabe als andere. Studenten können sich in dieser Kunst in Kursen über das Messen in der Pädagogik üben und sich der Kritik ihrer Dozenten und anderer aussetzen. Richtigen Gebrauch vorausgesetzt, kann man mit Mehrfachwahltests Kenntnisse und Verständnis von Schülern über einen breiteren Bereich von Ideen messen als mit Aufsatztests. Der Durchdringungsgrad solcher Fragen wird nur durch die eigene Einfallskraft und Subtilität begrenzt. Wenn man in diese Kunst tiefer eindringen will, sollte man weitergehende Erörterungen darüber konsultieren, zum Beispiel die von *Wesman* (1971). Wünscht man mehr Beispiele für Items, die Leistungen auf allen Niveaus der Taxonomie der Unterrichtsziele im kognitiven Bereich erfassen, so sollte man sich in den Taxonomieband selbst vertiefen (*Bloom* et al., 1956).

27.5 Was folgt nach der Testdurchführung?

Nach Durchführung eines Tests kann man die Antworten der Schüler als Unterlagen zur Revision des Tests verwenden. Dabei handelt es sich um den Prozeß der Itemanalyse. Der Prozeß ist bei kriteriumsbezogenen Tests einfach, etwas komplizierter bei normbezogenen Tests.

Itemanalyse bei kriteriumsbezogenen Tests

Angenommen, man legt seiner Klasse einen Mehrfachwahltest vor, ermittelt die Meßwerte und stellt eine Stichprobe von Schülern zusammen, von denen man weiß, daß sie in einem bestimmten Gegenstand unterrichtet wurden, und eine weitere Stichprobe von Schülern, die in diesem Gegenstand keinen Unterricht hatten. Nehmen wir an, man wählt 10 Schüler aus jeder Gruppe. Die Verteilung ihrer Antwortzahlen für die einzelnen Items wird wie folgt dargestellt:

		Antwortwahlen			
		A	B	+C	D
Item 1	Unterricht erhalten	1	1	8	0
	keinen Unterricht erhalten	2	3	3	2
		+A	B	C	D
Item 2	Unterricht erhalten	5	3	0	2
	keinen Unterricht erhalten	4	4	0	2

Aus diesen einfachen Tabellen wird ersichtlich, daß Item 1 akzeptabel ist, da diejenigen, die einen Unterricht erhalten haben, größtenteils die richtigen Antworten abgaben, während diejenigen, die keinen Unterricht hatten, ihre Antworten anscheinend zufällig plazierten. Es wurden alle Distraktoren verwendet, ein weiteres Zeichen für ein „gutes" Item. Item 2 auf der anderen Seite hat einen Distraktor, C, den kein Schüler wählte. Das Item könnte ohne weiteres so verändert werden, daß es nur drei Antworten hat, oder Antwort C müßte beträchtlich revidiert werden. Darüber hinaus ergibt sich für Item 2, daß nur 50% der unterrichteten Gruppe die richtige Antwort wählten. Da die nicht unterrichtete Gruppe nahezu ebenso häufig die richtige Antwort abgab, nämlich in 40% der Fälle, muß entweder der Unterricht verbessert oder das Item revidiert werden. Dieses Item spiegelt nicht die Leistungsfähigkeit wider, die wir bei unterrichteten Schülern, die einen kriteriumsbezogenen Test durchführen, erwarten würden.

Ein Index der Itemeignung für Unterricht. Gronlund (1982) hat eine einfache Formel entwickelt, mit der sich die Eignung eines Items für Unterrichtszwecke bestimmen läßt:

$$E = \frac{S_{mU} - S_{oU}}{S} .$$

Dabei steht S_{mU} für die Zahl der Schüler, die nach dem Unterricht eine Frage korrekt beantworten und S_{oU} für die Zahl der Schüler, die die Frage schon vor dem Unterricht korrekt beantworten. S steht für die Zahl der Schüler insgesamt. – Angenommen, wir geben den Schülern zweimal ein und denselben Test, einmal vor dem Unterricht und einmal danach. In unserer Klasse von 26 Schülern geben 8 Schüler vor dem Unterricht eine korrekte Antwort auf einen Testitem und 22 danach. Wenn wir das Ergebnis in die Formel übertragen, erhalten wir $E = (22 - 8) : 26$, also $E =$ ca. 0,54. E liegt immer zwischen 0,00 und 1,00, wobei Werte, die näher an 1,00 heranrücken, Items bezeichnen, die eine größere unterrichtliche Eignung aufweisen. Werte, die näher an 0,00 heranreichen, sollten genau überprüft und die Items abgeändert oder fallengelassen werden.

Itemanalyse bei kriteriumsbezogenen Testverfahren stellt einen Prozeß dar, bei dem die Antworten von unterrichteten und nicht unterrichteten Schülern bzw. die Antworten derselben Schüler vor und nach einer Unterrichtsstunde solange analysiert werden, bis ein Pool „guter" Items zusammengestellt worden ist. Gut sind diejenigen Items, in denen sich die Veränderung von einem nicht unterrichteten Zustand zu einem unterrichteten Zustand anzeigt. Hat man beispielsweise 10 Items dieser Art für einen bestimmten Unterrichtsgegenstand, so kann man verläßlich feststellen, ob die Schüler diesen Gegenstand beherrschen, wenn Beherrschung als die richtige Beantwortung von 7 der 10 Items definiert ist.

Itemanalyse bei normbezogenen Tests

In Schulklassen mit 25 bis 38 Schülern suche man die Schüler mit den zehn höchsten und diejenigen mit den zehn niedrigsten Werten heraus. Das heißt zur Ermittlung der tatsächlich erforderlichen Anzahl von Schülern mit hohen und solchen mit niedrigen Werten verwende man jeweils ein Drittel der Klasse. Dann erstelle man wie oben eine Itemanalysetabelle.

		A	B	+C	D
Item 3	Schüler mit hohen Werten	1	1	7	1
	Schüler mit niedrigen Werten	2	2	3	3

		+A	B	C	D
Item 4	Schüler mit hohen Werten	4	2	2	2
	Schüler mit niedrigen Werten	3	3	3	1

Man kann für jedes Item einen Schwierigkeits- und einen Trennschärfeindex berechnen.

Ein Index der Itemschwierigkeit. Zur Feststellung der Schwierigkeit eines Items nimmt man den Anteil der Schüler mit hohen Werten, die das Item richtig beantwortet haben, addiert den Anteil der Schüler mit niedrigen Werten, die das Item richtig beantwortet haben, und dividiert durch 2. Also:

$$\text{Schwierigkeit} = \frac{\begin{array}{l}\text{Anteil der}\\ \text{Richtigantworten}\\ \text{bei Schülern mit insgesamt}\\ \text{hohen Meßwerten}\end{array} \quad \text{plus} \quad \begin{array}{l}\text{Anteil der}\\ \text{Richtigantworten}\\ \text{bei Schülern mit insgesamt}\\ \text{niedrigen Meßwerten}\end{array}}{2}$$

Für Item 3 ist der Schwierigkeitsindex 0,5 oder (0,7 + 0,3):2; für Item 4 ist der Schwierigkeitsindex 0,35 oder (0,4 + 0,3):2. Item 3 mit einem Schwierigkeitsindex von 0,5 ist für die Differenzierung der Schülerleistungen und für die Erstellung einer Rangordnung in dem Test ideal geeignet. Wenn jedes Item eines Tests ein Schwierigkeitsniveau von 0,5 hat, dann werden die Schüler im größtmöglichen Umfang über den Streubereich verteilt liegen (und ceteris paribus werden die Reliabilitäten das Optimum erreichen). Schwierigkeitsniveaus von 0,25 bis 0,75 werden ebenfalls zu einer guten Differenzierung der Schüler führen. Es gilt also festzuhalten, daß Items mit Schwierigkeitsindizes zwischen 0,00 und 0,24 zu schwierig sind, da ein Index von 0,15 bedeuten würde, daß nur 15% der Schüler das Item richtig beantworten, während volle 85% durchweg einen Wert von 0 für das Item erhielten. Es wäre also keine Differenzierung zwischen den Schülern möglich, wie sie in normbezogenen Tests gewünscht wird. Das gleiche trifft für leichte Items mit Indizes etwa über 0,75 zu. Zu viele Schüler beantworten das Item richtig, und so ermöglicht es keine Differenzierung zwischen den Schülern.

Die erwünschte Schwierigkeit bei zwei Arten von Tests

Man achte darauf, daß die logische Begründung des Schwierigkeitsindex bei normbezogenen Tests derjenigen bei kriteriumsbezogenen genau entgegengesetzt ist. Bei kriteriumsbezogenen Tests würden wir erwarten, daß die Items vor dem Unterricht sehr schwierig sind, also einen Index von etwa 0,20 aufweisen, was bedeutet, daß nur 20% der Schüler die richtige Antwort vor dem Unterricht kennen. Ein Index von 0,95 nach dem Unterricht wäre sehr wünschenswert, da er bedeuten würde, daß 95% der Schüler die Antwort nach einem effektiven Unterricht richtig beantworten können.

Ein Index der Itemtrennschärfe. Um festzustellen, wie gut ein Item zwischen denjenigen Schülern unterscheidet, von denen wir annehmen, daß sie das Stoffgebiet wirklich beherrschen, und denjenigen, von denen wir das nicht meinen, subtrahieren wir einfach den Anteil der Schüler mit niedrigen Werten, die das Item richtig beantworteten, von dem Anteil der Schüler mit hohen Werten, die es richtig beantworteten. Das heißt,

Trennschärfe =	Anteil der Schüler mit hohen Werten, die das Item richtig beantworteten,	minus	Anteil der Schüler mit niedrigen Meßwerten, die das Item richtig beantworteten.

Für Item 3 ist der Trennschärfeindex 0,4 oder (0,7 – 0,3). Für Item 4 ist dieser Index 0,1 oder (0,4 – 0,3). Um verstehen zu können, was dieser Index bedeutet, nehmen wir einen Extremfall an. Wenn alle Schüler mit hohen Meßwerten das Item richtig und alle mit niedrigen Meßwerten es falsch beantworten, dann würde die Berechnung lauten:

1,00 – 0,00 = 1,00.

Das heißt ein Maximalwert von 1,00 ergibt sich dann, wenn die Diskriminationsfähigkeit des Items am höchsten ist. Der Index wird 0 (oder sogar negativ), wenn das Item zwischen den Schülern mit hohen Meßwerten und denjenigen mit niedrigen nicht gut unterscheidet. *Ebel* (1965) schlug die folgenden Regeln zur Beurteilung des Trennschärfewerts eines Items vor, das heißt des Grades, in dem es Schüler mit hohen Werten von solchen mit niedrigen trennt.

Trennschärfe-index	Bewertung des Items
0,40	Sehr gutes Item
0,30–0,39	Item in Ordnung, könnte jedoch verbessert werden
0,20–0,29	Tauglichkeit des Items fraglich, muß verbessert werden
unter 0,19	Schlechtes Item, vollständige Revision oder Eliminierung erforderlich

Im Lauf der Zeit wird man über eine sorgfältige Itemanalyse bei kriteriumsbezogenen oder normbezogenen Tests einen brauchbaren Pool von Items erhalten, die dann für Tests verwendet werden können. Das ist der Grund, weshalb die sichere Verwahrung von Tests wichtig ist. Möglicherweise hat man im

Die sichere Verwahrung von Tests

Laufe von drei Durchführungen einen wirklich guten Test zusammengestellt, um dann erleben zu müssen, daß ihn sich jemand aneignet und reproduziert. Es zahlt sich aus, auf eine sichere Verwahrung von Tests zu achten, wenn man gerade dabei ist, nach und nach ein besseres Testinstrument zusammenzustellen.

27.6 Die Zweckbestimmung von Leistungstests

Tests, die der Lehrer selbst herstellt, können für verschiedene Zwecke eingesetzt werden. Deswegen sollten nicht alle Leistungstests nach demselben Muster angefertigt werden. Es haben sich vier Grundtypen von Leistungstests herausgebildet, und jeder von ihnen hat seine besonderen Eigenschaften.

Klassifikationstests. Mit solchen Tests kann man beispielsweise feststellen, ob ein Schüler die Eingangsvoraussetzungen für eine bestimmte Gruppe oder Schulstufe erfüllt. Die Items in einem solchen Test können recht leicht sein; man kann ihn als einen Test zur Feststellung von Mindestanforderungen an eine bestimmte Kompetenz sehen. Wenn jemand einen solchen Test besteht, dann beweist er damit, daß er die Mindestanforderungen erfüllt, die in einem bestimmten Fertigkeitsbereich verlangt werden müssen, wenn sich ein Erfolg einstellen soll. Wenn es erforderlich ist, daß man sich ein Gesamtbild über die schulische Leistungsfähigkeit eines Schülers macht (z. B. wenn er neu in eine Klasse kommt und man feststellen muß. in welche Leistungsgruppe er eingewiesen werden soll, ist der Klassifikationstest anders aufgebaut. In einer solchen Situation sind andere Items mit unterschiedlichem Schwierigkeitsgrad erforderlich, ebenso wie ein breitgefächertes Spektrum an Aufgaben und Zielen. Die Interpretation der Ergebnisse kann sowohl normbezogen als auch kriteriumsbezogen sein.

Formative Tests. Lehrer und Schüler brauchen eine ständige Orientierung über das, was sie als Lehrer und Schüler leisten. Der formative Test liefert solche Informationen. Eine in den Grundschulen der USA verbreitete Form dieses Tests ist der kurze 10-Item-Test über mathematische Kenntnisse; in höheren Klassen findet man gelegentlich einen kurzen Test über naturwissenschaftliche Kenntnisse, der alle zwei Wochen den in dieser Zeit behandelten Stoff abprüft. Diese kurzen Tests sind normalerweise eng an Unterrichtsziele oder -bereiche geknüpft, und man verwendet sie, um kontinuierlich zu verfolgen, wie ein Schüler sich in verschiedenen Curriculumbereichen entwikkelt. Diese Tests können vom Lehrer normbezogen ausgewertet werden („Sarah, dein Essay über Ökologie war einer der besten!“) oder kriteriumsbezogen („Wolfgang, du hast nur 6 der 10 Multiplikationsaufgaben richtig gelöst“). Formative Tests sind dazu bestimmt, dem Lehrer und dem einzelnen Schüler eine Rückkoppelung über ihren Lernerfolg zu geben. Diese Tests sollten den Schülern korrigiert zurückgegeben werden, damit sie daraus lernen können. Das bedeutet natürlich, daß die Testinhalte von solchen formativen

Tests nicht vor dem Zugriff anderer Schüler „sicher" sind – man muß sich immer neue Items ausdenken. Häufige kurze formative Tests sind für Lehrer und Schüler gewöhnlich informativer als lange Tests in großen Abständen.

Diagnostische Tests. Einen diagnostischen Test selbst herzustellen, ist eine äußerst schwierige Aufgabe. Solche Tests geben dem Lehrer Aufschluß darüber, ob ein bestimmter Schüler bestimmte Lernschwierigkeiten hat. Ein gutes Beispiel für diagnostisches Testen kommt aus der Mathematik (*Brown* u. *Burton,* 1979), aber solche Tests lassen sich auch in anderen Bereichen erstellen, z. B. Textverständnis, Physik oder Musik. Um einen diagnostischen Test zu konstruieren, muß der Lehrer über das Gebiet hervorragend Bescheid wissen und alle Aufgaben und Unteraufgaben berücksichtigen, die für die Lösung bestimmter Testaufgaben erforderlich sind. Wenn wir beispielsweise Subtraktion testen wollen, können wir folgende Aufgabe stellen: 327 – 48 =? Unsere Antwortmöglichkeiten könnten sein: (A) 389, (B) 321, (C) 279, (D) 189. Die Antwort C ist richtig. Wenn Antwort A gewählt wurde, nehmen wir hypothetisch an, daß der Schüler einen häufig auftretenden und leicht zu korrigierenden Fehler gemacht hat: er hat vergessen, die zunächst richtig herübergeholte 10 beim zweiten Subtraktionsdurchgang wieder als 1 hinzuzuzählen. Wenn der Schüler B gewählt hat, nehmen wir an, daß er einfach die kleinere Zahl von der größeren subtrahiert hat, einerlei, ob sie oben oder unten erscheint. Hat er sich für D entschieden, nehmen wir an, daß er immer von der linkesten Zahl geliehen hat und nicht aus der jeweils angrenzenden. Wir erkennen an diesem einfachen Beispiel, wie ungemein reich die Informationen sind, die wir aus einem gut konstruierten diagnostischen Test erhalten: die Fehlertypen heben das spezifische Problem des einzelnen Schülers deutlich heraus. *Piaget* und andere Psychologen haben die Lehrer immer wieder daran gemahnt, nicht ständig zu versuchen, die Antworten eines Schülers als richtig oder falsch zu beurteilen. Im Gegenteil: solche Antworten gewähren uns einen Einblick in die ihnen vorausgegangenen Denkprozesse. Wenn wir so darüber denken, können wir Probleme sehr viel besser diagnostizieren.

Summative Tests. Tests, die der Lehrer am Ende einer Stunde oder Unterrichtseinheit durchführt, um sicherzugehen, daß der Schüler etwas gelernt hat, ohne sich aber viele Gedanken über Klassifikation, formative Hilfen oder Diagnose zu machen, heißen summative Tests. Sie werden oft gebraucht, damit der Lehrer sich ein Notenbild machen oder feststellen kann, inwieweit der Stoff beherrscht wird, und so können diese Tests entweder normbezogen oder kriteriumsbezogen sein. Normalerweise sind *normbezogene summative Tests* länger, die Testitems kommen aus einem größeren Bereich und umfassen mehr Ziele, und wir versuchen mit solchen Tests, ein breitgefächertes Spektrum von kognitiven Fähigkeiten abzudecken. *Kriteriumsbezogene summative Tests* sind demgegenüber weniger umfangreich, dafür aber spezifischer.

Wenn wir mit einem bestimmten Test einen bestimmten Zweck verbinden – die Klassifikation eines Schülers, formative Hilfen, Diagnose oder summative Beurteilung –, müssen wir den Test auf den bestimmten Zweck zuschneiden. Wir müssen über den Schwierigkeitsgrad der einzelnen Items nachdenken, über die Länge des Tests, die Wirkungsweise der Distraktoren, die Frage, ob der Test norm- oder kriteriumsbezogen sein soll, die Testhäufigkeit und die Frage, ob die Testitems noch „geschützt" sind, d.h. ob sie nicht bereits unter der Hand weitergegeben worden sein können. Einfach einen Test zusammenhausen ist keine gute Praxis, auch wenn Sie den Eindruck haben, daß Ihre

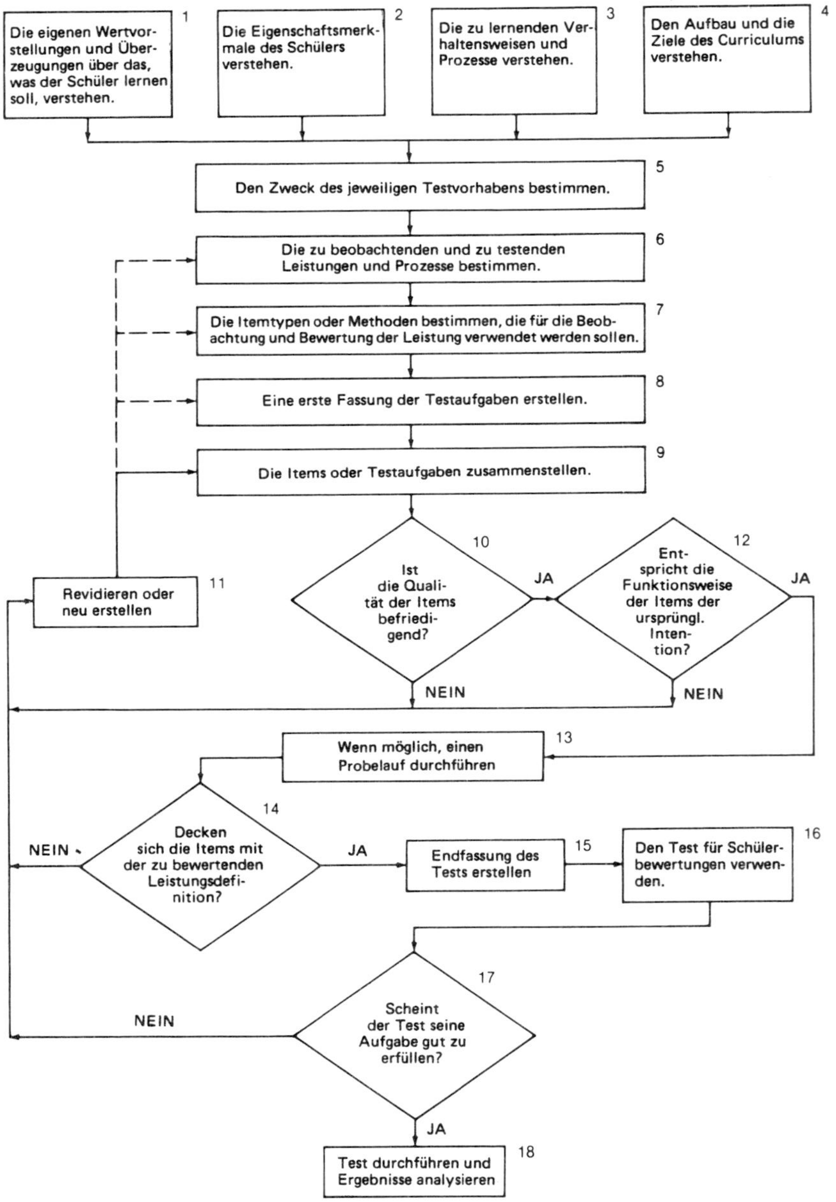

Nach *Nitko* (1983).

Abbildung 27-2. Flußdiagramm über die bei der Entwicklung eines Unterrichtstests erforderlichen Einzelschritte

eigenen Lehrer das oft genug getan haben. Es ist für den Lehrer nicht leicht, Tests selber herzustellen, und er muß lange darüber nachdenken und viel Zeit bei der Erarbeitung opfern.
Nitko (1983) hat aufgezeigt, wie viele Einzelschritte erforderlich sind, wenn man einen guten Test selbst herstellen will (vgl. Abbildung 27-2). Es erfordert viel Mühe und Zeit, wenn das Ergebnis Gültigkeit haben soll. Glücklicherweise sind technologische Hilfsmittel, z. B. der Mikrocomputer, in der Entwicklung, die einem die Arbeit erleichtern können.

27.7 Der Mikrocomputer als Hilfe beim Testen

Es wird nicht mehr lange dauern, bis jeder Lehrer in jeder Klasse Zugang zu einem Mikrocomputer hat oder zu einem Terminal, der an einen größeren Computer irgendwo anders im Gebäude oder Bezirk angeschlossen ist. Sie wissen sicherlich, daß der Computer für Unterrichtszwecke als auch zum eigenen Vergnügen eingesetzt werden kann; aber Sie sollten auch wissen, daß er eine hervorragende Hilfe bei der Herstellung von Tests ist. Man kann einzelne Items nach Zielbereichen im Computer speichern, ein Verfahren, das *Item-Banking* genannt wird. Wenn Sie nun den Zielbereich X aufrufen, druckt der Computer die von Ihnen irgendwann einmal gespeicherten Items zu diesem Bereich aus, vielleich 20 Mehrfachwahlfragen und 6 Aufsatzfragen. Eine Itemanalyse kann, unter Einschluß des Schwierigkeitsgrads, für jedes Item erstellt werden, und die Daten werden mit jedem neuen Testergebnis aufgearbeitet. Sie können eine Reliabilitätsschätzung eines selbsterstellten Tests eingeben, und der Computer errechnet die genauen Werte, nachdem die Testresultate vorliegen. Es gibt immer mehr kostengünstige und verläßliche Programme, die die Testergebnisse durchprüfen, so daß dem Lehrer selbst die langweilige und mühselige Aufgabe des Punktezählens bei gebundenen Items abgenommen werden kann. In ganzen Fachbereichen – Englisch, Geschichte, Physik und Chemie, Musik, Mathematik –, in denen Jahr für Jahr dasselbe Curriculum mit vielen Schülern durchgearbeitet wird, ist diese Technologie leicht umzusetzen, so daß das Testen leichter und besser wird. Aber selbst der einzelne Lehrer kann sich über ein paar Jahre hinweg eine Itembank aufbauen, die ihm schließlich viel Zeit ersparen und die Qualität seiner Tests verbessern wird. Es gibt inzwischen Dutzende von solchen Programmen zum Aufbau einer Itembank für die verschiedenen Computersysteme und -fabrikate. Jedes Jahr kommen neue hinzu, denn der Softwaremarkt im Unterrichtsbereich wächst unaufhaltsam. Die größeren Programme ermöglichen es auch, daß der Lehrer für jeden Schüler eine eigene Datei anlegt, die ihm u. a. am Schuljahresende sogar die Zeugnisnote ausdruckt – ein Thema (Zeugnisse), auf das wir im nächsten Kapitel zu sprechen kommen.

27.8 Zusammenfassung

Anstelle von standardisierten Tests sollte man selbstverfertigte verwenden, wenn man ein Maß für die Leistungen der Schüler im Erreichen genau derjenigen Ziele, die man für seine Klasse gesetzt hat, haben will. Man wird zu besseren Tests gelangen, wenn man von einer Spezifikationstabelle ausgeht, in der die Anzahl der Fragen festgelegt wird, die sich mit jeder einzelnen Verhaltens-Inhalts-Kombination befassen sollen, auf die der Unterricht abzielte.

Bei der Entscheidung zwischen den möglichen Fragentypen sollte man die Vorteile von Aufsatztests, die im Erfassen komplexer Leistungsbereiche liegen, und die Vorteile von Tests mit kurzen Antworten nützen, mit denen größere Bereiche erfaßt werden können und deren Meßwerte höhere Reliabilität aufweisen. Auch bei der Entscheidung zwischen Fragen vom gebundenen und vom freien Typ sollte man sich der Vorteile beider Typen bewußt sein, die beim freien Typ im Erfassen von Kenntnissen liegen, die abrufbereit im Gedächtnis vorhanden sein sollten, und bei Items vom gebundenen Typ in ihrer Flexibilität und Subtilität. Allgemein gesagt besteht die beste Lösung in den meisten Fällen wahrscheinlich in einer Kombination von Aufsatz- und Mehrfachwahlfragen; unter besonderen Umständen können jedoch für bestimmte Gegenstände und Klassen andere Vorgehensweisen angebracht sein.

Bei der Formulierung von Testfragen tut man solange, bis man selbst genügend Erfahrungen gesammelt hat, gut daran, sein Vorgehen nach den Ratschlägen und Regeln, die in diesem Kapitel vorgestellt wurden, zu orientieren. Sie wurden im Laufe der Jahre aufgrund der Erfahrungen vieler fähiger Lehrer und Testautoren entwickelt, die die Tücken und die Tricks des Handwerks kennengelernt haben. Diese Ratschläge für die Formulierung von Fragen sind zu umfangreich, als daß sie kurz zusammengefaßt werden könnten; manchmal ist es ganz einfach, ihnen zu folgen, und manchmal so schwierig, daß nur das Auge eines Lehrerkollegen die Unebenheiten in den eigenen Fragen entdecken kann. Nach der Durchführung des Tests kann man eine Itemanalyse vornehmen, um so die Schwierigkeits- und Trennschärfeindizes der Fragen zu ermitteln. Diese Indizes haben für normbezogene und kriteriumsbezogene Tests unterschiedliche Bedeutung. Bei der Herstellung eines grundlegenden Testprogramms sollte man darauf achten, daß es auf den jeweils vorrangigen Zweck ausgerichtet ist. Und, wenn man dazu in der Lage ist, sollte man sich die Dienste des Computers zunutze machen: er kann Items speichern und ordnen, Testergebnisse auszählen und Noten zusammenstellen.

Kapitel 28

Noten und Zeugnisse

28.1 Überblick

In Kapitel 18 wurden die motivierenden Eigenschaften von Noten und Tests erörtert. Nun soll eine Einführung in weitere Vorstellungen über die Problembereiche des Testens, des Benotens und der Informationsübermittlung folgen. Wir werden uns ausführlich mit dem Für und Wider von Bewertungssystemen allgemein beschäftigen und unsere persönlichen Ansichten über derartige Systeme darlegen. Die Bewertung von Schülern setzt Daten aus Tests und anderen Beobachtungsarten voraus. Sie verlangt eine Kombination all der Informationen, über die ein Lehrer verfügt. Beim Abwägen aller Informationen, die man über einen Schüler hat, sollte man auf Vorurteile achten, die die Fairneß und Objektivität einer solchen Bewertung beeinträchtigen könnten. Dieser Abschnitt befaßt sich also mit Techniken der Sammlung von Informationen über Schüler, mit der Kombination von Informationen aus verschiedenen Quellen und damit, wie persönliche Verzerrungen möglichst kleingehalten werden können.
Ein weiterer Gegenstand dieses Abschnittes ist die Frage, wie das Ergebnis der Datensammlung und -gewichtung den Schülern, ihren Eltern, den zukünftigen Lehrern und Arbeitgebern von Schülern mitgeteilt werden soll. Hat neben dem Schüler und seinen Eltern irgendjemand anderer das Recht, in die Berichte und Bemerkungen über einen Schüler Einsicht zu nehmen? Schließlich wird man wieder auf das Problem von kriteriumsbezogenen und normbezogenen Tests stoßen, da diese beiden Methoden zu vollständig unterschiedlichen Mitteilungssystemen führen.

28.2 Wozu Schüler bewerten?

Die Bewertung von Schülern ist eine der schwierigsten Aufgaben des Lehrers. Viele Lehrer schrecken häufig vor der Aufgabe zurück, über Schüler zu Gericht zu sitzen, da sie ihre Freunde und Berater sein wollen. Die beiden Rollen eines Freundes und eines Richters werden häufig als unvereinbar betrachtet. Empfindsame Lehrer erleben den Zwang zur Beurteilung als qualvolle Verantwortung.

Lehrer als Vertreter der Gesellschaft

Mit gewissen Kritikern des Beurteilens, die sich für die Abschaffung formaler Beurteilungsprozeduren einsetzen, stimmen wir nicht überein. Aufgabe der

Schule ist es, die Werte einer Gesellschaft zu vermitteln. Da unsere Lehrer Vertreter der Gesellschaft sind, müssen ihre Werturteile über das Verhalten und die Leistungen von Schülern in der Schule bis zu einem gewissen Grad das repräsentieren, was von der Gesellschaft für wichtig und wünschenswert gehalten wird. Aus diesem Grund gibt es an den Schulen formelle Verfahren, über die die Werturteile des Lehrers den Schülern und anderen mitgeteilt werden. Der Schüler und andere zuständige Personen verwenden diese Beurteilungen bei ihren Entscheidungen über vergangene Leistungen und zukünftige Maßnahmen. Aus Tests und anderen Beobachtungsarten ergeben sich Daten, die dem Lehrer als Grundlage für die Beurteilung dienen. Die zusammenfassenden Bewertungen, die nicht mehr und nicht weniger als Werturteile des Lehrers darstellen, werden dann dazu verwendet, Stärken und Schwächen von Schülern ausfindig zu machen. Auf der Grundlage dieser Bewertungen werden möglicherweise unmittelbare Entscheidungen getroffen; so wird zum Beispiel einem Schüler geraten, einen Mathematikgrundkurs zu überspringen, oder einem anderen empfohlen, an einem Sprachförderkurs teilzunehmen; möglicherweise werden weitreichende Ausbildungspläne erstellt, um zum Beispiel einem Schüler bei der Entscheidung darüber zu helfen, ob er Vorbereitungskurse für die Universität besuchen oder eine bestimmte Fachrichtung wählen soll; möglicherweise wird die Berufsplanung erleichtert, wenn zum Beispiel Schülern berufliche Möglichkeiten vorgeschlagen werden, die ihren Begabungen und Fähigkeiten gemäß sind.

Bewertung als Hilfe für bestimmte Arten von Entscheidungen

Erfordernisse der Beratung

Ein weiterer Grund für die Notwendigkeit der Bewertung besteht darin, daß der Schüler und seine Familie Informationen über seine Fortschritte im Erreichen der Unterrichtsziele erhalten müssen. Daneben wird auch zu dem Zweck bewertet, daß zukünftigen Lehrern oder Arbeitgebern Aufzeichnungen über frühere Leistungen des Schülers in bestimmten Unterrichtsgebieten zur Verfügung stehen; so möchte zum Beispiel derjenige, der die Bewertung um die Zulassung zum Medizinstudium oder um eine Stelle als Labortechniker erhält, die Leistungen des Kandidaten in Chemie kennen.

Anforderungen der Eltern, der Arbeitgeber und der Schulen

Bewertungen werden auch für administrative Zwecke verwendet, wobei die Beurteilung durch den Lehrer als Grundlage für die Vergabe von Auszeichnungen, für die Förderung, die Eignungsbeurteilung sowie für andere Auslese- und Verteilungsfunktionen der Schulen gebraucht wird. Manchmal haben Bewertungen einfach den Zweck, die Schüler zu größeren Anstrengungen anzuspornen.

Kurz gesagt, wenn man alle diese Zwecke berücksichtigt, denen Beurteilungen dienen, so werden sich diejenigen, die die Preisgabe der Beurteilung fordern, kaum durchsetzen. Trotz Streß und Angst, die Urteile möglicherweise verursachen, sind sie einfach für zu viele Leute und Funktionen erforderlich.

28.3 Die üblichen Fragen zum Testen und Benoten

Es gibt eine Reihe interessanter Angriffe gegen das Testen und Benoten (vgl. *Holt,* 1969; *Glasser,* 1969; *Hoffman,* 1962). Eine gute Verteidigung finden wir bei *Ebel* (1974). Wir versuchen im folgenden, die verschiedenen Positionen so darzustellen, wie sie zumeist vorgetragen werden, nämlich als Antworten auf Fragen, wie sie in der Regel von Lehrern am Anfang ihrer Tätigkeit gestellt werden. Einige dieser Fragen und Antworten betreffen Aspekte, die mit logischen Argumenten oder Wertvorstellungen zusammenhängen; einige andere jedoch ergeben sich aus einem direkten Zusammenhang mit Ergebnissen der empirischen Forschung.

1. *Ist das Benoten nicht eine Farce, denn die Meßverfahren, mit denen wir Schüler beurteilen, sind doch so oft fehlerhaft, und außerdem sind die Beurteilungsmaßstäbe von einem Lehrer zum nächsten doch so unterschiedlich?* Wir meinen, daß niedrige Reliabilität und nicht feststellbare Validität es vom Lehrer verlangen, daß er seine Urteile über Schüler vorsichtig formuliert. Aber deswegen müssen Noten nicht einfach fallengelassen werden. Im Gegenteil, sie müssen sorgfältiger überdacht und zusammengestellt werden und von den Schülern, Eltern und anderen Familienmitgliedern realistischer eingeschätzt werden.

Verringerung der Benotungsunterschiede

Die Tatsache, daß die Benotungspraxis von Lehrer zu Lehrer unterschiedlich ist, ist ein echtes Problem. Dennoch läßt sich mit zwei Änderungen im Benotungssystem diese Variabilität verringern. Erstens können die Lehrer einer Schule oder eines Schulamtsbereichs davon profitieren, daß sie ihre Benotungsmaßstäbe miteinander diskutieren. Ein solcher Gedankenaustausch kann dazu führen, daß sich die Lehrer auf eine gemeinsame Notenpolitik einigen, mit dem Ergebnis, daß die inhaltlichen Definitionen der einzelnen Noten ein einheitlicheres Bild ergeben. Zweitens wird es eine Hilfe sein, wenn die Lehrer in ihrer Benotungspraxis von normbezogenen Bewertungen zu kriteriumsbezogenen Bewertungen übergehen, wo immer dies möglich erscheint. Die Benotungsvariabilität der Lehrer ist beim kriteriumsbezogenen Ansatz geringer, weil nur der Grenzwert zwischen bestanden und nicht bestanden willkürlich festgelegt wird.

2. *Werden durch Tests und Noten die Möglichkeiten des Lehrers eingeschränkt, den Schülern auf andere Weise beim Lernen zu helfen?* Es ist richtig, wenn die Schüler die Beurteilung des Lehrers als etwas Bedrohendes und Willkürliches ansehen, arbeiten sie möglicherweise mehr auf die Noten hin als darauf, etwas zu lernen. Der Lehrer muß gut aufpassen, daß seine Bewertungs- und Benotungsmethoden nicht dazu führen, daß der Schüler sich einfach anpaßt. Unfaire Test- und Benotungspraktiken können den Schüler dazu verleiten, nur noch hektisch danach zu suchen, was der Lehrer mit einer bestimmten Frage oder Aufgabe wohl will. Selbst wer nur selten Gelegenheit hat, Unterricht zu beobachten, wird rasch feststellen, daß diese Situation in vielen Schulen heute vorherrscht.

Noten können Symbole für echte Leistungen sein

Wenn auf der anderen Seite die in einem Stoffgebiet verteilten Noten tatsächlich die Fortschritte in Richtung auf eine Beherrschung dieses Stoffgebiets repräsentieren, dann dient ein Einsatz um der Noten willen tatsächlich den Zwecken des Unterrichts. Das ist sicherlich bei kriteriumsbezogenen Testprogrammen der Fall. Die Note oder das Symbol für „bestanden" bedeutet die Beherrschung eines bestimmten Unterrichtsstoffes. Der Einsatz um der Beherrschung und der um der Noten willen wird ein und dasselbe. In diesem Fall braucht es uns nicht zu stören, daß Schüler um einer Note willen arbeiten, da das Symbol bedeutet, daß der Stoff selbst gelernt wurde. Auch bei normbezogenen Programmen sollte die Note ein gültiges Zeichen für wichtige Unterrichtsergebnisse darstellen. Eine 1 in einem Kurs über Pädagogische Psychologie sollte die Fähigkeit eines Studenten, Unterrichtsziele zu formulieren, das Konzept der Intelligenz zu beschreiben, verschiedene Techniken der Motivierung aufzuführen usw., anzeigen. Wenn Noten nicht so häufig willkürlich vergeben würden, sondern vielmehr den Grad, in dem ein Zielverhalten beherrscht wird, repräsentieren würden, wäre der Einsatz um der Note willen nicht notwendigerweise schlecht.

Die Praxis des Testens und Benotens kann aber auch als eine Lern- und Leistungshilfe betrachtet werden. Hierzu ein Beispiel aus einer amerikanischen Schule, das in einem Experiment von *Nungester* u. *Duchastel* (1982) beschrieben ist. Die Schüler sollten einen Geschichtstext bearbeiten. Eine Gruppe, die Kontrollgruppe, erhielt den Text nur zum Lesen; eine zweite Gruppe hatte Gelegenheit, den Text nach dem Lesen noch einmal durchzuarbeiten; eine dritte Gruppe wurde nach dem Lesen des Textes getestet, wobei für den Test genauso viel Zeit zur Verfügung stand wie die zweite Gruppe beim Lesen und Durcharbeiten des Textes gebraucht hatte. Alle Schüler wurden eine Woche später getestet. Die Testergebnisse der zweiten Gruppe lagen um 10 Prozent über denen der ersten Gruppe. Die Ergebnisse der dritten Gruppe jedoch übertrafen die der zweiten Gruppe um 25 Prozent. Das Ergebnis traf sowohl auf freie als auch auf gebundene Testitems zu. Man kann also davon ausgehen, daß ein Test die Behaltensleistung fördert. *Halpin* u. *Halpin* (1982) stellten darüber hinaus fest, daß bereits das bloße Wissen über einen kommenden Test die Arbeitsgewohnheiten und den Arbeitszeitaufwand der Schüler beeinflußt. So können wir voraussagen, daß in einem Vergleich zwischen einer Klasse, die selten getestet wird und einer anderen, die häufig kurze Tests absolviert, die Schüler dieser letztgenannten Klasse mehr lernen werden. Dies konnte in der Tat von *Fitch* et al. (1951) nachgewiesen werden. Obwohl nun die Beweislage klar ist, nämlich daß Testen und Benoten die Leistungen der Schüler positiv beeinflußt, ist es ebenso erwiesen, daß dabei zugleich ein Nebeneffekt auftritt: Schüler, die häufig getestet werden, beurteilen ihre Lehrer schlechter als jene, die nie getestet werden (*Halpin* u. *Halpin,* 1982).

Auswirkungen des Wettkampfs um Noten auf die Leistungen

Welche Auswirkungen hat das Benoten auf direkt beobachtbare Anzeichen für das Arbeitsverhalten von Schülern? *Clark* (1969) stellte einen Vergleich zwischen Studenten in zwei Pädagogikseminaren an. In beiden Seminaren wurden eine schriftliche Hausarbeit und eine Klausur verlangt. In einer Gruppe ($N = 49$) wurde die Hausarbeit benotet, die Klausur jedoch nicht. Die andere Gruppe ($N = 59$) wurde weder für die Hausarbeit noch für die Klausur benotet. Die Leistungen in der schriftlichen Hausarbeit wurden nach ziemlich objektiven Anzeichen für Motivation beurteilt: Anzahl der gelesenen Untersuchungen, Anzahl der Beratungen mit den Dozenten, Zeitaufwand für die Vorbereitung und die Niederschrift der Arbeit, Prozentsatz der Seminarteilnehmer, die eine Arbeit einreichten, und die Noten, die der Dozent für die Arbeiten gab. Die Leistungen in der Hausarbeit der ersten Gruppe waren signifikant besser als die der zweiten. In der Klausur, in der für keine Gruppe Noten vergeben wurden, lagen die Leistungen beider Gruppen auf dem gleichen Niveau. Die Leistungen der Studenten war signifikant besser, wenn sie Noten erhielten, und das trotz der häufigen Behauptung solcher Studenten, daß ihre Motivation bereits so hoch sei, daß derartige extrinsische Anreize überflüssig seien.

3. *Hat mildes bzw. strenges Benoten einen Einfluß auf die Einstellungen und die Motivation von Schülern? Goldberg* (1969) verglich diese beiden Benotungsaspekte mit einer Anzahl anderer Benotungsmöglichkeiten. Seine Ergebnisse verdeutlichen, daß die unterschiedlichen Benotungsverfahren keinen Einfluß auf die nachfolgenden Testleistungen der Schüler hatten. Strenges Benoten hat jedoch andere Auswirkungen. Manchmal ist es von einer solchen strengen Benotungspraxis eines Lehrers abhängig, ob ein Schüler dazu motiviert sein wird, sich für bestimmte (Leistungs-)Kurse oder Unterrichtsfächer zu entscheiden. *Bridgham* (1972a; 1972b) untersuchte die Einschreibung in naturwissenschaftliche Kurse auf der Sekundarstufe als eine Funktion der Milde des Benotens. Er stellte fest, daß die Schüler in den naturwissenschaftlichen Kursen gewöhnlich strenger benotet wurden als dieselben Schüler in anderen Kursen. *Bridgham* entwickelte einen Index für die Benotungsmilde: er ermittelte die Diskrepanz zwischen den Noten der Schüler in dem naturwissenschaftlichen Kurs und ihren Noten in anderen Schulfächern und berechnete den Durchschnitt der Schüler, die an dem jeweiligen Kurs teilnahmen. Bei Schülerinnen übte die Milde der Benotung in einem naturwissenschaftlichen Kurs einen deutlichen Einfluß auf die Einschreibung in einen anderen naturwissenschaftlichen Kurs aus. Aus den Daten von *Bridgham* ergibt sich, daß, wenn der Index für die Benotungsstrenge null beträgt (so daß die Noten in Chemie und Physik ebenso gut sind wie diejenigen in anderen Fächern), 32 Prozent der Mädchen, die zunächst Chemie gewählt haben, später auch Physik belegten, während bei ungleicher Benotung nur 18 Prozent der Mädchen später auch Physik wählten. Die Einschreibung von Mädchen in naturwissenschaftlichen Kursen kann also wahrscheinlich dadurch angehoben werden, daß die Strenge der Benotung in diesen Kursen vermindert wird. Eine derartige Reduzierung der Benotungsstrenge würde nicht dazu führen, daß die Benotungsmaßstäbe unter diejenigen absinken, die in den anderen schulischen Fächern vorhanden sind. Sie würde vielmehr dazu führen, daß die Zahl der Schüler, die positive Verstärkung und nicht eine Bestrafung dafür erhalten, daß sie versuchen, dieses Fachgebiet zu bewältigen, zunimmt.

Die Auswirkungen der Benotung auf die Einschreibung in naturwissenschaftliche Kurse

Strenges Benoten hat in jedem Fall motivationale Konsequenzen. Es führt zu einer Bedrohung, die Schüler dadurch vermeiden werden, daß sie sich nicht für einen Kurs einschreiben.

Auswirkungen einer Benotung mit „Bestanden“ – „Nicht bestanden“

Ein weiterer Aspekt des Problems der Benotungsstrenge betrifft die Frage, ob eine Benotung mit „Bestanden“ – „Nicht bestanden“ Auswirkungen auf die Leistungen der Schüler in der Klasse hat. Es hat sich zumindest in einigen Untersuchungen herausgestellt (z.B. *Hales, Bain* u. *Rand,* 1971), daß die Motivation oder die Leistungen der Schüler, von denen wir auf die Motivation schließen, etwas geringer ist, wenn eine Benotung mit „Bestanden“ – „Nicht bestanden“ verwendet wird, als wenn die konventionellen Noten gegeben werden. Tabelle 28-1 verdeutlicht einen solchen Fall. Jede Spalte dieser

Tabelle 28-1. Vergleich der konventionellen Benotung und der Benotung mit „Bestanden“/ „Nicht bestanden“

	Kurse	
	im Hauptfach	im Nebenfach
Durchschnittliche Noten in früheren Kursen	3,68 3,19 2,69 2,25	3,68 3,23 2,73 2,25
Durchschnittliche Noten, die gegeben worden wären, wenn nicht die „Bestanden“-/ „Nichtbestanden“-Benotung durchgeführt worden wäre	2,90 2,24 1,88 1,68	2,82 2,12 1,94 1,42

Aus *Hales, Bain* u. *Rand* (1971).

Tabelle enthält die durchschnittlichen Noten von 50 Studenten, wobei die Studenten jeder der vier Spalten nach ihren früheren Noten zugewiesen wurden: (a) 3,50–4,00 (≙ sehr gut); (b) 3,00–3,49 (≙ gut); (c) 2,50–2,99 (≙ befriedigend) und (d) 2,00–2,49 (≙ ausreichend). Die Studenten wurden daneben danach klassifiziert, ob sie an Kursen, die innerhalb oder außerhalb ihres Hauptfaches stattfanden, teilnahmen. Die Stichprobe bestand insgesamt aus 400 Studenten der Ohio State University – 50 Studenten pro Spalte × 4 Spalten (Notenbereiche) × 2 Kursarten (innerhalb oder außerhalb des Hauptfaches). Die früheren durchschnittlichen Notenstufen für jeden Notenbereich sind, getrennt nach innerhalb und außerhalb des Hauptfaches, in der ersten Zeile jeder Spalte aufgeführt. Es wird angenommen, daß es sich dabei um die Noten handelt, die die Studenten erhalten hätten, wenn nicht eine Klassifizierung nach „Bestanden“ – „Nicht bestanden“ vorgenommen worden wäre. Bei dieser Untersuchung gaben die Dozenten immer abgestufte Noten, die automatisch in „Bestanden“ – „Nicht bestanden“ verwandelt wurden, wenn sich der Student für diese Klassifizierung entschieden hatte. Auf diese Weise konnten die Noten, die früher in Kursen innerhalb und außerhalb des Hauptfaches bei einer Klassifizierung nach „Bestanden“ – „Nicht bestanden“ und bei Verwendung eines abgestuften Notensystems erzielt wurden, miteinander verglichen werden. Auf jedem Leistungsniveau sind die Leistungen der Studenten, wenn nach „Bestanden“ – „Nicht bestanden“ klassifiziert wird, schlechter als dann, wenn das übliche Benotungssystem verwendet wird.

Diese Ergebnisse bestätigen die Erwartungen von Lehrern, daß das Benoten mit „Bestanden“ – „Nicht bestanden“ zu einer Abnahme in den Bemühungen der Schüler führt. Studenten haben diese Wirkung oft selbst festgestellt. Eine Hochschulbefragung (*Maine* u. *Gallagher,* 1972) unter Dozenten und Studenten über das Bestanden-/Nicht-bestanden-System verdeutlicht dies (vgl. Tabelle 28-2). Es ist beachtenswert, daß 31 Prozent der Studenten feststellten, daß sie nach dem neuen System „weniger arbeiteten". Gleichwohl wiesen die Studenten und Dozenten sehr viel häufiger auf die positiven Auswirkungen dieser Art von Benotungssystem hin: auf die Studenten wurde weniger Druck ausgeübt, sie konnten auf vorteilhafte Weise in neuen Arbeitsbereichen experimentieren und vernünftigere Einstellungen gegenüber dem Kurs annehmen. Diese Vorteile gleichen möglicherweise die geringere Qualität und das geringere Ausmaß der Leistungen der Studenten bei der nicht differenzierten Benotung aus. In jedem Fall weisen diese Ergebnisse auf die motivationale Bedeutung von Noten und Benotungssystemen hin.

Tabelle 28-2. Ausgewählte Antworten auf eine Frage über das Benotungssystem „Bestanden"/„Nicht bestanden"

Welche positiven oder negativen Auswirkungen des „Bestanden"-/„Nicht-bestanden"-Systems haben Sie in diesem Jahr festgestellt?

	Angaben der Studenten	Angaben der Dozenten
Vermindert den Druck für die Studenten	29%	16%
Begünstigt Experimentieren in neuen oder faszinierenden Arbeitsbereichen	21	15
Fördert vernünftige Einstellungen gegenüber dem Kurs	21	8
Die Studenten arbeiten weniger – lernen weniger	31	18

Nach *Main* u. *Gallagher* (1972).

Die Reduzierung der durch Noten bewirkten Belastung

4. *Ist es nicht so, daß die meisten Test- und Benotungssysteme zu inneren Spannungen und zu Angst führen, so daß sich die Schüler oft gezwungen fühlen zu betrügen?* Wir sind der Auffassung, daß Bewertungssysteme auch auf ehrliche Weise gehandhabt werden können, daß mit ihnen eine wichtige Orientierung der Schüler und derjenigen, die Interesse an ihren Leistungen haben, möglich wird und daß es dabei doch nicht zu einer derartigen Bestrafungswirkung kommt, daß Betrug notwendig wird.

Es gibt viele Möglichkeiten, die Belastung von Schülern durch die Benotung zu vermindern. Man kann den Schülern mitteilen, daß es keine Noten geben wird, die „nicht bestanden" bedeuten. Man kann versichern, daß die Benotung geheimgehalten wird. Diese Maßnahmen sollten die Angst davor, der Lächerlichkeit preisgegeben zu werden, die Angst vor Bestrafung durch die Eltern und die Spannung reduzieren, die zum Betrügen führen könnten. Die Noten können ausgehandelt und nicht völlig von der Beurteilung durch den Lehrer allein bestimmt werden. Die schlechtesten Testleistungen von Schülern können als atypisch außer acht gelassen werden. Lehrer sollten nicht einfach die Summe oder den Durchschnitt aller Leistungen eines Schülers in einer Reihe von Tests ermitteln. So sollte zum Beispiel eine schlechte Leistung im Bruchrechnen zu Beginn des entsprechenden Mathematikunterrichts nicht für eine Durchschnittsberechnung herangezogen werden, wenn der Schüler in einem späteren Bruchrechnungstest den höchstmöglichen Wert erreicht. Ein derartiges Berechnen von Durchschnitten ist, wie *Holt* (1974, S. 572) meint,

> ... idiotisch, unfair, unerhört. Das Ziel der Klasse ist es, Bruchrechnen zu lernen und nicht in einen Wettkampf einzutreten, aus dem ersichtlich wird, wer es am schnellsten lernen kann. Jeder, der es schließlich beherrscht, gleichgültig, wie lang es dauert, wie oft er auf dem Weg dorthin versagt, sollte die beste Note für diesen Unterrichtsteil erhalten.

Offensichtlich würde ein kriteriumsbezogenes Vorgehen in der Bewertung des Bruchrechnens oder irgendeines anderen Stoffgebietes zu einer Beseitigung einiger Hauptprobleme bei der Bewertung führen. Bei einem kriteriumsbezogenen System arbeiten die Schüler einfach solange und bekommen so oft Test vorgelegt, bis sie die Bewältigung des Stoffgebiets demonstrieren können. Der Anreiz zum Betrügen, der existiert, wenn nur eine einzige Gelegenheit gegeben wird zu zeigen, was man kann, ist dann beseitigt, wenn die Schüler die Erfahrung machen, daß ihnen die Gelegenheit zur Demonstration ihrer Leistungen häufig gegeben wird. Häufige Betrügereien sind ein Anzeichen dafür, daß das System eines Lehrers zur Schülerbeurteilung verändert werden muß.

Test, Noten und Angst

Auf einen anderen Aspekt des Angstproblems müssen wir noch eingehen. Wenn ein mäßiges Ausmaß an Angst vorhanden ist, wird die Leistung gesteigert. Diese Beziehung zwischen Angst und Leistung ist in Abbildung 28-1

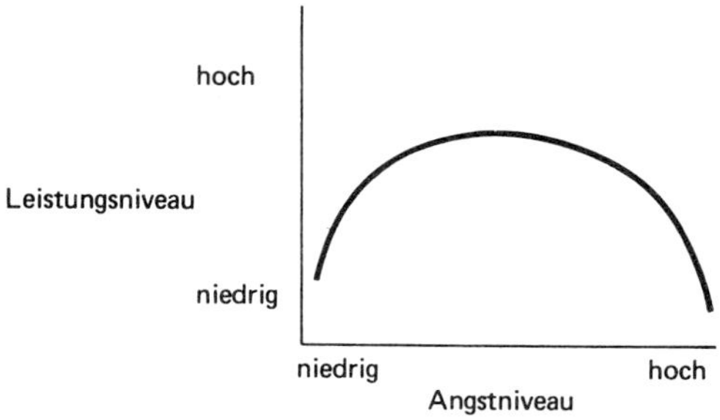

Abbildung 28-1. Schematische Darstellung der Bezeichnung zwischen Angst und Leistung

schematisch dargestellt. Ein mäßiges Ausmaß an Angst hat eine lernfördernde Wirkung – es motiviert den Schüler in einer für ihn vorteilhaften Weise. Wenn die Angst sehr niedrig oder sehr hoch ist, dann wird die Leistung schlechter. Bei Kindern, die generell sehr ängstlich sind, ist es notwendig, daß ihre Angst vermindert wird, wenn sie gute Leistungen erbringen sollen. *Gifford* u. *Marston* (1966) wiesen nach, daß Schüler mit hohem Angstniveau dann weniger gute Leistungen zeigen als solche mit wenig Angst, wenn die Instruktionen über einen sprachlichen Geschwindigkeitstest kurz waren. Wenn diese Instruktionen verlängert wurden und wenn die Schüler daneben Gelegenheit erhielten, die erforderlichen Reaktionen zu üben, dann lagen die Leistungen von sehr ängstlichen und von wenig ängstlichen Schülern auf dem gleichen

Niveau. In nahezu allen Situationen wird sehr hohe Angst eine leistungsmindernde Wirkung haben. Der Lehrer muß dazu beitragen, daß hohe Angst vermindert wird, insbesondere dann, wenn es sich nicht um ein generelles Merkmal eines Schülers handelt, sondern um einen Zustand, der nur dann vorhanden ist, wenn gerade getestet oder benotet wird. Es gibt dabei jedoch ein Problem; die Verminderung von Angst bei Schülern, die bereits eine sehr niedrige Angstausprägung aufweisen, kann zu einer Minderung ihrer Leistung führen, da ein gewisses Ausmaß von Angst offensichtlich vorteilhaft ist. Der Lehrer muß also wahrscheinlich unterschiedliche Behandlungen für Schüler mit hoher und mit niedriger Angst bereitstellen und so das Motivationsniveau in einem Fall senken und im anderen Fall anheben.

28.4 Ziele eines Schülerbeurteilungssystems

Wenn wir alle Argumente für und gegen die Benotungspraxis gegeneinander abwägen, kommen wir immer noch zu dem Schluß, daß Noten eine wichtige Rolle im Unterricht zu spielen haben. Aber wir sollten dabei immer das Ziel im Auge behalten, daß jedes Schülerbeurteilungssystem an erster Stelle dazu da ist, den Schüler zu fördern und seine Leistungen zu verbessern. Alles andere sollte erst an zweiter Stelle kommen. Mit dem Bewerten sollten wir Informationen schaffen, die für den Schüler und für diejenigen, die um sein Wohlergehen besorgt sind, nützlich sind. Es müssen Systeme entwickelt werden, die zur Orientierung hinsichtlich wichtiger Dimensionen des Schülerverhaltens führen. Die Schüler können dann die Bewertungen für die Entscheidungen, ob sie ihr Verhalten beibehalten oder modifizieren sollen, verwenden.

Eine irgendwie positive Bewertung ist wichtig

Als unabdingbarer Teil eines wirkungsvollen Unterrichts sollte die Bewertungserfahrung zu Erfolgserlebnissen führen. Angemessene Lehrmethoden vorausgesetzt, können an den Leistungen eines jeden Schülers positive Aspekte gefunden und gelobt werden. Wenn Unterrichtsziele und -methoden angemessen sind, ist eine vollständig negative Beurteilung niemals erforderlich.

Informationen über die Schwächen von Schülern sollten immer mit Vorschlägen einhergehen, wie sich die Schüler verbessern könnten. Man sollte immer versuchen, den Schülern Wege zu weisen, auf denen sie mit Mängeln fertig werden können.

Gibt man als Teil des Bewertungsverfahrens einen Test, so sollte man ihn vorher ankündigen, die Bereiche, die getestet werden sollen, klar spezifizieren und deutlich machen, welches Gewicht der Test in irgendeinem zusammenfassenden Benotungssystem haben wird. Man sollte auch für solche individuellen Probleme wie Abwesenheit und das Nachholen von Tests Vorsorge treffen. Wenn es Schüler gibt, die die Anweisungen nicht verstanden haben, die nervös oder müde waren usw., sollte man darauf achten, daß sie faire, individuelle Beachtung finden.

Geheimhaltung

Wie bereits erwähnt, sollten Ergebnisse von Tests und Aufsätzen von Schülern sowie Beobachtungen und Bemerkungen über sie geheimgehalten werden.

Gewöhnlich sollten sie nur dem Lehrer und dem betroffenen Schüler bekannt sein. Manchmal sollten sie auch den Eltern, den Schullaufbahnberatern, dem Schularzt usw. mitgeteilt werden. Aber nur der Schüler selbst oder seine Eltern sollten den Zugang zu diesen Berichten gestatten können. Indem man auf Geheimhaltung achtet, sorgt man dafür, daß der Wettbewerb zwischen den Schülern oder deren Eltern minimal gehalten wird – ein Wettbewerb, der die langsameren oder weniger leistungsfähigen Schüler belasten kann.

Das Auseinanderhalten verschiedener Faktoren

Bei der Leistungsbewertung von Schülern sollte man Informationen verwenden, die nicht mit irrelevanten Dingen vermengt sind. In die Bewertung von Aufsätzen eines Schülers sollte nicht die Häufigkeit, mit der er zu spät kommt, eingehen. Man sollte versuchen, einem Schüler über jedes Gebiet, das für ihn oder den Lehrer von Bedeutung ist, unabhängig von seinem Verhalten in irgendeinem anderen Gebiet, das von Interesse ist, klare Auskünfte zu geben. Die Bemühungen eines Schülers sollten von seinen Leistungen getrennt werden. Schulschwänzen oder spezielle Bedürfnisse von Schülern sollten sich weder positiv noch negativ auf die Leistungsbeurteilung auswirken. Leistung ist Leistung und Schulschwänzen, Bemühungen oder Wünsche des Vaters eines Schülers sind andere Dinge. Sie sollen nicht ignoriert, sondern lediglich gesondert betrachtet werden.

28.5 Bewertungsunterlagen

Bei der Bewertung von Schülern sollte man einen weiten Bereich relevanter und geeigneter Informationsquellen benutzen. Dieser Punkt muß genauer betrachtet werden. Man sollte in jedem Unterrichtsgebiet versuchen, sich mit Hilfe einer Konvergenztechnik ein Bild von den Fähigkeiten und dem Verhalten eines Schülers zu machen. Da jede Informationsquelle mit Fehlern behaftet ist, sollten wir mehrere Quellen verwenden, von denen jede mit anderen Schwächen und Stärken ausgestattet ist. Diese Quellen können aus Mehrfachwahltests, Aufsatztests und speziellen Arbeiten von Schülern bestehen. Es können sorgfältige Beobachtungen der Beteiligung des Schülers an der Arbeit in großen Gruppen, kleinen Gruppen und seiner individuellen Aktivitäten herangezogen werden. Verläßt man sich nur auf eine einzige Informationsquelle über einen Schüler, so wird man wahrscheinlich zu einer weniger zutreffenden Einschätzung seines Leistungsniveaus gelangen, als wenn man sich auf irgendeine Kombination der verschiedenen Möglichkeiten, Informationen zu sammeln, stützt.

Konvergenz der Informationen

Wie aber soll diese Kombination von Daten, die aus zahlreichen Quellen stammen, vorgenommen werden? Versucht man all das, was man über die Leistungen eines Schülers in einem bestimmten Gebiet weiß, zu integrieren, so kann man die Beobachtungsdaten auf informelle Weise interpretieren. Informationen aus Tests müssen jedoch auf eine mehr formale Weise kombiniert werden.

Tests

Im Verlaufe eines Semesters oder eines Schuljahres werden Studenten oder Schüler gewöhnlich mehrmals getestet. Im Verlaufe eines Kurses können Bewertungen, die auf Mehrfachwahltests, Aufsatztests, anderen schriftlichen Arbeiten der Schüler, auf mündlichen Berichten und Erläuterungen beruhen, verfügbar werden. Die meisten dieser Bewertungen münden in einen Meßwert, eine Note oder eine sonstwie zusammenfassende Kennzeichnung. Diese Kennzeichnung kann in einer Note, einer Prozenteinstufung (78%), einer Proportion (8/13), der Anzahl der richtigen Antworten (+43), der Anzahl der falschen Antworten (−7) oder einfach in Informationen darüber, ob die Leistung ausreicht oder nicht (B oder NB für „bestanden" und „nicht bestanden"), bestehen.

Keine Kombination bei kriteriumsbezogener Bewertung

Werden kriteriumsbezogene Testmethoden verwendet, so ist eine Kombination der Meßwerte oder Noten nicht erforderlich. Jeder Meßwert steht dann selbst für eine bestimmte, definierbare Leistung, und die Testergebnisse (B's und NB's) sollten nicht kombiniert werden. Bei kriteriumsbezogenen Tests wäre es nicht sinnvoll, die Leistung in einem Test über die Multiplikation von zweistelligen Zahlen mit der Leistung in einem Test über die Multiplikation von Brüchen zu vereinigen. Ebensowenig würde man die Werte für die Fähigkeiten eines Schülers, einen Winkelmesser zu verwenden, mit denjenigen für seine Fähigkeit, einen Kompaß zu gebrauchen, kombinieren. Man würde auch nicht den Wert eines Schülers in einem Test über das Verständnis des Grundgesetzes mit seinem Wert in einem Test über Kenntnisse der Charta der Vereinten Nationen verbinden. In all diesen Fällen wollen wir lediglich wissen, ob der Schüler das Ziel erreicht hat oder nicht.

Wenn jedoch normbezogene Testprogramme verwendet werden, kann eine Kombination der verschiedenen Tests, die ein Lehrer als repräsentativ für die Leistungen eines Schülers erachtet, zu einer zusammengesetzten Gesamtbewertung erforderlich werden, um so eine Gesamtnote zu erhalten. So kann es angebracht sein, 16 wöchentlich durchgeführte Biologietests miteinander zu kombinieren und zu interpretieren. Sozialkundeprüfungen während des Schuljahres, nach größeren abgeschlossenen Abschnitten des Schuljahres und eine Abschlußprüfung müssen möglicherweise kombiniert werden. Kurze Tests im Rechtschreiben, in Geometrie oder Biologie müssen ebenfalls irgendwie so miteinander verbunden werden, daß sich eine einzige Note in jedem dieser Fächer ergibt.

Die Kombination normbezogener Daten

Informationen aus vielen verschiedenen Quellen zusammenzubinden ist keine einfache Aufgabe. Ein Lehrer kann Meßwerte aus Aufsätzen, aus Mehrfachwahltests, aus anderen schriftlichen Arbeiten und aus Vorträgen vor der Klasse zur Verfügung haben. Aus den verschiedenen Tests und Testsituationen ergaben sich wahrscheinlich sehr unterschiedliche Mittelwerte und völlig verschiedene Werte für die Streuung. Darüber hinaus waren die Tests wahrscheinlich auch mehr oder weniger schwierig, bei jeder Testsitzung war eine andere Anzahl von Schülern anwesend, die Tests hatten unterschiedliche Länge und wurden vielleicht sogar unterschiedlich gewichtet, so daß aus einem Test 10% in die Endnote eingehen sollte, von einem anderen jedoch 50%. Wie

können also Daten aus derartig verschiedenen Quellen kombiniert werden? Glücklicherweise gibt es Techniken, mit deren Hilfe die verschiedenen Tests und Noten auf einer gemeinsamen Skala verzeichnet werden können, woraus sich im Anschluß dann ein Durchschnittswert ermitteln läßt. Das Verfahren braucht ein wenig Zeit, aber es ist nicht schwer. Die verschiedenen Möglichkeiten der Umwandlung von Testwerten, so daß sie auf einer gemeinsamen Skala abgelesen oder gewichtet werden können, sind bei *Glock* u. *Millman* (1971) und *Terwilliger* (1971) verzeichnet. Die statistischen Formeln zur Umrechnung solcher verschiedenen Benotungswerte sind in speziellen Lehrbüchern über statistische Meßverfahren zu finden.
Der Lehrer sollte sich immer dessen bewußt sein, daß er für seine Testinformationen eine Form erreichen muß, die ihm die Kombination von Informationen aus vielfältigen Quellen gestattet. Äpfel und Orangen *können* addiert werden. Vorher aber muß ein System verwendet werden, mit dessen Hilfe Informationen eine gemeinsame Form verliehen werden kann. Wenn Gewichtungen verwendet werden, so sollten sie vertretbar, leicht verständlich und leicht zu berechnen sein.

Beobachtungen

Ein großer Teil der Informationen, die ein Lehrer braucht, um seine Schüler wirklich zu kennen, kann einfachen Beobachtungen entnommen werden. Bei der Beobachtung von Kindern, die auf dem Spielplatz spielen, die Klötze zählen oder die lernen, wie man ein Wörterbuch verwendet, oder bei der Beobachtung von Jugendlichen im Laboratorium, in der Disco oder in einer Diskussionsgruppe kann man beträchtliche Einsichten in ihr schulisches und soziales Verhalten gewinnen. Beobachtet man Schüler, denen ein Problem vorgelegt wurde, so beobachtet man angewandte Intelligenz! Beobachtet man einen Schüler, der auf geeignete oder ungeeignete Weise gerade dabei ist, ein Problem anzugehen, so betrachtet man in gewissem Sinne seine funktionale Intelligenz und Leistungsfähigkeit. Man soll Marias brillante Analyse über Robert Frost, Karls zuvorkommendes Verhalten gegenüber Margarete, Evas Leistungen im dreidimensionalen Puzzle beobachten und im Gedächtnis behalten. Der Lehrer muß damit rechnen, daß irgendwann von ihm verlangt wird, den Schülern eine Hilfe bei der Gestaltung ihrer Zukunft zu geben. Er wird auch dazu aufgefordert werden, Schüler für eine bestimmte Schule, einen Club oder eine Auszeichnung zu empfehlen. Seine Beobachtungen werden dann, wenn sie auch informell, unstandardisiert und unvollständig sind, bessere Einsichten über einen Schüler ermöglichen als Testwerte allein. Sich Zeit zu nehmen, um Schüler beim Spiel, beim Studium, beim Lösen von Problemen, beim Flirten oder Debattieren zu beobachten, lohnt sich reichlich.

Informationen über Testwerte hinaus

Was denkt der Lehrer beim Notengeben?

Welche Regeln sind es im einzelnen, nach denen die Lehrer ihre Teilinformationen zu Gesamtbeurteilungen zusammenschweißen? *Whitmer* (1982) hat untersucht, was Lehrer denken, während sie Noten machen, und er stellte fest, daß die Lehrer sich sehr auf ihr Notenbuch verlassen, in dem sie alles festgehalten haben – die Leistungen bei den einzelnen Klassenarbeiten, die Erfüllung der Hausaufgaben, unentschuldigtes Fehlen im Unterricht, Verhaltensprobleme usw. Die wichtigste Variable in diesem Buch sind die Angaben zur Aufgabenerfüllung. So hat es den Anschein, als sei es das wichtigste Notenkriterium des Lehrers, wie schnell der einzelne Schüler mit dem Stoff fertig geworden ist. Hier müssen wir fragen, ob es das gewichtigste Kriterium für eine Note sein sollte, daß ein Schüler möglichst rasch den Stoff bewältigt: diese Frage stellt sich vor allem bei Grundschulkindern. Es ist jedoch nicht eindeutig, ob alle Lehrer diesem Ziel einen großen Wert beimessen. *Whitmer* stellte nämlich auch fest, daß, wenn sich ein Lehrer nicht für eine Note entscheiden konnte, er es von seiner Beurteilung der Fähigkeit und der Anstrengungen des Schülers abhängig machte, ob er mit der Note nach oben oder nach unten ging. Auch die Frage, wie der Lehrer die Unterstützung des Schülers durch sein Elternhaus, sein Verhalten im Unterricht, seinen physischen Entwicklungsstand und die Schwierigkeit der Aufgaben beurteilte, hatte einen Einfluß auf die Notengebung. Schließlich stellte *Whitmer* fest, daß die Benotungspraxis der Lehrer sich auf Ereignisse und Ergebnisse aus dem Unterricht beschränkt und generell nicht das außerschulische Verhalten eines Schülers mit in Betracht zieht. So sollte es auch sein. Was aber nicht bedeutet, daß sich jeder Lehrer von seinen Vorurteilen freimacht, wenn er vor seiner Klasse steht und unterrichtet.

Gleichgültig, ob man Aufsatztests benotet oder Schüler in einer Diskussionsgruppe beobachtet, es ist nahezu unmöglich, sich von bestimmten Verzerrungen freizumachen. *Zillig* (1928) wies als einer der ersten nach, wie bestimmte Aspekte dieser Tendenz die Benotung beeinflussen. Aufgabenhefte von Schülern, die von ihren Lehrern als gescheit beurteilt wurden, wurden untersucht und mit Heften von Schülern verglichen, die von ihren Lehrern als weniger leistungsfähig eingeschätzt wurden. Es stellte sich heraus, daß die Anzahl der Fehler, die den Lehrern entgangen waren, bei den Schülern, die für gescheiter gehalten wurden, höher war. Die Lehrer erwarteten anscheinend in den Heften der Schüler, die sie für weniger leistungsfähig hielten, mehr Fehler und stellten tatsächlich mehr fest. Fehler, die die gescheitesten Schüler machten, wurden mit größerer Wahrscheinlichkeit übersehen. Die Lehrer nahmen, aufgrund ihrer Meinung, daß die gescheiteren Schüler weniger leicht Fehler machen, die Realität verfälscht wahr.

Erwartungen beeinflussen Wahrnehmungen

Auf Verzerrungen, Bevorzugungen oder Vermeidungsverhalten im Unterricht wurde oben bereits hingewiesen. Wir werfen diese Probleme noch einmal auf, da sie bei vielen Maßnahmen der Lehrer eine Rolle spielen – auch bei der Bewertung. Da die Beurteilungen, die Lehrer vergeben, von großer Bedeutung für die Zukunft eines Schülers sein können, sollte man sich in der Pädagogik seiner eigenen menschlichen Schwächen eindringlich bewußt sein.

28.6 Bezugsrahmen für Mitteilungssysteme

Der Zweck des Benotens, Beobachtens und anderer Bewertungsmaßnahmen besteht darin, Schüler, ihre Eltern und die Schulbehörden über das Verhalten und die Leistungen von Schülern zu informieren. Es ist also notwendig, die Bewertungen mitzuteilen – auch wenn man seine Beurteilungen nur jedem Schüler für sich gibt. Vor der Mitteilung muß man seine Werturteile in einen Bezugsrahmen einordnen. Für diesen Zweck kann man entweder absolute oder relative Maßstäbe verwenden.

Absolute Maßstäbe

Entscheidet man sich für die Verwendung absoluter Gütekriterien bei der Interpretation der Leistungen eines Schülers, so setzt das voraus, daß man weiß, welches Leistungsniveau annehmbar ist und welches nicht. Die Leistungen der einzelnen Schüler können, gemessen an dem Maßstab, den man gewählt hat, beurteilt werden. Kriteriumsbezogene Gütemaßstäbe sind absolute Maßstäbe.

Kriteriumsbezogene Maßstäbe. Ein Beispiel für einen kriteriumsbezogenen Test der Begriffsbildung für junge Schüler ist ein Test, worin dem Schüler zehn Bilder (von Bleistift-, Haus-, Schatten-, Bauklotz-, Leiterpaaren usw.) mit der Frage vorgelegt werden, welches der zwei Objekte auf jedem Bild länger oder kürzer ist. Wenn 100% dieser Items richtig beantwortet werden, kann man annehmen, daß das Kind die Begriffe „länger" und „kürzer" beherrscht. Wenn ein Kind nicht alle Items richtig beantwortet, kann bezweifelt werden, ob dem Kind die Begriffe geläufig sind. In diesem Fall müssen also alle Items richtig beantwortet werden, damit das Kind den Test besteht. Auch wenn als Kriterium für das Bestehen die richtige Beantwortung von acht der zehn Items festgesetzt worden wäre, würde es sich um ein absolutes Kriterium handeln.

Erkennen, wann absolute Standards verwendet werden

Immer dann, wenn keine von vornherein festgelegte Verteilung der Noten vorhanden ist, wenn die Leistungserwartungen des Lehrers eindeutig sind und der Lehrer dazu bereit ist, allen Schülern eine 1 oder eine 5 zu geben, werden absolute Gütemaßstäbe als Bezugsrahmen für die Leistungsbewertung der Schüler verwendet. Wenn ein absoluter Bewertungsmaßstab angewandt wird, muß die Lernaufgabe deutlich definiert und mitgeteilt werden, ferner muß der Erwartungshorizont klar formuliert und spezifiziert sein und, wo immer möglich, sollten auch die Leistungen mit Hilfe von kriteriumsbezogenen Tests bewertet werden.

Pseudoabsolute Maßstäbe. In vielen Fällen, in denen Noten verwendet werden, handelt es sich nur scheinbar um absolute Maßstäbe. Hinter den Noten verbergen sich tatsächlich relative Normsetzungen, und das sollte durchschaut werden. So kann z. B. ein Lehrer immer nur 10% seiner Schüler die Note 1 geben oder grundsätzlich darauf achten, daß nie jemand eine Prüfung nicht besteht. Wenn dies zutrifft, dann beruht das Notensystem tatsächlich nicht auf vorher festgesetzten Leistungskriterien. Der Lehrer wird seine zusammengesetzten Werte so hintrimmen, daß sie in die erwünschte Verteilung passen (vgl. *Millman,* 1970). Prozentnoten, die nicht eng mit der Leistung verknüpft sind, sind ebenfalls irreführend. Ein Wert von 75% in Sprachbeherrschung unterstellt z. B., daß es einen bestimmten Gesamtbetrag der Sprachbeherrschung auf dem fraglichen Altersniveau gibt und daß der Schüler nur drei Viertel dieses Betrags aufweist. Lehrer verwenden Prozentwerte auch so, als ob sie absolute Niveaubestimmungen wären, wenn sie festsetzen, daß ein Wert von mindestens 60% erforderlich ist, damit der Kurs bestanden ist. Dann trimmen sie die Verteilungen und Bewertungskriterien eines bestimmten Tests so zurecht, daß der gewählte Scheidepunkt paßt und die meisten Schüler über diesem Punkt liegen (vgl. *Terwilliger,* 1971).

Das Zurechttrimmen erwünschter Verteilungen

In den meisten Fällen mangelt es den Lehrern, die auf einer absoluten Basis benoten, an einem geeigneten Bezugsrahmen für die Durchführung derartiger Beurteilungen. Sie haben typischerweise keinen eindeutig definierten Bereich von zu bewältigenden Aufgaben, mit dem die Leistungstypen, deren Bewältigung auf verschiedenen Beherrschungsniveaus von den Schülern erwartet wird, unter Bezug auf spezifische Verhaltensweisen abgegrenzt und festgelegt werden. Häufig verwenden sie auch nicht kriteriumsbezogene Meßinstrumente bei der Leistungsbeurteilung von Schülern auf einer absoluten Basis. Allzu häufig beruht das absolute Benoten auf normbezogenen Tests, die so konstruiert wurden, daß sich Meßwerte ergeben, die in den Bereich zwischen 60 und 100% richtige Antworten fallen ...
Auf jeden Fall entsprechen derartige Noten typischerweise zurechtgetrimmten Prozentwerten, die sich aus den richtigen Lösungen in einem schlecht definierten Mischmasch von zu bewältigenden Aufgaben ergeben (*Gronlund,* 1974, S. 32).

Relative Maßstäbe. Der andere Bezugsrahmen für die Leistungsbeurteilung eines Schülers ist der relative Vergleich; er wird am häufigsten verwendet. Ein Schüler wird auf der Basis dessen bewertet, wie gut seine Leistungen im Vergleich zu den anderen Schülern seiner Klasse, seiner Klassenstufe, seines Alters- oder seines Fähigkeitsniveaus sind. Wenn der Schüler einen hohen Rangplatz einnimmt, wird er wahrscheinlich die Note 1 oder 2 erhalten. Nimmt er einen niedrigen Rangplatz ein, so erhält er vielleicht eine 3, 4 oder sogar eine 5 als Note. Die Anwendung relativer Maßstäbe bedeutet nicht notwendigerweise, daß die Benotung auf der Grundlage der Gaußschen Normalverteilung stattfindet (bei diesem Vorgehen wird die Meßwerteverteilung der Schüler so vorgenommen, daß z. B. 7% eine 1, 24% eine 2, 38% eine 3, 24% eine 4 und 7% eine 5 erhalten). Der Begriff relative Standards bedeutet einfach, daß Schüler im Vergleich zu anderen Schülern bewertet werden.
Ein weiteres Problem, das bei der Verwendung relativer Maßstäbe auftaucht, wurde bereits erwähnt. Ein Schüler kann der beste Mathematiker in seiner fünften Klasse sein, aber seine Leistungen im Multiplizieren sind dennoch möglicherweise nicht besonders gut. Der Beste in einem Test über amerikanische Geschichte weiß vielleicht immer noch nicht viel über die Vergangenheit des Landes, auch wenn seine Leistungen besser als die seiner Kameraden sind. Die Verwendung relativer Bewertungssysteme birgt also die Gefahr in sich, daß Lehrer tatsächlich niedrige Leistungen positiv bewerten oder tatsächlich akzeptable oder angemessene Leistungen negativ bewerten.

Weshalb Normen verwendet werden

Dennoch haben normbezogene Methoden ihre Berechtigung. Insbesondere werden sie dann angewendet, wenn kriteriumsbezogene Gütemaßstäbe nur schwer definiert werden können, wie z. B. im Sozialkundeunterricht, und wo komplexe Lernergebnisse zu erwarten sind. Sie sind leicht praktisch durchzuführen, sie behaupten sich seit langer Zeit, sie werden von den meisten Leuten verstanden und sie leisten gute Dienste, wenn Zulassungs- und Auswahlkriterien erforderlich sind. Die normbezogenen Leistungen von Schülern der Elementar- und Sekundarstufe sind seit jeher recht gut geeignet, ihre Schulleistungen in künftigen Jahren vorherzusagen.

28.7 Verschiedene Arten von Mitteilungssystemen

Die Berichte des Lehrers über das, was ein Schüler im Unterricht erreicht hat, können dessen schulische Leistungen, Einstellungen und soziale Verhaltensweisen zum Gegenstand haben. Ein solcher Bericht erfolgt normalerweise in Form des allseits bekannten Zeugnisses, aber die entsprechenden Informationen können auch in Eltern- und Schülergesprächen weitergegeben werden oder in Form von Kurzberichten oder Briefen. Wir gehen im folgenden auf alle diese Möglichkeiten ein.

Zeugnisse

Leistung. Die Beurteilung des Lehrers und die daraus resultierende Note wird dem Schüler und seinen Eltern normalerweise im Zeugnis mitgeteilt. Diese Zeugnisse unterscheiden sich kaum von Schule zu Schule. Ein Unterschied ist eher noch in der unterschiedlichen Zweckbestimmung des Zeugnisses in der Grundschule und in der Sekundarstufe zu erkennen. Die anfängliche verbale Schülerbeurteilung weicht allmählich der Notengebung bzw. dem sehr differenzierten Punktsystem. Das bedeutet zugleich, daß ein anfangs noch mehr kriteriumsbezogenes Bewertungssystem allmählich einem normbezogenen System der Notengebung weicht. – Bei der Verwendung eines kriteriumsbezogenen Bewertungssystems auch im Sekundarstufenbereich würden Zeugnisse natürlich ganz anders aussehen. Denn der kriteriumsbezogene Schülerbericht legt in jedem einzelnen Fach oder Stoffgebiet genau und detailliert dar, was der Schüler kann und was er noch nicht kann. Solche Informationen sind in Fächern wie Mathematik leichter zu erstellen als in anderen Fächern, aber in den USA, wo das kriteriumsbezogene Benotungssystem häufiger anzutreffen ist, da dort die einzelnen Schulbezirke selbständig entscheiden können, welches System sie bevorzugen, hat man auch für den muttersprachlichen Unterricht solche kriteriumsbezogene Mitteilungssysteme entwickelt. Entscheidend ist, daß kriteriumsbezogene Zeugnisse oder andere Mitteilungssysteme – auch wenn ihre Erstellung mehr Mühe macht – den Schülern und ihren Eltern genau sagen, was ein Schüler kann und was nicht. Der Konkurrenzkampf um die Stellen hinter dem Komma, der bei normbezogenen Systemen unweigerlich in den Vordergrund gerät, ist hier ausgeschaltet, denn es wird ja nur die tatsächliche Leistungsfähigkeit des einzelnen Schülers in wichtigen

Bereichen des schulischen Curriculums mit Hilfe von absoluten Normsetzungen angegeben. Dort, wo – wie in der Oberstufe der Gymnasien in der Bundesrepublik Deutschland – es sich bei Klassenarbeiten einbürgert, einen sogenannten „Erwartungshorizont" anzugeben, wird auch eine kriteriumsbezogene Bewertung möglich.

Einstellungen und Sozialverhalten. Vom Lehrer werden daneben Informationen über seine Beurteilungen einer Vielfalt von Verhaltensweisen der Schüler verlangt, die deren Leistungen, deren Anpassung oder beides beeinflussen. Diese Verhaltensweisen werden gewöhnlich so dargestellt, daß der Lehrer sein Urteil danach einrichten kann, ob das Verhalten vorhanden oder nicht vorhanden ist, ob es verbessert werden muß oder ob es besonders lobenswert ist. Das folgende Informationssystem verlangt z. B. vom Lehrer nur dann eine Kennzeichnung von Verhaltensmerkmalen, wenn der Schüler sich verbessern muß:

Eindrücke des Lehrers

Betragen	*Nur wenn Verbesserung erforderlich, ankreuzen*
Teilt seine Zeit gut ein	____________
Schwätzt nicht	____________
Übernimmt Verantwortung	____________
Ist gehorsam	____________
Ist höflich	____________
Ist pünktlich	____________
Gruppenverhalten	
Ist zuvorkommend	____________
Ist kooperativ	____________
Kommt gut mit anderen aus	____________
usw.	

Bei einem weiteren Informationssystem werden Einstufungen zwischen Polaritäten verwendet:

Achtet Eigentum	__	__	__	__	__	Achtet Eigentum nicht
	5	4	3	2	1	

Es können auch ausformulierte Charakterisierungen vom Lehrer gefordert werden, um die Eltern über die Einstellungen und das soziale Verhalten eines Kindes zu informieren. Ein oder zwei Notizen genügen gewöhnlich.

Bereiche, die nicht die Leistung betreffen

Zu den Bereichen, die nicht die Leistung betreffen und über die Lehrer und Eltern Informationen haben wollen, gehören: Fleiß; Arbeitsgewohnheiten; Zuverlässigkeit; Ehrlichkeit; Fähigkeit, mit anderen auszukommen; Führungsinitiative; jede Art spezieller Begabungen oder Fertigkeiten, wie z. B. eine besondere Auge-Hand-Koordination; künstlerisches Talent oder Kreativität in der Mathematik (*Terwilliger,* 1971). Das Kind hat es in der Schule mit einer anderen Umwelt zu tun als zu Hause. Und wir wissen heute, daß das Verhalten stark von der Umgebung, in der sich ein Individuum befindet, beeinflußt wird. Die Berichte über soziales Verhalten und Einstellungen, gleichgültig, ob sie in Form von Prüflisten, von Einstufungen oder von freien Angaben des Lehrers vorliegen, können sich davon, wie die Eltern den Schüler wahrnehmen, beträchtlich unterscheiden. Bei der Erstellung dieser Berichte über soziales Verhalten werden dem Lehrer die Beobachtungen, die weiter oben in diesem Kapitel erörtert wurden, eine Hilfe sein.

Andere Mitteilungsmöglichkeiten

Zeugnisse sind die an den Schulen in erster Linie verwendeten Informationsmittel für Eltern und Schüler. Wenn besondere Probleme entstehen, werden jedoch häufig auch andere Informationsmöglichkeiten verwendet. Diese anderen Möglichkeiten stellen eine Ergänzung der Zeugnisse dar.

Gegenläufige Kommunikation

Elternabende. Mit dem Elternabend ist eine flexible Möglichkeit gegeben, zu einer in beide Richtungen ablaufenden Kommunikation zwischen Elternhaus und Schule zu gelangen. Es können Pläne zur Zusammenarbeit entwickelt, Einsichten geteilt, Übelstände ans Licht gebracht und Mißverständnisse beseitigt werden. Die Entwicklung des Schülers steht im Zentrum des Interesses sowohl der Lehrer als auch der Eltern.

Vorbereitung durch Rollenspiel

Eine gute Möglichkeit, sich auf diese Konferenzen vorzubereiten, besteht darin, mit einem Lehrerkollegen, der den Part eines Elternteiles übernimmt, ein „Rollenspiel" durchzuführen. Es können die Rollen von ärgerlichen Eltern, von Eltern, die über das Curriculum diskutieren wollen, von kooperativen Eltern, von ängstlichen Eltern, von gleichgültigen Eltern und von leistungsfordernden Eltern gespielt werden. Man wird die üblichen und auch ungewöhnliche Situationen besser beherrschen, wenn man die Durchführung von Konferenzen auf diese Weise übt. Gewöhnlich machen sich sowohl die Lehrer als auch die Eltern ein wenig Sorgen über derartige Zusammenkünfte, wünschen aber beide, beim jeweils anderen einen guten Eindruck hervorzurufen.

Die Information vorbereiten

Vor dem Zusammentreffen mit den Eltern sollte man seine Gedanken über einen bestimmten Schüler ordnen und überlegen, wie man sie den Eltern am besten vermitteln kann. Man kann z. B. einen Beurteilungsbogen entwickeln, der die verschiedenen Bereiche enthält, die man für das Gespräch mit den Eltern braucht (vgl. Abbildung 28-2). Gegebenenfalls kann auch der Gesprächsverlauf in Stichpunkten auf dem Bogen festgehalten werden (*Hopkins* u. *Stanley,* 1981, S. 326). Man sollte alle Arbeiten des Schülers greifbar haben, über die man mit den Eltern sprechen will. Da die Zeit bei Elternabenden kurz bemessen ist – gewöhnlich dauern sie 15 bis 30 Minuten pro Elternpaar –, sollte man alle nötigen Unterlagen, die schriftlichen Arbeiten und Hefte bereitliegen haben. Man sollte sich auch die Zeit nehmen, die an der Schule verfügbaren Aufzeichnungen über den Schüler und seine Familie durchzugehen, um so festzustellen, ob irgendetwas Sachdienliches von anderen Lehrern oder dem übrigen Personal der Schule festgehalten wurde, und um

ELTERN-LEHRER-GESPRÄCH

Schüler ______

Datum ______

SCHULISCHE LEISTUNGEN

Deutsch ______

Mathematik ______

Englisch ______

Geschichte/Sozialkunde ______

Physik, Chemie ______

Sport ______

Musik ______

Kunst ______

KÖRPERLICHE ENTWICKLUNG

Allgem. Gesundheitszustand ______

Sehen/Hören ______

Anwesenheit ______

Gewohnheit (Essen, Schlafen, Körperpflege) ______

______

Besondere Bedürfnisse ______

______

______

Lehrer ______

Name der Eltern ______

SOZIALES/EMOTIONALES VERHALTEN

zu Mitschülern ______

zum Lehrer ______

zu den Eltern ______

Besondere Bedürfnisse ______

______

______

ARBEITSGEWOHNHEITEN

Aufmerksamkeit ______

Fleiß ______

Führungsrolle ______

Sauberkeit ______

Zeitausnutzung ______

Arbeitsstil ______

Interessen ______

Besondere Bedürfnisse ______

______

______

______

Kommentar (Einstellungen der Eltern, Ergiebigkeit des Gesprächs, Vorschläge usw.) ______

______

______

Aus: *Hopkins* u. *Stanley* (1981).

Abbildung 28-2. Schülerbeurteilungsbogen für Elterngespräche

auch etwas über die sonstigen Leistungen und Testwerte des Schülers, falls welche vorhanden sind, zu wissen. Daneben sollte man die Interessen der Eltern, wenn möglich, vorwegnehmen, und eine Liste der Fragen, die einen selbst interessieren, erstellen. Sorgt man für eine angenehme und private Atmosphäre, ist man freundlich und bereit zuzuhören, so wird es einem leichter gelingen, entspannt zu bleiben und einen guten Kontakt zu den Eltern herzustellen. Man sollte die Leistungen außerordentlich guter Schüler nicht übertreiben und ebenso sich nicht übermäßig kritisch über Schüler äußern, die Schwierigkeiten haben. Man sollte einfach versuchen, so objektiv und aufrichtig zu sein wie man kann. Die Eltern sollten zur Teilnahme an der Unterhaltung ermutigt werden. Wenn Übereinstimmung über ein bestimmtes Vorgehen bei

Objektivität und Aufrichtigkeit

dem Schüler erzielt worden ist, so stelle man sicher, daß man selbst ebenso wie die Eltern eindeutig verstanden hat, was von wem getan werden soll. Man sollte auch bedenken, daß in vielen Familien beide Elternteile arbeiten und daß in vielen Familien nur ein Elternteil vorhanden ist, der in der Regel auch arbeitet. In beiden Fällen ist die Zeit, die die Eltern haben, um ihren Kindern beim Lernen zu helfen, unter Umständen gering.

Fachjargon vermeiden

Berichtet man über die Ergebnisse standardisierter Tests, so sollte man jeden Fachjargon vermeiden. Ausdrücke wie *schulische Fähigkeiten, Notenäquivalenz* oder *Intelligenz* werden leicht mißverstanden. Man sollte nur über Leistungen sprechen und über normbezogene Meßwerte in Prozenträngen berichten. Wenn man sagt, daß Peter in seinen Mathematikleistungen zu den obersten 10% gehört, so handelt es sich um eine vernünftige, leicht verständliche Mitteilung. Gibt man ausführlichere Erklärungen über standardisierte Tests, so sollte man erklären, was diese Tests messen sollen, wie genau der Testwert ist (d.h. das Problem der Reliabilität) und wie der Testwert für eine Beratung verwendet werden kann (d.h. das Problem der Voraussagevalidität). Die Begriffe *Reliabilität* und *Validität* sollte man Eltern gegenüber nicht verwenden; man sollte einfach darüber sprechen, ein wie großer Fehler mit einem Meßwert verknüpft ist und wie der Wert für einen Ratschlag verwendet werden kann.

Eine positive Bemerkung

Man sollte auch daran denken, daß die Eltern etwas Gutes über ihre Kinder hören wollen. Man sollte die besten Arbeiten des Schülers herausstreichen und den Eltern so Gelegenheit geben, stolz auf ihre Kinder zu sein. Wenn man die Elternabende mit derartigen Informationen eröffnet und abschließt, so wird es einem kaum Schwierigkeiten bereiten, ein fruchtbares Verhältnis zu den Eltern zu erreichen. Dem Lehrer selbst wird es Freude machen, wenn die Eltern seine Eindrücke von der Schule, wie sie sie durch die Augen des Schülers sehen, teilen. Der Lehrer ist vielleicht allabendlich ein wichtiger Gesprächsgegenstand in Dutzenden von Familien. Hört man den Berichten der Eltern darüber zu, wie ihre Kinder die Schule sehen, so wird man auch mehr über die Schüler erfahren.

Kurzberichte. Wenn Lehrer Mitteilungen in Form von kurzen Berichten, Verhaltensprotokollen oder dessen, was wir Beobachtungen genannt haben, sammeln, so können in Schülerbögen und Konferenzen von Eltern und Lehrern in höherem Ausmaß zutreffende Kenntnisse über einen Schüler zutage treten.

Übung ist notwendig

Übung und Erfahrung sind erforderlich, um brauchbare Unterlagen über einen Schüler und über diejenigen Kräfte sammeln zu können, die seine Entwicklung beeinflussen. Das Sammeln von Aufzeichnungen über Stichproben des Schülerverhaltens in Alltagssituationen kann einen wichtigen Teil der Bewertung darstellen und zu Einsichten über Schüler führen, die über dasjenige hinausgehen, was sich aus Tests ergibt. Diese Aufzeichnungen können den Eltern und Schülern in Konferenzen mitgeteilt werden. Sie können sehr bedeutsame Diskussionen über die soziale Entwicklung eines Schülers in Gang setzen.

Briefe. Eine der einfachsten Möglichkeiten, Bewertungen und andere Gedanken den Eltern mitzuteilen, ist ein persönlicher Brief. Man sollte dieses einfache Kommunikationsmittel nicht vergessen, wenn Schüler irgendetwas Lobens- oder Bemerkenswertes tun. Die Eltern werden sich darüber freuen. Diese Möglichkeit kann auch dann verwendet werden, wenn die Kooperation der Eltern erforderlich ist, um die Häufigkeit des Fernbleibens und nicht erledigter Hausarbeiten zu verringern. Wenn es notwendig ist, sich um den sozialemotionalen Bereich im Leben des Schülers zu kümmern, ist mit einem Brief die Möglichkeit gegeben, die Eltern über derartige Sorgen zu informieren und die Kommunikation zwischen Familie und Schule in Gang zu setzen.

28.8 Einfühlungsvermögen und Menschlichkeit

Vorherrschende Trends

Gegenwärtig zielen Bemühungen in den USA (*National Education Association,* 1970) darauf ab, die Benotungs- und Informationspraktiken durch eine Kooperation zwischen Lehrern, Schülern, Eltern und Schulbehörden zu verbessern. An Grundschulen werden in zunehmendem Ausmaß Elternabende dazu verwendet, die im Schülerbogen enthaltenen Mitteilungen zu ergänzen. Für die einzelnen Klassenstufen werden mehr spezifische Schülerbögen entworfen, und diese Bögen enthalten mehr und mehr sich auf beobachtbares Verhalten beziehende Ziele, deren Erreichen in einem Bereich des Curriculums angestrebt wird. Die Selbstbewertungen von Schülern und ihre eigene Entscheidung, ob sie bestanden haben oder nicht, werden ebenfalls häufiger berücksichtigt.

Das Benoten muß ernstgenommen werden

Diese vernünftigen Trends, die sich derzeit bemerkbar machen, stimmen mit dem Ziel eines Benotungs- und Informationssystems überein, nämlich die Werturteile, die Lehrer über einzelne Schüler abgeben, zur Sprache zu bringen. Die Kommunikation ist in Gang gesetzt und sie sollte sich für Schüler und Eltern als nützlich erweisen. Da in unserer Gesellschaft den Noten eine derart große Bedeutung zugeschrieben wird, ist es wichtig, daß die Lehrer den Prozeß der Benotung sehr ernstnehmen. Wenn sich Lehrer nicht sicher sind, welche Note sie geben sollen, so sollten sie sich wohl eher zugunsten des Schülers irren. Berücksichtigt man, wie ungenau unsere Meßinstrumente sind und welche Bedeutung den Noten manchmal beigemessen wird, so verdienen es Schüler, daß im Zweifelsfall zu ihren Gunsten entschieden wird. Der Bedarf an Menschlichkeit beim Beurteilungsprozeß, insbesondere beim normbezogenen Benoten, ist überwältigend groß. Wenn kriteriumsbezogene Gütemaßstäbe verwendet werden, gibt es weniger moralische Probleme, da die Erfolgskriterien eindeutiger festgelegt sind.

Benotungs- und Mitteilungssysteme sollten nicht aufgegeben werden. Beide können guten Zwecken dienen, wenn sie sorgfältig erdacht und human angewendet werden. Wenn sie als Bestrafung eingesetzt werden und so Angst und Streß erzeugendes Wetteifern auslösen, wenn sie nicht reliabel angewandt und mit definierten Leistungsniveaus verknüpft werden können, müssen sie modifiziert werden.

28.9 Zusammenfassung

Hat man die Unterrichtsziele festgelegt, über deren Vermittlung nachgedacht, hat man individuelle Intelligenz-, Motivations- und Entwicklungsunterschiede berücksichtigt, den Unterricht so gut, wie es einem eben möglich ist, durchgeführt und ihn einer Bewertung unterzogen, so ist noch eine letzte Verpflichtung zu erfüllen. Die Leistungen jedes einzelnen Schülers sind zu bewerten und die Beurteilung den Schülern und ihren Eltern mitzuteilen.

Die Bewertung der Schüler und der Gebrauch von Noten kann für viele Erziehungsentscheidungen nützlich sein. Die in der Beurteilung des Lehrers enthaltene Information ist bei der Berufsberatung, bei der Verleihung schulischer Auszeichnungen, bei der Aufnahme in spezielle Unterrichtsprogramme und bei der Orientierung der Eltern zu verwenden. Die mit Benotungssystemen verbundenen Fehler müssen eingeschränkt werden, die Schüler müssen den Eindruck haben, daß die Noten, die sie erhalten, repräsentativ für ihre tatsächlichen Leistungen sind. Zwischen Lehrern mit verschiedenen Klassen muß in der Art und Weise, wie sie die Noten verteilen, eine größere Übereinstimmung erzielt werden. Wenn die Benotungspraktiken dazu führen, daß versucht wird zu betrügen, muß das Programm irgendwie modifiziert werden. Die Vergabe von Noten im schulischen Unterricht sollte nicht bloß deshalb aufgegeben werden, weil sie nicht zu jedermanns Zufriedenheit funktioniert. Sie muß vielmehr verbessert werden. Eingebettet in einen effektiven Unterricht sollten Benotungssysteme zu Erfolgserlebnissen führen, es sollten Verbesserungsmöglichkeiten aus ihnen abgeleitet werden, die Schüler sollten eine faire Gelegenheit haben, sich bemerkbar zu machen, wenn sie mit dem Lehrer nicht übereinstimmen oder wenn besondere Umstände berücksichtigt werden müssen. Das Benotungssystem sollte frei von irrelevanten Einflüssen und persönlichen Verfälschungen sein. Noten sollten als vertrauliche Information behandelt werden.

Bei der Kombination von Bewertungsunterlagen, die aus vielen verschiedenen Quellen stammen, sollte man die Meßwerte einer gemeinsamen Maßskala anpassen. *T*-Werte oder Standardwertverteilungen sind eine Möglichkeit, diese Aufgabe zu erfüllen. Gewichtungssysteme, bei denen bestimmten Leistungsergebnissen der Schüler mehr oder weniger Bedeutung beigemessen wird als anderen, können ebenfalls in Verbindung mit Standardwerten verwendet werden. Darüber hinaus müssen die formalen Bewertungen, die auf Tests, Aufsätzen und anderen schriftlichen Arbeiten fußen, durch sorgfältige Beobachtungen der Schüler in sozialen und schulischen Situationen ergänzt werden.

Wenn es an der Zeit ist, über die Bewertungen eine Mitteilung zu machen, ist eine Entscheidung zwischen absoluten und relativen Maßstäben erforderlich. Absolute Maßstäbe setzen voraus, daß das Niveau, auf dem die Durchführung einer eindeutig spezifizierten Aufgabe annehmbar sein soll, als Erwartungshorizont im vorhinein festgelegt wird. Bei kriteriumsbezogenen Unterrichtsprogrammen werden absolute Maßstäbe verwendet. Relative Bewertungssysteme sind dann wirksam, wenn die Leistungen jedes einzelnen Schülers im Vergleich zu den Leistungen aller anderen Schüler beurteilt werden. Pseudoabsolute

Gütekriterien sind häufig Bestandteil des Notensystems und der Bewertungsverfahren, die Prozentangaben liefern. Zeugnisse, die auf kriteriumsbezogenen Methoden beruhen, unterscheiden sich erheblich von denjenigen, die auf normbezogenen basieren. Informationssysteme, bei denen Noten und Prozentangaben verwendet werden, finden häufiger bei normbezogenen Methoden Verwendung, während die Beurteilung „Bestanden/Nicht bestanden" häufiger bei kriteriumsbezogenen Berichten benutzt wird. Informationssysteme, deren Bestandteile Zeugnisse, Elternabende und Briefe sind, rücken die Leistungen und das soziale Verhalten des Schülers, insbesondere sein Betragen und seine Fähigkeit, mit anderen auszukommen, in den Mittelpunkt der Betrachtung.
Die Leistungen von Schülern zu beurteilen und über sie zu informieren, ist ein ernstzunehmendes Geschäft. Die Lehrer müssen große Anstrengungen unternehmen, zu einem fairen, humanen und leicht verständlichen Bewertungssystem zu gelangen.

Literaturverzeichnis

Abbott, R. D.; Falstrom, P. (1977): Frequent testing and personalized systems of instruction. *Contemporary Educational Psychology,* 2:251–257.

Abraham, E. C.; Nelson, M. A.; Reynolds, W. W., Jr. (1971): Discussion strategies and student cognitive skills. A paper presented at the annual meeting of the American Educational Research Association, New York.

Abrahamson, E. E.; Crocker, R. W. (1978): Rapid elimination of out-of-seat behavior by the use of response cost and reinforcement. *Behavioral Engineering,* 4(4):103–105.

Abrami, P. C.; Leventhal, L.; Perry, R. P. (1982): Educational seduction. *Review of Educational Research,* 52:446–464.

Adelson, J. (1979): Adolescence and the generalization gap. *Psychology Today,* 12(9):33–37.

Airasian, P. W.; Bart, W. M. (1975): Validating a priori instructional hierarchies. *Journal of Educational Measurement,* 12:163–173.

Alber, M. B. (Ed.) (1978): *Listening: A curriculum guide for teachers of visually impaired students.* Springfield, Ill.: Specialized Educational Services, State Board of Education.

Algozzine, R. F. (1977): Perceived attractiveness and classroom interactions. *Journal of Experimental Education,* 46:63–66.

Allen, W. H. (1957): Research on film-use: student participation. *AV Communication Review,* 5:423–450.

Allen, W. H. (1960): Audio-visual communication. In: *C. W. Harris* (Ed.): *Encyclopedia of educational research.* (3rd ed.) New York: Macmillan. Pp. 115–137.

Allison, S. G.; Ash, P. (1951): *Relationship of anxiety to learning from films.* Technical Report SDC269-7-24, Instructional Film Research Program, Pennsylvania State University. Port Washington, N.Y.: Special Devices Center.

Allport, G. W.,; Odbert, H. S. (1936): Trait-names: A psycholexical study. *Psychological Monographs,* 47, No. 211.

Allport, G. W.; Vernon, P. E.; Lindzey, G. (1960): *A study of values: A scale for measuring the dominant interests in personality.* (3rd ed.) Boston: Houghton Mifflin.

Alschuler, A. S. (1967): The achievement motivation development project: A summary and review. Cambridge, Mass.: Center for Research and Development on Educational Differences, Harvard University. Occasional Paper No. 3. (Cooperative Research Project of the United States Office of Education, Dept. of H.E.W., Contract No. OE5-10-239.)

Alschuler, A. S. (1968): How to increase motivation through climate and structure. Cambridge, Mass.: Achievement Motivation Development Project, Graduate School of Education, Harvard University. Working Paper No. 8.

Alschuler, A. S. (1973): *Developing achievement motivation in adolescents.* Englewood Cliffs, N.J.: Educational Technology Publications.

American Psychological Association (1975): Proceedings ... for the year 1974: Minutes of the annual meeting of the Council of Representatives. *American Psychologist,* 30:620–651.

Ames, R. (1982): Teachers' attributions for their own teaching. In: *J. M. Levine, M. C. Wang* (Eds.): *Teacher and student perceptions.* Hillsdale, N.J.: Lawrence Erlbaum.

Anastasi, A. (1958): *Differential psychology.* (3rd ed.) New York: Macmillan. – Dt. Ausgabe: *Differentielle Psychologie.* Weinheim: Beltz 1976.

Anastasi, A. (1980): Abilities and the measurement of achievement. In: *W. B. Schrader* (Ed.): New directions for testing and measurement, No. 5. San Francisco: Jossey-Bass.

Anastasi, A. (1981): Coaching, test sophistication and developed abilities. *American Psychologist,* 36:1086–1093.

Anastasiow, N. J.; Hanes, M. P.; Hanes, M. L. (1982): Language and reading strategies for poverty children. Baltimore, Md.: University Book Press.

Andersen, M. (1970): *The intelligent use of intelligence tests.* San Jose, Calif.: The author, Psychology Department, San Jose State University.

Anderson, G. J.; Walberg, H. J. (1968): Classroom climate and group learning. *International Journal of Educational Sciences,* 2:175–180.

Anderson, J. R. (1980): *Cognitive psychology and its implications.* San Francisco: W. H. Freeman.

Anderson, L. M.; Evertson, C. M.; Brophy, J. E. (1979): An experimental study of effective teaching in first-grade reading groups. *Elementary School Journal,* 79:193–223.

Anderson, R. C. (1972): How to construct achievement tests to assess comprehension. *Review of Educational Research,* 42:145–170.

Anderson, R. C. (1974): Concretization and sentence learning. *Journal of Educational Psychology,* 66:179–183.

Anderson, R. C.; Pichert, J. W. (1978):

Recall of previously unrecallable information following a shift in perspective. *Journal of Verbal Learning and Verbal Behavior,* 17:1–12.

Anderson, R. C.; Reynolds, R. E.; Schallert, D. L.; Goetz, E. T. (1977): Frameworks for comprehending discourse. *American Educational Research Journal,* 14:367–381.

Anderson, R. C.; Spiro, R. J.; Anderson, M. C. (1978): Schemata as scaffolding for the representation of information in connected discourse. *American Educational Research Journal,* 15:433–440.

Anderson, T.; Boyer, M. (1970): *Bilingual schooling in the United States* (Vols. 1 and 2). Washington, D.C.: Government Printing Office.

Andrews, G. R.; Debus, R. L. (1978): Persistence and the causal perception of failure: Modifying cognitive attributions. *Journal of Educational Psychology,* 70:154–166.

Andrews, J. D. (1965): The effect of group model-reinforcement counseling on increasing voluntary verbal participation in classroom discussion. Unpublished manuscript, Stanford University.

Antill, J. K.; Cunningham, J. P. (1980): The relationship of masculinity, femininity and androgyny to self-esteem. *Australian Journal of Psychology,* 32:195–207.

Applegate, J. R. (1969): Why don't pupils talk in class discussions? *The Clearing House,* 44 (October): 78–81.

Arlin, M. (1976): Open education and pupils' attitudes. *Elementary School Journal,* 76:219–228.

Arlin, M. (1979): Teacher transitions can disrupt time flow in classrooms. *American Educational Research Journal,* 16:42–56.

Aronoff, J.; Raymond, N.; Warmoth, A. (1965): The Kennedy-Jefferson school district: A report of neighborhood study in progress. Cambridge, Mass.: Graduate School of Education, Harvard University (multilith).

Asch, S. E. (1956): Studies of independence and conformity. A minority of one against a unanimous majority. *Psychological Monographs,* 70, No. 9 (Whole No. 416).

Ashton-Warner, S. (1963): *Teacher.* New York: Simon and Schuster.

Atkin, J. M. (1968): Behavioral objectives in curriculum design: A cautionary note. *The Science Teacher,* 35 (May): 27–30.

Atkinson, J. W. (1980): Motivational effects in so-called tests of ability and educational achievement. In: *L. J. Fyans, Jr.* (Ed.): *Achievement motivation.* New York: Plenum.

Atkinson, R. C.; Fletcher, J. D.; Lindsay, E. J.; Campbell, J. D.; Barr, A. (1973): Computer-assisted instruction in initial reading: Individualized instruction based on optimization procedures. *Educational Technology,* 13(9):27–37.

Ausubel, D. P. (1963a): *The psychology of meaningful verbal learning.* New York: Grune and Stratton.

Ausubel, D. P. (1963b): Is drill necessary? The mythology of incidental learning. *Bulletin, National Association of Secondary School Principals,* 47:44–50.

Ausubel, D. P. (1968): *Educational Psychology: A cognitive view.* New York: Holt, Rinehart & Winston. – Dt. Ausgabe: *Psychologie des Unterrichts.* Weinheim: Beltz 1978.

Ausubel, D. P. (1978): In defense of advance organizers: A reply to the critics. *Review of Educational Research,* 48:251–257.

Axelrod, J., et al. (1949): *Teaching by discussion in the college program.* Chicago: The College of the University of Chicago.

Axelrod, S.; Hall, R. V.; Tooms, A. (1979): Comparison of two common classroom seating arrangements. *Academic Therapy,* 15:29–36.

Azrin, N. H.; Holz, W. C. (1966): Punishment. In: *W. K. Honig* (Ed.): *Operant behavior: Areas of research and application.* New York: Appleton-Century-Crofts. Pp. 380–447.

Babad, E. (1979): Personality correlates of susceptibility to biasing information. *Journal of Personality and Social Psychology,* 37:195–202.

Babad, E.; Inbar, J.; Rosenthal, R. (1982): Teacher judgment of students' potential as a function of teachers' susceptibility to biasing information. *Journal of Personality and Social Psychology,* 42:541–547.

Baller, W. R.; Charles, D. C.; Miller, E. (1967): *Mid-life attainment of the mentally retarded: A longitudinal study.* Lincoln: University of Nebraska Press.

Bandura, A. (1963): The role of imitation in personality development. *Journal of Nursery Education,* 18:207–215.

Bandura, A. (1965a): Influence of models' reinforcement contingencies on the acquisition of imitative responses. *Journal of Personality and Social Psychology,* 1:589–595.

Bandura, A. (1965b): Behavioral modifications through modeling procedures. In: *L. Krasner, L. P. Ullmann* (eds.): *Research in behavior modification: New developments and implications.* New York: Holt, Rinehart & Winston.

Bandura, A. (1969): *Principles of behavior modification.* New York: Holt, Rinehart & Winston.

Bandura, A. (1977): *Social learning theory.* Englewood Cliffs, N.J.: Prentice-Hall. – Dt. Ausgabe: *Sozial-kognitive Lerntheorie.* Stuttgart: Klett-Cotta 1979.

Bandura, A. (1978): The self system in reciprocal determinism. *American Psychologist,* 33:344–358.

Bandura, A.; Kupers, C. J. (1964): Transmission of patterns of self-reinforcement through modeling. *Journal of Abnormal and Social Psychology,* 69:1–9.

Baratz, D. (1983): How justified is the "obvious reaction"? Unpublished doctoral dissertation, Stanford University.

Barbu, Z. (1951): Studies in children's honesty. *Quarterly Bulletin of the British Psychological Society,* 2:53–57.

Barker, R. G.; Dembo, T.; Lewin, K. (1943): Frustration and regression: An experiment with young children. In: *R. G. Barker, J. S. Kounin, H. F. Wright* (Eds.): *Child behavior and development.* New York: McGraw-Hill.

Bar-Tal, D. (1978): Attributional analysis of achievement-related behavior. *Review of Educational Research,* 48:259–271.

Bar-Tal, D. (1979): Interactions of teachers and pupils. In: *I. H. Frieze, D. Bar-Tal, J. S. Carroll* (Eds.): *New approaches to social problems: Applications of attribution theory.* San Francisco: Jossey-Bass.

Bar-Tal, D. (1982): The effects of teachers' behavior on pupils' attributions: A review. In: *C. Antaki, C. Brieson* (Eds.): *Attribution and psychological change: A guide to the use of attribution theory in the clinic and the classroom.* London: Academic Press.

Bar-Tal, D.; Darom, E. (1979): Pupils' attributions of success and failure. *Child Development,* 50:264–267.

Bar-Tal, D.; Raviv, A.; Bar-Tal, Y. (1982): Consistency of pupils' attributions regarding success and failure. *Journal of Educational Psychology,* 74:104–110.

Barth, R. S. (1970): Open education: Assumptions about learning and knowledge. Unpublished doctoral dissertation, Harvard University.

Battle, E. S. (1965): Motivational determinants of academic task persistence. *Journal of Personality and Social Psychology,* 2:209–219.

Battle, E. S. (1966): Motivational determinants of academic competence. *Journal of Personality and Social Psychology,* 4:634–642.

Bavelas, A.; Hastorf, A. H.; Gross, A. E.; Kite, W. R. (1965): Experiments on the alteration of group structure. *Journal of Experimental Social Psychology,* 1:55–70.

Bechtol, W. M. (1973): *Individualizing instruction and keeping your sanity.* Chicago: Follett.

Becker, W. C.; Engelmann, S.; Thomas, D. R. (1971): *Teaching: A course in applied psychology.* Chicago: Science Research Associates.

Beilin, H. (1980): Piaget's theory: Refinement, revision, or rejection? In: *R. H. Kluwe, H. Spada* (Eds.): *Developmental models of thinking.* New York: Academic Press.

Belgard, M.; Rosenshine, B.; Gage, N. L. (1971): Effectiveness in explaining: Evidence on its generality and correlation with pupil ratings. In: *Ian Westbury, A. A. Bellack* (Eds.): Research into classroom processes: Recent developments and next steps. New York: Teachers College Press. Pp. 182–191.

Bellack, A. A. (1976): Studies in the language of the classroom. Paper presented at the First Invitational Conference on Research on Teaching, Memorial University of Newfoundland, St. John's, May 25.

Bellack, A. A.; Kliebard, H. M.; Hyman, R. T.; Smith, F. L. (1966): *The language of the classroom.* New York: Teachers College Press. – Dt. Ausgabe: *Die Sprache im Klassenzimmer.* Düsseldorf: Päd. Verlag Schwann 1973.

Bellezza, F. S. (1981): Mnemonic devices: Classification, characteristics and criteria. *Review of Educational Research,* 51:247–275.

Belmont, J. M.; Butterfield, E. C.; Ferretti, R. P. (1982): To secure transfer of training instruct self-management skills. In: *D. K. Letterman, R. J. Sternberg* (Eds.): *How and how much can intelligence be increased.* Norwood, N.J.: Ablex Publishing.

Bem, S. L. (1974): The measurement of psychological androgyny. *Journal of Consulting and Clinical Psychology,* 42:155–162.

Bem, S. L. (1975): Sex-role adaptability: One consequence of psychological androgyny. *Journal of Personality and Social Psychology,* 31:634–643.

Benbow, C. P.; Stanley, J. C. (1980): Sex differences in mathematical ability: Fact or artifact? *Science,* 210:1262–1264.

Berdine, W. H.; Cegelka, P. T. (1980): *Teaching the trainable retarded.* Columbus, Ohio: Merrill.

Bereiter, C. (1972): An academic preschool for disadvantaged children: Conclusions from evaluation studies. In: *J. C. Stanley* (Ed.): *Preschool programs for the disadvantaged: Five experimental approaches to early childhood education.* Baltimore: Johns Hopkins University Press. Pp. 1–21.

Bereiter, C. (1976/77): IQ and elitism. *Interchange,* 7(3):36–44.

Bereiter, C.; Engelmann, S. (1966): *Teaching disadvantaged children in the preschool.* Englewood Cliffs, N.J.: Prentice-Hall.

Berelson, B.; Steiner, G. A. (1964): *Human behavior: An inventory of scientific findings.* New York: Harcourt, Brace & World.

Berk, R. A. (1980): *Criterion-referenced measurement: The state of the art.* Baltimore, Md.: Johns Hopkins University Press.

Berliner, D. C. (1968): The effects of test-like events and note-taking on learning from lecture instruction. Unpublished doctoral dissertation, Stanford University.

Berliner, D. C. (1971): Aptitude-treatment interactions in two studies of learning from lecture instruction. Paper presented at the meeting of the American Educational Research Association, New York.

Berliner, D. C. (1979): Tempus educare. In: *Penelope L. Peterson, Herbert J. Walberg* (Eds.): *Research on teaching: Concepts, findings, and implications.* Berkeley, Calif.: McCutchan.

Berliner, D. C. (1982): Instructional variables. In: *D. E. Orlosky* (Ed.): *Introduction to education.* Columbus, Ohio: Merrill.

Berliner, D. C.; Gage, N. L. (1976): The psychology of teaching methods. In: *N. L. Gage* (Ed.): *The psychology of teaching methods: The 75th yearbook of the National Society for the Study of Education, Part I.* Chicago: University of Chicago Press.

Berlyne, D. E. (1965): Curiosity and education. In: *J. D. Krumboltz* (Ed.): *Learning and the educational process.* Chicago: Rand McNally. Pp. 67–89.

Bernard, J. (1973): Sex differences: An overview. Module 26. New York: MSS Modular Publications.

Bernstein, A. L. (1959): Library research: A study in remedial arithmetic. *School Science and Mathematics,* 59:185–195.

Bernstein, B. (1960): Language and social class. *British Journal of Sociology,* 11:271–276.

Bernstein, B. (1961): Social structure,

language, and learning. *Educational Research,* 3(3):163–176.

Bernstein, E. (1968): What does a Summerhill old school tie look like? *Psychology Today,* 2(5):37–41, 70.

Bidwell, C. E.; Kasarda, J. D. (1975): School district organization and student achievement. *American Sociological Review,* 40:55–70.

Bierly, M. M. (1978): The need for including the topic of developmental psycholinguistics in educational psychology courses. Paper presented at the meetings of the American Psychological Association, Toronto, Canada.

Bigge, J. L. (1982): *Teaching individuals with physical and multiple disabilities* (2nd edition.) Columbus, Ohio: Merrill.

Bijou, S. W.; Morris, E. K.; Parsons, J. A. (1976): A PSI course in child development with a procedure for reducing student procrastination. *Journal of Personalized Instruction,* 1:36–40.

Birnbrauer, J. S.; Wolf, M. M.; Kidder, J. D.; Tague, C. E. (1965): Classroom behavior of retarded pupils with token reinforcement. *Journal of Experimental Child Psychology,* 2:219–235.

Blatt, M. M. (1969): The effects of classroom discussion on the development of moral judgment. Unpublished doctoral dissertation, University of Chicago.

Bligh, D. A. (1970): The case for a variety of teaching methods in each lesson. *British Journal of Medical Education,* 4:202–209.

Bligh, D. A. (1972): *What's the use of lectures?* (2nd ed.) Harmondsworth, Middlesex, England: Penguin Books.

Block, J. H. (Ed.) (1971): *Mastery learning.* New York: Holt, Rinehart & Winston.

Block, J. H.; Burns, R. B. (1976): Mastery learning. In: *Lee S. Schulman* (Ed.): *Review of research in education,* 4, 1976. Itasca, Ill.: F. E. Peacock.

Bloom, B. S. (1953): Thought processes in lectures and discussions. *Journal of General Education,* 7:160–169.

Bloom, B. S. (1964): *Stability and change in human characteristics.* New York: Wiley.

Bloom, B. S. (1968): Learning for mastery. *Evaluation Comment,* 1, No. 2. Los Angeles: University of California, Center for the Study of Evaluation.

Bloom, B. S. (1980): The new direction in educational research: Alterable variables. In: *Mesa Seminar,* 1980: *The state of research on selected alterable variables in education.* Chicago: Department of Education. University of Chicago.

Bloom, B. S.; Englehart, M. B.; Furst, E. J.; Hill, W. H.; Krathwohl, D. R. (1956): *Taxonomy of educational objectives. The classification of educational goals. Handbook I: Cognitive domain.* New York: Longmans Green.

Bloom, S. (n. d.): *Peer and cross-age tutoring in schools: An individualized supplement to group instruction.* Chicago: The author, Chicago Board of Education, District 10.

Boden, M. A. (1980): *Jean Piaget.* New York: Viking Press.

Bond, D. J.; Bridge, W. A.; Willoughby, L. (1975): PSI now – A review of progress and problems. *British Journal of Educational Technology,* 6:15–34.

Bonthius, R. H.; Davis, F. J.; Drushal, J. G. (1957): *The independent study program in the United States.* New York: Columbia University Press.

Borg, W. R.; Ascione, F. R. (1982): Classroom management in elementary mainstreaming classrooms. *Journal of Educational Psychology,* 74:85–95.

Boring, E. G. (1923): Intelligence as the tests test it. *New Republic,* 35 (June 6): 35–36.

Born, D. G.; Davis, M. L. (1974): Amount and distribution of study in a personalized instruction course and in a lecture course. *Journal of Applied Behavior Analysis,* 7:365–375.

Bornstein, R. (1982): Sexism in education. In: *M. P. Sadker, D. M. Sadker* (Eds.): *Sex Equity Workbook for Schools.* New York: Longman.

Borton, T. (1970): *Reach, touch and teach.* New York: McGraw-Hill.

Bossert, S. T. (1979): *Task and social relationships in classrooms: A study of classroom organization and its consequences.* New York: Cambridge University Press.

Boswell, J. (1799; 1953): *Life of Johnson* (Oxford standard authors series, new ed.). London: Oxford University Press. – Dt. Ausgabe: *Dr. Samuel Johnson. Leben und Meinungen.* Zürich: Diogenes 1981.

Bower, E. H. (1969): Early identification of emotionally handicapped children in school. Springfield, Ill.: Thomas.

Bower, G. H. (1970 a): Organizational factors in memory. *Journal of Cognitive Psychology,* 1:18–46.

Bower, G. H. (1970 b): Analysis of a mnemonic device. *American Scientist,* 58:496–510.

Bower, G. H.; Clark, M.; Winzenz, S.; Lesgold, A. (1969): Hierarchical retrieval schemes in recall of categorized word lists. *Journal of Verbal Learning and Verbal Behavior,* 8:323–343.

Bower, G. H.; Hilgard, E. R. (1981): *Theories of learning.* (5th ed.) New York: Appleton-Century-Crofts.

Bower, G. H.; Karlin, M. B.; Dueck, A. (1975): Comprehension and memory for pictures. *Memory and Cognition,* 3:216–220.

Bowman, R. F., Jr. (1982): A "Pac-Man" theory of motivation: Tactical implications for classroom instruction. *Educational Technology,* 22(9):14–16.

Brainard, C. J. (1978 a): The stage question in cognitive-developmental theory. *The behavioral and brain sciences,* 2:173–213.

Brainard, C. J. (1978 b): *Piaget's theory of intelligence.* Englewood Cliffs, N.J.: Prentice-Hall.

Bransford, J. D.; Franks, J. J. (1971): The abstraction of linguistic ideas. *Cognitive Psychology,* 2:331–350.

Bransford, J. D.; Johnson, M. K. (1972): Contextual prerequisites for understanding. Some investigations of comprehension and recall. *Journal of Verbal Learning and Verbal Behavior,* 11:717–726.

Brew, A.; McCormick, B. (1979): Student learning and an independent study course. *Higher Education,* 8:429–441.

Brickey, M.; Browning, L.; Campbell, K. (1982): Vocational histories of sheltered workshop employees placed in projects with industry and competitive jobs. *Mental Retardation,* 20:52–57.

Bridgeman, B.; Shipman, V. C. (1978): Preschool measure of self-esteem and achievement motivation as predictors of third-grade achievement. *Journal of Educational Psychology,* 70:17–28.

Bridgham, R. G. (1972a): Ease of grading and enrollments in secondary school science: I. A model and its possible tests. *Journal of Research in Science Teaching,* 9:323–329.

Bridgham, R. G. (1972b): Ease of grading and enrollments in secondary school science: II. A test of the model. *Journal of Research in Science Teaching,* 9:331–343.

Broden, M.; Hall, R. V.; Mitts, B. (1971): The effect of self-recording on the classroom behavior of two eighth-grade students. *Journal of Applied Behavior Analysis,* 4:191–199.

Brolyer, C. R.; Thorndike, E. L.; Woodyard, E. R. (1927): A second study of mental discipline in high school studies. *Journal of Educational Psychology,* 18:377–404.

Bronfenbrenner, U. (1961): Some familial antecedents of responsibility and leadership in adolescents. In: *Luigi Petrullo, B. M. Bass* (Eds.): *Leadership and interpersonal behavior.* New York: Holt, Rinehart & Winston.

Brophy, J. (1981): Teacher praise: A functional analysis. *Review of Educational Research,* 51:5–32.

Brophy, J. E. (1982): Fostering student learning and motivation in the elementary school classroom. Occasional Paper No. 51. East Lansing, Mich.: Institute for Research on Teaching, April.

Brophy, J. E.; Evertson, C. M. (1974): *Process-product correlations in the Texas teacher effectiveness study: Final report (Research Report No. 74–4).* Austin: Research and Development Center for Teacher Education, University of Texas.

Brophy, J. E.; Evertson, C. M. (1976): *Learning from teaching: A developmental perspective.* Boston: Allyn & Bacon. – Dt. Ausgabe: *Lernen durch Unterricht.* Bochum: Kamp 1979.

Brophy, J. E.; Good, T. L. (1974a): *Teacher-student relationships: Causes and consequences.* Copyright © 1974 by Holt, Rinehart & Winston, Inc. Reprinted by permission of Holt, Rinehart & Winston, CBS College Publishing.

Brophy, J. E.; Putnam, J. G. (1979): Classroom management in the elementary grades. In: *D. L. Duke* (Ed.): *Classroom management: The seventy-eighth yearbook of the National Society for the Study of Education.* Chicago: Unversity of Chicago Press.

Broverman, I. K.; Broverman, D. M.; Clarkson, F. E.; Rosenkrantz, P.; Vogel, S. R. (1970): Sex-role stereotypes and clinical judgments of mental health. *Journal of Consulting Psychology,* 34:1–7.

Brown, A. L. (1978): Knowing when, where, and how to remember: A problem of metacognition. In: *R. Glaser* (Ed.): *Advances in instructional psychology.* Hillsdale, N.J.: Lawrence Erlbaum.

Brown, A. L. (1980): Metacognitive development and reading. In: *R. J. Spiro, B. C. Bruce, W. F. Brewer* (Eds.): *Theoretical issues in reading comprehension.* Hillsdale, N.J.: Lawrence Erlbaum.

Brown, A. L.; Campione, J. C. (1982): Modifying intelligence or modifying cognitive skills: More than a semantic quibble? In: *D. K. Letterman, R. J. Sternberg* (Eds.): *How and how much can intelligence be increased.* Norwood, N.J.: Ablex Publishing.

Brown, A. L.; Palincsar, A. S. (1982): Inducing strategic learning from texts by means of informal, self-control training. *Topics in Learning and Learning Disabilities,* 2(1):1–16.

Brown, G. (1971): *Human teaching for human learning.* New York: Viking Press.

Brown, I., Jr.; Inouye, D. K. (1978): Learned helplessness through modeling: The role of perceived similarity in competence. *Journal of Personality and Social Psychology,* 36:900–908.

Brown, J. S. (1953): Problems presented by the concept of acquired drives. In: *M. R. Jones* (Ed.): *Current theory and research in motivation.* Lincoln: University of Nebraska Press. Pp. 1–21.

Brown, J. S.; Burton, R. R. (1979): Diagnostic models for procedural bugs in basic mathematical skills. In: *R. W. Tyler, S. H. White* (Eds.): *Testing teaching and learning.* Washington, D.C.: National Institute of Education.

Brown, J. W.; Thornton, J. W., Jr. (1963): *College teaching: Perspectives and guidelines.* New York: McGraw-Hill.

Brown, M.; Precious, N. (1973): *The integrated day in the primary school.* New York: Ballantine Books.

Brown, P.; Elliot, R . (1965): Control of aggression in a nursery school class. *Journal of Experimental Child Psychology,* 2:103–107.

Brown, R. (1965): *Social psychology.* New York: Free Press.

Brown, R. (1973): *A first language.* Cambridge, Mass.: Harvard University Press.

Brown, R.; Cazden, C. B.; Bellugi, U. (1969): The child's grammar from I to III. In: *J. P. Hill* (Ed.): *Minnesota Symposium on Child Psychology, Volume 2.* Minneapolis: University of Minnesota Press.

Brown, W. F.; Holtzman, W. H. (1967): *Survey of study habits and attitudes.* New York: Psychological Corporation.

Bruner, J. S. (1966): Toward a theory of instruction. Cambridge, Mass.: Harvard University Press. – Dt. Ausgabe: *Entwurf einer Unterrichtstheorie.* Düsseldorf: Päd. Verlag Schwann 1974.

Bryant, J.; Comisky, P. W.; Crane, J. S.; Zillman, D. (1980): Relationship between college teachers' use of humor in the classroom and students' evaluations of their teachers. *Journal of Educational Psychology,* 72:511–519.

Bull, R.; Stevens, J. (1979): The effects of attractiveness of writer and penmanship on essay grades. *Journal of*

Occupational Psychology, 52:53–59.

Burks, B. S. (1928): The relative influence of nature and nurture upon mental development: A comparative study of foster parent-foster child resemblance and true parent-true child resemblance. *Yearbook of the National Society fot the Study of Education,* 27 (Part I): 219–316.

Buros, O. K. (1972): *The seventh mental measurement yearbook.* Highland Park, N.J.: Gryphon Press.

Buros, O. K. (1978): *The eighth mental measurement yearbook.* Highland Park, N.J.: Gryphon Press.

Burstall, S. A. (1909): *Impressions of American education in 1908.* London: Longmans.

Burt, C. L. (1966): The genetic determination of differences in intelligence: A study of monozygotic twins reared together and apart. *British Journal of Psychology,* 57:137–153.

Burton, R. V. (1963): Generality of honesty reconsidered. *Psychological Review,* 70:481–499.

Bushway, A.; Nash, W. R. (1977): School cheating behavior. *Review of Educational Research,* 47:623–632.

Bussis, A. M.; Chittenden, E. A. (1970): *Analysis of an approach to open education.* Princeton, N.J.: Educational Testing Service.

Buxton, C. E. (1956): *College teaching: A psychologist's view.* New York: Harcourt, Brace.

Bybee, R. W.; Sund, R. B. (1982): *Piaget for educators.* 2nd ed. Columbus, Ohio: Merrill.

Calder, B. J.; Straw, B. M. (1975): Self-perception of intrinsic and extrinsic motivation. *Journal of Personality and Social Psychology,* 31:599–605.

Calfee, R. C.; Venezky, R. L. (1968): *Component skills in beginning reading.* Madison: University of Wisconsin, Wisconsin Center for Research and Development in Cognitive Learning. Technical Report No. 10.

Calhoun, J. F. (1973): *Elemental analysis of the Keller method of instruction.* Paper presented at the annual meeting of the American Psychological Association, Montreal.

Campbell, V. N. (1964): Self-direction and programmed instruction for five different types of learning objectives. *Psychology in the Schools,* 1:348–359.

Campione, J. C.; Brown, A. L.; Ferrara, R. A. (1982): Mental retardation and intelligence. In: *R. J. Sternberg* (Ed.): *Handbook of human intelligence.* New York: Cambridge University Press.

Caproni, V.; Levine, D.; O'Neal, E.; McDonald, P.; Garwood, G. (1977): Seating position, instructor's eye contact availability, and student participation in a small seminar. *Journal of Social Psychology,* 103:315–316.

Carroll, J. B. (1963): A model of school learning. *Teachers College Record,* 64:723–733.

Carroll, J. B. (1965): School learning over the long haul. In: *J. D. Krumboltz* (Ed.): Learning and the educational process. Chicago: Rand McNally. Pp. 249–269.

Carroll, J. B. (1968): On learning from being told. *Educational Psychologist,* 5:1, 5–10.

Carroll, J. B. (1971): Learning from verbal discourse in educational media: A review of the literature. Princeton, N.J.: Educational Testing Service, Research Bulletin RB-71-61.

Cartwright, C. A.; Cartwright, G. P. (1970): Determining the motivational systems of individual children. *Teaching Exceptional Children,* 2:143–149.

Case, R. (1978): A developmentally-based theory and technology of instruction. *Review of Educational Research,* 48:439–463.

Cattell, R. B. (1963): Theory of fluid and crystallized intelligence: A critical experiment. *Journal of Education Psychology,* 54:1–22.

Cazden, C. B. (1966): On individual differences in language competence and performance. *Journal of Special Education,* 1:135–150.

Cazden, C. B. (1969): *Infant school.* Newton, Mass.: Education Development Center.

Cazden, C. B. (1972): *Child language and education.* New York: Holt, Rinehart & Winston.

Center for the Study of Evaluation-Research for Better Schools (1972): *CSE-RBS test evaluations: Tests of higher-order cognitive, affective, and interpersonal skills.* Los Angeles: Dissemination Office, Center for the Study of Evaluation, University of California.

Charles, C. L.; Stradsklev, R. (Eds.) (1973): *Learning with games: An analysis of social studies educational games and simulations.* Boulder, Colo.: The Social Science Education Consortium.

Charters, W. W., Jr. (1963): Social class and intelligence tests. In: *W. W. Charters, Jr., N. L. Gage* (Eds.): *Readings in the social psychology of education.* Boston: Allyn & Bacon. Pp. 12–21.

Chastain, K. D. (1970): A methodological study comparing the audiolingual habit theory and the cognitive code-learning theory – A continuation. *Modern Language Journal,* 54:257–266.

Check, J. F. (1979): Classroom discipline – Where are we now? *Education,* 100:134–137.

Cheong, vgl. Lau Kam Cheong.

Chi, M. T. H.; Glaser, R.; Rees, E. (1982): Expertise in problem solving. In: *R. Sternberg* (Ed.): *Advances in the psychology of human intelligence.* Hillsdale, N.J.: Lawrence Erlbaum.

Chomsky, N. (1957): *Syntactic structures.* The Hague: Mouton. – Dt. Ausgabe: *Strukturen der Syntax.* Berlin: Mouton Publishers 1973.

Chomsky, N. (1968): *Language and mind.* New York: Harcourt Brace Jovanovich. – Dt. Ausgabe: *Sprache und Geist.* Frankfurt: Suhrkamp 1973.

Christmas, J. J. (1973): Self-concept and attitudes. In: *K. S. Miller, R. M. Dreger* (Eds.): *Comparative studies of blacks and whites in the United States.* New York: Seminar Press.

Chukovsky, K. (1968): *From two to five.* Translated by M. Morton. Berkeley: University of California Press.

Civil Rights Commission (1973): *Teachers and students. Report V: Differences in teacher interaction with Mexican-American and Anglo students.* Washington, D.C.: Government Printing Office.

Clarizio, H. F. (1971): *Toward positive classroom discipline.* New York: Wiley. – Dt. Ausgabe: *Disziplin in der Klasse.* München: MVG 1979.

Clark, B. (1979): *Growing up gifted.* Columbus, Ohio: Merrill.

Clark, C. M.; Gage, N. L.; Marx, R. W.; Peterson, P. L.; Stayrook, N. G.; Winne, P. H. (1979): A factorial experiment on teacher structuring, soliciting, and reacting. *Journal of Educational Psychology,* 71:534–552.

Clark, D. C. (1969): Competition for grades and graduate-student performance. *Journal of Educational Research,* 62:351–354.

Clark, H. H.; Clark, E. V. (1977): *Psychology and language.* New York: Harcourt, Brace, Jovanovich.

Clark, R. A. (1955): The effects of sexual motivation on fantasy. In: *D. C. McClelland* (Ed.): *Studies in motivation.* New York: Appleton-Century-Crofts. Pp. 44–57.

Clevenger, Theodore, Jr. (1955): A definition of stage fright. *Central States Speech Journal,* 7:26–30.

Clifford, M.; Walster, E. (1973): The effect of physical attractiveness on teacher expectations. *Sociology of Education,* 46:248–258.

Clift, J. C.; Imrie, B. W. (1981): *Assessing students, appraising teaching.* New York: Wiley.

Coates, T. J.; Thoresen, C. E. (1979): Behavioral self-control and educational practice or do we really need self-control? In: *D. C. Berliner* (Ed.): *Review of research in education, Vol. 7.* Itasca, Ill.: F. E. Peacock.

Coats, W. D.; Smidchens, U. (1966): Audience recall as a function of speaker dynamism. *Journal of Educational Psychology,* 57:189–191.

Cohen, E. G. (1982): Expectation states and interracial interaction in school settings. *Annual Review of Sociology,* 8:209–235.

Cohen, E. G.; Roper, S. S. (1972): Modification of interracial interaction disability: An application of status characteristics theory. *American Sociological Review,* 37:643–657.

Cohen, H. L. (1973): Behavior modification and socially deviant youth. In: *C. E. Thoresen* (Ed.): *Behavior modification in education: Seventy-second Yearbook of the National Society for the Study of Education,* 72 (Part I).

Coleman, J. S. (1960): The adolescent subculture and academic achievement. *American Journal of Sociology,* 65:337–347.

Coleman, J. S., et al. (1966): *Equality of educational opportunity.* Washington, D.C.: Government Printing Office.

Coleman, W.; Cureton, E. E. (1954): Intelligence and achievement: The "jangle fallacy" again. *Educational and Psychological Measurement,* 14:347–351.

Combs, A. W. (Ed.) (1967): *Humanizing education: The person in the process.* Washington, D.C.: Association for Supervision and Curriculum Development, National Education Association.

Combs, A. W. (1979): *Myths in Education.* Boston: Allyn & Bacon.

Conant, J. B. (1963): *The education of American teachers.* New York: McGraw-Hill.

Cooper, C. L. (1974/75): The impact of marathon encounters on teacher-student relationships. *Interpersonal Development,* 5: 71–77.

Cooper, H. (1979): Statistically combining independent studies: A meta-analysis of sex differences in conformity research. *Journal of Personality and Social Psychology,* 37:131–146.

Cooper, H. M.; Good, T. L. (1983): *Pygmalion grows up: Studies in the expectation communication process.* New York: Longman.

Corno, L.; Mitman, A.; Hedges, L. (1981): The influence of direct instruction on student self-appraisals: A hierarchical analysis of treatment and aptitude-treatment interaction effects. *American Educational Research Journal,* 18:39–61.

Costa, A. L. (1977): Affective education: The state of the art. *Educational Leadership,* 34:260–263.

Costin, F. (1972): Lecturing versus other methods of teaching: A review of research. *British Journal of Educational Technology,* 3:4–31.

Covington, M. V.; Crutchfield, R. S. (1965): Experiments in the use of programmed instruction for the facilitation of creative problem solving. *Programmed Instruction,* 4:3–4, 10.

Covington, M. V.; Crutchfield, R. S.; Davies, L.; Olton, R. M. (1974): The Productive Thinking Program: A course in learning to think. Columbus, Ohio: Merrill.

Covington, M. V.; Omelich, C. L. (1979): Effort: The double-edged sword in school achievement. *Journal of Educational Psychology,* 71:169–182.

Covington, M. V.; Omelich, C. L. (1981): As fortunes mount: Affective and cognitive consequences of ability demotion in class. *Journal of Educational Psychology,* 73:796–808.

Cox, W. F., Jr.; Dunn, T. G. (1979): Mastery learning: A psychological trap? *Educational Psychologist,* 14:24–29.

Crandall, V. J.; Katkovsky, W.; Preston, A. (1962): Motivational and ability determinants of young children's intellectual achievement behaviors. *Child Development,* 33:643–661.

Crawford, J.; Gage, N. L.; Corno, L.; Stayrook, N. G.; Mitman, A.; Schunk, D.; Stallings, J. (1978): *An experiment on teacher effectiveness and parent-assisted instruction in the third grade.* Vols. 1–111. Stanford, Calif.: Center for Educational Research at Stanford.

Cronbach, L. J. (1963): Evaluation for course improvement. *Teachers College Record,* 64:672–683.

Cronbach, L. J. (1970): *Essentials of psychological testing* (3rd ed.). New York: Harper & Row.

Cronbach, L. J. (1971): Test validation. In: *R. L. Thorndike* (Ed.): *Educational measurement.* (2nd ed.) Washington, D.C.: American Council on Education.

Cronbach, L. J., and Associates (1980): *Toward reform of program evaluation.* San Francisco: Jossey-Bass.

Cronbach, L. J.; Snow, R. E. (1977): *Aptitudes and instructional methods: A handbook for research on interac-*

tions. New York: Irvington Publishers/Naiburg Publishing.

Crossan, D.; Olson, D. R. (1969): Encoding ability in teacher-student communication games. Paper presented at the meeting of the American Educational Research Association, February.

Crowne, D. P.; Marlowe, D. (1964): *The approval motive: Studies in evaluative dependence.* New York: Wiley.

Crutchfield, R. S. (1966): Sensitization and activation of cognitive skills. In: *Jerome S. Bruner* (Ed.): *Learning about learning.* Washington, D.C.: Department of Health, Education, and Welfare, U.S. Office of Education.

Cruttenden, A. (1979): *Language in infancy and childhood.* New York: St. Martin's Press.

Cryan, J. (Ed.) (1981): Corporal punishment in the schools: Its use is abuse. *Educational Comment/1981.* Toledo: College of Education and Allied Professions, University of Toledo.

Cullinan, D.; Epstein, M. H.; Lloyd, J. (1982): *Behavior disorders.* Englewood Cliffs, N.J.: Prentice-Hall.

Dale, E. (1967): Historical setting of programmed instruction. In: *P. C. Lange* (Ed.): *Programmed instruction. Yearbook of the National Society for the Study of Education,* 66 (Part II): 28–54.

Dale, P. S. (1976): *Language development* (2nd ed.). New York: Holt, Rinehart & Winston.

Davidson, H. H.; Lang, G. (1960): Children's perceptions of their teacher's feelings toward them related to self-perception, school achievement, and behavior. *Journal of Experimental Education,* 29:107–118.

Davis, A.; Eells, K. W. (1953): *Davis-Eells tests of general intelligence or problem-solving ability.* Yonkers, N.Y.: World Book.

Day, M. I.; Berlyne, D. E. (1972): Intrinsic motivation. In: *G. S. Lesser* (Ed.): *Psychology and educational processes.* Glenview, Ill.: Scott, Foresman.

Deal, T. E. (1971): Modifying the effects of age within decision-making groups. Technical Report No. 4. Stanford, Calif.: School of Education, Stanford University (E. G. Cohen, project director).

DeCharms, R. (1970): Motivation change in low-income black children. Paper presented at the meetings of the American Educational Research Association. Minneapolis.

DeCharms, R. (1976): *Enhancing motivation.* New York: Irvington Press/Wiley.

DeCharms, R. (1980): The origins of competence and achievement motivation in personal causation. In: *L. J. Fyans, Jr.* (Ed.): *Achievement motivation.* New York: Plenum.

DeCharms, R.; Moeller, G. H. (1962): Values expressed in American children's readers. *Journal of Abnormal and Social Psychology,* 64:136–142.

Deci, E. L. (1975): *Intrinsic Motivation.* New York: Plenum.

DeCrow, K. (1972): "Look, Jane, look! See Dick run and jump! Admire him!" In: *Scarvia B. Anderson* (Ed.): *Sex differences and discrimination in education.* Worthington, Ohio: Charles A. Jones.

DeFries, J. D.; Decker, S. N. (1981): Genetic aspects of reading disability. In: *P. G. Aaron, M. Halatesha* (Eds.): *Neuropsychological and neuropsycholinguistic aspects of reading disabilities.* New York: Academic Press.

de Groot, A. (1965): *Thought and choice in chess.* The Hague: Mouton.

DeLandsheere, V. (1977): On defining educational objectives. *Evaluation in Education,* 1:73–150.

Della-Piana, G. M.; Jensen, J.; Murdock, E. (1970): New directions for informal reading assessment. In: *W. K. Durr* (Ed.): *Reading difficulties: Diagnosis, correction, and remediation.* Newark, Del.: International Reading Association. Pp. 127–132.

Department of Education (1981): *The condition of education.* Washington, D.C.: Department of Education, National Center for Education Statistics.

Dewey, J. (1933): *How we think: A restatement of the relation of reflective thinking to the educative process* (rev. ed.). New York: Heath.

Diaz, R. M. (1983): Thought and two languages: The impact of bilingualism. In: *E. W. Gordon* (Ed.): *Review of Research in Education,* 10. Washington, D.C.: American Education Research Association.

Dickinson, D. (1974): But what happens when you take the reinforcement away? *Psychology in the Schools,* 11:158–160.

Diener, C.; Dweck, C. (1978): An analysis of learned helplessness: Continuous changes in performance strategy, and achievement cognitions following failure. *Journal of Personality and Social Psychology,* 36:351–362.

Dillon, J. T. (1982): Cognitive correspondence between question/statement and response. *American Educational Research Journal,* 19:540–551.

Dobson, C. B. (1979): Study inventory responses and 'A' level grades. *Educational Studies,* 5:127–134.

Dowaliby, F. J.; Schumer, H. (1973): Teacher-centered versus student-centered mode of college classroom instruction is related to manifest anxiety. *Journal of Educational Psychology,* 64:125–132.

Doyle, W. (1978): Are students behaving worse than they used to behave? *Journal of Research and Development in Education,* 11:3–16.

Dreger, R. M.; Miller, K. S. (1960): Comparative psychological studies of Negroes and whites in the United States. *Psychological Bulletin,* 57:361–402.

Dreger, R. M.; Miller, K. S. (1968): Comparative psychological studies of Negroes and whites in the United States. 1959–1965. *Psychological Bulletin Monograph Supplement,* 70, No. 3 (Part II).

Dressel, P. L. (1977): The nature and role of objectives in instruction. *Educational Technology,* 17(5):7–15.

Dubin, R.; Taveggia, T. C. (1968): *The teacher-learning paradox: A comparative analysis of college teaching methods.* Eugene: Center for the Advanced Study of Educational Administration. University of Oregon.

Duell, O. K.; Anderson, R. C. (1967): Pitch discrimination among primary school children. *Journal of Educational Psychology,* 58:315–318.

Duncker, K. (1945): On problemsolving. *Psychological Monographs,* 58, No. 5 (Whole No. 270).

Dunkin, M. J.; Biddle, B. J. (1974): *The study of teaching.* New York: Holt, Rinehart & Winston.

Dweck, C. (1975): The role of expectations and attributions in the alleviation of learned helplessness. *Journal of Personality and Social Psychology,* 31:674–685.

Dwyer, C. A. (1973): Sex differences in reading: An evaluation and a critique of current theories. *Review of Educational Research,* 43:455–467.

Dyer, H. S. (1967): The discovery and development of educational goals. *Proceedings of the 1966 Invitational Conference on Testing Problems.* Princeton, N.J.: Educational Testing Service. Pp. 12–24.

Eagly, A. H.; Carli, L. L. (1981): Sex of researchers and sextyped communications as determinants of sex differences in influenceability: A meta-analysis of social influence studies. *Psychological Bulletin,* 90:1–20.

Ebel, R. L. (1965): *Measuring educational achievement.* Englewood Cliffs, N.J.: Prentice-Hall.

Ebel, R. L. (1974): Should we get rid of grades? *Measurement in Education,* 5(4):1–5.

Ebel, R. L. (1980): Achievement tests as measures of developed abilities. In: *W. B. Schrader* (Ed.): New directions for testing and measurement, No. 5. San Francisco: Jossey-Bass.

Ebersole, E. H. (1971): *Programmed tutoring in reading.* Pasadena, Calif.: Eber Son Enterprise.

Edgington, D. (1976): *The physically handicapped child in your classroom: A handbook for teachers.* Springfield, Ill.: Thomas.

Edmonds, R. R. (1981): Making public schools effective. *Social Policy,* 12:56–60.

Edwards, J. R. (1979): *Language and disadvantage.* London: Edward Wauld, Ltd.

Eisner, E. W. (1969): Instructional and expressive educational objectives: Their formulation and use in curriculum. In: *W. J. Popham, E. W. Eisner, H. J. Sullivan, L. L. Tyler: Instructional objectives.* AERA Monograph Series on Curriculum Evaluation, No. 3. Chicago: Rand McNally. Pp. 1–31.

Elardo, P. T.; Caldwell, B. M. (1976): *The effects of an experimental social development program on children in the middle childhood period.* Paper presented at the Mid-South Educational Research Association Meeting, New Orleans. (As summarized by Hess and Baskin, 1978).

Elashoff, J. D.; Snow, R. E. (1971): *Pygmalion reconsidered.* Worthington, Ohio: Charles A. Jones.

Elkind, D. (1976): *Child development and education.* New York: Oxford University Press.

Ellis, H. P.; Jones, A. D. (1974): Anxiety about lecturing. *Universities Quarterly* (Winter): 91–95.

Ellson, D. G.; Harris, P.; Barber, I. (1968): A field test of programmed and directed tutoring. *Reading Research Quarterly,* 3:307–367.

Elsen, A. (1969): The pleasures of teaching. In: *The study of education at Stanford: Report to the university. VIII. Teaching, research, and the faculty.* Stanford, Calif.: Stanford University. Pp. 21–23.

Emmer, E.; Evertson, C.; Anderson, L. (1980): Effective classroom management at the beginning of the school year. *Elementary School Journal,* 80:219–231.

Ennis, R. H. (1969): *Logic in teaching.* Englewood Cliffs, N.J.: Prentice-Hall.

Entwistle, D. R. (1960): Evaluations of study-skill courses: A review. *Journal of Educational Research,* 53:243–251.

Erikson, E. (1963): *Childhood and society* (2nd ed.). New York: W. W. Norton.

Erikson, E. (1968): *Identity, youth and crises.* New York: W. W. Norton.

Erlenmeyer-Kimling, L.; Jarvik, L. F. (1963): Genetics and intelligence: A review. *Science,* 142:1477–1479.

Esbenson, T. (1967): Writing instructional objectives. *Phi Delta Kappan,* 48:246–247.

Estes, N. K. (1982): Learning, memory, and intelligence. In: *R. J. Sternberg* (Ed.): *Handbook of human intelligence.* New York: Cambridge University Press.

Estes, W. K. (1944): An experimental study of punishment. *Psychological Monographs,* 57 (Whole No. 263).

Evans, E. D. (1967): The effects of achievement motivation and ability upon discovery learning and accompanying incidental learning under two conditions of incentive-set. *Journal of Educational Research,* 60:195–200.

Evans, W. E.; Guyman, R. E. (1978): Clarity of explanation: A powerful indicator of teacher effectiveness. Paper presented at the annual meeting of the American Educational Research Association, Toronto (Brigham Young University).

Evertson, C. M.; Emmer, E. T. (1982): Effective management at the beginning of the school year in junior high classes. *Journal of Educational Research,* 74:485–498.

Eysenck, H. J. (1979): *The structure and measurement of intelligence.* Berlin, West Germany: Springer-Verlag. – Dt. Ausgabe: *Intelligenz. Struktur und Messung.* Berlin: Springer 1980.

Eysenck, H. J. (1980): *The causes and effects of smoking.* Beverly Hills, Calif.: Sage. – Dt. Ausgabe: *Rauchen, Gesundheit und Persönlichkeit.* Düsseldorf: Rau 1968.

Fagan, E. R.; Hassler, D. M.; Szabo, M. (1981): Evaluation of questioning strategies in language arts instruction. *Research in the Teaching of English,* 15:267–273.

Fagot, B. (1981): Male and female teachers: Do they treat boys and girls differently? *Sex Roles,* 7:263–271.

Fagot, B. I.; Patterson, G. R. (1969): An in vivo analysis of reinforcing contingencies for sex-role behaviors in the pre-school child. *Developmental Psychology,* 1:563–568.

Featherstone, J. (1971): *Schools where children learn.* New York: Liveright.

Feld, S.; Ruhland, D.; Gold, M. (1979): Developmental changes in achievement motivation. *Merrill-Palmer Quarterly,* 25:43–60.

Feldhusen, J. (1979): Student behavior problems in secondary schools. In: *Daniel L. Duke* (Ed.): *Classroom management: The 78th yearbook of the National Society for the Study of Education.* Chicago: University of Chicago Press.

Feldhusen, J. F.; Thurston, J. R.; Benning, J. J. (1973): A longitudinal study of delinquency and other aspects of children's behavior. *International Journal of Criminology and Penology,* 1:341–351.

Fennema, E. (1973): Mathematics learning and the sexes: A review. Paper presented at the meetings of the American Educational Research Association, New Orleans.

Fennema, E. (1981): Woman and mathematics: Does research matter? *Journal for Research in Mathematics Education,* 12:380–385.

Fennema, E. (1982): Women and mathematics: A state of the art review. Paper presented at the annual meetings of the American Association for the Advancement of Science, Washington, D.C.

Ferster, C. B.; Skinner, B. F. (1957): *Schedules of reinforcement.* New York: Appleton-Century-Crofts.

Feuerstein, Reuven (1980): *Instrumental enrichment: An intervention program for cognitive modifiability.* Baltimore: University Park Press.

Fillmer, H. T. (1974): Sexist teaching – what you can do. *Teacher,* 91(5):30–32.

Finn, J. D.; Dulberg, L.; Reis, J. (1979): Sex differences in educational attainment: A cross-national perspective. *Harvard Educational Review,* 49:477–503.

Fisher, C. W.; Berliner, D. C.; Filby, N. N.; Marliave, R.; Cahen, L. S.; Dishaw, M. M. (1980): Teaching behaviors, academic learning time, and student achievement: An overview. In: *C. Denham, A. Lieberman* (Eds.): *Time to learn.* Washington, D.C.: National Institute of Education.

Fisher, C. W.; Filby, N. A.; Marliave, R.; Cahen, L. S.; Dishaw, M. M.; Moore, J. E.; Berliner, D. C. (1978): *Teaching behaviors, academic learning time, and student achievement: Final report of Phase III-B, beginning teacher evaluation study. (Technical Report V-1).* San Francisco: Far West Laboratory for Educational Research and Development.

Fitch, M. L.; Drucker, A. J.; Norton, J. A. (1951): Frequent testing as a motivating factor in large lecture classes. *Journal of Educational Psychology,* 42:1–20.

Flanagan, J. C.; Davis, F. B.; Dailey, J. T.; Shaycoft, M. F.; Orr, D. B.; Goldberg, I.; Neyman, C. A., Jr. (1964): *The American high school student.* Pittsburgh: Project TALENT, University of Pittsburgh (Final report, U.S. Office of Education, Cooperative Research Project No. 635).

Flanders, N. A. (1970): *Analyzing teacher behavior.* Reading, Mass.: Addison-Wesley.

Flanders, N. A.; Simon, A. (1969): Teacher effectiveness. In: *R. L. Ebel* et al. (Eds.): *Encyclopedia of educational research.* (4th ed.) New York: Macmillan. Pp. 1423–1437.

Flavell, J. H. (1963): *The developmental psychology of Jean Piaget.* Princeton, N.J.: Van Nostrand.

Flavell, J. H. (1976): Metacognitive aspects of problem solving. In: *L. B. Resnick* (Ed.): *The nature of intelligence.* Hillsdale, N.J.: Lawrence Erlbaum.

Flavell, J. H. (1979): Metacognition and cognitive monitoring: A new area of cognitive-developmental inquiry. *American Psychologist,* 34:906–911.

Flesch, R. (1954): *How to make sense.* New York: Harper.

Floden, R. E.; Porter, A. C.; Schmidt, W. H.; Freeman, D. J.; Schwille, J. R. (1981): Responses to curriculum pressures: A policy-capturing study of teacher decisions about content. *Journal of Educational Psychology,* 73:129–141.

Forlano, G. (1936): School learning with various methods of practice and rewards. *Teacher College Contributions to Education,* No. 688.

Forman, G. E.; Kuschner, D. S. (1977): *The child's construction of knowledge.* Monterey, Calif.: Brooks/Cole.

Formanek, R.; Gurian, A. (1976): *Charting intellectual growth.* Springfield, Ill.: Charles C. Thomas.

Fortune, J. C.; Gage, N. L.; Shutes, R. E. (1966): The generality of the ability to explain. Paper presented to the American Educational Research Association, February.

Fowler, J. W.; Peterson, P. L. (1981): Increasing reading persistence and altering attributional style of learned helplessness children. *Journal of Educational Psychology,* 73:251–260.

Fox, L. H.; Tobin, D.; Brady, L. (1979): Sex role socialization and achievement in mathematics. In: *M. A. Wittig, A. C. Peterson* (Eds.): *Sex-related differences in cognitive functioning.* New York: Academic Press.

Frase, L. T. (1969): Paragraph organization of written materials: The influence of conceptual clustering upon the level and organization of recall. *Journal of Educational Psychology,* 60:394–401.

Frazier, N.; Sadker, M. (1973): *Sexism in school and society.* New York: Harper & Row.

Fremouw, W. J.; Harmatz, M. G. (1975): A helper model for behavioral treatment of speech anxiety. *Journal of Consulting and Clinical Psychology,* 43:652–660.

French, E. G. (1956): Motivation as a variable in work partner selection. *Journal of Abnormal and Social Psychology,* 55:96–99.

French, E. G.; Thomas, F. (1958): The relation of achievement motivation to problem-solving effectiveness. *Journal of Abnormal and Social Psychology,* 56:45–48.

French, J. R. P., Jr.; Raven, B. H. (1959): The bases of social power. In: *Dorwin Cartwright* (Ed.): *Studies in social power.* Ann Arbor, Mich.: Institute for Social Research.

Frieze, I. H. (1980): Beliefs about success and failure in the classroom. In: *J. H. McMillan* (Ed.): *The social psychology of school learning.* New York: Academic Press.

Frieze, I. H. (1981): Children's attributions for success and failure. In: *S. F. Brehm, S. M. Kassin, F. X. Gibbons* (Eds.): *Developmental social psychology*. Oxford: Oxford University Press.

Frieze, I. H.; Fisher, J.; Hanusa, B.; McHugh, M. C.; Valle, V. A. (1978): Attributions of the causes of success and failure as internal and external barriers to achievement in women. In: *J. Sherman, L. Denmark* (Eds.): *Psychology of women: Future directions of research*. New York: Psychological Dimensions.

Frieze, I. H.; Snyder, H. N. (1980): Children's beliefs about the causes of success and failure in school settings. *Journal of Educational Psychology*, 72:186–196.

Fund for the Advancement of Education (1964): *Four case studies of programmed instruction*. New York: The Fund.

Furst, E. J. (1981): Bloom's taxonomy of educational objectives for the cognitive domain: Philosophical and educational issues. *Review of Educational Research*, 51:441–453.

Furth, H.; Wachs, H. (1982): *Thinking goes to school: Piaget's theory in practice*. Oxford: Oxford University Press. – Dt. Ausgabe: *Denken geht zur Schule. Piagets Theorie in der Praxis*. Weinheim: Beltz 1978.

Furth, H. G. (1981) *Piaget Forteachers*. (2nd ed.) Englewood Cliffs, N. J.: Prentice-Hall. Dt. Ausgabe: *Piaget für Lehrer*. Berlin: Ullstein 1983.

Fyans, L. J., Jr.; Maehr, M. L. (1980): Attributional style, task selection and achievement. In: *L. J. Fyans, Jr.* (Ed.): *Achievement motivation*. New York: Plenum.

Gage, N. L. (1969): Teaching methods. In: *R. L. Ebel* (Ed.): *Encyclopedia of educational research*. (4th ed.) New York: Macmillan. Pp. 1446–1458.

Gage, N. L. (1972a): I.Q. heritability, race differences, and educational research. *Phi Delta Kappan*, 53:308–312.

Gage, N. L. (1972b): *Teacher effectiveness and teacher education: The search for a scientific basis*. Palo Alto, Calif.: Pacific Books.

Gage, N. L. (1978): *The scientific basis of the art of teaching*. New York: Teachers College Press.

Gagné, R. M. (1962): Military training and principles of learning. *American Psychologist*, 17:83–91.

Gagné, R. M. (1964): The implications of instructional objectives for learning. In: *C. M. Lindvall* (Ed.): *Defining educational objectives*. Pittsburgh: University of Pittsburgh Press. Pp. 37–46.

Gagné, R. M. (1970): Some new views of learning and instruction. *Phi Delta Kappan*, 51:468–472.

Gagné, R. M. (1977): *The conditions of learning*. (3rd ed.) New York: Holt, Rinehart & Winston. – Dt. Ausgabe: *Die Bedingungen des menschlichen Lernens*. Hannover: Schroedel 1982.

Gagné, R. M.; Mayor, R. J.; Garsters, N. L.; Paradise, N. E. (1962): Factors in acquiring knowledge of a mathematical task. *Psychological Monographs*, 76 (Whole No. 526).

Gall, M. D. (1970): The use of questions in teaching. *Review of Educational Research*, 40:707–721.

Gall, M. D.; Gall, J. P. (1976): The discussion method. In: *N. L. Gage* (Ed.): *The psychology of teaching methods: The 75th yearbook of the National Society for the Study of Education, Part I*. Chicago: University of Chicago Press.

Gall, M. D.; Weathersby, R.; Elder, R. A.; Lai, M. U. (1972): Discussing controversial issues. San Francisco: Far West Laboratory for Educational Research and Development.

Gallagher, J. J. (1959): *The gifted child in the elementary school (What Research Says to the Teacher*, No. 17). Washington, D.C.: American Educational Research Association, NEA, and Association of Classroom Teachers.

Galton, F. (1869): *Hereditary genius: An inquiry into its laws and consequences*. London: Macmillan. Nachdruck 1952, Horizon Press, New York.

Garai, J. E.; Scheinfeld, A. (1968): Sex differences in mental and behavioral traits. *Genetic Psychology Monographs*, 77:169–299.

Gardner, J. W. (1963): *Self-renewal*. New York: Harper & Row.

Gasper, K. L. (1980): The student perspective. *Teaching Political Science*, 7:470–471.

Gates, A. I. (1917): Recitation as a function in memorizing. *Archives of Psychology*, 6, No. 40.

Gazda, G. M.; Asbury, F. R.; Balzer, F. J.; Childers, W. C.; Walters, W. C. (1977): *Human relations development: A manual for educators* (2nd ed.). Boston: Allyn & Bacon.

Gearheart, B. R. (1980): *Special education for the '80s*. St. Louis: Mosby.

Gearheart, B. R.; Weishahn, M. W. (1976): *The handicapped child in the regular classroom*. St. Louis, Mo.: C. V. Mosby.

Getzels, J. W.; Jackson, P. W. (1962): *Creativity and intelligence*. New York: Wiley.

Giaconia, R. M.; Hedges, L. V. (1982): Identifying features of effective open education. *Review of Educational Research*, 52:579–602.

Gifford, E. M.; Marston, A. R. (1966): Test anxiety, reading ratio, and task experience. *Journal of Educational Research*, 59:303–306.

Ginsburg, H.; Opper, S. (1979): *Piaget's theory of intellectual development*. (2d ed.) Englewood Cliffs, N.J.: Prentice-Hall. – Dt. Ausgabe: *Piagets Theorie der geistigen Entwicklung*. Stuttgart: Clett-Kotta 1982.

Glaser, R. (1963): Instructional technology and the measurement of learning outcomes. *American Psychologist*, 18:519–521.

Glaser, R.; Nitko, A. J. (1971): Measurement in learning and instruction. In: *R. L. Thorndike* (Ed.): *Educational measurement*. (2nd ed.) Washington, D.C.: American Council of Education.

Glass, G. V.; Smith, M. L. (1979): Meta-analysis of research on class size and achievement. *Educational Evaluation and Policy Analysis*, 1:2–16.

Glasser, W. L. (1969): *Schools without failure*. New York: Harper & Row.

Glock, M. D.; Millman, J. (1971): The assignment of school marks. In: *M. D. Glock* (Ed.): *Guiding learning:*

Readings in educational psychology. New York: Wiley.

Glynn, E. L.; Thomas, J. D. (1974): Effect of cueing on self-control of classroom behavior. *Journal of Applied Behavior Analysis*, 7:299–306.

Glynn, E. L.; Thomas, J. D.; Shee, S. K. (1973): Behavioral self-control of on-task behavior in an elementary classroom. *Journal of Applied Behavior Analysis*, 6:105–118.

Glynn, S. M.; DiVesta, F. J. (1979): Control of prose processing via instructional and typographical cues. *Journal of Educational Psychology*, 71:595–603.

Gold, M. W.; Ryan, V. M. (1979): Vocational training for the mentally retarded. In: *I. H. Frieze, D. Bar-Tal, J. S. Carroll* (Eds.): *New approaches to social problems: Applications of attribution theory*. San Francisco: Jossey-Bass.

Goldberg, L. R. (1965): Grades as motivants. *Psychology in the Schools*, 2:17–24.

Goldiamond, I. (1965): Stuttering and fluency as manipulable operant response classes. In: *Leonard Krasner, L. P. Ullmann* (Eds.): *Research in behavior modification*. New York: Holt, Rinehart & Winston. Pp. 106–156.

Golub, A. M.; Masiarz, F. R.; Villars, T.; McConnell, J. V. (1970): Incubation effects in behavior induction in rats. *Science*, 168:392–395.

Good, T. L. (1983): Classroom research: Past and future. In: *F. Sykes, L. S. Shulman* (Eds.): *Handbook of teaching and policy*. New York: Longmans.

Goodlad, J. I.; Klein, M. F. (1970): *Behind the classroom door*. Worthington, Ohio: Charles A. Jones.

Goodman, P. (1964): *Compulsory miseducation*. New York: Horizon Press. – Dt. Ausgabe: *Das Verhängnis der Schule*. Königstein: Athenäum 1975.

Goodmann, P. (1970): (Untitled essay.) In: *Harold H. Hart* (Ed.): *Summerhill: For and against*. New York: Hart Publishing.

Goodwin, W. L.; Driscoll, L A. (1980): *Handbooks for measurement and evaluation in early childhood education*. San Francisco: Jossey-Bass.

Goslin, D. A. (1967): *Teachers and testing*. New York: Russell Sage Foundation.

Goyer, R. S. (1966): A test to measure the ability to organize ideas. Athens, Ohio: Center for Communication Studies. Ohio University Special Report No. 9 (mimeograph).

Green, D. R. (Ed.) (1974): *The aptitude-achievement distinction*. Monterey, Calif.: CTB/McGraw-Hill.

Green, J. L. (1983): Research on teaching as a linguistic process: The state of the art. In: *E. W. Gordon* (Ed.): *Review of Research in Education*, Vol. 10. Washington, D.C.: American Educational Research Association.

Gregory, I. D. (1975): A new look at the lecture method. *British Journal of Educational Technology*, 6:55–62.

Gresham, F. M. (1981): Social skills training with handicapped children: A review. *Review of Educational Research*, 51:139–176.

Griffin, W. M. (1965): Schedules, bells, groups, and independent study. In: *D. W. Beggs, III, E. G. Buffie* (Eds.): *Independent study: Bold new venture*. Bloomington: Indiana University Press. Pp. 1–8.

Grimes, J. W.; Allinsmith, W. (1961): Compulsivity, anxiety and school achievement. *Merrill-Palmer Quarterly*, 7:247–271.

Gronlund, N. E. (1959): *Sociometry in the classroom*. New York: Harper.

Gronlund, N. E. (1974): *Improving marking and reporting in classroom instruction*. New York: Macmillan.

Gronlund, N. E. (1978): *Stating objectives for classroom instruction* (2nd ed.). New York: Macmillan.

Gronlund, N. E. (1981): *Measurement and evaluation in teaching* (4th ed.). New York: Macmillan.

Gronlund, N. E. (1982): *Constructing achievement tests* (3rd ed.). Englewood Cliffs, N.J.: Prentice-Hall. – Dt. Ausgabe: *Die Anlage von Leistungstests*. Frankfurt: Diesterweg 1974.

Grossman, H. (Ed.) (1977): *Manual on terminology and classification in mental retardation*. Washington, D.C.: American Association on Mental Deficiency.

Gruber, H. E.; Vonèche (Eds.) (1977): *The essential Piaget: An interpretive reference and guide*. New York: Basic Books.

Gruber, H. E.; Weitman, M. (1962): Self-directed study: Experiments in higher education. Boulder: University of Colorado, Behavior Research Laboratory. Report No. 19.

Guetzkow, H.; Simon, H. A. (1955): The impact of certain communication nets upon organization and performance in task-oriented groups. *Management Science*, 1:233–250.

Guilford, J. P. (1952): *General psychology* (2nd ed.). Princeton, N.J.: Van Nostrand.

Guthrie, L. F.; Hall, W. S. (1983): Continuity/discontinuity in the function and use of language. In: *E. W. Gordon* (Ed.): *Review of Research in Education*, Vol. 10. Washington, D.C.: American Educational Research Association.

Hales, L. W.; Bain, P. T.; Rand, L. P. (1971): An investigation of some aspects of the pass-fail grading system. Paper presented at the meetings of the American Educational Research Association. New York City (February).

Hall, C. S.; Lindzey, G. S. (1978): *Theories of Personality* (3rd ed.). New York: Wiley. – Dt. Ausgabe: *Theorien der Persönlichkeit*. München: Beck 78/79.

Hall, R. V.; Hall, M. C. (1980): *How to select reinforcers*. Lawrence, Kans.: M and M Enterprises.

Hall, R. V.; Hall, M. C. (1980): *How to use time out*. Lawrence, Kans.: M and M Enterprises.

Haller, E. J.; Davis, S. A. (1980): Does socioeconomic status bias the assignment of elementary school students to reading groups? *American Educational Research Journal*, 17:409–418.

Halpin, G.; Halpin, G. (1982): Experimental investigation of the effects of study and testing on student learning, retention, and ratings of instruction. *Journal of Educational Psychology*, 72:32–38.

Hamachek, D. E. (1978): *Encounters*

with the self (2nd ed.). New York: Holt, Rinehart & Winston.

Hambleton, R. K.; Swaminathan, H.; Algina, J.; Coulson, D. B. (1978): Criterion-referenced testing and measurement: A review of technical issues and developments. *Review of Educational Research,* 48:1–47.

Hamblin, R. L.; Buckholdt, D.; Bushell, D.; Ellis, D.; Ferritor, D. (1969): Changing the game from "Get the teacher" to "learn." *Transaction,* 6 (January): 20–31.

Hare, A. P. (1962): *Handbook of small group research.* New York: Free Press.

Hartley, J. (1976): Lecture handouts and student note-taking. *Programmed Learning and Educational Technology,* 13:58–64.

Hartley, J.; Davies, I. K. (1976): Preinstructional strategies: The role of pretests, behavioral objectives, overviews, and advance organizers. *Review of Educational Research,* 40:239–265.

Hartley, J.; Davies, I. (1977): Notetaking. Keele, England: The authors, University of Keele, Unpublished manuscript.

Hartley, J.; Goldie, M.; Steen, L. (1979): The role and position of summaries: Some issues and data. *Educational Review,* 31:59–65.

Hartshorne, H.; May, M. A. (1928): *Studies in the nature of character,* Vol. 1. *Studies in deceit.* New York: Macmillan.

Hassett, J. D.; Weisberg, A. (1972): *Open education: Alternatives within our tradition.* Englewood Cliffs, N.J.: Prentice-Hall.

Hastings, W. M. (1977): In praise of regurgitation. *Intellect,* 105:349–350.

Hastorf, A. H. (1965): The reinforcement of individual actions in a group situation. In: *Leonard Krasner, L. P. Ullmann* (Eds.): *Research in behavior modification.* New York: Holt, Rinehart & Winston.

Havighurst, R. J.; Bowman, P. H.; Liddle, G. P.; Matthews, G. V.; Pierce, J. V. (1962): *Growing up in River City.* New York: Wiley.

Hearnshaw, L. S. (1979): *Cyril Burt: Psychologist.* New York: Random House.

Heckhausen, H. (1967): *The anatomy of achievement motivation.* New York: Academic Press.

Henderson, J. E.; Burke, J. B. (1971): Protocol material teaching strategies. East Lansing: Michigan State University, College of Education (mimeograph).

Henderson, R. W.; Swanson, R.; Zimmerman, B. J. (1975): Inquiry response induction in preschool children through televised modeling. *Developmental Psychology,* 11:523–524.

Hendrickson, G.; Schroeder, W. H. (1941): Transfer of training in learning to hit a submerged target. *Journal of Educational Psychology,* 32:205–213.

Henry, J. (1957): Attitude organization in elementary school classrooms. *American Journal of Orthopsychiatry,* 27:117–133.

Henry, J. (1963): *Culture against man.* New York: Random House.

Herrnstein, R. J. (1971): IQ. *Atlantic Monthly,* 228 (September): 43–64.

Hershberger, W. A.; Terry, D. F. (1965): Typographical cueing in conventional and programmed texts. *Journal of Applied Psychology,* 49:55–60.

Hess, R. D.; Baskin, E. J. (1978): *Teaching affective behavior and social perception in the schools: A summary of evaluations of affective education.* Stanford, Calif.: Stanford Evaluation Consortium, Stanford University.

Hess, R. D.; Shipman, V. C. (1965): Early experience and the socialization of cognitive modes in children. *Child Development,* 36:869–886.

Hess, R. D.; Shipman, V. C. (1968): Maternal influences upon early learning: The cognitive environments of urban preschool children. In: *R. D. Hess, R. M. Bear* (Eds.): *Early education: Current theory, research, and action.* Chicago: Aldine. Pp. 91–103.

Hess, R. D.; Tenezakis, M.; Smith, I. D.; Brad, R. L.; Spellman, J. B.; Ingle, H. T.; Oppman, B. G. (1970): The computer as a socializing agent: Some socioaffective outcomes of CAI. Stanford, Calif.: Stanford Center for Research and Development in Teaching. Technical Report No. 13.

Hewett, F. M.; Taylor, F. D.; Artuso, A. A. (1969): The Santa Monica Project Evaluation of an engineered classroom design with emotionally disturbed children. *Exceptional Children,* 35:523–529.

Highet, G. (1955): *The art of teaching.* New York: Vintage Books.

Hilgard, E. R.; Atkinson, R. C.; Atkinson, R. L. (1971): *Introduction to psychology* (5th ed.). New York: Harcourt Brace Jovanovich.

Hill, W. F. (1969): *Learning through discussion.* Beverly Hills, Calif.: Sage.

Hiller, J. E. (1968): An experimental investigation of the effects of conceptual vagueness on speaking behavior. Unpublished doctoral dissertation, University of Connecticut.

Hilton, T. L.; Berglund, G. W. (1974): Sex differences in mathematics achievement – A longitudinal study. *Journal of Educational Research,* 67:231–237.

Hobbs, N. (1979): Interview. *The Directive Teacher,* 1:1.

Hocevar, D. (1981): Measurement of creativity: Review and critique. *Journal of Personality Assessment,* 45:450–464.

Hoetker, J.; Ahlbrand, W. P., Jr. (1969): The persistence of the recitation. *American Educational Research Journal,* 6:145–167.

Holt, J. (1964): *How children fail.* New York: Pitman.

Holt, J. (1967): *How children learn.* New York: Pitman.

Holt, J. (1969): *On testing.* New York: Pitman.

Holt, J. (1974): Marking and grading. In: *M. D. Gall, B. A. Ward* (Eds.): *Critical issues in educational psychology.* Boston: Little, Brown.

Homme, L. E. (1966): Human motivation and environment. *Kansas Studies in Education,* 16:30–39.

Homme, L. E.; Csanyi, A. P.; Gonzales, M. A.; Rechs, J. R. (1970): *How to use contingency contracting in the classroom.* Champaign, Ill.: Research Press.

Homme, L. E.; Tosti, D. T. (1965):

Contingency management and motivation. *National Society for Programmed Instruction Journal,* 4(7):14–16.

Homme, L. E.; Tosti, D. T. (1971): *Behavior technology.* San Rafael, Calif.: Individual Learning Systems.

Hopkins, K. D.; Bracht, G. H. (1975): Ten-year stability of verbal and nonverbal IQ scores. *American Educational Research Journal,* 12:469–477.

Hopkins, K. D.; Stanley, J. C. (1981): *Educational and psychological measurement and evaluation* (6th ed.). Englewood Cliffs, N.J.: Prentice-Hall.

Horner, M. S. (1969): Fail: A bright woman is caught in a double bind. *Psychology Today,* 3(6):36–38, 62.

Horner, M. S. (1972): Toward an understanding of achievement-related conflicts in women. *Journal of Social Issues,* 28(2):157–175.

Horwitz, R. (1979): Psychological effects of the "open classroom." In: *H. J. Walberg* (Ed.): *Educational environments and effects: Evaluation, policy and productivity.* Berkeley, Calif.: McCutchan.

Houston, J. P. (1981): *Fundamentals of learning and memory.* New York: Academic Press.

Hovland, C. I.; Lumsdaine, A. A.; Sheffield, F. D. (1949): *Experiments on mass communication,* vol. 3, Studies in Social Psychology in World War II. Copyright 1949, © renewed 1977 by Princeton University Press. Table adapted by permission of Princeton University Press.

Hudgins, B. B. (1977): *Learning and thinking.* Itasca, Ill.: F. E. Peacock.

Humphreys, L. G. (1976/77): Theory of intelligence and the management of classroom learning. *Interchange,* 7:45–50.

Hunt, M. W. (1969): Tips for beginning teachers. In: *Discipline in the classroom: Selected articles of continuing value to elementary and secondary school teachers.* Washington, D.C.: National Education Association.

Hunt, T. C. (1976): Open education: A comparison, an assessment, and a prediction. *Peabody Journal of Education,* 53:110–114.

Hurt, H. T.; Scott, M. D.; McCroskey, J. C. (1978): *Communication in the classroom.* Reading, Mass.: Addison-Wesley.

Husén, T. (Ed.) (1967): *International study of achievement in mathematics: A comparison of twelve countries.* Vol. 2. New York: Wiley.

Hyde, J. S. (1981): How large are cognitive gender differences? *American Psychologist,* 36:892–901.

Hydén, M. (1969): Biochemical aspects of learning and memory. In: *K. H. Pribram* (Ed.): *On the biology of learning.* New York: Harcourt Brace Jovanovich.

Hyman, I. A.; Lally, D. M. (1981): Corporal punishment in American education: A historical and contemporary dilemma. In: *J. Cryan* (Ed.): Corporal punishment in the schools: Its use is abuse. *Educational Comment/1981.* Toledo: College of Education and Allied Professions, University of Toledo. Pp. 8–15.

Imrie, B. W.; Blithe, T. M.; Johnston, L. C. (1980): A review of Keller principles in Australia. *British Journal of Educational Techology,* 11:105–121.

Inhelder, B.; Piaget, J. (1958): *The growth of logical thinking from childhood to adolescence.* New York: Basic Books.

Inhelder, B.; Piaget, J. (1964): *The early growth of logic in the child.* New York: Harper & Row.

Institute of Research on Teaching (1978): Teacher planning studied, described. *Communication Quarterly,* 1(4):1, 4 (East Lansing, Michigan State University).

Irwin, O. C. (1948): Infant speech: The effect of family occupational status and of age on sound frequency. *Journal of Speech and Hearing Disorders,* 13:224–226, 320–323.

Isaacson, R. L. (1964): Relation between achievement, test anxiety, and curricular choices. *Journal of Abnormal and Social Psychology,* 68:447–452.

Isakson, R. L; Ellsworth, R. (1979): Educational psychology: What do teachers value in its content? *Journal of Teacher Education,* 30:26–28.

Jacklin, C. N.; Maccoby, E. E. (1972): Sex differences in intellectual abilities: A reassessment and a look at some new explanations. Paper presented at the meetings of the American Educational Research Association, Chicago.

Jackson, P. W. (1966): The way teaching is. In: *The way teaching is.* Washington, D.C.: Association for Supervision and Curriculum Development. Pp. 7–27.

James, W. (1890): *The principles of psychology.* Vol. 1. New York: Holt.

Jamison, D.; Fletcher, J. D.; Suppes, P.; Atkinson, R. C. (1972): Cost and performance of computer-assisted instruction for education of disadvantaged children. In: *Joseph Froomkin, R. Radner* (Eds.): *Education as an industry.* New York: Columbia University Press.

Jaynes, J. (1975): Hello, teacher ... A review of Fred S. Keller, "The history of psychology: A personalized system of instruction" and Fred S. Keller, "Selected readings in the history of psychology: APSI companion." In: *Contemporary Psychology,* 20:629–631.

Jencks, C., et al. (1972): *Inequality. A reassessment of family and schooling in America.* New York: Basic Books.

Jensen, A. R. (1967): Social class and verbal learning. In: *J. P. DeCecco* (Ed.): *The psychology of language, thought, and instruction.* New York: Holt, Rinehart & Winston.

Jensen, A. R. (1969): How much can we boost IQ and scholastic achievement? *Harvard Educational Review,* 39(1):1–123.

Johanningmeier, E. V. (1978): Ruminations on the beginnings of educational psychology: William James and the foundations of a profession. *Educational Theory,* 28:111–117.

Johns, J. L.; McNamara, L. P. (1980): The SQ3R study technique: A forgotten research target. *Journal of Reading,* 23:705–708.

Johnson, D. (1981): Naturally acquired learned helplessness: The relationship of school failure to achievement behavior, attributions, and self-concept. *Journal of Educational Psychology,* 73:174–180.

Johnson, D.; Maruyama, G.; Johnson, R.; Nelson, D.; Skon, L. (1981): Effects of cooperative, competitive, and individualistic goal structures on achievement: A metaanalysis. *Psychological Bulletin,* 89:47–62.

Johnson, D. W.; Johnson, R. T. (1979): Conflict in the classroom: Controversy and learning. *Review of Educational Research,* 49:51–70.

Johnson, H. W. (1979): *Preschool test descriptions.* Springfield, Ill.: Thomas.

Johnston, J. M. (1972): Punishment of human behavior. *American Psychologist,* 27:1033–1054.

Jones, B. F.; Hall, J. W. (1982): School applications of the mnemonic keyword method as a study strategy by eighth graders. *Journal of Educational Psychology,* 74:230–237.

Jones, E. E.; Nisbett, R. E. (1971): *The actor and the observer: Divergent perceptions of the causes of behavior.* Morristown, N.J.: General Learning Press.

Jones, F. H.; Miller, W. H. (1974): The effective use of negative attention for reducing group disruption in special elementary school classrooms. *Psychological Record,* 24:435–448.

Jones, R. M. (1968): *Fantasy and feeling in education.* New York: Harper & Row.

Joyce, B. R. (1975): Listening to different drummers: Evaluating alternative instructional molds. In: *Competency assessment, research, and evaluation.* Report of a National Conference. Albany, N.Y.: Multi-State Consortium on Performance-Based Teacher Education. Pp. 61–81.

Judd, C. H. (1908): The relation of special training to general intelligence. *Educational Review,* 36:28–43.

Kallos, D. (1973): On educational scientific research. Lund, Sweden: Pedagogical Institute, University of Lund (multilith).

Kamin, L. J. (1975): *The science and politics of IQ.* New York: Wiley.

Kansanen, P. (1981): The way thinking is: How do teachers think and decide? In: *E. Komulainen, P. Kansen* (Eds.): *Classroom analysis: Concepts, findings, applications.* Helsinki: Institute of Education, University of Helsinki.

Kaplan, R. M.; Pascoe, G. C. (1977): Humorous lectures and humorous examples: Some effects upon comprehension and retention. *Journal of Educational Psychology,* 69:61–65.

Karoly, P. (1977): Behavioral self-management in children: Concepts, methods, issues and directions. In: *M. Hersen, R. M. Eisler, P. M. Miller* (Eds.): *Progress in behavior modification,* Vol. 5. New York: Academic Press.

Kazdin, A. E. (1980): *Behavior modification in applied settings* (rev. ed.). Homewood, Ill.: Dorsey.

Keasey, C. B. (1975): Implicators of cognitive development for moral reasoning. In: *David J. DePalma, Jeanne M. Foley* (Eds.): *Moral development.* Hillsdale, N.J.: Lawrence Erlbaum.

Keith, T. Z. (1982): Time spent on homework and high school grades. A large-sample path analysis. *Journal of Educational Psychology,* 74:248–253.

Keller, F. S. (1968): Good-bye teacher! *Journal of Applied Behavioral Analysis,* 1:79–84.

Kelley, T. L. (1927): *Interpretations of educational measurements.* Yonkers, N.Y.: World Book.

Kemer, B. J. (1965): A study of the relationship between the sex of the student and the assignment of marks by secondary school teachers. Unpublished doctoral dissertation, Michigan State University.

Kendler, T. S.; Kendler, H. H.; Learned, B. (1962): Mediated responses to size and brightness as a function of age. *American Journal of Psychology,* 75:571–586.

Kennedy, W. A.; Willcutt, H. C. (1964): Praise and blame as incentives. *Psychological Bulletin,* 62:323–332.

Keppel, F. (1962): The education of teachers. In: *Henry Chauncey* (Ed.): *Talks on American education: A series of broadcasts to foreign audiences by American scholars.* New York: Bureau of Publications, Teachers College, Columbia University. Pp. 83–94.

Kibler, R. J.; Barker, L. L.; Miles, D. T. (1970): *Behavioral objectives and instruction.* Boston: Allyn & Bacon.

Kifer, E. (1975): Relationships between academic achievement and personality characteristics: A quasilongitudinal study. *American Educational Research Journal,* 12:191–210.

Kintsch, W. (1974): *The representation of meaning in memory.* Hillsdale, N.J.: Lawrence Erlbaum.

Kirk, S. A. (1983): Behavioral diagnosis and remediation of learning disabilities. In: *Proceedings of the conference on exploration into the problems of the perceptually handicapped child.* Chicago: Perceptually Handicapped Children.

Kirk, S. A.; Gallagher, J. J. (1983): *Educating exceptional children* (4th ed.). Boston: Houghton Mifflin.

Kirkland, M. C. (1971): The effects of tests on students and schools. *Review of Educational Research,* 41:303–350.

Kirst, M. W.; Walker, D. F. (1973): An analysis of curriculum policy-making. *Review of Educational Research,* 41:479–509.

Klahr, D. (1980): Information processing models of intellectual development. In: *R. H. Kluve, H. Spada* (Eds.): *Developmental models of thinking.* New York: Academic Press.

Klausmeier, H. J.; Davis, J. K. (1969): Transfer of learning. In: *R. L. Ebel* (ed.): *Encyclopedia of educational research* (4th Ed.). London: Macmillan. Pp. 1483–1493.

Klausmeier, H. J.; Sorenson, J. S.; Ghatala, E. S. (1971): Individually guided motivation: Developing self-direction and prosocial behaviors. *Elementary School Journal,* 71:339–350.

Klineberg, O. (1935): *Negro intelligence and selective migration.* New York: Columbia University Press.

Klineberg, O. (1963): Negro-white differences in intelligence test performances: A new look at an old problem. *American Psychologist,* 18:198–203.

Knoblock, P. (1982): *Teaching Emo-*

tionally Disturbed Children. Boston: Houghton Mifflin.

Kohl, H. (1967): *36 Children*. New York: New American Library.

Kohlberg, L. (1963): The development of children's orientations toward moral order: 1. Sequence in the development of moral thought. *Vita Humana*, 6:11–33.

Kolb, D. A. (1965): Achievement motivation training program for under-achieving high-school boys. *Journal of Personality and Social Psychology*, 2:783–792.

Komarovsky, M. (1950): Functional analysis of sex roles. *American Sociological Review*, 15:508–516.

Komulainen, E.; Kansanen, P.; Karma, K.; Martikainen, M.; Ususikylä, K. (1981): Investigations into the instructional process (DPA Helsinki). In: *E. Komulainen, P. Kansanen* (Eds.): *Classroom analysis: Concepts, findings, applications*. Helsinki: Institute of Education, University of Helsinki.

Kounin, J. S. (1970): *Discipline and group management in classrooms*. New York: Holt, Rinehart & Winston.

Kozol, J. (1967): *Death at an early age: The destruction of the hearts and minds of Negro children in the Boston public schools*. Boston: Houghton Mifflin.

Krathwohl, D. R.; Bloom, B. S.; Masia, B. B. (1964): *Taxonomy of educational objectives. The classification of educational goals. Handbook II: Affective domain*. New York: David McKay. – Dt. Ausgabe: *Taxonomie von Lernzielen im affektiven Bereich*. Weinheim: Beltz 1978.

Krech, D.; Crutchfield, R. S.; Ballachey, E. L. (1962): *Individual in society*. New York: McGraw-Hill.

Krueger, W. C. F. (1929): The effect of overlearning on retention. *Journal of Experimental Psychology*, 12:71–78.

Kulik, J. A.; Kulik, C. C.; Cohen, P. A. (1979): A meta-analysis of outcome studies of Keller's Personalized System of Instruction. *American Psychologist*, 34:307–318.

Kunihira, S.; Asher, J. J. (1965): The strategy of the total physical response: An application to learning Japanese. *International Review of Applied Linguistics*, 3:277–289.

Labov, W. (1972): *Language in the inner city: Studies in the black English vernacular*. Philadelphia: University of Pennsylvania Press.

Lachman, R.; Lachman, J. L.; Butterfield, E. C. (1979): *Cognitive psychology and information processing: An introduction*. Hillsdale, N.J.: Lawrence Erlbaum.

Lai, M. U.; Gall, M. D.; Elder, R. A.; Weathersby, R. (1972): Main field test report: Discussing controversial issues. San Francisco: Far West Laboratory for Educational Research and Development. Report A72-12.

Lambert, W. E.; Tucker, G. R. (1972): *Bilingual education of children*. Rowley, Mass.: Newburg House Publishers.

Lantz, A. E.; Smith, G. P. (1981): Factors influencing the choice of nonrequired mathematics courses. *Journal of Educational Psychology*, 73:825–837.

Lau Kam Cheong (1972): Augmenting lecture presentation with structural support. Unpublished doctoral dissertation, University of Malaya, Kuala Lumpur.

Lavin, D. E. (1965): *The prediction of academic performance*. New York: Russell Sage Foundation.

Lawson, R. (1965): *Frustration: The development of a scientific concept*. New York: Macmillan.

Lazar, I.; Darlington, R. (1982): Lasting effects of early education: A report from the Consortium for Longitudinal Studies. *Monographs of the Society for Research in Child Development*, 17 (2–3), Series No. 195. © The Society for Research in Child Development, Inc.

Lazarsfeld, P. F. (1949): The American soldier – an expository review. *Public Opinion Quarterly*, 13:377–404.

Lee, E. S. (1951): Negro intelligence and selective migration: A Philadelphia test of the Klineberg hypothesis. *American Sociological Review*, 16: 227–233.

Leifer, A. D.; Gordon, N. J.; Graves, S. B. (1974): Children's television: More than mere entertainment. *Harvard Educational Review*, 44:213–245.

Lenneberg, E. H. (1967): *Biological foundations of language*. New York: Wiley. – Dt. Ausgabe: *Biologische Grundlagen der Sprache*. Frankfurt: Suhrkamp 1977.

Lepper, M. R.; Greene, D. (1975): Turning play into work: Effects of adult surveillance and extrinsic rewards on children's intrinsic motivation. *Journal of Personality and Social Psychology*, 31:479–488.

Lepper, M. R.; Greene, D. (Eds.) (1978): *The hidden costs of reward*. Hillsdale, N.J.: Lawrence Erlbaum.

Lepper, M. R.; Greene, D.; Nisbett, R. E. (1973): Undermining children's intrinsic interest with extrinsic rewards: A test of the overjustification hypothesis. *Journal of Personality and Social Psychology*, 28:129–137.

Levin, H. M.; Woo, L. (1979): Computer-assisted instruction and compensatory education: The ETS/LAUSD study. An evaluation of the costs of computer-assisted instruction. (Project Report No. 14). Princeton, N.J.: Educational Testing Service.

Levin, J. R. (1976): What have we learned about maximizing what children learn? In: *J. R. Levin, V. L. Allen* (Eds.): *Cognitive learning in children*. New York: Academic Press.

Levin, J. R. (1981): The mnemonic 80s: Keywords in the classroom. *Educational Psychologist*, 16:65–82.

Levinson, B.; Reese, H. W. (1963): Patterns of discrimination learning set in preschool children, fifth graders, college freshmen, and the aged (Final Report, Cooperative Research Project No. 1059). Washington, D.C.: Department of Health, Education and Welfare, Office of Education.

Lewenstein, M. (1976): In defense of behavioral objectives. *Social Education*, 40:560, 564–565.

Lewin, K. (1947): Group decision and social change. In: *T. M. Newcomb, E. L. Hartley* (Eds.): *Readings in social psychology*. New York: Holt, Rinehart & Winston.

Licklider, J. C. R. (1962): Preliminary experiments in computer-aided teaching. In: *J. E. Coulson* (Ed.): *Programmed learning and computer-based instruction.* New York: Wiley.

Liebert, R. M. (1974): Television and children's aggressive behavior: Another look. *American Journal of Psychoanalysis,* 34:99–107.

Lindsay, P. H.; Norman, D. A. (1977): *Human information processing.* New York: Academic Press. – Dt. Ausgabe: *Einführung in die Psychologie. Informationsaufnahme und -verarbeitung beim Menschen.* Springer 1981.

Linton, T. E.; Juul, K. D. (1980): Mainstreaming: Time for reassessment. *Educational Leadership,* 37.

Lipe, D.; Jung, S. M. (1971): Manipulating incentives to enhance school learning. *Review of Educational Research,* 41:249–280.

Lippitt, P. (1969): Children can teach other children. *The Instructor,* 78 (May): 41+.

Lippitt, P.; Lippitt, R. (1970): The peer culture as a learning environment. *Childhood Education,* 47 (December): 135–138.

Lippitt, R.; Lippitt, M. (1968): Cross-age helpers. *National Education Association Journal,* 57 (March): 24–26.

Lippitt, R.; Polansky, N.; Redle, F.; Rosen, S. (1952): The dynamics of power. *Human Relations,* 5:37–64.

Lochhead, J.; Clement, J. (Eds.) (1979): *Cognitive process instruction.* Philadelphia, Pa.: Franklin Press.

Locksley, A.; Colten, M. E. (1979): Psychological androgyny: A case of mistaken identity? *Journal of Personality and Social Psychology,* 37:1017–1031.

Long, N. J.; Morse, W. E.; Newman, R. G. (Eds.) (1980): *Conflict in the classroom* (4th ed.). Belmont, Calif.: Wadsworth.

Lordahl, D. S. (1961): Concept identification using simultaneous auditory and visual signals. *Journal of Experimental Psychology,* 62:283–290.

Lovaas, O. I.; Schaeffer, B.; Simmons, J. Q. (1965): Building social behavior in autistic children by use of electric shock. *Journal of Experimental Research in Personality,* 1:99–109.

Lovibond, S. H. (1964): *Conditioning and enuresis.* New York: Macmillan.

Lowell, E. L. (1952): The effect of need for achievement on learning and speed of performance. *Journal of Psychology,* 33:31–40.

Luchins, A. S. (1942): Mechanization in problem-solving: The effect of Einstellung. *Psychological Monographs,* No. 248.

Luiten, J.; Ames, W.; Ackerson, G. (1980): A meta-analysis of the effects of advance organizers on learning and retentions. *American Educational Research Journal,* 17:211–218.

Lumsdaine, A. A. (1967): Improving the quality and relevance of research on teaching. In: *C. B. T. Lee* (Ed.): *Improving college teaching.* Washington, D.C.: American Council on Education. Pp. 240–243.

Luria, A. R. (1968): *The mind of a mnemonist: A little book about a vast memory.* New York: Basic Books.

Lynn, D. B. (1972): Determinants of intellectual growth in woman. *School Review,* 80:241–260.

Lynn, R. (1966): *Attention, arousal, and the orientation reaction.* Oxford, England: Pergamon.

Lyon, C. D.; Saario, T. N. (1973): Women in public education: Sexual discrimination in promotions. *Phi Delta Kappan,* 55:120–123.

McCaleb, J. L.; Korman, D. L. (1978): Role-taking: A measure of communication development. *English Journal* (October): 41–45.

McCall, R. B. (1981): Early predictors of later IQ: The search continues. *Intelligence,* 5:141–147.

McClelland, D. C. (1965): Toward a theory of motive acquisition. *American Psychologist,* 20:321–333.

McClelland, D. C. (1969): The role of educational technology in developing achievement motivation. *Educational Technology,* 9(10):7–16.

McClelland, D. C. (1973): Testing for competence rather than for "intelligence." *American Psychologist,* 28:1–14.

McClelland, D. C.; Atkinson, J. W. (1948): The projective expression of needs: II. The effect of different intensities of the hunger drive on thematic apperception. *Journal of Experimental Psychology,* 38:643–658.

McClelland, D. C.; Atkinson, J. W.; Clark, R. A.; Lowell, E. L. (1953): *The achievement motive.* New York: Appleton-Century-Crofts. – Dt. Ausgabe: *Macht als Motiv.* Stuttgart: Klett-Cotta 1978.

McClelland, D. C.; Clark, R. A.; Roby, J. B.; Atkinson, J. W. (1949): The projective expression of needs: IV. The effect of the need for achievement on thematic apperception. *Journal of Experimental Psychology,* 39:242–255.

Maccoby, E. (1959): Role-taking in childhood and its consequences for social learning. *Child Development,* 30:239–252.

Maccoby, E. E. (1966): Sex differences in intellectual functioning. In: *Eleanor E. Maccoby* (Ed.): *The development of sex differences.* Stanford, Calif.: Stanford University Press.

Maccoby, E. E.; Jacklin, C. N. (1974): *The psychology of sex differences.* Stanford, Calif., Stanford University Press.

McConnell, F. (1973): Children with hearing disabilities. In: *L. M. Dunn* (Ed.): *Exceptional children in the schools: Special education in transition* (2nd ed.). New York: Holt, Rinehart & Winston.

McCroskey, J. C.; McVetta, R. W. (1980): Classroom seating arrangements: Instructional communication theory versus student preferences. *Communication Education.*

McDonald, F. J.; Elias, P. (1976): *The effects of teaching performance on pupil learning. Beginning Teacher Evaluation Study: Phase II, final report, Vol. 1.* Princeton, N.J.: Educational Testing Service.

McKeachie, W. J. (1961): Motivation, teaching methods, and college learning. In: *M. R. Jones* (Ed.): *Nebraska symposium on motivation, 1961.* Lincoln: University of Nebraska Press. Pp. 111–142.

McKeachie, W. J. (1967): Research in teaching: The gap between theory and practice. In: *C. B. T. Lee* (Ed.): *Improving college teaching.* Washington, D.C.: American Council on Education. Pp. 211–239.

McKeachie, W. J.; Kulik, J. A. (1975): Effective college teaching. In: *F. N. Kerlinger* (Ed.): *Review of research in education, Vol. 3.* American Educational Research Assoc., Wash., D.C.

McKeachie, W. J.; Lin, Y.-G.; Milholland, J. E.; Isaacson, R. L. (1966): Student affiliation motives, teacher warmth, and academic achievement. *Journal of Personality and Social Psychology,* 4:457–461.

Mackey, W. F.; Beebe, V. N. (1977): *Bilingual schools for a bicultural community.* Rowley, Mass.: Newburg House Publishers.

McLaughlin, M. W.; Marsh, D. D. (1978): Staff development and school change. *Teachers College Board,* 80, 69–94.

McLaughlin, T. F. (1975): The applicability of token reinforcement systems in public school systems. *Psychology in the Schools,* 12, 84–89.

McLeish, J. (1968): *The lecture method.* Cambridge, England: Cambridge Institute of Education.

McLeish, J. (1976): The lecture method. In: *N. L. Gage* (Ed.): *The psychology of teaching methods: The 75th yearbook of the National Society for the Study of Education.* Chicago: University of Chicago Press.

McNeil, D. (1970): *The acquisition of language.* New York: Harper & Row. – Dt. Ausgabe: *Der Spracherwerb.* Düsseldorf: Pädagogischer Verlag Schwann 1974.

McNemar, Q. (1964): Lost: Our intelligence. Why? *American Psychologist,* 19:871–882.

McPartland, J. M.; McDill, E. L. (1977): *Violence in schools.* Lexington, Mass.: Lexington Books.

Maddox, H.; Hoole, E. (1975): Performance decrement in the lecture. *Educational Review,* 28:17–30.

Madsen, K. B. (1968): *Theories of motivation: A comparative study of modern theories of motivation.* Kent, Ohio: Kent State University Press.

Maehr, M. L. (1976): Continuing motivation: An analysis of a seldom considered educational outcome. *Review of Educational Research,* 46:443–462.

Mager, R. F. (1962): *Preparing instructional objectives.* Palo Alto, Calif.: Fearon Publishers.

Mahone, C. H. (1960): Fear of failure and unrealistic vocational aspiration. *Journal of Abnormal and Social Psychology,* 60:253–261.

Maier, N. R. F. (1933): An aspect of human reasoning. *British Journal of Psychology,* 24:144–155.

Main, S.; Gallagher, D. (1972): Student and faculty evaluations of the new undergraduate grading system: A preliminary report. Stanford, Calif.: Stanford University Planning Office (mimeograph).

Maltzman, I. M. (1960): On the training of originality. *Psychological Review,* 67:229–242.

Mandler, G. (1969): Words, lists, and categories: An experimental view of organized memory. In: *J. L. Cowan* (Ed.): *Thought and language.* Tucson: University of Arizona Press.

Mandler, G.; Sarason, S. B. (1952): A study of anxiety and learning. *Journal of Abnormal and Social Psychology,* 47:166–173.

Mansfield, R. S.; Busse, T. V.; Krepelka, E. J. (1978): The effectiveness of creativity training. *Review of Educational Research,* 48:517–536.

Marken, R.; Maland, J. (1979): Single subject analyses of three study methods. *Psychological Reports,* 44:765–766.

Marks, C. B.; Doctorow, M. J.; Wittrock, M. C. (1974): Word frequency and reading comprehension. *Journal of Educational Research,* 67:259–262.

Marshall, H. (1981): Open classroom: Has the term outlived its usefulness? *Review of Educational Research,* 51:181–192.

Marshall, P. M. (1982): Homework and social facilitation theory in teaching elementary school mathematics. Unpublished doctoral dissertation, Stanford University.

Marx, M. H. (1960): Motivation. In: *C. W. Harris* (Ed.): *Encyclopedia of educational research* (3rd ed.). New York: Macmillan. Pp. 888–901.

Maslow, A. H. (1954): *Motivation and personality.* New York: Harper & Row. – Dt. Ausgabe: *Motivation und Persönlichkeit.* Reinbek: Rowohlt 1981.

Maslow, A. H. (1971): *The farther reaches of human nature.* New York: Viking Press.

Massialas, B. G.; Sweeney, J. A.; Freitag, N. (1969): Identification of social issues by teachers. Ann Arbor, Michigan: University of Michigan (mimeograph).

Mastin, V. E. (1963): Teacher enthusiasm. *Journal of Educational Research,* 56:385–386.

May, M. A. (1965a): Enforcements and simplifications of motivational and stimulus variables in audio-visual instructional materials. Washington, D.C.: U.S. Department of Health, Education and Welfare. Working paper, Office of Education Contract No. OE-5-16-006, July 10, 1965.

May, M. A. (1965b): Word-picture relationships in audio-visual presentations. Washington: D.C.: U.S. Department of Health, Education and Welfare. Working paper, Office of Education Contract No. OE-5-16-006, July 20, 1965.

Mayer, R. E. (1981): *The promise of cognitive psychology.* San Francisco: W. H. Freeman.

Mayer, R. E. (1983): Can you repeat that? Qualitative effects of repetition and advance organizers on learning from science prose. *Journal of Educational Psychology,* 75:40–49.

Mead, M. (1935): *Sex and temperament in three primitive societies.* New York: Morrow. – Dt. Ausgabe: *Jugend und Sexualität in primitiven Gesellschaften.* München: dtv 1970.

Meade, J. (1980): Mainstreaming: The big wind died out. *Children's World,* 12.

Mehan, H. (1979): *Learning lessons: Social organization in the classroom.* Cambridge, Mass.: Harvard University Press.

Mehan, H. (1982): The structure of classroom events and their consequences for student performance. In:

P. Gilmore, A. A. Glatthorn (Eds.): *Children in and out of school.* Washington, D.C.: Center for Applied Linguistics.

Mehrens, W. A.; Lehmann, I. J. (1980): *Standardized tests in education* (3rd ed.). New York: Holt, Rinehart & Winston.

Meichenbaum, D. (1975): Enhancing creativity. *American Educational Research Journal,* 12:129–145.

Meier, J. (1971): Prevalence and characteristics of learning disabilities found in second-grade children. *Journal of Learning Disabilities,* 4:7–20.

Melton, R. F. (1978): Resolution of conflicting claims concerning the effect of behavioral objectives on student learning. *Review of Educational Research,* 18:291–302.

Mental Retardation News (1977): The NARC On-the-Job Training Project; How it placed 15,000 retarded persons in meaningful employment, 26:6.

Merrill, M. D.; Stolurow, L. M. (1966): Hierarchical preview vs. problem oriented review in learning an imaginary science. *American Educational Research Journal,* 3(4):251–261.

Messick, S. (1979): Potential uses of noncognitive measurement in education. *Journal of Educational Psychology,* 71:281–292.

Messick, S. (1980): Test validity and the ethics of assessment. *American Psychologist,* 35:1012–1028.

Messick, S. (1982): Issues of effectiveness and equity in the coaching controversy: Implications for educational and testing practice. *Educational Psychologist,* 17:67–91.

Metcalf, L. E. (1963): Research on teaching the social studies. In: *N. L. Gage* (Ed.): *Handbook of research on teaching.* Chicago: Rand McNally. Pp. 929–965.

Metfessel, N. S.; Michael, W. B.; Kirsner, D. A. (1969): Instrumentation of Bloom's and Krathwohl's taxonomies for the writing of educational objectives. *Psychology in the Schools,* 6:227–231.

Miller, G. A. (1962): *Psychology.* New York: Harper & Row, p. 364.

Miller, J. P. (1976): *Humanizing the classroom: Models of teaching in affective education.* New York: Praeger.

Millman, J. (1970): Reporting student progress: A case for a criterion-referenced marking system. *Phi Delta Kappan,* 52:226–230.

Miltz, R. J. (1971): Development and evaluation of a manual for improving teachers' explanations. Unpublished doctoral dissertation, Stanford University.

Ministry of Education (1949): Report by H. M. Inspectors on the Summerhill School, Leicester, Suffolk East, Inspected on 20 and 21 June, 1949.

Mischel, W. (1973): Toward a cognitive social learning reconceptualization of personality. *Psychological Review,* 80:252–283.

Mitchell, J. J. (1975): Moral growth during adolescence. *Adolescence,* 10:221–226.

Mitchell, R. R.; Piatkowska, O. (1974): Characteristics associated with underachievement: Targets for treatment. *Australian Psychologist,* 9(3), 19–41.

Moates, D. R.; Shumacher, G. M. (1980): *An introduction to cognitive psychology.* Belmont, Calif.: Wadsworth.

Mohandessi, K.; Runkel, P. J. (1958): Some socioeconomic correlates of academic aptitude. *Journal of Educational Psychology,* 49:47–52.

Montague, E. J.; Butts, D. P. (1968): Behavioral objectives. *The Science Teacher,* 35 (March): 33–35.

Mood, A. M. (1970): Do teachers make a difference? In: *Do teachers make a difference? A report on recent research on pupil achievement.* Washington, D.C.: Bureau of Educational Personnel Development, Office of Education, United States Department of Health, Education, and Welfare, Pp. 1–24.

Moore, J. C. (1968): Cueing for selective note-taking. *Journal of Experimental Education,* 36:69–72.

Morine, G. (1973): Planning skills: Paradox and parodies. *Journal of Teacher Education,* 34:135–143.

Morine-Dershimer, G.; Tennenberg, M. (1981): Participant perspectives of classroom discourse. Washington, D.C.: National Institute of Education. Final Report, Executive Summary, NIE-G-78-0161.

Moss, H. A. (1967): Sex, age and state as determinants of mother-infant interaction. *Merrill-Palmer Quarterly,* 13:19–36.

Mueller, D. J. (1976): Mastery learning: Partly boon, partly boon-doggle. *Teachers College Record,* 78:41–52.

Murdock, E. E. (1971): *Self management: A guide to more effective study.* San Rafael, Calif.: Individual Learning Systems.

Murray, H., et al. (1938): *Explorations in personality; A clinical and experimental study of fifty men of college age.* New York: Oxford University Press.

Myklebust, H. R. (1960): *The psychology of deafness.* New York: Grune & Stratton.

Nagy, P.; Griffiths, A. K. (1982): Limitations of recent research relating Piaget's theory to adolescent thought. *Review of Educational Research,* 52:513–556.

Nash, S. C. (1979): Sex role as a mediator of intellectual functioning. In: *M. A. Wittig, A. C. Peterson* (Eds.): *Sex-related differences in cognitive functioning.* New York: Academic Press.

National Coalition on Television Violence, NCTV News, July–August 1981, 2(4).

National Education Association (1980): Marking and reporting pupil progress. Research Summary 1970-5-1. Washington, D.C.: NEA Research Division.

Neill, A. S. (1960): *Summerhill: A radical approach to child rearing.* New York: Hart Publishing.

Nelson, J. L. (1976): A criticism of competency-based teacher education and behavioral objectives. *Social Education,* 40:561–563.

Nelson, K. (1973): Structure and strategy in learning to talk. *Monographs of the Society for Research in Child Development,* 38, No. 149.

Nelson, R. D. (1977): Assessment and therapeutic functions of self-monitoring. In: *M. Hersen, R. M. Eisler, P. M. Miller* (Eds.): *Progress in behavior modification.* Vol. 5. New York: Academic Press.

Newcomb, T. M. (1943): *Personality and social change.* New York: Dryden.

Newman, F. B.; Jones, H. E. (1946): The adolescent in social groups. *Applied Psychology Monographs,* No. 9.

Newman, H. H.; Freeman, F. N.; Holzinger, K. J. (1937): *Twins: A study of heredity and environment.* Chicago: University of Chicago Press. Copyright © 1937 by The University of Chicago Press.

Nickerson, R. S.; Adams, M. J. (1979): Long-term memory for a common object. *Cognitive Psychology,* 11:287–307.

Nisbet, R. A. (1967): Conflicting academic loyalities. In: *C. B. T. Lee* (Ed.): *Improving college teaching.* Washington, D.C.: American Council on Education. Pp. 12–34.

Nitko, A. J. (1983): *Educational tests and measurement: An introduction.* New York: Harcourt Brace Jovanovich.

Norman, D. A.; Rumelhart, D. E. (1975): *Explorations in cognition.* San Francisco: W. H. Freeman. – Dt. Ausgabe: *Strukturen des Wissens. Wege der Kognitionsforschung.* Stuttgart: Klett-Cotta 1978.

Nucci, L. P. (1982): Conceptual development in the moral and conventional domains: Implications for values education. *Review of Educational Research,* 52:93–122.

Nungester, R. J.; Duchastel, P. C. (1982): Testing versus review: Effects on retention. *Journal of Educational Psychology,* 74:18–22.

Nuthall, G.; Snook, I. (1973): Contemporary models of teaching. In: *R. M. W. Travers* (Ed.): *Second handbook of research on teaching.* Chicago: Rand McNally. Pp. 47–76.

O'Connor, R. D. (1972): Relative efficacy of modeling, shaping, and the combined procedures for modification of social withdrawal. *Journal of Abnormal Psychology,* 79:327–334.

Office of the President (1951): *A healthy personality for every child: A digest of the fact-finding report to the Midcentury White House Conference on Children and Youth.* Washington, D.C.: Government Printing Office.

Office of Special Education and Rehabilitative Services (1981): *National summary of handicapped children receiving special education and related services under P. L. 94–142 and P. L. 89–313, 1980–81.* Washington, D.C.: Department of Education.

Ogbu, J. U. (1982): Societal forces as a context of ghetto children's school failure. In: *L. Feagans, D. C. Farran* (Eds.): *The language of children reared in poverty: Implications for evaluation and intervention.* New York: Academic Press.

Olds, D. E.; Sharen, P. (1980): Masculinity, femininity, academic performance, and health: Further evidence concerning the androgyny controversy. *Journal of Personality,* 48:323–341.

O'Leary, K. D.; Drabman, R. S. (1971): Token reinforcement programs in the classroom. A review. *Psychological Bulletin,* 75:379–398.

O'Leary, K. D.; Kaufman, K. F.; Kass, R. E.; Drabman, R. S. (1970): The effects of loud and soft reprimands on the behavior of disruptive students. *Exceptional Children,* 37:145–155.

O'Leary, K D.; O'Leary, S. G. (Eds.) (1977): *Classroom management: The successful use of behavior modification* (2nd ed.). New York: Pergamon.

O'Leary, S. G.; Dubey, D. R. (1979): Applications of self-control procedures by children: A review. *Journal of Applied Behavior Analysis,* 12:449–465.

Olson, D. R.; Pau, A. S. (1966): Emotionally loaded words and the acquisition of a sight vocabulary. *Journal of Educational Psychology,* 57:174–178.

Ortony, A. (1975): Why metaphors are necessary and not just nice. *Educational Theory,* 24:45–53.

Owens, L. (1974): The search for low-inference measures of success in explaining. Paper presented at the annual conference of the Australian Association for Research in Education.

Pace, C. R. (1970): Differences in campus atmosphere. In: *M. B. Miles, W. W. Charters, Jr.* (Eds.): *Learning in social settings* (2d ed.). Boston: Allyn & Bacon. Pp. 77–92.

Page, E. B. (1958): Teacher comments and student performance: A seventy-four classroom experiment in school motivation. *Journal of Educational Psychology,* 49:173–181.

Paivio, A. (1969): Mental imagery in associated learning and memory. Psychological Review, 76:241–263.

Paivio, A. (1971): *Imagery and verbal processes.* New York: Holt, Rinehart & Winston.

Paivio, A. (1978): Duel coding: Theoretical issues and empirical evidence. In: *J. M. Scandura, C. J. Brainerd* (Eds.): *Structural/process models of complex human behavior.* Leyden, The Netherlands: Sijthoff & Nordhoff.

Palincsar, A. S.; Brown, A. L. (1981): Training comprehension-monitoring skills in an interpretive learning game. Unpublished manuscript. University of Illinois.

Pascual-Leone, J. (1980): Constructive problems for constructive theories: The current relevance of Piaget's work and a critique of information-processing simulation psychology. In: *R. H. Kluwe, H. Spada* (Eds.): *Developmental models of thinking.* New York: Academic Press.

Pastore, N. (1949): *The nature-nurture controversy.* New York: Kings Crown Press, Columbia University.

Pedhazur, E. J.; Tetanbaum, T. J. (1979): Bem Sex Role Inventory: A theoretical and methodological critique. *Journal of Personality and Social Psychology,* 37:996–1016.

Peel, E. A. (1976): The thinking and education of the adolescent. In: *V. P. Varma, Philipp Williams* (Eds.): *Piaget, psychology, and education.* Itasca, Ill.: F. E. Peacock.

Pegnato, W.; Birch, J. W. (1959): Locating gifted children in junior high school. *Exceptional Children,* 26:303–304.

Penfield, W. (1969): Consciousness, memory and man's conditioned reflexes. In: *K. H. Pribram* (Ed.): *On the biology of learning.* New York: Harcourt Brace Jovanovich.

Perl, E.; Lambert, W. E. (1962): The relation of bilingualism to intelligence. *Psychological Monographs,* 76:1–23.

Peterson, P. L. (1976): Interactive effects of student anxiety, achievement orientation, and teacher behavior on student achievement and attitude. *Journal of Educational Psychology,* 69:779–792.

Peterson, P. L.; Marx, R. W.; Clark, C. M. (1978): Teacher planning, teacher behavior, and student achievement. *American Educational Research Journal,* 15:417–432.

Petrie, C. R., Jr. (1963): Informative speaking: A summary and bibliography of related research. *Speech Monographs,* 30:79–91.

Petty, M. F.; Field, C. J. (1980): Fluctuations in mental test scores. *Educational Research,* 22:198–202.

Philips, S. U. (1982): *The invisible culture: Communication in classroom and community on the Warm Springs Indian Reservation.* New York: Longmans.

Piaget, J. (1951): *Play, dreams and imitation in childhood.* Translated by *C. Gattegno, F. M. Hodgson.* London: Heinemann. – Dt. Ausgabe: *Nachahmung, Spiel und Traum. Die Entwicklung der Symbolfunktion beim Kinde.* Stuttgart: Klett-Cotta 1969.

Piaget, J. (1952): *The origins of intelligence in children.* Translated by *Margaret Cook.* New York: International Universities Press. – Dt. Ausgabe: *Das Erwachen der Intelligenz beim Kinde.* Stuttgart: Klett-Cotta 1973.

Pietsch, P. (1972): Shuffle brain. *Harper's,* 244 (May): 41–48.

Pinney, R. H. (1969): Presentational behaviors related to success in teaching. Unpublished doctoral dissertation, Stanford University.

Pittman, T. S.; Boggiano, A. K.; Ruble, D. N. (1982): Intrinsic and extrinsic motivational orientations: Interactive effects of reward, competence feedback and task complexity. In: *J. M. Levine, M. C. Wang* (Eds.): *Teacher and student perceptions.* Hillsdale, N.J.: Lawrence Erlbaum.

Plowden, Lady B., et al. (1967): *Children and their primary schools: A report of the Central Advisory Council for Education.* London: Her Majesty's Stationary Office.

Polya, G. (1954): *How to solve it.* Princeton, N.J.: Princeton University Press.

Popham, W. J. (1969): Objectives and instruction. In: *W. J. Popham, E. W. Eisner, H. J. Sullivan, L. I. Tyler: Instructional objectives.* AERA Monograph Series on Curriculum Evaluation, No. 3. Chicago: Rand McNally. Pp. 32–64.

Popham, W. J. (1981): *Modern educational measurement.* Englewood Cliffs, N.J.: Prentice-Hall.

Popham, W. J.; Husek, T. R. (1969): Implications of criterion-referenced measurement. *Journal of Educational Measurement,* 6:1–9.

Pottker, J.; Fishel, A. (Eds.) (1977): *Sex bias in the schools.* Cranburg, N.J.: Associated University Presses.

Premack, D. (1965): Reinforcement theory. In: *David Levine* (Ed.): *Nebraska symposium on motivation.* Vol. 13. Lincoln: University of Nebraska Press.

Pressey, S. L. (1963): A new look at acceleration. In: *Acceleration and the Gifted.* Columbus: Ohio State Department of Education.

Pressley, M. (1979): Increasing children's self-control through cognitive interventions. *Review of Educational Research,* 49:319–370.

Preston, R. C. (1962): Reading achievement of German and American children. *School and Society,* 90:350–354.

Pribram, K. H. (1969): Four R's of remembering. In: *K. Pribram* (Ed.): *On the biology of learning.* New York: Harcourt Brace Jovanovich.

Pribram, K. H. (1981): The brain, the telephone, the thermostat, the computer, and the hologram. *Cognition and Brain Theory,* 4:105–122.

Purkey, S. C.; Smith, M. S. (1983): Effective schools: A review. *Elementary School Journal,* 83:427–452.

Ragosta, M.; Holland, T. W.; Jamison, D. T. (1982): Computer-assisted instruction and compensatory education: The ETS/LAUSD study (Project Report No. 20). Princeton, N.J.: Educational Testing Service.

Rappaport, M. D.; Murphy, M. A.; Bailey, J. E. (1982): Ritalin vs. response cost in the control of hyperactive children: A within-subject comparison. *Journal of Applied Behavior Analysis,* 15:205–216.

Rathbone, C. H. (1972): Examining the open education classroom. *School Review,* 80 (August): 521–549.

Redfield, D. L.; Rousseau, E. W. (1981): A meta-analysis of experimental research on teacher questioning behavior. *Review of Educational Research,* 51:237–245.

Reimanis, G. (1968): Social approval and achievement striving in the kindergarten. Stanford, Calif.: Stanford Center for Research and Development in Teaching, Research and Development Memorandum No. 35.

Reinert, H. R. (1976): *Children in conflict: Educational strategies.* St. Louis, Mo.: C. V. Mosby.

Reiser, R. A.; Sullivan, H. J. (1977): Effects of self-pacing and instructor-pacing in a PSI course. *Journal of Educational Research,* 71:8–12.

Ringness, T. A. (1965): Affective differences between successful and non-successful bright ninth grade boys. *Personnel and Guidance Journal,* 43:600–606.

Ripple, R. E.; May, F. B. (1962): Caution in comparing creativity and IQ. *Psychological Reports,* 10:229–230.

Rist, R. C. (1973): *The urban school: A factory for failure.* Cambridge, Mass.: MIT.

Rist, R. C. (1979): On the means of knowing: Qualitative research in education. *New York University Education Quarterly,* 10:17–21.

Rittenhouse, R. (in press), reported in *Moores, D. F.* (1982): *Educating the deaf* (2nd ed.). Boston: Houghton Mifflin.

Robinson, F. P. (1970): *Effective study.* Adaptation of "Steps in the SQ3R Method" from Effective Study. 4th edition by Francis P. Robinson. Copyright 1941, 1946 by Harper &

Row, Publishers, Inc. Copyright © 1961, 1970 by Francis P. Robinson. By permission of Harper & Row, Publishers, Inc.

Rogers, C. (1959): Significant learning: In therapy and education. *Educational Leadership,* 16:232–242.

Rogers, C. (1969): *Freedom to learn.* Columbus, Ohio: Charles E. Merrill.

Rogers, C.; Dymond, R. F. (Eds.) (1954): *Psychotherapy and personality change.* Chicago: University of Chicago Press.

Rohwer, W. D., Jr. (1972): Decisive research: A means for answering fundamental questions about instruction. *Educational Researcher,* 1(7):5–11.

Root, A. A. (1970): What instructors say to the students makes a difference. *Engineering Education,* 61 (March): 722–725.

Rosen, B. C. (1959): Race, ethnicity, and the achievement syndrome. *American Sociological Review,* 24:47–60.

Rosen, B. C. (1961): Family structure and achievement motivation. *American Sociological Review,* 26:574–585.

Rosenbaum, M. S.; Drabman, R. S. (1982): Self-control training in the classroom: A review and critique. *Journal of Applied Behavior Analysis,* 15.

Rosenberg, M.; Simmons, R. G. (1973): *Black and white self-esteem: The urban school child.* Washington, D.C.: American Sociological Association.

Rosenshine, B. (1971a): Objectively measured behavioral predictors of effectiveness in explaining. In: *I. D. Westbury, A. A. Bellack* (Eds.): *Research into classroom processes.* New York: Teachers College Press. Pp. 51–98.

Rosenshine, B. (1971b): *Teaching behaviors and student achievement.* London: National Foundation for Educational Research in England and Wales.

Rosenshine, B. (1979): The third cycle of research on teacher effects: Content covered, academic engaged time, and direct instruction. In: *Penelope L. Peterson, Herbert J. Walberg* (Eds.): Research on teaching: Concepts, findings, and implications. Berkeley, Calif.: McCutchan.

Rosenshine, B. V. (1980): How time is spent in elementary classrooms. In: *C. Denham, A. Lieberman* (Eds.): *Time to learn.* Washington, D.C.: National Institute of Education.

Rosenthal, R.; Jacobson, L. (1968): *Pygmalion in the classroom.* New York: Holt, Rinehart & Winston.

Ross, J. A. (1980): The influence of the principal on the curriculum decisions of teachers. *Journal of Curriculum Studies,* 12:219–230.

Ross, J.; Lawrence, K. A. (1968): Some observations on memory artifice. *Psychonomic Science,* 13:107–108.

Ross, M.; Salvia, J. (1975): Attractiveness as a biasing factor in teacher judgments. *American Journal of Mental Deficiency,* 80:96–98.

Rothkopf, E. Z. (1965): Some theoretical and experimental approaches to problems in written instruction. In: *J. D. Krumboltz* (Ed.): *Learning and the educational process.* Chicago: Rand McNally.

Rothkopf, E. Z. (1970): The concept of mathemagenic activities. *Review of Educational Research,* 40:325–326.

Rowe, M. B. (1974): Wait-time and rewards as instructional variables, their influence on language, logic, and fate control: Part one – wait-time. *Journal of Research in Science Teaching,* 11:81–94. John Wiley & Sons, Inc. Publishers.

Royer, J. M.; Hambleton, R. K.; Cadorette, L. (1978): Individual differences in memory: Theory, data and educational implications. *Contemporary Educational Psychology,* 3:182–203.

Ruble, D. N. (1980): A developmental perspective on theories of achievement motivation. In: *L. J. Fyans, Jr.* (Ed.): *Achievement motivation.* New York: Plenum.

Rumelhart, D. E.; Ortony, A. (1977): The representation of knowledge in memory. In: *R. C. Anderson, R. J. Spiro, W. E. Montague* (Eds.): *Schooling and the acquisition of knowledge.* Hillsdale, N.J.: Lawrence Erlbaum.

Russell, W. A.; Storms, L. H. (1955): Implicit verbal chaining in paired-associate learning. *Journal of Experimental Psychology,* 49:287–293.

Rutter, M.; Maughan, B.; Mortimore, P.; Ouston, J. (with *Alan Smith*) (1979): *Fifteen thousand hours: Secondary schools and their effects on children.* London: Open Books.

Ryans, D. G. (1960): *Characteristics of teachers.* Washington, D.C.: American Council on Education.

Sadker, M. P.; Sadker, D. M. (1982): *Sex equity handbook for schools.* New York: Longman.

Sailor, W.; Guess, D. (1983): *Severely handicapped students: An instructional design.* Boston: Houghton Mifflin.

St. John, N. (1975): *School desegregation outcomes for children.* New York: Wiley.

Salili, F.; Maehr, M. L.; Sorensen, R. L.; Fyans, L. J., Jr. (1976): A further consideration of the effects of evaluation on motivation. *American Educational Research Journal,* 13:85–102.

Salvia, J.; Sheare, J.; Algozzine, B. (1975): Facial attractiveness and personal-social development. *Journal of Abnormal Child Psychology,* 3:171–178.

Sampson, E. E. (1962): Birth order, need achievement, and conformity. *Journal of Abnormal and Social Psychology,* 64:155–159.

Samuels, S. J. (1970): Effects of pictures on learning to read, comprehension and attitudes. *Review of Educational Research,* 40:397–407.

Sapir, E. (1929): The status of linguistics as a science. *Language,* 5:207–214.

Sarason, S. B.; Lighthall, F. F.; Davidson, K. S.; Waite, R. R.; Ruebush, B. K. (1960): *Anxiety in elementary school children. New York: Wiley.*

Sato, I. (1982): *Catalog of educational materials for gifted/talented.* National/State Leadership Training Institute on Gifted and Talented, Ventura County Superintendent of Schools Office, Ventura, Calif. 93009.

Sayres, W. (1957): Role participation and the teacher of anthropology.

Journal of General Education, 10:108–113.

Scandura, J. M.; Scandura, A. B. (1980): *Structural learning and concrete operations.* New York: Praeger.

Scarr, S.; Weinberg, R. A. (1976): IQ test performances of black children adopted by white families. *American Psychologist,* 31:726–739.

Scheirer, M. A.; Kraut, R. E. (1979): Increasing educational achievement via self-concept change. *Review of Educational Research,* 49:131–150.

Schiff, M.; Duyme, M.; Dumaret, A.; Stewart, J.; Tomkiewicz, S.; Feingold, J. (1978): Intellectual status of working-class children adopted early into uppermiddle-class families. *Science,* 200:1503–1504.

Schiff, M.; Duymé, M.; Dumaret, A.; Tomkiewicz, S. (1982): How much could we boost scholastic achievement and IQ scores? A direct answer from a French adoption study. *Cognition,* 12:165–196.

Schleichkorn, J. (1972): The teacher and recognition of problems in children. *Journal of Learning Disabilities,* 5:501–502.

Schmelkin, L. P. (1981): Teachers' and nonteachers' attitudes toward mainstreaming. *Exceptional Children,* 48:42–47.

Schmidt, G. W.; Ulrich, R. E. (1969): Effects of group contingent events upon classroom noise. *Journal of Applied Behavior Analysis,* 2:171–179.

Schmuck, R. A.; Schmuck, P. A. (1971): *Group processes in the classroom.* Dubuque, Iowa: Wm. C. Brown.

Schramm, W. (1964): *Research on programmed instruction: An annotated bibliography* (OE Contract No. 34034). Washington, D.C.: U.S. Office of Education.

Schultz, C. C.; Sherman, R. H. (1976): Social class, development, and differences in reinforcer effectiveness. *Review of Educational Research,* 46:25–59.

Schultz, J. J.; Florio, S.; Erickson, F. (1982): Where's the floor? Aspects of cultural organization of social relationships in communication at home and in school. In: *P. Gilmore, A. A. Glatthorn* (Eds.): *Children in and out of school.* Washington, D.C.: Center for Applied Linguistics.

Schunk, D. C. (1981): Modeling and attributional effects on children's achievement: A self-efficacy analysis. *Journal of Educational Psychology,* 73:93–105.

Schutz, W. C. (1967): *Joy: Expanding human awareness.* New York: Grove Press.

Schwarzer, R. (1982): Worry and emotionality as separate components in test anxiety. *International Review of Applied Psychology.*

Scott, K. P. (1980): Sexist and nonsexist materials. What impact do they have? *Elementary School Journal,* 81:47–52.

Scriven, M. (1967): The methodology of evaluation. In: *R. W. Tyler, R. M. Gagné, Michael Scriven* (Eds.): *Perspectives on curriculum evaluation.* AERA Monograph Series on Curriculum Evaluation, No. 1. Chicago: Rand McNally, Pp. 39–83.

Sears, R.; Maccoby, E.; Levin, H. (1957): *Patterns of child rearing.* Evanston, Ill.: Row, Peterson.

Seddon, G. M. (1978): The properties of Bloom's taxonomy of educational objectives for the cognitive domain. *Review of Educational Research,* 48:303–323.

Seibert, L. C. (1932): A series of experiments on the learning of French vocabulary. *Johns Hopkins University Studies in Education,* No. 18.

Seidner, C. J. (1976): Teaching with simulations and games. In: *N. L. Gage* (Ed.): *The psychology of teaching methods: The 75th yearbook of the National Society for the Study of Education.* Chicago: University of Chicago Press.

Semmel, M.; Gottlieb, J.; Robinson, N. M. (1979): Mainstreaming: Perspectives on educating handicapped children in the public schools. In: *D. C. Berliner* (Ed.): *Review of Research in Education,* Vol. 7. Washington, D.C.: American Educational Research Association.

Sexism in Textbooks Committee of Women at Scott, Foresman (1972): *Guidelines for improving the image of women in textbooks.* Glenview, Ill.: Scott, Foresman.

Sexton, P. O. (1965): Schools are emasculating our boys. *Saturday Review,* 48 (June 19): 57.

Shaftel, F. B.; Shaftel, G. A. (1967): *Role playing for social values: Decision-making in the social studies.* Englewood Cliffs, N.J.: Prentice-Hall. – Dt. Ausgabe: *Rollenspiel als soziales Entscheidungstraining.* Berlin: UTB 1978.

Sharan, S. (1980): Cooperative learning in small groups: Recent methods and effects on achievement, attitudes and ethnic relations. *Review of Educational Research,* 50:241–249.

Sharan, S.; Lazarowitz, R. (in press): A group-investigation method of cooperative learning in the classroom. In: *S. Sharan, A. P. Hare, C. Webb, R. Lazarowitz* (Eds.): *Cooperation in education.* Provo, Utah: Brigham Young University Press.

Shavelson, R. J. (1976): Teachers' decision-making. In: *N. L. Gage* (Ed.): *The psychology of teaching methods: The 75th yearbook of the National Society for the Study of Education, Part I.* Chicago: University of Chicago Press.

Shavelson, R. J.; Hubner, J. J.; Stanton, G. C. (1976): Self-concept: Validation of construct interpretations. *Review of Educational Research,* 46:407–441.

Shavelson, R. J.; Stern, P. (1981): Research on teacher's pedagogical thoughts, judgments, decisions, and behavior. *Review of Educational Research,* 51:455–498.

Shenkman, H. (1978): Beyond behavioral objectives: Behavioral processes. *Journal of Reading,* 22:113–116.

Shepard, L. (1979): Norm-referenced and criterion-referenced tests. *Educational Horizons,* 58:26–32.

Shepard, R. N. (1967): Recognition memory for words, sentences, and pictures. *Journal of Verbal Learning and Verbal Behavior,* 6:156–163.

Sherman, J. (1978): *Sex-related cogni-*

tive differences. Springfield, Ill.: Thomas.

Sherwood, J. J.; Nataupsky, M. (1968): Predicting the conclusions of negro-white intelligence research from biographical characteristics of the investigator. *Journal of Personality and Social Psychology,* 8, No. 1 (Part I): 53–58.

Shipley, T. E., Jr.; Veroff, J. (1952): A projective measure of need for affiliation. *Journal of Experimental Psychology,* 43:349–356.

Short, Edmund C. (1979): "Knowledge Production and Utilization in Curriculum: A Special Case of the General Phenomenon." *Review of Educational Research,* Summer: 237–301. Copyright 1979, American Educational Research Association, Washington, D.C.

Shriberg, L. K.; Levin, J. R.; McCormick, C. B.; Pressley, M. B. (1982): Learning about "famous" people via the keyword method. *Journal of Educational Psychology,* 74:238–247.

Shuey, A. (1966): *The testing of Negro intelligence* (2nd ed.). New York: Social Science Press.

Shulman, L. (1970): The hidden group in the classroom. *Learning and Development* (McGill University), 2(3):1–6.

Shulman, L. S.; Keislar, E. R. (Eds.) (1966): *Learning by discovery: A critical appraisal.* Chicago: Rand McNally.

Shutes, R. E. (1969): Verbal behaviors and instructional effectiveness. Unpublished doctoral dissertation, Stanford University.

Siegel, L.; Siegel, L. C.; Capretta, P. J.; Jones, R. L.; Berkowitz, H. (1963): Students' thoughts during class: A criterion for educational research. *Journal of Educational Psychology,* 54:45–51.

Siegel, L. S.; Brainard, C. J. (Eds.) (1978): *Alternatives to Piaget: Critical essays on the theory.* New York: Academic Press.

Silberman, C. E. (1970): *Crisis in the classroom.* New York: Random House.

Silberman, C. E. (Ed.) (1973): *The open classroom reader.* New York: Vintage Books.

Skeels, H. M. (1965): Effects of adoption on children from institutions. *Children,* 12:33–34.

Skeels, H. M. (1966): Adult status of children with contrasting early life experiences. *Monographs of the Society for Research in Child Development,* 31, No. 3.

Skeels, H. M.; Dye, H. G. (1939): A study of the effects of differential stimulation on mentally retarded children. *Proceedings of the American Association for Mental Deficiency,* 44:114–136.

Skinner, B. F. (1953): *Science and human behavior.* New York: Macmillan.

Skinner, B. F. (1954): *The science of learning and the art of teaching. Harvard Educational Review:* 24:86–97.

Skinner, B. F. (1957): *Verbal behavior.* New York: Appleton-Century-Crofts.

Skinner, B. F. (1968): *The technology of teaching.* New York: Appleton-Century-Crofts.

Skinner, B. F. (1971): *Beyond freedom and dignity.* New York: Knopf.

Skodak, M.; Skeels, H. M. (1949): A final follow-up study of one hundred adopted children. *Journal of Genetic Psychology,* 75:85–125.

Slavin, R. E. (1978): Student teams and comparison among equals. Effects on academic performance and student attitudes. *Journal of Educational Psychology,* 70:532–538.

Slavin, R. E. (1980a): Cooperative learning in teams: State of the art. *Educational Psychologist,* 15:93–111..

Slavin, R. E. (1980b): Cooperative learning. *Review of Educational Research,* 50:315–342.

Slobin, D. I. (1970): *Suggested universals in the ontogenesis of grammar: Working paper No. 32.* Berkeley: University of California, Language-Behavior Research Laboratory.

Slobin, D. I. (1972): Seven questions about language development. In: *P. C. Dodwell* (Ed.): *New Horizons in Psychology, No 2.* Baltimore: Penguin, Pp. 197–215.

Smedslund, J. (1961): The acquisition of conservation of substance and weight in children. *Scandinavian Journal of Psychology,* 2:1–10, 71–84, 85–87, 153–160, 203–210.

Smith, L. R.; Cotten, M. L. (1980): Effect of lesson vagueness and discontinuity on student achievement and attitudes. *Journal of Educational Psychology,* 72:670–675.

Smith, M. P. (1972): He only does it to annoy. ... In: *Scarvia B. Anderson* (Ed.): *Sex differences and discrimination in education.* Worthington, Ohio: Charles A. Jones.

Snell, M. E. (Ed.) (1978): *Systematic instruction of the moderately and severely handicapped.* Columbus, Ohio: Merrill.

Snow, R. E. (1977): Research on aptitude for learning. In: *L. S. Shulman* (Ed.): *Review of research in education.* Vol. 4, Itasca, Ill.: F. E. Peacock.

Snow, R. E.; Yalow, E.: Education and intelligence. In: *R. J. Sternberg* (Ed.): *Handbook of human intelligence.* New York: Cambridge University Press.

Snygg, D. (1938): The relation between the intelligence of mothers and of their children living in foster homes. *Journal of Genetic Psychology,* 52, 401–406.

Soar, R. S. (1966): An integrative approach to classroom learning. Philadelphia: College of Education, Temple University.

Soar, R. S. (1973): *Final report, Follow Through classroom process measurement and pupil growth (1970–1971).* Gainesville: Institute for the Development of Human Resources, University of Florida.

Solnit, A. J. (1979): The adolescent's search for competence. *Children Today,* 8(6):13–15, 40.

Sommer, R. (1967): Classroom ecology. *Journal of Applied Behavioral Science,* 3:489–503.

Sontag, E. (ed.) (1977): *Educational programming for the severely and profoundly handicapped.* Reston, VA: The Council for Exceptional Children.

Sorenson, J. S.; Schwenn, E. A.; Klausmeier, H. M. (1969): The individual conference – A motivational device for increasing independent reading in the elementary grades. Madison:

Wisconsin Research and Development Center for Cognitive Learning. Practical Paper No. 8.

Spaulding, R. L. (1965): *Achievement, creativity and self-concept correlates of teacher-pupil transactions in elementary schools.* Hempstead, N.Y.: Hofstra University.

Speeth, K.; Margulies, S. (1969): Techniques for maintaining student motivation. *National Society for Programmed Instruction Journal,* 8:24–27.

Speilberger, C. D. (Ed.) (1966): *Anxiety and behavior.* New York: Academic Press.

Spence, J. T.; Melmreich, R. L. (1978): *Masculinity and femininity.* Austin: University of Texas.

Spranger, E. (1928): *Types of men.* New York: Stechert.

Stafford, R. E. (1961): Sex differences in spatial visualization as evidence of sex-linked inheritance. *Perceptual and Motor Skills,* 13:428.

Stafford, R. E. (1972): Hereditary and environmental components of quantitative reasoning. *Review of Educational Research,* 42:183–201.

Staines, J. W. (1956): Self-picture as a factor in the classroom. *British Journal of Psychology,* 28:97–111.

Stallings, J. A.; Kaskowitz, D. (1974): *Follow-through classroom observation evaluation 1972–73.* Menlo Park, Calif.: Stanford Research Institute.

Stallings, J. A.; Keepes, B. D. (1970): Student aptitudes and methods of teaching beginning reading: A predictive instrument for determining interaction patterns. Final report. Department of Health, Education and Welfare, Office of Education, Bureau of Research, OEG-9-70-0005, Project No. 9-1-099.

Stanley, J. C. (1971): Reliability. In: *R. L. Thorndike* (Ed.): *Educational measurement* (2nd ed.). Washington, D.C.: American Council on Education.

Starr, J. W. (1978): Discipline and corporal punishment in schools: A longitudinal study of the attitudes of a group of student and probationary teachers. *Research in Education* (Manchester, England), No. 19, 67–75.

Stein, A. H. (1969): The influence of social reinforcement on the achievement of fourth-grade boys and girls. *Child Development,* 40:727–736.

Stein, A. H. (1971): The effects of sex-role standards for achievement and sex-role preference on three determinants of achievement motivation. *Developmental Psychology,* 4:219–231.

Stein, A. H.; Bailey, M. M. (1973): Achievement orientation in females. *Psychological Bulletin,* 80:345–366.

Stein, A. H.; Pohly, S. R.; Mueller, E. (1971): The influence of masculine, feminine and neutral tasks on children's achievement behavior, expectancies of success, and attainment values. *Child Development,* 42:195–207.

Stephan, F. F.; Mishler, E. G. (1952): The distribution of participation in small groups: An exponential approximation. *American Sociological Review,* 17:598–608.

Stephan, W. G.; Rosenfield, D. (1979): Black self-rejection: Another look. *Journal of Educational Psychology,* 71:708–716.

Stephens, T. M. (1977): *Teaching skills to children with learning and behavior disorders.* Columbus, Ohio: Charles E. Merrill.

Sternberg, R. J. (1982): Reasoning, problem solving, and intelligence. In: *R. J. Sternberg* (Ed.): *Handbook of human intelligence.* New York: Cambridge University Press.

Sternberg, R. J.; Conway, B. E.; Ketron, J. L.; Bernstein, M. (1981): People's conceptions of intelligence. *Journal of Personality and Social Psychology,* 41:37–55.

Stevens, R. (1912): The question as a measure of efficiency in instruction: A critical study of classroom practice. *Teachers College Contributions to Education.* No. 48.

Stevenson, H. W.; Siegel, A. (1969): Effects of instruction and age on retention of filmed content. *Journal of Educational Psychology,* 60:71–74.

Stewart, L. G.; White, M. A. (1976): Teacher comments, letter grades, and student performance: What do we really know? *Journal of Educational Psychology,* 68:488–500.

Stewart, N. (1947): A.G.C.T. scores of army personnel groups by occupation. *Occupations,* 26:5–41.

Stocker, C. S. (1973): *Listening for the visually impaired: A teaching manual.* Springfield, Ill.: Thomas.

Stodolksy, S. S.; Ferguson, T. L.; Wimpelberg, K. (1981): The recitation persists, but what does it look like? *Journal of Curriculum Studies,* 13:121–130.

Subkoviak, M. J. (1980): Decision-consistency approaches. In: *R. A. Berk* (Ed.): *Criterion-referenced measurement: The state of the art.* Baltimore, Md.: Johns Hopkins University Press.

Sulzer-Azaroff, B. (1981): Issues and trends in behavior modification in the classroom. In: *S. W. Bijou, R. Ruiz* (Eds.): *Behavior modification: Contributions to education.* Hillsdale, N.J.: Lawrence Erlbaum.

Sulzer-Azaroff, B.; Mayer, R. G. (1977): *Applying behavior analysis procedures with children and youth.* New York: Holt, Rinehart & Winston.

Suppes, P. (1966): The uses of computers in education. *Scientific American,* 215(3):206–220.

Sutherland, M. (1981): *Sex bias in education.* Oxford: Basil Blackwell.

Svensson, A. (1971): *Relative achievement: School performance in relation to intelligence, sex, and home environment.* Stockholm: Almquist & Wiksell.

Swanson, R. A.; Henderson, R. W. (1977): Effects of televised modeling and active participation on rule-governed question production among Native American preschool children. *Contemporary Educational Psychology,* 2:345–352.

Sweezy, R. W. (1981): *Individual performance assessment: An approach to criterion-referenced test development.* Reston, Va.: Reston Publishing Co.

Sykes, K. (1972): Print reading for visually handicapped children. *Education of the Visually Handicapped,* 4:71–75.

Szafran, R. F. (1981): Question-pool study guides: Effects on test anxiety and learning retention. *Teaching Sociology,* 9:31–43.

Taber, M. V.; Glaser, R.; Schaeffer, H. H. (1965): *Learning and programmed instruction.* Reading, Mass.: Addison-Wesley.

Tait, P. E. (1974): Believing without seeing: Teaching the blind child in a regular kindergarten. *Childhood Education,* 50:285–291.

Takanishi-Knowles, R. (1973): Relationships among instructional group size, student engagement, and teacher strategies. Unpublished doctoral dissertation, Stanford University.

Tanner, L. N. (1978): *Classroom discipline for effective teaching and learning.* New York: Holt, Rinehart & Winston.

Taylor, P. H. (1970): *How teachers plan their courses.* Slough, England: National Foundation for Educational Research in England and Wales.

Terman, L. M. (1925): Mental and physical traits of a thousand gifted children. In: *L. M. Terman* et al.: *Genetic Studies of Genius, Vol. I.* Stanford: Stanford University Press.

Terwilliger, J. S. (1971): *Assigning grades to students.* Glenview, Ill.: Scott, Foresman.

Thislethwaite, D. L.; deHaan, H.; Kamenetzky, J. (1955): The effects of "directive" and "non-directive" communication procedures on attitudes. *Journal of Abnormal and Social Psychology,* 51:107–118.

Thomas, R. M.; Thomas, S. M. (1965): *Individual differences in the classroom.* New York: McKay.

Thompson, E. (1960): An experimental investigation of the relative effectiveness of organizational structure in oral communication. *Southern Speech Journal,* 26:59–69.

Thompson, W. N. (1967): *Quantitative research in public address and communication.* New York: Random House.

Thoresen, C. E. (1972): Behavioral humanism. In: *C. E. Thoresen* (Ed.): *Behavior modification in education. Yearbook of the National Society for the Study of Education,* 72(1):385–421.

Thoresen, C. E.; Mahoney, M. J. (1974): *Behavioral self-control.* New York: Holt, Rinehart & Winston.

Thorndike, E. L. (1913): *Educational psychology.* Vol. 2. *The psychology of learning.* New York: Bureau of Publications, Teachers College, Columbia University.

Thorndike, E. L. (1939): *Your city.* New York: Harcourt, Brace.

Thorndike, E. L.; Woodworth, R. S. (1901): The influence of improvement in one mental function upon the efficiency of other functions. *Psychological Review,* 8:247–261, 384–395, 553–564.

Thorndike, R. L. (1963): *The concepts of over- and underachievement.* New York: Bureau of Publications, Teachers College, Columbia University.

Thyne, J. M. (1963): *The psychology of learning and techniques of teaching.* London: Hodder & Stoughton Educational, formerly University of London Press.

Tieger, T. (1980): On the biological basis of sex differences in aggression. *Child development,* 51:943–983.

Tiegs, E. W. (1952): *Educational diagnosis.* From Educational Bulletin No. 18, 1952. CTB/McGraw-Hill, Monterey, CA 93940.

Tierney, R. J. (1985): Self-regulating learning from text: Teaching procedures. In: *A. Bergen, H. A. Robinson* (Eds.): *Secondary school reading: What research reveals for classroom practice.* Urbana, Ill.: NCTE/NCRE.

Tobias, S. (1979): Anxiety research in educational psychology. *Journal of Educational Psychology,* 71:573–582.

Tobin, K. G.; Capie, W. (1982): Relationships between classroom process variables and middle-school science achievement. *Journal of Educational Psychology,* 74:441–454.

Torrance, E. P. (1962): Developing creative thinking through school experience. In: *S. J. Parnes, H. P. Harding* (Eds.): *A source book for creative thinking.* New York: Scribner.

Torrance, E. P. (1967): The Minnesota studies of creative behavior: National and international extensions. *Journal of Creative Behavior,* 1(2):137–154.

Trachtenberg, D. (1974): Student tasks in text material: What cognitive skills do they tap? *Peabody Journal of Education,* 52, 54–57.

Traub, R. E.; Weiss, J. (1978): *Dimensions of procedural openness in the programs of Southern Ontario elementary schools.* Toronto: Ontario Institute for Studies in Education.

Tryon, G. S. (1980): The measurement and treatment of test anxiety. *Review of Educational Research,* 50:343–372.

Tuddenham, R. D.; Macbride, P. (1959): The yielding experiment from the subject's point of view. *Journal of Personality,* 27:259–271.

Turiel, E. (1966): An experimental test of the sequentiality of developmental stages in the child's moral judgements. *Journal of Personality and Social Psychology,* 3:611–618.

Turiel, E. (1973): Stage transition in moral development. In: *R. M. W. Travers* (Ed.): *Second handbook of research on teaching.* Chicago: Rand McNally. Pp. 732–758.

Twyford, L. C., Jr. (1969): Educational communications media. In: *R. L. Ebel* (Ed.): *Encyclopedia of educational research* (4th Ed.). New York: Macmillan. Pp. 367–380.

Tyler, L. E. (1965): *The psychology of human differences* (3rd ed.). New York: Appleton-Century-Crofts.

Tyler, R. W. (1934): *Constructing achievement tests.* Columbus: Ohio State University.

Tyler, R. W. (1964): Some persistent questions on the defining of objectives. In: *C. M. Lindvall* (Ed.): *Defining educational objectives.* Pittsburgh: University of Pittsburgh Press. Pp. 77–83.

Tzeng, O. J. L. (1974): The next-in-line effect on sentence memory. Paper presented at the meetings of the American Educational Research Association, Chicago.

Uguroglu, M.; Walberg, H. J. (1979): Motivation and achievement: A quantitative synthesis. *American Educational Research Journal,* 16:375–389.

Underwood, B. J.; Schulz, R. W. (1969): *Meaningfulness and verbal learning.* Philadelphia: Lippincott.

Van der Will, C. (1976): The wording of spoken instructions to children and its effect on their performance of tasks. *Educational Studies,* 2:193–199.

Van Riper, C. (1978): Speech correction: Principles and methods (6th ed.). Englewood Cliffs, N.J.: Prentice-Hall.

Vandenburg, S. G.; Kuse, A. R. (1979): Space ability: A critical review of the sex-linked major gene hypothesis. In: *M. A. Wittig, A. C. Peterson* (Eds.): *Sex-related differences in cognitive functioning.* New York: Academic Press.

Varley, W. H.; Levin, J. R.; Severson, R. A.; Wolff, P. (1974): Training imagery production in young children through motor involvement. *Journal of Educational Psychology,* 66:262–266.

Verner, C.; Dickinson, G. (1967): The lecture, an analysis and review of research. *Adult Education,* 17(2):85–100.

Vernon, M. (1968): Fifty years of research on the intelligence of deaf and hard of hearing children: A review of literature and discussion of complications. *Journal of Rehabilitation of the Deaf,* 1:1–12.

Veroff, J. (1957): Development and validation of a projective measure of power motivation. *Journal of Abnormal and Social Psychology,* 54:1–8.

Walberg, H. J. (1969a): Predicting class learning: An approach to the class as a social system. *American Educational Research Journal,* 6:529–542.

Walberg, H. J. (1969b): The social environment as a mediator of classroom learning. *Journal of Educational Psychology,* 60:443–448.

Walberg, H. J.; Anderson, G. J. (1968): Classroom climate and individual learning. *Journal of Educational Psychology,* 59:414–419.

Walberg, H. J.; Thomas, S. C. (1971): *Characteristics of open education: Toward an operational definition.* Newton, Mass.: TDR Associates (under U.S. Office of Education Title IV contract No. OEC-1-7-0622805-3936).

Walker, D. F.; Schaffarzick, J. (1974): Comparing curricula. *Review of Educational Research,* 44:83–111.

Wallace, I.; Pear, J. J. (1977): Self-control techniques of famous novelists. *Journal of Applied Behavior Analysis,* 10:515–525.

Wallach, M. A.; Kogan, N. (1965): *Modes of thinking in young children.* New York: Holt, Rinehart & Winston.

Wallen, N. E.; Travers, R. M. W. (1963): Analyses and investigation of teaching methods. In: *N. L. Gage* (Ed.): *Handbook of research on teaching.* Chicago: Rand McNally. Pp. 448–505.

Waller, J. H. (1971): Achievement and social mobility: Relationships among IQ score, education, and occupation in two generations. *Social Biology,* 18:252–259.

Walters, G. C.; Grusec, J. E. (1977): *Punishment.* San Francisco: W. H. Freeman.

Ward, B. A. (1973): *Minicourse 15: Organizing independent learning, intermediate level Teacher's handbook.* New York: Macmillan.

Ward, B. A.; Kelly, M. A.; Stenning, W. F. (1971): *Minicourse 8: Organizing independent learning, primary level.* New York: Macmillan.

Wark, D. M. (1969): Principles of self-reward for study skills. Paper presented at the meeting of the College Reading Association. Boston, Mass. (ED 033822).

Warshaw, M. (1975): Behavior modification in secondary schools. *Educational Technology,* August: 21–25.

Webb, N. (1982a): Peer interactions and learning in cooperative small groups. *Journal of Educational Psychology,* 74:642–655.

Webb, N. (1982b): Student interaction and learning in small groups. *Review of Educational Research,* 52:421–445.

Wehman, P. (1981): *Competitive employment: New horizons for severely disabled individuals.* Baltimore, Md.: Brookes Publishing.

Weigel, R. H.; Wiser, P. L.; Cook, S. W. (1975): The impact of cooperative learning experiences on cross-ethnic relations and attitudes. *Journal of Social Issues,* 31:219–244.

Weiner, B. (1972): *Theories of motivation: From mechanism to cognition.* Chicago: Markham. – Dt. Ausgabe: *Theorien der Motivation.* Stuttgart: Klett-Cotta 1976.

Weiner, B. (Ed.) (1974): *Achievement motivation and attribution theory.* Morristown, N.J.: General Learning Press.

Weiner, B. (1977): An attributional approach for educational psychology. In: *L. S. Shulman* (Ed.): *Review of Research in Education,* Vol. 4. Itasca, Ill.: F. E. Peacock.

Weiner, B. (1982): Speculations regarding the role of affect in achievement change programs guided by attributional principles. In: *J. M. Levine, M. C. Wang* (Eds.): *Teacher and student perceptions.* Hillsdale, N.J.: Lawrence Erlbaum.

Weiner, B.; Kukla, A. (1970): An attributional analysis of achievement motivation. *Journal of Personality and Social Psychology,* 15:1–20.

Weiner, B.; Sierad, J. (1975): Misattribution for failure and the enhancement of achievement strivings. *Journal of Personality and Social Psychology,* 31:415–421.

Weiss, J. (1980): Assessing non-conventional outcomes of schooling. In: *D. C. Berliner* (Ed.): *Review of Research in Education,* Vol. 8. Washington, D.C.: American Educational Research Association.

Wendt, H. W. (1955): Motivation effort and performance. In: *D. C. McClelland* (Ed.): *Studies in motivation.* New York: Appleton-Century-Crofts.

Wendt, P. R.; Butts, G. K. (1962): Audio-visual methods. *Review of Educational Research,* 32:141–155.

Wesman, A. G. (1971): Writing the test item. In: *R. L. Thorndike* (Ed.):

Educational measurement (2nd ed.). Washington, D.C.: American Council on Education.

Wessel, M. A. (1981): The pediatrician's perspective on corporal punishment. In: *J. Cryan* (Ed.), Corporal punishment in the schools: Its use is abuse. *Educational Comment/ 1981.* Toledo: College of Education and Allied Professions, University of Toledo.

Westbury, I. (1973): Conventional classrooms, "open" classrooms, and the technology of teaching. *Journal of Curriculum Studies,* 5:99–221.

Wheeler, L. R. (1942): A comparative study of the intelligence of East Tennessee mountain children. *Journal of Educational Psychology,* 33:321–334.

White, M. A. (1974): Is recitation reinforcing? *Teachers College Record,* 76:135–142.

Whitlock, C. (1974): Note on reading acquisition: An extension of laboratory principles. *Journal of Experimental Child Development,* 3:83–85.

Whitmer, S. P. (1982): A descriptive multimethod study of teacher judgment during the marking process. Paper presented at the meetings of the American Educational Research Association, New York City, March.

Whittaker, D. J. (1979): Attitudes towards corporal punishment amongst student teachers. Durham & Newcastle Research Review, 9:13–21.

Wiig, E. H. (1982): Communication disorders. In: *N. G. Haring* (Ed.): *Exceptional children and youth* (3rd ed.). Columbus, Ohio: Merrill.

Wildman, R. W., II; Wildman, R. W. (1975): The generalization of behavior modification procedures: a review – with special emphasis on classroom application. *Psychology in the Schools,* Oct., Vol. 12(4):432–448.

Winne, P. H. (1979): Experiments relating teachers' use of higher cognitive questions to student achievement. *Review of Educational Research,* 49:13–50.

Winterbottom, M. R. (1958): The relation of need for achievement to learning experiences in independence and mastery. In: *J. W. Atkinson* (Ed.): *Motives in fantasy, action, and society.* Princeton, N.J.: Van Nostrand.

Wittig, M. A.; Peterson, A. C. (1979): *Sex-related differences in cognitive functioning.* New York: Academic Press.

Wittrock, M. C. (1978): The cognitive movement in instruction. *Educational Psychologist,* 13:15–29.

Wolf, M. M.; Giles, D. K.; Hall, V. R. (1968): Experiments with token reinforcement in a remedial classroom. *Behavioral Research and Therapy,* 6:51–64.

Wolf, R. M. (1964): The measurement of environments. In: *Anne Anastasi* (Ed.): *Testing problems in perspective: Twenty-fifth anniversary volume of topical readings from the Invitational Conference on Testing Problems.* Washington, D.C.: American Council on Education. Pp. 491–503.

Wolf, R. M. (1979): Achievement in the United States. In: *H. J. Walberg* (Ed.): *Educational environments and effects: Evaluation, policy, and productivity.* Berkeley, Calif.: McCutchan.

Women on Words and Images (1972): *Dick and Jane as victims: Sex stereotyping in children's readers.* Princeton, N.J.: Women on Words and Images, a Task Force of the Central New Jersey Chapter of the National Organization for Women.

Wood, B. S. (1976): *Children and communication: Verbal and nonverbal language development.* Englewood Cliffs, N.J.: Prentice-Hall.

Wright, C. J.; Nuthall, G. (1970): Relationships between teacher behaviors and pupil achievement in three experimental elementary science lessons. *American Educational Research Journal,* 7:477–491.

Wyckoff, W. L. (1973): The effect of stimulus variation on learning from lecture. *Journal of Experimental Education,* 41:85–90.

Yinger, R. J. (1980): A study of teacher planning. *Elementary School Journal,* 80107–127.

Youngs, R. C.; Farmer, L.; Damm, F. (1970): The efficiency of selected instructional methods for developing independent learning. *Illinois School of Research,* 6(3):5–15.

Zahorik, J. A. (1975): Teachers' planning models. *Educational Leadership,* 33:134–139.

Zahorik, J. A. (1976a): A task for curriculum research. *Educational Leadership,* 34:487–489.

Zahorik, J. A. (1976b): The virtue of vagueness in instructional objectives. *Elementary School Journal,* 76:411–419.

Zeigler, H. (1967): *The political life of American teachers.* Englewood Cliffs, N.J.: Prentice-Hall.

Zelby, L. W. (1974): Student-faculty evaluation. *Science,* 183:13–17.

Zigler, E.; Seitz, V. (1982): Social policy and intelligence. In: *R. J. Sternberg* (Ed.): *Handbook of human intelligence.* New York: Cambridge University Press.

Zillig, M. (1928): Einstellung und Aussage. *Zeitschrift für Psychologie,* 106:58–106.

Zimmerman, B. J.; Kleefeld, C. F. (1977): Toward a theory of teaching: A social learning view. *Contemporary Educational Psychology,* 2:158–171.

Zimmerman, B. J.; Ringle, J. (1981): Effects of model persistence and statements of confidence on children's self-efficacy and problem solving. *Journal of Educational Psychology,* 73:485–493.

Zuckerman, M.; Wheeler, L. (1975): To dispel fantasies about the fantasy-based measure of fear of success. *Psychological Bulletin,* 82:932–946.

Sachverzeichnis